中华泰山文库·古籍书系

泰山风景名胜区管理委员会　编

〔清〕金棨 辑
陶莉 赵鹏 点校

泰山志（上）

山东人民出版社·济南

图书在版编目（CIP）数据

泰山志/(清)金棨辑； 陶莉，赵鹏点校.--济南：山东人民出版社，2019.3
(中华泰山文库·古籍书系)
ISBN 978-7-209-11443-1

Ⅰ.①泰… Ⅱ.①金… ②陶… ③赵… Ⅲ.①泰山-地方志 Ⅳ.①K928.3

中国版本图书馆CIP数据核字(2019)第033282号

项目统筹　胡长青
责任编辑　李　涛　刘娇娇
助理编辑　吕士远
装帧设计　武　斌　王园园
项目完成　文化艺术编辑室

泰山志
TAISHANZHI
〔清〕金棨　辑　陶莉　赵鹏　点校

主管单位　山东出版传媒股份有限公司
出版发行　山东人民出版社
出 版 人　胡长青
社　　址　济南市英雄山路165号
邮　　编　250002
电　　话　总编室（0531）82098914
　　　　　市场部（0531）82098027
网　　址　http://www.sd-book.com.cn
印　　装　山东新华印务有限责任公司
经　　销　新华书店

规　　格　16开（210mm×285mm）
印　　张　76
字　　数　1200千字
版　　次　2019年3月第1版
印　　次　2019年3月第1次
印　　数　1-1000
ISBN 978-7-209-11443-1
定　　价　820.00元

立岱宗之弘毅

——序《中华泰山文库》

一生中能与泰山结缘，是我的幸福。

泰山在中国人民生活中有着广泛而深远的影响，人们常说“重于泰山”“泰山北斗”“有眼不识泰山”……在中国人心目中，泰山几乎是“伟大”“崇高”的同义语。秉持泰山文化，传承泰山文化，简而言之，主要就是学做人，以德树人，以仁化人，归于“天人合德”的崇高境界。

自1979年到现在，我先后登临岱顶46次，涵盖自己中年到老年的生命进程。在这漫长岁月里，纵情山水之间，求索天人之际，以泰山为师，仰之弥高，探之弥深。从泰山文化的博大精深中，感悟到“生有涯，学泰山无涯”。

我学习泰山文化，经历了一个由美学考察到哲学探索的过程。美学考察是其开端。记得在20世纪80年代，为给泰山申报世界文化与自然遗产做准备，许多专家学者对泰山的文化与自然价值进行了考察评价。当时，北京大学有部分专家教授包括我在内参加了这一工作。按分工，我研究泰山的美学价值，撰写了《泰山美学考察》一文，对泰山的壮美——阳刚之美的自然特征、精神内涵以及对审美主体的重要作用，有了较深的体悟。除了理论上的探索，我还创作了三十多首有关泰山的诗作，如《泰山颂》：

高而可登，雄而可亲。
松石为骨，清泉为心。
呼吸宇宙，吐纳风云。
海天之怀，华夏之魂。

这是我对泰山的基本感受和认识。这首诗先后刻在了泰山的朝阳洞与天外村。

我认为泰山的最大魅力在于激发人的生命活力。我对泰山文化的学习，开端于美学，深化在哲学。两者往往交融在一起。在攀登泰山时，既有审美的享受，又有哲学的启迪（泰山自然景观和人文景观的结合，体现了一种天人合一的艺术境界）。对泰山的审美离不开形象、直觉，哲学的探索则比较抽象。哲学关乎世界观，在文化体系中处于核心地位，对人的精神影响更为深沉而持久。有朋友问我：能否用一个词来概括泰山对自己的最深刻的影响？我回答：这个词应该是生命的“生”。可以说，泰山文化是以生命为中心的天人之学，其内涵非常丰富，可谓中国文化史的一个缩影。泰山文化包容儒释道，但起主导作用的是儒家文化，与孔子思想有千丝万缕的联系。《周易·系辞下》中讲“天地之大德曰生”，天地生育万物，既不图回报，也不居功，广大无私，包容万物，这是一种大德。天生人，人就应当秉承这种德行，对于人的生命来说，德是其灵魂。品德体现了如何做人。品德可以决定一个人的人生方向、道路乃至生命质量。人的价值和意义离开德便无从谈起。蔡元培先生讲：“德育实为完全人格之本，若无德，则虽体魄智力发达，适足助其为恶，无益也。”

“天行健，君子以自强不息；地势坤，君子以厚德载物。”这两句话深刻地体现了“天人合德”的思想。学习泰山文化要与时代精神相结合。泰山文化中“生”的精神对我影响很大，近四十年，我好像上了一次人生大学，感到生生不已，日新又新，这种精神感召自己奋斗、攀登，为人民事业做奉献。虽然我已经97岁，但生活仍然过得充实愉快，是泰山给了我新的生命。

泰山文化是中华民族优秀传统文化的主要象征之一，是我们民族文化的瑰宝。在这方面，历史为我们留下了浩瀚的资料，亟待整理。挖掘、整理泰山文化，是推动中华优秀文化遗产的创造性转化、创新性发展的迫切需要。

日前，泰山风景名胜区管理委员会的同志来舍下，告知他们正在编纂《中华泰山文库》。丛书分为古籍、著述、外文及口述影像四大书系，拟定120卷本，洋洋五千万言，计划三到五年完成。我听了非常振奋！这是关乎泰山文化的一件大事，惠及当今，功在后世，是一项了不起的文化工程。我对泰山风景名胜区管理委员会领导同志的文化眼光、文化自觉、文化胆识和文化担当，表示由衷钦佩；对丛书的编纂，表示赞成。我认为，编纂《中华泰山文库》丛书，将其作为一个新的文化平台，重要意义在于：

首先，对于泰山文化的集成，善莫大焉。关于泰山的文献，正所谓“经典沉深，载籍浩瀚”（刘勰《文心雕龙》）。从大汶口文化时期的象形符号，到文字记载的《诗经》，再到二十五史，直至今天，在各个历史阶段都不曾缺项。一座山留下如此完整、系统、海量的资料，这是任何山岳都无法与其比肩的，在世界范围内也具有唯一性。《中华泰山文库》的编纂，进一步开拓了泰山文化的深度和广度，对于古今中外泰山文化资料及研究成果的发掘、整理、集成、保存，都具有无与伦比的综合性、优越性和权威性，可谓集之大成；同时，作为文化平台，其建设有利于文化资源和遗产共享。

其次，对于泰山文化的研究，善莫大焉。文献资料是知识的积累，是前人智慧的结晶，是文化、文明的成果。任何研究离开资料，都是无米之炊。任何研究成果都是建立在资料的基础上。同时，每当新的资料出现，都会给研究带来质的变化。《中华泰山文库》囊括了典籍志书、学术著述、外文译著、口述影像多个门类，一方面为学术研究提供了所必需的文献资料，大大方便了研究者的工作；另一方面，宏富的文献资料便于研究者海选、检索、取舍、勘校，将其应用于研究，以利于更好地去伪存真、去粗取精，提高研究效率和研究质量。

再次，对于泰山文化的创新，善莫大焉。文化唯有创新，才会具有更强大的生命力。所以说，文化创新工作永远在路上。新时代泰山文化的创新，质言之，泰山文化如何引领新时代的精神文明，服务于新时代的精神文明建设，是一个重大课题。就其创新而言，《中华泰山文库》丛书的编纂本身就是一种立意高远的文化创新。它有目的、有计划、有系统地广泛征集、融汇泰山文献资料，集腋成裘，聚沙成塔，夯实了泰山文化的基础，成为泰山文化创新的里程碑。另外，外文书籍的编纂，开阔了泰山走向世界、世界了解泰山的窗口，对于泰山更好地走向世界、融入世界，具有重要的现实意义。而口述泰山的编纂，则是首开先河，把音频、影像等鲜活的泰山文化资料呈现给世人。《中华泰山文库》的富藏，为深入研究泰山的文化自然遗产，提供了坚实的物质保障。

最后，对于泰山文化的传承，善莫大焉。从文化的视角着眼，随着经济社会的发展变革，亟须深化对优秀传统文化重要性的认识，以进一步增强文化自觉和文化自信；通过深入挖掘优秀传统文化价值内涵，进一步激发其生机与活力；着力构建优秀传统文化传承发展体系，使人民群众得到深厚的文化滋养，不断提高文化素养，以增强文化软实力。毋庸讳言，《中华泰山文库》负载的正是这样一个优秀传统文化传承发展体系。如上所述，集成、研究、创新的最终目的，就是为了增强泰山文化的生命力，祖祖辈辈传承下去，延续、共享这一人类文明的文化成果。这是一个民族兴旺发达的源泉所在。《中华泰山文库》定会秉承本初，薪火相传，继往开来。

更为可喜的是，泰山自然学科资料的整理和研究，也是《中华泰山文库》的重要组成部分，无论是地质的还是动植物的，同样是珍贵的世界遗产。

中国共产党第十九次全国代表大会报告中指出：“文化自信是一个国家、一个民族发展中更基本、更深沉、更持久的力量。必须坚持马克思主义，牢固树立共产主义远大理想和中国特色社会主义共同理想，培育和践行社会主义核心价值观，不断增强意识形态领域主导权和话语权，推动中华优秀传统文化创造性转化、创新性发展，继承革命文化，发展社会主义先进文化，不忘本来、吸收外来、面向未来，更好构筑中国精神、中国价值、中国力量，为人民提供精神指引。”这是我们编纂《中华泰山文库》丛书工作的指南。

编纂《中华泰山文库》丛书是一项浩繁的文化系统工程，要充分考虑到它的难度、强度和长度。既要有气魄，又要有毅力；既要正视困难，又要增强信心。行百里者半于九十，知难而进，迎难而上，才能善始善终地完成这项工作。这也是我的一点要求和希望。

值此《中华泰山文库》即将付梓之际，泰山风景名胜区管理委员会的同志嘱我为之作序，却之不恭，写下了以上文字。我晚年的座右铭是：“品日月之光辉，悟天地之美德，立岱宗之弘毅，得荷花之尚洁。”所谓“弘毅”，曾子有曰：“士不可以不弘毅，任重而道远。仁以为己任，不亦重乎？死而后已，不亦远乎？”故而，名序为：立岱宗之弘毅。

杨辛

2018年7月

目　录

立岱宗之弘毅——序《中华泰山文库》……杨　辛　001

序 …… 001

序 …… 001

泰山志凡例 …… 001

泰山志公移 …… 001

泰山志目录 …… 001

泰山志卷第一

天章纪一 …… 001

圣祖仁皇帝御制文 …… 001

泰山龙脉论 …… 001

南巡笔记 …… 001

太上皇帝御制文 …… 005

送五弟奉命往祭阙里文庙序 …… 005

重建泰山神庙碑文 …… 005

重修碧霞元君庙碑记 …… 006

重修岱庙碑记 …… 007

泰山志卷第二

天章纪二 …… 009
圣祖仁皇帝御制诗 …… 009
东巡出都 …… 009
登岱 …… 009
百丈崖观瀑 …… 009
岱顶对月 …… 009
汶水吟 …… 010
经泰山之麓 …… 010
夜登泰山 …… 010
见泰安等数州县饥民亟命设法赈济 …… 010
望岱忆旧 …… 011
世宗宪皇帝御制诗 …… 011
望岱 …… 011
题碧霞祠宝幡步虚词二首 …… 011
太上皇帝御制诗 …… 012
题李白泰山观日图限韵 …… 012
见岳麓 …… 012
渡汶河 …… 013
汶水吟恭依皇祖原韵 …… 013
望岱宗 …… 013
渡汶水 …… 013
汉明堂遗址 …… 014
望徂徕山 …… 014
戏题投书涧 …… 014

祀岱庙 …… 015
环咏亭 …… 015
汉柏 …… 015
唐槐 …… 015
合云亭 …… 016
壶天阁 …… 016
回马岭 …… 016
五大夫松 …… 016
朝阳洞 …… 017
对松山 …… 017
白云洞 …… 017
登封台 …… 017
恭颂皇祖勒崖云峰二大字 …… 018
恭依皇祖登岱诗韵 …… 018
夜宿岱顶 …… 018
云巢 …… 019
日观峰 …… 019
奉皇太后登岱麓 …… 019
别岳 …… 020
过泰山再依皇祖诗韵 …… 020
望岱庙 …… 021
寄题汉柏 …… 021
渡汶水 …… 021
驻跸方山 …… 021
灵岩爱山楼 …… 021
巢鹤岩 …… 022

雨花岩……022
甘露亭……022
卓锡泉……022
白云洞……022
铁袈裟……022
摩顶松……022
丁丑初夏登玉符最高峰得四百字……023
谒岱庙……024
过泰山作歌……024
渡汶河……025
过泰山三依皇祖诗韵……025
望岱庙寄题……026
渡汶河……026
谒岱庙六韵……026
登泰山作……026
壶天阁……027
回马岭……027
朝阳洞……027
十八盘……027
登泰山四依皇祖诗韵……028
望岱庙……028
驻跸方山叠旧作韵……028
题方山夕景……029
卓锡泉上作……029
巢鹤岩……029
雨花岩……029

甘露泉 …… 029
卓锡泉 …… 030
白云洞 …… 030
铁袈裟 …… 030
摩顶松 …… 030
壬午春题朗公石画图 …… 030
爱山楼 …… 031
壬午孟夏月下浣登玉符山极顶作歌 …… 031
过泰山五依皇祖诗韵 …… 031
望徂徕作 …… 032
过汶河 …… 032
谒岱庙 …… 032
戏题环咏亭 …… 032
题汉柏 …… 032
登泰山作 …… 033
登泰山六依皇祖诗韵 …… 033
望岱庙有作 …… 033
灵岩爱山楼 …… 034
巢鹤岩 …… 034
雨花岩 …… 034
甘露泉 …… 034
卓锡泉 …… 034
白云洞 …… 034
铁袈裟 …… 034
摩顶松 …… 035
题灵岩摩顶松图 …… 035

灵岩寺再叠前韵 …… 036
过泰山七依诗韵 …… 036
过汶河 …… 036
谒岱庙六韵 …… 037
题汉柏 …… 037
环咏亭 …… 037
登泰山八依皇祖诗韵 …… 037
壶天阁 …… 038
回马岭 …… 038
飞来石 …… 038
咏五大夫松 …… 038
朝阳洞 …… 039
对松山 …… 039
十八盘 …… 039
日观峰 …… 039
咏无字碑 …… 039
白云洞 …… 039
丈人峰 …… 039
莲花洞 …… 040
汉明堂 …… 040
桃花峪 …… 040
登泰山即事言志八韵 …… 040
赋得泰山不让土壤得容字八韵 …… 040
白鹤泉行馆即事成什 …… 041
体元堂 …… 041
拟子建飞龙篇 …… 041

岱岳观日 …… 042
合云亭 …… 042
谒岱庙六韵 …… 042
汉柏口号 …… 043
环咏亭 …… 043
壶天阁 …… 043
回马岭 …… 043
飞来石 …… 043
五大夫松 …… 044
朝阳洞 …… 044
对松山 …… 044
登封台 …… 044
白云洞 …… 044
登泰山九依皇祖诗韵 …… 045
日观峰 …… 045
丈人峰 …… 045
莲花洞 …… 045
桃花峪 …… 045
合云亭 …… 046
四贤祠行馆作 …… 046
羊祜城 …… 046
登泰山十依皇祖诗韵 …… 046
体元堂 …… 047
谒岱庙 …… 047
唐槐 …… 047
环咏亭 …… 047

汉柏 …… 047
飞来石 …… 048
朝阳洞 …… 048
白云洞 …… 048
回马岭 …… 048
登封台 …… 048
丈人峰 …… 048
莲花洞 …… 049
合云亭 …… 049
壶天阁 …… 049
对松山 …… 049
桃花峪 …… 049
日观峰 …… 049
体元堂 …… 050

泰山志卷第三

盛典纪 …… 051
纶音 …… 051
仪注 …… 055
告文 …… 058
附录 …… 066
驻跸宫亭　敬识于左 …… 069
白鹤泉行宫 …… 069
合云亭 …… 069
玉皇庙 …… 069

朝阳洞 …… 069
天街 …… 070
更衣亭 …… 070
天柱峰亭 …… 070
乾坤亭 …… 070
日观峰亭 …… 070
岱庙 …… 070
碑亭 …… 071
环咏亭 …… 071
汉柏图碑亭 …… 071
梳妆院 …… 071
灵应宫 …… 071
灵岩行宫 …… 071
御赐金玉宝器 …… 071

泰山志卷第四

图考 …… 076
岱岳全图 …… 077
朱孝纯《泰山赞》 …… 078
岱庙五岳真形图 …… 080
岱顶五岳真形图 …… 081
岱阳图 …… 082
岱顶图 …… 083
岱阳之东图 …… 084
岱阳之西图 …… 085

岱阴图……086
岱阴之东图……087
岱阴之西图……088
岱庙图……089
汉柏图……090
唐槐图……094
飞来柏图……095
扶桑石图……096
白鹤泉图……097
石经峪图……098
壶天阁图……099
白云洞图……100
桃花峪图……101
社首、高里二山图……102
徂徕前面总图……103
竹溪佳境图……104
礤石峪图……105
三岭峀图……106
新甫山图……107
灵岩山图……108
琨瑞山图……109
岱岳泉源图……110

泰山志卷第五

岱志一 …… 111
总叙 …… 111
星野 …… 112
山脉总论 …… 114

泰山志卷第六

岱志二 …… 157
岱阳 …… 157
岱顶 …… 172

泰山志卷第七

岱志三 …… 190
岱阳之东 …… 190
岱阳之西 …… 197
岱阴 …… 203
岱阴之东 …… 206
岱阴之西 …… 211

泰山志卷第八

支山志 …… 216
社首山 …… 216

高里山……217
介石山……218
石间山……218
亭亭山……219
梁父山……219
云云山……221
徂徕山……222
新甫山……232
少岱山……233
灵岩山……234
琨瑞山……241

泰山志卷第九

川泉志……245
岱顶诸水……245
岱阳诸水……247
中溪……248
东溪……249
西溪……250
岱麓诸泉……254
桃花峪水……255
九龙峪诸水……256
天津河……258
徂徕诸水……258
汶水……260

泰境诸泉 …… 263
灵岩诸水 …… 263
琨瑞诸水 …… 265

泰山志卷第十

祠庙志 …… 268

泰山志卷第十一

秩祀志 …… 306
列代巡狩 …… 306
唐虞三代 …… 306
秦 …… 306
汉 …… 307
三国 …… 308
北魏 …… 308
隋 …… 308
唐 …… 309
明 …… 309
祀典 …… 309
唐虞三代 …… 309
秦 …… 309
汉 …… 310
三国 …… 310
晋 …… 310

北魏 …… 310
北齐 …… 311
唐 …… 311
五代 …… 313
宋 …… 313
金 …… 315
元 …… 316
明 …… 317
仪注 …… 323
唐虞三代 …… 323
秦 …… 323
汉 …… 323
晋 …… 323
北齐 …… 323
隋 …… 323
唐 …… 324
宋 …… 331
金 …… 331
元 …… 331
明 …… 332

泰山志卷第十二

封禅志 …… 333
上古三代 …… 333
秦 …… 334

汉 …… 334
三国 …… 345
晋 …… 345
六朝宋 …… 347
北齐 …… 349
隋 …… 350
唐 …… 351
宋 …… 359
明 …… 364

泰山志卷第十三

郡邑志 …… 368
因革 …… 368
疆域 …… 369
形胜 …… 370
风俗 …… 370
城池 …… 370
官制 …… 371
署廨 …… 371
学校 …… 371
田赋 …… 373
物产 …… 374
古迹 …… 377
冢墓 …… 384

泰山志卷第十四

人物志 …… 388

周 …… 388

汉 …… 389

三国 …… 391

晋 …… 392

六朝宋 …… 395

北魏 …… 396

南梁 …… 397

北齐 …… 399

隋 …… 400

唐 …… 400

五代 …… 400

宋 …… 401

金 …… 403

元 …… 404

明 …… 405

国朝 …… 407

汉 以下侨寓 …… 408

唐 …… 408

宋 …… 409

元 …… 411

国朝 …… 411

周 以下隐逸 …… 412

隋 …… 412

唐 …… 413
宋 …… 413
金 …… 413
汉 以下方外 …… 414
晋 …… 415
南北朝 …… 415
隋 …… 416
唐 …… 416
宋 …… 417
元 …… 417
明 …… 419
国朝 …… 421

泰山志卷第十五

金石记一 …… 422
无字碑 …… 422
秦 …… 423
始皇刻石 …… 423
二世诏书 …… 423
汉 …… 425
武帝鼎钘 …… 425
光武帝刻石 …… 425
师旷墓画像 …… 426
晋 …… 426
任城太守夫人孙氏之碑 …… 426

泰山君改高楼碑 …… 429
东魏 …… 429
胡元方等造像记 …… 429
杨显叔造像记 …… 429
北齐 …… 429
大般若经摩崖 …… 429
四佛号刻 …… 430
般若波罗密经摩崖 …… 430
金刚经残刻 …… 430
唐 …… 430
千佛崖造像残刻 …… 430
千佛崖僧明德造像记 …… 431
千佛崖刘玄意造像记 …… 431
千佛崖僧明德造像记 …… 431
千佛崖南平长公主为太宗文皇帝造像记 …… 431
千佛崖赵王福造像记 …… 431
岱岳观造像记 …… 432
封禅朝觐坛颂 …… 432
刘仁愿题名 …… 432
登封纪号文 …… 433
小字登封纪号文 …… 433
岱顶投龙壁题记 …… 433
岱岳观造像记 …… 434
千佛崖王万元等造像记 …… 434
千佛崖赵盱造像记 …… 434
岱岳观造像记 …… 435

神通寺僧无畏造像记 …… 435

岱岳观修斋醮记 …… 435

岱岳观建醮报赛记 …… 435

周 …… 435

垂拱残刻 …… 435

岱岳观造像记 …… 435

王仁恭祭岳颂 …… 435

岱岳观造像记 …… 436

岱岳观造像记 …… 436

陪敕使麻先生祭岳诗 …… 436

岱岳观修斋醮记 …… 436

又一首 …… 436

又一首 …… 436

又一首 …… 436

唐 …… 436

修封禅坛记 …… 436

岱岳观设醮投龙记 …… 437

又一首 …… 437

封祀坛颂 …… 437

纪泰山铭 …… 440

社首坛颂 …… 444

东封朝觐颂 …… 444

造泰山御碑记并阴 …… 447

岱岳观修斋记 …… 447

又一首 …… 447

董灵宝题名 …… 448

齐州神宝寺碣……448
碑侧行书心经……451
灵岩寺颂……451
造太一真武像碑并两侧题名……453
造舍利函记……454
岱岳观修斋醮记……454
公孙杲赠诸法师诗……454
岱岳观修斋醮记……454
王大使等题名……454
岱岳观王圆题名……455
岱岳观敬謇等题名……455
又□偃等题名……455
又任要等题名并诗……455
灵岩功德顶佛座题名……455
林放残碑……455
青帝观石刻……455
修方山证明功德记……455
泰山石阙题名……457
封禅坛残碑……457
岱岳天齐王灵应碑……457
颜真卿题名……458
刘难陁等题名……458
魏嘉礼等题名……458
李白《泰山吟》诗刻……458
李白题“独秀峰”三字……458
琨瑞山千佛崖造象杂记二十首……458

后梁 …… 458
小蓬莱诸人题名 …… 458
后唐 …… 459
冥福院牒 …… 459
僧智璋等功德顶题名 …… 461
三郎庙残石 …… 461
后晋 …… 461
冥福院经幢 …… 461
澶州建柰河将军堂记 …… 461
青州临淄县□生憧子 …… 464
冥福院新写藏经碑并阴 …… 464
揔持咒幢 …… 468
普安社众人刻经石幢 …… 468
佛顶尊胜陁罗尼经幢 …… 468

泰山志卷第十六

金石记二 …… 469
宋 …… 469
灵岩寺禅师珣公塔铭 …… 469
灵岩寺尊胜经幢 …… 470
登泰山谢天书述二圣功德铭碑二 …… 470
封广禅侯敕并祭告文 …… 473
青帝广生帝君赞并阴祝文 …… 473
加青帝懿号诏 …… 474
封祀坛颂 …… 474

朝觐坛颂 …… 481
社首坛颂 …… 485
天贶殿碑铭 …… 493
封东岳天齐仁圣帝碑 …… 497
功德顶周忠范等题名 …… 501
尊胜经幢 …… 501
灵岩寺杜尧臣诗刻 …… 501
种明逸会真宫诗 …… 501
种明逸会真宫诗、题跋二石 …… 501
泰山书院记 …… 505
石氏先茔纪 …… 506
庆历残刻 …… 507
巡历属部青帝观留题诗 …… 507
宋禧题名 …… 507
李陟题名 …… 507
李若清等题名 …… 507
郭圣泽题名 …… 508
灵岩建辟支塔题名十石 …… 508
灵岩千佛殿碑并阴 …… 509
张掞题灵岩寺诗 …… 511
白龙池诸人题名三十一首 …… 511
张掞送灵岩寺主二诗刻 …… 514
朝贤送详禅师住持灵岩诗刻 …… 515
敕赐十方灵岩寺牒碑 …… 516
李忠信墓表 …… 519
韦骧等石柱题名 …… 519

王绅题名 …… 519
马熙题名 …… 520
苏子由题灵岩寺诗并跋 …… 520
高里山相公庙新创长脚竿记 …… 520
盛陶诗刻 …… 521
李公颜金像记 …… 521
“灵岩道境”四大字 …… 522

泰山志卷第十七

金石记三 …… 523
宋 …… 523
渊济公庙碑 …… 523
重修灵派侯庙木帐记 …… 524
修汉武帝庙碑 …… 525
刘衮等题名 …… 525
赵合炜愿施石柱记 …… 525
长清王揆题名 …… 525
王摭等题名 …… 525
刘仲平题名 …… 526
蔡安持诗刻 …… 526
卞育游山诗 …… 526
王母殿创置花园记 …… 526
上官均题名 …… 526
赵令绯等题名 …… 527
张似等题名 …… 527

三坛寺阿弥陀佛窣堵波铭……527
李迪游灵岩诗刻……528
回回翁诗刻二……529
桃源峪诸人题名五首……530
圆通经并楞严偈刻……531
刘晦叔等题名……531
孙慥等题名九首……532
李谅等施铁桶记……532
赵令炜题名……533
郭异等题名……533
王母池石上题名……533
灵岩寺吴拭诗……533
范致君题名……534
大观圣作碑……534
郭思游山诗刻……535
灵岩寺崇兴桥记……535
灵岩寺释仁钦书心经……537
皇沂等观音洞题名……537
郑秉德题名……537
灵岩寺释仁钦五苦之颂……538
灵岩寺释仁钦十二时歌……539
平原人等题名残刻……539
开封人等题名……539
韩夫人游灵岩题记……540
净照和尚诫小师碑……540
景禧等题名……541

灵岩寺释仁钦十二景诗 …… 541
灵岩寺札付 …… 541
邓永年题名 …… 541
巢鹤岩题名八首 …… 542
张泱等题名 …… 542
岱岳观董元康题名 …… 542
赵子明谢雨记 …… 542
钱无咎等题名 …… 543
李尧文题名 …… 543
赠朝散郎孙覿墓志铭 …… 543
居中效安石题名 …… 545
张劢灵岩观音道场题记 …… 546
崔大昉等观音洞题名 …… 546
杨升等观音洞题名 …… 546
梁西均观音洞题名 …… 546
陈国瑞题名 …… 547
王安石题名 …… 547
王睙灵岩寺饭僧记 …… 547
升元观牒 …… 548
安隆题名 …… 549
董元康石刻 …… 549
盛勋题名 …… 549
贾洵题名 …… 549
灵岩寺朝洵三人题记 …… 549
何亭玉等功德顶题名二首 …… 549
钱伯言游览记 …… 550

避风崖诸人题名 …… 550
刘宗等题名 …… 551
李唐臣观音洞题名 …… 551
朱济道诗刻 …… 551
灵岩寺海会塔 …… 551
青帝观真君殿记 …… 552
重修泰岳庙碑 …… 554
灵岩寺五百罗汉记 …… 557
王渊题名 …… 558
功德顶佛龛诸人题名 …… 558
高直臣题名 …… 558
赵邦美题名二首 …… 558
赵令住灵岩寺题名 …… 558
崇法院印照 …… 558
功德顶佛座题名 …… 560
灵岩朗公传磨崖 …… 560
东岳庙御祝文 …… 560
孙明复墓碑 …… 560
灵岩寺诗刻 …… 560
金寺碑 …… 560
金 …… 561
张惆修三磴崖记 …… 561
灵岩寺妙空禅师塔铭 …… 561
灵岩寺定光禅师塔铭 …… 561
妙空长老诗赞二首 …… 567
灵岩寺傅大士梵相十劝碑 …… 567

灵岩寺任瀛诗刻 …… 568
灵岩寺观音圣迹像并序 …… 568
灵岩寺云公禅师像刻 …… 569
灵岩寺面壁像记 …… 569
灵岩寺康渊诗刻 …… 571
灵岩寺云禅师塔铭 …… 571
灵岩寺宝公开堂疏 …… 574
灵岩寺双林坐像记 …… 575
灵岩寺山场界至图 …… 575
重修释迦院三世佛殿碑 …… 575
灵岩寺张汝为题记 …… 575
灵岩寺释迦宗派图 …… 576
灵岩寺刘德亨等题名 …… 576
四禅寺牒 …… 576
法云寺牒 …… 577
妙觉院牒 …… 578
大觉寺牒 …… 578
普照寺牒 …… 578
大云寺华藏世界海图并碑阴敕牒 …… 578
石震题“独秀峰记” …… 579
四禅寺记 …… 579
灵岩寺宝公禅师塔铭 …… 580
大觉寺牒 …… 580
重修法云寺记 …… 580
灵岩寺方丈惠才诗刻 …… 582
真相院摹刻东坡施金帖 …… 583

灵岩寺萧守中题名 584
重修东岳庙碑 584
重修宣圣庙碑 587
灵岩寺涤公开堂疏 589
鲁两先生祠堂记 590
天封寺碑 591
石城徐铎等题名 591
灵岩寺才公禅师塔铭 591
妙觉院碑 591
姚会亨题名 592
濮国大长公主同驸马蒲察题名 592
石塔小记 592
安升卿题名 592
安升卿游览记 592
安升卿题字 592
孔端肃题名 593
姜氏云亭房题名记 593
灵岩寺王珩、路伯达二诗刻 594
灵岩寺田园记 595
十方灵岩寺碑 597
陈氏庐墓碑 599
谷山寺碑 599
补塑释迦佛像记 601
谷山寺牒 602
道士谷山登览诗刻 603
郭俣等题名 603

香严寺牒 …… 603
吴衎题字 …… 604
傲来山题名 …… 604
“玉泉”二题字 …… 604
“弄水岩”三题字 …… 604
“鸡笼峰”三题字 …… 604
高益福等题名 …… 604
六逸堂碑 …… 604

泰山志卷第十八

金石记四 …… 605
元 …… 605
贫乐岩二圣宫碑 …… 605
重修光化禅寺碑 …… 607
“磐溪”二题字并跋 …… 609
“许鲁斋读书处”六题字 …… 609
徐世隆题名 …… 610
严实礼岳祠记 …… 610
振衣冈题名二首 …… 610
泰安军节度使时珍墓碑 …… 611
贫乐岩铭 …… 611
杜仁杰题名 …… 611
张铨题名 …… 611
普照寺经幢 …… 611
灵岩寺僧复庵诗 …… 611

超然堂碑 …… 611
长春观碑 …… 612
全真观碑 …… 614
天门铭 …… 614
张宣慰登泰山记 …… 615
灵阳寺碑 …… 616
会仙观碑 …… 616
重修宣圣庙碑 …… 617
重修灵派侯庙碑 …… 619
徐世隆诗刻 …… 620
灵岩寺僧复庵诗刻 …… 621
通道宫碑 …… 622
通道观记 …… 623
灵岩寺清安禅师塔铭 …… 625
灵岩寺福公禅师塔铭 …… 625
七佛阁碑 …… 625
王恽汉柏诗 …… 627
高里山神祠记 …… 627
蒿里七十五司碑 …… 629
蒿里七十五司神房志 …… 630
朝元观碑 …… 631
灵岩寺新公禅师塔铭 …… 633
圣旨焚伪道藏碑 …… 634
填池灵异记 …… 634
云溪观碑 …… 634
感泽记并题名 …… 634

岱岳观禁约 …… 635
时氏先茔记 …… 635
灵岩寺肃公道行碑 …… 635
大圣院塔廊记 …… 636
灵岩寺提点广公寿碑 …… 637
修竹林宝峰寺碑 …… 639
朱珪先茔记 …… 641
朱珪题名 …… 641
竹溪庵记 …… 641
“观涛”二字并题名 …… 642
灵岩寺达公道行碑 …… 642
赵荣墓碑 …… 646
天童和尚默照铭 …… 646
冥福院钟题字 …… 646
灵岩寺平公管勾勤迹记 …… 646
灵岩寺下院圣旨碑 …… 648
加封大成至圣文宣王庙碑 …… 648
重修三皇庙碑 …… 649
灵岩寺海公道行碑 …… 651
灵岩寺山门五庄记 …… 654
灵岩寺就公禅师道行碑 …… 655
灵岩寺举公寿塔碑 …… 658
吉祥寺令旨碑二 …… 658
重修庙学碑并阴侧 …… 658
灵岩寺执照碑并阴 …… 660
张志纯遗世偈颂 …… 662

太师泰安武穆王忙兀博罗谨畏答神道碑并阴 …… 663
展氏先茔之记 …… 670
创建藏峰寺碑 …… 671
神通寺敏公监寺寿塔记 …… 674
李简谢雨文 …… 675
“汉柏”二题字 …… 675
灵岩寺劝请容公住持迹 …… 676
忽都虎郡王太夫人八达氏诗刻 …… 676
灵岩寺圣旨碑 …… 676
岱岳庙圣旨碑 …… 676
灵岩寺寿公施财修寺记 …… 676
灵岩寺何约、张鹏霄诗刻 …… 677
灵岩寺塑像题名碑 …… 677
灵岩寺举公提点勤绩财记 …… 678
灵岩寺泉公首座寿塔铭 …… 680
灵岩寺亨公寿塔记 …… 680
灵岩寺慧公禅师寿塔铭 …… 681
灵岩寺张淑诗刻 …… 684
灵岩寺提点举公塔铭 …… 684
灵岩寺国师法旨碑 …… 684
灵岩寺容公禅师塔铭 …… 685
灵岩寺挥公塔记 …… 686
灵岩寺创建龙藏殿记并阴 …… 686
灵岩寺让公禅师道行碑 …… 688
灵岩寺提点贞公塔铭 …… 691
重修孔庙碑并阴 …… 692

灵岩山“大灵岩寺”四题字 …… 694
岱岳庙圣旨碑 …… 694
“唵嘛呢巴弥吽”题字 …… 694
贾鲁登太山诗刻 …… 694
塑七十二贤像记并阴 …… 695
灵岩寺慧公道行碑 …… 696
灵阳观碑 …… 697
东岳别殿堂庑记 …… 697
张士明题灵岩寺诗 …… 697
灵岩寺傅亨诗刻 …… 698
杨世瑛题名 …… 699
张田玉题名 …… 699
灵岩寺李杰诗刻 …… 699
萃美亭碑 …… 700
张天益题名 …… 700
刘询等题名 …… 700
严谨墓碑 …… 700
洪福寺碑 …… 700
广禅侯祠碑 …… 700
精礼寺碑 …… 701
“竹溪”二题字 …… 701
“演易斋”三题字 …… 701
“贫乐岩”三题字 …… 701
贾氏书院题名 …… 701
新甫山残碑 …… 701

明 …… 701

太祖制东岳去封号碑 …… 701

灵岩寺方山休堂联传道行碑 …… 701

谕祭岱庙碑 …… 701

灵岩寺重建五花殿记 …… 701

感雨记 …… 702

灵岩寺陈豫诗刻 …… 702

重修高里山神祠记 …… 702

灵岩寺感应记并阴 …… 702

灵岩寺造象记 …… 702

袁□灵岩诗刻 …… 702

灵岩寺孙瑜诗刻 …… 702

任式会真宫记 …… 702

贾宣谒白龙池诗刻 …… 703

重修东岳图 …… 703

尚纲游泰山记 …… 703

鲁两先生祠记并阴 …… 703

重修碧霞灵应宫碑记 …… 703

灵岩寺重修五花殿记 …… 703

重修东岳庙碑 …… 703

灵岩寺邵寅诗刻 …… 703

俞俊古栝残诗刻 …… 704

灵岩寺李逊学诗刻 …… 704

祭告东岳文 …… 704

乔宇登泰山诗刻 …… 704

重修观音寺记 …… 704

重修东岳冥福寺记 …… 704
熊模游灵岩寺记 …… 704
灵岩寺方豪题名 …… 704
修广禅侯祠碑 …… 704
“大观峰”三题字 …… 705
应元诗刻 …… 705
张鲲登山杂诗 …… 705
金鱼石三题字并记 …… 705
“观海”二题字 …… 705
灵岩寺张邦枝诗刻 …… 705
灵岩寺乔瑞、刘焘诗刻 …… 705
蒋垕等泰山诗刻 …… 705
灵岩寺塑妆祖师像记 …… 705
祭告三神祠诗并序 …… 706
谢东山题名 …… 706
汪玉文论 …… 706
邵鸣岐等题名 …… 706
翟涛题名 …… 706
重修东岳庙记 …… 706
重修酆都庙记并阴 …… 706
周天球望岱诗刻 …… 706
“飞龙”“翔凤”题字 …… 707
重修碧峰寺记 …… 707
王守仁泰山高诗刻 …… 707
建立三阳庵碑并阴 …… 707
张元忭灵岩寺题名 …… 707

灵岩寺王宗沐东游记 …… 707
表泰山之颠碑 …… 707
吴从宪泰阴碑亭记 …… 707
“泰阴碑”三篆字并题名 …… 708
高山流水亭石壁记 …… 708
张元抃灵岩寺诗刻 …… 708
张天祚泰山题辞 …… 708
袁稽白龙池赞 …… 708
祀泰山高里祠记 …… 708
白云轩记 …… 708
灵岩寺苏演诗刻 …… 708
灵岩寺刘敕诗刻 …… 708
“卧云”二题字 …… 709
祷雨灵应歌 …… 709
灵岩寺徐琳口诗刻 …… 709
灵岩寺重修千佛殿记 …… 709
重修东岳高里山神祠记 …… 709
题暴经石水帘诗 …… 709
重修碧霞宫碑并阴 …… 709
十八盘石栏题记 …… 709
重修三阳观记 …… 710
黄景象抱龙台诗刻 …… 710
重修竹林寺记 …… 710
灵岩寺汪应蛟诗刻 …… 710
供祀泰山高里祠记 …… 710
重修碧霞元君灵应宫碑 …… 710

毕懋康登岱诗刻 …… 710
灵岩寺张寉鸣面壁斋诗刻 …… 710
西天门题名二段 …… 710
水帘洞题名 …… 711
新建王母阁碑 …… 711
重修泰山灵应宫碑 …… 711
灵岩寺王安舜诗刻 …… 711
泰安州进香题名记 …… 711
御制泰山金顶御香宝殿铜钟赞文 …… 711
敕建泰山天仙金阙碑 …… 711
牟志夔题名 …… 711
钟惺后石坞题名 …… 711
岱岳庙碑 …… 712
“云根”二题字 …… 712
重修鲁两先生祠记 …… 712
重建一天门碧霞元君行宫碑 …… 712
钦修泰岱告成赐灵佑宫金碑记 …… 712
王应修诗赋石刻 …… 712
胡一龙和仁钦十二景诗刻 …… 712
灵岩寺郑林诗刻 …… 712
灵岩寺沈正宗诗刻 …… 712
汉柏图赞 …… 713
左重耀谒岱宗歌 …… 713
敕建智上菩萨宝刹碑记 …… 713
般颂并跋 …… 713
回公题字 …… 713

汪广洋过泰山诗 …… 713
毕懋康、罗文玮诗刻 …… 713
于可久题名 …… 713
岱顶铜钟经文 …… 713
郭诏铜鼓、铜鼎、铜瓶记略 …… 713
第一山 …… 713

泰山志卷第十九

逸事记 …… 714

泰山志卷第二十

叙录 …… 737

点校后记 …… 748
清嘉庆《泰山志》刻本影印 …… 749

序

昔管子举封禅之典以告齐桓公，盖以上古质朴，未有史策之文、朝觐之礼。故七十二代之兴，咸合诸侯于泰山下，以定天位，因刻石其上，以纪有天下之号，如后世之修史也。然则刻石之制，先于漆书；七十二代，先于典诰。又何论于诸史乎？山经地志，史家之书也。山莫大于泰山，史亦莫古于泰山。泰山之必当有《志》，重于天下山经地志远矣。况以我朝列圣，御跸时巡，登祭之典，天章之富，照耀山岳，垂示万祀哉。前明歙汪子卿作《志》，既诠序混淆，而查志隆之重修《岱史》、宋焘之《泰山纪事》、萧协中之《泰山小史》以及国朝林杭学之《泰山辑瑞集》，皆疏略浅陋，不足以纪岱宗。余于乾隆五十九年，奉命视学山左。试泰安毕，登岱览其胜，又遍拓其金石文字，为《金石录》，而岱志之举，尚望诸鸿通博览之君子。休宁金太守来守泰安，讼简民和，岁时丰稔，遂乃穷图经之幽邃，悯旧志之残缺，实始为修志之举。本聂鈫《泰山道里记》《金石记》[①]，朱孝纯《图志》，而广征典礼，博采贞珉，作《纪》三卷，《图》一卷，《志》十卷，《记》五卷，《叙录》一卷，总为二十卷。经始于乾隆乙卯，告成于嘉庆戊午。余喜得其书而尽观之，序述赅备，体例谨严，兼史家之三长，考地理于千古。善乎，何异以古今为经纬，为岱宗勒成一史乎？元以愚妄之识，旧为《封泰山论》一篇，今太守亦刊于卷中，武断之论，不足以质当世，然为《泰山志》发凡原始，或有取焉。

嘉庆六年冬至日，仪征阮元序于浙江节院。

---

① 泰山道里记：原作“泰山道理记”，今改。

序

五岳无古志，惟南岳有唐宋人《小录》《总胜》二集。中岳如明人《说嵩》之属，亦非佳作。东岳旧志所存，有明嘉靖时汪子卿撰本，雍焯序称“吴侍御伯朋询得抄本付梓”。大抵前人志书，征引诸书，不载出典，又不能搜讨碑碣佚文，仅据旧编，增广新闻。而泰安每一守至，辄改作志书，题咏滋繁，掌故删落，是志乘之通病。金素中郡伯，以名人莅任，下车即以儒术饰吏治。既臻政通人和，乃取旧志，征实更新之。所载故迹，具有古书名目，是正舛误。搜寻金石，增广遗文轶事，凡数十百条，间以己意为之考辨。时郡伯以贤能调守济南，历四载而书始成。又三年，而郡伯以亲老告养去，侨居常州，移书常州守，请归板于东省。郡伯终母丧，后竟不出，往来江湖间，以文藉自娱，其致如此。泰山为上古至周、秦封禅考绩之所，我国家列圣省方，必以展谒岱宗、释奠孔林为首务。天章照耀，岩麓不有纪述，不足彰兹山遭遇之盛。至于深林邃谷，荒祠古墓，前人游历之所不能至，必俟屏斥车骑，怀铅舐笔，始能搜奇领异。洵非郡伯之爱素好古，异乎俗吏之所为，不能成是书也。世之为政者，莫不以理积案、整顿地方为已任，而视文学为不急之务。夫不知书，亦必不视案牍，案牍积则事多丛脞。不考古则不更事，不更事则不能通今，将谓之不学无术，尚得托名勤政耶？吾故嘉郡伯之为是书，而知其善政之能、百废具举也。至郡伯先守冲剧，继且领袖三齐，能勇退以修孝养，居心行政，卓卓在人耳目，无俟予之赘述云。

嘉庆戊辰岁中秋后五日，赐进士及第山东督粮道前署山东布政按察使诰授通奉大夫阳湖孙星衍撰。

泰山志凡例

一　志列《纪》《图》《志》《记》，用标篇目，规橅史例，式昭体要。

一　网罗旧闻，考订阙失，悉依经史，并掌故诸书，及省《志》、府县《志》、旧泰山《志》。本诸旧文，庶免蹈空之诮。

一　崇体例，志泰山则在山言山，不侈虚幻，不妄搜罗。山川必详，郡邑从略。

一　志泰山，首作《总叙》《星野》，仿宋敏求《长安志》例，胪列古书，引证明确，可为典据。

一　志支山，旧《志》如灵岩、琨瑞、新甫诸山，以为非泰安所隶，阙而不书。盖志泰山非志郡邑可比，兹特详备，以资博览。

一　秩祀封禅，典礼攸关，悉本诸史《本纪》《列传》，并《郊祀》《礼乐》等志，以及散见于他书者，俱荟入焉，以资考据。

一　旧志《艺文志》所载诗文，今悉归《山水》各景之下，庶观者易于披览。

一　明汪子卿《志》载郡邑曰岳治，胪列《循吏》《选举》《列女》，失之太繁。朱孝纯《图志》以为，载郡邑则与府县《志》无别，竟削而不书，又失之太简。汉立奉高以奉泰山之祀，则志泰山，郡邑不可阙也。兹列其大概，以备考证，并以别于府县《志》云。

一　维岳降神，笃生贤哲，人物不可不志也。凡史传载泰山人者，皆汇入焉。即以《隐逸》《仙释》附后。

一　金石可资考证，是以不惮博采详稽，取为方志之要。

一　郡邑志每卷多为小叙，剿袭琐碎，望之刺目。今悉扫弃，总之以叙录，庶归简要，览者自详。

一　前人如王世贞、李化龙、边贡、于慎行、钟惺、顾炎武，俱有摘禁之书，久奉檄查削。今所录皆无违碍，所以遵功令也。

一　明汪子卿《志》误以刘寔、傅伏为泰山人。按《晋书·刘寔传》：平原高唐人也；《北齐书·傅伏传》：大安人也。《北魏书·地形志》：大安属朔州。相去甚远，盖误以"大安"为"太安"耳。况北齐时，泰安为东平郡，邑曰奉高，直至金初，始称泰安军，则彼时何有太安之名也？黄钤《县志·羊烈传》云：祖灵引。按《北齐书·羊烈传》：父莹，字灵珍，与灵引为昆季。则烈为灵引从子，不应误以为祖孙也。朱孝纯《图志》云：唐开元十三年，诏封泰山神为齐天王。谓"齐天王"之称，见《册府元龟》。而《唐书》《通考》俱为"天齐"。《册府元龟》为景德御纂，《唐书》修于嘉祐，宋末始有《通考》，当以《元龟》为据云云。今按杜佑《通典》山川篇云"天齐王"，《通典》乃唐代之书，可证《册府元龟》之误。又以田游岩为隐居泰山。按《唐书》：田游岩，京兆三原人，入太白山，又入箕山。高宗幸嵩山，亲至其门。无隐居泰山之语。一一辨明，附此正误。

凡例毕

泰山志公移①

特授江苏常州府正堂加十级随带军功加五级纪录十次蒋　为移送事。嘉庆十三年九月初一日准。

前任山东济南府正堂金　札称：敝府前离闽峤，承乏岱阳，案牍余闲，谬稽图籍。窃惟岱宗者，帝出乎震，惟岳降神，蟠元气于九垓，摄威灵于庶汇，不崇朝而合肤寸。万物资生，辟洪蒙而镇大千。高山仰止，虽金泥玉简，圣朝不侈封禅之文。而辑瑞、燔柴、古牒，实重虞巡之典。山林山泽，掌在职方；地事地图，司于诵训。是以不揣谫劣，广事搜罗，远考典章，近征文献。以朱孝纯之《图志》为之宗，聂剑光之《道里》为之据②，上纪奎章，下逮逸事，山川脉络，金石琳琊，凡有可征，无不具载。作《纪》三卷、《图》一卷、《志》十卷、《记》五卷、《叙录》一卷，谨备銮辂东巡，庶守斯土者足以诏地事而诏观事焉。书作于乙卯，成于戊午。会敝府量移省会，未及镌梨。及庚申罢郡，侍养南归，始就编纂，付诸剞劂。又以惊心风木，息影枌榆，数阅星霜，时怀铅椠。自维衰朽，难效驰驱，而惟此方策，合贮名山，弃诸茅衡，恐沦酱瓿。兹特将《泰山志》辑成书二十卷，书板四百三十三片，贮为八箱，赍呈冰案。敢求钧檄，移会泰安府，转发泰安县，饬岱庙住持道士具领收贮，以垂久远，不胜厚幸。等由准此，拟合备文移送，为此合移。

贵府请烦查照，转行泰安县，将移到书籍板片饬交岱庙住持承领收贮，俾征稽考，仍望赐覆施行，须至移者。

右　移

山东泰安府正堂徐

嘉庆十三年九月　日移

---

① “泰山志公移”原无，乃点校者补。

② 道里：原作“道理”，今改。

泰山志目录

卷　一　天章纪 文

卷　二　天章纪 诗

卷　三　盛典纪 纶音　仪注　告文　奏疏附　驻跸宫亭　御赐金玉宝器

卷　四　图考

卷　五　岱志 总叙　星野　山脉总论

卷　六　岱志 岱阳　岱顶

卷　七　岱志 岱阳之东　岱阳之西　岱阴　岱阴之东　岱阴之西

卷　八　支山志

卷　九　川泉志

卷　十　祠庙志

卷十一　秩祀志 列代巡狩　祀典　仪注

卷十二　封禅志

卷十三　郡邑志 因革　疆域　形胜　风俗　城池　官制　署廨　学校　田赋　物产　古迹　冢墓

卷十四　人物志

卷十五　金石记 秦　汉　晋　东魏　北齐　唐　后梁　后唐　后晋①

卷十六　金石记 宋

卷十七　金石记 宋　金

卷十八　金石记 元　明

卷十九　逸事记

卷二十　叙录

① 后晋：原误作“石晋”，今改。

棨谨按:《水经注》引《泰山记》《泰山郡记》，其书俱不存。明嘉靖间，有顺天府学教授汪子卿撰《泰山志》四卷，其后查道隆易其名曰《岱史》，国朝乾隆甲午岁，有知府朱孝纯辑《泰山图志》一十四卷，皆未称完备。棨仰承恩命，典郡泰安，恭逢圣治郅隆，重熙累洽，黎民乐育，年谷屡丰。棨不敏，谨纂辑《泰山志》二十卷，作《纪》三卷、《图》一卷、《志》十卷、《记》五卷、《叙录》一卷，谨备圣天子銮辂东巡。窃附《周官》“土训掌道地图，以诏地事;诵训掌道方志，以诏观事”之义焉。

嘉庆三年岁在戊午五月朔日，山东泰安府知府金棨识。

泰山志卷第一

朝议大夫山东泰安府知府臣休宁金棨恭录

天章纪一

圣祖仁皇帝御制文

泰山龙脉论

古今论九州山脉，但言华山为虎，泰山为龙。地理家亦仅云泰山特起东方，张左右翼为嶂。总未根究泰山之龙于何处发脉。朕细考形势，深究地络，遣人航海测量，知泰山实发龙于长白山也。长白绵亘乌喇之南，山之四围，百泉奔注，为松花、鸭绿、土门三大江之源。其南麓分为二干：一干西南指者，东至鸭绿，西至通加，大抵高丽诸山皆其支裔也；其一干自西而北至纳禄窝集，复分二支，北支至盛京，为天柱、隆业。山折而西为医巫闾山。西支入兴京门，为开运山。蜿蜒而南，磅礴起顿，峦岭重叠，至金州旅顺口之铁山，而龙脊时伏时现。海中皇成、鼍矶诸岛皆其发露处也。接而为山东登州之福山、丹崖山。海中伏龙，于是乎陆起西南，行八百余里，结而为泰山。穹崇盘屈，为五岳首。此论虽古人所未及，而形理有确然可据者。或以界海为疑，夫山势联属，而喻之曰龙，以其形气无不到也。班固曰：形与气为首尾。今风水家有“过峡”，有“界水”。渤海者，泰山之大过峡尔。宋魏校《地理说》曰：傅乎江，放乎海。则长白山之龙，放海而为泰山也固宜。且以泰山体位证之：面西南而背东北，若云自函谷而尽泰山，岂有龙从西来，而面反西向乎？是又理之明白易晓者也。

南巡笔记

康熙甲子春日，有以时值上元，请行封禅及巡狩燔柴诸典礼者。夫朕凉德菲躬，临御海宇，迩年以来，水旱兵戈，民亦劳止。虽邀天庇佑，四海荡平，万姓乐业，实未有丰功伟烈，足以昭示来兹，何敢效法前人铭功纪德。至于巡狩，古天子所以周省侯国，使诸侯肆觐明堂，考其政绩。今天下之权统一于内，督抚之贤、不肖，朕皆得而知之，又无事于巡狩之名也。惟是近畿郡邑，屡经巡幸，补助时施。而东南黎民风俗尚未周知。乃于秋九月，陈请两宫，暂违定省。

二十八日，出京师，经河间，过德州，阅济南城，观趵突泉，题曰“激湍”。百姓遮拜马首，户口繁盛，比屋可封。昔称临淄之间，肩相摩、毂相击者，今尚有遗风焉。

十一日，至泰山，石径崚嶒，缓步登陟四十里。御帐崖瀑水悬流，五大夫枯松犹在岩畔，或亦后人继植者。入南天门，扪秦时无字碑。至“孔子小天下处”，真可收罗宇宙，畅豁襟怀。题“普照乾坤”“云峰”诸字。宿泰山颠，月色清朗，赋诗遣兴。来日，登日观峰，看扶桑日出。下山，祀于岳庙。岳为五方之长，发生万物，故躬祀之，为苍生祈福。

十三日，雨雪，驻蒙阴县，侍臣云：明日小雪。喜其应候。诘朝，雪霁，望蒙山峰顶，半入云雾，或隐或现。其上石衣，土人攀缒取之，名“蒙山顶上茶”。尝考四川雅州，有蒙山五峰，极高峻，上产甘露茶。世所传者，或雅州之蒙山也。渡沂水，取鱼既多且鲜，因遣使驰进两宫，以志思恋之怀。

萁花铺，青淮之界，居人辐辏。十八日，发宿迁县，阅黄河北堤岸一百八十里，频年水患，工役浩繁，民俗罢敝，不若山左之庶饶。渡河过清浦、淮安府，商贾往来，舟楫如织。宝应县、高邮州、邵伯镇，皆以湖水泛滥，未复故道。居人草屋临流，床灶半在水中，朕甚悯焉。登岸步行十余里，亲察水势。召集耆老秀才，细访其故，皆云：自海口壅塞，水无所归，二十年来，田亩已成巨浸。赋诗纪事，思所以拯济之。

二十三日，抵维扬，市肆繁华，园亭相望。游平山堂、天宁寺，百姓持香夹道，意甚诚敬。平山堂乃宋臣欧阳修所建，修以文学侍从之臣出知扬州。为政之暇，优游谈谦，传为佳话。故朕诗有“文章太守心偏忆”之句。

二十四日，将由仪真幸江宁府，忽遇顺风，可以速达京口，遂乘沙船顺流而下，波恬浪静，瞬息七十里。沙船，江中战舰也，自岳州、长沙用兵以来，多得其力。今河海清晏，当时战具仅供渡江之用。然安不忘危，朕于此时，未尝不念艰难用武之际。次早，登金山，孤峦隐岫，屹峙大江中，飞阁流丹，金碧照灼。更有一峰离立，曰善才石，郭璞墓在其西。上有妙高台、留云亭、朝阳洞，下有中泠水，称“天下第一泉”。朕率扈从诸臣，一一探眺，纵目千里。题“江天一览”四字，并赋二诗。竹林禅院在镇江府城南五里，曲径逶迤，茂林修竹，高者四五丈，大者围尺，青叶碧枝，阴森崖谷，实北地之所未有。晚而登舟，扬帆丹阳县，常州府、无锡县，俱未及泊，一昼夜行三百六十余里，达姑苏。舟人云：从无如此之速者。

二十七日，由枫桥入阊门，登城阅视，士民观瞻，莫不忭舞，有献赋颂者。是日，驻跸城中，念执事人役辛勤远来，遍赏白金，听其各带方物，以示体恤。二十八日，回銮，过虎丘。山不甚高，亭榭阑槛，布满其上。千人石，高下可容千人，传为生公讲经处，故旁有点头石。剑池，在夹崖中，殊可观。平远堂，俯瞰虎丘之背，田畴林木，望若错锦。苏民仍列酒坊、茶肆，各安生业。管弦竞奏，觉有升平景象。然从事纷奢，罔知务本，未若东北风俗之朴实耳。夜坐舟中，与侍臣高士奇谈论古今兴废之迹，或读《尚书》《左传》及先秦两汉文数篇，或谈《周易》，或赋一诗，每至漏下三十刻不倦，日以为常。盖诗书意味深长，不似耳目之好，易于烦厌也。舟过无锡县，游锡山，观惠泉，石甃八角，池水色渟泓，味较玉泉远不相及，不知前人何以称之为“第二泉”。

二十九日，由丹阳县陆行。初一日，过句容县，蜿蜒石堤数十里，抵江宁府。雨花台在城南，登之，则江山城郭，历历可见。报恩寺规制宏壮，宝塔九级，金碧琉璃，尽镂梵相，结构之巧，殆竭人工，非前代内帑所修不能至此。城中阛阓充实，烟火万家，景物太平，昔称六朝佳丽，今亦不减大都也。明日，祭明洪武陵，见其颓废，敕地方官禁护之。过明故宫，仅存遗址，不禁概然，作《过金陵论》，并赋一诗。登观星台，望后湖，题“旷观”二字。又明日，再遣使进两宫方物。阅镇将射于教场，颁赐扈从诸臣币帛、督抚御衣。

初四日，发江宁府，泊燕子矶，峭壁临江，亦有胜致。初十日，阅高家堰堤工，望洪泽湖，汪洋千倾。复由河南岸行一百八十里，过桃源县。十一日，渡河至宿迁。次日，驻跸蒖花铺。自郯、沂州取道东兖，渡沂、济、祊、汶、泗诸水。泗水出陪尾山下泉林寺侧，石穴吐水，众泉俱导，古树成林。有石碑刻“子在川上处”。然《阙里志》载：孔子观川亭在尼山宣圣庙侧。未知孰是。

十六日，长至节，天气晴暖，无朔风祁寒，扈从诸人莫不欣喜。十七日，过少昊陵、颜子林，驻跸曲阜县南。十八日黎明，祀于阙里，斋心穆穆，若有所见。礼毕，坐诗礼堂，命孔氏子孙讲《周易》《大学》，遍观车服礼器及汉唐碑版。桧树在大成门内，古干苍然，苔藓润泽，真灵迹也。敬想至圣道冠百王，前代留金银器具，皆人力可办。独以仗前曲柄龙盖留庙中，并书“万世师表”四字、《过阙里诗》《古桧赋》。出北门，酾酒孔子墓下。伯鱼墓在孔子墓东十余步，子思墓在其前，西有子贡庐墓之所，左有宋真宗驻跸亭。林中奇树葱郁，未可计数。行三十里，驻跸兖州府，杜甫所谓“浮云连海岱，平野入青徐”是也。念周公制礼作乐，道接文、武。顷过曲阜，未得躬谒庙庭，特制祭文，遣亲藩代祀之。遂由汶上、东阿、高唐至德州。亟欲定省两宫，兼程而归。

是行也，往返数旬，所历山东、江南诸郡县，日以周谘民隐、体察吏治为首务，行道之顷，复得览其山川，凭吊古迹。至于地方利弊，则将有以斟酌损益焉。率笔记之，示朕之不徒事游豫也。

太上皇帝御制文

送五弟奉命往祭阙里文庙序

雍正八年冬，新修阙里文庙告成，殿庑门陛，黄瓦丹雘，既宏既隆。圭瓒、俎豆、罇罍之器，颁自上方。圣天子亲书“大成殿”“大成门”匾额。复命良工，重摹圣祖御制文庙碑文，孝思继述，重道崇儒，兼备于此。既成，例宜遣官祭告。皇父特重其礼，命皇五子斋居洁诚，治装减从以行。余与吾弟夙夜之与俱，饮食之与共，讲习讨论之日亲，至于今二十年。兹往千里之外，能无依依系恋而不忍舍？顾思人自孩提以至于老大，读孔子书，未必能志希圣贤，穷理探源，以至于知孔子之道也。幸而知之矣，而私累之未捐，精进之不勇，则鲜能行之。既行矣，未有不心慕孔子，欲登其堂而入其室者。吾弟力学敦修，不敢自懈于圣人之道者，有年矣。今奉命往祭阙里，瞻宫墙之数仞，则欲得其门而入，以见宗庙百官之美富也。对圣貌之巍巍，则思温厉恭安如在其上，而自省其躬修也。游礼乐之区，想见金声玉振之气象。是行也，不益以增其向往服行之心，而为有生一大快乎？皇父犹有后命，吾弟祭阙里毕，即往致祭岱宗，吾弟往哉。昔孔子尝登泰山而小天下，孟子述之。盖谓得登圣人之堂，与闻圣人之精深广大，则诸子百家群言，皆小也。犹之登泰山之高者，得观嵚岑峻极，则岣嵝培塿，皆不足言也。吾弟既登圣人之堂，又登泰山之高，诚敬之日积，仰之日深。视瞻之广阔，胸次之豁然，古文人学士所谓游名山大川以助其文思笔力者，又乌足云哉。

重建泰山神庙碑文 乾隆六年

国家秩祀之典，方望实惟最重。而泰山为五岳宗长，功用显彰，为德尤盛。庙貌之在山巅者，历有年所，敻乎邈矣，郁攸不戒，宜用鼎新。粤以乾隆六年，特遣专官，董建灵宇，殿庭廊庑，门序观阙，崇闳壮丽，乌斯革，翚斯飞，眈眈翼翼，琉璃丹碧，辉映日星，黼座、璇题、像设、神御穆然，其容范金惟肖。山半为香亭，宝鼎中峙，覆以重檐，载陟斯憩，兴仰止焉。鸠役庀材，胥出内帑，公旬不劳，经费不损，凡土木之工若干，阅期有六旬而竣。

朕惟岱为方岳，昉于《虞书》，列于《禹贡》，纪于《周官》，详于《春秋传》。盖河、泲、淮、海、川、渎环汇，扶舆积高之气磅礴蕴结，灵淑钟萃，蔚为神皋，奠坤维而翊天綍，方位属震，盛德在木，得造化生生之元。故触石出云，不崇朝而遍雨天下，功至神也，泽至溥也。我列祖抚一海宇，怀保烝黎，一体天地，大生广生之心，为神人主，明德馨香，神庥昭格。予一人寅承基绪，夙夜兢兢，事神保民，罔不祇肃。彼登封告成，刻石纪号，金泥玉检，往牒所夸矫诬侈大之事，緊寡昧所不敢知。而乂宁方夏，阜殖群生，俾庶而富，俾寿而臧，尚其惠，邀嘉贶，锡羡介祉，以笃我国家无疆之庆。则所以崇礼展敬，揭虔妥灵，其何敢后焉？爰勒词琬琰，昭示永永。系以铭曰：

岩岩泰山，峻极于天。有虞肆覲，肇祀用虔。牲币祝号，秩视三公。匪僭匪渎，曰以报功。伊神之功，霖雨万国。载生载殖，食我神力。春也其时，仁也其德。体乾之元，以立坤极。奕奕新庙，穹峙层霄。易陶以金，以御刚飚。云生桂栋，雨挟松涛。俯瞰榑桑，日观岧峣。雕甍珠网，铺金碱玉。紫殿靓深，黼衮端穆。月驭星軿，林霏馥郁。灵贶孔时，锡兹介福。降神毓秀，贤哲克生。时旸时雨，百谷以成。陋彼陟封，七十二代。成民致神，往训是佩。肸蠁斯通，鉴格斯在。祇荐神禋，于万千载。恭勒岱顶碧霞祠东碑亭。

重修碧霞元君庙碑记 乾隆三十五年

缘岱麓磴梯而上，隃盘道者五十，然后豇天门，扪日观，岧岧嵉嵉。纬宿列槛垂芒，若引手可摘。其地正应积高神明之隩，有庙焉，范金涂艧，晃艳庆霄。稽《水经注》所载，岳顶上庙，兹其故址矣。而神祎翟珈笄，孔晬孔愉。耇鲐、妇竖，擎芗捧萁，厥角俫餧，相与喁喁请命，则曰碧霞元君。说者以谓黄帝所遣玉女，或以谓是即泰山神女，往往偭背不合。核之志乘，元君封号肇自有宋大中祥符间，真宗有事东封，以上顶有玉女池，乃易池旁石象为玉，龛而祭之。顾考刘禹锡《送张炼师还东岳诗》，有“久事元君住翠微”之句，是唐已前故有元君之名，不自宋始。彼《道藏》及诸家所征姓氏世系，庸足深辩哉！古者治神人，和上下，设教不为戾俗。求其指归，亦曰“礼由义起，实以名章”而已尔。《易》曰：乾，天也，故称乎父；坤，地也，故称乎母。汉《郊祀歌》于后土夫人曰“富媪”，又曰“媪神”。张晏云：媪者，老母之称。坤为地，故名媪。《记》言：地乘阴，窍于山川。而泰山者，万物之始，阴阳之交，众岳之宗。以是证之，太乙青元实惟其所宜乎。有生之属斋心祇祓，愿揭其虔于元君，而元君亦将悫其勤而锡之羡。然则国家秩祀泰山之神与亿兆人奔走奉事碧霞元君之神，其为翼綷元化，二乎？一乎？在《周官·大宗伯》有“各因其方”之语，在《鲁论》有“祭神如在”之文。“如在”云者，讵惟是肸蠁荒忽不可端倪。于山仅见若堂、若霍，于草木仅见维夭、维乔之谓乎？亦将因其声容，得其精爽，而后著之目而成之心，神人之道可接也。且岳视三公，特自其秩言之。今之肖象炳灵者，则既蔽旒秉圭矣，又安知旼旼穆穆，其对越乎！袆翟珈笄者，不诚二而一乎！以是比类而推，北如玄冥，南如祝融，西如颢灵，应具有其主名正位，犂然食报于方望，此物此志也。朕荷穹昊垂庥，叠逢国庆，嘉荐普淖，夙事宜周。是庙自辛酉鼎新，距今垂三十载，因敕工官，往会所司，支内帑金，庀材增葺，闳垲完致，所以答神贶，所以祈神禧，胥于是焉。在其经始，则己丑季春。其葳成，则庚寅孟冬也。恭勒岱顶碧霞祠殿前西碑亭。

重修岱庙碑记 乾隆三十五年

泰岱位长群岳，称宗最古，表望最尊，而有其秩之举，莫敢废，所系于正经，亦最巨。逖稽诗书，首纪有虞。成周之世，弥文懿烁，隆茂大要，非巡狩述职，穆穆皇皇，未闻轻议展采错事，数典特为严重。陵夷汔乎霸国，觊觎三五，妄希受命告功，其臣犹知设辞以靳之。然自七十二家之说兴，而昭姓考瑞，大号显名，铺陈极乎迁之书、相如之文，世世封土作磩，瑑玉成牒。甚者以上山恐伤木石，以遇风雨为德未至，以举火辄应为得行秘祠。盖由柴望一变为封禅，由封禅再变为神仙，而汰侈益无等矣。我朝监于成宪，祇慎明禋，洪惟皇祖圣祖仁皇帝康熙二十三年甲子，廷臣有援“黄帝上元封峦勒成”之说为请者，圣谕特下九卿等议驳，甚盛典也，甚盛心也。朕寅承永怀，彝训时式，每逢时巡盛仪，即躬祀岳庙，洁蠲将事。而于登封台纪事诸什，时复长言申谕，所谓“便使尧舜至今存，迄无可告成功日”者，其义庶几质诸古皇而不易耳。夫戾《经》者不可以不斥，则准《经》者不可以不修。方曲咫闻之士，猥言易坛墠而庙庭、而象设，疑乎踵事非制。故吴澄以五岳之麓各立一庙，谓始自唐时。及考郦道元引《从征记》称“岱庙有三，今屹峙南麓者，实即昔之下庙”。又称“庙有汉柏，庙库藏汉时神车乐器”。则祀岳于此，自汉已然，所从来甚远。且巡狩述职，特祀也；国有令典，遣官赍祝策来告，常祀也。是皆于庙有专飨，而又何泥古之云。乃者，岁庚寅为朕六十庆辰，至辛卯，恭逢圣母皇太后八旬万寿，于时九宇胪欢，百灵介祉。维岱大生，秉苍精化醇之气，用克推演鸿厘，绥祚我皇极。而重闬周阓，岁渝弗饬，灵承曷副焉。爰诹将作扩而新之，其岁月详《岳顶记》中。以是庙为太常宿县之所，因为《迎神》《送神》歌，俾主者肄而落之。其辞云：

遥参亭兮置顿，帝乘青阳兮出震。会东后兮前驱，标天齐兮作镇。焫萧兮馧馞，传芭兮遝晋。霱云童童兮起肤寸，睇肃然其神来兮肸蠁献。

右迎神。

何九皇兮六十四民，升中颂德兮欲云云。罗封坎兮葅席，藉禺车兮蒲轮。江茅鄗黍兮纷效，珍神安格兮顾歆。曰：予正祀兮荐䜣訚，榑桑鼍采兮告庆臻。泰符在握兮与物为春，噏噏乎！根一而衍万兮翊我昌辰。

右送神。恭勒岱庙东碑亭。

泰山志卷第一

泰山志卷第二

朝议大夫山东泰安府知府臣休宁金棨恭录

天章纪二

圣祖仁皇帝御制诗

东巡出都

阊阖来天风，玉仗排双凤。
乔岳耸高标，巡方翠华动。

登岱

岩岩岱岳高无极，攀陟遥登最上头。
路转天门青蔼合，峰回日观白云浮。
振衣巀嶪凌千仞，骋目苍茫辨九州。
欲与臣邻崇实政，金泥玉检不须留。

百丈崖观瀑

悬崖千尺响奔湍，磵道嶒崚动石澜。
彷佛青天有风雨，松阴漠漠逼人寒。

岱顶对月

夜宿乔岳巅，缥缈近云阙。
孤高绝尘翳，天外见明月。
不闻城市喧，惟听空籁发。
开轩肆遐览，万象争突兀。

对此心悠然，清梦自超越。

汶水吟

汶水潺潺清似玉，石涧萦纡行踯躅。

连山百里入莱芜，松柏绵蒙冬尚绿。

经泰山之麓

曩于甲子冬日，登泰山之巅，览秦汉以来故迹，俯眺寰区，凭临沧海，今兹南巡，复税驾山麓，因望岱宗而展礼焉。

耸巘高峰记昔攀，春回瀑水响潺潺。

万层石级云霄上，千里烟村缥缈间。

暂驻犹然思往事，凭陵直欲小人寰。

朱旗翠葆疏林外，已见巍巍俯众山。

夜登泰山

日斜登泰岱，岭腹隔层霄。

深夜回銮处，便忘石磴遥。

见泰安等数州县饥民亟命设法赈济

东路行辇到，人食正荐饥。

呼庚儿女盼，宸游众所依。

村中皆菜色，散去掩柴扉。

救荒先发谷，转漕迅如飞。

两旬无多日，有司报民归。

地丁既已贷，私派务全希。

尽心专邦本，留意欲国肥。

麦秋犹可望，黎民其庶几。

望岱忆旧

青天竦峙翠云浓，端坐船头眺岱宗。
忆上崇隆最高顶，非探芝检效东封。

世宗宪皇帝御制诗

望岱

芙蓉万仞插丹梯，海上群峰莫与齐。
九点青烟看野马，五更红日候天鸡。
云封峭壁松多古，藓积残碑字未迷。
冉冉岭头笙鹤下，仙坛曾此降金泥。

题碧霞祠宝幡步虚词二首

宝阁冰帘紫霱笼，仙风袅袅拂幡红。
扇开日月飞双凤，座绕星辰列九宫。
子视群蒙敷惠泽，母临率土荷帡幪。
敬将玉帛当庭献，愿普慈光遍域中。

琼宇璇宫日月长，奇花瑶草总飘香。
琉璃作殿苍龙卫，云雾裁帷青鸟翔。
拂露霓旌珠灿烂，御风鸾驾玉铿锵。
常将天福人间锡，奖孝褒忠佑万方。

太上皇帝御制诗

题李白泰山观日图限韵

供奉沉香亭，遣调若钟铣。
意在讽色荒，不独词华擅。
五岳峙胸中，磈礧难消遣。
长啸登泰山，日观峰当面。
东望沧溟洲，坳堂杯水转。
阳乌浴未干，鱼龙乘曼衍。
扶桑已三竿，犹不闻鸡犬。
遐观小宇宙，形势天下选。
咫尺大罗天，天帝端衮冕。
叩阍谒通明，从容陪玉辇。
醉踏青芙蓉，岂以佯狂免。
骑龙恣天游，白云共舒展。
帝女赐锦裳，闻说冰蚕茧。
长鲸不复回，奇传类诡辨。
何人写丹青，壁上袅香篆。
披时泰岳雄，收处沧波卷。
即此当卧游，悠然兴不浅。

见岳麓

朝曦驻扶桑，天际微茫分。
东来紫翠光，隐隐滃飞云。
知是岱岳麓，初见意已欣。
杜甫有佳句，果然符所云。

指日陟其顶，一破苍穹雰。

渡汶河

滑笏春波浴翠凫，遥源萦缪接莱芜。
风光一带分齐鲁，支派千流汇港湖。
跸路乍看横蝃蝀，舟鲛曾未守萑蒲。
行来文献邦知近，户有弦歌学有儒。

汶水吟恭依皇祖原韵

肆觐东后修五玉，神尧家法贻轨躅。
鲁疆初历俯汶川，春烟淡荡波摇绿。

望岱宗

百里齐南路，巍然望岱宗。
乾坤惟一大，造物不双钟。
特地扶摇上，倚天紫翠重。
峛崺多已见，气象未前逢。
变化真难测，形容杳莫从。
早看肤寸合，希泽有孚颙。

渡汶水

过汶诣阙里，事毕渡汶回。
因流溯其源，萦带何悠哉。
郓讙龟阴田，每每河之隈。
曾闻润百里，胡乃腾尘埃。
麦陇虽青青，望泽久萦怀。

调幕惭无术，发粟讵遍该。

嗟哉此土民，疾苦经识来。

汉明堂遗址

制自周人创，名传汉帝都。

尊卑因以序，玉帛此来趋。

遗址规犹壮，崇台草半芜。

徒闻公王带，道左献新图[①]。

望徂徕山

徂徕亦云巍，千秋镇齐鲁。

北望比岱宗，拳石如培塿。

马上看山色，云生山四宇。

松年想何若，画意乃尔许。

六逸怀竹溪，高风迷处所。

戏题投书涧

宋胡瑗讲学泰山，十年不归。见家问有“平安”字，即投之涧中，不复展读，故名投书涧云。

报来尺素见平安，投涧传称人所难。

诚使此心无系恋，平安两字不须看。

---

① 公王带：原误作“公玉带”，今改。下同。

祀岱庙[1]

释奠回銮礼岱宗，绳先不为事登封。
地灵自是神凭宇，庙古还看黛蔚松。
阶下崎崟临介石，殿中肃穆仰苍容。（介石）俗名扶桑石。
己躬那更求多福，祈岁心殷惠我农。

祀视三公旧典行，配天生物镇苍精。
崇朝所冀云蒸雨，大德应符震出亨。
寝殿端居帝偕后，仙坛配享弟随兄。
泰山林放如相拟，久矣禋宗不易明。恭勒峻极殿前东碑亭。

环咏亭

仙宫西侧创云轩，春昼阴笼花木繁。
访道不须期碧海，忘言真可驻高奔。
幽偏事业三间足，今古风华四面存。四面刻古今登岱诸作于壁，故名环咏云。
砚净瓯香闲点笔，岂争工拙壁间论。恭勒亭东壁。

汉柏

殿角阴森翠影拏，蒙蒙常自护云霞。
子房学得赤松术，风度而今见汉家。

唐槐

兔目当年李氏槐，杈桠老干倚春阶。
何当绿叶生齐日，高枕羲皇梦亦佳。

---

① 祀岱庙：碑作“祀岱庙二律”。

合云亭

一天门里步天阶，圣迹依然此勒崖。
记取岱宗初入路，荡胸云已净尘怀。
小阁三间梵宇西，偶来临眺足拈题。
白云晻蔼亭边合，应似桃花洞口迷。

壶天阁

策马上丹梯，据床憩紫阁。
既狭乃开豁，俯畅临碧落。
山灵知我来，为我搴云幕。
壶天蕴万象，揽结难依著。
岳麓未及半，得未曾有乐。
极顶纵吟眸，兴会当何若。恭勒阁东北石崖。

回马岭

曈昽日照紫芙蕖，石磴盘纡路转徐。
传是真宗回马处，当年来为奠天书。恭勒岭东石崖。

五大夫松[①]

何人补署大夫名，五老须眉宛笑迎。
即此今兮即此昔，抑为辱也抑为荣。
盘盘欲学苍龙舞，谡谡时闻清籁声。
记取一枝偏称意，他年为挂月轮明。恭勒五松西北石崖。

---

① 五大夫松：碑作“咏五大夫松一律”。

朝阳洞

回峦抱深凹，曦光每独受。
所以朝阳名，名山率常有。
是处辟云关，坦区得数亩。
结构寄幽偏，潇洒开窗牖。
历险欣就夷，稍憩复进走。
即景悟为学，无穷戒株守。恭勒洞东北悬崖。

对松山

岱岳最佳处，对松真绝奇。
古心谁得貌，变态不容思。
万嶂惟全碧，四时无改枝。
依稀佺羡辈，倚树斫灵芝。恭勒山之东石壁。

白云洞

封里出英英，长空几缕横。
所希肤寸合，利我万民耕。

登封台

轩辕远矣不可知，七十二代皆一律。
金泥玉检敬用陈，锦縡石函封以密。
我来岱顶探遐踪，凝眸聊寄凌云笔。
亦非谦牧图终吉，两言定论由中出。
便使尧舜至今存，迄无可告成功日。恭勒飞龙岩。

恭颂皇祖勒崖云峰二大字

骊珠双颗勒云峰，占断岩岩万景重。
不似摩崖千许字，开元惟用诩东封。恭勒云峰西壁。

恭依皇祖登岱诗韵

丹梯纡陟穿云脚，翠观平临待日头。
地迥顿教尘虑净，瞰空惟觉幻身浮。
果然万古宗天下，讵独千秋镇兖州。
大慰平生景仰志，可无警句半岩留。

天齐才让天居上，进步竿寻百尺头。
众皱峰如能变化，太空云与作沉浮。
岂缘乘兴凌千仞，敬识凭高御九州。
继述何能覆敢不，乾坤亭里久延留。乾坤亭在岱顶，以奉皇祖御书“普照乾坤”四大字处也。恭勒碧霞祠东碑亭碑阴。

夜宿岱顶

攀跻凌岳顶，仆役亦已劳。
行宫恰数宇，旧筑山之坳。
迥与天为邻，滃然云作巢。
依栏俯岱松，凭窗盼齐郊。
于焉此休息，意外得所遭。
恭诵对月诗，徘徊惜清宵。皇祖有《岱顶对月》诗。

傍晚云雾收，近霄星斗朗。
仙籁下笙竽，天花入帷幌。
神心相妙达，古今一俯仰。

始遇有宿缘，初地惬真赏。

清梦不可得，求仙果痴想。恭勒云峰下。

云巢

岱顶有行宫数宇，偶为《夜宿》，诗云“滃然云作巢”，辄以名之。

云以山为体，山以云为衣。

始悟云山境，元气相因依。

言二固不可，云一亦何为。

结宇贮云采，开窗纳山姿。

踞榻灵根动，搴幔有滰萋。

下云为我舆，上云为我帷。

题壁带云书，云兮初不知。

日观峰

天柱既孤高，日观乃并峻。

峥嵘成左障，嵂崒凌千仞。

破晓登丹梯，尘衣一为振。

卧牛车盖状，传言殊未信。

海水讵涌金，朝云刚染晕。

无烦夸父追，却忆童子问。

寄兴在寥阔，摛词亦腾奋。恭勒日观峰。

奉皇太后登岱麓[①]

十八盘前候大安，天门双辟倚栏干。

① 奉皇太后登岱麓：碑作“奉皇太后登岱麓敬志一律”。

万年王母会仙母，此日和鸾接彩鸾。

云看吐吞成幄幔，辇教扶掖度巑岏。

南山献寿无须比，宝算崇齐泰岳端。恭勒南天门东崖石。

别岳

登岳快晴明，别岳遇风雨。

此事亦偶然，何足陈谀语。

况兹遍郊麦，青青二寸许。

待泽正斯时，渴望愁农父。

狂风惯吹云，细雨未沾土。

彭怒不肯让，如膏亦奚补。

连年水旱灾，偏萃于齐鲁。

纵发帑粟施，岂救流离苦。

哀哉茕独民，惭为汝父母叶。

过泰山再依皇祖诗韵

才看积雪消峰脚，又觉轻云翳日头。

岂是山灵邀客住，故教岚气作烟浮。

赓吟尚忆尧登顶，结揽遐思禹画州。

阿那天门门左侧，云巢三日我曾留。云巢，岱顶行宫名。

仄路盘旋出塞口，岱宗俯视众峰头。

试思前度游如在，了识百年梦亦浮。

稍喜省方近吴会，岂辞问路自齐州。

若云此地山川景，只合驱车不合留。恭勒岱顶碧霞祠门左雍正九年碑阴。

望岱庙

自有苍精协震亨，崇祠象设始谁成。
灵趋汉县群黎赤，事纪茅家三弟兄。
香和岱云千仞合，钟传汶水十分清。
凭舆朅尔驰遥睐，鳞绣郊原渐可耕。

寄题汉柏

瑶阶汉柏盘童童，柏下吟情想像中。
不及同时嵩岳树，受名曾共颍川冯。

渡汶水

汶水虹桥冻合津，纽芽宿麦迟抽新。
心期邓尉村前景，背指天孙云外皴。
往事总堪愁渺渺，无生底必滞尘尘。
未忘只有勤民念，余概空花付夙因。

驻跸方山

济北名山驻玉符，欣于始遇畅清娱。
梵宫高下罗诸岫，行殿朴淳别一区。
容膝已安谓多矣，奇观何限讵穷乎。
润州此去栖霞揽，吉甫均标十道图。

灵岩爱山楼

荣青缭白相氤氲，无色声天大块文。
著个横楼真恰当，四时佳气与平分。

巢鹤岩

法定开山有鹤瑞，羽衣皜皜驻云峰。
至今月白风清夕，仿佛东坡梦所逢。

雨花岩

峰枝涧叶未芬芳，只有天花扑鼻香。
底事坐来都不著，维摩室里即斯床。

甘露亭

泉疏甘露淙淙注，亭子因仍甘露名。
用汲谁工注爻象，马迁曾是叹王明。

卓锡泉

泉临卓锡一亭幽，万壑千岩景毕收。
最喜东南缥缈处，澄公常共朗公游。

白云洞

霭霭英英相后先，穿云忽上白云巅。
春郊方待一犁雨，便可为霖润大田。

铁袈裟

片铁为衣状水田，沧桑几阅镇精坚。
谁云五叶一花止，试看伽黎万古传。

摩顶松

高松西指为求经，般若真诠泯色形。

假使虬枝解更向，定知糟粕是清宁。

丁丑初夏登玉符最高峰得四百字

春巡气尚寒，有兴未登眺。

清和兹返跸，日长况早到。

宇宙最奇处，空过山灵谯。

设如逢炎暄，挥汗亦何要。

时景值佳会，况鲜几务告。

邂逅不可失，一畅智仁乐。

园北启便门，不必命旌纛。

肩舆陟崇椒，林鸟为前导。

摧崣罗疏峰，威纡列层峤。

陡壁若无路，一线穿林徼。

或如田见龙，或如雾隐豹。

或雄以狰狞，或深以窅寥。

或秀若丹青，或庄若廊庙。

树抱石为胎，泉飞峡成调。

山花霏细芳，山禽递幽噪。

历历所揽结，朗朗开怀抱。

舍舆还进步，何藉筇屐趠。

初至半室岩，厓羼似棚窖。

方床俨维摩，不著天花落。

为想诗僧逸，顿息尘缘闹。

蹑险扪烟萝，洞有白云号。

肤寸一脉起，泽应三农祷。

证盟功德顶，调御真古貌。

巢鹤最高处，胎仙宛可召。

应接乃无暇，奇观供四照。

南瞻日观峰，是我昨所造。

北睇鹊华翠，云中辨隐约。

其东朗公近，疑听锡声标。

惟西乃豁开，来路盘崖隩。

已觉鲜其匹，便欲观其窍。

设匪片时劳，安识无穷妙。

苍然日色暮，归路寻蒨峭。

忆昔可公辈，别传西竺教。

想亦巢许流，林泉寄笑傲。

侵寻事庄严，逐末吁可笑。

其师若有知，弗许头应掉。

有为法终幻，成坏像相诏。

犹然冀施檀，云有福田报。

松坞坐静观，万缘似谁觉。

忘物我未能，吟怀且推敲。

谒岱庙

岱宗遥望谢重登，岱庙森严玉陛升。

只有丰年祈帝贶，愧无明德答神凭。

唐槐汉柏形容古，时景民风气象增。

迅矣三年成瞬息，向来欣戚总难胜。恭勒岱庙东碑亭碑阴。

过泰山作歌

土父泽母山之根，成形类聚精义存。文王后天列八卦，艮兑交错西南坤。西南众山，祖脉惟昆仑。其在艮维山本体，是为长白齐苍旻。转折逾海伏而起，岱宗雄长，其实尾闾拳石崇。中原五岳五镇各览二东岳泰山，中岳嵩山，北镇医巫闾，南镇会稽，昆仑长白姑遥跂。以予所登兴安大岭巴龙桑苏台，广博崇隆，列之岳镇，有过之而无不逮。吁！何其名曾不得与岳镇厕，岂非古来版图以外未得通文字，儒生各拘所见高位置？山既若此，余胡独不然。苍颉作字，天雨粟，鬼夜哭，其理信有，岂是荒唐传。

渡汶河

湛湛复沄沄，长虹亘两渍。
山川千里互，齐鲁一渠分。
济运常资是，成盟旧所闻。
道元称博览，已见数名纷。

源出仙台岭，依稀石汶真。
春寒勒萑苇，雨过涨涟沦。
公王汉奇士，白英明老人。
徐行抚澄晏，惟是廑观民。

过泰山三依皇祖诗韵

方山一宿停清跸，泰岱岩岩见举头。
南指遥程春晓发，东来紫气马前浮。
圣踪永古并崇岳，恺泽于今在九州。
纵是瞠乎嗟莫及，觐扬敢不意深留。

灵岩石路盘山脚，齐甸春光动陌头。
案衍遥从西峪度，巃嵸不碍晓烟浮。

瓣香寸意驰仙阙，舆地千年镇兖州。

忧乐向来何处著，思量结习岂应留。恭勒碧霞祠门西雍正十三年碑阴。

望岱庙寄题

泉林取路向西移，敬仰崇祠一念驰。

作镇配天首五岳，居方出震佑嘉师。庙中皇祖御书匾曰“配天作镇”。

唐槐汉柏应依旧，秋月春风又几时。

香帛太常依例遣，祈年惟是祷无私。车驾经山东境，礼官奏。遣大臣赍香帛，告岱宗，修故事也。

渡汶河

三汶兹为大，千秋带鲁郊。

原山溯源出，济水汇流交。

冻解迟蒲刺，波清下鹭抓。

方春生养候，未拟网罛抛。

谒岱庙六韵

春巡限定程，望岳寄遥情。

用趁回涂便，一申肃拜诚。

震方惟帝出，寅德肇人生。

仰载无私祷，祈年有屏营。

英云笼宝殿，佳气护曾城。

退憩寻环咏，诗裁不易评。环咏亭在庙西侧，四壁刻历代游人诗。

登泰山作

合云亭度栈萦纡，旬岁重教履巇途。

昔日今时浑不隔，登封降禅总无须。

倘来忧乐亦多矣，试问山川略异乎。
昂首天门三万尺，到因步步积工夫。

壶天阁

迥阁昔经坐，今来无复登。
攀跻缘未暇，揽结识吾曾。
碧水自深涧，白云指上层。
勒崖多旧句，历历可明征。

回马岭

昔人回马地，进马跋岩扃。
夫子有明训，功毋一篑停。

朝阳洞

当年题句处，洒扫备延停。
云栈犹翘白，岱峰未改青。
不教镇留憩，缘是旧曾经。
率以劳为逸，天门即叩扃。

十八盘

犹记昔登十八盘，坦途高架丈余宽。
曾因过费饬方伯，率为趋平奉大安。戊辰恭奉皇太后安舆登岱，有司架木为栈道，险峻皆成坦途。兹来朕策马以登，不令架木。
今度挥鞭吟马上，不教仿栈辟云端。
石梯拾级千层迥，却喜峣峰本色看。

登泰山四依皇祖诗韵

春日南巡程限迫，题诗兴寄碧峰头[①]。
设如两度皆空过，终觉一心太率浮。辛未及，今丁丑。
谒圣才辞曲阜县，登山遂至泰安州。
乾坤普照天襟廓，景仰奎章万古留。

瞬息十春岩电影，年来忧乐忆从头。
谁能石上三生认，且看烟中九点浮。
幻矣仙踪谢蓬海，悯哉民瘼指徐州。
云巢若问前巡事，泪洒空庭不忍留。岱顶行宫名。戊辰三月，孝贤皇后得病，实于此。

望岱庙

岱岳崇隆百里瞻，答阳岱庙伷精岩。
礼官肃祀仪虽备，恭巳忻翘敬倍添。巡跸将经岱宗，首途遣官告祭如礼。
居震德宏六子率，配天泽厚万方沾。
心驰未觉云山隔，敢曰诚通冀福谦。

驻跸方山叠旧作韵

谁向丹阳借宋符，佳谈一例助游娱。
何须此是彼非论，不异水流山峙区。
行馆数间堪驻耳，好峰几叠试登乎。
前年已是携图去，今日居然身在图。

① 春日：碑作“春月”。

题方山夕景

雪积有余寒，山高易为暮。
松梢落暝色，忽失苍松处。
行斋倚岩半，谡谡仙风御。
神谧息外营，景清契始遇。
然此不可著，明当清跸去。

卓锡泉上作

古寺礼灵岩，春泉憩卓锡。
泉上自有亭，左倚千寻壁。
松盖密密张，乳窦淙淙滴。
眉目于焉朗，心神一似涤。
志乘谁所作，咄咄夸妙迹。
锡如能昭昭，泉即所历历。
便实有其事，临滴与捧吃。

巢鹤岩

羽客本来瑶岛种，何因瑞相兆开山。
应缘命命同飞去，安养道场听法还。

雨花岩

维摩室里文殊问，那是如来不二门。
付与层岩雨花者，更无人说默无言。

甘露泉

甘露泉头甘露亭，沦泉洗钵茁莲青。

无端津逮阇黎口，说法犹当字字馨。

卓锡泉

都大缁流也好奇，锡传乳窦注山陂。

玉泉第一惠泉二，问尔神僧卓者谁。

白云洞

天半嵌岩名白云，晴空无雨亦氤氲。

前春忆得探奇到，路自英英蔚处分。

铁袈裟

铁铸袈裟图久住，谁能著得自元超。

蒲牢设拟鲸鱼发，也似钟声披七条。

摩顶松

长安辞阙求西竺，摩顶松何在鲁东。

迁固犹然有踳驳，稗官奚怪语多空。

壬午春题朗公石画图

灵岩山侧，一峰兀立，状如僧伽。相传为晋竺僧朗说法处，因以朗公石称之。壬午春，驻跸于此，点笔为图，并系以歌。画禅合相翠岩，或当印可。

玉符东麓卓立峰，图志犹称是朗公。

人尽云然胡独不，飘飘合掌行虚空。

又如达摩面岩壁，复传曾有点头石。

一之为甚可再乎，初祖生公笑可惜。

兴来为写朗公貌，三鬣何曾求曲肖。
眉毛拖地至今然，海月团团镜光照。

爱山楼

洁治行宫备豫巡，高楼纳得好山皴。
设云仁者有同乐，便拟当春泽物均。

壬午孟夏月下浣登玉符山极顶作歌

初春昼短景易阑，复虑高处不胜寒。
即今清和驻跸早，有山罗登孤素抱。
内竖肩舆攀巘萝，更弗松下鸣梢诃。
绝顶放眼一千里，犁云锄雨何其多。
东山小鲁泰山小天下，我则何敢凛乎御六等。
唯有祈年意非假，与民休息孜孜者。
雄辩那须夸炙輠，返吾勤政延儒雅。

过泰山五依皇祖诗韵

灵岩谓是高无比，更有高峰在上头。
瞻鲁象曾诗里想，青齐色忽路前浮。
禅封玉帛秦兮汉，襟带耕桑郡复州。
保泰惟斯躬所勉，况荣若彼志毋留。

两度天门亲拾级，羲碑捧读忆从头。
戊辰年事那堪道，丁丑春巡过似浮。
不改旰宵勤庶政，惟期乐利永齐州。
省方继武一心切，讵是无端七字留。

望徂徕作

徂徕松早似牛山，孟子名言絜矩间。

只有竹溪传六逸，不妨傲士此高闲。

过汶河

灵源远溯出莱芜，行地横陈齐鲁都。

是日轻舆复经过，春风野彴自清殊。

昔今不异观民切，来往宁因问景纡。

分水北南胥济运，古人相土有良模。

谒岱庙

时巡指江国，致祀遣春官。

兹取回程近，亲瞻祭席单。

大生功配帝，如在貌临坛。

肃拜无私祷，抒诚心始安。

戏题环咏亭

庙旁精舍小逡巡，瞬息流阴十四春。自戊辰题句至今，阅十四年矣。

环壁若华沵群咏，几成五色目迷人。粗阅数首，无一佳者。

题汉柏

岱庙东院汉柏六株，森郁庭宇，信数千年神物。其西北隅一株，尤为轮囷奇古。壬午初夏，南巡回跸经此，默识其状，以归毡庐。清暇点笔成图，并系短句。

遥望嵩山结昆仲，近临西院是云仍。嵩阳书院汉柏，昔曾为图。庙西院有唐槐。

大椿岁月犹虚拟，万古塖垣永瑞凝。

登泰山作

欲笑相如逢汉武，更非张说谀唐明。
却因瞻彼岩岩象，便以畅兹坦坦情。
或马或舆遵栈路，宜诗宜画入仙京。
齐州九点烟中辨，益切忧怀保泰平。

登泰山六依皇祖诗韵[①]

春巡南国孤纡跸，按辔高山仰马头。
可匹何曾吴岭见，既成乃复大江浮。
便教一问峰兮谷，未许多劳郡与州。
清晓载登午言降，那因胜处恣耽留。

五岳之中宗首出，谁能昆脚与皆头。
神传杜句真称独，象拟韩文信不浮。
结揽圣情昭泰麓，照临民隐遍齐州。
继绳今日伊余责，敢不聪听一意留。

望岱庙有作

翕河乔岳例驰香，告祀涓辰遣太常。
讵止一时修故典，都缘万姓吁明庆。
配天作镇钦神德，与地无疆祝懿祥。庙中皇祖御书匾曰“配天作镇”。
汉柏轮囷嘉荫下，春风曾忆小徜徉。

① 六依：碑作“五依”。

灵岩爱山楼

高低七景围山寺，独喜书楼在小园。
更不安名征故事，包涵无尽意中传。

巢鹤岩

瑞迹原因法定开，胎仙那识去兮来。
层岩或见翙翙者，莫认当年丁令回。

雨花岩

弗随冬谢逐春芳，满意清凉满鼻香。
更不分疏著与否，较于天女散犹强。

甘露泉

一例回回山下泉，名称甘露岂徒然。
法王解灌群生顶，会否原来在海边。

卓锡泉

泉如为取锡为能，有卓应非最上乘。
藉问阿谁留此迹，依稀云是佛图澄。

白云洞

昔年回跸意登峰，疑见仙人驭鹿踪。
春晓尚寒且无暇，白云洞口任他封。

铁袈裟

铸钟弗就袈裟就，孰是幻兮孰是常。

或曰不坚如铁耳，难持一切问荣将。

摩顶松

法师西域过关中，宏福译经阐梵风。

何涉殿旁摩顶树，真成野语述齐东。

题灵岩摩顶松图

玄奘取经摩松顶，谓曰将归当东指。

因之新话传灵岩，今看是柏松非是。

设云后人所傅会，种松亦易何为尔。

人谓之松亦松之，几度指吟不可否。

斯地斯事其然乎，姑且置焉徐证旨。

虬枝东指则诚似，佛殿边旁特孤峙。

千年以上岁斯历，玉节金幢入画理。

我欲写形知是柏，顾名为松面先泚。

松之与柏实易辨，尚致淆讹有如此。

贤否万状目前陈，吁嗟鉴别真难矣。

《大唐新语》称：摩顶松在灵岩寺，为玄奘遗迹。夫唐时建都长安，玄奘发轫，自必由彼，而取经回，译经于宏福寺，亦今西安地，志乘班班可证于此地无涉。或玄奘由此诣长安，译经事毕，仍来居此；或长安亦有灵岩寺，均不可知，此当徐考耳。然松既以摩顶称，即予屡经吟咏，何尝不人谓之松而亦松之。兹欲写其形，则知是柏非松。名或可以假藉，实难可与迁就。揭尔成咏，其亦有戒于斯夫。图成，复走笔赋此。

松以玄奘传古迹，柏忽居之主游客。

谓柏即松松又非，却有指东枝历历。

谓松即柏柏故是，那见五针可假藉。
以讹传真真已讹，真讹是非更滋惑。
复思太古始制字，柏谓之松松谓柏。
是非真讹究何辨，名循至竟其实责。
掷笔大笑有是哉，拘墟戏论终无益。

灵岩寺再叠前韵

烟霞朝暮传心印，泉石古今惬性灵。
不二殿旁法松郁，成双门外刹竿亭。
风来檐角虚铃语，春入山根新水渟。
此是色空无著处，作磨更□梵王形。

过泰山七依诗韵

只合登山小天下，便当观海悉源头。
已看岳岳云霞俯，未了青青齐鲁浮。
岭别阴阳分作郡，星明角亢照为州。
逮今七度赓元韵，为有峰巅圣迹留。

大岭隆崇自参汉，众峰拱揖若骈头。
春朝又睹神霄矗，佳气忽来马首浮。
忆昔豫游臻上界，至今乐利遍东州。
千秋欲问登临者，几个能如杜句留。

过汶河

冰解中流细，春初两岸高。
原山派亘野，济水会资漕。

丽日虹翻影，轻风縠不涛。
黔黎迎跸路，情更切前遭。

谒岱庙六韵

亿祀神庥永，百年庙貌新。
佐天生万物，护国福烝民。
庆落卜良日，展诚恰仲春。
扶桑石突兀，炎汉柏轮囷。
肃拜经九载，慈宁值八旬。
抒忱颙有吁，介寿愿重申。恭勒峻极殿前东碑侧。

题汉柏

汉柏曾经手自图，郁葱映照翠阴扶。
殿旁亭里相望近，名实主宾谁是乎？恭勒壬午汉柏图诗碑阴。

环咏亭

小屋三间岳殿西，亭欤非也昔难稽。
古今岁月一时阅，长短诗篇四壁题。
磬折予心孰李杜，翘瞻汉柏是夷齐。
忘言更复言奚必，欲笑庄周筌与蹄。恭勒亭中。

登泰山八依皇祖诗韵

豫游本拟当敛迹，轮奂新歌重叩头。
志养亦惟体虔敬，躬巡岂是动轻浮。
愿言遐算如高岳，讵曰登封俯下州。
万级天门攀不易，行宫清洁足安留。

岩象崇崇忽对面，奎文朗朗正当头。

齐烟九点遥胥括，匹练三吴近若浮。

锡羡八旬开宝帙，耀灵万古镇神州。

再来此后知何日，欲去不期步为留。恭勒碧霞祠门外东碑侧。

壶天阁

仰观极顶尚隆崇，俯视居然造半空。

放眼碧天以外看，孰非游此一壶中。摩崖在阁东北石上。

回马岭

崇椒越上越嵚嵜，传是真宗回马斯[①]。

若论天书来致奠，到斯回马已为迟。恭勒岭东石崖。

飞来石

无翼飞来自何处，凌空欲坠倚崚嶒。

诗书齐鲁斯为镇，梵志借誉似不应。恭勒飞来石西南大石上。

咏五大夫松

五松列峙泰山道，祖龙经锡大夫号。

后世因以称秦松，其实嬴秦时已老。

疾风暴雨何时无，何时郁菀何时枯。

曩日司工人补植，兹看磊砢龙鳞粗。

异哉名实谁宾主，实以名存今即古。

何不谓之舜五臣？肆觐于斯同律度。恭勒松西北大石上。

① 传是：碑作“传说”。

朝阳洞

崱屴于兹得亩平，崖坳牝洞受曦明。

三间精舍颇清洁，稍憩旋教进步行。恭勒洞东石壁丁丑诗北。

对松山

古干今枝郁相扶，正看侧眄总堪图。

个中尽有羲皇种，当得儿孙五大夫。恭勒对松山东石壁。

十八盘

云衢盘陟造天门，果是岩岩气象尊。

逮此崇台仰三度，登封降禅未曾言。恭勒十八盘东石壁。

日观峰

居高揽远理无疑，峰顶当先见晓曦。

设使海边立沮洳，虽卑应更早于斯。恭勒日观峰碑阴。

咏无字碑

本意欲焚书，立碑故无字。

虽云以身先，大是不经事。恭勒碑东南大石上。

白云洞

氤氲触石气成蒸，此意当知别有应。

一片常教封洞口，金泥玉检未容登。恭勒洞东石壁。

丈人峰

仙人对博寄幽托，岂实凌虚上玉京。

立字是谁称博古，居然移置蜀山名。恭勒峰南面。

莲花洞

乳窦溶溶迸石泉，细淙洞口注成川。

谩言未是莲花候，四面峰形岂不然。恭勒洞上。

汉明堂

废迹遗踪辨有无，谁云公王带曾图。

设非麟趾关雎意，便建明堂费亦徒。勒碑汉明堂故址。

桃花峪

春到桃花无处无，峪名盖学武陵乎。

五株不见苍松老，半点何曾受污涂。磨崖桃花峪石壁。

登泰山即事言志八韵

岱庙及岱顶，万年镇兖青。

生方惟物育，佑国沛神灵。

历久需修葺，落成荐洁馨。

仲春乃巡狩，八帙以慈宁。

那举升中礼，缘因祝大龄。

奉钦瞻宝殿，弗敢掖安軿。

诘旦亲登陟，摅诚谒闬庭。

降原回望处，天近老人星。

赋得泰山不让土壤得容字八韵

分野奎娄次，降祥齐鲁封。

三公崇视秩，五岳卓为宗。
徒仰岩岩象，谁知荡荡容。
廓哉德乃大，受也众胥供。
聚壤斯成巨，接天孰并踪。
有臣如一介，据地压千峰。
杜句吟真独，李书譬岂庸。
何当肤寸合，时雨利吾农。

白鹤泉行馆即事成什

出谷缘山跸路延，花村柳墅望相连。
观民缓迈青郊道，行馆新成白鹤泉。
只以娱慈用允尔，设云适已实惭焉。
八旬圣母扶瞻岳，更祝如斯亿万年。

体元堂

五岳岱宗尊，东方生物原。
虞巡秩仲月，鲁颂寿堂萱。
是日临行馆，体元额朴轩。
祝釐申笃悃，施惠沛殊恩。
展义无非是，余闲有咏言。
长人法乾德，即境勉心存。

拟子建飞龙篇

巍巍泰山，兖州镇崇。
匪惟兖州，五岳是宗。
灵气所宅，生物所始。

柴望肇禋，宜必自此。

陈思芝童，太白鹤仙。

胥别意托，我何有焉。

七十二君，登封降禅。

惜乎岩石，磨泐以遍。

至哉重华，二月东巡。

五礼五器，无非为民。

岱岳观日 掖辇纪庆颂之四章

粤戊辰春，驾言东巡。

既仰杏坛，遂跻岱宗叶。

匪慕汉唐，用事封禅。

以祝洪釐，介祉锡羡。

瞰彼扶桑，升于东溟。

芝童绿发，玉女云軿。

慈恩载普，覃齐浃鲁。

载我文母，式歌且舞。

合云亭

石是云根云石衣，云容石态蔚相依。

游心设拟承祯语，合漠由来吾所希。

谒岱庙六韵

庆落当辛卯，来瞻兹丙申。

安舆欣莅止，古庙展诚纯。

即此康强吉，孰非锡羡仁。

东方生众物，万祀佑斯民。

松柏那论旧，丹青尚若新。

所希绵懿寿，命驾岂辞频。勒岱庙东碑亭侧。

汉柏口号[1]

历劫那知菀与枯，谓犹多事写形吾。

不禁笑指碑图问，久后还能似此无。勒汉柏图碑侧。

环咏亭

四面回廊环古屋，题诗嵌壁满其间。

不须品第咏而去，否恐虚今番往还。勒亭内东壁。

壶天阁

中观已升廿里遥，天关仰尚白云标。

一壶谩谓观止矣，为学进吾往训昭。勒阁东崖。

回马岭

为奠天书策马来，崎岖难进遂因回。

泰山何弗如林放，不受祥符捷径开。磨勒石壁。

飞来石

块石无根寄石上，似翔又似翥而飞。

底须灵应名假借，石设有知应未依。勒五松亭南石上。

① 汉柏口号：碑作“口号”。

五大夫松[1]

郁葱盘道周，厥貌已入古。
谓斯补古者，古不知几补。
南苑双柳树，我曾赋其故。
斯盖遥与同，弗复重絮语。
天数及地数，各得成于五。
人岂必不然，大夫人之伍。
参立岱岩阿，万劫宜所处。勒五松亭旁石壁。

朝阳洞

南东其向剧岩隈，穴处宛堪憩往来。
万仞峰头标日观，朝阳此处笑重佁。磨勒洞壁。

对松山

对松初不称孰对，万古之上万古松。
面目本来正如是，小哉人世诩嬴封。勒对松山东壁。

登封台

台盼登封繄我思，万几日理在勤为。
便当尧舜至今在，亦乏成功可告时。勒十八盘东崖。

白云洞

山中何有有白云，出谷封陵氤复氲。
太古以来绝人世，幸他八伯未曾闻。磨勒洞壁。

① 五大夫松：碑作“咏五大夫松”。

登泰山九依皇祖诗韵

八旬五母仍康步，六十六儿微白头。
上瑞古今真此罕，后言是否听其浮。
惟知养志以天下，况是祝釐殷九州。
岱庙已瞻申懿悃，高峰欲陟吁停留。

玄黄以判万古峙，伯仲之间五岳头。
入目景无非缋画，荡胸云有若沉浮。
天章讵止垂永世，圣意昭然照下州。
设以九赓喻九仞，十全有待再吟留。

日观峰

天鸡唱晓上扶桑，一片大红海水光。
此景只宜出想像，那能中夜陟峰偿。勒日观峰碑亭。

丈人峰

丈人五岳自青城，岱顶何来假借名。
却是世人知此惯，谁因杜老句详评。磨勒峰壁。

莲花洞

本来原自象峰名，久假因之洞以成。
石窦窪樽渟泂泌，夏时合有濯其清。磨勒洞壁。

桃花峪

绛桃花及青松树，一例由人入话提。
却是松桃付不识，识惟灼灼与萋萋。勒桃花峪石壁。

合云亭

峰环峦抱势萦包，夕霭朝岚气接交。
设果循名合肤寸，为霖终是利东郊。

四贤祠行馆作

平阳弗愧先生席孙复，守道愿居弟子行石介。
原鲁雅钦曾造第孔道辅，翼之不合竟同堂胡瑗。
威仪一代巾将履，俎豆千秋梓与桑。
何必于傍行馆筑，斯之未信只彷徨。

羊祜城

桑梓犹传仆射城，岘山堕泪感舆情。
由来仁胜功远矣，元凯沈碑空好名。

登泰山十依皇祖诗韵

六十一年君道焕，高如泰岱孰齐头。
仁心仁政恒垂永，实行实言务去浮。
峻极至今存七字，鸿庥万古被诸州。
不禁即境增钻仰，从实末由愧迟留。

十全今果酬前韵，睨弗视之只俯头。丙申登泰山，有“十全有待再吟留”之句，今果十依皇祖元韵，惟彼时作诗之意弗获如愿，不堪追忆，亦不忍仰瞻耳。
岂谓祝釐诚未久，旋成永别幻如浮。
徒因民愿巡吴郡，便以途遵过岳州。
四字赓来各已廿，再经不拟重词留。

右登岱依韵诗，自戊辰至今岁十叠已全，因汇录成卷，弆行馆，以志岁月。嗣后或复巡，再过此处，重款壶天，当更拈别韵成句，不继赓，并识于此。

体元堂

白鹤泉行馆，书堂有旧名。
体元仅君德，展义以时行。
诸吏扈跸谨，庶民瞻就诚。
于斯无别好，即此可怡情。
摘句春窗暇，观书夜烛明。
南轩阙里近，释奠致寅精。

谒岱庙[①]

来因瞻岱宗，岱庙谒诚恭。
封禅事无我，阜安祈为农。
代天敷物育，福国锡时雍。
九叩申虔谢，八旬实罕逢。

唐槐

柏槐根本不相同，他植较来品又崇。
院各东西世唐汉，忘年友意在其中。

环咏亭

明当发驾指泉林，再叩频申方寸忱。
环咏亭中聊徙倚，片时万古一般心。

汉柏

既成图画复吟诗，汉柏精神那尽之。

① 谒岱庙：碑作“谒岱庙　瞻礼作”。

碑堵却空留一面，待兹来补岂非奇。

飞来石

叠石原非土作根，飞来遂致有谰言。

似此屈指难为数，奚必重佁灵隐存[①]。

朝阳洞

翠微窪处数间屋，陟降人兹憩以常。

日观高峰应早见，底须幽洞诩朝阳。

白云洞

春云为喜夏为惧，可识人殊无定情。

喜惧之中吾老矣，不曾一许颂其卿。

回马岭

天书上下腆颜为，鄙甚三呼称不知。

中道弗前回马返，岳灵应实愧难欺。

登封台

登封降禅古来传，总属夸为可鄙旃。

造极至今凡六次，无他只谢愧心虔。

丈人峰

高峰何有丈人称，谁向青城故事征。

① 似此：碑作“似兹”。

缩地齐东蜀西号，千年野语任相应。

莲花洞

峰可拟莲洞难拟，洞和峰却不相离。
譬之太华开十丈，也自相资玉井池。

合云亭

名山无不解生云，肤寸况经古所云。
设使为霖渥三寸，东郊举趾正兴耘。

壶天阁

壶天阁据路之中，于是传餐足憩躬。
便可轻舆徐以进，未能策马愧于衷。

对松山

对松自是人称谓，问彼童童者岂知。
却惜五株永其号，非荣之也实卑之。

桃花峪

石栈崎岖陟峻层，几枝灼朵倚崇崚。
落英不付东流水，那许人间认武陵。

日观峰

少海初阳拥赤霎，铜钲一照众峰低。
欲观旸谷初升际，半夜由旬里孰跻。

体元堂

山阳行馆在，堂额丙申名。

不忍初番忆，即今三度行。

只因瞻岱悬，空面祝釐诚。

颐豫都成梦，低徊那尽情。

几余绳榻凭，遣闷纸窗明。

设论对时义，体元勉契精。

泰山志卷第二

泰山志卷第三

朝议大夫山东泰安府知府臣休宁金棨恭辑

盛典纪

纶音

康熙二十三年九月十九日，诏曰：帝王诞膺景命，统御万邦。道重观民，政先求瘼。是以虞廷肆觐，肇举省方，周室怀柔，式歌时迈。诗书具在，典制丕昭。朕仰荷天庥，缵承祖烈，抚兹兆庶，期底时雍，夙夜孜孜，懋求至理。以富以教，靡敢怠遑。犹虑蔀屋艰难，罔由上达。故于直隶郡县周览巡幸，勤施补助。更念山左等处，土宜俗尚，不加循省，曷克真知？矧历逢甲子，世际升平。聿图泰运之恒新，在措芸生于豫大，乘时命驾，咨彼民依。但乐利只慰夫一方，而德泽未敷于九有，朕心歉焉。用是特昭公普，以宏仁庶，奏诚和之盛治。

一　江南、浙江、江西、湖广省分，自用兵以来，供应繁苦，宜加恩恤。康熙二十四年所运漕粮，著免三分之一。

一　自康熙十三年起，至二十二年，拖欠漕项钱粮，著自康熙二十三年起，每年带征一年，以免小民一时并征之累。东巡经过地方，宜俱加恩恤，著将康熙二十四年应征丁银，尽行蠲免。

一　泰山经过致祭，其四岳四渎等祀，应遣官致祭，察例举行。

一　凡官吏兵民人等，有犯除十恶等罪不赦外凡常赦所不原者，不在赦内，其余自康熙二十三年九月二十四日昧爽以前，死罪军罪以下，已发觉、未发觉、已结正、未结正，咸赦除之。有以赦前事告讦者，以其罪罪之。

一　直隶各省修理文庙银两，照旧存留，以供整葺。

一　直隶各省解费脚价银两，仍复存留，照额支给。

一　祭祀行香习仪及祈晴、祈雨、乡饮酒礼等项银两，仍复存留，以供支用。

一　岳镇四渎庙宇倾颓者，该地方官设法修葺，以昭诚敬。

一　内外文武官员现应议处者，俱著宽免。

一　内外文武大小各官，除各以现在品级已得封赠外，凡授职升级及改任者，著照新衔封赠。

一　各处孤贫口粮已复存留经管，地方务须从实给散，以赡穷独。

於戏！时臻熙皞，弥隆宽恤之恩。户乐清宁，丕笃绵长之庆。布告天下，咸使闻知。先是翰林院编修曹禾题请封禅，吏科掌印给事中王承祖题请巡狩，并经部议，因有此诏。所有曹禾、王承祖疏并部议俱附卷末。

康熙二十三年十月十一日，大学士明珠、王熙奉谕旨：朕夙夜孜孜，勤求至理，深宫宁处，轸念闾阎。诹吉时巡省观民隐，经行所至，登于泰山，至圣遗迹，缅然如睹，一览众山，登眺九有，洵足揽天下之胜，察造化之奇。援笔濡毫，书成“普照乾坤”四字，可于“孔子小天下处”建亭悬额；复书“云峰”二字，可于极顶处磨崖勒石。其本年香税免解该部，用以鸠工庀材，虔修泰山顶上各庙。应行事宜，尔会同该抚，确议具奏。

康熙二十八年正月，上谕：朕巡历所至，再经岱麓。重瞻祠宇，询其庙祝，知香火荒凉，日用难给。岱顶诸庙亦复如之。念泰山为五岳之长，载在祀典，有功社稷，不宜使之渐就寥落。合将每岁香税钱粮内，量给数百金，使上下岳庙与元君诸祠守祀者，得有资赖，晓夜尽心，兼可时加修葺，以壮往来观瞻，示朕崇祀之意尔。诸臣即与山东巡抚藩臬会议以闻，钦此。

康熙五十六年六月初六日，泰山大水，盘路倾圮。命江南学臣林之濬、江西学臣鱼鸾翔修理。

雍正七年，上谕：山东泰安州神庙奉祀东岳泰山之神，历代相传，灵显昭著，佑庇万民，俾国家享升平之福者。明神之功德，其来久矣，远近人民感荷默佑之恩，焚香顶礼，罔不虔肃。其庙宇重修于康熙十二年，距今五十余年矣。兹据署巡抚费金吾奏称：庙宇盘道有倾圮颓坏之处，应加缮葺，山路亦当修整。着发内帑银两，命内务府郎中丁皂保、赫达塞前往督工，敬谨修理。务使庙貌辉煌，工程坚固，速行告竣，以副朕为民报享之至意。特谕。钦此。

雍正九年十月，阙里圣庙告成。诏遣皇五子弘昼、淳郡王弘暻致祭，因过泰山行礼。

雍正十三年十二月，上谕：自古山川有能出云雨者，天子秩而祀之。而五岳之礼尤重，非有朝命不得致祠。然王立大社，而州党又各有社禜之祭，则春秋祷赛，庶民各就其所，敬信而竭诚焉，亦礼俗之可以情假者也。泰山旧有碧霞灵应宫，远近瞻礼者，轨迹相望，必先输香税于泰安州，然后许其登山，税约岁万金，自前明以来，相沿未革。朕思东方，物之所生，天地盛德之气之所发也，故《传》称：触石而起，肤寸而合，不崇朝而遍雨乎天下者，惟泰山。则春祈秋报，黎庶辐辏，在国家亦宜顺达其情。若使力艰于输税，而不得登山，非所以从民之欲也。其富民乐施，多寡任意，准守祠人存贮，以修葺舍宇，平治道涂，有司不得干预。谕到即镌石树祠，用垂永久。特谕。钦此。

乾隆五年六月二十四日，岳顶碧霞祠灾，山东巡抚朱定元奏闻。诏发国帑重修，俾复旧制，遣内务府员外郎江都监督。七年五月告竣。

乾隆十二年六月，上谕：朕幼颂简编，心仪先圣，一言一动，无不奉圣训为法程。御极以来，觉世牖民，式型至道，愿学之切，如见羹墙，辟雍钟鼓，躬亲殷荐，而未登阙里之堂，观车服礼器，心甚歉焉。仰惟皇祖圣祖仁皇帝，巡幸东鲁，亲奠孔林，盛典传于奕祀。皇考世宗宪皇帝，崇圣加封，重新庙貌。尝遣朕弟和亲王恭代展祀，未以命朕，意者其或有待欤？朕寅绍丕基，抚兹熙洽，思以来年春孟月东巡狩，因溯洙泗，陟杏坛，瞻仰宫墙，申景行之夙志。复奉圣母皇太后懿旨：泰山灵岳，坤德资生，近在鲁邦，宜崇报飨。朕不敢违，爰遵慈训，亲奉銮舆，秩于岱宗，用答鸿贶。旋跸青齐，观风布泽，以昭崇圣，法祖教孝，省方巨典，有所应行典礼，大学士会同该部，稽考旧章，详悉具仪以闻，其应预备之各衙门查察事宜，先期请旨至行在。一切所需，悉出公帑，毋得指称供顿，储偫丝毫，贻累闾阎。羽林卫士内府人役等，各该管大臣，严行稽查约束。并令扈跸文武臣僚，严饬傔从，毋得侵践田畴，致妨宿麦。如有骚扰地方，指名需索者，立即参奏，从重治罪，通行晓谕知之。钦此。

乾隆十二年十一月，上谕：朕尊崇先圣，仰止宫墙。已降旨于来岁孟春，躬谒孔林。嗣因东省秋潦成灾，虽经赈恤，恐一时民气未复。若改俟秋间前往，未知于民情实在若何。在该地方，业经动帑预备。迟至秋间，不免又多一番劳费，踊跃望幸，自属舆情。但巡幸大典，所期于闾阎，实有裨益。是以特召巡抚阿里衮来京，面加咨询，或春或秋，何者为便。据该抚奏称“东省被灾，州县俱已抚绥得所，其经行道路营盘，俱经预备，若春月前往，春麦虽不能补种，而秋田即可及时耕作，以待秋成。若迟至秋间，则既误麦收，并妨秋稼。即在地秋禾，亦须早获，转于民间，岁计未便”等语。看此情节，则改至秋间，仍不如乘春前往为宜。但正月尚寒，著定于二月初四日，恭奉皇太后銮舆起程。钦此。

乾隆二十二年二月，上谕：朕回銮渡黄后，由顺河集至徐州，阅视河工。朕即由徐州至曲阜，展谒孔林。途经泰安，登岱拈香，本日仍回大营驻跸。可传谕鹤年，预行备办，其登山路径，但须略为扫除，足供行走。即有窄狭之处，或乘马，或用山步舆。即缓步徐行，亦何不可者。且皇太后銮舆并不登山，切不可搭架天桥，致多竭蹶。皇太后銮舆，仍由顺河集旧路，先至灵岩驻跸，可一并传谕知之。钦此。

乾隆三十三年四月，额附福隆安奉旨泰山进香，回奏山顶各庙倾圮颓落。因命总管内务府大臣刘浩，会同抚臣勘估，发帑兴修。

乾隆三十五年四月，上谕：前以富明安面奏，山左臣民，情殷望幸。

且泰安岱庙及碧霞祠宇，俱重经修理落成。明岁正届圣母八旬圣寿，慈意亦欲亲诣拈香，因允其所请。并谕令富明安，一切务遵俭约，断不可稍事华饰糜费。谅该抚自当体会朕意，善为经理。惟入山东境内，前往泰山、曲阜，陆程尚有数日，前经富明安奏明，添设行宫数处，以供顿宿。因念圣母年高，瓦屋较毡庐更为安适，且可省运带行营城分之繁，姑允所请。然所经不过一宿憩留，但期墙宇粗完，扫除洁净足矣。断不必点缀水石，布置亭台，徒致耗费物力。再，泰山径路，陡峻萦纡，将来圣母临幸时，但诣岱麓神祠瞻礼，并不远跻崇岳，毋庸于山顶另建行宫。至朕登岱经由道路，只须就现成山径，略为除治，足资策骑。总不得仿照从前搭盖天桥，重劳工作。著传谕该抚，务须遵旨，撙节妥办，不得稍涉踵事增华，以副朕意。钦此。

乾隆三十六年二月十五日，内阁奉上谕：朕俯顺舆情，祗奉皇太后安舆，恭诣泰岱。祝嘏延禧，并登阙里之堂，躬行释奠。辇路所经，推恩优渥。而泰安、曲阜为驻跸之地，尤宜广敷惠泽，用溥隆施。著将该二县乾隆辛卯年应征地丁钱粮，全行蠲免，该部即遵谕行。钦此。

乾隆四十一年三月初六日，内阁奉上谕：朕因两金川全境荡平，祗奉皇太后安舆，恭诣泰岱。祝嘏延禧，并登阙里之堂，告功释奠。辇路所经，加恩优渥。而泰安、曲阜为驻跸之地，尤宜广敷恩泽，用溥隆施。著将该二县乾隆丙申年应征地丁钱粮，全行蠲免，该部即遵谕行。钦此。

仪注

康熙二十三年圣祖仁皇帝躬祀东岳仪：

凡经过地方，各有加恩。自亲王以下，宗室觉罗，内大臣侍卫，内务府、武备院、上驷院、銮仪卫各官及各旗护军统领，前锋统领等官，至各衙门扈从官及各执事人员，俱预行派出，节次随行。驾发京师日，卤簿大驾陈设如常仪。随从不随从，王以下文武各官，各跪送随行如常仪。所过鸿胪寺官先期传知百里以内地方官，率本地乡绅士民，迎于十里之外；本地镇守满汉官军，整队伍迎于十里之外，分文武东西，候驾至，跪、迎、送，如常仪。十月壬寅，至于岱宗。前期，太常寺用白纸糊版，黄纸镶边，墨书祝版，不书御名。太常寺官，具补服捧送庙中，安设祝案上。其神位前，陈设礼神：制帛一青色，圆降真炷香一炷，黄速香一斤，白瓷爵三，牛一，羊一，豕一，登一，铏二，簠二，簋二，笾十，豆十，酒一尊，烛二对，灯十盏。陈设毕，礼部太常寺堂官奏请，皇帝具礼服，升辇，仪仗全设扈从，王以下内大臣侍卫，文武官三品以上及地方文官知府以上，武官副将以上，俱朝服陪祀，其余文武各官，俱于行宫前两旁，朝服跪送。皇帝入庙，至二门，降辇，赞引官、对引官恭导皇帝入殿中门，至拜位前，立。典仪唱：执事官各司其事。赞引官奏：就位。皇帝就拜位，立。典仪唱：迎神。赞引官恭导皇帝诣香案前，立。司香官捧香盒，跪进于皇帝右。赞引官奏：上香。皇帝举炷香上炉内，又三上瓣香，毕。赞引官奏：旋位。皇帝旋位，立。赞引官奏：跪、叩、兴。皇帝行二跪六叩头礼，陪祀王以下各官，俱随行礼，兴。典仪唱：奠帛，行初献礼。捧帛官至神位前，奠帛，三叩头，退。次捧爵官至神位前，立，献爵，毕。次读祝官至祝案前，一跪三叩头，捧祝版跪案旁祇候。赞引官奏：跪。皇帝跪，王以下各官俱跪。赞引官赞：读祝。读祝官读祝，毕，捧祝文至神位前，跪，安帛匣内，三叩头，退。赞引官奏：叩兴。皇帝行三叩头礼，兴，王以下各官俱随行礼，毕。典仪唱：行亚献礼。捧爵官献爵于左，如初献仪。典仪唱：行终献礼。捧爵官献爵于右，如亚献仪。典仪唱：送神。赞引官奏：跪、叩、兴。皇帝行二跪六叩头礼，王以下各官俱随行礼，兴。典仪唱：捧祝帛，恭诣燎位。捧祝帛官至神位前，跪，捧祝帛三叩头。司香官跪，捧炷香，不叩，依次捧送燎位。皇帝转立东旁，候祝帛香过，还位，立。祝帛焚半，赞引官奏：礼毕。皇帝升辇，还行宫。不陪祀文武各官，俱于行宫前排班跪迎，候驾过，各退。

乾隆十三年二月太上皇帝躬祀岱庙仪：

先期，太常寺官一员，赴行宫奏。皇上御龙袍补服，乘舆出行宫，入庙大门，至配天门，降舆。赞引官、对引官恭导皇上入配天门，至黄幄次内少憩。皇上出幄次，盥手毕。赞引官、对引官恭导皇上进仁安门，由殿中门入，诣拜褥前，立。典仪官唱：乐舞生就位，执事官各司其事。赞引官奏：就位。皇上升拜褥上，立。典仪官唱：迎神。司香官捧香盒，至香案右旁，立。唱乐官唱：迎神，乐奏祈丰之章。乐作，赞引官恭导皇上诣香案前，立。司香官跪。赞引官奏：上香。皇上立，举炷香，安香靠内次，三上瓣香，毕。赞引官奏：旋位。恭导皇上旋位，立。赞引官赞：跪、叩、兴。皇上行二跪六叩礼，乐止。典仪官唱：奠帛爵，行初献礼。献帛爵官捧帛爵就神位前，立。唱乐官唱：初献，乐奏华丰之章。乐作，献帛官跪献帛于案上正中，三叩头，退。献爵官立，献于爵垫正中，退。读祝官就祝案前一跪三叩头，捧祝文至案前，先跪，乐止。赞引官奏：跪。皇上跪。赞：读祝。读祝官读祝毕，捧祝版至神位前，跪，安帛匣内，三叩头，退。乐作，赞引官奏：叩、兴。皇上行三叩礼，兴。乐止，典仪官唱：行亚献礼。献爵官捧爵就神位左旁，立。唱乐官唱：亚献，乐奏兴丰之章。乐作，献爵官立，献爵于爵垫左，退。乐止，典仪官唱：行终献礼。献爵官捧爵，就神位右旁，立。唱乐官唱：终献，乐奏仪丰之章。乐作，献爵官立，献爵于爵垫右，退。乐止，典仪官唱：撤馔。唱乐官唱：撤馔，乐奏和丰之章。乐作，毕。典仪官唱：送神。唱乐官唱：送神，乐奏锡丰之章。乐作，赞引官奏：跪、叩、兴。皇上行二跪六叩礼，兴，乐止。典仪官唱：祝帛馔恭送燎位。捧祝香帛馔官至神位前，跪，捧香馔官不叩，捧祝帛官三叩头，各捧起，依次送往燎炉。时赞引官恭导皇上转立东旁，铺拜褥官起，撤拜褥。俟祝帛馔香过毕，铺拜褥官仍铺拜褥，赞引官恭导皇上还位，立。乐作，数帛官数帛。赞引官奏：礼毕。同对引官恭导皇上出，乘舆还行宫。

顺治八年题准每年恭遇万寿圣节遣官致祭东岳仪：

一　前期。礼部题请，遣太常寺堂官一员行礼。今由太常寺。

一　祝版。白纸墨书，黄纸镶边。前期太常寺官捧送庙内安设，如常仪。

一　陈设礼神。制帛一青色，白瓷爵三，牛一、羊一、豕一，果品五核桃、荔支、圆眼、枣、栗各一盘，酒一尊。

一　祭日。陈设毕，教坊司作乐，赞引官引承祭官至盥洗所，盥洗毕，引至殿内行礼处，立。典仪唱：执事官各司其事。赞引官赞：就位。承祭官就位，立。典仪唱：迎神。司香官捧香盒跪香炉左，赞引官引承祭官就炉前，立。赞：上香。承祭官上炷香炉内，又三上块香，毕。赞引官赞：复位。承祭官复位，立。赞引官赞：跪、叩、兴。承祭官行三跪九叩头礼，兴。典仪唱：奠帛，行初献礼。捧帛官跪献，毕，三叩头，退。执爵官立，献爵于案上正中，退。读祝官至祝案前，一跪三叩头，捧起祝文，立。赞引官赞：跪。承祭官及读祝官俱跪。赞：读祝。读祝官读毕，捧祝文跪，安案上。捧帛官捧帛匣上，三叩头，退。赞引官赞：叩、兴。承祭官行三叩头礼，兴。典仪唱：行亚献礼。执爵官献爵，如初献仪，献于案左，退。典仪唱：行终献礼。执爵官献爵，如亚献仪，献于案右，退。典仪唱：送神。赞引官赞：跪、叩、兴。承祭官行三跪九叩头礼，兴。典仪唱：捧祝帛官恭诣燎位。捧祝帛官至案前，行一跪三叩头礼，捧起祝帛，司香官跪捧不叩，依次送至燎炉。承祭官转立西旁，候祝帛过，仍复拜位立。赞引官赞：诣望燎位。承祭官至燎所，祝帛焚半。赞引官赞：礼毕。退。

祝文：维年岁次月日，皇帝遣官致祭于东岳泰山之神曰：兹朕诞辰，惟神永远默佑，谨以牲醴庶品之仪致祭，尚飨。按：国家有大典礼，差官致祭俱用此仪。

告文

顺治八年四月初七日，皇帝遣都察院右都御史刘昌，致祭于东岳泰山之神曰：惟神天门挺秀，日观昭灵，吐纳风云，育成品物。朕诞膺天命，祇荷神庥，特遣专官，用申殷荐，惟神鉴焉。

顺治十八年八月初一日，皇帝遣翰林院侍读学士左敬祖，致祭于东岳泰山之神曰：惟神天门挺秀，日观昭灵，吐纳风云，育成品物。朕诞膺天命，祇荷神庥，特遣专官，用申殷荐，惟神鉴焉。

康熙六年八月十七日，皇帝遣内秘书院学士刘芳躅，致祭于东岳泰山之神曰：惟神天门挺秀，日观昭灵，德沛青阳，育成品物。朕躬亲政务，祇荷神庥，特遣专官，用申殷荐，惟神鉴焉。

康熙十五年二月初七日，皇帝遣宗人府府丞马汝骥，致祭于东岳泰山之神曰：惟神天门挺秀，日观昭灵，德沛青阳，育成品物。朕祇荷神佑，懋建元储，特遣专官，用申殷荐，惟神鉴焉。

康熙二十一年三月初四日，皇帝遣宗人府府丞李廷松，致祭于东岳泰山之神曰：惟神天门挺秀，日观昭灵，德沛青阳，育成品物。朕祇承神佑，疆宇荡平，特遣专官，用申殷荐，惟神鉴焉。

康熙二十三年十月，皇帝躬祀东岳泰山之神曰：朕惟五岳视三公，而泰岱为之长。古帝王巡行时迈，所过名山大川，必按图职方，敬修祀事。昭垂典礼，自昔为隆。是以虞史著望秩之文，周诗有怀柔之颂。朕荷天眷命，罔敢宁居，省俗观风，勤求民隐，爰以良月，至于岱宗。惟神屹峙东方，育成庶类。天齐巨镇，功开万物之先；日观崇标，尊为百灵之府。吉蠲用享，虔事惟诚。宣气布和，遍神庥而沛泽；始元启泰，翊景运以征祥。祇荐馨香，神其歆鉴。

康熙二十七年十二月十七日，皇帝遣内阁学士兼礼部侍郎李振裕，致祭于东岳泰山之神曰：惟神灵昭青帝，秀启天孙，庶品资生，群方仰盛。朕缵承祖宗丕基，虔恭明祀。兹以皇祖妣孝庄仁宣诚宪恭懿翊天启圣文皇后神主，升祔太庙，礼成。特遣专官，用申秩祭，惟神鉴焉。

康熙三十五年正月二十七日，皇帝遣内阁学士兼礼部侍郎张榕端，致祭于东岳泰山之神曰：惟神岱岳称宗，青阳奠位，诞敷灵泽，发育群生。

朕勤恤民依，永期殷阜。迩年以来，郡县水旱，间告年谷歉登。早夜孜孜，深切轸念。用是专官秩祀，为民祈福，冀雨旸之时若，庶稼穑之屡丰。惟神鉴焉。

康熙三十六年八月初三日，皇帝遣日讲官起居注侍读学士傅伸，致祭于东岳泰山之神曰：惟神甾峙东邦，品物资始，灵招德懋，允合称宗。朕以剿除狡寇，三履遐荒，期扫边尘，乂安中外。今者祇承神佑，塞北永清，用告成功，专官秩祀。惟神鉴焉。

康熙四十二年，皇帝南巡，至泰安州，登岱。遣内阁侍读赵世芳，致祭于东岳泰山之神曰：惟神名著岱宗，功齐青帝，广敷膏泽，发育群生。朕祇承休命，统驭寰区，夙夜勤劳，殚思上理，历兹四十余载。今者适届五旬，海宇升平，民生乐业。见舆情之爰戴，沛下土之恩膏。特遣专官，虔申秩祀。尚凭灵贶，益锡蕃禧。佑我国家，共登仁寿。神其鉴焉。

康熙五十二年五月二十五日，皇帝遣吏部侍郎孙柱，致祭于东岳泰山之神曰：惟神名著岱宗，位尊乔岳，发生庶类，膏泽东维。朕缵受鸿图，抚临区宇，殚思上理，夙夜勤求，惟日孜孜，不遑暇逸。兹御极五十余年，适当六旬，初届所幸，四方宁谧，百姓乂和，稼穑岁登，风雨时若，维庶征之协应，爰群祀之备虔。特遣专官，式循旧典。冀益赞雍熙之运，尚永贻仁寿之庥。俯鉴精诚，用垂歆格。

康熙五十八年二月，皇帝遣内阁侍读学士兼参领朱汝锠，致祭于东岳泰山之神曰：惟神秩尊群岳，位峙东维，百代增高，崇朝遍泽。朕缵承祖宗丕基，虔恭明祀。兹以皇妣孝惠仁宪端懿纯德顺天翼圣章皇后神主，升祔太庙。礼成，特遣专官，用申秩祭，惟神鉴焉。

雍正元年正月二十四日，皇帝遣宗人府府丞吴梁，致祭于东岳泰山之神曰：惟神名著岱宗，位尊乔岳，发生庶类，膏泽东维。朕缵受丕基，新承景命。窃念皇考膺图以来，百灵效顺，四海从风，坐享升平，六十余载。兹当嗣位之始，宜隆祀享之仪。特遣专官，虔申昭告，惟冀时和岁稔，物阜民安。淳风遍洽乎寰区，厚德长敷于率土。尚其歆格，鉴此精诚。

雍正十三年十二月初五日，皇帝遣翰林院侍讲学士伊尔敦，致祭于东岳泰山之神曰：惟神秀峙天门，明昭日观，位尊五岳，泽沛群生。朕缵承大统，仰绍前徽，伏念皇考临御以来，敬礼明神，肃将禋祀，灵祇孚应，昭受鸿庥，清晏奠安，茂登上理。兹当嗣位之始，宜隆望秩之仪，特遣专官，虔申告祭。惟冀雨旸时若，年谷顺成，万方蒙乐育之庥，兆姓荷帡幪之德。尚其歆格，鉴此精诚。

乾隆十四年六月初三日，皇帝遣内阁侍读学士明德，致祭于东岳泰山之神曰：惟神上应奎娄，下临渤海，震方表极，万汇资生。兹以边徼敉宁，中宫摄位，慈宁晋号，庆洽神人。敬遣专官，用申殷荐，神其鉴焉。

乾隆十五年十月初一日，皇帝遣三品以上大臣归宣光，致祭于东岳泰山之神曰：惟神上应奎娄，下临渤海，震方表极，万汇资生。兹以正位中宫，鸿仪懋举，慈宁晋号，庆洽神人。敬遣专官，用申殷荐，神其鉴焉。

乾隆十六年正月二十七日，皇帝遣太仆寺卿伊拉齐，致祭于东岳泰山之神曰：惟神作镇东方，肇生庶类。视三公而比秩，长群岳以称宗。日观天门，是惟神府。金床玉几，实曰仙闾。朕时迈江南，道经齐鲁。祠前汉柏，想翠盖之依然；岩畔秦松，仰贞枝而在目。宜行望祭，用遣专官，洁笾豆于司存，极齐明于如在。神其昭格，鉴此明禋。

四月十六日，圣驾南巡回銮，抵泰安，谒岱庙。

乾隆十七年正月十一日，皇帝遣翰林院侍读学士洙兰泰，致祭于东岳泰山之神曰：惟神上应奎娄，下临渤海，震方表极，万汇资生。兹以慈宁万寿，懋举鸿仪，敬晋徽称，神人庆洽，爰申殷荐。特遣专官，神其鉴焉。

乾隆二十年七月二十八日，皇帝遣内阁侍读学士龚学海，致祭于东岳泰山之神曰：惟神挺秀天门，尊临渤海。肇生品物，德沛青阳。兹以平定准噶尔，大功告成，加上皇太后徽号，神人洽庆，中外蒙庥。敬遣专官，用申秩祭，惟神鉴焉。

乾隆二十二年正月二十五日，皇帝遣礼部左侍郎介福，致祭于东岳泰山之神曰：惟神造化钟灵，奎娄应象，览众山而莫并；气盖坤维，冠五岳以称尊。位符震始，风云吐纳，崇朝彰布濩之功；神秀氤氲，庶类荷育成之德。朕省方南土，驻跸东邦，挹瑞霭于天门；曾登峻极，望祥光于日观。式赖洪庥，用遣专官，载申致祭。神其来格，尚克歆承。

四月十一日，圣驾南巡，回銮抵泰安，谒岱庙，即日登山，祀碧霞祠。

乾隆二十四年十二月十五日，皇帝遣吏部右侍郎五福，致祭于东岳泰山之神曰：惟神撰协青阳，尊临东夏。代成两大，肇品物以资生；宗长四方，普行施而无外。赫赫之灵威共仰，岩岩之气象同瞻。兹以逆回荡平，大功底定，望天门之崔崒；灵佑遥承，表日观之崇隆。鸿庥永赖，敬举告功之典，用申秩祀之文。式荐馨香，伏惟昭鉴。

乾隆二十七年正月十二日，皇帝遣吏部右侍郎恩丕，致祭于东岳泰山之神曰：惟神瑞协青阳，位崇东土。山势旁临乎邹峄，松涛近接乎徂徕。迎爱景以东升，扶桑日出；不崇朝而泽遍，岱石云生。兹以慈闱万寿，懋举鸿仪，敬晋徽称。神人庆洽，仰灵祇于泰岳；虔奉明禋，奉鲁望于名山。聿修懿典，尚祈鉴格，歆此苾芬。

乾隆二十七年正月二十五日，皇帝遣协办大学士武毅谋勇公兆惠，致祭于东岳岱宗之神曰：惟神位镇东方，望隆群岳。根盘地轴，环九点之青山；气接天门，捧一轮之赤驭。焕星文于日观，玉检瑶函；披翠色于仙闾，秦松汉柏。是非特出云降雨，常仰神功；抑亦惟毓秀钟灵，首称巨镇。朕省方吴会，取道青齐，念前此之时巡，又六年而一过。稽古来之望秩，刚二月之将临。特遣专官，用申虔祀，神其来格，式此居歆。

四月十九日，圣驾南巡回銮，抵泰安，谒岱庙。明日登山，祀碧霞祠。

乾隆三十年正月三十日，皇帝遣御前侍卫工部右侍郎五福，致祭于东岳岱宗之神曰：惟神位崇五岳，秩视三公。星应奎娄，表东方以作镇；雄连齐鲁，司太昊而效灵。气接九霄，照曜丽方升之日；润滋千里，细缊流方寸之云。仰神府之崔嵬，秀钟造化；纪仙闾之秘奥，道协阴阳。朕时迈南邦，道经东土。省方屡举，卅年承奠丽之庥；秩祀爰颁，二月练阳春之吉。敬陈殷荐，用遣专官。神其降临，感此芬苾。

乾隆三十六年二月二十四日，皇帝遣经筵讲官礼部侍朗德福，致祭于东岳泰山之神曰：惟神钟灵震位，立极坤维。冠五岳以称尊，势雄青兖；齐两仪而永固，象应奎娄。元气絪缊，庶类荷发生之德；雨膏溥渥，崇朝彰敷润之功。朕祇奉安舆，言登乔岳。挹天门之瑞霭，方申祝嘏之诚；瞻灵宇之崇宏，正届落成之候。显位视三公之秩，义在报功；时巡遵二月之文，礼先方望。仰高标之峻极，知灵贶之孔时。特遣专官，用陈明祀。神其昭格，鉴此馨香。

二十五日，圣驾亲诣岱庙拈香。二十六日，登山祀碧霞祠。

乾隆三十七年正月二十五日，皇帝遣吏部右侍郎曹秀先，致祭于东岳泰山之神曰：惟神灵钟青兖，宿应奎娄。荣光上烛乎天门，瑞气遥连夫蓬岛。体阳春而用事，茂成始物之能；隆柴望以报功，蔚为群岳之长。兹以慈闱万寿，懋举鸿仪，敬晋徽称，神人庆洽。仰灵祇于泰岳，日观扬辉；秩鲁望于名山，东皇齐福。神其来格，享此苾芬。

乾隆四十一年三月十五日，皇帝遣和硕庄亲王永瑺，致祭于东岳泰山之神曰：惟神公珪视望，震宅函灵。浴溟升日出之华，扶桑暾接；触石应兴云之候，芃黍膏滋。朕蒇事金川，敉宁玉垒，稽古而修在泮之典，遵途而经维岳之区。碧巘霞飞，瞻绵亘孰云百里；金萱景绚，祝蕃釐惟曰万年。敕遣专官，虔将明祀，神其歆格，鉴此苾芬。

十四日，圣驾东巡，亲诣岱庙拈香。十五日，登岱祀碧霞祠。

乾隆四十一年七月十一日，皇帝遣内阁学士汪廷玙，致祭于东岳泰山之神曰：惟神奠位东藩，表雄左海。瞻岩作镇，首隆五岳之封；触石为霖，广沛崇朝之泽。宗长之灵威无外，巍峨之气象弥尊。兹以两金川小丑削平，大功底定。振郊台之朱鹭，远荷宠庥；分躔野于苍龙，益滋鸿贶。谒岱既申夫典礼，告成再展夫明禋。荐此馨香，伏惟昭鉴。

乾隆四十五年正月二十六日，皇帝遣礼部右侍郎达椿，致祭于东岳泰山之神曰：惟神冠岳形尊，视公秩峻。襟环瀛渤，遥分长白之支；宿应奎娄，永作大东之镇。合油云于片石，千里甘滋；升旭日于扶桑，三霄景丽。朕丕膺嘉贶，式迓蕃釐。溯祇事于巡方，仪循四度；追告功而展敬，瞬阅五年。兹时迈乎南邦，用虔修夫望祀。专官是遣，灵爽来歆。

圣驾南巡，过泰安。二十六日，驻跸白鹤泉行宫。二十七日，躬诣遥参亭，谒岱庙。三月回銮。

二十九日，皇帝遣内阁学士达敏，致祭于东岳泰山之神曰：惟神灵钟木德，象协台躔，烛荣光而瑞启登封，沛渥泽而功神触石。著宗盟于群祀，高迈嵩衡；瞻杰观于层霄，青连齐鲁。兹以朕七旬展庆，九有胪欢，懋举崇仪，特申昭告。考省方之典礼，既修望秩于名山；仰表海之声灵，载迓蕃釐于洁荐。神其来格，歆此苾芬。

是年四月，皇帝遣都统德保，致祭于泰山之神。是月十八日，为碧霞元君诞辰，自是每年皇帝遣侍卫大臣一员，于四月十七日斋宿岱顶。十八日黎明，诣碧霞宫拈香，岁为常例。

乾隆四十六年四月，皇帝遣都统德保，致祭于泰山之神。

乾隆四十七年四月，皇帝遣前侍卫都统德保，致祭于泰山之神。

乾隆四十八年四月，皇帝遣御前侍卫都统德保，致祭于泰山之神。

乾隆四十九年四月，皇帝遣御前侍卫兼副都统阿弥达，致祭于泰山之神。

乾隆五十年四月，皇帝遣御前侍卫兼副都统阿弥达，致祭于泰山之神。

乾隆五十一年四月，皇帝遣御前侍卫副都统阿弥达，致祭于泰山之神。

乾隆五十二年四月，皇帝遣工部侍郎兼满州副都统阿弥达，致祭于泰山之神。

乾隆五十三年四月，皇帝遣工部侍郎满州副都统阿弥达，致祭于泰山之神。

乾隆五十四年四月，皇帝遣工部侍郎满州副都统阿弥达，致祭于泰山之神。

乾隆五十五年三月，皇帝遣内阁学士图敏，致告于东岳泰山之神曰：惟神功隆作镇，瑞启登封，通灵气于天门，烛荣光于日观。遍群生而先望，万物资生；卓五岳以称宗，三公视秩。地临左海，因名山而致升中；泽娩上穹，不崇朝而遍天下。兹以朕八旬展庆，万国胪欢，懋举崇仪，特申昭告。高山是仰，鲁邦所詹。虞巡狩至岱宗允矣，亲修望秩；周职方曰兖镇于焉，载迓蕃釐。洁笾豆于司存，荐馨香于神在，庶其昭鉴，式是居歆。

乾隆五十五年三月，皇帝遣十一子成亲王永瑆，致祭于东岳泰山之神曰：惟神钟灵震位，擅胜坤舆。冠五岳以称宗，势雄青兖；配两仪而立极，象应奎娄。德沛崇朝，六合仰和甘之赐；功昭薄海，百昌资长养之能。赞元气于鸿钧，声灵赫濯；报宏施于乔岳，秩祀崇隆。朕受箓延洪，抚辰行庆。春祺锡羡，胪欢而典洽时巡；寿域凝釐，展义则礼先方望。天门日观，瞻邃宇以告虔；阴鲁阳齐，眷名区而受福。仰高标之峻极，知嘉贶之孔时。特展隆仪，用陈洁荐。神其歆格，鉴此明禋。

初四日，圣驾东巡，至泰安，祗谒岱庙，驻跸白鹤泉行宫。初五日，登岱，祀碧霞祠。初七日，躬诣岱庙拈香。是日，宴群臣，各赏赍有差。

嘉庆元年二月二十五日，皇帝遣青州副都统观明，致祭于东岳泰山之神曰：惟神功隆作镇，瑞启登封。通灵气于天门，烛荣光于日观。遍群神而先望，万物资生；卓五岳以称宗，三公视秩。地临左海，因名山而致升中；泽娩上穹，不崇朝而遍天下。兹以乾隆周甲，嘉庆纪元，懋举崇仪，特申昭告。高山是仰，鲁邦所詹。虞巡守至岱宗，屡亲望秩；周职方曰兖镇，载迓蕃釐。洁笾豆于司存，荐馨香于神在。庶其昭鉴，式是居歆。

岁四月十八日，为碧霞元君诞辰，皇帝遣内侍御大臣一员进香①，于

① 皇：原脱，据泰安市博物馆藏清嘉庆刊本补。

十七日斋宿岱顶。十八日黎明[1]，诣碧霞祠行礼。岁以为常。

乾隆四十五年四月，皇帝遣都统德保进香。

四十六年四月，皇帝遣御前侍卫都统德保进香。

四十七年四月，皇帝遣御前侍卫都统德保进香。

四十八年四月，皇帝遣御前侍卫都统德保进香。

四十九年四月，皇帝遣御前侍卫都统阿弥达进香。

五十年四月，皇帝遣御前侍卫都统阿弥达进香。

五十一年四月，皇帝遣御前侍卫都统阿弥达进香。

五十二年四月，皇帝遣工部侍郎都统阿弥达进香。

五十三年四月，皇帝遣工部侍郎都统阿弥达进香。

五十四年四月，皇帝遣工部侍郎都统阿弥达进香。

五十五年四月，皇帝遣□□□□□□□□□进香。

五十六年四月，皇帝遣御前侍卫都统布延达赉进香。

五十七年四月，皇帝遣御前侍卫都统布延达赉进香。

五十八年四月，皇帝遣御前侍卫都统布延达赉进香。

五十九年四月，皇帝遣御前侍卫都统布延达赉进香。

六十年四月，皇帝遣御前侍卫都统布延达赉进香。

嘉庆元年四月，皇帝遣御前侍卫都统布延达赉进香。

二年四月，皇帝遣御前侍卫都统布延达赉进香。

三年四月，皇帝遣御前侍卫都统布延达赉进香。

附录

曹禾疏曰：臣闻祀典，国之大事，帝王事天明、事地察。于是乎神祇降福，人民悦豫，庆流久远。古者有常祀，有特祀。《礼》曰：天子祭天地、

① 斋宿岱顶十八日：原脱，据泰安市博物馆藏清嘉庆刊本补。

四方、山川，五祀，岁遍焉。此常祀也，四时举行之礼也。《书》曰：岁二月，东巡狩，至于岱宗。柴，望秩于山川。此特祀礼。司马迁所谓每世之隆，则封禅答焉者也。

三五以来，昭姓考瑞，必以其成功告于上帝。臣考《封禅书》及班固、应劭、服虔诸儒所言，泰山五岳之长，神灵所聚。因高崇天，谓之封；就广增地，谓之禅。明受天地之所命，功成事遂，有益于天地。若高者加高，厚者加厚。阴阳和，万物序，刻石纪号，高世比德于九皇，甚盛典也。逮秦、汉、唐、宋之主，有事岱宗者，皆勒兵十数万，创立宫殿，更起明堂辟雍，劳民费财，失对越之意。后世议者，遂不敢申明其礼，独详于一岁中，祈年报赛之常祀，不知祀天，一也。而礼有大小，帝王受命于天，左右相之，默成其功业，故因名山升中，与天相见，报受命之无负。因之燔柴肆祀，以答幽赞明。欲其精神通于真宰，使神祇各率其职，佑我皇极，光我泰阶。天人之际，感召甚微，其为典礼，至尊至重。洪惟我太祖高皇帝，诞膺图箓；太宗文皇帝，受宝握符；世祖章皇帝，抚有区夏。大命虽定，而天下未宁，人心未靖。三孽伏于方镇，海寇跳梁东南。此乃上帝神灵眷顾，笃佑皇上，留遗艰难，昭宣至德神功，开大一统之业，垂裕于万世也。伏见皇上睿谋独运，动与天契。决机制胜，扫荡都尽。台湾逋寇，詟威归化，纳土稽颡。穷海万里，廓清无外。皇上圣德高深，期臻上理，虽六合同风，而孜孜不已。政化翔洽，流于无垠。三光五行，昭精布序。年谷顺成，声教四讫。闾阎安生乐业，共见太平。而奉琛职贡，梯山航海而来者，不可胜数，猗欤盛哉！

古帝有功德者，莫过于黄帝，黄帝上元甲子，贞元运会，考定星历，建天地、神祇、物类之官，制作度数，合符造化。由是封峦勒成，遂开宇宙文明之象。汉武帝不得其时，则以十一月甲子朔冬至应之。而数千年之景运，适协于今日，功成治定之后，则统天之纪，应地之时，而立人之极，端在今日矣。

臣愚，窃谓：皇上以精一执中为奉若，岂乐于泥金刻石、铺张扬厉之文。

然而上帝之命不可不报，山川百神之助不可不答，而运世之本、开基之功德，不可不纪。诚宜稽古礼文，润色鸿业，勿惮登陟之劳，亟议告成之典。考汉、唐之仪注行之，简易顺成。大庆维新，庶政为生民锡福，为奕叶储庥，光昭祖宗之洪烈。休德时见，瑞应洊臻。颂声洋溢，与黄帝之时同其盛美矣。

臣于岁首，即怀此念，虑蹈越位之罪。既而，惟之受恩深重，报称无由。而敷陈经史，导扬德化，臣之职也。拳拳之诚，冒渎宸听。奉旨：九卿、詹事、科道会议具奏，钦此。

又吏科掌印给事中王承祖疏曰：臣仰见我皇上，乘泰运之始，出维新之治，屡颁上谕，戒饬臣工，疏通仕路。皆轸念民生，期登熙隆。至意也诚，德媲尧、舜，功迈汉、唐矣。方今四海升平，要荒向化，正观风问俗、劝课农桑之时。臣读《舜典》所载：岁二月，东巡狩，至于岱宗。柴，望秩于山川，肆觐东后。臣窃惟其意，岱宗居五岳之首，东方为生气之先，二月乃东作之始。燔柴祀天，因所至而祭告之。至其协时月，正日，同律度量衡，盖皆为民事也。故载之于书，令后世仿其意而行之。我皇上念切民瘼，求登殷阜，必以农功为先务。请仿虞帝之制，巡幸东方。察闾阎之利病，问风俗之厚薄。设祭方岳，以祈年丰。又闻，泰山出云，不崇朝而雨天下。是圣帝一祷，即泽沛万方矣。《诗》云：以祈甘雨，以介我稷黍，以谷我士女。此之谓也。且东岳密迩孔里，臣见史册所载，汉高之鲁，以太牢祀孔子，后世美其开一代之文治。倘御辇所届，观其车服、礼器，亦古今钜观。而皇上右文至意，载之史册，诚千古不易见之盛事。臣读《史记·封禅书》，内云：上古封禅者七十二君。皆荒唐无稽。至秦皇、汉武，仿而行之，不过耀德张功，后世鄙焉。我皇上德接精一之传，博稽群书，上法虞帝，行燔柴之礼，不袭封禅之事，是圣德神功，光昭万世矣。奉旨：九卿、詹事、科道一并会议具奏。钦此。

礼部会同九卿等议曰：伏察封禅之说，不著于经书。传言舜至岱宗，燔柴以祀天，原非封禅。唐虞三代以前，实无登封故事。科臣王承祖疏称：封禅之礼，后世鄙焉。编修曹禾请封禅，以告成功之处，毋庸议。又王承祖疏称：请仿虞舜巡幸东方，察闾阎之利病，问风俗之厚薄。设祭方岳，以祈年丰。汉高之鲁，以太牢祀孔子，后世美其开一代之文治。恭维我皇上，博综经学，宏阐心传，重道崇文，千古莫并。且轸念民依，省方问俗。銮舆所至，训饬官方，特加蠲赈，此皆勤民重农至意。如皇上巡问民俗，经过泰山、阙里，应仿行虞舜燔柴、汉高祖祀孔子礼致祭等。因奉旨：著候旨，行应行典礼。该部即详察具奏。钦此。

驻跸宫亭　敬识于左

白鹤泉行宫

在泰山南麓，依岳为屏，天然图画。百雉山城，万家烟火。近接几席，遥望石闾、徂徕诸山，皆蒲伏北向，俨然辰居星拱矣。乾隆三十五年，抚臣富明安恭建。御题行殿匾额曰“体元堂”，联曰：筑馆恰疏泉澄源课治，省方近瞻岳育物宣仁。

合云亭

白鹤泉北，曲径逶迤，至红门而山势顿高，辟途而升，实为登岱之初级也。抚臣构亭此间，以邀睿赏。御题额曰“合云亭”。

玉皇庙

座落回马岭南，有玉皇庙。杰阁耸峙，乾隆十三年御题曰“壶天阁”。西有倚山亭，前抚臣于阁东恭建座落，以供宸眺，凡登岱者至此，马不得上。故曰“回马岭”。

朝阳洞

座落三磴崖，势斗削，至五松树而面始平旷，曲径萦纡。上为朝阳洞，迤西恭建座落。御题其额曰“胜览方舆”，有诗摩崖。

天街

云巢行宫，移建白鹤泉。

更衣亭

在碧霞祠东，五花崖在其南，旧为祠祭官斋宿地。前抚臣撤而新之，恭设御座，以为皇上更衣之所。

天柱峰亭

在玉皇祠艮隅，去天尺五，下临无际。俯瞰东北诸山，横岭侧峰，龙跳虎卧，洵乎凌绝顶而小众山矣。抚臣建亭其中，缭以周垣，以备宸眺。额曰“浴日养云”。

乾坤亭

天柱峰南下东折，地势平旷。相传为孔子“小天下”处，古碑在焉。圣祖仁皇帝题“普照乾坤”四字。前抚臣建亭，恭悬御书于上。太上皇帝继题其下，曰“独尊宇宙”。

日观峰亭

观日出处，峰与天柱差肩，若伯仲然。御笔留题诗载《天章》卷内。抚臣勒石其上，建亭覆之，以昭恭敬。在乾坤亭东。

岱庙

座落琳宇嵯峨，高出林表。老松古桧，郁然苍然。其中万碑笏立，九石星罗。抠衣拾级，如入清禁。抚臣于青阳门内恭建行殿，爰辟西扉，以通岱庙焉。

碑亭

在峻极殿前，东西对峙。抚臣分亭勒石，恭纪御制诗章。

环咏亭

在岱庙西偏，中罗历代游人题咏勒石，四周亭壁几满。抚臣因其旧址，改建数楹，以供宸憩，仍存亭名。

汉柏图碑亭

炳灵宫内，古柏六株，黛色参天，霜皮溜雨，不数孔明庙前物也。御制汉柏诗以宠之，并为绘图。抚臣勒石，以志草木遭逢之幸，因建此亭。

梳妆院

座落在白鹤泉西南。

灵应宫

座落在社首山东。

灵岩行宫

在函云洞北，乾隆二十一年建。中有爱山楼，御题额曰“巡方揽秀”。北崖如屏障，有绝景亭。迤西有观花亭。崖之东址，甘露泉出焉，灵岩第一名泉也。太上皇帝御书“甘露泉”三大字勒崖。敬谨摹刻，立碑建亭，并勒御制诗，以诏盛典。

御赐金玉宝器

雍正八年，御赐金九锭，每锭重九钱；银九锭，每锭重九两。

乾隆七年，御赐金九锭，每锭重一两；银九锭，每锭重十两。

乾隆十三年，御赐碧霞祠欢门三架；金九锭，每锭重一两；银九锭，每锭重十两。

皇太后、皇后赐银十锭，共重八十三两；碎银二锭，又十二件，共重十两零八分；又敕印匣一个，内恭贮圣祖仁皇帝御书“普照乾坤”匾式；铜砚一件，铜笔二枝，铜笔架一件。

乾隆二十二年，御赐锦袍一身，镜子一面，镶嵌铜边缎袍五身。

乾隆二十四年，御赐小黄袍一身；真青绿古铜镜一面；小铜钹一副；金丝幡一对，共六条系金线织造，幡杆并座；玻璃樽一件，有盖，楠木座；瓷香炉一座[1]，并铜香筒、香档，楠木座；洋瓷瓶一对，楠木座；灵芝花一对，楠木座；瓷供器五件，瓷花插一对，瓷烛台一对，楠木座；金龙点油灯一对；大洋瓷瓶一对；小洋瓷瓶一对。

乾隆二十五年，御赐金丝幡一对金线织造，幡杆并象幡座；金镶炉一个；金花座一个；洋瓷瓶一对，楠木座；金轮花牌一对。

乾隆二十七年，御赐玉磬一件，楠木架；沉香狮子一对，降香座；女儿香盒十个；小洋瓷瓶一对，楠木座；洋瓶一对；上带牙花葫芦小瓷瓶一对，楠木座。

乾隆二十九年，御赐银珐琅炉一个，有铜香靠，楠木座；银珐琅烛台一对，有木烛一对，楠木座；银珐琅瓶一对，有花一对，楠木座；铜镀金满达一个，有座；铜镀金轮一对；洋瓷瓶一对，有座；银马一件七珍，银将军一件，银象一件，银轮一件，银男一件，银女一件，银三宝珠一件；银盖一件八宝，银鱼一件，银罐一件，银花一件，银螺一件，银肠一件，银伞一件，银轮一件。

乾隆三十三年，御赐蓝玻璃香炉一件，内有铜镀金胆；蓝玻璃烛台一对；蓝玻璃花瓶一对；铜镀金轮一件；白玻璃盏一对，楠木高座；官釉锦

① 瓷：原作“磁”，今改。下同。

带瓶一对，紫檀木座；烧料穿珠幡一对，黑漆杆座。

乾隆三十四年，御赐广珐琅长方鼎炉一对，紫檀木座；亮白玻璃法盏一对，楠木高座；烧料穿珠幡一对，漆挑杆座。

乾隆三十六年，皇太后赐镀金满达一个，镀金七珍八宝十五件，镀金轮一个。御赐瓷鼎炉一件；瓷提梁卣一对；文竹四方花瓶一对外有牙花；琉璃幡一对，幡杆连座；大玉圭一件，长三尺五寸，宽八寸，名“温凉玉”，半暖半寒。

乾隆三十七年，御赐铜鼎一对，楠木座；铜炉一个，上有铜丝罩；白瓷瓶一对，楠木座；琉璃幡一对，漆挑杆座。

乾隆三十八年，御赐玻璃海灯一件，有罩；双耳瓷瓶一对，有座；双耳玛瑙瓶一件，有座；珐琅蹬炉一对；烧料穿珠幡一对，有杆座。

乾隆三十九年，御赐九江瓷轮一件；洋瓷蹬炉一对，楠木匣；九江描金瓷瓶一对，有盖，楠木座；烧料穿珠幡一对，洋漆杆座。

乾隆四十年，御赐烧料穿珠幡一对，三羊座；小香牌一对，楠木杆座；九江蓝瓷瓶一对，楠木座；铜蹬炉一对。

乾隆四十一年，御赐五彩瓷供器一分；随铜灵芝花一对；木雕龙蜡一对；烧料穿珠幡一对，漆挑杆座；纬丝香带挂络一对，木挑杆座；翡翠瓷瓶二件；随木座瓷轮一件。

皇太后赐珐琅八宝吉祥一分，盖、鱼、罐、花、轮、螺、伞、肠八件。

乾隆四十二年，御赐绣黄缎金龙净十团袍三身；蓝田石大红鞓带三围。

乾隆四十三年，御赐烧料穿珠幡一对，木葫芦架座；蓝瓷瓶一对；铜镀金轮一件；鹤鹿同春灯式香褋一对；鸣凤献瑞四方小桃杆一对，连座。

乾隆四十四年，御赐瓷轮一对；瓷挑杆一对；蓝玻璃净水瓶一对，楠木座。

乾隆四十五年，御赐蓝瓷花浇双件，连座；古铜炉一件，有盖连座；广珐琅炉瓶三设，连座。

乾隆四十六年，御赐镀金藏佛塔一座；瓷轮一对，连座；洋瓷瓶一对，连座；烧料穿珠幡一对，漆挑杆座。

乾隆四十七年，御赐五彩瓷罐一对，连座；五彩瓷炉瓶三设一分，连座；瓷镀金轮一对，连座；烧料穿珠幡一对，漆挑杆座。

乾隆四十八年，御赐纬丝香带挂络一对，连杆座；蓝瓷轮一件；广珐琅蹚炉一对；烧料穿珠幡一对，漆杆座。

乾隆四十九年，御赐楠木铜镶紫檀轮一件；珐琅香匣一对；穿琉璃珠扁幡一对，连杆座；香襆一对；绿纱扇一把。

乾隆四十九年，御赐竹如意一只；玳瑁边藤掌扇一对；鹤鹿同春挑杆一对。

乾隆五十年，御赐海灯一件；五彩瓷瓶一对，连座；挑杆纬丝香牌一对；琉璃幡一对；黑漆杆一对；象幡座一对。

乾隆五十一年，御赐铜镀金轮一个；净水盏二个；香挑杆一对；琉璃珠幡一对，黑漆杆座。

乾隆五十二年，御赐琉璃珠幡一对，连杆座；纬丝香带挑杆一对；蓝花黄地葫芦瓷瓶一对，有盖，连座；蓝花铜镀金轮一件。

乾隆五十三年，御赐穿琉璃珠大挑幡一对；汉文凤头赤虎幡杆一对；挑灯一对；文竹净瓶一对；内里各注吉磬如意二件；铜珐琅把灯一件。

乾隆五十四年，御赐穿琉璃珠大挑幡一对；紫檀凤头幡杆一对；紫檀双狮抱瓶座小桌挑灯一对；小铜提炉一对；文竹香筒一个。

乾隆五十五年，御赐铜掐丝珐琅海灯一件；青花白地磬铃巴碗一对，随铜罩；珐琅花穿琉璃珠扁幡一对，随挑杆座；小香襆一对。

乾隆五十六年，御赐龙柱香筒一对；珐琅炉一件，随木座；挑杆小香圆灯一对；穿珠幡一对，随杆座。

乾隆五十七年，御赐五彩瓷轮一对，红木座；瓷靶盅一对；铜罩珐琅花小挑杆灯笼一对；穿琉璃珠幡一对，随杆座。

乾隆五十八年，御赐瓷奔靶瓶一个；广珐琅香筒一对，有盖连座；香挑杆一对，连杆座；穿琉璃珠扁幡一对，黑漆杆座。

乾隆五十九年，御赐穿珠幡一对，连杆座；小挑灯一对；镀金八吉祥一对；瓷瓶一件，随衣子。

乾隆六十年，御赐穿珠幡一对，随杆座；奔靶瓷壶一对；瓷轮一件；小香挑杆一对。

嘉庆元年，御赐铜镀金轮一件；瓷靶碗一对；穿珠小挑杆一对；穿珠幡一对，连杆座。

嘉庆二年，御赐铜轮一件；瓷靶碗一对；香挑杆一对，连杆座；穿珠幡一对，楠木杆座。

嘉庆三年，御赐穿珠幡一对，随杆座；瓷轮一件，随木座；瓷巴碗一对；香挑杆一对。

乾隆五年六月二十四日，山顶碧霞祠灾，从煨烬拾出十八件列后：

碎金四小件，共重一钱三分；银娃八个，内有镀金娃三个，共重二十九两七钱；银一锭，重三十九两三钱；银一锭，重三十八两二钱；碎银十六锭又五件，共重二十两四钱五分；银一锭，重三两三钱；藏佛一尊；银牌一个；银灯一件；镀金银镯一对，重二两六钱八分；银坠一只；银钱二个；银环一副；残缺银钗、银凤、银花、不全贴金银花，共重十七两三钱；烧毁碎玉带一包，烧毁碎玉带版十四块，烧毁碎玉带版二十四块；破损石印一颗，篆刻“天仙照鉴”四字。

泰山志卷第三

泰山志卷第四

朝议大夫山东泰安府知府休宁金棨纂辑

图考

岱岳全图
岱庙五岳真形图
岱顶五岳真形图
岱阳图
岱顶图
岱阳之东图
岱阳之西图
岱阴图
岱阴之东图
岱阴之西图
岱庙图
汉柏图
唐槐图
飞来柏图
扶桑石图
白鹤泉图
石经峪图
壶天阁图
白云洞图
桃花峪图
社首、高里二山图
徂徕前面总图
竹溪佳境图
礤石峪图
三岭崮图
新甫山图
灵岩山图
琨瑞山图
岱岳泉源图

岱岳全图

朱孝纯《泰山赞》有序

盖泰山者[①]，上应角亢之精，下据青兖之封。综万物而交代，冠五岳以独宗。繄一元之肇始，兼二气而成终。其体磅礴，其势穹窿。根昆仑以迤北，跨渤澥而遂东。象葱茏其在木，形夭矫以犹龙。乃谓震男，厥神青帝，性本乾刚，心则仁粹。辟群萌以必先，含众生之所际。迎日月之鲜华，蕴风雷而蔚萃。晴则广宇被其光辉，雨则寰区资其湛濊。粤古帝王，克媲天地。对时茂以峥嵘，布春温而蔼晬。指青郊而肆巡，驾苍龙以言迈。景明堂之威仪[②]，钦群后之旃曦。远播德音，高标道谊。民尽熙和[③]，物无疵疠。益君王之遐龄，宏国家之普利。皆山之灵神之惠也。恭惟圣代[④]，秩祀式敦，省方讫于南国[⑤]，凭轼首于东藩。倡万邦以履始，视四岳而居尊。仿虞周而徽典，辞封禅之谶文。咨闾阎之疾苦，率官吏以清勤。占云物于日观，洒翰墨于天门。斯皇古所希觏，岂晚近之足论。孝纯世忝簪缨，情怡山水。昔叨西蜀之分符，今守东鲁之旧址。惧宠命之难膺[⑥]，忻名山其在迩。仰岱峰之千寻，邻岳麓者数里。排天阙其如屏，抚郡城而若几。是故入庙则俨其崇隆，登山则觇其焜炜。幸年岁之屡丰，锡民人以繁祉。既积厚以承高，爰扬灵而志美。乃作赞曰：

于赫东岳，嵚嵜岞崿，出震宣扬，先天所作。青帝宅宫，表海于东，兴云施雨，其泽鸿蒙。自昔天子，或封或祀，玉帛斯陈，降以嘉祉。惟我圣朝，河广岳乔，莫不怀柔，百神孔昭。矧近畿辅，春巡是举，五岳夙临，万物载睹。洪衍龙文，烂然星陈，雕金镂石，郁郁纷纷。奉守东郡，瞻言

---

① 盖泰山者：碑作“盖夫泰山者”。

② 景明堂之威仪：碑作“莫不景明堂之威仪”。

③ 民尽熙和：碑作“故民尽熙和”。

④ 圣代：原缺，据泰安市博物馆藏清嘉庆刊本补。

⑤ 省：原缺，据泰安市博物馆藏清嘉庆刊本补。

⑥ 宠命：原缺，据泰安市博物馆藏清嘉庆刊本补。

肆覲，夙夜靖共，祇天子命。实惟岳神，曰圣曰仁，承天百福，佑我民人。贻我甘雨，茂我稷黍，屡有丰年，宁我邦宇。高山无倾[1]，民众无争，邹鲁文学，有骏其声。使臣稽首，戴高履厚，愿比嵩呼，天子万寿。

① 高山：碑作“山高”。

岱庙五岳真形图

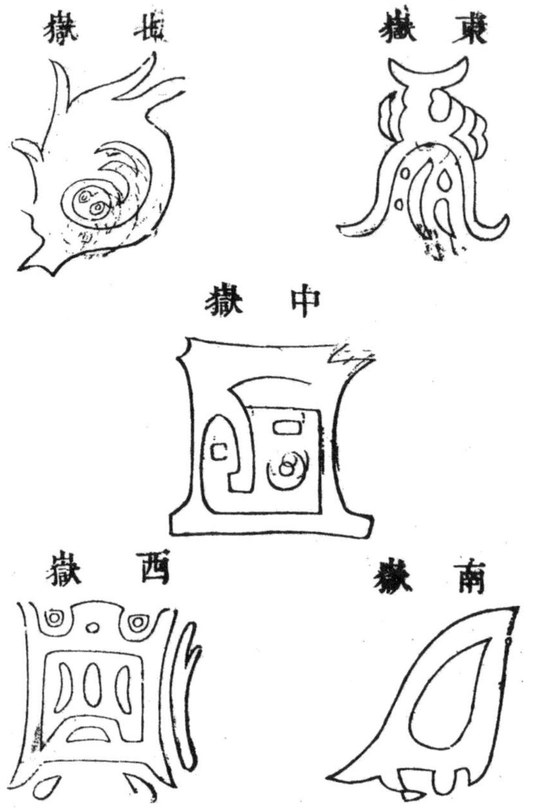

今石刻在泰安县署土地祠东壁《张宣慰泰山记碑》后，此摹《岱史》。

右图按：《道经》云：五岳之神，分掌世界，人物各有攸属。岱太山，乃天帝之孙，群灵之府，主世界人民官职、生死、贵贱等事。又《抱朴子》云：凡修道之士，栖隐山谷，须得《五岳真形图》佩之，则鬼魅虫虎，一切妖毒，皆莫能近。又云：太初中，李充称，冯翊人，三百岁，常负此图。人或佩之，渡江海，入山谷，或夜行，宿凶房，邪魔魑魅魍魉悉皆隐遁。虔供居地，必获祯祥。又《万花谷记》：西王母与上元夫人降汉武帝，帝视其巾器中有小书，乞瞻览。母曰：此五岳真形图也，乃三天太上所出，岂汝所宜佩乎？帝乞不已，与之，藏柏梁台。余按，诸说虽不可知，然此图类古符篆，必有所自。而五岳之神，亦不可诬也。存之以资博识云。《岱史》。

岱顶五岳真形图

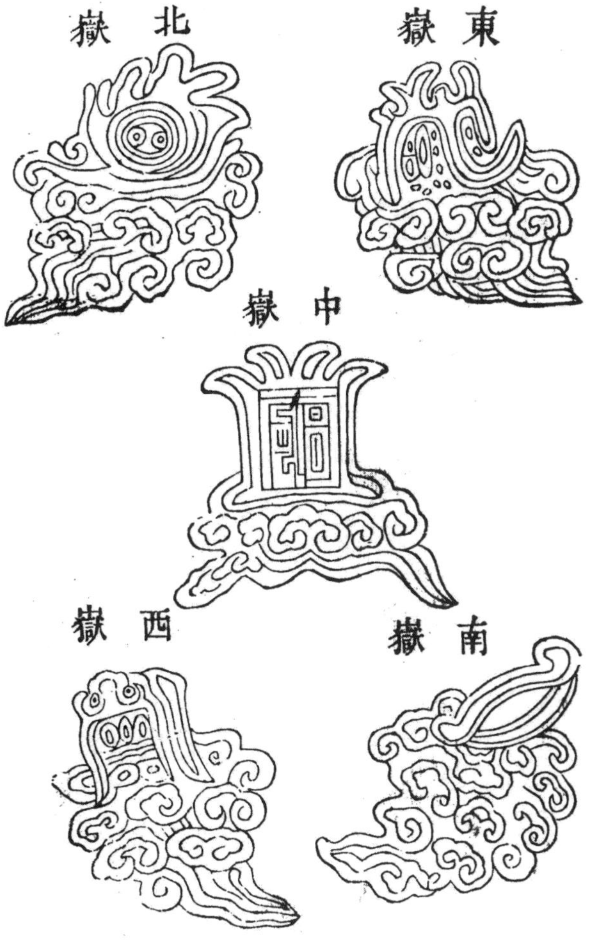

右图乃明万历甲寅刻，石今在岱顶青帝宫廊檐东偏。图像与《岱史》小异。按：《岱史》作于万历丁亥，在此碑之前二十八年，所绘真形图传世已久，自不可废。而此碑摹勒必非无据，宜并存，以资互证。谨依石刻摹绘缩本，附《岱史》真形图后，其图说、石刻，与《岱史》全同，不复出云。

施闰章歌：五岳足迹谁能遍，五岳真形谁所见。岱宗山下岳祠东，镌瑶刻玉穷鬼工。紫泥榻就珊瑚色，高堂日射扶桑红。璇宫银阙森仿佛，群仙玉女纷相从。禹鼎沉沦多不若，山林佩此百神却。丹灶思寻勾漏沙，灵岩定采天台药。陟岳寻仙思汉武，茂陵寂寥一抔土。倘许吾曹有仙骨，君现真形与君语。

岱阳图

岱顶图

岱阳之东图

岱阳之西图

火焰山
丹穴嶺
竹林寺
鳳皇山
傲來峯
仙人影
白龍池
元圭石
三陽庵
三賢祠
白楊坊
石後山
雲頭峯
普照寺
子午橋
廣生殿
天書觀

岱阴图

岱阴之东图

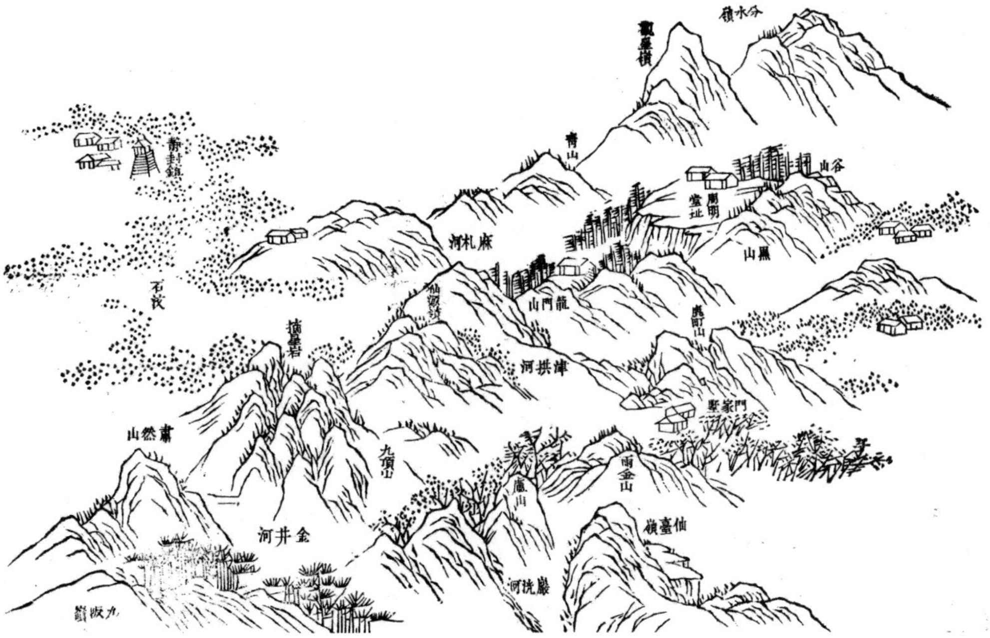

岱阴之西图

西天門
十字峯
真人峯
思鄉嶺
大倒溝
小倒溝
頭陀岩
混元池
海棠峪
駱駝嶺
三箱山
黃山
迎風嶺
拔山
南頂
筆架山
桃花峪
梯子山
河上林
中軍坪
福山
西神庫
鷹窩崖
黃石崖
映霞峯
長城嶺
饅頭岩
中川

岱庙图

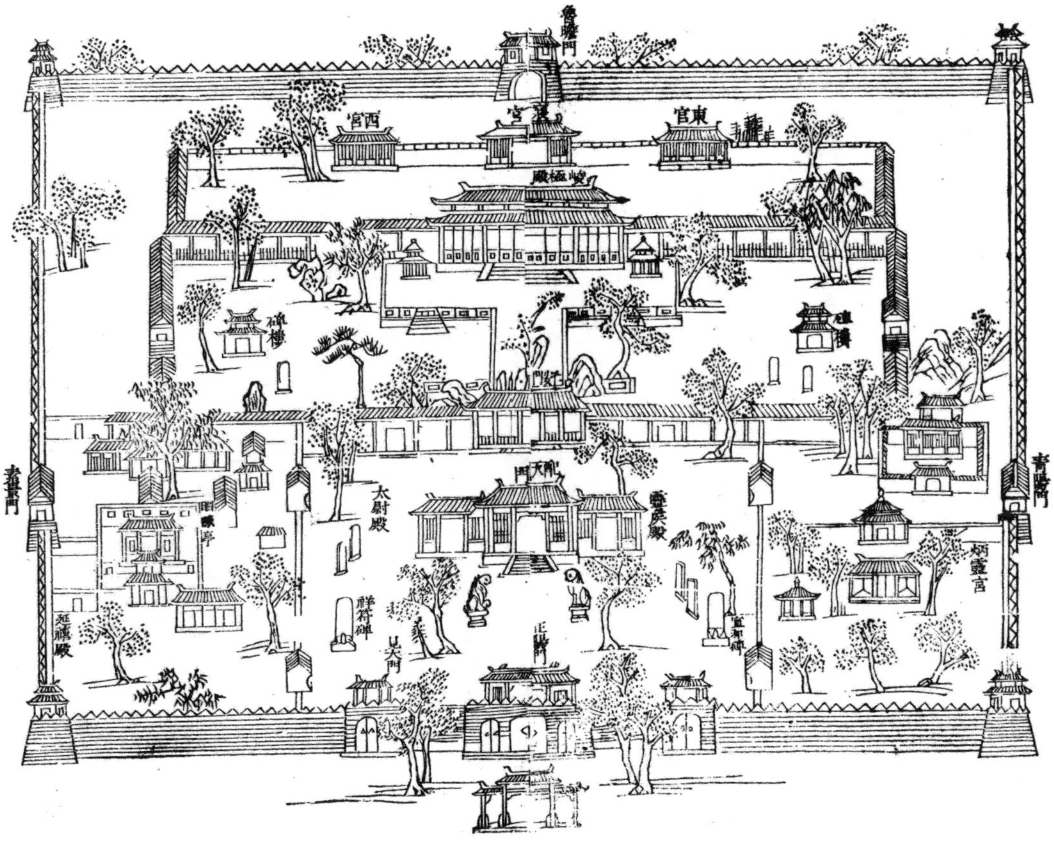

汉柏图 按汉柏六株在岱庙东炳灵殿前

唐槐图 在岱庙西延禧殿前

飞来柏图

扶桑石图 在岱庙峻极殿台下

白鹤泉图

石经峪图

壶天阁图

白云洞图

桃花峪图

社首、高里二山图

徂徕前面总图

竹溪佳境图

礤石峪图

三岭崮图

新甫山图

灵岩山图

黃尖山
積翠岩
功德頂
巢鶴岩
轉山
神寶山
白雲洞
朗公山
橫溝
北溪
松風閣
辟支塔
行宮
靈岩寺
臥象岩
仙人岩
棊子嶺
林溝
飲馬溝
雨花岩
明孔山
雞鳴山

琨瑞山图

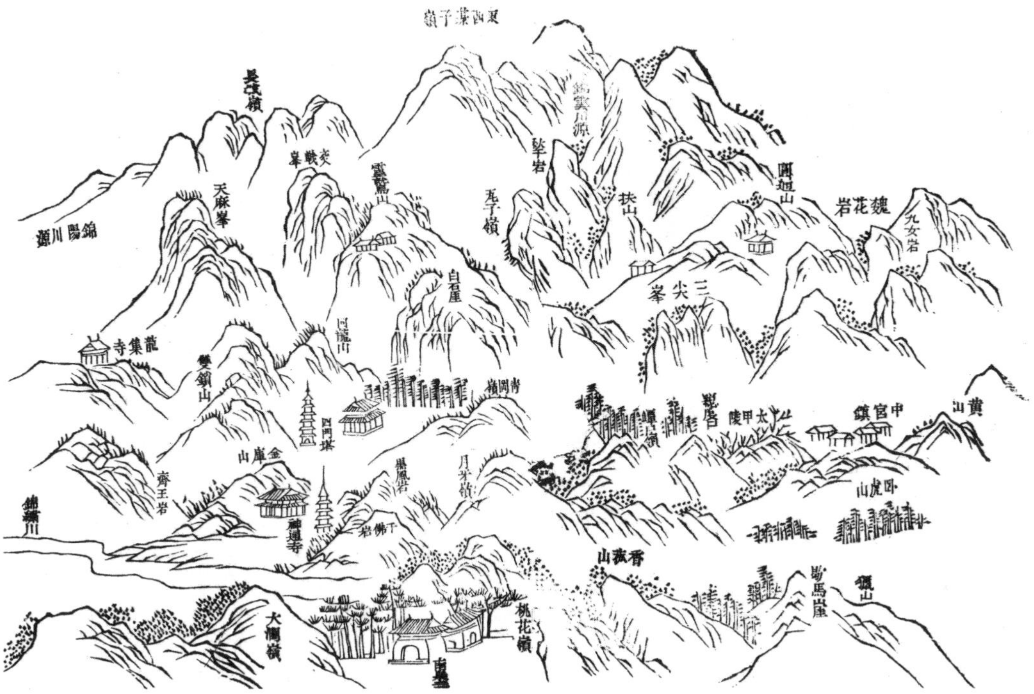
錦陽川源
天麻峯
交戟峯
龍集寺
雙鎖山
白石崖
四門塔
金庫山
齊王岩
錦繡川
神通寺
青岡嶺
月牙嶺
桃花嶺
扶山
三尖峯
魏花岩
九女岩
太甲陵
中宮鎮
黃山
臥虎山

岱岳泉源图

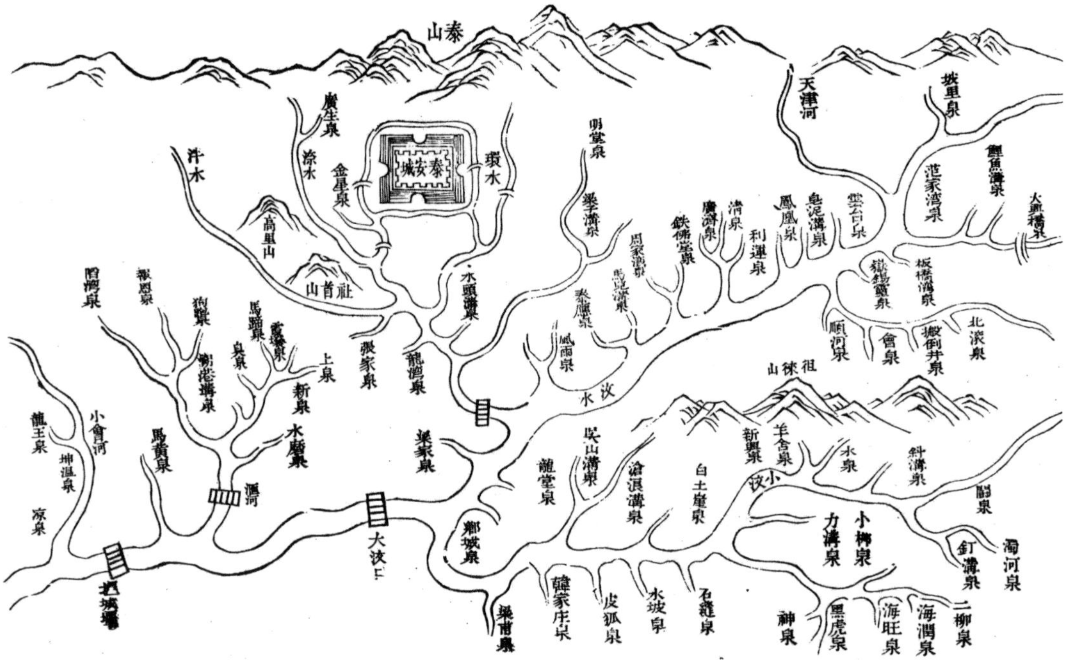

泰山志卷第四

泰山志卷第五

朝议大夫山东泰安府知府休宁金棨纂辑

岱志一

总叙　星野　山脉总论

总叙

泰山在泰安府城北五里，古曰岱宗。《虞书》：岁二月，东巡守，至于岱宗。《禹贡》：海岱惟青州。又：海岱及淮，惟徐州。《诗·鲁颂》：泰山岩岩，鲁邦所詹。《礼记·王制》：五岳视三公。《周礼·职方氏》：河东曰兖州，其山镇曰岱山。《尔雅·释山》：河东岱，泰山为东岳。《五经通义》曰：岱者，代也，东方万物之始，交代之处。为群岳之长，故称宗。《风俗通义》云：泰山，一曰岱宗。岱，始也；宗，长也。万物之始，阴阳交代。故为五岳长。《白虎通》云：岳者，何谓也？岳之为言捔也，捔功德也。东方为岱宗者何？言万物更相代于东方也。《史记·货殖传》云：泰山之阳则鲁，其阴则齐。《汉书·五行志》云：泰山，岱宗，五岳之长。王者易姓告代之处也。《博物志》曰：泰山，一曰天孙，言为天帝之孙也。杜佑《通典》云：泰山面西南向。郑樵《通志》云：泰山，一名岱山，在兖州乾封县。《文献通考》云：岱宗，东岳也。以其处东北，居寅丑之间，万物终始之地，阴阳交泰之所。为众山之所宗主。《博闻录》云：泰山高四千丈，环一千里。《尸子》云：泰山之中有神房阿阁。《道藏》书云：泰山周围一百六十里畸五十步，方面各四十里。道书《福地记》云：泰山洞天周回三千里，鬼神之府。《茅君内传》云：仙家凡三十六洞天，泰山周回三千余里，名三宫空洞之天。《汉官仪》及《泰山记》云：泰山盘道屈曲而上，凡五十余盘，自下至古封禅处凡四十里。《山海经》注云：从山下至顶，四十八里三百步。《唐六典》云：山周百六十里，高四十里。《一统志》云：舜东巡至此，其山屈曲，盘道至绝顶四十余里。

按：诸家言泰山周回高下、道里不同。惟《唐六典》《一统志》之说为近。明汪子卿旧《志》云：《道藏》等书或极夫蟠亘而侈言之，或即夫柴望之地而约言之也。盖登山者寅上而未下，度其时，在平地仅行六七十里而已，况攀陟为劳，日亦不过四十里。考明万历间参政张五典，尝立一法量之。其法用竖竿一，长一丈，刻以尺寸，竿端置一环；用横竿一，长亦一丈，中置一环，两端皆五尺，取其轻重相称。以绳系于横竿之环，而又穿于竖竿之环，牵其绳之尾，则横竿可上可下，而不失其平。于是以竖竿所立之处，视横竿所至之处，则五尺为一步矣，此以量其远近也。每量一步，若在平地，则横竿由端以至竖竿，前后俱著于地；若前高而后下，则横竿前著于地，而后悬于空，视竿所悬处至地尺寸若干，此以量其高下也。又备一册，每叶画三百六十格，每量一步则填一格，平地则于格内填一平字。其高尺寸若干，亦于格内注之。填尽一叶，则足三百六十步，为一里。其高则累尺寸而计之不爽也。由山下至绝顶，凡量四千三百八十四步，而纡回曲折皆在其中。高三百八十六丈九尺一寸，中除倒盘低十八丈五尺七寸抵高数外，实高三百六十八丈三尺四寸，折步七百三十六步六分八厘。平、高共积五千一百二十步有奇，实一十四里零八十余步耳。

星野

《周礼·保章氏》：以星土辨九州之地，所封封域，皆有分星。《春秋纬文耀钩》云：布度定记，分州系象，三河、雷泽，东至海岱以北，兖州、青州，属机星。《史记·天官书》：角、亢、氐，兖州。虚、危，青州。奎、娄、胃，徐州。《帝王世纪》：自轸十二度，至氐四度，曰寿星之次，韩分野；自婺女八度至危十六度，曰玄枵之次，齐分野；自奎五度至胃六度，曰降娄之次，鲁分野。泰山郡隶兖州。《史记·货殖传》：阳鲁阴齐，故并载三州。《前汉·地理志》：齐地，虚、危之分野也。南有泰山、城阳。《后汉书·天文志》注《星经》曰：岁星主泰山，徐州、青州、兖州。玉衡第五星主兖州，常以五辰日候之。戊辰为山阳、泰山。《晋书·天文志》：十二次度数。自轸十二度至氐四度为寿星，于辰在辰，郑之分野，属兖州。费直《周易分野》：寿星起轸七度。蔡邕《月令章句》：寿星起轸六度。州郡躔次，角、亢、氐，郑，兖州。东郡入角一度，东平、任城、山阴，入角六度，泰山入角十二度。《唐书·天文志》：降娄、玄枵，其神主于岱宗，岁星位焉。又须女、虚、危，玄枵也。初，须女五度。中，虚九度。终，危十二度。其分野，自济北东逾济水，涉平阴，至于山庄，循岱岳众山之阴，其地得陬訾之下流[1]，其象著为天津，绝云汉之阳。凡司人之星与群臣之录，皆主虚、危，故岱宗为十二诸侯受命之府。奎、娄，降娄也。初，奎二度；中，娄一度；终，胃三度。自蛇丘、肥城，南届巨野，东达梁父，循岱岳众山之阳。奎为大泽，在陬訾下流，娄、胃之墟，东北负山，盖中国膏腴地，百谷之所阜也。《宋史·天文志》：天市垣二十二星，在氐、房、心、尾、箕、斗内宫之内。东蕃十一星：五曰徐，七曰齐。岁星为东方，为春，为木，主泰山。徐、青、兖及角、亢、氐、房、心、尾、箕。《文献通考》云：宋《中兴天文志》石氏云：东宫青帝其精，苍龙为七宿：角、亢、氐、房、心、尾、箕。司东岳，司东方。《明史·天文志》：女二度，至危十二度，玄枵之次也。泰安州虚、危分。《天原发微》曰：天下山分为四条，上应二十八宿。负海，货殖所阜之国。自北河下流，南距岱山为三齐；自南河下流，北距岱山为邹、鲁，此负海之国也。

按：《周礼·职方氏》：辨九州之国。其时疆土所分，皆有分星，以观妖祥，保章氏所掌是矣。但以周室东迁，旧章散佚，故郑注《周礼》云：大界则曰九州，州中诸国之封域，于星亦有分焉。其书亡矣，其说不可易也。《左传》《国语》及甘、石氏所言星次，则据春秋已后大国言之。郑氏曰：堪舆虽有郡国，所入度非古数也。又《玉海》引《吕氏》曰：十二次，盖战国言星者以当时所有之国分配之耳。斯言得之。《史记·天官书》则以汉之分州言之，故其说与《星经》略异。按：天地与人事本合一，人事既变，地里亦区。则天星所占亦复不能无

① 陬訾：原误作“娵訾”，今改。下同。

异，非强为牵合，亦非妄为别异也。司马氏世掌天官，其言岂诬哉！要之，星土之说有一定之区限，又有变通之义。不明区限，则是不知分星，无以观妖祥矣。然使不明通义而执一以求之，则古之国与汉之州终格格不相入，是贵好学之士能明其意也。如周鹑火之野也，其后数被侵夺，地甚狭，犹独为分野，盖以周共主之国，虽甚削微，犹当独应天星也。郑本祝融之虚，亦当应鹑火，然鹑火既应于周，不复应郑。又郑国都虽在祝融虚，而其地则多隶于角、亢，故与陈同占角、亢耳。汉之河南，为周地，鹑火之野也。河内、河东为内地，觜、参之野也。而《天官书》则云柳、星、张，三河。盖汉既混一天下，三河同隶司隶，司隶治河南，又为汉东都，故三河之地，统应鹑火也。如此之类，皆其通义，不可不知者。《汉书》及费直、蔡邕、郑康成皆同占说。《晋志》依用陈卓之言，不明《星经》言国史记言，州所以相合之，故乃强为比附，使之龃龉不可通。如云角、亢，郑，兖州。而下云东郡入角一度，东平入角六度。东郡、东平岂得为郑乎？室、壁，卫，并州。而下列张掖、酒泉诸郡。夫张掖、酒泉、敦煌、天水、陇西与卫何涉？如此穿凿附合，竟使古天官家言一废不可复举，可慨也。《隋志》云：昴、毕，冀州；尾、箕，幽州；室、壁，并州及三河之河东、河内，皆本冀州之域，帝居所在，故其界尤大，是直以为《禹贡》九州矣。考所云昴、毕，冀州，尾、箕，幽州云云，皆本《史记》。《史记》本言汉之分州，而《隋志》又牵入《禹贡》分州，故愈说愈非矣。唐一行言，两戒河山，其说本于《天官书》，街南北之语而引申之一行，聪颖特达，故能心知其意。如云及七国交争，甘、石更配十二分野，是知甘、石诸人之言非尽出古法也。盖泰山当用《星经》所说，岁星主泰山，五星占也；苍龙司东岳，五行占也。其下郡县则当用“玄枵，齐；降娄，鲁”之言十二次之占也。若《府志》以为司天之学愈密，而说愈繁。《县志》以为或以州占，或以国占，率多踳驳，是岂知变通之数者哉！

山脉总论

《山东通志·泰山脉总论》曰：

泰山之脉，由辽东旅顺口渡海，为北皇成一作隍城岛、南皇成岛、小钦岛、大钦岛、鼍矶岛、高山岛、长山岛其附脉之岛，则有大竹岛、小竹岛、沙门岛、侯鸡岛、大黑岛、小黑岛，登陆入蓬莱县境。左翼为栖霞县之翠屏山分支东结福山、宁海、文登、荣成诸山，出清阳水至之罘海口，为之罘山；右翼为栖霞县之蚕山，出黄水河西北，径黄县境，至黄河营海口，为峄屺岛。

其中为正脉，居东北而达西南，自丹崖山而西为平山，又南为崮山三山皆蓬莱县南，其聚脉之山，东则有福山县之崩労山，西则有蓬莱县之赤山、紫金山、石门山，南则有蓬莱县之九目山、磁山、三山、牛头山、石劈山、龙山、虎山、平山、巨山、密水山、望海岭、黄县之蔚阳山、栖霞县之公山、松山，又西南入栖霞县境为艾山西大河南流，分支东南结海阳、莱阳、即墨诸县之山，又入招远县境为罗山颖门河北流，又西入黄县境为莱山，为卢山其拥脉之山有黄榆山、丫角山、绛山、石城山、鲁基山、凤喙山，又西南为蹲犬山随家疃河北流，大沽河南流，又南复入招远县境，为滚粟山。又南为分水岭石星河北流，岭以南涧水南流，为齐山。又南径莱阳县境，为志霞山平南河北流，为芝山东良河北流。复入招远县境，为塔子山。又西入掖县境，为沙岘岭、旋沟岭二山之水入万岁河西流，为唐家山苏郭河西流。又南为崮山，为分水岭白沙河北流，庙埠河南流。分水岭之西北，则为莱州郡城，城北濒海结为三山岛其拥脉之山则有双山、雄山、大基山、寒同山、笔架山、皇城顶、福山、禄山、单山。自分水岭折而东南，为马鞍山小沽河南流，为大泽山，岱脉之所聚也其聚脉之山，则有两目山、青山、天柱山、崮山、黑土山、两髻山、高望山、海眼山、芝莱山、界山、三户山。

又南为明堂山。自此地旷水分，中隆为脊。东南至胶莱河，河中又有分水岭左水径即墨，出胶州淮子口，右水径掖县，出海仓口。渡河而南，入胶州境，为棘埠岭直路屯河西北流，为九层岭墨河东流，为七宝山洋河东流。又南为五努山即铁橛山，胶水西北流，朱阳河东北流。分支西北，结诸城、安邱、潍、昌邑诸山，又南为长城岭其拥脉之山则有艾山、东石耳山、西石耳山、蜈蚣山、灵鹊山、捉马山、小珠山、大珠山、空同山、松山，又西南入诸城县境，县西南有回头山，岱脉之所回也分支南结日照安东卫诸山，其拥脉之山则有云母山、芍药山、鼓山、石楼山、重罗山、藏马山、牛龙山、琅琊山。

自此折而西，为竹山，为雷石山长城所经，为障日山百尺水东北流，为卢山卢水北流，为大仙山，为桃林山，为马耳山，有黄草关长城所经，白敛河北流。又西为分流山小水河北流，其拥脉之山则有五朵山、九仙山、昆山、石屋山。又西南入莒州境，为高柘山浯水东北流，分支北结安丘、潍县诸山，南结莒州、兰州①、郯城诸山，为卧牛山长城所经。又西南为箕屋山潍水东北流。又西入沂水县境，为大弁山长城所经。有穆陵关。沭水南流，其拥脉之山，南则有莒州之云孔山、壶山、七宝山、黄山、独坐山、沂水县之大岘山、荆山，外则有安丘县之摘药山、望海山、擂鼓山、雁嘴山、凤皇山、灯台山。又西入临朐县境，为沂山，古所谓东泰山也，实为岱脉结顶之处。沂水南流，漴汶北流，分支南结沂水、蒙阴、郯、费诸山。由蒙山分支，南结滕、峄、邹、泗水、新泰、宁阳诸山，北结青州府治益都诸山。又西北结博山、淄川、长山、邹平诸山。列为东镇，与岱埒尊。其左右拥脉之山，北则有临朐县之嵩山、黑山、冶源山、朐山、纪山、柳山、龙山、粟山、逄山、仰天山、石门山、莲花山、八岐山，南则有蒙阴县之范协岭、鲁山、松仙岭。

又西为莲儿山。又西入博山县境，为鹿町山，为南博山。又西入莱芜县境为黄谷山，为瓮口岭，有青石关分支南结莱芜、新泰诸山，为大昆仑山。又西为原山，岱脉之要枢也汶水南流，淄水北流。其拥脉之山，南则莱芜县之文字岭、石马山、苍山；北则博山县之神头山、岳阳山、黑山、凤皇山；又西有淄川县甲山。又西入章丘县境，为黑牛岭，为长城岭一名长春岭，莱芜接界，分支北结益都诸山。其拥脉之山，南则有莱芜县之马鞍山、方舟山、大舟山、香山、肃然山；北则有章丘县之赵洞山、天仓岭、半顶山②、冶山、西龙洞山。又西南入历城县界，循长城而西，为梯子山，岭络群峰，为岱宗北障。锦绣川西北流，川南则有屏风山、金庐山、龙集山、平头山、龙门山、瓦子岭；川北则康王山，迤至大佛顶诸山。其西南为长城岭，为仙台岭有北拱、南拱二台，为鹤山，为孤山孤山西为桃花峪，为分水岭，分支西结长清、肥城、东平、平阴诸山，为九龙岗。

---

① 兰州：《山东通志》卷六作“兰山”。

② 半顶山：《山东通志》卷六作“平顶山”。

又南为泰山，其最高处，世谓之玉皇顶也。其岱北拥脉之山，左有玉女山，右有石马山，又有明月峰、孤山、禨山、鹤山、鹁鸽障，自仙台岭以南诸山，俱详《泰安县志》。岱顶以东，则为秦观峰，为日观峰，为独秀峰，为雕窝峰，为东神霄山，为青山，为升仙岭；岱顶以西，则为周观峰，为月观峰，为丈人峰、回雁峰，为西神霄山，为百丈崖，为傲来山，为凌汉峰；岱顶以南，则为三天门、二天门、一天门、黄岘岭、御帐坪、红门。其罗列于岱阳者，有蒿里山、石闾山、介石山、亭亭山、云云山、徂徕山、梁父山。此则泰山之大结也。

泰山左卫，自栖霞县之翠屏山分支而东，为岠嵎山。又东北入宁海州境，为峕山五丈河北流，为峼山辛安河北流，峼山河南流。又东南为分水岭，为黄堆山沁水河北流。又东为昆嵛山龙泉河北流，黄龙河南流。又东入文登县境，为著棋山送驾河北流。又东为成山头荣成县境，濒于海。又东南为铁查一作槎山，为五垒山，亦濒于海。自栖霞县之艾山分支而东南，为大方山县河南流，为唐山陶漳河南流。又东南入海阳县境，为林寺山昌水西南流，为嵩山嵩潜河南流，为招虎山沽头河南流，为三驾山，濒于海。又分支而西南，为小方山。又南入莱阳县境，为旌旗山，为莱凤山，为长清山，为天井山，为双山。又西南入即墨县境为灵山，为黄山，为狐狸山石河西南流，为石城山墨水西南流。又南为大崂山、小崂山，濒于海。群峰耸峙，为岱脉之东南障。自诸城县之回头山，分支而南，为琅邪台。循海而西南，入日照县境，为三柱山，为柏林山，为驮儿山傅疃河东南流，为固山固河东南流，为烽火山。又西南入安东卫境，为关山，为阿掖山，为石门山。又南为笔峰山，左濒于海，右入江南赣榆县境。自莒州之高柘山分支而南，为七宝山，为灵山，为青山袁公水西南流，为卢山，为巨公山浔水西南流，为马鬐山，为大王岭。又西南入兰山县境，为苍山，为马陵山。绵亘数百里，径郯城县境有山口池、由吾洞、望海岭诸名，入江南宿迁县境，濒于黄河古泗水入淮处也。自临朐县之沂山分支而行。一南入沂水县境，为白马崖，为织女洞，为双崮山，为龙山，为灵山，濒于沂东汶与沂水交会；一西南入蒙阴县界，为松仙岭松仙河东流，为鲁山，为范协岭，为艾山沂水东南流，为嵩崮山，为雕崖山，为龙堂山与新泰县接界。又东南为巨围山巨围水东南流。又南为龙冈阜，为分水岭小汶水西流，堂阜水东流。又南为五女山。又南为蒙山，有云蒙、中蒙、龟蒙之异名，绵亘数百里。自沂河以西、小汶河以东，凡左卫岱岳诸山，皆由蒙山发脉蒙山兼蒙阴、费二县。自蒙阴县之蒙山分支而东，为九女关。又东入费县境为龟蒙顶，为紫荆关蒙山水东南流。又南为五彩崮，入兰山县境，为西旂山，为大柱山，东南濒于沂蒙山水与沂水交会。自费县之蒙山、白马关分支而南，为聪山浚水东南流，为妫亭山左有漏泽湖，又南为南城山，为分水岭。又东南为大匡崮祊水东流，为抱犊崮泇水西南流。又东入兰山县境，为泉崮香水河南流，为神谷山。入郯城县境，为芙蓉山，为磨山，为优偻山。入江南邳州境，濒于泗今为黄河水经流。自蒙山白马关分支而西南，为香山，为圣公山二山在泗水县。又南入滕县镜，为述山泉流西入漷水，为太白山小沂水东北流，漷水西南流，为宝峰山东江水西流，为胡陵山西江水西流。又南为张山，为茱萸山。又西南入峄县境，为熊耳山，为花盘山丞水南流，为闵公山，为青檀山，为石屋山，为寨山，为金陵山，为葛峄山。又西南为平山，为黄丘山南入江南铜山县界，濒于泗。又西为微山下为湖山，特立波中。自蒙山又分支而西南，连冈通阜，入泗水县境，为陪尾山泗水西流，为安山。又西为二旗山分支入曲阜县，为戈山、防山，为圣林之左卫。又西南入邹县境，为尼山智源水西流，为昌平山，为四基山，为九龙山白马河西南流，为唐口山，为峄山。又西南入鱼台县境，为凫山，为黄山，为独山，濒于湖即独山湖。自蒙山分支而西入新泰县境，为关山小汶水北流，洙水南流，为横山，为龟山在县西南。又西南入宁阳县境，为玲珑山，为灵山。又南为九仙山，圣林之所凭也山在林北三十五里，漕水西南流。一支自灵山西出为凤屏山，为爵山，为彩山，为告山。又西为伏山，为云山，为鹤山，为嵩山。濒于汶，隔岸与东平州之龙山相接。自莱芜县之原山分支而南，为仓山，为茜山，为碁山，为葫芦山牟汶西流。折而西为笔架山，为新甫山嬴汶北流，苏村、羊流等河南流，又西南为冠山。又西南入泰安县境，为徂徕山。至于西麓，潄于汶大汶、小汶交会此，一支为泰山近卫，以徂徕作案。

泰山右卫，自胶州之五努山，分支而西北，入诸城县境，为白龙山，为邕山。又北入安丘县境，一支为峡山，为崿山。又西北入潍县境，为塔山东于河北流，为程符山西小于河北流，为黄山。又西北入昌乐县境，为孤山。一支自峡山西南出，为三山，为盖公山，为圣水山。又西入昌乐县境，为白狼山白狼河东北流，为纪山西丹河北流，为尧山在临朐、益都县界，尧河水北流。两支俱由西北入寿光县境，潄于海。自临朐县之沂山分支而西北，为明月峰，为冶源山熏冶水东北流，为莲花山，为仰天山。又西入益都县境，为三阳山，为北峰山，又西北为石膏山南阳水东北流，为九回山北阳水东北流，为鼎足山山与临淄县联界，女水东北流。又西为金山。又北为铁山，入新城县境，潄于济小清河。自沂山分支而行，一自北而西为嵩山。入博山县境，为岳阳山，为黑山。又西北为黄石坞山。又北入淄川县境，为甲山，为伏山，为凤皇山。一西北入长山县境，为长白山。连峰罗列，拱护西南，实为岱岳之后扆。昔人有副岳之目焉。按：岱宗发脉于辽左之长白山，而此山名与相符亦可异也。又西北入邹平县境，至九龙山，潄于济临浒山泺。自章丘县之长城岭分支而北，为鸡山，为西龙洞山。入历城县境，为东龙洞山，为桃花岭，为八达岭，为幡竿岭。又西北为历山，又北为华不注山，潄于济即大清河。自泰山北麓分支而西，为分水岭，迤北入长清县境，为长城岭。又西入肥城县境，为孙家岭，为五道岭，有大石关。又西为孝堂山。入平阴县境，为庙山，为峻玉山，为圣容山，为云门山。又西南入东阿县境，为亭山，为龙头山，为黄崖山狼溪水西北流，为天池山洪范池西北流。折而西为扈山，又北入聚宝山，为虎窟山。又西为碻磝山，为巨山。又西为子路山，为豆山，为腊山。入东平州境，为卧牛山，为金山至安山湖，为安民山，为梁山。入郓城县境，为金线岭。连阜纡折，循脉而东南，入嘉祥县境，为章山，为商村山，为南武山，为遂山。又南入金乡县境，潄于昭阳湖。自泰山西分水岭入肥城县境，为五道岭。分支而西南为牛山，为陶山。入平阴县境为寨山，为大菩萨山，为紫盖山，为赤沟山。又南入东平州境，为芦泉山。又东南为雕鹗岭，为金螺山，为龙山。濒于汶，隔岸与宁阳县之嵩山相接。

沿海岛屿，其以岛屿卫列沿海者，必以其脉之所注者为重。岱脉自北而南，自南而西，捍外卫内，重在东南。是以循长山岛而卫于右者，为侯鸡岛、大黑岛、小黑岛、桑岛、崅屺岛，至莱郡之芙蓉岛而止岱脉自莱郡折而东南行。而东南诸岛，笏拱标联，今书其最著者：东则有沙门岛、崆峒岛、养马岛、刘公岛，鸡鸣岛；转而南行，则有倭岛、镆邪岛、延真岛；又折而西，则有五垒岛、苏山岛、琵琶岛、黄岛、青岛、田横岛、大管岛、车门岛、福岛、古迹岛、唐岛、斋堂岛、沐官岛，至于莺游门入江南省海洋，抵云梯关，为南济，合河、淮出海之处，皆岱宗海外之左卫也。

宋钱伯言《游览记》：宣和己亥九月二十四日，面奉玉音，至奉符催视岳祠。后一月，伯言至自兖。明日，具香烛以告上旨，已而罢醮于会真宫，独登瑞云亭，早饭于行馆。遂同令寇庠、丞吕光问、祠官曹钦承、莱芜令韩僖、道士苏彦弼谒岱岳观，留连池上。复自金母洞过青帝观，观文僖丞相遗刻。遂游白龙潭，奠御苑玉芽于水中。爱其泉石之胜，乃相与策杖散步。还过鸡笼峰，始复肩舆。躬走社首山，视禅坛，访遗迹。晚入乾元观，小饭翠阴亭而归。钱伯言题。

元杜仁杰撰《东平张宣慰登泰山记》：皇帝中统元载，擢用宿儒宣抚十道，公首与其选。公治河东有异政，考为天下最。上亲召，劳以卮酒，至以字呼，朝野荣之。越四年，上复命公为东平宣慰使。尝曰：曲阜，实夫子之庭，泰山为中原神岳，皆在境下，所当亲祀。

以至元重九前三日，办严以行，由沂州门出。时天宇晦冥，翌日至林庙，拜三圣墓，雨气犹未艾。信宿抵岳祠。明旦登西华门，云则载阴载旸，雨则间作间止，咫尺三观，在墨泼染间，刹那千百其变。公谓所亲曰：登顶之约，盖不敢定。苟晴矣，乃行。否则，恐劳而人。既而五鼓将作，阴为之解驳；三唱未终，星为之芒错。于是州刺史张汝霖、奉符令张佺、司户王天挺及从者三百指，具肩舆，辇公而上。已而，过黄岘，饭于护驾泉，次御帐少憩。去天门犹不翅十五里，路渐隘，林树四合。就其罅望之，天光凝碧如绀珠。薄暮至绝顶，由东以望，见山影黖黑，偃卧无际。顷观李斯碑，仅得数字，其余漫不可识。下自登封坛，皆历代磨崖，亦复剥裂。惟唐明皇御制《纪泰山铭》，其字大如碗，泥几寸[1]，泥金错落，犹有存者。日没少顷，寒气已逼人如仲冬，时从者燎薪围坐以待旦。参甫中，公起步自玉女池，登日观峰，六合褰开，肃然无纤滓。待蒸黍时，东方昽昽，乍离乍合。移晷，日露其半，恍然如入无量金色界中，凡在行者，莫不叹诧。及回，又得西影直抵昧谷，若与昆仑争雄长。公辄奋髯惊，则曰：吾此行，凡三见岱宗面目，吾愿足矣。

噫！予自壬辰北渡，三十余年凡九来，未尝睹此奇事，虽欲勿纪得乎？古者有天人之辩，谓人无所不至，惟天不容伪，真知言哉！公纯诚人也，盖无往而不协，无动而不言，无祷而不应。是行之异，乃一节耳！虽然，天下之事，固有邂逅相合者多矣。昔卫旱伐邢，师兴而雨，或者谓适与雨会，则非也。此特纯归之天，乌在所谓由人乎哉！至于挥剑成河，变昼为夜，或有此理。如韩吏部开衡山之云，苏端明借海藏之春，皆我辈之余事，安用诧为。因公此来，书诸石，以示来者。至元元年。

明太祖御制《岱山高》文：岱山高兮，不知其几千万仞。根盘齐鲁兮，亦不知其几千百里。影照东海兮，巍然而柱天。益于民庶兮，兴云吐雾，神龙出乎其间。降祥，则甘露垂于松柏；佳岁，则滂沱遍于厚坤。冬则寒风时出岩壑，杂然而有声。百川林薮，森然而如雷。坤之所载世之山，首岱山也。至如旸谷之东方，或登峰顶，时闻天声万籁。岱山之高也哉，柱天之势，岂可云乎！俄而风生万壑，云起诸峦，隐隐雷动百川，倏忽电掣万里长虹，此岱山之神至也。至则威灵百备，神之造化如此。少时风静云收，电敛雷息，又百川之清泰。其岱山尤其高哉！其苍松也，始天地而生，倚丹崖而长。松之所以长，千寻不比；丹崖所以高，万仞何量。盖由太古之岁月，以至于今。苍松扫丹崖而莓苔不秀，丹崖映苍松而五色交辉。猿啼云树之杪，鹤翔日观之东。雕鹗盘旋乎深谷，虽扶摇不可得而升峰。於戏！登泰山而小天下，越大海而渺江湖，信哉！

王世贞《游泰山记》：余自戊午、己未间，有事于泰山者三，而其稍可纪者第二游也。其初游为正月晦，自清源谒台返，与海道宋丈大武偕，夜浴于使院。三鼓起，启堂之北扉而

① 泥几寸：碑作“深几寸”。

望，若曳匹练者，自山址上至绝顶，又似聚萤数百斛囊中，光熠耀不定。问之，乃以兹时士女礼元君，灯鱼贯而上者也，其颂祝亦隐隐可听云。以黎明入山，即阴晦，浮云出没皆际，十步外不辨物，第觉舆人之后趾高，而余前偻而已。即绝顶亦无所睹见，且寒甚，宋丈迫欲返，还憩酆都宫，趣觞举者数，而后肤不栗也。甚悔之。

至六月朔，偕御史段君按部泰安，段君约以三日登。而诸道从者众，度不任舆马，余乃与参议徐君文通请以二日先，段君许之。至夕而大雨，其次日，雨止。出泰安，可二里所，即入山。时禾麦甫熟，黄绿间错如绣，拂拂作饼饵香。树杪浓阴晕之，意甚适，而至无掌故可询者。自是皆诘曲逶迤而上，峰势巀嶭若相噬。而旁多溪涧，泉流碨磊间，作悲鸣，与笳吹相应。

久之，至回马岭，乃却肩舆，改从腰笋。又四里，抵御帐岩，一曰御仗，宋永定陵东封止仗卫处。其前为巨涧，涧底白石砥平，如玉色。而岩陡上庙，其巅颇宽，嘉树阴之，好鸟喈喈可爱。又行，可三里，抵黄岘。黄岘者不知其所繇名，有松五，即所谓五大夫者也，以厄于石不能茂，而稍具虬虺状，当是二三百余年物。亡何，为百丈崖，崖凹深如屋，傍有石洞，槎口而下黑，其究叵测已。

度石壁峪，为十八盘，应劭所谓“两从者扶掖，前人相牵，后人见前人履底，前人见后人顶，如画重累者”，非此地也耶。而今道益饰治，且有舁者，所谓五六步一休，蹀蹀遽顿地，不避燥湿。前有燥地，目视而两脚不随，且幸免矣。自是为十八盘者三，而穿中窦曰天门。

既上，罡风蓬蓬然，吹帽欲堕。道士衣羽奉乐而迎，出没云气中，亦一奇观也。行可里许，为元君祠。元君者，不知其所由始，或曰即华山玉女也，天下之祝釐祈福者趋焉。祠宇颇瑰伟，而岁所入香缗以万计，用供县官匪颁。其右为御史所栖。后一石，三尺许，刻李斯篆二行。一石池，纵广及深俱二尺许，亦曰玉女洗头盆也。

自是左折而上里许，曰岳帝祠，陋不能胜香火。其后削壁造天，左为开元帝《纪泰山铭》，唐隶，径可二寸，而赢势若飞动，惜其下三尺许为拓碑者冬月熇火蚀之，遂不全。右为苏颋《东封颂》，字形颇秀媚，尚可辨，而损于闽人林焯“忠孝廉节”四大字。又有颜鲁公题名，损于方元焕诗，固不若苔土埋翳之，尚可洗而有也。

自是益北上数百武，为绝顶，曰玉皇祠。祠之前有石柱，方而色黄，理亦细，可丈许，所谓秦皇无字碑也，其石非山所有，或曰中有碑，石冒之。按李太宰裕《记》云：石埋植土中，似方非方，四面广狭不等，细观之，总十二行，行各十二字，多不可识。今殊不然。然李公以为在开元铭东十数步，则非此石，明矣。恨曩时不于其地一访拓，使先迹泯泯也。

复折而东，稍一百步，复上百步，石室冠之，高如玉皇祠，中有黧色石盖，方丈，莹润可鉴，云汉武帝所藏金泥玉检地也，传云白云起封中者是已。其前，地稍辟，即所称日观、秦观、越观诸峰者。盖五鼓而起，观日出则为日观，西望而见秦则为秦观，南望而见越则为越观耳。其后人所指某峰某峰，皆妄也。时雾气重，不可久憩，又亡所睹见如春时，怏怏而下。

适徐君至，呼酒谈诗，甚乐。三鼓而寝，约以五鼓起观日出，然其寝皆已甘甚，醒则高春矣。意恍恍不自得，强与徐君扶杖而寻昨所游。时天初霁，日益弄色，其东南尽目力微白而晃漾者，以为海耶？直北而西，隐隐一抹苍碧，若长城之堞者，则意以为太行、恒、嵩之类耳。至稍远而淄、渑、济、泗，千流叠带。近而诸山，皆若培塿，独徂徕稍尊，居然一衡几。

登眺久之，因与徐君语，传所称吴门白马，固未敢信，即小天下，岂欺我哉！俄而，诸山各出白云一缕，若冢中起。稍上，大如席，凡数百道，则狂驰，而遇辄合。其起无尽，其狂驰而遇亦如之，顷刻遂遍成白玉池，而仰视则空青莹然，上下异色。呼酒与徐君酌，自以为生平之创见，所谓野马絪缊，信也。

俄而，报段君至，从行者参政张丈希举、副使李君嵩、佥事王君遴、张君师价，因置酒于其署，移席玉皇祠南柏树下。《记》云：汉武所种千株，大者十五六围。今不能十之一，而小疑即其孙枝也。酒少间，散步至舍身崖，其缺处可三尺，而下临杳蔼数千仞，张丈足缩，不敢前。而王君席间慷慨谈兵事，乃亦缩弗前。张丈顾而曰：君扼腕而谈兵，毋敢抗者，乃亦弗前耶？余笑曰："此自兵法，诸君弗察耳。夫无进生而有退生，此王君所以弗前也。"王君亦大笑。乃别段君，约以次日缘寻山诸胜，乃下。

五鼓，复大雨，雨连日夕不休。余始与徐君同舍，而张丈、王君舍圮漏，乃移就余，而舍中水亦将二尺，因布长几，置枕簟其上，小吏裸而行酒炙，所剧谈六合内外，张丈又时时以雅谑杂之。凡四日，雨始小息，夜卧倦甚。王君苦吟若寒蝉，又时时提余耳，告以所得句，余不胜嬲，强起顾视，天碧净如浣，而大星百余，巨于杯，历历檐角，殆可仰而摘也。质明，复大雨，州供业已尽，乃行辞段君，与诸君偕发，时寒甚，衣绢素至五重不解，亦有乞道士木绵裘者。

下天门，雨止日出，每十八盘竟辄去一衣，至御帐岩，衣去且尽。时岩旁飞瀑争下，凡二十余丈，涛翻雪喷，若斗龙吐蛰，玉鳞四飞，珠沫群唾。余兴发，不可遏，跣立盘石流泉中，呼酒数大白辄釂，长歌振林樾。诸君皆壮之，有和者，有就取饮者。移时而报段君至，相与之酆都宫，为小宴别。

其明年之四月朔，以行部道出莱芜，会家大人有边事，事甫定，乃乞灵于泰岳，以间登焉。将五鼓，杖策日观峰。顷之，东方色微辨，而顾余及从者，衣洞赤，已睹石室及诸碑碣尽赤，乃见一线赤从东黯霿中起，顾山之背则犹昏然，鸡盖三喔也。又顷之，日轮徐上，云君霓师，金支翠旗，彷彿扈从。于是诸峰城廓尽现，而山之观与世同矣。

余三登而始毕其胜，然目境耳。其峰之为回雁、为鸡笼、为莲花、为明月、为丈人、为独秀、为东、西神霄；崖之为百丈、为马棚、为鹁鸽；峪之为石经、为桃花、为马蹄；石之为牛心、为龙口、为试剑、为龙纹虎阜；洞之为吕公、为白云、为遥观；泉之为白鹤、为水帘、为白龙。诸用怪伟称者，固未及一二探也。

夫以封禅告成之主，凡七十二，而结绳者半之，天地之人文郁，而后世之博识者不能举其略，辞之不可已也如此哉！去余兹役十有七年矣，而所经睹若夙夕。会至自太和，有所撰述，因并记之，其后二游各有诗，诗为七言律，凡十首。

王之纲《泰山记》：泰山，东岳山也，是为岱宗。《尔雅》：丘右陵曰泰。《郡志》：万物交代，故称岱；群岳之长，故称宗焉。天应角躔，地分鲁域。宋元前，隶兖东平路，今隶济南泰安郡。《道藏》书云：泰山周回一百六十里奇五十步，方面各四十里。郭璞云：从泰山自下至顶四十八里三百步。《汉官仪》云：盘道屈曲而上，凡五十余盘。《茅君传》云：泰山周回三千余里。《博闻录》云：泰山名蓬玄，高四千丈，环一千里。《福地记》云：泰山洞天周回三千里。其言高广远迩，固人人异。以今考之，由岱宗坊而左，周回至其坊下，凡一百七十里百九十七步，其称一百六十里奇五十步者近是。自郡城登岳坊三里，至一天门而上碨砢陀坂，循溪入谷，度高老桥、水帘洞、回马岭、黄岘岭、二天门、小龙峪、九龙峪、十八盘、三天门，至岳顶四十五里，其称四十八里者是也。至其峰山岭峪、洞石岩崖、亭台观宇，支麓蜿蜒，不可殚纪。

盖尝即其著者而言，最高为岳顶。古登封台，今表其巅，为玉帝太清宫。宫前秦无字碑，碑前秦观峰，可望长安。下为青帝宫、碧霞宫、东岳庙。顶以北，由丈人峰、石马山而上，为尧观台。台之北，为拗山、磨山、仙台岭、黄伯阳洞、金丝洞、莲花峰、佛寺峪即谷山寺，寺址即周明堂，中有峪泉，下为天津河，山谷联属岳顶，盖四十里。台之东北，为凤皇池、会仙庵、肃然山。台之南，为鹤山、玉女山，山半有黄华洞，洞即后石屋玉女修真处。下有饮虎池、大烛山、小烛山、仙鹤湾、天井湾，西转为明月嶂，即明月元。台之西北，有北拱台、南拱台、北天门、狮子峰、船石、分金石、石后山、方正石、土岭头、老鸭尖、懒张石屋、黑闼石屋、青天岭。自老鸭尖西下为上石屋即云台庵、下石屋即桂师庵、青龙宫、黄石崖，直至禚山、思乡岭、长城岭、铁佛寺、傅老庵、桃花洞。自禚山南而突起者为雕窝峰、猴愁峪、西风门峪、桃花峪、黄山，中有白练石屋，皆属岳之北者。近之为历山，为长白，远之非燕、赵、太行之间乎？

岳顶以东由太平顶、汉登封台，而左为日观峰。日观峰鸡鸣时见日出于海，高三丈。汉登封台，或云宋者，非云禅者，误，俗名宝藏库。峰之东为鹏窝峰、独秀峰、东神霄山、望海石、伏虎门，鹁鸽崖。峰之南为舍身崖、可止台、东天门、幡杆石、娄子洞。崖西下有遥观洞，即昭真库，蜕仙岩即王老石屋，水仙寨、朗然子洞、药园、千户厅、中岭山、水牛埠、艾窝、观星峪。东南十八里为汉明堂，旁有谢过城。夹谷会后，齐人归鲁龟阴田以谢过处。岳东南地曰谷里，即夹谷，皆属岳之东者。近之为汶阳之田，汶河、淄河诸水，远之非青、登、蓬莱海岛之间乎？

岳顶以南由玉女池、德星岩而前为周观峰，周观峰可望洛邑。峰之东为仙人桥、试心石、东影翠石、狮子崖、五花崖，崖西有避风崖、虎头崖、白云洞、锁云岩、三灵侯庙、南天门即三天门，门左有上清界坊、弥高岩、朝阳洞即古迎阳洞，洞上有半山亭、宋真宗晒袍松、龙泉峰、九龙峪、小龙峪、飞龙岩。洞下为拦住山、御帐坪，坪上有秦封五大夫松，始皇、真宗尝驻此。又下为望驾石、护驾石[①]、快活山、蛟龙石、黄岘岭、回马岭，中有玉皇庙、登仙台、

① 护驾石：《泰山搜玉集》卷上作“护驾泉”。

十峰岭、翔凤岭、古云岩、歇马崖、三字崖、凌汉寨、云头埠、白羊坊、水帘洞、大藏岭、炮高岭、石经峪，中有石经台、高山流水亭、万两溪公石壁记、水帘崖、曝经石。下为杨老坞、分水岭、东溪山、箭杆峪。峪东升仙岭、青山、南擒虎山、东岱道庵、西岩岩亭、虬在湾、饮马庵、王母池、飞鸾泉、涤尘泉、吕公洞、后土殿、老君堂即古岱岳观，中有汉柏、唐鸳鸯碑。下为三皇庙、酆都庙，转北为一天门坊、孔子登临坊、天阶坊、飞云阁、中溪山、斗母殿。转而西为人祖殿、升元观、白鹤泉、酆都峪、眼光殿、青帝观、岱麓书院。又转而南为凤凰台，汉宣帝时凤凰集处。

郡城中为岱岳庙，中有唐槐古柏，西为长春观，东为先师庙，南为会真宫、鲁两先生祠。城外南有升中古迹、阴字碑亭。西为天书观、醴泉亭、高里山、鬼仙洞、社首坛，中有环翠亭。再转而南为宋封祀坛、朝觐坛、舞鹤台，皆属岳之南者。近之为云亭、梁父、徂徕、峄诸山，沂、泗诸水。远之非吴越之交衡庐之胜乎？

岳顶以西为吴观峰，吴观峰可望吴门，孔子望吴阊门指示颜子处。下为君子峰，右为越观峰，越观峰可望会稽，一名月观，谓与日观相对。云峰之东为仙闾岩、西影翠石，峰之西为西天门，延至青岚岭、两峰岩、西神宵山、三尖山以南，九女寨、回雁峰即雁飞岭、火焰山、仙人掌、傲来山、刘盆子寨、天胜寨、鸡笼、悬刀、芙蓉、飞鸦、凌汉诸峰。下连马蹄峪、观音洞、白鹤洞、凤皇山、竹林寺，西北百丈崖、天绅泉、仙影崖、白龙池、西溪山、玄圭石、忽雷湾、耀星湾、锣鼓湾、普照寺、周仆庵今仰德堂、三阳庵、胡安定公投书涧、孙泰山公读书授经诸台、石徂徕公侍立景贤诸石。南下大峪口，又有大石匣、小石匣、藏剑匣、试剑石、三玄石、擂鼓石，皆属岳之西者。近之为灵岩，为长城巨岭，远之非秦晋、河源、昆仑、太华之胜乎？以此而言，则其称至四千里者，殆又不足以尽之。大抵传记所载，未必悉合。或极夫蟠亘而侈言之，或即夫柴望之地而约言之，不越以纪其形胜耳。

及考其当时巡守，则唐虞天子，五载一巡守。岁二月，东巡守，至于岱宗。夏后氏因之。周制：十二年一巡守，岁二月，东巡守，至岱宗，觐诸侯于明堂。自是而汉之光武帝、孝章、孝安，魏之明帝，隋之文帝，唐之高宗，亦莫不因焉。

望祭，则《王制》：岁二月，东巡守。柴，望祀山川。《周礼·小宗伯》：四望五岳。《鲁世家》：周公封鲁，伯禽为鲁侯，遂得主泰山之祀。自是鲁僖公、宣公之犹三望，汉宣帝之岁五祀，章帝之幸祀泰山，魏文帝、晋成帝、后魏景穆帝、唐高祖、太宗、德宗、宋祖、金、元亦皆有望。

封禅，则无怀氏封泰山，禅云云，伏羲、神农并因之。黄帝禅亭亭，颛顼、帝喾、帝尧、帝舜复禅云云，禹禅会稽，汤复禅云云，其所封皆于泰山焉。周成王封泰山，禅社首；秦始皇封泰山，禅梁父；汉武帝封泰山，禅肃然；光武封泰山，禅梁父；唐高宗、玄宗、宋真宗皆封泰山，禅社首。

若乃登览，则孔子游泰山，叹苛政猛于虎。颜渊从孔子辨系练于吴门，曾参歌梁山以力耕，孟轲感覆云以彰瑞，伯牙善音于霖雨之操，延陵合礼于嬴博之封，孙明复叹《春秋》之微，石守道笃侍师之敬，胡瑗置书而投涧，许衡寓鲁以名斋。

云游，则安期生授少君神楼之剂，稷丘君识汉武升高之危，巨和著安道之名，纯阳留憩洞之迹，张仙系林檎以示异，长春演真教以称仙，张志纯悟道于天倪，徐世隆辨材于三子，王从之化跏趺而仙岩蜕，故成兴公通玄秘而泰顶完真。

赞述，则刻石铭篆诸李斯，封禅书遗诸相如，摩崖碑勒于唐玄宗，阴字碑书于宋真宗，张说颂舞鹤之台，晁迥铭天齐之号，王钦若有《社首颂》，陈尧叟有《朝觐文》，王旦颂于封祀坛，杨亿序于天贶殿，洪迈记乎泰山，杨伯仁纪夫岱庙，宇文子有宣和之制，杜翱有延禧之述，徐炎记萃美之亭，党怀英撰谷山之刻。

题咏，则仲尼丘陵之歌，张衡《四思》之什，曹植有《飞龙》之篇，陆机有泰山之韵，谢灵运、李白之吟泰山，张养浩、李简之韵登岱。王奕、王恽有汉柏之句，范致冲、王旭有竹林之作，杜甫之《望岳》，卢照邻之《登封》，刘禹锡遗诗炼师，萧楚才赓和展礼，丁春泽为《日观赋》，杜仁杰为《天门铭》，王钦若纪登泰山，李义府遥叙封禅，梅圣俞之登岱岳，苏轼之游灵岩，洞宾挥句于金母池，张志纯览胜于桃花峪。

凡夫省方而答贶，览胜以穷奇，宣幽而发秘者，亦率于是焉，是皆不可以无纪者。内史氏纲曰：余读《鲁颂》“泰山岩岩，鲁邦所詹”，及孟子云“孔子登泰山而小天下”，未尝不叹其形之胜也。至读《舜典》封山之文，《戴记》升中之语，则又未尝不叹此之足以为民病也。迨读文中子有曰：舜一岁巡五岳，国不费而民不劳者，兵卫少而征求寡也。后世少兵卫，则不足以防窥伺之奸；寡征求，则不足以备羁靮之用。然后知封告之非能以病民，而时有不可举之，适足以为民病也。国朝名山大川，但因本称而未有封号，岁时遣祭不废，卒未尝举封狩之典，说者以为度越千古，其在兹也。岂不信哉！岂不信哉！矧其制作之盛，如圣祖《泰山高》之赋，列圣遣祭之文，昭回天地，而文臣、贤士、羽客、骚人，若薛瑄、王守仁、李梦阳、李东阳辈，品题不辍。又有以备一代之文章，固有不待封而崇者矣。登览者岂独以其形之胜已哉！是用记之，以告来者。万历元年癸酉岁春王月之吉。

王思任《泰山记》：曾谓泰山不如林放乎？儿时问先生，遂结一碧痞。十二岁从盱江还，驴上见峄山，是矣非是？而痞乃痛。既以姑孰令两附辑圭，走兖道，仅宿春耳。终不我即，去来鞅鞅，青未了也。丙辰之冬，岱入梦，意恶之。丁巳，左官齐幕开府李公酉卿修年好，予还，亟觞之，谓泰山色且落子马首，幸以所得来，而直指毕公，又申之以嘉命。今日无篯篝之愁，明日有顺风之纵。少伯才出石室，得夷光而入洞庭也，景日俱贺矣。

乃以六月廿四日，至博邑，寅鼓，饭家力汰弱奖健，肩舆出登封，至红门，改腰笋，看泰山易与耳。吾家秦望，兄弟也。两记室朱储言：将毋同。至一天门，甃石郁确。历斗母殿、高老桥，折涧潺潺，幽雌靡定。数里，为水帘洞，晴卷不下，而意可会也。又数里，为马棚崖，言崖可屋马也。又数里，为回马岭，蹄至此不可使，为缘也。又数里，为黄岘岭，得名以色，此泰山转伏转起之脉也。傲来一峰，尝向人前雄诞谓不让泰山，而至此羞涩称妇子。十步一休，五步一徊，苦甚，而得快活三，此三里，人气一松，谓之快活三也。对岸诸峰，颓纹苍点，披麻皴戟。起数折，而憩玉皇阁，以为至矣。举首天纮，杳杳犹然更衣亭也。两记室曰：夥颐，泰山之高沈沈者，秦望到那许？隐殷响中见红沫者，二天门乎？且摩蛟龙石，蜿蜒而游也。越数里，飞瀑砰下，高山流水，子牙鼓于此乎？御帐崖，宋跸之以是。秦人所蔽风雨也，何物墓傍？松奄奄一息，而犹忍大夫之为。又数里，上朝阳洞，登振衣亭，望傲来，畏怯逡巡，已甘臣仆。下所谓百丈崖、大小龙峪者，尽夹壁天穿，仙巢灵窟，铁结硠礌，止许五丁削一缝与人也。“后人见前人履底，前人见后人顶，如画重累人”，正其际耶。自十八盘以上，松益瘘瘦，树坚黑，苔绣或苍或白。路梯立，终无横人，岂特不舆膝，其颏两相支而已。距跃三百，舆人不我戒，级半回首，几吓废，而目与胆大怖。蓬蓬猎猎者，即来破肉，生平雪三伏之仇，亦一快事。

自三天门内，逶迤数里，如入小村，顶在股掌矣。予意先谒青帝，而道士第知有元君。

考元君之始，黄帝封岱，遣七女，云冠羽衣，迎昆仑真人，元君其一也。而祠前载西牛国石氏之女，得曹仙指，入天空山，为碧霞君，则又不知何据。金碧轮奂，灵爽赫然，而岳宫之圮，反有遗溲者，岂岳帝似土官，而元君为置吏耶？元君走四方如骛，岁投金钱数万计，士女香灯，丐啼呗诵，雷吼谷摇，有堕踏至死者。而是日，仅来一二辈，得飨净游之福，甚恬之。

日小午，雾蒸蒸起，道士以为顷刻海市，则又甚虞公羊氏之说。乃饭罢，天浣如碧，得礼青帝宫。右行而登玉皇殿，后有石壁廿丈，明皇《纪泰山铭》字俱掌大，八分古劲，当是仿韩择木笔。有桃花泉，题“雨余云海”，傍即苏颋《东封颂》。而林焯以“忠孝廉节”铲盖之，焯家堂中物，强以诏泰山，此岂可令乃祖林放见耶。遇每一岩，字面赘字，何处不可垩，而其欲黥泰山？为亟去！看无字碑，丈许，滑玉若幕覆然，绝非此山物，不知何以鞭来。祖龙欲无字，今儒欲有字，蒲车葅秸，幸不为所坑耳，焚书有远识哉！乃上登封台，而泰山之极诣，于此呼吸通帝座矣。下视茫茫，野马也，絪缊也。月蠕引数湾，或明或动者，�耶？泮耶？汶水耶？而猿蹲几下者，又傲来耶？如鼠拱、如龟伏者，梁父、长白诸山耶？七十二君之所封也，孔颜之所语也，曹、谢、李、杜诸老之所羡咏也，此也。望后障一围，其左肩更矗，石黄蒨翠染突而成，何当吴闾、石田辈来此，肩一屏去！以予所目，万雅飞至，青有三十余层，俱翼弱不前。前日济南，华不注一乳粽尔。若此阁，得付一炬，吾当盘礴仰空，以天为纸，濡墨北海，写一“大“字，此后投笔可矣。而道士又为予言：黄花洞幽绝也。则从丈人峰取径，抉荒耐怪，十五里不闻鸟声，蛇行而得亭焉。万松枝阁，望其下，黑翠毵毵，洞即天空山也，不甚广。迹元君拇指，饮其泉，两腋毛冷。人言泰山松，泰山实无松，但禀石气，多隐寿于此者胜尔。欲取桃峪，尚远，还经回雁峰下，股不佞目矣。

乃少卧署中，以日之西，莅五花冈，观周观，酌玉女泉冽之。扪李斯篆，念九字，“昧死请”凡两出，泰謟，何栗也？然非天子不考文，岂得人诵泰山哉！即李斯一画，今人未尝梦见，而反芜之，垣尻棘首，时官学不师古矣。左行而下，为礼斗台、鲁班洞，搜剔无异，而白云洞凡几谺。杨侍郎书“雨天下”三字，差可人。乃上月观，指点州城，亩余方幄，而穹窿之岳宇，棋枰白杪而已。道士言，某峰火焰、某凌汉、某神霄、某寨天胜刘盆子，俱返照中，影旆不大，悉归路暝矣。

沮寒，入夜尽集署具守腹背，犹不支，起看檐头，万星如斗欲滴，又如目睛动闭不等，月去宫鸱尺五也。相与爇松，走日观，过汉武玉检碑，不见白云封起，但有奇鬼搏人。久之，黑中一带，血融融然。俄而茁，逾两时而盛，人齿战击，尽保亭中，已辨字，而山半寂无鸡喔。视下方漆昧，正人世寝酣时也。海气不清，煜煜金荡者，有物黯之，云耶？山耶？不可知，亦无赤丸可探，不如吾乡越峥早望，反得跳快。道士以为非秋不见，则日观此来误寒多许人矣。吕叔简之解不道学也。从望海石，履仙人桥，窥舍身崖，有大人先生以《孝经》作法律，巨书于石。死之人愚而挺，劝之人古而迂，年年无禁者，何似神道设教，见梦于元君之易从乎？

乃别岳归，下南天门，一瞬顿不知吾何以上舆，股溜甚以，予身荡之，两手据竿，侥幸不振落耳。仍观石经峪，盘似虎丘，大有流趣，乃元人书佛经，一派活泉铺过，而明人遂刻《大学》一章以敌之。苦极，此辈至山麓，日已逾午，不及看汉柏。第回仰数十里，壁立万仞，又霭霭云气中也。

生中国或不能见泰山，见泰山或不能游，游矣或不能尽，尽矣或不能两日之内毫无所蔽，无人而独领，吾乃知岳游有夙畴。昔之梦，非妖也。王思任曰：吾登月观，日落如车，有日之观；吾登日观，月挂如船，有月之观。虽不两得，亦未两失也。秦观入鸟，吴观无马，则断断兮矣，庶几周观之东乎。泰山丑寅交代之地，是帝之所出震也。万物怒生，于此首建，元气磅礴，形即壮焉。宜其父昆仑而兄四岳也。人身七尺，眼仅寸余，所见者百里，而域泰山有丈目，即可以通万里，乃其躯四千丈，当如何视由旬耶？维天东柱障，大海镇中原，钟贤圣，兴云物，润兆民，府神鬼，变化无方，奇不在一泉一石间也。此不可以游赏而可以观，善观者，观其气而已矣。孔氏观之曰“浑然”。孟子观之曰“浩然”。俯察厥理，各有所会。登泰山，孔氏意也；小天下，则孟氏意也。若予之意，止在泰山一片青也。今而后，予之腹其空洞矣乎。

于慎行《岱畎图经记》：岱宗之山，周回三千里，命曰“三宫空洞之天”，古帝王所告成也。其上有日观之峰，有玉女之坛。其阪有秦人之松，有汉人之柏。其麓有岳帝之宫。其阴有黄华之洞，玉女是焉修真。

岱宗之北六十里为玉符之山，上多栝、柏，多椒。下为朗公之谷，是有金仙之宇，命曰“灵岩”。又北百二十里，为玉函之山，尝有玉函，其上汉帝启之化为白鸟，是为王母所使，亦曰“千佛之岩”。其下齐州在焉，中为湖水，多荷、芙蕖。西为泺水之源，涌出若轮，北流入于济水。济水之北为金舆之山，史之谓华不注，孤峰亭立，状如青莲，厥有华阳之馆。是为北纪。

岱宗之南四十里，为徂徕之山，汶水经之。又东百里为龟、蒙，龟、蒙之前不足百里，为陪尾之山，泗渊之水出焉。泉如列星，其石五色，汇而西流。过五老之峰，是为尼山。又西三十里，经轩辕之丘，会于阙里，其别为洙渎。又南六十里，为邹峄之山，其山积石孔洞，状如累丸，上有白云之宫，秦人于此立石，谓之书门。邾娄之国在其山阳。是为南纪。

岱宗之西，为仙闾之岩，羽人居之，命曰“三阳观”。其阴多五色芝，多赤箭，服之已人风疾。又四十里，为傲来之山，其山嶕峣万仞。有石壁焉，黑质而白文，如人东向立，其名曰“仙人景”。其下悬流百丈，汇而为渊，命曰白龙之湫，出为渿水。又西三十里，为云台之山，其壤多黄，亦曰黄山，多枣栗之实。有泉出其巅，垂如白虹，流而入于汶水。又西三十里，为金牛之山，上有龙渊，下有肥子之国。又西二十里，为陶山，山有二崦，左曰东幽，右曰西幽。上多洞穴，下有池水，谓是种鱼之陂。《志》曰：陶之朱公，浮海至齐，止此居之，其野皆沃水也。又西南六十里，为大槛之山，厥高千仞，状如观阙。其下狼水出焉。又西十里，为云翠之山，其巅有石焉，削成而四方，谓之“天柱”，多术黄精，服之不死。其坳有玉帝之阁。是为西纪。

云翠之北，有洪范之渊，北流入于狼水，出于谷城，是为管子之邑。城北有山，上多文石。《经》曰：缟羝之首，北望谷城之山是也。秦时老父是授留侯素书。其西为虎窟之峰，下临汶水。北为香山，其上多蕨，有梵帝之阁。是邑也，万山环之，其中有畸人焉，厥状徐徐于于，岩石是栖，蓬藋之田是食，命曰“悬解之民”。其处善卧，其出善游，游于岱宗之野。三登日观之峰，以望沧海。北至于济南，至于峄，无不周也。其游与若士为偶，左手操杯，右手操管，其止恒饮，其醉恒歌，歌声中金石之音。楮氏之子，默而传之，藏诸奚氏之室，是曰“岱畎行吟”。万历阏逢敦牂之岁，十月既望，有是先生自题。

于慎行《登泰山记》：盖予家岱山之下，尝再从子充游。其时率在暮秋，若三、四月，五方士女，登祠元君，以数十万。夜望山上，篝灯如聚萤万斛，叫呼殷赈，鼎沸雷鸣，弥山振谷，仅得容足之地以上。而其时水泉多枯，木叶或脱，故山之奇丽珍瑰未露其十一二，露又为人众所掩。意五、六月之间，水木方盛，必有瑰异之观。而居常以惮暑不能出，即出又无与偕，徒侧身东望思焉。

粤岁辛巳六月，予卧病谷城山中，朱廷尉可大，倚舟广川，过而访予，相与盘桓云翠东流之间，望泰山云气如在衣袖，于是决策同往。以其月十有九日，发东流泉上，行山水之间，二日而至泰山下，主人肃入馆舍。明旦昧爽，衣冠谒岳祠。祠在郡城坎方，负岳而宫，埒钧天之居。

出登封门三里许，至于岳麓，有双观焉，谓之一天门。下车乘篮舆以上，磴道鳞鳞，谽谺逶迤。仰见峰势嵬嶷峣兀，如乘天之云[1]，峻不容屐，以为决不可至。行数里，至回马岭，玉帝之观在焉。其峰曰蜕仙岩，观之前为升仙阁，凭阁望群峰，反在足下。而其上则又有峻者，磴道益斗绝，诘曲逼侧而上。树四人以为竿，而中贯一舆，前人之趾，履后人之颠，后人之趾在予眦上，其后二人如之，应劭所谓“如画重累人”矣。两旁丹壁翠崖，嶝嵦崤崒，云霞万色，阴晴异态，飞瀑争下，涛翻雪喷，流声淙淙，乍大乍细，若悬绠鸣环，下而迎客。而水帘洞之泉，从山下弥漫下流，注于绝壑，以入碨垒，忽然而没，有时复出。石梁木杠，互相撑柱，间以其耳目与之接，唯恐失之，而不敢纵观，然后知此山之奇，向者真未得其一二也。

又数里，过黄岘岭，西行折东北，则下而复上。又前数里，御帐坪在焉。御帐坪者，秦人所从蔽风雨也，当岳半道，负中峰而处，左右诸峰两面环拱。石泓数亩，泉流其上，酾而下注，厥声砰磕。宋真宗驻跸遗址有亭，亭前松树二，秦所封五大夫也，生石隙中，不甚高大，而干皮龙鳞，类数百年物，其决不为秦时松可晓，而地则中阪无疑，意好事者即其地树之。从者曰：松有五，雷雨坏其三。非也！五大夫者，秦之爵级，松何必五？假而封七大夫，松又将七耶？从者不对。

又上，则峰崖益险，壁立插天，其石皆磊砢相承，或圆或方，或椭或长，巉岩崒嵂，不可名状。而其垠堮之间，色相种种，望之迷瞀。其丹而绀者，为殿为屋；两岩之间，一隙碧而如带者，为天光；翠而如发者为松；苍白而如绘者为苔；万仞悬而如鸟巢者，为羽人之居。而俯视则溪谷碌碌，不可见丈尺。又数里，为大、小龙口。龙口者，石峡飞泉如龙吐也。小龙口

① 乘天：《古今图书集成·山川典》卷十七作“垂天”。

之旁为斗母观。自此以上，凡嵌岩之间，为仙灵神鬼之居者，罗而列于左右，盖所谓“神房洞天”“百灵之府”也。

又数里为十八盘，古谓之环道，望天门如一只矢括在其端，上盘如缘壁矣。因谢舆，拾级而上，距跃三百，挥汗如雨。出天门之上，左折而至碧霞宫。碧霞宫者，所为祀泰山元君也，负玉皇顶而立，抱五花峰于前，日观在其左，丈人在其右，规制狭于岳宫，而金碧煜爚，观阙晖丽，顾反过之。其西为使馆，玉女之池在焉。膏渟黛蓄，肃有灵气。其旁岩上即李斯篆也。

予与可大就馆更衣，谒元君于坛，羽人赞祝。出而临五花，冈峦纠纷，含溪怀谷，云树宫宇，俯在目底。下视郡城，葐蒀罨靄，汶洸如线，环之数周，川原回合，萦青缭白，提封百万，不盈一瞩。

由宫左折而上，为青帝宫，其后峭壁数十仞，镌开元《泰山铭》。又北上数百武，为玉皇宫。宫在绝顶，古之封坛，秦皇碑在焉。碑石青白，高二丈而无文，盖岁久夷灭。或曰秦所以表泰山，其下有石函玉书，于理不诬。绕玉皇宫之后，倚阑而顾，俯见四面群山，逶蛇蜿蟺，如盘龙走蛇，绕七十二峰之下，其支脉首尾，历可指数，以至于海。而桃花、明月、石屋诸洞，在岳之背，列仙所纪金床玉几之胜，若将睹焉。《记》曰：天孙岱岳，周回三千里。以今观之，嵚崟乎三州之半矣。

又折而东，可一里许，汉之封坛在焉。石方丈许，碧而莹腻，屋覆其上。又东为日观，以旦观日。不往，而南登舍身台。舍身台者，一峰陡出，其平处可数尺，而下临千丈。以三石撑抵，博尺有咫，谓之仙桥。过桥而席于台，日光西沉，霞色在壁，风吹冠裳，声如裂石，于是相对大觞。望见西南有千家之聚，横以大堤，黕黑无际，谛视之，云也。盖云如烟火，下博上锐，平地视云见其端，此见其杪。

顷之，月出，羽人吹笙，和以歌音，极醉而返。山气懔栗，枕席皆湿，不可以寐。出立坛上，月光荧荧，星斗可拂。俯视万壑，烟云一气，茫茫正白，银海玉波，不可辨识，道家所谓三宫空洞之天也。往闻人言，山以夜半观日出，访之羽人，五、六月间平明乃出，五更可往也。于是坐而至五更，秉烛披裘以登。顾见山中云气，从涧壑吐出，如一缕烟，稍上而大，东西聚散，车驰马奔，倏然往来，顷刻灭没。于是可大大呼，以为平生未有，从者尽欢。东方作矣，回而东望，有山数峰，如卧牛车盖之状，而又渐没。赤霞半天，光色媚丽，间以碧绿，熠耀五色，直射衣袂。顷之，平地涌出赤盘，状如莲花，荡漾波面，而烨炜不可名状，以为日耶已。又一赤盘，大倍于先所见，侧立其上，若两长绳左右汲挽，食顷乃定，羽人告：日升矣！盖先所见如莲花者，乃海中日影，非日也。日且高舂，赤霞与影皆没，而下微见一线白，滉漾明灭，羽人曰：海也。又顷之，日左黑气隐隐一抹，状如连山长城，可大示予：此真六鳌所戴矣！羽人曰：云也。可大一噱，走望海石上，取酒浮白，醉而熟寐，从者咸栗且呼，予睨而心壮之。回立登仙台，西望丈人、越观二峰，近在目睫，因顾可大：往予与子充登岳，倚越观望君。今吾陟丈人峰，可瞰太行呼子充也！会疲，不能往。

策杖而下，气益舒展。每行数里，则求嘉树流泉，或峰坳片石，拊膺而坐，举觞属可大曰：此非伯牙避雨岩乎？夫高山流水，于子何逃声矣！由御坪而下，憩于岩岩之亭，折而左入，得经台峪。经台者，石坛斜倚山曲，方广数亩，镌《心经》一卷，字大如斗。坛北有壁，瀑布从山上来，悬壁而下，流于经坛，弥漫过之，从水上视篆书，一一可读。壁上镌数大字，以水为幕。往予再游，盖未尝至，以僻不当道，为人众所蔽故也。过经台而下，出一天门，左折而得岱岳观。又东里许，得王母池，池大盈亩，悬流注之，倍经台之瀑。

已而雨至，登车出山，涉泉而行。天暝，持炬车中，闻水声在足下者，数里而至逆旅。明日大雨，主人请游三阳观，告遽而行至百丈峰下，望山上瀑布数道，如从天下，盖在山之西南，非旧所见矣。

岱畎生曰：予览古图，经脉地势所由高下，盖北纪诸山，负地络之阴，并太行、王屋，东逾常山，至医巫闾而止；南纪诸山，负地络之阳，连桐柏、熊耳，入于瓯、越、江、淮、河、济，所繇东下，如建瓴矣。岱宗独立海上，西向而揖群山，汶、洸、沂、泗出其支麓，旋之如带，以入于海，其状若负扆云。往河流燕、齐间，由岱之北挟济入海。今徙徐方，顾反出岱岳南，挟淮入海，斯地道所变迁也。予登山巅，北望九河故迹，苍茫与天际矣。

释慧秀《岱宗赋》：惟大东之灵岳，跨齐鲁之土疆。应天星于角亢，分带砺于徐方。配高明而作则，司人命之短长。实九垓之巨镇，禀清气于少阳。考虞巡以称首，历周狩而弥光。秩视三公，位居长子，佐青帝以发春，御苍龙而经始。尔其浑沦磅礴，赫赫岩岩。含精布化，蓄宝出潜。拓址绵邈，四方是詹。仰绝云汉，挽穷荒裔。渤澥杯浮，碣石芥峙。丸泥启于函谷，匹练悬于吴会。鸡鸣出日，鸟宿没景。极宇宙之壮观，肆心神于独骋。若夫妙幻恍忽，甫阴歘阳。轰雷车于下界，张鸟翅于崇冈。叆叇则滃从肤合，霡霂则润及要荒。霞明雾晦，集霰飞霜。红芳脱而绿茂，嘤鸣逝而鸷扬。固无物而不备，亦何序而不臧。

其上则神霄玉女，日观天门，丈人君子，巀嶭居尊。凤皇石马，雕窝鹤巢。思乡分水，青岚昼消。三字五花，傲来仙影，锁云弄月，回雁孤挺。悲愚俗之舍身，念仙闾之莫拯。其下则徂徕高里，梁甫云亭，莲花岿嵦，狮子峥嵘。御幛当前，马棚侍右，仙台远举，长安迤后。飞鸦伏象，负褓悬刀，呼名不一，送目睚遥。靡不纡青贯紫，吐瑞擎霄。列仙班于庑下，群拱玉以来朝。

石则羊阑虎阜，牛心龙口，大悬小悬，舟屋形取。若涂胭脂于落照，试干将而中剖。织女用以支机，生公喜其肯首。

泉则飞鸾白鹤，护驾涤尘，瑶池水帘，玉醴天绅。碾驼周于石屋，圣泉泻于云根。泛桃李兮出谷，渍云药兮轻身。

洞则白云黄华，鬼仙金母，想引蛇于五丁，异藏书之二酉。

峪则大龙小龙，石经石壁，间椒子于阳坡，识仙人之履迹。至若东西二汉，虬在鹰愁，投书饮马，雷鼓喧流。王母之池，封家之汇。或下渿河，或趋汶水。取仁智之能兼，岂江湖之是侈。

尔乃夭乔并丽，飞走咸若。松却秦官，柏膺汉爵，椿梧梓桧，榆柳桑柞，楸槲榕栾，杨栋群木，皆土所宜，取用斯绰。

卉则辛夷长春，凌霄夜合，罂粟鸡冠，蔷薇芍药，山丹月季，五色的皪。紫藤黄萱，尤堪馈馌。

果则梨栗枣柿，梅李杏桃，林檎石榴，箌实充饶。朱樱夏熟，紫柰秋摇，可以黍雪，可以冰调。琱筵是荐，避暑蠲痟。

药则青芝赤箭，太乙长卿，鬼见须愁，王不留行。车前之穗，马兜之铃，黎庐泽泻，山查地丁。鸳鸯之蕊，枸杞之英，金石砂土，载在图经。克瘳厥疾，匪若眩瞑。

鸟则红娘巧妇，白练黄鹂，鸠雀莺鸰，鸦鹊雉鸡，提壶布谷，野鹜鸬鹚，声如唱佛，种似画眉。鹌鹑翡翠，时或有之。

兽则獐麃獾鹿，苍狐白狼，两足跃兔，三色羱羊。戴珠之狪，披黄之鼠，犇嶅投崖，昼伏夜起。匪曰山珍，备物乃纪。

溪涧之水，易涸易盈，游鳞不产，奚贵空名。

谷有稷黍，稻麦菽粟，胡麻巨胜，民用恒足。

豆兼黑白，青黄赤绿，香闻九里，岁惟二获。

野茧缫丝，木棉选薵，有枲有麻，以供常服。

坚冰在阴，积雪在谷，少暑多飙。陶瓬不蓄。

太古之风，淳朴之俗，穴处巢居，如豕如鹿。是曰山氓，迷宠就辱。

若夫葆光抱一，噏景餐霞，拥琴而留帝跸，授枕而驻春华。崔文卖丸，安期施散，皆托迹于名山，岂东都之所产。亦有断言离相，晏坐经行，拥栴檀之海，传日月之灯。心空浩劫，境现化城，竦青鸳于椒轴，来白马于西京。莫不志超玄闼，道合法程。然而正智罕修，诡习易启。核鬼神，稽稗史。标玄号于碧霞，肖天孙而庙祀。冠裳信其耳食，估贩遵其遐趾。役蠢庸，倾妇寺，望云封以叩心，首奉高而委积。靡不思灵璈之一奏，镜翠葆之乍临，群谋翕集，千里同心。乃俾东皇逊烈，震位避尊，无怀之禅既阙，轩辕之轶不臻。玉检淼茫，金泥销缩，墟秦汉之遗踪，悼登封之弗续。茂陵所以兴怀，蚕室虚其叙录。抑未谂夫降精孕淑，诞孔生颜，孟表乘云之梦，曾歌雨雪之田。泱泱大风，巍巍雅操，一圣三贤，皆钟元造。发二仪之秘藏，开百王之道奥，寤群昏于长野，振千秋之文教。此四岳甘心乎殿绩，而九山弗矜其微效者也。辞曰：

天作高山，岱惟宗只。终始万物，位则崇只。油云沛雨，但常丰只。笃生圣贤，福无穷只。民之昭昭，繄厥功只。匪孔及孟，世皆朦只。七十二君，道则彰只。封不加尊，德有常只。彼秦与汉，仪既详只。六师皇皇，民事妨只。鸿惟我明，秩号当只。遣告以时，国运昌只。我赋且歌，思不忘只。

国朝周藩《泰山赋》以“措天下于泰山之安”为韵：惟岳渎之成形，视公侯之分措。水顺流而朝宗，山常峙而巩固。望北极之崚嶒，自浑源而飞渡。瞻南陆之岧峣，翳祝融其孤露。削三峰于太华，绝龙岭之依附。列二室于中嵩，凭女几而回顾。是宜作镇以居方，莫不效灵而绵祚。

若乃调元出震，宰物参天。疆分鲁室，星曜角躔。冠群岳而称宗，扶舆郁积；筦芸生而迭代，造化司权。结轮囷之福地，吐奇秀于层巅。扳跻则盘磴数十，绕匝亦步武盈千。石偃蹇而堆阜，洞潺湲而流泉。池一泓而清浅，峪万态之阿卷。当峰回而路转，临绝壁于深渊。甫停云于岭上，寻骋目于祠前。久推灵府，厥号蓬玄。

尔其正位当阳，升高自下。仙影如迎，德星不夜。秦碑无字以楮撑，玉女乘风而羽化。狻猊卓立而扬威，猛虎狰狞而恐吓。云锁卷舒以自成，水帘滴沥而珠泻。飞龙夭矫而虬藏，翔凤雝喈而鹤哑。五花三字，扪手有棱；流水高山，暴经无榭。时拊石以试心，还避风而抵罅。既凌汉而弥高，亦朝阳而望驾。斯则御幛之岩壑皆奇，而邀封之大夫堪诧者也。

他如神霄分列，翠影相于。顾瞻左右，遍历崎岖。探巀嶪之雕窝，启邃幽于仙闾。望海若之澎湃，观星宿之乘除。吴门渺以阒寂，洛邑化为丘墟。日甫出而瞳曈，雁倦飞而徐徐。数三尖之默默，揽独秀而鱼鱼。乍凭空以挝鼓，思临涧而投书。将授经而卒业，宁藏剑以沦胥。石景贤其特立，台可止而何居？彼君子兮，方高蹇而迈俗；有丈人者，若矗起而招予。爰是策藤杖，卸篮舆，蹑游屐，飘仙裾。发金丝之响，陟石马之砠。怖虎饮之餐餮，感猴愁而欷歔。明月嶂前阴翳，桃花洞里泥淤。朗然子归乌有，黄伯阳属子虚。亦何事向懒张而问道，临黑闼以踌躇。则且管窥博物，钞青小谞，一灵布濩，万象薁与。仙茗香远而轧茁，巧妇韵清而栖卢。山僧赞佛而不辍，天麻滴泪而堪锄。练拖红白而熠耀，英餐紫赤而常储。参抽四叶而种别，兔蹶两足而技疏。狪狪仅志于神禹，斑斑偶似夫王余。是特标奇之末节，而为他山所弗如。矧槐自唐而枝茂，柏从汉而条舒。经风霜之剥蚀，穆然想见乎古初。

懿夫上下交，地天泰。麟凤游，车书会。以时巡，方春蔼。载青旗，张翠盖。勤法官，鸾声哕。坐明堂，恩膏沛。一人庆，兆民赖。歌四国之是皇，告三时之不害。是其省方也，务使宣德达情；而其望祀也，不过燔柴沃酹。王心无逸，以作所穆穆尔容；神灵申命，而用休绵绵其赉。夫何七十二代之君，陋习相沿。上封下禅，徒喜功而好大，曰云云与亭亭，侈规模之无外。若天书与灵芝，尤伎俩之狡狯。

聿有景行前哲，仰止高山。藐六合于指掌，梯九仞而难扳。叹苛政而心恻，望匹练而鬓斑。云飘飘而呜咽，殚子职于宽闲。象岩岩以笃生，看云气之往还。怀尔音于霖雨，志吾过于郊关。析春秋之奥旨，堪砭订夫愚顽。若烟霞之锢疾，驻大药于朱颜。或完真而蜕故，伤寂莫之维艰。或留芳而表异，要象数之素娴。神已游乎方外，世不类乎人间。苟傅疑而多阙，讵仙籍之可删。

至若登皋以啸者，有味乎言之。丘陵发兴于宣圣，篆籀勒石于李斯。子建之才高七步，张衡之韵叶四思。李杜之气体高迈，陆谢之句法参差。相如留札于身后，洪迈撰记于当时。燕国公落墨自大，回道人琢句生姿。宛陵以穷考而弥工，髯苏以壮游而恢奇。铭天门而气冲霄汉，赋日观而彩映瀛池。凡夫萃美宣和之制，摩崖阴字之碑。罔不彪彪而炳炳，信大文之在乎兹。因作歌曰：

登岱岳兮望长安，辉宸翰兮陋紫坛。卿云缦缦兮零露汚汚，山光勃发兮庙貌殊观。纪翠华之驻跸兮，来舞鹤与骖鸾。惟明德之荐馨兮，极上际而下蟠。元君聿彰其丕应兮，万年厌而百福攒。何高厚之不择土壤兮，占鸿雁于渐磐。思成民以致力兮，惧蛟负而旷厥官。抒长言以向往兮，灵踊跃于毫端。

周孔子《丘陵歌》：登彼丘陵，峛崺其阪。仁道在迩，求之若远。遂迷不复，自婴屯蹇。喟然回顾，题彼泰山。郁确其高，梁父回连。枳棘充路，陟之无缘。将伐无柯，患滋蔓延。惟以永叹，涕霣潺湲。

汉张衡《四愁诗》之一：我所思兮在泰山。欲往从之梁父艰，侧身东望涕沾翰。美人赠我金错刀，何以报之英琼瑶。路远莫致倚逍遥，何为怀忧心烦劳。

魏曹植《飞龙篇》：晨游泰山，云雾窈窕。忽逢二童，颜色鲜好。乘彼白鹿，手翳芝草。我知真人，长跪问道。西登玉堂，金楼复道。授我仙药，神皇所造。教我服食，还精补脑。寿同金石，永世难老。

曹植《仙人篇》：仙人揽六箸，对博泰山隅。湘娥拊琴瑟，秦女吹笙竽。玉樽盈桂酒，河伯献神鱼。四海一何局，九州安所如。韩终与王乔，要我于天衢。万里不足步，轻举凌太虚。飞腾逾景云，高风吹我躯。回驾观紫微，与帝合灵符。阊阖正嵯峨，双阙万丈余。玉树扶道生，白虎夹门枢。驱风游四海，东过王母庐。俯观五岳间，人生如寄居。潜光养羽翼，进趋且徐徐。不见轩辕氏，乘龙出鼎湖。徘徊九天上，与尔长相须。

曹植《驱车篇》：驱车挥驽马，东到奉高城。神哉彼泰山，五岳专其名。隆高贯云蜺，嵯峨出太清。周流二六候，间置一二亭。上有涌醴泉，玉石扬华英。东北望吴野，西眺观日精。魂神所系属，逝者感斯征。王者以归天，效厥元功成。历代无不遵，礼记有品程。探策或长短，惟德享利贞。封者七十帝，轩皇元独灵。飱霞漱沆瀣，毛羽被身形。发举蹈虚廓，径庭升窈冥。同寿东父年，旷代永长生。

晋陆机《泰山吟》：泰山一何高，迢迢造天庭。峻极周以远，层云郁冥冥。梁父亦有馆，蒿里亦有亭。幽岑延万鬼，神方集百灵。长吟泰山侧，慷慨激楚声。

谢道韫《泰山吟》：峨峨东岳高，秀极冲青天。岩中间虚宇，寂寞幽以元。非工复非匠，云构发自然。气象尔何物，遂令我屡迁。逝将宅斯宇，可以尽天年。

南北朝谢灵运《泰山吟》：泰宗秀维岳，崔崒刺云天。岝崿既险巇，触石辄迁绵。登封瘗崇坛，降禅藏肃然。石闾何晻蔼，明堂秘灵篇。

唐李白《游泰山》六首：四月上泰山，石平御道开。六龙过万壑，涧谷随萦回。马迹绕碧峰，于今满青苔。飞流洒绝巘，水急松声哀。北眺崿嶂奇，倾崖向东摧。洞门闭石扇，地底兴云雷。登高望蓬瀛，想象金银台。天门一长啸，万里清风来。玉女四五人，飘飖下九垓。含笑引素手，遗我流霞杯。稽首再拜之，自愧非仙才。旷然小宇宙，弃世何悠哉。

清晓骑白鹿，直上天门山。山际逢羽人，方瞳好容颜。扪萝欲就语，却掩青天关。遗我鸟迹书，飘然落岩间。其字乃上古，读之了不闲。感此三叹息，从师方未还。

平明登日观，举首开云关。精神四飞扬，如出天地间。黄河从西来，窈窕入远山。凭崖望八极，目尽长空闲。偶然值青童，绿发双云鬟。叹我晚学仙，蹉跎凋朱颜。踌躇忽不见，浩荡难追攀。

清斋三十日，裂素写道经。吟诵有所得，众神卫我形。云行信长风，飒若羽翼生。攀崖上日观，伏槛窥东溟。海色动远山，天鸡已先鸣。银台出倒景，白浪翻长鲸。安得不死药，高飞向蓬瀛。

日观东北倾，两崖夹双石。海水落眼前，天光摇空碧。千峰争攒聚，万壑绝凌历。缅彼鹤上仙，去无云中迹。长松入云汉，远望不盈尺。山花异人间，五月雪中白。终当遇安期，于此炼玉液。

朝饮王母池，暝投天门关。独抱绿绮琴，夜行青山间。山明月露白，夜静松风歇。仙人游碧峰，处处笙歌发。寂听娱清晖，玉真连翠微。想象鸾凤舞，飘飖龙虎衣。扪天摘匏瓜，恍惚不忆归。举手弄清浅，误攀织女机。明晨坐相失，但见五云飞。

杜甫《望岳》：岱宗夫如何，齐鲁青未了。造化钟神秀，阴阳割昏晓。荡胸生层云，决眦入归鸟。会当凌绝顶，一览众山小。

李德裕《泰山石》：鸡鸣日观望，远与扶桑对。沧海似熔金，众山如点黛。遥知碧峰首，独立烟岚内。此石依五松，苍苍几千载。

张怀贞《泰山颂》[①]：泰山岩岩兮陵紫氛，中有群仙兮乘白云。陈金荐璧兮　缺三字。

宋王钦若《登泰山》：四顾无云道路开，黄麾迎从六龙来。三神合祭光千古，万旅传呼动九垓。幽鸟似通昆阆信，真松深隐栋梁材。已知身世非常事，曾到天门十二回。

石介《泰山》诗：七百里鲁望，北瞻何岩岩。诸山知峻极，五岳独尊严。寰宇登来小，龟蒙视觉凡。此为群物祖，草木莫锄芟。

石介《岳色》：春色满鲁分，雨余堆汶河。浓云映不尽，残照射来多。高与天临寰，闲同月上坡。时开西北户，爱此郁嵯峨。

查道《登岱》：凌空叠嶂绝凡埃，青帝高居绛节开。捧出海天红日近，迓将蓬岛碧霞来。石间闪烁迎阳洞，玉简光华封禅台。一自祥符禋祀后，太平顶上最崔嵬。

元元好问《登岱》：泰山天壤间，屹如郁萧台。厥初造化手，劈此何雄哉！天门一何高，天险若可阶。积苏与累块，分明见九垓。扶摇九万里，未可诬齐谐。秦皇憺威灵，茂陵亦雄才。翠华行不归，石坛满苍苔。古今一俯仰，感极令人哀。奇探忘登顿，意惬自迟回。夜宿玉女祠，崩奔涌云雷。鸡鸣登日观，四望无氛霾。六龙出扶桑，翻动青霞堆。平生嵩华游，兹山未忘怀。十年望齐鲁，孤云拂层崖，青壁落落云间开。眼前有句道不得，但觉胸次高崔嵬。徂徕山头唤李白，吾欲从此观蓬莱。

王奕《泰山》诗：扆齐机鲁辟天关，左右微垣列两班。大展明堂俱翕受，黄河东畔少游山。

张养浩《登泰山》：风云一举到天关，快意平生有此观。万古齐州烟九点，五更沧海日三竿。向来井处方知隘，今后巢居亦觉宽。笑拍洪崖咏新作，满空笙鹤下高寒。

---

① 张怀贞：《全唐诗》卷八八二作“王翰”。

李简《登岳》：三峰突兀与天齐，天门未到劳攀跻。层层石磴出林杪，萦回百折青云梯。盘石暂憩舒清眺，涧壑风来号万窍。水声俄在树梢头，疑有于菟天外啸。向晓才登日观峰，手披云雾开鸿蒙。火轮欲上海波赤，金霞翻动苍龙宫。黄河一线几千里，吴越山川真地底。为数齐州九点青，更将伏槛窥东溟。李白不遇安期生，安得羽翼飞蓬瀛。

吴莱《泰山高寄陈彦正》：泰山一何高，高哉极青天。世人欲上不可上，层岩峭壁徒攀缘。望中绝顶路一断，石穴上出，铁锁下絙，历趚相钩连。谁欤爱奇者，步步喜若癫。己心不顾死，双手捩长烟。毛群惊回少虎豹，羽族跕堕多乌鸢。浩气刚风，抟结虚空作世界；蜚龙捷鬼，凿开混沌巢神仙。道逢四五叟，含笑使来前。黄冠皓发傲几榻，野莱素粥铺盘筵。自非尔愿力，何计此留连。当知仰扣，暧昧云霄有顶处；得不俯慑，崭岩箐栈无穷渊。嗟兹大凡夫，行尸走肉真腥膻。段碧思家最可惜，李绅恋俗终难镌。举头告神人，苦乏风马与电鞭。藤萝束缚即缒下，但见松柏楸椮数万仞，石棱突兀横戈鋋。古来秦汉东封不到此，惟问梁父并肃然。日观嵯峨恍在下，蓬莱浩渺空楼船。彼云鲸可射，此谓狗能牵。安期羡门一往不复返，文成五利受宠骤贵祈长年。仙人自有真至道，何由传逖焉。龙汉延康纪，去授金铛玉佩篇。

贾鲁《登泰山》：岱宗何崔嵬，群山无与比。使者久尘嚣，望之不胜喜。无缘凌绝顶，诣祠聊致謁。夫何一殿存，千间暴遗圮。人言遭劫火，金元乱兵里。感此废昔年，伤今未能理。飞奏入彤庭，经营良在迩。奈何齐鲁饥，百姓飱糠秕。神分愿效灵，穰穰多乐祀。行当复故宫，金碧荡瞻视。

明宋濂《登岱》：岧峣泰岳拄苍穹，万壑千岩一径通。象纬平临青帝观，灵光长绕碧霞宫。凌晨云漫天涯白，子夜晴摇海日红。玉露金茎应咫尺，举头霄汉思偏雄。

方孝孺《夏月登岱》：振衣千仞思悠悠，泰岱于今惬胜游。秦汉旧封悬碧落，乾坤胜概点浮沤。海明日观三更晓，风动天门九夏秋。更上云端频极目，紫微光电闪吴钩。

汪广洋《过泰山偶赋》：七十二神州，淋漓紫气浮。天低众山小，星拱一峰秋。云翳成龙虎，岚光薄斗牛。岱宗与恒岳，引领日东头。

李梦阳《问郑生登岱》二首：昨汝登东岱，何峰是绝峰。有无丈人石，几许大夫松。海日低波鸟，岩雷起窟龙。谁言天下小，化外亦王封。

俯首无齐鲁，东瞻海似杯。斗然一峰上，不信万山开。日抱扶桑跃，天横碣石来。君看秦政后，仍有汉王台。

乔宇《登岳》二首：五岳谁争长，东皇万物先。晦明分日月，呼吸变云烟。厚脉中盘地，神功上配天。云亭问封禅，千古竟茫然。

百灵朝拱处，空籁听琅璈。地据中原胜，天临下界高。云山双老眼，江海一秋毫。欲访蓬瀛去，从谁借六鳌。

王守仁《登岱》四首：晓登泰山道，行行入烟霏。阳光散岩壑，秋容淡相辉。云梯挂青壁，仰见蛛丝微。长风吹海色，飘飖送天衣。峰顶动笙乐，青童两相依。振衣将往从，凌云忽高飞。挥手若相待，丹霞闪余晖。凡躯无健羽，怅望不能归。

天门何崔嵬，下有青云浮。泱漭绝人世，迥豁高天秋。暝色从地起，夜宿天上楼。天鸡鸣半夜，日出东海头。隐约蓬壶树，缥缈扶桑洲。浩歌落青冥，遗响入沧流。唐虞变楚汉，灭没如风沤。藐矣鹤山仙，秦皇岂堪求。金砂费日月，颓颜竟难留。吾意在庞古，冷然驭凉飕。相期广成子，太虚共遨游。枯槁向岩谷，黄绮不足俦。

穹崖不可极，飞步凌烟虹。危泉泻石道，空影垂云松。千峰互攒簇，掩映青芙蓉。高台倚巉削，倾侧临崆峒。失足堕烟雾，碎骨颠崖中。下愚竟难晓，摧折纷相从。吾方坐日观，披云笑天风。赤水问轩后，苍梧叫重瞳。隐隐落天语，阊阖开玲珑。去去勿复道，浊世将焉穷。

尘网苦羁縻，富贵直露草。不如骑白鹿，东游入蓬岛。朝登泰山望，洪涛隔缥缈。阳辉出海云，来作天门晓。遥见碧霞君，翩翩起员峤。玉女紫鸾笙，双吹入晴昊。举首望不及，下拜风浩浩。掷我玉虚篇，读之殊未了。旁有长眉翁，一一能指道。从此炼金砂，人间迹如扫。

王守仁《泰山高》：欧生诚楚人，但识庐山高，庐山之高犹可计寻丈，若夫泰山，仰视恍惚，吾不知其尚在青天之下，其色直出青天上。我欲仿拟试作《泰山高》，但恐丘垤之见，未能测识，高大笔底难具状。扶舆磅礴元气钟，突兀半遮天地东。南衡北恒西有华，俯视伛偻谁雌雄？人寰茫昧乍隐见，雷雨初解开鸿蒙。绣壁丹梯，烟霏霭霺，海日初涌，照耀苍翠。平麓远抱沧海湾，日观正与扶桑对。听涛声之下泻，知百川之东会。天门石扇，豁然中开，幽崖邃谷，聚积隐埋。中有遁世之流，龟潜雌伏，飧霞吸秀于其间，往往怪谲多仙才。上有百丈之飞湍，悬空络石，穿云而直下，其源疑自青天来。岩头肤寸出烟雾，须臾滂沱遍九垓。古来登封，七十二主，后来相效，纷纷如雨。玉检金函无不为，只今埋没知何许？但见白云犹复起封中，断碑无字，天外日月磨。刚风飞尘过眼倏，超忽飘荡，岂复留其踪。天空翠华远，落日辞千峰。鲁郊获麟，岐阳会凤。明堂既毁，閟宫兴颂。宣尼曳杖，逍遥一去不复来，幽泉呜咽而含悲，群峦拱揖如相送。俯仰宇宙，千载相望。堕山乔岳，尚被其光。峻极配天，无敢颉颃。嗟予瞻眺门墙外，何能仿佛窥室堂。也来攀附蹑遗迹，三千之下，不知亦许再拜占末行。吁嗟乎！泰山之高，其高不可极，忽然回首，此身不觉已在东斗旁。

张岫《登岱》：鸡鸣海曙射神宫，石径萦纡上碧空。回马岭前琪树古，水帘洞口野花红。松擎御帐溶溶月，雁避天门猎猎风。尽日攀萝登绝顶，此身疑在五云中。

谢榛《登岱为亲祈寿》：岱岳初登眺，秦松不可攀。欲将千古色，长比二亲颜。心切云相倚，行迟鹤共还。仙童授芝草，灵秀到庭间。

曾棨《茌平早行望岳》：我欲登泰山，凭高望八极。浪迹十二年，蹉跎竟难得。今晨马上忽见之，屹立东南半空碧。想当洪蒙时，二气相郁蟠。大块戏黄土，莫能识其端。圆灵降崖崿，坤后孕峰峦。一朝天地划开辟，但见千丈万丈高巑岏。乃知造化神，置此奠坤轴。巨灵枕其巅，六鳌戴其足。愚公不能移，长房不能缩。天工经营鬼斧凿，削出千数百峰青立玉。自从上古来，南风吹不平。日月出华彩，星宿扬光晶。寒崖积冰雪，阴壑驰风霆。云霞炫明晦，草木发精英。上浮金银气，下潜魑魅形。岩岩鲁所瞻，作镇朝百灵。昆仑以为父，四岳以为兄。匡庐峨嵋乃其子，此外培塿皆云仍。齐鲁青未了，此语何足凭。其上万里天，亦借兹山青。秦皇汉武巡游遍，玉检金函重封禅。风雨莓苔往日碑，烟云松柏当时殿。由来五岳秩三公，况尔巨镇山之宗。钟灵毓秀杳莫测，磅礴下土专其雄。我皇御天，生有圣德，广彰仁化，诞布恩泽。一举平安南，再举清漠北。车驾时巡过泰山，望祭筑坛陈玉帛。小臣幸此奉宸游，一见兹山爱山色。虽无涓尘补河岳，颇有词气填胸臆。他年载笔颂神功，刻尽泰山山上石。

王偀《登岳》：齐鲁名山仰岱宗，崚嶒万仞玉芙蓉。月明海旷连三岛，云净天空插数峰。白石谩留名士篆，苍松何用大夫封。我来不尽登临兴，更上丹崖第一重。

徐有贞《登泰山》：岂厌丹崖步步迎，眼前灵景变阴晴。马从万丈松边驻，人在九重天上行。朝见白云山半起，夜看红日海东生。还知恋阙心无远，直北分明是帝京。

潘祯《登泰山》二首：大翼垂云须九万，天游今日殆忘还。千年谁更观沧海，老脚吾方到泰山。雨过春岩龙自戏，松生太古鹤常闲。题诗不尽孤高意，起立中峰看世寰。

神仙鹤背也超然，泰岳朝骑凌紫烟。山压东溟盘大地，路横北斗到青天。手中日月谁同弄，象外风光我得先。一笑人间空万古，太清聊倚兴无边。

王经《登泰山》：开辟乾坤峙此山，有生何幸得跻攀。登高渐觉星辰近，到此方惊宇宙宽。突出孤峰擎日月，亘绵万里发林峦。追思五载东巡日，三代君臣共克艰。

潘楷《登岱》：天门天外迥，伫览万山微。峭壁从空落，烟霞绕座飞。路通仙岛近，心与世尘违。剩有徜徉兴，酣歌马上归。

陈琳《同余侍御再登泰山次韵》：茫茫苍海半山寰，天壁跻攀步步艰。顿觉风云生足下，却疑身世出人间。鬓须看镜惊将老，廊庙悬情未许闲。暂息尘踪随谢屐，蓬瀛洞里探仙关。

柴奇《登岳》：朝出登封门，起拂衣上尘。肩舆历巑岏，清霜及兹晨。极目日观东，海水浩无垠。秦事今已远，坛社空荆榛。抚景增叹息，群山自嶙峋。

边贡《登岳》四首：岱宗山秀百灵屯，壁立烟霄万古存。幽府化机盘地轴，上清真气接天门。霞标日观青松丽，春透龙池碧水温。薄暮振衣峰顶石，蓬莱东眺海云昏。

北上天门日未斜，刚风吹我度谽谺。仙人洞古留丹鼎，玉女祠高护碧霞。深涧千年犹冻雪，阴崖四月始桃花。秦封汉禅俱牢落，细读穹碑感岁华。

玉皇祠畔一凭阑，绝顶风高夏亦寒。北去尘沙通瀚海，西来天地是长安。青云迥隔三千界，白日平临十八盘。似有飞仙度幽壑，凤笙声袅佩珊珊。

岩嶂崔嵬云雾升，泰山灵秀古今称。百千万地岂重有，三十八年才一登。贝殿深春来供客，松崖落日下樵僧。中天夕磬泠泠发，知在烟峦第几层。

王廷相《登岳》：五岳俱神峻，岧峣泰岱偏。半岩回骏马，绝顶俯云烟。一览小天下，三更见日躔。蓬莱疑咫尺，直恐碍飞仙。

李攀龙《怀泰山》：域内名山有岱宗，侧身东望一相从。河流晓挂天门树，海色秋高日观峰。金箧何人探汉策，白云千载护秦封。向来信宿藤萝外，杖底西风万壑钟。

赵鹤《登岳》四首：分明苍秀拔云开，谁凿当年混沌胎。山压星辰从下看，海浮天地自东回。一时岱狩雍容礼，千古崧高制作材。载说皇朝称祀诏，始知神哲奠三才。

一上遥岑万丈苍，天风应为袭衣裳。鸡鸣往往看东日，人语时时到下方。云暗钟声连海树，春浮花气入山堂。四时未歇登游兴，翻说崖禽唤客忙。

转转官旌度几峰，不知花外有鸣钟。春空一望青苍里，晓殿齐开紫翠重。山鸟归时知雨意，崖松到处换云容。平生奇赏输今日，便欲淋浇浩荡胸。

东皇祠下走灵氛，今古祈灵剩有文。不断香灯千里至，有时钟磬四山闻。雨声直过僧家竹，鸿影平低客路云。却爱三人花底饮，不妨对影到斜曛。

李东阳《望岳》：偶上奎文阁，来观泰岳峰。半空翻碧浪，平陆走苍龙。紫爱沾岚湿，青怜泼黛浓。长原随迤逦，高树助蒙茸。幢节迎还送，戈矛击更冲。烟霞变明晦，云雨验丰凶。混沌天初辟，精灵地所钟。分疆书禹贡，肇域纪尧封。挹浅临沧澥，凭虚揖华嵩。行尊宜作丈，名重合称宗。外敛神无迹，中涵德有容。庙严王者象，植古大夫松。北阙身长系，东韶境暂逢。崖跻愁日观，谷啸想风从。圣主斋心切，儒臣乐事慵。饔飧惭驿廪，舆从悯官傭。岁旱当忧国，民劳恐病农。我方颐一笏，谁共手双筇。日月蹉跎易，溪湖隔限重。奋飞输鸟翼，飘泊信萍踪。濯热思晞发，凌秋忆荡胸。酒阑多爽气，凉思晚惺松。

张鲲《登岳》二首：道假三齐出，形真五岳先。瑶坛云树采，贝阙露花妍。狩典闻虞日，封碑见汉年。登临重回首，紫气帝乡偏。

暝色回吴楚，灵光集鬼神。殿虚云雾出，门侧斗牛邻。笙鹤来还去，仙芝秋复春。斋宫夜不寐，吾意欲修真。

杨祐《登岳》四首：朝发泰山麓，暮登泰山椒。度壑既窈窕，陟巘亦岧峣。峰日匿逾曜，崖冰寒未消。霜猿纷叫啸，风木怒鸣号。身缘遐举轻，目以眄睐劳。憩石偶危坐，临深郁长谣。

兹山何峻极，盘礴亘百里。鸟道五丁开，云标三观起。雪涧无冬春，烟岚互苍紫。星垂崖户外，人度青天里。阳枝晞日华，阴谷飞霞绮。仙灵此窟宅，幽异讵能纪。

振衣跻云峰，倚杖眺明堂。葱葱郁佳气，历历殊井疆。周王昔时巡，观民觐东方。皇皇四海一，肃肃群后跄。升堂奠苍璧，端已居青阳。盩事旷千载，忾然情内伤。

秋气已堪悲，登山转寥泬。对酒眷将归，感时伤暮节。霜凄哀雁翔，潦尽群龙穴。秦碑苔藓滋，汉墠神光灭。千岩洒寒风，万壑飞晴雪。宝剑拂扶桑，长啸高云裂。

陈沂《登岳》二首：飞轩临绝顶，悬磴更岧峣。谷响松风接，天空海雾消。琳宫环紫极，玉节下青霄。路指天门外，来迎笙磬遥。

一入登封路，乾坤自此分。诸峰会元气，乱石散星文。仰面攀青磴，回头看白云。飞梁架穷壑，鸣溜四山闻。

胡缵宗《望岳》三首：忽听笙歌玄鹤群，即看楼殿紫霞文。斗边细路邀新月，鸟外孤峰挂夕曛。汉帝金坛歌石碣，秦皇玉刻隐苔纹。骑龙李白今何处，日观天门空白云。

翛翛望岳丹霄上，飒飒乘风紫极边。半壁秦松悬日月，堂空周观出云烟。峰期太华翩跹起，影落扶桑袅窕骞。更度三溪见双鹤，忽从青帝接群仙。

山下秋日正皜皜，山上秋雨还冥冥。夜来岩畔挂星斗，晓起涧底兴雷霆。阴阳变幻倏忽异，天地阊阖苍茫灵。何当结庐向山住，朝朝吟对芙蓉青。

杨志学《次胡可泉望岳》二首：绛霄迥出天门上，飞瀑高悬日观边。星斗垂垂临绝巘，蓬瀛渺渺隔苍烟。双龙喷沫千岩动，孤鹤凌风万里骞。我亦平生爱丘壑，欲从此地学神仙。

天上仙人自不群，龙书袅袅太玄文。秦皇台上雨初霁，汉帝坛西日未曛。郁郁古松停鹤驭，岩岩峭壁绣苔纹。羽童两两垂青髻，晓起山头礼白云。

张铎《登岳》：曲坂萦回翠藓滋，琼宫贝宇碧参差。长天斜倚峰纹坼，寒日遥随岳影移。香火何年传汉畤，风云终古护秦碑。却惊身在层霄上，绝顶翻怜雁度迟。

廖道南《望岳》二首：岱宗高巃嵷，群峰凌紫穹。日观影扶桑，月嶂烟朦胧。飞泉走其下，宛然双白龙。上有玉女池，银河泻长虹。玉女散天花，万朵青芙蓉。仙人王子乔，绛节朝上宫。遗我金检书，期我遥相从。我欲从之游，云路险且重。何当谢尘鞅，晞发咸池东。

咸池有仙国，乃在帝座旁。紫虚悬玉榜，绛阙辉琳琅。曲琼挂绮疏，晻霭摇星潢。祥烟袅丛林，葳垂花树香。安期与韩众，双骑丹凤凰。采采金光草，和彼紫霞浆。朝翔天门关，夕息帝女桑。俯视浊世士，奔走驹隙光。愿言凌飞涛，遨游东海洋。

袁袠《梦游泰山歌》：我闻泰岱五岳之所宗，巍乎高哉拔起摩苍穹。天门日月相避隐，势压九服何其雄。扶桑碣石渺在下，安论凫绎连龟蒙。宵梦凭陵骑六龙，足蹑列缺驱冷风。扪参历井上日观，飘飘直谒元君宫。白榆赤桂夹御道，中有颜如桃花、肤莹玉雪、绿发皓齿十五双金童。手持灵诀授我读，科斗奇字殊难通。凡胎俗骨不可换，觉来相失沧溟东。朝逢海上青鸟使，邀我远游登岱宗。开缄长跪读数过，星文云篆恍与梦寐同。向平婚嫁未毕累，长卿卧病还书空。何当白日生羽翼，飞上泰岱绝顶第一之高峰。

杨继盛《登泰山》：志欲小天下，特来登泰山。仰观绝顶上，犹有白云还。

陈凤梧《登岳》：刚风吹上最高层，寒气棱棱骨亦清。云起半空方作雨，天临绝顶忽开晴。松涛坐听千岩响，奎壁行看五夜明。自信兹游真不偶，飘飘双袖羽翰轻。

聂静《登岳》：绝岳孤城外，山行听晓钟。空崖留汉碣，古道列秦松。石磴银河转，瑶台瑞霭重。未须愁落日，犹上最高峰。

白世卿《登岳》：著屐登高地，诗人得共游。五更常见日，三伏早生秋。雨向山腰起，泉当石眼流。岳灵通变化，万里走神州。

姚奎《泰山雪后》：晓天红日放高晴，小坐山舆踏雪行。冻树裹花春有迹，寒溪结玉水无声。烟销绝顶群峰露，风度虚岩万籁生。老衲云深知我过，数声清磬出松迎。

梅守德《登岱岳》三首：乔岳平生劳梦想，天门今日遂攀跻。层峦迥出青霄上，曲径同看白日低。云气东连蓬海外，烟光西与太华齐。却惭作赋非能事，尽日淹留思欲迷。

晓气氤氲开洞府，岩光喷薄出云根。参差绀宇临丹壑，紫翠烟萝挂石门。沧海波涛浮日月，朝昏风雨别乾坤。行行渐觉尘寰小，五岳应唯此独尊。

玉皇巅上倚危阑，万顷烟霞入壮观。仙乐似闻霓羽奏，天风时拂斗牛寒。九霄云护秦坛古，千载苔封汉碣残。岁莫登临多感慨，不堪回首望长安。

高海《登岳》三首：翠削芙蓉万朵开，瑞烟缭绕护仙台。瑶池宴罢金虬去，明月屏空紫凤来。雨霁归云栖树杪，夜深出日见蓬莱。向时未到天门上，九点齐州只浪猜。

踏碎芙蓉万壑秋，无端造物与心游。斗联西北天枢近，海坼东南地轴浮。凉影月窥云外榻，寒声风满雁边楼。胸中尘土都消却，一枕清泉不断流。

石梯万折凌天表，层叠峰峦青未了。巉岩飞瀑半空落，冷溅冰花结林杪。南天回首眼界阔，烟雾沈沈寰宇小。兴高渐觉风生腋，岳顶回旋看秦石。俯凭日观望蓬莱，晓浴金乌海波赤。举头西北神京在，五色晴云时叆叇。青天可扪星可摘，沆瀣淋漓湿东壁。欲呼玉帝呈琅玕，山高风露罗衣寒。渺渺天空下笙鹤，平收宇宙胸中宽。桃花峪口路深邃，怪石嶙峋悬若坠。五松呫汉吐紫烟，欲访仙人何处在。金泥玉检埋秋草，七十二编断遗稿。寒鸦啼上野棠枝，凉月娟娟山石老。

陶钦皋《登泰山》：遥遥仙使伴村春，处处天风洒石淙。涧底总无黄犊饮，峰头长有白云封。谁怜词客歌春树，慢听山僧散午钟。饭对胡麻聊自饷，转来瑶草定相逢。

徐绅《登泰山》：曾闻天上玉皇宫，绛节星坛向此逢。半夜日光摇海色，四时香雾卷天风。金函玉检通群帝，五岳三山第一峰。回首下方城郭在，不知云壑几重重。

贾三近《冬日登岳》：游目高寒处，群山拥岱宗。登封迷汉草，徙倚有秦松。万壑烟岚合，诸天紫翠重。肩舆明月下，上界已闻钟。

徐中行《登岱》二首：浩荡天门日月开，削成丹壁拥崔嵬。河宗泰岳翻西绕，山拱神京自北回。黯淡春阴收碣石，霏微佳气接蓬莱。更闻玉女三浆在，愿上君王万寿杯。

东岳真形迥不群，中峰瑞霭更氤氲。天门雪尽河流合，日观春晴海色分。风起秦松常似雨，气蒸汉检欲成云。千秋霸迹终销歇，犹说相如封禅文。

许宗鲁《东岳》：秩祀严东土，明禋冠五宗。金函神鬼箓，玉简帝王封。海涌中宵日，岩留上古松。何时凌巀嶪，飞举跨苍龙。

方正修《登岳》：陶侃梦八翼，侧身飞云门。碧霞差亦近，稽首问天孙。

高拱《登岱》：岱宗神岳势峥嵘，东镇齐封百二城。云卷洞门时欲润，日华旸谷晓偏明。虞廷首望仍今古，尼父崇登著姓名。我欲御风凌绝顶，手提星斗运玑衡。

杨文祎《登岱》：海宇谁云阔，都来四望中。峰峦咸拱北，日月早窥东。下土畴能并。中天此最雄。宣尼元独步，万古仰高风。

周天球《望岳》：坐凌霄汉俯氤氲，掌上河山万里分。日观灵光摇海色，天门英气荡秋氛。谁从涧底逢瑶草，只见封中起白云。千载禅仪虚秘册，无论七十二家文。

谢肇淛《登岱》四首：独立苍茫黯自愁，天边落木正逢秋。片云长自依孤阙，一气谁能辨九州。马向吴门摇匹练，蜃从沧海起层楼。山河指点东南尽，咫尺应同万里游。

中天飞阁俯崔嵬，吴越诸峰面面开。错落山形皆北拱，微茫海气自东来。秦皇驱石原无字，汉代祈灵漫有台。七十二君多胜事，只今斜日照苍苔。

绀殿朱宫敞碧霞，楼台缥缈玉真家。鸾骖夜绕三珠树，羽盖朝迎七宝车。天外金门驯虎豹，云中绛节动龙蛇。朝元归去瑶池冷，落尽冰桃万树花。

半空星斗落前楹，月色霜华千里平。四壁烟岚寒枕簟，几家灯火隐山城。封中白见秋云起，海底红看夜日生。自分身如王子晋，平峰顶上坐吹笙。

杨巍《赴南都登东岳》二首：驻马登东岳，凭高辨四溟。始知人世小，不断此山青。楼阁秋孤出，川原昼杳冥。将寻孙复隐，忽忘有严程。

梁父名仍在，登封事不磨。逢人询古迹，览胜欲狂歌。匹练吴门近，丰碑汉代多。还能舒老眼，万里见沧波。

李杰《登泰山绝顶》：五岳镇坤维，其东雄泰岱。岩岩一何高，屹立霄汉外。神灵所攸钟，秩祀宜万代。我来属深秋，登陟揽胜概。云开旭日升，峰峦新染黛。盘盘上涧谷，石磴豁复隘。凉飔起虚谷，飒飒响灵籁。两崖戢霜树，斓斑殊可爱。五松非秦封，亦已类偃盖。跻攀入天门，缥缈凌上界。睇盼感废兴，喟然发长慨。七十二帝王，封禅遗迹在。玉检时复出，崖镌亦残坏。兹山自今古，直与穹壤配。绝顶气益清，衣袂浮沆瀣。群山纷复从，历历同聚块。中原小如瓯，沧海萦若带。置身九重近，谁谓天下大。吾言良非夸，聊以志一快。

黄哲《登岱》：今年初出承明班，折腰从政青徐间。神州二月新雨霁，我来万里观名山。名山泰岱连云上，邹峄徂徕郁相望。晨霞仿佛见丹崖，旭日曈曚射青嶂。羽服逍遥山际行，垂萝盘石渐回萦。乔树千章寒谷秀，阴泉百道晓虹明。天都太古瑶坛在，石室丹炉长不改。中林迢递蹑天门，五色芙蓉辉光彩。东极群真鸣佩环，招摇玉女开金关。苍龙飞去溟海阔，黄鹤下唳清风还。奎壁祥光生缥缈，日观扶桑擘昏晓。登临今日九州同，顾视宁论万山小。名岳齐天天不知，斋宫虔洁閟灵祇。宝鼎椒兰腾馥郁，芝楹华盖仰葳蕤。祠官祝鳌朝击鼓，玉童吹笙双凤舞。鲁祊秦祀变浮云，后土精灵夜相语。功成世世来登封，明堂骏奔朝岱宗。翠华行处入归鸟，樛木尽亚随飞龙。微茫玉检无人识，绿云阴洞秋声急。但问松乔遗素书，我欲因之蜕凡骨。绝顶元芝应再生，神游早愿抛尘缨。笑骑苍猊骖太乙，稽首银台超上清。

邹善《登泰山》：遥望泰山岑，崒嵂未易陟。高高入云中，云路安可极。触暑奋必登，振衣起蓐食。宁不念崎岖，怀此久且亟。石径隐翠微，窈窕通复塞。虬松几何年，苍苍太古色。须臾步天门，徘徊日观侧。岂翳尽青徐，悠然隘九域。洊洊洞云平，俯瞰若凭轼。频语鲁诸生，万仞在自力。

王世贞《泰山》二首：尚忆秦松帝跸留，至今风雨未全收。天门倒泻银河水，日观翻悬碧海流。路转千盘迷积气，谁从九点辨齐州。人间处处襄城辙，矫首苍茫回自愁。

壁立芙蓉万古看，削成松桧隐高盘。中峰翠压徂徕色，绝顶青收碣石寒。梁甫吟成还自和，茂陵书就欲谁干。依微倘有吴阊在，欲向秋风问羽翰。

李化龙《登岱》五首：风定神鳌静不游，振衣东望海云悠。谁凭日驭穷三界，独倚天门见十洲。波吐金银仙观晓，烟沉紫翠帝京秋。乘风寄问无生客，底是蓬壶第一流。

玉检金泥几劫灰，尚留遗迹至今猜。白云捧日封中出，青鸟衔书海上来。辇道苍苍秦树晓，云屏矗矗汉宫开。徐生自是饶仙骨，一入东溟更不回。

中天岚翠郁沈沈，积气扡空冷不禁。金殿分明悬碧落，银河清浅挂瑶岑。天鸡夜唱扶桑晓，海鹤晴盘琪树阴。七十二君无觅处，只余冠剑影森森。

千盘鸟道转云萝，徙倚层霄发浩歌。北走峰阴凌紫塞，西来练影落黄河。诸天回薄星辰近，下界苍茫风雨多。眼底殊庭君自见，九还未就奈人何。

中峰自合小殊方，绝顶真疑出上苍。八极风沙尘漠漠，五城烟雾水茫茫。笙萧半入钧天奏，杖履平分北斗光。彩笔只今千象纬，拟将仙露奉君王。

马三才《登岳》二首：层峦万仞开新霁，乘暇登临逸兴偏。山出云重飞鸟外，林深春尽落花前。天门迢递丹霄路，海日苍茫碧树烟。十二齐疆何处觅，麦苗盈陇水盈川。

览胜春游万里来，仙宫缥缈入云隈。秦松披拂仍余荫，汉帝登封空故台。石壁有辉骚客赋，岱宗无补使臣才。丹宸白发频回首，惆怅峰头各一回。

王绍元《登岱岳》：驱车历齐鲁，东望玉女峰。瞻彼泰山岑，五岳专名宗。云霓贯雪峤，石磴萦蚕丛。东观掠扶桑，西眺弱海溶。上有玉髓泉，扬英接空蒙。周流十二亭，中列蕊珠宫。秦松郁苍苍，汉柏参虬龙。登封七十帝，效厥称元功。迹绵事已矣，玉帛随飚风。卓哉轩皇老，秘妙夺天工。渴漱沆瀣浆，饥吸朝霞红。一举蹈虚廓，年与兹山同。至道岂远而，元命在厥躬。吾非斯人与，浮世徒忡忡。

王教《登泰山》：泰山之高何奇哉，三十六盘路萦回。金乌半夜海底浴，碧桃千树池边栽。秦松汉柏供御帐，金简玉笈余经台。瓣香春仲虔拜礼，和风晴日天门开。

于慎行《登岱》：忽出尘寰赋壮游，试从九点辨神州。浮云直上千峰色，落日长悬万里秋。紫塞东临沧海断，黄河北滚大荒流。秦封汉禅成丘土，留与人间不尽愁。

宋焘《泰山吟》：太极辟灵秘，神霄此境开。岧峣薄云汉，石磴几纡回。扪萝读鸟篆，摩挲古苍苔。飞瀑垂虹落，九天鹤唳哀。斗衡西北指，渤澥东南摧。红日熀绝顶，下界起风雷。古来七十主，空有登封台。玉检今沦没，白云自往来。六合元芥子，万物纷秭荄。足踏青芙蓉，河流渡一杯。暂将脱泥滓，藐尔参三才。飧霞吾已矣，翀举亦奇哉。

郑怀魁《登岱》：石溜淙淙下二龙，盘桓犹辨大夫松。天窗有路窥疑小，人趾升云画似重。绀殿布金新祷祀，明堂执玉旧朝宗。登坛待听神鸡唤，看到东南第几峰。

刘敕《登岱》：岩岩一片石，上与白云齐。不知高若何，但觉青天低。疑为苍玉柱，藉之支全齐。安得庐其巅，百年向此栖。

彭宗孟《登岱》：高高环道挂苍霓，路入重关绝马蹄。天辟三门通碧落，地磐千里压青齐。缘崖士女披云上，缀壁人烟杂鸟栖。指点列仙灵异迹，扶桑东畔阆风西。

董其昌《望岱》：百里看山眼，迢遥岱色分。应为天下雨，不断封中云。汉简千秋秘，秦松万壑闻。何当驰匹练，高揖碧霞君。

项守礼《登岳次侍御吴尧山韵》：万仞嵯峨倚碧天，好风送我到山巅。弹丸赤县微茫外，杯勺黄河缥缈间。南望白云凝暮霭，东瞻红日带晴烟。十洲蓬岛应非远，海上何劳漫觅仙。

苏澹《登岱岳》：平生湖海原空阔，览胜今登第一山。夹道浓薰枫叶赤，垂岩倒染菊花斑。九州禹贡微茫外，千里尧封指顾间。星斗瞻依真咫尺，夜溪环佩响珊珊。

王子谦《登岳遇雨》：晓凭危岳迥高寒，俯瞰溟蒙宇宙宽。方爱乱云填万壑，忽惊急雨失群峦。平生自谓凌虚易，到此翻歌行路难。幸有古碑秦汉在，剔磨苔藓纵奇观。

萧协中《泰山朝望》：晓风吹净海云平，入户青山更有情。丛树遥梳仙女髻，长川斜挂丈人缨。鹤惊远笛冲烟起，芝傍幽岩带露生。忽讶黄金满顶际，羲和拥上火龙行。

王楫《登岱》：曾闻五岳首推尊，况复巡游载典雅。禋祀繇来表海东，登临始觉小天下。云随野马日翻飞，泉挂流虹时倒泻。汉柏秦松长护灵，碑名无字纪封社。

国朝魏麟征《过泰山》：我昨登天门，驻足起烟雾。欲呼赤松子，携我云中去。侧见五大夫，枝披回辇路。植节非不坚，岂为秦官误。壁立磨崖碑，千载永不仆。风霆走其下，气与神灵聚。荣名安足宝，眷此磐石固。

朱雯《登岱》：列岳维尊首岱宗，插天一柱削芙蓉。青连齐鲁推方镇，翠压亭云俨附庸。半岭雨随云气合，对岩涛泻树阴浓。自瞻圣主停鸾辂，玉检芝泥陋汉封。

何如泗《登岱》：巍峨泰岱独称宗，翠壑丹崖紫气重。面壁踏空云拥杖，瞻天直上石盘松。游踪敢与千峰接，尘径还当万里冲。晓起苍茫无定处，徘徊日观露华浓。

牛冲紫《登岱》：老年最爱丈人峰，倔强来登不拄筇。将陟三千余仞上，遍探七十二家封。瀑飞绝巘无非练，松拂层云宛是龙。四顾河山天浩渺，拥青叠翠识朝宗。

冯溥《记梦》：曾登岳麓燕天门，缥缈霓裳醒梦魂。跨鹤仙人传玉笋，骖鸾侍女奉金根。秦松龙蜕鳞含雨，汉碣苔封篆有痕。欲溯沧桑寻往事，海波澎湃涌朝暾。

孙廷铨《登岱》：骀宕天门立岱宗，碧霄秋尽洗芙蓉。石坛金节虚难问，雷壑霜钟晚欲从。到海山情终让岳，起封云气自飞龙。夕阳涧户清阴满，谁辨秦宫旧五松。

颜光敏《望岳》：岱宗俯群山，万叠朝苍龙。絪缊肇元化，物象含冲融。云气朝四塞，倏忽高天空。天门如覆盎，两壁来松风。邦祀不敢渎，旷代无登封。胡为御道间，社鼓声逢逢。石间覆萝薜，经春益青葱。何时陟峻崿，目尽扶桑东。

高孝本《登岱》：岱宗冠五岳，嵯峨出二东。仙閭钟间气，灵异纷难穷。下为奉高城，配极开神宫。閶阖表双阙，制与象魏同。棼楣带虹霓，殿阁郁巃嵸。排闼见天表，恍惚云路通。未离庭庑间，千嶂罗胸中。不知天下小，会且凌苍穹。

施闰章《岱岭夜雨》：寒星看掌上，暮雨忽樽前。积气无岩壑，秋声划海天。万松飞瀑里，三观乱云边。恍惚身何在，真从象纬眠。

又《雪中望岱岳》：碧海烟归尽，晴峰雪半残。冰泉悬众壑，云路郁千盘。影落燕齐白，光连天地寒。秦碑凌绝壁，杖策好谁看。

又《登岱》四首：岱宗万仞气苍苍，杖策层巅尽八荒。列岫儿孙争拱立，诸天旌节郁相望。丹霞白雾分阴霁，玉简金函入混茫。欲小神州重极目，丈人峰畔一褰裳。

夕岚夜雨万山迷，忽有天鸡閶阖啼。帝许登临扪日月，人从指顾走虹霓。扶桑灼烁沧溟畔，太华微茫碣石西。七十二君空驻跸，何如筇杖遍丹梯。

群仙冉冉下青峰，回合虚无紫气重。日出天门当汉畤，云深御帐失秦松。双崖石裂惊龙斗，四月桃开积雪封。辇道荒芜民力尽，相如禅草且从容。

日观晴光傍午开，茫茫东见海为杯。九州积气峰前合，万里浮云杖底来。邹鲁山灵真莽荡，吴閶练影漫徘徊。昆仑不到终遗憾，欲驾苍龙首重回。

高珩《泰山》：扶舆元气在，浩劫尚蒙蒙。独立沧溟岸，高盘青帝宫。千峰五岳长，一雨九州同。漫说昆仑大，穷荒故易雄。

又《朝岱》：岁云暮矣当丰年，香火逐群礼泰山。半夜鸣金催社侣，踏星靡靡霜花斑。千声一佛潮音吼，甲马咸云神掖走。闺中严属戒腥荤，梵宇琳宫遍稽首。上山竭蹷下山轻，三百青蚨沽一斗。归遗儿女买铜钲，千里秦松犹在手。泰山满腹夸乡人，鞭声霹雳天门神。

曹尔堪《登岱》：问径樵能说，披图岳有形。燔柴虞夏礼，籀碣汉唐铭。山鼠攒冰窦，奇松嵌石屏。欲寻封禅处，花雨昼冥冥。

王士禄《望岳》二首：扳华提嵩见总持，背齐襟鲁肃形仪。氤氲了指云霞异，亏蔽从知日月卑。封阅嬴刘时冉冉，观分秦越影离离。剧怜灵境频来往，潦倒才成望岳诗。

行子驱车青岳阳，欲行复止心旁皇。莲花桃花总缥缈，亢父梁父皆微茫。应劭旧文语最古，李斯巨篆书尤苍。安得振衣上高顶，坐看海中升扶桑。

王士禛《岳下作》：岳路清和候，氤氲望不稀。林园收宿雨，石濑溅人衣。班马红亭渡，溪禽白练飞。买山随处好，终日恋清晖。

赵执信《泰山下作》：昨行泰山东，白云翳天门。但疑霄汉近，岂谓冈峦尊。今晨路南转，北面朝丈人。秋风生西极，万里开朝暾。披豁盛大容，摆簸雷雨痕。洗然耳目前，赫矣神灵存。两观耀日月，指顾引越秦。三溪郁参差，秀色相吐吞。左映万碧瓦，松柏晴犹昏。右拥千寻壁，瀑布悬天绅。喷薄冰玉碎，腾攫蛟龙伸。谁掬沧海波，濯此青嶙峋。匡庐抱银河，失意空南奔。渺兹峄与蒙，亭亭复云云。我如蓬藁士，意外睹九阍。崴峨但睨视，虎豹无轻嗔。平生几緉屐，咫尺渐逡巡。终当结茅宇，长与神房邻。

又《泰山道中遇雨》：余寒和晓色，客路转氤氲。五汶入春雨，千山行岱云。尘消容马健，绿净向天分。未拟成归梦，今宵遮莫闻。

又《晚晴过岱下时将之江南》：烟披岳麓翠帷张，雨浥春畴细草香。人带断霞过小渡，鸟冲飞絮入斜阳。鞭丝帽影垂垂远，日观天门望望长。岭半桃花陇头麦，肯输物色与江乡。

朱彝尊《泰安道中晓雾》：苦雾滴成雨，平林翳作峰。不知岩际寺，恰送马头钟。汶水已争渡，泰山犹未逢。忽惊初日跃，远近碧芙蓉。

查慎行《望岱》：山形陡然来，其势乃易量。孤根虽秀拔，群岫或争抗。泰岱四岳宗，宇宙虞隘妨。大麓起沂州，鳞鳞叠峦嶂。客程穷五日，日日坡陀上。不知去平地，已是几千丈。渐觉所历高，纵眼快前向。昨经新泰郊，突兀方示象。将开意忽会，在远神弥王。霞气举之升，隔天树屏障。龟蒙挟凫绎，连络走相傍。徂徕亦儿孙，未可侪辈行。其他况培塿，倚伏同一状。今朝及山趾，耳目嗒焉丧。便思蹑芒屩，去倚扶桑杖。天门泬寥开，万里詄荡荡。仰瞻星汉逼，下扫云海涨。鸡鸣日观峰，倒影出摩荡。惜哉身未到，只用穷想像。秦松汉代柏，盘攫倘无恙。碑忆磨崖镌，亭思驻跸创。贤君七十二，踵事规模壮。如何太史文，隐跃时近谤。谁陈封禅颂，体格要有当。游踪触目记，即事语敢放。览眺存古怀，终期慰遐畅。

张英《登岱》：行行兖州道，矫首青冥中。朝霞拥日出，照灼沧海东。苍翠插天半，泰山何嵷巄。上有白云气，映日如长虹。紫岚忽变幻，万里回天风。梁父与社首，连绵亘遥空。远望百里外，霄汉若可翀。况复登天门，盘曲安能穷。我欲披日观，俯瞰蓬莱宫。周秦数点碧，黄河襟带雄。长啸探玉策，邈与穹苍通。

张元《登泰山》：岱岳之山何巑岏，千峰万峰罗当前。恒华嵩霍那足数，崚嶒突兀撑空天。我昔望见失登陟，自时懊恼怜缘悭。弹指流光二十载，于今始得穷追攀。仰见南天门，缥缈有无间。云遮雾拥侵空际，颇疑超越惟飞仙。何年造物起灵闷，铜崖铁壁劳镌剜。雷鸣山破划崩豁，才容一线通人寰。我来蹑云磴，云磴何盘盘。前行更逆折，横断复钩连。梯空架危三千丈，然后飞身直上万仞之层巅。云茫茫兮灭没，风浩浩兮高寒。踌躇四顾，中心茫然。我闻古者登封七十有二代，金泥玉检留空山。又闻少昊玉女列仙班，神房阿阁锁苍烟。愿言寻之愁无缘，但见重峦复岭互钩带，苍然一气争回旋。练挂吴门白，日涌海波翻。邹峄若锥沦培塿，黄河如带蟠蜿蜒。自非造化钟神秀，何由五岳尊独专。世人见小不见大，如蚁缘块惊岩峦。到来绝顶期汗漫，始知浩荡开心颜。逝将结茅屋，寄迹临天关。科头荫长松，举手挹飞泉，等闲独立云霄外，笑看日月跳双丸。

峻德《望岱》：岱宗天半郁相望，万仞雄峰俯八荒。大海云霞看灭没，中原风雨接苍茫。秦松汉柏知何处，日观天门去未遑。曾跨赤虬凌紫气，朗吟绝顶叫扶桑。

唐芳第《过岱》：石棱荦确车欲倾，黄头奴子扶轮行。绿树丛中残月落，青山缺处朝曦生。一片白云恣荡漾，须臾岩壑呈万状。当年浪指出封中，山灵大笑层霄上。神房远摄绛节朝，灵风一度松萧萧。我支短筇临绝顶，霞空缥缈闻仙璈。今来驱车使东去，山怜我老留莫住。红桂花繁不寄书，青娥玉女归何处。荒邈空传七十君，眼前登陟徒纷纷。白头懒上东封颂，秋雨销沉碧涧文。

程瑞祊《登泰山》：藓积苍崖路不分，开元勒石有遗文。天边雾雨林端落，岭表松风洞口闻。飞瀑流成千涧雪，晓烟化出万重云。披榛未忍闲双屐，无字碑前日又曛。

盛符升《登岱》：不到千盘上，安知万古情。混茫留洞壑，亏蔽出阴晴。封检云常合，磨崖月自明。空余山色在，曾傍六龙行。

曾畹《八月至岱宗》：八月西巡日，东游泰岱峰。鸟回封禅道，云没大夫松。晓气含群岫，天门散六龙。平明沧海望，长此忆朝宗。

安致远《登岱》：矫首倚空蒙，凭虚俯大东。谷云铺烂漫，海日荡青红。星宿三州外，华彝一气中。际天疑咫尺，幻出碧霞宫。

牛元弼《登岱》：肩舆直入白云端，九点齐烟指顾间。日观峰头天咫尺，桃花峪口鸟绵蛮。悬崖树老生鳞甲，穿石泉流响佩环。七十二君封禅处，可留玉检在名山。

张鹏翮《登岱岳》：岱岳巍巍石壁丛，梯霞直上浑凌空。独提星斗青天近，始信精诚帝座通。瞬息为霖遍海澨，万千气象自巃嵸。吴阊白马苍茫外，紫极铜龙缥缈中。

沈起元《望岳口占》：灵气苍茫岱色开，望穷碧落马迟回。白云一片随风出，知向何方作雨来。

沈廷芳《登泰山歌》：五岳巨镇推岱宗，插天万仞青芙蓉。荡空层云浩如海，夜半日耀扶桑红。初经回马岭，路转山腹行处空。旋过水帘洞，倒悬雪练喷长风。石磴盘盘历尽十八曲，始觉扪参抚井，呼吸上与天关通。左招碧霞君，右叩青帝宫。羽衣金节飘飘下半空，邀我游戏秦吴两观东西峰。其间秦松汉柏，雷雨已摧朽，焉辨七十二代玉简金泥封。扨身绝顶，高攀云松。摩崖剔古篆，剥蚀如烂铜。独有无字碑，屹立寒云中。我欲大书补其阙，恐惊山鬼驱虬龙。还寻祖龙避雨地，更访天宝盘游踪。祈天符命理无据，矧以纵欲希神功。粤稽重华事柴望，肆觐群后昭协同。周王时迈陟乔岳，明堂敷对来球共。东巡自古有典礼，讵尚封山刻石跨豪雄。吾闻泰山之云肤寸合，氤氲倏欻弥苍穹，化为霖雨泽万国，神灵酬秩宜三公。默赞我后效燮理，永禳旱潦销兵戎。和平作颂觊神听，多黍多稌歌年丰。

孙熊兆《泰山高》：泰山高，高无极，蒙蒙齐鲁同一色。灵派万里接昆仑，元气盘郁收不得。蔽亏日月，包孕风雷。群山络绎皆拱伏，何数龟蒙与徂徕。蓬壶方丈连云气，历历贝阙金银台。泰山高，高无极，青冥手扪不盈尺。南指练影挂吴阊，北瞰雪涛飞碣石。天鸡夜半鸣，万象犹昏黑。日观峰头望沧海，扶桑枝上一轮赤。寰中未辨金鸦影，绝顶分明混沌辟。噫吁戏！高无极，茫茫造化钟神工，岂与嵩华斗险巇。惟此呼吸一线通帝座，以为七十二代金泥玉简升中基。

宋弼《登泰山》：群山尽回伏，巍然见岱宗。苍茫元气合，积厚极高穹。夙昔怀名岳，愿言入仙峰。灵祇扈鸾御，辇路悬长虹。晨兴命扶屐，飒飒凌天风。俯视信所慄，仰眺弥难穷。齐鲁昔建国，兹焉亘其中。阴阳分向背，作镇岂颁封。巡狩觐方岳，明堂廓有容。至于怀古客，不问秦五松。奇绝御帐崖，千仞削芙蓉。悬流下素练，碧涧相激冲。龙蛇栖绝壁，封禅何王踪。纪载七十二，诞夸非所崇。跻险气愈厉，仄足行相从。迥出万松上，遂与天门通。徂徕已邱垤，何况绎与蒙。叠叠赴沧海，目力穷天东。昔人一登眺，六宇成樊笼。信兹非虚语，万古拓心胸。夜宿星辰大，宵瞰海日红。天鸡鸣喔喔，梦寐方瞳翁。羡门将安期，明发或可逢。逝乞金丹术，葆此尘世躬。他时重陟历，济胜将无同。质言纪游迹，聊以明吾衷。千秋李杜在，称诗谁能雄。

沈德潜《望岳》：大造爱奇崛，产兹东海间。五方群长岱，九宇总无山。青帝灵难接，天门路可攀。何须凌绝顶，胸已隘尘寰。

袁枚《登泰山》：不登泰山高，那知天下小。一朝到此间，登临敢不早。土人结绳为木篮，令我偃卧同春蚕。两人负之走若蟹，横行直上声喃喃。初入万仙楼，旋登水帘洞。众峰似儿孙，罗列争相送。侧侧曲径蟠长蛇，垂垂铁索悬枯枒。一重白云一重水，荡摇千片万片芙蓉花。丹梯碧磴转不已，突然绝壁摩空起。其下涧壑深，其上天门启。来时径路云已封，惟有忍死直上虚无中。后人头接前人踵，径寸草压千尺松。不愁不到蓬莱宫，但愁轻躯细骨不足当天风。欲知齐鲁形如何，几丛蜗角攒峰窝。一条黄水似衣带，穿破世间通银河。只恨天上酒杯少，不信世间人民多。九州下听声悄然，混茫一气遥无端。脚底叶飞高鸟背，眼前海走胸怀间。始知苍苍非正色，不然何以俯看黄土如青天。道人引我礼岳皇，琼楼绛宇何辉煌。圣朝盛德不封禅，相如闲煞无文章。七十二代金泥玉简半沙土，使我怀古心悲伤。下山匆匆愁日堕，红尘回首真无那。不见金轮捧出扶桑来，但见峰头璧月银盘大。

何同《步黄莛庵竹林登岱韵》：棕鞋藤笠地行仙，小阮携游到岱巅。碣石霾阴酣落日，长安秋色乱寒烟。白浮银阙初生月，红入扶桑欲晓天。搔首云端吟谢眺，星摇珠斗近杯前。

泰山志卷第五

泰山志卷第六

朝议大夫山东泰安府知府休宁金棨纂辑

岱志二

岱阳　岱顶

岱阳

岱宗坊，朱孝纯《图志》云：在泰山南址，距泰安府城北里许，跨道为坊，登岱者，自此始。坊创于明隆庆间，巡抚姜廷颐、总河翁大立、巡按罗凤翔等，后圮。雍正八年，郎中丁皂保、赫达塞奉敕重建，篆书坊额。坊北为玉皇阁，下旧有白鹤泉。

凤凰台，《图志》云：在岱宗坊西南。《汉书》：宣帝元康元年，凤凰集泰山。后因其地为台，台上有亭，久废。

汉元康元年三月诏：乃者凤凰集泰山、陈留，甘露降未央宫。朕未能章先帝休烈，协宁百姓，承天顺地，调序四时。获蒙嘉瑞，锡兹祉福，夙夜兢兢，靡有骄色，内省匪懈，永惟罔极。《书》不云乎，“凤凰来仪，庶尹允谐”。其赦天下徒，赐勤事吏中二千石以下至六百石爵，自中郎吏至五大夫，佐史以上二级，民一级，女子百户牛、酒。加赐鳏、寡、孤、独、三老、孝弟、力田帛。所振贷勿收。

明萧协中诗：台上曾闻集凤凰，时和应自兆祯祥。汉臣不似宋臣媚，浪撷灵芝奏未央。

白鹤泉亭，《泰山道里记》云：在岱宗坊北，知县程志隆拓建。有石坊，额曰白鹤，知县冯光宿建。

程志隆《白鹤亭记略》：阁西偏，源泉一泓，清冽而旨，相传昔有数白鹤止于泉畔，遂名泉。故有亭，久废。惟存老屋三间，制甚湫隘，名迹灵区，几至湮没。地当登岱始基，朝谒者无虚日。苟游踪初憩，问所谓亭，而漠乎无有，不几与柳州铁炉之步同一寄慨乎？急谋所以鼎新之，鸠工庀材，于其旧地建亭一所，构榭五楹，规模顿觉改观矣。亭成，千峰屏蔽于后，九陌棋布于前。城郭井里，历历在目。而徂徕、高里诸山，遥列几案，并可时挹其空翠。

王母池，《图志》云：一名瑶池，又名虬在湾。《泰山道里记》云：在白鹤泉东北飞虬岭下。《水经注》云：古者帝王升封，咸憩此水上。西北为王母殿，殿东跨涧为王母楼，俗名梳洗楼，圮，故址犹存。其水为中溪所径，遂名梳洗河。《山海经》所谓"环水"也。

于慎行《记》：池大盈亩，悬流注之。

孔贞瑄《泰山纪胜》：池受小蓬莱之水，深广可胜小艇。左吕仙洞，右群玉庵。夏秋山水暴涨，声沉沉作江潮吼，震摇城市，如殷雷未吐。

《泰山道里记》：按宋李谔《记》称：昔黄帝建岱岳观，遣女七人，云冠羽衣，修奉香火以迎西王母。其说荒远不可稽，然老君堂双碑载唐人题名，有"拜访瑶池"之语，知其久也。

明李养正诗：携榼踏秋遍，瑶池景更幽。水澄清似玉，松老曲如虬。乍冷依山足，高眠枕石头。忽闻青鸟唳，仿佛到昆丘。

酒醉犹能酌，日斜故不归。已拚尘世弃，渐觉足音稀。风静鱼争出，秋深蟹正肥。薜萝山尽老，吾欲剪为衣。

林守芳诗：几年飞梦向瑶池，此日何缘得一跻。屐到仙桥无犬吠，云侵丹洞有莺啼。松间炊黍眠初觉，石上看棋日未低。望里尘寰归路杳，居然不异武陵迷。

环水桥，《泰山道里记》云：明举人张虎建。

吕公洞，《图志》云：在王母池南东崖下，唐韦洪诗谓之"发生洞"，宋钱伯言《纪游》称"金母洞"。方广如夏屋，传纯阳子炼丹于此，内有纯阳石像。

飞虬岭，《岱览》云：在吕公洞东。

按：《岱史》：吕公于绍圣、政和间题诗二首于王母池，即此。

宋焘《泰山纪事》：昔吕公题诗石壁，有虬常对诗顶礼。一夕，吕公复至，挥笔点其额，遂化龙飞去。

唐吕岩诗：昔日曾游此，如今九十春。红尘多少客，谁是识予人。

昔年留字识曾来，事满华夷遍九垓。无赖蛟虬知我字，故留踪迹不沈埋。

宋范致冲诗：朝游北海暮瀛洲，仙佩何年到此游。安得相逢问丹诀，春风同醉岳阳楼。

明杜文同诗：古洞峆岈白石，衡门羃历青苔。黄鹤仙人已去，碧桃花为谁开？

吴南岱诗：仙人曾此两留题，惟有蛟螭识我师。愧我尘劳初到客，高山流水似相知。

岩岩亭，《泰山道里记》云：在飞虬岭上，金知州姚建荣建，并自为《记》。明成化间，参政张盛移建于水帘洞东，今废。

明李时勉《岩岩亭送陈参政归山诗》：岱宗磅礴不可拟，翠色横秋几千里。峭石巉岩倚天外，孤亭屹立当山趾。亭前芳草没路岐，古砌荒凉苔藓滋。幽花拂槛无人采，独鸟时鸣听者稀。晨霞浴日千峰紫，一杯遥见沧溟水。升元观里晓钟闻，岱岳祠前白云起。圣贤大道谁不由，乾坤阖辟同周流。泰山气象难为喻，谁遣名亭独此留。君去薇垣有闲日，随处登临访遗迹。想得凭阑一望余，怀古清吟兴何极。

小蓬莱，《泰山道里记》云：在虬在湾北。

《泰山纪胜》：涧东清湍迅激，岩石若倾。盖盛夏布几中流，坐石蹲坐，浮觞避暑。下有寒潭，引溪风作飕飗声，顿觉转炎为凉，驱夏徂秋，不知世间有懊恼事。

《泰山道里记》：虬在湾北，石崖森阴，溪水澴潆，曰小蓬莱，为工人攻石所毁①。崖西犹有巡山李元英等及巡山孙明叔等题名，皆无朝号。

虎山，《岱览》云：在飞虬岭东。

金山，《图志》云：与虎山屹对。

一天门坊，《图志》云：明参政龙光题。康熙丁酉巡抚李树德重建，在白鹤泉北。《泰山道里记》云：自岱宗坊至此四里，内有元君祠，为登岱者众路之会。北上一坊，明罗洪先题曰“孔子登临处”。凡坊皆跨道，游者经其下也。

按：一天门稍下道西为关帝庙，庙东偏有憩亭及灵井，登者乘笋舆始此。舆如竹兜，长仅六尺许，穹其坐处若弓柎，置络两柎间。坐之，舁夫以韦悬两把，负韦握把，侧足横行磴

① 攻石：《泰山道里记》作“采石”。

上，乘者无俯仰之苦。上行缓，下则如飞矣。

明袁宗泗诗：一入红门界，青崖杳霭中。轻舆人倒挽，绝磴路悬空。直上山疑尽，萦回岫不穷。岩岩频在望，今日始天通。

合云亭，《泰山述记》云：在孔子登临处坊西。雍正三年知州吴曙建，乾隆十三年御赐亭额。

天阶坊，明巡按高应芳题。《图志》云：在孔子登临处坊北。

红门坊，额曰“瞻岩初步”。《图志》云：康熙间建，在元君庙前。

大藏岭，《泰山道里记》云：在元君庙西北，自东趾至巅，有石屋各一。其南丹壁悬崖，所谓红门也。

《名山记》：山至是而徂徕已不能宾，若逊若降，其他山皆奴趋而隶伏矣。汶水隐烟中如一线。

国朝赵国麟诗：出郭四五里，岳云当面来。一水出巨壑，双峰豁然开。西峰悬当户，石洞扃云偎。定有餐霞人，长年卧绿苔。

凌晨登红门，霁色明朝旭。俯视万家烟，平畴尽新绿。

雨后青山入眼明，晨光乍启翠微生。半人济胜抛筇杖，腰笋初登郭索行。

释元玉《红门十六韵》：丘壑有余情，欣羡弥中素。栖寻屡靡从，多由订期误。岩岩者岱宗，仰止自童孺。屈指三十年，今始得亲赴。红门当山陲，陡削颇瞻顾。一径舆微容，褰裳足仅措。奇观在绝顶，异趣出兴遇。登临意未深，徒争攀涉路。杖策乘新霁，嵚嵌践苍雾。积峡满芳菲，馨香沾宿露。吾欲陟云岑，常恐忽初步。卑迩不自欺，乃循先圣度。神功探杳冥，山灵勤守护。越岭听鸣泉，心迹忘依附。于此思故人，行行时复往。所悲天一方，襟怀难共吐。

且止亭，《泰山道里记》云：在元君庙旁。明天启六年，僧兴旺拓建，知州于可久记。

飞云阁，《图志》云：在元君庙东。今名观音阁。

更衣亭，《图志》云：在飞云阁东，凡士大夫登岱者，至是易便服以行。今改弥勒院。其南别构一亭，以存旧制。

小洞天,《图志》云：在飞云阁东北，即黑石埠。东为箭竿峪。

明萧协中《泰山小史》：西山十丈高，为游人必经之路。凡欲临此，必循径而下。一壑曲绕，茂林涧草，森森蔓蔓。仰视崖上，人趋走，终日不辍。真别有洞天矣。明甘应甲勒“小洞天”三字。

《泰山道里记》：草木森蔚，溪内片石如几，曰小洞天。下有湾，曰柳条、饮马、石峡，各随地命名。

萧协中诗：未闻兜率至，不见蕊珠来。水石丝簧奏，茵花锦绣开。空中浮殿阁，物外净烟霾。此即真蓬苑，低徊俗念灰①。

垂刀山,《图志》云：在大藏岭西，宋祥符间得天书于此。

酆都峪,《述记》云：俗名鬼儿峪，在垂刀山西南。

元李简诗：石洞荒凉树影孤，州人相语是酆都。古碑犹说韩擒虎，为问如今尚有无。

万仙楼,《图志》云：在红门北，旧称望仙。

隐真洞,《岱览》云：在万仙楼下。

桃源峪,《图志》云：在万仙楼东北，或曰桃花涧。汇水为碧泉，夹岸多朱樱菉竹，曰樱桃园。

明钟宇淳《记》：二三月时，桃花秾艳若绮，游者疑为武陵桃源。

《泰山道里记》：古诗“冉冉孤生竹，结根泰山阿”，今可见者，惟此与普照寺、岳东北竹子园耳。

杜溹《桃花涧》诗：樱桃生涧底，石上多古苔。山下花已落，山头花未开。

蕴亭,《泰山道里记》云：在桃花涧北，顺治十六年建，为游人憩息之所，今圮。

高老桥,《述记》云：蕴亭北为斗母宫。又北为高老桥坊，自一天门至此五里。《岱览》云：龙泉水经其下，桥北山势突起。

《岱史》：古者有学黄老者姓高，创开此道，故以名桥。明嘉靖三十九年，副使高捷重修。

---

① 低徊:《泰山小史》作“登临”。

国朝徐恕诗：浮岚暖翠耸层霄，蹑屐人过高老桥。两岸溪声流鹤涧，一峰障影澹鲛绡。飞云夜宿仙人石，野鸟晴穿羽客寮。依约龙泉水西北，中溪东注雨萧萧。

漱玉桥，《泰山道里记》云：在高老桥东北里许，圮。

砲高岭，《图志》云：在高老桥东北。

石经峪，《图志》云：在砲高岭东，宋陈国瑞题名“石经谷”。石广可数亩，古刻隶书《金刚经》于上。

水帘崖，《述记》云：在石经峪北。

《泰山纪胜》：涧东有乳山倒垂，锐若茁笋。倚岩作石亭，左峰肱抱，中石陂斜平如掌，方数亩许，遍镌字如斗大。相传以为“晒经石”。上有小瀑布，横阔若短帘，浸蚀经字，半雕落矣。布席陂中央，趺坐，水左右来，溅人衣襦，歃身汲寒流漱齿，似非人间境界。

吴同春《记》：穷水帘泉源，北行里许，泉自乱石中泠泠出，巨细相间，时作笙簧音。林木深茂，鸟鹊喧呼，令人会心。

钟宇淳《记》：西岩古梅数株，疏影横斜，酷似西湖林和靖放鹤处。

《泰山道里记》：《金刚经》字大如斗，不记姓名年号，残毁过半。明王世懋辈疑为宋、元人笔而无所指实。按：北齐武平时，梁父令王子椿好内典，尝于徂徕山刻石经二，俱隶书，字迹古劲，与此如出一手，则是经或亦子椿书耶？明人刻《大学》圣经于上端以胜之，今佚。汪坦刻《诗·般》一章在焉。

钟宇淳诗：我来恣奇观，流水泻石上。濯缨见古字，隐隐众星朗。篆迹半从鸟迹分，贝叶时间松叶响。石火不作祖龙劫，龙象中开探象罔。枕石听泉足娱悦，高山流水忽独往。雕镂无乃亦华想，点头悟石意惝恍。

于慎行诗：朝下天门关，夕憩曝经石。此石自何年，斜倚万仞壁。叠嶂洒飞流，匹练千余尺。水底玉篆分，了然成鸟迹。其文乃上古，读之茫不识。谁参雪窦禅，未示金仙迹。缘池低宝树，宛见祥河出。兀坐听潮音，洗耳心方寂。

李养正诗：大石突如云，小石平如掌。不见人行迹，但听泉流响。

一个白石亭，团团如玉阙。待我夜来时，独坐看新月。

刘敕诗：曝经自何年，经文蚀欲半。拂苔聊一读，苔痕不可辨。把酒坐其间，片片昙云乱。苦海漫无涯，何时识彼岸。

杜文同诗：贝叶翻来石上，天花雨自云中。妙解无言可解，无言乃见真空。

崔应麒诗：晒经石上水帘泉，谁挽银河落半天。新月控钩朝挂玉，长风吹浪暮凝烟。梵音溅沫干还湿，曲涧流云断复连。选胜具觞恣幽赏，题诗愧乏笔如椽。

吴同春诗：览胜寻幽曲径通，肩舆面面受天风。深岩贝叶经霜白，绝壁昙花映日红。百道泉声飞树杪，千寻翠色落云中。援琴欲鼓高山调，不见钟期兴转穷。

魏允贞诗：传经人去杳无期，贝叶还谁手自披。我今不谙空梵字，愧他顽石点头时。

国朝丁耀亢诗：石腹濯寒溪，划然青裂帛。随地展方棱，高下界玉格。黝然无字初，势已成鸟迹。方圆有异相，圭珽杂殳戟。钻凿古人心，精神动仙释。苔痕泼墨沈，平如布经席。灵蛟拳秃尾，铁鹰刷健翮。钩分乱石皴，影落寒潭碧。呵护有天龙，山鬼皆辟易。漱齿读金经，泠然竦魂魄。

田同之诗：高山忽倒垂，左右夹飞瀑。经石何凿凿，谁为留空谷。曳杖历中陂，苔文袭襟褐。

严长明《至石经峪观北齐人书经暨水帘崖诸胜》诗：桃源路转山未深，衣袂已觉浮岚侵。风光流转不知远，一鸟前导如青禽。画屏几叠谁为障，才到中峰众峰向。回眸瞥见影离离，无数漏痕穿壁上。谁欤刻画留影泡，高齐笔踪审不淆。世人率臆肆评泊，岩花应笑溪虫嚣。扪萝剔藓思椎拓，忽讶流泉没双脚。寻源路转石亭东，翠影中惊雪花落。飞淙挂壁愈十寻，心神洒濯毛发森。就中有句俨琴筑，山空何处来知音。人言汉口尤清奥，樵子寻常未能到。扱身径欲试孤筇，倏听钟声涧西庙。孤云落日行就途，来路回首空成逋。阴崖何由结茅屋，看碑饮水望朝晡。

仙峡石，《述记》云：一名试剑石，石壁中分，在水帘崖稍西。

高山流水亭，《图志》云：在石经峪，明隆庆六年，河督侍郎万恭建。西上旧有听雨轩，今圮。

万恭《高山流水亭记》：余既表泰山之巅，掠泰麓而南下，则憩晒经之石。石广可数亩，遍刻梵经，皆八分书，大如斗，不知何代所为。近有好奇者，则刻《大学》圣经于上端以胜之。余乃大书"曝经石"字，皆博可六七尺，刻深三寸，垂不磨，以助其胜。北耸石岩，石若斩截而成，涧泉漫石而下以悬于空，岩若垂万珠焉。余辄大书“水帘”字，深刻之，水澌澌淅字上，字隐隐匿水中，斯泰山之至奇观也。已乃穿涧水而西得石壁，高约十五尺，广约四十尺，夷出天成，下拥石基。余东向而立，则水帘之泉冷冷出其左，而桃柳数十株蔚蔚绕其右。余遂倚石壁为之亭。亭悉以石，石柱四，直入石基，其深尺有咫，上覆以石板，令永久。登泰山者得憩息万祀焉。余嗜鼓琴，辄顾从者曰：夫是倚泰麓之壁也，斯不亦高山乎！夫是临水帘之泉也，斯不亦流水乎！为子援琴而弦之，邀泰山之神，聆广陵之散，若将巍巍乎志在高山也，又洋洋乎志在流水也。是谓神品，亦谓神解。从者悦，遂命之曰“高山流水之亭”。

听泉枕石，《岱览》云：在高山流水亭北。

龙泉峰，又曰栲栳崮。《图志》云：在高山流水亭迤东，石经峪水出其后。

水帘洞坊，《图志》云：在砲高岭西北。《泰山道里记》云：自高老桥坊至此三里。

住水流桥，在水帘洞前。《道里记》云：一涧深广，有桥跨之。

天绅岩，《泰山道里记》云：在住水流桥西北一里，山坳古洞出水，即水帘洞，悬崖飞瀑，名曰水帘泉。

《泰山纪胜》：历高老桥、人祖庙，迤逦由巽趋乾，及涧，忽转而东，如腓动膝折。飞瀑从西北来，净如垂练。洞口藏帘中，水弱时隐约可见。

登仙桥，《泰山道里记》云：在水帘洞北。

歇马崖，《图志》云：由登仙桥东折而上。《泰山道里记》云：一名马棚崖，言崖可屋马也。一名三字崖，今倾落。北有圣水泉。

《岱史》：向有墨书三画，风雨不灭，传为吕仙迹，故又名三字崖。

赵国麟《游记》：昔与枚翁盘桓崖下，如坐夏屋中。长啸浩歌，响振山谷。今崖倾岸缺，只立岩墙，岂有神龙飞去，特留破壁耶。

《泰山道里记》：大学士赵国麟题诗云：一涧空中落，双崖势欲连。崖忽倾落，赵复题云：高岸已夷陵谷变，后来休笑画图虚。

于振翀诗：芒鞋踏处尽疏狂，夜雨新晴气侯凉。野水云横仙子渡，春山花压美人妆。时和隙地多栽树，岁稔庄农惯进香。歇马亭边村店小，灯前检点旧奚囊。

赵国麟诗：一涧空中落，双崖势欲连。巨灵不惜力，鞭石使之悬。何年倦游者，盘礴一周旋。嗒焉天地小，长歌起暮烟。

壶天阁，《泰山道里记》云：在歇马崖北，即明嘉靖升仙阁址。乾隆十二年拓建，改今名，殿阁巨丽。对阁为元君殿，北为玉皇庙。

倚山亭，《述记》云：在壶天阁西偏。

回马岭，《岱览》云：一曰瑞仙岩。《图志》云：在壶天阁北，重岩叠嶂，一名石关，应劭谓之天关。过此，马不能登矣。《泰山道里记》云：自水帘洞坊至回马岭坊，凡七里。

《泰山纪胜》：山回路转，屐齿甫通，突而重山横亘，划然阻绝。转仄向东南，梯云御风而行，才达岭巅。盖山腹中脉络盘纡至此，又一大折云。

明谢肇淛《记》：入山渐深，但觉白云黄叶，左右飞积。至高老桥，水冱且涸，即水帘洞亦涓涓如蹄涔，无奇也。由水帘洞折而东，又折而北，道始峻削难行。吾游山多矣，虽绝地插天，亦必迤逦纡回而上，或舆或步，咸得袖手骋目，独泰山不然。其坦不能十武，辄就石磴，磴皆悬空斗削，高者百余级，小以十数。舆中五管在上，胸膝相摩，手挽足抵，头岑岑也。加以狭崖夹障，耳目涂塞，如道委巷中，意甚苦之。至玉皇阁，下舆回望，始见徂徕一峰独当南面扼塞，汶水萦若衣带，为注目。移时又上，为回马岭，顾从者自高老桥时，骑已不前。

边贡诗：回马岭前春日西，涧花岩草郁萋萋。上方钟落不知处，惟见白云岩畔栖。

十峰岭，《图志》云：在回马岭东。《岱史》称古云岩。下为鹰石沟。

九峰山，《图志》云：在回马岭西，峰高下排列有九，因名。

金星亭，《图志》云：在回马岭东上。

步天桥，《图志》云：在回马岭北。

十二连盘，《述记》云：在步天桥北上，又北为黄岘岭。

黄岘岭，《泰山道里记》云：一名中溪山，土色赤黄，异他处。旧有黄岘岭坊，今圮。

王思任《记》：黄岘岭得名以色，此泰山转伏转起之脉也。傲来一峰，尝向人前雄诞，谓不让泰山。至此，羞涩称妇子矣。

二天门，《泰山道里记》云：在黄岘岭上，自回马岭坊至此五里。峰回路转，是为登岱之半。

袁宗泗诗：再上天门望，烟云满素衣。陡崖三面削，峭壁一泉飞。排戟峰逾蹙，通天路转微。凉风吹傲骨，五月凛寒威。

虎阜石，《图志》云：在二天门北，二虎庙旁。巨石蹲跗如虎，故名。

倒三盘，《述记》云：在虎阜石北。

快活三，在倒三盘北。《述记》云：路凡三里，地忽坦夷，或名“快活山”。旁有玉液泉。

冯时可《记》：历磴久之，有地名快活三，再上再下，可三里许，差不磊确，御者快之。

《泰山纪胜》：北陟双庙，西眺扇子崖，如相拱揖。倒盘而下，路皆平阔，野花与草树杂发，点缀茅舍竹篱间，绝似平野村落人家，无复岩岩气象。譬如接严宾之后，忽遇好友，坦怀笑语。遥望对松山，另开一幅图画矣。

刘偀诗：西峰迤逦郁蓝开，空翠沈沈扑面来。若遇虎头应画我，看山人傍一株槐。

释元玉诗：岭岭径崔嵬，峰峰路崒嵂。险极势欲旋，坦道从危得。从危得坦道，其意复如何。仍向层霄步，云中乃笑歌。

跨虹桥，《图志》云：快活三又北有桥，曰跨虹。

迎天坊，《图志》云：在跨虹桥西北，今圮。

龙文石，在跨虹桥北。《泰山道里记》云：一名蛟龙石，以石文理若龙也。

回龙桥，《图志》云：有石曰龙文。又北，为回龙桥。东崖曰小龙口，石峡飞流，曰小龙峪。

小龙峪坊，《图志》云：在回龙桥北，圮。

拦住山，在小龙峪西北。《图志》云：以叠嶂横抵谷口也。《岱览》云：山横抵朝阳洞下，为盘道一重一掩。上有弄月岩，下为潜龙涧。

弄月岩，《岱览》云：在拦住山上，有半山亭故址。

《泰山小史》：山腰横耸一峦，似悬似系。构亭于上，颜曰“半山”。俯视左有大夫松，凌凌风表。右则苍石若削，屏立千仞。每登临，耳畔风生，梵音钟韵，交从天下。稍上为僧挂锡地。汶水襟前，明灭练光，大豁尘眼。亭下有李斯小篆，人争磨拓，今不可考矣。

明米万钟《憩半山亭》诗：径转辟烟关，高亭得半山。不须凌巘外，已自出人间。青霭相上下，白云时往还。岱巅凭侧望，憩此复跻攀。

雪花桥，在小龙峪北。《岱览》云：三磴崖其下为雪花桥，其南为小龙峪。

三磴崖，《述记》云：在雪花桥北上。

《泰山道里记》：雪花桥再上为三蹬崖，平处三里，至此又复嵚崎。侧一石，镌明徐用检《祷雨灵应歌》。

御帐坪，《述记》云：在三磴崖东北。《泰山道里记》云：片石坦豁，为宋真宗驻跸处。前为飞瀑岩。

李裕《记》：坪即宋真宗东封帐宿处，其地夷衍，嘉木穰穰，繁阴布地。前即深涧，黛蓄膏渟，水光映天，石错杂如断腭。有小鱼，色青黑，浮游水面。

《泰山纪胜》：中路瀑布，惟御帐崖为胜。势极斗峻[①]，飞流溅沫，珠迸玉溶，下与龙文石相辉映[②]。崖上青石坪，可坐数百人，诸水从云间奔赴，顿觉泠然，与世人迥隔，虽薄游亦当作十日。盘桓坪上，凿痕尚多，疑是御帐遗址。

吴节诗：几度天书降紫清，宋皇曾此驻龙旌。野花啼鸟年年换，犹有人传御帐坪。

边贡诗：白日天门近，青山御帐空。亭虚从眺览，树古自登封。过鸟层空上，鸣泉万壑中。翠华春不返，惆怅昔人踪。

查约诗：宋皇临御日，此地数游观。花下停双辇，松间拜百官。云常依宝座，月自照瑶坛。寂寞仙桥路，惟余古木看。

赵国麟诗：绝壁临大壑，飞流千尺下。松涛与水涛，喧寂不相假。石色漾月影，寒飚涤炎夏。坐久风雨来，松花任飘洒。

---

① 斗峻：《泰山纪胜》作“陡峻”。

② 辉映：《泰山纪胜》作“濯映”。

小天门，《泰山道里记》云：即五大夫松坊。《岱史》称“诚意门”。自二天门至此五里。

明陈万言《小天门值雨》诗：武帝登封旧有台，灵湫时见白龙回。天风倒卷帘泉水，犹有游人冒雨来。

五大夫松，在御帐坪北。《图志》云：坪北旧有秦时五大夫松，始皇东封，于此避风雨焉。

按：《汉书》但言大树，未言松也。《初学记》引《汉官仪》及《泰山记》云：小天门有秦时五大夫松。而唐陆贽亦云五株。《泰山纪事》云：有二株。万历三十年，泰山起蛟，二松化龙飞去。是皆以松为秦所封也。《东齐记事》云：五大夫，秦爵之第九级，如曹参赐爵七大夫，迁为五大夫，是也。后人不解，遂谓松之封大夫者五。今新栽五株，有坊，额曰五大夫，皆好事者为之。

《泰山纪胜》：始皇东巡，五大夫以捍卫功受封，不知后祖龙几年而没。或者非甘棠遗爱，土人不复拥护之。幸后王宽仁，不夺其爵，迄今十八公犹袭名号，未详是其苗裔否？其别族有独立，大夫亦就衰朽矣。

赵国麟《记》：检弇州《游记》读之，所谓有松五，具虬虺状，当是二三百余年物，今惟枯干一株屹立石上。又检卧游道人《岱宗图说》云：嶂前双松老干拳曲，势欲飞舞。道人《图说》出万历之季，去弇州时不数十年，已失其三，何况今日。惟是《记》中所云“百丈崖，凹深如屋，旁有石洞，槎口而下黑，其究叵测”。今洞外有屋而无崖，下亦砥平，如出地上，此则人为之斫天巧，非若植物之出于气数也。

明王闻修诗：若个庭中言鹿马，何人境上识鱼书。当时不负君王意，只有山头五大夫。

姚奎诗：黑龙潭中蛇母出，霜鳞剥落腥云湿。毵毵长髯十两针，挺挺直骨三千尺。神灵呵护元气钟，驱霆战雨摇苍空。坚刚节操振今古，滥爵肯受秦王封。波涛满地阴风起，万籁飕飗成律吕。材堪柱国苦弗试，萧然遗弃空山里。青青颜色无秋冬，吞冰吐雪经磨砻。工师一日如相逢，终当献入蓬莱宫。

邹德溥诗：尔本抱劲节，秦官何及之。乘风发长啸，如羡商岩芝。

屠隆诗：高节栖灵岳，宁污秦氏官。天风吹不断，涛卷万峰寒。

龚勉诗：长松倚绝巘，苍翠欲摩空。岂受秦皇命，自有白云封。

吴节诗：曾与秦皇托旧恩，昂宵耸壑露盘根。可怜二世空尘土，不及寒松有子孙。

魏允贞诗：雨中松树倚嶙峋，不洗东风旧日尘。何似桃花含意远，武陵只恋避秦人。

严长明《御帐坪观秦五大夫松作歌》：秦皇骑虎游八极，万鬼百神俱辟易。惟有西毕偕南箕，离立天门不奉职。飞轮抉石从东来，如渐离筑张良椎。自非苍髯五老互遮蔽，几令岱畎变作沙丘台。嗟哉此松封植忘所自，得非青州遗种夏后肄。洪流九载不复漂，百虫将军未曾彗。千劫避过水火攻，来与曾孙作屏卫。我闻松百尺，自号为木公。今爵列第九，报称殊非崇。岂知婴与樛，虽乏栋梁贵。转得与斯高，品评不同列。而我独惜兹松千岁应有灵，胡不化作白鹿青牛形，俾服御之可长生，免使三千男女采药去，一船终古摇空冥。胡为独閟空岩躅，金阙支离生意足。友半死之枯桐，结孤生之修竹。徒见汉唐两世来登封，又见符瑞三朝志空谷。二千年事何离离，欲作松问松应知。哀哉匪石不能语，但听萧萧风起，犹自如秦时。

飞来石，《岱览》云：在五大夫松坊侧。

《泰山道里记》：巨石屹立，相传万历三十一年夏，自山巅坠此，因名“飞来”。

吴南岱诗：曾在生公旧讲台，何年渡海却飞来。骑鲸有日终飞去，化作星辰上九垓。

萧协中诗：松亭亭，石矻矻。偃盖万古青，坚确千年历。故乘风雨夜飞来，不是秦皇鞭策激。

望驾石，《岱览》云：在小天门东。

《岱史》：诚意门西为公署，东为五松亭。又明憩客亭，明人重建，题曰“御帐”。遗迹今俱亡。东有望驾石，如人拱立。

单仙亭，《岱览》云：在五大夫松北，明时建。今废，亭名犹篆崖上。

老人寨，《岱览》云：在望驾石东。

朗然子洞，在老人寨下。《泰山道里记》云：元初刘朗然修道处，洞可容二十人。下为双义沟。

凌虚阁，《泰山道里记》云：朝阳洞坊北上为凌虚阁，圮。西为振衣亭址。

望松亭，《述记》云：在凌虚阁迤东，今圮。

朝阳洞，《图志》云：在御帐坪西北，洞深广，南辟。旧名迎阳，一曰云阳。《泰山道里记》云：有坊，自五大夫松至此一里。

《泰山纪胜》：洞中澄泉甘洌，崖上滴露如悬珠，道士以器承之，命曰石乳。西偏，石屏碨礧有奇致。米万钟大书古篆，题“云根”二字。

王在晋诗：云根凿一窍，石罅通万灵。白云任去来，洞门常不扃。

御风岩，《图志》云：在朝阳洞东北。

处士松，《图志》云：朝阳洞北一松挺立，曰处士松。《泰山道里记》云：明方元焕题识，涂泽民碣曰独立大夫。

《泰山小史》：明万历三十一年，一夕风雨，失其树，惟碣石存焉。

钟宇淳《记》：有古松亭，亭如葆车，名处士松，欲别之于五大夫也。余谓此君苍颜素发剥落，傲睨冰雪崖石间，无论不辱秦，即处士于君何有哉？

刘宗岱《处士松跋》略：余自嘉靖己酉始登泰山，见秦所封五大夫松耸而立。又北里许，一松偃蹇如盖，曰处士松。隆庆戊辰，再登泰山，五大夫已亡其三，而处士松依然无恙。不知谁氏改“处士”为“独立大夫”，疑若曾受秦封者。呜呼！五大夫之存亡不足惜，余独惜夫“处士”何不幸而多斯名也，噫！

吴南岱诗：傲节何须枝叶扶，亭亭百尺类吾徒。孤岩剩有嘉名在，绝胜同时五大夫。

祁承㸁诗：处自称远志，出则为小草。青青涧上松，肯被浮名扰。

对松山，《图志》云：一曰万松山。有坊，在朝阳洞北，两峰对峙，老松弥谷，最称奇胜。《泰山道里记》云：自朝阳洞坊至此四里。

冯时可《记》：两峡东西，松数万株，苍翠相掩，飘渺云雾间。

《泰山纪胜》：冒雨行对松山，云填涧谷皆平，眼前斜飞，若轻縠积棉，推挽可动。仰视两山，黑云压顶，上与松树融结，神合无间。忽悟松树乃云苗所钟，感泉石之气而生也。风动，微露鬐鬣，若怪龙藏云雾中，瞰人欲搏。

喻成龙《万松山歌》：蔚葱葱，青蒙蒙，千株万株插芙蓉。芙蓉直上九千仞，披襟长啸吹天风。晴光荡漾摇碧空，仙姿肯傍尘埃中。以此可爱不可近，郁郁耻受秦皇封。屈铁参天浮黛色，倒影下映龙池黑。发秀钟灵自有神，孤高得气本正直。虬干霜皮宛然在，鹤来鹤去知何代。幽意岂独擅空谷，苍翠犹能化龙腈。昨夜绳床冷如铁，空涛万壑流云结。起视冰翼烛天白，口吃新诗吟不得。回首遥忆青琅玕，我心明月含清光。怀人稠叠复落莫，身凝江海思茫茫。他年终觊结茅宇，衔杯箕踞歌梁父。泉石以为友，苓实可充脯。对之能使心神清，食之又令颜色古。胡不任达永栖托，却向寰中叹辛苦。

朱辉珏诗：数里闻松涛，两崖屹相向。春云护药苗，灵禽栖其上。

田同之诗：寒松韵空山，千株万株寄。对峙绿云停，摇曳虬鳞坠。飞泉下峰顶，遥光破苍翠。

圣水桥，《岱览》云：在对松山左。

乾坤楼，《泰山道里记》云：在对松山西，明洪朝选建，圮。近改新盘于桥西高阜上，或谓之云门。

龙门坊，《泰山道里记》云：旧额“大龙峪坊”，在对松山北。自对松山坊至此四里，坊东即大龙峪。

鸡冠峰，《泰山道里记》云：在大龙峪北，片石悬立于上。翔凤岭，南岩也。

新盘口，《述记》云：在大龙峪东。

吴同春《记》：盘创自藩参吕叔简。往春月祷祠者众，旧盘不能容，往往挤堕崖谷中。叔简辟火池以西为新石盘，往来称便。

《泰山纪胜》：东上，入新盘，俯视群山，错叠如绮。历雁翎、五老诸峰，上臻子崖，度天桥，皆幽折可盘礴。尝谓旧盘似直臣，新盘似韵士。一则磊落光大，严峻不可屈挠，是冠裳入朝气象；一则绵邈萧疏，蕴藉风流，隐逸君子之所珍也。盘尽，仰望宫殿嵯峨，不知人间天上。

度天桥，《泰山道里记》云：明万历间参政吕坤建，今圮。

《泰山道里记》：登岱者上从东而下从西，无相践蹂。仁人之用心如此。

雁翎峰，《泰山道里记》云：在新盘口南，尖峰峭出，莲花峰下址也。北上崖缝吐水，曰大龙口。

石壁峪，在大龙口北。《岱览》云：两峰插天，扨削壁立。

飞龙岩，《图志》云：在石壁峪东。

翔凤岭，《图志》云：在石壁峪西。

升仙坊，《岱览》云：在十八盘下束峡处。《泰山道里记》云：自龙门坊至此三里。《图志》云：中为十八盘。俗以坊北为紧十八，坊南为漫十八云。

十八盘，《泰山道里记》云：石壁峪中为十八盘，尽处为南天门。汉应劭《封禅仪记》名其地曰“环道”也。

王思任《记》：夹壁天穿，铁结硍磄，止许五丁削一缝与人。后人见前人履底，前人见后人顶，如画重累人，正其际耶。

《泰山纪胜》：两山壁立，中通一线，仰窥天门如镜，险峭不可登。联锁为栏，缘云傍雾，跻天门返顾，凛然动登高临深之悔，虽自谓贲育，亦复气夺。

祁承爜《十八盘》诗：拔地五千丈，冲霄十八盘。径从穷处见，天向隙中观。重累行如画，孤悬峻若竿。生平饶胜具，此日骨犹寒。

释元玉《石壁峪》诗：层岩对对夹苍烟，绝处金绳象外悬。到此已观云是地，凌空肯藉管窥天。香侵红袖松风满，雾拥篮舆瀑雨连。是险是夷人共历，复谁幽兴胜前贤。

徐恕《升仙坊》诗：绝似登山两脚僧，千层万级走崚嶒。已知仙路原非远，不信天阶亦可升。岭外黑风惊伏虎，云中白雾起飞鹏。悬崖未敢辞辛苦，一宿丹寮一盏灯。

严长明《由对松山登十八盘遇大风雨至三天门有作》：左壁如屏右如障，争长东西不相让。就中一线露青冥，天路云从此间上。昂藏七尺付舆丁，曳以长绳挟以纩。如蚁旋磨蠖循条，顶踵挨排成一行。前瞻方喜日平肩，后顾忽惊云压项。云来便作水烟喷，雨急还资电雷壮。洪钟万斛四山枞，强弩千枝一林放。盘中倏变海茫茫，盘顶空余天泱泱。此时黍粒渺单身，耳目精神交滉漾。妄思捧土塞天河，不使飞流下千丈。更愁山去化方蓬，高掌还应巨灵仗。陈祈聊解暂时嘲，讵识山灵已阴相。分风特为扫雰霁，掖出天门高有阆。同游彳亍几人来，引手相看幸无恙。遥看杰阁上摩空，会借仙翁赤藤杖。拄来长啸倚危阑，一览斜阳下空旷。

岱顶

南天门，《图志》云：一曰三天门。距升仙坊一里，磴道盘空，一关独启，自是朝天有路矣。

元杜仁杰《天门铭》：泰山天门无室宇尚矣。布山张炼师为之经构，累岁乃成，可谓破天荒者也。于是乎铭曰[①]：

元气裂，两仪具。五岳峙，真形露。惟岱宗，俨箕踞。仰弥高，屹天柱。浩千劫，窒来去。谁为凿，起天虑。匪斤斧，乃祝诅。一窍开，达底处。十八盘，盘千步。荠初吐，抱围树。日车昃，惨曦驭。六龙颓，莽回顾[②]。踏此往，嘉无数。无怀下，兵刑措。七十君，接銮辂。圣道熄，彝伦斁。揖让歇，篡夺屡。忽焉阖，梗无路。象纬森，敕呵护。朝百灵，由兹户。金璀璨，朱间布。九虎蹲，万夫怖。我欲叩，阍者怒。辟何时，坦如故。对冕旒，获控愬。豁蒙蔽，泄尘雾。刮政疵，剔民蠹。上得情，下安作。额血殚，帝聪悟。崖不磨，苍壁竖。刻我铭，期孔固。垂万世，正王度。

明陈沂诗：望入天门十二重，夐然飞舞半虚空。千寻不假钩梯上，一窍惟容箭括通。风气荡摩鹏翮外，日光摇漾海波中。欲求阊阖无人问，但拟彤云是帝宫。

李学道诗：石磴层层破紫氛，半空飞翠洒衣裙。烟迷下界群山渺，虹跨寒霄两壁分。无数琳宫依绝巘，有时玄鹤傍轻云。蓬莱高处风微动，隐隐钟声天外闻。

袁宗泗诗：攀萝经御帐，驻马憩秦松。直劈峰双立，斜盘级万重。山腰惊雨过，峪口乱云从。自此天阍叩，方知第一峰。

成城诗：山势两崖立，天门一线通。手攀危磴上，人在乱云中。杳霭空诸界，艰危摄寸衷。平生搔首意，今日叩高穹。

摩空阁，《泰山道里记》云：南天门上有阁，曰摩空。

月观峰，《岱览》云：在西天门之南，南天门之西，与日观峰对峙，而危耸过之。以月朏庚方，故名。《泰山道里记》云：西偏，怪石攒簇，即《汉官仪》及《泰山记》所谓"山顶西岩为仙人石闾"也。

西天门，《岱览》云：在月观峰北。两壁如削，象魏天成，明林古度勒曰"西阙"。

明钟惺《记》：岱之为天门者三，西天门者，石自门焉，真天门也。

---

① 于是乎铭曰：原题刻作"齐人杜仁杰于是乎铭之"。

② 回顾：原题刻作"回玄"。

上桃峪，《泰山道里记》云：在西天门下，桃花峪水源也。

君子峰，在上桃峪中。

《泰山道里记》：上桃峪中，一石卓立，曰君子峰。

西神霄山，《图志》云：在上桃峪南，俗呼两峰岩。《岱览》云：双峦峭拔，与东神霄山相望。峡口有卧马峰。

天街，《图志》云：在南天门东北，庐而市者三十余家。《述记》云：迤北，相传为唐苏源明读书处。

《泰山道里记》：应劭所谓“东上一里，得木甲。木甲者，武帝时神也”。是其地矣。按：此地旧有五贤堂，祀孟、荀、杨①、文、韩五子。又有肩吾轩、石林馆，皆其故址。

避人崖，《岱览》云：幽僻可栖，在天街北。

凤皇山，《述记》云：由避人崖自东而北，前旧有蓬玄坊，明人建。

《泰山道里记》：按《名山洞天福地记》：第二洞东岳泰山，周回一千里，名蓬玄之天。此坊之所取名也。

象山，《岱览》云：以状名，在凤皇山南。《图志》云：一曰锁云岩。

白云洞，《图志》云：锁云岩上有白云洞。《述记》云：旧有坊，曰白云，明巡抚李戴建，洞亦曰云窝。顶东北坦处，有白云亭、白云轩，并圮。洞南深谷峻削，亦名百丈崖。

《公羊传》：泰山之云，触石而出，肤寸而合，不崇朝而雨遍天下。

王衡《记》：洞巉岩多窍，云从窍出如线，蓊然满山。四驰而缕结为一，即雨媒也。

李戴《白云轩记》：今岁夏，余祇奉上命，镇抚东土。时苦旱魃为灾，未及受代，辄祷于泰山之神，为元元乞一旦之命。窃私念《公羊传》所称“不崇朝而雨天下”者，泰山之云也，今安得为云为雨，即符所祷哉？已而，见白云袅袅，布濩山谷，盖自白云洞中出也。因往蹑之，则在凤皇山之阳。石磴陡绝而下，洞高丈许，广亦称是。中有石窍，广二尺，深仅尺许。而洞之下，陡峻深谷，又不可测，所谓百丈崖者是也。洞中石窍，四时水常溢注，其来无

① 杨：《泰山道里记》作“扬”。

形，不知所自。夏月则其势愈盛，沛然旁达，故相传为龙洞甘霖，又曰云根雨脉云。余于此益信雨天下之言不诬也。图所为标其胜，宜无如斯言者。一日，以语盐台谭惺堂侍御，则手笔“雨天下”三字，勒石洞门。余檄有司树之坊，坊稍北，构亭一楹。亭稍北，构轩三楹。而轩之宅胜最奇，背负石壁如屏，左右如翼，独开一面，甚闳旷。凭槛俯视，大小龙峪如苍龙喷水，而山麓行人，摩肩接踵，杂遝如蚁。近眺，则徂徕山当其左，傲来山当其右；远眺，则云云、亭亭、尼丘、梁父，又环列星罗，毕献奇伟。噫！斯天下之大观也。已陟斯洞憩斯轩者，宁无霖雨天下之思乎哉？奚但选胜揽秀云尔。有司谒余记之，是举也，前按台韩西元侍御与其议，今按台毛文源侍御会其成，其余有司执事，勒之碑阴。

赵国麟诗：出洞本无心，入洞亦无意。洞中贮白云，崇朝满天地。不过肤寸耳，宁知莫思议。雨遍天下归，白云仍此寄。

砧子石，《岱览》云：在百丈崖东。

莲花峰，《图志》云：在天街东南。五峰攒簇如莲花。

《泰山纪胜》：祠外白莲若供养，数峰攒立，花靥宽平，又绝类莲实，游人多坐饮其上。

五花崖，《述记》云：在莲花峰稍东。危崖万仞，登之，视盘道中人，往来杂遝如蚁。俗呼为望人峰。

试心石，《述记》云：在五花崖顶。二石钩连于上，登之动摇。或云惟心诚则不动。迤南有神泉。

《泰山纪胜》：石锐，仅容足，下临绝涧。常有道士鹄立其上索钱，过者骇，且笑谓：是以命贸财者。夫以命贸财，宁独一道士哉？

围屏峰，《图志》云：在凤凰山东。《岱史》谓之悬石峰。旧有老君堂，圮。

虎头崖，《述记》云：在围屏峰东偏。巨石状类卧虎，故名。

避风崖，《岱览》云：在虎头崖南折转东。石崖深靓向阳，宋人题刻殆遍。

明金绍裕诗：丹霞翠壁接晴空，万里湖山入望中。回首扶桑天咫尺，满身香雾立空蒙。

斗仙岩，《图志》云：在避风崖东北，亦曰振衣冈。

《泰山道里记》：岩多宋、元人题名，明人大书“振衣冈”三字，镵毁过半。

鲁班洞，《述记》云：在斗仙岩上。稍北为北斗台。又东，巨石黑丽，上镌“天柱峰”三字。下有宋刘衮、马熙题名。东北崖石窍滴水，曰珍珠泉。迤南有明置西公署，额曰“仰止亭”，今废。《图志》云：东上为碧霞祠，元君上庙也。西有玉女池，池上旧有秦篆刻石。东有圣水泉。

金棨《圣水泉祷雨歌》：嘉庆丙辰，春雨愆期，祷于龙潭罔应。阅孟夏廿有四日，芒种将届，霓望逾殷。乃复斋遬，戊夜步登岱顶，质明虔祈碧霞元君祠。祠东北隅有圣水泉，神瀵也。取水奉归，朝暾方杲，曜射人目。禺中过壶天阁，云气缕缕出岩壑间。比至岱庙，则已油然四匝，霡霂如织矣。入夜，乃甘澍滂沱，达旦未已。所部七州县迭告沾足，遂书有年。崇朝之泽，其应如响，神贶幸承，不敢不纪也。爰作歌曰：仰岩岩兮作镇，山称宗兮水纪。圣天一兮导源，不崇朝兮敷润。挹贮缶兮方盈，歘倾瓢兮何迅。片云兮随车注，瀸汋兮弥川浸。濡鹤眛兮龟田，芃黍苏兮绿亘。柏甫莳兮千栽，迥舍膏兮黛靓。岂蜧跃兮扬灵，翳鸾骖兮锡庆。护三素兮霏微，泻涓涓兮长莹。

堆秀岩，《岱览》云：在大观峰南，碧霞祠北。

宝藏岭，《图志》云：在碧霞祠东南。巨石类狮，俗呼狮子崖。《述记》云：介五花崖、探海石间。东北上为岳庙。《从征记》谓上庙，在山顶，即封禅处也。

大观峰，《泰山道里记》云：一曰弥高岩，在岳庙北。悬崖峭壁，勒唐玄宗《纪泰山铭》，世谓之摩崖碑。《图志》云：峰东旧勒宋真宗《述功德铭》，明翟涛镌“德星岩”三字掩其上。残碑字迹犹存。

蒋超《磨崖碑诗》：五岳班秩岱最雄，古来封禅夸神功。秦碑汉碣满崖壑，蝌蚪灭没悬苍穹。近来冠盖苦唐突，恶诗恶札争磨砻。荆璞碾成金步摇，神鼎镕作官钱铜。还思天女坐云际，玉琢肌肤金范躬。苔绿横施满殿角，铁锁牢锢愁春风。愿乘鸾鹤腾碧落，摆脱尘秽摩清空。山头碑板尽化为无字，千秋万岁惟见云霞历落开天容。

沈廷芳《重登泰山观唐纪泰山铭磨崖碑》诗：我登泰山岁乙丑，其月仲春日辛酉。是时阳和虽已回，木强草枯峰岭黝。但拓磨崖碑以归，旋装珍重等蝌蚪。重来恰喜当清秋，青苍入望爽气浮。夜就磨崖碑畔宿，陵晨独起揽古愁。缅惟开元全盛日，政出仁义被九州。君王昕夕恒儆惕，韩张姚宋非常俦。坐享承平廿余载，民康财阜滋天庥。抚兹清宴长怠敖，封禅将行先祀庙。爰稽七十二代事，惟天惟祖致虔告。礼成聿著此铭词，词仿典谟何煜耀。巨手传自张说笔，颂扬功德奚太劭。明皇八分洵迈古，大书深刻高崖峭。是举端由说赞成，跸入咸京官爵冒。用肇天宝丧乱基，唐室陵夷延未造。吾闻五载一周巡，唐虞三代制可循。粤若秦汉夸侈大，应令敬仲嗤千春。国朝天子实圣神，先后作述古莫伦。狩法大舜祇柴望，省方意在循斯民。敬观普照乾坤字，云峰镌刻俱嶙峋。即今万笏铲削待，御墨不轻降紫宸。金泥玉简屏勿用，升中有戒钦臣邻。明德动为后世则，唐碑纵佳徒可嚬。我憩崖下尘鞅息，回首前游心恻恻。不见无字祖龙碑，祥符奸相迹同泐。归来独览浯溪铭，漫叟清臣足矜式。

严长明《观唐玄宗纪泰山铭诗四十韵》：有唐六叶全盛时，祖宗锡庆天垂鳌。宰衡庶尹各奉职，用康亿兆朝蛮夷。名山显位望恩幸，大官再拜交陈词。顺天应民本帝道，敢以劳瘁辞驰驱。维时孟冬日在西，水官按节金神随。箕风吹空毕雨洒，翠旂孔盖翾以飞。观风问俗复施惠，迩者不泄远不遗。乾封百年父老在，皇仪再睹纷赍咨。斋宫位止逮三宿，青霄夜静神光垂。泰坛翘首峙天半，仰法大象圜如规。用享上帝配高祖，百神以次咸予傒。其下方丘奠社首，曰泰折以侑帝祇。皇考作配视宗祀，余制悉准升中仪。封维庚寅禅辛卯，至日上下胥恬熙。祥云九华日五色，瑞光端罩如琉璃。爰升天门叩日观，对扬帝命词舒迟。镂诸玉牒纳玉鐀，印受命宝金为泥。礼成从官呼万岁，响答山谷声同揆。非甚盛德曷臻此，允宜撰刻留厜㕒。维帝曰俞可其奏，大文亲画如□羲。秦松伐取作烟墨，汉皇石可丹毫支。上言报天眷顾厚，下言祈福缘烝黎。元元指归况有属，好谦示俭兼流慈。词严意密堪示后，碑材北面天生宜。厥高三丈宽丈六，字径五寸仍有奇。鸾翔凤翥在天表，地上虫鸟何由几。胡为励精未卅载，妄思端拱垂裳衣。千秋金镜一朝失，覆篑顿使前功隳。三涂已裂四扇启，青骡避地空流离。剑门积石千万仞，势与乔岳争崔巍。经行岂竟无纪述，归秦但唱淋铃诗。始知封禅事非古，率由侈泰心潜滋。银绳金检白石礦，七十二代夸留贻。告成处所千八百，六经至竟无其辞。王通袁准识尚具，后王何故相攀追。书垂黄素荫华盖，故智不越寻常溪。我来游占得大壮，森然魄动神披靡。年深点画恨小缺，金光犹向苍崖披。从臣名姓复可辨，麝煤茧纸行揩劘。惜哉朝觐碑已佚，莫由玉匣同装池。

大小悬鼓石，《岱览》云：以状名，在大观峰巅。

桃花洞，《述记》云：在悬鼓石下，裂天泉、云水池夹之。

明苏眉山诗：雪窦云岑玉洞新，桃花红胜武陵春。仙槎直泛蓬壶里，何事渔郎复问津。

邹德溥诗：峻壁凌穹苍，冽泉贯其趾。不知天地间，清绝更谁似。

云峰，《图志》云：桃花洞西有横嶂，曰云峰。

一拳石，《图志》云：云峰西南有石，高可丈许，题曰“一拳石”，俗呼“真泰山”。《泰山道里记》：西北为青帝宫，有碧天泉，涸。

《泰山纪胜》：一石挺立，或题“聪明正直”四字，命之曰“真泰山”。世传五岳真形本此，甚矣！人之好异也。

独石，《岱览》云：在青帝宫门外。巨石踣卧，故名。

望吴峰，《图志》云：一曰孔子岩，在桃花洞西。《汉官仪》及《泰山记》曰：吴观者，望见会稽。即此。明建过化亭，圮。

《泰山纪胜》：泰山惟孔子岩极空阔，无障蔽，可以穷目力之所至。后即山阴路，岩前二短碣，纪与颜子望吴门事。

龚勉诗：尼父昔登临，玄览超无上。我来得瞻依，顿觉心神旷。

文翔凤诗：陶令蓝舆个个还，谢公屐齿不曾闲。峰头自见吴门马，更有何人上泰山。

登仙台，在望吴峰西。

《泰山道里记》：庙西有崇冈，曰登仙台。《岱史》以纯阳尝登此云。

泰山绝巅，《图志》云：在望吴峰东北，一曰天柱峰，俗呼玉皇顶。自南天门西抵月观，东至日观，凡七里。宋祥符间，皆称太平顶。上为玉帝观，即古太清宫也。登岱者必以此为极焉。

钟宇淳《记》：此泰山绝顶，青莲云“呼吸通帝座”，非此不足以当之。

高诲《记》：延伫四望，沧溟东坼，河流天倾，而汶水汤汤，只环一线。西南万山伏地，若米堆，惟徂徕、尼父仅露脊可指耳。

文翔凤《记》：岳巅在宫垣中，其所结撮处，向冠之以宇。万尚书恭始毁而出之，于是山始得露其头骨。

万恭《表》：隆庆壬申，黄河功成。天子怿豫，命恭若曰：汝其东禋。于是，臣恭以八月禋泰山，报成绩也。余乃历巉岩，逾险绝，抚秦碑，登日观。已乃陟山巅，谒天宫，忽缁衣蹁跹，目瞪足践，招余言曰：是泰山巅石也。余异之，视其上室如锢也，视其下砌如砥也，而恶知夫泰山之巅？而又恶知夫泰山之巅之石？余喟然叹曰：夫泰山擅四岳之尊，而兹巅石又擅泰山之尊，乃从而屋之，又从而夷之，又从而践履之。令尊贵不扬发，灵异不表见，余过也！余过也！亟命济倅王之纲撤太清宫，徙于后方。命之曰：第掘地而出巅，毋刓方，毋毁圆，毋斫天成，返泰山之真已矣。倅乃撤土，巅出之。巅石博十有一尺，厚十四尺有奇，耸三尺，戴活石焉。东博二尺五寸，厚一尺三寸。西博一尺八寸，长八尺有五寸。夫约泰山而东之巅，已奇甚矣，又摩顶而戴之石，斯上界之绝颅，青帝之玄冠也。余倚活石，览观万里，俯仰八荒。远视，则扶桑之日曜其东，昆仑之风吹其西；近睇，则秦碑若正笏，丛石如群圭。而齐鲁诸阜，圆者似金，直者似木，曲者似水，锐者似火，方者似土。枕青阳之降阙，俯元君之幽宫，而六极之大观备矣。彼巅石不表见，几千万年矣。今出之，始返泰山之真而全其尊。后来观览者，尚毋刓、毋毁、毋斫天成，务万世令返其真而全其尊，以毋得罪于泰山之神，其缁衣蹁跹意乎？缁衣，余问何许人，何所受而告余？默而不答。噫！我知之矣。盖缁衣受之碧霞，碧霞受之太君，太君受之上清，上清受之元始，元始受之寥冥之祖。

郝经《乙卯九月十九日登太平顶》诗：穷秋老雨四十日，坤轴欲烂阴霾缠。我来方作泰山游，玉虹一夜收云烟。山灵奕奕生喜色，突兀撑裂青罗天。轻裾飘飘过黄岘，乘兴直到三峰前。霜余灌木出秋色，万叠红锦幪椒巅。泓澄寒溜浸太古，翠壁细泻珠玑圆。当时秦汉极侈丽，未必如此皆天然。天门中断两屹立，箭筈一磴蛇婉蜒。崚嶒绝顶肆崇峻，伫立矫首望八埏。长天沈沈入西极，九州却在东海边。冲风惨淡万里来，海窟劲刮鲲鲸涎。须曳白云生岳麓，脚底泱莽无山川。秦坛周观觉浮动，满地覆冒兜罗绵。忽疑山移入海中，白浪四汹虚涛掀。山阴瑰诡光怪出，赤气翠晕相钩连。下从谷底上碧落，宝塔万级高蟠旋。遂登日观叱日驭，六龙倒著珊瑚鞭。玉鳞剥落金甲坼，九芒迸绮生血鲜。三山摇荡海水沸，蓬壶缥缈来飞仙。为言此色与此界，君自固有非尘缘。恍然记悟复无语，把手一笑三千年。

于慎行《登岱顶》：绝顶秋高上帝宫，茫茫一气俯寰中。地盘河济三州尽，天入秦吴万里空。玉阙光连星斗上，丹峰影落海门东。亦知真宰多相藉，许倚烟霄两剑雄。

王在晋《登岱顶》：攀萝绝磴望三齐，洞口云深去路迷。海角日痕千尺线，天门晓刻一声鸡。露盘仙掌搴铜柱，月窟灵根驾彩霓。五色文成聊展翰，峰头的烁照青藜。

钟惺《登岱顶》：朝登泰岳望蓬莱，晚带斜阳兴未回。一路草香都是药，千林树老尽生苔。浮云似水流将去，怪石如人立起来。不是此生君国有，探奇直上舍身台。

王元坤《岳顶纪游》：雨歇丹梯转翠微，残虹明灭乱泉飞。池边玉女骖鸾过，桥畔仙人驾鹤归。上界灵光摇绝壁，中原秋色澹斜晖。吴门练影凭谁见，满路天香拂客衣。

仲言永《玉皇顶》：危阁倚层霄，山河入望遥。天横关塞雁，日抱海门潮。雾露开朱旆，云霞度碧箫。自然幽赏处，不用社僧招。

祁承爜《登绝顶》：大观何止尽东封，六合都归极目中。呼吸已知通帝座，山河原不碍虚空。雁飞二月危崖雪，鹤唳三更绝壑风。万仞峰头刚一枕，朗然长啸间疏钟。

李三才诗：清斋独夜万缘空，踏破天门与帝通。一任红尘千万丈，此身已住白云中。

刘俟诗：青天乱插玉芙蓉，何处云迷旧汉封。石磴人来遥似鸟，丹崖松老总如龙。还随潦倒平生意，复上东南若个峰。万里茫茫周一气，吴门欲辨更无从。

国朝王度《登泰山绝顶》：万仞峰头放大观，清虚何用借风翰。眼横布地三千界，身历悬梯十八盘。借食那须求石白，裁衣应自足霞丹。翩翩直欲招云侣，共向通明整佩冠。

桑调元《登泰山绝顶》：盘盘磴道铲崎嵚，高下亭台映石林。直上天门与天语，侧闻龙洞有龙吟。泥金事杳笼青气，观日峰高照赤心。忽听传声动岩壑，秋空长啸快登临。

秋晴日出气葱茏，御墨高镌第一峰。碧落天开青帝宅，白茅人误汉皇封。傍岩松憩千年鹤，迎辇云成五色龙。当代圣明超万古，虞周典礼继前踪。

陈应诏《登岱顶》：前年振衣直走东海东，足踏岛屿窥龙宫。蛟鲸屃赑时出没，蜃楼海市披长风。苍波浩淼元气接，沙门长山指顾中。探奇忽动游山兴，蜡屐千里登岱宗。岩岩气象惊心目，七十二峰攒太空。拾级牵絙蹑绝顶，俯视溟涬开鸿蒙。群山起伏如蒉土，汶水中分一线通。乾坤亭上发长啸，惊落雕鹘堕秦松。翘望蓬莱五云里，几时重访游仙踪。薄宦谷城二十载，今为钓水樵山翁。此日遨游真快绝，潮声岳色罗心胸。

严长明《登岱顶》诗：酌蠡者不可以测海，坐井者不可以观天。半生学鸠鹦，抢在枋榆间。一朝飞上大鹏背，始信卢敖邹衍非狂言。前身禽夏夸轻娇，记向蓬玄事幽讨。初由金阙望吴阊，继转瑶台拾仙草。风雨惊从足下生，方州顿向眉间小。进步力加猛，四顾神飞扬。凌虚但一气，正色同苍苍。欲知大地形何似，九点烟环一杯水。遥空更复举头看，一圆笠覆双跳丸。右倾西北，左阙东南，六鳌之足尚坚硬，五色之石犹斑斓。因思灵门当日奏奇绩，原从此度轮广规方圆。道人引我升元圃，礼罢心同一铢黍。前有千秋兮后万古，往不可闻兮来不可睹。中间岁月能几时，更没黄尘复何补。吁嗟乎！人与溟涬非同科，春风恨少秋霜多。举手便是北斗柄，何因作我金叵罗。金叵罗，酌桂酒，誓与兹山长不朽。拍茅许之吟肩，启张刘之笑口。歌成一曲随东风，天上人间两回首。

古登封台，《述记》云：在玉帝观前。台基方广，有碣曰“古登封台”。

《淮南子》：尚古之王，封泰山，禅梁父，七十余圣。

《泰山道里记》：按《汉官仪》：秦篆刻石东北百余步，得始皇封所。汉武在其北二十余步，得北垂圆台。台上有坛，谒人多置钱物坛上，亦不扫除。则诏书所谓酢梨酸枣狼籍，散钱处数百，币帛具道。是武帝封禅至泰山下，未及上，百官为先上跪拜，置梨枣钱于道以求福。坛以南有玉盘、玉龟。即此也。

萧协中《登封台》诗：巉岩万仞天中起，上有高台烛雾里。历代相传汉武皇，燔柴秩祀崇坛壝。玉简金书不可求，穹碑矗立东山头。由来七十二君事，千年冷落同山丘。几度登坛寻遗迹，缥缈孤高尘世隔。岂是山灵呵护奇，深藏秘检云生白。白云摇曳绕坛前，呼吸犹疑动九天。欲效相如请封禅，君王已自卜长年。

无字碑，《述记》云：在登封台下，一曰石表。

《泰山纪胜》：无字碑，非碑也，度其中必有所藏，当是封禅文铭或玉检金函之属。相传，一巡方恶其疑天下，命撤之，甫动其盖，雷风骤作。说虽近怪，然其中有物焉，则断断无疑。

邹德溥《无字碑》诗：绝巘植空碑，古人如有意。由来最上乘，原不立文字。

胡汝桂《石表歌》：天门崔巍云缥缈，翠巘叠峰争呈巧。千崖万壑骇人目，竟日看山山未了。夜半举手摩星辰，高歌日观看日晓。山巅独有一柱石，浑浑洁素插天表。藏锋敛锷若太拙，震摧风雷不倾倒。傍人妄说秦时碑，熟视空空益窅窅。到此胸中一字无，翻见磨刻尽潦草。至人从来貌若愚，安得繁藻一清扫。今古登临多少人，信惟孔子天下小。太乙留此泄玄机，拄杖乾坤永不老。

张铨《观无字碑》诗：莽荡天风万里吹，玉函金检至今疑。袖携五色如椽笔，来补秦王无字碑。

王在晋《无字碑》二首：东海长流石未枯，山灵爱宝隐元符。从教烈焰焚经史，致使秦碑字也无。

童女浮查去不回，几回车辇望蓬莱。而今欲续秦人字，谁是鞭山驾壑材。

王乘箓诗：云去苍苔绿，风来古树春。荒碑无篆迹，山亦解亡秦。

平顶峰，《述记》云：在绝巅东南，巅石平敞，故名。

乾坤亭，《述记》云：在平顶峰南，明挟仙宫故址也，康熙二十三年建。

明詹仰庇《雨霁会饮挟仙宫》诗：凌霄披翠八窗开，冠盖疑从天上来。座绕山光摇剑戟，雨余霁色动楼台。还将石溜调歌管，更摘峰霞入酒杯。壮观生平今更几，坐升海日共徘徊。

王在晋诗：置身最高处，扶舆开广厦。入眼既空明，横襟亦潇洒。山川在几席，沧海入尊斝。洪蒙恍开辟，阴阳本陶冶。浮沉看飞鸢，氤氲骤野马。广漠测地遥，平明见天泻。于焉发浩歌，超然小天下。

日观峰，《泰山道里记》云：在平顶峰东南，《汉官仪》及《泰山记》曰：东岩为介丘，东南岩为日观。日观者，鸡一鸣时，日始欲出，长二丈许。又东南名秦观，望见长安。吴观者，望见会稽。周观者，望见齐。王世贞以日观、秦观、越观为一峰，误。

《泰山纪胜》：峰与玉皇顶略等。夜晴，明早往候日。曙星渐没，微晖散绮，羲轮将升，海雾尽赤。荡漾久之，日突出海水，晃若闪镜。转睫间，红光射目，不可逼视矣。

唐丁春泽《日观峰赋》：日之升也，浴海而丽天；岳之峻也，切汉而临边。登高者以致九霄之上，爱景者欲在万人之先。其所惟一，其仞惟千。伊风灵之有载，彼日观之存焉。夫其夜刻未终，曙色犹昧，彼穷高之极远，此有进而无退。未辨昏明，斯分覆载。屡闻鸣雁，犹阴沉而不睹；忽听晨鸡，既曈昽而可爱。于是渐出暘谷，将离地维。岩峦既秀，草树生姿。气则赫艳，人皆仰之。其望也如烛，其照也无私。昔者帝王御宇，立极垂统。封禅及此成功，巡狩应其春仲。莫不登兹绝顶，遐烛大明。思煦妪之义，穷造化之精。以为日象一人之德，岳是三公之名。信王侯之设险，俾海宇之来平[①]。方今一德无为，三光有象。动植昭泰，神祇肸蠁。千岩瑞色，思效社以□升[②]；万壑春云，欲入封而空上。客有才乏羽仪，心思骞翥。每积聚萤之志，难穷望日之处。引领终夕，含情达曙。如照烛之有期，故踌躇而不去。重曰：日有观兮绝代独立，登之望兮无远不及。何太阳之至精，莫不专于出入。

又赋：泰岳东南，峰开一室；旁接天路，低临晓日。阴霾玉兔，动霄汉之微明；晓报天鸡，越氛埃之迥出。初其螟色葱笼，悬崖倚空。独出清虚之外，遥分苍莽之中。隐雾犹白，经天渐红。拔草树以灯乱，耀波涛而血融。及夫林岭寒消，烟云色变。星河寥落以初没，峰峦逦迤而徐见。火动山顶，轮移水面。穿暗隙以飞镜，历幽窗而走电。至若门宇萧条，霜空泬寥。晴开曙景，暖入残宵。扬晶彩以赩赩，散芒角而飘飘。露洒文薄，风牵影摇。望极天涯，生从地表。升弱木以历历，出阴山之杳杳。万壑收暝，千岩送晓。消古砌之晴雪，动寒庭之宿鸟。遥空冷滑，伤寸晷之难留。碧嶂岧峣，望孤光而渐小。凌霄色丽，腾空影斜。气乱山烧，光分水花。绝壁孤危，觉灵海之津狭。炎辉咫尺，信长安之路赊。既而背旸谷以徐来，泛圆灵之不碍。蒙水气以珠暗，露松阴而碧碎。霞色收锦，天风敛黛。披云阙之斜视，豁天门而俯对。依檐乍吐，咸生齐鲁之间。过岭逾明，煦及草茅之内。由是远挂寥落，高辞绝暝。万象焜煌而毕照，六龙夭矫以无宁。安得足踏耸峭，手扶青冥，陈白昼之苦短，愿阳乌之暂停。

宋梅圣俞诗：晨登日观峰，海水黄金镕。浴出车轮光，随天行无踪。正是刺我目，攒集如剑锋。照耀万物兴，磨灭万物凶。草木既无命，必问石间松。当时一避雨，安得大夫封。人而苟不遇，抱简诵六龙。

范致冲诗：岱岳东南第一观，青天高耸碧巑岏。若教飞上峰头立，应见阳乌浴未干。

元段辅《题李白泰山观日出图》诗：岱宗郁郁天下雄，谪仙落落人中龙。兹山兹人乃相从，气夺真宰愁丰隆。玉堂一任云雾封，长啸飞渡秦皇松。夜呼日出沧海东，再为斯世开鸿蒙。钧天帝居深九重，醉舞踏碎青芙蓉。天孙玉女为敛容，却视五岳秋毫同。长鲸一去不复逢，乾坤万里号秋虫。当年咳唾留绝峰，至今树石生香风。我欲追之杳无踪，不意邂逅会此中，屋梁落月依然空。

---

① 海宇：《全唐文》卷四五七作“夷狄”。

② 思效社以□升：《全唐文》卷四五七作“思效社以爰升”。

徐世隆诗：我梦天倪子，同登日观峰。骨强清似鹤，步健老犹龙。方外无官府，堂中有岱宗。仙闾真福地，杖屦会相从。

明于慎行歌：岱岳峰头一片石，天光杳杳摇空碧。我来夜扫石上云，未明看见海中日。日出海东几千里，茫茫不辨云与水。天鸡喔喔海上啼，东方霞气半边紫。忽然潋滟玻璃翻，一泓捧出赤玉盘。长绳斜挽不得上，半时方到扶桑巅。扶桑枝叶成五色，海水明灭一线白。日东云气如连山，日中欲识鲛人国。平明日高海水乾，满天翕赩红气团。三山金阙流安在，六鳌背骨秋霜寒。忆昔秦帝东封年，欲浮海水游灵仙。驱石作桥不可涉，金支翠羽空西旋。几时得见海中出日三千丈，脱屣妻子如浮烟。眼前朱生信豪士，侧帽大叫石上眠。我亦欲取巨石填东海，挥戈且止羲和鞭。六龙不停日如矢，仰天呜呜酒热耳。

程云诗：闻道蓬莱不可期，眼前沧海小如卮。清秋一片桃花色，玉女投丸半夜时。

文翔凤诗：乍作丹丘不善圆，徘徊似待彩绳牵。半轮欲上如中却，想见初生太古前。

邹德溥诗：我凌千仞冈，纵目乾坤外。长风吹海色，冷然袭衣带。

国朝王苹诗：日上岳势尊，罗列芙蓉绿。群峰纷来朝，苍蔼如膏沐。引领乱峰颠，抗策移清旭。藻景含林岑，叠叠春波縠。余霞正卷舒，朝霏忽断续。万壑响寒音，松花落巾幅。

李成鹏诗：矗矗东岳高，四溟迥一望。杖策陟其巅，凭眺日观上。举头天可扪，俯视何浑漭。侧身临东海，扶桑在滉瀁。忽尔波心红，闪烁不可状。腷膊鸡初鸣，群宿尚环亮。谁知天枢转，羲轮已震荡。愿乘万里风，扶摇视所响。

探海石，《图志》云：在日观峰东北。

《泰山纪胜》：一石横出，长可二丈余。东指渤海，三面无所凭依，雨滑风烈则不可登。好事者或饮酒其上。

李兴祖诗：才听天鸡报晓声，扶桑旭日已初明。苍茫海气连云动，石上游人别有情。

萧协中诗：苍崖晴望迥，一石独崔嵬。面海日初出，凌风潮欲来。女娲锤未炼，秦帝铎空催。不尽乘危惧，微茫首重回。

古封禅坛，《述记》云：在日观峰西，一曰登封坛，俗曰宝藏库。

《泰山道里记》：日观西为登封坛，盖唐时筑也。《岱史》云：日观峰西为宋筑石函，方丈许，亦题刻曰“古封禅坛”，以所瘗金书玉简，故云。《唐书·礼乐志》：高宗乾封元年，封泰山为圆坛，又为坛于山上，号登封坛，旋名登封坛，曰万岁台。玄宗十三年有事泰山，立圆台于山上，又于圆台上起方坛，又为圆坛于山下。典礼乐章可征也。《宋史》：真宗东封，于山上置圜台。按：前代登封，为金泥玉简之事，皆是其地，而坛基无存。

东天门，《岱史》云：在日观峰东。

王衡《记》：绝胜南天门，惜无阶梯，仅为鼪鼯雉兔之窟巢耳。

伏虎门，《图志》云：在东天门东，峡口险绝，下为鹰愁涧。

严长明《登日观峰观日出归后题诗伏虎门壁》：清晨盼天门，得上已昏黑。古殿闭虚皇，神灯黯无色。斋心丙夜目不窥，倏惊窗纸红离离。空中似闻海波溢，耳畔如有天鸡啼。眴然走向幡竿石，东望立同榴木直。不知咸池去此路几千，但觉海水群飞入胸臆。初时色漭泱，有若新磨铜。须臾势隆起，一线缘长虹。咄哉长虹曷由起复止，南亘鱼头北鱼尾。拂天谁奋羲和鞭，敲折玻璃万条紫。散成朵朵金芙蓉，贴向沧波吹不起。少焉风动蓬山根，播荡溟渤如翻盆。就中团出火一轮，计里远以三千论。左歊南离，右欲北戒。大象焉藏，太空焉系。何龙烛而明，何鳞斗而晦。故弃策而莫追，胡挥戈而遽退。安能御六辨指阳，门郅纚盖曳绯帑。足踏绀鸦背，飞上搏桑颠。远引木公袂，高拍青童肩。亲从黄道溯真宰，一证古今扣槃扪籥之谰言。狂歌未了冲飚起，倏见云来若鹏徙。两翼飞遮万里光，一时贲育咸披靡。东牟道士刘孟容，自言卅载居山中。曾经五度见晁采，皆与此夕神光同。鼍矶忽报更筹浅，观壮如斯志应满。归来奋笔写龙蛇，惟见两眼金光不停闪。

爱身崖，《图志》云：旧称舍身崖，在日观峰南。三面陡削，愚民往往于此舍身。明巡抚何起鸣缭垣禁之，因易名。

《泰山纪胜》：舍身崖奇险，以石投之，移时及地，微闻豁然之声。愚民或撺身其下，常有遗骸撑拄，不知何取。或曰：墨氏之教也。夫墨氏兼爱，其流弊乃至不仁其身，悲夫！

林之浚《围墙记略》：日观之东有崖焉，陡绝万仞，望而目眩，心掉者久之，俗名为舍身崖。村鄙小民其计穷无可复之者，往往寸心糜烂，欲以幸来生福利。其始也，不知创自何人，后遂沿以成习，岁或一二见。州佐守张君恝然伤之。丁酉冬，君奉檄监岳顶税，未匝月，以舍身告者凡三人。君益惨恻不自安，因筑垣以阻其径。其长余三百尺，高十有五尺，募山之践更者守之。有徘徊垣下及逾垣而跳者，则诘其所由来，为之宽譬而遣之。自是阅五岁，不闻有舍身者。君虑垣日久，寖以颓毁，守者亦因以懈怠，后之人不能继其志也，请余为文，勒诸石，以垂不朽。

张位歌：人生实难胡乐死，子欲报亲亲念子。养老送终若无托，大是不孝灭天理。或有无聊祈后身，更望莲花佛会人。富贵多忧乐是苦，见身清净便登真。万仞身轻一鸟落，骨肉为泥魂渺漠。女愧成名清风崖，男非丧魄天禄阁。东岳苍苍德好生，谁哉作俑诬神明。乘云托世转相诳，千秋万祀坑愚民。我今作歌劝来者，神人梦授语非假。泰山鸿毛当自思，珍重此身莫轻舍。

张衮诗：舍身崖，崖深万丈真祸阶。人间儿女痴且愚，往往投葬生前骸。父母提携岂不爱，忍心割置三年怀。白日羽翰既茫昧，四方缘业空尔乖。哀愚勒石方思道，耆俗回聪知有教。民彝天理本自然，胡不为臣死忠、子死孝。

瞻鲁台，《述记》云：在爱身崖上。石凸起，高丈余，一曰幡竿石。

可止台，《述记》云：在瞻鲁台旁。稍南有方正石，端莹如碑制。

仙人桥，《图志》云：在爱身崖西，两崖戌削，中三石衔接如梁。

王衡《记》：两壁中断，石梁度之。

钟惺《记》：壁不属者丈许，三石凡钩连而桥焉[①]。

《泰山纪胜》：桥当绝涧，峭壁夹横石若榷，履之如将陷[②]。往往既过却视，股慄不能还。

刘应时诗：夹石双悬万仞渊，千钧一发引青天。见愁弱水无舟渡，道是昆仑有栈连。轻举拟将凫作舄，高飞思与鹤联翩。还须直造金银阙，秘受轩辕太史篇。

吴南岱诗：谁将数石缀虚空，石断云连路不穷。笑我一身轻似羽，好风扶送过桥东。

望海石，《述记》云：在仙人桥西，巨石坦豁，与日观埒。

东神霄山，《图志》云：在瞻鲁台东南，俗名吓人峰。悬崖天半，吁骇殊甚。

东西影翠石，《图志》云：在东神霄山南。岩下为九龙峪。

---

① 三石凡：《泰山图志》卷三作“三石丸”。

② 将陷：《泰山纪胜》作“将可陷”。

清静石屋，《泰山道里记》云：在鹰愁涧北，一洞极深敞，中有清泉。元初女冠孙清静修真处，俗呼为仙人场。

空明山，《图志》云：在清静石屋北，中穴通明，日光穿午。

遥观洞，《泰山道里记》云：俗称昭真库，在望海石西，高深幽旷，游者憩焉。

蜕仙岩，在遥观洞南。明汪子卿旧《志》云：翰林王从之跏趺化此。

王老石屋，《图志》云：在蜕仙岩下。

《泰山纪事》：王老者，村居慕道。有老道士造之，留月余，忽遍体疮疡。谓王老曰：得酒数斛，浸之即愈。王如命，道士坐酒瓮中。三日出，须发皆黑，颜如童子。谓王老曰：能饮此，可以仙去。王全家饮之，皆醉。忽风动云蒸，同时超举。

突秀峰，《泰山道里记》云：在王老石屋稍东，涤虑溪西南流中。《图志》云：独秀峰，即《泰山小史》所称石笋也。峰顶旧有苍松偃盖，今亡。

《泰山小史》：碧霞祠火池南，一径逶迤，下临深壑。数里许，始得坦途。约自岳顶西南七八里，忽开一石，平如砥，可十亩。中突一石笋，笋三成，高七十尺。其巅一松挺盖，枝叶横盘。水环石流，四壁藏云献媚，叆叇离奇。真壶天之别境也。

鹤山，《泰山道里记》云：在绝巅东北七里。《图志》云：林木葱郁，野鹤多巢于此。

丈人峰，《泰山道里记》云：在绝巅西里许，状如老人伛偻。下有碾砣泉[①]，今涸。

元《黄氏笔记》：俗呼妇翁曰“泰山”，说者以为泰山有丈人峰，故有是称。然古者通谓尊长曰丈人，非特妇翁也。或又引张说东封事，其说尤凿。按汉《郊祀志》：大山川有岳山，小山川有岳婿，山岳而有婿。则岳可以谓之妇翁矣。世俗之称谓，未必不以是。或又因岳山而转为泰山耳。

明刘应时诗：丈人石上望群山，吴越周秦指顾间。过去青牛追不及，飞来白鹤杳难攀。

---

① 下有：《泰山道里记》作“侧有”。

东皇细削芙蓉阙，玉女深居虎豹关。咫尺蓬莱天路隔，寻仙不遇只空还。

吴南岱诗：丈人岳立拱天门，似领仙班谒至尊。为忆当年杜老句，诸峰罗列似儿孙。

石马山，《图志》云：在丈人峰西，游后石坞黄花洞进路也。明吕坤因洞路险危，故题“回车岩”于此。

吕坤《回车岩说》略：自丈人峰东址，下陂陵五六里，犹可车。至乱石沟、独足盘，则悬崖蹇嵼，大石崚嶒，足令王阳动色。

北天门，《岱览》云：在石马山北，旧有石坊，额曰玄武门，今废。北天门、南天门，倚坤乾之位，非坎离分户，盖山势西驰也。自岱宗坊、红门至独秀峰、神仙坊止，嘉庆元年先后种柏二万二千株，立石记之。

金棨《种柏树记》：泰山，天下之大观，非独鲁所詹也。然古干参天，森阴夹路者，惟对松山为最，外此轮囷蔚荟之处无有矣。棨守泰之二年，太原康公承天子命陈臬二东，吏畏民怀，政不劳而咸集。丙辰三月，按部至郡，斋遨登山，为民祈福。时棨方募民植柏千章于盘道傍，公见之，欣然曰：是所以培护山灵者，不可以不遍。遂捐俸入为倡，增植万株，使泰安尉张廷模董其役。未几而公晋秩维藩。洎丁巳春，釐河底绩，载礼岱宗，则前之所植者，柯叶郁然，顾之益喜。复命募植万株，盖通前所植，凡得二万余株矣。秋七月，公奉有巡抚江苏之命，濒行，属棨记其事。在昔，《甘棠》之诗曰“召伯所茇”，又曰“召伯所憩”。一践历止息之处，犹令人爱慕之如是，矧夫口授手指，亲为规画者乎！自今伊始，都人士女与四方宾客之来此邦者，瞻岩岩之象，望葱葱之气，与低回，留之不能去，固知今不异于古所云也。且名山大川，扶舆清淑，磅礴郁积，钟于人为豪杰之才，钟于物为栋梁之用，而亦视在上者之有以栽培而长养之。泰山神秀所钟，由而来厚矣。公盖于树木之举，寓树人之意，而岂第以茂林嘉树，增名山之胜，骋游观之目乎哉！棨不文，揣公意深且美，不可不传于人，兼告夫后之守是邦者，俾勿翦勿伐以无忘。兹勒其种树道里暨同僚姓名，则具勒于碑阴，是为记。嘉庆二年八月立石。

碑阴载种柏道里：

岱宗坊至红门二千一百八十六株。

东西眼光殿一千株。

红门至万仙楼四千五百十六株。

万仙楼至茶棚一千六百株。

茶棚至斗姥宫四千八十六株。

斗母宫至水帘洞二千株。

石经峪五百株。

水帘洞至大槐树一千五十四株。

大槐树至壶天阁一千四百四十五株。

壶天阁至二虎庙四百六株。

二虎庙至增福庙一千株。

增福庙至溅云涧四百七十株。

溅云涧至五松树五百十七株。

五松树至独秀峰一百七十株。

独秀峰至神仙坊五十株。

续种吕祖阁四百五十株。

红门二百株。

斗母宫二百株。

玉皇庙一百株。

二虎庙五十株。

泰山志卷第六

泰山志卷第七

朝议大夫山东泰安府知府休宁金棨纂辑

岱志三

岱阳之东　岱阳之西　岱阴　岱阴之东　岱阴之西

岱阳之东

松岩，在对松山东。《图志》云：自岳顶而东南分者，对松山东有松岩。

李裕《记》：悬崖峡岬，下临绝壑。古松数百株，高薄云汉。佳花异草，含丹吐白者，骈罗列布于岩谷。灵禽异兽，啾鸣啸号之声，杂沓盈耳。

娄子洞，《述记》云：在松岩西北，高深险僻，相传汉娄敬曾栖此。

马鞍山，《述记》云：在松岩南，两山并起如马鞍。

祝鸡寨，《岱览》云：在马鞍山西南，西与老人寨接。《图志》云：石嶂纵横六七里，中凹处一水盘折而下，曰悬淙泉。

李裕《记》：自西山折，旋而东，层嶂叠出，泉涌石上，奔泻数十丈，缕缕如帘。

肝华石，《述记》云：在祝鸡寨南五里，形色紫润，故名。

石练陀，《述记》云：在肝华石南，危崖凿磴。旁有九间石屋。

东溪山，《岱览》云：一名延坡岭，在石练陀东南。《泰山道里记》云：双沟环涌，岭北诸谷水皆汇此，为东溪发源处。

艾峪，《述记》云：在东溪山东五里。东有艾窪村，地多艾。

栗子峪，《泰山道里记》云：在艾峪东南五里。

杨老坞，《泰山道里记》云：在东溪山南。《岱史》称杨老园。岭崖险阻，上却平旷。昔有杨老避兵于此。

摩天岭，《图志》云：在杨老坞南，端严特起，云至此多散去。又名争云峰。

屏风岩，《述记》云：在摩天岭南。又南有回龙峪。

《泰山纪胜》：岱麓左腋，幽静萧瑟，为黄冠烧炼之所。游览者舍旃弗顾，僻故也，唯僻故胜。南望徂徕若几案可凭式，庶几竹溪六君子之遗风，犹有存者。

笔架石，在回龙峪中。《岱览》云：峪水东南流，回绕笔架石也。

宋焘《记》：林麓佳处，结茅为屋，叠嶂环列，一水潆曲，大有武陵风景。

凌汉寨，《图志》云：在回龙峪东。又东为绣彩湾。

鹁鸽崖，《述记》云：在摩天岭东四里，峭壁多巢野鸽。

风门，《述记》云：在鹁鸽崖东二里，峡口怒风，故名。

卧龙峪，《述记》云：在鹁鸽崖南三里。《岱览》云：一名五龙峪，言峪水深曲也。

中陵山，《述记》云：在卧龙峪东二里。

水牛埠，《泰山道里记》云：在中陵山东二里。

小津口，《述记》云：在水牛埠东北。

椒山，黄钤《县志》云：有东西二山，中夹小津口。

蚕滋峪，在椒山东南。《岱览》云：小津口水东南流，入蚕滋峪也。

椒子峪，《岱览》云：在椒山西南。明汪子卿云：昔有异人种椒于此。

杏园，在椒子峪南里许。

《泰山道里记》：栗、椒、杏，各以树之多者得名。

杏山，《图志》云：在椒山东八里。

仙人洞，《述记》云：亦名餐霞洞，在杏山上。

王老峪，《岱览》云：在杏山下。

水泉峪，《岱览》云：在王老峪西南。

傅家村，《图志》云：在杏园南，旁有巨石，上浮如舟。

萧协中《石舟》诗：火里开金莲，岩前驻石舫。藏壑事更奇，扣舷发深想。鼓浪蹙崩沙，停桡牵宿莽。千载谁扬舲，我欲附攸往。泛览周五湖，青冥恣滉漾。乘风归去来，飘然谢尘鞅。

汉明堂故址，《泰山道里记》云：在傅家村南，谢过城东里许。距府城十里。上有元人题刻“明堂故基”四字，今佚。有明堂泉，其经流曰十里河。

明汪子卿《志》：其地舒衍，突起石岗[①]，巅平而高四丈许，周约三亩[②]。后枕岳麓，支山如扆障，左右如卫从然，溪水潆洄，南会于汶，遥望徂徕[③]，如列屏案。当时朝会之规[④]，宛然在目。

《水经注》：汉武帝元封元年，封泰山，降坐明堂于山之东北址。武帝以古处险狭而不显也，欲治明堂于奉高旁而未晓其制。济南人公王带上黄帝时明堂图，图中有一殿，四面无壁，以茅盖之，通水，环宫垣为复道，上有楼，从西南入，名曰昆仑，天子从之入，以拜祀上帝焉。于是上令奉高作明堂于汶上，如带图也。古引水为辟雍处，基渎存焉。

蔡邕《明堂论》：明堂者，天子太庙，所以崇礼其祖，以配上帝者也。夏后氏曰世室，殷人曰重屋，周人曰明堂。东曰青阳，南曰明堂，西曰总章，北曰玄堂，中曰太室。《易》曰：离也者，明也，南方之卦也。圣人南面而听天下，向明而治。人君之位，莫正于此焉，故虽有五名而主以明堂也。其正中焉皆曰太庙。谨承天随时之令，昭令德宗祀之礼，明前功百辟之劳，起尊老敬长之义，显教幼诲稚之学。朝诸侯、选造士于其中，以制度[⑤]。生者乘其能而致，死者论其功而祭。故为大教之宫，四学具焉，官司备焉。譬如北辰，居其所而众星拱之，万象翼之。教之所由生专受，作之所自来明一统也。故言明堂，事之大，义之深也。取其宗祀之清貌，则曰清庙；取其正室之貌，则曰太庙；取其尊崇，则曰太室；取其堂，则曰明堂；取其四门之学，则曰太学；取其四面周水圆如璧，则曰辟雍。异名而同事，其实一也。春秋因鲁取宋之奸赂，则显之太庙，以明圣王建清庙明堂之义。《经》曰：取郜大鼎于宋，纳于太庙。《传》曰：非礼也。君人者，将昭德塞违，故昭令德以示子孙。是以清庙茅屋，昭其俭也。夫德，俭

---

① 石岗：明《泰山志》卷二作“一石岗”。

② 周约三亩：明《泰山志》卷二作“周三亩许”。

③ 徂徕：明《泰山志》卷二作“徂徕诸山”。

④ 之规：明《泰山志》卷二作“规模”。

⑤ 以制度：《后汉书·祭祀志》所引蔡邕《明堂论》作“以明制度”。

而有度，升降有数，文物以纪之，声明以发之，以临照百官，百官于是戒惧，而不敢易纪律。所以大明教也。以周清庙论曰：鲁太庙皆明堂也。鲁禘祀周公于太庙明堂，犹周宗祀文王于清庙明堂也。《礼记·檀弓》曰：王斋禘于清庙明堂也。《孝经》曰：宗祀文王于明堂。《礼记·明堂位》曰：太庙，天子曰明堂。又曰：成王幼弱，周公践天子位以治天下，朝诸侯于明堂，制礼作乐，颁度量，而天下大服。成王以周公为有勋劳于天下，命鲁公世世禘祀周公于太庙，以天子礼乐，升歌清庙，下管象舞，所以异鲁于天下。取周清庙之歌歌于鲁太庙明堂，鲁之庙，犹周清庙也，皆所以昭文王、周公之德，以示子孙者也。《易传·太初篇》曰：天子旦入东学，昼入南学，暮入西学。在中央曰太学，天子之所自学也。《礼记·保傅篇》曰：帝入东学，上亲而贵仁；入西学，上贤而贵德；入南学，上齿而贵信；入北学，上贵而尊爵；入太学，承师而问道。与《易传》同。魏文侯《孝经传》曰：太学者，中学明堂之位也。《礼记》古大明堂之礼曰：膳夫是相礼，日中出南闱，见九侯门子；日侧出西闱，视五国之事；日暗出北闱，视帝节犹。《尔雅》曰：宫中之门谓之闱。王居明堂之礼，又别阴阳门，南门称门，西门称闱，故《周官》有门闱之学。师氏教以三德守王门，保氏教以六艺守王闱。然则师氏居东门、南门，保氏居西门、北门也。知掌教国子，与《易传》保傅王居明堂之礼参相发明，为四学焉。《文王世子》篇曰：凡大合乐，则遂养老。天子至，乃命有司行事，兴秩节，祭先师、先圣焉。始之养也，适东序，释奠于先老，遂设三老位焉。春夏学干戈，秋冬学羽籥，皆于东序。凡祭与养老、乞言、合语之礼，皆小乐，正诏之于东序。又曰：大司成论说在东序。然则诏学皆在东序。东序，东之堂也，学者诏焉，故称太学。仲夏之月，令祀百辟卿士之有德于民者。《礼记·太学志》曰：礼，士大夫学于圣人、善人，祭于明堂，其无位者祭于太学。《礼记·昭穆》篇曰：祀先贤于西学，所以教侯之德也。即所以显行国礼之处也。太学，明堂之东序也，皆在明堂、辟雍之内。《月令》记曰：明堂者，所以明天气，统万物。明堂上通于天象日辰，故下十二宫象日辰也。水环四周，言王者动作法天地，德广及四海，方此水也。名曰辟雍。《王制》曰：天子出征，执有罪，反释奠于学，以訊馘告。《乐记》曰：武王伐殷，为俘馘于京太室。《诗·鲁颂》云：矫矫虎臣，在泮献馘。京，镐京也。太室，辟雍之中明堂太室也。与诸侯泮宫俱献馘焉，即《王制》所谓以讯馘告者也。《礼记》曰：祀乎明堂，所以教侯之孝也。《孝经》曰：孝悌之至，通于神明，光于四海，无所不通。《诗》云：自西自东，自南自北，无思不服。言行孝者则曰明堂，行悌者则曰太学，故《孝经》合以为一义，而称镐京之诗以明之。凡此皆明堂、太室、辟雍、太学事通合之义也。其制度数各有所法。堂方百四十四尺，坤之策也。屋圆屋径二百一十六尺，乾之策也。太庙明堂方三十六丈，通天屋径九丈，阴阳九六之变。且圆盖方载，六九之道也。八闼以象八卦，九室以象九州，十二宫以应辰。三十六户七十二牖，以四户八牖乘九室之数也。户皆外设而不闭，示天下不藏也。通天屋高八十一尺，黄钟九九之实也。二十八柱列于四方，亦七宿之象也。堂高三丈，亦应三统。四乡五色者，象其行。外广二十四丈，应一岁二十四气。四周以水，象四海。王者之大礼也。

章俊卿《论》：明堂，乃黄帝之旧。汉武帝时，公王带所上。《杨氏祭礼·明堂篇》以其不经见而削之，然其所言茅盖、通水，与《大戴礼》所记略同。又，《考工记》所言夏后世室，殷人重屋，周人明堂，其制大概由质而趋于文，由狭而趋于广也。由是推之，黄帝时无明堂则已，苟有之，则一殿无壁，盖之以茅，正太古俭朴之制。又案，武帝欲求仙延年，方士之谬诞者多假设黄帝之事，以售其说。如所谓修五城十二楼，封名山栖万灵于明廷，采首山铜铸鼎之类，皆矫诬过甚，张大其词，以迎合时主之侈心。独公王带所上明堂之制乃简朴如此，虽不经见，然亦可稽千门万户之失，固未可以其言之并出于封禅求仙之时，而例黜之也。

李白《赋》：昔在天皇，告成岱宗，改元乾封，经始明堂，年纪总章。时缔构之未辑，痛威灵之遐迈。天后继作，中宗成之。因兆人之子来，崇万祀之丕业。盖天皇先天，中宗奉天。累圣纂就，鸿勋克宣。臣白美颂，恭惟述焉。其辞曰：

伊皇唐之革天创元也，我高祖乃仗大顺，赫然电发以首之。于是横八荒，漂九阳，扫叛涣，开浑茫。景星耀而泰阶平，虹霓灭而日月张。钦若太宗，继明重光。廓区宇以立极，缀苍昊之颓纲。淳风沕穆，鸿恩滂洋。武义烜爀于有截，仁声駇沓乎无疆。

若乃高宗绍兴，拓统锡羡，神休旁臻，瑞物咸荐。元符剖兮，地珍见既，应天以顺人，遂登封而降禅。将欲考有洛，崇明堂，惟厥功之未辑兮，乘白云于帝乡。天后勤劳辅政兮，中宗以钦明克昌。遵先轨以继作兮，扬列圣之耿光。则使轩辕草图，羲和练日。经之营之，不彩不质。因子来于四方，岂殚税于万室。乃准水臬，攒云梁，罄玉石于陇坂，空瑰材于潇湘。巧夺神鬼，高穷昊苍。听天语之察察，拟帝居之锵锵。虽暂劳而永固兮，贻圣谋于我皇。

观夫明堂之宏壮也，则突兀瞳昽，乍明乍蒙，像太古元气之结空。巃嵸颓沓，若嵬若嵬，似天阙地门之开阖。尔乃划岂客以岳立，郁穹崇而鸿纷。冠百王以垂勋，烛万象而腾文。寥恍惚以洞豁，呼嵌岩而旁分。又比夫昆山之天柱，矗九霄而垂云。于是乎结构乎黄道，岧峣乎紫微。络勾陈以缭垣，辟阊阖而启扉。峥嵘嶒嶷，粲宇宙之光辉；崔嵬赫奕，张天地之神威。夫其背泓黄河，垠濑清洛。太行却立，通谷前廓。远则标熊耳以作揭，豁龙门以开关。点翠彩于洪荒，洞清阴乎群山。及乎烟云卷舒，忽出乍没。岌嵩喷伊，倚日薄月。雷霆之之所鼓荡[1]，星斗之所伛扢。拏金龙之蟠蜿，挂天珠之硉矹。势拔五岳，形张四维。轧地轴以盘根，摩天倪而创规。楼台崛岉以奔附，城阙嵚崟而蔽亏。珍树翠草，含华扬蕤。目瑶井之荧荧，拖玉绳之离离。撤华盖以傥漭[2]，仰太微之参差。拥以禁扃，横以武库。献房心以开凿，瞻少阳而举措。采殷制，酌夏步。杂以代室重屋之名，括以辰次火木之数。壮不及奢，丽不及素。层檐屹其霞矫，广厦郁以云布。掩日道，遏风路。阳乌转景而翻飞，大鹏横霄以侧度。近则万木森下，千宫对出。熠乎碧光之堂，炅乎琼华之室。锦烂霞驳，星错波渤。飒萧寥以飕飗，窅阴郁以栉密。含佳气之青葱，吐祥烟之郁律。九室窈窕，五闱联绵。飞楹磊砢，走拱夤缘。云楣立岌以横绮，彩桷攒峦而仰天。皓壁昼朗，朱甍晴鲜。赪栏各落，偃蹇霄汉。翠楹回合，蝉联汗漫。杳苍穹之绝垠，跨皇居之大半。远而望之，赫煌煌以辉辉，忽天旋而云昏；迫而察之，粲炳焕以照烂，倏山讹而晷换。蔑蓬壶之海楼[3]，吞岱宗之日观。猛虎失道，潜虬蟠梯。径通天而直上，俯长河而下低。玉女攀星于网户，金蛾纳月于璇题。藻井彩错以舒莲，天窗艳翼而衔霓。扶标川而罔足[4]，拟跟绁而罢跻。要离歘矐而外丧，精视冰背而中迷。亘以复道，通乎掖垣[5]。坌入西楼，实为昆仑。三事庶尹，正仪躅以出入；九夷五狄，顺方面而来奔。其左右，则丹陛崿崿，彤庭煌煌，列宝鼎，歙金光。流辟雍之滔滔，象环海之汤汤。辟青阳而启总章。廓明台而布玄堂，俨以太庙，处乎中央。发号施令，采时顺方。其阃阈也，三十六户，七十二牖，

① 之之:《山东通志》卷三十五作“之”。

② 撤华盖:《山东通志》卷三十五作“撴华盖”。

③ 蔑蓬壶:《全唐文》卷三四七作“跨蓬壶”。

④ 罔足:《全唐文》卷三四七作“失足”。

⑤ 掖垣:《全唐文》卷三四七作“宫垣”。

度筵列位，西八东九[①]。白虎列序而躨跜，青阳承隅而蚴蟉[②]。其深沉奥密也，则赤熛掌火，招拒司金，灵威制阳，汁光权阴，坤斗主土，据乎其心。若乃熠耀五色，张皇万象[③]，人物禽兽，奇形异模。势若飞动，瞪眄睢盱。明君暗王，忠臣烈夫。威政兴灭，表贤示愚。

于是王正孟月，朝阳发曦[④]。天子乃拖苍玉，辔苍螭，临乎青阳左个，方御瑶瑟而弹鸣丝。展乎国容，辉乎皇仪。旁瞻神台，顺观云之轨；俯对清庙，崇配天之规。钦若肸蠁，维清缉熙。崇牙树羽，荧煌葳蕤。纳六服之贡，受万邦之籍。张龙旗与虹旌，攒金戟与玉戚。延五更，进百辟，奉珪瓒，献琛帛。轩昂俯偻[⑤]，俨容叠迹。乃洁俎醢，修粢盛，奠三牺，荐五牲，享于神灵。太祝正辞，庶官精诚。鼓大武之隐辚，张钧天之铿锵。孤竹合奏，空桑和鸣。尽六变，齐九成，群神来兮降明庭，盖圣主之所以孝治天下而享祀窅冥也。然后临辟雍，宴群后，阴阳为庖，造化为宰，飧元气，酌太和，千里鼓舞，百寮赓歌。于斯之时，云油雨霈，恩鸿溶兮泽汪濊，四海归兮八荒会。哤聒乎区宇，骈阗乎阙外。群臣醉德，揖让而退。而圣主犹夕惕若厉，惧人未安，乃目极于天，耳下于泉。飞聪驰明，无远不察，考鬼神之奥，推阴阳之荒。下明诏，班旧章，振穷乏，散敖仓。毁玉沉珠，卑宫颓墙。使山泽无间，往来相望。帝躬乎大田，后亲于郊桑。弃末兮反本，人和兮时康。建翠华兮萋萋，鸣玉銮之铁铁。游于升平之圃，憩乎穆清之堂。天欣欣兮瑞穰穰，巡陵于鹑首之野，讲武于骊山之旁。封岱宗而祀后土兮，掩栗陆而包陶唐。邀游乎崆峒之上，汾水之阳，渴饮沆瀣之元精[⑥]，黜滋味之馨香。贵理国其若梦，游华胥之故乡。于是元元澹然，不知所在，若群云从龙，众水奔海，此真所谓我大君登明堂之政化也。岂比夫秦赵吴楚，争高竞奢，结阿房与丛台，建姑苏及章华。非享祀与严配，徒掩月而凌霞。由此观之，不足称也。况瑶台之巨丽，复安可以语哉！敢扬国美，遂作辞曰：

穹崇明堂，倚天开兮。巃嵸鸿蒙，构瑰材兮。偃蹇坱莽，邈崔嵬兮。周流辟雍，岌灵台

---

① 西八东九：《全唐文》卷三四七作“南七西九”。
② 青阳：《山东通志》卷三十五作“青龙”。
③ 万象：《山东通志》卷三十五作“万殊”。
④ 发曦：《全唐文》卷三四七作“登曦”。
⑤ 轩昂：《山东通志》卷三十五作“颙印”。
⑥ 渴饮沆瀣之元精：《全唐文》卷三四七作“吸沆瀣之精英”。

兮。赫奕日星喷风雷，宗祀肸蠁王化恢。镇八极兮通九垓[①]，四门启兮万国来，考休征兮进贤才。俨皇居而作固，穷千祀兮悠哉。

萧协中《汉明堂》诗：汉室东巡帝，明堂肇有余。天开新礼乐，地擅胜规模。玉砌风云壮，雕梁日月扶。万方征瑞合，四海缀凫趋。鲁俗临轩问，华封借岱呼。岂知穷岁月，争惜渐榛芜。绝壑水空碧，荒坛石蔓枯。重来已千载，遗构记雄图。

岱阳之西

五陀岩、红叶岭、硖石沟诸胜，在对松山西南。《图志》云：自岳顶而西南分者。

石后山，《图志》云：距对松山四里。明汪子卿《志》云：在岳顶西十里，前多巨石，故名。《泰山道里记》：为石缑山，又名西溪山。为西溪发源处。

九女寨，《述记》云：在石后山西。《岱史》云：昔有九女避兵于此。

《泰山纪胜》：孤峰绝涧，废宇空庭，明月清风，自作来往。鼠翻丹灶，蠹蚀秘诠。忽闻松柏谡谡，如跫然空谷足音。

《泰山道里记》：一峰高处，奇簇若莲。地多石英，白者如水晶，有淡紫者，莹彻五棱。《魏书》：景初元年，增崇宫殿，凿泰山之石英也。

三尖山，《岱览》云：在九女寨西，天外三峰，宛若削成，西胁有石崖。

辘轳冈，《岱览》云：在三尖山下，冈专而长，黄西河径其南。

丹穴岭，在三尖山西。《岱览》云：黄壤赭石，上颇舒衍。西下为八里沟。

仙趾峪，《述记》云：一名马蹄谷[②]，在九峰山西，有仙人草履迹，长尺余，马蹄迹，径五寸。

鸡坶岭，《岱览》云：在仙趾峪西南，东与祝鸡寨相望。

---

① 八极：《全唐文》卷三四七作“八荒”。

② 马蹄谷：《泰山述记》卷三作“马蹄峪”。

云头埠，《图志》云：在仙趾峪南。

《泰山道里记》：峰峦攒起，烟云中望之若人立，或若兽蹲。

白杨坊，《图志》云：云头埠其下有白杨坊[①]，地多白杨。西崖有白杨洞，中有洑池水。

凌汉峰，《图志》云：一名金泉峰，在白杨坊南。峰北亦有凌汉寨，下有三贤祠[②]，祠东为投书涧，宋胡瑗投书其中，因名。祠迤西为香水峪。东南有普照寺，寺东有石堂诸胜。

《泰山纪胜》：东溪幽胜异恒，排涧流而注之，释元玉筑堂其冲。岩阿种菊皆遍，命曰菊圃。导流南注为石塘九曲，莳荷焉，辅以茨蒲。清夜孤往，临池取月，坐石邀风，不知僧之非我，我之非僧也。

《石堂集评》：石堂山水佳甚，分明一样山水，添个诗人，山水甚佳。

徐祖望《同赵仁圃游石堂》诗：我欲寻良友，君还选胜游。鸡声才报午，落叶尚鸣秋。石乳茶三碗，松花饭一瓯。清谈应不厌，逸兴两人幽。

卧象石，《泰山道里记》云：普照寺西南为满空塔[③]。塔北为明鲁藩相田时耕墓。西北有卧象石。

子午桥，在普照寺南。《岱览》云：新泉西折，过子午桥而注。桥北普照寺，盖古刹。

振铎岭，《图志》云：在凌汉峰东南，有黑虎峪[④]，水南流，汇为新泉。

全真崖，《岱览》云：在凌汉峰之右，由三贤祠北上，与云头埠、仙趾峪相次。崖左有三阳庵，自北石级陡绝而上，岭巅曰天外。

《泰安县志》：其地磴道崎岖，林木葱茂，与四阳庵东西对峙。

于慎行《饮三阳庵绝顶对月》：孤亭堪倚啸，一醉斗牛边。袖拍千峰月，觞飞万树烟。

① 其下：《泰山图志》卷三作“下”。
② 下有：《泰山图志》卷三下作“南下有”。
③ 满空塔：《泰山道里记》作“满空禅师塔”。
④ 有黑虎峪：《泰山图志》卷三下作“峪曰黑虎”。

花前鸾吹度，海上鹤书传。借问三宫路，今当几洞天。

三阳洞，《述记》曰：一名胜禅洞，在全真崖东。

木末亭，在三阳庵东南。《泰山道里记》云：庵东南有木末亭，于慎行之所名也。

傲来山，《图志》云：一名芙蓉峰，在凌汉峰西。《岱览》云：脉与丹穴岭接，自竹林寺西南入，高岸深谷，人单行，攀藤附葛而上，石窦可通，曰寨门。

刘应时《傲来峰诗》：独秀西南数傲来，天门洞宇镇蒿莱。竹林曲抱青峰出，月障高悬碧涧开。石壁峪中云散去，仙人掌上鹤飞回。登临不尽平生兴，对景惭无作赋才。

归云洞，在傲来峰巅。《泰山道里记》云：其巅一洞曰归云，内有石池涌流。《岱览》云：虽盛暵冱寒不竭。

三透天，在寨门西。《泰山道里记》云：俗呼玉皇洞。《图志》云：西一洞中，可窥天者三也。

天胜寨，《述记》云：一名刘盆子寨，在三透天南，坦处可容千人。元初僧通慧、律师行全结茅于奉高天胜寨，即此。

《岱史》：汉刘盆子等聚兵于上[①]。有演武场、张旗石及柱窝、碓磑之迹。

《泰山纪事》：岱西南峰最陡峻处有刘盆子寨。琅琊人樊崇起兵于莒，转入泰山，后议立盆子时，兵已数十万，鼓行而西，则盆子固未尝据此，时以崇归盆子部下，名刘盆子寨耳。

狮子峰，《图志》云：在傲来山东北。悬石通明，行全之徒德友亦于此避地焉。

悬刀峰，《岱览》云：在狮子峰北。

扇子岩，《图志》云：一曰仙人掌。在狮子峰东。《述记》云：倾崎宛如折箑。岩北旧多青桐，曰青桐涧。

《泰山道里记》：青桐涧水东流入竹林西河。明季，州举人王无欲筑室崖巅，复结茅其

① 聚兵于上：《岱史》卷四作“曾此聚兵”。

下，曰西山别业。其时樱桃夹径，松槲盘纡，今濯濯矣。仅存石庙，曰无梁殿，祀玉皇。下为石阁，阁洞四虚，上祀元始天尊，并无欲建，碑记在焉。

孙宝侗诗：剑峰怒刺天，积铁拔千仞。阴崖辟断崿，欹侧恐重偾。俯临鬼谷幽，旁倚丈人峻。望来方骨惊，栖者先足振。石屋依崖悬，断壁垂绠进。造物既设幻，斯人亦好遁。何年寻猿栖，此日欲鹏运。矫首望青冥，浩然已神奋。

仙桃石，在扇子岩东。《泰山道里记》云：巨石嵌空如桃。东南有会仙庵，圮。

《泰山纪胜》：由竹林逾涧陟西山，荆棘蒙茸，险址无径，拨茅寻樵子履踪取道，转突崖悬栈，达玉皇洞。闻犬吠云中，鸡鸣天半，訇然色喜，按行。刘盆子营垒，宽平宜寺。旋登二岭，始抵崖。前峰如扇面障空，因以得名。列嶂皆犀利，棘矜傲岸不俯，似欲抗衡岱宗而力不逮者，遂号"傲来"。西南峰底，洞藏巨蛇，常就道人丐食，忘机不惊。山阴，洞极阔，容数百人，中有碾磴几榻，可以避世。盆子曾窃踞其上，俗呼牛王洞。意必"牛""刘"声误耳。竟以名恶不显，然则名可忽乎哉！

李素《游西山诗》：西山深处奇，不知何年辟。孤峰插天际，突兀阅今昔。闲来时一游，携手得莫逆。策马入苍峡，曲曲小径窄。经过白龙池，仙人影如画。俄惊飞涛落，崖高丈计百。遥指会仙庵，疑比藐姑射。下马憩竹林，喜晤弥天释。须臾渡河西，乱藤萦水碛。著屐踏白云，崎岖路转僻。行入傲来门，坐踞仙桃石。渐登高广处，轩豁令人怿。乃见扇子崖，犹存巨灵擘。峭壁不可上，虎牙险且剧。悬梯升绝顶，广平似安宅。北临青桐涧，幽渺深千尺。西望仙人洞，长锁烟霞碧。石鱼喷灵气，野鹿遗仙迹。巍巍元始殿，气象鸟斯革。瑶几藏宝箓，瑯函秘玉册。别有小茅屋，清闲坐羽客。开窗峦作障，欹枕云铺席。岩前花馥馥，溪畔鸟啧啧。采芝茹金茎，酌泉饮琼液。如闻子晋笙，拟看王乔舄。任彼沧桑变，旷然乐朝夕。但闻山中趣，名利俱可掷。

壶瓶崖，《岱览》云：在青桐涧北，危崖凸出，类彝状。

刘盆子洞，《图志》云：在壶瓶崖巅，南向，有石门，上下悬绝。

火焰山，《述记》云：在壶瓶崖西北二里，一峰黑飙特异。

观音洞，《述记》云：俗讹魔王洞。在火焰山南。

石屏峪,《述记》云：在观音洞下。

水音寨,《泰山道里记》云：在石屏峪西一里，平处可容千人。

弄水岩,《泰山道里记》云：在天胜寨西南，双峰崛起。

鸡笼峰,《岱览》云：在弄水岩南，圆垂如笼，下有下泉。

石鼓，在下泉中。《泰山道里记》云：巨石如悬鼓也。

飞鸦峰,《岱览》云：仙影崖在扇子岩东。《图志》云：石色深黝，忽若人形对拱，稍白者西，赭者东，名曰仙人影。

《泰山纪胜》：西山危岩，得山之半，峰青而影白，宛有人形，眉须衣襦皆具，俗呼仙人影。铭曰：天地辟，寅会昌。万八百，形影张。神生象，化流光。去不息，显若藏。造物功，妙难量。若有人，山之阳。薜萝衣，云霓裳。发西极，凌东荒。立岱阿，指扶桑。丹药就，形凋伤。赖影在，劫不戕。人间世，日促忙。嗟终古，自徜徉。

萧协中诗：面壁禅宫异，仙崖镜石莹。不劳人拂拭，瞥睹影分明。衣染古烟碧，神凝秋水清。何时肯握手，崖际试班荆。

赵国麟诗：仙子御风行，宇宙不为宅。何况石壁上，岂肯留形迹。黑白分阴阳，实乃造化辟。人物之始生，视此谓之魄。

东百丈崖,《图志》云：在仙人影东，稍西南为忽雷湾。

西百丈崖,《图志》云：在仙人影西。明汪子卿《志》云：东崖南向，西崖东向，相去三百步许。

招军岭,《岱览》云：在西百丈崖东，上旧有石坞庵。

萃美亭,《图志》云：在招军岭侧，金知州姚建荣建。元奉符尹王悟重修，廉访使徐炎记，亭圮，记石亦亡。又南为白龙池。

徐琰《记》：天下名山巍然而大，岩然而尊者，泰山而已。泰山胜境，窈然而深，蔚然而秀者，西溪而已。溪居岱宗之右麓，延袤数十里。树林阴翳，磴道崎岖，清泉奇石，瑰玮万状。行愈远而山愈奇，境愈胜。极溪之所穷，巅崖百丈，悬流下掷，望之如垂练，天绅泉也。天绅之西有巨壑焉，一水自天胜岩落，为盘石所散漫，泻于壑之上檐，若建瓴然，水帘洞也。而又芙蓉、悬刀、飞鸦、狮子诸峰削翠其上，黑蜧白龙、神潭水府，潜珍其下。云烟吐吞，晦明变灭，跳珠溅沫，轰雷掣电，顾接有所不暇。真山水之窟宅，天壤之奥区也。金大定间，泰安太守姚公，面水帘而瞰天绅，创构一亭。樽俎不移而诸景咸会，因榜之曰“萃美”。坡诗有云：江山虽有余，亭榭着难稳。登临不得要，万象各偃蹇。吾不知世间得登临之要，有如此亭者乎？

李养正《闻安季子话白龙池之胜》诗：传闻池上好，秋水白泠泠。纡曲穿山谷，纵横照日星。雨晴龟曝背，风软鹤梳翎。吾欲寻珠去，白龙醒未醒。

王元坤《白龙池》：傲来山下泉千尺，洒落平池贮澄碧。池中当日白龙游，风雷并卷池中石。龙去池空几夕曛，惟余古庙妥龙君。须臾四野飞霖雨，还自池头一片云。

萧儒林《龙池飞瀑》：溪来百丈瀑空悬，挂出冰绡媚远天。练锁秋深银鹤舞，雷惊石破玉龙旋。白榆倒影残星碎，丹桂浮香皓魄圆。雨后遥看浑不厌，明霞几缕送樵烟。

何星田《观白龙池和徐芝仙韵》：傲来插奇峰，峰腰矗双阙。出没多怪云，灵气互盘结。云中有潜虬，山叟神其说。周君呼偕游，叶落凝霜月。乌兜类蟹行，鸟道若磬折。同人著屐前，冻鸟寂林樾。樵歌响空山，溪泉共澄澈。霎时乱霾阴，疑潮吼东浙。吐嘘蔽朝昏，怒蛟鸣暗窟。瞪目怪石间，齿齿露鳞骨。卷空见玉龙，倒喷银涛落。俯窥百丈潭，海若涌杯勺。谁凿星宿源，留与神龙濯。吾闻渊济才，能令霖雨作。行见挟岱云，崇朝上腾跃。归吟宝摩篇，笔底藏邱壑。开轩爽气来，岩壁望隐约。

玄圭石，《图志》云：在白龙池北，《岱史》因谓之“石舟”。

三元石，《图志》云：在白龙池东。南为锣鼓湾。又南为耀星湾。又南为大峪。

释元玉诗：朝折云中柳，为扫云中露。独往寻芳草，影入云深处。时当三月际，桃李花满树。莺啼燕更语，春光教莫负。听之使心恻，岁月不我驻。徘徊清溪曲，花落谁亲悟。旧屐印苍苔，又向层岩步。移筇转幽径，行到峰顶住。怀人心易远，途长悲日暮。

剑匣石，《岱览》云：大峪口西，有石如方函。相传函中三尺水，一夕风雨，为仙掣去。

试剑石，《岱览》云：在剑匣石前，中分如劈。

仙影石，《岱览》云：在试剑石旁，如人冠巾仗剑，舒一足而坐。

大埠岭，《岱览》云：在鸡笼峰西五里。古有大佛寺，范铜为象，高丈余。

岱阴

摩云岭，在北天门北。《岱览》云：阴道以北天门为隘，其北为摩云岭。

八仙洞，在摩云岭东。《泰山道里记》云：危若鹘栖，即马第伯所云“石室”也。下为乱石沟。

钟惺《记》：石壁百仞，松腋之在左，而半上得八仙洞。

《泰山纪胜》：鸟道一线，松阿结茅屋数椽。点尘不到，若或有隐君子焉。

独足盘，《述记》云：在八仙洞东北。《岱览》云：岱阴环道也，明万历间辟径，甚险隘。林古度题曰“黄花栈”。

钟惺《记》：对而壁者，有若庙、若寝、若垣、若林者焉，数折视之，皆石也。茂之寄题曰“笋城”①。中阙有甃石万②。其峰错以松，松聚则涛，不以风也。其中烟霏所荡，层峦听之，偃仰牵拂，不能自止。飞流自日观下者，望齐冰雪。大要泉被于崖，日被于泉，松被于日，风被于松。仰日观诸峰，如坐朝阳洞时也③。度其处，又当为岱之半矣。

双凤岭，《述记》云：在独足盘东南，两峰回翔，俗呼大小牛心石，又曰大小蜡烛峰，皆因形命名。

天空山，《岱览》云：在独足盘北，一名玉女山。《图志》云：山巅坦平，俗呼为尧观台。

《泰山道里记》：《岱史》云：尧尝登此。意或因“遥观”而误之耶。

黄华洞，《泰山道里记》云：尧观台前古洞清邃，曰黄华，俗以环洞多黄华。传为玉女修真处。中有灵异泉。《岱览》曰：来鹤泉。

莲花洞，在黄华洞东。《泰山道里记》云：东一洞曰莲花，石瓣倒缀如莲。悬霤涓滴，谓之石乳泉，积冰恍如玉柱。《岱览》云：自黄花栈至此，

---

① 笋城：《古今图书集成·山川典》卷十八作“玉笋城”。
② 有甃：《古今图书集成·山川典》卷十八作“为甃”。
③ 如坐：《古今图书集成·山川典》卷十八作“如向坐”。

为松云最深处。《图志》云：即《岱史》所谓后石屋也。自回车岩迤逦至此，总名“后石坞”，俗呼“后十五”，言南天门至此十五里。为岳北奥区云。

冯时可《记》：下阴道约数里，路更险而石更奇。辗转至最深处，为黄华洞。洞高可拂冠，广容一几。石隙滴水，为来鹤泉，清冽可饮。洞旁为蔚然阁，登阁一望，三面皆万仞削壁，色如积铁，重重相抱。而绝顶诸峰森峙于左，夕阳掩映，紫翠相斗。泰山幽胜，无过于此。

姚奎《游记》：泰山东数里许，有石屋，世传碧霞元君炼真之所。予公暇欲往观焉，从者曰：径隘不可舆。乃易服帽，以韦带结腰，短策芒鞋，命道士刘教宏为前导。行三四里，无复蹊径。披蒙茸，攀巉岩，伛偻而上，愈进愈险，下瞰巅崖，惊汗浃背。又三里，盘旋转一冈，而石屋在望矣。有羽士四人，矐然而迓予青松绝壑间，前牵后拥，乃获济焉。瞠目纵眺，上有削铁奇峰千朵，前有夷地，可半亩。入其中，窈然而深，朗然而虚明，石窦涓涓，凝结玉柱，大十围，高丈余，晶莹可鉴。崖有元君手印，玉指宛然。后有石床，则元君偃息处。左偏一窍透绝顶，顶有石楼，可坐三四人。冰滑不能升，跻攀数磴而下，力疲卧石床，毛骨洒洒。旁有圣水池，清冽而甘，不盈不涸。下有石，曰牛心，甚奇怪。又下有洗鹤湾，深不可测，一鹤鸣于上，似与人声相应和。实真仙境界，与尘寰迥绝。人之游泰山者，每以道左日穷为画，于斯罕到，孰知石屋之多奇乃尔哉！石屋于予，惜乎遇之晚也。嗟夫！世之豪杰士，固有终身未之遇者，遇矣而晚，奚病焉。

刘敕诗：苍松郁草阁，十里岱山阴。萝径穿云杳，石岩俯洞深。月明双鹤舞，风细老龙吟。久欲凌虚去，烟霞快此心。

祁承爜《黄花洞》诗：洞门深锁苔痕碧，玉露泠泠琪树湿。真人蜕骨是何年，满径闲云堆白石。

又《石屋》诗：仙源路深邃，阒寂无人迹。攀崖临险湍，取径履岩隙。泠泠涧底泉，齿齿石中屐。境界既迥殊，烦襟亦洗涤。自笑风尘人，乃得烟霞息。愿言招王乔，相与坐盘石。

钟惺诗：山有挟而胜，不专在高寒。粲粲黄华洞，声光夕阳间。万松裹泉石，往复多其端。泉不壁而瀑，松不风而湍。层峦或漾之，偃仰生微澜。岩壁不自主，烟日静而安。萝石相磴栈，屈曲自绊蟠。虽无人上下，其势若牵攀。以其处山半，末力厥维艰。游者日登岱，遂不复降观。

林应麟诗：仙郎雅兴好幽寻，共访仙闾入碧林。绣壁忽开丹地穴，灵泉疑泄洞天深。上方云磴空中转，下界烟花望里阴。愧我支离久漂泊，始从尘世识初心。

田同之诗：四围峭壁空，何来一石屋。转侧入黄花，古洞深藏竹。峦影薄松风，眉宇净寒绿。

林古度诗：洞路入青松，乃名曰黄华。万松间万石，数若恒河沙。杰壁忽回响，诸峰森楂枒。气色因岩壑，声影相无涯。岱后与岱前，亦觉不寂哗。前俨帝王宅，后则幽人家。志始以登壮，情终为游遐。昨来行宿处，寓目俱不赊。指顾溟蒙际，飞鸟类轻斜。

周在建诗：丈人峰下过，青翠万山迷。仄磴泉流滑，轻阴鸟语低。山深无客至，石古有人题。坐爱莲花洞，归云好共栖。

任侠诗：青遮黛拥烟峦众，紫迓红迎霜叶动。路转松阴绝壁间，白云送入黄华洞。水沉香烬博山开，玉笙缥缈声如梦。洞边乞取石田耕，我来试觅胡麻种。

张元《游黄华洞》诗：昨日已登泰山巅，今朝更访黄华洞。缒险百折转山阴，连峰东去摩虚空。悬崖一线盘秋毫，攀援颇讶容猿猱。努力杖策事登顿，扪萝蹩躠缘岧峣。振衣飒飒天风冷，倏忽已造清虚境。灵扃一扣双扉开，入门潇洒珠宫静。丹甍碧瓦架巑岏，玲珑窈窕森高寒。仙人一去丹炉渺，至今崖窾藏灵泉。琮琤滴沥珠源浚，清磬泠泠杂幽韵。一掬天浆净客魂，茫茫尘世何须问。蝎来四顾转彷徨，岚光灭没粘衣裳。龙鳞虎牙交参错，冥蒙一气回青苍。须臾崦嵫颓羲驭，仙源无分空归去。金庭却望无寻处，一坞白云如堆絮。

黄华古洞倚巑岏，为叩幽扃取次看。仙阙玲珑开妙丽，灵泉淅沥滴清寒。千峰云影移琳馆，万壑松风扫石坛。复岭层峦岚翠合，振衣天际独凭栏。

赵国麟诗：岱岳之奇在天门，万仞壁立一线扪。岱宗之奇在日观，火珠三涌合复散。苍岩云岛钟此坞，灵境更属神仙府。绝顶北折绕涧行，削壁悬崖似廊庑。一路苍松万壑涛，磐礴石罅无寸土。千霄直欲与山齐，岭巅更有虬龙舞。洞名黄花冽清泉，六月寒冰坚玉柱。疑是石髓自空流，倒泻岩穴成石乳。我来探奇今已三，兹行更值沐新雨。东南几峰青芙蓉，插空翠黛将轩举。山灵忽欲幻游人，烟耶云耶失其处。少焉微见两三峰，转瞬上下成洪蒙。身世不知寄何所，变乱惚恍心恍恍。人生百年行雾里，清明片刻见山松。玉女修真形莫测，吴门练马空叹息。古人所至如春风，山川反为增颜色。同人此游悟者谁，飞升妄意无终极。安期妙药渺难求，御风仙术不可惑。收尽山前万岭云，天门归路始可得。

萧儒林《石坞松涛》诗：石坞松园万顷阴，纡回鹤径入萧森。凌晨海雾平清涧，向夜江涛卷碧岑。脂落悬崖收圃药，响连幽洞听鸣琴。耳根何幸尘缘洗，谡谡犹闻太古音。

坳山，《图志》云：在天空山北。

仙人寨，《岱览》云：在坳山下，可容千人。

明月嶂，《泰山道里记》云：在摩云岭北，群峰秀列，俨若屏嶂。旧有采芝庵，宋张景岩结茅隐此①。旁有燕脂石，以色名。

懒张石屋，《岱览》云：在明月嶂北，或云明张三丰修真处。

孤山，《岱览》云：在懒张石屋西南，一峰峭嵘特起。东北为小冰牢峪。

眺平台，在小冰牢峪北。《图志》云“老平台”。旧多花木。《天地运度经》：泰山北有桂树七十株，其实赤如橘，是也。西北为大冰牢峪。

扬子峪，《岱览》云：崖岸深陡，在眺平台西里许。

半边山，《图志》云：在扬子峪西十余里，山似擘去其半也。

九龙冈，《图志》云：在天空山东，上有鉴池。

磨山，《岱览》云：九龙冈东北为磨山。距天空山八里有五女圈石。

五女圈石，《岱史》云：夜有呼号相力之声，诘朝，巨石垒成圈②，盖五仙女为之。

张远寨，《岱览》云：在磨山旁。自双凤岭至此，山势尽东驰矣。

岱阴之东

天烛山，《泰山道里记》云：在九龙冈东。两峰矗立如炬，东西遥峙，其下为溪里峪。

① 张景岩：《泰山道里记》作“张景若”。

② 巨石：《岱史》卷四作“见石”。

分水岭，《图志》云：在天烛山东，岭南、岭北诸水皆于此分流也。

观星岭，《述记》云：在分水岭东二里。

巉碌峪，在观星岭东。《图志》云：东为观星岭。又东为巉碌峪，中有村曰大津口。

大津口村，《岱览》云：在巉碌峪中，产楂、栗，东北多槲林，土人谓之山蚕厂。

竹子园，在大津口村北五里。

《考古录》：潘岳《笙赋》：邹鲁之珍，汶阳之孤篠焉。而古诗亦云：冉冉孤生竹，托根泰山阿。

周明堂故址，《述记》云：在大津口西北。

《周礼·冬官·考工记》：周人明堂度九尺之筵，东西九筵，南北七筵，堂崇一筵。五室，凡室二筵。

《大戴礼·盛德篇》：明堂，九室，室有四户八窗，三十六户，七十二牖。盖以茅，上圆下方，其外水名辟雍。

《明堂月令说》：堂高三丈，东西九仞，南北七筵，九室十二堂。室四户八牖，宫三百步，在近郊三十里。又云：堂方百四十四尺，坤之策也。屋圜径二百一十六尺，乾之策也。

唐颜师古《明堂议》：明堂之制，爰自古昔，求之简牍，全文莫睹。肇起黄帝[①]，降及有虞，弥历夏、殷，迄于周代，各立名号，别创规模。众说舛驳，互执所见，巨儒硕学，莫有详通。斐然成章，不知裁断。究其指要，实布政之宫。徒以战国纵横，典籍废弃，暴秦酷烈，经礼湮亡。今之所存，传记杂说，用为准的，实亦无昧。然《周书》之叙明堂，纪其四面，则有应门、雉门，据此一涂[②]，固是王者之常居耳。其青阳、总章、玄堂、太庙及左个、右个，与四时之次相用，则路寝之义，足为明证。《文王居明堂篇》：带以弓韣，礼于高禖。九门磔攘以御疾疫，置梁阴道以利农夫，令国有酒以合三族。凡一事等，皆合《月令》之文。观其所为，皆在路寝者也。《戴礼》：昔周公朝诸侯于明堂之位，天子负斧扆南向而立。明堂者，明

① 肇起：《旧唐书·礼仪志》作“始之”。

② 一涂：《旧唐书·礼仪志》作“一堂”。

诸侯之尊卑也。《周官》又云：周人明堂，度九尺之筵，东西九筵，堂一筵。据其制度，即大寝也。亦曰黄帝曰合宫，有虞氏曰总章，殷曰阳馆，周曰明堂，斯皆路寝之征，知非别处。《大戴》所说，初有近郊之言，复称文王之庙，进退无据，自为矛盾，原夫负扆受朝，常居出入，既在皋库之内，亦何云于郊野哉？《孝经传》云：在国之阳，又无里数。汉武有怀创造，询于搢绅，言论纷然，终无定据，乃立于汶水之上而宗祀焉。明其不拘远近，亦无方面[①]。孝成之代，表行城南，虽有其文，厥功靡立。平帝元始四年，大议营创。孔牢等乃以为明堂、辟雍、太学，其实一也，而有三名。金裒等又称经传无文，不能分别同异。中兴之后，蔡邕作论，复云明堂、太庙，一物二名。郑玄则在国之阳[②]，三里之外，七里之内，景巳之地[③]。颍客《释例》亦云：明堂、太庙凡有八名，其体一也。苟立同异，竟为巧说，并出乎胸怀，曾无师祖。审夫功成作乐，治定制礼[④]，草创从宜，制文递变。旌旗冠冕，今古不同，律度权衡，前后不一，随时之义，断可知矣。假如周公旧章，犹当择其可否，宣尼彝则尚或补漏[⑤]。况郑氏臆说，淳于谀闻，匪异守株，何殊胶柱？愚谓不出墉雉，迩接宫闳，实允事宜，谅无所惑。但当上遵天旨，祗奉德音，作皇代之明堂，永贻范于来叶。区区碎议，皆略而不论。

《泰山道里记》：竹子园西，地极平旷，群峰环峙，林木郁葱，双溪萦绕交流，中为周明堂故址。《史记·封禅书》：泰山东北址，古时有明堂处，齐有泰山之明堂是也。汉之废基又在其旁，今称明堂村，讹曰明家滩。据金学士党怀英《谷山寺碑》云：岳东北址有明堂。引沈存中说而以为汉。盖怀英生长泰山，通掌故。本《水经注》，汉武帝封泰山，尝降坐明堂于山之东北址，逼近周明堂处。武帝以古处险狭不显，令奉高作明堂于汶水，如带图。在山之东南址，去周明堂三十里。又《岱史》称：周明堂故址，在岳东北麓，旁有谷山寺。盖指地之著者而言。按：寺基险僻，距明堂尚十里，顾引怀英碑记，强为牵附，殊未可信。

毕瑜诗：黍离诗自咏东周，翠辇无因此地游。朝聘不闻来束帛，会盟惟识有诸侯。圣贤

---

① 亦无：《旧唐书·礼仪志》作“无择”。
② 郑玄则：《旧唐书·礼仪志》作“郑玄则曰”。
③ 七里之内，景巳之地：《旧唐书·礼仪志》作“淳于登又云：三里之外，七里之内，丙巳之地”。
④ 治定：《旧唐书·礼仪志》作“理定”。
⑤ 补漏：《旧唐书·礼仪志》作“补其阙漏”。

述作光千古，王霸兴亡付一丘。莫向高台寻旧迹，断碑残砾不胜愁。

张邦教诗：天王出狩时，玉帛万邦随。柴望遵虞制，恩威协禹规。齐君终罢毁，季旅竟奚为。千载存遗址，青阳在指麾。

林杭学诗：城南城北草绵芊，周汉明堂尽野田。扆障青山犹此地，銮舆黄屋已当年。盖茅通水轩皇后，检玉泥金虞帝先。欲觅旧图王会远，只今惟有绕溪泉。

大岘山，《岱览》云：在明堂南。

黑山，《图志》云：明堂南为大岘山。西南为黑山。西北为谷山。

谷山，《泰山道里记》云：屹崒特异，绝顶孤松挺秀，俗呼曰定南针。

黑阏石屋，《泰山道里记》云：在谷山顶西南。

金矿洞，《泰山道里记》云：在谷山顶西北，有洞二：其在东者，悬崖上下二穴，水自崖巅下注；其在西者，一穴幽暗出水，人不能入。洞外多裂石纹，皆结紫石英，即《岱史》称金丝洞。元初丘处机炼丹于此。

莲花峰，在谷山东北。《泰山道里记》云：又东北有莲花峰。西北为恩谷岭。

恩谷岭，在谷山西北。《图志》云：两山交错，一水中流，曰雁岭河。

佛峪，《图志》云：一名佛谷，在恩谷岭北。稍北有古井，曰玉泉。

返倒山，《岱览》云：在佛峪北。又北为青冈峪。

冯时可《记》：东为介丘，可望周明堂故址。北下为石峪寺，亦曰谷山寺。路不险仄，而境亦幽绝与黄华等。

仙台岭，《泰山道里记》云：即长城岭。在青冈峪北，岭凸起，有石台有二，曰南拱、北拱，遥相对峙。《岱览》云：逾岭而北则灵岩、琨瑞东西分峙矣。岭南下有马跑泉，一名莎草泉。

按:《山东通志》谓汉武帝于此望祀蓬莱。史无其文，或别有所本欤?

牛栏口，在仙台岭南。《图志》云：莎草泉水南流，径牛栏口西。

药园，《述记》云：在牛栏口东十里。《岱史》云：昔有修真之士种药于此。又有千户厅，称名无考。

龙门山，《岱览》云：在药园东三里，沟水东南流。

鹿町山，《述记》云：在龙门山东北五里。

黄伯阳洞，《岱览》云：在鹿町山阳。《岱史》云：战国时黄伯阳修隐处也。

萧协中诗：古洞烟霞迴，高人嗜隐偏。厌时矜舌辨，独此契凡诠。黄鹤宁同姓，苍崖共纪年。悠悠行路者，肯为憩吟鞭。

青山，《岱览》云：在大津口东五里，绝顶巨石如冠。《汉书》：昭帝元凤三年春正月，泰山大石起立，高丈五尺，有白鸟数千集其旁焉。即此。

望仙台，在青山南。《岱史》云：汉武帝筑也。东南有皇姑庵。

升仙岭，《述记》云：在青山东四里。东南为石汶。

仙源岭，《岱览》云：在青山东北，与鹿町山相望，中为津拱河。

门家墅，《岱览》云：在津拱河北八里，今名门墅庄，有会仙观故址。

雨金山，《述记》云：在门家墅北，传昔大雨冲出金矿。

伏金石，《岱览》云：在雨金山上。

大卢山，《岱览》云：在雨金山东北六里。

小卢山，《岱览》云：在雨金山东南三里，两山中夹岩洸河。

转山，《图志》云：在卢山西北十三里。

石坞寨，《岱览》云：转山有石坞寨，侍郎王度、进士范维粹故居也，其下有黄坂村。

槲埠岭，《岱览》云：在卢山东北三十里，迫长城岭，槲林尤胜。

摘星岩，《岱览》云：在槲埠岭东北。

青阳谷，《岱览》云：在摘星岩下，岩洸河发源于此。

祝山，《述记》云：在小卢山东八里。

九坂岭，《岱览》云：在祝山东北二十里，回峦复岭，奥险如九折。坂下有九曲峪，水西流。

雨砧崖，在九坂岭下。

渌池，在九坂岭西。

旁山，《述记》云：一名石窟山。《泰山道里记》云：九坂岭东南，一山曼衍，背耸溪深，上有数穴如颐。《图志》云：或称肃然山者，误。

狼虎谷，《图志》云：在祝山东五里。

按：《五代史》：黄巢死于泰山狼虎谷。《闻见后录》：巢为尚让所急，陷泰山狼虎谷，乃自髡为僧，得脱于此。九顶山南有大冢，俗称为黄巢墓，无碑碣。并存以备博考。

九顶山，《图志》云：在狼虎谷东北二里。

肃然山，《岱览》云：在九顶山东，今称宿岩山。

《考古录》：《史记》：武帝禅泰山，下址东北肃然山。《注》服虔云：肃然山在梁父。按：梁父县旧在兖州府泗水县境，是泰山之南，与本文"东北"不合。《酉阳杂俎》云：长白山，古肃然也。亦非。按《史记》：帝以乙卯封泰山，明日下阴道。丙辰禅泰山下址东北肃然山。"明日"即"丙辰"也，本日下山，本日行礼，必在三五十里之内，不当远至长白山也。《魏书·崔光传》：弟敬友尝置逆旅于肃然山南，大路之北，设食以供行者。今泰安州东关往北七十里，地名王许保。其北有山，碑云"古肃岩山"，恐即肃然山也。又按，光武以二月二十二日辛卯封泰山，夜下山，明日百官上寿，暮宿奉高三十里。明日发至梁父九十里。二十五日甲午，禅梁父。则谓肃然在梁父者，亦非。

杨邱山，《岱览》云：九顶山东有杨邱山。其东有小陵，舒暘崛起，地名王许保，属莱芜治。

岱阴之西

船石，《图志》云：自岳顶而西北分者避人崖，西北为船石。《岱览》云：层崖阔数丈，若万斛舟，故名。

看月岩，在船石西北。《岱览》云：以与月观相属名。其下深池，为沐龟沟。《图志》云：岩北土地平旷，亦曰快活三里。北有云台庵故址。

夕阳洞，《泰山道里记》云：在云台庵后，石崖深广而西辟，所谓上石屋也。

头陀岩，《岱览》云：在船石北，桃峪水径其南，折而西北，为混元池。

雁窝崖，《岱览》云：在混元池西北，石壁峻绝，征鸟聚而巢焉。

清风岭，在雁窝崖北。《岱览》云：延互突兀，凿磴崎岖。

老虎窝，《岱览》云：在清风岭下，石穴深暗，中有泉。《图志》云：东通石崖，最轩敞，洵为岱西佳处。

吴同春《记》：至桂师庵，万松连云，奥踞山半。下窥虎穴，深暗难测。

龙湾，在老虎窝西北。《泰山道里记》云：丘峦突出如岛屿。下有碧花池，石皆碧纹，天然池甃。

黄石崖，《岱览》云：在龙湾西北。稍西林木匝里许，中为野人之庐。

映霞峰，《述记》云：在黄石崖北三里，有傅老庵故址。下为香泉。

斗虎沟，《述记》称“猛虎沟”。在映霞峰西北，旁有花园，多金银花。

《泰山道里记》：孔子尝叹“苛政猛于虎”，后人强名之耳。

青天岭，《岱览》云：在斗虎沟西北，其东北则长城岭。《泰山道里记》云：长城岭俗呼大横岭，古长城所经，《战国策》所谓“齐有长城巨防者”也。

河上林，《图志》云：在斗虎沟西南。地多桃树，峪因得名，即上桃峪也。峪水西南流，中有石窟，曰大海眼。西纳白草峪水。

吴同春《记》：至海眼，投石水中，声殷殷不绝。

幞头岩，《岱览》云：在白草峪南，形如岸帻。

老鸦峰，在幞头岩西南。《泰山道里记》云：俗名老鸦尖，东南旧有碧峰寺，圮。

秋千山，《岱览》云：在老鸦峰西南，下为秋千峪，有桂师庵故址。南有龟湾。

白鹤洞，《述记》云：在秋千山西崖，一洞深窈。《岱史》所谓“下石屋”也。

石艃，《述记》云：龟湾下长石欹斜，曰石艃。

西神库，在龟湾西南。《泰山道里记》云：巨石朗润谽谺，跻之摇动，或谓中有宝藏云。

中军坪，《述记》云：在西神库南，石阔，多文彩。

桃花峪，《岱览》云：在中军坪南，一名红雨川。

吴同春《记》：绛山导吾左，傲山翼吾右，云台、石棚如拱揖，招余而前。

张志纯诗：流水来天洞，人间一脉通。桃源知不远，浮出落花红。

王宏诲诗：流水晴悬碧涧霓，桃花春似武陵溪。东方自拟随王母，纵少渔郎路不迷。

吴同春诗：桃树千重带水涯，灵岩百折傍山斜。秋高瑶圃日为实，雨过天门浪作花。方朔频须贻汉主，渔郎何处觅仙家。我来不及春风晚，杖屦翩翩度彩霞。

祁承㸁诗：曲曲去梯步步斜，为寻西崦问仙家。方来姑射餐琼雪，一夕春风万树花。

襁负山，《岱览》云：在桃花峪，迤西即《岱史》“襁山”也。以大山负小，如襁子状，俗呼降福山。

镜儿石，在襁负山。《图志》云：山半有镜儿石，广丈余，莹澈如镜。东南有平壤，约十亩余，俗呼台子地。旧有云台庵，圮。

十字峰，《图志》云：在上桃峪西。《岱览》云：与雁窝崖对峙。西北有大倒沟，西为青龙宫故址。西北为青岚岭。

青岚岭，《图志》云：在十字峰西北。《岱览》云：山色岚光常作，空现佛头青也。

丁香峪，《图志》云：在青岚岭西北，地多红白丁香花。

思乡岭，《岱览》云：在丁香峪西北。《岱史》云：人死，魂归于此，而思乡也。语近诞。西有小倒沟。

南顶，《岱览》云：在小倒沟北，峰峦突起，顶西南为胡桃园。

梯子山，《岱览》云：在南顶南，如云梯百级。下为石崖沟。《图志》称石棚沟。

玲珑石，《岱览》云：在石崖沟西。

透明山，《泰山道里记》云：在梯子山西南，陡削玲珑。北拱老鸦峰，宛如几案。

摩耳石，《岱览》云：在透明山南。

吴同春《记》：自姜倪寨数里，由摩耳石至铁佛寺。酒数行，旷然乐其幽岐。

东神库，《岱览》云：在透明山东南，与西神库相望。石若垂帘，藓痕不上，亦时见光彩闪烁云。

龙山，《图志》云：在梯子山东南。

姜倪寨，《岱览》云：在龙山之巅。

真人峰，《图志》云：姜倪寨南一石若人形，故名。

黄石岩，《岱览》云：在真人峰西南，与在龙湾西北者绝相似。

车道岩，《图志》云：在龙山西南，岩北有双沟，如辙迹。

笔架山，《岱览》云：在车道岩西，一名雕窝山。《图志》云：五峰排列，崖崿倒悬，野鸟多巢于此。

羊栏坡石，《述记》云：在笔架山北。《岱史》谓仙人牧地。巨石环列，秀丽异他处。

燕脂坡，《图志》云：在笔架山南，地多燕脂花。

猴愁峪，《泰山道里记》云：在青岚岭南。

白练石屋，《岱览》云：在猴愁峪西，多巢拖白练鸟。

孙鲲化诗：绝壁何人启石扉，曾闻群鸟此忘机。相逢偏是云生候，不见岩前白练飞。

水闼石屋，《图志》云：在猴愁峪西南，水出不竭。

拔山，《岱览》云：在水闼石屋南，一名雁飞岭。视诸峰差高，鸿雁南翔，多集于此。

回雁峰，《岱览》云：在拔山东，一石耸立如圭。

燕窝石，《图志》云：在拔山东北，有窟如燕窝。

水铃山，《岱览》云：在燕窝石南，水激石，声如铃也。

五峰顶，《泰山道里记》云：在拔山西，东岩苍松丛茂，俗呼松楼。《岱览》云：在拔山五峰之间，亦曰风门。

迎风岭,《述记》云：在风门南，下有枯石河。

西横岭,《图志》云：在迎风岭南，西起桃花峪，东抵乌龙潭，绵亘二十余里。西上为黄金口。

海棠峪,《图志》云：在西横岭西北，多秋海棠花。峪西南为脐子沟。

脐子峰，在脐子沟中。《泰山道里记》云：一石崛秀，流水盘旋。

刺楸山,《述记》云：在脐子沟西，以山多刺楸树，故名。

土绵山，在刺楸山西。《泰山道里记》云：陡险巅平，得黑壤十八亩。

驼骆岭，在土绵山西南。《岱览》云：状如封驼，有藏峰寺。

三绾山,《图志》云：在骆驼岭西二十余里，三峰矗立如鼎足。有甘溜泉。

黄山,《岱览》云：在三绾山西十二里。

泰山志卷第七

泰山志卷第八

朝议大夫山东泰安府知府休宁金棨纂辑

支山志

社首山　高里山　介石山　石闾山
亭亭山　梁父山　云云山　徂徕山
新甫山　少岱山　灵岩山　琨瑞山

社首山

社首山在泰山南址。《史记·封禅书》云：周成王封泰山，禅社首。应劭曰：山名，在博县。晋灼云：在钜平南十三里。《元和郡县志》云：在乾封县西北二十六里。《太平寰宇记》云：在乾封县西北二十六里。《一统志》云：在府西南二里。明汪子卿《志》云：在岳南二里许，联属高里，前代多禅此。颜希深《泰安府志》、黄钤《泰安县志》俱云：在高里山之左，二山相联，高仅四五丈，有宋禅社首坛颂碑。

顾炎武《社首山考》：《史记》：周成王封泰山，禅社首。《唐书》：高宗乾封元年正月庚午，禅社首；玄宗开元十三年十一月辛卯，禅社首。《宋史》：真宗大中祥符元年十月壬子，禅社首。今高里山之左有小山，其高可四五丈。《志》云：即社首山，在岳旁诸山中最卑小，不知古人何取于此。意者，封于高，欲其近天；禅于下，欲其近地。且山卑而附岳趾，便于将事。初陟高山之后，不欲更劳民力耶。

唐景云台，《唐书》：高宗乾封元年正月庚午禅社首，先为降禅坛于山上，旋名景云台。

宋社首坛，《宋史·礼志》：真宗禅社首。

《宋史》：太平兴国中，有得唐玄宗禅社首玉册、苍璧，至大中祥符元年令瘗于旧所。二年五月，知兖州朱巽上言，泰山修封毕，社首坛增高丈六尺，广五十尺。诏奖之。

《泰安府志》：明洪武初，居民于山中得玉匣，内有玉简十六，有司献于朝。验其刻，乃宋真宗祀后土文也。

辞香岭，《岱览》云：在社首坛东，明张邦纪云：四方朝山士庶，无不至此辞香者。旧有天仙祠，元君下庙也。

对岱亭，《岱览》云：在社首山西北，明李戴、毛在建，今废。

《泰山小史》：泰山诸景色映襟裾，城郭井户，鳞集在望。

萧协中诗：峰顶平如棋局方，危亭相对岳苍苍。草茵醉雨千畦绿，麦浪翻风四月黄。

环翠亭，故址在社首坛西南，近改阎罗殿。下有石晋时石幢。

许应元《同蔡行人登环翠亭》诗：杳骑青林驻，登台翠甸新。云山存吏隐，词藻待王臣。花日初亭午，兰标欲丽春。怜君竹溪兴，竟夕对清真。

蔡汝楠《同许泰安环翠亭》诗：蒿里亭元胜，风光春载柔。还陪仙吏躅，得共白云游。仗剑莲花净，传杯竹叶浮。如何葛洪宅，星座俯芝丘。

高里山

高里山，在泰山南三里。《汉书·武帝纪》：太初元年十二月禅高里。伏俨曰：山名，在泰山下。《元和郡县志》曰：高里山，亦曰蒿里山，在乾封县西北二十五里。《太平寰宇记》云：在乾封县西北二十五里。《一统志》云：在府西南三里，又名亭禅山。明汪子卿《志》云：亭禅山，一名高里，又名蒿里，联属社首，在岳南三里。泰安府、县《志》俱云：在县西南三里。朱孝纯《图志》云：在泰山南三里，左有高里神祠。后人讹名蒿里。《泰山道里记》云：亭禅山，本名高里山，崔嵬类龟。

顾炎武《高里山辨》：泰安州西南三里，俗名蒿里山者，高里山之讹也。《史记·封禅书》：十二月甲午朔，上亲禅高里。《汉书·武帝纪》：太初元年十二月，禅高里。注伏俨曰：山名，在泰山下。乃若蒿里之名，见于《古挽歌》，不言其地。《汉书·武五子传》：蒿里传兮郭门阅。注师古曰：蒿里，死人里。审若此山为死人之里，武帝何所取而禅祭之乎？自晋陆机《泰山吟》始以梁父、蒿里并列，而后之言鬼者因之，遂令古昔帝王降禅之坛，一变而为阎王鬼伯之祠矣。《汉书》：上亲禅高里。师古注曰：此"高"字自作"高下"之"高"，而死人之"里"谓之"蒿里"，其字为"蓬蒿"之"蒿"，或者误以"高里"为"蒿里"，混同一事，陆士衡尚不免，况余人乎？

玉仙石，《岱览》云：在高里山阳，片石莹洁。

《泰山道里记》：乾隆二十六年，知县程志隆广栽松柏培护之。迨三十四年，工人采石，自洞门上下劈去数丈，而形势遂失其旧。

古仙洞，《泰山道里记》云：在高里山阴，讹谓鬼仙。

《泰山小史》：洞深暗，余同好奇友穷之。执灯笼火种入，始尚宽，稍入则隘，乃得一窟，如眢井而浅。跃身下，路亦宽且隘。如是者再。则四壁皆山洞，若突厦，可容三十余人。石床一，石蹬二。登床扪其顶，亦一窟[1]，上有巨石塞之，旁无所通。虽阴森袭人，然微有氛氲气。风涛声不知何来，或水由地中行耶。

介石山

介石山。《泰安府志》云：县南四十里。《泰安县志》云：城南四十里。《泰山道里记》云：城南四十里。《岱史》云：宋真宗大中祥符元年，禅于此。按《宋史》无其事。

石闾山

石闾山，在介石山南二里。《史记·封禅书》云：石闾者，在泰山下址南方，方士多言此仙人之闾也。《汉书·武帝纪》：太初三年夏四月，修封泰山，禅石闾。《一统志》曰：在府南四十五里。《泰安府志》云：在县南四十里，石皆礧砢攒处，如村墟罗列，古帝王降禅之所。《泰安县志》云：介石山南三里许，其山有寻真洞。朱孝纯《图志》云：在泰山南四十里。

① 亦一窟：《泰山小史》作"有一窟"。

亭亭山

亭亭山，在石闾山南三里。《史记·封禅书》云：黄帝禅亭亭。应劭云：亭亭山，在钜平北十余里。《水经注》云：汶水又西南径亭亭山东。《括地志》云：亭亭山，在兖州博城县西南三十里也。《一统志》云：在府南五十里。《泰安府志》云：在介石山南。《泰安县志》云：在石闾山南。朱孝纯《图志》云：在泰山南五十里，宋真宗大中祥符元年，封山神为广禅侯，于山上建庙祠之。

梁父山

梁父山，在泰山东南九十里。《史记·封禅书》云：古者封泰山禅梁父者，七十二家，而夷吾所记者十有二焉。《括地志》云：梁父山，在兖州泗水县北八十里。《元和郡县志》云：在泗水县北八十里，西接徂徕山。《一统志》云：在府南一百十里，新泰县西四十里。《泰安府志》云：徂徕西南，距城九十余里。《泰安县志》云：在县东南九十里，汶水之阳，汉时以山名县，隶泰山郡。《泰山道里记》云：大汶口东南三十里，为梁父山。平衍突出，其上旧有地主祠。

按：《史记》八神，二曰地主，祠泰山、梁父，盖天好阴，祠之必于高山之下，小山之上，命曰畤。《说文》：天地五帝所基址，祭地也。《秦本纪》：祠上帝于西畤。《索隐》注：畤，址也，言神灵之所依止也。汉《郊祀志》颜师古注：如种韭畤之形，于畦中各为一土，封祠之必于高山之下，是则凡土高处皆曰畤也。按：《史》称，禅云云者九，禅亭亭者一，禅会稽者一，禅社首者一，无禅梁父之文。然自秦汉以来，侈言封禅，无不以梁父与泰山并称。《白虎通》云：增泰山之高以报天，附梁父之基以报地。明天之所命，功成事就，有益于天地，若高者加高，厚者益厚矣。又曰：梁甫，泰山旁山名，三王禅于梁甫之山。梁者，信也。甫者，辅也。信辅天地之道而行之也。《泰安县志》谓梁父虽有专山，亦岱下小山之总名也。孔子《丘陵歌》所谓“梁父回连”，是已。《府志》云：云云山，在梁父之东，亦称梁父，与新泰、莱芜联界。《新泰县志》有梁父山，盖从云云山之别称。则知降禅诸山皆可称为梁父矣。《史记》：上至梁父，礼祠地主。盖古者降禅他山，先祠于此。今坛址无存。今其旁犹有梁父村，南为梁父城，汉时置县，属泰山郡。《水经注》引《开山图》云：太山在左，亢父在右，亢父知生，梁甫主死。

汉诸葛亮《梁父吟》：步出齐城门，遥望荡阴里。里中有三坟，累累正相似。问是谁家坟，田疆古冶子。力能排南山，文能绝地纪。一朝被谗言，二桃杀三士。谁能为此谋，相国齐晏子。

晋陆机《梁父吟》：玉衡既已骖，羲和若飞凌。四运循环转，寒暑自相惩。冉冉年时暮，迢迢天路征。招摇东北指，天汉西南升。悲风无绝响，玄云互相仍。丰水凭川结，霜露弥天凝。年命时相逝，庆云鲜克乘。履信多愆期，思顺焉足凭。忾忾临川响，非此孰为兴。哀吟梁父巅，慷慨独抚膺。

梁沈约《梁父吟》：龙驾有驰策，日御不停阴。星籥极回变，气化坐盈侵。寒光稍眇眇，秋塞日沉沉。高窗灰余火，倾河驾腾参。飙风折暮草，惊萚陨层林。时云霭空远，渊水结清深。奔枢岂易细，珠庭不可临。怀仁每多意，履顺孰能禁。露清一唯促，缓志且移心。高歌步梁父，叹绝有遗音。

唐李白《梁父吟》：长啸梁父吟，何时见阳春。君不见朝歌屠叟辞棘津，八十西来钓渭滨。宁羞白发照清水，逢时吐气思经纶。广张三千六百钓，风期暗与文王亲。大贤虎变愚不测，当年颇似寻常人。君不见高阳酒徒起草中，长揖山东隆准公。入门不拜骋雄辨，两女辍洗来趋风。东下齐城七十二，指麾楚汉如旋蓬。狂生落魄尚如此[①]，何况壮士当群雄。我欲攀龙见明主，雷公砰訇震天鼓。帝傍投壶多玉女，三时大笑开电光。倏烁晦冥起风雨，阊阖九门不可通。以额叩关阍者怒，白日不照吾精诚，杞国无事忧天倾。猰貐磨牙竞人肉，驺虞不折生草茎。手接飞猱搏雕虎，侧足焦原未言苦。智者可卷愚者豪，世人见我轻鸿毛。力排南山三壮士，齐相杀之费二桃。吴楚弄兵无剧孟，亚夫咍尔为徒劳。梁父吟，声正悲。张公两龙剑，神物合有时。风云感会起屠钓，大人𡾰屼当安之。

① 狂生：《全唐诗》卷一六二作“狂客”。

明何景明《梁父吟》：君不见泰山高高，梁父在其半。古来封坛禅地无宫馆，崖崩壁坼铁锁断，秦碑汉碣何人看。自从生人开九州，九十六帝行权谋，虎豹啖食龙蛇忧。朝翻暮覆作云雨，立谈坐笑生戈矛。君不见田疆论功争二桃，齐门三邱藴野蒿。又不见鲁连辞赏轻千金，却秦救赵何雄豪。眼前无人辨曲直，身后声名更何益。拂袖空怜蹈海心，护车枉负排山力。梁生五噫歌莫哀，东绝梁父观蓬莱。千年云开锦绣壁，五色日抱金银台。瀛洲方丈列仙占，文成五利何能验。徐生入岛竟不回，博士儒生尽坑堑。我吟梁父君振衣。世路崎岖多是非，琅玕芝草海岱曲，钓竿拄杖从今归。

国朝施闰章《泰山梁父吟》：山高多烈风，郁郁少松柏。侧足凌天门，浮云蔽碣石。辛勤纪封禅，茫昧探玉策。攘攘七十君，一逝无陈迹。上为群仙居，下为万鬼宅。言当采芝食，使我生羽翮。揽裳不及餐，白日何促迫。生非孔颜徒，百年亦何益。何况荡阴里，空埋壮士魄。

桑调元《梁父吟和李太白韵》：我作梁父吟，长怀方子春。海山窈冥失岛屿，海水汩没无涯津。成连访其师，刺船去海滨。牙生独得海山海水之古意，七条冰上弹纷纶。万古钟期只一个，无言赞叹心相亲。又怀荣启期，天生万物幸为人。更幸有生生在中国中，不乞金丹西王母，不求大药东王公。九十带索行歌风，鬅鬙白发飞秋蓬。乘化待归尽，安贫乐道何其雄。此间烟月浩无主，矫首仰天见河鼓。河东河西，痴牛骏女。不耕不织含淫思，秋期已过涕如雨，谁教罚向营室居。聘钱久逋天帝怒，岳帝感我之丹诚，借我丈人峰头高卧永不倾。我不管小儿女，银河一片支机石。亦不管古帝王，金盘千尺承露茎。有时起来骑白虎，飞蹴七十二峰无所苦。抛弃尘埃良足豪，神仙富贵轻如毛。冷笑长源一品啖，煨芋曼倩三次偷蟠桃。何况铜山金穴，聚溷猥且劳。今年已六十，旷荡了不悲。只须脚踏霞岚遍五岳，底用手揽风云际一时。大笑狂歌李太白，歌不同科两得之。

云云山

云云山，在泰山东南百里。《史记·封禅书》云：无怀氏封泰山，禅云云，虑羲禅云云，神农禅云云，炎帝禅云云，颛顼禅云云，帝俈禅云云，尧禅云云，舜禅云云，汤禅云云。李奇曰：云云山，在梁父山东。索隐云：

晋灼曰云云山在蒙阳故城东北，下有云云亭也。《括地志》云：云云山，在兖州博城县西南三十里也。《一统志》曰：在府东南一百二十里。《泰安府志》云：在柴城之东，距城百里许。《泰安县志》云：在县东南百里。《泰山道里记》云：宫里镇南三十里为云云山，培𪣻圆伏，山上旧有云云亭。西下一石，刻“贾氏书院”四字，传为元贾进士读书地，失其名。其北有坡曰羽林村，曰甘露。

徂徕山

徂徕山，在泰山东南三十里。《诗·鲁颂》：徂徕之松。《水经》云：汶水又西南流，径徂徕山西。《注》云：山多松柏。《广雅》曰：道梓松也。《抱朴子》称《玉策记》曰：千岁之松，中有物，或如青牛，或如青犬，或如人，皆寿，所谓楼松也。《邹山记》曰：徂徕山在梁甫，奉高、博三县界，犹有美松，亦曰尤徕之山也。赤眉渠帅樊崇所堡也，故崇自号尤徕三老矣。山东有巢父庙，山高十里。《北魏书·地形志》曰：泰山郡梁父县，有徂徕山在北。《元和郡县志》云：徂徕山亦曰尤来山。《一统志》云：在府东南四十里。《泰安府志》云：县东南三十里，岳之案山也。《名山纪盛》曰：徂徕居群山之中，祖泰岱，昆新甫，金斗、青云、石门、九仙，子孙俨列。凤仙笔峰，东蒙金牛，遥为宾主。双汶络其面背，汇于西南，如带结于頳。峰峦嵯峨，星体具备，四面开嶂，沙水相缪。龙脉自泰山傲来之下，为金牛、龙山，蜿蜒东注。由水音堂逾大汶，盘结于此，周百六十里。朱孝纯《图志》云：徂徕山在岳东南三十里，蟠亘奇崛。脉自西南麓入。故志徂徕自西南之团山始。

《舆地广记》：唐省梁父入博城。

欧阳修曰：徂徕，鲁东山。

《泰山道里记》：自郡城至山北，蹊径逼窄，游岱宗而探徂徕之胜者，则绕山之东西两路，自前而入，约百余里。

团山，在徂徕西南。《岱览》云：巑岏四围，樵蹊纡折。旧有古四禅寺，圮。山南曰上峪，水西流，曰沧浪沟。

晒缨台，《岱览》云：一石屹立，在沧浪沟中。

望山，《岱览》云：在晒缨台西南里许，言望而难即也。有石屋，曰老君洞。

他山，《泰山道里记》云：在望山南五里，为白莲泉发源处。泉北有法云禅寺。

谷积山，《岱览》云：在他山西南，圆锐若堆粟也。

广长岭，《图志》云：在团山东五里。

北顶，《图志》云：在广长岭东，有佛寺。

药山，《图志》云：在北顶东五里，前有聚泉庵。

悬珠山，《岱览》云：在药山东三里，上有卧云庵，圮。

九龙岭，《岱览》云：即悬珠山支峰也。其下为八道沟。南下为十六峪，或云石溜峪，水南流。

《泰山道里记》：东崖悬石如珠，此山之所由名也。汇水为浆池，南流，会响水河。

毛老谷，《图志》云：在悬珠山东。

乳山，《图志》云：在毛老谷东二里。《述记》云：玲珑秀峙，旧多竹木，溪水绕前而西注，古刻“竹溪佳境”于岩。唐天宝间，李白、孔巢父、韩准、裴政、陶沔、张叔明隐此，号“竹溪六逸”。堂后为元人鹿森隐居处。东南峭石壁立，篆书“贫乐岩”“演易斋”诸迹，许衡尝读书于此。元初，开国侯徂阳时珍于其地建二圣堂，后称二圣宫。稍北石洞方广，赵国麟颜曰“箪瓢”。

《泰山道里记》：按，二圣堂即六逸旧基，而俗误以党竹溪当之也。

李白《送韩准、裴政、孔巢父还山》诗：猎客张兔罝，不能挂龙虎。所以青云人，高歌在岩户。韩生信英彦，裴子含清真。孔侯复秀出，俱与云霞亲。峻节凌远松，同衾卧盘石。斧冰漱寒泉，三子同二屐。时时或乘兴，往往云无心。出山揖牧伯，长啸轻衣簪。昨宵梦里还，云弄竹溪月。今晨鲁东门，帐饮与君别。雪崖滑去马，萝径迷归人。相思若烟草，历乱无冬春。

石介《访竹溪呈孟节兼有怀熙道》诗：到头泉石是吾家，坐石听泉日已斜。一片青衫非富贵，千竿绿竹好生涯。君曾览照头皆雪，我试看书眼亦花。更好结为山伴侣，教他夔益佐勋华。

邱浚《题竹溪六逸图》：徂徕之山竹满溪，溪中流水清漪漪。昔人已往不可见，至今陈迹犹依稀。酣歌狂饮者六子，就中最豪孔与李。为龙为蛇谁豫知，白也逃生巢父死。

萧延贺《春日访竹溪遗迹》二首：路入春山眼界新，溪光岫影逗嶙峋。特来空谷烟霞地，为忆明廷供奉人。乱石差差曾结宇，疏竿袅袅旧成邻。只今谩诵榛苓句，涧道盘桓藉草茵。

六逸堂高俯碧溪，名山片石业堪稽。生花无梦辉齐右，捧日有怀问陇西。竹掩新晴留药圃，窗鸣旧雨落芹泥。伊人宛在情何既，两岸春风鸟自啼。

三岭崮，《述记》云：一名三台山。《图志》云：在乳山东南，一峰特起，北岩勒“独秀峰”三字，传为唐李白书。下有徂徕神祠，金明昌中封护国感应侯，今圮。峰北悬崖泻水，为羊公河。

萧协中《独秀峰》诗：徂徕山翠郁回盘，望里孤峰秀可餐。迥出断烟撑日月，高标清汉插阑干。亭亭每作芙蓉态，挺挺时将拄笏看。到此游人遍著眼，漫题名姓附岩峦。

万松岭，《图志》云：在三岭崮北。下有石屋，甘泉出其侧。

徂徕绝巅，《泰山道里记》云：亦曰太平顶，在万松岭北十里。双峰颉颃，老松数十株偃覆其上。古有感应侯祠，今并其基亡矣。

元王野人诗：徂徕山下是吾家，吸露嘘风卧紫霞。几百年来无个事，朝朝坐对老松花。

翠满竹溪云满山，晨钟暮鼓叠烟鬟。天光一线开丹嶂，独坐松篁杳霭闲。

紫霞洞，《图志》云：在绝巅西。

李源寨，《图志》云：在绝巅西南，旁有自来泉。

贵人峰，《图志》云：在乳山东六里，孤秀插天。峰东南跨涧有桥，名曰隔尘桥。西为升仙台，北为隐仙观。有竹溪、元圃、丹罏、桃源诸景。赵国麟题刻“徂徕第一”“桃源深处”。

《泰山道里记》：明万历中有于仙号蚖虚者辟此，修养有年，蝉蜕完真。观门外古木夹径，多桃竹，曲水汇池南流。

国朝徐德谦《宿隐仙观西堂记》：行李投岩畔，云根迫近床。四山寒叶响，一枕急流凉。客思清如许，秋宵永不妨。鸡声惊晓梦，历历出松篁。

桃花峪，《岱览》云：在隐仙观西南二里。

《泰山道里记》：自观东石屋东辟，有天然丹灶，传为于仙炼丹处。

小普陀岩，《岱览》云：在贵人峰南二里。

礤石峪，《述记》云：在桃花峪东，石坡广数亩，飞瀑雪浪，势若建瓴。

女智崮，《泰山道里记》云：在三岭崮东六里。

青风顶，《图志》云：在礤石峪南。

卧石山，《岱览》云：在青风顶下，奇石络绎如羊，或谓之叱羊山。

天平前寨，《图志》云：在青风顶西南三里。

《泰山道里记》：赤眉所堡即此，地极平畅，累石为台，基址犹存。

风门口，《岱览》云：在贵人峰东四里，有西别谷。

钓鱼台，《岱览》云：在西别谷东南里许。

崨山，《图志》云：在西别谷东南三里。山南朱樱夹岸，曰樱桃园。

演马岭，《岱览》云：在崨山东二里。《图志》云：岭巅有赵州庵。南下为东别谷。

寨山，《述记》云：在演马岭南五里。

薤山，《泰山道里记》云：在寨山东五里，蓝溪出焉。其上为光化禅寺。东南里许，一巨石刻北齐时隶书《大般若经》。

圆瓦崖，《图志》云：在薤山东北，前有大悲庵。

映佛岩，《述记》云：在圆瓦崖东南三里，上刻隶书《般若波罗密经》。

黑山，《岱览》云：在映佛岩东一里。

松山，《岱览》云：在黑山东五里，前有松岩洞。

需蒙山，《岱览》云：在松山东南一里，其山两穴可通，曰需蒙洞。

两埠山，《岱览》云：在霌蒙山南里许，两山对峙如岸。

已上徂徕之阳。

芍药峪，《泰山道里记》云：在绝巅北二里。峪东北三里为紫滟池。

花坡，《述记》云：在芍药峪西北二里。

中军幛，《泰山道里记》云：在花坡北二里，以地处徂徕适中也。康熙间建三清殿。前有地洞深暗。西为招军石，周多石舂。旁有坞旺泉。下为大峪。

玲珑山，《图志》云：在中军幛北五里，上有野人洞，唐开元间王希夷隐此。

金鱼石，《图志》云：在中军幛东二里。巨石中劈，半踣于地，上下鱼痕宛在，传为金鱼化龙处。

长春岭，《述记》云：在金鱼石东五里，黄壤秀异，周袤约十里。下有宋石介徂徕书院，今遗址犹称为讲书堂。旁有姜潜别墅，曰读易堂。

天平后寨，《图志》云：在长春岭北。

《泰山道里记》：按，此寨去中军幛不远，皆樊崇聚兵处，有演武场、柱窝遗迹。

燕子石屋，《述记》云：在天平后寨东北，有龙溪水径其侧。危崖瀑流而下，曰濯龙湾。

西仙霞坞，《泰山道里记》云：在天平后寨东北。

凤鸣山，《泰山道里记》云：在西仙霞坞之东，若凤举其首也。

黄峪，《图志》云：在凤鸣山北。

东仙霞坞，《泰山道里记》云：在凤鸣山东。

虎穴山，《岱览》云：在东仙霞坞东。

牛山，《泰山道里记》云：在虎穴山东。山南有朗僧洞、神化庵。山北有大藏峪。

角山，《图志》云：在中军幛西四里，两峰并峙，故名。山上两石卓立，横石亘其上，曰秋千架。

大寨口，《述记》云：在角山西，迤东陡岸幽谷，为鹰愁涧。

攒石崮，《泰山道里记》云：在大寨口西北三里，北崖篆刻“竹溪”二字。《图志》云：西北为金党怀英所居，颜其室曰“竹溪庵”，圮。康熙间，于其地建玉帝阁。

转山，《岱览》云：在攒石崮西北。

嵝岣山，《岱览》云：在转山西。

吴山，《岱览》云：在嵝岣山西。

已上徂徕之阴。

赵国麟《游徂徕山记》：徂徕列泰山前，犹老人几，泰山坐而凭之，尚伛其背，若将俯焉，以故窥徂徕者殊众。然松径竹溪，名藉甚典册中，心窃疑，其必有异。每欲邀同人游，荏苒几十五年不克遂。康熙癸巳九月，徂徕道者邱师，以木瓜三枚馈，大倍常品，色深黄，幽馥内蕴。问所由产，曰树生礤石峪石罅中，岁可得数十枚。予曰：异哉！因与邱师约，廿二日丙寅同内兄黄子征野，门人张子汉、张金子与参往游焉。

行三十里，小顿于团瓢。至汶河，沙平水浅，一望无际，隔岸诸峰，翠黛扑人眉宇。渡河数百武，道旁丰碑大书“宋太子中允徂徕石先生神道”，乃太史宋绎田先生所建者。衔书“山西太原平定州判”，此先生劾阉党被黜时也。殆感庆历圣德轶事，而题此碑乎？缘山西行数里，一峰谽谺崒嵂，势欲飞坠。邱曰：此攒石崮也，竹溪六逸堂在其下。又数里，山隈丛树森郁，殿宇廊舍，若人冠巾帻杂立其中。邱曰：此四禅寺也。又十余里，至茅茨，薄暮矣。山巅野烧明灭，如云月隐现。邱指山半绀碧相间若树若石者曰：其中为十六峪。转而东行五六里，至山阳高子静远家，叩门登堂，菊英绕屋，亭轩甚幽，主人篝灯放酒，纵谈徂徕之胜，以二圣宫、礤石峪为最。

廿三日饭于高子孟兄希程家，高子昆仲具肴榼，以葫芦盛酒，使小奚肩之。出村未半里，东北一峰，郁确上锐，张左右翼。中权奋勇争先，渴骥奔猊，势不可犯。峰前去巅不数咫，殿阁皆露鸱吻，苍松数株，与石色相乱。高子曰：土人名此峰为三岭崮。其东北为礤石峪，其西北为二圣宫。请先从西北入。予曰：诺。行二三里，甫入山，道上怪石星罗棋布，支麓起伏，皆作峰峦，回环映带，步移形换。沿溪行里许，西北一山端严静正，三泉出山趾，汇而为池，清鉴毛发。渡大溪，北望诸山，层峦叠嶂，相争相让，而出其最高者为太平顶。其西为桃花峪，其南为毛老谷。又循小溪而北，两山渐狭，大石障其前，几无所见，下骑步行，从石东转上，忽现一境，青松红树，参差上下，依山为阁，茅屋数椽，从篁绕之。门前石梁横亘，流水潺湲其上，同人皆惊叹为仙境。渡石梁，至阁下，遥瞻阁上两像并坐，东为老子，西为孔子。此二圣宫所由名也。坐老聃于左，岂惑于史迁问礼之说欤？抑尊神道尚右之说欤？由阁东拾级而上，为三清殿。其下贫乐岩，为元人鹿茂之隐居处，鹿以儒隐于黄冠。杜仁杰撰铭碑，残剥不可读。由贫乐岩转而北，为演易斋，大刻篆书三字于石。稍南，草堂三楹为希程读书小斋。启西窗，千岩万壑奔赴窗下，夕阳绘影，众山皆紫。希程又引穿竹攀崖而上，有大石方广数丈，如岸帻堕地，南向为洞，俯而入，中可坐五六人。希程请题洞名，予颜曰"箪瓢"，所以继隐士之志也。希程设酒脯小酌，问礤石峪于道者。道者曰：逾东岭可十余里，骑不得上。由前山途颇坦，殊远。因亟命仆同邱师持幞被驱骑出山，期见星而会。

予与征野等各持藜杖，倩山中樵子作向导。登东山，樵子指道中狼迹，大寸许，同人皆有戒心。转而南，忽见一峰突兀傲岸，迎面而出，即之甚迩，似乘堙相窥者。樵子曰：此三岭崮背面也。逾岭望之，却在天际。其东岭如人，如兽，如列几筵，如陈簠簋，如建幢，如树帜，肖形赋物，不一而足。东行至一岭，石皆蛙形，俯仰向背，跳跃聚散，大小数百头。下岭北行，至风门口，曛黑无所见。忽闻群狼嗥鸣，悲惨激烈，巅发上指。樵子大声疾呼，同人叱咤继之，响震岩壑。过风门口东下，又听犬声四起，与人声、狼声咿哑叫啸，嗷嘈喧豗，山鸣谷应。樵子曰：将至矣。稍前，人声渐近，道童来迎，予左手拍道童肩，右手扶藜杖，行落叶中，索索有声，履滑将仆者数。下视涧中，树石查牙，虎豹蹲踞，虬龙怒拏，罗刹变相，倏忽万端，险不可测。将下岭，树中火光熠耀，道人持燎相迎，从树下度溪到院中，惝恍梦幻，似不从人间来也。炼师解纯一，邹平人，深情古貌，少习黄石家言，设山中蔬果饭客，言开山于仙尸解事，娓娓可听。久之，邱师来，秉烛引同人从屋后缘古藤，梯石而上，木瓜竹树丛生石中，石巅倚崖为茅屋。屋东上为纯阳阁，阁东南上又为玉帝阁，阁前砌石为阑，火光中见诸树杪尽出阁下，阁东曲室，解师丹榻也。予曰：今晚当借蒲团一片地矣。就寝，梦中犹陟危峰，不得上，数惊觉。残月入窗，狼声远来，枕上凄清欲绝。披衣起坐，视窗外月光渐白。

昧爽启户，阅昨夜诸境，恍如隔世事。所寝曲室，在悬崖绝壁之上，古柏之巅，乃知身卧鹤巢猿窟中也。从院中遥望贵人峰，孤秀刺天，上下如削，西剡其首，有同半圭。出门外，西溪流水从大石下引过门左，穿竹根浸灌蔬畦。圃外古树弥望，黄叶半脱，微间丹碧。由圃东上岭，游陈抟酣睡处，侧身而入为门，直身而立为洞，鞠身而登为楼，转身而临为台。耸身而上，直凌其顶为峰。皆大石磊磊，自相倚著。疑有巨灵负而叠之。循岭北半里许，为炼丹炉，石更大于陈抟睡处。渠渠夏屋，深广轩豁，中有天然丹灶。东南诸峰，轩轩霞举，皆具飞升之势。下岭，到涧中，老树怪石，触目皆东坡蓝本。登南山小普陀岩，正拱贵人峰。下岩过小涧，登西山，山中田父携鸡酒来，助道人供客，同人游兴愈豪。饭后，登纯阳阁，从阁下至贵人峰下，仰视巉峭，云端一柱，几欲擎天，定有仙人琼馆，设青精石乳以待，但不能化作猱玃腾身直上耳。转而西，观于仙葬衣冠处下大小石梁，选大石倚崖环坐，四望峪中，旷如奥如，兼擅其胜，浮大白话山中，鸡、犬、桑麻，大类桃源人说避秦事，不复知外间尚有魏晋。同人皆神怡心旷，乐而忘返。解曰：立夏三日，则樱桃熟，赤珠映日，火齐万树，百鸟飞鸣，声中箫管，坐磐石，餐丹砂，吸寒露，沁入心脾。尔时先生肯来游乎？予曰：来。解曰：深秋岩壑尽变，枫林霞烘云染，丹朱万状，猩血浸人袍袖，眩目醉心。尔时先生肯来游乎？予曰：来。解曰：峪东为光华寺，又东为大悲庵，西北为中军幛，又西为紫源池。此徂徕幽境也，先生肯遍游乎？予曰：总候樱桃红叶时，当办几量屐，踏尽徂徕万壑云耳。时日已下舂。希程、静远同田父俱去，予与诸子复留山中。晚登西岭，寻来时路，问诸峰名于解师，为作游记张本。

廿五日，辞解师出山，过遥瞻门，度隔尘桥，行两山间，奇石络绎，令人应接不暇。将出谷中，西偏一山，自巅及趾，如羊数千头，立者、卧者、跪者、触者、啮者、乳者、舐者、负者、奔者、登者、坠者，大者如瓶，小者如羔。予谓征野曰：此君家初平叱余之石也。稍南，为女智崮。转西行二三里，至天保庄，遂乘骑经三岭崮前麓，山川映发，标新领异，无一来时旧境。

廿六日，别高氏昆仲，一路望徂徕诸峰，如逢故人矣。三十里至汶河南岸，拜徂徕先生墓。观先生所作墓表，为孔彦辅书。先生《集》中，有《拜扫堂记》，云：石高五尺，广二尺三寸，厚一尺，列辞二千三百六十八字。信然。然堂已圮，石已泐，字已阙，且始祖以下三十二坟碑，多湮没，存者仅碑额数字而已。

予读《徂徕集》，孔孟仁义之言未尝离口。其文嶙峋硉矹，磊砢历落，而浩然之气布濩行间，真具体子舆氏之气象者。夫山之奇，奇以石。泰山岩岩，藏万仞之石，而不以石显；徂徕峨峨，分泰山一支，而遂以石著。此泰山与徂徕之分，即大圣大贤与贤人之分也。du徊不忍去者久之，归而为之记。

杜天培《徂徕山赋并序》：徂徕，汶水南流所自经也。去泰山东南三十里而近。高不及泰山，而广阔配之；雄伟不如泰山，而奇秀抗之。宇内名山，不在五岳之数者，天台、峨嵋最为杰出，兹徂徕其流亚欤？夫五岳视三公，自泰山视徂徕，殆如萧之于曹，郭之于李，气势相高而不相下，情实相让而不相轧也。登眺之余，因敢摭拾状而赋之词，曰：

天作高山，东惟岱宗。肩随眉列，徂徕称雄。方其神化融结，居鲁之分。父乾行而母坤维，兄泰岱而妃清汶。气俯吞乎全齐，体平压乎数郡。苍茫浑厚，而真源莫问。遥睇之厥色正黑，博大绝伦。若铁堆，若云屯。青霓白雾，日月吐吞。仙灵潜其窟宅，阴阳判其晓昏。近瞩之则叠岭沓嶂，锦攒星烂。浑浑依天之石，崭崭藏龙之涧。小峰亦自绕其烟霞，偏岩亦各挟夫雷电。阳陂则冬日含葩，幽崖则六月飞霰。群峦秀而康乐为之欣起，峭壁悬而昌黎为之悲眩。尔其左涧溟、渤，右走崤、函，北拱神京，南以环吾孔宣尼之墓田。龟凫诸巨镇，络绎森列，总斯山之仆从儿孙而已焉。其下则山足裂，万窍鸣，氤氲盛，蒙泉生。皎洁而光侔星宿，湍瀚而响接蓬瀛。浩浩焉，漾漾焉，汇为大川，径行五百里而与黄河口合并。至乃洞悬乳窦，穴产仙蝠。灵药含滋，秀草芬馥。起银雉，眠瑞鹿。货不贵乎难得而四方走。合抱之木，禽不取夫珍异而千古无。虎豹之躅，又兹山之所独也。猗欤休哉！霖雨万方，厥绩彰显，而金泥玉检之封弗之及徂徕之上，交不谄乎；梁父社首，气脉联属，而特立拔起之势不可狎徂徕之下，交不渎乎。有宋君子石守道，人号之为徂徕先生，曰鲁之望也。泰山鲁所瞻，徂徕鲁之望。兹其品目，巍巍乎无以尚也。

石介《徂徕山斋熟寝，家童报征西府从事田集贤元均、张著作叔文、赵推官庶明书至，开缄读之，因题书后》：满径蓬蒿懒自锄，何人日午叩茅庐。徂徕山下一枕睡，经略府中三纸书。兵谋贵胜纵横出，海鸟忘机饮啄馀。唯有淮夷雅宜作，文章兼不让黄初。

萧协中《徂徕山》诗：抚池窥源紫，倚竹爱溪碧。古人善疏狂，六逸不可即。我景石先生，苦心在研席。地灵人杰欤，日落诸峰赤。

孔贞瑄《徂徕怀古》：岱岳南临东海西，徂徕别谷寄高栖。谪仙何术能驯鸟，巢父由来善乐饥。茅屋微霜雕落木，清霄明月满寒溪。只今绿竹猗猗盛，六逸风流未可齐。

程云《徂徕山》诗：不争岱岳尊，所隔犹尺咫。面面成一方，百有六十里。五汶夹之流，不然滔天起。孙石读书台，岩崿不容趾。至今竹溪存，千载思高轨。矧其对衡门，朝夕互青紫。或言采昌阳，可以延年祀。饮酒不暇仙，终焉聊复尔。

王士禄《望徂徕山》诗：晚步石桥上，南眺徂徕山。委蛇露苍蔚，翛然眉睫间。余雪一以映，宛如好女颜。缅昔孔裴辈，偕弄竹溪月。啸咏杂渔钓，风俗亦清绝。又闻石先生，读书山之阳。父老尚能言，余韵何洋洋。余既辞世网，雅思侣猿鹤。逝将营一椽，于兹永栖托。眷言野踟蹰，远烟生漠漠。

王士禛《徂徕山》诗：云阴移徂徕，影覆汶河水。下有贤人居，清风被田里。一抔讵能容，千秋今庙祀。

又《徂徕怀古》二首：徂徕林壑美，复爱竹溪清。应有云霞侣，幽居远世情。钓竿想巢父，酒态忆长庚。寂寞空山道，寥寥千载名。

当年石守道，卜筑亦于斯。时际升平日，人传庆历诗。子孙留伏腊，水石映茅茨。直道今谁继，凄然汶水湄。

又《徂徕山下田家》诗：行行空翠里，明晦更多姿。碧树通村落，青山向岳祠。林深鸡犬静，雨足陇苗滋。他日龟阴稼，躬耕亦不迟。

赵执端《徂徕道中》：万叠峰峦里，犹存守道祠。清风半山竹，遗迹断桥碑。云与泰山接，泉临汶水湄。逝将弃尘俗，来此构茅茨。

查慎行《入兖州境望徂徕山》：青山雅淡如故人，何可经时不相见。我行久与故人别，转向青山增眷恋。来从燕赵历齐邦，千里平沙黄一片。眼前俗物厌勃塞，物外心期失葱茜。朝来双眼豁然开，已报汶流通鲁甸。日高螺髻矗诸峰，天远修眉浮半面。含姿献态各自媚，一老峨峨耸冠弁。兹山洵属鲁之望，指点儿童悉能辨。犹传有道石先生，六一垂铭抵佳传。圣人已远道仅存，此事终应赖狂狷。景行并作泰山仰，恍惚风流觌前彦。白杨风急不少留，片帆忽过东阿县。

杨二酉《过徂徕》诗：予家瓮山麓，山水有夙缘。通籍近廿载，行役凡几年。闽海一槎渡，身似蓬瀛仙。往来吴与越，形胜靡不前。已觉江湖浅，况当潞河偏。今年役济上，池水清且涟。水源五百四，派出亦涓涓。汇流成汶泗，下济运为川。我欲穷河源，东岱瞻谓天。朝沿浮磬滨，夕陟徂徕巅。山松不可见，萧寺来荼烟。六逸去不返，空余溪口泉。

成城《己卯重阳前一日，程蕴山明府邀同颜太守游徂徕山，信宿而归》：泰山之下难为山，惟有徂徕崨兀堪追攀。翠微一带东南际，令我隔城遥望开心颜。程侯妙解山水趣，农事方登少机务。开筵峰顶作重阳，郑重前期戒供具。太守风流澹荡人，翩翩五马出郊闉。软舆络绎不知数，莲花幕里来嘉宾。宾朋尽是江南客，我亦生平爱泉石。悠悠泮汶渡行人，斜日一鞭山影碧。山中有寺名光华，横峰侧岭纷相遮。不知泉声活活出何许，但见丹黄照眼秋叶浓于花。明日来过礤石峪，步步看山看不足。谁能脱巾高坐云涛堆，静对西风相与扫尘俗。兹游乘兴为清娱，崎岖历落任人扶。芒鞋到处游仙图，一宿再宿成须臾。我闻徂徕七十有二寺，梵刹荒凉半委弃。又闻竹溪名与唐贤著，六逸高踪无觅处。世间万事浮云驰，红树青山属阿谁。徂徕先生不可作，茫茫俯仰空怀思。掉头一笑趁归路，奚囊懒就登高赋。我将独上泰山缥缈之峰头，阿阁神房千秋万岁住。

王雨霖《望徂徕山》：岱宗郁磅礴，余势犹嶙峋。群峰走徂徕，盘折五汶滨。开轩独凭眺，烟雨迷芳春。想见绿萝径，岩花映松筠。远慕六逸游，欲往且逡巡。移时山云起，直与天门邻。

新甫山

新甫山在泰山东南，隶新泰县。《诗·鲁颂》：新甫之柏。《北魏书·地形志》：汶阳有新甫山。《一统志》云：宫山，在新泰县西北四十里，接莱芜县界，即古新甫山。《泰安府志》云：在新泰县西北四十里。高峰插天，盘接百余里，为泰山左翼，旧名小泰山。上有云衢岫，下有毬杖壑，西有水寨溪、五云涧，山前有云孤寺。《岱览》云：新甫山，今名宫山。九峰如莲，俗呼莲花山。

千人洞，《一统志》云：在山西北，深远莫测。

望仙台，在山前云孤寺内。《泰安府志》云：汉武帝封禅于此，见仙人迹，建离宫于上。遂改山名宫山，筑此台。今石秋千架犹存。

明王应修《新甫山怀古》：新甫传闻久，登临始见奇。悬崖高巘嵲，断石迥参差。空翠群峰湿，微茫一径危。攀藤云拂袖，藉草露沾肌。斤尽鲁侯柏，苔残汉武碑。山僧聊共话，谷鸟暗相窥。壁古龙蛇剥，林深麋鹿驰。汲泉供茗碗，敲火爇松枝。寂寞探玄意，凄凉吊古诗。沧桑不可问，丘壑有余思。

赵希抃《春日登新甫山》：春山春望郁葱葱，矫首层峦切太空。问俗久传秦禅地，逢人争道汉离宫。三峰时吐嵯峨月，万木长交淡荡风。最是凭凌情不厌，尊前青眼更谁同。

谭其志《晴望宫山》：苔老石翻润，云荒峰自奇。平畴遥可辨，危径到还疑。天地知何意，山川产若私。江南追所历，灵幻未如斯。

国朝程云《登新甫》：窈窕攀林杪，空蒙极望收。野泉偏受雨，乔木易知秋。近拥青徐出，高凭岱岳游。廿年丘壑志，今日一沧洲。

杨继芳《宫山怀古》：秋色满山岩，行云湿古树。相唤谷鸟鸣，闻声藏其羽。深洞有龙蟠，岩光若带雨。夕阳隐西峰，寒烟流复聚。离宫何日废，荒草埋石路。归屐印莓苔，转盼生馀慕。

王士禄《新甫山》：徂徕既瑰玮，新甫亦郁秀。苍苍百里间，与岱相辐辏。拄颊望嵚崟，复沓森蹴骤。朱霞耀晨岭，白云滃夕岫。辗转无定姿，晦明相荡漱。定有灵异栖，或是仙人囿。汉武此筑宫，未必方士谬。我行怏瞻瞩，恨不蹑岩窦。为咏闷宫诗，遥集破儒陋。

施闰章《望仙台》：崔嵬新甫山，蜿蜒百余里。连峰障日寒，翠柏参天起。窅窅岩洞深，津津流石髓。遥见羽衣人，青霞随玉趾。借问此为谁，云是洪崖子。汉武非仙才，登望亦徒尔。觌面不相识，延颈睇海水。千载郁萧条，荒台蔓葛藟。

叶方恒《游新甫山》：岳东古新甫，其形作莲花。俗因以之名，齐鲁相矜夸。立石插穹昊，叶叶纷交加。回环结奥区，中有神仙家。凭虚敞南望，平野耕桑麻。绵延汉时宫，曾映朱明斜。庄严起梵宇，奔走来穷遐。安期不可见，石洞流春霞。

少岱山

少岱山。《一统志》曰：在东阿县东一里，横亘郭门。以在岱宗之西，故名。《泰安府志》云：其上有台一成，台上为元君祠，台下为岳帝祠。岳祠之前为玉皇祠，东麓为金山，产铃石。《泰山述记》曰：在泰山西一百六十余里，隶东阿县，一名小泰山。《东阿县志》云：泰山之西支，蜿蜒迤靡，至于邑境，得大清河而止，其支脉皆从东南来，小泰山在邑之东郭门，枕百步而近。山不甚高大，其上为岳馆，有台一成，元君之宫在焉。无溪洞古迹，故屐齿少至，环抱诸山，亦不可悉记也。

灵岩山

灵岩山，在泰山西北四十余里。《一统志》曰：方山，在长清县东九十里。《山东通志》云：灵岩山四面方正，又名方山。《齐乘》曰：即《水经注》所谓玉符山也。上有黄龙、甘露、独孤、双鹤、卓锡、石龟六泉，下为灵岩寺。朱孝纯《图志》云：灵岩山，古称方山。《泰山道里记》曰：灵岩，古方山也，或曰玉符山，多松柏，东晋京兆竺僧朗事佛图澄，硕学渊通，初止于琨瑞山降锡焉。尝往来于此说法，猛兽归伏，乱石点头，灵岩所由名也。属泰山郡，唐隶齐州山茌县，寻改为长清县。元属泰安州，后并济南府。山自泰山逾长城岭西北，经西棋子岭，蜿蜒挺特，层崖削壁，面南向，周回六十里。

《水经注》：玉水导源太山朗公谷，旧名琨瑞溪，水亦谓之琨瑞水也。其水西北流径玉符山。

鸡鸣山，《述记》云：在灵岩东北，山下有台有洞，夜半尝闻鸡鸣。山西岩曰麻衣洞，元李坚栖隐处。东北过大溪，抵双槐树，为入灵岩各路之会。

《泰山道里记》：自泰山后，鸟道碌礁难行。登泰山继游灵岩者，由泰安府城西北，绕山西麓而入九十里，经长清境之湾德村东北，径鸡鸣山下。

《泰山纪胜》：岱西有长城钜防，娄敬洞，绕岱百余里，两山夹道，一水中流，潆洄百折，异鸟奇芳，足人耳目。中有灵岩谷，虚中如瓠，路盘旋若磨山。曲道断涧，怪石齿齿，似欲啮绝尘世轮蹄者。有石梁可渡，缘陲村落，仿佛辋川。余尝自是经柳里庄，遥望苍松翠柏被岩麓，无恒河沙数。幽秀逼人，而绀宇杂缀，隐见天然黄鹤石田画帧矣。证明龛孤悬碧落，云霭燚移影落马首，为之神抃。

塔宝峪，《泰山道里记》云：在灵岩东南，立石如塔，中空莹然。又东，跨道为坊，额曰“灵岩胜境”。

黄岘山，《述记》云：在塔宝峪东南，有老虎窝。

明孔山，《泰山道里记》云：在黄岘山东。其山一孔，南北相通。盘旋北入，内有石佛像。再入，一窟甚深。山巅有灵光亭，圮。

国朝韩章《明孔山》诗：何年凿辟见神工，嘉兆分明应朗公。宝刹既成人已去，犹留满月照山中。

涤思峪，《泰山道里记》云：在明孔山东，又东为大横沟、崇兴桥，俗呼大石桥。有宋释仁钦修桥碑，大观二年郭思撰，王高篆，郭升卿正书，南向。其北面先勒元丰王临飞白书“灵岩道场”四大字。又东为小横沟、明空桥，俗呼小石桥。东有龟背石。又东为饮马沟，有新石桥。又西北为方山神祠。又北为灵岩寺。

雨花岩，《岱览》云：在大石桥西南，本名滴水崖。乾隆二十一年御赐今名。《泰山道里记》云：出上水石，澄泥如石，虽小亦自具丘壑。

凌霄峰，《岱览》云：在雨花岩东南。又东为黄茅冈。宋苏轼《登齐州云龙山》诗云“醉中走上黄茅冈”。即此。

鲁班洞，《岱览》云：在灵岩寺弥勒殿之西，一曰巨和洞。《述记》云：上为十王殿，外有宋宣和五百罗汉碑。东北苍崖之阳，有卓锡泉，又名锡杖泉，传为佛图澄锡杖卓出者。水西流，汇为镜池，俗呼功德池。上有卓锡亭。东有二井相连，碣曰“双鹤泉”，齐称立鹤泉[1]。

《泰山道里记》：金陈寿恺记云：昔法定建寺，患其无水，双鹤飞鸣，其下涓涓，果得二泉。今一泉塞。

① 齐称：《泰山述记》卷四作“亦曰”。

悬星岩，《述记》云：俗呼功德顶，在灵岩北崖最高处。《岱览》云：青壁四削如印，上平如砥，方山所由名也。石龛宏敞，名证明龛，有释迦佛像，高丈余，旁有四行者像，皆因石为之。龛座刻宋元题名。

按：北魏《孝文帝本纪》：太和三年，于方山起文石室。五年，建永固石室于山上，立碑于石室之庭。八年，幸方山石窟寺。盖谓此也。

拂日岩，《岱览》云：在功德顶迤西，两峰夹径如雄关，一名小西天。北有饮虎池。

积翠岩，《岱览》云：在拂日岩西。

巢鹤岩，《岱览》云：在拂日岩南，昔有双鹤止此。石坪轩豁，俗呼晒经台。前为蹲狮岩，或曰盘石也。

国朝于绍舜《巢鹤岩》诗：尘踪长是羡飞鸿，巢鹤岩巅恰御风。十里松阴晴亦雨，千重烟霭色还空。列屏山似居连舍，放眼人如鸟脱笼。不用凭虚更搔首，恐眈诗句负青葱。

又《蹲狮岩》诗：狮峰雄踞出崔嵬，乌弋谁将缩地来。怒吼松涛驱虎豹，闲排云阵鼓风雷。西归欲逼星河去，东望疑从泰岱回。闻说空王降怪兽，狰狞亦上雨花台。

云窝，《泰山道里记》云：在巢鹤岩东谷口。

观音洞，在云窝南崖。《泰山道里记》云：三门相通，内有石佛像。东南崖多勒宋人题名。有坦地约三亩，不生草木，曰无生地。佛家以无生为上乘，故云。

香霏岩，《岱览》云：在巢鹤岩西，俗呼绣毬山。迤南有唐天宝僧慧崇塔。西北里许，北峪之水南流。北峪之北有石崖，中一窟如井。又西北二里，有神宝泉。

宝山，《岱览》云：在神宝泉北，上立玉皇庙，东曰神谷。

黄尖山，在宝山北二里。《泰山道里记》云：两崖对峙，俗呼梯子崖。崖上南北二山相连，曰双峰。其阳石窍蓄水，甘美充溢，谓之醴泌泉。

石坞峪，《岱览》云：过双峰，西折而东北，层峦吐雾，清渚含烟，尤为幽邃。又东北为如巢屿，或称栖佛洞。

转山，在功德顶南。

白云洞，在转山东。《岱览》云：白云洞豁辟向阳，由证明龛南下，过转山东折至焉。

小石崖，《岱览》云：在白云洞下，东南峭壁如削。有平台，曰可公床。明释真可憩此。崖上勒朗公传。

大石崖，《岱览》云：在小石崖东，一名半室崖，容可数十人。

绝景亭，《岱览》云：在小石崖南下，一名抱灵亭，宋释仁钦建。东崖有甘露泉，灵岩第一名泉也。

《泰山道里记》：其地传为金陈寿恺、元杜仁杰隐居处，即《志》所载观音、朝元、达摩各殿故址。古木参差，多老檀，磊砢拥肿，状若虬龙，《志》称千岁檀也。

铁袈裟亭，《岱览》云：在甘露泉南，旁有印池。

《灵岩志》：昔法定时有铁物自地涌出，高六尺许，如袈裟披折之状，明人篆刻“铁袈裟”三字。旧在甘露泉之达摩殿，移置于此，覆以亭。

宋张舜《铁袈裟》诗：线蹊针孔费掺掺，铁做袈裟信不凡。大庾岭头提不起，岂知千古付灵岩。

国朝杨涵《铁袈裟》诗：红炉不记是何辰，长短谁能量此身。莫怪至今披不起，只求竖得脊梁人。

仙人岩，《岱览》云：在印池西南，石壁峭特，上有亭。明嘉靖中隐士李松勒岩名石上。

石尾峰，《泰山道里记》云：在白云洞南三里。

灵辟峰，《泰山道里记》云：在石尾峰南，峡通一线，即小天门。东二里有华岩泉，北为华岩寺，圮。北五里为野老村，晋张忠隐处。

朗公山，《泰山道里记》云：在灵辟峰南，西岩有朗公石，状类老僧伛立。迤南为九曲峪、朗公寨、朗公泉。

如来顶，《岱览》云：在朗公石西南。

快活岩，《岱览》云：在如来顶西南，游者至此可憩，故名。

卧象岭，《泰山道里记》云：朗公石西南为如来顶、快活岩、卧象岭。

珠山，《岱览》云：卧象岭南为珠山，有野沟。

东西磨山，《泰山道里记》云：又东，双峰圆特，俗称东、西磨山。中夹芦沟，水东流。

宋卞育《游灵岩记》：齐有灵岩寺，居天下四绝之一，海岱间山水之秀，无出其右者。仆为郡从事，被檄屡到焉。长廊大厦，其制甚雄；击石鸣金，其徒甚众。断基坏址，古殿石阙，五季之遗迹，往往具在。山僧引导而悉观之。涉溪之东，双峰插天，巍然对峙穹窿，似可通行。山僧指之曰：此东天门也。天门之西，一峰特高，其平如席，寺之基址正居其下。山僧指之曰：此方山也，有证明像焉。具杖履而遍登之，羊肠鸟道，萦迂盘曲，且进且却，攀缘而上者，不知其几千仞也。既升绝顶，山峦之形尽可俯瞰。若断若续，若驻若驰，屏列栉比，周环四合。珍禽异兽，古木怪石，千类万状，靡不睹焉。心目恍然，殊不知居天地尘埃之间而己之有躯也。山僧又指曰：东有朗公石，西南有明孔、鸡鸣二山，但能引望，非人迹可到者耳。由山之西宛转而下，至半岩，得泉于石窦间，味甘如醴。停杯而激之，清韵琳琅，珠玑乱迸。坐待久之，醒人毛骨。山人曰：此甘露泉也。下有锡杖、白鹤二泉，举类此矣。顾谓同行者，取酒藉石以竟日。幽禽噪晚，烟霭四合，岩月亭亭，松云索索。山僧曰：可以还舍矣。山腰岩腹，幽亭奇榭，径从而尽览焉，其乐何可既耶？于呼，智者劳心，愚者劳形。劳心者殆，劳形者疲。曾不知云霞，栖心息形自在地也。仆方衮衮于簿书间，不能同苾刍众诵贝叶文，优游周旋于此，良可愧怍。解后有期，心游目赏，殊未厌之。不知异日之来，又何时也。将出山，砻石而志之，庶几使劳形劳心者见此一悟云尔。

唐李白《题灵岩寺泉池》诗：客来花雨际，秋水落金池。片石含青锦，疏松挂绿丝。高僧拂玉柄，童子献双梨[①]。惜去爱佳景，烟萝欲暝时。

刘长卿《灵岩寺西入石路》：山僧候谷口，石路拂莓苔。深入泉源去，遥从树杪回。香随青霭散，钟过白云来。野雪空斋掩，山风古殿开。桂寒知自发，松老问谁栽。惆怅甘泉

① 双梨：《全唐诗》卷一七九作“霜梨”。

水[1]，何人更渡杯。

钱起《题灵岩诸峰》：向山看霁色，步步豁幽性。返照乱流明，寒空千嶂净。石棚有余好[2]，霞残月色映。上诣郎公庐，孤峰悬一径。云里隔窗火，松间下石磬。客到两忘言，猿心与禅定。

宋滕涉《道出灵岩过题五言排律十韵》：山半旧招提，扪萝蹑石梯。佳名标四绝，胜境出三齐。殿古烟霞窟，庭深桧柏蹊。岳灵分地界，云险接天霓。香篆清风袅，松廊翠巘低。飞尘无路入，幽鸟隔岩啼。破梦泉声急，飘凉竹韵凄。微阳生顶上，残月落峰西。暂到犹尘虑，长居信觉迷。致君功业就，向此卜幽栖。

鲜于颉《游灵岩》：松门十里苍山曲，宫殿参差倚岩腹。盘盘一径入云中，又登绝顶最高峰。石壁苍然起秋色，远溪深处时闻钟。磴道崎危达岩下，几派清泉在涧泻。月色朦胧出远山，忽惊星斗在檐前。倦客游来不知返，清光皎皎岩霜寒。一出禅林复回顾，白云已满山头路。

鲜于侁《留题灵岩寺》：马烦箠策车驰毂，终岁尘劳常碌碌。喜闻岩寺并山中，路转清溪入幽谷。乍行山口疑洞天，穷身一上翻平田。千层台殿隐林木，四面石壁生云烟。山僧迎门笑相揖，为语祖师存往迹。屈指于今八百年，已在西来达摩前。鹤鸣飞止黄金地，锡杖涌起清凉泉。境称四绝名天下，天台石桥乃其亚。千峰不改岁寒时，一水最怜秋月夜。半生游学颇艰辛，且向空山老此身。也知方丈安禅处，解笑东西南北人。

宋逸《登览灵岩》：抖擞尘衣访古踪，扪萝陟险彻灵峰。寒堆泰岳千层雪，清绕方山十里松。泉顶客回闻法鼓，云堂僧起动斋钟。如来元现因明处，直上人天第一重。

金劳堪《次鲜于颉韵》：灵岩突兀方山曲，古殿般舟枕岩腹。石磴层盘林莽中，芙蓉面面罗青峰。菩提花散诸天雨，薝卜风传万壑钟。玄烟一鹤蹁跹下，岩自点头泉自泻。袈裟金藏不知年，飞锡犹在西来前。披襟向月聊放歌，声彻东壁明河寒。闲云纷落如相顾，我欲乘之入天路。

元郝经《游灵岩寺》：岱宗西北驰，倒卷碧玉环。岳灵秘雄丽，势欲藏三山。初从谷口

① 甘泉：《全唐诗》卷一四八作“湘江”。

② 石棚：《全唐诗》卷二三六作“石门”。

入，两掩争孱颜。渐疑下地底，细路深屈盘。仰视觉天窄，石井攒峰峦。陆海沙劫开，突兀仁王坛。桐鲸吼西风，栋宇横高寒。石龙喷清泉，洒落几案间。修竹扫山色，莹绿穿云根。丹凤饥不来，寂寞青琅玕。上方在天上，下视无尘寰。空霏锁霜树，翠锦蒙朱殷。西日回清晖，轻金满烟寰。何时脱世网，挂席高盘桓。静境求初心，滞虑驱万端。向晚苍烟合，更欲穷跻攀。路断不得前，矫首重一看。

明许彬《留题灵岩》二首：古刹幽深有路通，四围山拥绣芙蓉。昙花尚逐驮经席，灵雨常随听法龙。东涧水流西涧月，上方僧定下方钟。五花新殿凌霄汉，画栱雕甍几百重。

面面峰峦紫翠连，白云深处有人烟。落花泛泛流双涧，古塔巍巍出半天。胜地连山三百里，名师卓锡几千年。北游不尽登临兴，挥笔成诗付大颠。

薛瑄《灵岩道上》：路入山门景便幽，高风不断石林秋。照人霜叶红于烧，拂袖岚光翠欲流。几过野桥横绝涧，遥从古刹见高楼。北峰直与天相接，更拟攀萝到上头。

徐有贞《灵岩行》：灵岩奇绝闻天下，我欲游之久无暇。年来治水功已成，导山过此聊停驾。手托天书登上方，上方金碧生辉光。回旌弭节祇树傍，问谁建此古道场。后踞狮子前象王，文殊普贤相颉颃。山开由法定，松偃自玄装。法定安在哉，况彼希有之如来。既不见两虎驮经去，又不见双鹤随锡回。但见白云千万堆，欲动不动空徘徊。金色界中多宝塔，青莲社里九层台。九层台宝塔，曾经几尘劫。黄龙蟠伏钵盂水，碧苔绣尽袈裟铁。嘤鸣有鸟似频伽，步步香生薝卜花。雨红风翠飞满路，路迷误入山人家。泉斟明月和流霞，茶烹蒙顶先春芽。中分三十六禅院，最好无如五花殿。图画天开当四面，面面奇观观不遍。属兹清和节，春物方骀荡。复多绣衣人，相从共清赏。主僧名至瑄，精进如惠朗。殷勤供香积，招邀到方丈。阴阴阏修竹，称我酒酣来此宿。西峰夜听天鸡唱，东崦朝窥海乌浴。可怜清赏殊未足，无奈尘缘苦羁束。何当了却分家忙，来与松子同翱翔。饥餐紫玉英，渴饮甘露浆，后天不老凋三光。即此便是无何乡，何必泛海求扶桑。

陈凤梧《登灵岩》：玉符千载记方山，传得图澄卓锡缘。佛日岩光初霁雨，辟支塔势欲参天。繁松十里风涛静，立鹤孤泉月影妍。北望少林仝宝地，满山空翠锁云烟。

王世贞《再游灵岩十二韵》：为舍祇园竹，名山结愿偏。登临恍初地，徙倚更诸天。不改芙蓉色，微添薜荔烟。松云移叠嶂，花落助鸣泉。芒屩青从引，苔衣碧任穿。井犹双鹤浴，瀑似片虹悬。磬发僧归定，灯余客借传。新茶收月供，净氎割霞眠。未叩无生理，聊追有漏缘。空闻飞锡杖，不见布金田。尽劫终成幻，降心恰悟禅。只应何所住，一钵付流年。

李化龙《重游灵岩十韵》：揽秀山全胜，探奇客再寻。慈云开觉路，佛日上初林。净域三天晓，空门十里阴。忘机僧化石，种福地生金。高阁看人代，方池阅古今。铁衣留幻相，岩窦见禅心。峰合窥天小，台高贮月深。清泉双鹤舞，老桧万龙吟。阒寂消尘虑，清虚惬素襟。皈依欣有地，惭愧未抽簪。

国朝施闰章《灵岩行》：灵岩开凿巨灵苦，万仞丹梯作环堵。已留天穴烂明星，更遗甘霖泻石乳。重林深翠来风雨，铁崖涌出袈裟古。土花错落镂金斑，水田细绣天为补。丹台飞嵌层岩巅，削成石屋居无椽。杖藜直上八千尺，手抚白鹤凌紫烟。朗公卓锡呼不应，庞眉十丈拱我前。遍视人间悲浩劫，谁知梵宇亦桑田。般舟宝殿金银摧，世尊尘埃龙象哀。唐碑宋碣纷断折，存者欹侧埋荒苔。灵迹摩挲恨未了，倦游一宿良草草。安能高枕卧空山，饱饭青精颜色好。

琨瑞山

琨瑞山，《岱览》云：在泰山东北四十五里，旧名金舆山“舆”或作“榆”。又名崑崙“崙”讹作“崙”，又名金庐山“庐”一作“驴”。《水经》云：泰山朗公谷，旧名琨瑞溪。《山东通志》云：金庐山，在历城县东南八十里。山下为朗公谷。《泰山道里记》云：泰山东北四十余里为琨瑞山。东有金驴洞，《志》称黑风洞。《齐乘》称西龙洞山。山势秀拔，双流如带，面西南向，周六十里。

《水经注》：有沙门竺僧朗，少事佛图澄，硕学渊通，尤明气纬。隐于此谷，因谓之朗公谷。故车频《秦书》云：苻坚时，沙门竺僧朗尝从隐士张巨和游。巨和尝穴居，而朗居琨瑞山，大起殿舍，连楼累阁，虽素饰不同，并以静外致称。即此阁也①。

《酉阳杂俎》：竺僧郎往金榆山②，及卒，所乘驴上山失之，时有人见者，乃金驴矣。樵者往往听其鸣响，土人言：金驴一鸣，天下太平。

---

① 此阁：《水经注》卷八作“此谷”。

② 往金榆山：《酉阳杂俎》续集卷八“支动”作“住金榆山”。

释慧皎《高僧传》：竺僧朗于金舆谷、昆嵛山中，别立精舍，犹是泰山西北之一岩也。峰岫高险，水石宏壮。谷中旧多虎灾，人多执仗结群而行。及朗居之，猛兽归伏，晨行夜往，道路无滞。奉高人至今犹呼金舆谷为朗公谷也。

《泰山道里记》：自泰安府城东北，逾长城岭，经玉皇岭至百余里。自应城县东南[1]，经柳埠村至八十五里。琨瑞东南三十里为长城岭，岭南北水皆分流，《酉阳杂俎》谓之分流山。

金庐山，《岱览》云：为琨瑞主峰。《泰山道里记》云：山西北为神通寺。寺中东廊下有朗公时所浚神异井，涸。东有染池、龙洞泉。洞门半掩，石龙半灵[2]。水自中出，经青龙冈、通圣桥，西注玉水。西北隅地势幽旷，中有朗公塔，制最古，多元时篆书塔铭。

千佛岩，《岱览》云：在朗公塔西。《泰山道里记》云：削崖绝壁，有大、小石佛千龛，多魏、齐及唐人所镌，犹有造像记二十余可识。

黑风寨，《岱览》云：在千佛岩西北，昔人尝避乱于此。

红鹤崖，《岱览》云：在黑风寨西北。《泰山道里记》云：石壁凌云，洞心骇目，大观也。又西北为季儿寨、泉子峪、青牛寨、通天峪，巨石悬卧如梁，曰仙人桥。

梯子山，《岱览》云：在长城岭迤北，东有仙人洞、云梯涧，西为仙龙潭，玉水源也。《历城志》称锦阳川。

桃科岭，《岱览》云：在锦阳川西北。

平头山，《岱览》云：在桃科岭西北。

龙集山，《岱览》云：在平头山迤东，上有玉泉寺。下为风门岭，为劈山。

天麻峰，《岱览》云：在梯子山西。

松峰，《岱览》云：在天麻峰西，下有龙池。《泰山道里记》云：左会涌泉之水，有涌泉桥。西偏有涌泉庵。

---

① 应城：《泰山道里记》作“历城”。

② 半灵：《泰山道里记》作“半露”。

屏风山，《岱览》云：在涌泉西，丹碧错落，与云霞乱采。石梯百有十六级，上立天齐庙，有黄巢洞，为盘磴所掩。

交战峰，《泰山道里记》云：在松峰西北。山势突兀，顶有数穴，深不测，曰云洞。东为陡谷，多丹枫树。西为云谷，下有响泉。又西北为蚖洪峪，中有苦苣泉，为苦洪峪，为[1]琴泉。

灵鹫山，《泰山道里记》云：琴泉又西北径灵鹫山，西有九塔寺，塔九顶，门外有圣水泉。

回龙山，《泰山道里记》云：又北径回龙山西也。

秋千台，《泰山道里记》云：在长城岭北，山高阴寒，多积冰，曰冰台，又名冰泉。

玉皇岭，《泰山道里记》云：在秋千台西，下有蔚沟台。

瓦子岭，《岱览》云：在玉皇岭北，遍山皆瓦砾，传为秦皇离宫。北为齐城峪。又北为白石崖。

虎头崖，《岱览》云：在白石崖东北。

梨峪，《泰山道里记》云：在瓦子岭西，有潮音洞。

青冈岭，《岱览》云：在梨峪北。

柏崖，《岱览》云：在青冈岭西，上有透明洞，下为柏水湾。

扶山，《岱览》云：在柏崖西，子房洞在其北，深里许，旁为五帝阁。东五里有子房庵，有熨斗泉。北六里有都泉，西注会水帘泉。

明杨衍祚《子房洞》诗：野棠开处洞门闲，俯瞰中原指顾间。云锁瑶函黄石去，鹤鸣琪树赤松还。冲开碧落崖千尺，截断红尘水一湾。回首咸阳新日月，何如济上旧云山。

三尖峰，《泰山道里记》云：水帘泉又西一里，径三尖峰南。峰之西曰木梨寨，曰龙洞峪。南为锦云川。

拔山，《岱览》云：在锦云川西南。又西北，为黑山寨。又西北，为杨

---

① 峪，为：原缺，据泰安市博物馆藏清嘉庆刊本补。

广寨。其西为火焰山、天麻寨，道沟峪出焉。林壑无际，内产朱樱。又北，为魏花寨，宋指挥魏花故居也。

圆通山，《岱览》云：在天麻寨北。又北，为方山寨。又北，为九女寨。《泰山道里记》云：三石削立，宛如三妇并在云中，又名三媳妇寨。

涝泉岭，《岱览》云：在九女寨北，有涝泉峪。岭西为隐士峪，有葫芦崖，即《志》所称"瓢峰"也。

康王山，《岱览》云：玉水西流，径其南。山之西巨石伛立，曰老人峰。

黄山，《岱览》云：在瓢峰西北，周如城郭，玉水径其北。《泰山道里记》云：疑即《水经注》之玉符山也，以锦阳川所经，故又曰玉水。《齐乘》云：灵岩与方山相连，疑即玉符山。案：灵岩前后之水源流，与朗公谷水无与，则非玉符可知矣。今皆以灵岩为玉符山，盖因《齐乘》而误。

泰山志卷第八

泰山志卷第九

朝议大夫山东泰安府知府休宁金棨纂辑

川泉志

岱顶诸水　岱阳诸水　中溪　东溪　西溪　岱麓诸泉

桃花峪水　九龙峪诸水　天津河　徂徕诸水　汶水

泰境诸泉　灵岩诸水　琨瑞诸水

岱顶诸水

神泉，出五花崖、试心石迤南。《汉官仪》记云：南胁神泉，饮之极清美利人。《泰山道里记》云：水南流，达涤虑溪，经对松山而西注龙峪。

玉女池，《图志》云：在岱顶碧霞祠西，池上旧有秦篆刻石。明汪子卿《志》云：甘洌，四时不涸。一名圣母水池。东有圣水泉。

《文献通考》：泰山玉女池在泰山顶，池侧有石像，泉源素壅而浊。真宗东封，先营顿置。泉湍涌上徙升山，其流自广，清泠可鉴，味甚甘美。经度制置使王钦若请浚治之。像颇摧折，诏皇城使刘承珪易以玉石。既成，上与近臣临观，遣使砻石为龛，奉置旧所，令钦若致祭，上为作《记》。又云：大中祥符元年五月丁丑，泰山王母池水变红紫色。

明崔文奎《记》：太极判动静，生阴阳。山镇坤维，体静阴也；水生天一，体动阳也。岱岳摩空，峰峦拔起，去地数千丈。绝顶出泉，流注石池，清泚可鉴，盖阳根阴之象。泉以玉女名，必有所稽，地志失载。《记》云：山林川谷丘陵，能出云，为风雨，见怪物，皆谓之神。岱岳毓神，上通乾象，降灵下土，坤道成女。天仙玉女之号，其以是欤?

谢肇淛《记》：山顶苦乏水泉，独是池未尝竭，疑有神物护之。

《泰山道里记》：按，古玉女池属大辟祠基，适掩于正殿龛座下。今祠东有圣水井，西有玉女池，并建亭。遗迹皆后人傅会耳。

明龚勉《玉女池》诗：山池水碧澄，可照芙蓉面。玉女时往来，彩云飞片片。

程拱辰《玉女歌》：英英白云端，神女驾紫鸾。素姿净浴天池水，扶桑日闪玉容丹。朝餐明霞暮吸露，芙蓉制服电为冠。我闻黄帝女，修真生羽翰。载传汉玉叶，石屋炼金丸。西向瑶池礼王母，鸣珰杂佩声珊珊。白日飞挟曹仙去，空留丹灶镇苍峦。黄花古洞真人迹，女指纤纤印苍石。更有一片雨花床，千年指作蒲团席。银灯悬斗旁，灿若七星奕。炉烟绕岩廊，袅袅吐雾碧。天花不卷水珠帘，甘泉迸出白玉液。乍闻万壑松籁鸣，疑是经声喧喈喈。曾颂李白句，飘飘下九垓。载闻宋真宗，东封紫观开。宝磬声落天空外，玉箫吹集凤凰台。卿云绚烂扶舆下，朱幡五采驾山来。巍巍岱宗奠东土，赫赫元君何神哉！维山有神增灵异，寰区千古仰崔巍。我也生前怀仰止，今日东山著屐齿。十八危盘石参差，万丈云梯空中视。乘风上天门，振衣蹑星纪。仙乐云中迎，身如霄汉里。金莲顶上紫气腾，稽首风前荐香芷。素手授我朱砂杯，须臾饵以白石髓。揖予更上日观峰，天鸡初叫朱曦起。西望昆仑雪花明，玉池直接天河水。夜梦石函玉虚篇，傍有羽衣亲点指。从此觅却紫芝依碧霞，人世浮名一扫如风靡。

萧协中《玉女池》：琳宫高揭碧山岑，祠畔灵池岁月深。藻色绿萦元女发，镜光清澈道人心。翻疑借液银河近，肯信涵虚玉露侵。恍惚水云飞白篆，泠泠清况起长吟。

珍珠泉，《泰山道里记》云：出斗仙岩东北崖，石窍滴水如贯珠，昼夜出斛许，味极佳。

裂天泉、云水池，《述记》云：在悬鼓石下，夹桃花洞出焉。《岱览》云：泉甘澹异于诸泉。

碧天泉，《泰山道里记》云：在青帝宫东，今涸。

万福泉，《泰山道里记》云：东为天街，西为万福泉。

《泰山小史》：石穴涌流，甘冽异凡。时中贵汲以羞，上赐名“万福”。游人多掬以洗目。

萧协中诗：新祠开万寿，地脉细流通。斟酌饶璚液[①]，芬馨福闷宫[②]。灶瓢烹石白[③]，花忽劚泉红。蠲疾非关橘，传香或隐龙。軿罂劳驿置，调鼎契宸衷。赐额来云外，祥光彻涧中。涓涓

① 饶璚液：《泰山小史》作“疏灵醴”。

② 芬馨：《泰山小史》作“渊源”。

③ 灶瓢：《泰山小史》作“灶觚”。

邀锡祉，潋潋兆年丰。澌咽仙韶并，甘醇沆瀣同。玉盘澄霁月，溪縠皱轻风。元咣酬难竭，重湫浚不穷。痕胦山献瑞，石罅鬼输工。倚杖流连久，尘缘一洗空。

碾砣泉，《岱览》云：在丈人峰侧，涸。

涤虑溪，《岱览》云：在王老石屋稍东。《泰山道里记》云：水瀓洌，西南流。中有突秀蜂。

百丈崖，《泰山道里记》云：白云洞南，深谷陡峻，水西南流入石壁峪。

卧马峰，《泰山道里记》云：在西神霄山峡口，渠水南流，至对松山，东注龙峪。

岱阳诸水

大龙口，在雁翎峰北。邵伯温《闻见录》云：龙口泉，大石有罅，如龙哆其口，水自中出。

王恽诗：峰峦重叠水潺湲，石磴萦回不易攀。独倚长空频纵目，始知身在白云间。

张位诗：浮云万里结秋阴，飞瀑千寻度远林。每怪登临风雨骤，芙蓉匣里作龙吟。

大龙峪，在龙门坊东。《岱览》云：承石壁峪之下众水所归。《图志》云：峡水若泻，南经飞瀑岩、小龙峪，西注黄西河。

三叉沟，在老人寨朗然子洞下。《泰山道里记》云：会双沟而西南流。

潜龙涧，《图志》云：在拦住山下，水西南流，入黄西河。

飞瀑岩，在御帐坪前。《泰山道里记》云：瀑水悬流，若溅花铺玉，而下曰护驾泉。明汪子卿《志》云：以宋真宗名。又曰银河。《岱览》云：其下为雪花桥，瀑水所经。

陈凤梧诗：百丈崖高锁翠烟，半空垂下玉龙涎。天晴六月长飞雨，风静三更自奏弦。苍水佩悬雪片片，珠帘洞织月娟娟。晚山倒著肩舆下，回首斜阳景更妍。

施闰章诗：我寻古柏树，爱此岩下泉。横泻珠帘静，斜飞瀑布悬。积寒生石发，落日动山烟。辇道除荒草，长悲封禅年。

小龙峪，《岱览》云：在拦住山东南，石峡飞流，势如龙喷。《图志》

云：东崖两石谽谺，中喷清泉，曰小龙口。

刘应时诗：万壑千岩赴一门，蟠龙喷沫此腾奔。摇空瀑布疑拖练，带雨惊波似覆盆。玉窦云深迷月窟，仙岩雷动撼天根。坐来忽觉魂飞越，日暮归期不敢论。

玉液泉，《岱览》云：在快活山旁，石穴迸水可掬。

圣水泉，《泰山道里记》云：在歇马崖北。

中溪

中溪，源出岱阳黄岘岭。《山海经》曰：环水出泰山。即此。《水经注》云：环水又左入于汶水。《图志》云：黄岘岭，又名中溪山。迤东，谷水涌流，为中溪发源处。水南流，经回马岭。又南流七里，过住水流桥。

水帘泉，出天绅岩下，东南流注之。

陈文烛《记》：水自数千仞注于绝壑，如玉虹垂地，银汉落天。

钟宇淳《记》：泉源自天绅岩来。当雨后奔流飞射喷激，如万斛明珠状。

钟惺《铭》：晴雨所覆，白云之上。冬爱其原，厥流斯养。石穹其中，俟时而响，岱实为之劝登宏奖。

王元坤诗：百丈双崖分巨壑，泉引天绅向空落。洞门长日耀珠光，披拂灵风护烟幕。沉沉玉蝀挂飞流，洞古帘垂映月钩。鹿饮涧边秋草劲，鹤鸣帘外水云浮。水净山空深洞杳，影共银河堕林杪。忽惊洞里玉妃还，波纹不卷东峰晓。

萧协中诗：寻真欲问碧云宫，竹杖芒鞋好御风。洞里有仙疑睡稳，故将珠水挂帘栊。

魏允贞诗：藜杖山中破晓烟，涓涓石壁挂流泉。冥心会到源头处，一派银河自九天。

石经峪水，《岱览》云：出龙泉峰后，上接三叉沟，绕峰而出，西南注之。

黄镳诗：众壑应看此最深，岱宗直下数千寻。谁题梵字深溪里，故使溪声作梵音。

鹰石沟水，出十峰岭下。《图志》云：以石似鹰得名。水南流，会石经峪。

龙泉，《岱览》云：在水帘洞南三里，上有高老桥，盘道所经。《泰山道里记》云：水从西北山峡经此，东注中溪。又南注桃源峪。

中溪水，又东径黑石埠西。《泰山道里记》云：有柳条湾、饮马湾、石峡湾，各随地命名。汉枚乘谓“泰山之溜穿石”是也。

箭竿峪水，在其东。《岱览》云：水南流，径虎山北。又东南绕明尚书萧大亨先茔侧，汇为石马湾。过岱道村、吕仙桥，入梳洗河。

堰岭河，《岱览》云：源出岱东南摩天岭、屏风岩之间，横沟涌流，而东导南折，径凌汉寨西。河腹双泉递涌，汇为金牛湾，东南流，至凤皇村东。

青龙泉，自北来会之。《泰安府志》：其地水泉甚多，惟青龙泉有石刻三字可纪。又西南入梳洗河。

回龙峪，《图志》云：在屏风岩南。水东南流，径笔架石、岱道村，入堰岭河。

福泉，《泰山道里记》云：屏风岩前，四阳庵南，石窍滴水，曰福泉。

飞鸾泉，在群玉庵前。明汪子卿《志》云：在王母池右，水甚清冽，流注池中。

梳洗河，即王母池。《泰安县志》云：上有梳洗楼基，此河之所由名也。其水为中溪所经，绕郡城东南流。《泰山道里记》云：又南过封祀坛东，则河淤伏流，至本头沟复见①。又南入泮河归汶，总名中溪也。

萧协中诗：蕊宫原不珥明珰，楼废波澄映夕阳。轻抹霁烟迎岱色，嫩萦河芷带天香。瑶池沁液风生晕②，岳麓分泉月浸凉。欲借双成问王母，恐随时局亦新妆。

东溪

东溪源出岱东南之延坡岭。

萧协中诗：闲看罨画水澄溪，岳色西倾树影低。流出前村幽赏足，一湾春绕碧琉璃。

悬淙泉，出祝鸡寨巅。《岱览》云：旋折而下，奔泻数十丈。南流，达于双沟。

于慎行《石淙大书歌》：君不见岱色参天杳何始，连绵迤逦中天起。触石兴云肤寸合，

---

① 本头沟：《泰山道里记》作“木头沟”。

② 生晕：《泰山小史》作“寒冷”。

倏忽八埏润烟水。海若鞭石西向萦，印浮水面如掌平。三亩盘塘通一线，渠上原非凿削成。近接龙祠白杨浦，远渡人家清水城。中有山人结庐处，泉开石窦流云注。赤脚踏石头冠云，独钓清流砬砥柱。短衣长铲劚黄精，山可茹兮水可烹。泉石真赏琴书癖，丘壑奇观鸥鹭盟。明公意概天下奇，清昼帘垂牒诉稀。赏音久著调琴谱，淬锷新得试剑坻。振缨独访岩穴閟，一见磐淙辄有意。淋漓挥墨入平云，静扫秋烟立寒翠。铁劲银曲在笔帚，柱立山横一运肘。苍松怪石坠悬崖，颜柳曹米皆袖手。石骨迸彻山灵啸，共引流觞石上笑。泉声琴声相和鸣，流水白雪谁比调。明公返棹留奇迹，渺渺飞凫落双舄。山人寂寥考槃宽，天籁亭中理妙籍。采采秀兮盘之间，石盱盱兮水瀺瀺。望卿云于天外，绚五色之相鲜。濯清流以自洁，抚孤屿而盘桓。夫安得从美人于天路，洒濡泽于毫端。

双沟，挟岭北诸谷水，夹石练陀南流，汇于东溪。《述记》云：又东南流，注于艾峪。又东南注栗子峪。又南流径小津口，东西两椒山夹之。水东南流，入蚕滋峪。又南至沙沟入汶。

李家泉，出岱东北观星岭下。《岱览》云：水南流，入栗子峪。

水泉峪水，《岱览》云：入沙沟。

绣彩湾，出凌汉寨东。《泰山道里记》云：水东南流，经白家河，入十里河。

明堂泉，《岱览》云：艾峪水自北来，汇汉明堂遗址侧，故名。西折而南流，其经流曰十里河。

《泰山纪胜》：以明堂名泉，志其地也。在谢过城左，小山宽平，方里许，中有驰道，疑即明堂旧基。泉一线，涓涓潆折入汶。掬水濯缨，穆然动盛古之想。

十里河，距郡治十里，南流入泮河，归汶，总名东溪也。《岱览》云：东溪不与中溪合，摩天岭界之也。

西溪

西溪，源出石后山。《岱览》云：上纳龙峪之水，经黄岘岭西，因名黄西河。

王旭《西溪》诗：我爱西溪好，披云屡往来。一川烟景合，三面画屏开。薄俗无高隐，清时有逸才。近岩多隙地，松竹更须栽。

溪水西径九女寨南，又西径三尖山南。

仙趾谷水[①]，西南流，自东北来会之。《泰山道里记》云：又南径丹穴岭东。又西径凤凰山北，汇为马蹄湾，北受八里沟水。又南过竹林寺西，为竹林西河。南径百丈崖，注于黑龙潭。

陆峻《竹林西河》诗：暝色连芳草，荆扉晚暂开。夕阳林外尽，涧水竹边来。牧竖驱羊返，山僧洗钵回。吟余幽兴惬，日暮更迟回。

洑池水，出白杨洞中。《岱览》云：西南流，过凌汉峰阴，汇为碧油湾，水碧于油也，俗呼香油湾，入西河。

新泉，在凌汉峰南振铎岭。《图志》云：黑虎峪水南流[②]，汇为新泉。西折过子午桥，西会投书涧、香水峪诸水。

李光地诗：泰山天下望，峰有号金泉。触石立成润，登封此告虔。胡兹崇顶秀，袭彼旧名鲜。卓锡栖灵异，拈枝洒郁煎。岁犇祈望者，昔着法师贤。一自上人至，再闻绝响涓。孤丝云独往，一片心相牵。解带寒家旧，回头沧海田。雨风将惧恐，夷险几澜湍。人道僧邻俗，我言师不颠。苍苍南岭下，蔼蔼长林边。羁束每尘顿，驰依在蔚芊。何期行迹枉，告语新泉溅。宛土印须友，干霄自咏言。源因断复出，点便石如玳。多是名山秘，今流法水湲。劳歌吾把卷，同调那安弦。历落长幽侣，优游可忘年。酌甘苍藓壁，采苦白云天。何用里儿喜，于焉故我全。吾怀云尔已，师意将无然。井邑旱望久，清渠聊可传。

投书涧水，南下，东受新泉之水。《岱览》云：又西南流，入香水峪。潘允端题碣曰“宋胡安定先生投书处”。

《泰山纪胜》：宋胡安定读书泰山，十年不归，得家问，见“平安”二字，辄投涧中。古人励志，精勤坚苦如此。

---

① 仙趾谷：《泰山道里记》作“仙趾峪”。

② 南流：《泰山图志》卷三下作“西流”。

香水峪水，《泰山道里记》云：西南流，会于西溪。

青桐涧，在扇子崖北。《泰山道里记》云：水东流，入竹林西河。又东注西百丈崖。

黑龙潭，澄碧无底。

东百丈崖，《图志》云：瀑泻若垂绅，名曰天绅泉，下注黑龙潭。忽雷湾在其西南。明汪子卿《志》云：天将雨时，行人每闻雷声迅发于此。

西百丈崖，《图志》云：视东崖高倍之，悬流如挂练，亦曰水帘泉。《岱览》云：水南下，注白龙池。

《泰山纪胜》：西丈崖，由会仙庵过仙人影，峻若建瓴。而北丈崖如悬修橐，喷万斛真珠，望之似双龙下饮涧水，奔跃来会。

孙宝侗诗：龙池幽且清，上潭更奇丽。我来日暮时，凛然风雨势。峡口委悬溜，苍崖尽两际。其中为深潭，寻丈难意计。空碧众象涵，荡漾清光逝。流沫上噌吰，潜形中摇曳。清冷绿波沉，蜿蜒白痕细。山气蔼苍茫，谷风振飋戾。恍若神物腾，猛气难自制。霓旌间云车，驾驭迟青帝。

白龙池，在招军岭南。明汪子卿《志》云：在傲来山址，广数寻，深不可测。池上有龙神祠，在州祀典，岁旱，祷之辄应。

袁稆诗：时万历七年七月，不雨，予忧之，祈雨于潭。次日雨，三日后又大雨。龙之为灵，昭昭也。故赞以镌石，用彰神龙之功，当永祀。云：白龙之潭，渊渊莫测。有祷则应，沛降甘泽。粒食生民，四境既宅。灵承神休，永祀功德。

《考古录》：岳西傲来峰下有白龙池，悬崖绝壑，殆非人境。石壁平广二十余丈，曰白龙池，其旁多宋人题名。

《泰山纪胜》：祷雨辄应，岁有常飨，西北诸壑之水[①]，流为渿河。经大峪口、大石峡，白石灿烂，沙水澄鲜，石鳞鱼生焉。

《泰山道里记》：池北层崖横亘，上复峭削，形若舟，《岱史》谓之石舟。上镌"玄圭

① 西北诸壑之水：《泰山纪胜》作"汇西北诸壑之水"。

石”三大字，下层遍刻宋人题名。顾氏《金石文字记》载之未尽也。池东有三元石，前为渊济公祠。

陈经邦诗：百丈寒潭浸碧峰，玉龙于此闷灵踪。即今齐鲁青无几，何日嘘云慰万农。

徐钦祉诗：傲来东下秀且奇，丹崖翠嶂色迷离。况有古涧飞流澌，银河倒落溅珠玑。声响如雷影崩欹，下而汇作白龙池。白龙池为谁名之，遥指前村黄发知。白龙曾化白衣儿，坦腹东床骋异姿。旱魃为虐民苦饥，润泽生民神所司。我来游此喜如痴，欲拜龙神献一卮。何事潜在深潭为，深潭变动不敢窥。忽而澄澈照须眉，忽而波浪起如堆。若爱客来言在兹，作霖作雨世所期。或潜或见谁能推，龙乎龙乎系我思，我思云从天上时。

锣鼓湾，《图志》云：在白龙池南。

按：明汪子卿《志》云：俗传七月中元日，有声如锣鼓。《泰山道里记》谓“水激石嵌如锣鼓”。《道里记》之说为近。

耀星湾，在锣鼓湾南。《图志》云：又南为大峪。

大峪南石峡宽隘者二，曰大石峡、小石峡。《岱览》云：自黄西河为竹林西河，挟百丈崖水，经黑龙潭、白龙池，至此为西溪会归处。

溪水东折，径元忙兀博罗欢碑北，称渿河。

按：元忙兀博罗欢碑在郡治西北三里许，碑额篆曰“大元太师泰安武穆王神道之碑铭”，姚燧撰，隶书。碑北一里，有大冢，俗称土公、土母。府县《志》并《泰山道里记》皆谓博罗欢墓。考碑文云：公以大德庚子五月二十有二日，薨于临安寓舍，以其年七月八日葬檀州西北太行山。此地安得有墓。少詹事嘉定钱大昕云：按，忙兀氏分地在泰安，故立碑于此，以纪勋德。碑铭云：嗟公王孙，国泰山下。正指分地而言，非有迁葬之事。又钱少詹札云：承询及博罗欢神道碑事，古人立碑神道，本以表墓而名，后来立碑，则有不必拘者。寒家所藏南宋石刻，有曾文节公三聘神道碑，在广西省城之龙隐岩。三聘墓本在江西，其子宏正任广西转运判官时，镵之崖石。三聘尝除广西提刑，未赴任，亦不闻有立祠粤西事。度宋、元以后，似此者必多，不独泰安武穆一人也。元时诸王功臣有分地者，不过收其户税，初未尝就封于此。史亦未见有立寝庙之证，或说诚未足据也。

酆都峪，在垂刀山西。《泰山道里记》云：水南流，径金山北。又西南入渿河。

渿河水折而南流。《岱览》云：东受广生泉之水，泉出广生殿侧，故名。绕府城西南，径古汶阳桥南下，径天书观，南至灵芝街西南，为渿河桥，有灵派侯庙。

渿河引城壕水，西受金星泉水，径桥下南流入泮河，归汶，总名西溪也。明汪子卿《志》云：三溪相去各十里，而西溪之景为最胜。

萧协中《渿河》诗：溪水南流驶，晴烟水面浮。逗岩深浴鹭，浚脉远通舟。古渡苹花冷，横津蔓草幽。翛然归汶上，此去总悠悠。

岱麓诸泉

白鹤泉，出一天门下一里，水西南流。明汪子卿《志》云：在岳之南麓升元观后，洌而甘美，好事者尝以城中井泉称较之，轻重亦异。《泰山小史》云：宋创郡城，疏泉潆绕其下。城北旧有水道，经岱庙东南流，折而西南，曰运舟街，至城西南出，会渿河，入泮河归汶。

《泰山道里记》：明嘉靖间，举人封尚章别墅于泉侧，引水为池，曰封家池。凡輶轩宴集多于此。尚章没，其家苦于供应，遂用巨釜塞之，复立阁于上。自泉塞后，宋焘以州中科目渐稀，与当事议浚，竟为众所阻。然至今夏秋大雨时，阁旁地中犹隐隐如雷吼。西南有泉一泓，清洌甘美，盖其支流耳。

刘汝飞《白鹤泉感怀》诗：泰山多名泉，白鹤居其首。空明一镜开，遇物鉴好丑。汇为封家池，名胜由来久。余祖昔过此，雅爱泉清洌。吴君亦多情，选胜招好友。酒阑赋新诗，此会良非偶。阅今百余年，胜地竟何有。美哉诚难恃，伊谁职其咎。人事有兴废，物理宁独否。所贵蕴藉人，于此能辨取。泉尚有竭时，山乃常不朽。

眼光泉，《泰山道里记》云：在金山西眼光殿西，游人于此掬水洗目。

涤尘泉，《述记》云：在后土殿门外。

下泉，一名罅泉。《泰山道里记》云：其水自傲来山西飞瀑而下，中有石鼓，东南流入泮河。

醴泉，《岱览》云：在天书观大门内。

《文献通考》：大中祥符元年四月丁巳，兖州乾封县民王用田中，有儿童掊土，得小青钱数十，争取之，钱坠石罅，因发石，有涌泉二十四眼，味极甘美。又枯石河复有涌泉二十五眼。又一眼出层阜之上，信宿势加倍。又别引数派，双鱼跃其中。有果实流出，似李而小，味甚甘，及今古钱百余。封禅经度制置使王钦若贮水驰驿以献，分赐近臣，诏设栏格谨护之。六月诏建亭，以“灵液”为额。

《法苑珠林》：泰山之东有醴泉焉，其形如井，本体皆石。欲取饮者，皆洗心跪而挹之，则泉出如流。若或污漫，则泉缩焉。盖有神明以宰之也。

《泰山道里记》：天书观大门内，旧有泉有亭，明人题刻“醴泉”二字。宋焘曰：余童稚时，犹见观内泉出石崖下注。有垂杨数株，大二十围，盖宋祥符时所植。今树既乌有，而泉又凿深为池，非其旧矣。

桃花峪水

桃花峪水，源出西天门下上桃峪。

沐龟沟水，《泰山道里记》云：西北流，经李子沟，至老虎窝入之。

自桃峪之北而起者，其水过头陀岩南折而西，北注混元池。

又西北径雁窝崖西。又西北汇龙湾水。

又西北径黄石崖南，又折而北三里，西北流。香泉水南流注之。又西北径斗虎沟。

又西北径青天岭、长城岭之间。《泰山道里记》云：两岭夹涧。一源两分，即《水经注》分水溪也。一东南流，一西北流。西北流者：出青天岭西南，至泰安、长清两县界首村，过浚川桥，折而西北，其经流曰中川，循长城铺达于崮山，左纳灵岩诸谷水而注。东南流者：绕青天岭东麓南折，左会虎沟水，过海眼、桃花峪，再折而转东南，其经流曰北汶，与中川分流各半，故又名泮河。或谓从桃花峪分流，非矣。

峪水又西南径河上林。又西南曲中有石窟，深不可测，曰大海眼。白草峪水自西注之。

又南汇龟湾，达于小海眼。

又南径中军坪，南注大小养鱼池。池南即桃花峪水会归处。又西南出峪口，再折而东，为泮河。自分水溪至此，倾曲凡八十余里，总名泮河。上纳三溪之水，合于大汶。《岱览》云：其由头陀岩迤西而北，而西南，至襁负山，皆桃峪右岸。由十字峰西北而南，左接傲来，西界肥邑，则其左岸矣。

萧协中《泮河》诗：泮溪春水绿于苔[①]，曾向渔郎渡口来。水面桃花红片片，令人翘首忆天台。

自桃峪之南而起者，混元池下三汊涧自西来入之。

峪水又西北，大倒沟，水自西来注之。

又西北，有小倒沟，水自西来注之。沟西南为梯子山，有石崖沟。又西南至水闼石屋。又南为水铃山，东南有乌龙潭，西为坛子涧。

枯石河水，出迎风岭下，东流，经乌龙潭。

石屏峪水西南流，过黄金口入之。石屏峪水不与竹林西河合，壶瓶崖界之也。

又南折，过大埠岭东，入泮河。

脐子沟，在海棠峪西南。

蓑草泉，在骆驼岭藏峰寺东。《岱览》云：水南流入泮河福谷，其西涧也。

甘霤泉，出三绾山，水东流入泮河。

氿泉，出黄山。

九龙峪诸水

九龙峪，在岱顶东神霄山下。《岱览》云：纳诸岩涧水东南流，北折，绕神霄东，汇云河水云河者，水潆漾如云也，东北注鹰愁涧《泰山道里记》曰雁愁

① 泮溪：《泰山小史》作“泮河”。

涧。北有洞，曰清静石屋，中有清泉。

鹰愁涧，在东天门东伏虎门下。《图志》云：峡口陡险，深不可测。水东北流，会洗鹤湾。

乱石沟，《岱览》云：在岱阴八仙洞下，水南流，过避尘桥东折，径鹤山北，又东汇为洗鹤湾。

洗鹤湾，《泰山道里记》云：夹岸陡险，苍松攲卧如梁，水潆洄而东注，达于溪里峪。

灵异泉，在天空山前黄华洞中。《岱览》名“来鹤泉”。

石乳泉，在莲花洞内。

《泰山纪胜》：石屋与八仙洞相连，然无径可通。涧石如垒卵，攀藤附葛而下，行五六里始达。云路逶折，缘山跨涧，岚气与松风相激薄，沾染襟袖，眉宇为之浸绿。既至，峭壁围空，率千百仞，皆神工削成，展若列屏，曲若卷蛩。松生岩阿间，撑云蔽日，上不见天。涧下松棚如积雾蔀屋，亦不见地。转侧入黄花、莲花二洞，掬泉水饮之，觉惠泉中冷，犹是人间亵味也。此为岱阴第一洞天福地，徘徊弥日，喟然观止。

鉴池，在天空山东九龙冈上。《泰山道里记》云：清可鉴发，俗呼“玉女洗头盆”。《岱览》云：东下为旋螺峪，北为凤凰池，东北为饮虎池，皆以水胜。

小冰牢峪，《岱览》云：在孤山东北五里，即《岱史》天牢峪也。《泰山道里记》云：阴壑层冰，经夏始解，因名凌冰洞。《图志》云：或呼老冰洞。水东北流，入天井湾。

大冰牢峪，《泰山道里记》云：在眺平台西北六里，石凹极阔，又曰冰阱。《岱览》云：视凌冰洞尤危险。水东北流，会冰洞，入天井湾。

溪里峪，《图志》云：在天烛山下，岩穴深邃，泉涌不竭。《岱览》云：鹰愁涧、洗鹤湾之所汇也，又名风魔溪。东南流，入扫帚峪。

天烛山东为分水岭。《泰山道里记》云：其南则有扫帚峪、李家泉诸水，其北则有旋螺峪、冰牢峪诸水，皆循岭分流焉。又东径蝇碌峪、大津口，北为天津河石汶源也。《泰山县志》云：环周明堂故址而东流。

天津河

雁岭河，出莲花峰、恩谷岭之间。《岱览》云：两山中峡水东流，汇为天井湾，即天津河源也。

佛峪水在其北。《泰山道里记》云：东流与马跑泉会。其上有玉泉禅寺。

玉泉在寺东。《泰山道里记》云：古井水色紫黑，充盈，遇旱不减。党怀英八分书“玉泉”二大字。

又北为青冈峪水。《图志》云：东南流，与佛峪水会，入天井湾。

马跑泉，一名莎草泉。《泰山道里记》云：出仙台岭之阳。水南流，径牛栏口西。《图志》云：又南，径竹园东，入天津河。

天津河水又东径青山北距大津口五里，曰麻搭河。《岱览》云：又东流，左纳龙门沟水。又东南流四里，出升仙岭东南，为石汶所汇。

津拱河，出仙源岭、鹿町山之间。《刘氏类山》云：陡岸深凹，晋张忠所凿石釜也。《岱览》云：东北流，左会岩洸河。水又东而南，入石汶。

岩洸河，《泰安县志》云：源出摘星岩青阳谷，南流径上、下两港村。又西南横介大、小两卢山之中。《岱览》云：西南流，入津拱河，归石汶。

狼虎谷水，《岱览》云：南流入石汶。

金井河，源出九坂岭。《岱览》云：下为九曲峪，水西流，过雨砧崖渌池，南折至九顶山后。又东汇为金井湾。绕山东南，折而西南流，径汶里村，东入石汶。

《泰山道里记》：金井河西涘曰西金井，人或淘金于此。以东金井在河东涘莱芜境也。

徂徕诸水

羊公河，《泰安县志》云：源出徂徕山阳澹崖下，南流过三岭崮东。又东南，径时家庄东，又南至羊祜城西，因以名河。又南入小汶。

自来泉，《泰山道里记》云：徂徕绝巅西有紫霞洞，下为李源寨，自来泉飞流。《图志》云：其水西南流，入响水河。

响水河，《泰山道里记》云：出徂徕西南、乳山之北，上纳诸谷水汇此，西导曰日新池。达于毛老谷，过茅茨村南，又西入大汶。

浆池，《岱览》云：为八道沟、石溜峪水所汇。南流，会响水河。

沧浪沟，《岱览》云：纳上峪之水，又西南入大汶。

白莲泉，《岱览》云：发源于他山，水西南流，径积谷山南。其经流曰顺河，入大汶。

礤石峪飞瀑水，《泰山道里记》云：至隐仙观南，与西涧合流，绕天半寨。又西南注羊公河。

西别谷水，《泰安县志》云：在贵人峰东，水东南流。

东别谷水，《岱览》云：出演马岭，西南流五里，与西别谷合流，南注小汶。

蓝溪水出薙山。《泰山道里记》云：东南流，过镇里村西。又南入小汶。

紫滟池，《岱览》云：在徂徕巅东北五里，一名紫源池，产九节菖蒲及玲珑草，木沙沟河源也。东北流，经天平后寨，东至沙沟河，北折，过西庄，又西北入大汶。

坞旺泉，《泰山道里记》云：中军幛西为招军石，旁有坞旺泉。下为大峪水，西流入雁愁涧。

龙溪，在天平后寨东。《泰山道里记》云：水东北流，过燕子石屋侧，危崖瀑流而下，曰濯龙湾。以崖上凸起三画，婉若游龙，故云。北导西折，曰四里河。绕徂徕北麓，又西南入于大汶。

雁愁涧，《岱览》云：在大寨口迤东。《泰山道里记》云：水北流，经石匣沟，汇为白鹤湾。又东北，会四里河。

曲水河，《泰安县志》云：源出徂徕西北攒石崮之竹溪，水西北流，径竹溪庵南。又西北过转山下，入大汶。

吴山沟水，《泰山道里记》云：西南流入大汶。

东会河，《泰安县志》云：源出徂徕东北诸谷中，下会北滚、顺河诸泉，西北入大汶。

徂阳河，《泰安县志》云：在徂徕天平前寨下，源出崲山之北，纳诸谷水，屈从南流至此。又南过天宝寨东。又南径古南城东，入小汶。

东浊河，《泰安县志》云：一名淄水，出徂徕东南泉里庄石罅中，会针沟泉诸水，西北入小汶。《齐乘》云：泰山南亦有淄水，即此。《水经注》以小汶为淄水，亦以此。

汶水

汶水，按《水经注》有牟汶、北汶、石汶、柴汶。《元和郡县志》云：汶水源出乾封县东北原山，西南流，经县理南，去县三里。又有北汶、嬴汶、柴汶、牟汶、浯汶。《述征记》曰：泰山郡水皆名曰汶，有北汶、嬴汶、牟汶、柴汶。与《水经注》之石汶，世称五汶，皆源别而流同也。《禹贡锥指》云：汶水有五，北汶、嬴汶、柴汶、牟汶，其一则经流也。《书经地理今释》云：汶水合流于泰安之静安镇，谓之大汶。

大汶，发源于莱芜县原山之阳。《水经注》引《从征记》曰：汶水出县西南流，自入莱芜谷，夹路连山百数里。《泰安县志》云：此经流源也，较诸汶为独远。水西流入泰安境，过梭村北，径台头史家庄，至谷家庄，折而南，径北禅村西汶曲中有大冢，至故县东，又西南流，右合石汶。

石汶，《泰安县志》云：出泰山东北天井湾，上接仙台岭下之雁岭河诸谷，东南流，绕周明堂侧，曰天津河。东过青山北，曰麻搭河。有津拱河西南流注之。又南介祝阳村、山口集间，岩洸河西南流注之。东南至南、北两石汶村。又南径故县西，至岔河入大汶。范家湾、鲤鱼沟诸泉西南流注之。《泰山道里记》云：自天井湾至此，逶折九十余里，左受莱芜原山之水，过古博邑城北，合为堑汶，西南流有堑汶河村，碣曰古静封镇。左与莱芜之牟、嬴二汶会。

牟汶有二。《泰安府志》云：一自莱芜县东南寨子村海眼泉发源，合湖眼、莲花等泉，西流，径颜庄，至盘龙庄；一出莱芜县东二十里古牟城西南。《水经注》云：汶出牟县故城西南阜下，俗谓是水为牟汶也。《莱芜志》云：自响水湾发源，会鹏山、赵家诸泉，西南流，至盘龙庄，二水合流。又西有孝义河水入之。又西至滤马河，合于嬴汶。

嬴汶亦有二。《泰安府志》云：一自莱芜县南宫山之阴石漏河发源，北流，径安仙寺，至滤马河，会牟汶。又西径县城南坡草窪，至嘶马河；一自莱芜县东北大、小龙湾发源，西流，合西北诸泉，南流入嘶马河。《泰安县志》云：至是汇四汶，挟诸泉西流入泰安境，至峋峪北，岳锡灵泉自东南注之。东会河挟顺河、北滚诸泉自西南注之板桥湾泉自北来，至沙际伏流地中。四十余里，径焦家林南，至堑汶河村，入大汶。又西南合流，径崔家庄北，徂徕东、西两桃河自南而西注之。又南径逯家庄。又西南径颜家村，清泉、铁佛堂等泉自北注之。又西南径博县故城南，右合北汶。

北汶即泮河。自泰山西北分水溪分流，至桃花峪。《水经注》云：北汶水出分水溪，源与中川分。《禹贡锥指》云：北汶即泮水，源出泰山分水岭，非《莱芜志》所云北汶也。《泰安县志》云：出桃花峪口，东南流，径新庄东北、火楼庄、粥店，至高里山南。又径旧镇南，又东至城南，西溪渿河南流注之。又东至城东，中溪环水西南流注之。又东南至夏村南，东溪诸水亦西南注之。又东南径全标店东，入大汶。又西南合流，东径南北望村，徂徕西麓诸泉注之。又南抵阳关城西。《水经注》云：汶水又西南径阳关故城西。是也。右合柴汶。

柴汶即小汶。《水经注》云：汶水又南，左会淄水，水出泰山梁父县东，西南流径柴县故城北，世谓之柴汶矣。《泰安县志》云：柴汶发源于新泰县龙堂山，至安家庄入泰安境。西南径古岱山城，左受浊河诸泉。又西径羊祜城南、柴城西北，循徂徕南麓柳溪诸水，自柴城、楼德间，西北流注之。

又西南介梁父村、韩家庄间，径龙乡故城南。《水经注》云：汶水又西南径龙乡故城南。是也。入大汶，西南流，为大汶口。

大汶口，五汶合流处也。《泰安县志》云：汶水合流，又西南，径汶阳城、塼舍集，抵高淤村，南汇河诸泉南注之即西浊河，汇县西南十余泉。又西南，过堽城坝桥、石沟河即小西会河，合诸泉南流注之。又西，径张侯栾任南，会肥城之沙河，至道沟入东平州境。西径坎河之戴村坝，北与清河会。济汶合流，实汶水之故道也。其经流屈而西南，至汶水县南旺湖，分流入运河。

按：《禹贡锥指》：有水出莱芜县寨子村，流合牟汶者，近志指为浯汶。据汉《志》，琅琊灵门县有高柘山，浯水所出，东北入潍。许氏《说文》：水出灵门山，世谓之浯汶。在今莒州界，与莱芜无涉。志妄言耳。浯汶远在琅琊，阑入泰山郡域，近志因之而误，故正之。

宋文天祥《汶阳路遇雨》诗：积雨不肯霁，行路如涉川。青毡缭我后，白毡覆我前。我欲正衣冠，两手如纠缠。飞沫流被面，代我泣涕涟。鸿雁分南翔，游子入北燕。平楚渺四极，雪风迷远天。昔闻济上军，又说汶阳田。我今履其地，吊古苍苍烟。男儿欲了事，长虹射寒泉。

又《过汶河》：中原方万里，明日是重阳。桑枣人家近，蓬蒿客路长。引弓虚射雁，失马为寻獐。见说今年旱，青青麦又秧。

明乔宇《大汶口》：九峰南望碧嵯峨，汶水平添一丈波。渡口客来休便过，北溪山雨正滂沱。

戴经《汶河古渡》：五汶潆洄一脉深，巡崖转壑下千寻。飞流画鹢波光动，界道长虹草色侵。曲水亭边云漠漠，文姜台畔雨冥冥。渡头凭吊当年事，却羡渔舟傍绿浔。

国朝高衍《晓渡汶河神祠小憩》：白发抽簪起每迟，宵征又喜见朝曦。葑田水路通樵径，野墅云深失酒旗。细雨黄垆三日醉，微风青柳万条丝。神祠回首人惆怅，四十年前驻马时。

程云《过汶水有感》：二十口泉入汶流，清波西去日悠悠。平沙曲岸参差出，黄叶青苔次第浮。客路断桥前夜雨，人家返照旧时秋。只今风景看无异，江北江南迥自愁。

张元《大汶口》：晚抵大汶口，停鞭愁独看。危桥通断岸，怪石插惊湍。漠漠平沙远，荒荒落日寒。浦风卷落叶，随地扑征鞍。

王苹《大汶口》：沙岸行人少，长桥断壑东。一行寒鹭白，半岭夕阳红。负米年华里，为儒道路中。那能驱款段，临水已成翁。

泰境诸泉

泰安县治泉源共六十有七。《泰安县志》曰：坡里泉、云台泉、皂泥沟泉、凤凰泉、清泉、利运泉、广济泉、铁佛堂泉、周家湾泉、风雨泉、马儿沟泉、泰应泉。以上十二泉在县东大汶之北，入大汶。明堂泉、梁子沟泉、木头沟泉。以上三泉由县东南夏村入泮，归大汶。广生泉、金星泉、张家泉、龙湾泉。以上四泉至全标店东南，归大汶。梁家泉独东南流，入大汶、上泉、灵应泉、马蹄泉、臭泉、溯港沟泉、狗跑泉、报恩泉、陷湾泉、水磨泉、新泉。以上十泉，由汇河至西李家店河汊口，入大汶。马黄沟泉南径三汊口，流入大汶、龙王泉、坤温泉、凉泉。以上三泉由小会河西南入大汶。大兴桥泉、鲤鱼沟泉、范家湾泉、板桥湾泉、北滚泉、搬倒井泉、会泉、顺河泉。以上八泉在县东大汶之东南，入大汶。岳锡灵泉北流入大汶、吴山沟泉、沧浪沟泉。以上二泉出徂徕西麓，入大汶。斜沟泉、水泉、羊舍泉、新兴泉、白土崖泉、龙堂泉、乡城泉。以上七泉在小汶之北，大汶口之东，入小汶。浊河泉、斗泉、针沟泉、力沟泉、二柳泉、黑虎泉、神泉、海润泉、海旺泉、小柳泉、石缝泉、水泊泉、皮狐泉、韩家庄泉、梁父泉。以上十五泉在小汶之南，入小汶。

灵岩诸水

甘露泉，《岱览》云：出绝景亭东崖址。《泰山道里记》云：水西流绕甘露亭北，又西过玉河桥下，复北折，入御花园汇鱼池，伏行而南。

明刘亮采诗：甘露泉头石，偏宜月上凭。云归山一色，水落涧多层。幽壑栖灵物，长林散佛灯。吾生有结习，每欲作诗僧。

石龟泉，《岱览》云：旧在行宫大门内迤西，涸。

印池，《泰山道里记》云：水出函云洞，绕铁袈裟亭而西注，又北伏行会彩泉。

彩泉，《岱览》云：北溪源也，旧有接引佛殿，圮。泉在殿址东，水西流，径三空桥，注饮马沟。

北溪，《泰山道里记》云：即饮马沟。《灵岩志》称：宋真宗幸灵岩，曾此饮马，得名。有新石桥，明天启中释圆桂建。东纳彩泉诸水，经三空桥下则淤阻，伏流至此复见。屈曲西南，黄龙泉水自南来入之。又西过雨花岩，大、小横沟之水双抵谷间流，各从北来入之。其下曰涤思峪。又西与南溪交流，汇为大溪。又西石坞泉水自南来入之，又西北注于沙河，即《水经》所谓中川也。又西北过长清城东北，归大清河。

雨花岩，《岱览》云：泉激洒如雨，下汇饮马沟。

于绍舜诗：悬崖滴滴绝喧尘，杖履何辞远问津。石窦飞泉寒漱玉，溪花落水淡含春。斜攀曲径松为盖，倦枕清流草作茵。自是桃源仙隐地，可怜身世日因循。

卓锡泉，《岱览》云：在五花阁东北，苍崖之阳，一名锡杖泉。西流三四步，汇为镜池，亦曰功德池。旧有龙王庙，今改卓锡亭。

《泰山纪胜》：佛堂中凿池得源，砌以文石，一泓渊莹，中悬琉璃灯映之。洞见九渊，掬饮，肌骨皆冷，心尘顿净。亭前引为曲水，分注，时有松蕊流出，见者疑是武陵桃花。

宋蔡安持《锡杖泉》诗：畏途署溽汗挥流，暂记灵岩物外游。山绕禅扃泉漱玉，新秋气候似穷秋。

双鹤泉，《岱览》云：在卓锡泉迤东。

北峪，《泰山道里记》云：在慧崇塔西北里许，水南流，经朝元洞、圆光洞东而注，大横沟源也。

饮虎池，《岱览》云：在拂日岩北。《泰山道里记》云：水西北流，中汇方泉。东崖有老佛窝，池水又西径积翠岩南，又西南流，小横沟源也。

神宝泉，《岱览》云：北峪之北有石崖，泉在石崖西北二里山石间，近小寺庄，下为渍米峪，言水仅可淅也。北流西折，注中川。

华岩泉，《泰山道里记》云：在灵辟峰东二里，水北流入黄家峪，西折注于中川。

醴泌泉，出黄尖山之阳。

朗公泉，《岱览》云：出朗公山南九曲峪，水北流，东折南下三里，注灵带河。

野沟，《岱览》云：珠山有野沟，会纳支水，南溪源也。卧象岭涧水注之。

南溪，《岱览》云：水循黄茅冈东导，折而南，会憩象泉而西注。至涤思峪西南，会北溪诸水，为大溪。

芦沟水，东、西磨山夹之。《泰山道里记》云：东流南折会棋子岭西曲沟水，曰三叉沟。又西至武家村南，北接灵带河水，南接红蒿峪水，汇为合一河。又西过长城铺，北注于中川。

琨瑞诸水

龙洞泉，《岱览》云：在神通寺东。《泰山道里记》云：洞门半掩，石龙半露。水自中出，经青龙冈、通圣桥，西注玉水。

染池，在神通寺东。

明晏璧《染池》诗：柳子当年记染溪，别分一派出东齐。忆从濯锦江边过，风漾晴澜五色迷。

海螺峪，《泰山道里记》云：在青龙冈东三里，汇锡杖泉，西南注于玉水。

玉水，源出梯子山西仙龙潭。《水经注》云：济水又东北，右会玉水。水导源泰山朗公谷，旧名琨瑞溪，水亦谓之琨瑞水也。其水西北流径玉符山，又曰玉水。《泰山道里记》曰：琨瑞东南三十里，为泰山西北之长城岭，岭南北水皆分流。迤北为梯子山，谷水更多。东有云梯涧，西为仙龙潭，《历城志》称锦阳川。纳诸水，逶迤西北流，左会矿洞沟水。又西北经桃科岭东，左会枯泉之水。又西北径平头山东。又西北左会龙门峪水。又西北径齐王寨南。又西径琨瑞山南，曰琨瑞溪。

独孤泉，《泰山道里记》云：梯子山西为天麻峰，独孤泉北流。

龙池，《泰山道里记》云：又西为松峰，下有龙池，亦玉水发源处。水西北流经窝铺峪。又北过双锁山、红山口西，右会三岔水。又西过金驴山南，又北与琨瑞溪合流，总名玉水也。又左会涌泉之水，有涌泉桥。

玉水又西径屏风山南，又西径柳埠村南。

云谷，《岱览》云：在交战峰西，下有响泉。又西北有苦苣泉，有琴泉，《齐乘》谓“泉甲天下，韵琴筑而味肪醴”是也。

云谷诸水西北流，径灵鹫山西，会圣水泉。又北径回龙山西，入于玉水。

冰泉，《岱览》云：在长城岭北秋千台下，北经龙峡入印度泉。茶臼河出齐城峪。《泰山道里记》云：中有试茶泉，悬流飞泻，经康泉右会勺泉峪水，又北过白石崖西，左会避暑泉水。又东北径虎头崖西，右会段华泉水，入于玉水。

瓦子沟西为黎峪，有潮音洞，上接印度泉水，经阎家河北流，右会石灰沟水，又东北右会礤池水。又北经三角洞东，又北右会石崖谷水。又北经青冈岭东，入于玉水。

玉水又西径柏崖下，为柏水湾。又西左会石栏峪水。又西经扶山北伏流，有熨斗泉东北流，北六里为都泉。

都泉为岱北诸泉之总，水西注会水帘泉。

玉水又西北经总度口，南接锦云川合流。

南川，一名锦云川。《泰山道里记》云：发源于玉皇岭之蔚沟。西南为拔山，为五女石山。沟水西北流，经东南棋子二岭中峡，会西棋子岭水，曰出山沟，又名出泉沟，达于黑山寨北，有下安寺故址。屈从东北流，左会百花泉水。又北左会双泉水，又西北经杨广寨东，又西为火焰山、为天麻寨，中夹道沟峪。

玉水又西径康王山南，为黑水湾。

玉水又西径中宫镇南。《齐乘》称：中宫东有悬泉、柳泉、车泉，皆入玉水，北接锦绣川合流。

晏璧《柳泉》诗：杏花开遍柳垂丝，柳下清泉漾碧漪。莫折柔条留系马，绿阴深处听黄鹂。

又《悬泉》诗：百尺深泉石上悬，龙归洞口散晴烟。曾从五老观飞瀑，倒挽银河落九天。

北川，一名锦绣川。《泰山道里记》云：发源于梯子山云梯涧。西北流，左会红泉峪水，又北右会石坞谷水。又东北左会燕脂泉水，又东北右会藕池水。又北经黄栌泉、禽寇峪，会云河水。又北经黄寨南，右会天井峪水。又西为大涧岭，有龙湾水西南流。又西经桃花岭南，有桃源洞，右会大黑谷水。又北经青石崖东，又北左会白云泉水。又西经林泉观南。又西经琨瑞山北，左会荻子峪水。又西左会马蹄谷水。又西北经香孤山南，又西经大佛寺，会窦姑泉水。又西南左会稻池水，入于玉水。

《历城志》：锦绣川延袤六十余里，泉石之胜，层现叠出。刘天民《函山集》强半咏北川风物也。

玉水又西北经月牙岭北，又西北径坛口岭北，又西北径卧虎山南，岱北诸水之水始合于此。又西北径黄山北。又西北至渴马崖南，则泊然而止，伏流而东发趵突泉。又北曰泺水。又东曰小清。然西北流者至长清县之橛山北复见，又西北径猎山北，又西北经齐河县界，入大清河。《水经》谓之济水会归矣。

泰山志卷第九

泰山志卷第十

朝议大夫山东泰安府知府休宁金棨纂辑

祠庙志

岱庙在泰安府城内西北隅，《水经注》引《从征记》：泰山有下、中、上三庙，墙阙严整。门阁三重，楼榭四所。按：此则下庙也。

《风俗通》：岱宗庙在博县西北三十里，山虞长守之。

《燕魏杂记》：东岳庙在兖州府奉符县，封天齐仁圣帝。

明汪子卿《志》：案《志》：唐庙在岳之南麓，岱岳、升元二观前，当为汉址，宋改今地。其后废兴修葺，详具宋祥符、宣和，金大定，元泰定、至元及明朝诸记石。

旧《州志》：庙创始于唐，恢拓于宋，重修于金、元、明。

遥参亭在庙前，昔凡有事于庙者，先拜于亭而后入，故名遥参。前有石坊，坊北为殿，祀碧霞元君。两庑翼之，其后为东岳坊。以上《图志》。

明汪子卿《志》：遥参亭旧榜曰草参门。门中有台，台再成台，上有亭，亭重檐四面，十有六角，崚嶒绮丽。

《泰山道里记》：遥参亭一名草参，为入庙之始。自明人设元君像于亭中，遂与庙隔，不可通辇路矣。

东岳坊北为庙，城周三里，高三丈有奇。门凡八，南辟者五，中为正阳，左右为掖门。掖门左为“仰高”，右为“见大”。东辟者一，曰“青阳”，又曰“东华”。西辟者一，曰“素景”，又曰“西华”。北辟者一，曰“鲁瞻”，又曰“厚载”。门各有楼，城四嵎亦皆有楼：曰巽、曰艮、曰乾、曰坤，各随其方以名之。由中门而入，北为配天门，其东为三灵侯殿。东南有宋宣和宇文粹中撰修庙碑，最钜。东为炳灵殿，殿后有灵感亭。殿前有古柏六株，传为汉武时植，有御制汉柏图碑。

《文献通考》：炳灵公庙在泰山下，后唐长兴三年，诏以泰山三郎为威雄将军。大中祥符元年十月封禅毕，亲幸加封，令兖州增葺祠宇。经度制置使王钦若自言尝梦睹神，又于庙北堧建亭，名曰灵感。

冯时可《记》：炳灵殿前汉柏十余株，皆连理。中一株最巨，轮囷拥肿，状尤诡异，非千百年不能有者。

陈昌言《汉柏赞》：有菀者柏，蟠株灵宇，植之何年，云自汉武。形寄青峦，巍峙崇阶，兄彼秦松，弟乃唐槐。飞润流津，函云满月，乔柯孤引，修干高揭。亭亭偃盖，蔽芾侯甸，镇厥东土，荫兹下民。我来其下，徘徊徙倚，图以携之，昕夕仰止。

王恽《汉柏》诗：苍柏无城拥汉陵，闷宫遗树郁峥嵘。崔嵬不植明堂础，造化潜通岳顶灵。万壑烟霏封杰干，半空风雨撼秋声。白头会见东封日，秀映鸾旗一色青。

王奕《汉柏》诗：肤剥心枯岁月深，孙枝已解作龙吟。烈风吹起孤高韵，犹作峰头梁甫音。

李兴祖诗：瞻彼长林，其实森森。冲霄汉兮，慰我好音。

瞻彼长林，其质彬彬。独凌寒兮，慰我同心。

瞻彼长林，其叶葱葱。亿万斯年兮，用示凛岁终。

施闰章诗：根不必踞绝壁，枝不必摩苍天。婆娑岳庙眼前树，轮囷屈曲几千年。龙文蛇腹复猿背，铁干蟠空少根蒂。岱宗玉女旌旗翻，百灵半夜风雨会。韦偃毕宏画不得，神物旁观空叹息。春暮天寒鹳鹤悲，阴霞绕树沉云黑。崔嵬祠庙已频灾，唐槐灰烬秦松摧。武皇六龙逝不回，嗟尔古柏胡为乎在哉，令我哀歌矫首心徘徊。

炳灵殿北旧为迎宾馆，为候王人之所。康熙间增置三茅殿，乾隆三十五年拓建驻跸亭，改三茅于延禧殿。

配天门西为太尉殿，朱佐《前定录补》谓为豳公杜琮也。西南有宋祥符晁迥撰加封碑，视宣和制稍亚焉。又西由延禧门入，为延禧殿，前有古槐，明甘一骥题曰“唐槐”也。

冯时可《记》：唐槐一株中空而半枯，其半枝叶蔽芾如新植。

李兴祖《唐槐》诗：爰有绿槐，在岱之阳。云谁之泽，庶士伊人。彼伊人兮，实获我心。

爰有绿槐，在岱之下。日居月诸，曷维其久。我有旨酒，以敖以游。

爰有绿槐，在岱之西。黄鸟于飞，既奋且翚。悠悠我思，薄言旋归。

张鹏翮《唐槐》诗：潇洒名山日正长，烟霞为侣足徜徉。谁能欹枕清风夜，一任槐花满地香。

严长明诗二首：盘拏双干入晴烟，几见风花殿角前。不奈更询唐代事，断碑已失鼠儿年。

乱蕊毵毵堕瓦沟，黄时想见不宜秋。繁华久绝南柯梦，只有仙乡欲卧游。

延禧殿北旧有御香亭，为收贮御香之所。有诚明堂，为祭官斋宿所，并圮。又北为藏经堂，内贮历代经文典诰。东为鲁班殿，西北为环咏亭，四垣嵌历代石刻。明万历间重建，乾隆十二年拓新之，中勒御制环咏亭诗。

文翔凤《记》：延禧殿西偏有环宇，以镌历代名人之诗者，为觞地。

《岱史》：亭久废，诸石刻沦于荒秽中。万历间，桑东阳仍其旧址复构亭宇，将韩、范、欧阳诸公题名拂拭而维新之。

严长明诗：林扉间敞殿西偏，春昼来过草色芊。翠壁阴浓疑有雨，古槐根断忽生泉。吟边韵落挣纵铎，劫外碑横片段烟。到此可无题字在，筼筜特地拣匀圆。

仁安门在配天门北，内有石栏，内外奇石凡九，皆有题勒，字多漫漶。左右碑石林列，西有石幢一，高二丈许，俗亦呼为无字碑。

石栏北为露台，台上屹然中立者，曰介石，俗名扶桑石。有古柏一株，披衷北向，曰孤忠柏。东西有碑楼二，东为御制重修岱庙碑，西则明太祖制改泰山封号碑也。

台下有古桧数十株，蟠结杈枒。台西一株，附枝倒垂如缀。台东西有井二，西井味尤甘美。又有铁桶二，宋建中靖国元年造，奉符县人李谅题记。

上为峻极殿，明汪子卿《志》曰仁安殿，朱孝纯《图志》并《泰山道里记》云，即宋之天贶殿。汪子卿《志》云：天贶殿在岳顶，宋真宗得天书建，学士杨亿撰碑铭。殿今废，碑存岳祠。殿九间，重檐八角，覆以黄瓦，如王者居，内祀东岳泰山之神。

吴云题联：帝出乎震，人生于寅。

国朝康熙二十三年，赐额曰“配天作镇”。雍正九年，赐额曰“岱封锡福”。乾隆十三年，赐额曰“大德曰生”，联曰“青社开封峙者宗山称岳长，苍精降德圣惟产物与天齐”。三十六年，赐玉圭一，高三尺五寸，宽八寸，色白微青，上镌“乾隆年制”四字。

周以长廊，壁绘冥司审录善恶状。东廊之中为鼓楼，楼后有东斋房，圮。西廊之中为钟楼，楼后有神器库。库北为西斋房，并圮。殿后为寝宫，东西曰配寝。乾隆十三年，赐额曰“权舆造化”，联曰“震出泰亨万物广生推盛德，云蒸雨降八方甘泽遍崇朝”。以上朱孝纯《图志》，参用《泰山道里记》。

《水经注》引《从征记》云：庙中有汉时故乐器及神车、木偶，皆靡极巧丽。又有石勒建武十三年，永贵侯张余上金马一匹，高二尺余，形制甚精。今亡。案：“建武”是石虎年号，注误作“石勒”。

宋杨亿《天贶殿碑铭》、宇文粹中《重修泰岳碑记》、金杨伯仁《重修东岳庙碑》，文俱入《金石记》。

明薛瑄《重修碑记》：东岳泰山之神，故有庙在山之阳，朝廷有大典礼、大政务则遣使告焉。庙屋既久，多圮漏弗治。先是守臣尝奏请修建，而未克底完。天顺己卯，泰安州复以其事达之济南府，因以上请，诏允修葺。于时，都宪年公富方议兴役而去，左副都御史贾公铨继来，巡抚乃洎巡按藩臬协议，既择有干幕职以董其役，复俾济南府知府陈铨月一往以综理焉。铨始至泰安，谓修葺岳庙，固所以祗若朝命，致谨大神，然尤当以省民财、重民力为本，财匮民劳，事亦非可。因询及守庙者，具言数十年所积礼神之物甚富，遂遣人持市木之巨细与其他修屋之不可缺者。及既合，而匠役皆在官之人，而农氓不知有役。铨既综理有法，董役者亦用其意，不急不徐，工日就绪。始事于天顺庚辰秋七月，辛巳夏五月讫工。殿宇周廊，门观缭垣，悉皆完治，不陋于前，不侈于后。咸愿刻石以纪其事。山西按察使王允，济南人也，因以书来求文于瑄。惟孔子有曰：必也，正名乎。盖明则有礼乐，幽则有鬼神，其理一也。然则祀神之道，其可不以正名为先乎。如岳镇海渎在古帝王之世，皆以名山川称之。初无封号之加，盖以其为天地储形，萃秀神气，流通能兴云雨以泽物，能出财物以济民。古虽载在祀典而不可加，以封号自前季以来，道学不传，幽明之理，不明于天下。邪诞谄妄之说日作，于是有封五岳为王为帝者，有封五岳为公者，有封四海四渎为公为王者，而又各加以美号。夫岳镇海渎，其形峙而流，其气神而灵。古礼“五岳视三公，四渎视诸侯”，而乃崇其等，人其神，名既失正，神岂顾享。洪惟我太祖高皇帝，定有天下之初，即稽古祀神之典，乃颁大明诏旨于岳镇海渎诸神，曰：考诸祀典，知五岳、五镇、四海、四渎之封，起自唐世。崇名美号，历代有加，渎礼不经，莫此为甚。今依古定制，凡岳镇海渎并去前代所封名号，止以山水本名称其神。仰惟诏旨所载，隆复古制，大洗前讹，其所以达幽明之理，言上下之分，允宜表正斯世，垂法将来，而为万古不易之大典。孔子所谓正名者，于斯见之，猗欤盛哉！东岳泰山之神为诸岳冠，圣朝既正其名、秩其祀，而庙弗治，又俾所司以时修葺，而巡抚宪臣洎藩臬得综理其役。如铨者，不竭民之财力，而克底完新，皆可谓衹若朝廷，丕休显命，而致谨于大神者矣[①]。遂序其事而铭之曰：

一理宰斡，二气互根。清浮无际，浊坠斯存。柔行刚峙，川洪岳尊。惟此泰山，造化钟萃。巃嵸太虚，磅礴厚地。匪鲁邦瞻，实众岳最。其蓄罔测，其施靡量。玄云寸石，甘雨八荒。功既载溥，厥报宜彰。有庙在阳，奉命新葺。重臣是承，守臣是职。民不匮劳，事底完集。殿宇廊观，耸卓萦回。高下中度，不骞不卑。神气郁郁，流通在兹。昔古山川，明祀有体。夫何前季，封号荐起。侪岳于天[②]，紊三公礼。逮我圣世，道复古隆。斥绝僭诞，率由大中。岳镇海渎，悉正其名。惟岱宗神，神称允格。迄兹有役，咸愿石刻。述理继辞，以示无极。

国朝朱彝尊《重修碑记》：礼山川之祀，以望其既祭也。则以牲玉庋而悬之于林，沉于水，未有升高祀者。其后，易坛壝为庙，而五岳皆于山下，恒山祠上曲阳，远在数百里外，犹不失古望祀之义焉。东岳庙在泰安州治西北隅，实岳之南麓。前三门，门三涂，楼峙其前。神之居在五重，端冕秉圭，一如帝者之仪。议者谓五岳秩视三公，然《周礼》有兆五帝之文，宰五行，配五色，后盖分祀五方。而青帝得祀于岱，章服之盛，非僭也。《书》：岁二月，东巡守，至于岱宗。《尔雅·释山》：河东岱。应劭曰：岱，始也；宗，长也。万物之始，阴阳交

① 大神：《古今图书集成·山川典》第十七卷作“人神”。
② 侪岳：《古今图书集成·山川典》第十七卷作“跻岳”。

代，故谓五岳之长。相传神掌死生之籍，故曰“齐度游四方，各登泰山箓”。盖自九皇六十四代以来，秩祀不改，彼嵩、华、恒、霍，特庙祀一方而已。神则祠宇遍天下，生民之奔走，威福者疑神，崇标峻极，是处由是。山椒岳顶，各饰神祠，金碧焜煌于松栝之表。至州城之庙，载诸祀典，祈报者或未之过焉。惟朝廷有大典礼，特命使臣祠告。外则州之有司春秋致祭，一洒扫而已，庙以是久不治。呜呼！抑知百神受天子职，必祠官祀典所载，乃其所以凭也与。皇帝践位之六年，躬揽大政，告于海内名山大川，爰命秘书院学士宛平刘公修岱宗之祀。使旋寻奉命抚东土，既至，檄知州事林君修治，于是三司以下靡不率钱为助。采大木于江淮，由运河輂于庙。明年竣事。城之雉堞，殿之垣墉，户之枨枢。土者为台，木者为榭。鼓钟之楼，齐湢之所，宎廇橥椟，瓴甋罘罳，莫不毕治。穹碑断碣，踣者复立。鬼物青红，夹门左右。州之男女，远方之人，咸来览观，小大稽首。爰砻贞石以书岁月。公授简彝尊曰：斯文也，非子不可。彝尊伏念，岱宗为先王省方之地，观民设教，于是乎在。有孚颙若，惟神是依。治神人以和上下，建神示以保邦国，观化之理一也。万物出乎震，妙万物者，莫如神，天地之盛德仁气备焉。神之灵爽既妥，百物以谐，四时以序，协乎先王望祀之义。将遐迩之祈报者，不于彼而于此焉，庶无戾于古矣。乃作诗曰：

万汇之生，孰秉其权。阴阳相代，有化必迁。岩岩乔岳，善气所宣。降娄之躔，天柱左海。群山是宗，莫之与等。惟神司职，克配真宰。陈书于虞，考礼于周。鲁公三望，纪于春秋。百王之祀，岂其崇丘。嗟世之人，不稽祀典。键此重扃，峦磴是践。神房寝地，覆之苔藓。穆穆天子，既亲万机。使告于岱，诞及海沂。亲臣代祀，叩神之扉。帝有恩言，爰抚青社。小东大东，绥此劳瘁。有淑者旗，有辔者马。乃巡于野，乃舍于郊。乃諏司牧，爰暨庶寮。浮木于江，斫石于嶅。公来奉符，五宿山麓。新门有伉，四阿重屋。亦有寝宫，陈其牲玉。有苍者璧，帝睟其容。百灵来会，尔侯尔公。奕奕者庙，神罔时恫。郁郁唐槐，凡凡汉柏。树以丰碑，昭神之德。使山如砺，报祀不忒。

刘浩《重修碑记》：恭惟我朝，定鼎燕冀，而泰岳峙其东，脉起长白，实为左护。出云降雨，润四海之苍生；毓秀钟灵，翻九重之鸿业。岳尊岱长，建庙于山麓；宫启碧霞，奉祀于重巅。圣圣相承，屡奉敕修。乾隆三十三年夏四月，额附臣福隆安奉旨进香，回奏山顶各庙倾圮颓落，特命臣刘浩前往，会同抚臣，详细勘估兴修。臣刘浩星赴东省，会同抚臣富尼汉登泰，相度山顶碧霞宫并相近乾坤亭等七处碑碣匾对，均奉宸章，炳焕粲耀千秋。我皇上虞巡周迈，二月岱宗。而岱庙与庙前之遥参亭岁久悉露颓形，均蒙敕修，敬谨勘估入奏。乾隆三十四年春，臣刘浩面奉温纶，秉虔赴泰，会同抚臣富明安，委员庀材鸠工，择吉兴作。敬慎经营，共期仰副圣天子崇重泰岱神祇之至意。距乾隆三十五年殆几两载，凡神像大殿以及各殿宇、廊庑、门垣，全行拆倒新修，次第具举，丹雘藻绘，轮奂一新。兹庚寅岁冬月之吉，大工告成，仰见庙貌巍巍，聿新孔固。而山顶碧霞宫诸殿亭，悉皆翚飞云表，迤逦于峰回翠叠之中。明岁，銮辂经临，躬亲殷荐，行见我皇上，特举崇祀之盛典，广为庶兆之鸿恩，倚欤盛矣！臣等共相核计，统用帑银十九万四千有奇，将以工竣，会奏告成，实属万世无疆之休用。谨拜手扬言，述修岱庙始末如右，而泰顶碧霞宫等八处，亦俱附著于斯云。

宋欧阳修《祭东岳文》：修比者获解郡章，许还里闬。方巾车而即路，属暑雨之时行。辄以愚诚，仰干大造，蒙神之惠，赐以不违，吹清飚而散阴，暴秋阳以涸辙，遂无道路之阻，得返草茅之居。荷德之深，不知为报，一觞之洁，谨用荐衷。

宋济南守曾巩《告岱岳祈雨文》：去岁之旱，有请于神，蒙畀嘉泽，田则大稔。今春河役，发民二万，更迭赍送，众又倍之。盖此齐人，出者几半，迨其反室，维夏之初。劳费既深，又违穑事。夫民数岁，乃遇一稔，敝之如此。今二麦方苞，而亢阳为虐。吏任其咎，所不敢逃。惟民何辜，赖神终惠，能致云雨，则实在神。尚其念之。敢告。

又：惟神含德体仁，镇兹东夏，兴云致雨，泽施八纮。今此齐邦，近在山趾。方夏久旱，麦苗将萎。吏思其繇，奔走群望。而人微言贱，不能上动。频阴复散，忽已兼旬。念此疲民，弊于征敛。方岁之富，食常不足。一遇灾害，必捐沟壑。惟神威烈，覆被群生。顾此比州，宜先蒙赐。岂伊灵眷，独忍遗之？是用饬遣士民，布诚祠下。情穷词急，冀获哀矜。使一雨霈然，则倒悬可解。尚其降鉴，无作神羞。

又：维泰山，历古至今，有天下者，巡狩封禅，勒成告代，莫不之焉。或企足动容，卒莫能至。实卓伟殊尤，神明之地，故天下宗焉。二典所记，其光灵威烈，焯示万世，夫岂他山可得而视！维齐鲁，获仰而事，粒食缕衣，莫匪阴施。今邦不雨，自四月以迄于兹，积水之泽，尘起冥冥，粟将槁死，蝗亦滋生。虽政或不良，足以致此。而百姓何罪，宜蒙哀矜。彼撮土之山，勺水之川，尚能与民为福，锡之有年。岂如泰山，朝出一云，暮泽天下，其势之易，易于转圜。而比近托丽，顾不能怜，殆莫之或告，告或不虔。夫民之生，盖亦艰矣。无储与藏，重敛烦使，岁一不登，多滨于死。奸强无知，或起乘时，聚为盗攘，以取诛夷。循理安业，田间之民，亦与俱亡，奚可不伤。巩受命天子，守藩于东，敢齐以严，告于灵宫。惟神闵人之病，助岁之功，霈然下雨，变沴为丰。尚俾斯民，以牛羊黍稷，得承事于无穷。

又《谢雨文》：臣愚，行为时之所背，言为时之所轻。寡俦少和，眇眇茕茕。奇于人而如此，敢望信于冥冥？属东辕而进谒，托斯文而荐诚。眷齐鲁之旧邦，依大镇之峥嵘。苦旱魃之方骄，忧岁事之不登。民且瘠于沟壑，或椎埋而死兵。冀聪明之响答，霈膏雨之霄零。言丁宁以上诉，心惝恍而潜惊。顾不能以谐世，将何以动夫威灵！乃不知夫神与道而为徒，虽窅默而难明。其虚心也，物有来而必应；其公听也，无憎爱之常情。彼大虽自大，小虽谓小，吾与善而已矣，常一视而持平。故微衷得以上彻，利泽为之旁行。或噫为风，或震为霆，隐然雷出，蔼然云蒸。洒甘□以兼夕，灭灾气于无形。盖西极于甸服，东属乎沧溟。人盈其望，物遂其生。黍芃芃而擢秀，粟薿薿而敷荣。使时沴遂熄，年功可成。人食丰乎钟釜，神祀衍乎粢盛。民相安于田里，吏无用于威刑。信大恩之莫报，而至德之难名。愚所以意激而感深者，方涉世之零丁。荷降监之不昧，知忠信之可凭。敢因辞以进谢，愧抽思之匪精。

明巡抚王忬《告岳文》：盖闻懿垂编录，休翊明时，以雄长乎五岳者，神之大造也。触石而出，肤寸而合，不崇朝而雨天下者，神之能事也。至于奔走天下，积致贿施，以利赖此一省者，又神之颛惠也。则夫雨旸时若，固神之当先及，而亦一方之所私望者矣。乃不雨自春，迫将中夏，达乎四境，且害三时，麦已罔秋，禾岂望岁？夜倬云汉，昼苦风霾，下民其咨，上天有憾，神之所以惠此一方者，不其爽欤？且忬受命抚兹，图惟保釐，殚厥心力而已。云行雨施，实仰明神焉，势分固尔也。抑忬及庶司，或阴蓄愆罪，有乖感假，则神宜罚及厥身。顾斯民何辜，代服政者罹此荼毒耶！谨斋明思省，遣教授胡大庆告此雩事，神其歙崇朝之灵，渥千里之利，则岂惟忬与一方之人慰答其望？虽神之取信天下，辉映今古，或亦攸系矣。惟神其听之哉！尚飨。

国朝施闰章《祭岳文》：维岱为五岳之长，维神为岱宗之君。自古帝王祭告封禅，及海内外士女重趼响臻者无算，盖万物之权舆也。闰章视学此邦，日夜震恐，惧不得贤才报天子休命。夫贤才者，岳之所生，神之所依也。其有伏而不出者，岂神之靳惜与？抑求之未尽其道也。惟神其启佑之，俾终厥事，以无坠厥职。

宋鲜于侁《岳神辞》：云蓊蔚兮山之巅，瞻岳灵兮望青天。崭岩嶒崒兮磅礴无垠，巃嵸㟮㟥兮宁一以为仁。草木杂而罗生兮，人不可名，鸟兽蕃而走集兮，虞不能知。因高错事兮，道此跻升，登岱勒成兮，胡为而七十二君。齐余心兮不外，高余冠兮甚伟。撷芳杜兮为衣，掇紫芝兮作佩。柏实兮松华，石髓兮兰英。蕙肴陈兮玉案，明水湛兮清尊。诚拳拳兮不解，寐接神兮恍若有言。嵩高峻极兮生甫与申，周道将明兮宣以中兴。水旱不常兮虫螟以灾，稼穑卒荒兮民生流离。劳来安集兮之子之功，祐此下民兮宁遗神羞。

明张铎《迎神辞》：雨潾潾兮风飔飔，望神君兮驾赤螭。魂恍恍兮远祖，驰峻坂兮陟长岐。望舒为御兮霞为裳，丰隆前导兮电为旗。迢遥戾止山东涯，苍虬玄豹何纷披。神驹宝马森相随，琼琚络佩声累累。凤凰衔珠光陆离。纷屡舞，献瑶卮，坎坎击鼓扬巫师，愿镇坤维兮祀事孔时。

又《送神辞》：雨忽散兮云英英，送神君兮驾太清。天衢缥缈兮不可挹，忽侘傺兮心惊。龙翼辖兮骈阗，虎服箱兮纵横。驰驱海岳返瑶京，霓裳霞帔俨同行。玻璃流光照空明，玉童时罢云和笙，琼宫宝宇寂无声。歌万福，受瑶觥，陶陶嬉舞欢相迎，愿灵去而来兮奠此群生。

唐马友麾《早春陪敕使麻先生祭岳》诗：我皇盛文物，道化天地先。鞭挞走神鬼，玉帛礼山川。忽下玄洲使，来游紫洞前。青羊得处所，白鹤怪时年。虔恳飞龙记，昭彰化鸟篇。岩风半山水，炉气总云烟。光抱升中日，霞明五色天。山横翠微外，室在绿潭边。缇幕灰初暖，焚林火欲然。年光著草树，春色换山泉。伊水来何日，嵩岩去几千。山疑小天下，人是会神仙。叶令乘凫入，浮丘驾鹤旋。麻姑几年岁，三见海成田。

宋晁补之《谒岱祠即事》诗：泽南三百里，极望横天云。云端色凝黛，谛视初可分。峥嵘介丘像，澒洞元气屯。顷刻有变化，惨澹殊明昏。天行帝出震，其位生物元。不周偾西北，川乃东南奔。宁知六鳌死，竟使三山沦。不有是难倾，孰维大块根。尝闻周官说，实维天帝孙。神灵所镇守，民物斯茈存。幽明昭一理，有道惟常尊。不觉下马拜，僮奴亦遵循。乃知正直理，足使冥顽敦。三王有损益，商人所尊神。明法或不惧，夜行安得逡。以此转世教，庶几驱骜民。莫宿太平驿，不眠虑丝棼。明朝好天色，万象开胚浑。势横恒碣尽，支压齐鲁蹲。五色冒日观，一握通帝阍。恢拓下摧萎，青苍上氤氲。泉石竞沮洳，烟岚互纷纶。高举蹋风海，深蹯跆火轮。波涛卷堆阜，一一溟渤吞。棋枰视井邑，七箸藏松椿。碧瓦峙双阙，红墙缭长阓。愿瞻岩阏容，内涤邪垢魂。赐臣登绝顶，一览神秀原。万壑射窈窕，三坛矗嶙峋。莽不睹项领，何能穷胜跟。稍稍指凫绎，依依数亭云。松列大夫爵，赢识将军坟。琐屑涧花丽，霏微崖药薰。广大良有以，奇险安足论。瑰诡有形上，颓然德弥惇。得无希夷子，傲世逃深榛。亦有黄冠士，相对如麇麇。此曹啮草木，语道良未闻。解榻坐中观，洗心驰大钧。形气要得一，不然随物泯。是事亦姑置，幽寻聊可勤。初疑无字碑，莹洁谁敢文。又怪玉女井，高绝何由渊。俯穿斗仙岩，鸟下天壁垠。侧度五贤堂，熊经背逡巡。剑石危素履，女萝柔屦扪。挥斥八极远，风来袂轩轩。寥廓自无梯，犹疑天可宾。阴谷不可视，恐落魑魅群。安得遂独往，身如黄鹄翻。周流遍五岳，采掇芝英繁。即欲憩圆峤，或当止昆仑。众真迎我语，一笑颜玉温。是中差可乐，子胡恋尘樊。答此太遗物，身闲犹事君。重华迹已远，秦汉事方烦。成功属吾宋，五礼垂后昆。皇帝二载春，臣备太史员。细绎自帝典，颇识康哉言。泥金白玉字，愿颂无前勋。有志类韩愈，无书愧文园。臣发将雪素，臣心犹日暾。今此在林薮，跳身同玃猿。徒观众山小，愁绝下天门。

明王元坤《岳庙》诗：地开神府自鸿蒙，作表群灵控大东。万国朝宗瞻巨镇，二仪生物藉元功。青旂晓转光华丽，苍璧时陈礼制隆。陟降有严帘陛迴，满空甘雨飒天风。

飞楼层堞启星门，五岳推先品位尊。帝出震隅通象纬，灵昭木德奠乾坤。百王秩祀崇遗典，万类瞻依肃骏奔。鸾鹤去来天路近，广庭钟鼓自朝昏。

国朝沈德潜诗：闷殿崇东国，唯神配极闻。钟沉汶源水，香和泰山云。桧柏森灵气，碑铭辨古文。升阶肃瞻拜，万虑静纷纭。

严长明《谒岱庙》诗：太微执斗临紫宫，元精合撰垦卑崇。灵威仰尤爱所钟，职诸岱使专厥雄。维帝出震开东封，垂旒仿佛君云中。日章月采昌以丰，外表严毅中抱盅。金舆山立璧两毂，苍麟夹侍摇青鬃。先以大角苍精龙，眂天察地横复纵。喷海欱漠如长洪，莫原厥始要厥终。周三千里境未穷，高四千丈廓有容。天关上下开梯冲，左日右月惊发蒙。太清宫碧扉则彤，云亭社首卫若墉。玉符琨瑞垤附崧，配以太华恒衡嵩。亹闻精气相周通，象若侯甸男卫从。扶舆匪特以自丰，德之博者功亦隆。稽古颛顼居空峒，奉火为祖金为宗。禺强佐之殚靖共，导率元武行蹱蹱。穷蛇冠珥追厥踪，倚烛龙烛山曰钟。阴火灼冰冰弗融，鸟兽希革草失芃。维灵俯眂忧心忡，少皞于召来东蒙。唐臣陆吾若不逢，明威圣者天所工。负甲背虎持六豜，阳门倒挂扶桑弓。窍凿大块嘘协风，生气涌出如奔虹。吹万无复天札凶，谷气不痺林不癃。时叶光纪心维恼，斥弃舆马兼仆僮。上之帝所陈鞫讻，天庭忽荒神罔恫。缩身潜喘夔魖同，下奔委羽栖其躬。因是六幕交和冲，灵乃䜣合孚若颙。麾箕舒猋毕降涷，凝膏液若乳酪醴。以昌万汇绥九农，奔走唱于复唱喁。天子时迈嘉乃庸，高居祓饬金碧重。五礼六乐罔不供，奠以苍碧妃青琮。天酒地汁敷溶溶，奎章下贲光维熊。辉增群岳丽烛空，讵等封禅夸成功。七十二代交汹汹，滕书埋玉欺瞀懵。岂惟麟凤来竟慵，黍禾茅亦生不从。嗟余八翼惭氄毨，兹何意向天门翀。挈才自愧成牛蛸，含辞欲吐道弗充。回軆惊见贞石砻，重若球贝陈三雍。披吟未已泪落胸，公如天柱颓中峰。元神陟降应在穹，帝晨左右鸣珩璁。曷归乎来牖我衷，阖闾东望云曈昽。

酆都庙，在岱宗坊东，神称酆都大帝，配以冥府十王。道经云：酆都为阴气之主。又曰：十王之中，七曰泰山。故祀此。乾隆十三年，赐额曰现因果法。墀下有古柏，柏顶寄生桧一株，根植郁茂，俗曰飞来柏。庙始于明弘治十四年，太监李瑾建。《图志》。

明李钦《重修酆都庙记》：岱宗南麓，有庙曰酆都，其神为北阴酆都大帝，配以冥府十王。其东为曜灵五阎王，而左右十司曹官列焉。尝稽道经所载，酆都者，阴气之主，九地之枢机，拷罚罪鬼死魂之所也。十王之中，其七曰泰山。故陆机《泰山吟》有曰“蒿里亦有亭，幽岑集万鬼”。盖蒿里去泰山仅数百武耳！白乐天诗亦曰“东岳前后魂，北邙新旧骨”。诚如是，则酆都之为庙，夫岂岳麓之所可少者哉！虽然，俗传收捕追逮、出入死生之说，固儒者所不道也。然昔吴道子画地狱变相于成都，民咸惧罪，市之屠沽鱼肉者不集。而况崇之以殿陛，列之以案牍，肖之以人鬼，严之以锉烧舂磨之刑，使人入则肃然、凛然，出则悚然，将自知去恶以求免刑戮之弗遑。其为神道设教之意，顾有复善于此者哉！庙创始于太监李瑾，时弘治十四年也。至今历岁既久，风雨所侵剥，栋宇榱桷，盖瓦级砖，与夫丹雘藻绘之饰，未免倾圮漶漫。嘉靖壬戌春，济南守安阳宏斋翟公涛，以两台专委来督岳庙大工，既获底绩，乃复以檄，请为重修酆都之举。两台亟为嘉允，卜日兴事，赀费取给于香税，而于农民秋毫无所干扰。经始于癸亥秋七月，讫工于冬十月。殿宇周廊，门观缭垣，悉加完治。鬼神之像，皆重为涅塑，焕然一新。庙西登岳之路，复建岱宗坊三楹。自此以至岳顶，方凡八，又皆立坊以表其名，而各揭联以壮其景。金碧炜煌，映照山河，由是泰山之伟观愈益增矣。郡人士咸愿刻石以纪其事。余惟天以春生万物，止之以秋；圣人法天，以政养民，肃之以刑。故曰：父母之于子，鞠育而遂字之，仁也；鞭扑而告戒之，亦仁也。上之于民也，政教以抚绥之，仁也；刑罚以耸砺之，亦仁也。岱岳于方为东，于时为春，兴致云雨，发育万物。而北阴酆都之府所司者，秋杀之权也。公来本以岳庙为事，而其余力又有及于斯者，无乃所以警劝下愚，而启其迁善敏德之机耶！

升元观，在岱宗坊西，久废。乾隆三十五年，恭建行宫于此。《图志》。

三皇庙，在岱宗坊北，祀伏羲、神农、黄帝，配以八蜡，两庑祀先医。明弘治间，尝遣中官致祭，有御祝文碑。今以岁十二月八日致祭，为郡人蜡祭之所。《泰山道里记》。

明弘治十六年《御祝文》：粤维三皇，建于有极。百草聿尝，药石是资。疾痛疴养，用赖以瘳。神圣功巧，万世永赖。笾俎既精，虔诚斯达。敬伸祭奠，庶其韵格。谨告。

朝元观，在三皇庙北，初名建封院。宋政和八年，赐额升元，有敕牒碑。元至元二十二年，张志纯重修，改“朝元”，有徐世隆碑。神祀东华帝君，俗谓东岳福神，此则自西南徙建者。

玉皇阁，在朝元观西北。上祀玉皇，下为三元洞，阁西为北斗殿，明隆庆间建。前有人祖殿，近改痘神祠。

金龙四大王庙，在玉皇阁北。《山东通志》称：神为南宋谢绪，行四，钱塘人，隐金龙山。宋亡，投苕水死。明天启四年，以拥护漕河封今号。国朝康熙元年祀此。以上《图志》。

青帝观，在金龙四大王庙西。《隋书·礼仪志》：开皇十五年春，行幸兖州，遂次岱岳，行礼毕，诣青帝坛祭焉。顾炎武云：即《月令》所谓其帝太皞也。《图志》，参《道里记》。

案：观创建无考。宋祥符初重修，有宋《加青帝懿号诏》《广生帝君赞》《御祝文》，俱入《金石记》。

西眼光殿，在青帝观北金山上，明高真院[1]。殿西有眼光泉。

后土殿，在金龙四大王庙东北，有宋范致君题名。

老君堂，在后土殿东，古岱岳观之一隅也。唐为老氏筑宫，武后赐额曰“白鹤”。以上《图志》。

《泰山道里记》：自高宗以下六帝一后修斋建醮，皆于此观。有双碑以盖趺合而束之，俗呼鸳鸯碑。其字四面，每面作四五层，书法不一。唐碑存于泰山者，唯此与玄宗《纪泰山铭》耳。顾炎武采入《金石文字》。迤南壖基敞豁，皆岱岳观故地。按，《水经注》曰：古帝升封设舍，所跨处有石窍存焉。在故观南趾。《从征记》曰：中庙去下庙五里，屋宇又崇丽于下庙。庙东西夹涧。《岱史》载：向尚存古松柏十余株，有赵子昂题刻“汉柏”二字。今与树俱亡。是岱岳观在元以前为东岳中庙矣。

群玉庵，在老君堂之东，祀王母。东有亭，曰观澜。西为药王殿，石渠夹径，建以桥栏。庵前有飞鸾泉。《泰山道里记》。

东眼光殿，在虎山上，雍正八年建，与西眼光殿遥峙。《图志》。

关帝庙，在玉皇阁北，康熙、乾隆间相继拓修。乾隆十三年赐额曰“神威巨镇”。庙东有憩亭及露井。《泰山述记》。

元君庙，在天阶坊北，元君亦有上、中、下三庙，此其中庙也。

观音阁，在元君庙东，旧名飞云。乾隆十三年，赐额曰“普门圆应”。

万仙楼，在观音阁北，旧称望仙，明万历四十八年建。上祀王母，配以列仙，中为元君。乾隆十三年赐额曰“景会群真”。以上《图志》。

赵国麟诗：樱桃正熟时，箫鼓喧清昼。游人集万仙，山灵若驰骤。仙人厌繁嚣，隐约栖岩窦。泠泠石上淙，终古弹清奏。

又：丹楼倚山椒，云是仙居处。涧水通瑶池，青鸟自来去。

斗姥宫，在万仙楼北，古龙泉观也。明嘉靖二十一年，德藩重建。北为高老桥坊。

---

① 明高真院：《泰山图志》卷四上作“明为高真院”。

三官庙，在高老桥北，明人祖殿故址也。

《考古录》：泰山上有人祖庙，不知何取。《三秦记》：骊山巅有人祖庙，不斋戒而往，即风雨迷道。《长安志》曰：即秦始皇祠。盖本之《史记》所云祖龙者，人之先也。今《临潼志》以始皇不应祀典，改为三皇庙。

元君殿，与壶天阁对峙。乾隆十三年，赐额曰“琼霄珠照”。以上《图志》。

玉皇庙，在元君殿北，乾隆十三年，赐额曰“紫垣凝命”。《图志》。

三大士殿，在金星亭西。《泰山道里记》。

二虎庙，在二天门北，祀黑虎，故名。《泰山述记》。

增福庙，在跨虹桥北。西有元君殿，北有迎天坊[①]，圮。《图志》。

元君殿，在朝阳洞坊北。乾隆十三年，赐额曰“灵府慈光”。北为对松山坊。《图志》。

大悲殿，在对松山北。乾隆十三年，赐额曰“莲界慈航”。北为龙门坊，旧有龙王庙，上有金母殿址。《图志》。

关帝庙，在南天门内，旧有三灵侯祠。《通志》称为周谏官唐宸、葛雍、周武也。宋真宗东封泰山，见三神人于天门，因加封建祠。后改置于凤凰山，圮，遂移凤凰山之关帝庙于此。乾隆十三年，赐额曰“乾坤正气”。《图志》，参《述记》。

五贤堂，在南天门东北，旧祀孟、荀、扬、文、韩五子，相传为苏源明读书处。

老君堂，旧在围屏峰，今圮。

万寿殿，旧在虎头崖东北，《泰山小史》称万寿宫。又有御香殿，亦曰御香亭，万历四十二年建，祀九莲菩萨，并造大铜钟一，上有御制钟赞。崇祯十四年，复增祀智上菩萨。殿久圮，移像于青帝宫，置钟于后石屋。以上《图志》。

① 北有：《泰山图志》卷四上作“西北有”。

按：二后升祔时，先后建祀岱巅，并置祀山下天书观内。

北斗坛，在鲁班洞北。明万历间筑，四面皆门而中通，上复为台，曰礼斗。碧石并峙，多文采，俗呼辅弼二星，取泰山北斗之义也。《图志》。

碧霞元君祠，在北斗台东，元君上庙也。旧名昭真观，宋真宗东封建，明洪武时重修，刘定之记。成化间，改署碧霞灵应宫。万历三十六重修，邢侗记。祠南向，正殿五间，像设及盖瓦鸱吻檐铃之类，皆范铜为之。殿东一间曰东宝库，西一间曰西宝库，储诸所捐施，即汉武帝时所谓“梨枣钱”也。国朝康熙二十三年，赐额曰“坤元叶应”。雍正九年，赐额曰“福绥海宇”。乾隆七年，赐额曰“震维灵岳”。乾隆十三年，赐额曰“赞化东皇”，联曰“碧落高居金台传妙诀，苍生溥佑木德仰慈恩”。又赐联曰“三素云英扶绛节，九光霞缬丽青坛”。东西两庑祀眼光、送生二母，瓦皆铁冶。中为香亭，即万历中建金阙处。东西御碑亭二，南为祠门，门前为台，左右为钟鼓楼。门外绰楔三，中曰敕建碧霞坊，东安民坊，西济世坊。南为大门，上有歌楼。东西有二石阁。大门外有火池，为四方祈谒者焚帛之所。祠内有前明铜碑二，门外有雍正十三年裁革香税碑。东石阁外为更衣亭，即《岱史》称东公署，香税总巡官旧居处。《图志》，参以《泰安县志》《泰山道里记》。

明汪子卿《志》：宫之东南，拱抱为五花崖，东北迤西则岳顶、磨崖、日观诸峰，蜿蜒环峙，三面若屏扆，前若双阙。由宫门西下，石磴三丈许，南俯悬崖，下视城郭若畦圃。自城郭望之，则崖峰森蔽，不能见宫宇。此盖造化灵区，真天奇也。

《图志》：碧霞灵应宫[①]，今称碧霞元君祠。

明弘治十六年《御祝文》：懿德含宏，仁慈广霈，佑苍生于寿域，鼓群品以瞻依。兹因眇躬，偶爽调摄，敬祈圣力，永佑康宁。特以香帛，用伸告祭，益彰灵应，福佑家邦。谨告。

嘉靖十一年《皇太后祝文》：皇帝临御海宇，十有二载，皇储未见，国本尚虚，百神万

① 灵应宫：《泰山图志》卷四上作“灵佑宫”。

民，无不仰望。兹特遣官，敬诣祠下，祗陈醮礼，洁修禋祀，仰祈神贶，默运化机，俾子孙发育，早锡元良，实宗社无疆之庆，无任悬悃之至。谨告。

高诲《玉女考》略：泰山玉女神，显灵于天下，其来尚矣。世传为东岳女，盖谬说也。人心崇尚，习舛承讹，非特愚夫愚妇之不知，虽博雅君子亦未闻有能考其实者。按《州志》载：岳顶玉女池，马端临《通考》纪池侧故有玉女石像，泉源壅浊。宋真宗东封，先营顿置，泉忽涌上升山，其流自广，清泚可鉴，味甚甘美，王钦若请浚治之。像颇摧折，诏易以玉石。既成，上与近臣临观，复砻石为龛，奉置旧所祭焉。唐刘禹锡《送东岳张炼师》诗云：久事元君住紫微。而李白《游泰山》诗亦云：玉女四五人，飘飖下九垓。及观李谔《瑶池记》，谓黄帝建岱岳观，尝遣女七人，云冠羽衣，修奉香火，以迎西昆仑真人。由是考之，则知玉女必黄帝所遣七女中之修而得仙者。后世因之祠于山，而宋、元间龛像建观，尤有征。迨我朝拓新殿宇，灵应益著。不然，则泰山乔岳之上，何缘有此？据《通考》、唐诗所载，质之谔记，益信。

刘定之《记》略：泰山绝顶，旧有祠，祀碧霞元君。以其最高，云蒸雨降，材木易朽，飚风刚劲，瓦多飘毁，祠不能久。今副都御史原杰巡抚山东，谒祠，见其隳坠，谋新之。铜梁铁瓦，琉璃砖甓之坚固，丹雘青垩，藻绘漆饰之辉焕。高广深邃，规制增旧。其费取诸官而民不知。自昔登山捐施，委诸巫祝，妄费不可稽。而令纪理之，皆有条法云。

邢侗《重修碑》：盖闻之孔子云：质有余者，不受饰也。碧霞宫胡以修也？又闻之德弥盛者文弥缛，中弥理者文弥章，碧霞宫胡以弗修也？夫大室不应《春秋》致贬，华山加缮，光和见述。张宠以二千祠尧，史晨用王谷表圣。东溟标嫩乎桓相，淮源归勋于郭守。沿经举废，自昔然已。

岱宗爰长诸岳，冠以帝称，庙貌崇闳，雄峙州治。而碧霞元君灵应宫则巍然托阯，抗擢岱椒，其列在《集仙》《搜神》《道箓》等编，未究元君之始，宁袭耳食之谬。唯是四岳避峻，九山推烈，碧霞于斯宫焉。要之，人天允叶，精响合答，则下臣仿佛可得而言无怀之所税鞅，黄帝有虞之所驻跸。二代以降，迄乎秦汉，胪禅纷如，广心竞设乎坛陔，中貌厚集乎瑄玉。寖寻无已，辉铄若何。昭代列皇，重仅遣告。侔福陋赞策之罔，竭禋酌刻牒之绪。以故明祇惠以丰楙，下土逭乎谷嗛。盖有马谈弢其册典，宽舒戢其颏颊者矣。厥有冠带之侪，布衣之丑，估贩之魁，帷闼之侣，靡不指奉高以首路，望云封而膝地。宝则珠松徽尾，鍮镨师比；帛则春草鸡翘，黎单毛毲；币则杨迈朱提，鲛文白撰；供则盎缇醖醍，腜臋宫脂；器则雕篹黄目，螸盏梡蕨；乐则云和别柎，丁宁埒竿；仪则金支翠葆，徽章星施。焚燎降天，于喁震坠。蝉匰画毂，木禺龙驷。殷辚万状，不可胜穷。百千亿兆，跆藉杂遝。或遥揽乎榑木之采，或下瞰乎治邸之宇，或依稀乎白马之影，或隐见乎明堂之虚。群情翕赴，亦已极矣。岳灵忞穆，能无应乎？窃见降瑞锡祉，调风希霖。肤寸泽乎遐表，弥天饱其至德。所谓亶毂嗛而被丰楙，则又惟一人之所暨及也。元元之众，则有疾疠覞痡，愚蒙思牖，年寿匄延，子嗣祈夥，水火希远，离睽来聚，休嘉启寤，各副所怀。亦有梁父、云亭，敛焉听命，共驱族炊施縻之属，益广金银链铜之用，凡此有位可无报。旃睹杰构之少渝，乃鸠僝而不懈。藻井连茄，会遘脊茅之地；飞云丽日，若开宝鸡之天。席茸苴秸，典还岳畤。子来者可念，行筑者云劳。溯惟画议之先，实出尊明之断，方诸前哲，今古同符，则此碧霞宫者，胡可以不修也？胡可以不纪也？

是役也，合岱庙计费四千九百五十金有奇，抚中丞今晋右司马晋江黄公名克缵主议，前左布政使今抚河南吴江沈公名季文，前参政今按察使宣城徐公名梦麟，议协金乃办。而今左布政使昆山李公名同芳，续用输核。起工竟工岁月，俱《岱庙记》中。提衡振饬，则前按部侍御无锡严公名一鹏，后按部侍御海澄温公名如璋，今按部侍御燕山萧公名淳，前按鹾侍御泾县叶公名永盛，今按鹾侍御内江李公名应魁，若前左布政使安庆刘公名尚志，今右布政使南昌章公名邦翰，督粮道参政潜山徐公名尧莘，分守济南道参政白河柴公名应乾，提学道前副使晋江李公名叔元，今副使尉氏靳公名于中，驿傅道副使南宫韩公名策，分巡济南道前副使固始文公名球，今副使颍州张公名鹤鸣，武德道副使永年杜公名縻，济南知府今升副使莆田俞公名维宇，今济南知府归安丁公名浚，皆与有先后督率劳。泰安知州歙县江君湛然，以职守终始，厥事例宜书。州同知贺本昌、临朐县丞吴复金承委。克竣，宜附书《岱庙记》。先抚黄公作侗以萤烛嗣光，碑当有辞。辞曰：

泰山岩岩，万物伊始。帝册帝孙，傥元君是。呼吸上通，仅尺有咫。肤寸八荒，人事甚迩。四岳苞祇，四流遵轨。唯岱是宗，靡敢抗垒。先民有言，神怪谲诡。我仪图之，佑善殄否。万方玉帛，走不停跬。孰云奉高，有道如矢。巍然仙居，栋厦宜庀。畴新兹宫，我抚则以。灵篇载韬，神司其匭。发函烛霄，皇乃受祉。

郭诏《铜鼓记》略：予寅长右辖熙台潘先生，政暇尝登斯山，感献遗之物而惧其殄也，乃白诸巡抚大中丞南皋王先生。铸铜鼓，四窍其心，置橐钥焉，以象四时，鼓万物生长收藏。又为之鼎，附之瓶，以达氤氲之气。其知所谓鼓之舞之以尽神者，与犹未也。又欲显道神德行，各识以铭。

其鼓文云：元气鼓，万物春，差尔岱，神乎神。气再鼓，丽朱夏，品物亨，乃神化。孰鼓舞，秋乃收，物之府，神之休。消尔息，尔鼓尔，物归根，元资始。

其鼎文云：大德曰生，瓣香维诚。人在洪炉，左右和平。

其瓶文云：不平者情，不私者平。神凭人哉！人凭神哉！吁！渊乎微矣，可以幽赞于神明矣。予故为之记，示后世有考焉已矣。

国朝韩锡胙《元君记》：统古今天下神祇，首东岳，而东岳祀事之盛，首碧霞元君。元君者，泰山玉女，元君其封号也。庙在泰山顶，自京师以南，河、淮以北，男妇日千万人奉牲牢香币，喃喃泥首阶下。前代设官征税，充度支。陶允宜诗云“自是神人同爱国，岁输百万助升平”者是也。我皇上御极，诏永免其税。于是，遐迩来礼元君者，风雨相续，其众多什伯前诗云。

夫玉女何神也？《道藏》云：金虹太乙定父女也。盖东岳为天孙，《天官书》织女亦为天孙，因其名曰孙，遂撰金虹以为之父，因织女天孙为女，并东岳亦牵合而为女也。《瑶池编》云：黄帝会西昆仑真人，遣女七人，云冠羽衣，往泰山迓之。玉女乃七人中一人，彼六人者，又何往乎？《玉女卷》云：玉女姓金，名玉叶，西牛国孙宁府奉符县石守道妻也。汉明帝中元七年四月十八日生，年十四，入天空山黄花洞修道。天空山即泰山也。考秦李斯从始皇登封，出玉女于岱宗之巅，因祀之，称为神州老姥，是玉女早见于秦时，何有汉明帝时降生事？况中华无西牛国，或即浮屠家所云四大部洲之西牛贺洲者，果尔，亦当在身毒国西，相距不知几十万里。无论西牛国无郡县之制，泰山郡无孙宁之号，而强以彼地天空山指为中华泰山，且谓玉女有夫也，渎亦甚矣。《文献通考》云：泰山顶有玉女池，池水苦浊，则山已有玉女名。宋真宗登封，命王钦若先营顿置，池中清泉涌出，诏易池旁石刻女像以玉，奉以石龛而祭之。则前此山固有玉女像。唐刘禹锡《送女道士张炼师归东岳诗》云“久事元君住翠微”。则唐以前已有元君神号，而明杨时乔乃谓宋真宗授天书，特假设元君名，俾五方易于信从，胡臆断若此欤？近世佞佛者云：观世音千百亿化身，在南为海神天后，封碧霞元君；在北为泰山玉女，亦封碧霞元君，皆一人也。《首楞严》诋十种仙为卑，《华严》举山林昼夜诸神，悉属诸护法听经之列，顾艳玉女、天后二神之灵，而胥实以观世音。又有刻《洞宾集》者，载洞宾与梓潼俱授记佛前，俚鄙诞幻，无稽不经，不足辨也。

然则元君何神也？泰山在鲁境，鲁赐天子礼乐，得郊禘，郊该社，郊圜丘，上帝社，方泽地祇也。齐桓公九合诸侯，自以为帝王受命不过此，欲并鲁用郊禘。然方以尊周室为名，因托言欲封禅。封禅，郊社之变名也。管仲知不可穷以辞，亦托言符瑞未臻以阻之。故郊社一岐而封禅，封禅再岐而符瑞，符瑞又岐而神仙也。《祭义》，圜丘称泰坛，方泽称泰折。说者云：泰坛鲁郊，泰折鲁社，皆在泰山左右也。泰坛事上帝，以人像之，则冕旒王者；泰折事地祇，以人像之，则翟袆后夫人。又汉时祭泰折，亦以后夫人主祀，从其类而格之也。又汉武封禅，禅石闾，当时以为仙人之闾，礼如祀后土，即后世所附会黄华洞石屋也，然则元君地祇也。且夫父严而母慈，胞孕乳哺出于母，而其出之者，母不自知之；天尊而地亲，五材百货产于地，而其产之者，地不自明之。所谓神也。今千万男妇，欲祈年免病，求嗣保寿，日跻崇峦，猿攀蚁接，泥首元君前，皆人世吉祥应有之事，而神即如其意佑之，非若金泥玉检，冀长生不死，为人世不应有之事，神不能违，天以予之也。

孔子曰：祭神如神在。则必洞乎如见其形焉，欻乎如闻其声焉。以情推之，朝日夕月，其所谓如在者，将如日之圆而烈，月之盈而亏乎？祭门、巷、灶、中霤，其如在者，亦将如门之阖辟，如巷之逶迤，如灶之曲突与夫中霤之滴沥乎，抑别有冠裳坐立之形，似以肸蠁而陟降者乎。易泰折而宫室之，貌地祇而珈珮之，是灵爽之集，百福之综也，谓非天下之正神乎？敬以告后之君子，俾有所取信焉。

刘策《碧霞宫》诗：一嶂凌霄汉，中藏玉女家。仙幡摇碧落，宝殿拥朱霞。映日裁云锦，随风散雨花。登临多少客，不惜路途赊。

姜镜诗：谁开梵宇碧云岑，云去云来山半阴。石溜暗穿琼玉砌，天花时散蕊珠林。随缘好释区中念，选胜真同物外寻。最是燕台看咫尺，霞光遥映帝城金。

东岳庙，在元君祠东北。《从征记》所谓上庙在山顶，即封禅处也。元张志纯重修。明嘉靖间巡抚曾铣继之。国朝乾隆十三年，赐额曰“资始惟元”，又赐额曰“上摩苍昊”。

西北为青帝宫，李戴重修。乾隆十三年，赐额曰“慈天广祐”。以上《图志》。

西为后寝宫，明称神憩宫，内设元君卧像。乾隆十三年，赐额曰“德溥坤舆”。亦有两配殿，缭以周垣。《图志》，参用《泰安县志》。

孔子庙，在望吴峰前，旧为过化亭基，后因建庙于其地。明嘉靖、万历间，朱衡、郝大猷、查志隆相继修葺。国朝康熙十五年，吴云、杨霖重建，砻石为像。乾隆三十五年，奉敕改建旧基之南。庙三楹，中肖先师像，而以四配分侍左右，恭悬御书额曰“因高喻大”。其前有坊，李树德题曰“望圣迹”①。《图记》，参用《泰山道里记》。

明毛在《春秋上丁祝文》：维圣天纵，惟岳降神。大哉孔子，优圣绝伦。乾坤化育，帝王经纶。岱宗仰止，振衣登临。一时过化，万载洪钧。肃瞻庙貌，吾道常新，涓兹春秋仲，敬荐明禋。

玉帝观，在玉皇顶，古称太清宫。明成化十九年，中使以帑金建修。隆庆六年，万恭撤观于巅北，出巅石而表之。国朝乾隆十三年，御题额曰“妙运无为”，联曰“统驭群灵端紫极，氤氲真宰肇元功”。元君庙在岱阴独足盘东北，内有万松亭，后改弥勒殿。自东而上为蔚然阁，下祀吕仙。东为三官殿，圮，移像于元君殿西舍。明隆庆六年，胙城大辅国将军睦楩建，有禁约碑。万历崇祯间，州人徐灵哉、王度皆读书于此。

《泰安县志》：玉女山庙曲径参差，轩牖爽豁。门外俯临深溪，杳霭无际。松崖石窦间，烟云往来，都非人间恒境。

采芝庵，在岱阴明月嶂。《泰山纪事》：宋张景岩结茅修炼于此。曾产紫芝一本，因名。今亡。

四阳庵，在岱东南屏风岩前，一名潜仙，旧址在庵西南。明万历初道

① 望圣迹：《泰山道里记》作“望吴圣迹”。

士柴慧庵修炼处，州人萧大亨移建于此。

吕仙祠，在虎山东南岱道村中。万历间建，宋焘有《碑记》。以上《图记》。

宋焘《记》：郡城北三里许，有吕公祠，羽客心元子所创建也。心元姓韩氏，世居泰山下，幼业儒。稍长，杈子母隐于市，与世溷同，不自崖异。五十而契玄理，捐家累，绝尘缘，栖心淡漠。择林麓佳处，结茅为屋，叠嶂环列，一水曲潆，大有武陵风景。乃构宇祠吕公，飘飘然黄冠道服矣。构甫成，见有羽流蓬首麻履而至，貌类病者。踞坐檐柱下，移时乃去，诘旦复来。投之金钱饘炊，汔弗顾也。两足浮肿，履穿趾露，而行步如飞。心元微觉其异，尾而目送之，瞥然已失所在，始悟为吕公来也，而追无从矣。嗣是，道念转坚，屏嗜去欲，啬神保和，勤而行之。郡人士稍稍慕其静笃，余独心好之结方外交。洎祠久颓敝，不蔽风雨，郡庠司训胡君乃捐赀为改创，迁吕公而虔事焉。客有议其隘者，余叹曰：是恶知仙哉！仙道倏忽变化，凌虚倒景，大鹏蚊蛇，焦螟嵩山，芥子须弥，毫光六合，而蜗壳、而大千、而溟海、而蹄涔、而斗室、而峤壶，视无两也。一掬仅椰子大，乃呼吸宇宙，周游八极，包罗以千百万亿计，则清虚故耳。清虚之府，神其来居，而世人自生隔阂，自见逼窄。有生则有情，有情则有爱恋，有爱恋则有恐怖苦恼病死。几曾见寂寞得道、蝉蜕遗世、亭亭尘外者哉？故百年竟世，隙光之凝尘，游丝之飘影，究竟何有；千竞万逐，蛮触之角骚，蚁穴之牛斗，究竟何关。我身未生，何名何象；我身既化，何象何名。身后身前，悉为幻杳。当境执境，自贼自戕，总是隘之，为见所见，无非隘者。虽千仞之栋，十亩之宫，无解于局促耳。心元根器已大，遣累逍遥，身栖蓬蒿，神游法象，齐富贵于梦蝶，视彭殇为旦暮。纵浪大化，心寂神闲，吾恶知虚无清静之非升真冲举，嗒然一室之非神山十岳哉！从此勤行修炼，洒然有得，定知纯阳师现形指授，不复作黄肿道士来矣。客曰：唯唯。于是乎记。

吕祖阁，在岱麓王母池东北。嘉庆二年，巡抚伊江阿、知府金棨建。

竹林寺，在岱西南傲来峰左，黑龙潭北，莫知所始。自唐迄今[1]，屡经兴替。元元贞间，僧法海重修。明永乐间，僧满空拓建。寺多竹，今无。《图志》。

① 自唐迄今：《泰山图志》卷四下作“自唐迄金”。

范致冲诗：竹林深处有招提，静掩禅关过客稀。薝卜花开春欲暮，泠泠钟磬白云低。

许安仁诗：萧寺天教胜处安，峰峦腾掷水云间。客来总说游山好，不道山僧却厌山。

王旭诗：石径俯云壑，竹林开幽境。寺古僧徒稀，山深岚气冷。待游未终兴，红日忽倒影。曳杖投暝烟，长歌下前岭。

李杰诗：陟险千万盘，未识寺门处。一涧委蛇来，齿齿乱石聚。飞梁忽横亘，清泉下奔注。其间有灵湫，蛇龙所蟠据。时经不测溪，心动发毛竖。肩舆尺寸进，仆夫汗如雨。我欲飞步登，崖倾足难驻。青鞋与布袜，惜不携此具。贪奇不知止，竟忘垂堂虑。缅怀得一乐，未足偿千惧。峰回见林薄，飘然发佳趣。古殿三两楹，满庭荫高树。百果经秋霜，甘美皆可茹。同行得二妙，把酒劝酬屡。酒酣陟巑岏，冀与仙灵遇。高寒觉衣单，俯视飞鸟去。白云出岩阿，英英若春絮。登临兴无限，日暮归何遽。摹写讵能穷，率尔成短句。

宋焘诗二首：多时不访竹林僧，茅径荒芜乱野藤。此日探奇来坐久，一龛香雨对青灯。

野叟山村太古风，山樵鬓插野花红。树阴歇担说山鬼，笑指峰门有路通。

田同之诗：竹林何窈窕，招提占绝境。鸟鸣林壑幽，泉溜云霞冷。雨后更奇绝，半天悬寺影。

徐祖望诗：谁将一幅李营邱，引我来从画里游。红叶没崖和雪积，白云带石过溪流。马蹄欲滑苔痕冻，樵径将开草色愁。僧老寺荒人不到，探奇偶尔一寻幽。

孙岳巘诗：中峰留偈处，精舍竹间遮。半夜滴山雨，一篱开槿花。叶垂知鸟立，草动见蛇斜。欲共深公语，禅心隔水涯。

普照寺，在岱西南凌汉峰南，相传是唐时建，金大定间奉敕重修。明永乐间高丽僧满空、国朝康熙初崇川僧元玉，先后卓锡于此寺。东有元玉别构石堂，自为铭，左右题凡十二。旁为元玉塔，有淄川唐梦赉志铭。西南为满空塔。《图志》。

李杰诗：半林残日映崔嵬，上有孙公旧讲台。竹帛销沈书院废，鼓钟鞺鞳梵宫开。酒倾秋露浮杯满，曲送春声入座来。清景留人归路晚，碧云红叶拥山隈。

劭贤步前韵诗：招提隐隐倚崔嵬，绀宇周环般若台。斜日短筇山径曲，石桥流水寺门开。浮屠证果真成幻，儒道渊源有自来。千载清风仰孙石，独遗堂址向岩隈。

释奚林诗：门前几曲流水，寺后千寻碧峰。鸟语溪声断续，山光云影玲珑。

释元玉诗：岁月值残暮，亭中风露清。岩栖寡生计，曳杖东溪行。薜径依花入，烟林苍蔼迎。转步向高柳，嘤嘤草虫鸣。溪头多磐石，坦如几榻平。下映寒泉水，潺潺流有声。偶从石上坐，萧然寡所营。野景怡幽意，浩歌抒素情。樵人不我顾，伐木远丁丁。日夕携筇返，云根影与并。

赵元昌诗：松风桥畔旧山僧，犹记新诗说上乘。三笑溪头人去后，石堂踪迹一遗灯。

孙岳巘诗：刈茅覆浅屋，编竹护颓墙。清磬度流水，寒山空夕阳。莓苔纷古色，花鸟悦晴光。尽日僧无事，安禅坐昼长。

三贤祠，在岱西南投书涧西，即泰山上书院也。旧有石介《记》勒壁，今亡。党怀英曰：孙明复、石守道筑室泰山下，以为学馆，属大辟岳祠，壖基甫迫，乃北徙山麓。元好问曰：泰山书院，唐周朴所辟，宋孙明复居之。明嘉靖中按察佥事卢问之妥孙、石神位于此，颜曰“仰德堂”。后又合祀胡瑗为三贤祠，春秋致祭。有“授经台”“讲经台”诸石刻。今乡人称为上书院者，即此。康熙五十一年，学政黄叔琳、知州徐肇显重建。乾隆四年，知府蒋尚思重修。二十四年，郡人宋为燮重修。《图志》，参《述记》《泰安县志》《泰山道里记》。

嘉庆二年，知府金棨、督训导周桐、诸生蒋大庆、贾佩荣重修。

石介《泰山书院记》文入《金石记》。

黄叔琳《重建三贤祠碑记》：岱宗之麓有三贤祠，祀宋安定胡先生、泰山孙先生、徂徕石先生也。三贤曷以祠？以生平无愧为人师，而鲁人尊重乎其道教泽千年不朽也。祠废兴迁徙，具累朝志述中。迄兹荒圮无存，歆荐俱阙。

予以康熙戊子奉命视学山左行部，访其遗址，崇岩嵯峨，涧水纡折，即安定投书处也。后为授经台，异石林立，幽敻特至。想当山风四号，人迹屏绝，灯青榻古，师友讲诵，道气悠然可仰。而庭构泯焉，曷从矜式？遂应州人士之请，割俸兴复旧规。爰属州牧徐君经理，而司教王玜董其役，粤庚寅秋九月告成。栋宇靓新，阶墀轩敞，肃仪晋谒，神爽俨凭，典型斯在矣。

尝考人材学术莫醇于宋代，然当天圣、庆历之朝最称，向治尤多忠佞杂揉，枉直纷轧。虽学禁未行，而党议滋起，以韩、范、富、杜诸公龃龉出入，而三先生适生其间，抱元圣遗经于荒山野水之滨，订残补缺，累月穷年，至不问家人事，其视名利仕进泊如也。朝贤荐达，时起时废，幸相次入为国子师，得以阐发圣言，训习来学，生徒向风，讲舍恒满矣。天子时或临雍赐绯，召直迩英，名卿大夫折节问道，所蕴略施矣。然世为三贤惜者，咸谓位不满其德，用不殚其才。遗书慭微，直道终绌，独其学术文章，立身行己，卓示天下，后世者固不以名位为轻重也。当石先生遇仁宗革政，踊跃歌颂，别白贤奸，佐飏赏罚，人多指目为狂且怪，几至贻身后之祸。然当时信心不惑，以正道为己任，以清议为国维。嗟乎，使三先生构熙丰、绍圣之政，其呼吁愤激，何如哉？又或际宣和、靖康之时，其慷慨赴蹈，何如哉？信乎，英风浩气，宜自谓勇过子舆氏也。宋初文治尚沿五季陋习，经学积久方显，而三先生实为之倡。泰山著《尊王发微》，表章麟旨。安定自江南访学，十年不归，研析异同，用意专确。厥后荆舒之学肆行，《春秋》废斥，至南渡而始复，徂徕排击佛老，诋諆浮薄，自以《周易》教授其乡，传述甚众，嗣有洛中康节之图，伊川之传，《易》理愈明。溯诸先河后海，实为浚程、邵之源，启康侯之派者也。三君子气局敛舒，风议参核，亦不必尽同。要诸，忠、孝、仁、义，培养于性真；公、正、廉、直，昌明于著作。穷饿不以易其操，谗谤不以挫其志，俗情世故不以乱其学。斯固言行坊表，大节同归，千百世后，求为经师人师者，均足励顽懦而化鄙倍矣。按《志》，金、元以来，有孙、石两先生祠，后乃以安定合食。暨祀孙、石于州城，旧制湮废。余以三先生行孚义洽，今欲明尊师取友之道，理宜从合，讵可阙诸。或疑胡先生葬归淮海，绩祀苏湖，未必降依兹土，因借援江都董宅，岭表韩祠，以明旷世大贤，神无不在，岂谓海陵千里，不歆此岱麓一瓣香哉！

予向读遗文旧史，久依景行，窃幸洁宇羞芹，藉摅夙敬，且谓士君子居其地则尚友其贤，今试听涧溜之琮琤，对书台之巀嵲，风晨雨夕，思何以罔愧切磨。而几筵肃穆，杖履如存，师弟子伛偻侍掖之风，升降仿佛，岩岩新宫，济济多士，盍念鲁邦瞻止，蹶然兴起矣乎。州牧徐君肇显，振兴儒教，而司训王玢，董治有方，祠成，复佽置旁翼三楹，以资护守。石先生后裔犹多有读书朴艺之士，因得其裔孙州廪生维岩，以守祠之任畀之，庶几永保勿替云。

宋焘诗：寻幽度危岭，远眺出青林。上有孙石台，芳草一何深。晴烟披藓壁，流水若弹琴。清泠听不厌，悠悠契我心。当年青紫客，身世已销沉。却羡深山者，独留太古音。

黄叔琳《重修三贤祠》诗：泰山岩岩万仞高，徂徕竦峙仍岧峣。山川人物一俯仰，千秋孙石留风标。平阳侨客道在鲁，玉书麟笔穷秋毫。四十不婚亦不仕，云边结屋锄菅茅。石公英年负奇气，躬耕啸咏谈伊皋。平生得师撰杖屦，抠衣北面趋承劳。嗟哉晋唐古礼绝，东山六逸狂呼呶。当时韩柳抗师席，蜀日越雪人哓哓。自从两公力返古，接武洙泗仪群髦。在三大节总不负，凤凰翙野鸾鸣霄。泰山潜心绎鲁史，得统元和陆淳氏。纷纶三传竞戈矛，独揭尊王岂微旨。十二编中斧钺存，忠厚简易无岐轨。公卿嘉礼达官求，著书耽寄名山趾。海陵儒宿胡先生，实学传薪辟荆枳。参核阳秋喜有邻，负囊千里来依止。朝穷叩击晚钻研，十稔风光犹尺咫。妻孥琐屑乱人意，不问平安书一纸。淙淙曲涧泻虚无，乡音付与东流驶。至今迸水谢纤尘，一片精心照清泚。三贤已矣灵光残，鲁人歆祀授书坛。肃穆衣冠同一宇，巉如矗峙三峰寒。不知何年化平地，溪毛并继春秋祭。幽壑无光座石凄，吾徒合抱千秋愧。重兴榱桷临高台，峨冠竦带神归来。良师在前畏友并，訚訚高弟相追陪。鸡晨风雨连晦夕，讲筵仍对岩花开。生前谗销与毁铄，转为金玉增晶瑰。理山义海寿穹壤，岂与名劫沉飞灰。拜酌寒泉进肴醴，明灵肸蚃思悠哉。鲁国诸生嗜奇古，前修俨在凭樽俎。试挹三贤芹藻芳，应思六籍耕耘苦。大贤之后泽未湮，胡公别记淮南谱。泰山子裔苦飘零，儒官义恤还乡土。能文尚有徂徕孙，道义磨砻念尔祖。作歌未足畅儒风，聊于名教存小补。

韩伯端《重修三贤祠》诗：尼山不作木铎杳，道学陆沉经义扰。斯文振起在吾徒，主持风教谁师表。幸哉有宋庆历间，天使三贤聚泰山。爬梳遗编互相发，畏友良师其键关。孙公首著尊王论，微言直探麟经蕴。崇实务本训后人，退守廉隅甘困顿。守道先生实亲炙，笃学尚志忧时迫。力排邪佞气昂藏，独愠群小遭退斥。阐发经学有胡公，训士雅饬容止同。太学取法风一变，榜花强半出门中。可怪高名人所忏，阻遏三贤官无异。臧仓而今安在哉，三贤遗迹传芳事。讲堂旧著泰山阿，祠宇飘摇蔓薜萝。百年曾烦数公虑，一旦功成台史过。祠新儒雅肃瞻视，想见三贤同讲肄。高临书涧诵遗篇，至今英爽满天地。

三阳观，在岱西南香水峪东，旧名三阳庵。明嘉靖时德藩建，炼士王三阳庐此。万历间重建，于慎行为《记》。《图志》。

于慎行《碑记》：岱宗之阳为凌汉之峰，其下曰香水峪。山坳平壤，坛衍如坻。俯临溪谷，杂树蓊蔚，泉石铿渹，盖岳之奥区也。而僻在嵚岑岿崿之间，游客居人无能至者。嘉靖辛亥，东平道士三阳王公，穷游四域，遍历名山，将归而隐于岳麓，乃携其徒华阴、云山、昝公辈，周爰相度，得是地而乐之。伐木薙草，凿石为窟以居。德藩二三常侍，嘉其苦行，捐赀相助，稍稍营葺庐居，庄严神宇。未竣，而云山承之，广结众缘，大兴缔造，弥历三纪，结瑶构琼，辉映岩壑。四方道俗，香火醮祝，岁无虚月。

万历壬辰，予尝从二三客子蹑屐东游，降自岳麓，由孙、石书台之后，陟峻岭三里，转而北行，遂至观下。入门三重，得磴道而上。有殿有阁，又左为客寮四楹，以待游镳。阶下有泉，汇而为池，羽人饮焉。阁后有洞，方广丈许，命曰朝元，昝公居之。由阁左上，磴道数曲，茅亭三五，棋置松间，葱蒨欓槮，不秋而慄。峰之半壁，孤亭出焉，颜曰“木末”。登是而望，忽若飘撇，上腾以临云霓。神霄、芙蓉诸峰环之，如扆青入天倪。南俯川陆，势尽数百里，徂徕、梁父拱挹左右，以朝于岳。汶水出其下，茫茫如练，烝为浮烟。长天平野，混以返照，丹翠异色，裴回啸歌，暮不得下。顷之，月出东峰，风林飒飒。凭栏上下，颢气回合，如泛银海，肌骨悚慄，不可以留。信乎，仙圣之秘境，寰宇之大观也。

嗟夫，以是地之名胜，列在三宫空洞之天，历数千百年莫有知者。而云山之流，乃能得其奇而出之，使荒榛灌莽之墟，化为丹台紫府，肸蠁四方，岂山川之迹，亦待人而兴与？吾曹逐逐利名，汩没白首，进而羁于风尘，退而牵于家累，曾不能探奇选异，自卜菟裘于烟霞窈窕之境，徒游而心慕之，视云山之流，其亦可愧也。夫泰山下址，故多列真之迹，如传所称稷丘君、安期生，尤其著者。云山之流，岂尝受其宝诀而有所得与？三阳名阳辉，云山名复明，观旧以庵名，予为更之。俾重修山门，以恢厥制。复度其徒张守香为东道主，若将从而栖焉，姑因其请而记之。

刘敕诗：日暮下山去，还过道士家。肩舆黄草没，石磴白云斜。遥见千峰树，恍疑二月花。天台不可觅，向此卧烟霞。

于慎行诗：半岭通仙界，萦回岳麓西。已看三观迥，犹觉万峰低。暮雨瑶华落，春云玉洞迷。游情浑未减，缥缈望丹梯。

赵元昌诗：道院行厨净玉钟，照人山色话偏浓。斜阳未肯寻归径，更上青山天外峰。

释元玉诗：秋光遥望敛云枝，山色清怜岁晚时。涧底野香流杜若，径边病羽堕螽斯。枝临幽地禽声绝，烟断斜阳树影移。得句书空仍自笑，峰峦拟共笔争奇。

无梁殿，在岱西南仙人掌前，祀玉皇。殿前有阁，祀元始天尊，皆以石为之。州人王无欲所建也。东南有会仙庵故址。《图志》。

渊济公祠，在岱西南白龙池上。《岱史》云：宋元丰五年，封白龙为渊济公，建祠，祷雨辄应。《图志》。

宋赵合撰《渊济公庙记》、元王天挺撰《灵异记》，俱入《金石记》。

天书观，在汶阳桥北。《宋史》：大中祥符元年，封祀制置使王钦若得天书于泰山西南垂刀山下，灵液亭北，因建观于此。殿庑三所，前祀元君像，中为九莲菩萨，后智上菩萨。智上、九莲，皆范铜镀金为之。门西有醴泉，祥符中建亭于上，颜曰“灵液”，今圮。北有铁浮图十三级，明嘉靖十二年造。又南有门楼三间，乾隆十一年毁于火。西有宋翠阴亭故址。《图志》。

顾炎武《圣慈天庆宫记》：泰山之西南麓有宋天书观，大中祥符年间建。后废，为碧霞元君之宫。前一殿奉元君，万历中，尊孝定皇太后为九莲菩萨，构一殿于元君之后奉之。崇祯中，尊孝纯皇太后为智上菩萨，复构一殿于后奉之，乃更名曰“圣慈天庆宫”，而按察使左佩玹为之碑。宫成于十七年之三月，京师沦丧即此月也。窃惟经传之言曰：为之宗庙，以鬼享之。又曰：为天子父，尊之至也。孔子论政：必也，正名。昔自明太祖皇帝之有天下也，命岳渎神祇并革前代之封，正其称号，而及其末世，至以天子之母、太后之尊，若不足重，而必假西域神号以为崇，岂非所谓国将亡而听于神者耶？然自国破以后，宗庙、山陵之所在，樵夫、牧竖且或过而慢焉。而此二殿独以托于泰山之麓元君之宫，焚香上谒者，无敢不合掌跪拜。使正名之曰皇太后，固未必其能使天下之人虔恭敬畏之若此。是固大圣人之神道设教，使民由之而不知者乎？其与宋之托天书以夸契丹者，相去远矣。以其事为国史之所不及载，故序而论之，俾后之人有以览焉。

《泰山道里记》：案，天书即钦若所为黄素书也。当时君臣相欺，侈言祥瑞，其书词见《三朝符瑞志》。龙图阁待制孙奭曰：天何言哉，岂有书也！

大佛寺，在岱西南大埠岭。

谷山玉泉禅寺，在岱东北佛峪上，元魏时僧意降锡处，金释善宁重建。

东有古井，曰玉泉。东北而上，为药师七佛阁，元至元间释普谨建，久圮。

金党怀英《碑记》、元杜仁杰《记》、阎复《七佛阁记》，俱入《金石记》。

皇姑庵，在望仙台东南。以上《图志》。

仁育庵，在岱东北青山北四里。《岱览》。

会仙观，在岱东北门家墅，元至元间建，道士孟养浩修炼于此。旁有方井，井四洞，渊泓莫测。《图志》。

元鹿森《会仙观记》入《金石记》。

玄都观，故址在岱西北清风岭下石崖之侧。《泰山道里记》。

傅老庵，故址在岱西北映霞峰。《述记》。

碧峰寺，一名铁佛寺，在岱西北老鸦峰东南，明建，今圮。

桂师庵，故址在岱西北秋千峪。

元君庙，在岱西北禨负山西南①。内有玉皇殿及铁佛殿，铁佛从碧峰寺移祀。以上《图志》。

古云台庵，旧在禨负山东南。明正德间，释道转重建三教堂碑，今废。《泰山道里记》。

青龙宫，故址在大倒沟西。《岱览》。

黄姑庵，在岱西北五峰顶东北。

白姑庵，在岱西北黄石岩②。以上《图志》。

案：古乐府：东飞伯劳西飞燕，黄姑织女时相见。“黄姑”“河鼓”转音，即牵牛也。白姑无所考，或因黄姑而傅会之耶？

藏峰寺，在岱西北骆驼岭西南。元延祐六年创建，明重修，有碑记。《图志》，并《泰安县志》。

龙驹寺，在岱西北三缩山。《图志》。

---

① 禨负：《泰山图志》卷四下作“降福”。

② 黄石岩：《泰山图志》卷四下作“黄石崖”。

延庆院，在岱西北黄山。宋释海定重建，元、明皆重修，额曰“云台寺”。《图志》。

资福寺，在郡城岱庙东南。初名冥福禅院，唐开元间创建，后唐释智顺、后晋释志隐相继增修。伪齐刘豫时释海岩重建，改曰崇法禅院。元修之。国朝乾隆五十七年，知府徐大榕重修，易今名，并于寺东建岱麓书院。

金棨《重修资福寺记》：资福寺，在郡城北门内，西去岱庙百数十武，即唐之冥福禅院也。历代沿修，具有碑志。岁久倾圮，碑亦仅有存者，大都漫漶不可识。尝考《金石录》所载，寺始于开元盛时，奉敕创建。其后，主院僧以庙稍狭，乞于朝，敕赐大地十段，其本院坐落长阔积三千二百余步，约十五亩有奇。中为大雄宝殿，前为天王殿。以其余地为常住，为香积，为知客馆，何其盛也！自晋天福以降，时修时圮，盖几使千百载之禅林，化而为瓦砾之场矣，兹非守土者之责欤？前郡守毗陵惕庵徐公莅任之三年，抚寺故址而慨然，爰鸠工庀材以复之。又以泰山书院在岳晏门外，移建城内，以便诸生诵习。因析寺址之半，为诸生书舍数十间，设讲堂于上。期年工竣，仍为建大雄宝殿三楹，天王殿三楹。右为关帝庙伽蓝殿，而更其额曰“资福寺”，资福云者，为众生资养福德之义也。在释典，以庄严佛土为真实功德，佛土谓心也。今资福院主果能庄严已心以事佛，则心尽而福随之。在儒曰自求多福，诸生果能以事天立命之学，内治其心，学至而福亦随之。然则持君子之三戒，慎君子之九思，福心之道也，即佛法去贪嗔痴、戒杀盗淫之说也。视履考祥，其旋元吉，福身之道也，即《金刚经》“信心清净，则生实相”“行一切善法，则得阿耨多罗三藐三菩提”之说也。儒言福善，释亦言福善，亦视乎人之资取之耳。余继惕庵来守斯郡，于课诸生之暇，过资福寺瞻拜，史胥环请曰：徐使君复修此寺，工甫竣而去，其几案、帷幄、炉瓶犹未备也。于是输募兼行，而所需毕具，更乞余一言勒诸贞珉。因允其请，其输金姓名具碑阴。嘉庆二年四月立石。

金棨《资福寺施灯油田记》：盖闻象教之阐，厥有传灯，良以智炬迭持，启光明藏，乃能烛彼迷津，荧兹觉路。故循法嗣者宗之，若善知识，愿效皈依，即心是佛，因佛见心。心灯欲诣于昭融，法灯必期其朗彻，道固无二谛也。泰安资福寺，为前郡守惕庵徐公所重修，余视事后，复增设几案、帷幄诸未备，既勒石以志缘起矣。吾母奉佛惟谨，谓是庄严已具，檀施宜崇，命建灯幢，月捐俸钱以爇之。余祇承焉，罔敢懈。岁戊午，量移济南。过去之烬弗留，未来之耀孰续，不有常住，其何以继佛日之辉，长明勿替。乃置凤凰庄地十二亩有奇，卑僧耕获，藉福田之余息，永资火传，瞻礼众生欣普照焉。夫人之善施，视力所至，正如灯炷随其大小而发光明，惟益膏油，明乃不绝。《华严》偈云：善财然法灯，信炷慈悲油，念器功德光，灭除三毒暗。准是以虔申供养，结香焰云，敷师子座，虽谓一灯之灼，然百千灯无灭无尽可也。又奚侈炷如须弥山，油如大海水，始证琉璃光遍映大千界耶。用念寺僧使护守之。嘉庆三年十一月勒石。

龙王庙，在资福寺南[1]，即宋封白龙为渊济公也，乾隆三十年，知县程志隆以白龙池渊济公祠久废，始建祠城中。《图志》。

关帝庙，故会真宫也，在龙王庙东，即古奉高宫，宋真宗东封斋宿地，即以宴群臣、父老者也。内有玉皇殿，成化十八年重修，有学正任式《记》。万历二十二年八月初七日，毁于火，后即故址改建关帝庙，岁时致祭焉。《图志》，参《述记》。

任式《记》：会真宫玉皇殿成，当有碑刻以纪其岁月。式斋沐拜手言曰：一气之分而轻清上浮者谓之天，主宰乎其间者谓之帝。吾儒曰昊天上帝，彼道家者流，尊其名曰昊天玉皇上帝。世之曰宫、曰观，皆其奉香火之地也。会真宫在泰山之阳，其创建不可考。观宋祥符间有《颂二圣功德碑》，在宫之南百步许，《朝觐碑》在宫之南一里许，传者谓真宗封泰山驻跸于此。金大定间，徙奉符县为泰安州，故宫居州城之巽隅。兴替靡常，所存者仅玉皇殿三间，堧基卑下。上遣中使进香帛于方岳，行瞻是祠，从众望，并以岳顶昭真祠上闻，欲更新之。上可其奏，即下命所司，时岁在庚子也。于是召公输于鲁甸，招匠石于郢郊，采徂徕之松，新甫之柏，是断是度，是寻是尺。辛丑，昭真观既作。壬寅，玉皇殿告厥成。巍巍乎！浩浩乎！松桷有梴，旅楹有闲，粉饰藻绘，妍丽精华，金碧耀日月之光，丹青夺乾坤之秀，像设穆穆，赫尔厥灵，诚以昭我圣代敬天事神之意，无乎不在也。若夫泰山徂徕，相映前后，奇花吐而玉座芬芳，白云飞而瑶坛空静。星冠羽衣，举手以加额者，祝圣天子于万寿

① 在资福寺南：《泰山图志》卷四下作“在岱庙东南”。

也；黄童白叟，罗拜于左右者，祈斯世斯民于平康也。呜呼！天不在于高高，而在于咫尺；帝不在于冥冥，而在吾昭灼。过之者，宁不秉虔恭、存敬畏，以思无负于对越也！

鲁两先生祠，在关帝庙南，祀宋孙明复、石守道，今名二贤祠。旧在岱庙东偏，即两先生讲学旧馆。金大定十九年，即其地建祠，党怀英记。明成化间，知州胡瑄建祠于此，吴宽记。天启中，知州侯应瑜重修。国朝顺治十年，学道施闰章修。《岱览》，参《泰山道里记》。

金党怀英《记》入《金石记》。

吴宽《记》：鲁两先生者，为宋泰山先生孙公明复、徂徕先生石公守道也。祠始建于今泰安州治之西，而邻于岳庙。金源时遂为庙并，元改建于岳麓。已而复为浮屠氏据。入国朝，乃附祠于州学，而规制狭隘，祀事简率，无以慰鲁人之思。至是，州守前进士德清胡君瑄言于巡抚山东左副都御史无锡盛公，公谓其事系于风化，慨然奏请于朝。事下礼部议，从之，仍俾有司每岁仲春祀以羊一、豕一，秩为常典。于是，胡公复请于藩臬诸公，择地得于州治之东南，以成化十三年八月建祠焉。工未毕，盛公以请老去，而眉山吴公来代，益重其事，趣成之。他日，胡君以书来，请记于予。大人君子所以能使人人追崇者，非区区末学所知，顾请之之意坚不可已也。惟两先生生宋盛时，泰山来自平阳而寓于鲁，其学长于《春秋》，著《尊王发微》，简易公平，多得经之本义。一时名公贤士高其学行，至妻以女，或就见之。范公、富公交荐其贤，始授官，官止殿中丞。徂徕则生于鲁者，当孙公居泰山之时，实师事之。其为人，好善嫉恶。尝著《怪说》《中国论》及《唐鉴》，以为世戒，而《庆历圣德诗》尤为人所传诵。常以经术教授于乡，后在太学，益以师道自居，太学自此而兴。初举进士甲科，官止太子中允。盖两先生平生，见于欧阳文忠公《墓志》，而《国史》取以为传者，其大略如此。按其言论世，信其为大贤君子，卓然出乎流俗，而表为一方之望者也。故在当时并为人所尊仰，至即其所居山称之，以配其德，可谓至矣！泰山孙尝被荐，而人亦嫉之，不得尽其用。若徂徕之刚直，既没而祸忽作，几不能保其遗骸而庇其妻子。盖小人之不相容，亦势之所必至者也。今去之六百年，虽天下知有两先生，而鲁为所寓、所产之地，道德之风，蔼然有存，宜人尤尊仰之。祠象焕焉而不至于卒废，人心之公，不能自已如此。而欧阳公所谓发先生之光者，今则愈久而愈光矣。两先生葬处，守臣又推朝廷尊贤之意，既加护封唯谨，且二氏幸皆有后，而石差繁，复选其人入学充弟子员。鲁人之思，庶几慰之。因并载其事，俾刻之祠下云。

施闰章《记》：往读欧阳氏所谓孙明复、石守道两先生墓志铭，伟其文，嗟异其人久之。过泰安州，有两先生祠，知为先生游息讲业之所，因为文以祭之。入其祠，颓檐漏瓦，门垣不饬，几筵不具，而两先生像独存。其儒衣冠，上坐者孙先生，侍坐者石先生也。孙先生，晋州平阳人，举进士不第，退居泰山之阳。鲁人石先生辄师事之，杖屦必侍，登降必扶，执弟子礼甚恭，鲁人观者皆叹息兴起。今观其像如生时，余不觉流涕。夫两先生学成行立，传于后世，无可哀者。余独念两先生躬耕力行，居泰山、徂徕之间，虽尝官于朝而不久其位，不大伸其志，卒为奸人所嫉谤。石先生作《庆历诗》，褒讥大臣尤中，奇祸至，困踣身死，几不免发棺，可谓厄矣。然当时鲁人尊之，太学诸生从之，宰相卿大夫折节下之，以荐于天子，天子加礼，盖行修于身而不可掩也。自宋迄今六百余年，祠祀春秋不废，鲁人无贤不肖，皆称曰泰山孙先生，徂徕石先生，而不敢名泰山、徂徕，两山遂若为两先生所独有，而向之奸人乘权嫉谤者，影响俱泯，且不得与草木等。太史公曰：富贵而名磨灭，不可胜纪，惟倜傥非常之人称焉。后之有志于道者，其毋味于利而怯于义，毋竞刀锥之末而失丘山之重，亦可以自壮矣。而吾侪承先人之训，游圣贤之乡，不敢为不肖，而窃恐其未逮，不免与草木同尽，此后人之所以可哀也。既撤祭，召两先生之裔，为存恤，惟石氏有奉祀生承基，问其遗书，已不存。会理问苏君署州事，予出四十缗俾新其祠。侍御赵公宏文倡为之助。苏君既谋始，而州守曲君允斌至，又踵治之，属武举张子所存董其成，乃讫工。夫闻先生之风者，思见其人，谒祠而见其像如生，俎豆肃然，感兴者必众。乃刻石告诸生，且将以自励焉。

王奕诗：师生高占二山名，千载谁云道义轻。岳府柏林风雨夜，琅然犹带读书声。

胡瑄诗：奎星聿应两先生，泰岳徂徕相对青。司谏谩劳歌圣德，聚徒惟解授遗经。分来洙泗源头水，赢得欧阳石上铭。明主崇儒专庙祀，百年师道有余馨。

和圣祠，在鲁两先生祠西北，多明人石刻，岁时祭焉。《泰山道里记》。

长春观，旧在岱庙西北，元初知州张郁建。女冠訾守慎修真于此，赐号妙真观，圮。有中统二年元和子记碑。《泰山道里记》。

梳妆院，旧为白云观，在岱宗坊西南，郡城北门外西北隅，明万历间周藩奉国将军勤鲲建，祀王母，其后增祀元君。《图志》，参《泰山道里记》。

灵派侯庙，在郡城西南，后晋天福六年建，其神旧称渿河将军，又曰通泉侯。宋真宗东封，泉水方涸，俄有清流涌出，赐封灵派侯。《图志》。

宋、元碑记入《金石记》。

灵应宫，在社首山东，元君下庙也。庙创无考，明万历三十九年奉敕拓建，赐今额。有张邦纪《碑记》。前后殿各五间，南有崇台，上为金阙，俗名铜楼。栋宇、栏楯以及像设，皆范铜镀金为之，万历时钦造。旧在岱顶碧霞祠内，后移置于此处。《泰山道里记》，并《图志》。

沈廷芳《铜楼歌》：泰山城外古道院，殿宇插汉何清幽。入门老树互撑拄，中有突兀缥缈之飞楼。楼高丈余广袤称，轩窗阑楯工雕锼。上作元君道真相，铢衣璎珞垂黈旒。童男姹女傍双鹤，楣榜楹帖蟠蛟虬。是皆櫑谷铜所铸，工致与古六氏侔。腾光辉彩射烈日，观者莫敢张两眸。不知何代始制此，群言胜国宫掖祈神庥。初安太清宫，穹碑并列峨峰头。继遘兵燹祸，远自山顶舁至城西陬。邪许费尽万人力，移置高垒如崇丘。我来登临览四周，摩挲铜狄嘅叹五百秋。昔闻夏氏铸鼎象物怪，始用贡金遍九州。前王制度利民用，施用定可成嘉猷。后世作事恒逞欲，仙阶邀福徒营求。金人十二肇秦始，佛塔应真创自钱娄留。即如明初武当殿，滇南鹦鹉堪匹俦。方其盛时尚过举，矧在中叶乃纵祷祀无疆谋。我欲镕之玐泉府，重是旧物还夷犹。作诗书壁示炯鉴，日斜风紧旌旆愁。吁嗟乎，金泥玉简典礼尽虚幻，兹楼微物，曷足重怀千古忧。

相公庙，在社首山上，神称东岳辅相，见宋胡元资记石，或谓赵韩王者，误。《图志》。

高里山神祠，在高里、社首二山之间，额曰“森罗殿”，创建无考。元至元二十一年、明成化二年及万历间俱重修[1]。《图志》。

亭亭山神庙，在亭亭山，《汉书·地理志》：泰山郡钜平。注：有亭亭

① 二年：《泰山图志》卷四下作“三年”。

山祠。宋真宗大中祥符元年，封山神为广禅侯，遣秘书丞直史馆姜屿致祭。元知州张郁、知县张佺重修。《图志》。

地主祠，在梁父山。《史记》：八神，二曰地主，祠泰山、梁父，汉武帝及光武皆降禅于此。今坛址并失。《图志》。

感应侯祠，在徂徕之阳，独秀峰下，祀徂徕山神。金明昌元年，封为护国感应侯，今圮。《泰安县志》，参《泰山道里记》。

二圣宫，在徂徕之阳乳山下，旧称二圣堂。元初开国侯徂阳时珍建，有高诩《碑记》。后增建玉皇阁、王母殿、三清殿。《泰安县志》，参《泰山道里记》。

毛姑庵，旧在徂徕之阳乳山西二里，今其地称毛老谷。《岱览》。

《泰山道里记》：元初州人毛仙姑居之，修持三十余年，临化留颂。泰定军节度时宥为纪石于墓，遂称其地为毛老谷。

聚泉庵，俗称大庵，在徂徕之阳药山。《泰山道里记》。

古四禅寺，在徂徕之阳团山下。北齐河清二年建，金、元重修。乾隆三十四年秋大雨，山水横溢，寺基无存。《泰安县志》，参《泰山道里记》。

法云禅寺，在徂徕之阳他山下。金大定二年释福灯建，有敕牒碑。《泰安县志》。

隐仙观，在徂徕之阳小普陀岩南。祀吕纯阳，内有玉帝阁、三清殿。明万历中，有于仙蚖虚辟此。《岱览》，参《泰山道里记》。

赵州庵，在徂徕之阳演马岭上，圮，仅存吕仙阁。中为北斗殿，俗呼团瓢，下为三皇庙，人称徂徕七十二观寺，此其尤者。《岱览》。

光化禅寺，在徂徕之阳薤山上，创于元魏。宋祥符间，赐号曰崇庆。元初时珍重修，有高诩《碑记》。《岱览》，并《泰山道里记》。

成城《宿光化寺》诗：山近尖浓翠，精庐返照明。到门千树合，过涧一僧迎。水石澄寒色，松风起梵声。此时尘鞅客，心迹亦双清。

大悲庵，在光化寺东北里许圆瓦崖。《泰安县志》，并《岱览》。

三清殿，在徂徕山阴中军帻前，康熙间建。《泰安县志》。

神化庵，在徂徕山阴牛山之南。《泰山道里记》。

玉帝阁，在徂徕西北麓，即金党怀英所居竹溪庵故址，康熙间建。《泰安县志》，参《岱览》。

灵岩寺，在灵岩山，广袤三里，殿阁层晖。明汪子卿《志》云：旧在泰安治内，今属长清，距登封之地九十里。峰峦联属，其实统曰泰山，而曰灵岩，其别名也。盖岳志之不可遗者。

《泰山道里记》：案，北魏《孝文帝本纪》：太和三年，起灵泉殿、思远佛寺于方山，遂屡幸焉。迨正光初，僧法定复兴拓建，曰灵岩寺。见宋郭思《石桥记碑》。《隋文帝本纪》开皇十五年旅玉符，疑即此。寺旧址在甘露泉西，唐贞观时徙于西南麓，宋熙宁间移建于此，仍额灵岩，有敕牒碑。历代修葺，制加详焉。

大门内三桥相并，中曰聚善，东曰虎溪，西曰接引，明时重建。二门内碑石林立，东西为钟鼓楼，其南为天王殿。

桥北为大雄殿，殿七间，祀观音、文殊、普贤。即宋之献堂及山门，本无像设，皆明正德间鲁藩增置。国朝乾隆二十二年，赐额曰“卓锡名蓝”，联曰“奇松尔日犹回向，诡石何心忽点头”。两翼斋庑：东为韦驮殿，西为观音堂，由甘露泉迁此。

大殿北为五花阁，上祀三大士，下祀圆通菩萨。西为弥勒殿，又西曰鲁班洞，上为十王殿。镜池西北为千佛殿，殿七间，中祀毗卢，漆藤为之，配以药师、弥陀，范铜为之。左右小佛千余，即唐贞观中僧慧崇所移建者。宋拓修之，明嘉靖间重建，万历间重修。国朝康熙五十三年僧净意重修。东北为御书阁，慧崇建，《灵岩志》称唐僧陈玄奘译经处，有大观时仁钦篆书阁额，万历间重刊，《灵岩志》误以为贞观御笔也。北上有超然亭，圮，今为方丈禅堂。

宋曾巩《题灵岩方丈》诗：法定禅房临峭谷，辟支灵塔冠层峦。轩窗势耸云林合，钟磬声高鸟道盘。白鹤已飞泉自漫，青龙无迹洞常寒。更闻雷远相从乐，性道尘嚣岂可干。

元傅亨《灵岩方丈话旧》诗：秋晚登临上岱宗，扶筇来此谒崆峒。闲云送雨过深洞，老鹤将雏度远空。白石清泉心未了，黄花秋叶思无穷。携书归隐知何日，坐想青山入梦中。

阁东为后土殿，西为般舟殿。西南为辟支塔，塔九级，每级门四窗六，皆砖石为之。唐天宝中建，宋嘉佑间重修，元、明相继修之。西偏为藏经殿，乾隆十四年毁于火。其后为倚翠亭，迤西为和尚林，有唐天宝中慧崇塔及宋、元塔铭。西北为松风阁，稍西为朝元殿，由甘露泉移此。南下为关帝庙。

后土殿东为定公殿，圮。又北为玉皇殿。自韦驮殿东为转轮藏，内为孔雀佛殿址，近改为公馆。东为达摩殿，由甘露泉移此。

寺门外，南为方山神祠，东南有伽蓝殿，西南为地藏庵，东南为药师佛殿、思议佛殿，并圮。自伽蓝殿东，过仙人岩，为白衣殿、星月楼及维摩庵，皆圮。稍东即铁袈裟亭，旁有印池，上有接引佛殿，圮。以上《泰山道里记》，参《岱览》。

唐司空曙《游灵岩寺》诗：春山古寺绕烟波，石磴盘空鸟道过。百丈金身开翠壁，万龛灯焰隔烟萝。云生客到侵衣湿，花落僧禅覆地多。不与方袍同结足，下归尘世竟如何。

宋李迪《留题灵岩寺》诗：灵岩山势异，金地景难穷。塔影遮层汉，钟声落半空。千寻罗雉堞，万仞耸屏风。飞鹤来清窦，刳鱼挂古桐。名曾参四绝，封合亚三公。势彻河壖远，形差岳镇雄。仙闾邻峻极，日观伴穹崇。邃洞连蓬岛，重峦凿梵宫。望应消俗虑，登喜出尘笼。献寿嵩衡并，分茅海岱同。艮方标出震，午位对升中。岚滴晴烟碧，崖铺夕照红。巍峨齐太华，奇胜敌崆峒。炼句供诗客，橅真怯画工。天孙分怪状，神化结全功。吟赏慵回首，云泉兴愈隆。

张掞《宿灵岩寺》诗：再见祇园树，流光二十年。依然山水地，况是雪霜天。阁影移寒日，钟声出暝烟。粗官苦奔走，一宿亦前缘。

孔舜《游灵岩寺》诗：忽从平地出尘笼，亲到诸天释梵宫。却悟冗官长役物，争如大士日谈空。山横青壁千屏合，泉迸丹崖一线通。幽鸟静啼人外境，疏钟不坠世间风。目无可欲猿猱伏，心绝微尘水鉴融。自恨无缘陪晏坐，他生愿效种松翁。

苏辙诗：青山何重重，行尽土囊底。岩高日气薄，秀色如新洗。入门尘虑息，盥漱得清泚。升堂见真人，不觉首自稽。祖师古禅伯，荆棘昔亲启。人迹尚萧条，豺狼夜相抵。白鹤导清泉，甘芳胜槁醴。声鸣青龙口，光照白石陛。尚可满畦塍，岂惟濯蔬米。居僧三百人，饮食安四体。一念但清凉，四方尽兄弟。何言庇华屋，食苦当如荠。

元赵文昌《题壁》诗：路入藤阴石径凉，马头遥认赞公房。兜罗天尽云烟湿，婆律风清草木香。红鹤飞来山隐隐，元猿啼罢月苍苍。穷探自是平生病，柱杖真须到上方。

李岳诗：上方重阁喜登临，山气霏微向夕阴。栖鸟伴云归宝塔，落花随雨散香林。清泉脉脉流名古，苍柏森森阅岁深。一扣禅关观众妙，更须何地豁幽襟。

明徐毅诗二首：山霭霏微石径斜，上方台殿寂无哗。春深尚有残红迹，知是优昙第几华。

四面山开翡翠屏，碧梧修竹两亭亭。老僧定起推窗坐，自启琅函诵贝经。

王守仁《和苏颍滨韵》：客途亦幽寻，窅窱穿谷底。尘土填胸臆，到此乃一洗。仰视剑戟锋，巑岏颡如泚。俯窥蛟龙窟，前伏首若稽。异境固灵秘，兹游实天启。梵宇过岩壑，檐牙相角抵。山僧出延客，经营设酒醴。导引入云雾，峻陟历堂陛。石田惟种椒，晚炊乃有米。临灯坐小轩，矮榻便倦体。清幽感畴昔，陈李两兄弟。侵晨访遗迹，碑碣多荒荠。

王应鹏《别灵岩寺》诗：落日青天迥，登楼面碧峰。片云翻绝壁，疏雨过深松。塔自空中突，泉于树杪重。吾师如惠远，脱屣即相从。

徐中行诗：列岫围丹壑，诸天出翠微。云霞明客路，薜荔暗禅扉。御墨金为榜，神僧铁作衣。塔窥青汉上，钟袅白云飞。挥尘深玄理，忘筌学息机。乍如逢慧远，日暮澹忘归。

傅国《宿灵岩寺》诗二首：祇林全失日，鹫岭暗生云。珠翠春常在，香花午不分。风摇金塔影，雨绣铁袈纹。不用愁供给，松闲坠露芬。

灯寒开贝叶，夜静掩松扉。清磬闻林杪，幽人语翠微。饼餐婆利净，茶挹露华酣。坐久诸天冷，香云落客衣。

神宝寺，在灵岩北峪。北魏正光初，僧法定创建，今废，有唐碑。《泰山道里记》。

神通寺，在琨瑞山西北，旧称朗公寺。《水经注》云：苻坚时，沙门竺僧朗居琨瑞山，大起殿舍，连楼累阁。即此。《元和郡县志》云：神通寺在历城县东七十里琨瑞山中。《泰山道里记》云：琨瑞山西北为神通寺。隋开皇三年，文帝以通征屡感，故曰神通也。其制门阁两重，北为大雄殿，东曰伽蓝殿，西曰达摩殿。北为千佛殿，圮。北为方丈，东为禅堂，又北为法堂，两翼斋廊。寺西地敞豁，旧有藏经堂、转轮藏、钟鼓楼，圮。又南一台，有四门塔，极崇丽，皆石为之。塔前古柏一株，九顶苍秀，传云汉植。其东有宋三坛寺，窣堵波因石凿成，绍圣间潘下为撰铭。又东有染池、龙洞泉。西北隅曰朗公塔，制最古。《岱览》，并《泰山道里记》。

明许邦才《神通寺》诗二首：百里泰山阴，千年号宝林。诸天闻说法，初地问安心。古殿松声合，长廊月色深。梦酣禅榻寂，清磬下云岑。

寤寐东南胜，深秋更一过。青山过桥尽，黄叶拥川多。丈室因岩穴，经台上茑萝。同游仍抱病，试与问如何。

李攀龙《神通寺》诗：相传精舍朗公开，千载金牛去不回。初地花开藏洞壑，诸天树杪出楼台。月高清梵西峰落，霜净疏钟下界来。岂谓投簪能避俗，将因卧病白云隈。

泰山志卷第十

泰山志卷第十一

朝议大夫山东泰安府知府休宁金棨纂辑

秩祀志

列代巡狩　祀典　仪注

列代巡狩

唐虞三代

《周易观象》曰：风行地上，观先王以省方，观民设教。

《尚书·舜典》：岁二月，东巡狩，至于岱宗。柴，望秩于山川。

《诗·周颂》：于皇时周，陟其高山，嶞山乔岳，允犹翕河。敷天之下，裒时之对，时周之命。

《礼记·王制》：天子五年一巡守，岁二月，东巡守，至于岱宗，柴而望祀山川。觐诸侯，问百年者，就见之。命太师陈诗，以观民风；命市纳贾，以观民之所好恶，志淫好辟。命典礼，考时月，定日，同律，礼乐制度衣服正之。山川神祇，有不举者，为不敬，不敬者，君削以地；宗庙，有不顺者，为不孝，不孝者，君绌以爵；变礼易乐者，为不从，不从者，君流；革制度衣服者，为畔，畔者君讨。有功德于民者，加地进律。五月，南巡狩，至于南岳，如东巡狩之礼。八月，西巡狩，至于西岳，如南巡狩之礼。十有一月，北巡狩，至于北岳，如西巡狩之礼。归，假于祖祢，用特。

《礼器》：因名山，升中于天。

秦

始皇帝即帝位三年，东巡海上，行礼祠名山大川及八神。二曰地主，祠泰山、梁父。

二世皇帝元年，东巡碣石，并海南，历泰山，至会稽，皆礼祠之。以上《史记》。

汉

武帝元狩四年，始巡郡县，浸寻于泰山。《通典》。

光武帝建武三十年三月，幸鲁，过泰山，告太守以上过，故承诏祭泰山及梁父。

章帝元和二年二月，东巡狩至泰山，修光武山南坛兆。辛未，柴祭天地群神如故事。壬申，宗祀五帝于孝武所作汶上明堂，光武帝配。癸酉，更告祠高祖、太宗、世宗、中宗、世祖、显宗于明堂，各一太牢。卒事，遂觐东后，飨赐王侯群臣。因行郡国，幸鲁，祠孔子及七十二弟子。四月，还京都。以上《后汉书·祭祀志》。

下诏曰：朕巡狩岱宗，柴望山川，告祀明堂，以章先勋。其二王之后，先师之裔[①]，东后蕃卫，伯父伯兄，仲叔季弟，幼子童孙，百僚从臣，宗室众子，要荒四裔，沙漠之北，葱岭之西，冒耏之类，跋涉悬渡，陵践阻绝，骏奔郊畤，咸来助祭。祖宗功德，延及朕躬。予一人空虚多疚，纂承尊明，盥洗享荐，惭愧祗栗。诗不云乎：君子如祉，乱庶遄已。历数既从，灵燿著明，亦欲与士大夫同心自新。其大赦天下，诸犯罪不当得赦者，皆除之。复博、奉高、嬴，无出今年田租、刍槁[②]。《后汉书·章帝纪》。

安帝延光三年二月丙子，东巡狩。辛卯，幸泰山，柴告岱宗。《文献通考》。

汉班固《东巡颂》：窃见巡狩岱宗，上稽帝尧。中述世宗，遵奉世祖，礼仪备具，动自圣心。是以明神屡应，休征仍降，不胜狂简之情，谨上《岱宗颂》一篇。曰若稽古，在汉迪哲。聿修厥德，宪章丕烈。翻六龙，较五辂，齐百僚，陶质素。命南重以司历，厥中月之六辰。备天官之列卫，盛舆服而东巡。

---

① 先师之裔：《后汉书·章帝纪》作“先圣之胤”。

② 刍槁：《后汉书·章帝纪》作“刍稿”。

汉崔骃《东巡颂》：伊汉中兴三叶，于皇惟烈，允迪厥伦。矩坤度以范物，规乾则以陶钧。于是考上帝以质中，总列宿于北辰。开太微，敞禁庭，延儒林，以咨询岱岳之事。于时典司耆耇，载华抱实。逌尔而造曰：盛乎大汉，世增其德，此神人之所庶幸[①]，海内之所想思。颂有乔山之征，典有徂岳之巡。时迈其邦，民斯攸勤，不亦宜哉。乃命太仆，训六驺，娴路马[②]，戒师徒。于是乘舆登天灵之威路[③]，驾太一之象车，升九龙之华旗，建扫霓之旌旄，裒胡耇之元老，赏孝行之畯农。

汉马融《东巡颂》：允迪在昔，绍烈陶唐。殷天衷，克猺光。若时则，运琼衡。敷六典，经八成。肆类乎上帝，实柴乎三辰。禋祀乎六宗，祗燎乎群神。遂发号群司，申戒百工，卜筮称吉，蓍龟袭从。南征北伐，冯相告祥。清夷道而后行，曜四国而扬光，展圣仪于巡狩，喜圻畤而咏八荒。指宗岳以为期，固岱神之所望。散斋既毕，越翼良辰。棫櫄增构，烈火燔燃。晖光四炀，焱烂薄天。萧香肆升，清烟冒云。珪璋峨峨，牺牲絜纯。郁鬯宗彝，明水玄樽。空桑孤竹，咸池云门。六八币变，神祇并存。

三国

魏明帝凡三东巡狩，所过存问高年，恤疾苦，或赐谷帛，有古巡幸之风焉。《晋书·礼志》。

北魏

太武帝太平真君十一年十一月，帝南征，过岱宗，祀以太牢。《册府元龟》。

隋

文帝开皇十五年春正月壬戌，车驾次齐州。丙寅，旅玉符山。庚午，祠泰山。三月己未，至自东巡狩。望祭五岳。《本纪》。

---

① 庶幸：《初学记》卷十三作“庆幸”。
② 娴路马：《初学记》卷十三作“闲路马”。
③ 威路：《初学记》卷十三作“威辂”。

唐

高宗麟德二年，幸东都，遂幸东岳。

玄宗开元十三年十月，发东都，赴东岱。以上《文献通考》。

明

成祖永乐七年三月，车驾巡守，驻跸东平，望祭泰山。《明典汇》。

祀典

唐虞三代

《尚书·舜典》：望于山川，遍于群神。

《诗·周颂》：怀柔百神，及河乔岳。

《礼记·王制》：天子祭天下名山大川，五岳视三公，四渎视诸侯。诸侯祭名山大川之在其地者。《礼器》：齐人将有事于泰山，必先有事于配林。《祭法》：四坎坛，祭四方也。

《周礼·大宗伯》：以血祭祭社稷，五祀五岳。国有大故，则旅上帝及四望。《小宗伯》：兆五帝于四郊，四望四类亦如之。若军将有事，则与祭有司将事于四望。肆师之职，立次祀，用牲币。《典瑞》：两圭有邸，以祀地，旅四望。《司服》：祀四望山川，则毳冕。《大司乐》：乃奏姑洗，歌南吕，舞大磬，以祀四望。《大祝》：国将有事于四望，及军归，献于社。则前祝。

《春秋·隐公八年传》：郑伯请释泰山之祀而祀周公。以泰山之祊易许田。三月，郑伯使宛来归祊，不祀泰山也。《僖公三十一年》：夏四月，四卜郊，不从，乃免牲，犹三望。《宣公三年》：春，王正月郊。牛之口伤，改卜牛，牛死，乃不郊。犹三望。

秦

始皇帝并天下，令祠官所常奉名山。一曰泰山，春以脯酒为岁祠，因泮冻，秋涸冻，冬赛祷祠。其牲用牛犊各一牢，具珪币各异。《史记》。

汉

宣帝神爵元年，制诏太常，五岳皆有常礼，祀东岳泰山于博，使者持节侍祠，岁五祠。《汉书·郊祀志》。

三国

魏文帝黄初元年十一月庚午，以即阼，燎祭五岳。《本纪》。

二年六月庚子，祀岳渎，瘗沉珪璧。《册府元龟》。

晋

元帝建武元年，令郡国有五岳者，置宰视三人①，以孟春、仲冬祠之。隋《礼志》。

明帝太宁三年七月，诏以五岳、四渎，望秩久废。主者其依旧详处。《本纪》。

成帝咸和八年，立北郊，祀地祇。地郊，五岳从祀。《文献通考》。

北魏

明元帝泰常三年，立五岳庙于桑乾水阴。春秋遣有司致祭，有牲及币，准古望秩云。

献文帝皇兴二年二月，以青徐既平，遣中书令兼太常高允奉玉币祀于东岳。以上《北魏书·礼志》。

祝文：正址坤元，作镇东夏，齐二仪以永固，崇至德以配天。故能资元气以造物，协阴阳而变化。若其岩岭峭峙，川谷幽深，神怪谲诡，倏忽百灵，吐纳风云，育成万品，摄生

① 宰视：《隋书·礼志》作“宰祝”。

之所归焉，祯祥之所萃焉。是以历代帝王之崇封禅，铭功以告其成，七十二君，咸在兹焉。自非功侔造化，应同自然，孰能若此者哉！自我国家肃恭禋祀，怀柔百神，邦域之内，罔不咸秩。往以天路未夷，虽望祭有在，今大化既同，奄有淮岱，谨荐于岳宗之灵，尚飨。

孝文帝太和十九年正月己亥，帝南征。二月壬戌，诏班师。四月己未，行幸瑕丘，遣使以太牢祀岱岳。《本纪》。

祝文：造化氤氲，是生二仪。玄黄既辟，山川以离。四流含灵，五岳苞祇。并兼方象，出纳望羲。岱宗穹崇，梁父盘崛。青丘碕礒，春趾郁律。肇生庶类，启光品物。上敷神工，下融灵秩。载协化文，四气亦溢。百王镌成，莫不兹室。

北齐

文宣帝天保元年六月己卯，诏分遣使致祭五岳。《本纪》。

唐

武德贞观之制，五岳以五郊迎气日祭之。东岳岱山，祭于兖州。其牲皆用太牢，祀官以当界都督、刺史充。《文献通考》。

玄宗开元五年十二月戊寅，诏详定岳渎典礼。十三年十一月壬辰，诏封泰山神为“天齐王”，礼秩加三公一等。宜令所管，崇饰祠庙，去山十里禁樵采。

十八年正月丁巳，诏五岳四渎，各令郡县逐处设祭。

十九年四月甲辰，命有司祭五岳四渎，以尚书省诸曹郎分往诸州祭焉。

二十年四月戊申，命有司择日就祭五岳。

十一月庚申，制五岳四渎，各令致祭，务尽诚洁。以上《册府元龟》。

二十二年春正月癸卯，制岳镇用牲牢，余并以酒脯充奠。《开元礼》。

六月，以多雨，令高品官祭五岳。

二十三年正月乙亥，诏五岳所在长官，以礼致祭。

二十五年十月戊申，敕礼部尚书杜暹祭东岳。

天宝元年正月丁未改元，五岳四渎并令所在州县致祭。

甲寅，以得灵符，又令所在长官备礼祭五岳。

十二月乙亥，令光禄卿嗣郑王希言祭东岳。

天宝三载四月丙辰，令太子詹事嗣许王瓘祭东岳。

六载正月戊子，以加封四渎，令所在长官致祭五岳。

七载五月壬午，以上尊号，诏所在长官致祭五岳。

八载九月，诏令宗正卿褒信郡王璆等分祭五岳。

十载正月甲子，制专使分祭五岳。

二月乙亥，遣嗣吴王祇祭东岳。

十二载二月，制五岳四渎，各委郡县长官致祭，其祠宇颓毁者，量事修葺。

十四载八月辛卯，以岁稔，制令郡县长官秋后醮祭岳渎。又诏令所在长官即择日致祭五岳四渎。

代宗广德二年二月，诏五岳宜令所管致祭。

永泰元年正月癸巳改元，制令五岳所管牧宰，精诚致祭。

大历元年十一月甲子，大赦改元。制曰：五岳四渎，祀典攸存，神理昭著，宜以礼致祭。

五年六月，诏曰：五岳四渎，神明所居，风雨是主。宜委中书门下，分使致祭，以达精诚。

德宗贞元二年，诏太常卿裴郁等十人，各就方镇祭岳渎。

四年五月初，复御署祭岳渎祝版旧制。

《文献通考》：太常卿董晋奏：五岳四渎，伏准《开元礼》，每年各以五郊迎气日祭之，其祝版并合御署。自上元元年，中祠小祠，一切权停。自后因循，不请御署其祝版。欲至飨祭日，所司准程先进取御署，附驿发递。敕旨宜依，仍所司，每至时先奏，附中使送往。

顺宗以贞元二十一年正月即位。四月，册皇太子。诏五岳委所在长吏量加祭祀。

宪宗元和四年十月庚寅，册皇太子，诏五岳所在长吏量加祭祀。

七年十月庚戌，制册皇太子，五岳委所在长吏量加祭祀。

穆宗长庆元年七月壬子，受册尊号，礼毕，诏五岳各令所在以礼致祭。

文宗太和八年二月庚寅，大赦。诏五岳四渎，各委所在长吏致祭，仍加丰洁，以副精诚。

五代

后晋高祖天福二年八月，诏以正位差官祭告五岳，兼下逐州府量事修崇。所有近庙山林，仍宜禁断樵牧。

十月丙戌，命使祠五岳。

六年，诏岳镇庙宇，宜令各修葺，仍禁樵苏。

后周太祖广顺二年五月，亲征兖州，遣翰林学士窦仪祭东岳庙。以上《册府元龟》。

宋

太祖建隆元年六月，平泽潞，遣官祭泰山庙。

四年，平湖南，遣使祀南岳。继令有司制诸岳神衣冠剑履，遣使易之。《礼志》。

乾德元年五月甲寅，遣使祷雨岳渎。

二年三月丁酉，遣使祈雨五岳。

九年七月丁亥，命修五岳祠庙。《本纪》。

开宝五年诏：自今五岳各以本县令兼庙令，尉兼庙丞，专掌祀事，常加案视，务于蠲洁。仍籍其庙宇祭器之数，受代日交以相付。本州长吏每月一诣庙，察举县近庙者，迁治所就之。《文献通考》。

太宗雍熙三年八月丁未，大雨，遣使祷岳渎。

淳化元年夏四月庚戌，遣中使诣五岳祷雨。俱《本纪》。

二年二月，秘书监李至请遵旧礼，五岳就迎气日各祭于所隶之州，长吏以次为献官。其后，立春日祀东岳岱山于兖州。《礼志》。

至道元年二月八日，以旱祀五岳，故事，御书祝版。学士言：五岳视三公，称名恐非古。上曰：唐德宗犹拜风雨，朕为民祈福，无惮桑林之祷，旧制岂可废？《玉海》。

真宗大中祥符元年，加号泰山为仁圣天齐王，遣职方郎中沈维宗致告。又封威雄将军为炳灵公，通泉庙神为灵派侯，亭亭山神为广禅侯。各遣官致告，诏泰山四面七里禁樵采，给近山二十户以奉神祠，社首、徂徕并禁樵采。四年五月乙未，加上东岳为天齐仁圣帝。《礼志》。

九月辛卯，向敏中等为五岳奉册使。冬十月戊申，御朝元殿发五岳册。《本纪》。

十一月戊戌，又加上东岳帝后号，曰淑明。遣官祭告。《礼志》。

五年二月，命晁迥等撰加五岳帝号碑。《玉海》。

八月己未，作五岳观。

晁迥撰碑文入《金石记》。

仁宗庆历三年夏四月丙辰，以春夏不雨，遣使祷于岳渎。

嘉祐元年春正月朔，御大庆殿受朝，命诸州长吏致祭岳渎。

英宗即位，于嘉祐八年五月戊辰初，御延和殿。以疾未平，命祷于岳渎。治平二年九月乙酉，以久雨遣使祈于岳渎。以上《本纪》。

神宗熙宁元年，以祈雨，命诸路择端诚修洁之士祷岳渎。《礼志》。

元丰三年，集贤校理陈侗请依《周礼》建四望坛于四郊，以镇五岳四镇四渎，庶合于经。诏下，详定礼文所详定。《文献通考》。

哲宗元祐五年二月癸卯，祷雨岳渎。《本纪》。

元符三年，修东岳庙，命曾肇撰碑文。为殿三，曰：嘉宁、蕃祉、储佑。《玉海》。

徽宗宣和四年九月，有司以泰岳庙成奏功，诏学士承旨宇文粹中撰修岳庙碑。庙碑。

高宗绍兴七年五月壬申，命礼官举岳镇海渎之祀。《本纪》。

太常博士黄积厚言：岳镇海渎，请以每岁四立日分祭[①]，如祭五方帝礼。诏从之。《礼志》。

金

世宗大定四年六月庚午，初定祭五岳四渎礼。礼官言：岳镇海渎，当以五郊迎气日祭之。诏依典礼以四立、土旺日就本庙致祭，其在他界者遥祀。立春，祭东岳于泰安州。其封爵并仍唐、宋之旧。《礼志》。

十九年，敕修岳庙。《庙志》。

章宗明昌元年五月丙子，以祈雨，望祭岳镇海渎。

三年三月丁酉，命有司祈雨，望祀岳镇海渎。

四月丁卯，复以祈雨，望祭岳镇海渎。

五月已丑，以雨足，望祀岳镇海渎。

四年六月丙辰，以晴致祭岳镇海渎。

承安元年三月丁酉，不雨，遣官望祭岳镇海渎于北郊。丁未，复遣使就祈于东岳。

四月己卯，遣官望祭岳镇海渎。

十一月癸卯，命有司祈雪，仍遣官祈于东岳。

二年夏四月丙辰，命有司祈雨，望祭岳镇海渎。

五月甲申，以雨足望祭岳镇海渎。

四年五月戊戌，命有司望祭岳渎祷雨。

六月辛巳，遣官报祀岳渎。

五年六月乙巳，遣有司祈晴，望祭岳渎。

---

① 分祭：《宋史·礼志》作“分祭东西南北”。

七月乙卯朔，以晴遣官望祭岳渎。

太和四年二月丁酉，诏祈雨东北二岳。

四月丙午，以祈雨望祀岳渎。

五月乙丑，有司请雩，诏三祷岳渎。辛卯，报谢岳渎。

宣宗兴定二年七月己卯，以旱灾，遣官望祀岳镇海渎。以上《本纪》。

元

岳镇海渎祭祀之礼，使者奉玺书即其处行事，曰代祀。代祀自中统二年始，凡十有九处，分五道。后乃以东岳、东海、东镇、北镇为东道。道遣使二人，集贤院奏遣汉官，翰林院奏遣蒙古官，出玺书给驿以行。中统初，遣道士，或副以汉官。《祭祀志》。

世祖中统二年秋七月乙丑，遣使持香币祀岳渎。《本纪》。

至元三年夏四月，定岁祀岳镇海渎之制：正月，祀东岳镇海渎。土王日，祀泰山于泰安州。《祭祀志》。

秋七月丙午，四年四月辛未，五年四月壬寅，俱遣使代祀岳渎。

六年四月甲午，遣使祀岳渎。

九年正月辛巳，刺燕王遣使持香幡祀岳渎[1]。

十一年三月辛卯，遣使代祀岳渎。

十二年二月庚午，命怯薛丹察罕不花、侍仪副使关思义、真人李德和代祀岳渎。

十三年五月乙未，遣使代祀岳渎。

秋七月丙辰，遣使持香币祀岳渎。

十四年二月甲子，十六年二月丙午，十七年二月辛丑，俱遣使代祀岳渎。

十八年正月辛亥，遣使代祀岳渎。

---

① 刺燕王：《元史·世祖本纪》作“敕燕王”。

十九年二月辛卯，遣使代祀岳渎。

二十一年正月甲戌，遣蒙古官及翰林院各一人祀岳渎。

二十二年春正月甲申，遣使代祀五岳。

二十三年春正月壬午，太阴犯轩辕太民，遣使代祀岳渎。

二十四年春正月庚寅，二十五年春正月丁酉，二十六年春正月辛丑，二十七年春正月丁巳，俱遣使代祀岳渎。

二十八年二月丁酉，诏加五岳四渎四海封号，各遣官诣祠致告，加上东岳为“天齐大生仁圣帝”。

二十九年二月甲子，三十年春正月丁亥，俱遣使代祀岳渎。

成宗元贞二年二月丙寅，遣使代祀岳渎。

大德元年六月甲午，诸王也里干遣使乘驿祀五岳，命追其驿券，仍切责之。

二年二月癸未，诏诸王驸马毋擅祀岳镇海渎。

四年二月乙卯，遣使祀东岳。

武宗至大元年三月丁卯，遣使祀五岳。

仁宗皇庆元年十二月丁亥，遣官祈雪于岳镇海渎。

泰定帝泰定元年秋七月庚寅，二年八月辛丑，俱遣使代祀岳渎。

三年三月乙巳，帝以不雨遣使分祀岳渎。

四年闰九月甲戌，命致祭五岳。

文宗天历元年九月壬戌，遣使祭五岳。

二年冬十月庚戌，遣使代祀五岳。

至顺二年冬十月甲辰，遣秘书太监王珪等代祀岳渎。

三年六月癸丑，遣使分祀岳渎。

顺帝至正二年春正月癸巳，遣翰林学士三保等代祀五岳。以上《本纪》。

明

太祖洪武二年二月，命都督孙遇仙等分祭岳渎。《礼仪志》。

三年，诏定岳镇海渎神号，略曰：为治之道，必本于礼。岳镇海渎之封，起自唐、宋。夫英灵之气，萃而为神，必受命于上帝，岂国家封号所可加？渎礼不经，莫此为甚。今依古定制，并去前代所封名号。东岳称“东岳泰山之神”。《礼仪志》。

六月二十日，制曰：磅礴东海之西，中国之东，参穹灵秀，生同天地，形势巍然[①]。古昔帝王登之，观沧海，察地利，以安民生。祝曰：泰山，于敬则致，于礼则宜。自唐始加神之封号，历代相因至今。曩者元君失驭，海内鼎沸，生民涂炭。予起布衣，承上天后土之命，百神阴佑，削平暴乱，正位称职。当奉天地，享鬼神以依时。统一人民，法当式古。今寰宇既清，特修祀仪。因神有历代封号[②]，予起寒微，详之再三，畏不敢效。盖神与穹同始，灵镇一方，其来不知岁月几何。神之所以灵，人莫能测，其职受命于上天后土，为人君者，何敢预焉！惧不敢加号，特以“东岳之神”名其名。依时祭神，惟神鉴之。

十年八月，以天下宁谧，遣曹国公李文忠、道士吴永舆、邓子方代祀泰山，树碑岳庙。诏自今以后，岁以仲秋诣祠致祭。

御制祝文：朕荷皇天后土之眷命，蒙神之效灵，以致平群雄，息祸乱，君主黔黎于华夏，统控蛮夷，于今十年，中国康宁。然于神之祀，若以上古之君言之，则君为民而祷，岁有春祈秋报之礼。于斯之际，有望于神而祭者，有巡守于所在而燎瘗者。今予自建国以来，十年于兹，国为新造，民为初安，是不得亲临所在而祀神也。特遣开国忠臣李文忠、道士吴永舆、邓子方以代予行，奉牺牲祝帛于祠下，以报效灵。自今以后，岁以仲秋诣祠致祭，惟神鉴之，尚飨。

十一年，遣道士吴永舆、官行甫祭泰山。

告文：惟神灵峙方岳，钟秀后祇，主司生民，厥功允大。时维仲秋，礼当报祀。特命使者奉牺牲祝帛，诣祠致祭，伏惟鉴知。尚飨。

二十八年，讨龙州赵宗寿，遣神乐观道士乐本然、国子监生王济，祭告泰山。

御制祝文：昔者元运将终，英雄并起，民患兵殃。时予亦与群雄并驱，辑兵保民。上帝默

① 制曰：原碑作“皇帝制曰”。

② 历代封号：原碑作“历代之封号”。

相，山川受命效灵，所在必克。转战五年余，方乃兵偃民息。众乐生生之计，天下太平二十八年矣。今洪武乙亥四月间，广西布政司报，蛮夷酋长龙州赵宗寿、奉议州黄世铁，不循治化，负国殃民。兵兴之事本重，既行，不敢不告。所以告者，兵行十万，各离父母妻子，途间饥饱劳逸，山岚瘴气，患者有之，此兵行之难。兵入其境，良民受害，且大军所过，荆棘不生，民惊且疑，未有不伤者也，此其所以告也。但欲瘴疠之方，化烟岚为清凉之气，俾殄渠魁，良民安业，军士速回，各得完聚，以养父母，是其祷也。然予未敢轻告上帝，惟神鉴之，为予转达。谨告。

三十年九月，以用师西南夷，遣道士朱铎如、监生高翥祭告泰山。

御制祝文：昔元末兵争，伤生者众。予荷皇天眷命，岳镇海渎山川效灵，诸将用命，偃兵息民，今三十年矣。兵燹之余，民方安定。迩来西南戍守诸将，不能昭布仁威，但知肥己虐人，致令诸夷苗民，困窘而奋，怒攻屯戍，致伤戍守善民者。予非敢用兵，由是不得已，指挥诸将，帅兵进讨。然山川险远，彼方草木茂盛，烟岚云雾蓊郁之气，吞吐呼吸则人多疾疫。此行人众，各辞祖父母、父母、妻子，涉险远以靖边夷，以安中夏。万冀神灵转达上帝，赐清凉之气，以消烟岚，早定诸夷，速归营垒，得奉祖父母、父母，眷属团圆，是其祷也。今年九月二十六日兵行，特遣人专香帛牲醴，先诣神所，谨告。尚飨。

成祖永乐四年七月，师讨安南，遣道士严士安、监生马武致祭泰山。

祝文：昔者奸臣构祸，屠害诸王以及于予，予不得已，以兵自救。赖皇天眷佑，岳镇海渎效灵，获定内难，遂安社稷。爰自即位以来，休养黎庶，普天率土，均视同仁。今安南贼人黎季犛及子孙黎苍，骄盈凶悖，屡犯边疆，又侵思明府禄州等处地方。予为宽容，不肯兴师问罪，但遣使谕使还地。黎贼巧词支吾，所还之地，多非其旧。还地之后，复据西平州，逼胁命吏，又侵宁远州地方，占管人民，杀虏男女。边境之人，数年之内，罹其荼毒，岂可胜言。况安南之人，受其祸害，不遗一家；占城之地，被其劫掠，已逾数岁。遣人告谕，冀其改过，罔有悛心，益骄益甚。予为天下之主，恭天成命，安忍坐视民患而不之救，今特命将出师，声罪致讨，实出予之所不得已。心在救民，岂敢用兵。尚念兵士远行，离其父母妻子，山川险阻，岚瘴郁蒸，跋涉劳勤，易于致疾。予惟念此，深用不宁，惟冀神灵，鉴予诚悃，闻于上帝，赐以鸿庥，潜消瘴疠，大振兵威，早获渠魁，永安遐壤。今年七月十六日兵行，特遣人致香帛牲醴，先诣神所，谨告。尚飨。

五年，讨安南，遣道士复生、监生张礼致祭泰山。

祝文：比者安南逆贼黎季犛及子孙黎苍，逞凶肆暴，屡坏边疆，侵夺思明府禄州等处地方。予加宽贷，不肯兴师问罪，但遣使谕使还地。黎贼巧词支吾，所还地多非其旧；还地之后，复据西平州，又侵宁远州，逼胁命吏，占管人民，劫掠资财，杀虏男女。边境之民受其残酷，安南之人并被其害。诛求百端，老幼不宁，占城之地，累年遭其劫掠。予数遣人告谕，冀其改过。而贼稔恶日甚，罔有悛心。予为天下主，视民涂炭，安忍不救？乃命将出师，声罪致讨，志在吊民，岂敢用兵，实出于不得已。赖皇天后土眷佑，岳镇海渎效灵，将士奋志贾勇，悉扫荡其孳党，抚安其良善。尚念将士暴露于外，离其父母妻子，山川险阻，道里迢递。今天气炎热，恐岚瘴郁蒸，起居失调，易于感疾。予夙夜念此，寝食不宁。万冀神灵，鉴予诚悃，闻于上帝，赐以鸿庥，潜消瘴疠，俾降清凉，使将士安宁，百疾不作。特遣人致香帛牲醴，先诣神所祭告。尚飨。

宣宗宣德十年五月，遣泰安知州胡宗敏致祭祈年。

英宗正统元年五月，以嗣承大统，遣吏科给事中车逊祭告泰山。

三年，遣泰安知州胡宗敏致祭祈年。

九年，夏旱，遣翰林院侍读习嘉言致祭祈雨。

代宗景泰元年闰正月，以嗣承大统，遣礼部左侍郎仪铭祭告泰山。

二年，遣工部右侍郎张敏致祭泰山。

告文：天降膏泽，在风雨率其职；地涌甘泉，由岳渎效其灵。敷布天地之泽，施秘风雨，岳渎不得辞其责也。今岁雨旸时顺，所以泽万物者至矣；而独泉流不浃，所以灌百川者歉焉。河不由其道，而水决于海，泰山泗济之源复秘，南北漕运之渠日涸，此又何如？天地均有矜惠生民之心，神何独无奉若天命之意？务使河循故道，分溉朔南；而复诞布泉源，广慰舆望。神既有以塞其责，朕亦有以赖于神。神其鉴格，专候感孚。谨告。

三年，以河流泛溢，遣太子太保都御史王文祭泰山。

祝文：兹者河流泛溢，自济宁州以南，至于淮北，民居、农亩，皆被垫溺，所在救死不赡，朕实伤切于怀。夫朕敷政以惠民，神出泉以泽物，皆上帝所命。今泉流溢于淮、泗，灾害及于公私，伊谁之责？固朕不德所致，神亦岂能独辞？必使泉出得宜，民以为利而不以为患，然后各得其职，仰无所负而俯无所愧。专候感通，以慰悬切。谨告。

四年，以雨雪过多，遣刑部尚书薛希琏祭泰山。

秋，又遣翰林院编修王僎致祭祈雨。

五年，遣太常寺少卿李宗周致祭祈雨。

六年，遣刑部尚书薛希琏祭泰山祈年。

告文：恭承天命，重付眇躬，民社所依，灾祥攸系，志恒内省，政每外乖。或寒燠愆期，或雨旸逾度，田畴失利，谷麦不登，忧切民心，妨及国计，究推所自，良由在兹。然因咎致灾，固朕躬罔避；而转殃为福，实神职当专。夫有咎无功，过将惟一。转殃为福，功孰与均？特致恳祈，幸副悬望。谨告。

宪宗成化元年四月，以嗣统遣尚宝司丞李木祭告泰山。

四年，遣山东巡抚都御史原杰致祭祈年。

六年，遣礼部尚书李希安祭泰山祈雨。以上《岱史》。

九年，遣礼部左侍郎刘吉祭泰山祈雨。《庙碑》。

十三年，以连岁灾祲，遣山东左布政使陈俨致祭祈年。

二十年，以祈雪，遣山东布政史戴珙祭告泰山。

二十一年，地震，遣山东巡抚盛容祭告泰山。

告文：惟神自开辟来，作镇东土，兴致雨云，茂育万物，灵明克昭，蒸民攸赖。是以历代报祀之典，有隆无替。乃今岁二、三月间，震动数次。意者人事不修不齐，渎神弗安弗宁。守臣疏达，朕心忧惶。祗备香帛，命官往祭。望乔岳以虔祈，冀鉴临而奠位。助司元化，诞福斯人。夫古今瞻仰者在兹，国家钦崇者在兹。谨告。

孝宗宏治元年三月，以嗣统遣大理寺右少卿李介祭告泰山。

四年，遣左通政元守直祭泰山祈雨。

六年，遣山东巡抚王霁致祭祈雨。

七年，河决张秋，遣平江伯陈锐、右副都御史刘大夏、右佥都御史熊翀督工修筑，祭告泰山。

十年，遣山东巡抚熊翀祭告祈雨。

十二年，诏修东岳庙。

十七年，遣右副都御史徐源致祭祈雨。

武宗正德四年正月，遣山东布政使司左参政张文佐致祭祈年。

五年，遣户部左侍郎乔宇祭泰山祈雨。

祝文：比者暵厉逾时，雨泽少降，水泉枯涸，运道良艰。意者政有乖违，上干叶气。予心警惕，内自省循，爰饬有司，各修乃事。粤惟齐鲁之地，泉源是钟，名山大川，神所居守。敬将香帛，特遣廷臣，仰冀明灵，斡旋大化，沛施甘泽，浚发河流。庶使国饷疏通，田禾畅茂，民生有赖，邦本无疆。谨告。

六年，以兵讨宁夏，逆党就擒，遣山东布政使司右参议徐永告谢泰山。

告文：去岁以来，宁夏作孽，命官致讨，逆党就擒，内变肃清，中外底定，非承洪佑，曷克臻兹！因循至今，未申告谢。属者四方多事，水旱相仍，饿殍载途，人民困苦，盗贼啸聚，剿捕未平。循省咎由，实深兢惕。伏望神慈昭鉴，幽赞化机，灾沴潜消，休祥叶应，佑我国家，永庇生民。谨告。

七年，遣山东布政使司左参政张津祭告祈年。

世宗嘉靖元年三月，以嗣承大统，遣吏部尚书石瑶祭告泰山。

十一年，命泰安知州李旼祭泰山祈嗣。

祝文：惟神钟灵孕秀，镇奠一方，阴翊国家，其来尚矣。朕以寡昧，恭承天命，十有一年于兹，敬事神祇，罔敢少懈。顾储宫未立，恒切于怀。兹者特具牲帛醴齐，遣官虔祷。伏望茂著神功，锡予元嗣，则我国家绵庆祀于无穷，而神亦享福于有永矣。伏惟尚飨。

十七年，元子诞生，命泰安知州丁方告谢泰山。

三十二年闰三月，以黄河涨溢，遣山东巡抚沈应龙致祭泰山。

三十三年二月，以修浚工成，遣山东巡抚沈应龙告谢泰山。

夏四月，遣巡抚沈应龙祭告祈年。

穆宗隆庆三年，以水灾遣山东巡抚姜廷颐祭告泰山。以上《岱史》。

六年，漕河横溢，遣山东巡抚傅希挚祭泰山。庙碑。

神宗万历元年，以嗣统遣左布政使曹科祭告泰山。《岱史》。

仪注

唐虞三代

柴，望秩于山川，肆觐东后。协时月，正日，同律、度量衡，修五礼，五玉，三帛，二生，一死。贽，如五器，卒，乃复。《尚书·舜典》。

夏后氏因之。

周制，十二年一巡守。以上《通典》。

秦

秦并天下，令祠官所常奉天地名山大川鬼神可得而序也。《汉书·郊祀志》。

汉

高祖初，悉召故秦祀官，复置太祀、太宰，如其故仪。《文献通考》。

章帝元和二年，诏曰：山川百神，应祀者未尽。其议增修群祀宜享祀者。《后汉书·祭祀志》。

晋

新礼，巡狩方岳，柴望告设壝宫如礼。诸侯之觐者，宾及执贽皆如朝仪，而不建。《晋书·礼志》。

北齐

北齐有巡狩之礼，并登封之仪，竟不行。《通典》。

岳镇海渎，亦各于其方配，郊而祀之。

隋

隋制，行幸所过名山大川，则有司致祭岳渎以太牢。

岳渎各依五時迎气日，遣使就其所，祭之以太牢。以上《隋书·礼仪志》。

唐

皇帝巡狩仪：

将巡狩，所司承制先颁告于东方诸州曰：皇帝二月东巡守，各修平乃守，考乃职事，无敢不敬戒，国有大刑。驾将发，告圆丘、宗庙、社稷，皆如别仪。皇帝出宫大备卤簿[①]，皆如常仪。軷于国门，祭所过山川，如亲征之礼。所经州县，刺史县令先待于境。通事舍人承制问百年。古先帝王、名臣、烈士，皆州县致祭。右銮驾出宫。

将告，将作先于泰山下修圜坛[②]，四出陛。若先有封禅祀天坛，即不须别筑。

前告三日，尚舍直长施大次于外壝东门之内。其设文武侍臣次，陈馔位。设宫悬乐、燎坛之制。一如圜丘仪。

前一日，皇帝清斋于行宫。应告之官皆于告所清斋一日[③]。近侍之官应后升者及从告群官、诸方客使，皆于其所俱清斋一宿。诸卫令其属晡后一刻各以其方器服守卫壝门，与太乐工人俱清斋一宿。奉礼设御位于坛之东南，西向。设告官司徒、执事者、御史、奉礼、赞者、协律郎、太乐令、望燎位、东方诸州刺史县令、介公、酅公、文武九品以上官、西方北方番客等位，并如上辛圆丘仪。其褒圣侯等亦如之。设告官以下门外位于东西壝门之外道南，皆如设次之式。郊社令帅府史一人及斋郎以尊、坫、罍、洗、篚、幂入设于位，并如常仪，执尊、罍、篚、幂者各位于尊、罍、篚、幂之后。

告日未明十五刻，太官令帅宰人烹牲于厨。苍牲一、骍牲一。

未明四刻，太史令、郊社令各服其服升，设昊天上帝神座于坛上北方，南向，席以藁秸。设高祖神尧皇帝神座于东方，西向，席以莞。设神位各

① 大备：《四库全书·大唐开元礼》作“备大驾”。

② 先于：《四库全书·大唐开元礼》作“预于”。

③ 应告：《四库全书·大唐开元礼》作“预告”。

于座首。

未明三刻，诸告官以下各服其服，郊社令、良酝令各帅其属入实尊、罍及玉。天帝太尊二，配帝著尊二，俱实以泛齐，其明水各实于上尊。玉以苍碧。币一丈八尺。太祝以玉帛置于篚。太官令帅进馔者实诸笾豆簠簋等，皆设于馔幔内。

未明三刻，奉礼帅赞者先入就位，赞引引御史、太祝以下入，行扫除，如常仪，讫，各就位。皇帝服衮冕，乘辂发行宫，奏请进发，内外器服，如常仪。驾将至，谒者赞引各引告官、通事舍人引从告群官、东方刺史县令、诸方客使俱就门外位。

驾至大次门外，回辂南向。其降辂之大次，谒者引告官及从告群官入就位，皇帝奠玉帛等仪，并如圆丘。初，皇帝既升，奠玉币，太官令帅进馔者。其奉馔奉乐之仪，并如圆丘。天帝之馔升自南陛，配帝之馔升自东陛。诸太祝迎引于坛上，各设于神座前。设讫，谒者引司徒以下降自东陛，复位，诸太祝各还尊所。太常卿引皇帝诣罍洗，乐作，其盥洗、酌献、奏乐、读祝之仪，并如圆丘。其祝文临时撰。讫，兴，皇帝再拜。初读祝文，讫，乐作，大祝进，奠板于神座，还尊所。其酌献配帝、奏乐、读祝之仪，并如圆丘。皇帝拜讫，乐止。太常卿引皇帝进天帝神座前，北向立，乐作，太祝各以爵酌福酒。其饮福、受胙、奏乐、皇帝还板位之仪，并如圆丘。谒者引司徒降复位。太祝各进彻豆，还尊所。奉礼曰：赐胙。其众官受胙、皇帝望燎及太祝燎牲体玉币、皇帝还大次、礼官工人次出等仪，并如圆丘。右燔柴告至。

皇帝既还大次，侍中板奏请解严。将士不得辄离部伍。皇帝改服通天冠、绛纱袍，乘辂。奏请还宫，如常仪。右銮驾还行宫。

柴之明日，望秩祀于岳、镇、海、渎、山、林、川、泽、丘、陵、坟、衍、原、隰。将祭，所司先为坛于祭所，其神皆以尊卑为叙，重行南向。

前三日，守宫设祭官以下次于东壝之外道南，北向，以西为上。设陈馔幔于内壝东门之外道北，南向。

前二日，太乐令设宫悬之乐于坛南，设登歌于坛上，皆如常仪。右校扫除坛内外，又为瘗坎于坛北之壬地外壝之内，方深取足容物。

前一日，诸祭官各清斋于祭所，诸卫令其属晡后一刻各以其方器服守卫壝门，与太乐工人俱清斋一宿。奉礼设祭官位于内壝东门之内道北，执事位于道南，俱西向北上。设御史位于坛下，一位于东南，西向；一位于西南，东向。令史各陪其后。设奉礼位于乐悬东北，赞者二人在南差退，俱西向。协律郎位于坛上，在西陛之西，东向。设太乐令位于北悬之间。设望瘗位于瘗坎之东，西向。设祭官以下门外位于外壝东门之外道南，每等异位，北向西上。设酒尊之位：岳镇海渎各山罍二，山川林泽俱蜃尊二，丘陵坟衍原隰俱散尊二，各于坛上南陛之东，北向西上。其岳坛上加山罍二，罍置于山尊东，北向。皆加白幂[1]。设玉篚于尊坫之所，设洗于坛南陛东南，如常。执尊罍篚幂者，各位于尊罍篚幂之后，郊社令帅斋郎以尊坫罍洗篚幂入设于位。

祭日未明十五刻，太官令帅宰人以銮刀割牲，斋郎以豆取牲血，置于馔所，遂烹。

未明二刻，太史令、郊社令各服其服，入设神座，各于坛上北方，南向，席皆以莞。设神位各于座首。

未明一刻，祭官以下各服其服，郊社令、良酝令入实尊罍及玉。山罍实以醍齐，蜃尊实以泛齐，散尊及山罍皆实以清酒，齐加明水，酒加玄酒，各实于上尊。祭神之玉以两珪有邸。太祝以币置于篚，太官令帅进馔者实诸笾豆簠簋等。奉礼帅赞者先入就位。赞引引御史、太祝与执尊罍篚幂者入自东门，当坛南重行，北向西上。立定，奉礼曰：再拜。赞者承传，御史以下皆再拜。讫，执尊罍篚幂者各就位。赞引引御史诣坛东陛升，行扫除于上，令史祝史行扫除于下。讫，引就位。

质明，谒者引献官，赞引引执事者，俱就东门外位。太乐令帅工人次

① 白幂：《四库全书·大唐开元礼》作“勺幂”。

入就位。谒者、赞引各引献官以下入就位。立定，奉礼曰：再拜。在位者皆再拜。

谒者进献官之左，白：有司谨具，请行事。退复位。协律郎跪，俯伏，举麾，鼓柷奏顺和之乐，以蕤宾之均。自后坛下之乐皆奏姑洗。乐三成，偃麾，戛敔，乐止。奉礼曰：再拜。献官以下皆再拜。

太祝取玉于篚，立于尊所。谒者引献官诣岳坛，升自南陛，北向。太祝以玉币东向授，献官受。登歌作肃和之乐，以函钟之均。谒者引献官进，北面跪奠于岳神之座，俯伏，兴。谒者引退，北面再拜讫，登歌止。谒者引献官降自南陛，还本位。

初献官升奠玉币，太官令帅进馔者奉馔陈于东门外。登歌止，太官令引馔入。俎初入门，雍和之乐作，馔至陛，乐止。馔升南陛，太祝迎引于坛上，设于岳神座前。笾豆盖幂彻之如式。设讫，太官令以下降自东陛以出，太祝还尊所。其镇海以下之馔，皆祝史迎于坛上，设于神座前，相次而毕。

讫，谒者引献官诣罍洗，盥手洗爵讫，谒者引升自南陛，诣酒尊所，执尊者举幂，献官酌醍齐讫，乐作，谒者引诣岳神座，北向跪奠爵，兴，谒者引献官少退，北向立，乐止。初献官进奠爵，祝史各以爵酌奠镇海以下，还尊所。太祝持板于神座之右，东面跪读祝文。祝文临时撰。讫，兴。献官再拜。初读祝文讫，乐作，太祝进奠版于神座，还尊所，献官拜讫，乐止。

太祝酌罍福酒进献官之右，西向立。献官再拜受爵，跪祭酒，啐酒，奠爵，兴。太祝帅斋郎进俎，太祝减神前三牲胙肉。皆取前脚第二骨。加于俎，西向授，献官受以授斋郎。献官跪取爵，遂饮卒爵，太祝受爵复于坫。献官兴，再拜。谒者引献官降，复位。诸祝各彻豆如常，讫，还尊所。奉礼曰：赐胙。赞者唱：再拜。在位者皆再拜。献官不拜，顺和之乐作，奉礼又曰：再拜。献官以下皆再拜。乐一成止。

谒者进献官之左，白：请就望瘗位。西向立。于众官将拜，诸太祝各执篚进神座前，跪取玉币，斋郎以俎载毛血等，各由其陛降坛诣瘗坎，以物置于坎。讫，奉礼曰：可瘗。坎东西各四人置土。半坎，谒者进献官之左，白：礼毕。遂引出。赞引引执事者以次出。又赞引引御史、太祝以下俱复执事位。奉礼曰：再拜。御史以下皆再拜讫，出。赞引引工人以次出。其祝板燔于斋所。以上《开元礼》。右望秩于山川。

望秩之明日，肆觐东后，朝觐之。明日，左右丞相以考制度事奏闻。节录《开元礼》。右肆觐东后考制度。

祭岳镇海渎仪：

诸岳镇海渎，每年一祭，各以五郊迎气日祭之。

前祭五日，诸祭官各散斋三日，致斋二日，如别仪。

前一日，岳令清扫内外，又为瘗坎于坛壬地，方深取足容物。赞礼者设初献位于坛东南，亚献、终献于初献南，少退，俱西向北上。设掌事者位于终献东南，重行西面，以北为上。设赞唱者位于终献西南，西向北上。设献官等望瘗位于瘗坎之东北，西向。设祭官以下门外位于南门之外道东，重行西向，以北为上。祭器之数，尊六，笾十，豆十，簋二，簠二，俎三。岳令帅其属诣坛东陛升，设尊于坛上东南隅，北向西上。尊皆加勺幂，有坫以置爵。设玉篚于尊坫之所。设洗于南陛东南，北向，罍水在洗东，篚在洗西，南肆。篚实以巾爵。执尊罍洗篚者各位于尊罍洗篚之后。

祭日未明，烹牲于厨。其牲各随方色，斋郎以豆先取血毛，置于馔所。夙兴，掌馔者实祭器。牲体，牛羊豕，皆载右胖。前脚三节，节一段[①]，肩、臂、臑皆载之。后脚三节，节一段[②]，去下节，载上股胳二节[③]。又取正脊、脡脊、横脊、短胁、正胁、代胁，各二骨以并，余皆不设。簋实稷黍，簠实稻粱。笾十，实石盐、乾鱼、枣、栗、榛、菱芡、鹿脯、白饼、黑饼。豆十，实韭菹、醓醢、菁菹、鹿醢、芹菹、兔醢、笋菹、鱼醢、脾菜菹、豚胉。若上无者，各以其类充之。凡祭官各服其服。三品毳冕，四品

① 节一段：《四库全书·大唐开元礼》卷三十五作“一节一段”。
② 节一段：《四库全书·大唐开元礼》卷三十五作“一节一段”。
③ 股胳：《四库全书·大唐开元礼》卷三十五作“肫胳”。

绣冕，五品玄冕，六品以下爵弁，若有二品以下[①]，各依令。岳令帅其属入诣坛东陛，升，设岳神座于坛上近北面[②]，南向，席以莞。又实尊罍及玉。凡尊，一实醴齐，一实盎齐，一实清酒，其玄酒各实于上尊。祭神之玉，两珪有邸。祝版置于坫。岳令又以币置于篚，斋郎以豆血[③]，皆设于馔所。其币长丈八尺，各随方色[④]。赞唱者先入就位。祝与执尊罍篚者入，当坛南，重行北面，以西为上。立定，赞唱者曰：再拜。祝以下俱再拜。执尊者升自东陛，立于尊所，执罍篚者各就位。祝诣坛东陛，升，行扫除于上。降，行扫除于下讫。各就位。

质明，赞礼者引祭官以下俱就门外位，立定。一刻顷，赞唱者曰：再拜。在位者皆再拜。赞礼者进初献之左，白：有司谨具，请行事。退复位。赞唱者曰：再拜。在位者皆再拜。祝跪取玉币于篚，兴，立于尊所。凡取物者皆跪[⑤]，俯伏而取以兴，奠物，奠讫[⑥]，俯伏而后兴。掌馔者帅斋郎奉馔陈于东门之外。

赞礼者引初献诣坛，升自南陛，进神座前[⑦]，北向立。祝以玉币东向进，初献受玉币，还尊所[⑧]。赞礼者引初献进，北向跪奠于神座[⑨]，兴，少退，北向再拜，赞礼者引初献降，还本位。

掌馔者引馔入，升自南陛，祝迎引于坛上，设于神座前。掌馔帅斋郎降自东陛[⑩]，复位，祝还尊所。

---

① 若有二品以下：《四库全书·大唐开元礼》卷三十五作“若有二品以上”。
② 北面：《四库全书·大唐开元礼》卷三十五作“北”。
③ 以豆血：《四库全书·大唐开元礼》卷三十五作“以豆取血”。
④ 方色：《四库全书·大唐开元礼》卷三十五作“牲色”。
⑤ 取物者：《四库全书·大唐开元礼》卷三十五作“取物”。
⑥ 奠讫：《四库全书·大唐开元礼》卷三十五作“则奠讫”。
⑦ 神座：《四库全书·大唐开元礼》卷三十五作“岳神座”。
⑧ 还尊所：《四库全书·大唐开元礼》卷三十五作“祝还尊所”。
⑨ 神座：《四库全书·大唐开元礼》卷三十五作“岳神座”。
⑩ 掌馔：《四库全书·大唐开元礼》卷三十五作“掌馔者”。

赞礼者引初献诣罍洗，盥手洗爵，升自南陛，诣酒尊所，执尊者举幂，初献酌醴齐，赞礼者引初献进诣神座前[①]，北向跪，奠爵，兴，少退，北向立。祝持版进于神座之右，东面跪读文曰：维某年岁次月朔日，某嗣天子某[②]，谨遣某官某，敢诏告于东岳岱宗：维神资养万品[③]，作镇一方，式因春始，谨以玉币牺齐，粢盛庶品，朝荐于东岳岱宗[④]。尚享。讫，兴。初献再拜。祝进奠版于神座，还尊所。

祝以爵酌清酒，进初献之右，西向立。初献再拜，受爵，跪祭酒，啐酒，奠爵。祝帅斋郎以俎进，减神座前胙肉，前脚第二节共置一俎上，以授初献，初献受以授斋郎。初献跪取爵，遂饮卒爵，祝进受爵，复于坫，初献兴，再拜，赞礼者引初献降，复位。

于初献饮福酒，赞礼者引亚献诣罍洗，盥手洗爵，升自东陛，诣尊所，执尊者举幂，亚献酌盎齐，赞礼者引亚献诣神座前，北面跪[⑤]，奠爵，兴，少退，北向再拜。祝以爵酌清酒，进于亚献之右，西向立。亚献再拜，受爵，跪祭酒，遂饮卒爵。祝受虚爵，复于坫，亚献兴，再拜，赞者引亚献降，复位。

初亚献将毕，赞礼者引终献，盥洗、升献、饮福如亚献之仪。讫，赞礼者引终献降，复位。

祝进神座前，彻豆，还尊所。赞唱者曰：再拜。非饮福受胙者皆再拜。

赞礼者进初献之左，白：请就望瘗位。西向立。于献官将拜，岳令进神座，跪取币，斋郎以俎载牲体、黍稷饭诣瘗坎，以馔物置于坎。东西厢各二人置土。半坎，赞礼者进初献之左，白：礼毕。遂引初献以下出。祝

---

① 赞礼者引初献进诣神座前：《四库全书·大唐开元礼》卷三十五作“赞者引初献进诣岳神座前”。

② 某嗣：《四库全书·大唐开元礼》卷三十五作“子嗣”。

③ 资养：《四库全书·大唐开元礼》卷三十五作“赞养”。

④ 朝荐：《四库全书·大唐开元礼》卷三十五作“明荐”。

⑤ 北面：《四库全书·大唐开元礼》卷三十五作“北向”。

与执尊罍篚幂者俱复执事位。立定，赞唱者曰：再拜。再拜讫，遂出。祝版燔于斋所。以上《开元礼》。

宋

真宗大中祥符五年，诏加上东岳曰天齐仁圣帝，命翰林礼官详定仪注及冕服制度、崇饰神像之礼。其玉册制如宗庙谥册。帝自作《奉神述》，备纪崇奉意，俾撰册文。有司设册使一品卤簿及授册黄麾仗、载册辂、衮冕舆于乾元门外，各依方所。群臣朝服序班、仗卫如元会仪。上服衮冕，御乾元殿。中书侍郎引五岳玉册，尚衣奉衮冕升殿，上为之兴。奉册使、副班于香案前，侍中宣制曰：今加上五岳帝号，遣卿等持节奉册展礼。咸承制再拜。奉册使以次升自东阶，受册于御座前，降西阶；副使受衮冕舆于丹墀，随册使降立丹墀西。玉册发，至乾元门外，帝复坐。册使奉册升辂，鼓吹振作而行。东岳册次于瑞圣园。及庙，内外列黄麾仗，设登歌。奉册于车，奉衮冕于舆，使、副袴褶骑从，遣官三十员前导。及门，奉置幄次，以州长吏以下充祀官致祭毕，奉玉册、衮冕置殿内。《宋史·礼志》。

徽宗政和三年，议礼局上五礼新仪：五方岳镇海渎，坛各高五尺，周四十步，四出陛，两壝，每壝二十五步，坛饰依方色。祭岳镇海渎，设位南向，以西为上。山川从祀，西向，以北为上。诸岳镇海渎，年别一祭，以祭五帝日祭之，东岳泰山于兖州界。《文献通考》。

金

每岁御署祝版，命守臣侍祠。《岱史》。

元

世祖至元二十八年正月，帝谓中书省臣曰：五岳四渎祠事，朕宜亲往，道远不可。大臣如卿等，又有国务，宜遣重臣代朕祠之，汉人选名儒及道士习祀事者。其礼物，每处岁祀银香合一重二十五两，五岳组金幡二、钞五百贯。至则守臣奉诏使行礼。皇帝登宝位，遣官致祭，降香幡盒如前礼，惟各加银五十两，五岳中统钞五百贯[①]。《祭祀志》。

明

凡遇天子巡狩，经过岳渎，礼部预期奏闻，或亲祭，或遣官，俱翰林院撰告文，太常寺备祭品。《明史·礼仪志》。

太祖洪武二年二月，命使分祭岳渎。是日，上服皮弁服，御奉天殿。礼官以香及祝文进，上躬署御名，以香祝授使者，百官公服送至中书省。使者就行，香用黄金为盒，以贮之。黄绮幡二，白金二十五两，以供市祭物。牲用太牢，币各从其方色。令所在有司岁二祭，以清明、霜降。《礼仪志》。

岁春秋二仲月，泰安州祀礼先丁祭一日。《岱史》。

泰山志卷第十一

① 五岳中统钞：《元史·祭祀志》作“五岳各中统钞”。

泰山志卷第十二

朝议大夫山东泰安府知府休宁金棨纂辑

封禅志

自古受命帝王，曷尝不封禅？盖有无其应而用事者矣，未有睹符瑞见而不臻乎泰山者也。虽受命而功不至，至梁父矣而德不洽，洽矣而日有不暇给，是以即事用希。传曰：三年不为礼，礼必废；三年不为乐，乐必坏。每世之隆，则封禅答焉，及衰而息。厥旷远者千有余载，近者数百载，故其仪阙然堙灭，其详不可得而记闻云。《史记·封禅书》。

上古三代

无怀氏封泰山，禅云云。

伏羲、神农并因之。

黄帝禅亭亭。

颛顼、帝喾、帝尧、舜复禅云云。

禹禅会稽。

汤复禅云云，其所封皆于泰山也。

周成王封泰山，禅社首，其仪不存。以上杜佑《通典》。

齐桓公既霸，会诸侯于葵丘，而欲封禅。管仲曰：古者封泰山、禅梁父者七十二家，而夷吾所记者，十有二焉。昔无怀氏封泰山，禅云云；伏羲封泰山，禅云云；神农封泰山，禅云云；炎帝封泰山，禅云云；黄帝封泰山，禅亭亭；颛顼封泰山，禅云云；帝喾封泰山，禅云云；尧封泰山，禅云云；舜封泰山，禅云云；禹封泰山，禅会稽；汤封泰山，禅云云；周成王封泰山，禅社首。皆受命然后得封禅。桓公曰：寡人北伐山戎，过孤竹；西伐大夏，涉流沙，束马悬车，上卑耳之山；南伐至召陵，登熊耳山，以望江、汉。兵车之会三，而乘车之会六，九合诸侯，一匡天下，诸侯莫违我。昔三代受命，亦何以异乎？于是管仲睹桓公不可穷以辞，因设之以事，曰：古之封禅，鄗上之黍，北里之禾，所以为盛；江淮之间，一茅三脊，所以为藉也。东海致比目之鱼，西海致比翼之鸟。然后物有不召而自至者十有五焉。今凤凰、麒麟不来，嘉谷不生，而蓬蒿、藜莠茂，鸱枭数至，而欲封禅，毋乃不可乎？于是桓公乃止。《管子·封禅篇》。

《山海经》：禹曰：天下名山，经五千三百七十山，六万四千五十六里，居地也。言其五臧，盖其余小山甚众，不足记云。天地之东西二万八千里，南北二万六千里，出水之山者八千里，受水者八千里，出铜之山四百六十七，出铁之山三千六百九十。此天地之所分壤树谷也，戈矛之所发也，刀铩之所起也，能者有余，拙者不足。封于太山，禅于梁父，七十二家，得失之数，皆在此内，是谓国用。

秦

始皇即帝位三年，东巡郡县。祠驺峄山，颂秦功业。于是征从齐鲁之儒生、博士七十人，至乎泰山下。诸儒生或议曰：古者封禅为蒲车，恶伤山之土石草木；扫地而祭，席用葅秸，言其易遵也。始皇闻此议各乖异，难施用，由此黜儒生。而遂除车道，上自泰山阳至巅，立石颂秦始皇帝德，明其得封也。从阴道下，禅于梁父。其礼颇采太祝之祀雍上帝所用，而封藏皆秘之，世不得而记也。始皇之上泰山，中阪遇暴风雨，休于大树下。诸儒生既黜，不得与用于封事之礼，闻始皇遇风雨，则讥之。《史记·封禅书》。

始皇刻石并二世诏书俱载《金石志》。

汉

文帝十六年夏四月，上使博士诸生刺《六经》中作《王制》，谋议巡狩封禅事。《史记·封禅书》。

武帝元鼎四年，汾阴得大鼎，乃以礼祠，近鼎至甘泉[1]，从行，上荐之。自得宝鼎，上与公卿诸生议封禅。封禅用希旷绝，莫知其仪礼，而群儒采封禅《尚书》《周官》《王制》之望祀射牛事。齐人丁公年九十余，曰：封禅者，合不死之名也。秦皇帝不得上封。陛下必欲上，稍上即无风雨，遂上封矣。上于是乃令诸儒习射牛，草封禅仪。数年，至且行。天子既闻公孙卿及方士之言，黄帝以上封禅，皆致怪物与神通，欲放黄帝以上接神仙人蓬莱士，高世比德于九皇，而颇采儒术以文之。群儒既已不能辨明封禅事，又牵拘于《诗》《书》古文而不能骋。于是上尽罢诸儒不用。《史记·封禅书》。

汉书《倪宽传》：议欲放古巡狩封禅之事，诸儒对者五十余人未能有所定。先是，司马相如病死，有遗书，颂功德，言符瑞，足以封泰山。上奇其书，以问宽，宽对曰：陛下躬发圣德，统揖群元，宗祀天地，荐礼百神，精神所乡，征兆必报，天地并应，符瑞昭明。其封泰山，禅梁父，昭姓考瑞，帝王之盛节也。然享荐之义，不著于经，以为封禅告成，合礼于天地神祇，祇戒精专以接神明。总百官之职，各称事宜而为之节文。唯圣主所由，制定其当，非君臣之所能列。今将举大事，优游数年，使群臣得人自尽，终莫能成。唯天子建中和之极，兼总条贯，金声而玉振之，以顺成天庆，垂万世之基。上然之，乃自制仪，采儒术以文焉。

元封元年三月，东上泰山。泰山之草木叶未生，乃令人上石立之泰山巅。上遂东巡海上。四月，还至奉高。上念诸儒及方士言封禅人人殊，不经，难施行。天子至梁父，礼祠地主。乙卯，令侍中儒者皮弁荐绅，射牛行事。封泰山下东方，如郊祀太一之礼。封广丈二尺，高九尺，其下则有玉牒书，书秘。礼毕，天子独与侍中奉车子侯霍去病子上泰山，亦有封。其事皆禁。明日，下阴道。丙辰，禅泰山下趾东北肃然山，如祭后土礼。天子皆亲拜见，衣上黄而尽用乐焉。江淮间一茅三脊为神藉，五色土益杂封。纵远方奇兽蜚禽及白雉诸物，颇以加礼，兕牛犀象之属不用，皆至泰山祭

① 近鼎：《史记·封禅书》作“迎鼎”。

后土。封禅祠，其夜若有光，昼有白云起封中。天子从禅还，坐明堂，群臣更上寿。《史记·封禅书》。

制诏：朕以眇身承至尊，兢兢焉维德菲薄，不明于礼乐，故用事八神。遭天地况施，著见景象，屑然如有闻。震于怪物，欲止不敢，遂登封泰山，至于梁父，然后升禅肃然。自新，嘉与士大夫更始，其以十月为元封元年。行所巡至，博、奉高、蛇丘、历城、梁父，民田租逋赋贷已除。加年七十以上孤、寡，帛人二匹。四县无出今年算。赐天下民爵一级，女子百户牛酒。《汉书·武帝纪》。

又诏：古者天子五载一巡狩，用事泰山，诸侯有朝宿地。其令诸侯各治邸泰山下。《汉书·郊祀志》。

二年秋，作明堂于泰山下。五年春三月，还至泰山，增封。甲子，祠高祖于明堂，以配上帝。因朝诸侯王列侯，受郡国计。《汉书·武帝纪》。

四月中，至奉高修封焉。初，天子封泰山，泰山东北址古时有明堂处，处险不敞。上欲治明堂奉高旁，未晓其制度。济南人公王带上黄帝时明堂图。中有一殿，四面无壁，以茅盖，通水，圜宫垣为复道，上有楼，从西南入，命曰昆仑，天子从之入，以拜祠上帝焉。于是，上令奉高作明堂汶上，如带图。及五年修封，则祠太一、五帝于明堂上坐，令高皇帝祠坐对之。祠后土于下房，以二十太牢。天子从昆仑道入，始拜明堂如郊礼。礼毕，燎堂下。而上又上泰山，自有秘祠其巅。而泰山下祠五帝，各如其方，黄帝并赤帝，而有司侍祠焉。山上举火，下悉应之。《史记·封禅书》。

夏四月诏曰：朕巡荆、扬，辑江、淮物，会大海气，以合泰山。上天见象，增修封禅。其赦天下。所幸县毋出今年租赋，赐鳏、寡、孤、独帛，贫穷者粟。《汉书·武帝纪》。

太初元年冬十月，行幸泰山。十一月甲子朔旦冬至，祀上帝于明堂。十二月，禅高里。

三年春正月，行东巡海上。夏四月，还，修封泰山，禅石闾。

天汉三年三月，行幸泰山，修封，祀明堂，因受计。

太始四年春三月，行幸泰山。壬午，祀高祖于明堂，以配上帝，因受计。癸未，祀孝景皇帝于明堂。甲申，修封。丙戌，禅石闾。

征和四年春正月，行幸东莱。三月，上耕于钜定，还，幸泰山，修封。庚寅，祀于明堂。癸巳，禅石闾。《汉书·武帝纪》。

司马相如《封禅文》：伊上古之初肇，自昊穹兮生民，历撰列辟，以迄于秦。率迩者踵武，逖听者风声。纷纶葳蕤，堙灭而不称者，不可胜数也。续《昭》《夏》，崇号谥，略可道者七十有二君。罔若淑而不昌，畴逆失而能存？轩辕之前，遐哉邈乎，其详不可得闻也。五三六经载籍之传，维见可观也。《书》曰“元首明哉，股肱良哉”，因斯以谈，君莫盛于唐尧，臣莫贤于后稷。后稷创业于唐，公刘发迹于西戎。文王改制，爰周郅隆，大行越成，而后陵夷衰微，千载无声，岂不善始善终哉！然无异端，慎所由于前，谨遗教于后耳。故轨迹夷易，易遵也；湛恩蒙涌，易丰也；宪度著明，易则也；垂统理顺，易继也。是以业隆于襁褓，而崇冠于二后。揆厥所元，终都攸卒，未有殊尤绝迹可考于今者也。然犹蹑梁父，登泰山；建显号，施尊名。大汉之德，逢涌原泉，沕潏漫衍，旁魄四塞，云尃雾散，上畅九垓，下泝八埏。怀生之类，沾濡浸润，协气横流，武节飘逝，迩陕游原，迥阔泳沫，首恶湮没，暗昧昭晢，昆虫凯泽，回首面内。然后囿驺虞之珍群，徼麋鹿之怪兽，导一茎六穗于庖，牺双觡共抵之兽，获周余珍收龟于岐，招翠黄乘龙于沼。鬼神接灵圉，宾于闲馆。奇物谲诡，俶傥穷变。钦哉，符瑞臻兹，犹以为薄，不敢道封禅。盖周跃鱼陨杭，休之以燎，微夫斯之为符也，以登介丘，不亦恧乎！进让之道，其何爽与？于是大司马进曰：陛下仁育群生，义征不憓，诸夏乐贡，百蛮执贽，德侔往初，功无与二，休烈浃洽，符瑞众变，期应绍至，不特创见。意者泰山、梁父设坛场望幸，盖号以况荣，上帝垂恩储祉，将以荐成，陛下谦让而弗发也。挈三神之欢，缺王道之仪，群臣恧焉。或谓且天为质暗，珍符固不可辞；若然辞之，是泰山靡记而梁父靡几也，亦各并时而荣，咸济世而屈，说者尚何称于后，而云七十二君乎？夫修德以锡符，奉符以行事，不为进越。故圣王弗替，而修礼地祇，谒款天神，勒功中岳，以彰至尊，舒盛德，发荣号，受厚福，以浸黎民也。皇皇哉！斯事天下之壮观，王者之丕业，不可贬也。愿陛下全之。而后因杂荐绅先生之略术，使获耀日月之末光绝炎，以展采错事，犹兼正列其义，校饬厥文，作《春秋》一艺。将袭旧六为七，摅之无穷，俾万世得激清流，扬微波，蜚英声，腾茂实。前圣之所以永保鸿名而常为称首者用此。宜命掌故悉奏其义而览焉。于是天子沛然改容，曰：愉乎，朕其试哉！乃迁思回虑，总公卿之议，询封禅之事，诗大泽之博，广符瑞之富。乃作颂曰：

自我天覆，云之油油。甘露时雨，厥壤可游。滋液渗漉，何生不育！嘉谷六穗，我穑曷蓄？非唯雨之，又润泽之；非唯濡之，氾尃濩之。万物熙熙，怀而慕思。名山显位，望君之来。君乎君乎，侯不迈哉！般般之兽，乐我君囿；白质黑章，其仪可嘉；旼旼睦睦，君子之能。盖闻其声，今观其来。厥途靡踪，天瑞之征。兹亦于舜，虞氏以兴。濯濯之麟，游彼灵畤。孟冬十月，君徂郊祀。驰我君舆，帝以享祉。三代之前，盖未尝有。宛宛黄龙，兴德而升；采色炫耀，熿炳辉煌。正阳显见，觉寤黎烝。于传载之，云受命所乘。厥之有章，不必谆谆。依类托寓，谕以封峦。

披艺观之，天人之际已交，上下相发允答。圣王之德，兢兢翼翼也。故曰：兴必虑衰，安必思危。是以汤武至尊严，不失肃祗；舜在假典，顾省厥遗。此之谓也。《史记·司马相如列传》。

倪宽《东封颂》：臣闻三代改制，属象相因。间者圣统废绝，陛下发愤，合指天地，祖立明堂辟雍，宗祀太一，六律五声，幽赞圣意，神乐四合，各有方象，以承嘉祀，为万世则，天下幸甚。将建大元本瑞，登告岱宗，发祉闿门，以候景至。癸亥宗祀，日宣重光；上元甲子，肃邕永享。光辉允塞[①]，天文粲然，见象日昭，报降符应。臣宽奉觞再拜，上千万岁寿。制曰：敬举君之觞。

唐高孚《白云起封中赋》：客有遭逢汉昌，从武帝而登岱，睹白云之效祥。曰此盖非常，不飘不扬。初起封中，方郁郁以呈象；稍浮山上，乍英英而有光。原初出之意也，告成我皇。我皇德以静人，威以平难，廓清诸夏，光启大汉。俗既和兮考时巡，礼既备兮登日观。惟天辅圣，无雨则其明微；惟岳通玄，出云所以幽赞。不然者，山有四岳，胡独兴于此；地有四极，胡不普而施。观耀质以流彩，若无心而有知。无心者何，随车而动息；有知者何，表圣之功德。帝穆清以修祠，云故清其容。帝贞白以为心，云故白其色。岂徒然也，

① 允塞：《汉书》卷五十八作“充塞”。

君为万国所仰，岳乃众云所届。其垂思储精，登封俯拜。亦庶乎明神斯答[①]，景福攸介。故夫是云也，乘元气而出，冠灵坛而浮。不漠漠而四散，直亭亭于上头。祥光内朗，瑞色旁流。既表庆于兹日，复增华于介丘。此可以见于无疆之休者也，且夫刻石者所以纪号，泥金者所以昭告。必元德之已升，乃兹山之可造。若齐桓僭侈，秦帝骄暴，纵倾国以修封，岂嘉祥之云报美矣哉！昼日斯清，瑞云孔明。氤氲萧索，下应一人之感；仿佛影响，旁闻万岁之声。彼入房彰于殷帝，浮河表于周成[②]，岂可于兹而名哉？

吕温《白云起封中》诗：封开白云起，汉帝坐斋宫。望在泥金上，疑生秘玉中。攒柯初缭绕，布叶渐蒙笼。日观祥光合，天门瑞气通。无心还出岫[③]，有势欲凌风。倘遣成膏泽，从兹遍大空。

李正辞诗：千年泰山顶，云起汉皇封。不作奇峰状，宁分触石容。为霖虽易得，表圣自难逢。冉冉排空上，依依叠影重。素光非曳练，灵贶是从龙。岂学无心出，东西任所从。

张嗣初诗：英英白云起，呈瑞出封中。表圣宁因地，逢时岂待风。浮光弥皎洁，流影更冲融。自叶尧年美，谁云汉日同。金泥光乍掩，玉检气潜通。欲与非烟并，亭亭不散空。

光武帝建武三十年二月，群臣上言：即位三十年，宜封禅泰山。《后汉书·祭祀志》。

太尉赵憙上言曰：自古帝王，每世之隆，未尝不封禅。陛下圣德洋溢，顺天行诛，拨乱中兴，作民父母。修复宗庙，救万姓命，黎庶赖福，海内清平。功成治定，群司礼官咸以为宜登封告成，为名报德[④]。百王所同，当仁不让。宜登封岱宗，正三雍之礼，以明灵契，望秩群神，以承天心也。《东观书》。

诏书曰：即位三十年，百姓怨气满腹，吾谁欺，欺天乎？曾谓泰山不如林放，何污七十二代之编录！桓公欲封，管仲非之。若郡县远遣吏上寿，盛称虚美，必髡，兼令屯田。《后汉书·祭祀志》。

---

① 庶乎：《全唐文》卷七四七作“庶极乎”。

② 浮河：《全唐文》卷七四七作“浮洛”。

③ 还出岫：《全唐诗》卷三百七作“已出岫”。

④ 为名报德：《全后汉文》卷二十二作“为民报德”。

三十二年正月，上斋，夜读《河图会昌符》曰：赤刘之九，会命岱宗。不慎克用，何益于承。诚善用之，奸伪不萌。感此文，乃诏梁松等复案索《河》《雒》谶文言九世封禅事者。松等列奏，乃许焉。乃求元封时封禅故事，议封禅所施用。有司奏当用方石再累置坛中，皆方五尺，厚一尺，用玉牒书藏方石。牒厚五寸，长尺三寸，广五寸，有玉检。又用石检十枚，列于石傍，东西各三，南北各二，皆长三尺，广一尺，厚七寸。检中刻三处，深四寸，方五寸，有盖。检用金缕五周，以水银和金以为泥。玉玺一方，寸二分，一枚方五寸。方石四角又有距石，皆再累。枚长一丈，厚一尺，广二尺，皆在圆坛上。其下用距石十八枚，皆高三尺，厚一尺，广二尺，如小碑，环坛立之，去坛三步。距石下皆有石跗，入地四尺。又用石碑，高九尺，广三尺五寸，厚尺二寸，立坛丙地，去坛三丈以上，以刻书。上以用石功难，又欲及二月封，故诏松欲因故封石空检，更加封而已。松上书争之。遂使泰山郡及鲁促石工，宜取完青石，无必五色。时以印工不能刻玉牒，欲用丹漆书之，会求得能刻玉者，遂书。书秘刻方石中，命容玉牒。二月，上至奉高，遣侍御史与兰台令史，将工先上山刻石。二十二日辛卯晨，燎祭天于泰山下南方，群神皆从，用乐如南郊。诸王、王者后二公、孔子后褒成君，皆助祭位事也。事毕，将升封。或曰：泰山虽已从食于柴祭，今亲升告功，宜有礼祭。于是使谒者以一特牲于常祠泰山处，告祠泰山，如亲耕、貙刘、先祠、先农、先虞故事。至食时，御辇升山，日中后到山上更衣，早晡时即位于坛，北面。群臣以次陈后，西上，毕位升坛。尚书令奉玉牒检，皇帝以寸二分玺亲封之，讫。太常命人发坛上石，尚书令藏玉牒已，复石，覆讫，尚书令以五寸印封石检。事毕，再拜，群臣称万岁。命人立所刻石碑，乃复道下。二十五日甲午，禅，祭地于梁阴，以高后配，山川群神从，如元始中北郊故事。四月己卯，大赦天下，以建武三十二年为建武中元元年，复博、奉高、嬴，勿出元年租、刍槁。以吉日刻玉牒书函藏金匮，玺印封之。乙酉，使太尉行事，以特告至高庙。太尉奉匮以告高庙，藏于庙室西壁石室高主室之下。《后汉书·祭祀志》。

泰山刻石文：维建武三十有二年二月，皇帝东巡狩，至于岱宗，柴，望秩于山川，班于群神，遂觐东后。从臣太尉熹、行司徒事特进高密侯禹等。汉宾二王之后在位。孔子之后褒成侯，序在东后。蕃王十二，咸来助祭。《河图赤伏符》曰：刘秀发兵捕不道，四夷云集龙斗野，四七之际火为主。《河图会昌符》曰：赤帝九世，巡省得中。治平则封，诚合帝道孔矩，则天文灵出，地祇瑞兴。帝刘之九，会命岱宗。诚善用之，奸伪不萌。赤汉德兴，九世会昌，巡岱皆当。天地扶九，崇经之常。汉大兴之，道在九世之王。封于泰山，刻石著纪。禅于梁父，退省考五。《河图合古篇》曰：帝刘之秀，九名之世，帝行德，封刻政。《河图提刘子》曰：九世之帝，方明圣，持衡矩，九州平，天下予。《洛书甄曜度》曰：赤三德，昌九世，会修符，合帝际，勉刻封。《孝经钩命决》曰：予谁行，赤刘用帝，三建孝，九会修，专兹竭行封岱青。《河》《洛》命后，经谶所传。昔在帝尧，聪明密微，让与舜庶，后裔握机。王莽以舅后之家，三司鼎足冢宰之权势，依托周公、霍光辅幼归政之义，遂以篡叛，僭号自立。宗庙隳坏，社稷丧亡，不得血食，十有八年。扬、徐、青三州首乱，兵革横行。延及荆州，豪杰并兼，百里屯聚，往往僭号。北夷作寇，千里无烟，无鸡鸣犬吠之声[①]。皇天眷顾，皇帝以匹庶受命中兴，年二十八载兴兵起是，以中次诛讨，十有余年，罪人则斯得。黎庶得居尔田、安尔宅。书同文，车同轨，人同伦。舟舆所通，人迹所至，靡不贡职。建明堂，立辟雍，起灵台，设庠序。同律、度、量、衡。修五礼，五玉，三帛，二生[②]，一死贽。吏各修职，复于旧典。在位三十有二年，年六十二，乾乾日昃，不敢荒宁，涉危历险，亲巡黎元，恭肃神祇，惠恤耆老，理庶遵古，聪允明恕。皇帝唯慎《河图》《洛书》正文，是月辛卯，柴，登封泰山。甲午，禅于梁阴。以承灵瑞，以为兆民，永兹一宇，垂于后昆。百僚从臣，郡守师尹，咸蒙祉福，永永无极。《后汉书·祭祀志》。

应劭《汉官马第伯封禅仪记》：车驾正月二十八日发洛阳宫，二月九日到鲁，遣守谒者郭坚伯将徒五百人治泰山道。十日，鲁遣宗室诸刘及孔子[③]、瑕丘丁氏上寿受赐，皆诣孔

---

① 犬吠：《后汉书·祭祀志》作“狗吠”。

② 二生：《后汉书·祭祀志》作“二牲”。

③ 孔子：《后汉书·祭祀志》作“孔氏”。

氏宅，赐酒肉。十一日发，十二日宿奉高。是日，遣虎贲郎将先上山，三案行。还，益治道徒千人。十五日，始斋。国家居太守府舍，诸王居府中，诸侯在县庭中斋。诸卿、校尉、将军、大夫、黄门郎、百官及宋公、卫公、褒成侯、东方诸侯、洛中小侯斋城外汶水上。太尉、太常斋山虞。

马第伯自云，某等七十人先之山虞，观祭山坛及故明堂宫郎官等郊肆处。入其幕府，观治石。石二枚，状博平，圆九尺，此坛上石也。其一石，武帝时石也。时用五车不能上也，因置山下为屋，号五车石。四维距石长丈二，广二尺，厚尺半所，四枚。检石长三尺，广六寸，状如封箧。长检十枚。一纪号石，高丈二尺，广三尺，厚尺二寸，名曰立石。一枚，刻文字，纪功德。

是朝上山骑行，往往道峻峭，不骑，步牵马，乍步乍骑，且相半，至中观留马。去平地二十里，南向极望无不睹。仰望天关，如从谷底仰观抗峰。其为高也，如视浮云。其峻也，石壁窅窱，如无道径。遥望其人，端如行杇兀，或为白石或雪，久之，白者移过树，乃知是人也。殊不可上，四布僵卧石上，有顷复苏。亦赖赍酒脯，处处有泉水，目辄为之明。复勉强相将行，到天关，自以已至也，问道中人，言尚十余里。其道旁山胁，大者广八九尺，狭者五六尺。仰视岩石松树，郁郁苍苍，若在云中。俯视溪谷，碌碌不可见丈尺。遂至天门之下，仰视天门，窔辽如从穴中视天。直上七里，赖其羊肠逶迤，名曰环道，往往有絙索，可得而登也。两从者扶挟，前人相牵，后人见前人履底，前人见后人顶，如画重累人矣，所谓摩胸捏石，扪天之难也。初上此道，行十余步一休；稍疲，咽唇焦，五六步一休。蹀蹀据顿[①]，地不避湿暗，前有燥地，目视而两脚不随。

早食上，晡后到天门。郭使者得铜物，铜物形状如钟，又方柄有孔，莫能识也，疑封禅具也。得之者汝南召陵人，姓杨名通[②]。东上一里余，得木甲。木甲者，武帝时神也。东北百余步，得封所，始皇立石及阙在南方，汉武在其北。二十余步得北垂圆台，高九尺，方圆三丈所，有两陛。人不得从，上从东陛上。台上有坛，方一丈二尺所，上有方石，四维有距石，四面有阙。乡坛再拜谒，人多置钱物坛上，亦不扫除。国家上见之，则诏书所谓酢梨、

① 蹀蹀：《后汉书·祭祀志》作“牒牒”。
② 姓杨：《后汉书·祭祀志》作“姓阳”。

酸枣狼藉，散钱处数百，币帛具道，是武帝封禅至泰山下，未及上，百官为先上跪拜，置梨、枣、钱于道以求福，即此也。东山名曰日观，日观者，鸡一鸣时，见日始欲出，长三丈所，秦观者望见长安，吴观者望见会稽，周观者望见齐西。北有石室。坛以南有玉盘，中有玉龟。山南胁神泉，饮之极清美利人。日入下去，行数环。日暮时颇雨，不见其道，一人居其前，先知蹈有人，乃举足随之。比至天门下，夜人定矣。

车驾十九日之山虞，国家居亭，百官布野。比日①山上云气成宫阙，百官并见之。二十一日夕牲时，白气广一丈，东南极望致浓厚。时天清和无云。《瑞命篇》"岱岳之瑞，以日为应"也。二十二日晨，燎祭天于泰山，晨祭也。日高三丈所，燔燎燔燎烟正北也②。礼毕，百官各以次上。郡储辇三百，为贵臣、诸公、王、侯、卿、大夫、百官皆步上，少用辇。食时，国家御首辇，人挽升山，至中观休，须臾复上。日中后到山上更衣。须臾，群臣毕就位。早晡时即位于坛，国家台上北面，虎贲陛戟台下。封讫，驺骑三千余人发坛上方石。尚书令封石检，以金为绳，以石三检。东方西方各三检。检中石泥及坛土，色赤白黑，各依如其方色。礼毕，称万岁，音动山谷。有气属天，遥望不见山巅，山巅人在气中，不知也。

封毕有顷，诏百官以次下，国家随后。数百人维持行，相逢推，百官连延二十余里。道多迫小③，深溪高岸数百丈。步从匍匐邪上，起近炬火，止亦络绎。步从触击大石，石声正欢，但欢石无相应和者。肠不能已，口不能默。夜半后到，百官明日乃讫。其中老者气劣不能行④，卧岩石下⑤。明日早⑥，太医令复遵问起居。国家云：昨上下山，欲行迫前⑦，欲休则后人所蹈，道峻危险，恐不能度。国家不劳，百官已下露卧水饮，无一人蹉跌，无一人疾病，岂非天邪！泰山率多暴雨，如今上直下柴祭封登，清晏温和。明日上寿，赐百官省事。事毕

---

① 比日：《后汉书·祭祀志》作"此日"。

② 燔燎燔燎烟正北也：《后汉书·祭祀志》作"燔燎烟正北向"。

③ 道多迫小：《后汉书·祭祀志》作"道迫小"。

④ 不能行：《后汉书·祭祀志》作"不行"。

⑤ 卧岩石下：《后汉书·祭祀志》作"正卧岩石下"。

⑥ 明日早：《后汉书·祭祀志》作"明日"。

⑦ 迫前：《后汉书·祭祀志》作"迫前人"。

发，暮宿奉高三十里。明日发，至梁父九十里夕牲。功效如彼，天应如此，群臣上寿，国家不听。《后汉书·祭祀志》。

班固《白虎通·封禅篇》：王者易姓而起，必升封泰山何？报告之义也。始受命之日，改制应天，天下太平，功成封禅以告太平也。所以必于泰山何？万物之始，交代之处也。必于其上何？因高告高，顺其类也。故升封者，增高也。下禅梁父之基，广厚也。皆刻石纪号者，著己之功迹以自效也。天以高为尊，地以厚为德。故增泰山之高以报天，附梁甫之基以报地，明天之所命，功成事就，有益于天地，若高者加高，厚者加厚矣。或曰：封者金泥银绳。或曰：石泥金绳，封之以印玺。故孔子曰：升泰山，观易姓之王，可得而数者七十有余君。封者，广也。言禅者，明以成功相传也。梁甫者，泰山旁山名，正于梁甫何？以三皇禅于绎绎之山，明已成功而去，有德者居之。绎绎者，无穷之意也。五帝禅于亭亭之山，亭亭者，制度审谛，道德著明也。三王禅于梁甫之山，梁者，信也。甫者，辅也。信辅天地之道而行之也。太平乃封，知告于天，必也于岱宗何？明知易姓也。刻石纪号，知自纪于百王也。燎祭天，报之义也。望祭山川，祀群神也。《诗》云：于皇明周，陟其高山。言周太平，封泰山也。又曰：堕山乔岳，允犹翕河。言望祭山川，百神来归也。

袁宏曰：夫天地者，万物之宫府。山川者，云气之丘墟。万物之生遂，则宫府之功大；云雨施其润，则丘墟之德厚。故化洽天下，则功配于天地；泽流一国，则德合于山川。是以王者经略，必以天地为本；诸侯述职，必以山川为主。体而象之，取其陶育；礼而告之，归其宗本。《书》云：东巡狩，至于岱宗，柴。《传》曰：郊祀后稷，以祈农事。夫巡狩观化之常事，祈农抚民之定业，犹洁诚殷荐，以告昊天，况创制改物，人神易听者乎！夫揖让受终，必有至德于万物。是故王者初基，则有封禅之事，盖以其成功告于神明者也。夫东方者，万物之所始；山岳者，灵气之所宅。故求之物本，必于其始；取其所通，必于所宅。崇其坛场，则谓之封；明其代兴，则谓之禅。然则封禅者，王者开务之大体也。德不周洽，不得拟议斯建；功不弘济，不得仿佛斯礼。旷代一有，其道至高。自黄帝、尧、舜，至于三代，各一封禅，未有中修其礼者也。虽继体之君，时有功德，此盖率复旧业，增修前政，不得仰齐造国，同符改物者也。夫神道贞一，其用不烦；天地易简，其礼尚质。故藉用白茅，贵其诚素；器用陶匏，取其易从。则封禅之礼，简易可也。若夫石函玉牒，非天地之性也。袁宏《后汉纪》。

三国

魏明帝时，中护军蒋济请封禅，帝虽拒济议，而实使高堂隆草封禅仪。以天下未一，不欲便行大礼。会高堂隆卒，不行。《通典》。

蒋济奏曰：夫帝王大礼，巡狩为先；昭祖扬祢，封禅为首。是以自古革命受符，未有不蹈梁父，登泰山，刊无竟之名，纪天人之际者也。故司马相如谓：有文以来，七十二君，或顺所繇于前，谨遗教于后。太史公曰：主上有圣明而不宣布，有司之过也。然则元功懿德，不刊山梁之石，无以显帝王之功，示生民不朽之观也①。今大魏振百王之弊乱，拯流遁之艰厄，接千载之衰绪，继百世之废业。自武文至于圣躬②，所以参成天地之道，纲维神人之化。上天报应，嘉瑞显祥，以比往古，无所取喻。至于历世迄今，未发大礼。此仪久废，非仓卒可定。宜下公卿，广纂其礼，卜年考时，昭告上帝，以副天下之望。

诏曰：闻蒋济斯言，使吾汗出流足。自开辟以来，封禅者七十余君尔。故太史公曰：虽有受命之君，而功有不洽，是以中间旷远者千有余年，近者数百载，其仪阙不可得记。吾何德之修，敢庶兹乎！济岂谓世无管仲，以吾有桓公登泰山之志乎！吾不敢欺天也。济之所言，华则华矣，非助我者也。公卿侍中尚书常侍省之而已，勿复有所议，亦不须答诏也。《晋书·礼志》。

晋

武帝平吴，混一区宇。太康元年九月庚寅，尚书令卫瓘等议封禅，奏请至于再三，诏报绝之。《通志·礼略》。

卫瓘等奏曰：臣闻肇自生灵，则有后辟，年载之数，莫之能纪。立德济世，挥扬仁风，以登封泰山者七十有四家，其谥号可知者十有四焉。沉沦寂寞，曾无遗声者，不可胜记。大晋之德，始自重黎，实佐颛顼，至于夏、商，世序天地。其在于周，不失其绪。金德将升，世济明圣，外平蜀汉，海内归心，武功之盛，实由文德。至于陛下，受命践祚，

① 生民：《晋书·礼志》作“兆庶”。

② 自武文：《晋书·礼志》作“始自武文”。

宏建大业，群生仰毓。惟独江湖沅湘之表，凶桀负固，历代不宾。神谋独断，命将出讨，兵威暂加，数旬荡定。羁其鲸鲵，赦其罪逆，云覆雨施，八方来同，声教所被，达于四极。虽黄轩之征，大禹远略，周之奕世，何以尚今！若夫玄石素文，底号前载，象以数表，言以事告，虽古河图洛书之征，不是过也。宜宣大典，礼中岳，封泰山，禅梁父，发德号，明至尊，享天休，笃黎庶，勒千载之表，播流后之声，俾百世之下，莫不兴起。斯帝王之盛业，天人之至望也。

诏曰：今逋寇虽殄，外则障塞有警，内则百姓未宁，此盛德之事，所未议也。

瓘等又奏曰：今东渐于海，西被于流沙，大漠之阴，日南北户，莫不通属，芒芒禹迹，今实过之。天人之道已周，巍巍之功已著，宜修礼地祇，登封泰山，致诚上帝，以答人神之愿也。乞如前奏。

诏曰：今阴阳未和，刑政未当，百姓未得其所，岂可以勒功告成邪！诏不许。

瓘等又奏曰：臣闻处帝王之位者，必有历运之期，天命之应；济兆庶之功者，必有盛德之容，告成之典。无不可诬，有不敢让，自古道也。而明诏谦冲，屡辞其礼，虽盛德攸在，推而未居。夫三公职典天地，实掌人物，国之大事，取义于此。故汉氏封禅，非是官也，不在其事。臣等前奏，盖陈祖考之功，天命又应，陛下之德，合同四海，述古考今，宜修此礼。至于克定岁月，五府上议[①]，然后奏闻。

诏曰：虽荡清江表，皆临事者之劳，何足以告成。方望群后思隆大化，以宁区夏，百姓获乂，与之休息。斯朕日夜之望，无所复下诸府矣。

瓘等又奏曰：臣闻唐虞三代济世宏功之君，莫不仰承天休，俯协人志，登介丘，履梁父，未有辞焉者，盖不可让也。今陛下勋高百王，德无与二，茂绩宏规，巍巍之业，固非臣等所能究论。而圣旨劳谦，屡自抑损，时至弗应，推美不居，阙皇代之上仪，塞灵祇之款望，使大晋之典谟，不同风于三五。臣等诚不敢奉诏，请如前奏施行。

诏曰：方当共思宏道，以康庶绩，且俟他年，无所复纷纭也。

王公有司又奏曰：自古圣明，光宅四海，封禅名山，著于史籍，作者七十四君矣。舜

① 五府上议：《晋书·礼志》作“须五府上议”。

禹之有天下也，巡狩四岳，躬行其道。《易》著观俗省方，《礼》有升中于天，《诗·颂》陟其高山，皆载在方策。文王为西伯以服事殷，周公以鲁藩列于诸侯，或享于岐山，或有事泰山，徒以圣德，犹得为其事。自是以来，功薄而僭其义者，不可胜数。号谥不泯，以至于今。况高祖宣皇帝肇开王业，海外有截；世宗景皇帝济以大功，辑宁区夏；太祖文皇帝受命造晋，荡定蜀汉；陛下应期龙兴，混一六合，泽被群生，威震无外。昔汉氏失统，吴蜀鼎峙，兵兴以来，近将百年，地险俗殊，人望绝塞。今不羁之寇，二代而平，非聪明神武，先天弗违，孰能巍巍其成功若兹者欤？臣等幸以千载得遭运会，亲服大化，目睹太平，至公至美，谁与为让。宜祖述先明[①]，宪章古昔，勒功岱岳，登封告成，宏礼乐之制，正三雍之典，扬名万世，以显祖宗。是以不胜大愿，敢昧死以闻。请告太常，具礼仪复上。

诏曰：所议诚列代之盛事也，然方今未可以尔。便报绝之。《晋书·礼志》。

六朝宋

文帝元嘉二十六年，尚书吏部郎袁淑奏曰：今当鸣銮中岳，疾卷赵、魏，检玉岱宗，今其时也。臣逢千载之会，愿上封禅书一篇。帝笑曰：盛德之事，我何足以当之？《宋书·袁淑传》。

文帝在位长久，有意封禅，遣使履行泰山旧道，诏学士山谦之草封禅仪注。其后，魏师南逼，其意乃息。《宋书·礼志》，并《通典》。

孝武大明元年十一月戊申，太宰江夏王义恭表请，帝以文轨未一不从。《文献通考》。

表曰：惟皇天崇称大道，始行揖让。迄于有晋，虽聿修前绪，而迹沦言废，蔑记于竹素者，焉可单书。绍乾维，建徽号，流风声，被丝管，自无怀以来，可传而不朽者，七十有四君。罔仁厚而道灭，鲜义浇而德宣，钟律之先，旷世绵绝，难得而闻。《丘》《索》著明者，尚有遗炳。故《易》称先天弗违，后天奉时。盖陶唐姚姒商姬之主，莫不由斯道也。是以风化大洽，光熙于后。炎汉二帝，亦踵曩则，因百姓之心，听舆人之颂，龙驾帝服，镂玉梁甫，昌言

① 先明：《晋书·礼志》作“先朝”。

明称，告成上灵。况大宋表祥唐虞，受终素德，山龙启符，金玉显瑞，异采腾于轸墟，紫烟蔼于邦甸，锡冕兆九五之征，文豹赴天历之会。诚二祖之幽庆，圣后之冥休。道冠轩尧，惠深亭毒，而犹执冲约，未言封禅之事，四海窃以恧焉。臣闻惟皇配极，惟帝祀天，故能上稽乾式，照临黔首，协和穹昊，膺兹多福。高祖武皇帝明并日月，光振八区，拯已溺之晋，济横流之世，拨乱宁民，应天受命，鸿徽洽于海表，威棱震乎沙外。太祖文皇帝体圣履仁，述业兴礼，正乐颂，作象历，明达通于神祇，玄泽被乎上下。仁孝命世，睿武英挺，遭运屯否，三才湮灭，乃龙飞五洲，凤翔九江，身先八百之期，断出人鬼之表，庆烟应高牙之建，风耀符发迹之辰，亲翦凶逆，躬清昏烬，天地革始，夫妇更造，岂与彼承业继绪，拓复禹迹，车一其轨，书罔异文者，同年而议哉！今龙麟已至，凤凰已仪，比李已实，灵茅已茂，雕气降氛于宫榭，珍露呈味于禁林，嘉禾积穗于殿甍，连理合干于园御，皆耀质离宫，植根兰囿。至夫霜毫玄文，素翮赪羽，泉河山岳之瑞，草木金石之祥，方畿憬涂之谒，抗驿绝祖之奏，彪炳杂沓，粤不可胜言。太平之应，兹焉富矣。宜其从天人之诚，遵先王之则，备万乘，整法驾，修封泰山，瘗玉岱趾，延乔、松于东序，诏韩、岐于西厢，麾天阍，使启关，谒紫宫，朝太一，奏《钧天》，咏《云门》，赞扬幽奥，超声前古，岂不盛哉！伏愿时命宗伯，具兹典度。

诏曰：太宰表如此。昔之盛王，永保鸿名，常为称首，由斯道矣。朕遭家多难，入纂绝孝，德薄勋浅，鉴寐崩愧。顷麟凤表祯，茅禾兼瑞，虽符祥显见，恧乎犹深，庶仰述矢志，拓清中宇，礼祇谒神，朕将试哉。

有司奏曰：臣闻崇号建极，必观俗以树教；正位居体，必采世以立言。是以重代列圣，咸由厥道。玄勋上烈，融章未分，鸣光委绪，歇而罔藏。若其显谥腾轨，则系缀声采，征略闻听。爰洎姬、汉，风流尚存，遗芬余荣，绵映纪纬。虽年绝世祀，代革精华，可得腾金彩，奏玉润，镂迹以熏今，镌德以丽远。而四望埋禋歌之礼，日观弛修封之容，岂非神明之业难崇，功基之迹易泯。自兹以降，讫于季末，莫不欲英宏徽位，详固洪声。岂徒深默修文，渊幽驭世而已。谅以滕非虚奏，书匪妄埋，击雨恕神，淳荫复树，安得紫坛肃祇，竹宫载伫，散火投郊，流星奔座。宝纬初基，厌灵命历，德振弛维，功济沦象，玄浸纷流，华液幽润，规存永驭，思详树远。太祖文皇帝以启构泰运，景望震凝，采乐调风，集礼宣度，祖宗相映，轨迹重晖。圣上韫箓蓄河，伫翔衡汉，金波掩照，华耀停明，运动时来，跃飞风举，澄氛海岱，开景中区，歇神还灵，颓天重耀，储正凝位于兼明，衮岳蓄华于元列。故以祥映昌基，系发纂素。重以班朝待典，饰令详仪，纂综沦芜，搜腾委逸，奏玉郊宫，禋圭玄畤，景集天庙，觅壤祥农，节至昕阳，川丘夙礼，纲威巡驱，表绥中甸，史流其咏，民挹其风。于是涵迹视阴，振声威响，历代之渠，沉□望内，安侯之长，贤王入侍，殊生诡气，奉俗还乡，羽族卉仪，怀音革状，边帛绝书，权光弛烛。天岱发灵，宗河开宝，崇丘沦鼎，振采泗渊，云皇王岳，摛藻□汉，并角即音，栖翔禁御，衮甲霜味，翾舞川肆，荣泉流镜，后昭河源，故以波沸外关，云蒸内泽。若其雪趾青毳，玄文朱彩，日月郊甸，择木弄音，重以荣露腾轩，萧云掩阁，镐颖孳萌，移华渊禁，山舆伫衡，云鹣竦翼，海鲽泳流，江茅吐荫。校书之列，仰笔以饰辞；济代之蕃，献邑以待礼。岂非神緦气昌，物瑞云照，蒲轩龟轸，□泉淳芳。太宰江夏王臣义恭咀道遵英，抽奇丽古，该润图史，施详阏载，表以功懋往初，德耀炎、昊，升文中岱，登牒天关，耀冠荣名，摛振声号。而道谦称首，礼以虚挹，将使玄祇缺观，幽瑞乖期，梁甫无盛德之容，介丘靡声闻之响。加穷泉之野，献八代之驷，交木之乡，奠绝金之楛，肃灵重表，珍符兼贶。伏惟陛下谟详渊载，衍属休章，依征圣灵，润色声业，诹辰稽古，肃齐警列，儒僚展采，礼官相仪，悬蕤动音，洪钟竦节，阳路整卫，正途清禁。于是结环佩，端玉藻，鸣凤伫律，腾驾流文，间彩比象之容，昭明纪数之服。徽焯天阵，容藻神行，翠盖怀阴，羽华列照。乃诏联事掌祭，宾客赞仪，金支宿县，镛石润响。命五神以相列，辟九关以集灵，警卫兵而开云，先雨祇以洒路。霞凝生阙，烟起成宫，台冠丹光，坛浮素霭。尔乃临中坛，备盛礼，天降祥锡，寿固皇根，谷动神音，山传称响。然后辨年问老，陈诗观俗，归荐告神，奉遗清庙。光美之盛，彰乎万古；渊祥之烈，溢乎无穷。岂不盛欤！臣等生接昌辰，肃懋明世，束教管闻，未足言道。且章志湮微，代往沦绝，拘采遗文，辩明训诰□□□□篚访邹、鲁，草滕书埋玉之礼，具竦石绳金之仪，和芝润瑛，镌玺乾封。惧弗轨属上徽，爗当王则。谨奉仪注以闻。

诏曰：天生神物，昔王称愧，况在寡德，敢当鸿贶。今文轨未一，可停此奏。《宋书·礼志》。

北齐

文宣帝天保五年正月，制诏，问升中纪号。《北齐书》。

颍州长史樊逊对曰：臣闻巡岳之礼，勒在《虞书》；省方之义，著于《易象》。往帝前王，匪唯一姓，封金刊玉，亿有余人。仲尼之观梁甫，不能尽识；夷吾之对齐桓，所存未几。然盛德之事，必待太平，苟非其人，更贻灵谴。秦皇无道，致风雨之灾；汉武奢淫，有奉车之害。及文叔受命，炎精更辉，四海安流，天下辑睦，剑赐骑士，马驾鼓车，乃用张纯之文，始从伯阳之说。至于魏、晋，虽各有君，量德而处，莫能拟议。蒋济上言于前，徒秽纸墨；袁淮发论于后，终未施行。世历三朝，年将十祀，启圣之期，兹为昌会。然自水德不竞，函谷封途，天马息歌，包茅绝贡。我太祖收宝鸡之瑞，握凤皇之书，体一德以匡朝，屈三分而事主，荡此妖寇，易如沃雪。但昌既受命，发乃行诛，虽太白出高，中国宜战，置之度外，望其迁善。伏惟陛下以神武之姿，天然之略，马多冀北，将异山西，凉风至，白露下，北上太行，东临碣石，方欲吞巴蜀而扫崤函，苑长洲而池江汉。复恐迎风纵火，芝艾共焚，按此六军，未申九伐。夫周发牙璋，汉驰竹使，义在济民，非闻好战。至如投鼠忌器之说，盖是常谈；文德怀远之言，岂识权道。今三台令子，六郡良家，蓄锐须时，裹粮待诏。未若龙驾虎服，先收陇右之民；电转雷惊，因取荆南之地。昔秦举长平，金精食昴；楚攻钜鹿，枉矢宵流。况我威灵，能无协赞。但使彼之百姓，一睹六军，似见周王，若逢司隶。然后除其苛令，与其约法，振旅而还，止戈为武，标金南海，勒石东山，纪天地之奇功，被风声于千载。若令马儿不死，子阳尚在，便欲案明堂之图，草射牛之礼，七德论功①，多惭往列，升中告禅，臣用有疑。《北齐书·樊逊传》。

隋

文帝开皇九年，平陈，朝野物议，咸愿登封。秋七月丙午，诏曰：岂可命一将军，除一小国，遐迩注意，便谓太平。以薄德而封名山，用虚言而干上帝，非朕攸闻。而今以后，言及封禅，宜即禁绝。冬十一月壬辰，考使定州刺史豆卢通等，上表请封禅，上不许。《隋书·本纪》。

兖州刺史薛胄以天下太平，登封告禅，帝王盛烈，遂遣博士登泰山，

① 七德：《北齐书》第四十五卷作“比德”。

观古迹，撰《封禅图》及《仪》上之，高祖谦让不许。《隋书·薛胄传》。

十四年，群臣请封禅，高祖不纳。晋王广又率百官抗表固请，帝命有司草《仪注》。于是牛宏、辛彦之、许善心、姚察、虞世基等创定其礼，奏之。帝逡巡其事，曰：此事体大，朕何德以堪之。但当东狩，因拜岱山耳。十五年春，行幸兖州，遂次岱岳。为坛，如南郊，又壝外为柴坛，饰神庙，展宫悬于庭。为埋坎二于南门外。又陈乐设位于青帝坛，如南郊。帝服衮冕，乘金辂，备法驾而行。礼毕，遂诣青帝坛而祭焉。《隋书·礼仪志》。

唐

太宗贞观初，群臣并请封禅，惟魏征以为不可。太宗曰：朕欲卿极言之，岂功不高耶？德不厚耶？远夷不慕义耶？嘉瑞不至耶？年谷不登耶？何谓而不可？对曰：陛下功则高矣，而民未怀惠；德则厚矣，而泽未滂流。诸夏虽安矣，未足以供事；远夷慕义矣，无以供其求。符瑞虽臻，罻罗犹密；积岁丰稔，仓廪尚虚。此臣所以窃为未可。臣未能远比，且借喻于人：今有人，十年长患，疗治且愈，皮骨仅存，便欲使负米一石，日行百里，必不可得。隋氏之乱，非止十年，陛下为之良医，除去疾苦，虽已乂安，未甚充实。告成天地，臣窃有疑。且陛下东封，万国咸萃，要荒之外，莫不奔走，今伊洛已东，暨于海岱，灌莽巨浸，茫茫千里，人烟断绝，鸡犬不闻，道路萧条，进退间阻。岂可引彼四夷，示以虚弱？竭财以赏，未厌远人之望，加年给复，不偿百姓之劳。或遇水旱之灾，风雨之变，庸夫横议，悔不可追。岂独臣之悬言，亦有舆人之诵。太宗不能夺，于是乃止焉。《文献通考》。

《谢赵郡王孝恭诏》曰：省表具怀，自有隋失道，四海横流，百王之弊，于斯为甚。朕提剑鞠旅，首启戎行，扶翼兴运，克成鸿业。遂荷慈眷，恭承大宝。每日昃思治，弗敢康宁。兢兢夕惕，用忘兴寝，履薄驭朽，不足为喻。赖三灵显命，百辟同心，海外无尘，远夷慕义。但流遁永久，凋残未复，田畴多旷，仓廪犹虚。家给人足，尚怀多愧。岂可遽追前代，取讥虚美。所望恂恂济济，叶力尽诚，辅其不逮，致之王道。如得雅颂刊于金石，菽粟同如水火，反朴还淳，当如来议。

六年，平突厥，年谷屡登，群臣上言请封泰山。太宗曰：议者以封禅为大典。如朕本心，但使天下太平，家给人足，虽阙封禅之礼，亦可比德尧、舜。若百姓不足，戎狄内侵，纵修封禅之仪，亦何异于桀、纣？昔秦始皇自谓德洽天心，自称皇帝，登封岱宗，奢侈自矜。汉文帝竟不登封，而躬行俭约，刑措不用。今皆称始皇为暴虐之主，汉文为有德之君。以此而言，无假封禅。《礼》云：至敬不坛，扫地而祭。足表至诚，何必远登高山，封数尺之土也！侍中王珪曰：陛下发德音，明封禅本末，非愚臣之所及。秘书监魏征曰：隋末大乱，黎民遇陛下，始有生望。养之则至仁，劳之则未可。升中之礼，须备千乘万骑，供帐之费，动役数州。户口萧条，何以能及？太宗深嘉征言，而中外表章不已。上因遣中书侍郎杜正伦行泰山上七十二君坛迹。是年，两河水潦，其事乃寝。《旧唐书·礼仪志》。

十四年十月甲戌，赵王元景等表请封禅，帝冲让不许，至于再三，乃下诏。《册府元龟》。

诏曰：自古明王，君临区宇，功济天下，道被生民，内外无虞，年谷丰稔。莫不归功上元，致礼厚地，腾茂实于六合，飞英声于百代。今公卿在列，屡属虚心；岳牧具僚，固陈佥愿。理在难夺，敬依来请，顾循诸已，仍怀惭德。

命秘书少监颜师古、谏议大夫朱子奢等，集当时名儒、博士杂议，不能决。于是左仆射房玄龄、特进魏征、中书令扬师道博采众议奏上之，其议曰：为坛于泰山下，祀昊天上帝。坛之广十二丈，高丈二尺。玉牒长一尺三寸，广厚五寸，玉检如之，厚减三寸。其印齿如玺，缠以金绳五周。玉策四，皆长一尺三寸，广寸五分，厚五分。每策皆五简，联以金。昊天上帝配以太祖，皇地祇配以高祖，已祀而归格于庙，盛以金匮。匮高六寸，广足容之，制如表函，缠以金绳，封以金泥，印以受命之玺。而玉牒藏于山上，以方石三枚为再累，缠以金绳，封以石泥，印以受命之玺。其山上之圆坛，土以五色，高九尺，广五丈，四面为一阶。天子升自南阶，而封玉牒。已封，而加以土，筑为封，高一丈二尺，广二丈。禅社首亦如之。其石检封以受命玺，而玉检别制玺，方一寸二分，文如受命玺。以石距非经，不用。又为告至坛，方八十一尺，高三尺，四出陛，以燔柴告至，望秩群神。遂著于礼，其他降禅、朝觐皆不著。至十五年，将东幸，行至洛阳，而彗星见，乃止。《唐书·礼乐志》。

二十一年正月丁酉，诏以来岁二月，有事于泰山。八月，泉州海溢。壬戌，停封泰山。《本纪》。

高宗麟德元年七月丁未，诏以三年正月，有事于泰山。二年十月丁卯，如泰山。以上《本纪》。

乾封元年正月，封于泰山。庚午，禅于社首。壬申，大赦改元。《通志》。

封泰山，为圜坛山南四里，如圜丘，三壝，坛上饰以青，四方如其色，号封祀坛。玉策三，以玉为简，长一尺二寸，广一寸二分，厚三分，刻而金文；玉匮一，长一尺三寸，以藏上帝之册；金匮三，以藏配帝之册，缠以金绳五周，金泥、玉玺，玺方一寸二分，文如受命玺。石䃭，以方石再累，皆方五尺，厚一尺，刻方其中以容玉匮。䃭旁施检，刻深三寸三分，阔一尺，当绳刻深三分，阔一寸五分。石检十枚，以检石䃭，皆长三尺，阔一尺，厚七分。印齿三道，皆深四寸，当玺方五寸，当绳阔一寸五分。检立于䃭旁，南方、北方皆三，东方、西方皆二，去䃭隅皆一尺。䃭缠以金绳五周，封以石泥。距石十二，分距䃭隅，皆再累，皆阔二尺，长一丈，斜刻其首，令与䃭隅相应。又为坛于山上，广五丈，高九尺，四出陛，一壝，号登封坛。玉牒、玉检、石䃭、石距、玉匮、石检皆如之。为降禅坛于社首山上，八隅、一成，八陛如方丘，三壝，上饰以黄，四方如其色，其余皆如登封。其议略定，而天子诏曰：古今之制，文质不同。今封禅以玉牒、金绳，而瓦尊、匏爵、秸席，宜改从文。于是昊天上帝褥以苍，地祇褥以黄，配褥皆以紫，而尊爵亦更焉。是岁正月，天子祀昊天上帝于山下之封祀坛，以高祖、太宗配，如圜丘之礼。亲封玉册，置石感，聚五色土封之，径一丈二尺，高尺。已事，升山。明日，又封玉册于登封坛。又明日，祀皇地祇于社首山之降禅坛，如方丘之礼，以太穆皇后、文德皇后配，而以皇后武氏为亚献，越国太妃燕氏为终献。又明日，御朝觐坛以朝群臣，如元日之礼。乃诏立登封、降禅、朝觐之碑，名封祀坛曰舞鹤台，登封坛曰万岁台，降禅坛曰景云台，以纪瑞焉。《唐书·礼乐志》。

《玉牒文》：有唐嗣天子臣某，敢昭告于昊天上帝：有隋运属颠危，数穷否塞，生灵涂炭，鼎祚沦亡。高祖仗黄钺而救黎元，赐玄圭而拯沉溺。太宗功宏炼石，定区宇于再麾；业壮断鳌，饮沧海而一息。臣忝奉余绪，恭承积庆，遂得昆山寝燎，炎海澄波。虽乃业茂宗祧，斯实降灵穹昊。今谨告成东岳，归功上玄。大宝克隆，鸿基永固，凝薰万姓，陶化八纮。

《武后表》曰：伏以封禅旧仪，祭皇地祇以太后昭配，皆以公卿行事。以妾愚诚，恐未周备。何则？乾坤定位，刚柔之义已殊；经礼载陈，中外之仪斯别。岂有推尊先后，而以宰臣参祭？详求至理，有紊徽章。妾望以展礼之日，总率六宫内外命妇亲临奠献，以申如在之敬。

骆宾王《为齐州父老请陪封禅文》①：圆天列象②，紫宫通北极之尊。大帝凝图，玄猷畅东巡之礼③。是知光隆先泽④，既辑玉于云台。业绍禋宗，必涂金于日观。伏惟皇上⑤，乘乾握纪，纂三统之重光。御极登枢⑥，应千灵之累圣⑦。故得河浮五老，启赤文于帝期。海荐四神，奉丹书于王会。瑞间三脊⑧，祥洽五云。既而缉总章之旧文，绍辟雍之故事。非烟翼戟⑨，移玉辇于

---

① 封禅文：《全唐文》卷一九七作“封禅表”。
② 圆天列象：《全唐文》卷一九七作“臣闻元天列象”。
③ 玄猷：《全唐文》卷一九七作“宏猷”。
④ 是知光隆先泽：《全唐文》卷一九七作“是知道隆光宅”。
⑤ 伏惟皇上：《全唐文》卷一九七作“陛下”。
⑥ 御极登枢：《全唐文》卷一九七作“御辩登枢”。
⑦ 千灵：《全唐文》卷一九七作“千龄”。
⑧ 瑞间：《全唐文》卷一九七作“瑞开”。
⑨ 翼戟：《全唐文》卷一九七作“翼驭”。

梁阴。若月承轮[①]，秘金绳于岱岳[②]。臣等质均刍狗[③]，阴谢桑榆。幸属尧镜多辉，昭余光于连石[④]。轩图广运[⑤]，追盛礼于拟金[⑥]。然而邹鲁旧邦，临淄遗俗，俱沐二周之化，咸称一变之封[⑦]。境接青畴，俯瞰获麟之野。山开翠屺，斜连辨马之峰。岂可使稷下遗氓，顿隔陪封之礼。淹中故老，独奏告成之仪[⑧]。是用就日披丹，仰璧轮而三舍。望云纾素[⑨]，叫天阍于九重。倘允微诚，许陪大礼，则梦琼余息，玩仙闾以相欢[⑩]。就木残魂，游岱宗而载跃。

卢照邻《登封大酺歌》：日观仙云随凤辇，天门瑞雪照龙衣。繁弦绮席方终夜，妙舞清歌欢未归。

玄宗开元十二年，四方治定，岁屡丰稔，群臣多言封禅，中书令张说又固请，乃下制以十三年有事泰山。于是说与右散骑常侍徐坚等刊定仪注，皆如高宗之制。《唐书·礼乐志》。

十三年十月，封祀于泰山，去山趾五里，西去社首山三里。丁亥，服衮冕于行宫，致斋于供帐前殿。己丑，大备法驾，至山下，乃御马而登，侍臣从。帝以灵山清洁，不欲多人上，欲初献于山上坛行事，亚献、终献于山下坛行事。召礼官学士贺知章等入讲仪注，因问之，知章等奏曰：昊天上帝，君位；五方精帝，臣位；帝号虽同，而君臣各异。陛下享君位于山上，群臣祀臣位于山下，诚足以垂范来叶，为变礼之大者也。礼成于三，初献、亚、终[⑪]，合于一处。于是三献悉于山上行事，其五方帝及诸神座于

---

① 承轮：《全唐文》卷一九七作“乘轮”。
② 岱岳：《全唐文》卷一九七作“岱巘”。
③ 质均：《全唐文》卷一九七作“职均”。
④ 昭余光：《全唐文》卷一九七作“照余光”。
⑤ 广运：《全唐文》卷一九七作“光耀”。
⑥ 拟金：《全唐文》卷一九七作“枞金”。
⑦ 之封：《全唐文》卷一九七作“之风”。
⑧ 独奏：《全唐文》卷一九七作“独奉”。
⑨ 纾素：《全唐文》卷一九七作“抒素”。
⑩ 玩仙闾以相欢：《全唐文》卷一九七作“仰仙阙以交欢”。
⑪ 初献、亚、终：《通典》卷五十四作“初献、亚献、终献。”

山下坛行事。《通典》。

帝问：前世何为秘玉牒？知章曰：玉牒以通意于天，前代或祈长年，希神仙，旨尚微密，故外莫知。帝曰：朕今为民祈福，无一秘请。即出玉牒以示百寮。乃祀昊天上帝于山上坛，以高祖配。祀五帝以下诸神于山下，其祀礼皆如圜丘。而卜日、告天及庙、社、大驾所经及告至、问百年、朝觐，皆如巡狩之礼。其登山也，为大次于中道，止休三刻而后升。其已祭燔燎侍中前跪称：具官臣某言，请封玉册。皇帝升自南陛，北向立。太尉进昊天上帝神座前，跪取玉册，置于案以进。皇帝受玉册，跪。内之玉匮缠以金绳，封以金泥。侍中取受命宝跪以进。皇帝取宝以印玉匮，侍中受宝，以授符宝郎。太尉进，皇帝跪捧玉匮授太尉，太尉退，复立。太常卿前奏请：再拜。皇帝再拜，退入于次。太尉奉玉匮之案于石磩南，北向立。执事者发石盖，太尉奉玉匮，跪藏于石磩内。执事者覆石盖，检以石检，缠以金绳，封以石泥，以玉宝遍印，引降复位。帅执事者以石距封固，又以五色土圜封。其配座玉牒封于金匮，皆如封玉匮。太尉奉金匮从降，俱复位。以金匮内太庙，藏于高祖神尧皇帝之石室。其禅于社首，皆如方丘之礼。《唐书·礼乐志》。

御制《纪泰山铭》，书勒于山顶石壁之上。中书令张说撰《封祀坛颂》、侍中源乾曜撰《社首坛颂》、礼部尚书苏颋撰《朝觐坛颂》以纪圣德。《通典》。

玄宗《纪泰山铭》、张说《封祀坛颂》、苏颋《朝觐坛颂》俱入《金石记》。

《玉牒文》：有唐嗣天子臣某，敢昭告于昊天上帝。天启李氏，运兴土德。高祖、太宗，受命立极。高宗升中，六合殷盛。中宗绍复，继体不定。上帝眷祐，锡臣忠武。底绥内艰[1]，推戴圣父。恭承大宝，十有三年。敬若天意，四海晏然。封祀岱岳，谢成于天。子孙百禄，苍生受福。

---

① 底绥内艰：《通典》卷五十四作“底绥内难”。

《登封喜雪》诗：日观卜先征，时巡顺物情。风行未备礼，云密遽飘霙。委树寒花发，萦空落絮轻。朝如玉已会，庭似月犹明。既睹肤先合，还欣尺有盈。登封何以报，因此谢功成。

封泰山祀天乐章一十三首　降神用《豫和》六变：款泰坛，柴泰清。受天命，报天成。竦皇心，荐乐声。志上达，歆下迎。

亿上帝，临下庭。骑日月，陪列星。嘉视信[①]，大糦馨。澹神心，醉皇灵。

相百辟，贡八荒。九歌叙，万舞翔。肃振振，锵皇皇。帝欣欣，福穰穰。

高在上，道光明。物资始，德难名。承眷命，牧苍生。寰宇谧，太阶平。

天道无亲，至诚与邻。山川遍礼，宫征惟新。玉帛非盛，聪明会真。正斯一德，通乎百神。

飨帝飨亲，维孝维圣。缉熙懿德，敷扬成命。华夷志同，笙镛礼盛。明灵降止，感此诚敬。

迎送皇帝用《太和》：孝敬中发，和容外彰。腾华照宇，如升太阳。真璧就奠，玄灵垂光[②]。礼乐具举，济济洋洋。

登歌奠玉帛用《肃和》：奠祖配天，承天享帝。百灵咸秩，四海来祭。植我苍璧，布我玄制。华日徘徊，神烟容裔[③]。

迎俎入用《雍和》：俎豆布謐[④]，洁粢丰盛。亦有和羹，既戒既平。鼓钟管磬，肃唱和明[⑤]。皇皇后来[⑥]，赉我思成。

酌献用《寿和》：蒸蒸我后，享献惟寅。躬酌郁鬯，跪奠羽神[⑦]。孝莫孝乎，配上帝于亲，敬莫敬乎，教天下为臣。

---

① 嘉视信：《唐文粹》卷十作“嘉祝信”。
② 玄灵：《唐文粹》卷十作“文灵”。
③ 神烟：《唐文粹》卷十作“神灵”。
④ 布謐：《唐文粹》卷十作“有謐”。
⑤ 和明：《唐文粹》卷十作“和鸣”。
⑥ 后来：《唐文粹》卷十作“后祖”。
⑦ 跪奠羽神：《唐文粹》卷十作“跪奠明神”。

皇帝饮福酒用《寿和》：皇帝严[1]，配享皇天。皇降嘏，天子万年。

送文舞出迎武舞入用《舒和》：六钟翕协六变成，八佾倘佯八风生。乐《九韶》兮人神感，美《七德》兮天地清。

送神用《豫和》：礼乐终，禋燎上。怀灵惠，结皇想。归风庄[2]，回天爽。百福来，众神往。张说。

禅社首祭地祇乐章八首　迎神用《顺和》：至哉合柔德[3]，万物资以生。恒顺称厚载，流谦通变盈。圣心事能察，增广[4]陈厥诚。黄祇僾如在，泰折俟咸享[5]。

皇帝行用《太和》：肃我成命，于昭黄祇。裘冕而祀，陟降在斯。五音克备，八变聿施。缉熙肆靖，厥心匪离。

登歌奠玉帛用《肃和》：黄祇是祇，我其夙夜。寅畏诚洁，匪遑宁舍。礼以琮玉，荐厥茅藉。念兹降康，胡宁克暇。

迎俎用《雍和》：夙夜宥密，不敢宁晏。五齐既陈，八音在悬。粢盛以洁，房俎斯荐。明德惟馨，尚兹克徧。

皇帝初献用《寿和》[6]：惟以明发，有怀载殷。乐盈而返，礼顺其禋。立清以献，荐欲是亲。于穆不已，裒对斯臻。

皇帝饮福用《福和》：穆穆天子，告成岱宗。大裘如濡，执珽有颙。乐以平志，礼以和容。上帝临我，云胡肃邕。

皇帝还宫用《太和》：昭昭有唐，天俾万国。列祖应命，四宗顺则。申锡无疆，宗我同德。曾孙继绪，享神配极。贺知章。

送神用《灵具醉》代《顺和》：灵具醉，杳熙熙。灵将往，眇禗禗。顾明德，吐正辞。烂遗光，流祯祺。源乾曜。

---

① 帝：《唐文粹》卷十作“祖”。

② 归风庄：《唐文粹》卷十作“归风疾”。

③ 合柔德：《唐文粹》卷十作“含柔德”。

④ 增广：《唐文粹》卷十作“层庙”。

⑤ 咸享：《唐文粹》卷十作“咸亨”。

⑥ 初献：《唐文粹》卷十作“酌献”。

马异《观开元皇帝东封图》：俨若翠华举，登封图乍开。冕旒明主立，冠剑侍臣陪。迹类飞仙去，光同拜日来。粉痕疑检玉，黛色讶生苔。挂壁云将起，凌风仗若回。何年复东幸，鲁叟望悠哉。

宋

太宗太平兴国八年六月己酉，兖州泰山父老及瑕丘等七县民，诣阙请封禅。雍熙元年夏四月乙酉，泰山父老诣阙请封禅。戊子，群臣表请凡三，上许之。五月丁丑，乾元、文明二殿灾。六月壬寅，诏罢封泰山。《本纪》。

太宗将东封，蒙定议曰：严父莫大于配天，请以宣祖配天。自雍熙元年罢封禅为郊祀，遂行其礼，识者非之。《扈蒙传》。

真宗大中祥符元年春正月乙丑，有黄帛曳左承天门南鸱尾上，守门卒涂荣告有司以闻。上召群臣拜迎于朝元殿，启封，号称天书。戊辰，大赦改元。三月甲戌，兖州父老吕良等千二百人诣阙请封禅。丁卯，兖州并诸路进士等八百四十人诣阙，请封禅。壬午，文武官、将校、蛮夷、耆寿、僧道二万四千三百七十余人诣阙请封禅，不允。自是表凡五上。夏四月甲午，诏以十月有事于泰山，遣官告天地、宗庙、岳渎诸祠。乙未，以知枢密院事王钦若、参知政事赵安仁为泰山封禅经度制置使。丙申，以王旦为封禅大礼使，冯拯、陈尧叟分掌礼仪使。五月壬戌，王钦若言泰山醴泉出。壬午，诏缘路行宫旧屋止加涂塈，毋别创。癸未，置天书仪卫使、副、扶侍使、都监、夹侍，凡有大礼即命之。诏离京至封禅以前不举乐，所经州县勿以声伎来迓。六月乙未，天书再降于泰山醴泉北。壬寅，迎泰山天书于含芳园。九月戊寅，西京诸州民以车驾东巡贡献召对，劳赐之。乙酉，亲习封禅仪于崇德殿。冬十月戊子，上御蔬食。庚寅，以巡幸置考制度使、副，凡巡幸则命之。是夕，五星顺行同色。《本纪》。

初太平兴国中，有得唐玄宗社首玉册、苍璧，至是令瘗于旧所。其前代封禅坛址摧圮者，命修完之。山上置圜台，径五丈，高九尺，四陛，上饰以青，四面如其方色；一壝，广一丈，围以青绳三周。燎坛在其东南，高丈二尺，方一丈，开上南出户，方六尺。山下封祀坛，四成，十二陛，如圜丘制，上饰以绿，四面如方色；外为三壝，燎坛如山上坛制。社首坛，八角，三成，每等高四尺，上阔十六步；八陛，上等广八尺，中等广一丈，下等广一丈二尺；三壝四门，如方丘制。又为瘗坎于壬地外壝之内。以玉为五牒，牒各长尺二寸，广五寸，厚一寸，刻字而填以金，联以金绳，缄以玉匮，置石𥖁中。金縢难用，以金涂绳代之。正坐、配坐，用玉册六副，每简长一尺二寸，广一寸二分，厚三分，简数量文多少。匮长一尺三寸。检长如匮，厚二寸，阔五寸，缠金绳五周，当缠绳处刻为五道，而封以金泥。泥和金粉、乳香为之。印以受命宝。封匮当宝处，刻深二分，用石𥖁藏之。其𥖁用石再累，各方五尺，厚一尺，凿中，广深令容玉匮。𥖁旁施检处，皆刻深七寸，阔一尺，南北各三，东西各二，去隅皆七寸，缠绳处皆刻三道，广一寸五分，深三分。为石检十以㧊𥖁，皆长三尺，阔一尺，厚七寸，刻三道，广深如缠绳。其当封处，刻深二寸，取足容宝，皆有小石盖，与封刻相应。其检立𥖁旁，当刻处又为金绳三以缠𥖁，皆五周，径三分，为石泥封𥖁。泥用石末和方色土为之。用金铸宝，曰天下同文，如御前宝，以封𥖁际。距石十二分，距四隅皆阔二尺，厚一尺，长一丈，斜刻其道，与𥖁隅相应，皆再累，为五色土圜封𥖁，土径一丈二尺，下径三丈九尺。命直史馆刘锴、内侍张承素领徒封圜台石𥖁，直集贤院宋皋、内侍郝昭信封社首石𥖁，并先往规度之。

详定所言：朝觐坛在行宫南，方九丈六尺，高九尺，四陛。陛，南面两陛，余三面各一陛。一壝，二分在南，一分在北。又按唐封禅，备法驾。准故事，乘舆出京，并用法驾，所过州县不备仪仗。其圜台上设登歌、钟、磬各一具。封祀坛宫架二十虡，四隅立建鼓、二舞。社首坛设登歌如圜台，坛下宫架、二舞如封祀坛。朝觐坛宫架二十虡，不用熊罴十二案。又按《大典》，南郊合祀天地，服衮冕，垂白珠十有二，黝衣纁裳十二章。欲望封禅日依南郊例。洎礼毕，御朝觐坛。诸州所贡方物，陈列如元正仪。令尚书户部告示，并先集泰山下。仍诏出京日，具小驾仪仗：太常寺三百二十五人，兵部五百六十六人，殿中省九十一人，太仆寺二百九十九人，六军诸卫四百六十八人，左右金吾仗各一百七十六人，司天监三十七人。

有司言：南郊惟昊天、皇地祇配帝，日月、五方、神州各用币，内官而下别设六十六段分充。按《开宝通礼》，岳镇、海渎币从方色，即日月皆有制币。今请封祀坛内官至外官三百一十八位，社首坛岳镇以下一十八位，并用方色币。又南郊牲，正坐、配坐用犊，五方帝、日月、神州共用羊、豕二十二，从祀七百三十七位，仍以前数分充。今请神州而上十二位用犊，其旧供羊、豕，改充从祀牲。又景德中，升天皇、北极在第一等，今请亦于从祀牲内体荐。

旧制，郊祀正坐、配坐褥以黄，皇帝拜褥以绯。至是，诏配坐以绯，拜褥以紫。又以灵山清洁，命祀官差减其数，或令兼摄，有期丧未满、余服未卒哭者不得预祭。内侍诸司官，除掌事宿卫外，从升者裁二十四人，诸司职掌九十三人。其文武官升山者，皆公服。

详定所言：《汉书》八神与历代封禅帝王及所禅山，并于前祀七日遣官致祭，以太牢祀泰山，少牢祀社首。九月，诏审刑院、开封府毋奏大辟案。帝习仪于崇德殿。初，礼官言无帝王亲习之文，帝曰：朕以达寅恭之意，岂惮劳也。既毕，帝见礼文有未便，谕宰臣与礼官再议。于是详定所言：按《开宝礼》，则燔燎毕封册；开元故事，则封䃮后燔燎。今如不对神封册，则未称寅恭，或封䃮后送神，则并为喧渎。欲望俟终献毕，皇帝升坛，封玉匮，置䃮中，泥印讫，复位，饮福，送神，乐止，举燎火。次天书降，次金匮降。礼仪使奏礼毕，皇帝还大次，俟封䃮毕，皇帝再升坛省视。缘祀礼已毕，更不举乐。省讫，降坛。仍诏山上亚献、终献，登歌作乐。

十月戊子朔，禁天下屠杀一月。帝自告庙，即屏荤蔬食，自进发至行礼前，并禁音乐。有司请登封日圜台立黄麾仗，至山下坛设权火。将行礼，然炬相属，又出朱字漆牌，遣执仗者传付山下。牌至，公卿就位，皇帝就望燎位，山上传呼万岁，下即举燎。皇帝还大次，解严，又传呼而下，祀官始退。社首瘗坎，亦设权火三为准。遣司天设漏壶山之上下，命中官覆校日景，复于坛侧击板相应。自太平顶、天门、黄岘岭、岱岳观，各竖长竿，揭笼灯下照，以相参候。

辛卯，发京师，以玉辂载天书先行。次日如之。至郓州，令从官、卫士蔬食。丁未，次奉高宫。戊申，斋于穆清殿，诸升山者官给衣，令祀日沐浴服之。庚戌，帝服通天冠、绛纱袍，乘金辂，备法驾，至山门幄次，改服靴袍，乘步辇登山。卤簿、仪卫列山下，天书仗不上山，与法驾仗间立。知制诰朱巽奉玉册牒及圜台行事官先升，且以回马岭至天门路峻绝，人给横板二，长三尺许，系彩两端，施于背，膺选从卒，推引而上。卫士皆给钉鞋，供奉马止于中路。自山趾盘道至太平顶，凡两步一人，彩绣相间，树当道者不伐，止萦以缯。帝每经陕险，必降辇徒步。亚献宁王元偓，终献舒王元偁，卤簿使陈尧叟从。祀官、点馔习仪于圜坛。是夕，山下罢警场。辛亥，设昊天上帝位于圜台，奉天书于坐左，太祖、太宗并配西北侧向，帝服衮冕，升台奠献，悉去侍卫，拂擢止于壝门，笼烛前导亦徹之。

玉册文：嗣天子臣某，敢昭告于昊天上帝：臣嗣膺景命，昭事上穹。昔太祖揖让开基，太宗忧勤致治，廓清寰宇，混一车书，固抑升中，以延积庆。元符锡祚，众宝效祥，异域咸怀，丰年屡应。虔修封祀，祈福黎元。谨以玉帛、牺牲、粢盛、庶品，备兹禋燎，式荐至诚。皇伯考太祖皇帝、皇考太宗皇帝配神作主。尚飨。

玉牒文：有宋嗣天子臣某，敢昭告于昊天上帝：启运大同，惟宋受命，太祖肇基，功成治定；太宗膺图，重熙累盛。粤惟冲人，丕承列圣，寅恭奉天，忧勤听政。一纪于兹，四隩来暨，丕贶殊尤，元符章示，储庆发祥，清净可致，时和年丰，群生咸遂。仰荷顾怀，敢忘继志，佥议大封，聿申昭事。躬陟乔岳，对越上天，率礼祇肃，备物吉蠲，以仁守位，以孝奉先。祈福逮下，侑神昭德，惠绥黎元，懋建皇极，天禄无疆，灵休允迪，万叶其昌，永保纯锡。

命群官享五方帝及诸神于山下封祀坛。上饮福酒，摄中书令王旦跪称曰：天赐皇帝太一神策，周而复始，永绥兆人。三献毕，封金、玉匮。王旦奉玉匮，置于石䃭，摄太尉冯拯奉金匮以降，将作监领徒封䃭。帝登圜台阅视讫，还御幄。宰臣率从官称贺，山下传呼万岁，声动山谷。即日仗还奉高宫，百官奉迎于谷口。帝复斋于穆清殿。壬子，禅祭皇地祇于社首山，奉天书升坛，以祖宗配。

禅社首玉册文：嗣天子臣某，敢昭告于皇地祇：无私垂祐，有宋肇基，命惟天启，庆赖坤仪。太祖神武，威震万宇；太宗圣文，德绥九土。臣恭膺宝命，纂承丕绪，穹昊降祥，灵符下付，景祚延鸿，秘文昭著。八表以宁，五兵不试，九谷丰穰，百姓亲比，方舆所资，凉德是愧。溥率同词，缙绅协议，因以时巡，亦既肆类。躬陈典礼，祗事厚载，致孝祖宗，洁诚严配。以伸大报，聿修明祀，本支百世，黎元受祉。谨以玉帛、牺牲、粢盛、庶品，备兹瘗瘗，式荐至诚。皇伯考太祖皇帝、皇考太宗皇帝配神作主。尚飨。

帝至山下，服靴袍，步出大次。癸丑，有司设仗卫、宫悬于坛下，帝服衮冕，御封禅坛上之寿昌殿受朝贺，大赦天下，文武递进官勋，减免赋税、工役各有差，改乾封县曰奉符县，宴百官卿监以上于穆清殿，泰山父老于殿门。

甲寅，发奉符，始进常膳。帝之巡祭也，往还四十七日，未尝遇雨雪，严冬之候，景气恬和，祥应纷委。前祀之夕，阴霁风劲，不可以烛。及行事，风顿止，天宇澄霁，烛焰凝然；封䃭讫，紫气蒙坛，黄光如帛，绕天书匣。悉纵四方所献珍鸟异兽山下。法驾还奉高宫，日重轮，五色云见。鼓吹振作，观者塞路，欢呼动天地。改奉高宫曰会真宫。九天司命上卿加号保生天尊，青帝加号广生帝君，天齐王加号仁圣，各遣使祭告。诏王旦撰《封祀坛颂》，王钦若撰《社首坛颂》，陈尧叟撰《朝觐坛颂》。圜台承祀官并于山上刻名，封祀、九宫、社首坛奉祀官并于《社首颂》碑阴刻名，扈从升朝官及内殿崇班、军校领刺史以上与蕃夷酋长并于《朝觐颂》碑阴刻名。《礼志》。

《登泰山谢天书述二圣功德铭》、王旦《封祀坛颂》、陈尧叟《朝觐坛颂》、王钦若《社首坛颂》，俱入《金石志》。

徽宗政和三年，兖、郓耆寿、道释等及知开封府张为等五十二人表请东封，优诏不允。六年，知兖州宋康年请下秘阁检寻祥符东封典故，付臣经画。时蔡京当国，将讲封禅以文太平，预具金绳、玉检及他物甚备。迄，不行。《礼志》。

明

成祖永乐十四年三月壬申，尚书吕震请封禅。上曰：今天下虽无事，四方多水旱疾疫，安敢自谓太平。且六经无封禅之文，事不师古，甚无谓也。不听。《典汇》。

梁许懋《封禅对》：舜柴岱宗，是为巡狩。而《孝经钩命决》云：封于泰山，考绩燔燎；禅于梁甫，刻石纪号。此纬书之曲说。七十二君，燧人之前，世质民淳，安得泥金检玉、结绳而治？安得镌文告成？妄亦甚矣！若圣主，不须封禅；若凡主，不应封禅。秦始皇尝封泰山，孙皓尝封国山，皆由主好名于上，而臣阿旨于下，非盛德之事，不可为法也。

宋胡寅《封禅论》：纬书本原于五经而失之者也，而尤紊于鬼神之理、幽明之故。夫鬼神幽明之故，非知道者不能识。断国论者，诚能一决以圣人之经。经所以载道，虽有纬书谶记，屏而不用，则庶乎其不谬于理矣。登封之事，原于柴燔而失之者也。《诗》《书》纪巡狩，而柴者，记所谓祭天也。至岱宗，陟其高山云者，记所谓因名山也。有山则因以为高，无则于郊而坛，其义类一也。又有大事而告于上帝者，武王克商，始有天下，故柴望而告也。舍此则渎矣！记以飨帝于郊与升中于天为二事，则传者之失也。然则七十二君之编录，诗书礼典略不经见。审有是事，乃天下国家之盛举，尧、舜、禹、汤、文、武、成、康、昭、宣，皆身致太平，安得阙而弗讲？故前贤论登封者，莫善于许懋，惜乎世祖之臣，智不及此，陷其君于过，举而不得闻也！封禅之事，汉、唐之君往往行之，曾无一人建议明白如许懋者。贤哉，懋乎！其学可谓正矣。汉、唐以来，纬书行而经学弛，重以郑玄博闻寡要，不知折衷于圣人，而惟纬书之信，世无稽古之言以祛群惑，遂使有天下者于无事时肆其侈心。千乘万骑，巡狩侈费，登山琢石，夸大功德，或有秘祝以祈不死，取笑当代，贻讥后来。彼梁武之资，未必如汉光武之英也，一闻懋言，遂遏欲行之意，推广其义，以答请者，则贤于光武远矣。使其举措每如此，则金瓯之业，何缺坏之有！

章俊卿《封禅论》：以封禅为非古者，王仲淹也。以封禅为不经者，李泰伯也。以封禅为不足信者，苏子由也。夫六经无封禅之文，帝王无封禅之事。著是文者，管仲疏其源，史迁浚其流，季仲推其波，张说助其澜。侈是事者，祖龙嘘其烟，孝元封其烬，隋帝炽其膏，玄宗烈其焰。是封禅之典，惟以肆情示夸也。证之以六经之明文，质之以帝王之实迹，则后世之惑滋甚。且云云一山也，或以为在东山，或以为在蒙阴。亭亭一名也，或以为在平阴，或以为在钜平。社首一地也，或以为在钜平，或以为在博县。则服虔、晋灼、应劭之论不同。既曰伏羲、神农禅云云，又曰三皇禅绎绎。既曰帝喾、尧、舜禅云云，又曰五帝禅亭亭。既曰禹禅会稽、汤禅云云，又曰三王禅梁甫。则管仲、孔颖达之说为不一。纷纷异议，迄无订证。唐虞三代果有是乎？七十二君果足信乎？设有是事，六经遗文岂应不载？吁！安得仲淹、泰伯、子由，与之议封禅之非哉？

明邱浚《封禅论》：封禅之说，诗书礼典略不经见。审有是事，乃天下国家之盛举。尧、舜、禹、汤、文、武、成、康，皆身致太平，安得阙而弗讲？所谓七十二君者，果何代何人哉？先儒有言：养生至于长生不死，为国至于祈天永命，皆有是理。然人未有能为之者；纵为之，然亦不出乎身心日用之间，非必由乎服食药物、徼求鬼神而后致之也。是故明君永年莫若寡欲，延国祚莫若爱民；寡欲而至于全其天，爱民而至于过其历。诚有是理，亦诚有是事。呜呼！世主所以甘心于不赀之费而行封禅之礼者，以有秘祝之求也。诚知此理，反之于心，知其必无。验之于古，知其无效，则自不为矣。

国朝孙星衍《封禅论》：封禅者，巡守考绩之礼。天子五年一升方岳，封诸侯，明黜陟，辑瑞，柴燎以告天，示至公，不自专，上古圣人敬天敬事之至也。周衰，不巡守，故封禅之义晦。秦、汉以为祈年求仙之事，当时儒者不能辩明，于是七十二君之盛迹，后世得以訾之矣。纬书出于周末，犹通古义，其在《孝经钩命决》云：封于泰山，考绩柴燎。禅于梁父，刻石纪功。故郑康成注《书》云：柴者，考绩燎也。又《白虎通》云：岳之为言捔也，捔功德也。

《风俗通》云：岳擁功考德、黜陟幽明也。是方岳亦以考绩得名矣。案，《尧典》称：岁二月，东巡守，至于岱宗。柴，肆覲东后。又曰：五载一巡守，群后四朝。敷奏以言，明试以功，车服以庸。《白虎通》述《大传》曰：见诸侯，问百年。大师陈诗，以观民风俗；命市纳贾，以观民好恶。山川神祇有不举者为不敬，不敬者削以地；宗庙有不顺者为不孝，不孝者绌以爵；变礼易乐者为不从，不从者君流；改衣服制度为畔，畔者君讨。有功者赏之，则其事也，古者黜陟皆称天。其在《尧典》曰：惟时亮天工。《皋陶谟》曰：天工人其代之。又曰：天命有德，天讨有罪。又曰：敕天之命，诸侯者代天工以佐天子。或命或讨，天子皆登名山考其绩，积柴燔牲，告天以黜陟之。或书之金策玉检，山高升中，冀达于天，诸侯之所共见。若春秋时会诸侯，皆因丘陵，明目聪辟非常也。七十二君皆封禅，其说见于《庄子》《管子》之言，必三代时相传旧说，黄帝合符釜山即其事。合符亦辑瑞也。天子执冒，诸侯执圭，以冒覆圭为合符，亦曰辑瑞。无过者复其圭，有过者留其圭，能改者复之，不复者黜其爵地，则其义也。故禹会涂山，执玉帛者万国，防风后至，则戮之是也。齐桓公合诸侯，匡天下，其力可以黜陟天下，而嫌于僭上。故管仲设言难致之物以阻之，不正言考绩当由天子者，为周室不巡守讳，亦不足折桓公能合诸侯之心也。然云受命得封禅，亦谓黜陟自天子矣。秦始皇东巡，至泰山，诸儒生仅知古者蒲车租席之礼，宜其见黜。其时意在立石颂德，不知有考绩之事。汉文帝使博士诸生作王制，谋议巡狩封禅事，亦只信鬼神，卒不能明古制。武帝巡幸郡县，浸寻于泰山，惑于封禅则能仙登天之说，又惑于封禅者古不死之名，诸儒草仪，大率将顺其事，故史臣讥之，以为群儒不能辩明封禅事，又拘于《诗》《书》古文而不敢骋也。后汉建武时，有司奏封禅，云为百姓祈福，刻石记号，何其不察经传之文哉？汉自司马相如、倪宽、应劭诸人，皆不识封禅为考绩之典。独郑康成以《孝经》说知之，故康成者，一代之大儒。而纬书有三代古说，不可废也。“亡秦者胡”之谶出于秦，“孔子素王”之言出于董仲舒，信知谶纬不始哀、平之间矣。封者，爵诸侯之土，于文从之从土从寸，守其制度。禅者，祭天，于文从示。上古有封禅之称，言爵诸侯祭告或于天也。或封者，封山之义，封必于泰山。东方春应二月，示布德行惠，勉诸侯言赏，而罚亦随之，又以日夜分正度量也。《礼记》称：因名山升中于天，不言祭地。而《汉书》注服虔云：封者，增天之高，归功于天；禅，阐也，广土地也。《后汉志》注项威曰：除地为墠，后改墠，曰“禅”，神之矣。是误以“墠”解“禅”字，项说违古义矣。吾慨世之訾古人者，皆不明古义，以己之愚反訾古人之愚，若明堂、辟雍、封禅诸大礼，尤传讹不得其实，后遂废之，并以为迂怪之事。孟子言诸侯去籍，六经之外，非纬书何述焉？纬书有增加，有醇杂，是在择之而已。或以封禅之仪不述于周公、孔子，然今书缺有间矣。孟子为孔子之学者，曰：明堂者王者之堂，行王政勿毁之。明堂在齐泰山，即古者封禅考绩之堂。孟子固爱封禅之礼矣。郑康成虽知考绩柴燎，亦未详言之，故作《封禅论》。或曰：封禅者，帝王易代，大封诸侯，升中于泰山，故曰岱宗。故《白虎通》称东方为岱宗，言万物更相代于东方也。则亦黄帝合符、虞舜辑瑞之义，与考绩之说亦不违矣。

按："禅于梁父，刻石纪功"，见《梁书·许懋传》引。

阮元《封泰山论》：泰山者上古大山，居天下之中者也。封泰山者七十二代，易姓而王，祭天刻石以纪号也。上古淳质无史册，刻石纪号者，著一代之史也，是故封禅为古大礼。古者开创之帝王，虽功德有醇驳，而皆得行之。秦始皇、汉武帝之求长生，光武帝之用谶纬，宋真宗之得天书，皆以邪道坏古礼，不足为封禅咎。秦始皇、晋武帝、隋文帝、唐太宗议封禅，或行或不行，非也。此皆易姓一天下之君，当刻石纪号者也。汉武帝、魏明帝、北齐文宣帝、唐高宗、玄宗、宋真宗、明成祖议封禅，或行或不行，亦非也。此非易姓一天下之君，不当刻石纪号者也。窃尝考之，古矣！泰山曰岱。岱者，代也，古帝王告代之处也。《后汉书》注云：泰山者，王者告代之处，为五岳之宗，故曰岱宗。所居曰齐州，齐者，中也，居天下之中也。《尔雅》曰：齐，中也。又曰：中有岱岳。《列子·汤问》篇言齐州，《黄帝》篇言齐国，皆中州、中国也。上古水土未平，中国地褊，泰山、齐国地高而无洪水，遂为天下之中。有王者起，德教足以服众，功力足以制人，即可以朝诸侯，有天下，登泰山而封之。七十二代，岂皆如黄帝、尧、舜之德欤？其以杂霸之力，收天下之权，如后代秦、隋者，必有之矣。其时文字始造，史册未兴，设非大朝会，升中于天，刻石岱宗以纪之，则天下之权犹未一，代兴之号犹未正，且其君之姓名，亦无以传于后世也。惟其盛衰兴废，三古迭更，受命异姓，必有封禅以定之。是以管夷吾所记者，十有二家，不能以受命易姓之辞穷齐桓公，乃设为嘉祥未臻之说。呜呼！岂知后世文人昧管氏之大义，反以其所设之辞侈为符瑞以饰封禅，致迂儒疑封禅非古礼，岂不颠哉！

泰山志卷第十二

泰山志卷第十三

朝议大夫山东泰安府知府休宁金棨纂辑

郡邑志

因革 疆域 形胜 风俗 城池 官制

署廨 学校 田赋 物产 古迹 冢墓

因革

泰安府：《山东通志》称天下之安如泰山而四维之，名盖取诸此。《禹贡》兖、青、徐三州之域，周为鲁、宋、齐地，东平、须昌属宋，本《汉书·地理志》《方舆纪要》。又宿、鄣二国。秦属齐、东、泗水三郡地。《史记·秦始皇本纪》：二十六年，分天下以为三十六郡。汉为泰山郡、东郡、东平国，地隶兖州部。须昌属东郡，无盐属东平国。景帝中六年，别东平国为济东国。武帝元鼎元年，为大河郡。宣帝甘露二年，为东平国。东汉因之省肥城入卢县，属济北国。须昌、无盐属东平国。晋因之，隶兖州。晋以东阿、谷城属济北国。南宋为泰山、东安、济北、东平四郡地，新泰属泰安。兼隶徐州。北魏于泰山郡析置东泰山郡，又于济北郡析置东济北郡，新泰属东泰山，肥城、谷城属东济北。隶兖州、北徐州、济州。隋改泰山为鲁郡，以新泰属瑯琊郡，肥城、东阿仍属济北郡，隶徐州、兖州。唐为鲁郡、瑯琊郡、东平郡，隶河南道。宋为袭庆府鲁郡，东平府东平郡，隶京东西路。沂州瑯琊郡，隶京东东路。金以泰安为州，领奉符、莱芜、新泰。东平为府，领须城、东阿、平阴。俱隶山东西路。元为泰安州，初属东平路，后隶省部，领奉符、新泰、莱芜。济宁路，领肥城。东平路，领须城、东阿、平阴。隶山东东西道。明泰安州、新泰、莱芜、肥城属济南府，东平州、东阿、平阴属兖州府，隶山东布政使司。国朝因之。雍正二年，分泰安为直隶州，领长清、新泰、莱芜三县。八年，分东平为直隶州，领东阿、平阴、阳谷、寿张四县。十二年，以济南府之肥城，易泰安之长清。十三年，升泰安为府，设泰安附郭县，以东平州并所领之东阿、平阴属焉。阳谷、寿张仍归属兖州府。共领州一县六，隶山东布政使司。《泰安府志》。

泰安县：《山东通志》：附郭从郡名，乃安愈求安之义。周为齐、鲁地。嬴、博二县属齐。《左传·哀公十一年》：会吴伐齐，克博至嬴。又《昭公八年》：大蒐于红。《成公二年》：齐围龙。今县境有红亭、龙乡，当是鲁之北境。秦属齐郡。汉为博、嬴、奉高三县，地属泰山郡。治奉高。东汉及晋南宋因之。北魏改博曰博平，与奉高仍属泰山郡，治博平。嬴县废。隋改博平曰博城，属鲁郡。开皇六年，改奉高曰岱山。大业初，省岱山入博城。唐改博城曰乾封，属兖州鲁郡。武德五年，置东泰州。贞观初，州废，仍属兖州鲁郡。乾封元年，更博城为乾封。宋改乾封曰奉符，属袭庆府鲁郡。开宝五年，移县治岱岳镇，即今治也。大中祥符初，改曰奉符，又筑新城，在今治东南三十里，而以岱岳镇为旧城。金初为泰安军，寻改为泰安州，仍治奉符。还岱岳镇。元因之，直隶省部。初属东平路，至元五年改直隶。明省县入属济南府。国朝因之。雍正二年改泰安为直隶州。十三年升为府，设附郭县，赐名泰安，疆域仍州之旧。《泰安府志》。

疆域

泰安府，东至青州府博山县界一百八十里，西至兖州府阳谷县界二百五十里，南至兖州府宁阳县界六十里，北至济南府长清县界一百一十里，东南至沂州府蒙阴县界二百一十里，东北至青州府博山县界一百九十里，西北至东昌府茌平县界一百八十里，西南至兖州府汶上县界一百里。东西广四百三十里，南北袤一百七十里。由府治北至省城一百八十里，西北达于京师一千里。《泰安府志》。

泰安县，东至莱芜县界六十里，至县治一百一十里。西至肥城县界六十里，至县治九十里。南至兖州府宁阳县界六十里，至县治一百一十里。北至济南府历城县界八十里，至县治一百八十里。东南至新泰县界八十里，至县治一百五十里。

东北至济南府章丘县界一百五十里，至县治二百三十里。西北至济南府长清县界四十里，至县治一百五十里。西南至兖州府汶上县界一百里，至县治一百八十里。东西广一百二十里，南北袤一百四十里，编户九十七里。府、县《志》。

形胜

岱为五岳之宗，冠诸峰而表镇；汶有四源之会，敛众水以资漕。画社分垌，实青、徐之根柢；设邮置堠，乃南朔之枢机。自虞巡周狩以来，卓哉灵府，在阳鲁阴齐之地，屹矣长城。《山东通志》。

兼《禹贡》兖、青、徐，分《春秋》齐、鲁、宋。泰山绵亘于东北，汶水合流于西南，太乙神明之区，中原要害之地。右瞰运河则千艘并骛，旁连列郡若高屋建瓴。《泰安府志》。

泰山郁确，凭玉几于徂徕；泮水涟漪，结象环于石汶。《通志》。

岱岳奠其后，汶水经其前，溪山峻隘，据东南之胜。群山雄踞于东北，众水夹流于西南，洵称五服之尊，古藩封之胜地也。旧《州志》。

风俗

人情朴厚，俗有儒学。《文献通考》。

去洙、泗百余里，人好儒术。李谦《文庙记》。

风俗淳朴而尚俭素。张从仁《文庙记》。

泰安旧称淳朴，士习于孙、石遗风，多好经术，重气节。《府志》。

城池

泰安府城旧为岱岳镇，宋开宝五年，移筑乾封县城于此。大中祥符元年，改名奉符，又筑新城于东南三里，旧城废。金大定二年，复还旧治。元以后因之。明嘉靖间，济南通判王云兴奉檄修筑，易土以石，周七里六十步，高二丈五尺，厚二丈。池阔三丈，深二丈。四门：东曰静封、西曰望封、南曰乾封、北曰登封。郡人马经有《记》，刻石登封门内。三十二年，沂州兵备任希祖檄知州郑聚东重修。崇祯十二年，守道蔡懋德增修。四隅各出棱角，周围三丈许，创四楼，去地五丈许。城以岱麓为基，城外东北皆旷野。国朝顺治十一年，知州傅镇邦、张锡怿相继招徕，营房舍以卫之，遂成市巷。乾隆十三年春，知县汤任奉旨重修，高厚方广如故。改四门名，东迎暄，西岳晏，南泰安，北仰圣。又各建敌楼并石桥四座。三十九年，知府朱孝纯以垣堞多圮，率士民捐赀重修。黄钤《县志》。

官制

泰安知府一，粮捕通判一，经历司一，司狱司一，儒学教授一。

泰安县知县一，县丞一，主簿一，典史一。

儒学训导一。

泰安营参将一，守备一，把总一，外委把总一。

宫里村汛把总一，尧山口汛外委千总一。

署廨

泰安府署，在迎暄门内街北。旧知州署雍正十三年改。地周一十六亩四分有奇。粮捕通判署在府城东南一百里楼德庄。经历司署在府署内东偏。司狱司署在府署内西偏。儒学教授署在学内。《府志》。

泰安县署，在泰安门内街西，南向。旧为萧宫保第。乾隆四年，知县李松建。县丞署旧在县署内东偏，今改建西迎翠街。主簿署在县西南九十里安驾庄。典史署在县署内西偏。儒学训导署在学内。泰安营参将署在城内东南隅。守备署在遥参亭南路东。把总随营分署。《县志》。

学校

儒学在迎暄门内府署东，创于宋开宝初。金大定间，知州徐伟重建。

元至元间，知州马骧重修。至正二年，知州靳文用，九年，州同孔之岩重修。明洪武初，州同陈文祐，正统六年，知州施守正，天顺六年，知州李琪皆重修。成化十五年，学正任式移学路于庙东。十八年，知州贾宣增修。二十二年，知州胡瑄拓地重建。嘉靖十年，知州李旼，三十一年参议张旦重修。隆庆六年，知州杨山筑山学，后建屏学前。国朝顺治六年，郡人御史赵宏文重修。康熙十三年，知州朱麟兆，五十二年，知州张五福，州同张奇逢，雍正七年，知州王一夔、纪迈宜皆重修。十三年，改府设县，祭祀肄业共之，府学额入二十名，县学额入二十名。乾隆十六年，知府朱谔、知县刘朝宗重修。四十五年，署知府胡德琳、知县黄钤，缘前令张鸣铎兴修未就，捐俸重修。大成殿五间，东西两庑各七间，南为戟门五间，门东为斋宿更衣之所。南为泮池桥三。又南棂星门三间。前为屏墙，东西两坊。大成殿后为明伦堂，东西斋房各三间。前为门，门迤东为礼门，东为奎文阁。大成殿西南为崇圣祠。辑府、县《志》。

泰山上书院，在投书涧西，今为三贤祠。详见《祠庙志》。

泰山书院，在天书观西。乾隆二十九年，知府姚立德购买民舍改建，知县程志隆记。《图志》。

程志隆《记》：自昔宋儒孙明复先生讲学泰山之阳，从游如石徂徕、胡安定诸君子，皆一代伟人，号为极盛。今传其遗址在凌汉峰下，然已不可复识。盖泰山书院之名由来久矣，前明万历间，侍御宋公焘慕往哲之遗风，构青岩社以衍其教泽。国朝康熙间，相国赵公仁圃与及门讲学其中。时虞山蒋公抚视山左，因得割俸修葺，易名青岩书院。乾隆五年，郡守王公重为修拓，并详拨香税闲款暨莱郡余米，变价银各如干数，以供修脯膏火之资，而学者于此一聚。嗣历二十余年，飘摇风雨，屋宇欹倾，非藉重资不能重建。且宋氏后人亦需此以为居址，势有不得，仍其旧者。

余承乏是邑，别思以振起之。维时前郡守李公相与谋建书院，粗有成议，寻于二十八年秋，调任大名，未遑蒇事。姚公继守是郡，爰承前议，率属捐俸，购宅于城西，命余董其役。于是拓而广之，葺而新之。凡正门、重门、讲堂、书舍以至庖湢、廪廨，莫不具修。复于讲堂东偏筑室以祠三贤。阅数月而工竣，又以经费储偫，酌定章程，延明师，集诸生肄业其中。仍颜其额为“泰山书院”。阅明年，姚公调任济南。今郡守宋公政成之余，辄以崇文教为急务，因复裕理经费，为久远计。时以公余召诸生讲学，亹亹不倦，而泰山书院之名日益著。

夫泰山为五岳之宗，自古巡狩封禅，聿昭典制。今天子亲礼岱岳，时巡戾止，天章宸翰，辉映林峦。士生其间，沐朝廷作人之化，承圣贤礼教之遗，磅礴扶舆，蔚然以起。矧夫景仰前贤泰山、徂徕两先生，推挽后先，于喁倡和，读《春秋发微》《易解》诸书，临涧徘徊，登高望古，想见当日几筵杖履，师弟渊源，未有不感怀兴起，而思有以踵其后者。然非上之人作意崇儒，宏奖后进，毅然以《礼》《乐》《诗》《书》为己任，有以握乎化民成俗之源者，又乌能寻坠绪于七百余年之远，而决意振兴若斯之易易也。余不敏，幸随诸公后，睹兹文教聿兴，数百里中负笈担囊，跄跄济济，规条初立，品诣肃然，率皆务实而存诚，不同蹈虚以袭迹。行见甄陶道器，品藻人伦，士习文风，日新月盛，庶以仰副列宪尊经养士之心。而先贤之泽，藉以大衍其传，即质之宋、赵、王、蒋诸公创建初意，亦得永垂无替矣。

宋焘《青岩居》二绝：编篱种豆绿萋萋，人似桃源路不迷。日暮酒醒新月上，扶筇又过画桥西。

昨宵溪水长潮痕，烟雨霏霏昼掩门。隔岸几家芳树绿，分明城市有江村。

岱麓书院，在资福寺东。乾隆五十七年，知府徐大榕拓寺基，旷地建造。今山长于此聚徒讲学。

育英书院，《泰安县志》云：在县东三十里崖下庄。朱孝纯《图志》云：在石汶南，明李汝桂讲学于此。又南有汝桂墓。

田赋

明洪武二十四年，赋地五千五百八十顷五十六亩四分三厘。成化十八年，赋地五千九百六十五顷八十四亩二分四厘。《岱史》。

国朝以来，均丈不一。乾隆二十一年，原额折就。一例地五千九百七十三顷四亩六分八厘八毫，除豁免抛荒地，并节年新垦，并首报地。实在一例地五千一百六十顷五十二亩五分四厘九毫。

岁额实征地丁银四万二千四百五两九钱九分三厘，闰月、折色不在内。米八千四百六十二石三斗三升二合八勺。《县志》。

物产

《尚书·禹贡》：岱畎丝、枲、铅、松、怪石。《周礼·职方氏》：兖州其山镇曰岱山。其利蒲鱼，其民二男三女，其畜宜六扰，其谷宜四种。《尔雅》：中有岱岳，与其五谷鱼盐生焉。《山海经》云：泰山上多玉，其下多金。又云：泰山多贞木，一名冬青。道书《福地记》云：泰山多芝草、玉石。《岱史》曰：昔有者今无，或昔无而今有。志惟载其所有耳。

谷有黍黄、白、黑三种、稷黄、黑二种、稻红、白二种、麦麳、麰、荞三种、菽青、黄、赤、绿、黑、刀、扁诸种、粟百余种，曰九里香、花里黄其最佳者、秫蔏俗呼高粱，红、白、黑三种，白如玉者曰玉秫、芝麻、胡麻陶宏景曰：八谷之中，惟胡麻为良。纯黑者名巨胜，当九蒸九暴熬擣饵之，断谷长生、薏苡仁。《岱史》。

蔬有莳于畦圃者曰韭菘即白菜、芥番薯俗名红芋、白芋，又谓之地瓜、菠薐、莴苣、茼蒿、豆荚长扁数种、葫芦、瓠、茄、王瓜、丝瓜、冬瓜、南瓜、萝卜、山药、葱、蒜苔、苋、姜、芋、藕。其野生者曰荠、荼、藜、藿、蘧、芹、枸杞、椿、楝、榕、栾，芽俱可菹，香美并异。八麻树芽和糜粥亦佳，枸骨芽[①]、曰蒡春，土人甘之。又黄花菜，即鹿葱花，珍美称于天下。《岱史》，并《府志》。

木有松《博物志》：松本石气，石裂而受沙即产松。松三千年更化为石，泰山多松，亦以多石耳、柏、桧、桂《天地运度经》：泰山北有桂树七十株，其实赤如橘也、椿、樗俗谓臭椿。《庄子》：吾有大树，人谓之樗、梧桐、楸即梓树、槐、榆白者名枌。《尔雅》所谓：榆，白枌也、杨有白杨、青杨、杈杨三种、柳有垂丝、金线、三春之别、桑、柘《埤雅》：柏宜山石，柘之从石，义取此。齐景公为弓，称泰山乌号之柘、槲叶可饲蚕，

① 枸骨芽：《岱史》作“曰枸骨芽”。

大者为椽、楝、荆、冬青、竹、棠、柽、樟、椒、枫、白蜡、榕、楮皮可为纸、皂荚。《府志》。

明汪子卿《志》：木有秦松、汉柏、唐槐，皆纪于岳、于祠，与徂徕、新甫并传矣。它若椿、梧、梓、桧、楸、槲、桑、柘、榕、栾、杨、柳、榆、楝，虽皆有之，顾登封之地，无乔林丰樾，而取材于工师者或寡焉。

花有牡丹、芍药、紫薇、凌霄、夜合、辛夷、长春、丽春、栀子、玉簪、萱、葵、腊梅、蔷薇、鸡冠、罂粟、山丹、月季、兰蕙、茨菰、石竹、莲、菊桃、碧桃、杏、木槿、石榴、丁香、夹竹桃、凤仙、剪秋罗、十姊妹、海棠、素馨、美人蕉、雁来红、藤花、蔓生于树，可食。茑萝。《岱史》。

果有梨、栗、枣、柿、梅、杏、桃、李、柰、石榴、银杏、樱桃、林檎[①]、核桃、葡萄、沙果、羊枣、文官果[②]、五月成熟，实如栗。棠棣、榛、木瓜、无花果诸品，多植于岳址园林。其在岳者多野生，曰山榴、猕桃、野棠。《岱史》。

药以泰山著《图经》者有：青芝一名龙芝、天麻苗名赤箭，有风不动，无风自摇，故名独摇芝，又名合离草。人不轻见，见之即走，须以石压之。七八月采其明亮坚实者，惟泰山独异他产，然亦难得。旧传竹林寺老僧种参，化为天麻，故生竹林者尤良。景天、四五月，采阴干或盆养，置于屋上，可以辟火，故又名慎火。《图经》云：苗叶似马齿苋而颇大，茎极脆弱，开红紫碎花、远志苗名小草、天门冬、千岁藟、徐长卿一名别仙踪、太乙余粮石、龙芮石、钟乳石、硫黄、白石脂、赤石脂、白石英、紫石英《太平御览》：紫石英，自大岘至泰山皆有、玄石生泰山之阳。《唐本》注云：此铁液也、磁石《本草》：生山之阴有铁处、滑石、云母石、络石草俗名耐冬，包络石木而生、龙骨、伏翼即蝙蝠、蛞蝓《图经》云：即蜗牛也、松肪、柏实、茯苓《博物志》：松脂沦入地中，千岁为茯苓，茯苓千岁化为琥珀。一名江珠，今泰山有茯苓而无琥

① 林檎：《岱史》卷十二作“林禽”。

② 文官果：《岱史》卷十二作“文冠果”。

珀。益州永昌出琥珀而无茯苓、丹参、茵陈、茵芋、女萎、狼毒、连翘、藜芦即山葱、泽漆、瞿麦即石竹、香附子即莎草根、延胡索、石蜜《本草》：石蜜多在泰山石窟中，有经一二年者，气味醇厚，入药良。有名在《图经》而不以泰山言者，曰苍术、黄精芝草之精，陶宏景谓之仙人余粮，九蒸九暴可以代粮，又名曰米餔、黄连、黄芩、元参、虾参、苦参、沙参、菖蒲、知母、益母草、贯众浸水缸中，日饮之，能辟时疫、山楂、山药、地黄、地榆、紫花、地丁、天南星、枸杞、木兰、防风、荆芥、芫花、花椒、百部、百合、草乌、柴胡、牵牛、桔梗、藁本、芎藭、漏芦、鬼箭、麦门冬、威灵仙、白藓皮、青木香、鬼见愁、车前子、硝石、长石、青蒙石、金星石《本草》：生于苍石内，其外有金色麸片、银星石《本草》：外有银色麸片、金银花经冬不凋，一名忍冬、马兜铃、王不留行、石蕊一名石花，又名云茶，生石之阴，其状如花蕊，其味如茶，故名，可已心疾。王隐《晋书》称，唐褒入山，食木实，饵石药以代茗，遂得长年、夏枯草、瓜蒌仁、葛根、葛花、夜明、砂艾《岱史》、占斯《本草》：占斯生泰山山谷樟树上，寄生，树大衔枝在肌肉。今人以胡桃皮为之，非也。

货，有丝、有木棉、绸、绢、葛，可为絺，有麻、苘、蜜、蜡。明汪子卿《志》。

《本草》：大麻，一名汉麻，生泰山川谷，今人作布及履用之。

徂徕珠子煤，自然有龙麝气，以水调匀，以刀圭服，能已鬲气，除痰饮。专用此一味，阿胶和之，捣数万杵，即为妙墨，不俟余法也。陈公弼在汶上作此墨，谓之墨龙髓。后人盗用其名，非也。《东坡集》。

茶，薄产岩谷间，山僧间有之，而城市则无也。山人采青桐芽，曰女儿茶。泉崖阴趾茁如波稜者曰仙人茶。皆清香异南茗。黄芩芽时为茶，亦佳，松苔尤妙。明汪子卿《志》。

鸟，多野鸽，巢岩穴及岳祠榱题；多鸠雀，有鸴、鸨、鹰、鹯、鸦、鹊，惟岳祠无鸦。曰山僧，声如念佛；曰红娘子，色如胭脂；曰拖红练、拖白练，皆以尾色名。有雉鸡、山鸡、野鸡、鹧鸪、黄鹂、鹌鹑、翡翠、布谷、画眉。有翠羽褐衣如画眉者。汶有鸳、鹭、鸬鹚、鹡鸰、野鹜。明汪子卿《志》。

泰山有兽焉，其状如豚有珠，名曰狪狪。《山海经》。

兽，有獐、狍、貛、兔。兔有两其足者，不能走，每跳一二丈许，曰跳兔。有黄鼠、苍狐、白狼，在深山穷谷，而登封之地则无也。明汪子卿《志》。

伏翼，即蝙蝠，生泰山川谷。食诸乳石精汁，皆千岁，纯白如雪。又英鸡，常食碎石英，故名。人服之最补，取英之功也。《别录》。

鱼有斑文，四五寸许，四五月生岳北溪涧中，过此则无矣。明汪子卿《志》。

石鳞，长四五寸，生石涧中，色似白金，又有赤黑色者，味最美。《县志》。

山蚕，出泰山东北麓。《县志》。

古迹

博城，在县东南三十里，即旧县村。故堞犹存，本齐博邑，汉置县，属泰山郡。《县志》。

《左传》：哀公十一年，会吴伐齐，克博。

《前汉书·地理志》注：有泰山庙，岱山在西北求山上。钱大昕云："求山上"三字当是"兖州山"之讹。

《水经注》：汶水南径博县故城东。

《括地志》：兖州博城，本汉博城县城。泰山在兖州博城县西北三十里。

《元和郡县志》：后魏改博县为博平。隋开皇十七年，改博平为博城县。乾封元年，高宗封岳，析长安以置乾封。长安元年废，乃于岱山下改博城县为乾封县，属兖州。

《一统志》：宋开宝中，移县于岱岳镇，此城遂废。

明汪子卿《志》：博城，在岳东趾，距州治三十里。今名曰旧县。

嬴城，在县东南五十里，即故县庄。西南距古博城三十五里，春秋时齐邑。汉置县，属泰山郡。《府志》。

《左传》：桓公三年，公会齐侯于嬴。哀公十一年，会吴伐齐，克博至嬴。

《孟子》：反于齐，止于嬴。

《水经》：汶水出泰山莱芜县原山，西南过嬴县南。注云：汶水又西南，径嬴县故城南。

《后汉书·陈俊传》：张步遣将击俊，战于嬴下。注：嬴，县名，属泰山郡。

明汪子卿《志》：嬴城，在岳东趾，距州治东南五十里。唐属东泰州，后省入博城。

奉高城，在县东北十七里，汉置县，属泰山郡治。《府志》。

《前汉书·地理志》注：有明堂，在西南四里。

《水经》：汶水又东南，过奉高县北。注云：奉高县，汉武帝元封元年立，以奉泰山之祀，泰山郡治也。县北有吴季札子墓。

《元和郡县志》：汉武帝封禅，分嬴、博二县，立奉高县，以奉泰山之祀。

龙乡城，在县东南五十里。今大汶口东十余里有城基，俗曰乡城，是也。《县志》。

《左传》：成公二年，齐侯围龙。杜注：在博县西南。

《水经》：汶水又西南，径龙乡故城南。

《一统志》：龙乡城，在府西南。

梁父城，在县南九十里，梁父山之南。汉置县，属泰山郡。《县志》。

《前汉书·地理志》注：师古曰：以山名县也。

《水经》：淄水又径梁父县故城南。《注》云：王者封泰山，禅梁甫，故县取名焉。

《元和郡县志》：梁父山，在泗水县北八十里，西接徂徕山。

《太平寰宇记》：废梁父县，在乾封县东南五十九里。隋开皇二年，移梁父县于此。唐武德四年，移入博城，置今废。

《兖州府志》：在宁阳东北九十里，泗水县北四十里。

《泰安府志》：案《山东通志》，在三县接界处，今全隶泰安。

柴城，在县东南一百里。汉置县，属泰山郡。《县志》。

《水经注》：淄水又西南，径柴县故城北。《地理志》曰：泰山之属县也。

《一统志》：废柴县在府南。汉置县，属泰山郡。元封四年，封齐孝王子代为侯国。后汉省。旧《志》：州南有柴城堡。

汶阳城，在县西南七十里许，今城上村是也。《县志》。

《水经注》：汶水又西南，径鲁国汶阳县北，王莽之汶亭也。县北有曲水亭，《春秋》桓公十二年，《经》书：公会杞侯、莒子，盟于曲池。《左传》云：平杞、莒也。故杜预曰：鲁国汶阳县北有曲水亭。

《泰山道里记》：案：楼上汇河之间有土丘，传为曲水亭址。汶水径汶阳城南，不在其北也。

阳关城，在县东南六十里。今治东南阳关村是也。《县志》。

《左传》：襄公十七年，师自阳关。

《水经注》：淄水又西径阳关城南。

《后汉书·郡国志》：钜平县有阳关亭。

《括地志》：鲁阳关故城，在兖州博城县南二十九里，西临汶水也。

菟裘城，在县东南九十里，近梁父。《县志》。

《左传》：隐公十一年，公语公子翚：使营菟裘，吾将老焉。注：菟裘，在泰山梁父县南。

《水经注》：淄水西南流，径菟裘城北。

《后汉书·郡国志》：泰山郡梁父侯国有菟裘聚。

《北魏书·地形志》：梁父有菟裘泽。

《元和郡县志》：菟裘故城，在泗水县北五十五里。

《一统志》：在府境内。

铸乡城，在县西南七十里。《县志》。

《水经》：汶水又西南，过蛇丘县南。注云：县治铸乡故城。《春秋左传》：宣叔娶于铸。是也。杜预曰：济北蛇丘县所治铸乡城者也。蛇水又西南，径铸城西。《左传》所谓“蛇渊囿”也。故京相璠曰：今济北有蛇丘城，城下有水，鲁囿也。

《后汉书·郡国志》：蛇丘有铸乡城。

《一统志》：蛇丘故城在肥城县南。《春秋》：鲁蛇渊囿也，亦曰铸乡。汉置蛇丘县，属泰山郡。后汉分属济北国，晋宋因之。后魏属东济北郡，北齐省。

下欢城，在县西南一百一十里，有下晖村，临汶水上，其遗迹也。《县志》。

《春秋》：桓公三年，公会齐侯于欢。杜预注：蛇丘县西有下欢亭，俗谓之下欢城。

《水经注》：蛇水又西南，径夏晖城南。《经》书：公会齐侯于下欢。是也。今俗谓之下欢城[①]。

《一统志》：在肥城县西南，鲁邑也。

谢过城，在县东北十五里。《县志》。

《太平寰宇记》：谢过城有汶阳田，齐以此归鲁以谢过，故有城存。

明汪子卿《志》：谢过城，在岳东南趾，汉明堂侧。齐鲁会夹谷后归谢之地，故名。岳东南地曰谷里，古夹谷也。

关陵城，在县西南城上村南七里。《县志》。

《水经注》：汉章帝元和二年，东巡泰山，立行宫于汶阳。执金吾耿恭屯城门于汶上，基堑存焉，世谓之阙陵城也。

羊祜城，在县东南九十里。《县志》。

明汪子卿《志》：羊祜城，距州治东南九十里，即晋羊祜所封之南城。

《泰安府志》：县东南九十里，即晋南城羊祜封邑。今复城内有寺，曰羊城寺。城西有村，曰羊社。再西曰羊祜厅。

程瑞祊《过羊太傅故里》诗：雨过疏林日易昏，晋时门巷几家存。风流幕府传佳话，遗爱襄阳堕泪痕。逆旅轩车频吊古，野田鸡犬自成村。当年陆抗知君好，轶事犹堪对客论。

岱山城，在县东南七十里徂阳东偏，有城堞遗址。土人漫以“安固”呼之，相传即此。《县志》。

《太平寰宇记》：废岱山县，在乾封县东南四十里，依徂徕山，北齐于此置。隋开皇二年废为奉高县，五年又改为岱山县。大业二年废，入博城。

钜平城，在府西南，汉置县，属泰山郡。《一统志》。

《水经注》：汶水又南径钜平县故城东，而西南流，城东有鲁道，《诗》所谓“鲁道有

① 下欢：《水经注》卷二十四作“夏晖”。

荡，齐子由归”者也。今汶上夹水有文姜台。

《北魏书·地形志》：钜平县有钜平城。

宋王应麟《诗经地理考》：钜平省入兖州博城，今袭庆府奉符县。

奉符城，在县东南三里。宋大中祥符初筑。金复还治岱岳镇，旧城遂废。《县志》。

王士禛《奉符故城》诗：我行奉符城，不见昆仑迹。何处仙人间，青山绕长陌。惟闻党竹溪，仿佛南村宅。

长城钜防，俗呼大横岭，在县西北六十里，即泰山冈阜，古长城所经。《战国策》所谓“齐有长城钜防者也”。《县志》。

《管子》：长城之阳，鲁也；长城之阴，齐也。

《韩非子》：长城钜防，足以为塞。

《史记·六国年表》：齐威王十一年，赵取我长城。《田世家》：赵人归我长城。

《竹书纪年》：梁惠成王二十年，齐筑防以为长城。

又云：晋烈公十二年，王命韩景子、赵烈子及我师伐齐，入长城。

《泰山郡记》：泰山西北有长城，缘河径泰山千余里，至琅琊台入海。

《齐记》：齐宣王乘山岭之上筑长城，东至海，西至济州，千余里以备楚。《史记·楚世家》正义引。

《水经注》：山上有长城，西接岱山，东连琅琊巨海，千有余里。盖田氏之所造也。

《括地志》：长城西北起济州平阴县，缘河历泰山北冈上，经济州、淄州，即西南兖州博城县北，东至密州琅琊台入海。

《元和郡县志》：故长城首起平阴县北二十九里，齐湣王所筑。苏代谓燕王曰：“齐有长城巨防，足以为塞”，是也。

《泰安府志》：即泰山冈阜，以古长城所经，名长城岭。

《泰安县志》：城因山为之，起平阴之防门，缘泰山北冈而东，径莱芜、博山、临朐、沂水、莒州、日照、诸城，蜿蜒几二千里，至胶州海中大朱山讫焉。《泰山郡记》及《水经注》《括地志》，皆谓至琅琊台入海，或指地著者而言，其实相距尚六十里也。

汶阳田，在岳南汶河之上。明汪子卿《志》。

《春秋》：成公二年，取汶阳田。八年，晋侯使韩穿来言汶阳之田归之于齐。

《水经注》：汶水又西，蛇水注之。水出县东北泰山，西南流径汶阳之田。

萧协中《汶阳田》诗：赐履分茅事可稽，何缘归鲁复归齐。纷纷予夺迷蕉鹿，此日平畴雨一犁。

龟阴田，在县东南二十里龟山。《县志》。

《水经注》：汶水东南流，径龟阴之田。龟山在博县北一十五里，山北即龟阴之田。《春秋》：定公十年，齐人来归龟阴之田是也。

明汪子卿《志》：龟阴田，即齐人归鲁以谢过者。

棘亭，在县西南境。《县志》。

《春秋》：成公三年秋，叔孙侨如帅师围棘。《左传》：取汶阳之田，棘不服，围之。杜注：棘，汶阳之邑，在济北蛇丘。

《水经注》：汶水又西，沟水注之，水出东北马山，西南流，径棘亭南。去汶水八十里。

《路史》：鲁棘，在汶水北。

蜀亭，在县西境。《县志》。

《春秋》：成公二年十有一月，公会楚公子婴齐于蜀。

《春秋释例》：泰山博县西北有蜀亭。

《一统志》：在府西。

红亭在县南境。《县志》。

《春秋》：昭公八年秋，蒐于红。杜注：红，鲁地。

《后汉书·郡国志》：红亭，在奉高县西北。

《一统志》：在府东。

《泰山道里记》：十里河东四里，有红亭遗址，向有土丘。今其村讹为红庙云。

阳桥，在县西北境。《县志》。

《左传》：成公二年，楚侵鲁，及阳桥。杜注：鲁地。陆澄曰：博县有阳桥。

泰阴亭，在郡南门外，迤东有台，宋真宗《登泰山谢天书述二圣功德碑》在焉。明巡按吴从宪篆刻其前，曰“泰阴碑”，并建亭其北，揭其亭曰“昭事上帝”，翌其门曰“升中古迹”。《图志》。

吴从宪《泰阴碑亭记》：余按山东之明年，暮春三月，循泰岱，将有事于登、莱，因与同事诸司临拜岳祠。陟登封台，览往迹之仅存者，惟秦之断碑与唐之摩崖，其他皆湮沉磨灭，不可复睹矣。知州事李逢旸请曰：城南有阴字碑者，乃宋真宗御书封禅纪文，距州半里而近，此祥符中东封故迹也。时偕同事往观之，碑凡五面，相合而成，屹然如列屏嶂，非特其制与他碑迥异，而其敬天尊祖谦逊辞让之意，百世之下读其文字，犹令人肃然敛容，稽首而庄诵之也。然而时移代变，金泥玉检，光函万丈，今则盖藏委翳于荒墟榛莽之区，其不为湮沉磨灭者无几矣。

余因是窃有慨焉，乃戒有司除地筑亭于阴碑之北，周围绕以墙垣，亭之木植瓦甓皆取于宫之余材，官不告劳，民乐趋事。是秋九月望日告成。余适再按是州，宴于亭。下凡五间，砌以石址，临于濠渭，重门深迥，画栋高晖。碑珉峙前，俨如上帝之临；雉堞拥后，恍若海市之观。北瞻泰岳，壁立万仞，则勃然兴仰止之思；南眄徂徕，直道偃蹇，则惕然起尚友之志。视向日荒墟榛莽之区，今则岩岩翼翼，廓然大观。非直为是州奇胜，而奎章宸翰，辉映今古，真有光于泰岳也矣。于是，命工人篆其碑之南，曰“泰阴碑”，揭其亭曰“昭事上帝”，翌其门曰“升中古迹”。州之士民，乐其有斯亭也。夹道树以槐柏，后渠种以芰荷，仍取其地之中作为花坞，周以栅栏，多植奇花丽草，以待四方宾客之观。翼亭之西，拓地半亩，筑室数间，以为往来憩息、庖羞之所。由是，至斯亭者，莫不徘徊竟日而不能去也。呜呼！可谓盛矣。

朝觐坛，在泰阴碑南。为宋祥符中百官朝觐之所，有陈尧叟《朝觐坛颂碑》。今改为山川坛。文见《金石》。《图志》。

李简诗：朝觐当年筑此坛，旌旗影里簇仙班。只今惟有青山在，日暮孤云自往还。

舞鹤台，在朝觐坛东南，《唐书·礼乐志》：高宗乾封元年，封泰山，为圜坛山南四里，号封祀坛，旋改今名。玄宗时亦为坛于此，今圮。《图志》。

封祀坛，在舞鹤台东北，宋真宗东封所筑，有王旦《封祀颂碑》。文见《金石》。《图志》。

冢墓

周柳下惠墓。柳下，即治东南柳里村，有墓在焉，其高如陵。《战国策》：秦伐齐，令[①]：有敢去柳下季垄五十步而樵采者，死无赦。即此。旧有碑，今废。旧《州志》。

《一统志》：周柳下惠墓，在府东八十三里柳里村。

明汪子卿《志》：柳下惠墓，在州治东南一百里，至今村人尚多展姓者，村名曰柳里村。

《泰安府志》：柳下惠墓，在县东南百里柳里村。

《泰安县志》：和圣墓，县东南柳里村。

案：泰安府经历庄文，于嘉庆二年二月奉署按察使、兖沂曹济道孙星衍札委，访查柳下惠墓。具覆云：查得和圣墓在泰安府城东南汶河北郭家庄西北一里，距城一百里。墓地四面见方，共四十四步。墓中高连顶六步，并无碑碣。和圣祠在汶河南西柳庄地方，距墓六里，有碑二：一曰“和圣故里”，一曰“柳下书堂”。皆系乾隆年间建立。距祠正南一里有桥，名和圣桥，亦立有碑记。又有展氏先茔，在府城东南王庄地方。南一里，去和圣墓之西南十八里，去和圣祠之正西十里，有元延祐五年鹿思固撰《展氏先茔碑记》，碑阴为宗派之图。当将墓祠丈量，其丈量之步弓，每步系三尺八寸云云。孙星衍因篆书“柳下季垅”四字，立于墓前。案，今滋阳县西郊亦有柳下惠墓，盖误也。

萧协中《柳下惠墓》诗：薄宦甘三黜，高名百世芳。佳城何处是，零落野烟荒。蕴藻征耆硕，褒崇缺典章。会须有优孟，和圣德难忘。

季札子墓。

《礼记·檀弓》：延陵季子适齐。于其反也，其长子死，葬于嬴、博之间。孔子曰：延陵季子，吴之习于礼者也。往而观其葬焉。

《水经注》：奉高县北有吴季札子墓，在汶水南曲中。季札之聘上国也，丧子于嬴、博之间，即此处也。《从征记》曰：嬴县西六十里，有季札儿冢，冢圆，其高可隐也。前有石

---

① 令：《战国策》卷十一作“令曰”。

铭一所，汉末奉高令所立，无所述叙，标志而已。自昔恒蠲民户洒扫之，今不能。然碑石糜碎，靡有遗矣，唯故趺存焉。

《泰安县志》：今治东北六十里北禅村旁，汶水南曲中有大冢，疑是。

五代高行周墓，在县西八里堰德村。《县志》。

《泰山纪事》：案《五代史》：高思继，妫州人。以武勇雄于北边，为幽州节度使李匡威戍将。因匡威兄弟之乱，将兵三千归晋王李克用，旋为主将刘仁恭所诉诛之。而犹录其一子行周，才十岁，补以军职。后归庄宗，隶李嗣源帐下，屡有大功，著为襄州行营都部署，徙镇归德。汉加中书令，徙镇天平军，封临清王。周封齐王。卒赠尚书令，追封秦王。墓在泰山下。

宋石氏先茔，徂徕西北汶河东岸，石介撰墓表，士建中真书，孔彦辅篆额。《县志》。

石介墓附先茔。

《一统志》：石介墓，在府东南五十里。

《泰安府志》：宋石介墓在徂徕西北，地周顷余。

《泰安县志》：有碑题“宋太子中允徂徕石先生神道”，乃明宋焘所建也。时焘劾阉党被黜，故衔书“山西太原平定州判”。赵国麟云：殆感庆历圣德轶事而题此碑乎？薰蕕不同器，忠佞不同朝，屈于一时，伸于千古，旷代相感，前后同揆，其两先生之谓欤？按：石先生墓志铭，欧阳修撰。

李忠信墓，在县西南东向庄旁。宋赠侍郎。《县志》。

《泰安府志》：在泰安县西南六十里，姜潜撰墓表。

姜潜墓，在县南申村，宋国子监直讲。《县志》。

《泰安府志》：在城南五十里申村。

孙觐墓，在县东南楼德镇，宋赠朝散郎。许翰撰墓志。《县志》。

金党怀英墓，在县南四十里，翰林学士承旨。《县志》。

元时珍墓，在徂徕山南时家庄。《府志》。

《泰安县志》：有泰安军节度使左副元帅时侯神道碑。皇庆二年十一月，宋子贞撰，高翻隶书。

严谨墓，在城东六十里埠前村西，元县令，有杜仁杰撰墓碑。《县志》。

明聂贞墓，在徂徕山西北，工部员外郎。《县志》。

高岳墓，在城北门外半里许孔道东，明知州。《县志》。

王汉墓，在城南四里孔道旁，明锦衣卫指挥。《府志》。

萧大亨墓，郡治西南三十里金牛山之阳，明少保、兵部尚书。《府志》。

封尚章墓，岳东南摩天岭下，嘉靖壬午解元。《县志》。

宋焘墓，县西十二里上旺庄，明御史。《县志》。

李汝桂墓，县东北三十里山口村，明教谕，有神道碑。《县志》。

王楫墓，县东四十里堑汶河侧，明宁夏巡抚。《府志》。

胡来享墓，摩天岭南下趾，明知县。《府志》。

李茗墓，傲来峰南下，明知县。《府志》。

田时耕墓，岱麓普照寺前，明县丞，为鲁藩相。有郑豸撰墓碑。《岱史》。

《泰安县志》：田时耕，字舜夫，号龙溪。少负奇质，倜傥有大志，补州学生。嘉靖十五年，以优行贡太学，授茂邑丞。时猺蛮寇乱，为抚帅调兵食，节缩有方。二十六年，擢鲁藩相，至赣郡，疾作而卒，时论惜之。

安科墓，在岳东南麓傅家村西，明知州。旧《州志》。

《泰安县志》：安科，嘉靖丙午举人，授镇江府通判，治行卓异，视篆无锡。当道异其才，以丹徒、丹阳、武进、宜兴四县并属之，一时父老咸称神明。江寇周至廉率众数千作乱，水道梗塞。科逆战获之，升河南陕州守。渡江见火炬百余，往来江岸，隐隐有哭声。科祷曰：年来倭逆犯顺，江北将士阵亡者多，尔欲仗我归籍耶？果尔登我舟。祷毕，群炬果附舟得渡，其精诚格鬼神如此。解组归，施棺千余，以瘗遗胔。年八十五卒。

国朝赵宏文墓，县东北祝山之阳，巡按御史。《府志》。

《泰安县志》：赵宏文，字朴庵，崇祯丁丑进士。甲申，流寇据城，倡义诛伪官，被逮，志不降辱。顺治初，召为广东道御史，巡按苏松。时江南新附人多反侧，宏文渐次经理，民赖以安。

王度墓，县东北八里上高庄东，户部侍郎。《县志》。

施天裔墓，在城西宋家庄。《县志》。

《泰安府志》：施天裔，字泰瞻。顺治初，由明经任睢州牧。时征税尚无定额，天裔清丈减赋，民皆德之。累仕至广西巡抚，多惠政，寻致仕。卒年七十有七。

赵国麟墓，在城西天平山之阳，文渊阁大学士。《县志》。

泰山志卷第十三

泰山志卷第十四

朝议大夫山东泰安府知府休宁金棨纂辑

人物志

周

柳下惠，鲁公族，展氏，名获，字季禽。食邑柳下，谥惠。《春秋左传》曰：夏，齐孝公伐我北鄙，公使展喜犒师，使受命于展禽。《吕氏春秋》曰：齐攻鲁，求岑鼎，鲁君载他鼎以往。齐侯弗信而反之，为非，使人告鲁侯曰：柳下季以为是，请因受之。鲁君请柳下季，答曰：君之赂，以欲岑鼎也？以免国也？臣亦有国于此，破臣之国以免君之国，此臣之所难也。于是鲁君乃以真岑鼎往。《春秋繁露》曰：昔者，鲁君问于柳下惠曰：我欲攻齐，何如？柳下惠对曰：不可。退而有忧色，曰：吾闻之也，谋伐国者，不问于仁人也，此何为至于我？《符子》曰：邻人谓展禽曰：鲁聘夫子，夫子三黜，无忧何也？禽曰：春风鼓，百草敷蔚，吾不知其茂；秋霜降，百草零落，吾不知其枯。枯茂非四时之悲欣，荣辱岂吾心之忧喜。《列女传》曰：柳下既死，门人将诔之。妻曰：将诔夫子之德邪，则二三子不如妾知之也。乃诔曰：夫子之不伐兮，夫子之不竭兮，夫子之信诚，而与人无害兮。屈柔从容，不强察兮。蒙耻救民，德弥大兮。虽遇三黜，终不蔽兮。恺悌君子，永能厉兮。嗟呼惜哉，乃下世兮。庶几遐年，今遂逝兮。呜呼哀哉，魂神泄兮。夫子之谥，宜为惠兮。门人从之以为诔。

林放，字子丘，鲁人。故里在今治东南放城集。《论语》：林放问礼之本，子曰：大哉问！季氏旅于泰山，子谓冉有曰：女弗能救与？对曰：不能。子曰：呜呼！曾谓泰山不如林放乎？

颜希深《林放故里考》：孔子弟子，见于《家语》《史记》者，皆无林放姓名，惟蜀

《礼殿图》有之，王应麟以为文翁所记，如林放、蘧伯玉、申枨、申堂，皆后人增益，不可考。然自成都画壁而后，唐开元二十七年，追赠放清河伯。宋大中祥符元年，追封长山侯，并从祀孔子庙廷，所从来久远。明嘉靖九年，辅臣张璁疏言：林放虽尝问礼，然《家语》《史记》、邢昺注疏、朱子集注俱不载诸弟子之列，乞祀放于鲁，附祭本处乡贤祠，仍其旧爵。至本朝雍正二年，礼臣议以林放问礼之本，子曰“大哉问”，应请复祀，诏从之，此其封爵从祀之大略也。而所称祀于鲁者，则鲁地阔远，不能确指其乡之所在。以经传注疏及《国语》《史记》《水经注》《括地志》诸书证之，大约东至沂水、费县，西极鱼台、嘉祥，南尽邹峄，北抵泰山，广袤数百里，皆在鲁封域之内。今《阙里志》但言：放，字子丘，鲁人。《山东通志》因之，《兖州志》并佚其姓名，不可谓非遗憾。考泰安崇礼乡之放城集，相传为林放故里。旧志及它书皆不载，予独谓其可信者三：宋真宗命廷臣撰《孔子弟子赞》，主客郎中刁衎赞林放云：东岳称美，长山表封。一记其所生之地，一记其所封之地，其可信者一也。《论语》：曾谓泰山不如林放乎？意孔子并时，列国名卿大夫及鲁多君子知礼者，盖不乏人，何独取例于放？当时必就其近者言之耳，其可信者二也。乾隆己卯秋，土人掘地得古碑，字画俱已磨灭，惟隐隐见“林放”及“唐太和二年”数字，此则千年以上之物，尤可据以为信。予恐后人不察，妄生疑议，谓放鲁人，不必定隶泰安境者，则请更从而求其乡之所在焉，可矣。

汉

王章，字仲卿，泰山钜平人也。少以文学为官，稍迁至谏大夫，敢直言。元帝初，擢为左曹中郎将，与御史中丞陈咸相善，共毁中书令石显，为显所陷，咸减死髡，章免官。成帝立，征章为谏大夫，迁司隶校尉，大臣贵戚敬惮之。王尊免后，代者不称职，章以选为京兆尹。时帝舅大将军王凤辅政，章虽为凤所举，非凤专权，不亲附凤。会日有蚀之，章奏封事，召见，言凤不可任用，宜更选忠贤。上初纳受章言，后不忍退凤。章由是见疑，遂为凤所陷，罪至大逆。初，章为诸生学长安，独与妻居。章疾病，无被，卧牛衣中，与妻决，涕泣。其妻呵怒之曰：仲卿！京师尊贵在朝廷人谁逾仲卿者？今疾病困危，不自激卬，乃反涕泣，何鄙也！及为京兆，欲上封事，妻又止之曰：人当知足，独不念牛衣中涕泣时耶？章曰：非女子所知也。书上，果下廷尉狱，妻子皆收系。章死不以其罪，众庶冤之。《汉书》本传。

毛莫如，字少路，泰山人。官至常山太守，有清名，受田王孙《易》于琅邪鲁伯。《汉书·施雠传》。

栗丰，泰山人，官刺史。自韩生婴以诗授受，四传至丰。《汉书·赵子传》。

冥都，泰山人，官丞相史，初胡母生治《公羊》《春秋》，授东平嬴公，嬴授贡禹，禹授颍川堂溪惠，惠授都，都复与琅邪筦路同受学于颜安乐，名为筦冥之学。《续文献通考》。

羊陟，字嗣祖，泰山梁父人也。家世冠族，少清直，有学行，举孝廉，辟太尉李固府，举高第，拜侍御史。会固被诛，陟以故吏禁锢历年。复举高第，再迁冀州刺史。奏案贪浊，所在肃然。又再迁虎贲中郎将、城门校尉，三迁尚书令。时太尉张颢等与宦竖相姻私，公行货赂，并奏罢黜之，不纳。以荐前太尉刘宠、司隶校尉许永[①]、幽州刺史杨熙、凉州刺史刘恭、益州刺史庞艾，清亮在公，荐举升进。帝嘉之，拜河南尹。计日受俸，常食干饭茹菜，禁制豪右，京师惮之。会党事起，免官禁锢。卒于家。《后汉书》本传。

羊续，字兴祖，泰山平阳人也。祖侵，司隶校尉。父儒，为太常。续以忠臣子孙拜郎中，去官后，四迁为庐江太守。后扬州黄巾贼攻舒，续大破之，郡界平安。风贼戴风等作乱，续复击破之，生获渠帅，其余党辈原为贫民，使就农业。中平三年，江夏兵赵慈反叛，杀南阳太守秦颉，攻没六县，拜续为南阳太守。当入郡界，乃羸服间行。其令长贪洁，吏民良猾，悉逆知其状，莫不震慑。乃发兵击慈，斩之。贼既清平，乃班宣政令，候

① 许永：《后汉书》卷六十七《党锢列传第五十七》作“许冰”。

民病利，百姓欢服。时尚奢丽，续深疾之，常敝衣薄食，车马羸败。府丞献生鱼，受而悬于庭。丞后又进之，乃出前所悬者以杜其意。灵帝欲以续为太尉，时拜三公者，皆输东园，礼钱千万，令中使督之，名为左驺。其所往，辄迎致礼敬，厚加赠赂。续乃坐，举缊袍示之曰：臣之所资，惟斯而已。左驺白之，帝不悦，故不登公位。而征为太常，未及行，卒。敕泰山守赙其家。节录《后汉书》本传。

王匡，字公节，泰山人。为人轻财好施，以任侠闻。袁绍辟为河内太守，后罹董卓之难。《英雄记》。

三国

鲍信，泰山平阳人。少有大节，沈毅有谋，大将军何进辟拜骑都尉。知董卓必为乱，劝袁绍袭卓，绍畏卓不敢发，乃引军还乡里。时曹操起兵，信乃与弟韬以兵应，表信行破虏将军，韬裨将军。汴水之败，信被创，韬死于阵。劝操规大河之南，以待袁绍之变。后表为济北相，黄巾贼入州界，操击之，被围于寿张，信殊死战以救操，得溃围出，信遂没，时年四十一。虽遭乱起兵，家本修儒，治身至俭，而厚养将士，居无余财，士以此归之。节录《魏志》本传。

鲍勋，字叔业，信之子。魏文帝为太子时，郭夫人弟有罪，勋为魏郡西部都尉，治之，文帝为请，不从。及即位，勋数直谏，帝益忿之。后以非辜下廷尉，钟繇等请之，不许，遂诛之。勋内行既修，廉而能施，死之日，家无余财。节录《魏志》本传。

高堂隆，字升平，泰山平阳人，高堂生后。少为诸生，泰山太守薛悌命为督邮。郡督军与悌争论，名悌而呵之。隆按剑叱曰：昔鲁定见侮，仲尼历阶；赵弹秦筝，相如进缶。临臣名君，义之所讨也。督军失色，悌惊起止之。后仕魏，为散骑常侍，赐爵关内侯。青龙中，大治殿舍及崇华殿灾、星孛、淫雨之变，隆皆据引经典，上疏切谏。帝曰：观隆奏，使朕惧哉。又请改正朔，易服色，殊徽号，异器械，帝从之。迁光禄勋，俾撰封禅礼仪。及卒，帝叹曰：天不欲成吾事，高堂生舍我亡也。节录《魏志》本传。

臧霸，字宜高[①]，泰山华人。父戒，为县狱掾，据法不听太守欲所私杀。太守怒，令收戒诣府。霸年十八，将客数十人要夺之，与父亡命东海，以勇壮闻。黄巾起，霸从陶谦，击破之，拜骑都尉。曹操表霸为瑯琊相。操在兖州，以徐翕、毛晖为将，后叛投霸。操语刘备，欲霸送二人首。霸曰：霸所以能自立者，以不为此也，愿为之辞。操闻而义之。后讨黄巾，战孙权，累立功，封良成侯。卒谥威。子艾嗣。节录《魏志》本传。

孙观，字仲台，泰山人。与臧霸俱起，讨黄巾。曹操破吕布，使霸招观兄弟，厚遇之。征定青、徐群盗，功次于霸，封吕都亭侯。兄康，亦以功封列侯。观与操会南皮，拜青州刺史。从征孙权于濡须口，为流矢所中，力战不顾。操劳之曰：将军被创深重，而猛气益奋，不当为国爱身乎？转振威将军，创甚，卒。子毓嗣，累官青州刺史。节录《魏志》本传。

晋

羊祜，字叔子，续之孙。世吏二千石，至祜九世，并以清德闻。父衜，上党太守。祜，蔡邕外孙，景献皇后同产弟。年十二丧父，孝思过礼。博学能属文，身长七尺二寸，美须眉，善谈论，恂恂若儒者。文帝为大将军，辟祜，未就。公车征拜中书侍郎，俄迁给事中、黄门郎。陈留王立，赐爵关中侯，邑百户。徙秘书监，封钜平子，邑六百户。武帝受禅，进号中军将军，加散骑常侍，进本爵为侯。泰始初，为尚书右仆射、卫将军，都督荆州诸军事，出镇南郡，开设庠序，绥怀远近，甚得江汉之心。与吴人开布大信，降者欲去，听之。减戍逻之卒以垦田八百余顷。其始至也，军无百日之粮，及季年，有十年之积。祜在军，轻裘缓带，身不被甲，铃阁之

① 宜高：《三国志·魏书》卷十八《臧霸传》作“宣高”。

下，侍卫者不过十数人。石城以西，尽为晋有，修德信以怀柔初附，慨然有吞吴之志。每与吴人交兵，尅日方战，不为掩袭计。将帅有欲进谲诈之策者，辄饮以醇酒，使不得言。吴将邓香掠夏口，祜募勇士生缚香，既至，宥之。香感其恩，率部曲而降。祜出军行吴境，刈谷为粮，皆计所侵，送绢偿之。每会众江沔游猎，常止晋地，若禽兽先为吴人所伤，而后为晋兵所得者，皆封还之。于是，吴人翕然悦服，称羊公，不之名也。祜与陆抗相对，使命交通，抗称祜之德量，虽乐毅、诸葛孔明不能过。抗尝病，祜馈之药，抗服之，幕士多谏，抗曰：岂有酖人羊叔子哉？抗每告其戍曰：彼专为德，我专为暴，是不战而自服也。各保分界而已，无求细利。孙皓闻二境交和，以诘抗，抗曰：一邑一乡，不可以无信义，况大国乎？臣不如此，是祜专其德也。咸宁初，除征南大将军、开府仪同三司，得专辟召。祜寝疾，求入朝，面陈伐吴之策，帝以其病，不宜常入，遣张华问其筹策。疾笃，举杜预自代。寻卒，帝素服哭之。南州人闻之，罢市哭。赠侍中、太傅，持节如故。谥曰成。襄阳百姓于岘山建碑立庙。望其碑者莫不流涕，因名为“堕泪碑”。祜年五岁，时令乳母取所弄金环。乳母曰：汝先无此物。祜即诣邻人李氏东垣桑树中探得之。主人惊曰：此吾亡儿所失物也，云何持去！乳母具言之，李氏悲惋。时人异之，谓李氏子则祜之前身也。又有善相墓者，言祜祖墓所有帝王气，若凿之则无后，祜遂凿之。相者见曰：犹出折臂三公。而祜竟堕马折臂，位至公而无子。太康二年，以兄子篇为钜平侯，奉祜嗣。节录《晋书》本传。

羊琇，字稚舒，景献皇后之从父弟也。父耽，官至太常。兄瑾，尚书右仆射。琇少举郡计，参镇西钟会军事，从平蜀。及会谋反，琇正言苦谏。还，赐爵关内侯。琇涉学，有智算，少与武帝通门，甚相亲狎，每接筵同席。尝谓帝曰：若富贵见用，任领护各十年。帝戏而许之。初，帝未立为太子，而声论不及弟攸，文帝素重攸，恒有代宗之议。琇密为武帝画策，甚有匡救。又观察文帝为政损益，揆度应所顾问之事，皆令武帝默识之。其后，文帝与武帝论当世之务及人才可否，武帝答无不允，由是储位遂定。及帝为抚军，命琇参军事。帝即王位后，擢琇为左卫将军，封甘露亭侯。帝践祚，累迁中护军，加散骑常侍。琇典禁兵，豫机密，宠遇甚厚。初，杜预拜镇南将军，朝士毕贺，皆连榻而坐。琇与裴楷后至，曰：杜元凯乃复以连榻而坐客耶？遂不坐而去。卒，赠辅国大将军、开府仪同三司，谥曰威。节录《晋书》本传。

胡母辅之，字彦国，泰山奉高人。高祖班，汉执金吾。父原，练习兵马，山涛称其才堪边任，举为太尉长史，终河南令。辅之少擅高名，有知人之鉴。性嗜酒，任纵不拘小节。与王澄、王敦、庾凯俱为太尉王衍所昵，号曰“四友”。澄尝与人书曰：彦国吐佳言如锯木屑，霏霏不绝，诚为后进领袖也。辟别驾、太尉掾，并不就。后以家贫，求试守繁昌令，始节酒自励。甚有能名，迁尚书郎。讨齐王冋[1]，赐爵阴平男，累转司徒左长史。复求外出，为建武将军、乐安太守。避乱渡江，元帝以为安东将军咨议祭酒，迁扬武将军、湘州刺史、假节。到州未几，卒。子谦之。节录《晋书》本传。

羊曼，字祖延，太傅祜兄孙也。父暨，阳平太守。曼少知名，州礼辟皆不就。避难渡江，元帝以为镇东参军，转丞相主簿，委以机密。历黄门侍郎、尚书吏部郎、晋陵太守，以公事免。曼任达颓纵，好饮酒，温峤、庾亮、阮放、桓彝同志友善，并为中兴名士。时州里称陈留阮放为宏伯，高平郗鉴为方伯，泰山胡母辅之为达伯，济阴卞壶为裁伯，陈留蔡谟为朗伯，阮孚为诞伯，刘绥为委伯，而曼为黠伯，凡八人，号“兖州八伯”，拟古之八俊。知王敦不臣，终日酣醉，讽议而已，故得不与其难。苏峻作乱，加前将军，率文武守云龙门。王师不振，或劝曼避峻。曼曰：朝廷破败，吾安所求生？勒众不动，为峻所害。峻平，追赠太常。子贲嗣。《晋书》本传。

羊鉴，字景期，泰山人。父济，匈奴中郎将。兄炜，历太仆、兖、徐

---

① 齐王冋：《晋书》卷四十九《胡母辅之传》作“齐王冏”。

二州刺史。鉴为东平太守，累迁太子左卫率。后讨苏峻，以功封丰城县侯，徙光禄勋，卒。节录《晋书》本传。

羊昙，泰山人，知名士也。为舅谢安所爱重，安薨后，辍乐弥年，行不由西州路。尝饮石头大醉[1]，扶路唱乐，不觉至州门。左右白曰：此西州门。昙悲感，以马策扣扉，诵曹子建诗曰：生存华屋处，零落归山丘。恸哭而去。节录《晋书·谢安传》。

六朝宋

羊欣，字敬元，泰山南城人。曾祖忱，晋徐州刺史。祖权，黄门郎。父不疑，桂阳太守。欣少靖默，泛览经籍，尤长隶书。不疑初为乌程令，欣时年十二，王献之为吴兴太守，甚知爱之。献之尝夏月入县，欣著新绢裙昼寝，献之书裙数幅而去，欣本工书，因此弥善。起家辅国参军，隆安中，朝廷渐乱，欣优游不复进仕。会稽王世子元显每使欣书，辞不奉命。元显怒，乃以为其后军府舍人。欣意貌恬然，不以高卑见色，论者称焉。义熙中，为新安太守，前后凡十三年，游玩山水，甚得适性。转义兴太守，非其好也。顷之，称病笃免归。除中散大夫。弟徽，字敬猷，河东太守。节录《宋书》本传。

羊玄保，泰山南城人。祖楷，晋尚书都官郎。父绥，中书侍郎。玄保起家楚台太常博士。刘穆之举为高祖镇军参军，入为黄门侍郎。善弈棋，太祖与赌郡戏，胜，以补宣城太守。在郡一年，为廷尉。数月，迁尚书吏部郎，御史中丞，丹阳尹，会稽太守。又徙吴郡太守，加秩中二千石。太祖以玄保廉素寡欲，故频授名郡。为政虽无干绩，而去后常见思。不营财利，处家俭薄。太祖尝曰：每有好官缺，我未尝不先忆羊玄保。世祖即位，为金紫光禄大夫，以谟敬见知。大明五年，迁散骑常侍、特进。玄保自少

① 饮：《晋书》卷七十九《谢安传》作“因”。

至老，谨于祭奠，四时珍新，未得祠荐者，不敢妄尝。卒时年九十四，谥曰定。兄子希，字泰闻，少有才气，尚书左丞，尝疏请宽山湖之禁。泰始三年，出为广州刺史。后讨刘思道，遇害。希子崇，字伯远，尚书主客郎，父葬毕，不胜哀，卒。节录《宋书》本传。

程邕之，泰山人，素依随边荣。时沈攸之兵败，江陵城为张敬儿所据。边荣为留府司马，被报将斩之。邕之抱持荣谓敬儿曰：君入人国，不闻仁惠之声，而先戮义士，三楚之人，宁蹈江、汉而死，岂肯与将军同日而生？敬儿曰：求死甚易，何为不许。先杀邕之，然后杀荣，三军莫不垂泣，曰：奈何一日杀二义士？比之臧洪及陈宫云[①]。《南史·沈攸之传》。

羊璿之，字曜璠，泰山人。与谢灵运、何长瑜、荀雍文章赏会，共为山泽之游，时人谓之“四友”。终临川内史。《宋书·谢灵运传》。

北魏

羊祉，字灵祐，泰山钜平人，晋太仆卿琇之六世孙也。父规之，宋任城令。太武南讨，至邹山，规之降，赐爵钜平子，拜雁门太守。祉性刚愎，好刑名。为司空令、辅国长史，袭爵钜平子。景明初，为将作都将，加左军将军。正始二年，王师伐蜀，以祉假节龙骧将军、益州刺史，出剑阁而还。后为光禄大夫，加平北将军，未拜而卒。赠安东将军、兖州刺史。谥曰景。节录《北史》本传。

羊深，字文渊[②]，祉之第二子也。早有风尚，学涉经史。为尚书驾部郎中，加右军将军。明帝行释奠礼，讲《孝经》，独蒙引听，时论美之。庄帝践阼，除太府卿，又为二兖行台。深处分军国，损益随机，亦有时誉。初，尔朱荣杀害朝士，深第七弟侃为泰山太守，遂率乡人外招梁寇，深在彭城，

① 陈宫：《南史》卷三十七《沈攸之传》作“陈容”。
② 文渊：《北史》卷三十九《羊祉子深传》作“文泉”。

忽得侃书，慨然流涕，斩使人，并书表闻。庄帝乃下诏，褒其忠烈，令还朝受敕。乃归京师，除名。久之，除金紫光禄大夫。普泰初，为散骑常侍、卫将军。寻兼侍中，废帝甚亲待之。时胶序废替，名教陵迟，深乃上疏，请修立国学，广延胄子，帝善之。出帝初，除中书令。及出帝入关，深与樊子鹄不从齐神武，起兵于兖州，子鹄署深为齐州刺史。天平二年正月，为东魏军所破，死之。子肃，武定末，仪同开府东阁祭酒。节录《北魏书》并《北史》本传。

羊灵引，祉弟也，好法律。京兆王愉出镇冀州，灵引为长史，以相间伺，每折于愉。及愉作逆，先斩灵引于门。事平，赠平东将军、兖州刺史，谥曰威。节录《北史·羊祉传》。

羊敦，字元礼，性尚闲素，学涉书史。以父灵引死王事，除给事中，出为本州别驾，公平正直。后为广平太守，治有能名，雅性清俭。属岁饥馑，家馈未至，使人外寻陂泽，采藕根而食之。遇有疾苦，家人解衣质米以供之。然其为治，亦尚威严。朝廷以其清白，赐谷一千斛，绢一百匹。兴和初，卒，年五十二。吏民奔哭，莫不悲恸。赠卫大将军、吏部尚书、兖州刺史，谥曰贞。子隐，武定末，开府行参军。《北魏书·良吏传》。

刘业兴，泰山人。四世同居，并共财产。家门雍睦，乡里敬异。有司申奏，标于门闾。《北魏书·节义传》。

南梁

羊侃，字祖忻，泰山梁父人。汉南阳太守续之裔也。父祉，魏侍中、金紫光禄大夫。侃少而瑰伟，身长七尺八寸，雅爱文史，博涉书记，尤好《左氏春秋》《孙吴兵法》。弱冠随父在梁州立功，为别将。寻以平羌功，迁遣使持节、征东大将军、东道行台，领泰山太守，进爵钜平侯。初，其父每有南归之意，侃至是将举河济以成先志。以大通三年至建业，授徐州刺史，并其兄默，三弟忱、给、元皆拜刺史。五年，封高昌县侯。六年，出为云麾将军、晋安太守，郡内肃清。顷之，征太子左卫率。大同三年，车驾幸乐游苑，侃预宴，时少府奏新造两刃矟成，长丈四尺，围一尺三寸，高祖因赐侃马，令试之，侃执矟上马，左右击刺，特尽其妙。高祖善之，又制《武宴诗》三十韵以示侃，侃即席应诏。高祖览曰：吾闻仁者有勇，今见勇者有仁，可谓邹鲁遗风，英贤不绝。六年，迁司徒左长史。八年，迁都官尚书。九年，出为衡州刺史。太清元年，征为侍中。二年，复为都官尚书。侯景反，攻东掖门，侃亲自拒抗，贼乃退。加侍中、军师将军，诏送金五十两、银万两、绢万匹，以赏战士，侃辞不受，部曲千余人，并私加赏赉。初，侃长子鷟，为景所获，执来城下，示侃。侃曰：我倾宗报主，犹恨不足，岂复计此一子，幸早杀之。数日复持来，侃谓鷟曰：久以汝为死，犹在邪？吾以身许国，誓死行阵，终不以尔而生进退！因引弓射之。贼感其忠义，亦不之害。景遣傅士哲呼侃，与语曰：侯王远来问讯天子，何谓闭拒，不时进纳？尚书国家大臣，宜启朝廷。侃曰：侯将军奔亡之后，归命国家，重镇方城，悬相任寄，何所患苦？忽致称兵？岂有人臣而至于此？吾荷国重恩，当禀承庙算以扫大逆耳，不能妄受浮说，开门揖盗。士哲又曰：侯王事君尽节，不为朝廷所知，正欲面启至尊，以除奸佞，既居戎旅，故带甲来朝，何谓作逆？侃曰：圣上临四海将五十年，聪明睿哲，无幽不照，有何奸佞而得在朝，欲饰其非，宁无诡说。且将军亲举白刃，以向城阙，事君尽节，乃若是邪？平无以应[①]，乃曰：在北之日，久挹风猷，每恨平生，未获披叙，愿去戎服，得一相见。侃为之免胄，士哲瞻望久之而去。其为北人所钦慕如此。后大雨，城内土山崩，贼乘之突入，侃令多掷火，为火城以断其路，徐于内筑城，贼不能进。十二月，疾卒。诏给东园秘器，布绢各五百匹，钱三百万，赠侍中、护军将军。《梁书》本传。

羊鹍，字子鹏，侃第三子。随侃台内，城陷，窜于阳平。侯景呼还，待

① 平：《梁书》卷三十九《羊侃传》作“士哲”。

之甚厚。及景败，鹍密图之，乃随其东走。景于松江战败，惟余三舸，下海欲向蒙山。会景倦，昼寝。鹍语海师：此中何处有蒙山！汝但听我处分。遂直向京口，至胡豆洲，景觉，大惊，问岸上人，云郭元建犹在广陵，景大喜，将依之。鹍拔刀叱海师，使向京口。景欲透水，鹍拔刀斫之，景乃走入船中，以小刀抉船，鹍以稍入刺杀之。世祖以鹍为持节、通直散骑常侍、都督青、冀二州诸军事、明威将军、青州刺史，封昌国县公，食邑二千户，赐钱五百万，米五千石，布绢各一千匹，又领东阳太守、加散骑常侍。平峡中，除西晋州刺史。破郭元建于东关，迁使持节、信武将军、东晋州刺史。承圣三年，西魏围江陵，鹍赴援不及，从王僧愔征萧勃于岭表。闻太尉僧辩败，乃还，为侯瑱所破，于豫州遇害，时年二十八。《梁书》本传。

羊鸦仁，字孝穆，泰山钜平人。少骁果，有胆力。普通中，率兄弟自魏归国，封广晋县侯。征伐青、齐间，累有功绩。大同七年，为都督豫、司、淮、冀、殷、应、西豫等七州诸军事，司、豫二州刺史，镇悬瓠。及侯景反，鸦仁率所部入援，反为景所败，台城陷，为景所留，以为五兵尚书。鸦仁常思奋发，谓所亲曰：吾以凡流受宠朝廷，竟无报效。今社稷倾危，身不能死，若以此终，没有余愤。因泣下，见者伤焉。三年，出奔江陵，遇害。史臣曰：羊侃、鸦仁值太清之难，并竭忠奉国，侃则临危不挠，鸦仁守义殒命，可谓志等松筠，心均铁石，古之殉节，斯其谓乎？《梁书》本传。

北齐

羊烈，字信卿，太山钜平人也。魏梁州刺史祉之弟子。父莹，字灵珍，魏兖州别驾。烈少通敏，好读书，能言名理。魏孝昌中，烈从兄侃据郡起兵归梁。烈潜知其谋，与从兄广平太守敦驰赴洛阳告难。朝廷将加厚赏，烈告人云：譬如斩手全躯，所存者大尔，岂有幸从兄之败以为己利乎？卒无所受。弱冠，州辟主簿。天保中，历尚书祠部、左右民郎中，除平阳太守，治有能名，蝗不入境，敕书褒美焉。迁光禄少卿。武平初，除骠骑将军、义州刺史，寻以老疾还乡，卒。烈家传素业，闺门修饰，为世所称。一门女不再醮。魏太和中，于兖州造一尼寺，女寡居无子者并出家为尼，咸存戒行。烈弟修，有才干，大宁中卒于尚书左丞。子玄正，武平末将作丞，隋开皇中民部侍郎，卒于陇西郡赞治。节录《北齐史》本传。

隋

姚义，泰山人，与河南董常、南阳程元、中山贾琼、河东贾收等师事文中子王通。义困于窭，笃信好义，不忍舍道而干禄。通谓之曰：确哉，义也！实行古之道，难进而易退。通谓义能交，或曰简，通曰：所以为能也。又曰广，通曰：简而能广，广而不滥，又所以为能也。问孔庭之法，曰诗曰礼，而不及四经，何也？义曰：教之以《诗》，则出辞气，斯远暴慢矣；约之以《礼》，则动容貌，斯立威严矣。度其言，察其志，考其行，辨其德。志定则发之以《春秋》，于是乎断而能变；德全则导之以《乐》，于是乎和而知节；可从事则达之以《书》，于是乎可以立制；知命则申之以《易》，于是乎可以尽性。若骤而语《春秋》，则荡志轻义；骤而语《乐》，则喧德败度；骤而语《书》，则狎法；骤而语《易》，则玩神。是以圣人知其必然，故立之以宗，列之以次。先成诸己，然后备诸物；先济乎近，然后行乎远。亶其然乎。通闻之曰：姚子得之矣。《泰安县志》。

唐

羊士谔，泰山梁父人。登贞元元年进士第，累至宣歙巡官。元和初，拜监察御史，坐论李吉甫，出为资州刺史。有诗集行世。《泰安县志》。

五代

姜端，乾封人。高明果毅，伏一世。时盗起东土，乡人推以为令，民赖以安。《泰安县志》。

宋

姜纮，居云亭乡，以五经教授生徒，邹鲁名士多从之。景德二年，举明诗学，登上第，仕广川清远县令，多惠政，吏民德焉。《泰安县志》。

石介，字守道，兖州奉符人。进士及第，历郓州、南京推官。笃学有志尚，乐善疾恶，喜声名，遇事奋然敢为。御史台辟为主簿，未至，罢为镇南掌书记。丁父母忧，耕徂徕山下，葬五世之未葬者七十丧。以《易》教授于家，鲁人号介徂徕先生。入为国子监直讲，擢太子中允、直集贤院。时范仲淹、富弼、韩琦、杜衍同时报政，欧阳修、余靖、王素、蔡襄并为谏官，介喜曰：此盛事也，歌颂吾职，其可已乎？作《庆历圣德诗》曰：众贤之进，如茅斯拔。大奸之去，如距斯脱。其言大奸，斥夏竦也。诗且出，孙复曰：子祸始于此矣。通判濮州，未赴，卒。会徐州人孔直温谋反，搜其家，得介书。夏竦衔介甚，且欲中伤杜衍等，因言介诈死，北走契丹，请发棺以验。诏下京东访其存亡。士民数百保介已死，乃免斫棺。有《徂徕集》《唐鉴》行于世。节录《宋史》本传。

欧阳修《读徂徕集》诗：徂徕东鲁山，石子居山阿。鲁人之所瞻，子与山嵯峨。今子其死矣，东山复谁过。精魄已埋没，文章岂能磨。寿命虽不长，所得固已多。旧稿偶自录，沧溟之一羸。其余谁付与，散失存几何。存之警后世，古鉴照妖魔。子生诚多难，忧患靡不罹，宦学三十年，六经老研摩。问胡所专心，仁义丘与轲。扬雄韩愈氏，此外岂知他。尤勇攻佛老，奋笔如挥戈。不量敌众寡，胆大身么麽。往年遭母丧，泣血走岷峨。垢面跣双足，锄犁事田坡。至今乡里化，孝悌勤蚕禾。昨者来太学，青衫踏朝靴。陈诗颂圣德，厥声续猗那。羔雁聘黄晞，晞惊走邻家。施为可怪骇，世俗安委蛇。谤口由此起，中之若飞梭。上赖天子明，不挂网者罗。忆在太学年，大雪如翻波。生徒日盈门，饥坐列雁鹅。弦诵聒邻里，唐虞赓咏歌。常续最高弟，骞游各名科。岂止学者师，谓宜国之皤。夭寿反仁鄙，谁尸此偏颇。不知訙訙者，又忍加诋诃。圣贤要久远，毁誉暂喧哗。生为举世疾，死也鲁人嗟。作诗遗鲁社，祠子以为歌。

又《重读徂徕集》诗：我欲哭石子，夜开徂徕编。开编未及读，涕泗已涟涟。勉进三四章，收泪辄忻欢。切切善恶戒，丁宁仁义言。如闻子谈论，疑子立我前。乃知长在世，谁谓已沉泉。昔也人事乖，相从常苦艰。今而每思子，开卷子在颜。我欲贵子文，刻以金玉联。金可炼而销，玉可碎非坚。不若书以纸，六经皆纸传。但当书百本，传百以为千。或落于四夷，或藏在深山。待彼谤焰熄，放此光芒悬。人生一世中，长短无百年。无穷在其后，万事在其先。得长多几何，得短未足怜。惟彼不可朽，名声文行然。谗诬不须辨，亦止百年间。百年后来者，憎爱不相缘。公议然后出，自然见媸妍。孔孟困一生，毁逐遭百端。后世苟不公，至今无圣贤。所以忠义士，恃此死不难。当子病方革，谤辞正腾喧。众人皆欲杀，圣主独保全。已埋犹不信，仅免斫其棺。此事古未有，每思辄长叹。我欲犯众怒，为子记此冤。下纾冥冥忿，仰叫昭昭天。书于苍翠石，立彼崔嵬巅。询求子世家，恨子儿女顽。经岁不见报，有辞未能诠。忽开子遗文，使我心已宽。子道自能久，吾言岂须镌。

又《读张李二公文赠徂徕先生》诗：先生三十年东鲁，能使鲁人皆好学。其间张续与李常，剖琢珉石得天璞。大圭虽不假雕琢，但未磨砻出圭角。二生固是天下宝，岂与先生私褚橐。先生示我何矜夸，手携文编谓新作。得之数日未暇读，意欲百事先屏却。夜归独坐南窗下，寒烛青莹如熠爚。病眸昏涩乍开缄，灿若日星明错落。辞严义正质非俚，古味虽淡醇不薄。千年佛老贼中国，祸福依凭群党恶。拔根掘窟期必尽，有勇无前力何荦。乃知二子果可用，非独词坚由志确。朝廷清明天子圣，阳德汇进群阴剥。大烹养贤有列鼎，岂久师门共藜藿。予惭职谏未能荐，有酒且与先生酌。

姜屿，奉符人。事真宗，文章政事称天下。知制诰，历知兴、潍、海、宁、淄五州事，终度支员外郎、直史馆，赠吏部郎中。《泰安县志》。

姜镐，景德间以进士历知蓬、通、房三州事，号称神明，所至以清白闻，守尚书屯田郎中，致仕金紫光禄大夫。《泰安县志》。

姜潜，字至之，奉符人。从孙复学《春秋》，用田况举召试学士院，为明州录事参军，以母思乡，求致仕。熙宁中，神宗闻其贤，召对延和殿，访以治道，对曰：有尧舜二典在，顾陛下致之之道何如？后知陈留县，数月，青苗令下，移疾去。节录《宋史》本传。

李穆，奉符人。以明经取高第，历官至尚书司勋郎。同邑姜潜称其三建使者，节四治剧郡。当世名臣文章荐之，盖能臣也。子寿，江阴军判官，次师彦、公彦，皆太庙斋郎。《泰安县志》。

李亘，字可大，兖州乾封人。少好学，有智虑。大观二年进士。徐处仁当国，擢尚书郎官。建炎末，金人犯淮南，亘不及避，刘豫使守大名。与凌唐佐谋，密陈豫可取状告于朝。募卒刘全等十余人，往返事泄，遇害。赠官，立祠曰愍忠。附《宋史·龚楫传》。

杜默，字师雄，奉符人。师事石介，读书徂徕山中，诗文踔厉英发，气凌一时。介称本朝八十年，文人为多，近世作者，石曼卿之诗、欧阳永叔之文词、杜师雄之歌篇，豪于一代矣。作《三豪诗》以送之。《泰安县志》。

石介《三豪》诗：曼卿豪于诗，社坛高数层。永叔豪于辞，举世绝俦朋。师雄歌亦豪，三人宜同称。曼卿苦汩没，老死殿中丞。身虽埋黄泉，诗名长如冰。永叔亦连蹇，病鸾方骞腾。四海让独步，三馆最后登。师雄二十三，笔距狞如鹰。才格自天来，辞华非学能。回顾李贺辈，粗俗良可憎。玉川月蚀诗，犹欲相凭凌。曼卿苟不死，其才堪股肱。永叔气甚闳，用之王道兴。师雄子勉旃，勿便生骄矜。

欧阳修《赠徂徕先生门人杜默》诗：南山有鸣凤，其音和且清。鸣于有道国，出则天下平。杜默东土秀，能吟凤凰声。作诗几百篇，长歌仍短行。携之入京邑，欲使众耳惊。来时上师堂，再拜辞先生。先生颔首遣，教以勿骄矜。赠之三豪篇，而我滥一名。杜子来访我，欲求相和鸣。顾我文字卑，未足当豪英。岂如子之辞，铿锽间镛笙。淫哇俗所乐，百鸟徒嘤嘤。杜子卷舌去，归衫翩以轻。京东聚群盗，河北点新兵。饥荒与愁苦，道路日以盈。子盍引其吭，发声通下情。上闻天子聪，次使宰相听。何必九苞禽，始能瑞尧庭。子诗何时作，我耳久已倾。愿以白玉琴，写之朱丝绳。

金

党怀英，字世杰，故宋太尉进十一代孙，冯翊人。父纯睦，泰安军录事参军，卒官，妻子不能归，因家焉。怀英登大定十年进士第，调莒州军事判官，累除汝阴县尹、国史院编修官、应奉翰林文字、翰林待制、兼同修国史。

怀英能属文，工篆籀，当时称为第一，学者宗之。明昌元年，再迁国子祭酒。二年，迁侍读学士。明年，议开边防濠堑，怀英等十六人请罢其役，诏从之。迁翰林学士。承安二年，乞致仕，改泰宁军节度使。明年，召为翰林学士承旨。泰和元年，增修《辽史》编修官三员，诏分纪、志、列传刊修官，有改除者以书自随。久之，致仕。大安三年卒，年七十八，谥文献。怀英致仕后，章宗诏直学士陈大任继成《辽史》云。节录《金史》本传。

元

石珪，宋徂徕先生介之裔孙也。体貌魁伟，倜傥不羁。金贞祐南渡，兵戈四起，珪率少壮，负险自保，与滕阳陈敬宗破张都统、李霸王于龟蒙山，乘胜引兵入盱眙。岁戊寅，太祖与宋议和，珪令麾下刘顺入觐，太祖慰劳之。顺还告，珪心感服，乃弃其妻孔氏、子金山，仗剑渡淮，率顺来归，木华黎承制授珪光禄大夫，济、兖、单三州兵马都总管，佩金虎符，便宜从事。后金弃东平，珪与严实分据，收辑济、兖、沂、滕、单诸州。癸未，太祖诏曰：石珪弃妻子，提兵归顺，战胜攻取，加授金紫光禄大夫、东平兵马都总管、山东诸路都元帅，余如故。秋七月，珪领兵破曹州，与金将郑从宜连战数昼夜，粮绝，援兵不至，军无叛意，珪临阵马仆被擒。囚至汴，金主壮其为人，诱以名爵，珪不为屈，金主怒，蒸杀于市。其麾下立社兖州祀焉。节录《元史》本传。

石天禄，父珪，陷金，死节。天禄袭爵，授龙虎卫上将军、东平路元帅，佩金虎符。时宋将彭义斌取大名及中山，天禄败之，获义斌。又败金将武仙，屡立战功。迁金紫光禄大夫、都元帅，镇戍边隅，数与金人战，未尝败北。后破考城，复围归德。从攻蕲、黄，功居其首。时诏天禄括户东平，军民赋税并依天禄已括籍册，严实不得科收。病卒。子十人，兴祖袭千户，官武略将军。从伐宋，功在诸将上。升显武将军，佩金虎符。卒，子琎嗣。节录《元史》本传。

严谨，字孝先，奉符人也。东平大行台实之疏属，有将才。金贞祐甲戌之乱，郡城失守，谨率乡民避地徂徕之天平寨。已而，黄山群盗来攻，谨讨而歼之。东平行省蒙古忽里刚以忠勇荐，迁怀远大将军，宰清平，遥领淄倅。居未几，河朔诸郡无坚城，总领张山杖策归盟，以腹心见，委充东山招抚，守傲来之天胜寨。宋人于江攻天胜，谨力殚被执以死。子显，字子明，丙戌春，复从张帅拓地抚民，承制拟加武略将军，授兖州泗水县令，仍充本郡军民弹压，以疾卒。荣袭父爵，改泰安州司户。《泰安县志》。

时珍，字国宝，徂徕人。质干雄伟，性长厚，为乡里所爱信。金末，盗起东海，所在响应。郡县守令皆望风遁去，民无所请，命珍率少壮守天宝寨，一方帖然。乙酉，元兵南下，严实开府东平，珍率众归之，授昭勇大将军、泰定军节度使、兖州营内观察使、元帅左监军。是岁，攻益都城下，超授镇国上将军、右副元帅，镇兖州。寻改左封陇西郡开国侯，食邑千户。戊戌，致仕归，子宥袭。十五年，孙栋袭。珍生平不喜近功小利，故每事无轻肆，而明识果断往往出人意表，寿七十，以疾终于家。东平路万户总管府参议宋子贞论曰：草昧之初，海内豪杰疾策诡遇，以趋功名者为不少，而珍独盘桓后尘，不失其正，可谓厚德君子者矣。《泰安县志》。

朱珪，字辅之，徂阳沈村人。父玉，际亡金乱，率众为一方守御。东平严武惠公给札，充都总领，管辖军民勾当。珪生气宇不凡，读书博览洽闻。及长，州军辟举，忽睹忽郡王降给札付，充泰安州等处提领，掌管军民，上下帖服。历迁胶水、高密二县尹。所在兴学校，戢奸宄，轻徭慎狱，惠绩廉声，远近称之。历宦四十余年，以寿终。子天祐，充光州行军镇抚，没于王事。《泰安县志》。

明

王圭，字廷器，泰安人。性朴俭，笃学。举永乐乙酉乡试[①]，任山西夏县

① 举永乐乙酉乡试：明《泰山志》卷四作“举洪武乡试”。

教谕。以德学名当道，荐为御史，辞不就，儒官清素四十八年。以子贵，封户部员外郎。年四十丧偶，不复娶。寿几百岁。子二：牧，山西乡试第一；育，赐进士，累官山西左布政，称刚直清白，俱为乡评所重。明汪子卿《志》。

傅裕，字克宽。天顺间举人，判真定府，擢倅延安，寻升知守，所至称廉仁。榆林参将郭英豪横不法，属裕鞫其狱。英以五百金赂，不受，卒按以法。后致仕，林居绝请谒，乡评重之。明汪子卿《志》。

萧大亨，字夏卿，号岳峰，泰安人。母梦岳神入室而生，体貌奇伟，登嘉靖壬戌进士。初授榆次令，累迁户部郎中，驻陕西花马池，督饷监兵。以念母，疏请终养，辞极剀切，上俞之。兼程而归，五百里外闻母讣，乃披跣不食，徒步，日奔百余里，居忧，哀毁骨立。服阕，复除边道。历任藩臬，跋涉河朔关陇间几二十年。始开府宁夏，再调宣府。宁夏孤悬河外，戍卒骄横，宣府为京师项吭要害，所至调度井然，恩威并著。晋兵部侍郎，护潞藩之国，一切裁以法。中官敛衽不敢恣，道路肃然。寻转左都御史[①]，总督宣大山西三镇，威信素服边庭，人称福神焉。加太子太保、兵部尚书召入，累进少保兼太子太保、柱国、兵刑两部尚书。致仕，卒于家。所著有《今古文钞》《文章正宗》等书行世。从祀乡贤。子二：和中，以父荫除后府都事，累晋太仆寺少卿，明达有为，卒，入乡贤；协中，另有传。《泰安县志》。

李汝桂，号少崖，还朴其字也，以字行，家泰山之崖下村。事父母，称孝。为学究性命之旨，以主静谨独为要，学者多宗之。隆庆己巳，贡成均，授献县教谕，楷模多士，有安定苏湖风。及归，从游日众，侍皋比者数百人。大参甘一骥，侍御马公经纶，皆造庐执弟子礼。年七旬余，坐讲堂谈说，竟日无倦容，阐明太极中庸，钩深探微，多前贤所未发。卒年八十六，侍御冯从吾题其圹曰：明理学名儒还朴李先生墓。所著有《还朴

① 左都御史：《泰安县志》卷九作“右都御史”。

心声》《讲余录》诸书行于世。《泰山纪事》。

张异，泰安下张保人。笃学敦行，勤劳养父母，寒暑不怠。父死，庐墓三年。母死，如之。由州学生，卒业成均，官山西布政司检校。明汪子卿《志》。

宋焘，字绎田，家泰山下。万历辛丑进士，选庶吉士，改御史，巡按应天。因刘天绪乱，上疏罢采榷，极言民不堪命，竞为盗贼，语甚切至，并斥时相及诸阉宦，由是权贵侧目，不容于朝。以疾归，筑室泰山之麓，额其室曰“青岩”。读书其中，数与东林诸君子往复。寻卒，时年四十四，崇祀乡贤。所著有《泰山纪事》《青岩居草》行于世。《泰安府志》。

焘《青岩居偶成》诗：僻性耽间旷，依山启静扉。方知尘事远，况与世情违。月白烟萝径，风清薜荔衣。短墙垂柳绿，常荫钓鱼矶。

王楫，字济川，一字梦符，泰安人。万历己未进士，初授柘城，调安邑，寻迁户部主事，司饷山海关。会兵变，阁部及道蒙难，楫独全。庄烈嘉之曰：噪怨不及，操守可知。迁固原道，升宁夏巡抚。以廉介执法忤悍将，遇害，朝野伤之。《泰安县志》。

萧协中，字公黼，宫保大亨次子，以荫授上林苑监丞，晋顺天府治中。崇祯末，致仕。甲申，流贼攻城，将陷，协中北向再拜，投井死。生平精文翰，尤尚气节；蒿目时事，辄扼腕欷歔。著有《绿远楼赋》《酤檀集》《泰山小史》，李维祯为之序。雍正四年，入忠义祠。《泰安县志》。

国朝

王度，字平子，顺治丙戌进士，除大同知县。总兵姜瓖以城叛，时总督以下官胥出迎，英王家属陷城内，皆惶惧。有谓宜入城者，度大呼曰：贼据城矣，若入城，是从贼也。今事且急，莫如驰赴阳和，迎英王，会兵剿贼，众意乃决。阅十月而贼平，擢刑部主事，恤刑江南之徽、宁诸郡，多所平反，全活甚众。累官总督仓场、户部右侍郎。致仕归，年八十余卒。

著有《恤刑题稿》，泰山后石坞莲花洞侧有石，刻“户部侍郎王度读书处”九字。朱孝纯《图志》。

范惟粹，字完白，选之子。顺治己丑进士，初知政和县，后补江右新城。邑多积猾，号难治，惟粹御以醇静，豪右敛迹，四境帖然，称善俗焉。年六十，以疾卒于官，吏民思之。著有《江上草》《澄观堂稿》。《泰安县志》。

赵国麟，字仁圃，号拙庵。其先上虞人，祖瑗，爱泰山之胜，遂家焉。国麟康熙丙戌进士，由长垣知县仕至文渊阁大学士。国麟自少至老，潜心力学，务阐明宋五子大旨，而不泥其辞。尤喜启迪后进，设青岩义社于泰山之麓，来学者尝数十百人。朱孝纯《图志》。

李之实，字蕡，其父乾明时树德于乡，刺史以孝义旌其门。之实笃志嗜学，为文奔放，有奇气。知州张锡怿、州同贺运清皆名进士，雅重之。中康熙癸卯乡试，一上公车不第，退而教授生徒，成就人材甚夥。著有《春秋辨疑》《四书存是编》，藏于家。子九德，字皋飏，少年食饩，有文名，与王无间著《黄运记》四卷。《泰安县志》。

汉 以下侨寓

蔡邕，往来依泰山羊氏，积十二年。《后汉书》。

唐

李白，字太白，兴圣皇帝九世孙。白之母梦长庚星，因以命名。十岁通《诗》《书》。既长，隐岷山，更客任城，与孔巢父、韩准、裴政、张叔明、陶沔居徂徕山，日沉饮，号竹溪六逸。节录《唐书》本传。

孔巢父，字弱翁，孔子三十七代孙。少力学，隐徂徕山。后游江东，永王璘辟署幕府，不应。璘败，知名。广德中，李季卿表为左卫兵曹参军。拜湖南观察使。德宗狩奉天行在，擢给事中，累上破贼方略，帝嘉纳。未几，兼御史大夫，为魏博宣慰使。李怀光据河中，帝复令巢父宣慰，竟遇害。帝闻震悼，赠尚书左仆射，谥曰忠。节录《唐书》本传。

苏源明，少孤，寓居徐、兖，工文词，有名天宝间。《唐书》。

杜甫《八哀诗吊武功苏源明》：武功少也孤，徒步客徐兖。读书东岳中，十载考《坟》《典》。

宋

孙复，字明复，晋州平阳人。举进士不第，退居泰山。学《春秋》，著《尊王发微》十二篇，大约本于陆淳，而增新意。石介有名山东，自介而下皆以先生事复。年四十不娶，李迪知其贤，以其弟之子妻之。复初犹豫，石介与诸弟子请曰：公卿不下士久矣，今丞相不以先生贫贱，欲托以子，宜因以成丞相之贤名，复乃听。孔道辅闻复之贤，就见之，介执杖履立侍复左右，升降拜则扶之，其往谢亦然。介既为学官，语人曰：孙先生非隐者也。于是范仲淹、富弼皆言复有经术，宜在朝廷。除秘书省校书郎、国子监直讲。车驾幸太学，赐绯衣银鱼，召为迩英阁祇候说书。寻罢，后贬处州监税，徙应天府判官。未行，翰林学士赵概等十余人言复经为人师，不宜使佐州县。留为直讲，稍迁殿中丞。复与胡瑗不合，在太学常相避。瑗治经不如复，而教养诸生过之。复既病，韩琦言于仁宗，选书吏，给纸笔，命其门人祖无择就复家得书十五万言，录藏秘阁。《宋史》本传。

附《信道堂记》：圣贤之迹，无进也，无退也，无毁也，无誉也，唯道所在而已。用之则行，舍之则藏，孰为进哉？孰为退哉？考诸三王而不谬，建诸天地而不悖，质诸鬼神而无疑，百世以俟圣人而不惑。孰为毁哉？孰为誉哉？吾之所谓道者，尧、舜、禹、汤、文、武、周公、孔子之道也。孟轲、荀卿、扬雄、王通、韩愈之道也。吾学尧、舜、禹、汤、文、武、周公、孔子、孟轲、荀卿、扬雄、王通、韩愈之道三十年，处非今之世[①]，故不知进之所以为进也，退之所以为退也，毁之所以为毁也，誉之所以为誉也。其进也，以

① 非：《孙明复小集》作“乎”。

吾尧、舜、禹、汤、文、武、周公、孔子、孟轲、荀卿、扬雄、王通、韩愈之道进也，于吾躬何所进哉？其退也，以吾尧、舜、禹、汤、文、武、周公、孔子、孟轲、荀卿、扬雄、王通、韩愈之道退也，于吾躬何所退哉？其见毁也，以吾尧、舜、禹、汤、文、武、周公、孔子、孟轲、荀卿、扬雄、王通、韩愈之道见毁也，于吾躬何所毁哉？其获誉也，以吾尧、舜、禹、汤、文、武、周公、孔子、孟轲、荀卿、扬雄、王通、韩愈之道获誉也，于吾躬何所誉哉？故曰：圣贤之迹，无进也，无退也，无毁也，无誉也。唯道所在而已。予丁丑岁秋九月作堂于泰山之阳，明年春堂既成，以是道处是堂，故命之曰“信道堂”云。景祐五年正月三日记。

石介《赠孙先生》诗：世无伯乐不识马，眼看骐骥如驽骀。先生今年四十四，才似皋夔胡为哉。泰山山下水照石，溪声濊濊白云堆。我居其间构茅屋，先生先生归去来。

《又赠孙先生》诗：我来南山兴感悲，万物纭纭宰者谁。众材丛卑无奇姿，直辕曲轮皆所宜。大木磊磊节干奇，撑岩拄谷无处施。我愿天子修明堂，坐朝诸侯会四夷。柱要十围栋百尺，日责匠石搜访之。千人用斧万人拽，大根斫断山崩欹。五州追牛十县丁，载送上都天子怡。般输骇汗工倕走，有目未省曾观窥。黄帝合宫尧衢室，周制九筵虞总期。听政朝夕有攸处，阖门左右咸以时。天子拱手四辅立，坐致四海为雍熙。不用直弃用即大，短辕曲轮尔胡为。

梅圣俞《哭孙明复》诗：旧业居东岱，中年谒紫庭。要涂无往迹，至死守残经。

胡瑗，字翼之，其上世居陵州，后为泰州如皋人。先生为人师，言行而身化之，使诚明者达，昏愚者励，而顽傲者革。故其为法严而信，为教久而遵。师道废久矣，自景祐明道以来，学者有师，惟先生暨泰山孙明复、石守道三人，而先生之徒最盛。欧阳修《胡先生墓表》。

《岱史》：胡瑗与孙明复、石守道讲学泰山，攻苦食淡，终夜不寝，十年不归。得家问，见有“平安”二字，即投之涧中，不复展读。今人名其书处为投书涧云①。

张续，字禹功；李常，字遵道，皆濮人。石介教授徂徕山中，二子负

① 书处：《岱史》作“投书处”。

笈从游，介称之曰：禹功藏用于神，得天下之几；遵道直道而行，明天下之治。几近《易》，治近《春秋》，二子之道，其必达矣。后举进士，皆登高第。《泰安府志》。

元

许衡，字仲平，河内人。金季兵乱，避之徂徕、泰山间，扁其室曰“鲁斋”。初从姚枢、窦默游，获闻程、朱之学，遂为名儒。元世祖召为京兆提学，累官集贤大学士、兼国子祭酒，领太史院事，累迁中书左丞，赠司徒，谥文正。节录《元史》本传。

鹿森，字茂之，关中人。隐居徂徕，好老氏言，晚而玩《易》，题其所居曰“贫乐岩”、曰“演易斋”。长清杜仁杰为之撰碑。《泰安府志》。

国朝

江天屿，字山民，江南淮阴人。游岱下，家焉。修髯古貌，望之如神仙中人。与学博孔贞瑄、郡人赵瑗、张坦诸耆宿往来石堂，与祖珍和尚结生公之社，诗酒徜徉，号“八散人”。性喜梅，作梅花七律一百二十首，淄川唐太史梦赍《序》之，谓在孤山处士伯仲间。《泰安县志》。

金简，字枚仲，绍兴人。爱泰山之胜，家焉。以部掾为徐州彭城驿丞，貌伟丽潇洒，善画山水，有《岱岳丘壑图》，大学士赵公国麟题以长歌。《泰安县志》。

赵国麟《题岱岳图》诗：鹤发老翁同余好，千岩万壑藏怀抱。长臂携来七二峰，矗立窗东青浩浩。下蟠坤轴镇地维，上拂羲驭映晴昊。西走昆仑势欲连，东趋溟渤影如倒。九龙飞舞天门左，丈人独立吴观表。崖松不涛六月寒，洞云未雨瀑垂缟。黄岘西回凤翔下，石经亭子水云岛。吕公王母会瑶池，飞泉乱落水淼淼。傲来插天仙掌露，蔽亏西麓招提绕。当前古树抱楼台，山椒曲砌登山道。我昔垂髫捧杖时，追随陟降酬尼祷。渐长渐成山水癖，时结同人事幽讨。穿云醉踏青芙蓉，冒雨登峰拾瑶草。北窗坐对快怡神，贫儿暴富饥肠饱。十年不睹故人面，梦中犹自记了了。半人久乏济胜具，探奇选胜迹如扫。一旦床前可卧游，何当缩地逞神巧。金子金子公不愚，拍手大笑移山老。

赵瑗，字临若，越儒也。流寓泰安，与淮阴江山民、曲阜孔璧六、州人张方平、范靖赤、释祖珍、象乾等结生公之社，号“石堂八散人”。《方望溪集》并《张四教碑记》。

周 以下隐逸

春秋三子，《贫士传》云：三子者，楚之交子、鲁之周子，齐之狂子也。目睹王纲之斁思，欲绝景云表，濯志溟涬，乃相与居泰山之阳，处环堵之室，荜户不扉，盖茨不翦，而高歌不辍，君子谓可方之。倪缺云赞曰：殊方三子，同道一心。蜩视姬邦，凤远泰岑。作几举色，含和抱真。岂谓陋栖，废厥高吟。

荣启期，《列子》云：孔子游于泰山，见荣启期鹿裘带索，鼓琴而歌。问曰：先生所以为乐者，何也？对曰：吾乐甚多。天生万物，惟人为贵，吾得为人，一乐也；男尊女卑，吾得为男，二乐也；人生有不见日月，不免襁褓者，吾既行年九十矣，是三乐也。贫者，士之常；死者，人之终。处常得终，尚何忧哉？孔子曰：善乎？能自宽者也。

唐吴筠《高士咏》：荣期信知止，带索无所求。外物非我尚，琴歌自优游。三乐通至道，一言醉尼丘。居常以待终，啸傲复何忧。

隋

徐鸿客，泰山人。隋末山东大水，饥殍满野。李密取黎阳仓，大济之，得胜兵三十余万。鸿客献书于密，以为大众久聚，恐米尽人散，师老厌战，难以成功。劝密乘进取之机，因士马之锐，沿东指南，直向江都，执取独夫，号令天下。密壮其言，以书招之，竟不出，莫知所之。《岱史》。

唐

范山人见《李太白集》。

李白《送范山人归泰山》诗：鲁客抱白鹤，别余往泰山。初行若片云，杳在青崖间。高高至天门，日观近可攀。云山望不及，此去何时还。

泰山老人见《张文昌集》。

张籍《泰山老人》诗：日观东边幽客住，葛巾藤带亦逢迎。暗修黄箓无人见，深种胡麻共犬行。洞里仙家常独往，壶中灵药自为名。春泉四面绕茅屋，日日唯闻杵臼声。

王希夷，徐州滕县人。孤贫嗜学，父母终，为人牧羊，收傭以供葬。葬毕，隐于嵩岳，后居兖州徂徕山中。好读《易》及《老子》。刺史卢齐卿就谒致礼，因访以字人之术，希夷曰：孔子称"己所不欲，勿施于人"，可以终身行之矣。及玄宗东巡，敕州县以礼征召至驾前，年已九十六。上令中书令张说访以道义，宦官扶入宫中，与语，甚悦。开元十四年，下制曰：处士王希夷，绝学弃智，抱一居贞，久谢嚣尘，独往林壑。朕为封峦展礼，侧席旌贤，贲然来思，克应嘉召。虽纡绮季之迹，已过伏生之年，宜命秩以尊儒，俾全高于尚齿。可朝散大夫，守国子博士，听致仕还山。《旧唐书》。

宋

秦辨，泰山隐士。大中祥符三年四月辛酉，赐号"贞素先生"，放还山。《宋史·真宗本纪》。

金

王若虚，字从之，槀城人也。幼颖悟，若夙昔在文字间者。擢承安二年经义进士。历管城、门山二县令，皆有惠政。荐入为国史院编修官，后转延州刺史，入为直学士。天兴元年，哀宗走归德。明年春，崔立变。群小附和，请为立建功德碑，翟奕以尚书省命召若虚为文。若虚自分必死，私谓左右司员外郎元好问曰：今召我作碑，不从则死。作之，则名节扫地，不若死之为愈。虽然，我姑以理谕之。乃谓奕辈曰：丞相功德碑当指何事为言？奕辈怒曰：丞相以京城降，活生灵百万，非功德乎？曰：学士代王言，功德碑谓之代王言可乎？且丞相既以城降，则朝官皆出其门，自古岂有门下人为主帅诵功德而可信乎后世哉？奕辈不能夺。金亡，微服北归镇阳，与浑源刘郁东游泰山，至黄岘峰，憩萃美亭，顾谓同游曰：汨没尘土中一生，不意晚年乃造仙府，诚得终老此山，志愿毕矣。乃令子终先归，遣子恕同行视夷险，因垂足坐大石上，良久瞑目而逝，年七十。所著文章有《慵夫集》《滹南遗老集》，传于世。节录《金史》本传。

明汪子卿《志》：王从之，初官翰林，后隐泰山，跏趺而化，人称其地曰“蜕仙岩”。

汉 以下方外

泰山老父，不知姓氏。汉武帝东封，见老父于山下道傍，头上白光高数尺，怪而问之。老父曰：臣年八十五，衰老垂死，遇有道者，教臣绝谷，但服术饮井水，枕神枕，枕中有三十二物，以二十四当二十四气，以八当八风。臣行之，转老为少，日行三百里。臣今年百八十矣！帝受其方，赐以玉帛。《神仙传》。

稷丘君，泰山下道士也。汉武帝时，以道术受嘉赏，后罢去。帝东封，稷丘君拥琴迎拜，止帝勿上，上必伤足。帝上及数里，左足指折，讳之。还，为稷丘君立祠。《列仙传》。

安期生，在泰山遇李少君入山采药，病困，安期生与神楼散，一匕而愈。《列仙传》。

崔文子者，泰山人也。世好黄老，潜居山下。后作黄散赤丸，卖药都市。会民有大疫，文子拥朱幡，以黄散济人，饮者立愈，所活万计。传赞曰：崔子得道，术兼秘奥。疠气降丧，仁心攸悼。朱幡电麾，神药捷到。一时获全，永世作效。《列仙传》。

马明灵，临淄人，姓和，字君实。少为县吏捕贼，被伤濒死。忽遇一女子，云太真夫人也，与药一丸，服讫即愈。遂弃职，自号马明生，随夫人入岱山石室，试以鬼怪、狼虎，不惧；挑以美女子，不动。夫人曰：可教。有安期生至，夫人以明灵付之而去，后得安期生丹经，白日升举。《列仙传》。

按：马明灵，《县志》作马明生，字亦君实。《渊鉴类函》作马明，字君贤，互有异同。并识之，以俟有识者考定焉。

刘冯者，沛人。学道于穆王子，服石柱英及中岳石流黄，年三百余岁而容转少。后入泰山中。《列仙传》。

晋

张忠，字巨和，中山人。永嘉之乱，隐于泰山，清虚服气，餐芝饵石，年在期颐而视听无爽。苻坚遣使征之，至长安，请以野服入觐。坚谓之曰：先生独善之美有余，兼济之功未也，故远屈先生，将任齐尚父。忠曰：昔因丧乱，避地泰山，与鸟兽为侣。尚父之况，非敢窃拟。乞还余齿，归死岱宗。坚以安车送之，行达华山，叹曰：我东岳道士，没于西岳，命也，奈何！行五十里，及关而死。谥曰“安道先生”。《晋书·隐逸传》。

羊权，字道舆，泰山人，羊忱少子，居茅山得道。晋穆帝升平三年，有九嶷山仙女罗郁降权丹室，赠权浣布巾，金、玉条脱各一枚，移时而去。《泰安县志》。

南北朝

竺朗，京兆人，少事佛图澄，硕学渊通，尤明气纬。隐于泰山东北之琨瑞谷，尝往来于灵岩说法。秦苻坚钦其德行。元魏太祖亦遣使致书，赠以素旃罽银钵为礼。后燕慕容德师事居，给以两县租税。谷中旧多虎，朗居之，虎患遂绝。尝与隐士张巨和游，张常穴居，而朗大起殿舍，连楼叠阁。虽素饰不同，并以静外致称云。《十六国春秋》。

隋

李清，北海人，少学道。开皇四年，尝入云门山，遇人授书一轴，立谈。甫半日，归视城郭人民室宇皆非。访其子孙，已为云仍矣。开所授书，乃小儿医方也，试之，奇效，齐鲁间从学者甚众。后入泰山，莫知所终。《泰安县志》。

法瓒，齐州人，初隐于泰山之阜。开皇十四年，帝东巡守，招访名德，下敕延之，命住京师胜光寺。《岳通志》。

唐

张炼师见《刘宾客集》。

刘禹锡《送东岳张炼师》诗：东岳真人张炼师，高情淡雅世间稀。堪为列女书青简，久事元君住翠微。金缕机中抛锦字，玉清坛上着霓衣。云衢不用吹箫伴，只拟乘鸾独自归。

吕岩，字洞宾。宋天圣戊寅三月二十一日，书五言绝句于王母池，署其后曰“回回翁题”。政和丙申六月十八日，复书七言绝句，署其后曰“回公再书”。前后书法皆类颜鲁公，“再书”二字类迟贤亭刻，人莫能识。好事者摩其真迹于会真宫。观诗，则知纯阳子三至泰山矣。《岱史》。

张仙，不知何许人。开元中，与李某同至泰山学道。久之，李以宗室辞归，仕至大理丞。属安禄山乱，携家襄阳，寻奉使扬州。途觏张，邀李同宿，门庭壮丽，傧从璀璨。李视女妓中有持筝者酷似其妻，及罢，张呼持筝者以林檎系裙带上，各散去。明日，李复至，门馆荒秽，无行人迹。询邻人曰：此刘道玄宅，已十余年无居者。寻还襄阳，索其妻裙带，果得林檎。问其故，云：一夕梦见五六人追，云张仙唤掐筝，临别以林檎系裙上，于是知张已得仙矣。《岱史》。

宋

张景岩，密州人。隐居泰山，结茅为庵。以庵上有明月嶂，曾产紫芝，号曰“采芝”。东郡赵鼎臣，政和七年夏四月登岱。至十八盘，与友坐月下，席地而饮，俄闻窸窣有人行声。赵心动曰：山中暮夜，安得此声耶？有顷，至，延坐问之，则张景岩也。年五十余，须鬓黑漆，语言纯直，无方士虚诞气。饮数行，探怀出茯苓、松叶佐酒。歌道曲数阕。酒尽，穿东岭而去。《泰安府志》。

元

邱处机，栖霞人，号长春子。尝居泰山南阯，以全真为教。儿时有相者，谓其当为神仙。宗伯年十九，师事王重阳，为七真之最。太祖特诏求之，赐号无为演道大宗师。明汪子卿《志》。

张志纯，号天倪子，泰安埠上保人。六岁能诵五经，十二岁入玄门。居会真宫数载，道行超群辈。初名志伟，元主改今名，赐号崇真保德大师，授紫服。《岱史》。

元好问《送天倪子归埠山》诗：太白诗笔埠山头，布袜青鞋欠一游。拟欲高人参药镜，却嫌凡骨比丹丘。云间茅屋鸡犬静，物外烟霞风露秋。后日天门重登览，蜕仙岩下幸迟留。

徐世隆《送天倪子归埠山》诗：九十行年发未华，道人风骨饱烟霞。洞天福地三千里，神府仙闾第一家。牛膝药灵斟美酝，兔毫盏净啜芳芽。隐居自爱陶宏景，莫作山中宰相夸。

王奕《和元遗山呈埠山张真人》诗：江右书生枉白头，杖藜始得此山游。手摩红日登三观，袖拂黄埃看九州。

徐世隆，别号复斋，元翰林学士。夙与泰山天倪子游。元季丧乱，变姓名，上下泰山，常居岳祠或城隍庙。三稚子从学，一教习泅水、超距；一授《汉书》；其一曰王圭，授举子业。久之别去。言三子贵贱短修：其后授《汉书》者目盲，赖说书为衣食；习泅者遇济南灌城之厄，以泅解围，以超距脱死，致爵赏；圭登科，膺爵齿。三人所至，悉如其言。圭年八十许时，世隆复来见。天顺间又至泰山，惟升元观一老道士识之，其容貌如儿时所见。后不知所终。《岱史》。

成兴公，不知何许人，隐泰山修道数十年，仙去。《五岳真形图说》。

海印，泰安州人，居邹县大明禅院。幼悟道，常梦异僧指示，一日呼弟子，曰：吾幻身，非久住世。书偈毕，端坐而化，三日慈容如生。院上紫雾光明贯天际。邑令见之，称为真佛。《岱史》。

东原海公，俗姓于氏，光州固陵人也。弱冠结茅定陶之白佛堂，度徒千有余人，咸以菩萨称之，元国师海云号曰“明慧大师”。旋开泰山竹林，古基幽僻，有终焉之意。跨宝峰，葺草为庐。未旬日，缁素踵迹之，欲广其宇。海曰：吾缘尽矣，树此兰若，功输尔辈，勿忘吾嘱。言讫而逝。其后竹林宝峰禅寺之兴，实自海始焉。《泰安县志》。

刘朗然，莱州府人，遍访名胜，栖止岱麓。今其遗迹曰“老人寨”“朗然子洞”云。《泰安县志》。

吴守一，兰陵人。从刘朗然得炼度术，辟谷数年。忽见有道者入庐与语，袖出茶，烹而饮之。道者出户，遂失所在。吴年至九十余羽化，时异香满室，白鹤绕空。《山东通志》。

《泰安县志》：按：《岱史》误为明时人，亦不言炼度何处。后吴舫翁亦称其人，故从《通志》录之。

孙清静，女冠，宁海县人。常入泰山修道，今岳北有古洞，极深敞，石床天然，清泉香冽，曰“清静石屋”，乃其遗迹。《泰安县志》。

大行，齐州人，入泰山，草衣木食，行《法华》三昧，感普多现身，遂觉心眼洞明，见十方诸佛，犹如明镜中像。至元间，诏入宫阙，赐号“开国法师”“常精进菩萨”。《岳通志》。

行全，清河大姓房氏子也。生有宿慧，既长，受具戒于本州之广教院。历游讲肄，通晓律义。创刻宗门碧岩经律文字。往来奉高山中，结茅宴坐于天胜寨上，默究玄理。兖州节度左副元帅张进遂兴葺布金山之大云寺，请住持焉。落发弟子二十有五人，内德友者载其师资，接见机缘，契证之语甚多。晚复还乡井，时称其来如著衫，去如脱屣云。《布山庙碑》。

德友，姓王氏，本州双村人。元时盗起，避地泰山之天胜寨。时恩州律师全公先在此，即往炷香，既蒙示，及去师不远，于狮子峰下抱节育道。或三日一餐，或五日一饭，若此者三稔。忽闻鸦鸣而悟，入曰：从今后，更疑著天下老和尚鼻孔也。《布山庙碑》。

张君宝，别号保和容忍三丰子，辽东懿州人。生于金世，多力，能移禅塔。人目为张拉塔，或称为张躐蹋。尝修炼于岱，今传其居为懒张石屋云。《明史》。

毛仙姑，本州人。筑庵徂徕山，修持三十余年。于延祐二年十一月十九日临化留颂曰：混处修持三十年，是非海里了真缘。如今脱下皮囊日，拍塞灵空永自然。时泰定军节度时宥为纪石，遂称其地为毛老谷。墓碑。

明

云公满空禅师，高丽僧也，永乐间与数僧航海而来。宣德三年，给度牒，令参方礼祖。因登泰山，访古刹，重建竹林寺，复驻锡普照。四方衲衣受法者数千。天顺七年闰七月二日，说偈而逝。弟子洪因为建塔立碑，称普照重开山第一代禅师。塔碑。

雪蓑，不知何许人，或目为吴人，佯应之。能诗善书，弹一弦琴，诸技精绝。尝游泰山、徂徕。嘉靖间，馆于李中麓家。偶与中麓游蔬圃，手撮韭叶，濡墨大书。又在棋天观书“玄之又玄”四字，故脱一点。书在石壁高处，札木为梯乃可至。既下梯，佯惊曰：误落一点，可如何？旋自取头上葛巾，扭结如绳，浸于墨中，大呼取巾，望石壁一抛，遂点字上，人始骇其非常。后辞中麓，入山采药，往来于海岱间数年，不知所终。《泰山纪事》。

王阳辉，号三阳，东平道士也。遍游名山，归隐岳麓，与其徒华阴云山昝公辈相度于凌汉峰下，凿石为窟以居。乡人为葺神宇数椽，曰“三阳庵”，迄今遂成名胜。庙碑。

柴慧庵，崑山羽士，深契黄老之旨，修养于岱阳之摩天岭下，名其居曰“潜仙庵”。庙碑。

散发道人者，自言洛人，尝趺坐仙人桥上，苦行十五年。问其姓名，不对。衲衣跣足，步崖间如飞。后不知所终。《岱史》。

于蚖虚，汶上道士也。万历间，辟室礤石峪之隐仙观，栖神玄默，寿至八旬。蜕去后一月，有路某遇汶上，见赤一足，携一履，云将往南京。先是，宁阳徐梦觉、徐斐然十余人自南海路由金陵，见蚖虚在市中，与语移时。及旋里，闻蚖虚已卒。计在南京之日，即遇于汶上之次日也。今峪西北贵人峰下，有于仙葬衣冠处。《泰安县志》。

叩头僧，不知何许人，尝栖泰安之灵派侯祠。夜则跏趺，通宵不寐。昼则周游城市，叩头劝善。人以是呼为叩头僧。僧尝语人曰：我参方五十年矣，盖载内，胎生、卵生、湿生、化生，惟人为贵。具此灵性，便可立地成佛。莫使宝山历尽，虚过一生。后游清源，预告人圆寂之期而化。《泰山纪事》。

单道人，自称日照人。赤脚挽双髻，破衲悬瓢。访侍御宋焘于青岩洞中，为十日之饮，醉后意态粗恶。焘初不知其为异人也，善幻术，倏忽变化，莫可端倪。后辞去。隔岁余，有请箕仙者。仙降大书曰：我，单道士也。书诗甚多，有句云：纯阳游岱岳，转转寻同侣。始悟“單”字两口为“吕”，日照者，纯阳也。临行时，曾留衲衣一，藤扇一。未几，皆失去。其扇上有诗云：郁郁者松，植彼岱阿。维叶扶疏，荫兹嘉禾。行子负戴，白汗交加。止于蘩荫，载咏载歌。裹粮将炊，乃伐其柯。伐柯云何，曰惟晨炊。勿戕尔根，留为生滋。尔清我燥，弗疗我饥。我行其侧，痛惜涟洏。拂袖壶峤，世人永辞。字类汉张芝，惜不可再觅矣。《泰安县志》。

国朝

元玉，字祖珍，号古翁，广陵崇川人。嗣法金粟天岸老人，居泰山普照寺，聚经典数千卷，澄思密探。寺前一石，题曰“界尘石”。名流往访，咸比之远公莲社云。有《石堂集》《金台随笔》诸刻。《岳通志》。

吴云，号舫翁，别号三堂居士，吉安人。以黄冠读书岳麓，与阙里孔贞瑄建岱顶圣庙，又肖石像于中。古翁尝称其文章道德不易得，岂其有托而逃者欤？所著有《学舫》。《石堂集》。

朱孝纯《图志》：案：施闰章《愚山集·送吴舫翁序》，称其少为安成名士，明末自髠为僧，尝从青原乐禅师游，岂后复隐于黄冠耶？

泰山志卷第十四

泰山志卷第十五

朝议大夫山东泰安府知府休宁金棨纂辑

金石记一 秦 汉 晋 东魏 北齐 唐 五代

无字碑

顾炎武《日知录》云：岳顶无字碑，世传为秦始皇立。按：秦碑在玉女池上，李斯篆书，高不过四五尺，面铭文并二世诏书咸具[①]，不当又立此大碑也。考之宋以前亦无此说，因取《史记》反覆读之，知为汉武帝所立也。《史记·秦始皇本纪》云：上泰山，立石封[②]，祀其下。云：刻所立石，是秦有文字之证[③]，今李斯篆是也[④]。《封禅书》云：东上泰山，泰山草木叶未生[⑤]，乃令人上石，立之泰山巅，上遂东巡海上。四月，还至奉高。上泰山而不言石刻[⑥]，是汉石无文字之证，今碑是也。《后汉书·郊祀志》亦云[⑦]：上东上泰山，乃上石立之泰山巅。然则此无字碑，明为汉武帝所立，而后之不读史者，误以为秦耳。

叶九苞《金石录补》云：泰山无字碑在绝顶，高三丈余，阔四之一。色微黄，光润如蜡。或云下有金泥玉检，以此石审之，相传为始皇立。顾宁人力辨其非，定为汉武立。余与徐季重家敷文，徘徊其下，忽蒸云如絮，顷刻向人不相见。其云气中猿臂蝉联而下，甫下山顶，雨飘飘然至矣。

按：孙何《碑解》云：《管子》称无怀氏封泰山，刻石纪功。则刻石泰山尚矣。是石在山绝顶，玉皇庙门外登封坛下。高今尺一丈五尺六寸，南北面广三尺六寸，东西侧厚二尺四

---

① 面：《日知录》卷三十一作“而”。

② 立石封：《日知录》卷三十一作“立石封祠”。

③ 是秦有文字之证：《日知录》卷三十一作“是秦石有文字之证”。

④ 今李斯篆是也：《日知录》卷三十一作“今李斯碑是也”。

⑤ 泰山草木叶：《日知录》卷三十一作“泰山之草木叶”。

⑥ 上泰山而不言石刻：《日知录》卷三十一作“上泰山封而不言刻石”。

⑦ 《后汉书·郊祀志》：《日知录》卷三十一作“续汉书·祭祀志”。

寸，上微隘于下，顶似幢盖，另覆以石，四棱稍磬折，石色明净可鉴，非山之所有。或曰石表，或曰神主石，或言其下有金书玉简。立于何代，顾氏引史书所载，似有依据。但考其广狭长短制度，与琅琊刻石相符。或亦是始皇立而未刻者。果是汉石，何以毫厘与秦碑不爽。但遥遥数千载，秦欤？汉欤？安得起山灵而问之？石西南棱上有正书一“帝”字，审其笔法颇似唐人，或好事者为之。

秦

始皇刻石 李斯篆书

二十八年

皇帝临位，作制明法，臣下修饬。廿有六年[①]，初并天下，罔不宾服。亲巡远黎[②]，登兹泰山，周览东极。从臣思迹，本原事业，祗诵功德。治道运行，诸产得宜，皆有法式。大义著明[③]，垂于后嗣[④]，顺承勿革。皇帝躬听[⑤]，既平天下，不懈于治。夙兴夜寐，建设长利，专隆教诲。训经宣达，远近毕理，咸承圣志。贵贱分明，男女体顺[⑥]，慎遵职事。昭隔内外，靡不清净，施于昆嗣[⑦]。化及无穷，遵奉遗诏，永承重戒。

二世诏书

二世元年

皇帝曰：金石刻尽始皇帝所为也。今袭号而金石刻辞不称始皇帝，其于久远也，如后嗣为之者，不称成功盛德。丞相臣斯、臣去疾、御史大夫

① 廿:《史记》卷六《秦始皇本纪第六》作“二十”。
② 远黎:《史记》卷六《秦始皇本纪第六》作“远方黎民”。
③ 著:《史记》卷六《秦始皇本纪第六》作“休”。
④ 嗣:《史记》卷六《秦始皇本纪第六》作“世”。
⑤ 听:《史记》卷六《秦始皇本纪第六》作“圣”。
⑥ 体:《史记》卷六《秦始皇本纪第六》作“礼”。
⑦ 昆:《史记》卷六《秦始皇本纪第六》作“后”。

臣德昧死言，臣请具刻诏书金石刻①，因明白矣。臣昧死请。制曰：可。

欧阳修《集古录》云：余友江邻几谪官奉符，尝至泰山顶上，视秦所刻石处，云石顽不可镌凿，不知当时何以刻之也。然四面皆无草木，野火不及，故能若此之久。而风雨所剥，其存者才此数十字而已。

赵明诚《金石录》云：泰山刻石，以《史记》考之，颇多异同。《史》云"亲巡远方黎民"，而碑作"亲巡远黎"。《史》云"大义休明"，而碑作"著明"。《史》云"垂于后世"，而碑作"陲于后嗣"。《史》云"皇帝躬圣"，而碑作"躬听"。《史》云"男女礼顺"，而碑作"体顺"。《史》云"施于后嗣"，而碑作"昆嗣"。《史》云"具刻诏书到石"，而碑作"金石刻"。皆足以正《史》氏之误。

刘跂《秦篆谱》云：《史记》载始皇帝及二世，皆行幸郡县，立石刻辞。今世所传本可读者，唯二世诏五十余字。而始皇刻辞，皆谓已亡。余以大观二年春，登山访之，徘徊碑下，其石埋土中，高不过四五尺，形制似方而非方，四面广狭皆不等。所谓五十余字者，在南面稍平处，故士大夫多得见之。其三面犹残缺蔽暗，人不措意。余刮摩垢蚀，试以纸墨，渐若可辨，然终意其未也。政和三年秋，复宿岳顶，亲以毡椎从事，始得完善。四面总二十二行，行十二字。从西面起，以北、东、南为次：西面六行，北面三行，东面六行，南面七行，其末有"制曰可"三字，复转在西南棱上。乃知十二行是始皇辞，其十行是二世辞。以《史记》证之，文意皆具。字共二百二十有二，可读者百四十有六，其毁缺及漫灭者七十有六。李斯小篆，古今所师，经千三百有余岁而复彰，兹可尚也。

董逌《广川书跋》云：余至泰山，就视其石，高才八九尺，方面，二尺余，以乱石培其下。昔所建立，盖凿石为穴，下寝其中，岁久摧仆，则后人累石固其趾以存。至字则止此，未可以久远期也。

都穆《金薤琳琅》云：予家旧藏此本，仅五十一字，乃二世诏，即欧阳公所谓江邻几本、赵氏所谓兖州及宋莒公本是也。近得刘谱，视前加九十三字，此则跂之功也。欧阳公、宋莒公皆不知四面有字，盖在刘谱未出之前，元吾衍子行号称博洽，其《学古编》云：石皆

① 金石刻：《史记》卷六《秦始皇本纪第六》作"刻石"。

剥落，惟二世诏一面稍见。岂亦未尝见刘谱耶？

《金石文字记》云：秦篆今所存惟“臣斯臣去疾御史夫臣昧死言臣请具刻诏书金石刻因明白矣臣昧死请”二十九字，在岳顶碧霞祠东庑。而泰安城内东岳庙中别刻一石，亦止二十九字，其宋本不传。

《金石录补》云：泰山绝顶，碧霞元君宫之东庑，秦始皇、二世刻石存二十九字，州城内岱庙中别刻一石，其文同。

按：宋刘跂序《秦篆谱》时尚存二百二十二字，今止十之一，宋本不传久矣，惜哉！按：二刻同一石，在山顶。宋真宗东封此山，兖州太守模本以献，凡四十余字。其后宋莒公模刻于东平郡，江邻几治奉符，又刻于县廨。按：其文皆二世诏也，盖碑石四面，北西东三面为始皇诏书，南面为二世诏书。石仆而后人起立之，以二世诏稍完，植之南乡，故其三面摩灭者，世多不传见。大观间，汶阳刘跂亲至泰山绝顶，去其翳蚀，模其全文以归。虽残缺剥落，然首尾完具，不可识者无几。于是秦篆完本复传人间矣。都元敬尚得见刘氏全文。后北平许某始于榛莽中移置碧霞元君宫东庑。吴同春《游泰山纪》云：秦篆苦三面嵌壁，不能尽读。令数力士出而观之，已与刘氏所记不能符合。迨亭林顾氏所见，唯二十九字本。乾隆庚申碧霞宫火，而是石遂亡。后人摹其本于岱庙，今岱庙本亦佚。邑人聂氏又别摹一石于县署土地祠，虽仿自明本，而神气已非。今所得见者唯此耳。海内诸君子宝二十九字残刻，珍如尺璧，宜哉！

汉

武帝鼎锊 篆书，今佚

太始四年

右铭，见梁虞荔《鼎铭》。武帝登泰山铸一鼎，高四尺，铜银为之，其形如瓮，有三足，太始四年造。其文曰：登于泰山，万寿无疆。四海宁谧，神鼎传芳。大篆书。

光武帝刻石 见《后汉书》，今佚，文见《封禅志》

建武三十二年二月

师旷墓画像 在新甫山麓墓前

右刻，四面，无年月，作车轮蛇龙形，在新甫山麓师旷墓前。按：岱宗介齐鲁间，环抱诸山，皆支阜也。自南而下曰“社首”，其右曰“高里”，迤南曰“亭亭”，东南曰“新甫”，逾汶曰“徂徕”，东北曰“琨瑞”，联属西北曰“灵岩”，虽界入他县，仍岱之支脉也。故新甫、琨瑞、灵岩诸山遗刻，亦在所录焉。

晋

任城太守夫人孙氏之碑 隶额，隶书，在新甫山麓

泰始八年

夫人，济南孙氏之中女也，实曰□姬。其□与齐同姓，□别间，族遂以为氏。父列卿光禄大夫，建德亭侯，以儒雅称，世济其休。夫人少有淑质，纯静不□，宽仁足以容众，明敏足以辨物。九岁丧母，少为父所见慈抚，终丧哀毁，坐不易位，□有隐括傅母之训[①]，罔以加焉。

父时未有继室，长沙人桓伯序有寡妻伏氏，魏文帝以用妻之。伏氏柔少，有国色，然非所好，而顾违尊命，莫之能定。夫人谓父曰：何不以尝同寮辞之。父意乃寤。文帝诏报之曰：生敬其人，死辞其室，追远敬终，违而得道者也。父悦，入谓之曰：昔臧武仲先犯齐壮，不令与己邑。今我不犯尊，而蒙优诏，同归殊途尔。其□代伯序为侍中，父为侍郎，此为同寮，故夫人□□。父为勃海太守十余年，政化大行，孤宣□□，□□□意。时夫人□□在家[②]，止□令□而谓之□[③]，□威而退，虽天之□[④]，然事君不怼，□能□俭闻。□□□为吏部尚书，多用老成，先帝旧臣，举□□从[⑤]，必不忘君，□而

① □有：《全上古三代秦汉三国六朝文·全晋文》卷一百四十六作“虽有”。

② □□在家：《全上古三代秦汉三国六朝文·全晋文》卷一百四十六作“见□在家”。

③ 止□令□：《全上古三代秦汉三国六朝文·全晋文》卷一百四十六作“止父令留”。

④ 虽天之□：《全上古三代秦汉三国六朝文·全晋文》卷一百四十六作“虽天之遗”。

⑤ 举□□从：《全上古三代秦汉三国六朝文·全晋文》卷一百四十六作“举之□从”。

□举君为侍中。夫人□而□过，穷理尽情，为父所异，皆此类也。

夫人在羊氏，次第有□度，承上接下，众皆悦之，任城非夫□□□，夫人由此相帅孝□，加之谦勤，战战临深，唯恐不逮，是以舅姑嘉其淑婉，娣姒宗其德音，□□人为妇卅余载[①]，言无□过，□无怨恶故也。□□且感慈□□□□□，下惟诗人刑于之言，瞻前□后，率由弗违，以御于家邦，终始以孝闻，□□夫人之□。□□□□□□二□小子宏明、宏哲，皆□□不幸早亡。子孙皆仁厚，振振有麟止之化，皆是义形□□□□□□□□□□□八年□月庚寅□，十二月甲申□，嗣子迅哀怀永绝，□□罔极，追惟□□□□□□□□□力不肃之训，□□叹曰，古者钟鼎制铭，所以章君父之令德也，又有号谥□□□□□□□□□，我先妣立言立德，同之不朽，可没而无称哉！于是乃追而纪□，为之辞曰：

奂乎文母，于我夫人，潜神内识，罔不弥纶。和乐色养，□□□□，□□□□，□□是勤。昧旦□□，□问日新，丧难宏多[②]，仍罹□□。翼翼小心，惟忧用老，□□□□，□□□□。□□□惟，□□□□，忉忉遗孤，辟踊靡及。曰古□□，□□□□，何以□□□□告哀□□[③]。

右碑，在新甫山麓张庄原上。高七尺，广三尺。圭首，额下有穿，题曰“晋任城太守夫人孙氏之碑”十一字，作隶字，三行，字大四寸。碑文其二十行，行卅七字，大寸二三分。笔势谨严，文词古雅，犹存两汉遗意。通体虽剥泐过半，列叙事实多足与史相证明。向来金石家均未之见。以乾隆癸丑岁，为钱唐江凤彝搜得。西晋石刻本希见，妇人碑铭尤少。爰命新泰令柳世珍建碑亭以覆之，俾数千年佳刻不致损毁于樵人牧竖之手，斯则守土之责也。

武亿曰：按：《魏志·列传》，桓阶，字伯绪，长沙临湘人。碑以“绪”为“序”，古

---

① □□人：《全上古三代秦汉三国六朝文·全晋文》卷一百四十六作“□夫人”。

② 丧难宏多：原碑作“丧难弘多”。

③ 何以□□□□告哀□□：《全上古三代秦汉三国六朝文·全晋文》卷一百四十六作“何以告哀”。

字通故也。《阶传》言刘表辟为从事祭酒，欲妻以妻妹蔡氏，阶自陈已结婚，拒而不受，因辞疾告退，是当为阶元配。此碑载伏氏年少，似是其继室也。阶身没而遗事可见。又如此碑言伯序为侍中，父为侍郎，此为同寮。按：《阶传》魏国初建，为虎贲中郎将侍中，而夫人之父官侍郎，亦同其时。其后父历官侍郎、渤海太守、吏部尚书侍郎，则位亦显矣。然史不为立传，碑亦不书名。按：《卢毓传》，文帝以毓为吏部尚书，使毓自选代，乃举阮武、孙邕，帝于是用邕。按：碑言“父为吏部尚书”，其时正与相近，疑其父为孙邕也。碑云“夫人在羊氏”。按：羊氏当晋时泰山南城门阀最著，任城太守为羊氏之族。今惜碑不见其名，殆莫可稽也。《晋书·职官志》：王国改太守为内史，以《宗室传》证之，景王陵泰始三年转封任城王之国，然则任城为王国，不宜称太守，盖当云内史，而淆乱往往相易不可遽数。如桓彝，见于《武帝纪》，称宣城内史，及按《桓温传》，则亦称太守，皆此类也。

桂馥曰：按：《魏志·管宁传》，侍中孙邕荐宁，邕历官与碑同，疑即夫人之父。魏文帝《典论》光和中，北海王和平亦好道术，自以当仙，济南孙邕少事之。据此则邕为济南人，益可证《鲍勋传》：帝屯陈留郡界，太守孙邕见。案：碑言勃海太守，不及陈留或邕历二郡，碑但举其一尔。碑又云“长沙人桓伯序”，《魏志·桓阶传》作“伯绪。”案：阶，陛也；序，东西廧也，当为序。碑又云“昔臧武仲先犯齐壮，不令与己邑”，考《左氏传》，齐庄公将为武仲田，与之言伐晋，武仲以鼠为喻，遂不与田，碑指此事。谥法，武而不遂曰莊，此“莊”字本作“壮”，晋时《左传》本尚作“壮”，后改为“莊”。汉赵充国、蜀汉关羽、魏曹休、桓阶、许褚、庞德、徐晃、文聘、州泰并谥壮侯，可证也。

朱文藻曰：按：碑不见年号，碑中有年月可辨者，惟“八年十二月甲申”等字。“八年”上漫漶莫辨，夫人父仕魏文帝朝，其时夫人年初长。自文帝初元迄元帝禅晋，其在位四十六年，夫人当已六旬，则入晋历年不久。终西晋之世有八年者，惟武帝之太始、太康，惠帝之元康。元康八年距晋初已三十六年，计夫人有九十余岁。碑文无一语颂及高年，断不逮此。今以《资治通鉴》目录追考之，元康八年十二月戊戌朔，则甲申在十一月，其非元康八年无疑矣。太康八年十二月壬寅朔，甲申亦在十一月十二日，其非太康八年亦无疑矣。惟太始八年十二月庚午朔，甲申是十五日，遂定此碑为太始八年。然则夫人之寿垂七十矣。又按：碑“甲申”下缺一字，“庚寅”下缺一字，“庚寅”上有“月”字，“月”字上缺，微存

“一”，似系“十”字，此上乃有“八年”字，碑似云八年十月庚寅卒，十二月甲申葬也。

泰山君改高楼碑

升平三年六月

按：陶贞白《真灵位业图》：五岳君五百年而一替，泰山君秦顗，字景倩，此其神与？是刻见《金石录》及《墨池编》，今佚。

东魏

胡元方等造像记 正书，在泰安城东姚庄大云寺西墀下

兴和二年

右刻，在石柱上，四面佛像，文已剥泐殊甚，仅赖有“大魏”字、“兴”字、“二”字、“庚申”字，知其为东魏兴和二年庚申岁也，余惟数人名可识。

杨显叔造像记 正书，在琨瑞山神通寺四门塔上

武定二年

武定二年□乙卯朔十四日戊辰，冠军将军、司空府西阁祭酒[①]、齐州骠大府长流参军扬显叔，仰为亡考忌十四日，敬造石像四区，顾令亡者生常值佛。

右刻，字画明净，笔意瘦挺，造像中佳制也。

北齐

大般若经摩崖 王子椿，隶书

武平元年

右刻，在徂徕之阳，光化寺东南一里许。石崖上字大七、八寸，雄古可爱。末书“冠军将军梁父县令王子椿”款字一行，全文多剥蚀。

---

① 司空府西阁祭酒：原造像记作“司空府前西阁祭酒”。

四佛号刻 隶书，在前石之左

无年月

般若波罗密经摩崖 隶书

武平元年

右刻，在光化寺东南里许映佛岩上，字体大小与《大般若经》同，作二层刻。上书"般若波罗密经冠军将军梁父县令王子椿"十七字，下层书经文，半多残缺。末题"武平元年僧斋大众造"。

金刚经残刻 隶书

《金石录补》曰：泰山御帐坪之南有石经峪，石如平台，旧刻《金刚经》。后人刻大字盖其上，字皆径尺，黄花洞内有唐人题名与白蝙蝠诗。

按：石刻在山南麓，石坪纵横数十亩，作棋局纹。隶字大径尺余。奇古雄秀，向来金石家未获睹焉。惟明人华亭孙克宏《古今石刻碑帖目》云：泰岳之阳刻《金刚经》，大尺许，相传为王右军书。今考其笔法，实与邹县北齐韦子深刻经同出一手，其亦为韦氏作无疑。明王世懋《纪游》云：此书不能定唐宋元人笔耳。真盲瞽可笑，不知书势足以定时代，宋元人断无此结构气味。又陈国瑞题名有曰：熟视笔画，非人所能。历千百年，曾不磨灭，岂非神力护持以遗观者尔。时在北宋，人视之已叹美若此。惟地当瀑泉奔赴之区，剥泐殊易。今明净可读者，存字不满二百，匪同碑碣，可以人力护持，使垂永久，惜哉！

唐

千佛崖造像残刻 正书，在琨瑞山神通寺千佛崖上

武德□年

右刻，文虽残毁，书法绝精，尚存有"邻禅师桑门僧沙栋国书传记及大唐武德□年厥年七十"等字可识。此外上下四旁，唐人造像镌刻纷纷，其无年月者十余首，审其字体，亦唐刻也。

千佛崖僧明德造像记 正书

贞观十八年

千佛崖刘玄意造像记 正书

显庆二年九月

大唐显庆二年九月十五日①，齐州刺史、上柱国、驸马都尉渝国□□刘玄意②，敬造□像供养。

右刻，笔致类颜平原。

千佛崖僧明德造像记 正书

显庆三年

千佛崖南平长公主为太宗文皇帝造像记 正书

显庆三年

千佛崖赵王福造像记 正书

显庆三年

大唐显庆三年，行青州刺史清信佛弟子赵王福，为太宗文皇帝敬造弥陀像一躯，愿四夷顺命，家国安宁，法界众生，普登佛道。

右《造像记》，有年月者五首，在山东北九十余里，曰琨瑞山，石嶂高广，名千佛崖。唐人遍勒佛像于上，各有题记。凡有年号者，得武德一，贞观一，显庆四，文明一，永淳一。余无年号者，不尽拓。崖之西南，古刹荒凉，即神通寺也。

---

① 大唐显庆二年：原造像记作“大唐显庆三年”。

② 渝国□□：原造像记作“渝国公”。

岱岳观造像记 正书，在山南麓老君堂，西碑北面第一层

显庆六年二月

《金石文字记》云：泰山东南麓有唐岱岳观，今存小殿三楹，土人称为老君堂。其前有碑二，高八尺许，上施石盖，合而束之。其字每面作四五层，每层文一首，或二首，皆唐时建醮造像之记，空处又有唐代人题名，东西侧有诗并题名，中二侧面无字。唐碑存于泰山者，唯此及玄宗《泰山铭》、苏颋《东封朝觐颂》。二文皆摩崖刻于山上，此碑在山下，以小而双束，故不仆。书非名笔，故摹拓者少，而独完至今。因叹唐时六帝一后，修斋建醮凡二十许，共此二碑，亦异乎近代之每岁一碑，以劳人而灾石者矣。

《金石录补》云：唐岱岳观，在泰山之东南麓王母池上，今存中殿之楹，俗称为“老君堂”。前有二碑，皆唐时建醮造像之记。予回环读之，两目酸楚，足征精力之耗。碑上发土二尺许，询之庙丁，则吾邑顾亭林所发也，苟非亭林好事，必就湮没矣。

封禅朝觐坛颂 正书，李安期撰，在山顶，今佚

乾封元年正月

波扰五岳，尘飞深入，反陷重围，动想神京。结阵则浮云未□，□。巢王元吉委镇策而地，□置州县。兼神初基，未遑西略，恳构两开玉帐。杨□魏窃弄神玺，规亨笼宵之碧，建德旌□，累捷而致双。擒眇六年间，未方劳誓牧，□冠九天，志清八表，英威迅其尝。舍于□帀俗，于龙英玉帛樽。

右刻，在山顶大观峰间，《金石文字记》云：明闽人林焯开府山东，以“忠义廉节”四大字镵其上，颂文去其大半。后勒御制诗刻，而是文遂尽磨去。今“云峰”二字之下，是其旧刻处也。

刘仁愿题名 正书，在山顶云峰西

乾封元年二月

□□卫将军、鲁城县开国公、上柱国刘仁愿，颍川郡夫人陈，大男

□□出身□□，二男怀瓒，任宏文馆学士。女一人，新妇窦二，新妇于乾封元年二月十九日□记。

阮元《山左金石志》云：右题名摩崖，按《泰安县志》载此碑云：漫漶莫辨，盖因题名上有"嘉靖癸丑吴天寿"大字，题名掩刻，致有漫漶。细辨之，所损尚无多也，年月之后有"盘陀挑儿高益富吕小陇奉母聂阿稔笙博士沈小奴"等字。武虚谷云：皆后人所题，不记年代，疑为金元时刻，"笙博士"者专业自名，亦起于唐。如《大历同光禅师塔铭》，有"造塔博士"，皆此类也。

登封纪号文 飞白书额，高宗御制并行书，在山顶，今佚

乾封元年二月

碑侧正书。

小字登封纪号文 飞白书额，高宗御制并行书，在山下，今佚

碑阴小字，正书。

右二刻，一在山顶，一在山下，并见《金石录》，石亡已久。按：高宗乾封元年戊辰，祀昊天上帝，封玉册。庚子，祀皇地祇于社首山之降禅坛，率六宫以登。当时外夷之从封者，如《车鼻可汗传》云：唐高宗封禅，车鼻可汗、葛逻禄叱利等三十余人，皆从至山下，勒名于封禅碑。《会要》云：突厥、于阗等十一蕃长扈送。《高丽传》云：高丽王高藏遣子男福从封太山。《流鬼传》云：有儋罪者[①]，麟德中，酋长来朝，从封太山。可见当时车骑震殷，极一朝之盛轨，故山上山下并刻石以纪功。惜一举三失之议，君子讥之，徒侈文字之华，果足垂示来许耶?

岱顶投龙壁题记 正书，在山顶云峰西洞口，东向

乾封元年二月

《山左金石志》云：右摩崖题名，字本模糊，加以右方有明嘉靖二年龙池高海刻字掩其

① 儋罪：当作"儋罗"，是曾位于今日韩国济州岛的古国名。

上，愈不能辨。仅寻其影迹之掩不尽者，得其姓氏、年月二百余字。武虚谷云：按：《旧唐书·高宗纪》：麟德三年春正月戊辰朔，车驾至泰山顿。壬申，御朝觐坛受朝贺。改麟德三年为乾封元年。意此皆从封，有事。诸臣故有宫府寺丞、检校造封禅行宫门整备大使等官。行内府监主簿王知敬，见《新唐书·王友贞传》云：父知敬，善隶书。武后时，仕为麟台少监者，即其人。后有西台主书王行真[①]，按：《职官志》，龙翔改中书省为西台，其属中书舍人，下有主书四人，即此西台主书也。又有奉敕投龙璧于介丘者，一人投璧，似即封禘瘗玉之事。益都云门山有北海太守赵居贞《投龙诗碑》序云：赵居贞登云门山，投金龙环璧，奉为开元天地大宝圣文神武皇帝祈福也。事与此同。

岱岳观造像记 正书，在西碑北面第二层

仪凤三年三月

千佛崖王万元等造像记 正书

永淳二年六月

永淳二年六月，为天灾淖侧，□诸村史同、王万元百余人等于明□□□□□[②]，遂蒙甘泽[③]，设斋造像[④]。

千佛崖赵盱造像记 正书

文明元年四月

① 王行真：原题记作“王行直”。

② □诸村史同、王万元百余人等于明□□□□□：原造像记作“近诸村史同、王方百余人等于朗和尚广所祈请”。

③ 遂蒙甘泽：原造像记作“虽蒙甘泽”。

④ 设斋造像：原造像记作“发心设斋，造像造经”。

岱岳观造像记 正书，在东北面第二层

神龙元年三月

神通寺僧无畏造像记 正书，在神通寺四门塔上

景龙元年

岱岳观修斋醮记 正书，在东碑北面第四层

景龙二年二月

岱岳观建醮报赛记 正书，在东碑南面第一层

景龙三年三月

周

垂拱残刻 在红门东，今佚

垂拱元年

右刻，据邑人聂氏《泰山道里记》载：红门东有丰碑，断踣，已磨泐无字可读，惟碑额棱上有“垂拱元年□月廿五造”及“二年五月”等字。碑侧，犹有宋人题识“当日东封安在哉，茫茫今古泯尘埃”字句可识。翻视底面，有行书，字影差小，隐隐莫辨，岂即高宗乾封元年“小字登封纪号文”立于山下者，而武后补刻之欤？

岱岳观造像记 正书，在东碑北面第一层

天授二年二月

王仁恭祭岳颂 严浚序，邢令均颂，杜行均八分书，见《金石录》，今佚

长寿二年正月

岱岳观造像记 正书，在西碑北面第一层

万岁通天二年四月

岱岳观造像记 正书，在西碑南面第一层

圣历元年十二月

陪敕使麻先生祭岳诗 正书，守博城令马□□，在岱岳观双碑东一侧第一层

《金石文字记》曰：久视二年《记》所称“神都青元观主麻慈力”，即其人也。武后遣之至观修醮。神都，即东都，故有“伊水”“嵩岩”之句。

岱岳观修斋醮记 正书，在西碑北面第二层

久视二年正月

又一首 正书，在东碑北面第二层

长安元年十二月

又一首 正书，在西碑南面第二层

长安四年九月

又一首 正书，在西碑北面第三层

长安四年十一月

唐

修封禅坛记 贾膺福，并正书，见《金石录》，今佚

景云二年八月

《金石录》云：初，余得贾膺福八分书《大云寺记》，爱其笔法。后又得此《记》，字

为小楷，尤工妙可喜。

岱岳观设醮投龙记 正书，在西碑南面第三层

景云二年八月

又一首 正书，在东碑南面第三层

开元八年七月

封祀坛颂 正书，张说撰，在城南四里舞鹤台，今佚

开元十四年

皇帝六叶开元神武皇帝再受命致太平，乃封岱宗，禅社首，凿石纪号，天文焕发，儒臣志美，立碣祠坛。曰：厥初生人，俶有君臣，其道茫昧，其风朴略，因时而欻起，与运而纷落，泯泯没没无闻焉。尔后代圣人取法象，立名位，衣裳以等之，甲兵以怛之，于是礼乐出而书记存矣。反其源，致敬乎天地，报其本，致美乎鬼神，则封禅者，帝王受天命、告成功之为也。阅曩圣之奥训，考列辟之通术，畴若天而不成，曷背道而靡失？

由此推之，封禅之义有三，帝王之略有七。七者何？传不云，道、德、仁、义、礼、智、信乎？顺之称圣哲，逆之号狂悖。三者，一、位当五行图箓之序，二、时会四海升平之运，三、德具钦明文思之美，是谓与天合符，名不死矣。有一不足，而云封禅，人且未许，其如天何！言旧史者，君莫道于陶唐、虞舜，臣莫德于皋陶、稷、卨，三臣降德，皆有天下。仲尼叙帝王之书，系周秦之誓，明鲁祀周公用王礼，秦承伯益接周统，孔圣微旨，不其效欤！然秦定天下之功高，享天禄之日浅。天而未忘庭坚之德也，故大命复集于皇家。天之赞唐，不惟旧哉！其兴之也，玄灵启迪，黄祇顾怀，应归运以义举，抚来苏以利见。汤也无放夏之惭，武也无伐殷之战。高祖创业，四宗重光，德有格天漏泉，蒸云濡露，菌蠢滋育，氤氲涵

煦，若天地之覆载，日月之照临。溥有形而归景，罄无外而宅心，百有八年于兹矣。皇帝攘内难而启新命，戴睿宗而缵旧服，宇宙更辟，朝廷始位，盖羲轩氏之造皇图也。九族敦序，百姓昭明，万邦咸和，黎人于变，立土圭以步历，革铜浑以正天，盖唐虞氏之张帝道也。天地四时，六官著礼，井田三壤，五圻成赋，广九庙以尊祖，定六律以和神，盖三代之设王制也。武纬之，文经之，圣谟之，神化之，然犹战战兢兢，日慎一日。纳规诲以进德，遂忠良以代工，讲习乎无为之书，讨论乎集贤之殿。宠勇爵，贵经明，翌乎鹓鸾之列在庭，毅乎貔豹之师居鄙。人和旁感，神宝沓至。乾符坤珍，千品万类，超图溢牒，未始闻记。我后以人瑞为心，不以物瑞为意。

王公卿士俨然进曰：休哉！陛下孝至于天，政合乎道。前年祈后土，人获天穰；间岁祀圆丘，日不奄朔。感祥以祈圣，因事以观天，天人交合，其则不远。意者乔丘扫路，望翠华之来；上帝储恩，俟苍璧之礼久矣，焉可专让而废旧勋？群臣固言，至于再，至于三。帝乃挹之曰：钦崇天道，俯率嘉话，恐德不类，敢惮于勤！其撰巡守之仪，求封禅之故。既而礼官不戒而备，军政不谋而辑，天姥练日，雨师洒道，六甲按队，八阵警跸。

孟冬仲旬，乘舆乃出，千旗云引，万戟林行；霍濩灿烂，飞焰扬精；原野为之震动，草木为之风生。历郡县，省谣俗，问百年，举百祀，兴坠典，葺阙政。攸阻之人，室家相庆。万方纵观，千里如堵。城邑连欢，丘陵聚舞。其中垂白之老，乐过以泣，不图蒿里之魂，复见乾封之事。尧云往，舜日还，神华灵郁，烂漫乎穹壤之间。

是月，来至于岱，祗祓斋宫，涤濯静室，凝神玄览，将款泰一。议夫泰山者，圣帝受天官之宫，天孙总人灵之府。自昔立国，莫知万数，克升中而建号，惟七十而有五。我高祖六之，而今七矣。非夫尊位盛时，明德旷代，辽阔难并之甚哉！先时将臻夫大封也，累封疆于高冈，筑泰坛于阳趾。夫其天坛三袭，辰陛十二，咸秩众灵，列坐有次。崇牙树羽，管磬镛鼓，宫县于重壝之内；干戚铩殳，钩戟戣戳，周位于四门之外。伐国重器，传代绝瑞，旅之于中庭；玉辇金毂，翠冒黄屋，夹之于端路。庶官百辟，羌夷蛮貊，褒成之后，让王之客，序立于礼神之场；髦头弩牙，铁马金镞，介胄如雪，旗帜如火，远匝于清禁之野。于是乎以天正上元，法驾徐进。屯千乘于平路，留群臣于谷口。皇帝御六龙，陟万仞。独与一二元老执事之人，出天门，临日观，次沆瀣，宿巉岩，赤霄可接，白云在下。

庚寅，祀高祖于上封，以配上帝；命众官于下位，以享众神。皇帝冕裘登坛，奠献俯偻。叶金奏，佾羽舞，撞黄钟，歌大吕，开阊阖，与天语。清将信公，奉斗布度，懋建皇极，勤恤苍生。昭嘏乎未兆，禳灾乎未萌。上下传节，而礼成乐遍；福寿同归，而帝赐神策。乃检玉牒于中顶，扬柴燎于高天。庶忠诚之上达，若凭焰而驾烟。日辔方旋，神心余眷。五色云起，拂马以随人；万岁山呼，从天而至地。

越翌日，尊睿宗，侑地祇，而礼社首，遂张大乐，觐东后。国风惟旧，无黜幽削爵之诛；王泽惟新，有眚灾大赉之庆。不浃日，至化洽于人心；不崇朝，景福遍于天下。然后藏金匮于祏室，回玉鸾于上都，煌煌乎真圣朝之能事，而高代之盛节者也。于斯之时，华戎殊俗，异音同叹曰：兵合多雨，山峻多云，岂有大举百万之师，克期千里之外，及行事之日，则天无点翳，地无纤尘，严冬变为韶景，寒风郁为和气，非至德，其孰能动天如此其顺者乎？

昔人云：自西自东，自南自北，无思不服。今信知圣人作而万物睹，其心服之之谓矣。或曰：祭泰折主先后非礼欤？曰：是礼也，非宜也。王者，父事天，母事地，侑神崇孝，无嫌可也。且夫柴瘗外事，帝王主之；蒸尝内事，后妃助之。是开元正人伦、革弊礼，起百王之法也。故令千载睹末光，聆绝韵，咀甘实，漱芳润。烁玄妙之至精，流不已之淑声。臣说作颂，告于神明，四皇坟而六帝典，虽吉甫亦莫能名，徒采彼舆人之诗曰：大矣哉！惟天为大，惟皇则之，率我万国，受天之祺，子孙百代，人神共保，绥之云尔而已矣。

纪泰山铭 隶额，玄宗御制并八分书

开元十四年九月

纪泰山铭[1]

朕宅帝位，十有四载，顾惟不德，懵于至道，任夫难任，安夫难安。兹朕未知获戾于上下，心之浩荡，若涉于大川。赖上帝垂休，先后储庆，宰衡庶尹，交修皇极，四海会同，五典敷畅，岁云嘉熟，人用大和。百辟佥谋，唱余封禅。谓孝莫大于严父，谓礼莫尊于告天，天符既至，人望既积，固请不已，固辞不获。肆余与夫二三臣，稽虞典，绎汉制，张皇六师，震叠九宇，旌旗有列，士马无哗，肃肃邕邕，翼翼溶溶，以至于岱宗，顺也。

《尔雅》曰：泰山为东岳。《周官》曰：兖州之镇山。实惟天帝之孙，群灵之府。其方处万物之始，故称岱焉；其位居五岳之伯，故称宗焉。自昔王者，受命易姓，于是乎启天地，荐成功，序图录，纪氏号。

朕统承先王，兹率厥典，实欲报玄天之眷命，为苍生之祈福，岂敢高视千古，自比九皇哉。故设坛场于山下，受群方之助祭，躬封燎于山上，冀一献之通神。斯亦因高崇天，就广增地之义也。乃仲冬庚寅，有事东岳，类于上帝，配我高祖。在天之神，罔不毕降。粤翌日，禅于社首，侑我圣考，祀于皇祇。在地之神，罔不咸举。暨壬辰，觐群后。上公进曰：天子膺天符，纳介福。群臣拜稽首，千万岁，庆答欢同，陈诚以德。大浑叶度，彝伦攸叙，三事百揆，时乃之功。万物由庚，兆人允植，列牧众宰，时乃之功。一二兄弟，笃行孝友，锡类万国，时惟休哉。我儒制礼，我史作乐，天地扰顺，时惟休哉。蛮夷戎狄，重译来贡，累圣之化，朕何慕焉。五灵百宝，日来月集，会昌之运，朕何感焉。凡今而后，儆乃在位，一王度，齐象法，推旧章，补缺政，存易简，去烦苛，思立人极，乃见天则。於

① “纪泰山铭”下原摩崖石刻有“御制御书”四字。

戏！天生蒸人，惟后时乂，能以美利利天下，事天明矣；地德载物，惟后时相，能以厚生生万人，事地察矣。天地明察，鬼神著矣。

惟我艺祖文考，精爽在天，其曰：懿余幼孙，克享上帝。惟帝时若，馨香其下。丕乃曰：有唐氏文武之曾孙隆基，诞锡新命，缵戎旧业，永保天禄，子孙其承之。余小子敢对扬上帝之休命，则亦与百执事尚绥兆人，将多于前功，而毖彼后患。一夫不获，万方其罪予；一心有终，上天其知我。朕惟宝行三德，曰慈、俭、谦。慈者，覆无疆之言；俭者，崇将来之训；自满者人损，自谦者天益。苟如是，则轨迹易循，基构易守。磨石壁，刻金记，后之人听词而见心，观末而知本。铭曰：

惟天生人，立君以理，惟君受命，奉天为子。代去不留，人来无已，德凉者灭，道高斯起。赫赫高祖，明明太宗，爰革隋政[①]，奄有万邦。罄天张宇，尽地开封，武称有截，文表时邕。高宗稽古，德施周溥，茫茫九夷，削平一鼓。礼备封禅，功齐舜禹，岩岩岱宗，衎我神主。中宗绍运，旧邦维新，睿宗继明，天下归仁。恭已南面，氤氲化淳，告成之礼，留诸后人。缅余小子，重基五圣，匪功伐高，匪德矜盛。钦若祀典，丕承永命，至诚动天，福我万姓。古封太山，七十二君，或禅奕奕，或禅云云。其迹不见，其名可闻，祇遹文祖，光昭旧勋。方士虚诞，儒书龌龊，佚后求仙，诬神检玉。秦灾风雨，汉污编录，德未合天，或承之辱。道在观政，名非从欲，铭心绝岩，播告群岳。

大唐开元十四年，岁在景寅九月乙亥朔十二日景戌建。

碑西侧，诸王从臣题名。小字，八分书。

赵崡《石墨镌华》云：玄宗《太山铭》，文词雅驯，分隶遒逸，刻在太山高崖，不易拓。王户部尧年为彼中司理见饷一本，如获明珠。王元美云：余尝登太山，转天门，见东二里许，穹崖造天，铭书若鸾飞凤舞于烟云之表，为之色飞。

---

① 隋：原脱，据泰安市博物馆藏清嘉庆刊本补。

全祖望《鲒埼亭·碑跋》云：开元《纪泰山铭》，摩崖刻之，前明俗吏，更以“忠孝廉节”四大字镵其上，旧文为所毁者半，天下之庸妄人有如此者！予求得范侍郎天一阁所藏完本，岂非百朋之珍乎。封禅，秦汉之侈心，碑虽有儆惕之言，已惭愧初年之励精矣。至于末路，贺“野无遗贤”，则其极衰也。

《铁函斋书跋》云：明皇《泰山铭》镵青帝祠后石壁，方三丈。余每过其下，辄摩抄不忍去。商之官斯土者，皆以拓须架，而架木则不可卒致，遂不复强之。丁亥夏，五过芜城，见叶芳杜所藏本，有顾云美飞白书“泰山纪铭”四字，大方尺，古劲在铭上。思以钱叔宝《浔江夜汛图》易之，不可。益以白镪，又不可。怏怏至白下门，忽见此本，与以所益之数得之，为之不寐者竟夕，然终以不得云美题字为恨也。

《山左金石志》云：唐玄宗《纪泰山铭》文，《唐书》所载不全，《岱史》及《泰安志》亦有数字不同，今悉从拓本。旧《济南府志》云：碑下截剥落，明叶彬补书百八字，形似小异。盖拓者冬月爇火之所蚀也。字旧填金泥，元时错落犹有存者，见杜仁杰记，今悉销残矣。武虚谷云《旧唐书·礼仪志》：玄宗制《纪泰山铭》，御书，勒于山顶石壁之上者，是也。今以其文与《志》参校，“朕宅位十有四载”，碑作“宅帝位”。“若涉大川”，碑“涉”字下多“于”字。“宰相庶尹”，碑“相”作“衡”。“礼莫盛于告”，碑“礼”字上多“谓”字，“告”字下多“天”字。“震耆九寓”，碑作“震叠”。“以至岱宗”，碑“至”下多“于”字。“实万物之始”，碑作“实惟天帝之孙，群灵之府。其方处万物之始”。“为苍生而祈福”，碑“而”作“之”。“呼万岁”，碑“呼”作“千”。“庆合欢同”，碑“合”作“答”。“乃陈诫以德”，碑无“乃”字。“懿尔幼孙”，碑“尔”作“余”。“刻金石”，碑“石”作“记”。“冀后人之听词而见心”，碑无“冀”字。又作“后之人”。“卫我神主”，碑“卫”作“衔”。“中宗绍运，旧邦惟新”，碑于此下多“睿宗继明，天下归仁”二句。“或禅亭亭”，碑“亭亭”作“奕奕”。“儒书不足”，碑“不足”作“龌龊”。按：文之异者，容所据见，或有不同，若铭列祖而独遗睿宗，则下文“恭已”无为正，以睿宗禅位为词，若接属中宗，义便不相属。又“儒书龌龊”，盖指议封禅，儒生所录，故以“龌龊”鄙之，作史都嫌其过诋儒书，遂删易，以“不足”当之，斯不达其旨矣。铭后题“开元十四年”，叙又作“十四载”，“年”“载”通称互文，非如天宝元年改“年”为“载”，始有专名也。

又云：从封诸王群臣题名，在纪铭西侧。武虚谷云：题名石刻，向未经人著录，故流传绝少。前明嘉靖间，数妄人镌刻大字，横贯交错，唐刻遂湮蚀。仅有存矣，择其可识者，有“臣宪”字；另行有“岐王臣范”字，下空一格，有“太子”字，依稀有“业”字，“司空邠”字；另行“王臣洽”字，“氵”字；另行有“臣清”字、“延王臣因”字；另行有“王臣沐”字、“永王臣泽”字、“太子□□事员外”字；另行有“正员嗣韩王讷”字、“宗正卿员外置同正员”字；另行有“王臣”字；另行有“军嗣氵王臣”字、“嗣□臣”字；另行“正卿员外置同正员嗣郑王”字；另行有“员外置”字，余不可见。今以《旧唐书》传纪证之，“宪”，睿宗长子，让皇帝宪也。“岐王臣范”者，“睿宗第四子，本名隆范，后避玄宗连名，改单称范”。“睿宗践祚，进封岐王”。“太子”下空五格，是“业”字。业，睿宗第五子，本名隆业，后单名业。睿宗即位，进封薛王。开元八年迁太子太保，是空处当作“太保薛王臣”也。“司空邠”，按，章怀第二子，名守礼，神龙中，遗诏进封邠王。先天二年，迁司空，后以开元二十九年薨，是“司空邠”字，官封虽残未全见，知为“守礼”也。据玄宗纪开元十三年二月丙子，改“豳州”为“邠州”，此刻于十四年，作“邠”字，从新改为文。“王臣洽”，十三年三月，鄫王嗣真改名洽，即其人。“臣清”，玄宗第十八男。“清”封为寿王也。“延王臣”下残字。按，玄宗第二十男“洄”封为“延王”，《新唐书》亦作“洄”，《延王本传》作“泅”。据石刻残字“因”当从“泅”为定。“王臣沐”，玄宗第二十一男。“沐”封为盛王，是“王”字上缺文当作“盛”也。“永王臣泽”，玄宗第十六男，“泽”封为“永王”，皆以十三年封。金石刻所记与史合。“嗣韩王臣讷”，《宗室世系表》有“嗣韩王太仆卿讷”。“嗣郑王”下缺，《表》有“小郑王房，嗣王遂州刺史璥”。后于明大字题名内，钻空见一“臣卢毓秀名蒙古字内存”；一“开国□李仁德名”；又有“书门下□□事上柱国臣李元□”；又有“陆去泰、刘崇熙、刘大雅、王敬之”诸名。按：“李元”下缺字，当作“纮”，《纪》于十四年四月丁巳，户部侍郎李元纮同中书门下平章事，《本传》及《宰相表》并同。今石刻有“书门下□□事”字，正其“同中书门下事”时也，元纮衔已至四月，可知刻石又当后于此矣。

右刻，在山顶，并额共高三丈四尺，广一丈七尺，作棋局纹。大书深刻，额字大二尺，碑文大五六寸。山崖石理此处独坚，故全碑平坦完好，唯下截为道人积薪毁于火。乾隆初，邑人大学士赵国麟以旧本重摹补之，字形差小，神气亦远不及原本。碑西侧从封诸王从臣题名，作数层刻之，惜多为历朝题字铲毁殆尽。嘉庆二年春，署山东按察使、阳湖孙星衍来谒岱宗，前运河同知黄易、阳湖杨元锡、钱塘江凤彝同至，宿登封顶，命工精拓审视，尚存“岐王臣范、咸王臣沐、延王臣泂”及“张说、尉大雅、刘敬之、孙元庆”等衔名，残缺数百字，笔锋犀利，奕奕有神，惜佳刻不完耳。东侧亦多唐、宋、金、元人题名，纷纷遍刻，高与碑等，赵明诚题名在焉。

社首坛颂 **源乾曜撰，见《文献通考》，今佚**

开元十四年

东封朝觐颂 **苏颋撰，梁升卿八分书，今佚**

开元十四年

封祀之山，五在中国，泰岳首之。昊穹之命，再集巨唐，皇帝受之。临位十四年，考虞氏岁巡之义，讽周王《时迈》之什[①]。十月辛酉，步自有洛。十一月景戌[②]，帐殿斋于岳趾。渊默以清，绎思而照，将纪功布度顺斗承天精享也。己丑，宏观轶区宇，盛仪振开辟。高临建凤，万队张皇以烛山；上御飞龙，百神翕习以扶道。国台二，藩后四髦士密侍，信臣高位，扈封台，列升陛，不下五十。以圣言冲邈，瑶牒宝书，誓之旨曰：朕获守丕业，恐不克骏命，惟上帝储休，锡苍生无疆之庆，朕之庆也。古则秘之，何哉？属寒驰迅飚，露清终夕，若扫若锄，晏然而已。

庚寅，天官次纂，王制协时，严高祖以配之，嗣高宗以陟之。冕裘立，珪璧序，洁罍俎，调钟吕。倨勾于簨簴，戛击乎柷敔。宝骈瑞兮物焜煌，空薄霄兮音容与。则纤尘不动，和气充塞；日在于观，天为之门。扬日大

① 讽：《全唐文》卷二五〇作“颂”。

② 景戌：《全唐文》卷二五〇作“戊戌”。

光，谓小天下。昭以抱戴，见之卿霭。郁郁纷纷，喜气烟煴。当芝检，引紫薰。太紫洞而三辰接，郁苍摇而万岁闻。自下达上傒吾君，君之来兮望如云。端兮晬，圣之门。至尊辛卯，有事于社首，以泰圻如泰坛[①]。于穆我睿宗，侑而作主，奠献呜咽，天子之孝也。佥以金匮，归勋于祖祢，石磩藏美于乾坤，戒咸秩则司存。

癸巳，载大旗，合大乐，三陔崌以惟抗，四亚锵而辂止。朝群牧，揆千官；底邦赋，数庭实，华虫辨等，车马来觐。周人隋人，二王之宾，戎狄蛮貊，万里重译。必拱于著，执贽奉璋，□□印印[②]，靡敢怠遑。乃建鸡竿，代鼍鼓[③]；帝命出，皇恩溥。扬巽风，作解雨；施舍之，荡涤之。宥法罪，除颇纇。沕涌洋溢，周流黖霴。不崇朝而遍者，与此山俱。畴翳而不拔，胡微而不铺也。亦既称寿，申命宗伯，咨尔颂焉，效古之刻石。

臣颋稽首再拜而言曰：臣闻昔在帝尧，臣惟咎由，聪明之谓圣，迈种之谓德。天若曰：依于巨唐，易姓者李；王于中华，崇功者唐。圣之泽、德之浸也。我唐祚之兴，昌符诞膺，两仪动，六叶承，皇帝宣高祖四宗之景烈，肇开元神武之明号，广矣大矣！莫有不宁，罔有不俾，咸一德之辅，不二心之臣。群后抗词曰：臣闻先王因天事天，因地事地，因名山升中于天。陛下得天之经，得地之义，得人之行。行也者，孝莫大焉，兼三才以为政；政也者[④]，仁莫大焉，含万物以为性。今三才贞，万物亨，六典平，九功成。官不滔，狱不放，至于刑清，良有以也。因斯而谈，清明在躬，志气如神之睿者，君也；四国于藩，四方于宣之美者，臣也。有物有则，君臣保乂之[⑤]。原所由于前，设其教于后尔。往岁邦危中否，天讨内难，陛

---

① 圻：《全唐文》卷二五〇作“折”。

② □□印印：《全唐文》卷二五〇作“雍雍昂昂”。

③ 代：《全唐文》卷二五〇作“伐”。

④ 政也者：《全唐文》卷二五〇作“孝也者”。

⑤ 君臣：《全唐文》卷二五〇作“我君臣”。

下提三尺之剑，扭阊阖，绝勾陈，趋北军，正北辰。然后翼翼乾乾，尊尊亲亲，立我烝人。圣考所以付天下之公器，蹈汾阳之清尘，唐虽旧邦，其命维新。古者振兵释旅，祠土祈谷，先事也。我是以幸太原，祭汾脽，耀金甲，肃边鄙，虏马畬而不敢南向，解严京[1]；获宝鼎，献宗庙，成人归而尽务东作[2]，报福京坻。于是乎爰佐五畤，郊天以奉时；爰崇九室，袷祖而敬思。昭格迟迟，神人允釐。无何，籍三脊，盛六穗，不召斯至。拥休之类，如山则委，曷月而秘。岂非享物降嘉司火也？立浑同度在璿也？陛下姑谓之薄，臣所未谕。且管氏诧齐，帝王凡八十九，湮沦郁没。孰若致美我高宗，勒岱甲子正六十，肸蠁葳蕤，故能应期我神武。惟继代奉业，增高保鸿，缺乎中，何也？即先后以权，暂阻于运，二宗绍复，未遑厥功，神暗之契，不在诸子，而当圣躬，固不可辞者审矣。帝曰：俞。

畏德之不称，而左辅右弼，杂缙绅鸿硕之伦，抱蕝怀书，蒸云吐雾，方集贤内殿，讲议前席以论之。《传》不云乎：君子勤礼，敬之至也。《易》不云乎：先王作乐，豫以动也。慎矣哉！礼乐之为用，故执礼者具，删弊则质，宜之自我，变乐者理，去商何害。谦以为臣，二者洽而三让之。制曰“可”。始严卤簿，腾七萃，启禁关。回九重，以听乎鸾声之雍雍，匪疾匪徐，物其有容。动植赞，华夷观，骈阗总樽，羡漫半散。出成皋，逾荥波；凭滑台，眺洪河。遂并昆吾之墟，倘佯乎大舜之泽。溯四渎二济入于兖，经九一三齐乔于岱，惟二旬有六而顿行在[3]。莫不皤皤华皓，如藿倾阳，或牵以饩，或捧之觞，伛偻乎康庄。一以伸神武之今日，一以感乾封之旧章。乃饩归之，觞举之，慈且惠而与之欢，沸渭颉颃。矧国邹鲁，家洙泗，乘汶野而图记可知，指泮林而颂声不坠。以周公之故，将孔子之后，翘然希王者之属车，圣人之

① 解严京：《全唐文》卷二五〇作“解严京师”。
② 成人归：《全唐文》卷二五〇作“成人归”。
③ 惟：《全唐文》卷二五〇作“推”。

清跸。则久及信宿之应[1]，岩岩所瞻，宗神曰“天齐王”，加一等于三事。户二十，供王祀；环十里，禁人樵。报也大禋，旅之数重。褒成之禄，抚遗甿，赐之复。帝曰：吁，夫艰难系王业，休咎牵人事，况天监之，殊祥也，殊典也。不自满而虔巩于位，朕宝臣曰乾曜、洎、说，有初有终，时乃风，钦哉！汝作朕左右丞相，緊汝忠，益以嘉猷，补衮之阙，罔或怠。遂宏天封，焕天章，篆介丘而旋德阳。大飨乎群方，程后代，美其律，声其实，玟作四，而籍言七也。臣颋不敏，继伯夷之直清，微太史之留滞，聆金奏，同百兽之舞；振木铎，采万人之诗。敢陈诗以颂。曰：

天子圣兮天孙崇，登以封兮报以功。受命再，惟皇代；天之赉，人所载。士马山牒，戈矛山沓；正符山杂[2]，灵响山答，天与人合。我铺衍兮长粹清，太元册兮太一精，休光光我之庆成。舜四朝而禹万国，莫之我京。

案：《唐书·崔融传》：梁升卿工八分书，《东封朝觐碑》为时绝笔。是刻在乾封元年《封禅朝觐颂》之西，不知毁于何时。旧《志》称，损于林焯，以两碑混而为一也。

造泰山御碑记并阴 正书，孙文庆撰，见《金石录》，今佚

开元十四年十一月

岱岳观修斋记 正书，在东碑南面第二层

开元十九年十一月

又一首 正书，在东碑南面第四层，左读

开元二十年二月

---

① 应：《全唐文》卷二五〇作“意”。

② 正符山杂：《全唐文》卷二五〇作“祯符山杂”。

董灵宝题名 正书，在泰山铭东侧，左读

开元二十三年七月

文曰：莫州泛龙观道士董灵宝，为国投龙设醮。开元二十三年七月一日。

齐州神宝寺碣 篆额，八分书，在神宝寺

开元二十四年十月

大唐齐州神宝寺之碣

□子寰撰并书。

观夫三皇五帝氏王，夏殷周汉氏作，淳源竭而不流，浇俗纷其方扇，虽□简将圣[①]，老氏谷神，游龙之道德西浮，叹凤之诗书东□，竟不能庇交丧，拯□□，驭彼黎俗[②]，登兹仁寿，徒存紫气之言，终绝素王之笔。曷若金□□迹[③]，超十地而孤尊[④]；宝树应期，乘四轮而广运。大雄有已，见□生溺之苦海，于是虖横宝筏而济之；大雄有已，见诸子迷之朽宅，于是虖驾舟杭而出之。视之以五蕴皆空，明之以诸漏以尽。洎玉毫腾彩，现贤力之象位；金仪入□，现神通之日月。经传白马，眇阇崛以移来；刹起青龙，□阎浮而错峙。遂令有国有家者，得其道而四海以宁，元元□□者，得其门而六尘高谢，岂与夫向时之二教同日而言焉。

神宝寺者，宝山□面，岱宗北阴，冈峦□□，而石壁万寻；林薮蒙茏，而□□千仞。貔豹蹲踞，人绝登临，虺蟒纵横，鸟通飞路。粤有沙门讳明，不知何许人也，禅师德隆四辈，名优六通，僧徒具归，群生宗仰。晨□棘□，四念经行，夜宿榛□，六时礼敬。貔豹枕膝，禅心寂而不惊；虺蟒萦身，戒定澄而不乱。水瓶朝满，羽仗夜来，事迹非凡，故非凡测，亲题□

① □简将圣：原碑作“□门将圣”。

② 驭：底本漫漶，据泰安市博物馆藏清嘉庆刊本补。

③ 金□□迹：原碑作“金身化迹”。

④ 超：底本原脱，据泰安市博物馆藏清嘉庆刊本补。

记，自叙因由曰：明以正光元年，象运仲秋，于时振锡登临。思同鹫岭，徘徊引望，想若鸡□，欻弹指法声①，此为福地。遂表请国主，驱策人神，立此伽蓝②，以静□为号，自梁齐以来，不易题牓。

属隋季经纶，生人版荡，革鼎推变，真俗各虚，今之所存，殆将半矣。至我大唐御宇，重迁九鼎，再修二仪，四海廓清，万帮一统。用光正道，建三宝以传灯；化洽垂衣，统□生于寿域。乃格命天下，有因废伽蓝先有额者，并使屯修。于时有乡人王□，应答州县申闻。以此寺北有宝山，东有神谷，因改为神宝寺尔。其寺也，望鲁开基，临齐作镇，堂宇宏壮，楼阁岧峣，砌□□璜，阶涂金碧，□容有晬，瑞相无违。发妙彩于天金，罄奇遗于龙石。手轮含字，临□缀而披纲；眉宇舒毫，鉴璧珰而上月。寺内有石浮图两所，各十一级，舍利塔一所。众宝庄严，胡门洞启，石户交晖，返宇锵锵，飞檐巘巘。半天鹏起，遥遥烟雾之容；一地龙盘，宛宛丹青之色。挹朝霞之昈昈，湛夜月之濯濯。风牵则宝铎鎗鎗，日照则花盆皛皛。迢迢亭亭，郁郁青青，皓皓旰旰，焕焕烂烂。远而望之，炳若初日照灼皎扶桑；近而察之，□似素云霏霺度夕阳。方之雁塔，有似飞来；辟以化城，还疑涌出③。实瞻仰之形胜，是归依之福因④。

寺内先代大德僧明斡，提智惠灯，被无明暗。僧彦休，护惜浮囊，微尘不犯。僧元质，积行勤苦，轨范僧伦。僧神解，□树论幢，摧诸憍子。僧宏哲，持经得验，舍利犹存。僧惠冲，殷念西方，期心安□，所造功德，触类滋多。僧景淳，禅户纲宗⑤，玄门枢纽。僧贞固，□心宏护，结志修营。僧法将，龆龀出家，童颜落彩。三齐负笈，独标麟角之先；九洛□□，迥

① 弹指法声：原碑作“弹指发声”。

② 伽蓝：底本脱，据泰安市博物馆藏清嘉庆刊本补。

③ 还：原碑作“邃”。

④ 福因：原碑作“福田”。

⑤ 禅户：原碑作“释户”。

出牛毛之外。并共沐圣恩[1]，佥成道器。忽隺□风急[2]，鹿苑霜飞，早谢传灯，空归锡影[3]。现在诸大德寺主僧慧珍，戒珠□月，道骨含星，堤忍作衣，法空成座，六时礼念，胁不至床，一食摽□，口不再饮，是慈悲父，是良福田，广济苍生，普心供养。前□维那僧惠沿[4]，摽松千仞，崖岸万里，吐□云于唇吻，纳山岳于心胸，纵横道门，□达无碍。上座僧尘外，戒香纷馥，有宾头卢之轨仪。都维那僧敬祥，惠剑如霜，继舍利佛之谈说。僧敬崇，柰苑良材，横爱河而济群溺。僧智山，祇园杞梓，敞法宇而庇苍生，并腾麟俊薮，矫凤□□，饰厚柱于春台，抚定轮于秋驾。□烟飞□，来游欢喜之园；宴坐经行，实名和合之众。故同镌宝碣，高旌福门。

大唐开元神武皇帝陛下，朝宗万国，□顿八宏，金镜含七曜之辉，玉烛和四时之气，庆云澄彩，瑞日呈祥，仁动上玄，力侔大造。瀚海天山之地尽入隄封，龙庭鸟穴之乡咸沾□化[5]。封金岱岭，刻玉仙闾，藻镜乾坤，光华日月。

刺史卢讳全□，门有卿相，家袭银璜，强幹则不发私书，清肃则遽然官烛。矜孤恤寡[6]，爱士崇贤，故得咏入来□，歌登至晚。山荏县□令梁曰大夏，幹局贞□，神情警悟。风琴写韵，则瑞雉争驯；冰镜澄清，则祥鸾自舞，诚梵王之福地，真释帝之名区尔。其涧户滨沈，山扉窅窱，玉床霤乳，问《抱朴》而犹疑；石壁鏨经，访严遵而不识。奇卉怪木，如窥须达之园；瑞药仙苗，似入提伽之院。象王献果，下甘露于珠盘；凤女持花，拂灵香于宝帐。迦陵频伽之鸟，百啭间关；优昙钵罗之花，九光凌乱。汉皋游女，对玉洞以倾心；季梁贤臣，仰琼堂而顿首。庶使文殊过去，忆妙说之清尘；弥勒再生，见神功于贞石。式镌宝碣而为颂云：

---

① 共：原碑作“俱”。

② 隺□：原碑作“鹤州”。

③ 空归：原碑作“空悬”。

④ 前□维那僧惠沿：原碑作“大都维那僧惠沼”。

⑤ 鸟穴：原碑作“虎穴”。

⑥ 恤寡：原碑作“恤隐”。

大雄降迹，葱山本元，□有三界，非无二门。不生不灭，若亡若存，遍看郡有，无如我尊。雁门惠远，罽宾罗什，明公继兹，伽蓝此立。俗户易窥，真门难入，遁□龙象，前后相及。大唐受命，当宇握镜，化洽万邦，功齐七政。绿图舒卷，紫云回映，惠日再晖，薰风在咏。门庭华敞，房宇轮奂，莲台画阁，危楼飞观。竹韵宫商，花然灼烂，僧众虔仰，士女称叹。亭亭妙刹，灼灼精庐，雕盘瞰墅，镂槛凌虚。珠悬日净，峰回风□，□甍栖凤，倒井衔蕖。峨峨宝碣，落落神轩，邪山整岫，苦海澄源。锦云霞烈，绶雾风翻，此中何地，给孤独园。

维开元廿四年岁次景子十月丁未朔五日辛亥，树刻工毕。下缺僧普解、僧法海、僧惠深、僧□□、僧法□，右大德等并名继此寺，□□迁神，勒之在铭，纪于来代。

右断碣，高六尺三寸，宽四尺。字三十五行，行五十四字，八分书，字径寸，额字径五寸。在泰山西北九十余里，灵岩之阴宝山神宝寺故基，篆额九寸，颇端劲，文字亦严整，唯遇石有缺陷处，即空数字，应是勒时原未细加磨砻。碑“群生群有”作“郡”；“湧”作“踴”；“八纮”作“八宏”；“提封”作“隄封”，皆异文。若“黎”作“秎”，“乎”作“虖”，“寂”作“宗”，“瑚”作“胡”，“譬”作“辟”，“饮”作“歙”，“慧”作“惠”，则犹存古法也。

碑侧行书心经

无年月

灵岩寺颂 李邕撰并行书，见《金石录》，今佚

天宝元年

灵昌郡太守邕，以法有因，福□□[1]，得真僧戾止[2]，神人告祥，宜或真

① 福□□：原碑作“福有缘”。

② 得真僧戾止：原碑作“故得真僧戾止”。

空以悟圣[①]，或密□以接凡[②]，谓之灵岩，允矣真晋宋之际[③]，有法定禅师者，景城郡人也。尝行兰若，若是者历年[④]，禅师□劳一人[⑤]，逝将辞去，忽有二居士，建立僧坊，弘宣佛法，识者以为山神耳。因夫山者，土之至厚；谷者，墟之至深；水者，因定而清。林贝叶之经，衡廓莲花之[⑥]，独人存法立事，著名扬空。

矧乎辟支佛牙，灰骨起塔，海龙王意，貿金仍旧[⑦]。昔者州将厚具，邑吏孔威，广□支保[⑧]，多借器物而送之[⑨]，仍施绢五十匹，□若武□阿阁，仪凤堵波，光堂[⑩]。大悲之修，舍利之□，□身之造[⑪]，禅祖之崇，山□□增□□□□也[⑫]。云霞炳焕于丹霄；即而察之，日月照明□□□二□□客植之不生[⑬]，泛于草间，秽于垅上。职由律[⑭]。住持入慧之境；□繁文字[⑮]，□笔杪于连章[⑯]，□广

① “或”上：原碑有一残字。
② 密□：原碑作“密教”。
③ “真”下：原碑有一残字。
④ “若”上：原碑有一残字。
⑤ 禅师□劳一人：原碑作“禅师以劳主人”。
⑥ 衡廓莲花之：原碑作“衡岳廓莲花之会”。
⑦ “金”下：原碑有一残字。
⑧ 支保：原碑作“支供”。
⑨ 多借器物而送之：原碑作“多供器物□□□□解脱禅师，以杖叩力士胫曰：令尔守护而送之。”
⑩ “光堂”上：原碑有“□高祖削平之除，乃发宏愿。高宗临御之后，克永”等字。
⑪ □身之造：原碑作“报身之造”。
⑫ 山□□增□□□□也：原碑作“山上灯增功宇内。舍那之构，六身铁像。次者，三躯大□金刚□增衮。远而望也”。
⑬ 日月照明□□□二□□客植之不生：原碑作“日月照明□□道。此皆帝王之力，舍以国财，龙象之竭□慈□二□客植之不生”。
⑭ 职由律：原碑作“职由保众。发虑道摧。□清净之田，解昏迷之缚，不燃曷□□律”。
⑮ □繁文字：原碑作“恐繁文字”。
⑯ □笔：原碑作“削笔”。

间遗[①]，刻[②]。上座僧玄景、都维那僧□祥[③]、□主安禅[④]，或上首□空[⑤]，或出等永言悟入[⑥]，大启津梁，咸高梯有□[⑦]，胜公自照[⑧]，仍依俗谛，天长[⑨]。

其词曰：倬彼上人，巍乎曾岭。冥立福地，神宫[⑩]。岁寺建置[⑪]，今古齐同。磴道逦迤，霞阁昑昽。其二岳寺[⑫]，台之国□。岱之北阜，蒲之要陉。是人依法，□事联声。哉传觉[⑬]，以极斯万。其五。

大唐天宝元年岁次壬下缺[⑭]。

右颂，见钱唐黄司马易所藏旧本，魄力雄伟，为北海得意书。惜只存上半，下截已阙。每行翦裱多误，不能定其原次，兹姑仍册录之。

造太一真武像碑并两侧题名 正书

天宝六载四月

右刻，在山西南麓青帝观。嘉庆丁巳夏，与内阁侍读学士雅州蒋子蒲诸人游普照寺，过此，得于西廊废圃，遂命工移置殿前，树之。审视碑文，已磨泐过甚，仅隐隐见数字及年

---

① □广间遗：原碑作“思广阙遗”。

② “刻”下：原碑有“阴□别传。大德僧净觉，敬惟诸佛，□□□□□□。”等字。

③ 僧□祥：原碑作“僧克祥”。

④ □主：原碑作“寺主”。

⑤ □空：原碑作“解空”。

⑥ 或出等：原碑作“或出□义。僧崇宪、僧罗□，僧零范、僧月光、僧智海、僧□□等”。

⑦ 高梯有□：原碑作“高搉有凭”。

⑧ 胜公：原碑作“胜宅”。

⑨ “天长”上：原碑有“□□丰碑，宛委昭宣，弘长增益，桃源失路，迷秦汉而□□”等字。

⑩ 神宫：原碑作“神告□□。爰始幽居，逝言遐骋。寂用内照，尘劳外屏。（其一）□□□宫”。

⑪ 岁寺：原碑作“岁时”。

⑫ “岳寺”上：原碑有“□□效灵。触类示相，扶持净域，警诫州将，延集□□。（其三）□□”等字。

⑬ “哉传觉”上：原碑有“宜□□二，谁云与京。（其四）硕德勤修，爽□□□。□”等字；“传”：原碑作“转”。

⑭ 所言“下缺”者：原碑有“午□□月壬寅朔十五日景辰建”等字。

号。额凿佛像二，制甚精工。两侧每刻阴文献花小像二，作二层。左侧题名，有曰“夫人供养”、曰“傔人赵进超一心供养”。右侧题名，有曰“父供养”、曰“傔人刘令心一心供养”。审其字体，皆唐刻也。碑阴为宋皇祐《宋禧诗刻》。

造舍利函记 正书，在灵岩，见《金石文字记》，今佚

天宝十一载

岱岳观修斋醮记 正书，在西碑南面第四层

大历七年正月

公孙杲赠诸法师诗 正书，在《岱岳观造象记》西碑侧

大历七年五月

岱岳观修斋醮记 正书，在西碑北面第四层

大历八年九月

王大使等题名 正书，在山南桃源峪，左读

大历八年十月

大历八年，王大使因拜岳，与韩补阙、前建安□太守同游，张炼师、房道士卜□□记，时十月十□日。

右刻，在桃源峪北石崖上，已为宋人张邦茂等题名镵毁。文从左读，字体本小，占石无多，宋人因从其右空处题字起，纵笔大书，连及左方，于是大历题名尽为所掩。从笔缝中，寻其影迹，乃得录其文，幸磨泐者仅四字耳。《泰安县志》云：仅有二十字可识者。盖未审也。《志》录此碑，题作“张炼师题名”云。刘禹锡有《送东岳张炼师诗》，即其人也。今验碑，同游者，实王大使为之倡，而题记者张炼师等三人，是不应以张炼师为主矣。王大使等皆不书名，无从考也。

岱岳观王圆题名 正书，在东碑南面第四层

大历十四年二月

岱岳观敬謇等题名 正书，在东碑侧第二层

建中元年二月

又□偃等题名 正书，在东碑南面及西碑南面第五层

建中元年

又任要等题名并诗 正书，在东碑北面第三层

贞元十四年正月

灵岩功德顶佛座题名 正书，在功德顶石龛佛座上

长庆元年

林放残碑 正书，在城东南放城集，见旧《志》，今佚

太和二年

旧《志》云：城东南八十里放城集，相传为林放故里。向有祠，土人掘地得断碑，犹存“林放问礼之本”及“唐太和二年”十余字。

青帝观石刻 在山南麓，见元好问《东游纪略》，今佚

大中□年

修方山证明功德记 正书，牟珰撰，鹿继宗书，在灵岩山顶

大中八年

修方山证明功德记

乡贡进士牟珰撰。

此山前面有石龛，龛有石像，从弥勒佛并侍卫菩萨至神兽等，计九躯。按《寺记》云：唐初有一童儿名善子，十岁已下，自相魏间来，于此山舍身，决求无上正真之理。□启首□四礼遂堕，未及半虚，五云封之西去。其音乐□□天风错□毕寺缁白，无不瞻听。乃凿此山成龛，立像旌之，曰“证明功德”。

暨乎会昌五年，毁去佛□，天下大同。凡有额寺五千余所，兰若三万余所，丽名僧尼廿六万七百余人，所奉驱除，略无遗孑，惟此龛佛像俨□，微有董残[1]。大中五年，奉旨许于旧踪再启精舍。寺主僧从心闻于州县，起立此寺。有杭州盐官县人僧子儒，俗姓董氏，不远江湖，访寻名迹。至六年五月七日得度既果前言□□恳诚，金采装饰方山证明功德，兼□□□神及师子各二只，□金彩色手功价□□□五十贯文，施主二百余人，□□一镌姓名□□左。其山龛在寺之艮，直上可四里，下思人□井以□处星端旁视□沧溟，有同蓬岛□龛石□，有泉不□来源，从细窦泄□石盆□□□□□□而已玉液金浆，莫得□其甘美，□□香山□□质乎香□子儒公明山峦之□□□，固敬石之像长牢，冀贤劫尽而同尽，自□□外，胡可倾移哉?

大唐大中八年四月八日镌记。

按：此后有寺主僧及捐施人姓氏，不具录。

寺主僧从惠，大中五年奉皇恩远降，许令漆饰旧基。先度僧考□主持，□月廿八日，经长清县陈状，四月十三日，门缺六字来□。六月廿日，□□□度独缺七字祝□心□后□工，北临圣堂，□是此等缺六字一景界。夜至三更，先见二僧，一僧面西而立，一僧面东而缺四字亡妣□身缺十三字先□□□集随月而缺六字去来□□有五□四□□赤□大袖□衣，头上冠笄，□执笏，中有一女，身缺九字头□双鬟，手中执□□老□□去缺六字余□忽然不见明□□，至齐州□□□此□祥瑞□□七月廿八日呈上，刺使刘将军遂唤入见，问其由，

① 董残：《全唐文》卷七百九十一作“薰残”。

八月一日得度。九月一日入缺四字尚住会□□□度使缺四字侍□□官缺十七字上闻，明敕所□□宜依□。

大中八年四月廿日记。

按：此碑之左尚有五行，隐隐有字，皴裂不能辨识成文，因不具录。右刻二段，在灵岩功德顶石龛佛座下。正面中刻小佛像一，前后刻记，小字楷书，瘦劲有神。书者鹿继宗，镌者李可言，姓名与施钱人混列，几不能辨。刻文之上，又多为宋人题名镵毁。

朱文藻曰：是碑上镵宋人题名五段，第一段“元祐三年戊辰长清王撜”。第二段“苏永叔、李行父、庾祐之三人题”，从左读，无年月。第三段“永叔曾游”四字。第四段“丁巳三月十日”，而无年号，由戊辰逆推之，当是熙宁十年。第五段“丙子仲春十四日”，由戊辰顺数之，当是绍圣三年。盖五段同为宋时所刻，首尾相距二十年也，自有此五段宋人题名，后人从未有述及唐时碑记所载，“证明功德”之所由来，及主僧从惠亡妣冠笄执笏降临之事，盖旧刻之埋没久矣。按：会昌五年八月壬午，大毁佛寺，复僧尼为民，事见《新唐书·武宗纪》，而毁有额寺至五千余所，毁兰若至三万余所，复僧尼至廿六万七百余人。亦可补史所未详。至大中五年，奉旨再启精舍，亦史所不书。盐官僧人董子儒，金彩装饰，雕造师子。为证明中兴之大维那，今考其事迹，不惟长清志乘之所遗，即武林传述旧闻，亦无有知其姓字者矣。石刻纵广一尺三寸，横宽八尺，从未经人椎拓。乾隆乙卯春，益都段赤亭、吴江陆古愚先后往拓，俾文藻参校两本而详录之。

泰山石阙题名 见《金石录》，今佚

封禅坛残碑 陆坚八分书，见《金石录》，今佚

岱岳天齐王灵应碑 万宾书，见郑樵《通志》，今佚

右刻，《宝刻类编》作：荀同光撰，开元二十二年立。按：岱岳之神，唐玄宗开元十三年封“天齐王”。宋真宗大中祥符元年加封“仁圣天齐王”，四年诏加上“天齐仁圣帝”。元世祖至元二十八年，加封“天齐大生仁圣帝”。明太祖洪武二年，改称“东岳泰山之神”。

今唯宋敕封一碑在焉。

颜真卿题名 正书，在《泰山铭》侧，见《金石录》，今佚

《金石录》云：《泰山铭》侧有题名三列，王世贞记。《东封颂》旁，有颜鲁公题名，损于方元焕诗。固不若苔土埋翳之，尚可洗而有也。

刘难陁等题名 正书，在《岱岳观造像记》西碑侧第五层

魏嘉礼等题名 正书，在《岱岳观造像记》西碑侧第三层

李白《泰山吟》诗刻 篆书，在山上，见明人孙克宏《碑刻目》，今佚

李白题"独秀峰"三字 正书，在徂徕三岭

琨瑞山千佛崖造象杂记二十首 并正书

后梁

小蓬莱诸人题名 正书，八分书

辛未改元

运局龚四能、巡山李元英、主簿颜志道、县尉陈圣微同观。辛未改元后二日题。左读。

巡山李元英、钜鹿簿张伯扬、济阳掾张君猷同主观张义之游此。左读。

巡山孙明叔、法掾扬子平、弟尉子章同观暴浪。癸酉六月十三日，颜志道题。左读，八分书。

壬申秋社日，主簿颜志道、尉扬子章、同观主张义之到是峪。水声寒玉，山色迷霭，深得仁智之趣，睹夕阳忘归。是日济北王仲文题。左读。

兰陵束元伯与姜子正、蔺思复、马济叔、韩公权、张义之同游。甲戌孟秋望日题。左读。

泰山姜子正、□邱、翟公肃□□七月晦日。

右刻六首，在山南王母池北，水石阴森，名“小蓬莱”。案：宋、金、元无辛未改元者，唯后梁太祖开平五年辛未，改元“乾化”。至甲戌，是为末帝“乾化四年”。新《县志》称“有宋元祐甲戌束元伯等题名”，误也。

后唐

冥福院牒 正书，在冥福寺，今佚

长兴四年九月

敕中书门下。行书。

宣赐冥福禅院产业地土。正书，字径一寸。

第一段，在岳庙东。其地南至街，北至马司徒，东至姜三郎李子园为隔，东南至槐树，东北至张中舍。

第二段，西斛㪷市近北街东面东北。东北至卞二郎，北至卞二郎，南至官省房，西至街。

第三段，清酒务西。南至街，西、南二至灵派侯庙，西至渿河岸，北至路，东北二至街，东至酒务界墙，内有霍二□郎王庙令，临街有税地，相至霍二郎宅，南至本院地，东至大郓州街，南自至，西至小郓州街。

第四段，寨西门里。有街南里褁角地一阙。

第五段，大寨内。有地藏院，所居地基并拐子地，计三亩捌分叁厘叁毫，并系冥福禅院地基。

第六段，大寨裏。本院东菜园一座，计地玖亩大。

第七段，寨城东。东北路菜园一座，计地叁亩大，路南拐子地一角，计地壹亩大，东至翟家，南至道，西至成家，北至南宫地。

第八段，本院。庄上菜园一座，计地伍亩大，四面自至。

第九段，宣赐冥福禅院税户□。在昭告亭东，有庄计地壹拾贰顷大。东至沙河，南至张中舍，西至王官人，北至成三郎。内有短头地身，在北边，西北角、东北角至韩五郎、赵二伯。庄南一段肆拾肆亩大，东至张八郎，南自至，西至张二郎，北自至。雍家庄后有地一段，南至张教书，西至古道，北至东北角二自至。

第十段，泰山下本院所止。地基南北长陆拾叁步，阔伍拾陆步陆分，及殿后拐子地。东西长肆拾壹步□分，阔伍步陆分，约地壹拾伍亩大，并系赐到院地基。地凡十段，字十四行，行三十余字，正书，字径五分。

右付冥福禅院，准此。

长兴四年九月二十三日。正书一行，字径六分，月日上钤盖印一。

枢密使检校太傅平章事附马都尉赵；有押，钤盖印一。

枢密使检校太傅平章事范；有押，钤盖印一。

枢密使检校太傅平章事范；空封有印三，此邮筒也。

中书门下牒冥福禅院；凡四行，字径一寸，正书，而末行上五字行书，印一。下四字，正书，印一，印径二寸。文曰“中书门下之印”，即通行大篆文。

赐紫法僧实相主僧智顺监院从幽。字径五分。

额曰：特赐冥福禅院地土之记。字径二寸，正书，由五代而宋，诏迁治，号“岳祠”也。

右刻，在冥福寺西墀下，高五尺一寸，广二尺七寸。碑字上下两层，上层刻是牒，共二十二行，真草大小相间。其曰“枢密使检校太傅平章附马都尉赵”，曰“枢密使检校太傅平章事范”，盖赵延寿、范延光也，二人有押，押皆有印。顾氏《金石文字记》谓此牒无押，盖押为印文所乱，视之未审耳。下层刻伪齐时印照，乃奉符县崇法院僧海岩，状称给付印押执照，簿尉皆有押。兹院在后唐号“冥福”，至伪齐易名“崇法”，嗣后仍称为“冥福”，今改名“资福寺”。是碑为重修此寺时亡去。

僧智璋等功德顶题名 正书，在灵岩山顶石龛佛座

清泰三年

三郎庙残石 正书，在山南麓

按：《文献通考》：后唐长兴三年，诏以泰山三郎为“雄威将军”。宋大中祥符元年加封“炳灵公”，是碑有“三郎”等字，或即其庙碑与？姑附于此。

后晋

冥福院经幢 正书，在城内资福寺

天福二年三月、六年正月

右幢，高六七尺，上、下两层，作八面书之。下层却是经首，周环读之，犹未尽也。一刻《金刚经》，题“天福二年三月”，姓氏残缺。一刻“婆罗门僧”云云，题“天福六年岁次辛丑正月辛酉朔二十五日乙酉，检校太保、使持节密州诸军事、行密州刺史兼御史大夫、上柱国、清河郡开国侯”缺，反作上层。盖因旧幢断仆，后复树立而倒置之，故章句有间矣。

澶州建柰河将军堂记①　正书额，正书，在城西南隅庙内

天福六年三月

太岳柰河将军庙堂石记铭②

乡贡进士刘光度撰，岳祝史福如书。

诗云：太山岩岩，惟鲁所瞻。摽群岳之首，隐众灵之府。灵者，神也，神生于无神之神。阴阳不测而为神，日月照耀而为明。无神之神者，至道也。《道德经》云：杳杳冥冥，于中有精；恍恍忽忽，于中有物。此之谓也。

---

① 柰：原碑作“奈”。

② “铭”下：原碑有“并序”等字；柰：原碑作“奈”。

天福六年三月十七日，新澶州岳社头郭肇等，皆以金门贡艺，玉署呈才，风云雅作于二龙，奋跃素高于双骥。副社头郭肇□清涵珠海，鉴澈冰潭。贮茂异以盈怀，抱才实而锁志。因乘暇豫，同慕胜游。面彼南原[①]，共观槁舸。饮酒酣畅，而相与言：胡不闻贾谊云：生之也若浮生，死之也若休。庄周云：生之也道行，死之也物化。人修短分定，岂不在乎神明哉？遂乃拱志修崇，归心祀享，结集岳社，化彼邑人。不暮月间，总四十户。至天福元年三月十日，社众西自新州，东之太岳。远备牢醴，克置羞荐。无愧叨僭，惟竭至诚。但有遗旷，庶几增建。

窃见宫宇炳焕，峰峦回合。尊神众列，侍者星繁。唯奈河□，元非灵庙。是以历览林薮，履蹈河堧。东望则天之坛，西临鬼仙之洞。叠障重岩倚其后，飞云流水枕其前。得此一方，实为殊胜。是以擘画砂砾，□□□□，任便裁基，随宜创迹。召公输于鲁甸，招匠石于郢郊。截徂徕之花松，断新甫之挺柏。奇材异石，穷神役思以蕴崇；碧瓦铜砖，尽心毕力以骈集。□运斤秉斫，争工不异于雷震；劓木飞绳，竞巧可同于电捷。天福三年五月十日建就，堂一所三间，四下椽周回行。墙二十四堵，门楼一所，悉以粉饰藻绘，秀丽精华。取金碧于十洲，运丹青三岛。香窦绮井，返植莲苘，画栋雕梁，高横蝳蝀。翠檐朱纲，亭亭而日丽九光；复道重阶，落落而露凝五色。

天福五年三月九日，迎入将军、夫人真形两座，厮儿、妮子两人，夜叉一对。郭肇等命以巫者告厥成功，酾酒焚香，虔诚启仰。忻然应变，但觉酏颜。回风绕坛，实谓神降此，则天意人事，圣道合符。体乎元元，不可穷纪。光度学输钟会，才谢丘迟。坚让不从，辄敢承请。是以凝元扣寂，□简□豪，力课短怀，用旌刊饰。铭曰：

瞻彼奈河，泉泻清清。噫彼逝人，魂飞冥冥。善恶斯作，祸福随情。

① 面彼南原：原碑作“陟彼南原”。

应业受分，靡迹厥灵。将军英灵，祠堂窗寮。一气散化，万神应兆。事有克彰，物无不照。辅赞天孙，宗室岩峭。优游高士，放旷清人。预构阴德，思振芳尘。物景代谢，事迹相仍。成此庙貌，永司其津。

天福六年岁次辛丑三月辛酉朔十七日己丑。

谨具录元立社纠首及头副梓勾当人姓名：天福元年充纠首石徽、赵勋；

次充头副梓陶凝、赵勋；

次充头副梓王光庭、程罕、李训、李嗣；

次充头副梓张翰、傅赟、赵勋、聂召；

次充头副梓郭召、邵超、奇宾，邵规；

□□人赵勋、颜温、李近嗣、邵进、刘铎、聂召、王进、孟景、张翰、张素、毕佺、韩勋、王朗、王韬、赵作、杨挺、宋安、许儒、程罕、宋顅、马唐、李温、李晖召、聂铢、胡琼、王丰、刘祚、刘朏、孙罕、傅赟、石徽、王廷□、刘尚遂、聂进、张太、王勋、李训；

勾当副梓邵规、奇宾；

□□副梓郭肇、邵超、陶凝、陈唐、马温、宋美、成赞、王福、王知训、岳规；

都料匠尉迟练、夏侯知远镌；

范彦钊、李□同造。

右碑，高四尺九寸，广二尺六寸，字径七分。额字二寸，并正书，额曰“澶州建柰河将军堂记”，字二十四行，行五十五字，在城西南庙内。碑阴有熙宁间题名。

全祖望《鲒埼亭·题跋》云：济南七十二泉皆发于太山之麓，独未闻所云“柰河”者。石晋天福二年，有《太山柰河将军碑》，乡贡进士刘元之之文也。其文不工，书亦拙。柰河之神而曰“将军”，又有“夫人”，真不典之祀也。以五代石墨之希，故存之。

朱文藻曰：碑中字多别体，“靈”作“霊”。“冥”作“寘”。“炳焕”作“怲愌”。“畢力”作“罼力”。“役”作“伇”。“迎”作“迊”。“嗣”作“副”。“翰”作“韓”。皆随意增减，不合六书。“王韜”应是“王韬”，“杨捿”应是“杨挺”，“刘朏”应是“刘训”，或以形似致讹。“其生若浮，其死若休”，语出《庄子》，今引贾谊语而“浮”字下衍“生”字。“不暮月间”，依文义当是“期月”之讹。“返植莲苢”，似即“莲荷”。谓“香窦绮井”，周刻翻覆莲也。《汉书·郦其传》“握齱好荷礼”，是以“荷”为“苛”，此则以“苛”为“荷”也。“运丹青三岛”，“丹青”下当有“于”字。“应业受分”碑实是“分”字，聂氏《金石考释》作“受戮”，似未确也。碑称“立社糺首”，“糺”同“纠”，谓敛钱之首也。同预会建庙为同社郭肇，是社首也。“头副样”“勾当人”，是当时在庙经理之名目，犹言正副也。其名创见此碑，额题“澶州建柰河将军堂序”。又称“新澶州”，五代周时，曹州谓之澶州，此庙在泰安而云“澶州”，建所未详也。庙称“将军”，不详为何神，所掌何事。今据碑序首言“生死阴阳”之理，而铭词又有“辅赞天孙”之语。《博物志》云：泰山一曰“天孙”，言为天帝之孙也。将军殆亦辅佐泰山之神，与高里神祠相为左右。今释氏功德画有过柰河桥之事，其源殆出于此。顾亭林《考古录》亦云：渿河水在高里山之左，有桥跨之，曰“渿河桥”，世传人死魂不得过，而曰“柰何”。此与汉高帝云柏人者，迫于人也之意同。至其真形有夫人，有厮儿、妮子，有夜叉一对，后世神庙像设之盛，亦滥觞于此矣。

青州临淄县□生憧子 正书，在资福寺

天福七年

冥福院新写藏经碑并阴 正书额，正书，在冥福院，今佚

天福八年五月

东岳冥福禅院新写藏经之碑

朝议大夫行殿中侍御史柱国周元休撰。

述夫玄黄判而清浊分，三才叙而万汇育。散乎元素，简易之体犹存。降□中庸，浇□之风益扇。虽群分类聚，上智下愚，靡不恶其死而爱其生，□其得而□乎丧。缅维盘古，爰及当今，咸欲致身于常乐之乡，立名于无疆之域。而嗜欲窒性，好尚由心，□苦海而□回，蹈迷途而继踵。竟致恶

而必得，爱而必忘。浩浩洋洋，犹百川之滔滔，过者莫可得而言也。至于用慈俭□□□体冲虚而为质，驾□□鸾之侣，俯仰八宏，喰□御气之流，逍遥□合。或丹丘暂别，或羽化俄归，亦不能忘情于生死之源，绝迹于□夷之境。降兹以往，何足道哉？

洎乎西域诞灵，耀列星而应瑞。汉廷入梦，挺金质以呈祥。法被寰中，□超象外，远究天人之际，广开方便之门。现无生而不死之□，□有相□无形之域[①]。修正真之□□□□能□。□□□之至明，暗室皆晓。触类斯长，无幽不通。元化普洽而不穷，虚谷有声而必应。□矣哉！总万法而为方，即绝迹出尘，无如佛者。夫□道也[②]，大慈广运，宏济无方。辟□□□□玄关□启。导一乘之教，觉路难登。寂灭虚空，真如绵邈。窈冥莫测，识智难量。是知翥长空者，必假以羽翰。济巨浪者，须资于舟楫。将欲以言观法，以法观心，窥解脱之门，究□□□□□是者即莫□乎经。夫其要也，始则□以一音[③]，次则偈于四句。变卷石为千峰之秀，导勺水为万流之源。于是贝叶缇细，流行斯广。龙宫宝藏，□□攸繁。莫不指示迷方，津梁□□[④]。使□□珠者，必求罔象。涉丽水者，果获祥金。披文则万象皆呈，得意则一言以蔽。能宏是者，其维释门之达士哉！即今经藏主隐公，是其人也。

公生于镇州灵寿县，俗姓裴氏，法名志隐。出家于奉恩寺，受戒于光化。初幼无童心，长有佛性，名山胜境，靡不经游。先止于徂徕山光化寺，修行二十余载，剃度三十余人。远近倾依，缁俗瞻仰。是院先有主者僧顺公，本贯定州深泽县人也。俗姓李氏，法名智顺。出家于本州开元寺，受业于法华院。后因巡礼，遂至山门，与先院主僧道言，相继住持六十余载，剃

---

① □有相□无形之域：《全唐文》卷八百五十作“示有相入无形之域”。

② 夫□道也：《全唐文》卷八百五十作“夫其道也”。

③ 始则□以一音：《全唐文》卷八百五十作“始则演以一音”。

④ 津梁□□：《全唐文》卷八百五十作“津梁彼岸”。

度二十余人。修崇院寺□德佛事①，并已周圆濮阳，化召得施主李彦章等，特建钟楼经藏。虽斤斧丹青，焕乎毕备，而经文曲诰，咸且阙诸，遂乃坚请主持，假其缘化。既从请托，遂果岁时莫不慕修信心，资乎敏手。坚比移山之志，勤同覆匮之功。仅越十年，始就前愿，凡写藏内经律论及圣贤传记等，共五千四百八十卷。并新纸墨，咸得精详。永用缄藏，是图悠久。今院主僧行□、供养主僧行、感典座僧行隐，并禅林擢秀，□水澄波。护戒珠而如握灵蛇，传祖印而非关堕鹊。三千世界，不染六尘。八万法门，皆归一念。身居五浊，莲花生于淤泥。心燃百灯，太阳入于暗室。住持□境②，炳焕释宗。况方岳之中，岱宗为首。地临齐鲁，境压淮沂。玉几金床，宛留胜迹。天门日观，下瞰长空。爰属盛明，即期封禅。方今千年启运，四境无尘。缁徒虽荫于法门，野老咸知其帝力。府□太师相公③，勋高社稷，□列山河。下车而比户咸苏，出令而连营尽肃。论兵玉帐，谋深起翦之流。礼士金台，价重邹枚之选。故得时康俗阜，气淑年和，成此庄严。□□风教，遂释子归依之原，契如来付属之言。得不备以良因，记之以贞石！元休功亏力学，敏谢生知。幸见托于斯，□实怀□于染翰。□扬功德，乃述铭云：

浩浩浮生，茫茫旷劫。恶积祸胎，福生善业。觉路难寻，爱河易涉。瞻彼波澜，□□舟楫。爰昔大士，百亿化身。戒珠不类，□境□尘。演兹妙法，□□蒸民。门辟觉路，指示迷津。妙旨幽深，微言秘奥。窅窅灵源，茫茫元造。孰究真宗，孰探法宝。欲究欲探，必资经诰。猗欤经典，列圣徽猷。一音□□，百□斯流。雕金镂玉，贝叶缇紬。将求佛性，舍此何求？伟哉达士，成此至功。□乎宝藏，宛若龙宫。生虽有岸，法本无□。天长地久，永播真风。

大晋天福八年岁次癸卯五月戊寅朔十五日壬辰建。

---

① □德佛事：《全唐文》卷八百五十作“功德佛事”。

② 住持□境：《全唐文》卷八百五十作“住持真境”。

③ 府□太师相公：《全唐文》卷八百五十作“府主太师相公”。

碑阴：

兴邦佐命忠亮功臣泰宁军节度兖、沂等处州观察处置等使、检校太师同中书门下平章事、使持节都督兖州诸军事行兖州刺史、武威郡开国公、食邑□□户、食实封三百户□□潘信；

节度行军司马、银青光禄大夫、检校户部尚书兼御史大夫轻车都尉田文进；

节度副使、金紫光禄大夫、检校尚书左仆射兼御史大夫上柱国冀从实；

节度判官、朝议郎、检校尚书、金部郎中兼侍御史赐紫金鱼袋王瑄；

观察判官、将仕郎、检校尚书、职方员外郎兼侍御史赐紫金鱼袋刘彦融；

节度掌书记、将仕郎、试大理司直兼侍御史赐绯鱼袋申光逊；

观察支使、将仕郎、试大理评事兼监察御史朱溪；

节度推官、将仕郎、试大理评事李光□；

观察推官、将仕郎、试秘书郎阎翥；

节度巡官、儒林郎、试大理评事兼监察御史李□□；

登仕郎、前守太子通事舍人、守录事参军张鏞；

将仕郎、守户曹参军于用章；

将仕郎、守法曹参军李汎；

文林郎、试大理评事、守乾封县令张□；

修职郎守乾封县主簿贾全翼；

前泰宁军节度副使、光禄大夫、检校司空兼御史大夫、上柱国、安定县开国子、食邑五百户席全威；

院主僧行、仙师翁元起、置院和尚法号从幽，俗姓刁氏；藏经功德主僧志隐，先师本贯镇州灵寿县人；本州奉恩寺主僧道恭；

藏经周备刊石摽题同学行□等二十余人；

前摄龚邱县主簿张□□；都料作头白景、男知信、知远。

右碑，连额高九尺二寸，广三尺二寸。额字径二寸，文字径六分。二十九行，行七十余字，并正书。字多剥泐，碑阴更漫漶难读。旧在冥福寺天王殿，乾隆壬子，泰安守徐大榕改修寺宇，遂与敕牒一碑，并为工人所毁。

揔持咒幢 释归仁正书，在高里山

天福九年

右幢，高六尺五寸，作八面刻，磨泐殆尽。后书：东京同力会人某某；郓州同力会人某某；兖州同力会人某某；濮州同力会人某某。内有天平军节度押衙、前齐州都商税使、银青光禄大夫、检校太子宾客殿中侍御史、云骑尉韩知训；泰宁军押衙、银青光禄大夫、检校太子宾客兼殿中侍御史、武骑尉刘□□；节度押衙、前岱岩镇使□□，节度副使、前察固镇副兵马使、充岱岳镇都虞侯王训；滑州别驾孙近徽；前亳州别驾刘崇友；前摄齐州司马赵宏嗣。又无官名者数十人，官名漫漶，不可辨识者数人，亦可以见当时风尚。曰“岱岳镇”者，今治本宋乾封县城故址，创于开宝五年，后晋时犹为岱岳镇，其“岱岳镇使”及“岱岳镇都虞侯”官名，则旧志所未详也。

普安社众人刻经石幢 正书，在冥福寺

无年月

佛顶尊胜陁罗尼经幢 正书

右幢，四石叠成，每石八面。字径寸，类柳诚悬，无年月。在冥福寺，故与前幢并附于此。

泰山志卷第十五

泰山志卷第十六

朝议大夫山东泰安府知府休宁金棨纂辑

金石记二 宋

宋

灵岩寺禅师珣公塔铭 正书，在灵岩西北塔院

咸平二年九月

夫日中则昃，月□乃亏，喻生灭之不停，等轮回之无定。是知数有蹇足，天无皂白。一真之境未臻，四天之躯何息，即有殁而不朽者，其兹谓与。

上人俗姓张氏，法讳延珣，家自全齐，生□历下。幼而迥异，长而复英。意舍□□□□□空慧，依灵岩山寺主僧志雅，以为亲教，方袍圆顶，禀戒持心。而后迁入郡城，别居莲宇，为佛地之栋梁，作金田之纲纪。□徒作德，士庶钦风，转□□经，一□诵《维摩经》一千卷，课《金刚经》五万卷。犹是广神庆赞，大集人，胜善克敷，良缘是植，享年六十六，非□□疾而奄□矣。门人琼因等，师资义重，法乳情深，念训诲以有成，在孝思之无替。建兹卯塔，使灵骨以有归；述彼嘉猷，表华门之不坠。刊此贞珉之石，□不昧于千龄；旌其咸德之名，冀扬芳于天□。

时大宋咸平二年岁次己亥九月庚辰朔十八日建。

寺主讲上生经本寺大云寺主僧开元人□主僧小师念法华□。

灵岩寺尊胜经幢 正书，在藏经殿

景德四年

登泰山谢天书述二圣功德铭碑二 篆额，御制并正书，一在城南门外，一在山顶德星岩摩崖

大中祥符元年十月

登泰山谢天书述二圣功德铭

御制书并篆额。

朕闻一区宇而恢德教，安品物而致升平，此邦家之大业也。考茂典而荐至诚，登乔岳而答纯锡，此王者之昭事也。结绳已往，茫茫而莫知；方册所存，章章而可辨。罔不开先流福，累洽储休，长发其祥，永锡尔类，故能禋祀上帝，肆觐群后。追八九之遐躅，徇亿兆之欢心。是以武王剿独夫，集大统，而成王以之东巡；高帝平三猾，启天禄，而武帝以之上封。曩以五代陵夷，四方分裂，嗷嗷九域，顾影而求存；□□万民，吁天而仰诉。不有神武多难何以戡？不有文明至治何以复？

恭惟太祖启运立极英武圣文神德玄功大孝皇帝，积庆自始，受命无疆，历试于艰难，终陟于元后。威灵震叠，玄泽汪翔；无往不宾，有来斯应，济民于涂炭，登物于春台。俾乂万邦，成汤之甚盛；咸宣九德，文王之有声。启运于前，垂裕于后。

太宗至仁应道神功圣德文武大明广孝皇帝，洪基载绍，景贶诞膺。如日之升，烛于率土；如天之广，覆于群生。人文化成，神道设教；尊贤尚德，下武后刑。金石之音，明灵是格；玉帛之礼，蛮貊来同。书轨毕臻，典彝无阙。上玄降鉴，虞舜之温恭；庶民不知，唐尧之於变。重熙之盛，冠绝于古先；增高之文，已颁乎成命。逡巡其事，谦莫大焉。肆予冲人，获守丕构，其德不类，其志不明，弗克嗣兴，罔识攸济。属以阳春届节，灵文锡庆。

由是济河耆老、邹鲁诸生，启予以神休，邀予以封祀，不远千里，来

至阙庭。朕惕然而莫当，彼确乎而莫止。俄而王公藩牧，卿士列校，献封者五上，伏閤者万余。以为景命惟新，珍符纷委，不可辞者天意，不可拒者群心。天意苟违，何以谓之顺道；群心苟郁，何以谓之从人。

是以登介丘，成大礼。敦谕虽至，勤请弥固。窃念乾坤垂祐，宗祏储祉，导扬嘉气，仅洽小康。唯夫疆埸以宁，干戈以息，风雨以顺，稼穑以登，无震无惊，既庶既富。皆天之赐也，岂朕之功欤！虽则告成功，纪徽号；非凉德之克堪也。然而序图箓，答殊祯，非眇躬之敢让也。天孙日观，梁甫仙闾，五岳之宗，万物之始，升中燔柴，旧章斯在。继成先志，懿范遵已定之经；祇事圜丘，严配肃因心之孝。

于是诏辅臣以经置，命群儒而讲习，给祠祀者罔有不至，供朕身者无必求丰。故玉币牺牲，朕之所勤也；羽仪服御，朕之所简也。精意笃志，夙兴夕惕，诚明洞达，显应遝彰。自天垂恩，正真亲临于云驭；奉符行事，子育敢怠于政经。粤以暮秋之初，恭享清庙，告以陟配；孟冬之吉，虔登岱宗，伸乎对越。奉宝箓于座左，升祖宗以并侑，礼之正也，孝之始也。乃禅社首，厥制咸若。

于时天神毕降，地祇毕登，肸蠁可期，奠献如睹。其荐也虽惭乎明德，其感也实在乎至诚。亦复酌酆宫之前闻，遵甘泉之受计，百辟委佩，五等奉璋，肆眚施仁，举善劝治，稽考制度，采摭风谣。文物声明，所以扬二圣之洪烈；欢娱庆赐，所以慰百姓之来思。盖又两仪之纯嘏，七庙之余庆，邦家之盛美，蒸黎之介福，岂予寡昧所可致焉。唯当寤寐寅畏，夙夜惕廑，不自满假，不自逸豫，宠绥庶国，茂育群伦，以答穹昊之眷命焉。勒铭山阿，用垂永世。铭曰：

节彼岱岳，岿然东方，庶物伊始，玄感其章。自昔受命，反始穹苍，燔柴于此，七十六王。顾惟寡薄，恭嗣洪猷，乾乾慄慄，虽休勿休。元符昭锡，余庆遐流，群情所迫，盛则爰修。前王丕显，是曰告成，伊予冲眇，无德而名。永怀眷佑，祐答景灵，聿崇严祀，用达精诚。殊祥叠委，宇县奔驰，礼无违者，神实格思。藏封石累，刻字山嵋，蒸民永泰，繁祉常垂。

大中祥符元年十月二十七日，御书院奉敕模勒刻石。

《石墨镌华》云：帝既侈言天书之妄，复为太山之封而作此铭，述太祖、太宗以及其身。语多浮夸，文亦拖沓。正书，仅能方正，无少钩磔，想帝亦不能办此。或王旦辈为之润色，而尹熙古之流握管耳。碑方广几埒开元《太山铭》，字减小，不能强半，而文笔手腕则不啻泰山之于邹峄矣。

《鲒埼亭·题跋》云：祥符天书述以颂太祖、太宗之功德，其真书绝佳，予得之丰城学士万卷桥[①]。是石刻，元文贞公遗山亲登岱宗，顾未及见，予得见之，幸矣。取以配唐开元太山石本，谁曰不宜。

右碑有二，并篆额、正书。一在山顶德星岩，高二丈六尺，广一丈二尺六寸，额高二尺八寸，广五尺五寸。一在城南郊原上，五石合成，制若屏幛，高九尺。第一石广三尺，字八行；第二石广四尺五寸，字十二行；第三石广五尺一寸，字十四行；第四石广四尺五寸，字十二行；第五石广三尺，字八行。共字五十四行，行二十八字，正书，径二寸。额覆中一石之上，高二尺八寸，广四尺八寸。篆书，径八寸。以圜台在山顶，故字从北面，取对越之义。其碑阴，南面，篆书大字，曰“泰阴碑”三字，系明吴从宪题勒，俗因呼为“阴字碑”。山顶磨崖一碑，已为诸人题名镵毁过半，字大小与山下碑同，而行数有不同。按《文献通考》：初，王钦若言唐高宗、玄宗二碑之东，石壁南向平峭，欲即崖成碑，以勒圣制。上曰：朕之功德，固无所纪，若须撰述，不过谢上天敷佑，叙祖宗盛美。命勒石北向，以答天眷。又《东轩笔录》云：吕升卿为京东察访，游泰山，题名于真宗御制封禅碑之阳，刊刻拓本，传于四方。后二年，升卿判国子监，会蔡禧为御史，言其题名事，以为大不恭，遂罢升卿判监。据此则真宗之为是铭，先经磨勒岱巅，又立碑城南也，明矣。

---

① 丰城学士万卷桥：《鲒埼亭集》卷第三十八作“丰学士万卷楼”。

封广禅侯敕并祭告文 行书，在亭亭山祠内

大中祥符元年十月

封号敕

敕亭亭山庙，惟彼灵祠，载于祀典，导长源而善利，耸峻下阙。上封礼崇，咸秩俾疏，荣于侯爵，用介祉于蒸民，可封广下阙。

祭告文

维大中祥符元年岁次戊申十一月戊午朔四日辛酉，皇帝遣秘书丞、直史馆姜屿致祭于广禅侯。朕奉若元符，升中乔岳，惟神贪职，幽赞成功。特加封爵之美称，用答储祥之休应。仍令致奠，以达深诚。尚飨！

青帝广生帝君赞并阴祝文 篆额，御制并正书，在青帝观，今佚

青帝广生帝君赞[①]

御制御书并篆额

若夫典治乔岳，表正灵祇，司生发于东方，佐聪明于上帝。宜乎名冠仙籍，德被蒸民，飨祀典于萧芗，镂徽称于金石者也。属以虔修封礼，恭答神休。荐显号以至诚，述斯文而颂美。赞曰：

节彼岱宗，奠兹东土。生育之地，灵仙之府。爰有高真，允司明命。至神不测，虔诚斯应。茂实克昭，储祥是系。式奉嘉名，用伸精意。

大中祥符元年十月二十七日，御书院摸勒刻石。

碑阴：

维大中祥符元年岁次戊申十一月戊午朔四日辛酉，崇文广武圣明仁孝皇帝谨遣尚书兵部员外郎邵□告于青帝广生帝君，伏以峻功，丕显诞彰。阴骘之仁，神化无方，实主发生之宇。惟高真之攸馆，乃乔岳之灵区。属以祇奉元符，躬陈大报，仰繄景贶，克举上仪，式彰昭代之称，以表钦崇

① 青帝广生帝君赞：原碑作“青帝广生帝君之赞”。

之礼。合伸致告，用达虔诚。谨告。

《金石文字记》云：青帝，即《月令》所谓其帝大皞[1]。而《史记·封禅书》“秦宣公作密畤于渭南，祭青帝”。《唐书·王玙传》“请置春坛，祀青帝于国东郊”者也。

按：《隋书·礼乐志》：开皇十五年春，行幸兖州，遂次岱岳。为坛，如南郊。又陈乐设位于青帝坛，如南郊。帝服衮冕，乘金辂，备法驾行。礼毕，遂诣青帝坛祭焉。可见古之于青帝祀典甚巨，故坛而不庙。观不知创于何时，历朝之有专祀，班班可考矣。是刻，旧在泰山西南址青帝观大殿西墀，乾隆十二年为俗吏所毁。

加青帝懿号诏 **御制，行书，在青帝观，今佚**

大中祥符元年十月

敕中书、门下：名岳配天，乃众山之雄长；盛德在木，实万物之资生。惟真宰之斯存，盖灵篇之攸纪。青帝真君，职司煦育，道叶冲虚，赞玄化于高明，庇群生于溥率。真祠夙建，方志可征。属严驾以时巡，爰秘封之成礼，式瞻神观，冀沐冥休，祇举典章，载扬懿美。奉萧芗而昭荐，旌至德于无方，用表钦崇，永绥福祉。宜尊懿号曰“青帝广生帝君”，观宇特加修饰。故兹昭示，想宜知悉。

封祀坛颂 **篆额，行书，在郡城东南**

大中祥符二年七月

大宋封祀坛颂

天书仪卫使、封禅大礼使、推忠协谋同德佐理功臣、金紫光禄大夫、中书侍郎、兼刑部尚书、同中书门下平章事、集贤殿大学士、监修国史、上柱国、太原郡开国公、食邑四千七百户、食实封贰千壹佰户、臣王旦奉敕撰

① 《月令》：《钦定四库全书》本《金石文字记》作“礼记·月令”。

臣闻天地之文，著明含章，焜焕于庶物[①]；礼乐之用，象功崇德，昭格于至神。王者宣淳耀之烈，建中和之极。于是锡天瑞，出坤珍，觉悟于蒸民；鲜不登泰山，蹑梁父，聿崇于明德。盖天地之文闷，下民何以法象乎？礼乐之兴废，后世所以祖述焉。是知勒皇绩，腾茂实，交三神之欢，著一王之法；述符命，继昭夏，申乎大报，示于无穷，极典章之备物，真帝王之盛节者也。

粤自遂初，始造书契。增高益厚，载九皇之德，朴略而难名。时迈省方，□六经之文[②]，䌷绎而可举。沿袭之规寖广，巡守之仪□□，五载际于《虞典》，一纪因乎周制，所以彰善瘅恶，□民设教者矣。自后道非下济，德异升闻，或缄秘祝之辞，或黜诸儒之议，先治兵而释旅，乃肆缺五字。顺缺四字行，殊为民祈福之义[③]。光武纪号，□石磩于故封；开元陈信，□玉牒之不秘。典章斯在，风烈可观，□□难行，礼从兹绝。洎四方之俶扰，属五代之陵夷，但恣寻戈，不遑置器，俎豆之事，扫地将尽；涂炭之俗，吁天无辜。阴骘下民，诞缺十六字圣光启丕运。皇宋三叶，在□天下五十载矣。太祖启运立极英武圣文神德玄功大孝皇帝之创鸿业也，名膺帝箓，运契天飞。微轵道之降，鄙牧野之誓，以帝轩之神武，□汉缺九字号，陟元后，集大勋，望风而海外骏奔，端扆而天下宁晏。太宗至仁应道神功圣德文武大明广孝皇帝之恢宝图也，天纵多能，体膺上圣。徇齐浚哲，居质以成德；文明中正，开物以成务。凝神缺六字及策贤良，率土致覆盂之安，丕基成磐石之固。

崇文广武仪天尊道宝应章感圣明仁孝皇帝，圣道日跻，大明继照。尹京邑也，神明之政，四方是则；践承华也，元良之德，万国以贞。图□□理，讼□咸格。遵顾命而主神器，极孺慕而纂宗祊。守缺六字冠于百王。熙

① 焜：原碑作“炳”。

② □六经：原碑作“垂六经”。

③ 义：原碑作“意”。

庶政，叙彝伦，智周于万物。□爵出禄，褒德念功，若临照之代明，法云雷之作解。继志述事，树经久之规；弛禁省官，布宽大之令。□张文理，荐视学于上庠；振举武经缺五字甸。厚时风而敦世教，训戒昭而数军实。尔者边吏致告，时巡缺七字欃猋□扬大声，秉武节惇缺四字民继好。一介交聘，靡宣金革之威；六师不阵，还于衽席之上。缓带喧哺，而式和民则；弢弓□刃，而止严武备。于是修坠典，缉遗文。命秩宗，讲三王之礼；训奉常，考六代之乐。渴说议[①]，则下周爰□诏；□□□则中缺六字狱讼，申饬理官，简孚而用平刑，□□而行轻典。敦叙公族，并建戚藩，犬牙之制是崇，麟趾之咏斯洽。设狝狩之礼，止于从时；修宴射之仪，于以观德。劳身焦思，有文饰之忧勤；革履弋绨，迈汉文之恭俭。卜郊定位，案历上陵，□□极之□，□久废之礼。易脂泽而哀恸，入石室而涕洟。至性感于人神，玄德格于上下。紫宸议政，励精于日昃；金华侍讲，不寐于宵分。校正兰台之书，增建石渠之阁，规模广于丽正，典籍备于宣明。深味道腴，以资治本。帝尧稽古，虞舜好问，以声身而为律度，执规矩以定缺六字，推恩而逮下；万方有罪，引咎而在予。德教被于无垠，皇明烛于有截，兵偃刑措，道茂化醇，百嘉阜昌，庶萌乐育。独运陶甄之上，丕阐鸿钧之祚，访崆峒之道，采康衢之谣。夷夏大和，天人交感，必彰嘉应，以□玄通，门号承天，节临献岁。真官奉其丕□，□以先期；秘检焕于灵文，降□清旭。受鳌宣室，躬□丹书，锡无疆之休，谕大中之理。由是覃如春之泽，易纪年之号。且斯文未作，伏羲氏观象以画八卦，有神马负图之瑞；洪水方割，夏后氏厎绩以导百川，受玄夷使者之命。比□相庆，异代同符。缺五字氓，讴谣于外；鸿笔丽藻之彦，颂美于内。

于是东土耆艾，阙里诸生，连袂而来，抗章以请。洎思皇之士，即序之戎，藩岳大臣，缁黄众品，伏阁叩首，请封禅者，无虚日矣。佥以为祥

① 渴：原碑作“谒”。

瑞杂沓，天意也；中外倾瞩，人事也。牂牁、越嶲、朱崖、象郡之地，俱入于提封；□□、□□、东县、江□、鄗黍之类，悉从于班贡矣。群情悃愊，式伫于庆成；上帝顾怀，不可以谦拒。书上者至于五，上不得已而俞之。诞告庶邦，载形明诏，将以奉扬先烈，非谓告厥成功。申命辅弼之臣，谕以简易之道，经始勿亟，无扰于民。且山为岳镇之宗，地□□礼之国。周孔垂教，乃始封载诞之邦；阴阳相代，是育粹炳灵之府。当僝工之际，蒇事之初，明诚以孚，玄鉴先答。应龙有翼，蜿蜒而下垂；醴泉无源，瀵沸而自涌。芝含三秀，匝地而罗生；日丽九华，得天而绚采。鳞介之细，草木之微，□异效奇，纷纶叠委。而□□心粹清，凝思玄牝。乃因华胥之梦，再觌姑射之神。告以玉书，降于神房之麓；著之黄素，得于季夏之初。揆日奉迎，备礼祗若。爰畴咨于封祀，固吻合于穹旻。

亟命□司，草定大典，采摭清议，讨论旧章。即事用希，其礼多阙，酌义训以革正，参制度以折衷。古文逸礼之靡记，议郎博士之未达。上资玄览，洞析于精微；无望清光，悉臻于体要。穆卜涓日，掌鼓奏仪，申必告之诚。躬祠清庙，以就盈之月。有事介丘，先斋紫宸，载止禁籞。屏箫韶之备乐，以极静专；却大官之常膳，以御菲薄。清畿式道，云会星□，□□跸之启行，奉天书以先路。备设仪卫，增置官属，极恭肃而尊天贶也。采章之盛，藻缛原隰；武卫之雄，震叠区宇。八方述职，万旅腾装；让途而行，外户不闭。奔走会同之际，端肃而无哗；觱发栗烈之时，融和而可爱。民绝札瘥之患，物有蕃庑之咏，供帐不移而□，储供不戒而备。历东郡之属邑，抵澶渊之□□。军国异名，修文事而有武备；土诵夹侍，掌方志而道地图。风伯清尘，招摇参乘，周览临濮，少留汶阳。戒誓庶官，申严执事，靖恭尔位，恪谨攸司。羽卫具陈，乘舆乃出。垂翠缕而鸣寒玉，载琼□而拥云罕。天□景从，禁旅前驱；八神齐奔，万物咸睹。卿云待族，仙禽成侣，俯法从而交荫，览德辉而翔泽。□光下烛，抱□腾芒，观云式瞻，奏牍狎至。溢简编而不可载，考图牒而未始闻。下诏肃祇，柴望而告至；储精蠖濩，渊默而斋居。

祀前一日，未质明，备法驾至于山趾，更衣于帷殿。上乃乘轻舆，陟绝巘，跻日观，出天门。筑圜台于山上，度地宜而循古制也。升山之前夕，层云蔚兴，严飙暴起，达曙振野而未已，有司失职而是忧。洎宝箓先登，华盖徐至，焚轮止息，寥泬清霁，若胚浑之初判，状群灵之先置。

辛亥，祀昊天上帝，设天书位于左次，登歌乐作，奉迎就位，显奉符而错事也。二圣严配，定位侧向，以申恭事，表继志而奉天也。亚献、终献，作之乐章，以为礼节，一其仪而申昭事也。祝史正辞，秘刻勿用，黎元蒙福，孚佑是祈，克其己而厚勤恤也。衮冕俯偻，金石铿越，捧圭币，奠牺象，络金绳而斯毕，飞紫燎而上达。舒迟暨礼，陟降尽恭，明德之馨，至诚之感，苾芬以荐，肸蠁如答。通帝乡之岑寂，接云汉之昭回，协气上浮，纤罗不动，神策锡灵长之祚，日卿奏殊尤之瑞。垂绅委珮，蹈舞斋室之前；鳌抃山呼，声震层霄之外。山下设坛四成，如圜丘之制，乃命茂亲，以承大祭，崇□□□以斯□，洁粢丰盛而在列，万灵咸秩，四隩来同。九宫贵神，实司水旱，吾民是依，动系惨舒，厥职尤重。命筑坛于山下封祀坛东，率礼吉蠲，诏大僚以尸其事。

壬子祀皇地祇于社首，百司承戒，慎之至也。三献尽诚，礼无违者。

翌日，朝觐坛，觐群后，辑五瑞。千品成列，万国胥洎。英茎韶夏以遍作，僸佅兜离而次设。风行赦令，雷动欢声。祝网之仁普沾，《蓼萧》之泽遐被，大明之照遍烛于蔀家，崇朝之润周济于天下。昭示圣作，以志元封，日星炳其天章，鸾龙奋其仙翰。感祚德之玄贶，遂光表之鸿猷。金玉其相，与典坟而并骛；神灵是保，揭日月以长新。复有道济生民，名在祀典，功德兼茂。迹用尤著者，焕乎睿文，特形赞□，刊于翠□[1]，贻厥方来。而乃祀乔岳之灵，幸列真之宇，俾加贲饰，用极褒崇。养老申合饮

① 翠□：原碑作“翠琰”。

之私，劳□推□复之惠。命市纳贾，采诗观风，聘有道而省高年，平权衡而考制度。官克用乂，黜幽之典靡行；化洽可封，归厚之民咸若。惸嫠攸恤，幽隐咸达。乃翠华之旋轸，临曲阜之故墟，升讲肆之堂，屈顺风之拜，徘徊设奠，眷想遗风。褒圣之礼有加，恤后之恩弥渥。以经□□□□载□□□□邦。周公旦启真王之封，太公望进昭烈之号，咸建庙貌，领于祠官。按节回鸾，式闾表墓，遍走群望，罔不遗灵。河、济之区，海、岱之壤，南暨淮汉，北际常赵，梯航万国，冠带诸酋，四远云来，千里星属。听清跸缺五字得跻仁寿之□□觐睹作□□事扶老缺六字，六龙回御，七萃解严，太史揆辰，近臣奉祀，藏侑神之金匮，上加谥之宝册。举归格艺祖之礼，亲飨太宫；考饮至策勋之典，惠绥列辟。尽圣人之能事，成天下之壮观。前□所记，才十二□；□仪斯废，仅三百载。缺四字天命缺四字实惟其时。烈祖造新邦，臻大定，经制而未遑；神宗求至理，致升平，业成而中罢。遗兹景铄，属在钦明，丕显诒谋，奉成先□□□大号永□□名□□昭姓考瑞，□大统也；勒石垂□，昭茂功也；人神以和，礼□□备，盛德也；□□定位，祖考严配，大孝也。报本穹昊，归功宗祏，谦尊而从众欲，礼毕而受徽称，克让之风，高视于前古矣。下尺一之诏，严禁止之□□□行苇靡□□□好生之德□于群心矣。服纯衣而在□御□□□数□□别谢□□致美黻冕，减乘舆服御之物，罢周庐次舍之制，则惟新礼器，增饰坛壝，故翼翼之心，精意以享，有典有则，必躬必亲。寅恭天至也，既如彼苍苍之意，惟德缺五字事□□□□瑞报况神速也□□此宜乎拥鸿休，介繁祉，后天而老，象日之升，垂万世之耿光，为百王之称首者也。

臣位冠台衡，亲逢旦暮，承上公之乏，相盛德之事，与夫茂陵草遗忠之奏，《周南》兴留滞之叹，非可同年而语矣。矧又恭膺缺五字获当□述，兹所以绍帝皇之坟素，表金石之篆刻，嗣丕天之大律，□□世之鸿范者也。寡韦平之经术，无燕许之才笔，大惧梼昧，不能发挥，徒踯躅于燥吻，实僶俛而塞诏。赓歌舜德，曷继于皋陶；纪颂汉巡，有愧于亭伯。贻之来裔，以阐丕□。其辞曰：

增高益厚，王者上仪。制礼作乐，莫大于斯。应运接统，垂鸿逆鳌。兹事体大，惟圣难之。岱宗炳灵，岩岩峻峙。和鸾响绝，牲瑄礼弛。缺其神欢，邈逾星纪。乃圣挺生，乘时斯起。惟宋肇兴，受天顾諟。尽黜苛政，式叙彝伦。以洗污俗，乃吊匪民。革其不谌，被以至仁。威灵有赫，轨迹易遵。与民更始，其命惟新。宝历日隆，神武不测。厥角献琛，水訾陆□。惠泽滂流，皇猷允塞。阴骘下民，懋建皇极。照被六幽，化行蛮貊。累盛重光，乾乾翼翼。展义省方，观风耀德。偃伯灵台，跻民寿域。宝鼎增重，永协大同。正符荐锡，告厥成功。谕乎至理，迪彼玄风。保邦清净，锡祚□□。化洽无外，道惟大中。百度以贞，六符斯正。倾输群心，称述瑞命。佥议勒封，以期升侑。休烈日彰，神策天授。徇民从欲，展采告成。属车时迈，法从天行。济济鹓序，哕哕鸾声。星言汶上，云会岱亭。穹崇绝巘，密迩圆灵。躬陟上封，聿申昭事。祖考来格，礼乐明备。感以至诚，享其精意。款谒归功，谦谦益至。严配克诚，蒸蒸不匮。柔祇昭报，毖祀聿修。二仪訢合，百神怀柔。帝容载穆，灵贶殊尤。肆觐辑瑞，端冕凝旒。万国以朝，四夷接武。《行苇》之仁兮敦洽，《蓼萧》之泽兮周溥。茂遂群生，浸渍万宇。庆集丕图，风还邃古。腾茂飞英，超三迈五。赫赫显号，穰穰鸿禧。百禄是荷，万寿无期。遂及黎庶，永洽淳熙。法昊穹兮刚健不息，踵黄轩兮清净无为。自天之锡，百世承之。

大中祥符二年七月十五日立。

翰林待诏、朝散大夫、国子博士、同正骑都尉臣裴瑀奉勒书并篆额。

右碑，连额高一丈一尺，广四尺四寸。篆额题曰“大宋封祀坛颂”六字，大四寸，作二行。碑文行书，共四十三行，行一百字，大八分。在城东南三里许原上。按《山左金石志》云：王旦结衔“天书仪卫使”，《宋史传》作“天书仪仗使”，太原郡开国公传，亦不载。文中“升讲肆之堂”通作“讲肄”[①]。《礼·玉藻》：肆束及带。注云：肆读为肄。

① 肄：原脱，据泰安市博物馆藏清嘉庆《泰山志》刊本补。

朝觐坛颂 篆额，陈尧叟撰，尹熙古行书，在郡城南门外

大中祥符二年七月

大宋封禅朝觐坛颂并序

封禅卤簿使、推忠协谋佐理功臣、金紫光禄大夫、行尚书左丞、知枢密院事、修国史兼群牧制置使、上柱国、颍川郡开国公、食邑二千三百户、食实封捌佰户臣陈尧叟奉□□。

臣闻配侑尊严，王者所以敦其孝也；朝宗觐遇，圣人所以明其礼也。又若因名山而遂封，焕先业而迹著，踵七十二君之遐武，永万八千岁之丕□。□辑五玉，坛宾诸侯，巍巍煌煌，事之大者。非命夫通博之士，绎蓬缺五字之学，缺六字重九经之思，又安可藻润功德，流播徽懿？臣颛蒙寡闻，黯浅无取，稟诏涤虑，拜手而飏言曰：宋受天命，帝六合，子万姓，以圣继圣，垂五十载。稽神道而设教，感民生之归厚。烈祖神考，耀武振德，罄乾维而张宇，尽坤倪而画野。夷暴削叠，黜僭荡伪，怀生胥□，滋液玄化。上帝降鉴，昌大洪绪。

崇文广武仪天尊道宝应章感圣明仁孝皇帝之御天下也，三业嗣统，重离继明，恭敏而克仁，徇齐而允迪。青宫主鬯，承天序而寅畏；黄屋正位，奉先志而夕惕。若乃敷乎要道，刑于率土，始则谨色养□□匮缺八字孝之至也。□□郊丘者三竭，精□□献朝，□□□者一郁，凄感于霜露，祀之大也。六御宸陛，精较□□，振滞淹于韦布，罄逋潜于岩穴，文教之隆也。再驾革辂，观省朔野，贞师律以威亮，□戎人以礼乐。武经之著缺十二字绛轨物□□□□实情达幽仄，钦恤之深也。体玄功之藏用，为而勿有；推赤心而与物，坦然无间，诚明之广也。友于天族，敦乎教也；惠绥耆年，勉夫养也。斫雕复朴，必始于宫室；劭农禁□，率先乎稼穑，昭夫俭也。黄□一缺七字勖编□□室务得□而□□□谨乎授也。六职交乂，百揆时序，犹复访古无怠，论学弥益，逖览乎九皇之道，毕讲乎三代之训。□厖黎献，勤恁方毂。蒸蒸之德，既格于神明；生生之仁，终达于麛卵。大和遂布于

景气，灵台遽偃于师节，混一文□，敉载疆场，缺五字易战□□□措兵者也。于是河海夷晏，岩廊穆宣。莹玄览□而宅衷，操斗极而播宪。□天常，立民经。清净之乡，御乃六气之辩；富寿之域，隆乎三登之祥。四隩纳诚，五纬遵轨，日星荐祉而訢合，草木效灵而始见。千品万类，□纶缺七字矜缺六字天意若曰：振古绝德，夐无与让，轶世灵契，允宜曰答。由是真介来仪，宝命申锡！抒三篇渊默之训，启万祀绵长之兆。普天罄世，靡不欣戴。惟苍旻登□之祐，乃□而垂鸿之庆。流乌之祥，祇载其异，雨□□贶何□□□□斯□□□□自天之秘，实获御邦之组。于是洙泗诸生，龟蒙群彦，发咏叹于庠塾，□讴吟于衢路。揄裳连襼，波属鳞萃。既而宰衡帏幄之辅，熊羆羔雁之列，迨于千夫长、百夫长，黄冠缁衣，台背儿齿，相与不约而信，不谋而同。伏观缺五字封缺六字陛下系纂圣统，光阐丕业，立隆以为极，执契而司会。□斯成矣，□□平矣，□□和矣。昆虫草木，罔不孚矣。所宜铺鸿藻而熙帝载，飞英蕤而振绝礼。遵昊天之成命，慰东鲁之徯后。观风□□□之业，展□□□侯之□，允谓□德□□□□锡符奉符以行事，□□之请，不为进越。

皇帝虔巩敦谕，四让不获。既而垂旒深念，前席而言曰：惟我二圣付以大宝，海内海外，悉主悉治。□怀锡羡之庆，丕冒诒翼之教。一变□□，朕何有焉！又敢款介，□告成功缺五字，扬耿光，奉遗懿，宣景铄，报嘉瑞。斯事□体，乃朕之志。且夫无怀已降，夷吾所记，迨建武之仪，开元之制，绵蕝草具，宜削其靡，无烦民，无黩神。恭朕之礼，罔惮薄；奉禋之容，姑务丰大。□□有□□锡厥职。由是缺十四字之说，绌汉室优游之议，顺以创制，阅嘉言于既往；侈而不典，黜空文之无谓。既历古而肄习，乃折衷于睿圣，辅臣先事而祇命，崇岳骈日而荐瑞。醴泉毖涌，神龙倏见，灵芝三秀而络野，嘉谷合颖而充亩。星弁□掖忽恍缺十一字寥泬之书再降，既告庙而成礼。□□□□戒吉。卿云先后而触布，辽鹤翩翻而旅集。玄贶益重，坤珍愈出。

月孟冬，日辛卯，皇帝乃辟宸居，清康衢，俨金舆璁衡之御，肃寝兕弥龙之制。都人山立而辰抃，缺八字。神检先路，真士前道。九葩之盖，蔽寥廓以徘徊；十极之音，含正始而容与。俄而常伯陪乘，大丙弭节，千官扈跸而星拱，九龙效驾而飚举。万骑杂沓，汹汹兮海运；九斿缤纷，烈烈兮云布。历河沂，荣光湛乎百丈；戾岳趾，爱□□乎四彗。猛士缺六字玄髦缪辖而弭隰。周庐徼道，植铩悬献。既□辟斋宫之靖冥，涤清衷于蠖濩。云罕俨路，钩陈樽壑。奉宝符而先置，俨扆仗而延属。大风示异，当□石而遽止；寒谷应感，将裂肤而俄燠。倏忽之变，阴阳不测。

皇帝于是登乔岳，升天□，□玉辇，步岩际，俯曜灵于渤澥，观众山之培塿。崇台冠空而崛岉，翠旌周阿而捷猎。辛亥昒爽，即事灵阙，登太祖以配天，奉太宗而侑飨。大圆轩豁，悬宇澄爽。烈宿照烂于浮景，盛礼登降于□□。□□肃缺七字音谐而大乐六变，百神降而玄酒三献。萧□□用，爟火高举。圭璧之序，严紫霄而有容；金石之文，凝绛烟而无际。秩众灵而在下，命群官而分飨。备物之盛，实列万国；锡年之祥，乃过亿世。既即次而燎币，旋复□而检玉。肸蠁缺七字于鸿明之报。白云起封，始氛氲于肤寸；神光□磃，实炳蔚而五色。

翌日，回鸣銮，禅社首，礼遂毕于登降，诚乃格于上下。复本反始，二仪之气斯和；执圭奉璋，肆觐之礼攸举。且夫坛壝三成，盖大□小之制；侯氏□□，君劳臣□□由是□□□次，掌舍设梐，司仪辩等，车马具礼。始眂馆而穆穆。俄观旂而济济。皇帝乃登清坛，翳云芝，负斧扆，明章施。胪句□□而交达，琛赆述职而□平。九仪栉比，万□麏至，航海告传圭之符，毛□庆千吕之瑞。巍缺五字穹隆□□□虎之缺五字业，鸡竿竚施。籥歌以咏德，佾舞而象事。礼宪备成，讫无遗者。

既而王公庶尹、岳牧群长胥进而言曰：夫祚德者天，合符者圣。陛下以大业钜封，对越景命。区域竦化，人祇协庆。礼物具八方之产，祀□□千□□盛。□何山郭□□□□献海鲽之充贡哉！父天母地之孝，于以之备；君临子事之义，于是乎尽。洋洋乎，荡荡乎，民无得而称焉。谨伏坛□，上千万寿。

帝曰：异□，豆笾静嘉，器之文也；牲牷肥腯，祭之饬也。非朕所以请上上帝、临下民之意也。惟朕□荐，荐于□□，□神之□。享于惟馨。庶乎尽物首义，用缶纳□□旨无以异矣。又曰：咨尔有方之众，明听予诰：先王克谨天戒，臣人克有常宪。肆朕祇畏，荷□贶施。尔其慎厥，终一乃心。弼予夙夜之治，□□元元之命。罔忽厥□，□速于戾。□□□□九垓□润，既礼止而乐阕，遽雷作而雨解。涣汗兮大号，丕休兮茂典。罝罦聿空，圜犴斯弛。执热者濯，居穷者遂。在逸者复，处幽者贲。员首方足，悉已□□；蠕动翾飞，罔不□跂。逸祥禽于空阔，遂珍兽于遐□。集百灵而受职，与□□而更始。所谓□□□□景福，云行雨施，不崇朝而遍天下者也。

觐之明日，摭彝章，□先古。太常陈诗而观俗，典礼同律而考度。正班爵之上下，阅市器之良窳。励守屏以□□，章教条而咸举。既而振皇仪而旋轸，访儒宫而□□。浸仁泽于遗□，合凯□于下国。欢声□□溢，□□□□载扬。嘉气郁葱，拥宸舆兮归格。策勋饮至，霈□乐胥。昭德垂休，邈乎无极。皇帝于是敷睿藻，纪云阙。始则推□□□纯锡，终则让祖宗之显烈。羲画增丽，尧文浚发。□□天经而昭布，表日□而高扬。至于□□□之□□，□□祀典之清芬。上则教尊于世，次而功施于民。形褒议而流永，增徽称而益振。焕乎宸制，镂之贞珉。信阙典而咸秩，垂圣范而□□，□□哉，怀庭之道，旷而复属；盘维之基，亘而弥远。□乎，人和年登，而神降□告；倪宽所谓帝王之盛节，抑亦天下之壮观。圣作物睹，不其伟乎！太史臣曰：主□有圣明而不宣布，有司之过也。臣虔奉咫尺，参侍□□，□□揭厉，窃谓万一。虽不足究宣骏德，光大隆业，盖□尊名□，辞炳灼于无穷缺五字敢谨为颂曰：

于穆我宋，天明命。烈祖造邦，神宗继圣。灵旗指麾，洪基保定。神教诞敷，民德丕正。明明我后，集庆□□。稽古立训，惟俭是宜。群方允迪，庶汇缉熙。天纵至圣，日用焉知。上天降鉴，□□□□。双觡恭缺五字。周伯□□，老人效灵。乾符坤珍，溢于祥经。上德不德，谦而益光。寅奉祖考，肃祇玄黄。天迪其德，盛历洪长。真介荐至，玄符屡彰。济济多士，蚩蚩蒸民。填衢溢郛，集于紫宸。□启伊□，武功至仁。□□伊何，缺五字让不获，玄章□□。□命有位，蒇事岱宗。虞巡效驾，周迈宣风。八极四海，云蒸霞从。岩岩鲁詹，高轶乾宇。既祓既登，以禋以旅。二圣克配，三辰攸处。六变成文，□灵□□。苍璧玄酒，□□斋栗。肸蠁禋燎，飘飖钟律。翌日降□，皇祇是出。允犹翕河，百神咸秩。禅之明日，乃严坛壝。于是肆覲，毖以陈仪。柣楯载列，簴簴攸施。俨而圭组，翼乎熊羆。王公庶尹，再拜稽首。罄□□□，上千万寿。□□钦哉，一德斯懋。元首股肱，惟尔佐佑。庆泽遂敷，宥民赦狱。涣汗涵濡，滋液渗漉。洗涤颇纇，发挥亭毒。施及夭胎，罔不生育。乃程律度，乃齐日时。升擢方谷，惩艾不祇。凡百有位，以悦以随。大礼克举，缺五字乎哉！登灵封兮报玄功，禅厚地兮荐清衷。揭方明兮车服以庸，覃庆泽兮罘网遂空，惟圣宋之光宅兮，与黄比崇。宜乎金声之，玉振之，万斯年兮无穷。

大中祥符二年七月十五日立。

翰林待诏、朝散大夫、国子博士、同正骑都尉臣尹熙古奉敕书并篆额。

右碑，连额高一丈一尺，广四尺四寸。篆额，题曰“大宋封禅朝覲坛颂”八字，大四寸，作二行。碑文行书，共三十八行，行五十四字，大一寸。在府城南里许。案：此碑撰文者陈尧叟，结衔有“颍川郡开国公”。稽之《宋史》传所不载。书碑者尹熙古，历官与《封祀坛颂》书碑之裴瑀皆同，行书笔法亦相类，颇似出一人手。两碑月日亦同。

社首坛颂 正书额，正书，在高里山相公庙

大中祥符二年

禅社首坛颂

天书仪卫副使、封禅礼仪经度制置等使、推忠协谋佐理功臣、金紫光

禄大夫、礼部尚书、知枢密院事、修国史、上柱国、太原郡开国公、食邑三千五百户、食实封一千四百户臣王钦若奉敕撰。

涒滩御岁，应钟旅月，国家建号之四十九祀，皇帝绍统之十有二载，燔柴乔岳，成礼于勒封；回跸方丘，荐诚于厚载。人神交感，禄祉来宜，爰命下臣，式扬嘉颂。粤自圣明御极，寰宇大和，民知教而措刑，俗致理而偃武。熙熙庶汇，如陟于春台；惕惕宸心，若临于秋驾。玄德上达，乾文下垂。方纯嘏以诞膺，故至神而合赞。见于乙夜，同日星之扬辉；告以先期，若寒暑之不忒。履端之月，成魄之辰，昼漏初传，朝暾未耀。仰苍龙之内阙，睹黄素之奇文。岂必玄龟负图而出洛，何须赤雀衔书以及丰？上冲厉内增，寅恭外积，克勤精意，仰答灵心，感应宜符，祯祥不绝。云成五色，表嘉瑞于太平；星见离方，荐殊征于万寿。由是索前王之令躅，秩祀典之无文，思大飨于季秋，用昭告于上帝。咨尔之诏，将戒于有司。傒予之谣，爰兴于东土。邹鲁之士，海岱之民，竭乃一心，若律吕之相召。来于千里，如符契之不愆。述盛礼于玄封，献露章于魏阙。以为有唐之季，天步艰难；朱梁已还，宇县离析。蒸黎涂炭，兵甲日寻。荐绅无仁义之谈，𫓧钺肆虔刘之患。上天悔祸，肇启于昌期；百姓与能，勃兴于明主。

太祖启运立极英武圣文神德玄功大孝皇帝，炎灵应统，绿错膺图，奉唐侯之固辞，避阳城而罔获。克安九服，成不战之功；祇事百灵，受无疆之福。太宗至仁应道神功圣德文武大明广孝皇帝，大明继世，至德在人，文告以怀柔，武威而震詟。宪章号令，俯洽于殊方；文物声明，仰逾于往古。崇文广武仪天尊道宝应章感圣明仁孝皇帝，禀粹二仪，钟灵五运，绍成基于累盛，荷景贶于重熙，通于神明锡类之孝，格于上下广覆之仁。若乃弋绨为裘，书囊为帐，恭俭之至也；泣辜于市，扇暍于涂，慈惠之隆也；仄席抡才，反支受讼，听政之勤也；斋居议刑，弛悬决狱，慎罚之深也。至若恭默思道，励翼求贤。振恤惸嫠，咨询谠直。眘徽五典，昭明百官。礼无大而不扬，情无小而不达。道弥高而思弥下，业愈盛而志愈微。故得鸟兽可窥，水火不夺，万民以治，五教在宽。天降之祥，物安其所，所谓集玄黄之景祐，揽步骤之上仪者也。

夫登岱宗，禅梁甫，对越天地，严配祖宗，揆玉以礼神，刻石而纪号，千八百后其道皆同，七十六君其迹可视。矧夫盛德大业，巍乎若斯；天瑞人谋，昭然如彼。诚宜答三灵之祐，顺九域之心。考时日于历官，询制度于宗伯，肆觐群后，怀柔百神，苍璧以祀天，黝犊以祭地，发维新之大号，受不已之龙禠。岂独一方区区之诚，实亦六合□□之望。

上于是临法座而延见，命谒者而谕旨，嘉其将顺之心，示以惕厉之意。以为祯祥申锡，但荷于洪庥；封禅告成，难居于盛美。故当徐议，无复过谈。莫不瞻珠旒、伏文石，期于得请，然后□从。克让之诏虽行，敦执之言益固。于是均衡之元辅，帷幄之硕儒，三台之具臣，五营之列校，郡国之上计，庠序之横经，斑白缁黄之俦，椎髻文身之众，相与集阊阖，趋钩陈，述庶民徯后之谈，叙历代不刊之训。且曰天高地下，大礼生其中；君令臣行，百度遵其治。罔蹈道而无福，罔失政而无祸，道莫大于奉明神，政莫隆于兴茂典。故遂古而下，方册所标，未有长发真源，永孚休命，历数在己，美利及人，而不宗祀昊穹，昭配祖祢，奉符东岱，展采仙闾者也。而况巡狩之文，毛举于虞典；登封之义，囊括于周诗。六经著其谠言，百王以为盛则，衰世思之而罔克，治世避之而不能。□□武隋文，其让也正；世祖玄宗，其修也宜。陛下高迈羲农，俯视舜禹，天鉴厥德，赤伏之符既膺；后来其苏，东人之念方积。观民展义，今也其时。错事增高，辞之岂获？虽复舆情可却，宸虑难回，其如三神之景命何？二圣之盛烈何？优诏不许者四，封章固请者五。于是答玄穹之顾諟，徇黔首之勤求，俯而从之，盖不获已。乃颁明命，戒有司曰：自天之休，既钟于列圣；累洽之庆，复属于冲人。若乃登名山、朝万国，虽盛德之事，其何以当？而率土之情，复无以拒。盖将申于大报，敢云告厥成功？咨尔有位之臣暨于蒇役之者，牺牲、玉帛礼于神，则极其□；□辂、旂常奉于吾，则从其俭。委枢近之佐以先置，密授其成谋；聚文儒之士以撰仪，洞稽乎旧制。其令也至当，故下无以干；其工也不繁，故众思自励。

德音一发，民望如春；诚感上通，神心若契。至乎圣贤之祖述，礼乐之沿袭，或有旧史失传，精义莫续，群臣极虑，靡究其端，睿旨发□尽其理。凡所刊正二十余条，于是奉常遵为彝训。又若秘牒有一，信册有六，燔瘗俯□，追琢难成，将以贞珉，代乎温玉。虽复有司固请，俞诏勉从，在乎宸心，惕然罔措。果于内府，访得其真，盖往日之所营，仅期月而乃就。取之琢刻，用于神祇，克集厥功，靡愆于素。足以见先圣有开□□吾君善继之孝者也。且夫天之临也不贰，天之鉴也至明。听之□声，吉凶见乎象；敦而降命，善恶基乎人。盛德之兴，巍巍乎其莫述；鸿休之至，纷纷乎其无穷。当夫揆日有期，鸠工在始，地不爱宝，吐素液以流甘；龙飞在天，腾卿云而绚彩。神葩焜耀，挺秀而朝敷；瑞气□□，扬辉而晨映。眈目鸷兽，匿迹空山；螫手毒虫，潜形蛰户。在井之鲋，粲百炼以成鳞；绕树之禽，凝六出而挺质。沃日涨海，既遏其惊波；航苇巨河，复遵其故道。九穗两岐之秀，四犊一角之奇，或骈实而共枝，或先秋而告稔。斑虎袤丈之茧，灵云共蒂之瓜。玄鹤群臻，听笙镛而自若；慈乌独□，□畚锸而有常。瀼瀼沆瀣以如饴，趯趯明视而呈素。中天之月露，焕发之重轮，曲沼之泉澄，相鲜之丽色。一封使者，告庆交驰；六艺书生，颂美载路。盖已无德而逾也，矧又甚于斯焉。昔者五老告期，但闻一至；两骑爱职，岂复重来。未有眷佑弥昭，殊休再降。

巍然岱岳，密迩毖泉，颁绿字之文，述苍元之意。于是备时乘之驾，迎宝命之符。是月大雨滂沱，密云葱郁，润甫田而虽洽，治驰道以方勤。及乎瑞牒爰来，乘舆将出，则烦阴并散，杲曜徐升，紫气覆于离宫，白云映乎广殿。时亿之福，岂易测乎？于万斯年，必可保也。瞻言南域，旧产灵茅，方志虽存，郡人罕识。及夫诏书采撷，耆老营求。绝世之珍，故蕃殖而久废；不贡之责，方寤寐以为忧。遽生三脊之奇，用资五天之藉。夷吾曩记，斯实同符；开元旧文，谅多愧色。既而协良日，荐虔诚，寅奉灵文，祇见祖庙，谢会昌之纯锡，告配侑之崇名。于时人集八方，尘飞九陌。斋明之夕，澍雨以清皇衢；祼鬯之辰，矞云以覆世室。非烟烛野，瑞日流空。肃肃金飚，袭星罕而徐转；翩翩玉羽，扈河图而群嬉。二后在天，降鉴于至治；百世观德，协庆于无垠。犹谓斯礼不行，其来已久，虽感搜于阙典，虑未尽于至诚。乃复屈黄屋之崇高，习泰坛之荐享。恭畏之色，罔异于奉祠；阙疑之文，并从于折衷。官师耸励，神鉴益歆。既而令旦戒辰，鸣銮遵路，百工承式，七萃启行。八校止齐，闻萧萧之鸣马；九斿时动，见习习之祥风。鼓吹不喧，率由旧则，金石咸寝，肇自圣谋。至若念封礼之方陈，矜严是务；虑有司之弗给，简易为先。乃损属车，别鸣銮，虚大辂以安秘箓，见奉天之诚。御步辇以出国都，形爱民之志。连甍感抃，接壤欢谣，四望则衣袂成帷，中途□壶浆若市。岂资谏诤，已罢乎从畋；何待讨论，动归乎至迹。荤茹咸却，诫玉食以斋心；草木不伤，法蒲车而育物。若乃次舍所设，菲薄攸安；栋宇之基，未尝改作；闬闳之势，罔或增新。唯玄幕以环周，或下□而躬处。颂祇之庭在迩，接神之册储灵。属夜漏之未央，视荣光之欻见，瑞逾沉璧，祥协超□。至乃命庶官，走群望，专印后土，别祀九宫，礼濒海之诸神，飨射牛之列帝。所谓阐皇猷于罄宇，昭上德于亿年者也。暨夫届广鲁、临岱宗，庶民奉迎，罔不率舞；东后来觐，靡有后期。八表之民，骏奔竞至；未名之宝，栉比咸臻。坛壝以陈，簠簋以具。申诫于百执，必信而必诚；昭感乎万灵，有严而有翼。

越以孟冬之月，庚戌之朝，望秦之高峰，昧爽而陟；比黄之大典，次日而修。其或俯层崖，履危磴，虑人之劳也，乃降辇焉；及乎款云封，望斋室，想神之在也，亦躧步焉。徒御继登，罔逢乎骤雨；羽卫成列，俄息乎终风。平视太虚，下观旭景，静将地接，动与天偕，澄宸虑以杳冥，望法象而仿佛。于是被玄衮，搢大圭，神六变而来思，色三献而弥厉，侑以宗祖，焕乎天经。丹书载陈，表储休于上帝；玉牒不秘，示无私于下民。

而又飨彼群神于兹山下，准圜丘之式，伸遍祀之心。谨晷度以合时，望烟燎而交影，衣冠在列，笙磬同音。是夕也，天门之巅，士虞载渴，甘醴忽涌，无源自澄，侁侁奉宸，饮之而不竭。日观之上，人莫能升，明神斯临，有仪可象，济济在列，睹之而相目。此又感召之章灼，休嘉之殊尤也。

翌日，礼皇祇，禅社首，方泽之形泰折，广乐之音八成，象其色则黄牲，昭乎挈则元酒。岳镇海渎，靡不格思；坟衍邮畷，罔不咸在。眷乃坤元之德，配乎柔克之尊，生植群伦，包涵方夏。广大博厚，所以养材；流谦居贞，于焉载物。伸兹大报，在乎至虔。肃若奠献之仪，祗率穹昊之制，勤恭励翼，盛典由是无违；杂遝纷纶，柔灵以之荐祉。清跸将至，倏振惊飚；冕服才升，俄为霁景。爟火之影，邈在云霄；登歌之声，散于坰野。唯诚明而是竭，忘陟降之为劳。于是昭仁心，从物性，楚夏所贡羽毛之众，莫不出于苑囿，放之郊原。次复诏秩宗、修勤礼。三帛二牲，执贽以见；右贤左戚，辨等而居。玄冠苍佩者充庭，鱼甲贝胄者列侍。宸颜穆若，安可望其清辉；能事巍乎，徒得观于洪烈。既而布大令、均渥恩，礼高年、修坠典，幽蛰咸振，密网并蠲，霈庆赐而春行，覃徽铄而日丽。采诗察俗，远协于《夏书》；纳贾观风，式遵于《王制》。兴廉举孝，崇德报功。鳏寡惸独之流，罔不咸恤；律度量衡之法，由是得中。复除之恩，浃于四极，酺醵之惠，际于九围。当其御郡楼、宴乡老，有在沼之介族，附游童之衣裾，色夺金英，状微榆荚，寿盖逾于千载，祥实冠于四灵。昔者闻韶而凤来，拊石而兽舞，言其善应，岂复殊途？罢莱芜之铁官，贳龟阴之旷土，襁负相属，菑畬尽开。至于邈想古贤，缅怀神道，增文宪昭烈之称谓，伸仁圣、炳灵之封崇。以为列上清而监观者真仙，故加“保生”“广生”之号；育良材而利用者叠嶂，故修灵岩、广禅之祠。惠洽于人，虽小不舍，新玉女之像是也；福流于物，虽大必营，创会真之宫是也。犹且枉星旆、降玉轪，幸阙里、祀孔堂。琬□之刊，载扬芬德；玺绶之荐，用益徽名。祓饰庙庭，增修礼器，出币帛以赐宗党，颁经史以聚学徒，下自诸生，咸膺其进爵；上暨先正，肇荷其追封。好贤之心，周于百世；尊儒之道，形于万方。岂止序门人以陪祠，蠲齐町而给役也。昔天宝以治平在运，崇五庙之洪名；大中以恢复成功，加二宗之尊谥。而皇上孝思不匮，至德潜符，展礼太宫，归尊伟号。始以宝册亲授三公，拜手而遣，肃祗之至也；复以萧芗躬谢六室，涕洟而进，追慕之积也。足以荐乾坤之祐，增宗祏之美，慰昊天罔极之感，伸明发不寐之怀。既而王公协辞，夷夏同志，遵顺美之前训，增可久之徽称，始固守而不从，旋曲成而俯受。懿夫法乾刚而覆下，是为仪天；用玄默以居中，故为尊道。叶吉而图书开奥，宝应攸昭；上封而河岳效祥，章感斯著。典礼备举，简册载光。轩曰徇齐，彼何尚也；汤云圣武，兹岂远而。犹复纪锡符之辰，建覃庆之节。郡国清醮，以答于明威；士庶纵游，用乐乎神运。生成则禁乎屠宰，隐恻则止乎刑辟。古今之盛节殚矣，皇王之休声备矣！

臣学乎旧史，偶乎昌辰，敢商榷于前修，俟揄扬于景铄？窃再拜而言曰：在昔帝妫，其臣有五。夏兴于禹，商始于卨，宗周建邦，本于后稷，有唐命氏，肇于庭坚。而伯益即典朕虞，亦佐禹绩。秦德不竞，天禄未穷。故我圣朝，集兹大统，宜乎比隆于三代，垂裕于万龄者焉！洪惟陛下纂承宝图，建用皇极，含道德之甘实，具慈俭之馨香，煦然发荣，可得而述。昔者河流载湛，里社方鸣，列纬集于降娄，三统在乎单阏，暨夫再岁，果诞真人。盖“奎”为鲁分之星，乃司文物；“泰”实兖州之镇，爰主发生。岂非运属文明，化符生育，法从临于洙泗，祀典修于云亭之应乎？此盖受命之殊贶也。御辨之初，维藩之域，绿龟荐瑞，元辅矢谟。以为至柔者毛，至刚者介，今则以至柔之物，附至刚之姿，天何言哉，民胥效矣。必将武事休偃，文德怀柔。是时也，戈甲方驰，封疆尚耸，既而玉帛继好，书轨大同，罢尉侯之官，成建橐之治，此又嗣统之丕祥也。夫感人心而致和平，莫先于孝；兴王道而致《雅》《颂》，无尚于仁。昔者主器震方，辞宫臣之常礼，则成帝之避驰道也；宅忧倚庐，终三年之通制，则高宗之在谅暗也。

案元辰之历，行哭而朝陵，则显宗之伸永慕也；览后庭之籍，动容而出娉，则文皇之召至和也。宽一成附重之刑，制三流惟轻之典，则高帝之约法也；升北辰魄宝之座，创先蚕、寿星之祭，则孝文之重祀也。修前代之园寝，访功臣之子孙，则武王下车之事也；绝番禺之药矢，毁尚方之猎具，则成汤祝网之心也。再驾戎辂，则周宣之治兵也；三郊吉土，则虞舜之肆类也。顺时令，阅车徒，因三时之闲，习五申之法，神武之用也；临便座，幸上庠，较艺以抡材，谈经以兴学，时文之化也。蓬阁翚飞，牙签云矗，宝《南风》之圣作，聚东壁之群书，聿修之美也；亲视簨簴，躬听笙竽，新甲令以募工师，制升歌以咏诒训，述作之大也。绝域之民，留滞未返，恻然轸虑，丰给而遣，仁及于怀土也；司货之吏，掊克为能，涣乎出令，宽政为先，道济于溥天也。纪祥符之宝历，元狩之故事也；新仪卫之庶僚，太徽之彝制也。明照于前古，睹其失而不扬，德之盛也；辞高于往代，有其善而不伐，谦之至也。孝德著矣，仁声洽矣。积是纯懿，发为茂功，则巨礼之行，殊祯之应，由天意也，非人力也。矧复两汉而来，建都于雍，五岳之地，皆在于东。居既异于辨方，理且殊于师古。

今国家宅梁宋之域，当穹壤之中，礼得其宜，事归于正，故可以仰遵五典，高继九皇。抑又嬴秦上登，仅至中路，天有所不佑也；汉武秘祝，不示群臣，道有所未广也；光武欲其速成，将窜封于玉检，力有所未丰也；高宗黩兹巨典，接神以椒房，礼有所不肃也；玄宗建议在初，辅臣殊志，出爵伊始，庶尹兴言，人有所未允也。若乃笃天祐，迓神釐，远迩协心，上下交泰，唯精唯一，尽善尽美，未若今日之备也。又不以功成而自大，治定而自矜，炳乾文，号神岳。仰怀天贶，不敢以怠遑；俯述世功，用归乎德美。此实历代之所未有，上圣之所独臻也。下臣不佞，恭献颂云：

惟天祐圣，惟圣奉天，宝命隆兮。惟辟治民，惟民戴辟，万国同兮。祖武宗文，重规叠矩，建大中兮。奉符错事，登封降禅，告成功兮。报本反始，为民祈福，示至公兮。洪猷盛德，高视古昔，垂无穷兮。

右碑，高五尺九寸，广二尺五寸，字五十一行，行百十一字。额与文并正书，额题“大宋禅社首坛之颂”八字，径四寸，碑字径五分。在高里山相公庙大门左。案：文系王钦若奉敕撰，几五千言，为历代诸碑所罕觏。当时鸿章巨制，如磨崖诸刻已极铺张之盛，乃王钦若等复为此繁冗之言，粉饰一时，以取媚悦，甚矣。宋世君之妄，而臣之谀如此，尚冀媲美古封禅与？案：《山左金石志》云：此碑撰文者王钦若，结衔有“太原郡开国公”，稽之，史传所无。文云“涒滩御岁，应钟旅月”，谓戊申岁十月也。此碑别无年月，惟此二语是年月，但戊申是大中祥符元年，乃举行封禅之岁，非立碑之岁。碑自当与封祀、朝觐二坛连类及之，二坛碑皆有书人姓名，此碑独无。而书体较精整，惟讹字极多，不可枚举，亦不足致辨也。独喜其文字完善可读，较胜二碑。

天贶殿碑铭 篆额，杨亿奉敕撰，尹熙古行书，在岱庙西墀

大中祥符二年十一月

大宋天贶殿碑铭并序

翰林学士、中大夫、行尚书兵部员外郎、知制诰、同修国史、□史馆事[①]、柱国、南阳郡开国侯、食邑一千一百户、赐紫金鱼袋臣杨亿奉敕撰；

翰林待诏、朝奉大夫、国子博士、同正骑都尉臣尹熙古奉敕书并篆额。

臣闻玄天之覆物也，阴骘而无私；上帝之临下也，高明而有赫。倬昭回而成体，其听孔卑；杳寂寞以希声，厥应如响。故《周书》纪其“辅德”，《羲易》载其“益谦”。百禄咸宜，于以隆其永命；庶征时若，于以降乎嘉生。斯皆自我民而聪明，表其道之贞观者也。至乃秉阳而健，垂象于日星；得一以清，成章于云汉。东壁列位，主图书之秘文；魄宝沦精，握河洛之命纪。盖乾之缊至显矣，天之文有烂矣。眇觌太古，铺观往牒，三五之世，德化醇茂，故伏牺受龙图以作八卦，轩辕得龟篆以朝五灵[②]。放

① □史馆事：原碑作“制史馆事”。

② 五灵：原碑作“万灵”。

勋获玉泥青绳之文，帝舜膺赤文绿错之瑞。夏商以降，绩用昭明，故大禹梦苍水之符，帝乙拜玄玉之字，西伯之赤雀止户，武王之白鱼入舟，皆盛烈通于神祇，茂勋格于穹厚。由是奇物谲诡以效质，珍图炳焕以告休，宣纯禧而奋景炎，形宝训而示灵眷。斯固殊尤绝迹，旷千载而罕逢；卓异倜傥，为百祥之称首。不然者，又何以运契于中和之极，兆发乎至治之期？杂霸已还，寂寥而无纪；合符之盛，启迪而必先者哉！

崇文广武仪天尊道宝应章感圣明仁孝皇帝陛下之御天下十有二载也，纂二圣之丕基，揽八紘之鸿绪。中道底定，庶邦协和，玉烛阳明，珠躔轨道。颂声载路，协气横流，百工维时，五兵不试。仁风衍于无外，洪化驰而若神。品物茂遂而由仪，群黎富庶而知教。徽纆之刑几错[1]，弦诵之声相闻。人自谓于羲皇，家悉为于邹鲁。行苇勿践，忠厚之性成；天网弥疏，宽大之德著。淳源载复，治具毕张。皇上方端居穆清之中，独运陶甄之表，执粹精而思道，宅清明而在躬。极深研几，渊默雷震，扬蕤绚景，辉光日新。固已浚哲之懿升闻，憯怛之爱敦洽。金玉其度，追琢而惟精；云日之表，就望而无极。当其爱景长至，阴魄下弦，斗城靓深，虎闱窅䆗。建章万户，筦籥之有严；卫尉千屯，谁何而载肃。银汉左界，玉绳西倾，挈壶之漏屡移，膝席之对云罢。方将凝神于蠖濩，宁体于清闲，静虑合于希夷，嘉应通于肸蠁。俯及乙夜，阒乎严扃，焕发灵光，皎若白昼。乃有真灵，降于霄极，胪语示乎休徵。将求衣而趋对，忽乘飚而灭迹。天子于是申以斋戒，致其精明。爰及献岁发春之初，祗受大中祥符之锡。九宾宿设，亲拜于广庭；八神前驱，奉引于黄道。置之恭馆，藏于东序。乃复肆眚於绵寓，易号于初元。惠赉浃于五管，爵秩加乎群后。均合饮之泽以尚齿，推给复之典以贵农。皇明诞敷，纯嘏均被。由是徇东人之勤请，考乾封之旧章，将以陟介丘，禅社首，奉符而行事，刻号以告成。扬二圣之休光，为天下

① 错：原碑作“措”。

之壮观。列城除道，有司讲仪。龟策告犹，云气呈瑞。宜象物之咸若，傒我后以来苏。三神眷怀，万邦和会，而灵心昭答，玄应沓臻。以为庶人靡常，犹毕星之好雨；群小多辟，或夏虫之疑冰。虽况施之殊伦，舆情之成口。犹复先甲而申告，以儆于清衷。方将应期而绍至，以彰乎绝瑞。

惟元年仲夏既望之后夕，上复梦神人谕以谆谆之意，期以来月，锡符于泰山。于是浚发德音，申儆执事，有依类托寓之异，当疾置飞驰以闻。粤勒钟纪铭，铸浑叶度，肇自初吉，以及生明，惟兹岩岩之峰，荐发穰穰之瑞。祥光夜烛，成十辉之姿；卿霭朝跻，结九葩之状。是月之六日也，粤有梓匠，晨诣灵液亭，给斤劚之役。草露方渥，人迹罕至，忽得黄素于灌莽之上，其文有"皇帝崇孝育民，寿历遐岁"之言。周章震骇，魂思飞越，亟白引进使曹利用、宣政使李神福，即共捧持，以诣封禅经度制置使臣钦若、臣安仁，缄縢载严，骑置来献。皇上周旋钦翼，夙夜斋明，醰粹内充，典章兼举。命廊庙之元宰，暨左右之信臣，分授使前奉导灵贶。驿传云至，诏跸出迎。羽卫星陈，官师景从。弁冕端委，亲拜受于苑中；玄图秘文，复遍示于群下。先是，阴云待族，大雨濯枝，需泥治道之是艰，沾服废礼之为惧；是日也，悬宇澄霁，佳气郁葱。杲杲之驭上跻，光华在旦；从从之姿迭媚，纷郁垂文。五弦之风载薰，九光之霞成绮。神人胥悦，戬谷来同。矧乃绵蕞之仪，素已草具；翠葆之驾，乃先启行。既备物以吉蠲，俾有司而翊卫，载以威辂，入于应门。星旄先驱，金奏并作。天子方复弭鸾旗而税龙驭，抚毡案而坐帷宫，穆穆皇皇，以俟夫元符之至也。既而步自阊阖，率先群司，纳之殊庭，是为秘宝。

且复讨论前载，追求遗范。辉景下烛，秦既作畤；珍瑞云获，汉亦起宫。其后因轨迹而增崇，建名称而不朽者，非可以悉数也。乃诏鲁郡，申饬攸司，爰就灵区，茂建清宇。授规于哲匠，董役以廷臣，朴斫前施，塈涂咸备，法《大壮》而取象，曾不日以克成。直寒门□□之庭，镇阿阁神房之麓。云封崛起，回对于轩槍；泉流洌清，载环于阶墄。袛若天贶，表以徽名。既而慎择灵辰，揭之题榜，乃有玄鹤，集于雕甍，清唳引之，坠羽而去。斯又九皋之仙质，千岁之纯精，挺胎化之姿，告寿昌之兆者也。

及夫亲封泥检，载扬槱燎，降自阴道，禅于方丘。会朝明堂，肆觐东后，灵泽及于四海，神化驰于六幽。天子乃抚节盘桓，凭轼游豫，周爰溥览，以届于兹。瞻堂构以改容，临清流而发叹。金炉朱火，修潜德以升闻；羽盖清尘，彰健行之不息。旋轸饮至，天成地平；因时计功，金相玉振。且以为古之哲后，褒纪瑞命，方牍所述，踵武可征。至若甘露黄龙，标于年历；芝房朱雁，播于乐章。或作绘以彰施，或缉经以论著，皆所以昭答报降，垂示方来。爰诏下臣，颂兹徽烈。恭惟紫书秘牒，荐锡于玉晨，福应之大者也；灵宫真宇，列峙于垧野，制作之盛者也。非有迁、雄之博物通达，崔、蔡之发篇清丽[1]，邹、枚之论辩，曹、王之气质，又曷能敷陈景铄，述宣鸿明，著之金石之刻，流乎亿万之祀？如臣肤浅，岂能演畅？拜命之下，燥吻惟勤。颂叹游扬，虽豁于素蕴；博约温润，宁企于前修。伏纸怔忡，将□□□。铭曰：

太始权舆，邃古之初。结绳而治，斯文阙如。三五迭兴，受命合祛。河洛开奥，乃出图书。岐周发祥，凤止高冈。火流于屋，鱼跃于航。灵眷谆谆，赤文煌煌。金策之赐，翦殷启疆。卯刀□撰[2]，□□□□。秘图玄契，旷绝靡常。惟皇建极，与天合德。有开必先，神休叵测。清夜戒期，圣容斯觌。旭日朝跻，真符云获。节彼崇巘，天帝之孙。剌经定议，发祉阊□。泉流毖涌，和景晏温。□玄申锡，明灵有赫。云篆腾晶，冰纨襞积。殊类响答，奇应山沓。樵蒸礼成，蓼萧庆洽。邃宇翚飞，揭榜雕楣。建兹显号，式昭鸿禧，□□□□，翠旍扬蕤。福应之盛，辉光在兹。鲁邦奕奕，秦观巍巍。封云荟蔚，浪井涟漪。峃然宏构，永镇方祇。

① 篇：原碑作“挥”。
② □撰：原碑作作“之撰”。

大中祥符二年十一月十七日。

右碑，连额高一丈，广四尺四寸。篆额题“大宋天贶殿碑”六字，径四寸五分，作二行。文共三十二行，行八十一字，行书，径八分。碑立于大中祥符二年十一月，盖是封禅礼成，天贶殿竣工之后。岱庙分上、中、下，此碑在下庙。碑既立此，则当时天贶殿亦必建于此，其遗址不能确指矣。书碑者尹熙古，大中祥符六年《天齐仁圣帝碑》亦熙古书，彼碑雄健，此则行笔流丽。惟结衔为“朝奉大夫、国子博士、骑都尉”。彼碑则进阶“朝散大夫、守司农少卿、上骑都尉”矣。

封东岳天齐仁圣帝碑 篆额，行书，在岱庙

大中祥符六年六月

大宋东岳天齐仁圣帝碑铭并序

翰林学士、中散大夫、守尚书工部侍郎、知制诰、同修国史、判昭文馆事、护军、南安郡开国侯、食邑一千五百户、食实封贰百户、赐紫金鱼袋臣晁迥奉敕撰；

翰林待诏、朝奉大夫、守司农少卿，同正上骑都尉、赐紫金鱼袋臣尹熙古奉敕书并篆额。

臣闻结粹为山，丽无疆之厚载；升名曰岳，表奠服之崇丘。至若根一气以混成，媲四时而首出，作镇东夏，实惟岱宗。辨乎五方，设位冠配天之大；画为八卦，建标当出震之区。邃深连空洞之宫，翕习号神霄之府[①]。夫其魁甲艮象，柅制坤轴，巉嶙碕礒，穹崇岧嶤。天门路界于郁苍，日观势临于杲曜。列仙遁迹，存栖真之石闾；永命储休，闷与龄之金箧。滋殖百卉，函育庶类。畜泄雷雨，吐纳风云。封之所以合元符，登之所以小天下。近缀梁社，远瞩秦吴。控压海沂，襟带洙泗。邹人所仰，鲁邦是詹。肇生物之化权，盖颐贞之寿域也。古先哲后，诞膺骏命，披皇图，稽帝文，告

① 霄：原碑作“灵”。

成功，申大报，昭姓考瑞，刻石纪号。自无怀氏迄唐明皇，登封展采，布在方策者，罔不于兹矣。

开元十三年，始封神曰“天齐王”，礼秩加三公一等。绵历五代，寂寥无闻。爰暨皇朝，勃兴嘉运，叶百姓与能之望，应真人革命之秋。太祖皇帝总揽英雄，鞭挞宇宙，勤劳四征，削平多垒，方混一于寰中；太宗皇帝纂隆洪绪，懋建皇极，斟酌道德，统和天人，乃绥怀于海外。然而艰难创业，蕴蓄诒谋。勒崇奋炎，将底绩而未暇；开先遗大，知弃世而有归。粤惟崇文广武感天尊道应真佑德钦明上圣仁孝皇帝陛下，承鼎定之基，格盂安之世，显仁以育物，广孝以奉先。宣洽重熙，财成庶政；弭息戎旅，抚柔要荒。乘国步之密清，宅天衷于醇粹。因之以丰楙，加之以阜康。席庆宗庙之重，游心帝王之术。长辔远御，大道坦夷。天衢于是乎嘉亨，德教于是乎渐被。戴日戴斗，聿遵朝聘之期；太平太蒙，尽入车书之域。垂衣在上，击壤在下，得以畴咨俊茂，博访幽隐。讲求典礼，包举艺文。接千岁之统，可炳仪于封祀；当万物之盛，宜昭告于神明。然犹务谦尊而益光，体健行而不息。冲晦藏用，渊默思道。俄而天休震动，上帝顾怀，真箓洊臻，灵心有怿，总集峻命，觉悟烝黎。逾金简玉字之文，等河图洛书之宝。承是秘检，发为蕃厘，霈泽开荣，普天受赐。新建元之号，易通邑之名。茂昭降祥，耸动群听。是时东土耆老，奏阙廷以上书，南司宰辅，率官师以抗表，愿循考古之道，焕发升中之仪。弗获固辞，乃徇勤请，且以增覆载之高厚，扬祖宗之纯懿也。储峙供亿，悉出于县官；经启营缮，不烦于民力。

大中祥符元年冬十月，具仪制，严仗卫，陈属御，跻介丘，斋心服形，奉符行事。群司奔走，百礼修明。集巉岩之巅，凌颢英之气。坛壝清肃，牲器纯备，玉币式叙，樽彝在列。奠献克谨，皦绎用张。晏娭交三神之欢，陟配崇二圣之位。举爟火，升高烟，示瑶牒以环观，建云台而特起。社首之礼，抑又次焉。咸秩无文，奉行故事。朝会赦宥，涵濡荡涤。采舆诵，求民瘼，旌前烈，衍徽章。参用王制，著明皇绩，大猷克集，神实幽赞。故自始及末，见象日昭，史氏之笔，殆不停缀。则有非烟纷郁，太阳晏温。仙芝无根，菌蠢以含秀；醴泉无源，愬涌而善利。灵辉休气，嘉谷奇木，鳞介之宗长，翔游之品类，表异骈出，旷代绝伦。岂非受职修贡、发祥介福之征乎？人谓是山也崇冠群岳，功侔造化，斯不诬矣！国家稽《虞书》四巡之首，原汉氏五祠之重，述宣邦典，申严祭法。奉正直聪明之德，罄精虔嘉栗之诚，为民祈福，与国均庆。封峦之后，复增懿号曰“仁圣天齐王”。盖以形容灵造，举褒崇之礼也，名称之义大矣哉！化功生物之谓仁，至神妙用之谓圣，登隆显赫，亦云至矣。复思严饰庙貌，彰灼威灵，责大匠之职，议惟新之制。于是命使属役，协辰僝功，庀卒徒，给材用，兴云锸，运风斤。程土物以致期，分国工而骋艺。规画尽妙，乐劝忘劳。逾年而成，不愆于素。栋宇加宏丽之状，像设贲端庄之容。凡所对越，肃恭逾至。

四年春，举汾阴后土之祀，成天地合答之礼。宪章明备，上下交感。纯嘏既锡，大赉施及。圆首方足，式歌且舞。猗欤！间岁顺动，焜煌景铄，而皆拟圣明之述作，从英茂以飞腾。灼叙庆灵，奉扬殊贶。纪诸盛节，悉以命篇，布日星之华，配云雨之润。并刊凤藻，散跱龟趺，播洋溢之颂声，垂极蟠之能事。而志求象罔，顺拜崆峒，辟众妙之门，广列真之宇。非止卜永年于郏鄏，是将纳雅俗于华胥者也。又以太一五佐本乎天，太宁五镇本乎地，其位参两，鸿名可齐，特尊列岳，咸加帝号。由是奉升泰山之神曰“天齐仁圣帝”。乃命案驰道之东偏，直宸居之巽位，辟地经始，别建五岳帝宫，以申崇尚之礼焉。御制《奉神述》，诏中书召侍从之臣，谕以制作之本意。观夫圣文之梗概，以为岱镇之大，辅于柔祇，动植之所蕃息，泉源之所滋液。至灵允宅，阴骘攸司，钟戬谷而有征，繄黎元之是赖。旧史具载，前王式瞻。著册府之典，严祠祀之礼，增奉邑之数，申樵苏之禁。皆以仰不测之明威，显无方之妙迹也。方今兵革偃戢，华夷会同，岁获顺成，物无疵疠，率由丕应，冥助永图。固当稽彼前闻，进其尊称。谓乎唐虞曰帝，商周曰王。夫商周之王，爵人臣而有素；唐虞之帝，奉神道而何疑？况其容卫等威，冠裳制度，极徽数以宿备，宜明体以相符。因而成之，礼无违者，愿延景祐，普及含生。至乎哉！鼓动睿辞，无私广大，坦然明白之理，沛然利泽之德。曲成、司牧，俾臻富寿，有以见圣人之情矣。遂志勒石，遍立于五岳庙庭，从近臣之议也。

是岁冬，并命使介，分诣诸岳。定吉日，饬有司。皇帝被法服，御朝元殿，礼行乐作，而临遣之。持节受册，衮冕相继，次叙而出，观者如堵，且叹文物声名之盛未尝有也。使者奉诏讫事，率叶素期，于穆宏观，敻超千古矣。越明年，诏五臣撰辞，各建碑于岳庙。而臣浸渍皇泽，涵泳清徽，偶集凫雁之行，遂尘龙凤之署。预承纶旨，强叩芜音，曷胜眷奖。上以庆幸，宣明盛礼，叨奉册于秦城；润色贞珉，玷弥文于鲁岳。荷辉荣之稠叠，愧才学之空虚。燥吻濡毫，谨为铭曰：

节彼泰山，蟠亘大东。一气凝神，五岳推雄。势并凫绎，秀出龟蒙。崛起海表，目为天中。高摩霄极，俯瞰旸谷。神策斯秘，昌图可卜。物性锺仁，民居获福。鲁邦是常，盛德在木。百灵渊府，三宫洞天。稷丘真隐，芝童列仙。白鹿方驾，飞龙命篇。宅其胜境，几乎大年。岳长曰宗，岁交曰岱。仰止巉岩，奠兹持载。寿域既优，神聪有赉。祷祀诞隆，寅畏如在。千载兴运，八纮开基。武功荡定，文教缉熙。封禅缛典，祖宗制宜。逮夫圣嗣，方毕宏规。惟帝奉符，惟神佑德。茂绩其凝，皇猷允塞。嘉应沓臻，鸿祯靡测。芃芃丰衍，元元滋息。于赫灵庙，控带名区。有诏改作，俾受金模。协心董役，丰资庀徒。技殚功倍，雷动星敷。大厦咸新，群黎改观。窈寐靓深，峥嵘轮奂。肃穆威容，洁清几案。钦修允宜，肸蠁攸赞。功懋天作，泽从云游。式谐民望，昭报神休。殊号斯荐，前古匪俦。庶安亿兆，岂止怀柔。天帝之孙，复升以帝。出乎震宫，临乎日际。事固莫京，理亦潜契。树此翠碑，腾芳百世。

大中祥符六年岁次癸丑六月辛酉朔十四日甲戌建。

中书省玉册官御书院祗候潘进并谢望之刻。

右碑，连额高二丈一尺，广六尺二寸。篆额题曰“大宋东岳天齐仁圣帝碑”十字，二行，径五寸。碑文行书，三十四行，行八十字，径寸二分。在岱庙大门内西墀。案：《山左金石志》云：此碑撰文者晁迥，《宋史》传于大中祥符六年以前，但叙其由右谏议大夫进翰林学士、知审官院、同修国史、封泰山、祀汾阴、司太常详定仪注，累迁尚书工部侍郎，而未及其判昭文馆事。又奉敕撰文及碑所云“宣明盛礼，奉册秦城”，《传》亦失载，皆可补史缺也。

功德顶周忠范等题名 正书，在灵岩功德顶石龛佛座上

天禧五年

尊胜经幢 正书，在灵岩北塔院

天圣三年

灵岩寺杜尧臣诗刻 正书，在御书阁

天圣□年

种明逸会真宫诗 在岱庙，久佚

种明逸会真宫诗、题跋二石 各体书，在岱庙环咏亭东西壁间

宝元等年

胡宗回、观子义修。正书。

翰林学士李宗谔曾看。行书。

余向游西洛[1]，访号崇真张大师白于嵩阳山斋，爱其幽寂，款留数日。因

① 余：原碑作“予”。

语及余有泰山之游[①]，遂出种明逸题《会真诗笔》一轴授余曰[②]：隐君昔书此诗，留吾山斋，子其因往，可为模石于泰山乎？尝然其请。后到绛数载，慵于登涉，未能副深托之意。且会真在皇上未封祀前，有“太平”之号，至回跸始贶今额。而隐君之诗，周旋气概，分明物象，盖尝陪祀于此，得其详矣。观其笔势壮重，辞意脱洒，实一代无拟伦耳。纸尾复数君题名，又可尚也。它日，模刻翠珉，留藏真馆，为天下之观耶。稷山逸民韩退题后。行书。

李孝昌伯衍观。正书。

集贤校理宋绶览。行书。

山人林逋题。正书。

曼卿、秘演观，宝元二年正月廿五日。正书。

邵悚屡观。分书。

唐异。行书。

庆历二年正月四日，武功苏子美观。行书。

两江方元焕观。行书。

海岳黄有观。行书。

嘉靖丙午谒岱庙，得观先文正题墨有感。济大夫惟一识。正书。

钱唐詹山览。行书。

玉峰王珍观。正书。

古杭李奎观。正书。

权监东岳庙济人程正观。行书。

嘉靖十九年四月，陈仲录观。正书。

魏闲览大谏诗笔，因题绝句：文如吐凤笔如龙，珍重华笺墨尚浓。清气已销名迹在，世间谁复继仙翁。草堂东牖题。草书。

---

① 余：原碑作“予”。

② 余：原碑作“予”。

古吴周同观。正书。

姑苏端□观。楷书。

嘉靖丁酉春，胶东李学博观。行书。

高平范仲淹题。正书。

关咏清风楼览。行书。

嘉靖元年三月七日，衢方豪获观。正书。

斯书冠世入妙，千古亡对，所谓尽美耶。庆历六年四月廿七日越题。草书。

杭詹山阅。行书。

笔势精丽，真墨宝也，殊可爱，可爱[①]，才翁书。草书。

皇祐元年夏，王洙观。飞白。

笔力劲健，叹爱无已。皇祐甲午年季□识[②]。草书。

古杭李奎阅。行书。

平湖百岁翁陆卿印[③]，同涛、渭雨孙阅。正书。

永丰欧阳修。正书。

嘉祐五年三月四日，莆阳蔡襄阅。正书。

襄复观。飞白。

戊戌孟秋，琴川苏祖荫观。正书。

程勘识。正书。

两泉刘一桂。分书。

□人江□□同观。行书。

苏台周同阅。行书。

平度李学诗观。正书。

宛陵梅尧臣览。分书。

---

① 殊可爱，可爱：原碑作“殊可爱”。

② 季□识：《泰山图志》卷五作“季春题”。

③ 印：原碑作“胤”；雨：原碑作“两”。

韩琦观。正书。

沈遘文通观。正书。

莱人蓝田玉父。分书。

越人陈仲录览。分书。

姑苏□□览。行书。

宣城施闰章观。正书。

吴郡张伯玉恭览。行书。

戊戌孟夏，苏祖荫睹。楷书。

广渊尝看。正书。

不疑观。篆书。

莆王正之。行书。

无为杨杰观。分书。

明逸先生诗笔，因进士谭逑家藏出示，予作诗题于后，大梁皇甫遘。先生清气已朝元，流落精英万古尊。习习仙风人不觉，瑶华琼草本无根。行书。

徐端朝、孙懒、王仲康伏览。元符庚辰重阳日行书。

熙宁辛亥春，镤游长安，谒李先生丕祐，因与镤论书，遂出大谏种先生《纪泰山会真诗》墨迹一轴，俾蒙阅之，卷后有钜卿显人亲题之迹，复为留诗甚众。爱其笔势真工遒丽，恳借临模，藏诸□□，屡欲凿石流置四方，忽忽莫能如吾意。丙辰年，侍家君官邑之榷，首访是官[1]，穷览梁壁间，独无此诗，因语主宫王君希显，且先生盛德与大名，犹□□之焕太清，而烂然国史暴闻于天下者久矣，固不复言也。其词翰雄逸，世未多有，人或罕见。虑其拟本岁久湮灭，兹可惜哉。曰：愿刻石以信永，永□传于不磨也。

① 首访是官：据碑文当为“首访是宫”之讹。

子其为模勒，毋辞，固可其请①。未涉月而工告毕，即龛于斋厅之西壁，益见先生乐推君美，而难乎主宫之勤，显其贤也如是。读其诗，则其人之所存可知耳。十年岁丁巳月丙午日壬戌，廪延谭逑叙、庞绶之刊正书。

东海朱孝纯观篆书。

右刻，各体书咸备，错综大小不一。自“胡宗回”起，至“方豪获观”为一石；自“斯书冠世”起，至“孝纯观”止为一石，分嵌岱庙环咏亭东西二壁间。高一尺八寸，广三尺五寸。案：会真宫，旧名“奉高宫”，大中祥符间驻跸处也。帝享昊天上帝于山上圜台，庆云绕坛，月有黄辉。禅祭皇地祇于社首，天宇澄霁，紫气蒙坛。法驾还奉高宫，日重轮，五色云见。瑞祥毕集，大礼庆成，诏以太山奉高宫曰“会真”。种放《会真宫》诗刻即其事也。诗石其亡已久。宫后改太山书院，塑天地诸神像。万历甲子八月，柱内火作，殿宇毕烬。种之原石诗刻大约毁于是时焉。

泰山书院记 **正书，石介撰，在三贤祠，今佚**

康定元年七月

自周以上观之，贤人之达者，皋陶、傅说、伊尹、吕望、召公、毕公是也；自周以下观之，贤人之穷者，孟子、扬子、文中子、吏部是也。然较其功业德行，穷不必易达。吏部后三百年，贤人之穷者，又有泰山先生。孟子、扬子、文中子、吏部皆以其道授弟子，既授弟子，复传之于书，其书大行，其道大耀。先生亦以其道授弟子，既授之弟子，亦将传之于书，将使其书大行，其道大耀。乃于泰山之阳，起学舍、构堂②，聚先圣之书满屋，与群弟子而居之。

当时从游之贵者，孟子则有梁惠王、齐宣王、滕文公之属；扬则有刘歆、桓谭之属；文中子则有越公之属；吏部则有裴晋公、郑相国、张仆射

① 固：原碑作“因”。

② 构堂：《钦定四库全书》本《徂徕集》卷十九作“斋堂”。

之属。门人之高弟者，孟则有万章、公孙丑、乐克之徒；扬则有侯芭、刘棻之徒；文中子则有董常、程元、薛收、李靖、杜如晦、房、魏之徒；吏部则有李观、李翱、李汉、张籍、皇浦湜之徒。今先生游从之贵者，故王沂公、蔡贰卿、李泰州、孔中丞。今李丞相、范经略、明子京、张安道、士熙道、士择之[1]。门人之高弟者，石介、刘牧、姜潜、张洞、李蕴，足以相望于千百年之间矣，孰谓先生穷乎？

大哉！圣贤之道无屯泰。孟子、扬子、文中子、吏部，皆屯于无位与小官，而孟子泰于七篇，扬子泰于《法言》《太玄》，文中子泰于《续经》《中说》，吏部泰于《原道》《论佛骨表》十余万言。先生尝以谓尽孔子之心者《大易》[2]；尽孔子之用者《春秋》，是二大经，圣人之极笔也，治世之大法也，故作《易说》六十四篇，《春秋尊王发微》十七卷[3]。疑四凶之不去，十六相之不举，故作《尧权》。防后世之纂夺，诸侯之僭逼，故作《舜制》。辨注家之误，正世子之名，故作《正名解》。美出处之得，明传嗣之嫡，故作《四皓论》。先生述作，上宗周、孔，下拟韩、孟，是亦为泰，先生孰少之哉！介乐先生之道，大先生之为，请以此说刊之石，陷于讲堂之西壁。

康定元年七月十八日记。

右碑，在岳西南麓，今名三贤祠内。正书，其佚已久。

石氏先茔纪 篆额，石介自撰，士建中正书，在徂来之阴，汶河东岸

康定二年八月

---

① 士择之：《钦定四库全书》本《徂徕集》卷十九作“祖择之”。
② 尝以谓：《钦定四库全书》本《徂徕集》卷十九作“尝以为”。
③ 十七卷：《徂徕先生文集》作“十二卷”。

庆历残刻 正书，在山南麓东岳庙故址，幡竿石侧

庆历六年

巡历属部青帝观留题诗 正书，在青帝观大宝造像之阴

皇祐四年三月

巡历属部青帝观留题，转运使、尚书、工部郎中宋禧。

按部到天孙，因过清静轩。

山光覆云盖，石罅迸松根。

危磴关河路，远林桑柘村。

闲邀羽人话，洞究五千言。

皇祐四年三月二十二日题。

青帝观主赐紫道士郭永昌，朝奉郎守、殿中丞、知县、兼兵马都监及管勾宫庙公事、赐绯鱼袋张周同至立石，朱演刊。

宋禧题名 正书，在岱岳观造像碑石盖上

皇祐四年三月

李陟题名 正书，在岱岳观造像碑石盖上

皇祐四年五月

李若清等题名 正书，左读，在王母池二门内墙根

皇祐五年四月

《山左金石志》云：案《泰安县志》载：庞归蒙题名，从右读。今验碑，首行是年月，记以下由“掌文籍”至“道正”，皆道职之由小及大者。以是知当从左读，则道职由大及小，次叙为顺，而末记年月于题名之格亦合也。既定为左读，则标题当以首一人“道正赐紫李若清”为倡，右“庞龟蒙”列名在末，不宜居首矣。

郭圣泽题名 正书，左读，在灵岩寺后土殿东，嵌墙内

嘉祐元年十月，郭圣泽因设水陆到此，丙申孟冬十七日题，男□侍行。

右题名，三行，从左读，正书兼行体，大者径寸，笔法清劲。案《山左金石志》云：题名但有“丙申”，而无年号，不能定为何代。以臆度之，灵岩寺创建于后魏正光，至宋景祐中重修，自是鼎盛。每岁，千里居民老幼匍匐而来，散财施宝，惟恐不及，岁入数千缗，斋粥之余，羡盈积多，道场之盛如此。郭圣泽父子虽未有考，而水陆斋会宋时盛行，玩其笔踪，上不类隋、唐，下亦不类金、元，以之入宋，较为近之。仁宗嘉祐元年为丙申岁，此石既在灵岩，则设水陆即在寺中，郭氏父子揽胜题名，事所应有，比附录存列于嘉祐元年。

灵岩建辟支塔题名十石 正书，在塔上墙间

嘉祐二年三月

右辟支塔题名十石，各高一尺八寸五分，广二尺二寸，正书，径五分。塔在灵岩寺西北，砖砌，九级，高约数丈，有级可登。

朱文藻曰：辟支者，《释氏要览》云：梵云“辟勒支底迦”，唐言“独行”也。《翻译名义集》作“毕勒支底迦”，“辟”与“毕”，声近而异也。其以“辟支”名佛者，见《水经注》云：于阗国刹利寺有石靴，石上有辟支佛足迹。又《酉阳杂俎》亦云：于阗国赞摩寺有辟支佛靴。此以“辟支”名塔者，殆塔上供辟支佛也。灵岩寺辟支塔，稽之《长清县志》，不详其兴建之由，即宋张亮《重修寺记》，亦只云辟支塔从古制，而不言建自何年。以臆度之，盖亦魏正光中法定禅师所建也。宋景祐中，主僧琼环修寺而不修塔，至嘉祐二年乃合众力，为修塔之举，而因有此题名也。题名十石所载，男妇子女约三千人，其州县乡村寨社之名，可备志乘考证，所载各社，有社头、社官、社长、社政、社司、社录、社副录、社举、副社举、点检、勾当、知客、都排、副都排诸名目，而散者为社人，不知此等是在官者，抑是私举者。因忆昔读《三朝北盟会编》，于靖康年间，颇有山东寨主结连乡兵，各保本社，抵御金兵者，要皆社官等之后效也。当时行疏劝缘，远连郡县，有所谓十人头、百人头、千人头者，碑载三千人皆是助钱修塔姓名，不详所助若干，独夏津县李若冲夫妇各施石二尺，大书特书。碑为修塔而刻，而亦兼及铸铁人铁鉒之事。《玉篇》：鉒，送死人之具也。此铁

鉒不知是何器，而与铁人同铸。又值修塔之时，或即塔前供用之器，然不详其重若干。计碑中载施铁之数，则赵金舍铁五斤，赵政施铁三十斤，陈元舍铁五斤，凡铁四十五斤。不知八事之重只此，抑或尚有施铁人而不备书耶？又不可解者，修塔助缘，皆属河北、山东，而舍铁铸器，独远及于淮南楚州宝应人，何也？助缘之人，市户最多，想是市易之行户。居官者惟靖顺之一人，登仕郎官封州司理参军也。又有乡贡进士一人，乡贡学究一人，处士一人。其称谓之别者，有男弟子、女弟子，有名其子为菩萨留、将军留者。名其女为哥、为儿者，书其父名为十郎者，称其母为大娘，又有称三母者，又今俗称祖母为婆，外祖母为外婆，妻母为丈母，师之妻为师母，并见此碑。其姓之少见者，则有司、逯、咸、皇、扈、似、封、商、索、剧、苑、曲、闾、夹、凤、茸、刑、蹇、栗、竹、俗、荣、东、靖。其称谓之异文，则女婿为“女妋”，外甥为“夥甠”，孙女为“大娜子”“三娜子”。而以“竧”字命名者二人，一是傅竧，一是张纯竧。据《字汇补》云：音靖，人名，宋有刘竧。而不著出于何书。今又见泰山岱庙有铁桶，建中靖国元年所铸，题名有“樊竧”，与此皆北宋人。则“刘竧”要亦与此同时不远也。

灵岩千佛殿碑并阴 正书，在大殿东

嘉祐六年六月

齐州灵岩寺千佛殿记

朝散大夫、尚书工部郎中、提举管勾兖州仙源县景灵宫太极观公事、护军、赐紫金鱼袋王逵撰；

京兆府普净禅院赐紫沙门神俊书并题额。

释典谓：昔有金人生西方，同名号者逾乎千百万亿。则了性悟空以成道者，非不广矣。自白马来东土，建寺院者几乎百千万所，则示形出相以化人者，非不多矣。其间烜赫中夏，辉映诸蓝，得四绝之伟者，则有荆之玉泉、润之栖霞、台之国清，洎兹灵岩是也。案《地志》，后魏正光中有僧法定者，倡首拨土以兴焉，炎宋景德岁始赐此额。噫！绝之夥！且有四种义不越乎。高倚青山，俯临寒泉，茂林修竹，厌瘱户牖，奇花异石，罗列

庭楹，或景趣，果如是，则为地望之绝也，岂忝矣。至若黄金涂像，碧瓦凌空，回廊大殿，莹然尘外，层楼峻塔，倬彼霄际，倘缔构，果如是，则为庄严之绝也，不诬矣。又若千里辐辏，群类子来，珍货希宝，□向喜捨，香顶艾臂，男女日至，耐诱掖，果如是，则为供施之绝也，诚尠矣。设若割慈父母，脱躧□孥，貌渐心顿，相本生灭，表动内寂，洞彻正觉，笃行愿，果如是，则为精进之绝也，真奇矣。

矧其左有泰山，岣岣与天为邻，生物则洒天下之雨，告瑞则吐封中之云，持阳和启蛰之柄，膺覆焘司命之神，如先帝泥金检玉者，七□二□。□右则有洪河浑浑，厚地偕奔，葱岭马颊，雷惊电翻，逈贯银汉之浪，险经禹凿之门，遇本朝□年□清者，有上中下源。其前则有邹鲁大国，洙泗钜防，阐君臣父子之教，辟仁义礼乐之乡，循之者昌，悖之者亡。其后则燕、赵二御，山川四驰，限尔戎狄，壮斯藩篱，自甲胄干戈之息，俾士庶羊马之肥，欢好爰结，恩威□绥[①]，其雄重也。则既如此，谈其封略也。复如彼则千佛中处膺大雄氏，不其宜矣。加之野有良田，可以封万户；□有华屋，可以荫万夫；帑有羡资，可以苏万民；僧有方便，可以化万心，不甚盛欤！神宗皇帝、章圣皇帝，悉以御书为锡命焉。皇帝陛下，降以御篆飞白以嗣之。厥后有僧琼环者，次第以输奂焉。其如土木之华，绘塑之美，泉石之丽，草木之秀，森森然棋布前后，远者咸以耳闻之，近者咸以目击之。于千佛之旨何啻乎！形影之外，譬喻其□邈也，善相万万明矣，故略而不述也。仆被诏司泰宁军宫观，下车伊迩，有住持赐紫僧重净贻书请识，因用直书以塞其颛也。

时庚子年春三月望日记。

嘉祐六年辛丑岁六月望日，景德灵岩寺住持讲经、赐紫沙门重净建立；

真定府郭庆、郭庠镌字。

---

① 恩威□绥：《八琼室金石补正》卷一〇一作“恩威永绥”。

右碑，高七尺二寸，宽三尺五寸，字二十三行，行四十二字，正书，字径寸二分。额字正书，径六寸，在灵岩大殿之右，东向。有阴书施钱人名，并有职掌僧众，共字二十七行，行五十余字，径六分，正书。其上有元祐及靖康中题名二首。

张揆题灵岩寺诗 正书，在岩般舟殿

龙图阁直学士、尚书、兵部郎中、充真定府路都部署兼安抚使、知成德军府事张揆。

再见祇园树，流光二十年。

依然山水地，况是雪霜天。

阁影移寒日，钟声出暝烟。

粗官奔走苦，一宿亦前缘。

嘉祐六年辛丑岁七月一日，齐州灵岩寺主讲经、赐紫沙门重净上石；

京兆府普净、赐紫僧神俊书；

真定府郭庆刊字。

右碑，高二尺八寸，广一尺五寸。诗字径二寸，前后题衔款识，字径五分，并正书，端整，完好可读，诗云“再见祇园树，流光二十年”。以《宋史·张揆传》证之，当是明道中知莱州掖县时到此也。其作此诗，是赴成德军时过此留题，年已六十七矣。诗作于寒冬，碑刻于七月，则诗为嘉祐六年以前所作，寺僧捡出进刻之耳。

白龙池诸人题名三十一首 正书三十首，篆书一首

治平等年

入内供奉官李舜举被命祷祀帝岳，奉香胜概于寿圣节日，先款青帝宫，次诣白龙潭。治平四年题，书吏李恭从行。

兖州刘衮奉诏祈雪于岱宗，登绝顶。翌日，谒白龙池之祠。元祐丁卯孟春初四日，奉符令林会题。

贯道建栏于此，以便游者。元祐丁卯正月八日。

范阳正辅再游，同鲁国景元至。丁丑三月廿六日。

元符庚辰七月晦，赵习之、徐安国、弟居仁、孙正中同游。左读。

皇甫徆、徐端朝、孙栉同游。建中靖国元年三月廿六日题。左读。

奉符令李珪，因捕蝗恭谒白龙祠，男汇侍行。崇宁壬午孟秋初七日。左读。

诚中君宝德升，崇宁二年八月廿六日，自王母池来访此。左读。

董元康政和甲午重九日，携家来游，质、贽、责侍行。

自恭观元康兄留字，政和乙未孟冬二十日。左读。

莆阳陈国瑞、子玉恭谒白龙池祠，俯洞酌泉，小憩而近。政和丁酉夏前二日。

姜子正、子方、李晋道、刘言可、刁文叔同来。庚子四月。左读。

李显道、张公仲与[①]、张去尘，庚子孟夏十九日，同游池上。左读。

鄄城李儨、弟俊、侄赣，随侍游此。癸卯季春廿八日。

张子观水于池。十三年春三月。篆书，左读。

以上顾氏所得。

府管嵇景华、邑尉安中立，游白龙池。熙宁甲寅三月二十一日题。左读。

元祐二年孟春之初，晁补之及之，观岱宗遗迹，谒白龙祠。俄顷，山市变幻，奇遇也，故志之。

山阳龚无党被漕檄权宰奉高，因率儿侄辈游此。时元祐庚午仲冬十一日。

米芾观。

汴阳无永居士、任绍承祖朝岳罢，同青帝观主杨若冲游太平顶回，瞻视白龙池胜迹。时大宋绍圣三年二月十五日，谨记。

范阳正辅游岱宗访此。时丁丑正月既望题。

德充、忠玉、国宝、文仲。绍圣丁丑三月九日。左读。

---

① 张公仲与：原石刻作“张公美、王仲与”。

韩存中点检岳祠修造，同王济之一游。庚辰十月廿七日。左读。

元符三年十月一日，奉高人石匠吕仝、周道同游。

古丰任良、孙嵩同陪古沛邵礼同游。建中靖国元年季春仲旬书。

长清董元康、弟元发、元济、元肃，男质、友人李胜之同游。崇宁元年壬午季春旦日，新监海门税董直书。

清邑刘纯叔同李无悔，崇宁癸未四月二十五日游此。

政和甲午仲秋七日，东明刘子晋、鄄城李冲季游白龙潭，观百丈崖，还憩于此。左读。

政和乙未□□十七日，来游白龙池上，偕普济范显道、邓公序、钱无咎、孟世夫、党子山、刘子荣、刘和仲、宋正之、张子祥、张子明、阎杰之、郝伯洪。

政和乙未季春十八日，游白龙池上，偕普济侯□始、范显道、南阳邓公序、临安钱无咎、冯翊党子山，平昌世达、中山刘子容、山人刘和仲、宋正之、张子祥、张子明、阎杰之、鹿珍、郝伯洪。

长清董自恭谒白龙池之祠罢，酌泉石上。时乙未孟冬中澣日。左读。

《金石文字记》云：岳西傲来峰下白龙池石壁上，平广计二十余丈。书曰“龙潭”、曰“白龙池”，并大字。其旁皆宋人题名，尚未刓缺，录之，得十五首，其文略无重复。自治平迄宣和六十年间人名字，亦可以想见当日太平之盛。而金、元以降，荐遭兵火，名山奥区，委之榛莽，无复有题名者矣。

又云：“张子观水于池”，篆书“张”字作“弡”。按：刘原父《弡仲匜铭》释“弡”为“张”，以为张仲之器。欧阳永叔从之。赵德父《金石录》疑之，黄长睿《东观余论》则云：弡，其勿反，非张字。考之《玉篇》，信然。然此云“弡子”，则为“张子”无疑。盖宋人之好奇者，据刘原父永叔所定之字而用之耳。《宣和博古图》亦有“周弡伯匜”。此条篆字大书，无年号。按：宋朝纪元，无有至十三年者，若曰金、元，又不合。一代全无题名，止此一人也。

右刻，均在白龙池，双崖对峙。南曰“三元石”，北曰“玄圭石”。宋人题刻殆遍。顾氏所采十五首，皆在北崖之阳，显而易见者。近年，钱唐江凤彝复搜得正书十六首，均在南崖之阴。幽暗陡险，游迹罕至。自熙宁迄政和，内无年月者三首。顾氏得十五首，今又过之，亦可见金石寻求，必由好古者亲历其地，扶苔剔藓而得之，但凭工人摹拓，所及往往十失五六，是可慨矣。

张掞送灵岩寺主二诗刻 正书，在灵岩山神庙南壁

熙宁二年三月、三年九月

诗送新灵岩寺主义公上人

龙图阁直学士、尚书工部侍郎群牧使张掞上

峨峨日观出云层，西麓灵庵寄佛乘。

金地阙人安大众，玉京选士得高僧。

霜刀断腕群魔伏，钿轴存心奥义增。

顾我旧山泉石美，湔除诸恶赖贤能。

熙宁二年已酉岁中元日。

诗送敕差灵岩寺主大师详公赴寺

朝散大夫守尚书户部侍郎致仕张掞上

黄纸除书下九天，岱宗西麓镇金田。

鹫峰肃肃臻多士，兰社熙熙抚众贤。

像室光华辉晓日，禅心清净擢秋莲。

山泉自此增高洁，云集十方结胜缘。

熙宁三年白虎直岁九月十三日。

《山左金石志》云：《宋史·张掞传》，掞举进士，知益都县。明道中知掖县，通判永兴军，为集贤校理。四迁为龙图阁直学士、知承德军。入判太常、司农寺，累官户部侍郎致仕。熙宁七年卒，年八十。以此计之，则当熙宁二年、三年时，年已七十五、六也。第二首送详公诗是已致仕时作。第一首送义公诗尚是居官时作，而“工部侍郎群牧使”则《传》所不载。熙宁三年为庚戌岁，以庚为白虎直岁，创见此碑。《济南府志·长清县志》只载张掞五律一首，不收此二诗。《仙释卷》又不为义公、详公立传，故事迹无考。

朝贤送详禅师住持灵岩诗刻 正书，行书，在灵岩般舟殿大门外

熙宁三年八月

诗送灵岩法师

安石

灵岩开辟自何年，草木神奇鸟兽仙。

一路紫苔通窅窱，千崖青霭落潺湲。

山祇啸聚荒禅室，象众低摧想法筵。

雪足莫辞重趼往，东人香火有因缘。

诗送灵岩法师

充

战士长戈赴荔原，谋臣献策庙堂间。

吾师倜傥浮屠隐，不事三侯事经论。

两街推许住灵岩，百鸟衔花待师信。

清风一振海潮音，旷劫曾蒙祖师印。

穷秋别我愿何言，珍重详师指一弹。

诗送详禅师住灵岩

尚书司封员外郎、直史馆、同修起居注、直舍人院兼同知审官东院蔡延庆

灵岩川上白云深，十里青松昼自阴。

远寺幽佳传已古，名山胜绝冠于今。

群峰环翠凝秋色，危壁飞泉泻暮音。

此景去为风月主，五湖应不起归心。

诗送灵岩道光大师

尚书祠部郎中、新知饶州蔡冠卿

僧读儒书举世稀，惟师精学出尘机。

上都香火安禅久，东国林泉徇众归。

道在莫从形相索，身间都觉利名非。

灵岩到日秋应晚，还写新诗遍翠微。

熙宁庚戌仲秋十六日，元辅。

清晨叩　偷然振　萦带生　不待春　听法来　安隐谁　师得向　莫锁溪云　奉送　清晨门　程自说　度群生　瘘羸□　北山它

右碑，连额高三尺二寸，广一尺九寸。额题“宋朝贤僧行诗”六字，正书，径三寸，分三行，诗四首，参错书之。字或正或行，或大或小，皆为送灵岩法师详公而作，亦有称道光者，书款有单称名者，曰“安石”，曰“充”。有兼官衔者，则“蔡延庆、蔡冠卿”二人。“冠卿”诗后一行，上题年月，下署元辅，不知即“冠卿”之字，抑别是一人也。下节有字十四行，每行存二、三、四字，残缺难读。

案：详公事迹，志乘不载，观诸人之诗，是奉敕住灵岩，而朝贤赠诗，以宠其行也。张揆诗独为一碑，此则诸公合为一碑。“安石”不书姓，当即是“沂公”，是时正参政也。“充”无姓，考其时，有“俞充”者，字公达，鄞人，官都水丞，或即其人。《宋史》传称茂州羌寇边，充上“十策”御戎，神宗纳之。盖是喜言兵事者，故其诗首言“战士长戈赴荔原，谋臣献册庙堂间”也。“两街推许”者，释氏有“左街”“右街”为两街，犹言“东序”“西序”也。

敕赐十方灵岩寺牒碑 正书额，正书，在灵岩天王殿神像后，下截埋神座中

熙宁三年□月

敕赐十方灵岩寺牒碑[1]

中书门下牒。

开封府奏，先准中书札子：京东转运司奏：据齐州申，准开封府牒：据僧永义状经府披诉，情愿下缺送供人施利至多[2]，诸处浮浪聚集，兼本寺庄

① 敕赐十方灵岩寺牒碑：原碑作“敕赐十方灵岩寺碑”。

② 所云缺者，原碑有“吐退灵岩寺主。勘会齐州灵岩寺在山谷，去州县遥远，有僧、行一二百人，逐年四方烧香”等字。

田不少，全藉有心力僧人住持主管。今访闻得僧下缺切辨认觉察[1]，止绝浮浪之人不得彼处聚集去讫。伏乞朝廷下左右街僧司别选差有德行心下缺寺院住持勾当[2]，所贵同心协力，住得山门，伏候敕旨。奉圣旨：依奏，札付开封府，寻札付左下缺僧司结罪保明申府[3]。回据左右街僧录智林等状申：智林等依前项府札子内、中书札子内下缺当住持[4]，及取到本院主鉴文保明行详有行止，稍有心力，即日别无过犯[5]，委是得人，诣实结罪下缺得上命指挥[6]，差本僧讫，却令指摘别具状申上。次乞指挥府司寻出给公据付僧行详收执。仰下缺掌事[7]，依十方寺院住持勾当，具寺院法名申僧司，令申府。仍立便起发前去，至齐州住持灵岩，下缺去充本寺掌事[8]，具寺院法名申府，便发遣僧行详等起发前去，往彼住持齐州灵岩寺。至今左下缺详近蒙僧录司选定[9]，依准录降圣旨指挥，保明住持齐州灵岩寺。行详属以衰老多病，已下缺据僧录司保明定差[10]，令指摘掌事僧五七人前去。行详既承上命敦遣，固亦不敢辞避，

---

① 所云缺者，原碑有“永义，只是一向修行诚行，经开封府有状吐退，难为住持山门。本司已指挥本州县：常”等字。

② 所云缺者，原碑有“力僧一名充寺主，及许令于在京或外处指摘僧五七人，同共前来充本寺掌事，依十方”等字。

③ 所云缺者，原碑有“左街僧录寺，依详前项中书札子内圣旨指挥施行，仍具寺院法名及三纲、主首并”等字。

④ 所云缺者，原碑有“圣旨指挥，同共定到左街定力禅院讲圆觉经、赐紫僧行详一名，充齐州灵岩寺主勾”等字。

⑤ 日：原碑作“目”。

⑥ 所云缺者：原碑有“文状：智林等保明行详堪差赴灵岩寺住持。如后异同，甘受重罪不词所是。掌事僧人候”等字。

⑦ 所云缺者：原碑有“详前项中书札子内圣旨指挥：许令在京或外处指摘僧五七人，同共前去充本寺”等字。

⑧ 所云缺者：原碑有“并札付左右街僧录司。亦仰详此勒令僧行祥于在京或外处指摘僧五七人，同共前”等字。

⑨ 所云缺者：原碑有“右街僧录寺未申到闻。今据寄住左街定力禅院讲圆觉经、赐紫沙门行详陈状：窃以行”等字。

⑩ 所云缺者：原碑有“废心力，必恐难为住持，寻曾有状陈免。至今年初二日，准开封府差人降到公据一道，已”等字。

辄有诚下缺纲纪[①]。今既再烦圣旨选差，则与州郡差请特异。

伏见润州金山寺，每差住持人，并从朝廷特下缺去[②]，所贵有以弹服远人，废寺易为兴葺，积集功德，上赞圣祚。行详窃闻灵岩寺旧是甲下缺乙住持[③]，创新降敕改为十方，敕语内明言院中受业徒弟并不得作知事勾当，欲乞据此体例，下缺七次住持不得[④]，虽今来许令指摘掌事僧五七人，亦虑难为照顾。行详欲乞持度随身童行十下缺[⑤]。

牒奉敕：行详依奏宜差充齐州下缺不得差作知事勾当[⑥]，所乞度下缺

敕[⑦]，故牒。

熙宁下缺[⑧]

右谏议大夫参知政事王。

吏部侍郎、参知政事韩假[⑨]。

右碑，上截高三尺六寸，宽三尺七寸。碑云“开封府奏”，凡十五行，正书，字径一寸。自“中书门下牒”及“牒奉敕”六行，真、行兼之，字径三、四寸不等，其末官衔二列，字体扁甚。“王”字下有押，少偏。“韩”字下一“假”字，字偏而小。额高二尺，宽一尺三寸五分，字径五寸，正书。下截为天王像座，掩埋，在灵岩寺二门内之左，西向。

---

① 所云缺者：原碑有“恳披告乞敷奏者：一、行详窃闻灵岩寺僻在山谷，徒众颇盛，累因住持人不振，遂致废隳”等字。

② 所云缺者：原碑有“降付身宣命，行祥欲乞据此体例，乞赐敷奏，特乞给一‘为国焚修传教住持宣札’付身前”等字。

③ 所云缺者：原碑有“乙住持，昨虽改为十方，缘未曾有十方敕旨。窃见西京龙门山宝应寺、奉先寺，旧亦是甲”等字。

④ 所云缺者：原碑有“特降敕牒约束付身前去住持。行详窃闻，灵岩寺素来最是凶恶浮浪聚集，前后共六”等字。

⑤ 持：原作“特”。所云缺者：原碑有“人，贵得以为心手照顾，指使焚修，免有疏虞。府司所据僧行详陈乞事件，伏候敕旨。”等字。

⑥ 所云缺者：原碑有“灵岩寺主，仍在寺徒弟并”等字。

⑦ 所云缺者：原碑有“行者不行。牒至准”等字。

⑧ 所云缺者：原碑有“三年八月日牒”等字。

⑨ “韩假”后：原碑有“礼部尚书、平章事陈假，左仆射兼门下侍郎、平章事假”等字。

《山左金石志》云：两参政之名，以《宋史·宰辅表》考之，熙宁二年二月庚子，王安石自翰林学士工部侍郎兼侍讲，除右谏议大夫、参知政事。三年四月己卯，韩绛自枢密副使除兼参知政事，是年十二月，两公皆同平章事矣。此碑但存“熙宁”二字，考其立碑，当在三年四月以后，十二月以前也。然据碑，韩公是吏部侍郎参知政事。《宰辅表》则韩绛于治平四年神宗即位之初，自三司使吏部侍郎，除枢密副使。是熙宁三年，韩参政祇官枢密副使，而非吏部侍矣。碑与《表》异，或《史》有误，文宜据碑证之。

李忠信墓表 正书，姜潜撰，在城西南乡

熙宁五年八月

韦骧等石柱题名 行书，在灵岩韦驮殿

熙宁六年十月

秘书丞韦骧、著作佐郎张谔、衢州判官杨于，从谏院舍人邓公察访东州便道游灵岩过夜，遂宿。熙宁六年十月，中休。

右题名，左读，分五行，行书，径二寸。案：韦骧本名“让”，避濮王讳，改名“骧”，字子□，钱塘人，皇祐五年登第。元符初，累官知四明，其官秘书丞，则无考。“张谔”“杨于”亦俱无考。谏院舍人邓公者，考《宋史·邓润甫传》，润甫，字温伯，霆昌人。熙宁中，除集贤校理、直舍人院，改知谏院，当即其人。又据《神宗本纪》，熙宁五年闰七月，遣中书检正官章惇察访荆湖北路，而六年十月，京东路察访之使，本纪不书。“中休”，本张衡赋“速烛龙兮令执炬，过钟山而中休”，谓过宿灵岩而中休也。

王绅题名 正书，在柰河将军庙碑阴

熙宁七年八月

再谒灵派神祠，请雨故也。熙宁甲寅秋八月，右玶王绅衮仪父题。

右题名，方广尺许，字五行，行五字，正书，径寸五分。在渿河将军庙。天福六年，刘光度碑阴首言再谒神祠，则已前曾来而未有题刻，或年久而缺佚也。“甲寅”为“熙宁七

年”，《本纪》载：是年二月祷雨。三月，以旱，避殿减膳。四月，以旱，罢方田。七月，诏河北两路捕蝗。九月戊戌，以时雨降，劝民趋耕。可知，是年旱灾为已甚矣。碑云：八月再谒神祠。则二、三月以来之请雨，自可推测而知也。

马熙题名 正书，左读，在山顶碧霞祠西

熙宁八年二月

新兖守、尚书外郎马熙，自仙源来谒帝祠，是日登岳，遍游东西绝顶。新宿州掌岳掾林会从。大宋熙宁八年二月二十四日。

右摩崖，高广二尺许，题名七行，左读，正书，径二寸。

苏子由题灵岩寺诗并跋 正书，在灵岩，今佚

元丰二年正月

高里山相公庙新创长脚竿记 篆额，胡元资撰，裴耸正书，在高里山相公庙大门左

元丰三年三月

东岳高里山相公庙新创长脚竿记

兖之奉高，北有岱山焉，乃天下之巨镇也，尊之曰“东岳神”，即“天齐仁圣帝”也。自秦汉而下，沿巨唐，逮我本朝，封禅之礼备焉。庙貌威崇，殿宇显敞，一如上方制度，俾至者加其恭肃。噫！聪明正直，神之德也；福善祸淫，神之职也。幽而罔测，显而有灵，则四方之民咸归仰之。在帝庙之西有高里山之祠，即圣帝辅相之神也。其庙号本汉封爵也，领袖群司，掌判阴籍，光载祀典，灵威不泯。今有古沛张平者，即长河之舟贾也，乃集社聚缗，岁赛于祠下，睹其神像，虔启愿心，立长竿于庙庭。由是选梓木以为之材，砻翠□以为之硖[①]，耸而上直，表著其坛，功毕告成，

① 翠□：原碑作“翠琰”。

故书其始，刻之于石，以永其传。时大宋元丰三年庚申岁三月。

泗州船户同纠首王政、男钦；

徐州沛县留城镇都纠首张平立石厂[①]；

东平进士胡元资撰；

徐民裴耸书；

将仕郎守东岳令□守德篆额；

张希白刻。

右碑，高四尺二寸，阔一尺九寸，上下二层。上刻“胡元资记”，字十八行，行二十字，正书，字径五分，额字径二寸三分，古籀书。下层刻“修斋建醮之记”，多徐州诸处船户，姓名字甚小，剥蚀不能卒读。

盛陶诗刻 正书，在灵岩御书阁

元丰三年十月

李公颜金像记 正书，在灵岩御书阁

元丰三年十月

治平中，家君判官还□永嘉[②]，道过钱塘，僧惠从来告曰：庐舍金像成矣，欲归齐之灵岩，而未有托也，愿附舟而北。家君从之。后十五年，余□其寺[③]，徘徊瞻仰，因识其事。

元丰庚申孟冬，李公颜才甫题。

右碑，高一尺五寸，广二尺。前半为李公颜所题，正书，七行。后半为明人方豪所题，行书，九行。住僧刊字，题名于末。

---

① 厂：原碑无此字。

② 还□永嘉：原碑作“还自永嘉”。

③ 余□其寺：原碑作“余游其寺”。

“灵岩道境”四大字 飞白书，王临书，在崇兴桥碑阴

元丰三年

右四字，飞白书，径二尺，分二行。其左题云“元丰庚申，尚书兵部郎中、直昭文馆、知军州事、上柱国王临毡笔”，二十五字，为一行，正行书。案：飞白书始于蔡邕见垩帚成字，此云“毡笔”，所未详也。王临，字大观，大名成安人，起进士。元丰初，自皇城使擢兵部郎中，直昭文馆，知齐州，因题此字。

泰山志卷第十六

中华泰山文库·古籍书系

泰山风景名胜区管理委员会 编

〔清〕金棨 辑
陶莉
赵鹏 点校

泰山志（下）

山东人民出版社·济南

泰山志卷第十七

朝议大夫山东泰安知府休宁金棨纂辑

金石记三 宋 金

宋[①]

渊济公庙碑 正书，赵合撰，在岳西南址，今佚

元丰五年

泰岳西南隅有灵泉，曰“白龙池”。岸古石峻，渊然罔穷，大顶巍然而作簪髻，大峪环然而为郛郭。峨峨而蔚者，悬刀秀于上；湍湍而鸣者，百丈溢于中。夏暮秋朝，霭呈波面而为瑞；异花灵草，艳罗岸径以争香。萦流天转，涵漾峰回，乃一方雄胜之地，登而莅之者无不嘉而骇焉。自汉唐已来，至于我宋，每岁投金龙玉简御香为之祷矣。盖龙克云克雨，浃洽万汇，阜成元元。近者春夏不雨，骄阳颇僭。贤宰大夫杨镠躬率县吏民庶，祈雨于白龙之神。幸龙之明德，不越夕而甘雨降，应如影响，稼穑以之而兴，县境自是而苏焉。邑民霍直等白于大夫曰：今众庶感龙之惠，愿各持宝货，创龙堂一所，以答神休。乃选材饬工，约而中度，丽而不奢，经之营之，不逾月而欢乐成之。大夫特牒上司，敷奏天廷，乞赐嘉号，庶旌龙之效耳！

元丰五年。

右碑，在岳西南麓渊济公庙，文见《岱史》，久佚。

---

① 宋：底本无，据前后文补。

重修灵派侯庙木帐记 篆额，王彧撰，魏宝正书，在城南灵派侯祠内

元丰八年六月

东岳灵派侯庙重修木帐记

岱宗镇东方，为岳之伯，其山实万物之始，而其神主生气。天子告祭柴望以礼，而庶人奔走，飨献以诚。故灾沴不作，休祉来应。然所主者岱宗之神，而左右附于神者，司掌不一，所以各建其祠而存夫像也。

山麓之右，有水派而南，耆耋相传曰“渿河”。河漘之东有祠焉，表以将军之号，见于旧碣。昔尝闻道微大师索文湛曰：祥符初，章圣东巡，法驾顺动，侍臣卫士洎蛮貊来朝者，无虑百余万人。皆泊于山下，须水以供饮濯。方患河之已涸，而转盼之间，渊泉复溥，源源不竭。由是蠲渴涤坌，上下获济，此皆尸河者之灵应也。升中礼毕，天子嘉其功，封以侯爵，尔后益利及四方之民无穷。近岁邑人笃于信神者，多梦渿河之神警以祸福，俾其人避恶而趋善，示神之化也。

噫！神之至幽，所职或迁，而于祸福之权有所兼，固不可致诘。而严其祠事，以答灵贶，宜矣。祠堂中有木帐，久而蠹弊，不足以护神像。邑人王文知神之不可不钦，而钦之之诚无以至，遂首出钱十五缗，又得乐从者共力以资助。乃命良工购楩楠，易而新之，亦见其钦神之诚至也。《书》曰：至诚感神。然事神者以诚之至而不祈其报，孰谓不获其报者哉！方饬材之初，于祠之内外植柏七十株，培壅灌溉，以致悦茂，冀其永久也。功休，求为之记，或以邑人之志书云。

时大宋元丰八年岁次乙丑六月四日，前进士王彧记，泰山魏实书，历山王补之篆，吕□刻石。

右碑，高三尺六寸，阔一尺七寸，字十八行，行三十二字，正书，字径五分。额题“重修灵派侯木帐记”八字，篆书，径一寸七分，四行。碑已断，今嵌于灵派侯祠内火池壁东面。

修汉武帝庙碑 正书，在新甫山西麓

元丰□年

右碑，连额高六尺，广二尺。文漫灭，行、字皆不计。正书，径七分。案：《新泰县志》，庙久废，西麓有碑，声类磬，为樵牧石子所击，遍成圆凹，深阔皆三寸许。字无一存，惟额上有"汉武皇帝之碑"六字。今验，此碑漫灭，即非圆凹深阔之处，亦无可辨。惟碑下截之末，每行存二三字，然可见者只十六行。幸其中一行有"元丰"二字，可定此碑为宋刻也。凡存四十余字，不至如《志》所云"无一字存"者。

刘衮等题名 正书，在山顶碧霞祠西，与马熙题名同一石

元祐二年 正月

兖海守刘衮奉诏祈雪，次谒玉女祠，率巡山刘孟、邑令林会登二绝顶，临四观，遍览胜概。元祐丁卯孟春三日。

右磨崖，纵广二尺，横宽三尺，题名八行，正书，径三寸。案：《宋史·哲宗纪》：元祐元年十二月，戊申，诏以冬温无雪，决系囚。是以二年正月三日，兖州守奉诏祈雪于泰山也。林会于熙宁八年官为掌岳掾，见《马熙磨崖》，至此越十二年，而为邑令矣，此邑令殆即奉符县也。

赵合炜愿施石柱记 正书，在岱庙三茅殿，今佚

元祐二年七月

长清王揆题名 正书，在灵岩功德顶佛座

元祐三年

王摭等题名 正书，在灵岩千佛殿碑阴

元祐三年

刘仲平题名 正书，在山上水帘洞旁

元祐六年二月

蔡安持诗刻 行书，在灵岩御书阁

元祐七年十月

四绝之中处最先，山围宫殿锁云烟。

当年鹤驭归何处，世上犹传锡杖泉。

元祐壬申十月中浣，睢阳蔡安持资中题。

右碑，高三尺五寸，广二尺，诗三行，在右。年月、姓名三行，在左。并正行书，径三寸。年月三行之上，空二字，空处有刘德亨正隆题名。案：灵岩寺有绝景亭，僧仁钦建亭，有四景，曰“群峰献秀”、曰“甘泉漱玉”、曰“松舟挺翠”、曰“岩花啼鸟”，即诗所谓“四绝”也，魏僧法定开创。灵岩苦乏水，谋于佛图澄，澄曰：何地无水？至一处，曰：此下有甘泉。以九环锡杖卓之，得泉。诗“世上犹传锡杖泉”者，是也。

卞育游山诗 见《金石文字记》，今佚

元祐壬申

王母殿创置花园记 正书，在王母池二门内墙根

元祐八年

上官均题名 正书，在振衣冈

绍圣二年十月

京兆上官均以使事抵奉高，同靖恭杨升游岳顶，观日出，揽历代遗迹。绍圣二年十月七日。

右题名，五行，正书，径寸五分。《宋史·上官均传》：绍圣初，拜右正言，以章惇怒，迁工部员外，寻提点京东、淮东刑狱。据此题以绍圣二年使事抵奉高，当是提点京东刑狱

时。惟《史》称均为邵武人，此题作“京兆”，为异。

赵令绯等题名 正书，在振衣冈

绍圣三年四月

开封赵令绯，绍圣改元，济南从事罢官，敬谒帝祠。时穷冬不能游岱宗，怏恨而去。明年为东鲁别驾，复得以职事，思造祠下，遂登绝顶，东望日出，遍观古迹。巡山张佖、邑尉刘迹同行。绍圣三年四月朔。

右题名，十一行，正书，径寸五分。案：《泰安县志·金石卷》载此题名，邑尉刘迹，缺“迹”字。

张佖等题名 正书，左读，在振衣冈

绍圣三年四月

开封张佖、宛陵梅昌术同登太平顶，介卞虞老侍。丙子四月十七日。

右题名，五行，左读，正书，径二寸。“丙子”是绍圣三年，开封张佖时方巡山，故四月朔日与赵令绯同游，至十七日复游也。案：《泰安县志》：“梅昌术”作“梅昌游”；“四月十七日”，《志》无“十”字，今悉据碑录之。

三坛寺阿弥陀佛窣堵波铭 正书，在琨瑞山青龙峡石塔座上

绍圣五年二月

齐州历城县三坛寺阿弥陀佛窣堵波铭并序

神通寺住持福胜、宝山、玉福、玉禄、玉祯、玉俊，补陀子潘卞撰，应乡贡进士冯睿书。

阿弥陀佛窣堵波者，比丘福林为父母所造也。福林俗姓郑，父讳朝宗，素学儒经，称为长者。元丰五年六月二十四日，卒于俗舍，年七十五。时当溽暑，及敛浃旬，颜色如生，蝇蚊不近，良福善之所感也。母毕氏，持斋事佛，布施勤约。元祐六年前八月初四日，卒于俗舍，年七十六。老染

微疴，虽修忏悔，良顺生所报也。福林姊、福灯头陀，苦行大戒，卯斋，荼毗其骨，负之推置于福林受业齐州历城县神通三坛寺[1]。俾近四门石塔东北隅三十余步，就山凿石，成瘗坎以藏之，运磐石以覆之，起七级窣堵波以表之，龛阿弥陀佛以事之，求舍利以镇之。始于绍圣三年六月初三日[2]，第三级功毕成[3]，其年月日皆悉，资荐考妣，以求冥助也。补陀子潘卞，尉于兹邑，福林者适当营建之将成，哀恳求铭，并序始末，既素与善之，又义其孝思，独力成办，乃为作铭，铭于塔。曰：

西方有佛，号无量寿。四十八愿，普度群有。罪灭□途，乐资无垢。福林建塔，上为父母。一善从心，千佛授手。劫火难焚，此塔不朽。

大宋绍圣五年二月初十日上石，李道刊。

右三坛寺塔铭，字二十九行，行十五字，字径一寸，正书。在神通寺东南半里，青龙峡石塔座上，南向。

李迪游灵岩诗刻 正书，在灵岩般舟殿大门壁

绍圣五年三月

大丞相文定公游灵岩诗

灵岩山势异，金地景难穷。

塔影遮层汉，钟声落半空。

千峰罗雉堞，万仞耸屏风。（雉堞）山如城壁之状。

飞鹤来清窦，刳鱼掛古桐。（飞鹤）有双鹤泉。

名曾参四绝，封合亚三公。在泰山后。

势彻河堧远，形差岳镇雄。

仙闾邻峻极，日观伴穹崇。

① 推：原碑作“携”。

② 初三日：原碑作“初五日”。

③ 第：原碑作“弟”。

邃洞连蓬岛，重峦凿梵宫。山面有证明功德嵌。

望应销俗虑，登喜出尘笼。

献寿嵩衡并，分茅海岱同。

艮方标出震，午位对升中。

岚滴晴烟碧，崖铺夕照红。

巍峨齐太华，奇胜敌崆峒。

炼句供诗客，模真怯画工。

天孙分怪状，神化结全功。

吟赏慵回首，云泉兴愈隆。

前字十八行，行十字，径一寸二分，正书。

先丞相天圣间尝留诗寺壁，后主僧刻石，逮今岁久，字画刓缺，因命工再刊于石。绍圣五年三月中浣日，姪曾孙新滑州白马县主簿李侃敬书。

正监寺讲经论沙门□□□。

前字四行，行十五六字，字径七分，正书。

《金石文字记》云：右小石刻在长清灵岩山寺中，其山距府九十里，南接泰山，北带龙洞。《齐乘》以为疑即水经之玉符山。而《魏书》所云：朗公谷者，在其东南，自前代称为胜境，宋、金、元人题字最多。予至则当兵火之后，纵横偃踣，委之荆棘瓦砾之中。然犹得唐一，宋、金、元合四十余，元以后不能悉数。唐刻为天宝十一载，造舍利函，记文不工，不足录。而宋刻年月序次，以此为首。案：《史》：李迪，谥文定，前后三知兖州。其再任，则仁宗天圣中也。

回回翁诗刻二 正书行书，在城内关帝庙

绍圣五年三月、政和六年六月

昔日曾游此，如今九十春。

红尘多少客，谁是识予人。

回回翁题，绍圣戊寅三月二十一日留题□□□上。

昔年留字识曾来，事满华声遍九垓。

无赖蛟虬知我字，□留踪迹不沉埋[①]。

回公子□，政和丙申六月十八日题于王母池北。

右碑，高二尺七寸，广一尺七寸五分。碑分上下二截，上截五绝诗一首，旁署“回回翁题”，并正书；下截七绝诗一首，行书，旁署“回公子”，下一字不可识，一行，草书。在泰安县会真宫故址关帝庙大门内西壁。碑上截留题处所，字已漫灭，但存上字。下截云“题王母池北”，据《泰安县志》称：王母池上有王母洞，相传纯阳子炼丹于此，额曰“吕公洞”。颇疑此碑必是当时道士托为仙迹，夸耀于人者也。会真宫在城东南隅，古之奉高宫也。明万历二十二年毁于火，宫遂废，后即其址建关帝庙。

桃源峪诸人题名五首 正行书，在山南

绍圣等年

朝奉郎张邦茂、宣德郎张权、道观主刘子谅，宋绍圣二年十二月十三日同游。刘太和书。正书。

刘康叟，绍圣丙子五月二十八日观。正书。

□孺具酒，约文叔端、夫子方应之□回甄甫，辛卯季夏十二日，同游。正书。

赵茂实、曹世隆徒步到此。政和甲午季夏十一日。正书。

长清董元康政和甲午仲秋日，访泉石，因携家饮此，质、贽、责侍行。行书，左读。

董元康游，甲午仲秋日。正书，左读。

岳阳万山楼北为桃源峪，层崖沿流。宋人题名于上，其张邦茂辈五题名俱有年号，惟大书“□孺”一段，时在辛卯，则徽宗改元政和也。至董题，凡二，亦大书。

① □留踪迹：原碑作“故留踪迹”。

圆通经并楞严偈刻 蔡卞行书，在灵岩御书阁壁

元符二年十二月

觉海性成。云云不具录。

元符二年十二月十三日，莆阳蔡卞书，凝寒笔冻，殊不能工也。

妙湛总持。云云不具录。

建中靖国元年冬十一月五日，池阳慧日院南轩续此偈，崇宁元年十一月，鄱阳齐迅施刻于灵岩寺。

住持传法净照大师赐紫仁钦立石。

匠人牛诚刊。

右刻偈，四石，各高一尺二寸，广五尺。偈语、题款俱行书。崇宁元年立石，题名三行，正书。前段之末空处，有方豪题刻二行，云：嘉靖元年三月六日，棠陵方豪再观。呜呼，君子可以人废书乎？其余空处又刻观者姓名。案：《宋史·奸臣传》：蔡卞，登熙宁三年进士，绍圣四年，拜尚书左丞。专托绍述之说，中伤善类。徽宗即位，黜知江宁府，连贬少府少监，分司池州。才逾岁，起知大名府，徙扬州，召为中太乙宫使，擢知枢密院。

此碑前段书于元符二年十二月，正官尚书左丞中伤善类之时。后段续于建中靖国元年十一月，正贬少府少监分司池州之时，逾年即改元崇宁，至十一月灵岩刻石，而卞已知枢密院矣。碑所书偈，于灵岩毫无系属，卞于住持仁钦亦毫无因缘，徒以蔡氏兄弟同居宰辅，势焰烜赫，山僧无识，籍刻此卷，以增光宠耳。蔡京所书《元祐党籍碑》，百年而后，犹重刻于南荒，彼盖因党人重也。此碑以藏之名山，垂八百余年而点画完善，岂非因地而重哉！棠陵爱其书，至谓君子不可以人废书，殊不谓然。

刘晦叔等题名 正书，在小蓬莱

元符三年正月

孙㦸等题名九首 正书，在《泰山铭》东侧

元符等年

元符三年九月二十三日，孙㦸、杨景、李尧臣、李敏能同登泰山三顶，观历代遗迹。正书，左读。

建中靖国元年三月二十四日，杨舜宾、李子仪、赵公立、吕君礼同游。正书。

郝樗年、田国材、许逊、程康，崇宁初元季春念六日，同登岱三峰。正书，左读。

王宜，崇宁元年。正书。

赵子和、赵君安、□□源，崇宁四年乙酉季秋，同登泰山三峰。刻石磨峰侧。正书。

行宫至十月宣令权且停罢宣到岳高昆监修东岳。兴国七年。正书，字多漫灭、读不成文。

太原王贻公□与天水赵明诚德父，政和三年闰正月八日，同登。正书。

清和张大受、河南褚完善、昌黎韩通叟，政和五年九月六日，同登。正书。

广川董尧问，峰蛮秀衹恐黄筌画不成。正书。

右题名，九首，大半为嘉靖题名所铲毁，多从笔踪影迹搜剔得之。董尧问一首，后半是诗，仅末句可读。太原王贻一首，内有赵明诚姓名。访碑诸家所未经见者，特为拈出。诸条皆纵横参错，联为一片，因不复分晰，与孙㦸等连缀录之。

李谅等施铁桶记 正书，在岱庙

建中靖国元年五月

《山左金石志》云：右铁桶二，在岱庙东墀下，高可四尺余，径三尺余。每桶有铭四段，正书，字径寸余。一桶曰："大宋国兖州奉符县献铁桶，会首李谅，右谅窃以神功默运，潜持祸福之权，妙用无私，密握生成之造。伏见国家尊崇庙皃，百物鼎新，而圣帝庙前，阙少水桶二只，今纠到敬神之众，共结良缘。"具姓名如后，云云。后杂书姓名及施铁之数，内有“王

助教妻贾氏、孙向母张氏施钱伍，及永静军梅恕”等字。末云“匠人万洁、弟昱、男真”。一桶杂书施钱人姓名，内有“樊竫及莱芜监钔施冶李冕铸”等字[①]。末云“右众会人，并发虔心，谨舍净财，其成胜缘[②]，伏望圣慈，俯照察。建中靖国元年五月日，会首李谅等献”。

案：铭文称“王助教”，考《宋史·职官志》别无助教之设，惟合班之制，有“诸助教”之称。此但言助教者，殆诸参军助教也。“樊竫”之“竫”，音“净”，宋时盛以此字命名。“莱芜监钔”，案《宋史·地理志》，袭庆府注云：莱芜监铁冶，而此似“铜”字，未详何故。孙向母应亦施钱伍贯，造范者“伍”字下轶“贯”字也。铁桶二只，计钱一百六十五贯，可以知其所直矣。

赵令炜题名 正书，在岱庙，今佚

建中靖国元年九月

郭异等题名 正书，在虬在湾北

崇宁元年

王母池石上题名 正书，在王母池门外幡竿石侧

崇宁三年四月

灵岩寺吴拭诗 正书，在御书阁

崇宁五年

余赴治历下，谨拜香于灵岩道场。灵岩固东州胜绝处，余闻之旧矣，然不知与武夷升真洞天相若也。余既幸供佛饭僧，又经行宴坐之地，了了然如家山间。住山仁钦师初不与余接，问之，盖乡人也。因作三小诗，以志其事。

① 施：原铁桶铭作“务”。
② 其：原铁桶铭作“共”。

丹峰翠壑一重重，香火因缘古寺钟。

若有金龙随玉简，武夷溪上幔亭峰。

一麾邂逅得东秦，忆别家山六度春。

何意眼看毛竹洞，主人仍是故乡人。

大士分身石罅开，轻烟微雨证明台。

洒然一觉乡关梦，换骨岩高好在哉。

崇宁五年丙戌夏四月甲戌，建安吴拭、顾道题。

右序、诗、年月，共十六行。序以十二字为一行，诗以十六字为一行，字径寸。各界方格，笔法秀劲，锋颖如新，不经风雨，故略无剥蚀。

范致君题名 正书，在后土殿夹墙间

大观元年正月

武夷范致君久慕仙风，自楚之鲁，遂登泰山，以望八极之表。有宋大观元年正月廿三日，记于是碑。

后土圣母殿下缺七字上石。

右石，高广一尺五寸，正书，七行，行六字，径二寸。末"后土"一行小字注于左。

大观圣作碑 正书额，正书，在文庙泮桥西偏，东向

大观元年九月

右碑，连额高丈许，广四尺。额题"大观圣作之碑"六字，行书，径五寸许，分三行。文二十行，行七十一字。后年月刻石三行，诸臣衔名四行，并正书，径一寸。李时雍摹写，蔡京题额。李书画细如发，瘦挺似褚河南。题额以"御制"为"圣作"，昔人谓犹以"公主"为"帝姬"也。大观元年三月诏立八行取士科，八行者，善父母为孝，善兄弟为悌，善内亲为睦，善外亲为姻。任于朋友为任，仁于州里为恤，知君臣之义为忠，达义利之分为和。反是为八刑。前列诏旨，后列科条。以郑居中请颁行天下郡邑。于是在学宫皆有是碑，摹刻无异。颁诏于元年九月，刻石于二年八月。今山左郡邑存者尚多，泰安其一也。

郭思游山诗刻《金石文字记》有，在灵岩

大观戊子

灵岩寺崇兴桥记 篆额，郭思撰，行书，在灵岩寺外桥边

大观二年九月

齐州灵岩崇兴桥记

朝奉郎、新差权通判岷州军州、管勾学事、兼管内劝农事、兼管勾给地牧马事、云骑都尉①、赐绯鱼袋、河阳郭思撰；

承议郎、知南外都水丞公事、专切提举广武雄武埽、济南王高篆。

灵岩胜境，仙圣所居，金石可见。自后魏正光中，法定师复兴是寺，迄今已六百年。至吾宋熙宁始正名为十方，以容召天下大名德、大长老为住持主，而中间去来化灭，寺主数易，权摄非人。缁旅既来，多失所望；四方瞻礼，因亦衰减。下逮于山租、田课、僧用、佛供、寺屋略皆荒落称是。

今上嗣位，齐州众求海内高德，得建州净照大师仁钦以闻之朝，即有诏以仁钦为灵岩住持主。钦公至寺之一年，寺境清。二年，学人来。三年，佛法明。四年，天下四方知灵岩有人。而岁时香火供事，遂再盛。钦公曰：灵门宗旨，虽以寂灭为究，而象教住世，亦必以庄严为助。于是，起献堂以处供士，建后阁以护禅席。□□泉轩以燕见善知识，完绝景亭以憩适游观，再新证明功德殿，以快四方礼谒，为供养□。

惟是山门大路十六七里达寺庭，正西□宾旅所由，而中路有大溪横道，霪雨暴水，岁费修塞，人甚厌苦。访之耆旧，皆曰“石桥峪”，而石桥名峪，名存迹灭。钦公曰：桥于此□所宜，古之名岂虚得哉？日者寺务百施，况此桥梁之外。先是钦公构献殿，四方信悦，布施云委，今桥以献殿羡余支其费。丈尺□访桥材，即于旁崖良石取足，于是诸檀越乐公劝化，竞相资助，桥用

① 云骑都尉：原碑作“云骑尉”。

以给。桥议遂定，库司所备，工人哺啜而已。于是，钦公曰：国家设道场，广利益，一以增阐善因，二以资祐国福。方今钦崇祖宗，以本仁孝，吾知国恩者也，愿吾桥成，以“崇兴”为名。即以大观改元十月起役，役至次年九月，桥遂成。桥长六十二尺，阔二十五尺，自溪底出溪上高三十五尺。上施屋五楹，旁辟栏楯，编石架空，如砑如豁。翠岩之前，绿阴之下，虹蜿虬屈，若竞若拏。童不岁劳，客不时病，行不履阽[①]，道不涉迂。以善利济人，以直路指人，以不谢之功施人，以不朽之事遗人。钦公于胜境结胜缘，如此哉！

余被恩倅岷南，以是月顶礼菩萨至桥下。钦公一见，谓如平生，闻其一言半偈，即便醒然心眼，开大谛观，此一日之悟，乃深信公长年之益。其能主持名山，明畅大教，固宜属令书桥成岁月。桥费金钱以缗计者千有奇，石以条段计者千有奇，人匠以工计者九千有奇。管勾董役，僧道传造作，桥在明孔山西，灵光亭北。於戲！钦公指迷说幻，将大悟人于正路，以为大导师，况此一路径事乎？救患拔殃，广度人于苦海，以为大法桥，况此一溪涧事乎？春秋新一门一厩，圣人必谨书之，以见举措之当否，此桥利益，安得无辞。于是退而书之，命小子升卿书丹以寄。

大观二年岁次戊子九月壬子晦。

齐州灵岩禅寺净照大师、住持传法释仁钦立石。

守本州助教杨若拙并妻刘氏，同发心施钱叁拾阡，乞保家眷平安，增延福寿。

长清县蕉大夫宅杨氏儿谨施钱伍拾阡，充买桥亭上柱一十二根，所求利益，伏为自身与合家眷属，保庆平安，增延禄寿。

监寺赐紫僧道□；

副寺僧宝月；

维那赐紫僧慧敷；

---

① 阽：原碑作“帖”。

典座僧智恢；

库主僧惠旻；

直岁僧道通；

首座赐紫僧道举；

知客僧元素；

经堂主僧净泉；

侍者僧道岩；

开基监造僧道传[①]；

监作行者孙道彬；

缘化头陁刘道储；

历下牛诚、徐仪摸刻。

右碑，连额高七尺五寸，宽三尺六寸，字二十八行，行五十字，行书，字径八分，其额题曰“崇兴桥记”，字径三寸许。自第二行至十三行，每行之下各缺一字。在灵岩道中桥西，南向。是碑在元丰间刊。王临飞白书“灵岩道境”四大字，今翻转为北面矣。

灵岩寺释仁钦书心经 篆书，见《金石文字记》

大观三年

皇沂等观音洞题名 正书，在灵岩山顶

大观三年

郑秉德题名 正书，左读，在琨瑞山千佛崖上

大观四年三月

平原郑秉德、济南沈君正同弟天粹，自四禅寺登奉春岩洞，诣灵岩道

① “监造”下，原碑有“桥”字。

场处，天门东□是□，大观庚寅三月廿三日。

右题名，纵八寸，横一尺二寸，字九行，行五字，正书，径寸，左读。其右尚有一行漫漶不可辨。石上平而下经雕凿，左右圆斜向内，居中尖起二寸，似系器物之盖顶。题字在上平横列尖处，各分其平也。乾隆乙卯，钱塘江凤彝亲拓得之。

灵岩寺释仁钦五苦之颂 正书额，道岩正书，在般舟殿

大观四年八月

窃观三界之内，唯有五种苦事，世人罕知，辄书此颂奉勉，幸希省觉。住灵岩释仁钦述。

生来从四大，假合依六尘。
妄识投胎鷇，执情为我身。
几回劳父母，恩爱强分亲。
出没何时了，谁知自苦辛。生苦。

心欲行千里，区区不到头。
祇随声色转，怎肯向身忧。
面皱眉如雪，贪程尚勿休。
可怜无智者，一似恋枝猴。老苦。

结托空劳力，追陪枉用心。
一朝床枕上，苦痛自呻吟。
满目妻儿女，空生烦恼深。
此时难替代，惟独自孤衾。病苦。

闭眼从神识，魂灵往那方。
目前如暗室，背后没星光。

纵有堆金玉，寻思何处藏。
孤然无伴侣，恐怖自惶惶。死苦。

杳杳随长夜，凄凄实可伤。
平生冤枉事，酬对直须偿。
唯有修心好，前程果自昌。
劝君早回首，免此五般殃。苦苦。

大观四年八月朔日，当寺比丘海补立石。
侍者道岩书。
济南徐仪刊。

右碑，高四尺二寸，广二尺，额题“五苦之颂”四字，正书，径二寸，平列于上，颂共十二行，首行最密，三十三字，总为一行，余二十五字为一行，正书，径寸。楷法清挺，完好无一泐笔。颂语述生、老、病、死、苦，五者之苦，皆释氏常谈。具大智识者视之，极为庸浅。盖佛门设教，大率为下愚人苦口者多也。“胎鷇”之“鷇”即“卵”字，谓胎生卵也，从㱿会意。

灵岩寺释仁钦十二时歌 见《金石文字记》

大观四年

平原人等题名残刻 正书，在小蓬莱

大观□年

开封人等题名 正书，在灵岩观音洞

大观□年

韩夫人游灵岩题记 正书，在般舟殿

政和元年三月

太宁夫人韩氏朝拜东岳回，游灵岩观音道场，四绝之所，崇峰列翠，宛若屏围，而北主峰峣然五里之耸，两肩有殿，号曰“证明”。谓其如来化迹，祈应如响，于是发精确志，不惧巇崄，乘兴而步其上，仰瞻绀像，欣敬不已。及观岩麓，木怪石奇，景与世别，眺寓移时，顿忘尘虑。若非圣力所加，从心之年，焉能至此。于内自省，尤为之幸。仍知名山胜概，传不诬矣。

时政和改元季春念五日。

孙男左侍禁曹洙、三班奉职滨、右班殿直泾侍行。使女憙、奴孙倩、奴乔□、□□□、奴张憙、奴祝美、奴杨蕊、奴朱采、奴薛珍、奴张望、奴董从行。

洙奉命题纪岩石。

徐仪刊。

右碑，高二尺二寸，广一尺八寸，记十二行，行十八字，径寸许，正书兼行体。夫人母族韩氏，归于曹，为曹洙、曹深、曹泾之祖母，封“太宁夫人”。洙兄弟皆官居右阶，《宋史》无传可考。碑称“从心之年，焉能至此”，则夫人年已七十矣。使女从行，亦可得刊于碑末，又金石之一例。一夫人行而使女从者十人，可谓豪矣，然以高年之人不惧巇崄，步上证明，亦足征其奉佛之诚也。

净照和尚诚小师碑 行书，在灵岩般舟殿

政和元年七月

住灵岩净照和尚诫小师

吾来住此，不觉十载，为国焚修，稍成次第。今为年老衰迈，精力劳倦，难以久居。又忽见秋风落叶，意思阑散，孤月寥天，寒岩萧索。感怀情动，顿起休心。欲慕退闲，偷安养拙，不免与诸子别离。古者云：父子虽亲，其路各别。自此已往，汝等诸人，各自努力进修，切莫虚度时光，

一刹那间，便是它生异世。勤持行业，慕道为心，报答四恩三有。出家之子，义聚沙门，但且上和下穆，兄恭弟顺，一师之下，百岁同条。若以逆诤相违，自然不能安处。顺吾言者，是吾弟子，背吾言者，非吾弟子。临行相别，聊书此偈，付汝安怀，各纸委悉。

物外翛然获自由，殷勤诸子送佗州。白云暂驻无方所，明月相随到处优。岩谷乍拖终勿思，林泉幽景岂回眸。吾今此去聊相别，汝且和光混众流。

政和元年孟秋月十有八日寄。

济郡东禅西轩书，付诚小师。

右碑，高三尺五寸，广二尺，文十七行，行三十字，正书兼行体。年月后列诸徒五十九人名，皆同立石者，又有“徐仪刻”三字，“净照和尚”即“仁钦”。此碑是久住灵岩，退老济州之东，禅寄此偈语，以诫其旧住之诸徒也。诸徒中同“道”字辈者五十八，独首一人海润不用“道”字。诗偈中“乍拖”字不可解，据文义当是“乍抛”。政和元年，上距大观二年建崇兴桥，作记立碑事逾四载，然则净照在寺经营修建者五六年。钜工甫毕，而即退休，不异吾儒之急流勇退者矣。

景禧等题名 正书，在小蓬莱

政和改元十一月

灵岩寺释仁钦十二景诗 见《金石文字记》

政和元年

灵岩寺札付 见《金石文字记》

政和元年

邓永年题名 正书，在泰山爱身崖

政和三年四月

巢鹤岩题名八首 在灵岩山顶

政和等年

杜绾、裴秀回、刘永、施经、里仲寿、沈邦杰、僧广先、智思登证明，回憩道傍。政和癸巳季秋十九日，邦杰书。左读。

东平宋安中同张远来游览山景，□季春下旬。

大名朱元宜、张应之庚子同登。

颍州□奇虢琮游。

博州高唐刘生同妻索氏游顶回。

宣和二□三月十九日，税户孙东元。左读。

□邑县□安同宋□、江南歙州程□、济州□□。

为亡妣存□如□。

□峭壁屏□屏□至道□郎前守棣州猷次□州蔡礼题。

右题名，正书，大小不一，并在灵岩巢鹤岩下盘路石壁。其中纪年明确者，惟第一首“政和癸巳”，盖三年也。此磨崖之左，即与牟珰《修方山证明功德记》接连。

张泱等题名 正书，在泰山铭东侧

政和四年十二月

岱岳观董元康题名 正书，在碑侧第□层

政和甲午九月

赵子明谢雨记 行书，在灵岩般舟殿

政和五年四月

政和乙未，经春不雨，百姓咨嗟，思欲祷于法定圣像。诚心一启，甘泽随降，遂涓吉辰，诣灵光致谢。因览诸泉，经日而还。向子千涓同至。县令赵子明孟夏廿一日。

监寺僧昭戒立石。

右碑，高二尺，广三尺许。题记十一行，行六字，行书，径二寸。法定为灵岩开山之初，寺初患无水，有双鹤飞鸣，遂得二泉，名曰“双鹤”。后一泉塞，一泉尚存。遇旱祷雨，多在于此。

钱无咎等题名 正书，在吕公洞北侧

政和五年十月

李尧文题名 行书，在灵岩伽蓝殿

政和六年闰正月

山阳李尧文自汶以事至东武，由奉高祠岳，过灵岩，瞻礼观音像，登证明龛，尽得游览之胜。政和六年闰正月十九日。

右题记，六行，行书，径一寸五分。

赠朝散郎孙觌墓志铭 正书，许翰撰书，在娄德镇万寿宫壁

政和六年

宋故赠朝散郎孙公墓志铭

朝奉郎、行秘书省校书郎兼国史编修官、编修六典检阅文字、赐绯鱼袋许翰撰并书；

承议郎、秘书省著作郎、编修六典检阅文字李敦义篆盖。

政和三年，余入校中秘书，所与并游，往往鲜明辩丽，英发可喜。而鲁国孙君圣求，独靖固渊塞，浑然难知。余心异之曰：此岂非曲阜阙里之风也哉？吾今乃知天以夫子之教兴于鲁者。因其质厚如此，而文生之也。后二年，谒其丈人大夫公于东郭私第，听其议论，重德人也。又一年，其家卜葬其先大父，则状其行与事而请铭于余。余既得交于圣求父子间，又得于此考观其世德之经纬本末，喟然叹其积之远矣。因益见鲁多君子，足

以发吾昔日之言，为不妄也。遂书其躅而铭以乱之。

君讳觐，字明之，兖之泗水人。曾祖讳程，祖讳荣，考讳达。世世以农服田，至君之考，乃尽割膏腴以与兄弟，而自取硗薄，力耕其中。君少而孤，食麄攻苦，事继母，接诸弟以立家[①]。母为敕戒所生：无得恃吾故乱兄治。官府有政与勤其弟，吾宁以身往役，发于诚心。以故上下依怀，闺门大和。岁恶，人争贷粟于官，君独不往。曰：今自刻厉，尚可以生，贷而不能归，是欺国也。其居乡，能以义概动人，沈毅慨慷，时有侠气。有恶少自以负君，妄意君心，结客数十，抚刃从君。君正衣冠而叱之，恶少心震气褫，失刃堕地，数以云云，不觉膝屈，请得改事。君因与讲，不复蒂芥。巨寇将至，乡人大扰，谋徙避之。君止之曰[②]：少竢我。即持牛酒造寇壁，愿见。因留，与之醉饱，歌呼相乐，输以其情，寇壮而义之，为引去。有故家子嗜酒不羁，君见，戒以无颓家声。发怒辱君，君谢遇之益厚，其人愧之，终身避君。县吏与君不相能，荐数中以吏事。后败困穷，君反赒之，吏愧亡匿，曰：吾无面目见孙君矣[③]！盖其能诎服人心如此。大夫罢官兴元，闻鲁大荒，或欲择居它乡。君不可，曰：无年如此，族姻日夜望吾至，以荐其饥，吾何忍择利自营，而不此顾卹乎？既归弛担，即内外千指仰食君。君市米官廪，杂糠核藜藿，相与食之，无难色。有余则以饷邻里之穷无告者，振施甚众。大夫官蜀，计司取钱引之当毁官者，复出之郡县，大夫月受以为俸。君曰：以此与民为市，是罔民也。禁家人无得出，积为钱五六十万尽废，其后有司逮治[④]，操空文以市于民者，官吏皆污，而大夫独皭无有，蜀人贤之。大夫之为循吏，君盖多有力焉。其自蜀归，则尽举族人之无后与贫不克葬者，凡三十五丧，葬之。未疾数月，忽戒其子俭葬，与凡家事，豫为条理。

---

① 接：原碑作“抚”字。

② 止：原碑作“正”字。

③ 吾：原碑无此字。

④ 逮：原碑作“建”字。

大观四年八月辛卯，卒于舒州官舍，年八十一。以其子恩为通直郎，累赠至朝散郎，其治命曰：必于先茔乎吾葬。今以十月甲申，葬菟裘东节义乡里仁之原，与考同域。娶曹氏，赠太宜人。男女二人，男琪，朝散大夫，提点南康军逍遥观；女适邑人潘浚[①]。孙凡四人，傅、俭、亿、俦。傅，奉议郎，以辞学兼茂，高选为秘书省正字，即余之所异为同舍郎也。亿，将事郎[②]、郓州刑曹掾。余未官，初君未尝伏术为学，而行事每与书合，又能撙绌自下，以延致士，教其子孙诗书，以故子孙彬彬，多以文行著云。铭曰：

暴兴非祥堕神奸，庆积离久乃见端。根蟠源洑天所艰，擢为修林舒长澜。孙氏世隐根宽间[③]，逮君负能不施官。人文不琢天守完，傒天我昌匪力干。裔胄衮衮方弹冠，谓君未显非今患，昭诗佳城唯后观。

裴通、苗成、魏通模刻。

右碑，高二尺八寸，广二尺五寸，文三十五行，行三十五字，正书，径五分，篆盖。未见撰书者许翰碑前结衔，稽之《宋史·翰传》皆所不载，盖史阙也。孙明之之孙傅，《宋史》有传，称傅，字伯野，登进士第，中词学兼茂科，为秘书省正字校书郎，累官中书舍人。宣和末，高丽入贡，傅言事被贬，许翰论救，翰亦罢之。靖康二年，以留守从钦宗北狩，死于朔廷，谥曰“忠定”。此碑载傅“以辞学兼茂，高选为秘书省正字”，正与传合。但史称傅，海州人，此碑孙明之为泗水人，殆明之与傅时隔三代，由泗水迁籍海州，未可知也。碑文首云“政和三年”、下云“后二年”“又一年”，则是以政和六年葬，碑亦当立于是年矣。

居中效安石题名 正书，在青帝观唐碑侧

政和丁酉四月

---

① 浚：原碑作“潜”字。

② 事：原碑作“仕”字。

③ 根：原碑作“耕”字。

张劢灵岩观音道场题记 正书，在灵岩功德顶西北崖

政和七年正月

灵岩山观音菩萨，昔所化现，天□之□迹，维时四大□，政和岁在丁酉首春甲午，朝请□□充右文殿修□□乐张劢来守济南，为题峰□著□名，以彰其实。

右磨崖，高一丈，广五尺，前有“灵岩观音道场”六大字，每字径三尺余。后系以记三行，行径五寸，并正书。

崔大昉等观音洞题名 正书，左读，在灵岩观音洞

政和七年三月

博州崔大防、周君度，同登证明□到游汉仙洞。时政和丁酉岁三月十四日题。

右题名，四行，正行书，左读。其右隐隐有字二三行，不能辨。

杨升等观音洞题名 正书，在灵岩观音洞

政和七年

博州杨升同杨善到此。政和七年。下缺。

右题名，二行。

梁西均观音洞题名 正书，左读，在灵岩观音洞

政和七年四月

汶阳梁西均挈家同游，适潘女悟通侍行。政和丁酉孟夏旦。

右题名，二行，左读，即在杨升题名之左，两相接连。侍行之女，名悟通，殆皈依佛门者也。

陈国瑞题名 正书，在石经峪崖上，今佚

政和七年

蒲阳陈国瑞子玉[①]，校学奉高[②]，游石经峪[③]。熟视笔画，字径尺余，非人所能。历千百年曾不磨灭，岂非神力护持以遗观者[④]。政和丁酉春余一日，承议郎、知县事郑温恭勒石。

王安石题名 正书，在山顶宋磨崖东，今佚

政和七年四月

政和七年四月十九日，临川王安石介甫与南阳郑居中□□同登访□，奉符尹郑温恭偕行。

王唤灵岩寺饭僧记 行书，在灵岩寺

政和八年六月

王唤被旨特许，因职事到济南营治亡妣襄事。小祥前八日，恭诣灵岩道场，礼观世音，预设僧供，请如老升座。饭毕出山。刘材、韩洵、王永、夏侯不群同行。政和八年六月廿有七日。

右刻，高一尺五寸，广二尺，记十一行，行八字，行书，径寸许。玩碑文，似王唤方居母忧，未及小祥，因事起复，道经灵岩，饭僧追亡祈福也。“如老”者，似即宋齐古《施五百罗汉记》所称“住持妙空大师净如”也。

---

① 蒲阳：原碑作“莆阳”。

② 校学：原碑作“按学”。

③ 游石经峪：原碑作“观石经谷”。

④ 神力：原碑作“神物”。

升元观牒 篆额，草书，正书，在山东南址朝元观内

政和八年闰九月

尚书省牒：泰宁军奉符县升元观。

泰宁军状：据兖州仪曹掾兼兵曹娄寅亮状称：契勘兖州奉符县泰山之下，有古洞天，周三十里，名曰“三宫空洞之天”。载在图经是实。即目宫观，并无名额，却有建封院一所，逼连岳庙之后。殿屋完备，田产颇多，只一村僧占据住持。任从民间安攒丘墓，秽恶不蠲，深虑触渎真仙，不便。欲乞备申朝廷，改为道观。州司看详，本院委合改充前件洞天道观，伏候指挥。

牒。奉敕：宜赐升元观为额。牒至准，敕。故牒。

政和八年六月十四日牒

起复太中大夫守左丞王㐲；

特进少宰亼；

起复少保太宰叵；

太师鲁国公。不押。

政和八年闰九月二十一日，袭庆府管内都道正兼权措置升元知观事、洞元大师、赐紫道士李仲昭立石。

《金石文字记》云：泰山东南麓升元观牒，大字草书，甚遒劲，不知何人笔，录之以见当日牒文之式。考《宋史·娄寅传》[①]，但云政和二年进士，为上虞丞，不言历官兖州，亦可以此碑补史之阙。其曰“太师鲁国公”，则蔡京也。普照寺有金大定五年牒[②]，长春观有元丁亥年牒[③]，其式略同金、元碑并有印曰“尚书礼部之印”，即今通行大篆文，不用女直蒙古字。

右碑，连额高四尺六寸五分，阔二尺，字大小八行，每行长短不齐，额曰“升元观敕”，古籀书，字径三寸，其“牒奉敕”已下，十六字，行书，字径四寸许，甚遒丽，不知何人笔。余皆正书，如首列尚书省牒一条，字扁而宽三寸许。又“泰宁军状”等语，字径六

① 《宋史·娄寅传》:《钦定四库全书》本《金石文字记》卷六作“宋史·娄寅亮传”。
② 牒:《钦定四库全书》本《金石文字记》卷六作“牒碑”。
③ 牒:《钦定四库全书》本《金石文字记》卷六作“牒碑”。

分，至年月后书官衔三人名，有押，惟鲁国公不押，字径一寸，略同。案：碑云“起复太中大夫守”，左丞者王黼也。“特进少宰”者，余深也。“起复少保太宰”者，郑居中也。《泰安县志》误以特进少宰为刘正夫。

安隆题名 正书，在王母池大门外幡竿石上

政和八年九月

董元康石刻 正书，在岱岳观，今佚

政和八年

《金石文字记》云：右题名，在岱岳观，予既录唐碑，往返数四。道士谓余曰：昨发地得石刻二，请观之。其文亦可采，因附焉。下题同此。

盛勋题名 正书，在岱岳观，今佚

政和八年

《金石文字记》云：戊戌乃政和八年，其年十一月己酉朔，改元重和。曰“决狱者”，谳而决之，古无仲夏斩决之事也。

贾洵题名 正书，在泰山铭东侧

政和八年

灵岩寺朝洵三人题记 正书，在灵岩御书阁

政和□年

何亭玉等功德顶题名二首 正书，在灵岩山顶石龛

宣和元年三月

右题名，二首，前段四行，存者“封十蕴资游观三月二十三日”，凡十二字可辨。后

段三行，云“何亭玉、唐□仪来游，宣和元年三月廿五日”，左读。

钱伯言游览记 行书，在岱庙殿西墀，今佚，文入《岱志》

宣和元年九月

《金石文字记》作钱伯言题名云：旧在宋天书观，后人移之州城内岳庙中墀古松下[1]。行书，大径尺余。

右碑，行书，字大如掌，在岱庙峻极殿西墀下，南向。其北面有篆额曰“袭庆钱守纪游”。碑阴邹宏文跋，方元焕行书。字径二、三寸不等，两面文字皆洒脱入妙。乾隆三十五年重修泰山诸祠，是碑乃废。

避风崖诸人题名 正书，在山顶

宣和二年

补之、及之、贯道，自绝顶回，歇此岩下。

饶阳镇田完同史赛、李千游岱顶，庚子三月六日记，张进□。

磁州左□、扬式、王立、杨玫、曹涣，宣和次岁三月□日游此。

保顺军安立同妻牟氏、并男□奴、外生魏琦，宣和次岁三月六日，登顶游此记。

千乘县十河店陈文钜，宣和二年游顶记。

沂州沂水县张买奴游顶，宣和二年三月十日记。严青□。

巨野簿文叔、刘子□、张恭文游顶回，宣和庚子三月十五日。

案：岱巅天街石厂南，辟为避风崖，多宋人题刻，俱正书。惟晁补之等题一则在崖之东。其田完以下题名凡六，并列此崖之西，为庐市所掩。

---

① 墀：《钦定四库全书》本《金石文字记》卷六作“西墀”。

刘宗等题名 正书，在山之东北海螺峪砖塔座上

宣和三年四月

李唐臣观音洞题名 正书，左读，在灵岩

宣和四年四月

清平李唐臣、范庭□、郑伯温、王秀姬、田汝霖游此。宣和四年四月三日。

右题名，三行，正书兼行体。

朱济道诗刻 篆书，在灵岩坐落房

宣和五年二月

二年催遣向东州，见尽东州水石幽。
不把寻常费心眼，灵岩消得少迟留。右一。

东州山水亦堪游，及至灵岩分外幽。
会有定师能指示，直须行到宝峰头。右二。

宣和五年二月初九日，朱济道偶书，呈如公妙空禅师。

□魏法定禅师乃观音化身，初居灵岩□□神宝峰，作释迦石像，良有深旨。

右碑，高二尺二寸，广四尺，篆书。七绝诗二首，连款共十四行，行六字，字径三寸。末有小字注，二十行，共二十九字，亦篆书，径一寸。朱济道，不详何许人。如公妙空禅师者，灵岩住持净如也。以法定禅师为观音化身，创见此注。

灵岩寺海会塔 正书，僧祖英，在灵岩寺

宣和五年七月

有魏正光讫今圣宋，绵历年余八百，寺号之更迁，人物之臧否，以致

隆窳不可悉数。逮夫规式皭然，缁侣云委，土木备举，殿阁一新，无如今日。堂头妙空禅师唱导之闲，独念当山从来先亡后化，积骨遗骸。有力则叠石累茔，星分垅亩；孤穷者暴露坑涧，灰烬狼藉，殊无以表丛林义聚之义。

宣和癸卯寒食，师躬率众飨祭祖师窣堵之左，忽恻然为怀，即日芟草定基，揆作海会之塔。庶几聚其散滞，以合为一，且便后来顺寂有归。于是举众欢然，叹喜师勇于有为而作利益事，乃佥请醵金，请助其费。六月初一，基土为穴作圹，圹分为三，中安住持，东安僧徒，西安童行。七月十五告成，预令报谕，徒季收敛弃掷。二十日营办供食，严持香烛，与阖寺之众，作种种佛事，迎而葬之。已往者既获安其地，后来者亦乃均其利，举家靡不相庆，曰：吾侪像教，独善其身，为目前计者，倒指皆是。今堂上老师作利益事，以垂永久，非愿力广大，悲智圆融，何以能此？咸请书其岁月。

监寺比丘祖英谨题。

右刻石，纵一尺五寸，横三尺许，记文二十八行，行十三字，正书，圆劲似《景龙钟铭》。自魏正光元年庚子至宣和癸卯，实六百四年，而碑云“年余八百者”，盖记忆之讹也。海会塔，今南方佛寺谓之“普同塔”，明孙克宏《碑目》有《灵岩寺普同塔铭》，疑即此碑。

青帝观真君殿记 篆额，周显灵撰，张振正书，在青帝观大门内

宣和五年十二月

东岳青帝观真君殿之记

总真居士周显灵撰；

补□校正御前文籍□□人张振书；

丹林郎李保存篆。

於戏，魁乎！伟乎！举六合于太虚之内者，元气之力也；包总晦明，维持终古而不覆坠者，至神之功也。神无方而有方者，赖焉；神无名而有名者，□焉。神也者，妙万物而为言；圣也者，大而化之之称。至精者，为至粗者所归；至妙者，为至显者所持。凡囿于名教之域，莫不皆神之所主。圣人郊

禋泽瘗，各从其类，致其礼，彰其用，岁暮腊蜡，合万物而索享之，无一物之精不求，而报其主物之功。然时有用舍，名有高下，而神之所□，又有贵贱刚柔之别。五行之尊者，在天为五帝，在地为五岳，在人为五常，在身为五藏，在物为五事，未尝不各从其类而有所主。火为文见于离明之方，而帝与万物相见。于是乎在水为武，潜于幽朔之位，万物至是而坚凝伏藏。惟其坚凝，是以毅然不可犯，可得而犯者，所恃焉；惟其伏藏，是以出而应物，则天下无敌。龙为五虫水类之长，水之至精所生。方其伏于混茫，潜于纤芥，其质也，极天下之至微；其气也，□天下之至妙；其神也，游天下之至幽。及其风云既会，出而布四海之泽，则雷雨之动，盈于九区。其体之广，其气之雄，蔽塞宇宙矣，此水德沉潜之効也。乾为八卦之君，处西北至阳阖辟之方，其六爻□致则成亢龙，于象又为寒冰，此水德刚健之功也。水为五行之祖，与土同王于坎宫。四象万物资之以始生，故元武之状，具金木二体而水火之色存焉。乃四象所会，而归根抱元以守其宗，惟其能以至柔□□□之至刚，使不能有所犯。是以四象归之以禀其生，以全其养，若婴孺之怀二亲也，非大道至真何以及此？坎之中有阳□焉，以一阳□乎群阴之中，使昭昭之伦由此以成始成终。非不怒而威，不战而服，何以及此？

我北方作圣真武灵应真君，俯金阙，真尊之圣，抚有伦，孩慕之，诚统玄天，无鞅之猛，护亿相包育之群。十极内外，神奸魑魅，凡为幽显害者，莫不慑惧□光，闻风震骇，□□并仰，洿济无涯，久沐德庇，获蒙师礼，密齿学徒之列，积有年矣。平生于□宗之道，□瀹警悟披拂迷□，皆睿意所感，而遂通之。晚□于修真久视之理，薄造渊奥，多古今简籍之所罕载，隐伦之所未窥者，举目会心，默而识之。非智德洞彻于灵府，无以与于斯也。

今且饬身炼行，崇建三圣之教，总会一真之境，仰答宏贶。往年祈斗中七，元君上达，帝聪愿以护师之称，冒干□□，已而圣威告以允旨。今以冤魔所戾，屯坎万状，正拟摅诚沥恳，以俟哀援，俾圣导所能，遽成实绩，属大梁□□李□□捐资购工，独创真祠于泰岳青帝观后，金山之端。

托以记文，庶传永久。

殿为南北五架，东西四楹，重檐羽，揭绮观，翚飞丹，□□拱势纠云汉中，凝睟俨灵卫肃然。香烛华实之奉，藻荇荐燎之供，悉李氏具焉。仰瞻岱宗之峻极，俯镇万壑之深注，所以来冲驭而驻倒景。恍乎其仪，泠乎其应，将以崇国祚，济亿兆于千万斯年。其庆李氏之耄□，释意外之愆尤，俾流于世世者。方马□毫之力尔。若夫甦□□于困蒙，成真仙修炼之业，实亦寤寐不忘于大旱布云电，惟洪造鉴而矜之。

殿始治于宣和壬寅五月□□日，落成于六月十八日，奉安于七月十八日，稽首再拜，作颂三章，章八句，曰：

沧波浩渺，惟水之明。雄威渊默，惟□之灵。静滋众汇，动应八瀛。我真潜妙，我武振亨。

于皇紫极，实为辰枢。乾关是幹，坤□是扶。阳虚焰炽，阴厄靖纾。至刚莫犯，至柔所怃。

桓桓无上，滔滔至精。破万魔胆，灭千妖形。□□□□，禦□之勍。俨兹焕宇，永护四生。

大宋宣和五年岁次癸卯十二月□日立石上缺监修道士吕善上缺尚修殿同知观李赐紫道士张上缺观道士李。

右碑，高三尺四寸，广一尺七寸。篆额，八字，径三寸，作四行。文三十二行，行五十二字，正书，径五分。额字已镵毁，隐隐可识，在青帝观重门内西墙间。

重修泰岳庙碑 篆额，宇文粹中撰，张漴正书，在城内岱庙炳灵宫门外

宣和六年三月

宣和重修泰岳庙记

翰林学士承旨、正奉大夫、知制诰兼侍讲、修国史、南阳郡开国侯、食邑一千五百户、食实封壹佰户臣宇文粹中奉敕撰；

朝散大夫，充徽猷阁待制、知袭庆军府事、管勾神霄玉清万寿宫兼管

内劝农使兼提举济单州兵马巡检公事、陈留县开国男、食邑三百户、赐紫金鱼袋臣张漴奉敕书篆。

宣和四年九月，有司以泰岳宫庙完成奏功，制诏学士承旨臣宇文粹中纪其岁月。臣粹中辞不获命，退而移文有司，尽得营建修崇诏旨本末，与庀工鸠材因旧增新之数，谨再拜稽首而言曰：臣闻自昔受命而帝者，咸有显德，著在天庭，合四海九州之欢心，以为天地社稷百神之主。故有坛场圭币以象其物，有宫室祠宇以奠其居，有牲牢酒醴以荐其洁，有祝册号瑕以导其诚。其漠然而意可求，僾然而诚可格，殆与人情无以异。是以黄帝建万国而神灵之封七千，虞、夏、商、周，文质迭救。虽所尚不同，而事神以保民，其归一揆。故其言曰：望于山川，遍于群神。又曰：山川鬼神，亦莫不宁。其诗曰：怀柔百神，及河乔岳。又曰：嶞山乔岳，允犹翕河。河东曰“兖州”，其山镇曰“岱山”，自开辟以来，尊称东岳。其穹崇盘礴，虽号为一方之镇，而触石肤寸，不崇朝而利及天下。是以历代人君昭姓考瑞，盛登封之礼，告祭柴望，五载一巡守，必以岱宗为首。而神灵烜赫，光景震耀，载在书史，接于耳目者，奕奕相属也。

宋受天命，建都于汴，东倚神岳，远不十驿。章圣皇帝肇修封祀，盖尝躬款祠下。钦惟神灵响答之异，念唐开元始封王爵，礼加三公一等，未足以对扬休应，遂偕五岳，咸升帝号。自是宫庙加修，荐献加厚，四方万里士民奔凑奠享祈报者，盖日益而岁新也。皇帝聪明仁孝，光于上下，神动天随，德施周溥，既已跻斯民于富寿，乃申敕中外，凡所以礼神祇，崇显祀，尽志备物，毕用其至。

岁在辛巳，迄于壬寅，诏命屡降，增治宫宇，缭墙外周，罘罳分翼，岿然如清都紫极，望之者知其为神灵所宅。凡为殿、寝、堂、阁、门、亭、库、馆、楼、观、廊、庑，合八百一十有三楹，财不取于赋调，役不假于追呼，而屹然崇成，若天造地设，灵祇燕豫，福应如响。呜呼！真盛德之事也。惟古圣王先成民而后致力于神，故奉牲以告曰：博硕肥腯，谓民力之普存也。

奉盛以告曰：洁粢丰盛，谓三时不害，而民和年丰也。奉酒醴以告曰：嘉栗旨酒，谓上下皆有嘉德，而无违心也。臣窃伏观皇帝陛下，临御以来，夙宵之念，无一不在于民者。发号出令，以诫以告；颁恩施惠，以生以育；设官择人，以长以治；制法垂宪，以道以翼，以训以齐。政成化孚，中外宁谧。于是国有暇日，以修典礼；民有余力，以事神祇。咸秩无文，周遍群祀，自古所建，上下远迩，灵祠告祝，于今莫不毕举。观是宫庙，土木文采，轮奂崇丽，则知郡邑之富庶；帷帐荧煌，衮冕璀璨，则知丝枲之盈溢；牲牷充庭，醪醴日御，则知耕牧之登衍；箫鼓填咽，歌呼系道，则知气俗之和平。神之听之，乃祇陈于上，帝用降鉴，锡兹祉福，则社稷之安固，历数之绵远，盖方兴而未艾也。臣既书其事，又再拜稽首而献颂曰：

于皇上帝，监观九有，孰赞天绰，山川封守。帝欲富民，俾阜货财，溥润泽之，俾司风雷。东方岱宗，是为天孙，体仁乘震，生化之门。昔在章圣，崇以帝号，发册大庭，五云前导。施于子孙，格是神保，岁在摄提，新宫载考。皇帝慈俭，爱民自衷，不侮鳏寡，不废困穷。神鉴其仁，锡之屡丰，皇帝神武，赫然外攘。驯服悍戾，以蕃善良，神予其义，助之安疆。仁义既洽，民有余力，还以报神，神居是饬。峨峨神居，作镇于东，有来毕作，庶民所同。惟此庶民，惟皇作极，丕应傒志，遍为尔德。祝皇之寿，泰山同久，握图秉箓，历箕旋斗。祝皇之祚，泰山等固，镇安二仪，混同万宇。下逮群黎，遍敷锡之，亿载万年，惟神是依。匪神独依，惟天无私，有谣康衢，述是声诗。

宣和六年岁次甲辰己酉朔十八日丙寅建。胡宁刊。

右碑，连额高一丈九尺，广六尺，篆额题“宣和重修泰岳庙记”八字，径七寸，分二行。文共二十六行，行七十四字，正书，径二寸。碑阴刻庙官姓名二十行，正书，径八分。似前十五行为宋刻，后五行有“东平路宣差怯里焉赤”等名目，为元人所刻。此碑撰文者宇文粹中，书丹者张漴。《宋史》俱无传可考，《本纪》复无制诏撰碑之文。《礼志》不详祠宇重修之事。而字画完好，规制穹巍，周刻方夔，镌勒工緻，实岱庙诸碑之冠也。

灵岩寺五百罗汉记 张克卞正书，在灵岩十王殿

宣和六年八月

施五百罗汉记

承节郎张克卞书。

梵语阿罗汉，此云应受世间妙供养。盖具六神通，得八解脱，善超诸有，严净毗尼，真可以受世间之妙供矣。矧兹五百大阿罗汉者，亲受佛戒，荷护法轮，拔济未来，不入灭度，诚苦海之津梁，暗途之灯炬也。惟应真示化，灵迹至多，故貌像庄严，崇信愈众。

济南，京东大都也，灵岩巨刹，佛事最胜，而五百罗汉之像，未睹其杰，齐古窃有志于是久矣。政和之初，得官闽中，闽俗伎巧甲于诸路，而造像之工尤为精致。于是随月所入，留食用外，尽以付工人，洎乎终更而五百之像成矣。端严妙严，奇魔古怪，颦笑观听，俯仰动静，无一不尽其态。自闽而北，历水陆几五千里，而后至于齐之灵岩。齐人作礼，叹未曾有。噫！岂无因相生信，因信生悟者耶？齐古自少游学，及窃禄仕，踪迹萍梗，几半天下，投老倦游，将欲屏迹闾里，为终焉之计。筇杖芒鞋，一巾一钵，可以日奉香火，澡涤妄缘，普及见闻，同超觉路，此予之夙志也。虽然如是，内辨其质，莫非雕木，外睹其饰，尽是明金。然则五百尊者，今在甚处？若也迷□□数，显是徒劳，苟为舍像求真，却成孤负，离此二途如何，则是不见道。金鸡解衔一粒栗，供养十方罗汉僧。

奉议郎、赐绯鱼袋宋齐古谨施。

宣和六年中秋，住持妙空大师净如上石。

右碑，高三尺，宽二尺九寸，字二十三行，行十九字，正书，字径寸，惟书人姓名极小。在灵岩十王殿大门外，北向。罗汉像为宋齐古所施，《碑记》亦即所自作。其作宦闽中，自闽塑像至五百尊之多，不远五千里，水陆津搬，劳费极矣，惜无传记可考，不知其作闽何官，里居何处。然必于灵岩供养，想亦家于齐地也。碑云“内辨其质，莫非雕木；外睹其饰，尽是明金”，是言罗汉塑像之制，则木雕而金装者矣。

王渊题名 行书，在灵岩般舟殿

宣和八年六月

功德顶佛龛诸人题名

宣和等年

高直臣题名 见《金石文字记》，在灵岩

靖康元年

赵邦美题名二首 正书，在灵岩功德顶石龛内

靖康二年正月

长清宰赵邦美子相□拉、杨叔应、李充道同游金仙。靖康丁未正月廿二日。

礼同恭拜。曹积、李流瞳、□□、王斌、□昌□游记。二年二月三十日。

右题名，二首，前段正书，四行。后段分上、下二节，上节仅存“礼同恭拜”四字，下节姓名泐者四字，亦正书，皆旧有磨崖而掩刻之。

赵令住灵岩寺题名 正书，在灵岩千佛殿碑阴

靖康二年正月

崇法院印照 正书，在《冥福院牒碑》下层，今佚

伪齐阜昌二年

县户案，据崇法院主僧海岩状：于去年二月内，有群贼李仅等入县，浩荡了本院坊郭、岱岳保两户方田文账，并宣降敕牒，出公据，寻行勘会，并召保。去后，召到保刘皓公弼。并取到邻人等姜宝、张珉、翟庆状供本院，浩荡了本院坊田文账等，文字下项，须至指挥。

一 坊郭地三段：

第一段，东至姜三郎、李子园，西至岳庙，南至街，北至张中舍；

第二段，西斛斗市，近北街，东面、东北至卞二郎，北至卞二郎，南至宫□，西至街；

第三段，东至酒务界墙，南至街，西至渿河，北至大街。

一 岱岳保：

第一段，东至沙河，东北角至韩五郎，西南、南至成家；

第二段，东至张八郎，西至张七郎，南至道，北至廱家；

第三段，西至古道，南至翟官人，北至王官人，东自至；

第四段，寨城东菜园一座，约二亩半大，并路南拐子地，约一亩大，东至翟家，南至道，西至成家，北至南宫地。

一 宣降敕牒。

一 后唐长兴四年九月二十三日，有赵枢密使、检校太傅、平章事、驸马都尉及范枢密使、检校太傅、平章事等，押付到特赐田产物业敕牒一道。

一 祖师实相大师住持敕宣牒一道。

一 童行看掌御书阁敕牒一道。

右给公据付崇法禅院，收执照会，准此。

阜昌二年二月初一日给文，林郎签书，判官厅公事兼县事刘缺修职郎主簿专一管勾劝农事高𤣩。

承信郎县尉专一管勾劝农事张万；

院主僧海岩；

住持赐紫僧宝□；

踵继拨赐受业僧海环；

僧绍臻；

僧惠宽。

右刻，凡三十一行，正书，径五六七分不等。内左读者二十六行，长短不齐。用印者三处，印径一寸五分，文曰“奉符县印”。

功德顶佛座题名 正书，苏永叔一首，颍水李颜、庐山李宪一首，齐幕仲等一首

无年月

灵岩朗公传磨崖 释如晓行书，在山顶可公床

不知年月

戊子岁秋七月念七日，释如晓谨书。

右摩崖，纵四尺，横宽一丈五尺，文四十行，行九字至十二字不等，行书，径三寸许。前书“东晋朗公传本梁慧皎撰”，文不具录。末年月、题名一行，但称戊子岁，不系年号。书人如晓系宋僧，因录附宋末。

东岳庙御祝文 高冢宰篆书

右刻，见明孙克宏《碑刻目》，今佚。

孙明复墓碑 欧阳修书

右刻，见明孙克宏《碑帖目》，今佚。

灵岩寺诗刻 田積、滕涉、祖无择、孔舜、张合宗、鲜于侁、冤亭卞、杜钦况

右灵岩石刻，大小不一，无年月，见《金石文字记》，今并佚。

《鲒埼亭·题跋》云：鲜于公论新法最为平允，而党人尚极恨之。端礼门前之石，偕其子绰并豫焉。近见其留题《灵岩七言石刻》一纸，诗笔之工不必言，书亦清健可爱，其上石在元丰三年。

金寺碑 宋御书，欧阳修跋，在郡城南

右刻，见明孙克宏《碑刻目》，今佚。以上俱无年月可系，并附于末。

金

张悯修三磴崖记 正书，在三磴崖西壁，今佚

天眷元年八月

灵岩寺妙空禅师塔铭 篆额，正书，在灵岩寺

皇统二年

右碑，仅存半截，凡文二十七行，行存十九字，正书，径八分。额题“妙空禅师塔铭”六字，皆蝌蚪文，径五寸，分三行。文内一行云“皇统元年六月二十八日管勾济南府十方灵岩”。末行又有“皇统二”，此下并缺，遂定此碑立于皇统二年。妙空事迹不见，其全文之可考者，师讳“净如”，俗姓陈氏，福州侯官县人。其住灵岩未详何年，但云“谕之以理，乃尽归所□田”。

案：明昌六年，周驰撰《灵岩寺田园记》云：寺之田园，实亡宋景德间所赐也。逮天圣初，稍为人侵冒，主寺者不克申理。其后绍圣间，掌事者稍怠，左右遂伺隙而取之。时长老妙空者，虽讼于有司，其地未之能归也。据此，则碑所云“谕之以理，乃尽归田”者，非实录矣。又妙空自号“方山老拙”，尝有宣和五年自书真赞，又有《别知事禅众诗》。皇统三年，合刻碑在寺中。《别众诗》云“七年林下冷相依”，则住灵岩七年也。证以《田园记》，其住持在宋绍圣间，至是越五十年矣。

灵岩寺定光禅师塔铭 篆额，正书，李鲁撰，高鲤书，在灵岩寺

皇统二年十月

济南府十方灵岩禅寺第九代定光禅师塔铭[①]

濮阳李鲁撰；

济南高鲤书；

① “第九代”下，原碑有“住持”二字。

儒林郎行台大理寺丞韩淦篆额。

皇统壬戌中秋，定兄侍者走书于鲁[①]，曰：先师顷自普照来住灵岩道场，锄垦荒芜，爰立规矩。不幸席未暖，遽示寂灭。智月忝出门下，荷润特深，报效蔑闻，弥增惕惧。遂躬率诸门人，营建梵□[②]，□功告成[③]，铭志未备。共念先师畴昔交契之厚，谁如公者？今辄以昌黎韩淘通仕所叙行状，请铭于公，能无意乎？鲁始错愕，顾陋学，无以表其高风。既而，曰：乐道人之善，圣人之训也，尚何让？

□□道询[④]，俗姓周，扬州天长义城人也。世为乡里大姓，产业雄一方，岁入不赀。幼孤，事祖母以孝闻。及长，性豪迈，姿貌魁伟，喜施与，好鹰犬，驰骋田猎，割鲜染轮，不忘旦旦。乡人畏爱，以任侠处□[⑤]。□无何[⑥]，臂鹰牵黄过故人家，见读方册，师挺前夺取欲视，故人曰：是岂公所能知？师气慑，徐更读之，乃智望禅师《十二时歌》也。阅未竟，面热汗下，叹曰：报应若此，可奈何？故人曰：审如是，早自□□[⑦]。师茫然谢归。放黜鹰犬游猎之具，杜门饭脱粟，布衣芒履，体肤饿悴，而祝发之念萌芽胸府矣。家人以为狂，初加诃禁。师志益坚，竟礼本县兴教寺常住院首座僧德安为师，纳戒于本州□□[⑧]，实政和改元之岁也。师在众持头陁行，精严斋戒，平治心地。其师召谓之曰：怀与安，实败名，汝器识远大，未可量也！盍游方以广学问。

师即诣本州建隆寺，依住持因禅师为侍者。未几，参□□室[⑨]，颇领玄

① 定兄：原碑作“定光”。
② 梵□：原碑作“梵塔”。
③ □功：原碑作“厥功”。
④ □□道询：原碑作“师讳道询”。
⑤ 处□：原碑作“处之”。
⑥ □无何：原碑作“居无何”。
⑦ 早自□□：原碑作“早自为计”。
⑧ 本州□□：原碑作“本州开元”。
⑨ 参□□室：原碑作“参问入室”。

妙。建隆语师曰：汝将腾越万里，讵可于此久淹？当务遍参，以卒远业。师禀命，至龟山，见慈禅师坐禅，次闻静板，有省以颂投龟山，深蒙印可。遂入舒州，见甘露卓禅师。卓识师根□□常[①]，谓曰：《法华》言禅师为一时郢匠，盍往谒焉？师忻然领命。及一见，师资道契，驻锡四稔，举作座元。因为师小参举二祖，觅心了不可得，马祖“即心是佛”机缘，于是彻证传心之旨，太湖真乘□□人[②]，诸禅举师名德，郡委县令斋牒劝请。师谢曰：吾始舍缘，私自为盟，不愿住持。矧兹末法，祖道榛棘，宜得吾门龙象，提宗印以振衰坠，庶几有益，讵可妄欲，以此事付田家子？是犹资越□□□甫计亦左矣[③]。因固辞，令请益坚。师计穷，碎牒投诸地。令骇曰：斯罪也，奈法何？众以师厉志纯一，本无慢心，祷令得不白州，听举自代者，因得遁去。师以名迹为众指目，乃归义城。距祖第数□□[④]，得佳泉石处，曰“冶山”。构精舍，号“定光庵”，将终老焉。乡里子弟执侍瓶锡，愿度为弟子者五十余人。

建炎二年，大军渡淮，寻陷天长，师处仓卒无挠色。太尉薛公异之，入白统军，迎置军中，□□□养[⑤]，且下令曰：尔等当善护持，勿致失所！洎旋军至沂，听师自便。名士刘郊子机雅闻其名，虚怀接纳，一叩真机，定交方外。寻于泗水灵光山，卜筑自晦。

阜昌六年，济南普照虚席，府帅刘□□□嗣事者[⑥]，众以师应选，乃给帖驰疏敦请。师确守前誓，专使荐来，势不获已。以五月十三日到寺，首请惟素禅师为座元，希踪□丈[⑦]，一切以清规从事，晨参夕请，钟鼓一新。

---

① 根□□常：原碑作“根器非常”。

② 真乘□□人：原碑作“真乘寺之人”。

③ 资越□□□甫：原碑作“资越人以章甫”。

④ 数□□：原碑作“数十里”。

⑤ □□□养：原碑作“日办供养”。

⑥ 刘□□□：原碑作“刘公择可”。

⑦ □丈：原碑作“百丈”。

其于诲导，尤示慈□[1]，□子仰之为指南[2]。既暇，即徐视殿宇，圮毁者，改建完葺，侈不逾旧，俭而中礼。道力所摄，人自乐施。

皇统元年，住灵岩妙空净如禅师示寂。府帅都运刘公谓：一时尊宿，德行纯备无如师者！为□□府属寄居士夫僧正纲维诣寺劝请[3]。师谓：灵岩巨刹，未易遽治。府帅曰：师负重名，当暂屈一往。不劳指顾，众自悦服。师犹形谦让，府帅恳请，久乃应命。以九月五日开堂演法，渐欲树立□□[4]，□于府曰[5]：常住拨赐田土，亲力播殖，所得仅足饱耕夫。又供僧岁费，无虑三千万。丐依旧例，原免科役，庶获饭僧福田，上报国恩，实远久之大利益也。府可其请。师乃推择十方勤旧□□事[6]，喻之曰：世间万事，欲一一如法，即无有是处。至于处丛林、掌常住钱谷，要当先自洁己，锱铢不欺。非惟目下明白，抑亦过后得力。众化其德，无不尽心。师玄学渊深，勤于接物，初机请□[7]，□□忘倦[8]。于是，四方翕然，谓获宗匠。学者向慕道风，踵至筹室。自兵火以来，未之有也。

明年春，师至府求退。且曰：昔黄龙心禅师云：马祖、百丈已前，无住持事，道人相求于空闲寂寞之滨，其□□□住持[9]，皆王臣尊礼，为人天师。今则不然，挂名官府，遂同编氓，是岂久寓之地耶？援引至理，词义切当。府帅喻之曰：非意相干，可以理遣，师当还坐道场，勿恤也。时又迫近结制，师乃强留。□□□曰[10]：汝等勉之，吾将逝矣。因日为众普说入室，勤劬不替

① 慈□：原碑作“慈悲”。
② □子：原碑作“衲子”。
③ 为□□：原碑作“遂亲率”。
④ 树立□□：原碑作“树立纲纪”。
⑤ □于：原碑作“请于”。
⑥ 勤旧□□事：原碑作“勤旧以充执事”。
⑦ 初机请□：原碑作“初机请益”。
⑧ □□忘倦：原碑作“循循忘倦”。
⑨ 其□□□：原碑作“其后虽有”。
⑩ □□□曰：原碑作“每语众曰”。

者弥月，众亦莫测。俄有野蜂集于寝堂，鸦鹊百数，悲鸣下上，识者异焉。夏六月二十三日，粥罢，顾谓侍者，收钵置方丈，即令挝鼓□□[①]，□座垂语[②]，词旨哀切，特异常日。既下座，示有疾，众咸怖惴，而师神色恬然，屡欲趺坐。众悲泣，救药不克。如志有问疾来者，但目视之，岂非叶落归根，来时无□独提全提之旨者乎？第后学□□□之领也[③]。二十四日，右胁而化。时署气炎猛，居六日，如始逝。二十九日，以遗命荼毗，得五色舍利百余粒。翌日，瘗灵骨于当山后兴塔之右，即其上示窣堵焉。

阅世五十七，坐夏三十二，门□□□有余人[④]，传道于四方，以名著者十余人。有示众广语、游方勘辩、颂古、偈赞流通于世。师先在淮甸，尝膺椹服之赐及师名禅定。洎北来，绝口不言，唯号“定光庵主”。自临济义元禅师，凡十□□[⑤]，□出黄龙慧南[⑥]，南出照觉常总，总出广鉴行瑛，瑛出舒州法华证道禅寺住持永言，言即师嗣法师也。师常叹今时传法绍嗣者，往往开堂有横费。及居普照，因上堂便为法华和尚拈香，□□□饭堂众[⑦]，酬法乳而已。性不积财，住灵岩才十月，所得书付常住为供僧用。特喜宾客，一时名卿巨公，慕其道行，莫不愿为友，至千里走介问安否。师待人以诚，不视贵贱高下，其心恤□□□[⑧]，动推恻隐，数于道路解衣，以遗寒者，噤冻而归。又好储诸良药，拯救患难，见有疾苦，如出诸已。于是感恩怀惠与其参学问法者相半，所至交口称誉，出于自然。闻者欢喜，愿居门下，奔□□□[⑨]，唯恐其后。可谓道重一时，名高四远者矣。趣寂之日，

---

① 挝鼓□□：原碑作“挝鼓集众”。

② □座：原碑作“升座”。

③ 后学□□□：原碑作“后学浅涉未”。

④ 门□□□有余卜：原碑作“门弟子百有余人”。

⑤ 十□□：原碑作“十二世”。

⑥ □出：原碑作“系出”。

⑦ □□□：原碑作“出衣盂”。

⑧ 恤□□□：原碑作“恤贫周急”。

⑨ 奔□□□：原碑作“奔走清风”。

远迩莫不哀叹。师故人孙力智彦周闻师示灭，亟走诸山，宿中道，梦师若平生，来告曰：山僧两来灵岩矣。即指其藏骨所在。惊寤，见□□□光粲然[①]，移时方灭。既抵寺，僧或告寺有故延珣禅师塔，其铭文有“意舍浮华，情耽定慧”之语，良符彦周之梦。是知师应迹世间，岂偶然哉。铭曰：

饥鹰摩空，得肉乃饱。韩卢待嗾，志厉霜草。追飞逐走，聊以自娱。陷心溃脑，衣袖为朱。定光老人，少年如此。勇猛悔悟，是真佛子。一缾一钵，誓坚志愿。石头路滑，请益无倦。传心得妙，为众□□[②]。□迹空谷[③]，人不我遗。两坐道场，接物利生。事有固然，逃名得名。众仰其德，罔不自厉。压以至诚，不严而治。优游请退，从吾所好。使君眷厚，竟莫之报。死生常事，戏剧有情。于我何有，摆手便□[④]。□□万仞[⑤]，灵塔百尺。山低塔高，不俟他日。

淄州崇胜禅院住持嗣法小师庆悟。

徂徕崇庆禅寺住持嗣法小师惟□[⑥]。

皇统二年岁次壬戌十月庚申朔初十日己巳，起复昭武大将军、陕西诸路转运使刘益立石。

历山任升刊。

右碑，连额高六尺二寸，广三尺四寸，篆额“定公塔铭”四字，径五寸，横列于上。铭文三十四行，行七十三字，正书，径七分。下截近趺处，每行缺二三字。撰文者李鲁，书丹者高鲤，二人皆不甚著名，而文体详赡，书笔遒劲，寺碑铭中不多得也。

《山左金石志》云：篆额者，儒林郎行台大理寺丞韩湙。案：行台之制，以别于中台。天眷三年，移置汴京，皇统二年，定行台官品，皆下中台。然则此题“大理寺丞”，降于正六品，故书阶。儒林郎仅依从七品之下，此皇统新制也。“昌黎韩淘通仕叙行状”，淘似与韩湙

① 见□□□光：原碑作“见室中佛光”。
② 为众□□：原碑作“为众所窥”。
③ □迹：原碑作“遁迹”。
④ 便□：原碑作“便行”。
⑤ □□万仞：原碑作“苍山万仞”。
⑥ 惟□：原碑作“惟素”。

同弟兄行，则韩淦亦昌黎人也。立石者，起复昭武大将军、陕西诸路转运使刘益。考《百官志》，转运陕西有东西路，其分路之始，证以《地理志》，天德二年，京兆府置陕西东路转运司，平凉府置陕西西路转运司。此当皇统二年陕西转运犹未分东西也，故言诸路以举之。

妙空长老诗赞二首 行书，在灵岩千佛殿

皇统三年

拙颂奉别知事头首兼云堂诸禅众，住山净如拜呈。

七年林下冷相依，自愧铅刀利用微。

聚散莫云千里远，轮天一月共同晖。

慈书记写予真求赞，漫书此以塞来意。

眉不修疏头突兀，鼻磬垂兮颧无骨。长怜百丑兼且讷，慈禅慈禅不我拙，名兮邈兮水裹月。咄！

宣和五年八月初三，方山老拙书。

妙空老师嗣法荐福英和，而出于大宗师门下，两坐道场，仅四十载。凡示徒贵机用，唯棒喝可语言，知客道德，获此二颂，囊之久矣。师今示寂，命工摹石，益传不朽。

皇统三年中秋日，监寺僧义由谨记。

右碑，高二尺，广一尺八寸。诗赞共十一行，行十三字，行书，径一寸。跋三行，行书，径五六分。案：妙空长老，名“净如”，号“方山老拙”。方山者，即灵岩寺山也。其住灵岩未详何年，而自题真赞，则在宣和五年，至是摹勒上石，距书赞越二十一年矣。跋云：师今示寂。盖妙空寂于皇统元年后二年，乃刻是赞也。

灵岩寺傅大士梵相十劝碑 正书，在般舟殿

皇统六年八月

右碑，高二尺一寸，广一尺三寸。分上下二层。上层画傅大士像，下层刻十劝词。首标题一行，云“婺州双林傅大士十劝并梵像”，此后即十劝词，不具录。末云“皇统岁次丙

寅八月中秋日，济南府十方灵岩禅寺住持嗣祖沙门法云募工刻石山门。书记僧义由书，洛阳雍简画，鲁人胡宁镌”，凡十四行，行二十四字，正书兼行体，径五分。

案：碑画傅大士披袈裟趺坐胡床，首有冠簪，疑是居士相，不尽是梵相也。左置高几，炉香烟袅。右侍一行童，背似负葫芦，两手执物如简策，其画如此。傅大士，名翕，梁时人，居金华义乌县之云横山，金华即婺州也，十劝词是其所作。法云住持灵岩，乃绘其像，书其词，以劝寺众。

灵岩寺任瀛诗刻 行书，在松风阁

皇统七年三月

济南府推任公诗

诗呈堂头云禅师　瀛□上

放开尘眼顿超凡，便觉栖真悟沕潭。

碧障排空千仞矗，清泉漱颊十分甘。

五花殿里师因果，百法堂中问指南。

若道为官太拘束，三年三得到精蓝。

皇统丁卯三月二十八日，监寺比丘子方上石。

兖人胡宁刊。

右刻，诗十行，行书，年月二行，正书。前题“瀛”下缺一字，验碑亦似“瀛”字，疑刻工有误笔，因磨去而重刻“瀛”字于上也。其官为济南府推，稽之《济南府志·秩官》，竟不列任瀛姓名。

灵岩寺观音圣迹像并序 正书，在观音堂

皇统七年七月

济南府灵岩寺祖师观音菩萨托相圣迹序

云公禅师住持灵岩寺，未越三岁，宗风大振，向风而远近归之。一日，谓济滨老人陈寿恺曰：夫灵岩大刹，昔自祖师观音菩萨托相梵僧曰“法定

禅师”。于后魏正光元年始建道场，兴梵宫，居天下四绝境中称最，而世鲜知其由。我祖师其始西来，欲兴道场于兹也，前有二虎负经，青蛇引路，扪萝策杖，穷绝壁而不可登，乃徘徊于南山之颠，面石之久，感日射颠峰成穴，透红光于数里。师乃躅光而下，美其山林秀蔚，可居千众。道遇村人，亦异人也。顾师而言曰：师岂有意于兹，患其无水耶？回指东向不数里间，可得之矣。师既徐行，则有黄猴顾步，白兔前跃，俄惊双鹤飞鸣，其下涓涓，果得二泉。又击山汹，随锡杖飞瀑迸涌，遂兴寺宇。逮今八百余载，凡祈求应感而福生民，莫可胜纪。然为我祖师发扬显圣迹之状，蔑闻其人，良可太息。乃命工敬图其像而刊诸石，庶广其传，普劝遐迩，永同供养。皇统七年孟秋旦日，济滨老人陈寿恺序并书。

住持传法沙门法云募工立石。

洛阳雍简画。

鲁人胡宁镌。

右字，二十七行，行十四字，正书，字径四分。上有法定像，右手持锡，左右各一虎，背有鞯，上有双鹤飞鸣，前有一蛇，樵翁对立，有畚锸在地，一猿捧果回顾。在观音堂僧舍西壁，东向。

灵岩寺云公禅师像刻 见《金石文字记》

皇统七年

灵岩寺面壁像记 正书，在般舟殿

皇统七年十二月

禅之初祖圜觉老师，始自天竺来，居嵩高少林道场，盖面壁者九年。大祖禅师断臂立雪，世举知之而昧其处。自少林行殿而西，林篁荫郁，千步而近，度密越阻，群山四临。前则少室，诸峰嵱嵷连属；后则五乳，崒兀拥掩如举手。内向中峰之下，乃其故处。有泉泠然，始至无水，以杖剑刺地，随举而涌，引而东出，世因号以“锡杖”。而丛榛族棘，荒秽翳塞，兔蹊雉域，蛇鼯所舍，樵牧避焉。

元祐二年，留守简翼张公求而得之，始往过焉，使作亭以识其处，除地得趾，层甓宛然。后十有余年，知登封县楼君异复往过之，谓：长老清江，襄棘开道，使有人声马迹，再至则治矣。盍复其故？对曰：下南山之木，出西谷之竹，伐薪以陶，率少而役，可立具，其所乏者财尔。异请任之，于时众治泰陵休于次，异敬以请，自监司与百局之执事及群县之令丞佐尉，下逮工贾庶役，不挽而同。于是，智者谋，仁者施，壮効其力，工献其伎，为堂为室，图像陈焉。守卫有次，门庑有列，盖一朝而具，既月以成。而林出芝十有二本，华各异色，茎如漆饰。甘露雨于泉池，夜有光气四起，属天合为大练，东西数十里。

呜呼！其兴可量也耶？夫道一，而今之教者三，三家之役相与诋訾，盖世异则教异，教异则说异。尽己之道，则人之道可尽究其说，则他说亦究其相訾也。固宜三圣之道非异，其传与不传也耶。子孔氏之门，颜、闵、冉皆无传，仲弓之后则有荀卿，曾舆之后则有孟车，端木贡之后则有庄休，而荀、孟、庄之后无传焉。李氏之传关尹，尹之传复无闻焉。释自能仁，二十八世而为初祖，初祖之东，六世而为曹溪，曹溪至于今，又十有五世矣。而儒、老子之徒，欲与校其源委，误矣。呜呼！道之传盖始于此。历岁千百，逮今而兴，岂有待于异耶？

建中靖国元年九月十八日，居士陈师道撰。

大金皇统七年岁次丁卯十二月晦日，济南府十方灵岩禅寺住持传法沙门法云募工重立石。

山门维那僧宗安书。

兖人胡宁刊。

右字，二十四行，行二十八字，正书，字径五分，上有达摩面壁像，一头陀合掌其后。在般舟殿内南壁，北向。

灵岩寺康渊诗刻 正书，在灵岩寺

皇统八年五月

赠灵岩西堂坚公禅师

武安康渊

萦回绿水绕春山，蝶舞莺啼白昼闲。

谁似西堂知解脱，不教忧色到朱颜。

伏睹甲兄都运观察，赠西堂禅师佳什，言超物外，奇逸清高，如闲淡烟云，萦岩映岫，自生光彩耳。谨命工刊诸琬□[①]，用久其传。

皇统戊辰五月初十日，住持法云立石[②]。

右刻，诗七行，行八字，径一寸；跋四行，径五分，并正书。

《山左金石志》云：康渊诗殊有清致，《中州集》未之收也。其里居武安，是冀州之称。法云跋云“伏睹甲兄都运观察”，则渊固尝为转运使，证之《宝公塔铭》，亦称运公渊，其历官可见者如此。“甲兄”未审何义，当以甲乙为行次之称耳。

灵岩寺云禅师塔铭 正书，在灵岩寺

皇统九年五月

济南府灵岩山省差住持传法第十代云禅师塔铭

云巢比丘正观撰文；

无闻比丘□□书丹；

括苍比丘义诏篆额。

师讳法云，字巨济，世居泉州同安县西林，林氏之子，氏族甲于泉南。其祖讳益，宋元丰间，天子知其人，以谏议大夫除任下缺率相继[③]。惟师自襁褓中，闻钟磬声则合掌抵额，或问以善言，则应对无滞，皆与经语暗合。

---

① 琬□：原碑作“琬琰”。

② 住持法云：原碑作“住持僧”。

③ 所云缺者：原塔铭有“谏垣，师之伯仲齿于缙绅者，世”等字。

至□六岁[①]，屡请于父母，欲出家。下缺释氏教[②]，受业于当县化度禅院，礼尊宿德新以为师。不喜群居，卜庵于院之侧，榜其庵曰“寂照”。晏坐自如，修习禅定。德璘下缺神驹尔[③]。左提右挈，朝夕警诲，千里之行，始于此也。后至大伦山梵天禅寺孜禅师会下，孜□见而奇之[④]，遂许入室。叩请甚下缺者甚众[⑤]，不知师出何语，惟闻孜大笑，厉声曰：子到不疑之地，正要保任。师掩耳而出，自兹囊锥颖露，云水之士皆愿从之下缺嗣大相国寺智海禅院清禅师[⑥]，清嗣云居祐禅师，祐嗣黄龙□禅师。师每与同参论道，相约曰：虽然佛法只者是，然名山下缺不访[⑦]，遂率诸道友遍历祖席，航海而至密州，密人扶老携幼，相迎于途者无虑数千人，日加尊敬，择幽隐以处之。时兖州下缺公闻师之名[⑧]，向师之道，请居普照六年，大辟禅关，俾一方之众知有此道者，师之化也。后灵岩虚席，朝廷遴选其人主之，而谢銮公移守济南。公采摭舆论，以师名申省，三请而后从。绍□□□□迩悦慕当途，公下缺转运使康公尤为知遇[⑨]，凡事之有益于常住者兴之；事之有损于常住者革之。居四年，而殿宇□□，□然以新。忽语其徒下缺可以久居[⑩]，意欲脱然高引，而有事于远游也。众虽疑之，而不知其所以然尔。前八月十六日，师密遣人诣府陈状，求下缺之[⑪]，遂止。越十有四日，告疾。众召医治之，师曰：因缘至此，医者奚用为？在疾五日，书颂以别众曰：秋八月兮船回波，头日

---

① 至□六岁：原塔铭作“至十六岁”。

② 所云缺者：原塔铭有“父母知其意不可违，遂舍。令从”等字。

③ 所云缺者：原塔铭有“禅师每语人曰：云□真释氏之”等字。

④ 孜□：原塔铭作“孜师”。

⑤ 所云缺者：原塔铭有“勤，师一日入室，□外荐立待次”等字。

⑥ 所云缺者：原塔铭有“游，师后出世，而所嗣者孜也，孜”等字。

⑦ 所云缺者：原塔铭有“大刹不可不游，□师硕德不可”等字。

⑧ 所云缺者：原塔铭有“普照禅寺住持缺人，兖守谢銮”等字。

⑨ 所云缺者：原塔铭有“卿皆尽外护之力而□□□”等字。

⑩ 所云缺者：原塔铭有“曰：世谛之事，阳焰何殊，此□不”等字。

⑪ 所云缺者：原塔铭有“退抵府门，而知事僧追及”等字。

卓下缺有何无[①]？倒骑铁马兮何宾何主？撒手清风满四维，凝眸皓月超千古。颂毕，焚香端坐，不言，不□，不饵。至闰八月初八日，跏下缺[②]，有志于退休，未几而示寂，岂不自知当然者耶？议者惜其未尽所蕴，而天厄其寿，悲夫！立塔于寺之西北隅、祖塔之侧，寿下缺子十有一人[③]，皆质直守道，无闻于时。师有同参僧祖习，自师出世辅之翼之，使师之道行于世者，习与有力焉。习执师行下缺蒙师之奖[④]，激感习之高义，而不敢辞，乃为之铭曰：

授法温陵，播道东齐。维兹爰始，引导群迷。宗门圣箭，释氏神驹。一音演唱，下缺禅侣辐辏[⑤]，是则是仪。解粘去缚，为世大医。嗟乎蕴奥，未尽施为。临行一句，下缺跏趺□灭[⑥]，拂袖西归。方山之侧，窣堵巍巍。仰怀其德，祗敬其师。式示来者。下缺[⑦]。

皇统已巳五月初一日

宣武将军、知山东东路转运使、上轻车都尉、京兆县开国伯、食邑七百户。下缺[⑧]。

右碑，缺下截数字，额题“寂照禅师塔铭”六字，篆书，径五寸，分三行，文二十四行，行存四十六字，正书，径八分。案：此碑撰书、篆额皆出比丘之手，而结构俱佳。末行结衔“宣武将军知山东东路转运使”，此下当是立石姓名，缺不可知。案：文中称“转运使康公尤为知遇”云云，则所缺者宜为康渊也。

---

① 所云缺者：原塔铭有“午兮雷兴云，坞横牵玉象兮何”等字。
② 所云缺者：原塔铭有“趺而化，观师而建立，无倦而忽”等字。
③ 所云缺者：原塔铭有“年四十有七，僧腊三十一，度弟”等字。
④ 所云缺者：原塔铭有“状求铭于云巢比丘正观”等字。
⑤ 所云缺者：原塔铭有“两易梵居”四字。
⑥ 所云缺者：原塔铭有“妙偈四驰”四字；跏趺□灭：原塔铭作“跏趺而灭”。
⑦ 所云缺者：原塔铭有“刻文斯碑”四字。
⑧ 所云缺者：原塔铭有“康渊立石，刊石巩在”等字。

灵岩寺宝公开堂疏 正书，在千佛殿东壁，南向

皇统九年八月

征事郎、济南府录事夏绰书；

山门监寺僧宗安立石；

李彦刊字。

济南府今请灵岩禅寺宝公长老开堂演法，为国焚修，祝延圣寿者。窃以丈室驻锡，便知祖道之兴。诸天雨花，喜遇禅林之伯。判殽讹之公案，举最上之因缘。不有能仁，难安胜境。伏惟宝公堂头和尚，早具锻金之炉鞴，妙传出世之津梁。枯木寒灰，宴坐于千峰影里；腾蛟起凤，进步于百尺竿头。兹缘缁素之依归，有请省廷而允可。唱少林之曲调，踞灵岩之道场。信堂堂龙象之姿，赴肃肃人天之会。白云堆里，不妨依旧径行[①]；碧眼胡边，无惜斩新拈出。永洪睿算，广震潮音。谨疏。

皇统九年八月日疏。

承事郎、济南府推官权判官李德恭、府判官缺。

宣威将军、济南府少尹完颜没良虎；

安远大将军、同知济南尹事、南阳县开国伯、食邑七百户韩为股；

特进行济南府尹、上柱国、鞏国公完颜笃化叔。

右碑，连额高五尺二寸，广二尺八寸。额题“开堂疏”三字，正书，径五寸，横列于上。文共十八行，行二十八字，正书，径寸二分，月日中间有济南府印，方一寸八分，篆文。

案：大定十四年《宝公禅师塔铭》，下截损缺，不能考“宝公”之上一字为何也。彼碑称：师姓武氏，相州里人。灵岩虚席，府尹韩公为股运使，康公渊保申行省，云云。即此疏所云“有请省廷而允可”也。疏后列衔五人，内判官缺人，推官权判官李德恭，少尹完颜没良虎，同知尹事韩为股，行府尹完颜笃化叔。而运使康渊不与焉。稽之《济南府志》，诸人皆不列于秩官。此等金石文字，修志者皆不予搜采，何也？

---

① 径：原碑作“经”。

灵岩寺双林坐像记 正书，在般舟殿

皇统□年

灵岩寺山场界至图 正书，在般舟殿

天德三年十一月

右碑，纵二尺，横二尺八寸，上横题“灵岩山场界至之图”八字，正书。中绘山川屋宇，下横题云：“昨岳庙妄争山场，蒙尚书户部准法断还本寺。今将纪界古碑，并阜昌公据四至、照验画图刻石，庶使后人若观诸掌。然山门皆十方僧兼住持，长老去留不定，其界至稍远，少有到者，凡差直岁当一巡之，以为常例，不可忽焉。天德三年冬至日，十方灵岩禅寺传法住持圆悟佛日大师裕显书。”皆小字，正书。

重修释迦院三世佛殿碑 篆额，正书，许申撰，成允元书，在城西南孙伯村

贞元三年三月

灵岩寺张汝为题记 行书，在般舟殿

正隆元年五月

余素好林泉之清胜，久闻灵岩名山，乃自昔祖师之道场也。所慊尘缘衮衮，未获游览。比虽守官汶上，邻封咫尺，亦无由一到。兹因被檄赏劳徐、宿、邳州屯守军兵，还，登岱宗，故不惮迂远行役之劳，惠然而来。周览上方胜概，峰峦峭拔，殿阁壮古，森天乔木，是处流泉。憩于秀岩绝景之亭，清风时至，了不知暑，惟闻啼鸟之声，幽邃清奇，迥□嚣凡，信四绝之一也。顿息尘虑，以适平昔景仰之意，□□忘归。忆唐李涉诗有云“因过竹院逢僧话，又得浮生半日闲”。正此之谓也。时携家偕游。

正隆丙子岁仲夏初七日，同知东平总尹、辽阳张汝为仲宣题；

十方灵岩禅寺监寺沙门法告立石；

东平张诚刊。

右刻记，十八行，行十二字，行书，径寸，末立石、刊石二行，正书，径五分。

《山左金石志》云：题记者为同知东平总尹辽阳张汝为。武虚谷云：《金史·张浩传》：子汝为，即其人也。浩籍辽阳渤海，故汝为单称“辽阳”，举其郡名也。然史未著其官。《中州集》仅称为河北东路转运使，未知其先固已为东平总尹矣。《地理志》：东平府以府尹兼总管。今结衔称“总尹”者，殆并二官为一名也。

灵岩寺释迦宗派图 正书，在般舟殿

正隆元年八月

右碑，高三尺六寸，广一尺八寸五分。额题“释迦宗派图”五字，八分书，横列于上，次总叙宗派，列说于上层。次列宗派世系，始自《众集》，置大转轮王，一传为大须弥、小转轮王，再传为真生粟散王，三传为茅草王，四传为甘蔗王，五传为别成王，六传为拘庐王，七传为瞿拘庐，八传为师子额王，九传为净饭王，十传为悉达多，十一传为释迦牟尼，世系止于是。下层正中画牟尼佛像，正立，两足下各承莲花，佛左手下垂，右手拊胸，胸有卍字，两肩佛光，上覆火焰，绕光而上，刻画皆完好。右边一行，云“西京嵩岳少室山少林禅寺洒扫比丘惠初，宣和二年九月晦编集”。左边一行，云“正隆元年八月旦日，济南府长清县十方灵岩禅寺住持传法沙门法琛立石”。盖此《宗派图》为宋宣和年，少林惠初据《本行经》所编集，而灵岩法琛刻以传世者也。

灵岩寺刘德亨等题名 行书，在蔡安持诗刻后

正隆二年三月

四禅寺牒 行书，在徂来西趾四禅寺内，今佚

大定二年二月

尚书礼部牒

尚书礼部牒：泰安军奉符县天封寺僧法润、东平府普照寺受业僧普汶、太平镇庆成院受业僧义政，状告见住本□□□□□□□四禅庵。本庵房屋

系五十间已上，自来别无名额，依奉上畔，已经本军军资库纳讫，合有钱数，乞立寺额，须至给赐者。

牒。奉敕：可特赐“法云禅寺”。牒至准，敕。故牒。

大定二年二月□日，令史向升，主事安，中宪大夫行员外郎李；

宣威将军郎中耶律；

侍郎、正奉大夫、礼部尚书、兼翰林学士承旨、知制诰修国史王。

右碑，高二尺七寸，广二尺四寸，作二层刻。下层刻“四禅寺记”，上刻“敕牒”，有礼部衔，二列：一真书，字径二寸；一行书，略小。敕牒三列，行书，字径二寸，惟“奉敕”字独大。“泰安军”一段及年月下姓名皆正书，字径五分。其用印处有三，印径二寸许，篆文，曰“尚书礼部之印”。后三衔字径一寸五分。末衔字阔二寸四分，甚扁，下间有押。在徂来山西址寺内，今佚。

法云寺牒 行书，在徂来西南址寺内大殿前

大定二年十二月

尚书礼部牒

尚书礼部牒：泰安军奉符县天封寺僧法润、东平府普照寺受业僧普汶、大平镇庆成院受业僧义政，状告见住本军奉符县羊栏村四禅庵。本庵房屋系五拾间已上，自来□□名额，依奉上畔，已经本军军资库纳讫，合有钱数，乞立寺额，须至给赐者。

牒。奉敕：可特赐“法云禅寺”。牒至准，敕。故牒。

大定二年拾贰月日，令史向升；

主事安；

中宪大夫行员外郎李；

宣威将军郎中耶律；

侍郎、正奉大夫、礼部尚书兼翰林学士承旨、知制诰修国史王。

右碑，高四尺四寸，广二尺五寸，作二层。下层刻“重修寺记”，上层刻“敕牒尚书

衔”二：一正书，字径一寸八分；一行书，字径一寸五分。“泰安军”一段与年月并正书，字径四分。敕牒，行书，字径一寸四分。官衔四列，正书，字径一寸五分。在徂来西南址寺大殿前。

案：此碑文与前同，惟一作“二月”，一作“十二月”，且文内缺字较少，因并录之。

妙觉院牒 在城西南下张村

大定三年二月

大觉寺牒 在城东古城村

大定三年三月

普照寺牒 在山寺壁

大定五年正月

右碑，高二尺，广三尺四寸。书法殊佳，在岳西南麓普照寺大殿壁右，南向。

大云寺华藏世界海图并碑阴敕牒 正书，沙门法圆撰序，在城东姚庄大云寺殿东墀

大定五年九月

右碑，阳刻图并序，碑阴刻敕牒。连额高六尺，广二尺四寸。图额横题“依大华严经录华藏世介海图”，篆书，“介”即“界”字。中绘小佛像，列二十层，上平下锐，锐处佛象一，至平顶列像二十，渐减而下，至底以大莲座承之，左右各有题字。碑阴额题“大云禅寺敕黄碑记”，篆书，八字，横列于上。下是敕牒、公据。再下为当寺诸僧名。文繁不具录，碑在泰安县大云寺。

案：《泰安县志》大云寺有三，此在姚庄者，其一也。旧名“古云台寺”，金重建，有大定四年敕牒，即此碑也。但《志》载此碑，只云敕牒而不及碑阳之“华藏世界海图”，则《志》之略也。此图刻镂极工，不独为山左诸碑所仅有，即问诸释氏，亦多为闻见所未及者。图下有《法圆序记》。本作于宋元祐八年至大定五年，寺僧慧宗模刻。盖给赐敕牒在大定四

年，而立石在明年也。此图在元祐时，为附马都尉李玮刻于东京觉严禅院。李玮者，宋章懿皇太后弟李用和之子，尚兖国公主也。此碑大约从觉严禅院拓本重摹，然《觉严石刻》亦不见于金石著录。则以释氏之言，每为人所略也。

空名敕牒，从礼部颁发，各路转运司填名发卖。有官管勾谓之发卖所，每买一牒，给钱三百贯文省。他寺敕牒、公据，皆未详其制，独此碑可见金时寺额给牒之法。金时以军兴需费卖额，牒文、公据皆称益都府定慧禅院者，益都府官卖名额故也。

下镌度僧名数，第一代海定度僧二十一名，第二代慧宗度僧十四名。案：《金史·百官志》凡设僧尼、道、女冠，三年一次，限度八十人。试之以经卷，皆以诵成句，依音释。中选者试官给据，以名报有司，其额限如此，此碑为刻给据，故并度僧名列之也。

石震题“独秀峰记” 正书，在徂来山独秀峰旁

大定十年

四禅寺记 正书，在四禅寺敕牒下层，佚

大定十二年

徂徕山之西路有寺基，相传曰“古四禅寺”。数代老宿，结庵居之，仅就绪矣。大定二年冬，有住持法润等，经官纳钱，赐额“法云”（缺五字）。檀越乃命福灯（缺五字），窃见形势峻侧，山水冲注，难以修盖，（缺十字），故址瓦砾犹在。因欲兴建，遂具状告官，许令移徙今所建之地，（缺十七字）。恐后（缺三字），不知其由，仅将寺敕，勒诸贞石，为远久之传云。

时大定岁次壬辰庚戌月甲午日纪。

南王村维那首韩□、耿法林、蒋法莹、韩友、韩遹、蒋竹、杨宥、皇明常；西朱村维那首张明宽、高法元、毕政、王琮、张清、任成仙；

东莱马□书；

劝缘住持沙门福灯立石；

西王木匠王真、石匠王永模刊。

右刻，在城东南四十余里，《四禅寺敕牒碑》之下层。正书，字三十行，行十一字，径五分，今佚。

灵岩寺宝公禅师塔铭 篆额，正书，在灵岩寺

大定十四年七月

右碑，半截，额题“宝公禅师塔铭”六字，篆书，径四寸，横列于上。文二十六行，行存三十八字，正书，径八分。此碑下截为土所没，仅就现存之字读之，文不属也。宝公但知其俗姓武氏，相州里人。其出家后，命名“宝”，上一字及某甫某号，不得见矣。《大云寺敕牒》云：“买寺额，纳钱三百贯文省。”而此碑乃云：“将己俸三千万，特买大明寺额。”何以若是之悬殊也。此碑撰文者，相州林虑县仙岩梅轩居士翟炳。书丹者，忠显校尉真定府醋同监阎崧。

《山左金石志》云：《金史·百官志》，税醋使司视课多寡，盖依酒课，“不及二万贯为院务，设都监、同监各一员”，此称“醋同监”，即是职也。

大觉寺牒 篆额，王庆书，在城东南古城村

大定十四年十月

重修法云寺记 正书，在法云寺牒下层

大定十七年八月

重修法云禅寺之记

徂徕山南羊栏村，有四禅寺废基，石佛、断碑尚存，创建于北齐河清二年。今有僧福灯者，兖州曲阜人也，俗姓屈氏，爰从妙龄，慕善出家。为童行时，云游济南，投开元寺普贤院。安居日久，礼僧赐紫真教大师善慧为门人，受业披剃。厥后，出入起居，事师之礼，□罔不循。一日语福灯曰：人能宏道，非道宏人。佛道至妙，苟非我辈，孰能阐扬？汝其念之。当择有缘之地，以回胜事。他日，福灯飞锡北来，故照此所有大因缘，与

僧法润等结庵上峪。或迎送约束，或求化僧储，往来维行斯地。观其四禅古迹，未尝不恻然动怀。屡见檀越高年硕德，具说修建之意，翕然喜从。

有西朱村《华严经》藏主张明宽、南王村韩法圆，俱受五戒，自后酒肉荤腥，特不需唇。二公同志，悦清净，慕山林，凡百正己，惠贫放物，仁义兼行，为里人所重，举事推诚。住持僧福灯坚请明宽等为□首，虽义不获，已退省卑狎，不惟不敢自擅，亦叹独力不暇给也。遂专见众村耆艾，说其修建缘事，靡不允合。即约同陪入山，临四禅古基之次，□偟周览。少顷，灯公谓诸公曰：此废败之地，不可荐修寺宇，当别卜善地而兴创之。佥曰：然。于是去古基北数百步间，选地数亩，形势爽垲，宜建佛宫之地。当年二月差收谷，且辟荒榛，起磐石，修□址，人皆不惮服勤之劳。

新□既成，遂乃鸠工集役，遴选材木，以经以营。富者输财，贫者効力，修成法堂、方丈、僧房各五楹八椽，寝堂三楹八椽，栋宇雄壮，檐殿高揭，窗牖疏明。经始于大定辛卯仲春，庆成于丙申孟秋。其芭瓦、材木、阶砌、石局、工师、日食之费，约用钱伍千余贯，蒙檀越厚助，俾衣钵有资。既而，堂宇功毕，灯公与众纠首共□。幸遇昭代，圣□复起□大定之初，天下鸿宁，释教大兴，□□□住庵僧润公等，与善知识数□□大发□意，裒集钱叁百贯，依奉上畔，经本军军资库纳讫钱数，乞示寺额，伏蒙朝廷特赐“法云禅寺”。噫！寺之名额尚矣，堂殿、佛像、廊庑次焉，若不刻于石，永怀废毁之忧，命莘夫以纪岁月，垂诸不朽。

梵刹之侧，诸山环拱，屹然而起者，东曰“他山”，西曰“谷积山”也。蔚然而秀者，南曰“独山”也。潺潺乎泻于两峰之间者，方丈之后溪也。三门之前，泠然清浚，注焉而不盈、酌焉而不竭者，白莲泉也。其余林木、溪壑尤美，不可胜言。异日，老宿大德若闻而知之，接袂连驭自他方而来，栖迟于此间也。愚虽颛蒙，窃闻法云禅寺檀越四远，乡村繁阜，风俗协和，礼义相睦，纯质而厚，简约而廉。贫居豪室，慕善之心，□皆有之。每当春冬农隙之时，或于精蓝，或就私第，举莲社，广斋供，延僧流赞诵梵音，讲究贝书，瞻礼圣像，□兴□□□□□勤，是知佛教不可思议。住持僧福灯，自天德二年、贞元元年，两次经本军陈□□乞存留余□公据二本，带请到绕三山栏地土，□□□□□南至谷积山□□□□□□西至□山高家崓，□□□□□□□□□□□□内据称，除出石栅阔道碨硊□焦砂岭外，合输□□□。至大定八年，又经本县告状，出给公据，令福灯毁坼翻移，□□□□屋宇材木砖瓦一□修建施行，是为可书。自度肤浅，故不敢述文，姑摭其实以志之。

大定丙申仲秋晦日，故济州司录孙张莘夫谨记；

田茂刊；

劝缘住持福灯立石。

右刻，在《法云寺敕牒碑》之下层，字二十八行，行四十五字，正书，径五分。

灵岩寺方丈惠才诗刻 行书，在灵岩般舟殿大门内西壁

大定十八年六月

方山野人因乐道自兴，作《山居吟》示诸禅者，当山监寺首座焚香礼求上石，余不能伏笔。灵岩方丈惠才书。

山僧乐道无拘束，破衣坏衲临溪谷。

或歌或咏任情足，僻爱林泉伴麋鹿。

水泠泠兮漱寒玉，风清清兮动疏竹。

闲身悦唱无生曲，石鼎微烟香馥郁。

幽居免被繁华逐，赢得萧条兴林麓。

大道无涯光溢目，大用无私鬼神伏。

知音与我同相续，免落尘寰受荣辱。

浮生梦觉黄粱熟，何得驱驱重名禄。

大定十八年六月旦日，当山监寺僧祖童、首座僧宗元立石。

右刻诗，十二行，行书，径寸许。末“立石”一行，正书，径七分。案：大定十四

年《宝公禅师塔铭》，其时建塔者即是当山住持惠才，则才公之住寺，至是已数年矣。作诗刻石，而首座为之焚香礼求，亦足见彼教之敬师如此。惠才，字势，学山谷诗，格亦朴劲，《中州集》未采。

真相院摹刻东坡施金帖 行书，在长清县真相寺

大定十八年七月

今正寄银六两，助成舍利椁也，本意并是为先人先妣追荐。告烦大师，更为于佛前烧香祝愿。过悚忽之，特烦以生日惠贶经数香□为寿，感刻人回，无以为意，青丝□段一段，粗茶芽五斤，□□□微鲜。至愧至愧。轼白。

东坡先生施金建塔，而遗此数帖。塔久未成，罹正隆之季兵火而亡其本。既定，复得之。询之，尝已流落数百里，遇好事者识之，而卒归本院。古语有谓“珠无翼而飞，玉无胫而走”者，以至宝之物，不自致于人，而人□以致之者也。顾此宝之去来，虽曰人致，而暗中亦应神物护持，了知此得。山谷道人云：苏翰林书又字字可珍，百余年后，想见其风流余韵，当万金购藏耳。噫嘻！岁月愈远，而此愈难得，寺僧其秘以十袭而长有之。异时或贤达君子，劝缘募工，毕此胜事者，庶几凭仗奇迹取信后人，而易为力焉。

大定十八年六月晦日，甲山刘贤谨题。

大定十八年七月六日立石。

真相院住持僧道逸；

讲经论传法沙门道侁；

讲经论传法沙门祖云；

贾顺模刊。

右刻，纵一尺三寸，横宽三尺二寸。苏帖十行，行书，径五分。刘跋连僧名，共二十三行，正书，径七分。案：《长清县志》载：真相寺在县治西，有砖塔八盘，高与石麟山齐。宋元丰八年，眉山苏轼过长清，僧法太方为砖塔未成，轼取金银助之，仍为撰文并

书，刻石至今尚在。今据此碑，乃东坡以银六两助建舍利㮰。其后，又以坡公生日，寺僧馈物为寿，坡乃答以丝段茶芽，手书此帖，石纪年月。刘资跋此帖，谓正隆兵火，帖亡，旋复归院。“异时劝缘募工，毕此胜事”，则当大定十八年立石之时，塔犹未成也。今砖塔八盘，高与山齐，不知何年所建，《志》未详考，且云东坡撰文并书，殆未尝检视此碑耳。

灵岩寺萧守中题名

大定戊戌

重修东岳庙碑 杨伯仁撰，黄久约正书，党怀英篆额，在岱庙大殿前东墀

大定二十二年

大金重修东岳庙碑

翰林侍讲学士、少中大夫、知刻诰兼左谏议大夫、礼部侍郎、护军、宏农郡开国侯、食邑一千户、实食封壹伯户、赐紫金鱼袋臣杨伯仁奉敕撰；

中宪大夫、充翰林待制、同知制诰、上骑都尉、江夏县开国子、食邑五百户、赐紫金鱼袋臣黄久约奉敕书；

承务郎、应奉翰林文字、同知制诰兼充国史院编修官、武骑尉、赐绯鱼袋臣党怀英奉敕篆额。

臣闻嗜欲将至，有开必先。天降时雨，山川出云，明神之所以昭圣德也。隳山乔岳，允犹翕河，敷天之下，裒时之对，圣人之所以昭神功也。岂非幽显之感通，报施之明验欤？昔我始祖景元皇帝，肇基王迹，遂荒大东。迄我太祖，仁兵一举，爰革辽命。及我太宗，继伐徂□，奄定华夏。我主上亦由东都□纂大统，绍开中兴，皆符帝出乎震之义也。乃眷岱宗之神，乘震秉箓，实司东方。东方者万物之始，故为群岳之长。我国家受命之攸在，虽德自天启，亦惟神之阴相哉。□圣在位之十有□年[1]，内外晏清，

① 十有□年：《全辽金文·全金文》作“十有七年”。

礼乐修举，□帝于郊[①]，而百神受职，民和物丰，靡有菑害。凡岳镇海渎、名山大川，率命有司崇饰其庙貌，严寅其祀事。岁□[②]，亲署祝版遣驿，命守臣侍祠，皆首于岱宗。

大定十八年岁在戊戌春，岳庙灾，虽门墙俨若，而堂室荡然。主上闻之，震悼不已，俾治有司不戒之罪。既而叹曰：神其或者以宫庙故弊，欲作新者乎？乃敕庀工度材以闻。明年，以同知河北西路转运使事徐伟就迁□泰□□，□领其事[③]，彰德军节度判官王元忠佐之，皆选能也。命驰驿以图来上，入受训诫，示之期约，且择尚方良工偕往营之。出内帑钱以贯计者，□有□□[④]，黄金以两计者二百四十有六，及民之愿出赀以助者几十万千，且运南都之材以足之。复诏其工役勿烦吾民，给以佣直。故皆悦而忘劳矣。

二十一年辛丑冬告成，凡殿寝、门闼、亭观、廊庑、斋库，虽仍旧制，加壮丽焉。诏谓格神之道，所贵致洁。其当阳之像，毋用漆塑，以涿郡白玉石为之。殿楹高敞，勿事□障[⑤]，殿阈□□[⑥]，设为储胥，俾四方士民远致奠献者，皆遂其瞻祷之心，而无亵渎之怠。庙之西南隅，旧设舍馆，宾客往来皆止焉。郡吏时率倡乐以娱之。因为（缺十字）洞启。或终夜欢哗，诏以神灵静谧之宅，岂可使之汙嫚如此。即其地更置庙库，俾门禁加严，盖所以崇肃敬也。自三观而下十里□于缺七字[⑦]。二年四月，制诏翰林侍讲学士杨伯仁纪其事。臣伯仁承乏禁林，职在赞扬圣德，岂敢以鄙陋辞谨书诏旨

① □帝：《全辽金文·全金文》作“祭帝”。

② 岁□：《全辽金文·全金文》作“岁时”。

③ 就迁□泰□□，□领其事：《全辽金文·全金文》作“就迁知泰安军，专领其事”。

④ □有□□：《全辽金文·全金文》作“十有六万”。

⑤ □障：《全辽金文·全金文》作“蔽障”。

⑥ 殿阈□□：明《泰山志》卷二作“殿阈周阹”。

⑦ □于：《全辽金文·全金文》作“达于”。所缺七字：《全辽金文·全金文》作“庙禁无樵薪二十”。

之始末与其经费之多寡□□[1]，拜手稽首而作颂曰：

东方曰仁，万宝资始。神惟岱宗，爰主张是。鸡鸣见日，其高岩岩。兖州之镇，鲁邦所詹。触石生云，合于肤寸。□□□朝[2]，天下膏润。无怀而下，七十二君。咸登兹山，告厥成勋。于皇时金，肇迹东土。诞膺□□[3]，实受神祐。我后中兴，出震应辰。禋祀上帝，怀柔百神。无文咸秩，矧此乔岳。□□制度[4]，天子礼乐。灾之所生，然在不虞。旧或未舍，新何以图。洪惟圣明，监此神意。亲授规摹，选能兴事。宸衷简在，民愿攸同。不愆于素，案图奏功。台门将将，如鸟斯革。广殿巍巍，增陛以级。牲酒圭币，荐羞以时。敢献善祝，神之听之。圣人之德，圣人之寿。泰山之高，泰山之久。圣人之业，圣人之基。泰山之固，泰山之维。神居孔安，□飨是格[5]。生甫及申，蕃宣方国。礼无不答，神罔时恫。于万斯年，福禄来崇。

右碑，连额高一丈四尺，广六尺。篆额题“大金重修东岳庙之碑”九字，径六寸五分，分三行。文二十七行，行六十一字，正书，径一寸五分。

案：《泰安县志》载此碑云：“大定□□年四月，杨伯仁奉敕撰，黄久约书，党怀英篆额。”“年”上空二字，盖以碑无立石年月而缺之也。今据碑文，称大定十八年岳庙灾，明年兴建，二十一年告成，二年四月制诏杨伯仁记其事。“二年”之上碑泐七字，当是大定二十二年，则立石即在是年矣。

《金史·列传》：杨伯仁，字安道，真定藁城人，伯雄之弟。仕世宗朝，由滨州刺史入为左谏议大夫，迁侍讲兼礼部侍郎，久在翰林，文词典丽。世宗曰：自韩昉、张钧后，则有翟永固。近日则张景仁、郑子聃，今则伯仁而已，其次未见能文者。黄久约，字弥，大东平须城人，擢进士第，调郓城主簿，三迁曹州军事判官，累擢礼部员外郎兼翰林修撰，升待

---

① 多寡□□：《全辽金文·全金文》作“多寡叙之”。
② □□□朝：《全辽金文·全金文》作“曾不崇朝”。
③ 诞膺□□：《全辽金文·全金文》作“诞膺天命”。
④ □□制度：《全辽金文·全金文》作“宫庙制度”。
⑤ □飨：《全辽金文·全金文》作“有飨”。

制。党怀英，字世杰，冯翊人，由汝阴县尹除国史院编修官应奉翰林文字，工篆籀，当时称为第一。伯仁、怀英之能文工篆，史特书之，而久约之善书，史独阙焉。观此碑，结体展拓而笔格秀整，当不愧为大手笔也。金源一代，金石合三人之能而萃为一碑者甚少，宜以此为最矣。

重修宣圣庙碑 篆额，李守纯撰，刘礼正书，在文庙泮桥西偏东向

大定二十三年四月

大定重修宣圣庙记

泰安之为州也，有岳祠以壮观其中，有岱宗、徂徕、泮、汶、漕、济，以环抱其外，实周公之封境、孔子之乡国、帝王封禅之所也。亡宋开宝五年，徙乾封县于此。大中祥符元年，改曰“奉符”。废齐阜昌之初，改为军，曰“泰安”。本朝开国六十有八年，升之为州。自其为县，以孙明复、石守道二先生山斋之故基建学，以柏林之地课养士，作成之材，故常有焉。魁乎天下者，则耿公昌世；显于翰林者，则杨公用道，是其尤杰出者也。惜乎岁久，殿宇坏甚，震风淩雨，圣贤像弗克谨庇[①]，黉舍颠漏，学者鲜肯居之。有司者吝出，竟不之葺，亦莫如之何矣。岁在戊戌，岳祠被灾[②]，朝廷命徐公中宪伟来守兹郡，寻蒙宣召，指画岳庙营缮之制。公受训诫以还，朝夕从事，再期告成。上遣使来视，使者见其庙貌闳壮密丽，甚称赏之，因询以岳祠之弊。公乃□陈数事，又言有一于此，为害尤重。昔者岳祠告修所坏，运司必先视之兖州[③]，然后行之，故旷日持久而不能有成也。且如宣圣庙，日就倾圮，止请缮于运司，尚三年而不报，况夫岳庙，更当禀于兖州乎？稽滞之弊从可知已[④]。使者还奏，得可其请，更其旧弊，所谓宣圣

① 谨：《全辽金文·全金文》作“仅”。

② 灾：《全辽金文·全金文》作“焚”。

③ 兖州：《全辽金文·全金文》作“禀于兖州”。

④ 已：《全辽金文·全金文》作“矣”。

庙，听以岳庙余材修之。公遂以规绳授之匠者，大其庙度，柱以石，瓦以琉璃，长廊四回，如拱如揖，圣贤之像，皆仿阙里，而又讲有堂，处有斋，以至庖湢，亦皆有所。委曲以尽心，期副国家崇儒重道之意。人特见其成，莫知其所以施设之方，可谓贤且能矣，朝廷可谓能择人而任使之矣。经始于壬寅三月十有四日，落成于八月初四日，俾守纯为文以记之。守纯以职在主善，不敢以浅陋辞，故叙其实而复有说焉。夫事之废兴，殆非人力之所能也，天也。是学之坏久矣，诸生所望者，扶颠补漏而已，犹尔龃龉，愿莫之遂。今日一新，甲于他郡，始知天意以圣上守成尚文之际，不欲有司草创而修，故使先难其事也。然则事之废兴，岂非天乎？处乎其中，被国家教育之恩者，当如何哉！固不可泥于章句而止也。当以致君泽民为心，知其所以学者，而务进焉。所以学者何哉？曰“道”也。道之在人，则为性；性之妙用，则为神；散之□应物，则为五常。如或好仁、好义、好礼、好智、好信，而未造乎道，则其应物也，虽劳心役虑，求合于五常而处之，然亦不能无蔽，孔子于是有“六言六蔽”之戒也。若乃造道之深，则居之安；居之安，则资之深；资之深，则取之左右逢其原。故其应物也，不待劳心役虑求合于五常，而自然合矣，孔子于是有“一以贯之”之语也。由此言之，学者之所当以道为事也。子又曰：朝闻道，夕死可矣。岂非欲夫学者之以道为事耶？犹恐乎未之能入，复示其所以入之之门。曰：知几其神乎？君子上交不谄，下交不渎，其知几乎。当是之时，颜子不幸，曾子独得其传。曾子传之子思，子思传之孟子。其子思之论道，则曰：天命之谓性，率性之谓道，修道之谓教。又曰：至诚之道，可以前知，至诚如神。孟子之论道，则曰：存其心，养其性，所以事天也。又曰：大而化之之谓圣，圣而不可知之之谓神。夫二子之立言，无少诡于孔子者。兰陵荀卿反独非之，谓传□□传不知其统[1]。呜呼！荀卿胡为而云尔也？是与二子同门

① 谓传□□传不知其统：《全辽金文·全金文》作“谓法先王而不知其统”。

而异户欤？是其学之浅，不足以知其深欤？徐以其所著之书考之，盖其学之浅，不足以知深也。何则？荀卿有曰：学者始乎为士，终乎为圣人。观乎其意，则是以圣为道之极也。岂知子思、孟子以神为道之极，而得孔子之所传者欤？宜乎妄生诋訾而不顾也。守纯以谓儒家者流，必欲助吾君明教化，不先造孔子之道，则难矣。必欲造孔子之道，不先践子思、孟子之言，亦难矣。而荀卿之说，反使天下后世有惑于二子，失其所趋向，故为辩之，俾学者知其所以学焉。他日或为朝廷之用，庶几乎不远于政矣。

癸卯四月二十有六日，李守纯谨记；

进士刘礼书丹并撰额；

州学斋长薛实、学录李颀之、学正安然、升卿、登仕郎、泰安州司候判官、提学甄之纲立石。

右碑，连额高七尺二寸，广二尺四寸。额题“大定重修宣圣庙记”八字，篆书，径五寸，分四行。文三十行，行六十九字，正书，径七分。案：《泰安县志》载此碑云：《记》甚雅饬，但其意以《易传》“知几其神”，《中庸》“至诚如神”，与孟子“圣不可知之谓神”，为学所从入之门，造道之极。而谓荀子所云“始乎为士，终于为圣人”，为不知道，于义未允也。碑末结衔登仕郎、泰安州司候判官、提学甄之纲，《金史·百官志》诸防刺州司候司，司候一员，司判一员。判官者，即司判异名。提学，盖是“提举学校”省文言之。

灵岩寺涤公开堂疏 正书，在般舟殿前

大定二十三年九月

山门知客僧宗秀道璘立石，僧义瑄书。

左平章政事，今请涤公长老住持济南府十方灵岩禅寺，为国焚修，开堂演法，祝延圣寿者。□以达摩不西来[①]，孰能荐祖；卢公既南度，始见分

① □以：《全辽金文·无名氏》作“窃以”。

枝。虽无豪发示人[1]，要在承风取证。例开法施，各踞名坊。厥有济南灵岩佛寺，利洽邹齐，襟吞兖鲁。一百年丛林浩浩[2]，三千里香火憧憧，飞阁莲宫，粹容金界。不期伟匠，焉振宏纲。伏惟涤公长老，守文三代，接武四禅。应历下之机缘，续方山之胜蹈。遂使白莲真迹，无根而郁郁腾芳；青社余光，不镜而绵绵照世。正好高提祖印，独步大方。祝吾皇万载之昌图，继古佛一乘之慧寿。谨疏。

大定二十三年九月日疏。

金紫光禄大夫、平章政事、宗国公蒲察通。

右碑，连额高六尺二寸，广三尺。篆额题"开堂疏"三字，径五寸，横列于上。文十三行，行三十一字，正书，径一寸五分。

案：皇统九年宝公《开堂疏》，请者为济南府尹，此疏独为左平章政事所请，则其礼愈隆矣。月日中间有"平章政事之印"，篆文，方二寸五分，他碑所无也。末行署"金紫光禄大夫平章政事蒲察通"，平章上不加"左"字，与首行异。《金史·蒲察通传》：大定十七年，拜尚书右丞转左丞，阅三岁，进平章政事，封任国公。与此碑"宗国公"不同，而"平章"上亦无"左"字。《百官志》：尚书省：尚书令一员，左丞相、右丞相各一员，平章政事二员。亦不加"左""右"字。武虚谷云：案《金史·百官志》，封号小国三十，内有莱云，旧为宗，以避讳改。据是，则通封宗国，其后避睿宗讳，易号"任国"耳。前题"左平章政事"者，左丞异名也。左丞为宰相之贰，故当时亦云"左平章政事"也。始请涤公或在二十三年之前，及疏文立石，实为二十三年九月，故前有"左字"，后无"左"字，其官序可案如此。

鲁两先生祠堂记 党怀英撰，并八分书

大定二十三年十月

---

① 豪发：原碑作"毫发"。

② 一百：原碑作"二百"。

天封寺碑 篆额，党怀英撰，并八分书，在城东南旧县村

大定二十四年十一月

石城徐铎等题名 正书，在泰山铭东侧

大定二十六年三月

石城徐铎被符度修诸祠工费，因□绝顶[1]，周览而还。大定丙午三月十七日，同游蒲阴赵七斤，男郑和尚侍。

右刻，就山崖嶂石为一方格，内题字五行，行九字，正书，大小不等。大者径二寸，小径一寸。案：泰安东岳庙奉敕重建，以大定二十一年落成，二十二年，敕杨伯仁撰文立石，而其工费则徐伟领其事，王元忠佐之。至是工毕，乃符调徐铎来度之也。当时敕修者，不止东岳一庙，即宣圣庙亦同时修葺，故云“度修诸祠工费”也。同游者赵姓，而七斤其名，侍行者为徐铎之男，而名之曰“郑和尚”，其鄙如此。方格右上角有“崇宁”二字，左上角有“顶拜于”三字，盖是宋人谒岱顶题名之下截而已，为方格所掩矣。

灵岩寺才公禅师塔铭 篆额，正书，在灵岩寺

大定二十七年十一月

右碑，篆额题曰“才公禅师塔铭”六字，径四寸，横列于上，文二十九行，行存三十五字，正书，径八分。此碑下截没土者半，无从得才公之事迹。才公之名，碑已不见，以《山居吟》诗刻证之，乃惠才也。诗刻于大定十八年，其时惠才正居方丈，自号“方山野人”，至是二十七年，乃示寂于兴化矣。才公住灵岩，为第十七代，见此碑首行。碑有云“皇统壬戌，恩赉普度”，壬戌为皇统二年，稽之《熙宗本纪》，不书度僧之事。

妙觉院碑 正书，在城西南下张村寺牒之下层

大定二十八年九月

---

① 因□绝顶：原刻石作“因登绝顶”。

姚会亨题名 正书，在泰山铭东侧

大定二十九年

濮国大长公主同驸马蒲察题名 正书，在泰山铭东侧

明昌元年三月

石塔小记 正书，在城东南龟阴村

明昌三年三月

安升卿题名 正书，在徂徕玉帝阁屏风岩上

明昌壬子

岱下安升卿与徂阳王赓、姜孝仪游徂徕，探古迹。溪谷碌碌，松柏森森。得冠军石经于佛谷，访“竹溪六逸”于乳山，遂登绝顶，拜感应侯祠，憩于紫霞洞。次临紫滟池、白鹤湾，过徂徕书院，至竹溪庵小饮。跻北岩而望岱宗，心游天外也。明昌壬子孟夏记。

安升卿游览记 正书，在岳顶东北谷山绝壁

明昌三年九月

曲阜孔端肃与徂徕石德润、王赓谒岱岳观，遂登太平顶，历介丘岩、仙阁岩。次到谷山下，观天津河，盘旋古明堂基，达于汶。明昌三年九月晦，泰山三溪居士安升卿记。

安升卿题字 正书，在徂徕西南麓乳山上

右刻“竹溪佳境”四大字，每径一尺。

孔端肃题名 行书，在徂徕北玲珑山洞壁

明昌三年

明昌三年秋九月，肃自阙里之徂徕，访石君德润山斋。游览名胜，历万松岭，登绝巅，礼神祠，北下，林壑更幽。一山岣嵝特异，名曰“玲珑岩”，古洞深敞，传唐王希夷尝栖此，书之以识遗迹云。

姜氏云亭房题名记 篆额，正书，在城西南申村

明昌四年十月

□□云亭房题名记

裔孙、乡贡进士姜孝仪编；

特赐进士及第、将仕郎孔端肃篆额；

应乡贡进士石德润书。

水行于地，其源深者流必长；木生于土，其本固者枝必茂；人居于世，其德大者固宜克昌于厥后者哉！先太公抱大贤之道，起渭水之滨，应非熊之聘，其德固曰大矣。垂二千年间，苗裔诜诜然，仍多显人。然谓源深则流必长，本固则枝必茂，不其然乎？初为周文王、武王师，号太公望，一号师尚父。武王克商，首封于齐，传一十九世至康公贷，为田和所灭，迁于海滨。方未失国时，子孙先已散居韩、魏、齐、鲁之间。有世居淄川者，缙绅之士，代不乏人。在唐末咸通间，有隐君子讳庆者，因避难，自淄川徙家于沇之乾封，筑汶上，晦其德不耀，死葬所居里之东原。生子讳达，能嗣其先志，亦隐居。有子讳端，五代时为乾封县令，捐馆之后，皆祔于先茔之次。自乾封而下，亦缙绅之士，代不乏人。迨祥符间，有学士讳屿者一枝，更改卜于太平镇西关外五里采山之阳。自时厥后，又有宣德讳锷者，亦别葬于瑕丘故赵之原。皆云亭隐君之苗裔也。三所之内既多名士，又出显官，其进身者，或擢第于枫庭，或承居于世禄，或以孝行之选而起于乡校，或以遗逸之兴而召试中书，或习武略擢为殿魁。其居职者或雠芸阁之书，或剖铜符之政，居莲

幕治琴堂者，又何纷纷如也。文武萃于一门，青紫逾于□世，此云亭房名联仕版者，亦不下于淄川者矣。苟不记之，则后世子孙又乌可得而知哉？兹者有族侄洪，为人既孝且义，将祖林内坟墓应破坏者，出己钱买砖造棺，一一营之。又率众族建祭亭于林所。告成功之后，诣曲阜告仆曰：可建碑于亭。

孝仪谨案云亭房世谱，自乾封以下居仕籍者，开列于后。时明昌四年岁在癸丑七月日，裔孙姜孝仪谨追记。

明昌四年，岁次癸丑十月旦朔，孙洪等立石，匠人贾□刊。

右碑，不连额高六尺，广二尺八寸。记文十二行，行六十一字，正书，径七分。记后题名二十行，上下二列，正书，不具录。

案：齐鲁间姜氏有二枝：一在淄川，一在泰安。其在泰安者，谓之云亭房。此则云亭房后裔刻其先世之居仕籍者，自五代迄金，题名于左，以示后人。追记编次者姜孝仪，书碑者石德润，篆额者孔端肃。端肃称特赐进士及第，据《金史·选举志》：廷试五被黜，则赐之第，谓之恩例，又有特命及第者，谓之特恩，此称特赐者，不知是恩例，抑是特恩也。题名中有姜潜，考《宋史》有姜潜，字至之，兖州奉符人。但《史》列入《隐逸传》。碑载姜潜官至大理寺丞，恐是两人。章圣皇帝误书“彰圣”。又姜知彰，元符二年举武进士，擢第一，碑称之为二状元，所未闻也。

灵岩寺王珩、路伯达二诗刻 正书、行书，在御书阁

明昌五年二月

巡按诣灵岩名刹，礼佛焚香，憩坐于超然亭，览堂头琛公佳制，谩继严韵。山东路提刑王珩。

钟山英秀草堂灵，林下相逢话愈清。

闻道谋身宜勇退，得闲何必待功成。

明昌五年十月十五日，十方灵岩禅寺住持传法沙门广琛立石。济南梁宗诚同李坚模刊。

琛公堂头和尚有题“超然亭颂”，因次其韵。冀州节使路伯达。

六合空明现此亭，本来无垢物华清。

客来便与团圞坐，万偈何妨信手成。

明昌五年二月十五日，十方灵岩禅寺住持传法沙门广琛立石。济南梁宗诚同李坚模刊。

右刻，纵一尺三寸，横宽二尺八寸。诗二首，分刻左右，四周以花纹界隔之。前诗九行，正书。后诗七行，行书，并径寸许。广琛立石一行，正书，径四分。模刊一行，正书，径二分。前后并同。

案：明昌六年，周驰撰《灵岩寺田园记》云：明昌三年，提刑司援他山例，许民采伐，由是长老广琛诉于部省。五年，琛复走京师，诣登闻院陈词。蒙奏断，用阜昌天德所给文字为准，尽付旧地，云云。据此，则琛公自明昌三年以迨六年，皆住持灵岩也。当明昌三年时，许民采伐之提刑，不知何人。假使即此和诗之王珩，则不应纵民采伐，致琛公有奔告跋涉之苦矣。若王珩是别一提刑，亦当为琛公理其直也。

二诗，一刻于明昌五年二月十五日，一为十月十五日，不知琛公走京师又在何月，琛公原倡亦无考矣。路伯达见《中州集》，云：仲显，字伯达，冀州人也，正隆五年进士。明昌初授武安军节度使，乡人荣之。据《金史》本传：伯达，字仲显，与《中州集》称字“伯达”者异。今碑刻为自题，不宜署字，是名“伯达”无疑。本传称“改镇安武”，《宋朝事实》冀州庆历八年，升安武军节度，金盖依其旧名，而《中州集》作“武安”，倒讹之故也。伯达诗为遗山所采。

灵岩寺田园记 **周驰撰，赵沨正书，党怀英篆额，在寺二门内**

明昌六年十月

十方灵岩禅寺田园记

乡贡进士周驰撰；

承务郎、守秘书丞兼尚书礼部员外郎、骁骑尉、赐绯鱼袋赵沨书；

翰林学士、朝散大夫、知制诰兼同修国史护军、冯翊郡开国侯、食邑一千户、食实封壹佰户、赐紫金鱼袋党怀英篆额。

济南灵岩，自法定禅师肇建道场，于今几千载矣。峰峦奇秀，祠宇雄丽，号天下四绝之一。比丘恒二百余众，虽四方布施者源源而来，然其衣食之用，出于寺之田园者盖三之二。其地实亡宋□德间所赐也[①]，逮天圣初，稍为人侵冒，主寺者不克申理，但刻石以纪其当时所得顷亩界畔而已。其后绍圣间，掌事者稍怠，左右□□遂伺隙而取之。时长老妙空者，虽讼于有司，其地未之能归也。至废齐时，始征天圣石记，悉归所侵地。然石记字画已驳缺，寺僧□其岁久，愈不可考，因请于所司，□令主首故老与夫近邻，共立界至，迄今阜昌碑石存焉。圣朝天德间，复有指寺之山栏为东岳火路地者，既而省部委官验视，考之阜昌碑文，不得遂其诈，因符移府司，府司乃印署文帖给付焉。大定六年，朝廷推恩，弛天下山泽以赐贫民。由是诸山林旧所固护者莫敢为主，樵者薪之，匠者材焉。凡森郁丛茂之处，皆濯濯如也。惟灵岩山林以其有得地之本末，故独保完。明昌三年，提刑司援他山例，许民采伐。由是长老广琛诉于部于省，才得地之十一二也。五年，琛复走京师，诣登闻院陈词，蒙奏，断用阜昌、天德所给文字为准，尽付旧地。省符既下，于是□事僧悟宝陈于府，再给公帖矣，将复刻石以为后人之信，遂丐文于历下周驰，乃为序其终始之实而书之。

或曰：世人所以不能脱世网而逃死生者，以其贪爱为病也。如来有药为之对治，止于一舍而已。故深于道者，视躯命犹视外物，况外物乎！见众生饥饿，虽封割支体，了无靳惜。今琛公以土地之故，至取必于朝廷而后已，斯无乃□于其教欤？愚应之曰：不然。夫封割支体以啖众生，则可矣，若封割众生支体以啖众生，岂理也哉！抑尝闻，客有捐万□□□以遗累者，盖初无难色。及有人托守斗粟，则不敢纵鸟雀耗□一龠，何则？自为、为他之理异也。且夫寺之常住，所以赡养十方□□□也，渠盖不得已而为众主持□尔，非所私有也。如视其湮没而弗与保护，因而绝大众日用之资，乃曰“吾能以舍为心”，然则所舍者□

① □德：《全辽金文·全金文》作“景德”。

谁物耶？知是理，则知琛公之□□违佛教矣。或者释然。因并书其言以告来者，使谨守焉。

明昌六年十月二十有三日记。

首座僧悟伦、书记僧普迁、智藏僧广藏、知客僧祖清、知阁僧蕴奥、殿主僧宗坚、监寺僧宗微、副寺僧广仲、维那僧悟宝、典座僧正演、直岁僧志巧、库头僧觉允，当山住持传法嗣祖沙门广琛立石。

右碑，连额高六尺五寸，广二尺八寸，篆额题“灵岩寺田园记”六字，径四寸，分三行，文二十六行，行五十一字，正书，径六分。案：此碑撰文者周驰，书丹者赵沨，篆额者党怀英，皆一时巨手。周驰，见《中州集》，云：字仲才，济南人，大定中住太学，屡以策论魁天下，私试亦频中监元。贞祐之兵，济南陷，不肯降，携二孙赴井死，乡人葬之宅后之寿乐堂。辽东人吴子英尝从仲才学，能记其所著《亚父撞玉斗赋》及他文数篇，今得此《田园记》，又于仲才遗文获其一矣。赵沨，字文孺，东平人。《金史传》：沨仕至礼部郎中。党怀英已详前。赵秉文云：沨之正书，体兼颜苏；党怀英小篆，李阳冰以来鲜有及者。时人以沨配之，号曰“党赵”。碑书“骁”字，右旁“尧”字缺笔，应是避讳。

十方灵岩寺碑 篆额，党怀英撰，并八分书，在大殿前，阴有刘德渊诗刻

明昌七年九月

十方灵岩寺记

翰林学士、朝散大夫、知制诰兼同修国史、上护军、冯翊郡开国侯、食邑一千户、食实封一佰户、赐紫金鱼袋党怀英撰并书篆。

名山胜境，天地所以储灵蓄秀，非福力浅薄者所能栖止，必待仙佛异人建大功德，以为众生无量福田。泰山为诸岳之宗，其峰峦拱揖，溪麓回抱，神秀之气尤钟于西北。而西北之胜，莫胜于方山。昔人相传，以为希有如来于此成道，今灵岩是其处也。后魏正光初，有梵僧曰法定，杖锡而至，经营基构，始建道场。定之至也，盖有青蛇前导，两虎负经，四众惊异，檀施云集，于是空崖绝谷化为宝坊。历随至宋，土木、丹绘之功，日

增月葺，庄严为天下之冠。四方礼谒，委金帛以祈福者，岁无虑千万人。佛事□兴，而居者益众，分而为院者，凡卅有六。趣向既异，遂生分别。主僧永义律行孤介，以接物应务为劳，力辞寺事。时开封僧行□方以圜觉密理讲示后学，众共推举，可以住持。乃更命详实来代义，仍改甲乙，以居十方之众，实熙宁庚戌岁也。越三年，癸丑，仰天玄公禅师以云门之宗，始来唱道，自是禅学兴行，丛林改观，是为灵岩初祖。

尔后法席或虚，则请名德以主之，而不专□宗，暨今琛公禅师廿代矣，其传则临际裔也。师之至日，属山门魔起，规夺寺田，四垣之外，皆为魔境，大众不安其居。师为道力猛，卒以道力摧伏群魔，山门之旧，一旦还复，众遂安焉。师以书属怀英曰：吾寺之名，著于诸方旧矣。由希有至于定公，则不□计其岁月。由定至于今，几七百年，中更衰叔，历朝刊纪，断泐磨灭，荡然无余。而佛祖之因地建置之本末，与夫禅律之改□□派之承传，后来者鲜或知之，念无以起信心镇魔事。虽然，佛法坚固与虚空等，而魔者如浮云。浮云弹指变灭，而虚空无有□尽，何忧乎魔事！惟是著述铭勒。佛事门中，旧所不废。子无以有为谯我，幸为我一言。余报之曰：诺。已乃叙师之所欲言者，书□遗之。若夫山川光怪，灵迹示现，山中老宿，皆能指其所而详之，此不复道也。

明昌七年秋九月十有九日记。

首座僧即敏、书记僧普寘、知藏僧蕴奥、知客僧宗彻、知阁僧广仲、殿主僧宗坚、监寺僧法叙、副寺僧普迁、维那僧悟宝、典座僧普守、直岁僧志巧、库头僧觉允；

明昌七年十月十四日当山住持传法嗣祖沙门广琛立石；

历山贾德摸并刊。

碑阴：

游灵岩留题

天下三岩自古传，灵岩的是梵王天。

群峰环寺连丛柏，双鹤盘空湧二泉。

此日登临惊绝景，当年经构仰良缘。

停云为忆寥休子，好伴真游社白莲。方公禅师。

丙辰冬至日，蓬山刘德渊识。

监寺净善、维那净悦、典座正宁、直岁善全、住持清安、野叟提点行实、都纲普，谨命工刊。

冠氏帅赵侯、济河帅刘侯率将佐来游，好问与焉。丙申三月廿五日题。

右碑，连额高七尺五寸，广三尺二寸。篆额题“十方灵岩寺记”六字，径五寸，分三行。文十九行，行四十八字，八分书，径一寸。碑阴，刘德渊题诗并立石，僧名共十行，行十一字，正书，间杂古篆，径二寸。后有元好问题名，五行，行书，径二寸。

碑文称琛公之传为临际裔，临际，即临济。《齐乘》载：济阳，大定六年避金主“允济”讳，改曰“清阳”，允济遇杀复旧。此碑刻于明昌七年，宜遵大定制为卫绍王讳也。碑阴末题名为元好问手书，劲逸不失古法。丙申为蒙古太宗之七年，于时金亡三年矣。赵侯者，案：《遗山集》《冠氏赵侯先茔碑》称：冠氏帅赵侯天锡，字受之，今为东平左副元帅兼分治大名府路、同知兵马都总管事、宣授将军十户者，即此题赵侯也。遗山尝客冠氏，又与赵侯铭其先人，宜其陪此胜游耳。

陈氏庐墓碑 篆额，王思恩撰，田邦直正书，在城东南赤坂庄

承安□年

谷山寺碑 篆额，党怀英撰，并八分书，在岳东北

泰和元年五月

谷山寺记

前翰林学士承旨、中大夫、知制诰、上护军、冯翊郡开国侯、食邑一千户、食实封壹佰户、致仕党怀英撰并书篆额。

佛法自西方来，天下名山胜境化为道场，兴废因缘自有时运。尝读元

魏《高僧传》，得僧意胜迹之详而异之，意之寂也，以天帝之召，及期遂行，此其余缘当有复兴之日矣。泰山南向而东骛，由东迤北曰“大小岘”，其下曰“天津河”，环地百有余顷，山势四围，盖“汉之明堂在山之东北址”，此其地也。道左二里许，耕垦之余，瓦砾被之，与沈存中之说“高丽制度，瓦皆有纹”者合。又西北行六七里，山光丛丛高下，隐见一峰，嶷然秀拔而下圜，曰“谷山”也。沿涧少北，今寺基矣。

尝有猎人行猎莲花峰侧，遇罗汉像而终日无所获，每遇之必然。猎夫怒，积薪将焚之。明日，迁坐于高险，薪燎不可及，猎夫愕而悔谢。是夕，山下老稚三四，梦异僧久隐莲花峰[1]，有猎者之厄。或问为谁，盖曰“意”云。耆老十余辈，更相诱率，凡一再行，当石掩奥处果访得之，乃扶舆而下，至今所，忽重不可动，而峰岭重复掩抱，可兴寺场，众悟，遂止焉。粤自兵乱，荒山重泽，残扰殆遍，废置始末，不可详究。惟土人名之曰“佛谷”者旧矣，盖意之逝也，有灵感之异，土人以是命名。

继有僧善宁，远涉荒梗，首至谷山旧址，破屋废圮而已。独山色如旧，出没起伏，益远而益秀。善宁独喜，雅契宿心。于是，日趋山下，丐菽粟，携火具，结茅而休焉。往来山坂无难色，暇日畚筑溪涧，勤苦作劳而无怠意。短褐芒屦，从事如初。自是涧隈山胁，稍可种艺，植栗数千株，迨于今充岁用焉。斋粥所须，日益办具，凡卅余年，则谷山初祖也。天眷二年四月间，诣官言寺之旧地，东至于黑山分水岭，南至于恩谷岭，西至于张远寨，稍北至于返倒山岭。有司可其请。其后僧法朗继之，锄理荒险，不避寒暑，经营成就，复卅余年，则谷山第二祖矣。今崇公寺缘契合，四方有识，翕然归向。工役趋作，日盈百数，殿基琢石，高逾数丈，若是者三四焉，彩塑图饰不与也。

州城之东隅曰“柴水院”，惟许存上院积贮之物，其余住持摄度申理，

① 梦：原碑作“同梦”。

徒弟皆不许也。崇公经画作劳，能继二祖，此寺当兴时矣。盖意之去来也皆异，则其成也必闳，其久也必振。今谷山寺，尚仍旧名，计其岁月，盖七百有余岁矣，是复兴之数云。呜呼，异哉！

泰和元年五月九日记。

劝缘住持沙门智崇立石。

度僧九人：广琳、广靖、广玮、广宝、广颢、广兴、广纯、广敏、广彬，各办化缘执役寺事。

宣秘大德等故法兄三人：智思、智源、智照；度僧八人：祖显、祖正、祖了、广佑、广深、广安、祖义、广珍。

古任李绅刻。

右碑，高六尺二寸，广三尺四寸。篆额题“谷山寺记”四字，径四寸，分二行。文十八行，行五十一字，八分书，径八分。碑阴篆额题曰“玉泉禅寺勤迹檀那记”，字径一寸五分。题名四十四行，行九十字，正书，皆捐施人姓名，数百人，文不足录。在山东北麓谷山寺内，距城约五十里。

《山左金石志》云：《金史·党怀英传》：承安二年乞致仕，改泰宁军节度使。明年，召为翰林学士承旨。久之，致仕。碑书衔“前承旨”者是也，盖怀英终于是官，故《中州集》以承旨目之。向言勋护军，至是益进为上护军，《传》亦不及之。碑言：寺之旧地，西至于张远寨。此寨名不见金《地理志》，疑其为村墟之名，非有设官知寨，故《志》不收也。

补塑释迦佛像记 篆额，党怀英撰，并八分书，在县署土地祠，已残缺

泰和六年四月

右碑，下截断缺，只存上截。连额高四尺，广二尺四寸，篆额题“新补塑释迦佛旧像记”九字，径三寸，分三行，文十七行，行存二十三、四字，八分书，径一寸。

案：此碑断裂为三，上截二段，接笱可拓，下截毁失无存。《泰安县志》：碑旧在郡城冥福寺，今移置县署土地祠西壁。碑不见撰书人名氏，惟有“知制诰护军冯翊”等字，当为党怀英也。碑有云“见索以文□英”，此“英”字即是党怀英之名，上所缺字乃

"怀"字也，碑为怀英撰书，故上文云"见素以文"也。末行有"泰和六年四月十四日"，知是立碑年月也。

谷山寺牒 正书，在寺殿左壁香严寺牒上层

泰和六年十一月

尚书礼部封。

尚书礼部。

泰安州奉符县第一乡泰山佛峪谷山寺受业第三代住持勤僧尊□僧智崇，自办于沂州纳米准钱，承买到洪字第一百二十五号寺额一道，乞书填作"玉泉禅寺"者。

牒。奉敕：可特赐"玉泉禅寺"，牒至准，敕。故牒。

泰和六年十一月日，令史丁介桂、主事韩玠。

承德郎、守员外郎、兼左补阙孙。

朝散大夫、郎中兼国子监丞王。

承德郎、试礼部侍郎兼□□□秘书少监乔。

中奉大夫、礼部尚书兼翰林学士、知制诰、同修国史、□□□□张沽。

寺额付僧智崇。

右碑，高五尺六寸，广二尺九寸，作二层。上层刻是牒，字十四行，大小不一。首行列"尚书礼部封"五字，盖封皮也，即刻其上牒，从"尚书衔"至"僧智崇"止，是为全文。尚书衔二列，以及"牒奉敕故牒"三列，字径二寸许，真、行相兼。又"孙、王、乔、张"衔四列，迄"寺额付僧智崇"六字，并正书，字径寸许，惟"张"衔字形宽扁而有押。至所云：泰安州僧智崇"承买到洪字号寺额一道，填作玉泉禅寺"等语，与敕后所识年月，计字四行，皆正书，字径五分。牒共用印十五方，径二寸二分。文曰"尚书礼部之印"，皆大篆。

道士谷山登览诗刻 正书，在泰安

泰和七年八月

道士谷山春日登览

淡荡春风暖，暄和晓日迟。

褰裳登诘屈，绝顶慨幽奇。

北海洪涛阔，南山大泽危。

东峰青鸟下，西岭白云垂。

眼界空蒙极，烟光缥缈随。

精神何洒落，道德自扶持。

仿佛丹霄外，参差碧汉涯。

那须采芝术，直赴上仙期。

泰和丁卯中秋后刊，长春子书。

右刻，高七尺六寸，广三尺四寸。诗六行，行二十字，正书，径三寸许。案：《泰安县志》：城西北隅，旧有长春观，元邱处机弟子某修真于此，邱处机即长春子也。中统二年《长春观碑》称：长春弟子为訾守慎，则此碑或即訾守慎追摹其师手书墨迹而刻于观中者欤？岱东北有天津河，河西北为谷山。长春子春日登览，似即在此谷山涉河而上，诗故有“褰裳登诘屈”之句也。

郭俣等题名 正书，在泰山铭东侧

泰和八年八月

护泽郭俣、绛陽李恩、古滕完颜从正。泰和八年八月廿三日，同登。

右摩崖，三行，行八字，正书，径二寸。案：题名三人，惟郭俣《金史》有传云：字伯有，泽州人。大定二十二年进士，泰和七年迁山东安抚副使。以题名案之，正其为副使时也。

香严寺牒 正书，在谷山寺牒下层

右牒，在谷山寺牒之下层，牒式同前，不具录。

吴衍题字 正书，在岱庙殿前怪石上

大安二年八月

傲来山题名 正书，在天胜寨北冈

贞祐三年七月

“玉泉”二题字 党怀英八分书，在谷山玉泉寺旁

“弄水岩”三题字 正书，在徂徕鸡笼峰

“鸡笼峰”三题字 正书，在徂徕大峪北

高益福等题名 正书，在云峰西，今佚

六逸堂碑 党怀英书，在泰安

右刻，见孙克宏《碑帖目》，今佚。

泰山志卷第十七

泰山志卷第十八

朝议大夫山东泰安府知府休宁金棨纂辑

金石记四 元 明

元

贫乐岩二圣宫碑 篆额，高诩撰，高翿八分书，在徂徕山阳西偏二圣宫

定宗元年丙午四月四日

贫乐岩二圣堂碑记

宣圣五十一世孙、袭封衍圣公孔元措篆额；

宣差东平路万户总管府掌书记、益津高翿书丹。

盖闻大道混冥，老氏□以启其□；异端□□，孔子□以行其说。乃立言垂训，广大悉备，包含万类，一以贯之，为无穷不朽之教，永作成法。大矣哉！非二圣人者出，其孰能兴之？

故老氏以道德□□□□有三，究元气之徂者，则曰：有物混成，先天地生。寂兮寥兮，独立而不□，□行而不殆，可以□天下母。又曰：道生一，一生二，二生三，三□□□□焉。□□□之术者，则曰：道常无为而无不为。□□□□守，万物将自化。又曰：我无为而民自化，我无事而民自当，我好静而民自正，我无欲而民自□。立修身之旨者，则曰：明道若昧，进□□□，为道日损，知足不辱，知止不殆。戒以刚强，守之柔弱。此道德发用之余蕴，而玄妙之大，无有□□□万世。无老氏道，几于息矣。

夫孔子之道，尧、舜、禹、汤、文、武、周公之道也。故祖述宪章，发明盛德，大业流风，善政美化，嘉泽至□□美□试□□□□□□□于六经之中，灿然靡所不载。是知孔子之德，为人伦之标准，作王道之纪纲。用之久治，□之□□，诚百王不易之道。世□□□□□□□□道天地也，日月

也，无得而名焉。呜呼！三代而下，乱国相继，正道不行，是犹天地不能无否，忽泰则□日月不能无晦，忽开则明圣人之道，□□□□□□则亨，故老子之教，塞于周秦，而见于汉之文景，崇于两晋，盛于有唐。孔子之道，厄于□□□□于大汉，又昏于魏晋，久息于宋、齐、梁、陈、隋，□□□唐则大振。吾二圣人之教，俱伸于此时。一谥帝号，一册王爵，天下万世之公论定焉。

愚故曰：为无穷不朽之教者，此其效欤？厥后游圣人之门，宗□其道者，世有其人，今我鹿公先生近之矣。公北豳襄溪人，善森其名，茂之其字也。素业儒书，尤深于《易》。仆□向日从事环庆，得识眉宇。兵乱之后，垂十五余载，今□复与公相会。公语仆曰：善森先师同里铁李真人，师事□□□□子郭凤仙，几三十年，得诀了悟真人，未尝读书，经史之言，问无不知，或□□□时数处应请。一日，善森与二三友人讲《易》于刘氏宅，真人忽至，□谓众人曰：大《易》神变不测，岂庸俗能探赜幽□乎？□□玄旨，一坐倾听，从来未之闻也。复谓善森曰：以尔学道，若不屏聪蔽明，黜华□□□□□于今之世矣。因感悟斯言，它日断发毁形，敬□师前，叩头请教。乃锡旨训曰：戒之戒之，道以德为本，德以孝为基。尔终亲□□□□。善森□□母以寿终老。虽屡涉艰险，常惕□□，不忘初□。

岁在癸巳，来寓钜平，后改蓎徂徕，不悔入道之晚，务在力行。语既，仆服膺此言，以□其事，公□□□指语默动静，无非道也。公□□孔子□□□□老氏之教，又谓：昔者孔子适周，问礼于老氏。以尊先进，因立二像于一堂□□，□□并坐□□友徒□□□瞻礼，可谓不负所学，而知所□□□。尝读后汉文，见孔文举幼谒李膺之言而曰：先君孔子与君之先人李老君，同□□义而相师友，融与□累世通家焉。□于□□，又知孔、老以圣接圣，同时行教，其名虽殊，理则一也。此公之作堂本意，岂私也哉。

泰定军节度使时侯父子，崇信教□□□下□德望□，若公之志行，宜其见重。仆忝与公有旧，因拜圣容。礼成而后，不能无言。仅取公始终出入之义，及公□□行迹，□□之言，以序而□之，用刻贞珉，□之久远。休哉！风化之行，使为儒为道者，皆敦朴忠信之人，公之力也。其尊师重道，护持名教，为牧民司事之本者，又见时侯贤父子之功德宏大，默膺荫祐，谅不浅矣。

前进士益津高诩记。

岁次丙午夏四月庚申朔四日癸亥，镇国上将军、左副元帅、前泰定军节度使兼兖州管内观察使、陇西郡开国侯、食邑一千户、致仕时珍，袭爵男时宥立石。

右碑，连额高六尺，广二尺八寸。篆额，字径三寸。文二十四行，行五十五字，八分书，径九分。案：《阙里文献考》：孔元措在金章宗时至元太宗，袭封衍圣公。丙午乃定宗元年，《县志》及《泰山图志》作大德十年，误。

重修光化禅寺碑 篆额，高诩撰，高翻八分书。在徂徕山东南麓寺内，嵌壁，东南向

定宗元年丙午四月六日

□修光化禅寺之记

宣差东平路万户总管府掌书记、益津高翻书丹并篆额。

徂徕光化寺者，其来远矣。始创基于后魏，至隋朝而有“光化”之名[①]。唐有天下三百余年，衣钵相传，宗派不泯。继以五代之乱，寺从而废。赵宋开国，迨及祥符七年，复赐号“崇庆”，而与明孔山之灵岩，相为甲乙。无何贞祐之变，殿宇、堂庑尽为灰烬，靡有孑遗。呜呼！名山胜概，福田善境，何难成易坏也如此？盖废者，兴之本；盛者，衰之困。此物理之常，自然之道也。我左副元帅、前泰定军节度使时侯，当纷挐之际，卜

① 隋朝：原碑作“隋”。

寨天保，以忠诚义气力戡大难，保完老幼。事甫底定[1]，又以凶荒饥馑为先备之计务，劝课农桑，使民力本，积劳累功，衣食粗足。时侯意谓：向时大兵之下，我一方生齿，不冒矢石，不入汤火，不转沟壑，岂非吾乡中有善人大君子素积德行，有以感之者邪？不然，何皇天眷佑如此之重也？若不革心惕虑，力行忠信诚悫，焉能应之眷我？

光化名刹，真种福香火之宫，不得具眼目人，殆难劝善宏教。遂敦请晖公长老住持，载振瀚音。行缘未尽，以老退堂。方法嗣高弟味□重继祖灯，公以谦退，避游沂水，久而不还。时侯虑虚法席，使为善耆老士庶无所归依。复遣人致书远迎。公不能拒，振锡而来，遂夷荒划秽，支倾起废，意在兴崇。袭爵节度使时侯政暇之日，命仆来访方丈。参礼之余，四顾寺基，周览形势，又见作新法堂，僧众谨严。顾谓仆曰：大人元帅节使致仕，休闲堂下，受戒经营此地，无一日暂忘，金碧之像，力犹未到，尚冀年登，民有余力，以为后图。大人之心与味公之心一也。又语仆曰：父有德，子不述，非孝也；人有善，外不称，非忠也。敢屈雅意，序其行事，可乎？仆恭诺承命，谨采摭始终之迹，刻诸琬□[2]，用劝来者。大矣哉！

如来之教，遍满三千大千世界，乃散在一切诸有含生之类。如来闵念众生，皆有本来之性，为阎浮洲中有大黠巨奸六贼，往来纵恣，诳诞众生，造诸妄缘乱想，使迷执不归。如来是故喻之以善恶，明之以因果，恐未悟，复诱以天堂，晓以地狱。为善必升，为恶必堕，谆谆切切，唯恐一物之失。乃至劫火焚烧，非法雨无以息业风；苦海沈溺，非慈航不能济骇浪。噫嘻！非如来大慈悲，功德不可思议，尚谁能极于此力乎？其无生之理，唯了心见性者得之。仆以固陋无学，安敢以胸臆妄论之矣。

岁次丙午夏四月有六日，前进士益津高诩记；

---

① 事甫底定：原碑作“事底甫定”。

② 琬□：原碑作“琬琰”。

武略将军都巡检段钦；

军民副弹压、提控薛寰；

武略将军总理军民都弹压夏进；

详议官郑居常；

宣武将军、兵马都总领、兖州观察判官时遇；

镇□□将军、承袭泰定军节度使时宥立石。

楚太刊。

右碑，连额高六尺，广二尺八寸。篆额题“重修光化禅寺之记”八字，径四寸，分四行，文二十行，行五十字，八分书，径八分。碑称“寺创基于后魏”，今寺中别无魏碑，不能考其创建之缘起。此寺之东南里许，有北齐王子椿摩崖《大般若经》及《题名》等，可知此寺在北朝时为最著，惜无故迹流传也。

碑无时代年号，但云“岁次丙午四月六日记”，《泰安县志》遂以是碑为大德十年所立。案：碑称时宥立石者，其官为承袭泰定军节度使，考《元史·地理志》：兖州，金改泰定军，元初复为兖州，不应至大德十年复称泰定，且节度使之官，元时已易。碑文前段叙祥符以后，直接贞祐之变，是指金代末年之事。下云“左副元帅前泰定军节度使时侯，当纷拏之际，卜寨天保。”云云，左副元帅是元初之官，前泰定军节度使尚是金代之职。纷拏卜寨，当易代之际，赖其保守一方也。据此则丙午岁乃元定宗即位之元年，其时未有年号国号，故但记干支也。文云“至隋则而有光化之名”，“则而”二字无此文法，必有一讹。

“磐溪”二题字并跋 王天定正书，在徂徕礤石峪

定宗己酉五月

“许鲁斋读书处”六题字 王天定正书，在乳山下

无年月

徐世隆题名 正书，左读，在泰山顶云峰西侧

定宗己酉七月

东平参议王玉汝、经历汶上张昉、知事柯亭李滋、济南杜仁杰、须句孟谦①，从大行台严公，以□己酉七月中澣②，谒岳祠竟③，是日遂登绝顶。陈人徐世隆题④。

右摩崖，题名四行，正书，左读。案：《泰安县志》载此碑，注云：今毁。今验此刻，现在云峰西侧，字俱可读，惟一字铲毁耳。题云“己酉”，乃定宗崩后之次年。大行台严公，即东平路行军万户严实也。

严实礼岳祠记 杜仁杰撰，商挺正书，在斗仙岩，为“振衣冈”三大字所掩

定宗己酉七月

振衣冈题名二首 正书，在泰山振衣冈

定宗己酉十一月

长乐刘询、鄱阳程□、程迈同登太平顶观山日，时元□壬辰四月。左读。

岁己酉十一月初五日，泰安州刺史张郁建立大行台严公摩崖，二碑模勒，乡贡进士王天定、吏目梁弼、徐升、王坦、石匠高政男、高源、楚太、周仙、王成，监修司候判官范元谨题。

右题名，二首，前首五行，左读，在上节；后首八行，在下节，并正书。案：《泰安县志》不收此二刻，前首末“观山日”之下，小字注云“时元□壬辰四月”，“元”下缺字颇似“祐”之半。

案：宋元祐无壬辰，追前壬辰为皇祐四年，下推壬辰为政和二年，均与“元”字不合。据下节有“己酉岁建立大行台严公摩崖”等字，严公即严实，则己酉为元定宗末年，与此己

① 须句：原刻石作“须昌”。
② 以□己酉：原刻石作“以己酉”。
③ 谒：原刻石作“礼”。
④ 徐世隆：原刻石作“徐田隆”。

西相近之壬辰，为元太宗四年，为金哀宗天兴元年，然则壬辰上“元”字是“天”字，而石刻模糊耳，今姑连类列于定宗之末。

泰安军节度使时珍墓碑 宋子贞撰，高翿八分书，在城东时家庄

宪□三年癸丑

贫乐岩铭 杜仁杰撰，严忠范正书，在徂徕山阳

中统元年七月

杜仁杰题名 正书，在徂徕山白鹤湾

中统元年七月

张铨题名 正书，在山顶云峰西侧

中统元年九月

普照寺经幢 正书，在寺大殿

中统二年四月

灵岩寺僧复庵诗 正书，在后土殿

中统二年六月

超然堂碑 篆额，王天挺撰，张志纯书，在城西南上张村全真观内

中统二年七月

长春观碑 篆额，路大中正书，在城西北隅故址

中统二年七月

长春观记

寿阳路大中书丹篆额；

□阳高政刊。

窃以教非道不立，人非教不修。凡以道为宗，以神为教者，岂徒然哉？盖有以也。莫不剖聩抉瞽，拯沉照昏，跻人于长生之域。呜呼！世或有闻而未悟者，然闻而悟者，是旦暮一遇之幸也。近代幸我师祖设教七真开天，性相近，习相远。而上智下愚咸使知之，道与貌，天与形，男修女学，悉为证矣。

全真之道，杳然难言哉！其教也微妙，玄通广大，悉备在人。贤者，识其大；不贤者，识其小。大抵绝贪去欲，返朴还淳，屈己从人，懋功崇德，则为游藩之渐。若乃游心于淡，合气于漠，不以是非好恶内伤其生，可以探其堂奥矣。尝□以修学论之，性性相拘惑之，以为异达之道通为一，所以壮栋宇，严像设，利物接人者有之。致虚极，守静笃，顺□□□者，□□□学。今学先觉后觉，以其蜕形□滓，男簪仙果去者，比比其人，而女冠辔神人易迁者，亦不灭。墉城所载，神道设教□□□□□□真人，七真之一也。道充德□□用无方门徒越中分鲁唯圆明之师，偏得圆明之上足，有妙真大师訾守慎，族氏出金乡，乃女冠，耆宿度门弟子甚众。大朝癸未秋，闻长春国师应诏回，故诚恳道迎数舍，自尔置观，住于燕。每得亲炙师席，省心玄训，师敬承特旨。岁丙申，有镇抚王友省差傅乂奉先行台公命许此，令妙真住持。况岱宗乃神仙之府，奉高实仁义之邦，□□以□使张郁、宣差阿里儿及州之诸官，共为功德外护，遂自兴焉。与居为之，使□胛鞅掌十余指。时赵守渊主观事，王守志□□□□一唱一和，积累修缉，寒暑饥渴，极其作务。岁月既久，始成伦叙。前有殿以祀圣真，后有堂以振礼诵，左有寮以酬接待，右有室以供庖厨。沉沉洞洞，轮奂一新。足以

肃晨香昏灯，上祝圣寿无疆，下荐士民之福，不其韪欤。

是观自经始至落成，前后凡二十余年，岂其妙真维持有□，亦惟赵守渊、王守志辅翼之勤也。强圉大荒落之上春，余自梁父回，过忘年萧然子于东华，承介□以文碑之。余自愧螗螂之才弗克当，拒辙之任请□□□□□者也。彼嘱之愈切，弗获已，则曰：妙真修学无间然矣，傥来不为得，傥去不为失，不悦生，不恶死，冲而用之，厥心不震，则天地晦冥而朗日自照，霰雪交集而阳春自舒，此得性之功也。动与阳同波，静与阴同德，寝无梦，觉无忧，虚而待也。其生乃全听之于心，冲气以为和，息之以踵，谷神而自不死，此保命之效也。予景仰久矣，今幸睹芝眉年已长而色若孺子，闻所言如闻天籁于隐几，使予之意也消，以此而论，不唯识得修学之效如彼，抑知立营建之功如此，故宜书之用刊，翠□庶寿其传。是月下弦后三日，元和子谨述。

中统二年七月十五日建，东平路府判兼权摧课税所官张郁。

右碑，连额高五尺五寸，广二尺四寸。篆额题“长春观记”四字，径四寸，分二行。文二十三行，行五十字，正书，径八分。碑阴有题名，剥蚀殆尽。在城内西北隅长春观故址，南向。

案：《泰安县志》载：长春观，元邱处机弟子某修真于此。所谓邱处机者，即长春真人也，所谓弟子某者，以碑考之，乃女冠妙真訾守慎也。訾姓不多见，汉有楼虚侯訾顺，见《功臣表》，守慎殆其裔也。碑云“大朝癸未”者，乃太祖建国之十八年，“岁丙申”则太宗嗣位之八年，“强圉大荒落”为丁巳岁，乃宪宗嗣位之七年，其时未有国号纪元，故但称干支。至立碑，始纪元，为元统二年也。撰文者元和子，不详其姓名，似亦长春之弟子。

又案：《岱史》载：长春观有邱神仙牒及成吉思皇帝敕旨碑。《金石文字记》有元丁亥年碑。今俱无。案：邱神仙即邱处机，成吉思皇帝者，元太祖尊号也。其曰“丁亥”，则至元二十四年也。

全真观碑 正书额，宋子贞撰，徐世隆正书，在城西南上张村

中统二年十月

天门铭 杜仁杰撰，严忠范正书，在南天门西，今佚

中统五年正月

泰山天门无室宇尚矣。布山张炼师为之经构，累岁乃成，可谓破天荒者也。齐人杜仁杰于是乎铭之：

元气裂，两仪具，五岳峙，真形露。
惟岱宗，俨箕踞，仰弥高，屹天柱。
浩千劫，窒来去，谁为凿，起天虑。
非斤斧，乃祝诅，一窍开，达底处[①]。
十八盘，盘千步，荠初吐，抱围树。
日车昃，惨曦驭，六龙颓，莽回顾[②]。
踖此往，嘉无数，无怀下，兵刑措。
七十君，接銮辂，圣道熄，彝伦斁。
揖让歇，篡夺屡，忽焉阖，梗无路。
象纬森，敕呵护，朝百灵，由兹户。
金璀璨，朱间布，九虎蹲，万夫怖。
我欲叩，阍者怒，辟何时，坦如故。
对冕旒，获控诉，豁蒙蔽，泄尘雾。
刮政疵，剔民蠹，上得情，下安作。
额血殚，帝聪悟，崖不磨，苍壁竖。
刻我铭，期孔固，垂万世，正王度。

① 非斤斧：原石刻作“匪斤斧”。
② 莽回顾：原石刻作“莽回玄”。

东平路总管严忠范书；

中统五年正月望日，泰安州刺史张汝霖勒石；

渊静大师、岱岳观主刘德源，昭真观主翟庆真同立；

高又玄刊。

东莱蓝田至此。

右碑，高六尺三寸，广四尺八寸。石坚润，色淡赭，形制天然，不加磨砻，因名自然碑，天门铭即刻其上。字十八行，行二十一字，正书，字径二寸。“渊静”以下二十四字差小。“东莱蓝田至”五字，篆书于左方上截。碑字“顾”作“元”。铭辞古雅，书法端严，洵元碑之佳者。在三天门外西侧，东向。乾隆三十五年，即其地筑台，而是碑遂废。

张宣慰登泰山记 **隶额，杜仁杰撰，王祯正书，在县署土地祠《五岳图》阴**

至元二年二月

东平府路宣慰张公登泰山记

奉高晚生王祯书篆，济南杜仁杰记。文入《岱志》一。

至元二年二月望日，副宫范居正、知宫王志朗、栖真大师、副提点侯志崇、保和大师、东岳庙副提点刘诩从。

崇真明道圆融大师、泰安州道门提点、东岳庙住持宗主张志伟同刺史张汝霖立石，高又玄刊。

右碑，连额高四尺，广二尺三寸。隶额题“东平府路宣慰张公登泰山记”十二字，径二寸八分。文二十五行，行三十五字，正书，径七分。

案：碑称“东平府路宣慰张公”，而不详其名字、里居，以史考之，即张德辉也。史传称德辉字辉卿，冀宁交城人。岁丁未，世祖在潜邸召见，问对甚详。戊申夏，德辉得告将还，陛辞陈先务七事，敦孝友，择人才，察下情，贵兼听，亲君子，信赏罚，节财用。世祖以字呼之，赐坐，赐赉优渥。世祖即位，起德辉为河东南北路宣抚使。二年，考绩为十路最。陛见，帝劳之。迁东平路宣慰使。春旱，祷泰山而雨。至元三年秋，参议中书省事。语与碑文合，惟世祖以字呼之，传在世祖未即位以前，碑则叙于河东报最之后。春旱祷泰山，而两碑则略而不书耳。张公登岱在至元元年九月，碑立于二年二月，迨三年则入为中书参议矣。

王祯书碑，字体遒紧，惟“辦褒”作“辦衰”，则别字也。“䳄三唱”字，书无“䳄”字，《广韵》有“鴳”字，许交切，鸱鸮似凫。玩此碑文义，似与“鸡”同，非即“鴳”字也。

开皇乃隋文帝年号。碑文《御制纪泰山铭》，则当是唐之开元，云开皇者，误也。“六合蹇开”当是“霁开”，而碑文实是“蹇”字，恐皆是误书也。额十二字，为隶书，而王祯自题为书篆，又自称晚生，皆创见此碑。

灵阳寺碑 **正书，在大汶口东南滕村**

至元二年

会仙观碑 **篆额，鹿森撰，王天挺正书，在山东北门家墅**

至元五年正月

岩岩泰山，形势雄厚，位诸岳之宗，资生成之始，含元精而秘神灵之奥府，均造化而隐仙真之洞天。所以古之帝王，例皆焚柴望秩，行封禅之礼，告厥成功者，自兹山始。

山之东北四十余里，有聚落曰“门家墅”，缭以群山，若无路之可入，汇以双溪，虽久旱而不竭。又有崇冈峻坂，映带左右，丛菅灌莽，蔽亏无罅，其地形蜿蜒若睡龙，然龙之首平而可居者，仅数亩。西南而望岱宗诸峰，如指立千鬟，万髻秀峙于风尘之表，真绝观也。间有识者，尝至而谓曰：是岂凡民所可家焉，直使得道者宅之为称耳。及讯诸耆艾，曰：此盖会仙观故基也。

岁壬辰，有道士孟养浩、韩抱一、王若虚、李道诚四人者，因游历过此，遂慨然有卜居终隐之志，且承居者段德辈恳留，乃驻锡焉。自是诛磵茆，刊山木，经始数岁，乃有土木金碧之渐。泰安刺史张侯，一日政隙，抚视农民，信马过此，方解鞍少憩间，养浩辈语其向之耆艾所谓会仙兴废之由，侯喜而谓曰：诸公果有意乎？我为公倡之。四子曰：唯。于是卜日揆地，鸠工庀材，百役具举。凡所缺乏者，侯皆裨助之。由是乡邻远迩，莫不响应。富者以财，贫者以力。日构月缔，年不愈纪，三清有殿，七真有堂，斋有厨，贮有库，客有寮。至于蔬圃井硙，无一不备。舆议以谓非文石无以寿其传，养浩以岁月经营之始末，谒予于徂徕，以记见托。

予谓兴废系乎数，勤惰在乎人。虽然纯归之数，则是犹不耕不种，望年之丰，古今宁有是理耶？是故，归于数者轻，责于人者重，斯可矣。天下之事，勤而不成者有矣，夫未有惰而能成者也。《传》有之“二人同心，其利断金”，诚知言哉！而况四子者，谋则一心，言则一口，力则一手，加之外护有郡侯，多助有居民。呜呼！人众乃能胜天，明□观甫成，抱一、若虚、道诚相继仙去，独养浩守之，亹亹然左补右苴如故。自今以始，凡隶而为黄冠，束手仰成，张颐待哺者，闻四子之风，盍亦兴起云。

重修宣圣庙碑 李谦撰，赵文昌正书，扬桓篆额，在文庙

至元十二年四月

泰安重修宣圣庙记

泰安州庙学，金大定间郡守徐公伟，以岳祠羡材增大之，其制仿阙里之旧，遭罹兵乱，幸而完存。然以岁月滋久，不庇风雨，将有压覆之患，累易前政，未暇葺者。逮至元辛未，洛州防御使马公骧来尹是州，视事之始，致谒先圣，顾瞻庙貌，退而叹曰：事有急于此者乎？因慨然有兴作之志，首出俸币以为僚属之倡，同知储公企范迭相赞和。由是，境内士民以至缁黄之属共为佽助，富者以资，贫者以力。初不出强勉驱率，而人自乐为。先撤大成殿治而新之，次及贤庑，次及神门、讲堂、斋舍之类，焕若完整，率视旧加隆，像设显严，一新绘事。又图七十子暨先儒于两庑。会州之监司暾撒、令尹孙公民献、判官郭公敏相继而至，凡纤悉未备者，皆踵成之。

州教授王尹祯遣其门生刘琛驰书东平，请记其事。仆以文字澳涩，谢不

敢当。刘生申其师之辞，则又请。度不可终辞，辄以所闻复之。三代之世，自二十五家之闾，以及万二千五百家之乡，皆有序有庠，立道德者为之师。序以明教，庠以行礼，而视化焉。而又各有教法，岁时若月朔祭祀，会而读之，书其敬敏任恤者，书其孝友睦姻有学者，书其德行道艺。三年大比，而兴贤者、能者，以礼宾之。其不师教者，观之以射乡之礼，不变则移之左，移之右，移之郊。遂先王之于民所以教之之方，可谓详且悉矣。民自成童以上已知室家长幼之节，十五则知朝廷君臣之礼，所谓人有士君子之行者，岂虚言哉！呜呼！斯民也，三代之所与共学者也。然而古今异制，习俗亦不得不异，犹幸一郡一邑亦自有学以为民之耳目，使观其素习而知揖让进退之仪，养其良能而明孝弟忠信之实，虽不能尽如粹古而其遗意具在，信乎！其为元化之原，而为政者所当务也。马公自下车以来首为是举，其亦知本末先后矣。昔文翁守蜀郡，兴起学宫，学者至，比齐鲁。卫飒典桂阳修庠序之教，而邦俗大化。夫蜀郡、桂阳皆僻远荒陋，不知礼教，自两郡为政，蛮夷之风为之一变。矧泰山圣人乡郡去洙泗才百有余里，人好儒术，户知读书，今学成教举，当有通今学古之士，如泰山、徂徕二先生者出焉，公与为有力。兹故表而出之，异时，传循吏者得以考焉。其余治绩尚多，郡人例能道之，此不书。

至元十二年夏四月甲子，东平府学教授李谦记；

承事郎、长清县尹赵文昌书；

山东东西道提刑按察司书史扬桓篆额。

右碑，连额高五尺二寸，广二尺四寸。篆额题“至元重修宣圣庙记”八字，径三寸五分，分四行，文二十一行，行四十字，正书，径九分。按：《泰安县志·宦迹卷》不为马骧立传，故碑所谓“其余治绩尚多，郡人例能道之”者，竟无从考矣。碑为李谦撰文，赵文昌书丹，扬桓篆额。

《史》称谦为东平府教授，生徒四集，累官万户府经历，复教授东平。先时教授无俸，郡敛儒户银百两备束修，谦辞曰：家幸非甚贫者，岂可聚货以自殖乎！翰林学士王磐以谦名闻，召为应奉翰林文字，一时制诰，多出其手。至元十五年，升待制。据《史》则谦两为东平教授，而未详何年，以此碑证之，知至元十二年犹为东平教授也。

《史》又称，扬桓弱冠为郡诸生，中统四年，补济州教授，后由济宁路教授召为太史院校书郎，迁秘书监丞，至元三十一年拜监察御史。而未尝言其为山东东西道提刑按察司书史，或者为书史在未为郡诸生之前乎？然桓以大德三年卒，年六十六，则生于甲午，当至元十二年篆额之时，年已四十二，且中统四年已为教授，岂有越十二年反为书史之理。以《史》按之，则篆额之年，正为太史院校书郎时也，岂同时别有一扬桓耶？然观篆法，洵非他手所及，是所未详也。

重修灵派侯庙碑 篆额，王祯撰并正书 在城西潹河将军庙殿前东壁，西向

至元十三年十月

泰安重修灵派侯庙记

州教授王祯撰并书篆；

高又玄刊。

泰山有三溪，独西溪雄秘莫测。盖其源来自上方，下为瀑布，直注山根，洄洑龙湫而出，高深委折，渊而复流者，至郡城之西，百举武而近，居民饮濯之，而呼曰“潹”。潹之东湄，地形若穹龟然，庙其上。曰“灵派侯”者，宋真宗大中祥符元年，有事泰山，驻跸于此，始患水泉涸绝，俄而涌涨，嘉其神异而封建之也。兴作始末，文石具在。每岁春，远近献芗骈肩累迹，不可胜数。郡民云丐诸神者，每对所祷，亦尝有所凭托，而宣其威烈。故祈谢之徒，刲羊豕而焚楮镪者，略无虚日。

一日，泰安监司暾撒、县尹孙公民献暨诸僚属，同谒祠下，悯其殿像摧压，颇蓄兴修之志。已而，庙堧为奔流所啮，祝之之际，水复折而西。二公耳神之灵既熟，而又目睹其验，遂亲董其役，更其庙而新之，以崇其祀，凡土木瓴甓绘塑之须，一出本朝香火之费，皆二公规度之力也。落成之日，嘱仆为记。

窃闻之，山林川谷有能利于人者，则秩而祀之。唯岱为镇岳，实发生

之所，肤寸兴云，不崇朝而雨者，其流泽又能滋于民物，复及万乘，功用显白，神而祠之宜矣。其有感于死生，胶于向背，徼福而逃祸，求利而避害，皆非神之所职。兹因及之以惩后之谄妄者云。乃作迎送之词，俾歌之以侑其祭。词曰：

我侯兮何在，山之麓兮水唯溙。山幽兮水鸣，具我侯兮形声。侯之游兮委蛇，风为驭兮云为衣。冯夷兮击鼓，水妃兮歌舞，侯之乐兮来止，徒御雍雍兮，赤舄几几。我民承事兮，既多受祉。侯之去兮悠哉，忽惨变兮阴霾。来或去兮叵测，千秋万岁兮愈钦灵德。

武德将军、泰安州达鲁花赤兼诸军奥鲁暾撒；

奉议大夫、泰安州知州兼诸军奥鲁孙民献；

承务郎、同知泰安州事兼铁冶同提举储企范；

从仕郎、泰安州判官郭敏。左读。

大元至元十三年岁次丙子十月二十五日，泰安州知房赵尚，中都目陈瑀、贾祐立石。

右碑，连额高三尺七寸五分，广一尺七寸五分。篆额题曰“重修灵派侯庙之记”八字，径二寸五分，分四行。文二十行，行三十七字，正书，径五分。在灵派侯庙二门东壁，西向。

徐世隆诗刻 正书，在岱庙环咏亭

无年月

记梦五言

我梦天倪子，同登日观峰。

骨强清似鹤，步健老犹龙。

方外无官府，堂中有岱宗。

仙间真福地，杖屦会相从。

翰林集贤学士、正议大夫、知制诰、同修国史徐世隆书。

复斋送天倪子还泰山

九十行年发未华，道人风骨饱烟霞。

洞天福地三千里，神府仙闾第一家。

牛膝药灵斟美酝，兔毫盏净啜芳芽。

隐居自爱陶宏景，莫作山中宰相夸。

右石，高一尺七寸，广一尺九寸。诗凡二首，其一八行，行十一字，字径一寸四分。其一五行，行十四、五字，字径八分，并正书。案：《泰安县志·金石》不列是碑。《元史·徐世隆传》：世隆，字威卿，陈州西华人。弱冠登金正大四年进士。癸巳，奉母北渡河，严实招致东平幕府，俾掌书记。元世祖在潜邸，召见于日月山，欲留之，以母老辞。实子忠济，以为东平行台经历。中统元年，擢燕京等路宣抚使。三年，宣抚司罢，还东平，除太常卿兼提举本路学校事。至元元年，迁翰林侍讲学士。俄兼户部侍郎，七年，迁吏部尚书。九年，补外为东昌路总管。十四年，起为山东提刑按察使。十五年，移淮东。十七年，召为翰林学士，又召为集贤学士，皆以疾辞。年八十卒。此世隆历官之始末也。

此碑结衔云“翰林集贤学士、知制诰、同修国史”，《传》无“制诰、国史”之职，而翰林集贤学士当在至元十七年，虽以疾辞，犹列其衔也。《传》不载其号“复斋”。碑云《复斋送天倪子还泰山》。《泰安县志》录此诗于《艺文》，作《徐世隆送天倪子归布山》，则“复斋”为世隆号，而泰山、布山又互异也。以时考之，碑刻二诗，皆在至元十七年后，至二十二年所作，其时方辞官，必就陈州家居，此盖书于其家，而所称天倪子者刻于泰山，不著年月也。天倪子未著其名。据元遗山有《呈布山天倪张真人诗》，王奕和之，则道士而姓张也。又证以《朝元观碑》，知为张志纯。

灵岩寺僧复庵诗刻 正书，在后土殿，与中统二年诗同一石

至元十八年

中统二年六月旦日，重游方山，少林复庵圆照敬题。

再到灵岩古道场，俨然乔木蔽云房。

十分山色四时好，一味松风六月凉。

老树挂藤侵石壁，落花随水入池塘。

主人乞与禅床卧，梦里似闻天上香。

复庵老衲游山漫兴，谨赋拙偈。

至元十八年清明后十日题。

年来乘兴一闲游，直拟寻山山尽头。

之字水从斜硐出，羊肠路到断崖休。

古藤依倚岩前树，老木侵欹涧下流。

啼鸟催归日将暮，林阴扑翠湿衣裘。

至元三十一年孟冬下旬有三日。

当山传法住持法侄桂庵野衲觉达立石。

锦川夏中兴刊。

通道宫碑 篆额，魏道明正书，在东乡观外

至元十八年五月

创修通道宫碑

前东岳庙提点、洞真通元大师、赐紫金襕魏道明书丹篆；

岱麓高又玄、男高溶刊。

尝闻道与之貌，天与之形，而媸妍小大无偏，斯变化神功莫测也。故圣贤垂科教，度人伦。下及重阳祖师立全真大教，七真辅翼，四众依归。岩谷幽栖之流，市朝应物之者，而臣修崇宫观，在在有之，况东岳名山大川，岂无建立焉。

奉符之西南，两舍第四乡东向村通道宫，乃安闲子圆明大师宁君之所建也。君讳志平，本处人，赋性温柔，幼而乐善。年未冠，愿修真，闻徂徕葛家坊稚川仙迹，有古阳子丁公，超然苦志，道价非尝，□往拜之，积有年矣。公礼青社万寿真常子慈惠真人范尊师，师即长春真人法嗣也。一日，公语君曰：凡人为道□不远人，可于滕村置观，将永滕因。君承法旨，

起灵阳观。于是开畎亩，斫荆榛，与众兴工，朝勤暮息，不数日，载而□象方壶斋云便舍，间计五十，就立碑焉。

君于癸巳夏初来此，欣然四顾之，前汶水而后鳌山，左云亭□□□□。君谓门弟曰：是处可赡道众百余。召王志元与数子同心协力，治下平高，穿井筑垣，编茆作屋。己未季春，□□□殿不日而成。至元十二年，夹钟缉营后殿。至元十七年，绘塑七真法师尊师官，金碧晃然。洎三门堂□□胜灵阳君施针药，病告者痊化。一方居士儒官，推诚信士咸悦而助之，令子孙蕃衍者多耳，足以四时香□□皇王之万寿，祈黎庶之千祥，请福禳灾而不辍也。呜呼！先师既没，仁乐于山，颖悟长生，奚言可谕，龙眉宁□□西山图二者，君诚相比。《易》曰：嘉遯贞吉，以正志也。《经》曰：明道若昧，进道若退。固得门□□指名冠诸方□□□风，斲石作记，同志素、亨、源诘余文之，坚退匪容。钜鹿野夫系其铭曰：

道包万有，神化无穷。圣贤肇启，科教流行。重阳复度，七真一遇。大阐玄门，令人开悟。泰岱坤维，通道仙基。长春范父，宁礼丁师。宫观所兴，草木光生。云朋信士，协赞而成。殿像既完，蒇时田园。方传永劫，以立名言。

大元至元十八年岁次辛巳五月二十日，通道宫知宫陈道素、季道亨、刘道源同立石。

武德将军泰安州达鲁化赤兼诸军奥鲁八合秃；

奉议大夫泰安州知州兼诸军奥鲁张之纲；

中书右丞、淮东都元帅大功德主孛鲁懽。

通道观记 篆额，正书，在东向观内

东向通道观

宣□东平路万户府、五翼管民官□世昌篆额；

古□琴台李裕撰；

寿阳逸人谢信之书。

大哉！道之大也，混混茫茫，窅然空然，故非言说形容可仿佛哉。若终不言，云何兴教。夫自太极剖判，□□开国，中含万类，皆□于道。若夫生而无情者知生，生而有性者有识，其有识者，爱恶相攻，是非□辩。多材本来自然真性，是故上圣垂慈，著明法教，大柢须假良因，使人宏道。兹赐紫希夷大师□阳子丁公者，自于髫童，清高不群，遂栖心招隐，慨然弃俗，游于东楚，遇真常真人，礼而师焉。深契幽微，洞传奥秘。已而，西迈至岱岳之南，有滕村者，爱其地而起观，曰“灵阳”。四方逸士来集于门，从而师者多焉。有其徒无欲子卫公志坚者，幼而好学，长而慕道于重阳之门，首为□者。其卫公一□出游至此地，□有旧基，从容而咨访里人，云乃邱乡裴氏主之。因度其方隅，爱其雅寂，谓可建为福地耳。归告于古阳，命出净贿，恳于裴□而待之。由是古阳议于众，咸赞此安闲，子宁公志平住持而创斯观焉。

其观之初兴，宁公朝夕勤勉，徒侣经之营之，不惮其劳，乡之英彦见而益施其土田为观，恒产及材木所须，匠工所费，咸愿为助。兹□圣殿耸构，太上之像可崇，舍增□羽衣之流有庇，昔荒址咸然一新。遂题其额，名为“通道”。通者，无穷塞凝滞之称，道则无为而无不为者也。意通而了然得之者，几何人斯？兹因无欲卫公过余舍，话此观□□美石，将树碑记。昨□之于吴□，夫其家素豪，此翠□蓄之岁久，惠然喜舍，今命良工磨莹以成，愿为我记之。余自揣愚鄙浅□才疏，不足其事，□不获已，因语其迹，摭而述之。□逢执徐，元月八日，住持道士□观卫志坚，知观宁志平立石。

下张寨元帅府令史张；

下张寨元帅府知事赵格；

下张寨元帅府弹压刘；

忠勇校尉副统孙；

忠勇校尉管军督□；

忠武校尉都统岳；

西界塞军民弹压曹俊；

忠武校尉巡检兼提控董□；

武略将军、遥授嵫阳县主簿兼总镇知事张秀廷；

镇国大将军、泰定军节度判官、天胜寨右副元帅都、功德主李良弼。

灵岩寺清安禅师塔铭 篆书额，正书，在灵岩

至元十九年六月

右碑，连额高五尺许，广三尺。额题“清安禅师方公塔铭”八字，篆书，径四寸五分，分四行。文三十行，行存四十二字。下截尚缺数字，无全文可读。碑有云“天兵南牧，数岁干戈”，当是太祖即位称帝之十余年间，丁丑以来数岁，其时方公初出家，至至元辛巳示疾清安，距出家五十余年。铭词云“七十余年”者，正谓方公世寿也。戊申师住束鹿真如寺，是年为定宗即位之三年，师年四十余，然则住灵岩年几五十矣。末行云“至元十有九年岁次壬午六月十”，下缺，此是立碑之年月也。

灵岩寺福公禅师塔铭 正书，额正书，在灵岩

至元十九年十月

右碑，连额高五尺许，广二尺八寸。额题“福公禅师塔铭”六字，正书，径四寸，分三行。文二十三行，行存三十五字，正书，径一寸，下截缺数字，无全文可读。碑有云“寿五十，有五蜡，二十”，下有缺文。要之，其出家不满三十年矣。从至元壬午上追之，则福公生于金正大戊子，而其住灵岩也在中统庚申，时年三十三，则距出家龙兴寺不过数年。然碑又云“幼岁出家”，是与蜡二十余不合也。“蜡”当作“腊”，岂当时通用耶？文为沙门净书撰，末题“至元十有九年岁次壬午十月日”，是其立碑岁月也。

七佛阁碑 阎复撰，李谦八分书，王磐篆额，在泰安城东北五十里谷山寺内

至元二十一年正月

□师七佛阁记

太子左谕德李谦书；

翰林学士承旨、中奉大夫、知制诰兼修国史、领集贤院事王磐题额；

泰安州教授时震摹勒。

天有七曜而四时行，地有七泽而九土宁，人有七情而善恶生。惟金轮氏立教，洞贯三才，包括万类。所谓药师七佛，象数之妙，将无契于是乎。按经之所载，法界凡七界居一佛。其光明遍照，惠泽普及，在浮图法中，犹玄天之有日星焉，百川之有江湖焉，故为其属者，奉之惟谨。岱宗之阴，曰“谷山道场”，岩峦回抱，林树亏蔽，盖云山之都会，烟霞之堀宅也。谨公上人兴滞补敝，于劫火废坠之余，疏凿而泉，种艺而园，垦塥而田。斋庖之众，无虑数百指。既殿中央，以居大雄法像，谓七佛之坛，不可不严，于是辟层崖而阁焉。

一日，上人赴京师，杖锡踵门，请为是阁作记。问诸兴造之绩，曰：吾因山以为基，故不假覆篑而高；伐木以为材，故不烦市易而足；以愿力为役，故不待鼛鼓而集。问阁之大小及为役几何时，曰：揭檐为三，列楹惟五，其高九仞有奇。经始于至元十七年春，落成于今年之秋。又问谷山兴置始末，曰：自元魏高僧意师现化之后，曰宁、曰朗、曰崇、曰靖，凡四传，而寺缘益大。竹溪党公文石具在也。复谓上人曰：惟阁之役，若寺之缘，既闻命矣。敢问谷山之阳，自历劫以来，有无上宝阁，以莲峰为楹，以蟠冈为础，以云虹为飞栋，以烟霞为浮藻，以万象为法身，视今所作，为何如也？上人曰：不然。吾闻天地之外，复有覆载；阴阳之外，复有造化。故自其大者而观之，须弥一芥子也，大千一枣叶也，曾何泰山之足云。自其细者而观之，大空之一尘，恒河之一沙，中间自有佛国在。仁者无用妄生分别，且为我作七佛阁记。予曰：即如上问答语，予为若作记已竟，请归而摹诸石。上人曰：唯唯。时至元癸未十一月二日也。

上人鱼台人，俗姓蔡氏，夙丧父母，从珲师祝发此寺。壮岁游方，始参陶山仁公，再礼紫盖晖公，卒得法于普照鉴公。行业为众所推，录泰安僧司事，凡数十年。与当世名士杜徵君仲梁辈从游甚款。其好贤乐善，盖有本云。

翰林集贤侍讲学士、中顺大夫、知制诰阎复记；

嘉议大夫、中书礼部尚书刘果实赞成之；

至元二十一年岁次甲申正月望日，承事郎、前建康道宣尉司都事李敬祖立石；

都劝缘住持嗣祖沙门英悟大禅师普谨同立石；

泰安州都料匠郭安仁构；

石匠作头周顺、高成刻。

右碑，连额高六尺二寸，广三尺二寸。额题“药师七佛阁记”六字，正书，径四寸，分三行，文二十三行，行四十一字，八分书，径一寸。按：《泰安县志》云：谷山寺即佛峪寺，金泰和元年党怀英撰记，叙寺之兴建甚详。此碑纪七佛阁之创建，盖寺中之一阁耳。文为阎复撰，复以能文，自弱冠即为元好问所选，与李谦等齐名。谦隶书体正而笔健，史独略而不称。刊碑有“摹勒”者，又有“赞成”者，有“石匠刻”者，又有“都料匠构”者，皆他碑所无。

王恽汉柏诗 正书，在环咏亭

至元二十一年五月

高里山神祠记 徐世隆撰，徐汝嘉正书，扬桓篆额，在殿后

至元二十一年十月

重修东岳高里山神祠记

翰林集贤学士、正议大夫、知制诰、同修国史徐世隆撰；

承务郎、同知泰安州事徐汝嘉书丹；

济宁路儒学教授扬桓篆额。

《蒿里》者，古之挽章之名，出于田横门人，感而成歌[①]。汉李延年分为

① 感：原碑作“伤”。

二曲，《薤露》送王公贵人，《蒿里》送士大夫庶人。后代以为人死精魂归于蒿里，其山有神主之，因立七十五司，以为追逮收捕出入死生之所也[①]。故张华《博物志》、陆机《泰山序》皆云：人死其魂拘于蒿里。白乐天诗曰：东岳前后魂，北邙新旧骨。樊殿直《修庙记》亦言：人生受命于蒿里，其卒归于社首。

今东岳山有地府，府各有官，官各有局，皆所以追死注生，冥冥之中岂无所宰而然耶？其祠距泰岳庙之西南五里许，建于社首坛之左。自唐至宋，香火不绝。望之者，入则肃然，近则威然，出则怖然，若有追之者，岂非世人如见真鬼神而然欤？吴道子画《地狱变相》，后成都人来观，咸惧罪修福田，两市屠沽鱼肉不集。况此祠司局之多，鬼神之众[②]，图圄之深幽，其不寒心而骇目者鲜矣。

金季兵烽四起，玉焚石烬，向之所谓像教者，又堕之劫灰矣。行台严武惠公治东平，民怀吏畏，政如神明，特敬天倪子提点道教张志伟。张初名“志伟”，后遭遇上知，赐名曰“志纯”。议起庙像如初，未完而公薨，嗣相能爵，天倪子鸠工者又数年。既申省部，始许修理。

圣上即位，怀柔百神，无文咸秩。诏海内名山大川、岳渎诸祠，听所在修完游会。玄门掌教宗师管领诸路道教洞明真人祁志诚，与天倪子意契，遂竭力以成。旧祠百二十楹，近已完缮，次第落成。其塑像辉耀，比旧有加焉。余待罪翰林，方作泰山庙碑未竟，天倪子曰：岱宗碑成，此特碑之一事耳，若不足劳执事，执事文如流出，第令门生执笔代书则足矣。余谓：蒿里者，社首之禅址犹在，亦唐代受厘之地，使老夫不腆之文，得挂名其上，固所愿也，非所敢望也。故附语而为之记。若夫无怀氏封禅之君，有虞氏巡守之代，略而不书，尊泰山也。

---

① 逮：原碑作“追”。

② 鬼神：原碑作“神鬼”。

宣授冲虚至德通玄大师、东岳提点监修官兼东平路道教都提点张志纯同建；

太师国王嗣孙、太中大夫、东平路达鲁花赤兼本路诸军奥鲁总管土卜申立石。

大元至元二十一年岁次甲申十月乙巳朔十五日己未。

岱麓高又玄刊。

右碑，高六尺一寸，广三尺。额高一尺八寸，广一尺，篆书，径二寸七分。字二十行，行四十六字，正书，字径一寸。在森罗殿后西偏，南向。

蒿里七十五司碑 正书，在高里山神祠后殿西

至元二十一年

右碑，高四尺二寸，广二尺八寸。分上下二层，上层二十四行。

题云：蒿里七十五司信士姓名于左。奉训大夫、沂州尹严庆管官员司；汶上县尹武瑛同吏李简管天曹、地府二司；东原录事司宗法祖管□□、□□、投生、风雨四司；杨赞善管僧道、勾愿、医药三司；轩圆贵管举意、水府、四生三司；陈氏管看经、土地、速报三司；冀州信都县獾獐寨曹斌管举善司；王元安管长寿、法汗、走兽三司；白福玉管平等、山神、注福三司；本州周祐妻顾氏、男瑞童管水造像；赵成管子孙、注生二司；尹果信管□□、□神二司；邢□□管烧香、照证二司；王氏管注禄、五道二司；李熙□管还魂、忠孝二司；张永善管城隍司；刘□管孝顺司；齐二姐管斋戒司；□妙谦管修庙司；□妙真管山林司；张福正管杀生司；梁栋、妻贾氏管推问司；张宅徐氏管六道司；本州马县尉名国宝□塑土；开州仆阳县晋阳乡土井村李□诚、妻张庙善尔、张玉童管陈状司。

伏以灵像威严神房叙列，判人间之祸福，注尘世之吉凶。伏愿信士之家，长幼平□□□清吉，上愿皇基永固，圣寿延长云云。至元二十一年岁次□申。下缺。

其下层分三项，姓名前一项，□侍人员十三人，分五列。后一项在庙洒扫户姓氏，十五人，首一人，曰庙长。又十六人，首一人，曰庙典。分四列，并正书。

按：《泰安县志》不载此碑，其立碑之年与徐世隆撰《重修高里山神祠碑》同，则此碑

因重修神祠时，募塑七十五司神像，遂记其姓氏也。神有七十五司，碑立其数只四十二司，余未见其名目。所列各司，皆主吉凶祸福，分理冥府之事，盖东岳辅相所驱使之神也。

蒿里七十五司神房志 篆额，正书，在高里山神祠后殿西

至元二十二年正月

右碑，连额高七尺，广三尺八寸。篆额题“东岳蒿里山参司六案七十五司神房志”十六字，径三寸五分，分四行。碑分六层，并正书。右边总叙二行，有云：天网恢恢，疏而不□，积善降之百祥，积不善降之百殃。为善降祥，为恶降殃，善恶之报，其在斯焉。

第一层三行，曰：判所隶司、判磨勘司、判都察司，是为三司。

第二层六行，曰：判闵众案、判苦楚案、判□□案、判保刑案、判功德案、判注生案，是为六案。

以下四层分列七十五司，曰：判孤魂司、姓□氏，□州人；判地狱司，姓□氏，□州人；判疾病司，姓□氏，汉州人；判昧心司，姓□氏，楚州人；判土地司，姓□氏，同州人；判财帛司，姓柴氏，亳州人；判□□司，姓宋氏，沁州人；判□□司，姓□氏，楚州人；判□□司，姓□氏，磁州人；判天□司，姓□氏，□州人；判□□司，姓□氏，□州人；判□□司，姓□氏，□州人；判速报司，姓包氏，闾州人；判□□司，姓何氏，□州人；判□□司，姓任氏，金州人；判□□司，姓□氏，□州人；判□□司，姓钱氏，□州人；判注死司，姓杨氏，□州人；判恶报司，姓□氏，池州人；判法仗司，姓□氏，□州人；判四生司，姓□氏，陈州人；判□淫司，姓尹氏，□州人；判曹吏司，姓田氏，新州人；判长寿司，姓文氏，唐州人；判斋戒司，姓宋氏，徐州人；判注禄司，姓王氏，华州人；判官员司，姓成氏，蔡州人；判子孙司，姓李氏，郑州人；判风雨司，姓左氏，路州人；判鬼魅司，姓张氏，耿州人；判枉死司，姓楚氏，肇州人；判陈状司，姓都氏，邓州人；判索命司，姓秦氏，滑州人；判□问司，姓□氏，相州人；判平等司，姓宋氏，金州人；判□□司，姓侯氏，汲州人；判走兽司，姓繁氏，湖州人；判□□司，姓□氏，□州人；判校量司，姓雷氏，开州人；判勾愿司，姓勾氏，□州人；判功德司，姓□氏，田州人；判医药司，姓范氏，泗州人；判烧香司，姓柳氏，海州人；判五谷司，姓张氏，莱州

人；判放生司，姓宋氏，兆州人；判看经司，姓牟氏，秦州人；判水府司，姓郝氏，单州人；判注福司，姓薛氏，棣州人；判贵贱司，姓张氏，龙州人；判掠剩司，姓李氏，均州人；判水怪司，姓曹氏，石州人；判山神司，姓邱氏，宣州人；判促寿司，姓张氏，代州人；判照证司，姓宋氏，金州人；判毒药司，姓张氏，定州人；判奸邪司，姓张氏，皇州人；判注祸司，姓金氏，耀州人；判失魂司，姓何氏，易州人；判山林司，姓杜氏，定州人；判孝顺司，姓王氏，新州人；判修庙司，姓王氏，信州人；判杀生司，姓张氏，渭州人；判六道司，姓陈氏，庐州人；判还魂司，姓史氏，光州人；判忠直司，姓王氏，齐州人；判驿客司，姓马氏，延州人；判飞禽司，姓宋氏，卫州人；判精怪司，姓李氏，青州人；判堕胎司，姓东氏，祈州人；判盗贼司，姓马氏，陕州人；判冤枉司，姓郑氏，许州人；判减福司，姓闵氏，建州人；判送病司，姓关氏，宜州人。

其第六层中间空处有曰："生为上柱国，死作阎罗王。年直使者，月直使者，日直使者，时直使者。"左边题云："大元至元二十二年岁次乙酉甲戌朔上元后六日，□庙王致坚。"盖立石年月也。按：《泰安县志》不载此碑，殆以其出于不经，无足录也。陶贞白《真灵位业图》云：鬼官有七十五职，名显者凡百一十九人。殆即七十五司之缘起，又"生为上柱国，死作阎罗王"二语，出《隋书・韩擒传》。至善恶庆殃之说，大率寓劝惩之旨，非尽无据，因详述之。

朝元观碑 篆额，徐世隆撰，刘惟一篆书，在山南麓升元观

至元二十二年三月

岳阳重修朝元观记

古□刘惟一篆；

郡人高又玄镌；

翰林集贤学士、正议大夫、知制诰、同修国史徐世隆撰。

岱宗者何，众岳之长也；岳阳者何，四方之南也；朝元者何，两仪资生，万物居泰，群臣之贺正也。故道家取象，名其观曰"朝元"。朝元之建，未详始于何代。东平严公南征恺还之日，径趋泰山祠焉，礼也，盖昔

者诸侯得祭境内山川，将登绝顶，遥望古殿，檐楹损坏，栋宇摧仆，遣人视之，果如所见。命道侣住持克期修理，会公薨逝，嗣相踵行其事，赍缘掌教洞明真人，属天倪子张志纯。志纯元名志伟，遇圣上知识，遂改今名。天倪子以岳庙事重，辞焉，真人乃下拜不起。天倪承命，遂鸠工抡材，虽时经凶年，亦勉力成之，其费皆出会真常住岳顶香资，掌教所助净财，支用殆尽。呜呼！俚语云：与人不足，劝人为屋。矧栋梁之材，丹臒之工，物也邪？

虽然，泰山者，蓬玄之洞天。洞天三十六，福地七十二，即其一也，故其门曰“天门”，其观曰“日观”，其风也来万里，其雨也遍九州，其星曰“岁星”，其帝曰“青帝”。既为众山之长，又为万物之宗，其兴废必有灵祇司之，岂有不为神物所护持者哉！废而兴之宜矣。虽然，古人为命，裨谌草创，世叔讨论，子羽修饰，子产润色。区区一辞令之微，尚经四贤而能之。若此祠也，先公倡之，嗣相继之，真人助之，天倪终之，岂有不兴者乎？

翰林集贤学士又为之记，且叙之以诗云：

严公南伐恺歌归，曾过朝元古殿基。已立城池从众守，未完宫观择师为。丹青绘出神仙像，玉石镌成仁圣姿。纪德歌功翰林事，步虚正要七言词。

大元至元二十二年岁乙酉三月十有七日，知观门事、泰安州都目高渊；

从仕郎、泰安州事判官张翔；

承务郎、同知泰安州事徐汝嘉；

武德将军、泰安州知州兼诸军奥鲁粘合玮；

武德将军、泰安州达鲁花赤兼诸军奥鲁八合秃；

宣授冲虚至德通玄大师、东岳监修提点、兖东平路道门提点张志纯重建；

鲁国武惠公嗣孙、奉训大夫、沂州知州兼诸军奥鲁严度立石。

右碑，连额高八尺五寸，广三尺。额题“岳阳重修朝元观记”八字，籀文，径三寸五分，分二行。文二十行，行四十六字，小篆，径一寸二分。按：《泰安县志》云：观初名“建封院”，宋政和中，赐额“升元观”。元张志纯重修，改称“朝元观”。

其神祀东华帝君，道家谓之东岳福神。今据碑文，但云“为群臣之贺正”，不言所祀为东华帝君也。碑云：朝元之建，未详始于何代。则似改额。朝元其来已旧，不自此碑始也。

东平严公者，名实，字武叔，长清人。初宋取益都，以实为济南治中。实知宋不足恃，乃谒木华黎于军门，早午朝太宗于和林，授东平路行军万户，此所谓东平严公也。庚子年卒。中统二年，追封实为鲁国公，谥武惠，其子孙之见于史传者，子曰忠贞、忠济、忠嗣、忠范、忠杰、忠裕、忠祐；孙曰瑜，乃忠济之子。此碑云“鲁国武惠公嗣孙严度”，当是金紫光禄大夫忠贞之子也。

灵岩寺新公禅师塔铭 雷复亨撰，耶律希逸正书并篆额，在灵岩

至元二十二年十二月

右碑，连额高六尺，广三尺。篆额题“新公禅师塔铭”六字，径三寸五分，分三行。文三十行，行存六十二字，正书，径五分，尚缺数字未全见。撰文者进士雷复亨，书丹篆额者嘉议大夫山东东□西道提刑按察使、漆水耶律希逸。

文云：师讳新仝[1]，字仲益，月泉其号也，姓郭氏。父曰“双明居士”，代为燕之奉先神宁太平里人。其生平事迹，不独禅行精深，即诗法炼句亦多新颖。元之诗僧如公者，亦无几家。惟气宇冲霄，大丈夫句，颇觉粗豪。盖其时年少气盛，诗法、佛法皆初入门，未免以血气用事者也。

耶律希逸，碑称“相门世胄”也。左丞相薨于京，公奔丧去师，遂示寂，实至元二十二年五月一日。按：《元史·列传》，希逸为中书令耶律楚材之孙，左丞相耶律铸之子。故云“相门世胄”。《传》载：铸卒于至元二十二年，而不言何月，以此碑证之，知在五月以

① 师讳新仝：原碑作“师讳仝新”。

前也。《传》称希逸官准东宣尉使，盖是最后所居之官，不载山东东西道提刑按察使者，史文从略也。碑末云“至元二十二年岁次乙酉十二月二十六日”，是立石岁月。

圣旨焚伪道藏碑 篆额，唐方撰，粘合玮正书，在冥福寺，今佚

至元二十三年五月

填池灵异记 王天挺撰并正书，今佚

至元二十三年

填池灵异记

王天挺撰并书。

“渊济公”之号始于宋，其庙于兵乱间，为金东莒公燕宁所毁，不数月而宁卒。岁在丙戌，元帅莱芜刘瑀权知泰安州事，守天胜，以久旱祷雨于龙池之侧。时有小白蛇出，戏于香鼎上，刘以为神龙所变，再拜，祝之曰：三日之内有雨，则我将为神修庙。卜之，吉，一军欢呼罗拜。经数日无雨，刘怒曰：神许我雨，今既无雨，则无神矣。命诸隶卒揭西崖之石填其池，池将满，雷雨暴至如倾，雹大如鸡卵，众惶怖惊走。既晴，视之，其池中所填之石，悉为湍流冲去，皆骇异，拜谢服罪。即今庙貌刘帅为创始。此事土人往往有亲见之者，权府张侯谈之甚详，因并为之记。

右碑，在岳西南麓渊济公庙，今与庙俱无。文见《岱史》。曰丙戌，则至元二十三年也。

云溪观碑 李述祖撰，张志纯正书，在羽父山云溪观内

至元二十四年二月

感泽记并题名 正书额，正书，在白龙池

至元二十五年六月

岱岳观禁约 正书，在王母池，今佚

至元二十九年

时氏先茔记 篆额，和天邻撰，孔挚八分书，在城东南时家庄

至元三十年二月

灵岩寺肃公道行碑 篆额，正书，在灵岩

至元三十年九月

灵岩足庵肃公禅师道行碑

大都报恩禅寺、传法住持、嗣祖林泉老衲从伦撰并书丹篆额。

青州法祖渡江已来，至朔方，居万寿，立曹洞一宗，与圣安竹林、晦堂佛日而鼎跱焉，故三派渊源，于今愈盛。青州之下四传，而得万松，光暎丛林，声传四海，天下指为祖道中兴。复嗣雪庭裕，裕嗣足庵肃，其余龙象，硕大光明，表表可纪。

观肃之学业道德，亦四科十哲之一数尔。公名净肃，号足庵，金台永平张家里孙氏子，祖居满城之西，以陇云耕月而立其家，经四世而生公。其父见异常童，有出尘之格，携归唐县，礼香山明公落发，给侍之余令阅梵文，目击千言，娓娓成诵。后闻云峰亨公，走依座右，日复一日于槌拂之下，发明大事，虽秘传密授，不满初心，深自韬晦，遍参名宿，谒三阳，广仰山，通报恩资，皆蒙许可。后雪庭掌天下僧权而主万寿，才学博赡，道德丰盈，遐迩云臻，慨然辐辏。公亦袖香径造其室，一见心奇之，针芥之缘，不差毫忽。遂以衣法而并付之，诘旦，卷衣去，依赵好乳峰禅伯，禀受外典。未及食新，果造幽微，复参东山微九峰信，信命嗣续东山之道，公掉臂弗受，遁燕之万安，寄傲南窗，闭关却埽，杜绝人迹。当是时，嵩少阙人，就命开法于万寿之堂。越明年，宣授河南府僧尼都提领，居九祀，革故鼎新，未尝少息。创建方丈二十四楹，古未之有也。当修营之际，辇

土般石，必先其力，上下悚然，莫不服膺，争先为之。次主灵岩八载，广阁大厦，椽梠差脱，人不堪其忧，公为之一新。其余僧舍，增新者百有余间。自来修营缔构，无出其右。会万寿虚席，命补其处。一到，增修廊庑，翕然称善。此公居三巨刹，立丛林、宏祖道、兴福之大概也。偶四大违和，退居香山寿圣故刹，寿及耳顺而归寂焉。阇维后，收灵骨而归塔矣，小师智锦，不远千里求铭于予，予以叔侄之义，不辞鄙陋而为铭曰：

曹溪洶澒几多年，洪波浩渺知无边。饵云钩月咸争先，龙门一跳胜飞仙。三居大刹光先贤，行藏取舍通精研。墨华现瑞非无缘[①]，壶天美景恒非迁。包容万象摅云笺，雄雄气象摩青天。遍参名宿机盘旋，纵横妙用钻弥坚。涅槃心印实堪传，足庵承受忘其年。根深蒂固荣恩田，枝枝叶叶郁茂祈联绵。

至元三十年岁次癸巳重阳[②]。

小师监寺智锦等立石；

灵岩傳法住持嗣祖桂庵觉达同立；

锦川匠人夏中兴刊。

右碑，连额高六尺七寸，广三尺五寸。篆额题“肃公禅师道行之碑”八字，径一寸五分，横列于上。文二十三行，行四十五字。正书，径九分。按：肃公住持灵岩者仅八载。其后住持万寿，遂归寂焉。碑云“阇维后收灵骨而归塔”，殆是归骨于灵岩也。释氏以身后火化为荼毗，“阇维”即荼毗。盖以声近而有异文耳。

大圣院塔廊记 **徐朗撰，张士彧正书，在城西南五十里鳌山东南**

至元三十一年

① 墨：原碑作“昙”。

② “重阳”下：原碑有“日”字。

灵岩寺提点广公寿碑 正书并撰额，在灵岩

至元三十一年五月

普觉禅师广公提点寿碑

将仕佐郎、棣州儒学教授、南宫左思忠撰；

灵岩传法住持嗣祖沙门桂庵野衲觉达书丹并题额。

夫达理山禅通方野衲，或院居受业，或锡挂诸方，扶持法道。法道兴行，辅弼丛林；丛林茂盛，经祁寒暑雨。忘重苦大劳，护法不避丧躯，安僧那知有己，将无作有补短绝长。一僧之寒，犹己之寒；一僧之馁，犹己之馁。赤心似旧，白头如新，寺僧获优足之宜，常住享丰荣之庆。如斯之德，今谁有乎？仆于普觉大禅师见之矣。

师姓夏氏，名正广，字济川，扬州江都县人也。年十岁，天兵南下，国破家亡，身无定在，有辅国上将军枢密副使合坦官人引至江北之清平，乃师先祖之故乡，聊为住坐。当时是也，见师好善，心慕佛乘，年十四送入灵岩，投为出家，拜住持清安老人为师。披剃之后，登坛受具，日往月来，委当院门，一了百当，其为人权变如此。会至元四年八月二十八日，荣受宣命，保护院门。总统诸师知师多能，给付副身，俾为本寺东西两架都提点，又赐“普觉大禅师”之号。语云：量材受职。其在兹乎。师尝自警曰：天下三岩，灵岩为最。寺僧虽有，藏教殊无，其如法众看念何？其如云侣检阅何？

至元二十六年，与住持宝峰长老并众知事商略曰：道离文字者禅；不离文字者教。奈教自禅来，禅从教入，使失者得而迷者悟。遂领本寺数人，前往杭州南山普宁寺，印经一大藏，渡江而北，龛于灵岩。虽玄奘重来，只是这个。

师又念曰：哀哀父母，生我劬劳。欲报之德，昊天罔极。随挈祖父母、父母灵骨抵于泰安之长清。既月乃日，植松楸，立坟陇，重新棺椁，再整衣衾，荣葬于县之南一乡静默峪。春秋祭祀，以时思之，其为僧孝亲之心，

于兹可见。

度落发小师伯余人，其高第一人曰“思金”等，蒙师之恩，报师之德，建寿塔，立寿碑，不远千里，出示始末，求文于余，刻诸贞石，传无穷之名，播无穷之美。余不愧辞荒笔谬，识短才疏，因而为其铭曰：

灵岩名刹古道场，丛林人物皆诸方。出类拔萃谁非常，阿师头角独轩昂。圣朝平土收封疆，慕羶随蚁归吾皇。灵岩薙发十岁强，清安门下兰生香。天书一扎受十行，院门威护增威光。东西两架僧主张，有条不紊归权网。大师普觉心清凉，寒灰枯木为肝肠。取经一藏从苏杭，众心闲静师心忙。祖先灵骨俱携将，归来卜葬南一乡。功成名遂难掩藏，建碑立塔为昭彰。思金求文来我旁，恨无健笔为发扬。愿师寿算等无量，名与方山同久长。

至元三十一年仲夏重午日，门人庵主思金等立石；

当山传法住持嗣祖沙门桂庵野衲觉达劝缘；

锦川族人石匠夏友、夏明刊。

右碑，连额高七尺五寸，广三尺二寸。额题“广公提点寿碑”六字，正书，径四寸，分三行，文二十四行，行五十字，正书，径九分。

按：碑不详广公世寿几何，据铭序云“年十岁，天兵南下，国破家亡”。乃指甲午金亡之事，其时扬州虽属宋而为李全所攻，干戈扰攘，广公是以“身无定在”也。今碑立于至元三十一年甲午岁，是可知广公寿七十矣。

序又云“前往杭州南山普宁寺，印经一大藏”。考之杭州《西湖志》载：普宁寺在雷峰塔下。《咸淳临安志》：周广顺元年建，宋大中祥符初改今额。秦少游《龙井题名》所云：航湖至普宁，遇道人参寥，策杖并湖而行，出雷峰，度南屏，得支径上风篁岭，正其处也。今湖堤遗墟尚存，止见石塔，院宇尽毁，云云。而总不详元代之兴废若何。以此碑证之，则元至元末年尚有藏经板可印，其寺之盛可知矣。然普宁印经事，亦仅见此碑，可为武林梵刹增一掌故也。碑云“当时是也”，当做“当是时也”，乃书碑时偶倒互耳。

修竹林宝峰寺碑 篆额，李谦撰，释福门正书，在山西南麓

元贞元年九月

重修竹林宝峰禅寺记

前翰林院侍读学士、朝请大夫、知制诰、同修国史野斋李谦撰；

外护都功德主忠显校尉、泰安州达鲁花赤、兼诸军奥鲁事哈剌不花篆额；

圆融双照大师、讲诸经疏傳法嗣祖沙门福门书。

泰山竹林禅寺者，名冠天下，询诸萌肇，莫知其所由。自唐迄金，屡经兴替，讵可云哉。及兵息之后，有先受业僧珍公都纲、钦公阇黎、鉴公僧录、廷公僧判、监公主事、连公讲主等，而相谓曰：有先师所居竹林旧基木场故址，我侪等力不能赡，今闻东原海公菩萨声名盖代，数处建立精舍，何无礼请其人住持修盖，永远剃度，光显吾门，不亦可乎？众皆云：然。于时敬修书疏及以施状，恭请海公上人维持修盖。师虽允悦，谦而谓曰：窊隆有数，非力能然。

师讳法海，姓于氏，光州固陵人也。祖尝任光化军节度使，祖父昆季咸居贵显，家赀巨万，值大兵而离散。师年弱冠，遁迹于魏博间，至馆陶东北舍余地，得招提故基，曰“白佛堂”。榛莽蒙蔽，师乃芟而除之，结茅而处，得念佛三昧，昼夜寒暑，不为变易。岁在甲辰二月，□遇师披剃，始蒙出世，如宝珠出泥，光溢众目。于是，缁俗听信志力是愿相与住持，逾六十晦。中起演法之堂，斋僧之室，方丈海会，香积库囷，以次俱新，揭其额曰“净土院”。时中书右丞严公总管东平，乃具书疏请诣本府之四禅寺，徒众云聚，亦复如是，乃创为绘塑大雄萨埵、护法神将百有余尊，光灿具足，迄今显然。岁次丁未，僧录云公同众比丘请住持在城大开元寺，自是法缘洪振，众悉归依，人人咸以菩萨称之。居无几何，东振齐鲁，北抵幽燕，西逾赵魏，南距大河，莫不闻风趋赴。其送施者，朝暮不绝，以资贿衣物积如丘阜。于是乃重修雷音堂、文殊殿，方丈寮舍，钟楼廊庑，

百有余间，四方下院三百余处。剃度小师千有余人，俗素豪士受持三归者莫知其数，前后斋僧几千百万。给缯纩以赈单贫，设糜粥以饲饥馁，慈悲方便，靡所不至。国师海云闻师道价，特赐号曰“明慧大师”。一日，宴居语诸徒曰：所施下院三百余区，吾欲韬光待终，宜何而处？有近侍僧夏志成通，从容而作对曰：有泰山竹林之古所，诚甲于余地，山水佳丽，人境幽僻，可以作终焉之计。师闻之告，密而窃记。异日弗辞，只影曳杖，独跨宝峰，达斯古础，折草为庐，苟避风雨，宴坐习禅，方遂雅怀。于时岩花争秀，野鸟声喈，云山以之变色，幽谷为之生春。未及旬日，门徒缁素蹑踵相觅，愿奉衣殉者继日不辍，从兹奉高一郡谁不归崇。居之未久，云徒既众，欲广其厦，奄示维庥，召诸弟子付以衣盂，而告之曰：吾缘尽矣，树此兰若功输，尔辈勿忘吾嘱。言讫移时，溘然而逝，春秋三十有九，僧夏一十有七。荼毗送终者，僧俗亿万指，无不哀恸尔。随起塔于灵台，立真堂于数处，仍遵梵仪。

大事终矣，是后小师志成、志通、志从，嫡孙定峰、定广、定玉、定果、定聚，重孙正元、正演、正顺等，于斯竹林相继住持，排肩勠力，几五世矣，方始见成，能仁有殿，祖真有堂，云宾有舍，庖食有厨，三门挟库及下院木场所宜用者悉皆备矣。复以余力树乔松而塞户，植修竹以封窗。又抉以川流萦纡而通诸庭宇，沧浪而贯诸阶除，漱石砌汲，烹肴馔，灌蔬圃，生口菜茹，漩归大壑。复入湍流，瀑作水帘，崖悬百丈，浍集龙池，湛碧千寻。逼之则毛寒，过之则胆战，真所为遁世之桃源，栖心之福地矣。兹有住持小师定玉、正元、正顺等，缅想诸公历历勤苦，恐后世湮没无闻，欲立石传之久远，特状其始末，托迁公僧判不远而来求予以文。予因而谓曰：泰山之尊，天下孰不望之；竹林之名，率土孰不闻之；菩萨之化，方今孰不遵之。复何假以辞饰，随命孺子代笔。勉拙来情，从其状而书为记焉。

外护功德主、照□校尉、泰安州达鲁花赤兼诸军奥鲁劝农事忽都；

外护功德主、奉议大夫、泰安州知州兼诸军奥鲁劝农事杜天禄；

外护功德主、从仕郎、泰安州判官唐世英；

承务郎、同知泰安州事兼诸军奥鲁劝农事张师谔；

外护功德主、泰安州僧判旺吉祥；

承事郎、奉符县尹郜汝舟；

进议校尉、奉符县达鲁花赤忙古歹；

元贞元年岁次乙未九月下弦日，完福大师、泰安州僧判定玉提点正元、正演、山主正顺、福就、福秀立石；

周顺男、周琼刊。

右碑，连额高五尺六寸，广二尺八寸。文三十行，行五十五字，正书，径六分，末书各官姓名及年月、僧众，俱左读。在岳西南麓，今寺圮，惟碑存焉。

朱珪先茔记 陈应奎撰并书，在城东南沈於村

大德四年二月

朱珪题名 正书，在云云山

大德四年三月

竹溪庵记 时震撰，刘绂正书，在徂徕山西北庵内，今为玉帝阁，碑尚存

大德四年十月

竹溪庵记

泰安州儒学教授时震撰；

泰安州儒学教授刘□书。

竹溪旧为名区也，尚矣。粤自隋唐辽宋，贤士大夫欣慕歌咏之作，所以志其盛者，不为不备。及乎名姓刻列于碑阴，世失其旧，剥落而不存者多。金□□党公，一时修举，犹多□灭不能完复，可胜叹哉？

其兴废之由，固有关必无□□不可数计。亦由夫宏继者，或非其人，安措失宜，张而复弛，卒无成效者有耳。比得庵主□道源，□□□李之高弟，李公尝以宾道□重其能，道源洎进徒刘进童，踵成其事。二师皆性行修洁，志务勤苦，已不□□难强人，深为远迩敬信。故当初弊，难祈更兴□，积数年间，虽未能复还旧基，而殿廊、斋舍，抑次第而合时完矣。其不坠徂徕芳游者，夫岂偶然哉？

越大德戊戌岁，□□刘公学而爱敬之，由上考来为奉符尹。公久于国政，克勤吏职，受任伊始，量时敷治，境内赖安。一时行旅过此，追忆是庵，为移时之留，因□二师辅□□军居此，晨夕起奉香火，凡耗灭，无一不复焉。即其所恢拓书社，振起文明，为此境镇□□□□□□□，且告以成败之由，毅然为之倡首，从而助之者，皆不惮□□。刘公喜而和之，愈靡已焉。□□匠会，未阅月，工已告厥成矣而□。于是，择吉日，会乡老，升堂共治成之。二师既感其诚，不吝有所乐施者众，苟非刻石以志，将毋以助施□。遂征文于仆，任□□职，义难固辞，乃总其始末，并编次助施姓名，庸纪是岁月云。

大德四年十月己卯日。

右刻，在徂徕西北，旧为竹溪庵，今为玉帝阁，残碑犹存，碑与阴及题额皆正书，甚剥落难辨。金党怀英尝居此，著有《竹溪集》。

“观涛”二字并题名 时震正书，在徂徕之阴中军嶂

大德四年十一月

灵岩寺达公道行碑 篆额，左思忠撰，正书，在灵岩

大德五年三月

灵岩禅寺第三十一代桂庵达公禅师道行之碑

将仕佐郎、广平路永年县主簿、圆通居士、南宫左思忠撰；

本寺正闲□。

有道山僧，无尘野衲，家风冷淡，活计清贫，纸襖麻衣，芒鞋竹杖。坐则寒灰枯木，行则野鹤孤云，洒落心目[①]，宽洪眼界，脚根点地，鼻孔撩天[②]，把住放行，只由自己，□□纵去[③]，不倩他人。心似挂台之镜，明皎皎然；性如走盘之珠，活碌碌地超今越古，视死如生，傲富贵若浮云，轻功名如草芥，先觉觉后，自利利他。如斯识量，今□□□[④]，仆于桂庵和尚见之矣。

师讳觉达，字彦通，桂庵其自号也。生为汴梁尉氏县七里店李氏子。幼而颖悟，长而端严，□不茹羶荤[⑤]，心不思荣贵。每闻诵□□谛听而喜形于色[⑥]。父母相谓曰：此子终非在家子，为出家儿则可也。遂许为佛子。年甫十二三，礼龙门山宝应寺崧岩和尚为师。披剃之后，登坛受具，□□□气[⑦]，有老成心，遂于本师告香入室，其师授以本色钳锤，似有入路，其聪明有如是乎？

师尝劝谓曰：男子生世，不远走高飞，天涯海角参师访道，终是自家□□□外寻觅[⑧]，如管中窥豹，时见一班耳。遂辞师云游讲肆，闻南京温公讲主明唯识海义，遂师听学，一通百了，遂得法师之名，非为妄说。师尝自警曰：道离□□□禅[⑨]，不辞文字者教。今既学道，可不离文字而入道乎？罗笼不住，呼唤不回，遂为复参。闻琚山和尚，名传天下，声动人间，始为参扣。未几，闻邢州资戒大会，□□□阳[⑩]，问本师崧岩曰：赴会之余，

① 目：原碑作“田”。
② 撩：原碑作“辽”。
③ □□纵去：原碑作“□来纵去”。
④ 今□□□：原碑作“今□有乎”。
⑤ □不茹羶荤：原碑作“口不茹羶荤”。
⑥ 诵□□：原碑作“诵佛书辄”。
⑦ □□□气：原碑作“无童行气”。
⑧ 自家□□□外寻觅：原碑作“自家伎俩不外寻觅”。
⑨ 道离□□□禅：原碑作“道离文字者禅”。
⑩ □□□阳：原碑作“复还洛阳”。

其行藏云何？其依止云何？崧岩曰：削发在洞下之前，成名于曹山之后，他宗异派不可外寻。又闻燕京遂后有资戒大会，□□□和尚住持[①]，万寿为曹洞宗师舍，是而他参，犹之秦而适齐矣，其依止不可胜用也。遂造燕京之万寿，复庵一见，待若故人。遂授以衣钵掌之，三五年间，求□□□句之教[②]。复庵退离万寿，随至齐河之西庵。因缘未至，时节未来，复还燕京，参林泉大和尚，心清目冷，室奥门深，屏退红尘，消残白日，百锻千炼，刮垢磨□[③]，□□露影[④]，林泉付以衣颂，始为罢参。

会至元二十二年，有奉圣州椵谷山龙岩禅寺书疏，礼请出世开堂，师于是日开大口谈禅，拈宝香祝寿，虽复庵、林泉只是这个。尔复整顿丛林[⑤]，寺僧得优足之宜，常住亨丰荣之庆，住持四载，师自念曰：急流终勇退，打闹处抽身。方是衲僧退为退院[⑥]，复还燕□□□林泉[⑦]，请住药师小刹，乃衣钵所也。粥鱼有序，斋鼓依时，寒谷生春，烬灰发焰，慨然一曲，唱起《还乡》，其省亲之心于兹可见。布衣芒鞋，腰包顶笠，杖挑明月，袖□□□径造汴梁之尉氏[⑧]。乘行之际，憩于齐河之西庵。灵岩诸师闻师到此，请看转藏经，其留连如此。日来月往，宝峰退院，灵岩虚席遽疏礼请，师辞让再三，诸师□□□[⑨]：粥饭因缘，行藏时节，不可逃躲。师知不获免，灰心住持，殷勤六载，常住事产，无者有之，旧者新之，破者完之，地土窄隘者宽阔之，园林斫伐者，告纶言护持之。师遂退院，渡河而南，至于法王暂为小隐。有洛京龙潭小刹，古道场也，闻师在此，请为永远剃度住

① □□□和尚：原碑作“复庵和尚”。
② 求□□□句：原碑作“求一言半句”。
③ 磨□：原碑作“磨光”。
④ □□露影：原碑作“囊锋露影”。
⑤ 尔复：原碑作“尔后”。
⑥ 退为：原碑作“遂为”。
⑦ 燕□□□：原碑作“燕京”。
⑧ 袖□□□：原碑作“袖挽清风”。
⑨ 诸师□□□：原碑作“诸师稽首曰”。

持。当是时，有香山普门禅寺虚席，乃大悲□□□□大小知事[①]，云集法侣。遽疏礼请。复为住持与前代住持海公禅师从旧至新，勤无二迹。先圣后圣，其揆则一，其此之谓欤？

灵岩旧住落发小师留有数□[②]，□□□曰思岩等[③]，想师道业，念师功行，若不刻铭立石，使后世百千年以来，十数辈之后，几于无闻。乃持状出示始末，托兴公不远千里，求文于余，况桂庵□□□□死生之契[④]，义不可辞，摭其实以次序之，因而为铭。其铭曰：

桂庵我许为和尚，枯木寒灰为两样[⑤]。脚根鼻孔高下分[⑥]，点地撩天不虚诳[⑦]。半生过教与参禅，头角轩昂一龙象。劳神焦似扣禅关，始得禅门了宗匠。林泉林下立功名[⑧]，三派宗风独自唱。开堂出世椴谷山，往往群邪俱扫荡。归来都下住药师，不起狂波与风浪。道人活计一钵囊，明月长担在肩上。懵然退为省亲行，尉氏汴梁为去向。何期灵岩请住持，三载阅穷经一藏。天涯海角衲僧家，又住香山得名望。大悲要分正手眼，一喝瞎为根本相。扬名后世是思岩，千里求文远相访。师徒烜赫两生光，耀古腾今长万丈。

大德五年三月旦日，小师思舍、思遵、思训等[⑨]；

住持灵岩禅寺月庵长老福海劝缘[⑩]；

---

① 乃大悲□□□□：原碑作“乃大悲证果处”。

② 数□：原碑作“数人”。

③ □□□：原碑作“其一人”。

④ 况桂庵□□□□：原碑作“况桂庵与思忠有”。

⑤ 为：原碑作“无”。

⑥ 根：原碑作“跟”。

⑦ 撩：原碑作“辽”。

⑧ 林泉林下立功名：原碑作“林泉泉下立功名”。

⑨ “思训等”下：原碑有“立石”二字。

⑩ 福海：原碑无此二字。

锦川匠人夏中兴[①]。

右碑，连额高七尺二寸，广三尺二寸。篆额题“达公禅师道行之碑”八字，径四寸，分四行。文二十七行，行六十三字，正书，径八分。碑称达公于元二十二年住椴谷山龙岩寺者四年，退住药师小刹，还乡省亲，憩于齐河西庵，虽不详年载，大约又数年之事。然后请到灵岩，先看藏经者三载，住持者六载。计其时，盖大德初年矣。碑刻于大德五年，是移住香山后寺中，诸徒思岩等不忘师之道行而刻此碑，其时达公固无恙也。

赵荣墓碑 正书，在城西南七十里南仇古墓上

大德五年

天童和尚默照铭 蒙古书，见《金石文字记》，今佚

大德六年

冥福院钟题字 正书，在城内资福寺

大德九年

右钟文曰：“皇帝万岁，太子千秋。”较他钟字云“皇后千秋，重臣千秋”者更新异。

灵岩寺平公管勾勤迹记 僧觉达撰，思圆正书，在般舟殿大门内

大德十年三月

灵岩平公管勾勤迹之铭

本寺书记思圆书；

当山前住持嗣祖沙门桂庵野衲觉达撰。

夫深山里，镢头边，经营产业，开拓山门，辅弼丛林，护惜常住，运先觉觉后之心，行自利利他之行者，其孰能究欤？唯管勾名体相称耳。

---

① “夏中兴”下：原碑有“刊并篆”三字。

公讳净平，济南邹平县九湖里马氏之子。长年十有九岁，不甘处俗，闻止庵老人道价峥嵘，名振山东，径造灵岩丈室。始为落发，习经业之后，受具戒已来，公心贞性古，言无妆饰，所禀天性也。自此闲暇之际，发上品忠心，施功向前，三门之左，凿石开路，使车马直彻院庭，人皆翕然。更栽接梨、柿诸杂果树，伍伯余株，绕寺诸处及梨峪，栽竹垒石墙，遮护看守，忠心为最。时有鞍山月泉作诗上寿赞云：管勾多年苦用心，栽培松竹出云青。老僧无可为添寿，只指松筠作寿龄。知人之鉴，良可为证。不可掩人之德，以示来者，使后进发见贤思齐之志，不为无益，不负平公开山路、垒石墙栽接之初心焉。余录公之实迹，信笔而书，使后世播无穷之苦行耶？仍惠之以铭，其铭曰：

灵岩勤迹厚，施功独占先。心贞兼志壮，德性自天然。何时尝出寺，甚□下平川[①]。凿石开大路，车马彻庭前。接成梨柿树，栽竹更心坚。梨柿并竹子，年年货卖钱。高低石墙起，可羡老平禅。行满功成处，广种福无边。止庵门下子，昆仲少齐肩。苦行千年播，佳名万古传。

大德十年三月二十七日，山门监寺思川立石；

当山传法住持嗣祖沙门古岩野衲福就劝缘；

清亭方茂典刊。

右碑，高二尺四寸，广二尺六寸。文二十五行，行二十四字，正书，径八分。此碑撰、书人皆出释氏，铭序俚鄙，而书则严整，有颜法。文记寺僧净平管勾寺事功行之勤，故题曰“勤迹之铭”。管勾者，僧职也，犹道观之提点。

---

① 甚□：原碑作“甚日”。

灵岩寺下院圣旨碑 正书，在灵岩后山神宝寺内

大德十年四月

皇帝圣旨里

书记思圆书；

清亭方茂典刊。

帝师下诸路释教都统所，据泰安州灵岩寺僧思川状告：有长清县南一乡净默神宝寺，系灵岩寺下院。时常有一等不畏公法僧俗人等，往往于寺家山场内置立炭窑，斫伐树木，损坏常住。产业久而荒废，搔扰僧众，有碍念经告天、祝延圣寿、祈福等事。乞详状禁治事得此会验，钦奉圣旨节该。寺院房舍里，使臣休安下者，铺马祗应休著者，税粮商税休要者，但有属寺院底地土、园林、碾磨、店铺、解典库不拣甚么，休夺要者。

钦此。

今据见告，总所合行，出榜省谕诸人，钦依圣旨事意，如有违犯之人，仰所在官司就便痛行治罪施行，须议榜示者。

大德十年岁次丙午四月八日，十方灵岩禅寺山门监寺思川等立石。

右碑，连额高三尺二寸，广一尺七寸。题额"皇帝圣旨"四字，正书，横列于上。文十五行，行二十五字，正书，径八分。月日中间有印，方三寸，蒙古篆文。回缪三行下有三押。

此碑立石者监寺思川，据本寺《致和元年塑像题名碑》，有一行云：管供床镜而油漆施主监寺思川。即此僧也。致和元年距大德十年，凡二十三年，而思川监寺如故，亦云久矣。

加封大成至圣文宣王庙碑 隶额，正书，在文庙

大德十一年七月

上天眷命，皇帝圣旨：盖闻先孔子而圣者，非孔子无以明；后孔子而圣者，非孔子无以法。所谓祖述尧舜，宪章文武，仪范百王，师表万世者也。朕缵承丕绪，敬仰休风，循治古之良规，举追封之盛典，加号大成至圣文宣王，遣使阙里，祀以太牢。呜呼！父子之亲，君臣之义，永惟圣教

之尊；天地之大，日月之明，奚罄名言之妙。尚资神化，祚我皇元，主者施行。

大德十一年七月日。

右碑，连额高六尺，广二尺六寸。隶额题“大元加封圣旨”六字，正书，径二寸，分三行，圣旨十行，正书，径寸许。按：是年五月武宗嗣位，加孔子号曰“大成”，遣使阙里，祀以太牢，宣颁制词，各学勒石，有用国书者，有用古籀文者，此则以正书译之，他碑皆署“九月”，此则“七月”也。

重修三皇庙碑 **蒙古字额，正书，在布金山之阳埠上店**

至大三年十月

重修伏犠圣祖之庙记

竹林后人毕子麟天祥撰；

门弟张仲宽济卿书丹并篆额。

古之于今，圣明之主，忠正之臣，载于文典，祭于殿堂者，耳闻目见岂能尽言哉。普天之下，环海之中，京府州县，山村野店，人居之处，佛寺道观，峻宇雕梁，金碧晃耀，妆饰之盛，费用之大，不啻万金，犹能兴成，必假众人之财之力而能为之也。

今夫岱岳之西，有山曰“布金山”，之南有店曰“埠上”，店之南、街之北，有前人所兴祈福之地一方，约伍分。其地之中，正北面南，右曰“伏犠圣祖之庙”，左曰“观音之堂”。正东面西，中曰“南岳昭惠灵显真君”，右曰“刘十八郎”，左曰“法汙司”。正西面东，曰“义勇武安王庙”。以观音之堂与东西二庙壮丽新鲜，除香火祭祀之余，别无用意。

惟伏犠圣祖之一庙，历年深远，雨渍风吹，材木朽烂，墙壁倾斜，人见之不无修补之心，思其费用之大，莫之能为，徒胆寒目惜而已。异日，有本乡社长张安德，思之有父母之遗命，欲行修盖，不果而下世，哀恸其心如神所使，特□敬心，礼备香酒祭祀庙前，再拜而誓之曰：以安德之身，为人微浅，诚意重修，恐独力难办，愿神加祐焉。即日，归家置办筵馔酒果，请问亲旧、老长、伯叔、弟兄、朋友，好事之人不限远近多寡，与安德同志，肯赴于会，见面是幸。乡人闻之，递相劝勉，忻喜云集。或材木、砖石、工匠、人力、饮食、破用，一问而足，不同而成。欲立斯石，记其姓名于碑之阴，固请子麟为文，辞之不免，以己之所闻所见而言之也。

世俗谓之“爷娘庙”者，古任之东南有山曰“爷娘山”，山下有庙曰“爷娘庙”，至今存焉。《易》之《序卦》云：有天地然后有万物，有万物然后有男女，有男女然后有夫妇，有夫妇然后有父子，有父子然后有君臣，有君臣然后有上下，有上下然后有礼义，有所错。爷娘之为称者，是有夫妇、父子人伦之道也。《书》序曰：古者伏犧氏之王天下也，造书契以代结绳之政，由是文籍生焉。以伏犧之为尊号者，见于《尚书》序者也。又《易·系辞》曰：昔者包犧氏之王天下也，仰则观象于天，俯则观法于地，观鸟兽之文与地之宜，近取诸身，远取诸物，于是始作八卦以通神明之德，以类万物之情，作结绳而为网罟，以佃以渔，盖取诸离。《书》曰“伏犧”，《易》曰“包犧”，然字异义同也。自五帝之上，号曰“三皇”，又自轩辕、神农之上，号曰“伏犧圣祖”，尊之至也。后之君子见其殿宇，纤毫隳废，早为修理，何难之有，斯立石之意也，不亦宜乎？记曰：

伏犧圣祖，道化流传，居五帝上，在三皇先。始画八卦，观象于天。代结绳政，文籍生焉。作为网罟，以渔以佃。其谁立庙布金山前。埠上古店，地秀人贤。张氏之子罕与齐肩，父亡母化，志继心专。会合众力，时再新鲜。斯石之立，期于万年。

天圣寨元帅、兖州节度使、镇国上将军张；

男修武校尉张士表；

安录府判官张士彧；

洪沛万户显武将军张斌；

宣授冲虚至德通玄大师、东岳提点监修官兼东平等路道门都提点张志纯；

重修补塑维那张青；

时大元至大三年孟春下旬□□张安德、弟张安仁同立石；

奉高王端福、侄王忠干。

右碑，连额高六尺五寸，广二尺二寸。额题二字，蒙古文，径二寸，分二行，文二十二行，行五十五字，正书，径一寸。

按：泰安县西南贤亲乡有上下埠，此碑在埠上店，乃上埠也，距城七十里，其地有布金山。《志》称“树林阴亚”，李白《送王山人归布山》、元好问《送天倪子归布山》，皆即此布金山也。山阳有三皇庙，不详创建缘起。

碑文为毕子麟撰，而自称曰“竹林后人”，张仲宽书，而自称曰“门弟”，皆所未详。刘十八郎法汗司，皆不知何神。文中引世俗语，呼伏犠庙为爷娘庙，而畅论天地万物，男女、父子、夫妇之义，此可与武梁祠画象之画伏羲夫妇为人道生民之始以互证也。《序》后两行，有用韵四字为句者，不曰铭赞，而曰记文。又金石之一例也。文云“然后有礼义有所错”，“然后”下有字，似衍文。“补塑”作“补塑”，亦别体也。

灵岩寺海公道行碑 篆额，正书，在灵岩

皇庆二年八月

十方大灵岩禅寺第三十二代普耀月庵海公禅师道行碑并序

观物道人怿斋孙荣孚撰；

大灵岩禅寺传法住持嗣祖桂庵觉达书丹并篆额。

集贤大学士陈荣禄邻于京城万寿寺，予由是亦往来其间。方灵峰禅师退夹山席，弃冗于此，予每见读洪宽范《林间录》，其书间引用儒之经、史、子、集，文体彬蔚浏亮，良鲜俦匹，而□□求虚[1]，无扣寂寞，责有穷音，抑又一觉范出，惜乎不为陋学所知。及典法万寿，由《东川铭》，予始

① 而□□求虚：原碑作“而灵峰求虚”。

受知灵峰。

皇庆癸丑夏四月甲子诘旦，灵峰偕比丘数辈，携普耀、法嗣、思然，至大二年□□十二日行实于愚[①]，为普耀请铭。愚遽曰：《东川铭序》不通句读，碌碌之诮，幸息于包羞，其可再？灵峰曰：伯阳父不云乎，下士闻道，大笑之，不笑不足以为道，果复有韩柳、二蔡、王官、麻□□出[②]，则当趋走下风，镜中尘乌能为明害。辞不获已，勉阅理其状。

师号普耀，讳福海，自称月庵，翼城杨氏季子，生而异光照室。稚而性好浮图，里闬寺曰香云，每戏往，则累日忘归，处□□室[③]，父母二兄忖其志不可夺。至丙午，仅五稔，乃为童行，于香云讲主成公诵读，不再，略无遗忘。岁戊午，披剃受具戒，罄获成公平昔之业，有龙象称。乃衲履而西，入安西伯达禅师□□究无懈[④]。久之，伯达讶其聪敏，以赵州柏树子检量师机锋劲捷，辞理明晳，蒙记莂云：他日，祖道必赖此子宏扬。常自度云：虽达毗卢界，宣修普贤行。闻宝应嵩岩禅师与复庵重足□□[⑤]，器量沈雅，禅风大振，存诚敬谒，遂入嵩岩室。参访之暇，思留翰墨，重九有“赖有黄花封岳顶，又添红叶壮嵩阳”之句。嵩岩闻之云：海维那异日当为嵩山法主。

至元丙子，闻复庵受□□万寿寺疏[⑥]，遂北上入复庵室，以师虽不若杨歧，会从游久，见其颖悟特达，即以衣颂付之。及复庵退席，居齐河，以书召之，俾应嵩山法王请，果符嵩岩之兆。至元庚辰春，开演于法□□[⑦]，纲颓载振，纽绝复维，从席规矩之余，台门堂殿，一切所须檐宇，无不具

① 至大二年□□：原碑作“至大二年四月”。
② 麻□□出：原碑作“麻革辈出”。
③ 处□□室：原碑作“处如已室”。
④ 禅师□□究：原碑作“禅师室参究”。
⑤ 重足□□：原碑作“重足一迹”。
⑥ 受□□万寿寺疏：原碑作“受大都万寿寺疏”。
⑦ 开演于法□□：原碑作“开演于法王座”。

者。尚冀瞻盼壮丽，乃凿西堂堧垣，后崖广基以起海会，延十方云侣，金碧灿烂，奂然一新，实嵩阳之胜迹也。

□□丙戌夏[①]，龙门宝应、汝阳香山二疏交至，师去龙门就香山者，钦纶命也，师自指门登座。至大德丁酉，凡一十二腊。其创者四围石寺基、正门丈室、二涌路水击来粦之具，厥三所焉。寺处山颠，唯雨水是赖，师以己资，僦运给用，十二腊始终如一。□□僧室弊者补[②]，缺者增，功与法王等，传诵不怠。度苾蒭千余指。

大德戊戌，领疏移席于灵岩禅寺。师至则曰：危哉岩乎，名非妄得。遽命邃师錾凿广平，隆殿堂于久替。新丈室三十余□[③]，□栋宇无一不备[④]。大德壬寅以巳资饭僧万，起退席念，率尔受疏，挂锡南阳丹霞山，古迹成烬，府北丛竹广袤三顷，常住也。比丘众野处其中。师倾囊鸠功作堑，深广成寻，以御诸畜□□鱼灶釜于瓦砾之余[⑤]，手足胼胝，不辞劳苦，竹利遂归日用。谚曰：师之身，馁虎欲得而食之，师亦舍之矣。大德癸卯，香山比丘众退思，久积勤旧毕至，泣哭以请，丹霞乌能伉俪哉！师□□果拒返锡香山[⑥]。未及期，大德甲辰，大都万寿禅寺具疏恳请，冬十月庚寅登座，当是供费事见《东川碑》。大德乙巳，钦蒙敕赐元宝万五千缗，王公通施亦二万缗，以之作僦柜纳质赢羡计焉。东庑等三十余楹，创为西庑，偶驵验列肆之，增繁文则近俚。

至大己酉春正月戊戌，以疾示寂，茶毗灵骨，□□寿始[⑦]，余分于灵岩、香山、法王、丹霞者，皆寿塔焉。嗣法者二十余，比丘度出时辈者三百，

---

① □□丙戌夏：原碑作“至元丙戌夏”。

② □□僧室：原碑作“殿宇僧室”。

③ 三十余□：原碑作“三十余楹”。

④ □栋宇：原碑作“诸栋宇”。

⑤ 诸畜□□鱼灶釜：原碑作“诸畜创钟鱼灶釜”。

⑥ 师□□果拒：原碑作“师亦弗果拒”。

⑦ □□寿始：原碑作“自万寿始”。

寿六十有八，为僧五十一腊。其于无上正等正觉之道，确乎其不可拔于文殊、普贤，观音门□□声色而偏动[1]，用观始终之际，则可知已。《书》不云乎，“知人则哲，惟帝其难。”而欲斢浅深于沧海，穷涯际于太虚，况视听之所不暨，四空之所厖昧，不生不灭者哉。以是知摩竭提寂灭道，□毗邪离[2]，不二法门，形乎彼岸矣。夫彼岸者名言不可得，随迎不可见，师岂不得其蕴乎？是其可铭也已。词曰：

乾乾梵师，乃眷中土。繄西四七，实为东祖。道本于一，离而乃五。派分世异，昭牒著谱。青州崛起，用彰曹洞。巍乎万松，当代纪统。爰及午月，纂复衣颂。大觉冥契，讵乖妙用。五启玄关，返锡者一。修普贤行，厥功克即。六通洞彻，枢机固必，语极有无，默究愈悉。唯此灵区，敢侔名宇。桁梧上垒，榱桷下俯。高甍業業，周原膴膴。气耸泰颠，势超梁父。凭轩广陆，极目沃流。离朱至精，莫测迥修。去彼祇树，来此少留。其徒佥曰，师实罕俦。刊铭贞石，永扬厥休。

大元皇庆二年岁次癸丑八月旦日，小师思轧等同立石。

大灵岩禅寺传法住持嗣祖沙门桂庵觉达劝缘，青亭苏克珉等刊。

右碑，连额高八尺，广三尺二寸。篆额，题“海公禅师道行之碑”八字，径三寸五分，分四行。文二十八行，行七十字，正书，径一寸。书丹篆额者觉达，笔力颇质劲。

灵岩寺山门五庄记 篆额，正书，在御书阁

皇庆二年十二月

自元贞年间，于塔宝峪□选吉地，创建新庄一所，曰“北庄”也。建佛殿三间，内塑自在观音一堂。全珈□堂一所，内塑关王。全西□房三间[3]，穿井一眼。绕庄开荒地数顷有余，尽在寺家山场界至内。遂作一偈，出示诸人。偈

① 观音门□□：原碑作“观音门中略”。
② □毗邪离：原碑作“场毗邪离”。
③ □房三间：原碑作“瓦房三间”。

曰：置罢南庄置北庄，春秋普请好开荒。休辜壮志琛公老，祖父田园要主张。

独鹤泉宜开旧地，曰“中庄”也。水屋头开地栽桑，曰“东庄”也。覆井坡可盖新房，曰“南庄”。中坞店西，曰“西庄”也。已上这五庄，只在灵岩产业界至内起建。永远赡济常住，供给众僧，不为无益。以示来者，他日百千年后，使诸人共知山门外有五庄在。

大元皇庆二年岁次癸丑季冬望日。当山传法住持嗣祖桂庵野衲记。

守座思教、书记思圆、知藏智正、教读思亨、钱帛思海、提点智举、提点思宗、监寺思让、前监寺思川、官门思角、维那智运、副寺思班、典座子谦、直岁思粟、殿主思子、副寺思宣、直岁惟鉴、直岁思酉、直岁子严、殿主洪望、外库思柳、知客惟香、东庄主思癸、南庄主惟坚、西庄主惟山、北庄主子吉、中庄主子益、圆头思圃、侍者德慧。

山门众知事同立石。

锦川夏中兴、门人王庭玉刊。

右碑，连额高二尺四寸，广三尺二寸。篆额题“灵岩山门五庄之记”八字，径二寸五分，横列于上。文二十四行，行十五字，正书，径一寸。

按：寺产久为民占，自大德十一年，提点举公诣京陈告，悉还本寺。至是相距六年，遂得次第创建五庄，开荒赡众矣。碑为桂庵野衲记，“野衲”之下，“记”字之上刻篆文“觉达”二字，名印，又书碑之一例也，不见他碑。

灵岩寺就公禅师道行碑 篆额，正书，在灵岩

延祐元年九月

灵岩禅寺第三十三代古岩就公禅师道行之碑

灵岩禅寺传法住持嗣祖沙门桂庵野老觉达撰书丹[①]。

西乾四七，东□□三，莫不名高天下，盖为根深蒂固，源远流长，心

① “书丹”下：原碑有“并篆额”三字。

心相印，祖祖相传。故曹洞渊源，于今愈盛。青州之□万松建立丛林[①]，光扬祖道，声传四海，天下指为祖道中兴，复嗣□□裕，裕嗣足庵肃，肃嗣古岩就。观就之学业道□[②]，脚根点地，鼻孔辽天，诸方敬仰，岂虚言哉！古岩禅师名实相符矣。

公讳普就，“古岩”其晚年自号也。真定在城刘氏子，幼□食茹荤[③]，长年十有五岁，厌俗境，好慕空门，径往封龙山禅房山礼赞公山主为师[④]。落发亲炙，博通经业，令登坛受具。闻□禅师道行超迈[⑤]，诲人不倦，即往依栖。次谒林棠宝积云峰禅伯，体妙穷玄，南询之兴，日益加矣。又闻鹊里崇孝，清安老□前一□大事因缘为汝[⑥]，日复一日，槌拂之下，发明此事。虽秘传密授，不满初心，深自韬光，遍参名宿，谒灵岩足庵肃朝□头然，依栖八载。迨至元十三年，赴顺德、大都两处登坛受具，蒙赐度牒。及至元十八年，当是时，万寿虚席，命足庵住持，公亦不惮驱驰，结绝不了的公案，幸遇本分钳锤，百锻千炼，故□无窒碍矣[⑦]。遂以衣颂而付之曰：质朴真纯有古风，将来足可振吾宗。若逢才器须传受，历代相承继后踪。复还宝积，闲□十年[⑧]，诣于灵岩，充座元位。大德六年，月庵海公退堂，即时本寺具疏请开堂住持。大德丁未，荣受皇太子令旨，又受圣旨，护持山门，产业前后一新，蒙总统所赐“妙严宏法大禅师”之号。日往月来，匡持七载。大刹不可久居，退隐灵栖庵守道，□龙山禅房之命[⑨]，住持二载。皇庆元年仲冬，复还灵栖庵。此时祖庭少林缺人，本寺知事持疏，不远千里

① 青州之□：原碑作“青州之下”。
② 学业道□：原碑作“学业道德”。
③ 幼□食茹荤：原碑作“幼亡食茹荤”。
④ 禅房山：原碑作“禅房寺”。
⑤ 闻□禅师：原碑作“闻顺禅师”。
⑥ 前一□：原碑作“前一人”。
⑦ 故□无窒：原碑作“故于无窒”。
⑧ 闲□十年：原碑作“闲居十年”。
⑨ □龙山禅房：原碑作“而龙山禅房”。

而来，谨请接□续佛慧命[①]，接物利生，平生足矣。灵岩受业小师数十余辈，其一人曰子贞等，想师道业，念师□行，若不刻铭立石，□年以来十数辈之后[②]，几于无闻。乃持师行状，出示始末，求文于余，余不愧辞荒笔谬，摭其实而为铭曰：

达磨面壁，自离西天，全提正令，密付单传。青州之下，四传万松，中兴祖道，大□□□[③]。雪庭亲孙，足庵嫡嗣，质朴真纯，常行二利。大哉古岩，面目严冷，接物利生，提□□□[④]。灵岩影里，幸受皇宣，功成名遂，绝后光先。灵栖寓舍，不可潜身，禅房莫住，玩少林春。三花□□[⑤]，五乳峰前，末后一著[⑥]，心月孤□[⑦]。门资众等，不辞劳苦，树此丰碑，铭传万古。

大元延祐元年岁次甲寅九月望日。

小师子彬、子谦等[⑧]。

当山传法住持嗣祖沙门桂庵野老觉达劝缘[⑨]。

右碑，连额高六尺许，广三尺二寸。篆额题“就公禅师道行之碑”八字，径三寸，分四行。文二十七行，行四十六字，正书，径九分。按：此碑纪古岩就公道行，立碑之年，就公现住少林，不为铭塔作也。碑不言就公世寿几何，计其历年，当亦六七旬矣。其在灵岩先依足庵肃公，八载后开堂，住持者七载。自别灵岩，隐灵栖，住禅房，复还灵栖，继住少林，相距七载。小师子彬等思其道行，为立此碑。

---

① 接□：原碑作“接续”。
② □年以来：原碑作“使年以来”。
③ 大□□□：原碑作“大振宗风”。
④ 提□□□：原碑作“提纲振领”。
⑤ 三花□□：原碑作“三花树下”。
⑥ 著：原碑作“着”。
⑦ 心月孤□：原碑作“心月孤圆”。
⑧ “子谦等”下：原碑有“同立石”三字。
⑨ “劝缘”下：原碑有“清亭苏克珉等刊”七字。

灵岩寺举公寿塔碑 正书额，正书，在灵岩

延祐元年九月

诸路释教都总统所照，得泰安州灵岩寺禅监寺僧智举，胜心广运，院务繁兴，容众尊贤，上和下睦，具斯美德，宜赠佳名，可曰“圆明广照大师”。

南阳香山住持桂庵野衲为灵岩举公监寺，荷负丛林，领略常住，积有年矣。乃足庵门资，既称智举，可字彦高，遂作俚语以为赠之。

头角峥嵘接九皋，襟怀洒落绝纤毫。扶持大刹宁辞倦，辅翼丛林不惮劳。□心固厚志坚牢，足庵门下最英豪。而今战退奸邪辈，不负灵岩举彦高。

大元延祐元年季秋望日，小师子津等同立石。

右碑，连额高三尺六寸，广一尺六寸。额题“举公提点寿塔”六字，正书，径二寸许，分三行。文六十一行，行十九字，正书，径一寸。按：此碑乃灵岩寺提点举公自造寿塔，立石塔前。碑额之上刻呪语，曰“唵麽抳钵讷铭吽”七字以护持之。前刻都总统加号语，后刻桂庵赠字，彦高赞颂语，而以《鹧鸪天》词一阕缀于末。

吉祥寺令旨碑二 在城西南钱家村

延祐二年七月、五年二月

重修庙学碑并阴侧 篆额，向毓德撰，王翼正书，在文庙

延祐二年八月

重修庙学之记

本州石匠作头周义、高翼刊；

泰安州儒学教授尚毓德撰；

新泰县儒学教喻王翼书并篆。

夫学校，风化之源，政教之所自也。闽蜀之夷，一沐汉唐循吏之化，丕变民风，为儒者众。况奉高之近鲁乎？虽然，庙学兴废，亦必待其人也。知州徐公创始于大定癸卯，马公重修于至元辛未。今复五十余年，虽有柏

林地课，以给粢盛，尚□学田以赡师弟。是以加号之碑，久而不立。十儒从祀，缺而不绘。殿庑堂斋，檐桷崩摧，不蔽风雨。前为政者，葺理未及。

瑯琊张公中顺来治是郡，下车之际，恭谒宣圣，伤其庙貌久废。故与监郡也先不花、承务同知亦捏帖木儿、昭信州判张公忠翊、案牍王惟鼎、都目尚扐等各捻已俸，市其瓦木，为之复修。士庶闻者，莫不助其粮力。爰命奉符尹董公承务督其役，不再月而毕功，轮奂一新，庶事是举，立圣元加封大成碑于西庑之南，绘濂溪、明道、伊川、康节、横渠、涑水、晦庵、南轩、东莱、鲁斋真容于两庑之次。拨鱼池刘德、上王赵乞儿户绝二地叁拾柒大亩，以赡其学。由是文风日盛，甲于他郡。

诸公以毓德主善于斯，故命兹文，庸纪其迹。愚以自古设学，不过明夫五常之道。是道也，本乎天性，虽曰人皆有之，不无气物拘诱，必以持敬，养之于幼，继之以格物致知之功，推而至之，可以平天下，奈何异端起而乱真，词章行而失正。道学乡失其传，若非周子复启其端，晦庵诸公开示蕴奥，孰知古之道哉！方今以科场取士，法依三代，不用律赋、省诗，小义惟尚格物致知，以明四书九经之义，经义则不拘格律，策则不矜浮藻，必以理胜为主，尽革词章之习，道学复兴，敦尚行实，事皆循古，所以明其道也。郡守诸公，钦遵上命，承流宣化，贵德崇文，重修庙学，庶政由是而成，风化以之而美，岂惟居民之幸，亦儒学之幸也。故摭其实而勉为之记。

大元延祐二年岁次乙卯八月日立。

承务郎泰安州达鲁花赤兼管本州诸军奥鲁劝农事也先不花；以下左读。

中顺大夫泰安州知州兼管本州诸军奥鲁劝农事张允恭；

昭信校尉同知泰安州事亦捏帖木儿；

忠翊校尉泰安州判官张亮；

都目尚扐；

提控案牍王惟鼎。

司吏冯用彰、孙仁、邵伯谦、阴德昭、孔文、刘泽、李之肃、郑彬、耿守仁、司诚。

右碑，连额高六尺二寸，广二尺八寸。篆额题“重修庙学之记”六字，径三寸，分二行。文二十二行，行五十字，正书，径七分，碑阴刻官吏姓名二十四行，正书，径五分。

按：今之泰安府在元时为州，泰安县元时为奉符县，故碑阴官属皆列本州及奉符县。而碑文云“奉高近鲁”者，奉高县名本于汉晋之旧也。碑云“知州徐公创始于大定癸卯，马公重修于至元辛未”，徐公谓徐伟，马公谓马骧也。《泰安县志》但载，二公之修建于学校，而独于延祐二年知州张允恭之重修，则略而不书，惟录碑目于《金石卷》中，亦志之疏也。

灵岩寺执照碑并阴 篆额，正书，在大殿西

延祐二年九月

皇帝圣旨里，泰安州长清县承奉泰安使州指挥：

来申：

“据灵岩禅寺僧人陈思让当官告称：‘累累被前煽炼人等，于本寺山场内骚扰不安，诚恐已后引惹事端，告乞施行。’得此。县司参详，如蒙出榜禁治，诚为便益。申乞照详”事。

得此，照得，先据灵岩禅寺僧人陈思让状告：

“本寺即系与国家祝延祈福大禅寺，经今千有余年，全凭本寺地土、山场四至内诸树，修理殿宇房廊，养赡僧家。已有累降圣旨事意，四至碑文为验。皇庆元年三月初二日，本寺钦受御宝圣旨节该：‘泰安州长清县有的灵岩禅寺为头寺里住持的桂庵长老提点监寺为头的和尚每根底，执把着行的圣旨与了也。这的每寺院里、房舍里，使臣休安下者，铺马、只应休拿者。商税、地税休与者，寺院里休断人者，官粮休顿放者，不拣是谁占著的田地交回付与者，但属寺家的并下院田地、水土、园林、碾磨、竹子、山场、解典库、浴房、店铺，不拣甚么他的，拣的是谁，休侵夺要者。这和尚每道有圣旨么道，无体例勾当休做者。’钦此。除钦遵外，于延祐二年三月初一日，有长清县赍至文字壹纸，令本寺僧人前去中坞店听读圣旨。

思让与本寺长老、大小人等前到本店，有内史府差来官李忠显等向思让言道：俺赍擎御宝圣旨前来。开读讫。除钦遵外，其本官对思让等言道：为您这寺九曲峪内有银铁洞冶，起立银铁冶，便要吐退，准伏文状。思让回道：元奉圣旨交您，无违碍。地内这九曲峪是俺寺家四至地内赡寺常住山场地土，自来为土，不曾有人侵夺。道罢，本官前去长清县，令本县官司行发信牌，将思让等勾扰不安，告乞施行。"

得此，为恐不实，行据本县申：

照得，除外遵依，移牒本县主簿札木赤进义，不妨本职，亲诣灵岩寺九曲峪照勘，踏觑前项银铁洞冶，是否本寺山场四至内地土，明白保结牒来。去后回准牒该备奉泰安州指挥：

为"灵岩寺陈思让告地土请不妨本职，亲诣九曲峪踏觑前项银铁洞冶，不见是否山场四至内地土，为此，唤到剜底保见役社长鲁进状结：年七十三岁，系本保生长人氏。自记事以来，知得灵岩寺山场，东至仙台岭，南至青尖山并大峪分水河曲屈为界，西至老婆山，北至方山棋子岭。目今九曲峪兴煽银洞冶，委是灵岩寺山场四至内地土，外别不知其余事因。如官已后体究得银洞冶却不系本寺山场四至内地土，进情愿甘当诳官罪犯无词。得此。又唤到聂提领转委头目段昌状称，即与鲁进词理相同。文状在官，却行前到灵岩寺，抄录到明昌五年镌凿碑阴界至，照勘得，亦与鲁进所责无异。及唤到本寺监陈思让彩画到四至图本，粘连保结牒来，请照验"事。

准此。

县司今将彩画到四至图本，抄录到碑阴界至保结。申乞照验事。得此。申奉到中书兵部：仰已经备关内史府照勘，依例施行。奉此。行下本县，依上施行去讫。今据见申，使州除外，合下仰照验钦依累降圣旨事意，依上禁治施行。

奉此，除外，合行出给执照，付灵岩寺，收执。钦依施行，须至出给者。

执照。

右付灵岩禅寺，收执。准此。

延祐贰年玖月日。

右碑，连额高八尺，广二尺八寸。篆额题“宣赐灵岩圣旨之碑”八字，径三寸，分二行。文二十六行，行六十字。内惟延祐年月日，字扁阔一寸五分，余俱方，径七分，月日中间方印一颗，方一寸八分，蒙古篆文，此行直下有二押，碑阴刻字三层，第一层延祐五年三月；第二层至顺元年十一月；第三层至顺元年十二月。

碑内所列四至山名，惟方山今见《长清县志》，余若“仙台岭、青尖山、老婆山、棋子岭、九曲峪”等名，皆不存矣。《志》载市集条下，有剜底店集，即碑所称“剜底保”也。碑阴额题“泰安州申准执照之碑”九字，正书，径三寸，横列于上。下分三层，上层刻延祐五年三月执照，十九行，行二十二字，正书，径八分。中层刻至顺元年十一月执照，十五行，行十四字，正书，径六分。下层刻至顺元年十二月执照，二十五行，行十字，正书，径七分。俱有印押。

碑侧刻蒙古文一行，七字，长二尺许，广八寸。延祐五年者寺产为侯得山占据，告状断回，因给执照。至顺元年，寺僧贞提点买得官地，官给二照：一为泰安州所给，一为奉符县。遂合刻于碑阴，大指如此，文不具录。当时买官地须由社长陈请，官壕寨打量，然后缴价给照，元制于此可见，以一分六厘地，而价直中统钞十定，则地价亦不廉矣。今南方人口语，谓物之不真为假钞，此碑有云“地价检验无伪”，可知假钞之语昉于元。时长清与奉符俱属泰安州，此碑延祐五年执照为长清县所给。至顺元年执照为奉符县所给，殆寺产界连二县之间也。婿称妻父为丈人，见于裴松之《三国志注》，而流俗或未盛行。此碑云“侯得山丈人王元”，则是当时通行之称矣。

张志纯遗世偈颂 正书，在城内关帝庙壁间

延祐四年二月

宣授东岳提点监修官张君，寿期九十六岁，四月二十五日降诞，八月十二日升霞，乃作遗世颂。曰：

脱下娘生皮袋，此际乐然轻快。百尺竿头进步，蓬玄洞府去来。前世宿德医僧，今作道门小才。

山僧拙颂，启上奉高贤者。

保贞大师会真宫提举王若祯敬立二石。

大元延祐四年二月二十九日，郡人张贞书。

右石，纵广一尺四寸，横宽二尺一寸。偈颂题识，共十四行，行八字，正书，径寸许。按：碑末有小字，二行，云“万历甲午秋，会真宫灾，刻无所附，余因杨道士请，移置关圣庙壁左”。则知此碑旧在会真宫，明万历间移于关帝庙也。会真宫，古之奉高宫，张志纯为岳庙提点，临终为此偈，以遗奉高贤者，故提举王若祯刻于会真宫。然曰“敬立二石”，则是更有一石矣。

太师泰安武穆王忙兀博罗讙畏答神道碑并阴 篆额，姚燧撰，并八分书，在城西旧教场

延祐四年四月

当大德癸卯，燧持宪节使江之东三年，光禄大夫、上柱国、江浙行省平章政事公之三子，内□□太宫宿卫浑都与江东建康道肃政廉访副使伯都，及行河南省参知政事野仙帖穆而，谱其系，状其事，以请曰：先公三宿坟莽矣，其忠以事国，孝以绳家，光大而雄伟者，不及今焉镵之金石，将日远日忘，奚以示遗胄于无穷，敢属笔子。燧以与宪副联事，此道义不可辞。乃序之曰：

公忙兀氏，讳博罗讙，畏答而公之曾孙，蘸木曷公之孙，琐鲁大都公之子。始畏答而与兄畏翼俱事太祖，时太畴盛强，畏翼谋往归之。畏答而苦止曰：帝何负汝而为是。竟去，追又不复，雪泣而归，请独宣力。帝贰之曰：汝兄与众皆往，独留何为？无以自明，乃折矢誓曰：所不忠事帝者，有如此矢。帝感其诚，易名“屑廛”，约为按答。盖明炳几先、与友同死生之称。帝后与王罕陈于曷刺真，彼众我寡。刺兀鲁一军先发，其将兀彻带玩鞭马鬣不应，屑廛请曰：战犹凿也，匪斧不入，我先为凿，请君斧继。顾帝诀曰：臣万一不还，三黄头儿将轸圣虑者。辰入疾战，大败其军，晡犹逐北，敕使止之，乃旋师。免胄为殿，脑中流矢。帝伤之曰：朕戒卿早

休兵，竟创而归。亲为傅药，寝与同帐。逾月而卒。帝曰：曩只里吉为敌将，实御屑麈。其以只里吉民百户属屑麈子，世世岁赐勿绝，其族散亡者收完之。即封北方万家。太宗以其子忙各为郡王，又俾贵臣忽都忽大料汉民，分城邑以封功臣，割泰安州民万家，封郡王。归奏，帝问：忙兀之民何如是少？对曰：臣今差次，惟视太祖之旧，旧多亦多，旧少亦少。帝曰：不然，旧民少而战绩则多，其增封为二万，与十功臣同为诸侯者，民异其编。兀鲁争之：忙兀旧兵，不及臣半，今封固多于臣。帝曰：汝忘而先玩鞭马鬣事邪？后诸侯王与十功臣，既有土地人民，凡事干其城者，各遣断事官自司听直于朝。

公年十六，为断事官。世祖正宸极，以从征叛王阿里不各功，赐其军騋马四百匹，金银币帛称是。寻诏入宿卫，晓近臣曰：是勋阀诸孙，从其出入禁闼，无辄诰何？李璮友，诏将忙兀一军，围济南，钞益都、莱州，贼平决狱燕南，人称明允，赐衣一袭。

云南王虎各赤为其省臣宝合丁辈毒杀，事闻，敕中书择可治其狱者，凡四奏，人皆不当旨。丞相先真举公，且言：败事，臣请从坐。帝曰：之人则可。公辞：臣不爱死，第年少，目不知书。帝曰：朕方恃卿求皇子死，尚书别帖兀而知书，惟可使之簿责其事，是否一委自卿，明日慎无归咎辅行也。且闻卿不善饮，彼地多瘴，宜少饮敌之。未至四五驿所，宝合丁遣人负金六籝来迓。公曰：云南去朝廷辽邈，省臣握兵，不安其心，将惧而变。乃好为语遣之。既至，尽以金归省，而竟其狱，得置毒情，杀之而还。奏，可。顾先真曰：卿举得人。赐兼金为两五十。武备寺奏：今入筋角，惟忙兀以时夥于常岁。帝曰：其报赐之，自今凡忙兀事，无大细，如札刺而事，统丞相安童者，悉统于博罗谨。

八年，授昭勇大将军、右卫亲军都指挥使虎符，大都则专右卫、上都则三卫兼总。

十一年，授金吾卫上将军、中书右丞。太师南伐，分军为两，制曰：

其右授丞相伯颜、阿术节度，左悉委卿。指一犯法臣曰：如别急烈述失，朕不责也。俄授兼淮东都元帅，军于下邳。公策诸将曰：清河居宋北鄙，城小而固，与泗州、昭信、淮安实相犄角。当水陆冲，未易卒拔，可顿大兵为疑。海州、东海、石湫违此数百里，其守必懈，吾将轻兵倍程而东，其守臣可袭虏也。师至海州，丁安抚果下，石湫、东海随下。清河史安抚闻之，亦下，不一月而下四城。宋主既降，而淮东诸州犹城守，故太傅伯颜入觐，还，密诏以公进兵。拔淮安南堡，战白马湖及宝应，弃高邮不攻，由西小河达漕河，据湾头堡，断通泰援，竟投扬州，斩其制帅李庭芝，淮东诸州悉下。赐西域药及蒲萄酒、介胄、弓矢、鞍勒。会分江南诸州，隶诸侯王及十功臣，又益封桂阳州。

十四年，遣平叛王只里斡带于应昌，赐以鞶带、币帛，与博罗同署枢密院事。未久，授北京右丞。既至，召还。会南土多反者，诏募民能从大军进讨者，俾自为军，其百夫、千夫，惟听其万夫长节度，不役他军，制命符节，一与正同。已行矣，公疾不能自陈，令董司徒文忠入言：今者日所出入，胜兵何啻百万，何假此曹无赖侥幸之徒，以壮军威，臣恐一践南土，肆为贪虐，斩伐平民，妾其妇女，橐其货财，民畏且仇，反将滋众，非便。召舆疾入，帝视其色瘁然，赐坐与语，重陈董奏，可之。适常德入诉唐兀带一军，残暴其境，如公所策，敕斩以徇，诸是军皆罢之。

十六年，曷剌斯、博罗斯、斡罗罕、薛连干皆强宗也，势不相一，求遣大臣来莅。诏令公往，凡居是二年。

十八年，以右丞行省甘肃。时大军驻西北，仰哺省者十数万人，自陕西陇右、河湟皆不可舟，惟车辇而畜负之，途费之余，十石不能致一，米石至百缗。公经画得方，供亿不乏。贼不敢窥边者二年。

廿有一年，授龙虎卫上将军、御史大夫、江南诸道行御史台事。黄华反，征内地戍兵进讨，未能平，贼多奴良民以归。公令监察御史提刑按察司随在纠核，皆止还之。以疾归。会诸侯王乃颜反，帝欲自将征之。公曰：

始太祖分东封諸侯王及侯其地与户，臣如知之。以二十率之，彼得其九，忙兀、兀魯、札剌而、宏吉烈、亦其烈斯五諸侯得其十一。彼力滋多，吾力滋多；吾有衰耗，彼亦衰耗。然要其归五侯之力，终多彼二，惟责征兵五侯，自足当之，何烦乘舆？臣昔疾今愈，请事东征。制“可”。赐介胄、弓矢、鞍勒，命公董是五诸侯兵以行，与乃牙接战，屡摧其锋，再与其党一王塔不带战，霪雨不止，军以乏食，求却。公曰：两阵之间，勿作事先。已而彼军先动，公悉众乘之，逐北二日，身中三矢，禽塔不带，斩忽伦辈。后与月列鲁太师合力，始诛之，赐银为两四百五十，币帛九。

不再月，其党一王哈丹复叛，公再请往，诏与诸侯王乃马带讨之。公狃于屡胜，一日不虞，贼游兵卒至，止从三骑返走。有绝壑前，广二丈，深加广半，追兵且及，独公策马能越，三人后者皆见杀，人以为天相忠义。后逐北，极于东海之堧，哈丹自引焚，获其二妃，斩其子老底于陈。凡战四年，所俘金银悉散将士。以故人致死力。贼平，敕一妃赐乃马带，一妃赐公，陈金银器延春阁，召东征诸侯王及公至，将分赐之。问公，卿家是器几何，鞶带有无。公曰：以陛下威德，奉身之物，亦毕备矣。帝曰：朕出此本以酬卿曹之劳，在人则伐其能，以幸多取，朕问犹曰既有。可谓谦抑不眩于货者，岂令其徒手归，姑赐是器五百两。

二十八年，改河南宣慰司，为行中书省，求可首是省平章者，凡三奏，皆不允，末乃及公则可，授荣禄大夫、平章政事。淮盐为引，岁六十五万，前政多逋，至公如额而集，赐异币一。开封监县帖兀而告：廉访使胡某不戢其民，昏集曙散，县簿陈勣置巡屋器械于村。又周刘光店为墙，四其门扃鐍，司夜出入。诏公按之，皆诬，杖而徙戍南边。河水迁流无常，民讼：退滩，连岁不绝，或以其地投献诸侯王，求为田民自蔽。公奏正之，仍著为令。河后泛滥，隄埽横溃，归德、睢州、汴梁水及城下，漭為巨浸。公亲行水，督有司捍完之。

皇上元贞二年，迁公平章陕西，未行而改，复为河南。入觐奏：忙兀一军戍北岁久，衣率故幣，请以臣泰安州五户岁入丝一斤，积四千斤，尽输内帑，易为匹帛，分赉诸军。上以为益，敕递车送达军中，赐银为两百五十，币帛三。陛辞之日，上谕之曰：卿今白须，世祖德音，实足听闻，事更加慎。中书平剌真、宣政院使大食蛮合奏：始者伐宋，始祖分军为两，右则属之伯颜、阿术，左属之博罗讙。今伯颜、阿术皆有田民，而博罗讙独不可后。上曰：何久不言，岂彼耻自白邪？其于淮东所尝战地高邮已籍之民，赐五百户。以上、中、下率之，上一，而中、下各二，及圈背银倚。比再至汴。逾年，凡流外官、久滞不铨、旅食道宫者，旬月皆出之。

大德之元，叛王岳术忽而、兀鲁速不华来归。公遣使驿闻，始是诸王叛由其父，是辈小弱，若无与知，今焉来归。宜弃前恶，以劝未至。上曰：是奏深契朕衷。改平章湖广，赐金鞍勒。至汝宁，合福建省于江浙，授公光禄大夫、上柱国、江浙等处行中书省平章政事，赐玉带。夏大旱，随祷而雨，杭之豪民十家，入赂于官，大为酿务，高其估而专其利，酒日漓恶。公变其法，改省四，凭其富蓄，凌轹府县，肆为奸利，自刻木牌，与交钞杂行民间，实侵货币，与国争利。又盗隄海之石，墙其私居。公欲斩之，而中书刑曹当以杖然。亦由是大姓始知重足立矣。

以大德庚子五月二十有二日，薨于临安寓舍，年六十有三，以其年七月八日葬于檀州西北太行山，不封。最其平生，典兵则右卫都指挥使、都元帅、枢密院；风纪则御史大夫，宰相则三为右丞，四为平章。与夫四十七年，马足所及，西南云南、西北金山，东北海隅，东高句骊，东南吴闽。再讨叛臣，四征叛王。其间事平而疾，闻变请行，惟以有国艰虞为忧，视转斗乎万里之远，历岁之久，若堂奥之朝夕焉。虽风雪皲瘃其肤，锋矢交集其躬，饮食饥渴不时，其□体，皆不避恤，必致寇首戏下，归报终事而止，真凛凛有曾考风。上尤眷重之，若世祖身御櫜鞬、弓矢，皆万世传宝，不以赐臣下者，惟以赐公。海东青鹘杂，先朝多或十赐，至白鹘，觜爪玉如，圣语晓曰：是禽惟朕及鹰师所鞲，以卿世臣诸孙宣力之多，日桑榆矣，无以娱心。河南治地，平衍而远，且多陂泽，鹅鹳所集，时出纵之，使民得见昭代春秋蒐田之盛，不敢萌启邪心。皆殊锡也。

夫人兀怯烈氏、□按檀氏、□札剌而，皆前公卒。今夫人札剌而氏、王氏、按檀氏、宏吉烈氏。男□人。太宫宪副参政博罗公于庭臣，居家最名有法，夜分不寐，诸子列侍其前，听谈祖宗故实，毋敢或归私室。燕奉樽俎，迭歌舞以娱宾。亦无有酒失者。女六，长适国戚卜伯，次适薛彻干平章子佥书枢密院事完者。次适国王弟孛兰肹。次适月赤察而太师弟怯烈出。次适山东宣尉使必宰牙幼。在室男女孙如干。铭曰：

皇矣太祖，肇造方夏。右之左之，惟十臣者。公之曾考，展一其中。折矢沥告，帝视友同。敌陈来加，挺戈而出。大崩其军，免胄而入。五兵之长，无失不仁。由贼叩输，懋功是创。帝恻其心，百俘偿死。顾成嘉止，既王其子。逮分茅土，帝自等差。国以泰安，二万其家。公祖王季，勤勚克类。再传而公，世祖之事。勋阀遗苗，帝植以培。而独于公，尝誉其材。听于禁闼，无止入出。翼翼其心，弥谨自律。随遇而安，利患靡干。承命即往，奚远奚难。东北海邦，西南南诏。瓯闽炎陬，金山遐徼。闻有艰虞，必请赴趋。大狱叛藩，无一漏诛。人臣宪宪，曰名台院。平章大夫，有密钧践。先圣今圣，赉予优优。良驷天闲，豪隼御鞲。囊韃介胄，鞍带衣裘。黄白之金，委家如丘。皇矣太祖，于疆于理。惟公曾考，实成其始。遗厥大艰，畀之神孙。神孙世祖，辟乾翕坤。考其皇舆，南北犹判。孰是浙右，羸鬼歆裸。大兴师征，巀嶪百城。罔不箪壶，竭餍义声。傅其国都，孱王衔璧。蕞尔淮东，诸州犹壁。诏公进攻，荡歼渠兇。九域攸同，公焉成终。将天之意，悠悠或至。成始之孙，宜际斯会。益封桂阳，江岭外内。于乃先烈，克光以大。尝闻古先，誓侯功臣。泰山如砺，国以永存。嗟公王孙，国泰山下。权舆砺如，其自今也。

延祐四年四月廿日，男翰林学士、承旨开府仪同三司、知制诰兼修国史野仙帖穆而建。

右碑，连额高一丈六尺六寸，广五尺六寸。篆额题“大元太师泰安武穆王神道之碑铭”十四字，径六寸。“大元”二字横列于顶，“太师”以下十二字，分三行，列于下。文两面刻，各三十七行，行九十九字，八分书，径八分。

按：碑文云“公以大德庚子五月二十有二日薨于临安寓舍，以其年七月八日葬檀州西北太行山”，是未葬泰山下也。今墓在岱西南麓，俗呼“土公土母坟”。神道碑在其南，距墓里许，岂葬后复迁于此耶？铭词内“由贼卬输”与上句“无矢不仁”叶韵，自当于下句“懋功是创”倒互。《泰安县志》载此文已改正，今仍碑文之旧，而辨其误如此。

博罗谨及其曾祖畏答而，《元史》皆有传，碑与传大致皆同，所不同者，碑作“畏答而”，《史》作“畏答儿”。碑云“易名屑麈，约为按答，盖明炳几先与友同死生之称”，《史》云“更名薛禅，约为按达，薛禅者，聪明之谓也，按达者，定交不易之谓也”。碑云“曷剌真”，《史》作“哈剌真”。碑云“兀彻带”，《史》作“术彻台”。碑云“只里吉”，《史》作“只里吉实”。碑云“忙各”，《史》作“忙哥”。碑云“博罗谨”，《史》作“博罗欢”。碑云“阿里不各”，《史》作“阿里不哥”。碑云“赐騄马四百匹”，《史》作“四十匹”。碑云“虎各赤”，《史》作“爱哥赤”。碑云“先真”，《史》作“线真”。碑云“别帖兀而”，《史》作“别帖术儿”。碑云“石湫”，《史》作“石秋”。碑云“益封桂阳州”，《史》云“益封桂阳德庆二万一千户”。碑云“只里斡带”，《史》云“只里斡台”。碑云“应昌”，《史》作“德昌”。碑云“曷剌斯、博罗斯、斡罗罕、薛连干”，《史》作“哈剌斯、博罗思、斡罗罕”，而无“薛连干”。碑云“月列鲁”，《史》作“月鲁那演”。碑云“老底”，《史》作“老的”。碑云“岳术忽而”，《史》作“药术忽儿”。大抵字音相近，随宜通用，其有传闻互异者，碑与《史》所载不同，自当以碑为正也。

《史》载：公累赠推忠宣力赞运功臣太师开府仪同三司上柱国，加封泰安王，谥武穆，而碑悉略而不书。碑中男囗人，《泰安志》则云四人，然以碑与《史》前后文核之，只浑都、伯都、野仙帖穆而三人，非四人，恐《志》误也。公以大德庚子薨于临安寓舍，即以其年七月葬檀州太行山，庚子是大德四年。姚燧作《墓志》在癸卯岁，是大德七年，其立碑在延祐四年，距公之葬又十五年矣。疑为迁葬，理诚有之。然碑无明文，不知当时野仙帖穆而何以竟无一语述及泰安立碑之故也。

展氏先茔之记 篆额，鹿思固撰，李克公正书，在府城东南王庄南一里

延祐五年九月

展氏先茔之记

济南路录事司儒学教谕鹿思固撰。

夫展氏鲁大夫无骇之后，《春秋·隐公八年》：□□□请谥与族。族氏□也，公以无骇出于公子展，遂命为展氏，礼法“诸侯以字”故也。

公子展旺，逮其远裔也，世居鲁地徂徕之阳，汶水之阴，曰“王家庄”。枝蔓派分，世革时异，力田为业，世数显迹，自高祖以上不能道。曾祖讳开，曾祖妣封氏，孙氏。三子，长曰泰，配寇氏；次曰海，配田氏；次曰聚，娶孟氏。女五人，长适管军百户时公；次适贾文卿。

泰即公之考也，性刚勇，有胆略，束发从军，为千夫长。天保时，侯手将适天兵取宋，随侯攻击襄樊，眠食坐作，左右恒在，以牌相属，甚见亲信，盖亦忠勤所到也，屡权其职，享年七十八岁，某年某月某日，以疾卒于有缺字。泰配寇氏，先卒。二子，长曰兴，配杨氏，男三子，女三人。长世忠，娶薛氏；次世明，娶张氏；次世和，娶杨氏。长适徐辛，次适杨四，次适薛三，次即公也。女四人，长适柴城，适李温，次适赵进，次适刘三，次适张全。质纯性孝，治家勤俭。亲生则尽其敬养，终则尽其哀慽。晨昏启觐，醮祭追思。某年某月某日，将二亲藁殡合葬于先□□域。躬负土为坟，台而高之，手胼肩赪欢虞也。或有怜而助其力者，不听，砖其肤颠屋而闩焉，非为故觐于□，乃尽其孝心而已。嗟夫，后世不为沟渠道路所侵，权豪势力所夺者，于此见矣。其虑深长，甚有理。旺配□氏，□子名世贤，孝友俭勤，宛有父风，娶王氏。女三人，长适力里李忠，次适延东裴泯，三适本村朱提。于某年某月某日，四十三而卒。继室鲍氏，一子名世英，娶封氏；女一人，招配王整公徽。居田亩，不读书，祖宗世数不能知，名讳不能记，子孙贤否岂能必虑，恐将来亦犹今日也。台坟垂成，砻石以记之，庶或传远，俾后世子孙识而不忘。

予适送弟赘于朱氏，介前来属予，予美其虽居田亩，不□□，能尽养生送死之道，又垂范于其子孙，能子能父，诚可嘉尚，敬为之书，公年六十有五矣。

延祐五年九月日，嗣子展旺立石；

清亭李克公书丹题额；

清亭石匠李石匠李克公高世在刊。

右碑，高四尺八寸，广二尺一寸。文二十行，行四十一字，正书。碑阴书展氏宗派，字模糊不可辨，仅有“嗣子展旺”四字可识。

创建藏峰寺碑 刘绂撰并正书，岳西麓三十余里

延祐六年六月

创建藏峰寺碑记①

泰山下所建招提，无虑以十数，如佛峪之玉泉、竹林之宝峰、灵岩之十方禅寺，皆名刹也。山之西有聚落曰“新庄”②。新庄之北十里有奇曰“藏峰寺”，亦其一焉。寺之周围，岩峦丛秀，林木茂密③，中有隙地十余亩④。并有泉泓澄，虽大旱不涸。初乡先生耿公定远之侄曰偁、曰佺，辟此以避兵厄。迨皇元抚有天下，偁等复安旧业，恒谓地脉之奇⑤，他日必有人建名刹以遗乎后⑥。一日，宝峰寺僧定禄过所居⑦，偁与语曰⑧：吾有兹地，烟

① “创建藏峰寺碑记”下，原碑有“将士郎泰安州新泰县主簿刘绂撰并书”等字。

② 有聚落：原碑作“有大聚落”。

③ 林木茂密：原碑作“林木茂盛”。

④ 中有隙地十余亩：原碑作“得隙地十余亩”。

⑤ 谓地脉之奇：原碑作“更相谓曰：兹地之奇”。

⑥ 他日必有人建名刹以遗乎后：原碑作“必以遗乎后，不可旷也”。

⑦ 僧定禄过所居：原碑作“僧定禄过偁所居田里”。

⑧ 偁与语曰：原碑作“因谓禄曰”。

霞窟也[①]。尔能驻锡于此否[②]？禄环视喜曰[③]：真福田矣，舍此焉往？爰卜日[④]，结庵而居，意欲作广大。缘未几病殁[⑤]，嗣守者偷安惰窳，荆棘芜没[⑥]。

大德癸卯秋，定远公之孙士恭[⑦]、婿王衡叹曰：寺地吾家所施，荒废日甚[⑧]，兴复岂伊无人[⑨]。与乡老谋之[⑩]，爰敦请僧福岩主焉[⑪]。岩本泉州惠远县人[⑫]，年二十始学浮屠，来居泰山竹林寺[⑬]，操守清慎雅[⑭]，为远迩向信[⑮]。既受请来栖[⑯]，尝愀然曰[⑰]：我辈辞亲出家[⑱]，幸依名山[⑲]，朝廷隆优复之典[⑳]，檀越普敬信之施[㉑]。乃茅茨仅足以庇身[㉒]，庄严无足以供佛[㉓]，将何以祈遐福而祝我君父[㉔]。

---

① 吾有兹地，烟霞窟也：原碑作“吾有地焉，实烟霞之窟也。”

② 尔能驻锡于此否：原碑作“汝能驻锡于此乎”。

③ 环视：原碑作“视之”。

④ 爰卜日：原碑作“爰卜吉日”

⑤ 缘未几病殁：原碑作“缘会病殁”。

⑥ “荆棘芜没”：原碑作“不知增葺，荆棘芜没，积年于兹矣。”

⑦ 定远公之孙士恭：原碑作“定远公之孙名士恭”。

⑧ 荒废日甚：原碑作“荒废若是”。

⑨ 兴复岂伊无人：原碑作“兴复者岂无人”。

⑩ 与乡老谋之：原碑作“与耆老□钦、黄仁辈”。

⑪ 爰敦请僧福岩主焉：原碑作“敦请僧福岩主之”。

⑫ 岩本泉州惠远县人：原碑作“福岩本泉州惠安县人，俗姓杨氏。”

⑬ 来居泰山竹林寺：原碑作“□十年薄□□方至泰山竹林寺，爱其云水之胜而止焉，礼寺僧□进为师”。

⑭ 慎：原碑作“特”。

⑮ 向信：原碑作“信向”。

⑯ 既受请来栖：原碑作“既受请”。

⑰ 尝愀然曰：原碑作“每为言曰”。

⑱ 我辈辞亲出家：原碑作“辞亲出家”

⑲ 幸依名山：原碑作“而得依于名山胜境，不既幸乎？”

⑳ 朝廷隆优复之典：原碑作“况朝廷有优复之典”。

㉑ 檀越普敬信之施：原碑作“士民有喜舍之施”。

㉒ 乃茅茨仅足以庇身：原碑作“□所居仅庇其身”。

㉓ 庄严无足以供佛：原碑作：“无佛屋□修香火之供”。

㉔ 将何以祈遐福而祝我君父：原碑作“□以祝君父万万寿”。

勇以兴建自任[1]，日率三两人持刀执斧，先于丛莽之拥蔽者[2]，伐而刈之[3]。复嫌地基迫隘，恢扩其址[4]，凿石堙谷，划高叠窪[5]，启其私橐[6]，构佛殿于上[7]，殿之左右翼以两配[8]。又东为香积，西为云堂。寮舍、库厩、碓硙、蔬圃[9]，罔不悉备。更置田三十五亩[10]，以膳徒众[11]。

士恭历览，欣然而谓余曰[12]：二十年来[13]，福岩经营缔造[14]，克就厥绪若斯[15]，匪文诸石，无以传后[16]。余曰：噫嘻[17]！竺乾之道，流于东土，剃除须发而为沙门者[18]，比比皆是，其克宏宣圣教[19]，崇构祠宇者，曾不一二[20]。觏如福

① 勇以：原碑作“即以”。

② 先于：原碑作“凡”。

③ 伐而刈之：原碑作“悉伐而除之”。

④ 恢扩其址：原碑作“□东偏益广其地”。

⑤ “划高叠窪”下，原碑有“手足胼胝而不怠于是”等字。

⑥ 启其私橐：原碑作“发私箧所存，市材雇工”。

⑦ 构佛殿于上：原碑作“构殿于其上。”

⑧ 殿之左右翼以两配：原碑作“塑弥陀佛及护法神鬼像主伴，凡一十二位，宝座华鬘，彩色炳耀。殿之左右翼以二室”。

⑨ 寮舍、库厩、碓硙、蔬圃：原碑作“且涂以丹雘，轮焉奂焉，巍然临群木之杪下。迨寮舍、库厩、碓硙之类，果竹之圃”。

⑩ 更置：原碑作“仍买”。

⑪ 以膳徒众：原碑作“以给膳徒众”。

⑫ 士恭历览，欣然而谓余曰：原碑作“工既毕，耿君士恭谓予曰”。

⑬ 二十年来：原碑作“福岩莅此山凡二十年”。

⑭ 福岩经营缔造：原碑作“经营缔构”。

⑮ 克就厥绪若斯：原碑作“克就厥绪”。

⑯ 无以传后：原碑作“将何以谂后人？欲执事者记其岁月，则所愿也”。

⑰ 噫嘻：原碑作“噫”。

⑱ 剃除须发而为沙门者：原碑作“人心敬慕，深入骨髓，故剃除须发而为沙门，摩肩接踵”。

⑲ 其克宏宣圣教：原碑作“然而有能弘宣圣教”。

⑳ 曾不一二：原碑作“盖可一二数也”。

岩其人[①]，内有所参[②]，外无所求，身处深山穷谷[③]，而甘心创立[④]，永为焚修[⑤]，较彼燧臂灼顶[⑥]，朝乞暮丐，至老死而不能竖一椽、覆一瓦者[⑦]，又奚若哉[⑧]？自兹断爱灭欲[⑨]，觉性常圆[⑩]，是不必九年面壁，而已早证如来上乘者也。士恭与岩向余稽手曰：敬闻教，请以斯语勒诸石[⑪]。

元延祐六年六月二日。

右碑，正书，在岳西麓三十八里藏峰寺内。

神通寺敏公监寺寿塔记 篆额，僧智隆撰，并八分书，在琨瑞山神通寺西北

延祐六年十一月

敕赐神通寺住持金舆长老智澄撰并书丹。

塔以旌名显德，由来尚矣。叙其所以，吾宗其明。昔我□□无上天人，师圆寂之后，宝塔是兴，或以澡瓶、锡杖、□□[⑫]、则益伽黎[⑬]、顶骨、齿牙爪发舍利，降生成道、转鸿轮[⑭]，降魔外、□神变，般涅[⑮]，如是处所皆树立

---

① 覩如福岩其人：原碑作“如福岩者”。
② 内有所参：原碑作“内无所得”。
③ 身处深山穷谷：原碑作“处深山邃谷”。
④ 而甘心创立：原碑作“建立道场”。
⑤ 永为焚修：原碑作“永为焚诵之所，视其功绩，岂不伟欤”。
⑥ 较彼燧臂灼顶：原碑作“与夫燃臂灼顶”。
⑦ 至老死而不能竖一椽、覆一瓦者：原碑作“以至于老死，竟不能覆一瓦者”。
⑧ 又奚若哉：原碑作“宁可同日而语哉”。
⑨ 自兹断爱灭欲：原碑作“若能爱欲断灭”。
⑩ 觉性常圆：原碑作“觉性圆满”。
⑪ 是不必九年面壁，而已早证如来上乘者也。士恭与岩向余稽手曰：敬闻教，请以斯语勒诸石：原碑作：“光严主持，清净境界，修习善道，成就信等诸根，则亦无忝于法门矣。又奚必崇饰庄严，区区徼无量之福耶。福岩曰：‘敬闻命矣，请刻于石。’”
⑫ □□：原碑作“匙盏”。
⑬ 则益伽黎：原碑作“伽黎”。
⑭ 鸿：原碑作“法”。
⑮ 般涅：原碑作“般涅槃”。

之。厥后释子仿于上而效于下，各居一方，棋布星列，遍满真丹。或以师事[①]，兹乃敏公监寺寿塔也。

姓张氏，济南西郭人，幼抛尘累，乐慕释门，礼神通寺住持淳愚长老云公为师，法号“智敏”，课习经训。已而为簦笈，游履讲肄。归来事师荷众，罔少懈倦。

大德四年，钦受圣旨，护持山门，为监寺之目。历数稔，主宰华严院，暨任历城县都纲之职，恬然安静。既获善代释教督总统所，授以“广德大师”之号。又复住持采石山大圣院，周急饭众，今年过耳顺，安居祖庭，由是慧川率诸昆季，立寿塔于祖茔，以记为请，予嘉崇师报本之义，来告略迹见闻事迹[②]，姑塞来命，云耳。

将仕佐郎、益都路滕州邹县尉孙男张记。

大元延祐六年岁次己未仲冬吉旦，门人慧川、慧岩、慧苑、慧峙、慧读、慧冀、□□等立。

清亭方茂贯刊。

右塔记，高二尺七寸五分，四面各宽一尺五寸七分，自南面有篆额者起，东面为《寿塔记》，其记末题名复转在南面棱上。《记》字十五行，行二十三字，字径七分，八分书，额六字，径三寸许，篆书，在神通寺西北。

李简谢雨文 在山西南渊济公庙，今佚

延祐七年

“汉柏”二题字 赵孟𫖯正书，在岱庙，今佚

延祐□年

① 或：原碑作“咸”。

② 来告略迹见闻事迹：原碑作“来告略述见闻事迹”。

灵岩寺劝请容公住持迹

至治二年十月

忽都虎郡王太夫人八达氏诗刻

至治元年

《金石文字记》云：元碑最多，不尽录，录其稍异者，有至治元年忽都虎郡王夫人八达氏诗，诗只二句，曰："岩前松桧时时绿，殿上君王岁岁春。"大字刻之，亦不类妇人笔也。又有宋苏子由五言诗，验为后人补刻，而复有子瞻《徐州》一歌误刻于此。

灵岩寺圣旨碑

泰定元年

岱岳庙圣旨碑 见《金石文字记》，与至正四年《圣旨》同一石

泰定元年

灵岩寺寿公施财修寺记 正书，在灵岩寺前，半嵌寺壁，仅露后半碑

泰定三年三月

大利益绵绵者欤①。无奈年深岁久，殿宇既漏日风穿，可怜日往月来，圣贤尽仄身雨倒。幸有大施主本寺僧寿公禅师，特运虔诚，施中统宝钞叁阡缗，用助大殿缘事。又施宝钞壹阡伍百缗，重修西三门。可谓昔时胜迹，今日重兴，三十二尊镇山罗汉光生，一千余岁祝寿大堂具备。承斯妙善，愿皇基茂盛，共享尧舜之年。施主兴隆，俱获人天之福。余希见贤思齐者。

时大元泰定三年岁次丙寅三月吉日记。

---

① "大利益绵绵者欤"上，原碑有"佛法自汉孝明帝西域□至洛阳，楚王英独先好之。及其盛也，灵岩乃晋法定禅师东游，选方山。咸康年，成帝兴之初也。至后魏正光年建殿，经今千余载。光明广大，遍照十方，有"等字。

山门监寺思川上石；

当山住持传法嗣祖沙门古渊野衲智久劝缘；

石匠李克坚刊。

右碑，高二尺四寸，广只一尺，存字十行，行二十五字，正书，径八分。按：此碑仅露左半幅，其右半嵌于寺壁，不能椎拓，无全文可录。寿公以寺僧而施财修建，数几半万。虽不知其道行若何，要其不私己财，破除悭吝，非庸僧可及矣。当时住持智久，既劝寿公施财修寺，又有举公施财买产，先后不数年间之事，而智久皆为之立石，表其懃绩，则智久之振兴常住可见矣。

灵岩寺何约、张鹏霄诗刻 正书，在般舟殿

泰定五年正月

天下名蓝称四绝，方山雄与岱宗连。

古渊堂上凭栏处，似在栖霞太华边。

泰定五年正月下旬日，中宪大夫、前山东东西道肃政廉访副使河东何约留题。承直郎、前江东等道肃政廉访司经历张鹏霄同来留题。

灵岩古佛刹，雄映泰山巅。

环抱岚光里，沈涵月照边。

禅房森木荫，梵宇众星联。

一到绝尘俗，幽栖信有缘。

当山住持沙门古渊、提点思让、监寺思川同立石；

书记恒勇书；

李克坚刊。

右碑，高一尺六寸，广三尺三寸。诗共十七行，行十一字，正书，径一寸。

灵岩寺塑像题名碑 正书，在般舟殿

致和元年八月

管妆塑圣像施主花名如后：

管塑当阳释迦如来施主待诏僧子工；

全管妆銮当阳圣像一堂施主提点智举；

管塑文殊普贤二大士施主提点思让；

管周围妆塑三十二尊罗汉施主院主思善；

管供床镜面油漆施主监寺思川；

管背坐妆塑观音圣像施主副寺子贞；

管三面大镜施主书记恒勇。

大元致和元年八月望日，当山传法住持嗣祖沙门智久谨志。

右碑，高三尺四寸，广一尺八寸。题名十行，正书，径一寸。按：碑立于致和元年八月，是年二月泰定帝始改元致和，七月泰定帝崩。九月壬申，文宗即位，改元天历。碑立于八月望日，故仍称致和也。寺中塑像居中为释迦如来，左右为文殊、普贤。又有圣像一堂，不计位数，当在殿之左右列，与如来俱南向，故谓之“当阳”也。罗汉有十六尊者，有十八尊者，此是三十二尊，必左右列，东西相向也。观音圣像在佛殿之后背坐者，北向也。三面大镜必是如来、文殊、普贤之佛光，供床即佛前供案也。施主皆寺中僧职，有所谓待诏僧者，创见此碑。圣像一堂，不曰“妆塑”，而曰“妆銮”，所未详也。《泰山道里记》云：“大雄殿七间，祀观音、文殊、普贤，此殿即宋之献堂及山门，本无像设，皆明正德间，鲁藩所增置也。”今以此碑考之，则元时已有像设，鲁藩特更新而增易之耳。标题“花名”二字，他碑未见。

灵岩寺举公提点勤绩财记 正书，在灵岩

天历二年正月

举公提点勤绩施财记

清亭李克坚刊。

闻隆替有数，贤鄙在人。中兴上祖丛林，全赖出伦释子。恭惟举公提点者，祝发于足庵门下，施功于方岭会中，散一襟之和气，与物为春，澄千顷之洪波，于人无间。三钦皇恩特旨，惊外道以魂飞；一奉潜邸纶言，

斥邪宗而胆丧。既得田园周备，诸处建立庄严，博饭种田、栽桑接果，创建真堂方丈[①]，重修香积库司。前殿观音塑妆，后堂大像妆塑，施为立落，动止非常。受帝师法旨护持，奉总所公文加号。由是悟六尘无我，知五蕴是空。布施斋僧，看经礼忏。谨以典买到四项地土，计中统钞柒阡两，施常住，永远为主，开坐如后。

— 姚家前典到活业南北畛带桑地一段，约十五亩，该钞贰阡壹伯肆拾两；

— 买到庄西王马驹带桑菜园壹所，钞壹阡壹伯伍拾两；

— 买吉二带桑菜园壹所，钞贰阡贰伯两；

— 买刘三带桑菜园壹所，钞陆伯两。

用报四恩，永资三有。余希法轮恒转，祖道兴隆，岁稔时丰，远安迩肃。

时天历二年岁次己巳正月下旬吉日，当山住持、古渊野衲智久记。

提点思让、监寺思川、提点子贞、官门觉文、维那子廉、副寺妙酬、典座觉亮、直岁惟胜、首座思泉、书记恒勇、教读思亨、藏主思岑、知客觉道、钱帛思檀、外库惟缘、殿主思虔上石。

右碑，高三尺六寸，广二尺四寸。文二十二行，行二十七字，正书，径九分。按：此碑乃灵岩寺提点智举施钞买地充寺产，而住持智久为之撰记刻石也。中统钞七千两，买地四所。中统钞每两不知比今所直几何，而以其典姚家前活业一段计之，地约十五亩，该钞二千一百四十两，是每亩价直百四十两有奇矣。以今之南北地价较之，大约中产每亩十余金，是中统钞只直今十之一耳。然尚是活业，若买到者，又不知增直几何也。此虽无关掌故，然亦考古者所宜知耳。

① 创建：原碑作“创葺”。

灵岩寺泉公首座寿塔铭 正书额，正书，在灵岩

至顺二年六月

大灵岩禅寺泉公首座勤绩记

书记海昌书。

首座子周□，昭文馆大学士荣禄大夫万山司徒佳号。

慈济大禅师，讳思泉，姓何氏，象元人。早丧父母，年十六岁礼宝峰顺和尚为师。志气不凡，习学经业，随问随答，大惬师意。四方外礼，首谒燕京报恩林泉老师，烧香数载。又往万寿东川总统室内，依栖二载，机缘不契，别行一路。博通医书，大都、上都依经作法，舍施妙药。盘桓数拾稔，厌京事冗，直诣山东灵岩，充首座职。遍山栽树，到处施功，广种杏桃，创修园果。不吝囊赀，依元施药。小师惟德、惟河等垒寿塔，请铭偈曰：

头角峥嵘慈济泉，报恩万寿曾参元。为思方领宜修道，直造灵岩结善缘。栽园果种福田□，四方设药施无偏。而今寿塔小师垒，延永谷城劫石坚。

时大元至顺二年岁次辛未季夏上旬吉日，当山住持沙门智久记。李克坚刊。

右碑，连额高三尺四寸，广二尺。额题“泉公首座寿塔”六字，正书，径二寸五分，横列于上。文十四行，行二十六字，正书，径一寸。按：碑称“思泉首座”，号“慈济大禅师”，为万山司徒所佳号，“佳”即“加”也。元僧加号，或请于朝廷，或出于国师，而此乃出于达官，是又一例也。

灵岩寺亨公寿塔记 正书额，正书，在灵岩

至顺二年七月

大灵岩禅寺亨公首座道行勤绩寿塔记

小师惟通、惟中等立。

首座讳思亨，姓赵，爱凌人。早丧父母，容貌魁伟，意气豪迈，周游

僧寺。年十六岁，礼宝峰顺公和尚为师，受具披度。后担簦负笈，游学讲肆，博通诸经。又以其余力兼读儒典《广韵》，悦《大藏经》。诸路释教都总统所赞，道高貌古，德厚人钦，明三藏而彻底穷源，讲五经而精通要妙，佳号“圆明慈觉大师”，又昭文馆大学士、荣禄大夫，佳号“明宗广教大师”。遍游诸大禅会，首造燕京万寿，充教读，僧众美爱，观音院请为宗师。立功立事，通玄关，结识檀越，成美成仁，从长舍短，僧俗敬仰。燕都事冗，诣山东大灵岩寺充教读，又充首座。扶宗立法，树正摧邪，塑佛斋僧，妆严花果等事，无不舍施。年高施陪堂钞壹阡贯，又全管僧堂舍钞肆拾余锭，移寿塔布施钞肆拾锭，与常住作长生供通前施钞伍阡贯。种种舍施，垂裕后昆，见贤思齐，不可无言，以俚语《鹧鸪天》：

气象轩昂忠政多，轻财重事无如他。僧堂全管数千贯，移塔舍钱念百过。无缝罅，妙禅和，佳声浩浩占高科。旌明行业人称赞，延永芥城拂劫波。

时大元至顺二年岁次辛未孟秋，当山住持古渊野衲智久记。

右碑，连额高三尺六寸，广一尺八寸。额题“亨公首座寿塔”六字，正书，径二寸五分，横列于上。文十七行，行二十八字，正书，径七分。按：碑称思亨博通诸经，阅大藏而又援儒典以取重，及言其读儒书，亦不过讲五经，读《广韵》而已。“悦《大藏经》”似即“阅《大藏经》”，别字也。“妆严花果”“施陪堂钞”“作长生供”，皆近世佛门通俗语，而创见此碑。以“鹧鸪天”调为铭词，别是一例。至其调之不谐，又不足较也。《序》末云“以俚语鹧鸪天”，此下文气未足，盖撰记者为住僧智久，不谙文体者也。

灵岩寺慧公禅师寿塔铭 正书额，正书，在灵岩

至顺二年十月

灵岩禅寺第三十四代慧公禅师寿碑塔铭

嵩山法王禅寺西堂无庵长老觉亮撰；

当山住持传法嗣祖古渊长老智久劝缘；

书记恒勇。

师讳智慧，道号涌泉，袁州人，出于大姓李氏。宿有善缘，既长，年十六，耻为世俗之所埋没，遂决志□家[①]，礼泰安州长清方山灵岩禅寺住持足庵肃公长老为师，落发受具，为大比丘。于是随众习□五大部经[②]，告香请益禅宗奥典，杂勘公案，其间微省。足庵退席，至元二十年，复请安山月泉和尚住持，师巾瓶三载，随众参学。二十二年，直月泉圆寂[③]。于二十三年，遂请宝峰顺公长老接续住□[④]，师亦乃随众参叩。一日，室中过三祖大师《信心铭》，至"言语道断，非去来今"处，豁然颖脱，遂成一偈□[⑤]：言词尽净绝机关，凡圣情忘造者难。木马穿云消息断，依前绿水对青山。宝峰忻然称赏，遂即为□道之偈[⑥]，遂以衣颂付之，令续佛慧命，永传不朽。乃为清安嫡孙，宝峰之子。既了大事，了毕，奋然兴□淘汰[⑦]，诸方名师宿德无不参叩，皆蒙许可。

师秉性聪敏，博览群书，所以人皆称赏。由是一日，有昭□明具疏[⑧]，敬请开堂出世，住持济宁路泗水安山禅院，为国焚修，祝延圣寿。至大元年，严侯七衙公子具书疏，敦请住持鹊里崇孝禅寺数载。值灵岩桂庵退席，众知事□□疏[⑨]，敦请接踵住持灵岩禅师数载。师厌住持事烦，名山大刹，不可久居，遂退居云台养道，为终身□计[⑩]。未几，至顺元年，有肥城县空杏禅寺宗主贤公具疏，敦请住持本寺。

---

① □家：原碑作"出家"。
② 习□：原碑作"习学"。
③ 直：原碑作"值"。
④ 住□：原碑作"住持"。
⑤ 遂成一偈□：原碑作"遂成一偈曰"。
⑥ □道：原碑作"明道"。
⑦ 兴□：原碑作"兴志"。
⑧ 有昭□明：原碑作"有昭子明"。
⑨ □□疏：原碑作"具书疏"。
⑩ 终身□计：原碑作"终身之计"。

师凡据五处名蓝，皆有勤□可观[①]，享寿七十余年，僧腊五十有五，尚健无恙。于是有小师住持东平普济惟昌庵主，状师实，行□礼[②]，乞求寿碑塔铭，用传百年之后不朽之计。辞不获已，老拙然不敏，嘉其孝道之心，谨依来状，乃□寿碑塔铭[③]。铭曰：

开法安山，名出尘寰。高提祖印，大振禅关。次主崇孝，严侯祖林。七衙公子，礼无不钦。迁住灵岩，与迷指南。咸归正道，令悟元谈。退居云台，山境奇哉。四海禅侣，响化而来。老归空杳，贤宰愿心。鼎新革故，永作禅林。小师惟昌，碑塔报恩。扬名后世，千载常存。

时大元至顺二年岁次辛未孟冬上旬有五日，小师惟闻、惟俊、惟功等立石。

清亭李克坚□[④]。

提点思让，监寺思川，提点子贞，官门觉文，维那子廉、副寺子挥，典座子时，直岁惟端，首座思亨，书记恒勇，藏主思泉，教读思岑，知客思霭，钱帛惟山，修造思柳，侍者子英等助□[⑤]。

右碑，连额高三尺六寸，广三尺二寸。额题“慧公禅师碑铭”六字，正书，径三寸五分，黑文凸起，分三行。文二十五行，行三十九字，正书，径七分。

按：碑文为嵩山僧觉亮撰。慧公，袁州人，其投灵岩寺，礼足庵肃公，落发时年仅十六，肃公之住灵岩，在至元二十年以前，则慧公之生年当在世祖嗣位之初，其时袁州尚属宋疆，不知慧公以十六岁之弱龄，何能间关数千里，径得入灵岩也，要必有携挈之因缘，碑未能详及耳。严侯七衙公子者，不知何许人，必是世家阀阅之子孙，观其寺名崇孝，而铭词内又称为“严侯祖林”，则是建香火院于严氏之祖茔。额题“崇孝”，而请慧公住持也，其

① 勤□：原碑作“勤绩”。
② 行□礼：原碑作“行以礼”。
③ 乃□：原碑作“乃为”。
④ 李克坚□：原碑作“李克坚刊”。
⑤ 助□：原碑作“助缘”。

严氏之孝必有可纪者，碑乃不详而徒夸张其称曰“七衔公子”，以为慧公荣，庸僧涉笔为文，不知体要，类如此。

灵岩寺张淑诗刻 正书，在御书阁

至顺癸酉仲冬

灵岩寺提点举公塔铭 正书额，正书，在灵岩

后至元二年四月

右碑，下截缺失，上截存者，连额高三尺三寸，广二尺四寸。额题“举公提点塔铭”六字，正书，径三寸，分三行。文二十六行，行存二十五字，正书，径七分。

标题云“圆明广照大师举公提点勤绩塔铭”，前住持传法沙门古渊撰，当代住持嗣祖沙门灵岩书。文云：公讳智举，字彦高，姓胡氏，晋太平人。早丧父母，秉性英拔，落发习肄经书，遂参月庵海公，不惮寒暑，意融心会，名山巨刹，无不参谒。后还灵岩，首充典座，次充官门，后充监寺。□张店铺，兴解典库庄院六所，随处殿宇圣像一新。大德丁未，诣朝廷陈告，钦赍圣旨，还民占僧田，回付本寺。又奉皇太子令旨、帝师法旨，护持山门。时诸路释教都总统所，佳其德业，敬赐“圆明广照大师”号。报龄六十有九，僧腊五十有五。子津、子挥、子聪、子敞等三十余人俗，受戒门徒四人，奉灵骨归祖□。至元二年岁次丙子孟夏望。文之可见者如此。

灵岩寺国师法旨碑 上截梵字，下层正书，在千佛殿

无年号

皇帝圣旨里：管着儿咸藏，大元国师法旨里：军官每根底，军人每根底，断事官每根底，来往使臣每根底，管城子达鲁花赤官人每根底，本面官人每根底[①]，来往收检和尚俗人百姓每根底省谕的法旨：

① “本”下，原碑有“地”字。

泰安州长清县大灵岩寺住坐的僧人定岩长老，端与上位，祝延圣寿，依体例里住坐者，在前但属寺家的田地、水土、园林、碾磨、店铺、解典库、浴堂、人口、头疋等物，不拣是谁，休倚气力夺要者，休谩昧欺付者，休推是故取问要东西者，交他安稳住坐者，执把行的法旨与了也。见了法旨，别了呵，依着圣旨体例里，恁不怕那是么，这的每有法旨，么道无体例的勾当休做者。

蛇儿年三月二十三日，高良河大护国仁王寺里有时分写来。

右碑，高四尺四寸，广二尺三寸。碑分上下二层，上层刻西僧梵书，凡十二列，横读，字如钩丝下垂。下层刻法旨二十五行，行十四字，正书，径六分，即上层西僧书，而以汉文译之。

按：《泰山道里记》称，灵岩寺千佛殿前后壁，勒宋、元、明碑，有元蛇儿年国师法旨碑，蒙古字。今验此碑，是西僧梵书，云蒙古字者，非也。碑云“大灵岩寺住坐的僧人定岩长老”，据《提点贞公塔铭》，是定岩撰其碑，立于至正元年，则定岩之住持灵岩，自属至正元年以前之事。又《举公提点塔铭》亦定岩书，已称当代住持，其碑立于后至元二年，则是时定岩已住持矣。文称举公于“大德丁未，诣朝廷陈告，钦赍圣旨，还民占僧田回付本寺，又奉皇太子令旨，帝师法旨护持山门”云云，似即此碑所刻之圣旨法旨也。但大德丁未，非蛇年，或陈告在大德丁未，赍领法旨，又在巳年。又或国师法旨旧文是蛇年所发，当举公陈告时，国师即取已前法旨写付之，皆未可知。今无可附丽，因即系于《举公塔铭》之后附存之。

灵岩寺容公禅师塔铭 篆额，正书，在灵岩

后至元四年三月

右碑，连额高六尺许，广三尺二寸。篆额题“无为容公禅师塔铭”八字。径四寸，分四行。文三十二行，行存四十五字，正书，径九分，下截缺失，读无全文。

按：碑立于至元戊寅，元代有两至元，皆有戊寅。据文云：后至元丁丑，则戊寅为顺帝至元四年无疑。且容公住持在至治二年，有《劝请疏文石刻》，且知事诸人又皆为至正二

年，《龙藏殿碑》中所有皆可证也。其云“季春姑朔日”，甚不可解，或是“姑洗”之省文。文称：容公主名刹之多，谓为天下之法。将未免措辞近于夸大。“薙度”作“雉度”，“共向”作“共响”，则书碑之误也。

灵岩寺挥公塔记 篆额，正书，在灵岩

后至元四年五月

右碑，只见上半截，连额高二尺三寸，广二尺四寸。篆额题“挥公提点塔记”六字，径三寸，横列于上。文二十三行，行存十八、九字，正书，径八分。碑首行云“通宗英德大师辅成堂提点挥公碑记”，末云“至元戊寅仲夏月朔”。余皆读，无全文。戊寅为顺帝后至元四年，至正元年《龙藏殿记》碑阴“子挥施钞二千四百两”，其时僧职为监寺，此碑则职提点也。

灵岩寺创建龙藏殿记并阴 篆额，张起岩撰。张蒙古台正书，在藏经殿

至正元年二月

大元泰山灵岩禅寺创建龙藏之记

正奉大夫、侍御史、燕南河北道肃政廉访使张起严撰并篆额；

中奉大夫、岭北等处行中书省、参知政事张蒙古台书。

天下佛宇以岩名者，则泰山灵岩为之冠。以其境属中土，古岱宗右腋，面势环抱，当秀绝处。前乎此，未有识其胜概以据有者，殆天造地设，神灵珍藏，以待夫雄尊崇大者处之，然后为称也耶。盖岩之巅，东如列屏，如窣堵波，献奇骈秀，矗乎云表。北如连城，截然展拓，高出千仞，俯临真境，若向若护，东岩南引而左拱，与北岩子午相直。其上有穴洞明，望之若月元。魏正光间，法定禅师驻锡于此，睹其形胜，兀坐独处，德风所扇，慧照所加，灵怪敛避，虎兽驯伏。复有泉涌于窦泓而为池，土俗目其神异，为构丈室，延居其中，演教授徒，是为开山初祖。

历隋暨唐，殿堂斋寮，日新以盛。宋太平兴国、天禧、景德，遍以其

号锡宇内寺院，故寺尝号景德寺之千佛殿、五花殿，构于其时，石刻具在，迄今广宇周廊，遗制尚存。皇元崇奉释教，视前代为有加。泰安分土王邸，于是寺外护尊礼尤切注意。至元二十四年丁亥，第三十代住持宝峰顺禅师以为名山大刹，大众云集，受学之人，必资讲诵。我佛之教，其言传于世者为经，历代高识，发扬翼成者，曰律、曰论、曰疏，增衍广大至五千余卷，今板本在江浙、在闽。于是专普觉大师提点广往购，至杭，则普宁寺已具《经律论》完本，遂购而航致之，浮江绝淮，逾河抵郡之阴河镇。以二十六年三月十八日具法师作礼迎致，权置寺之五花殿。后四十五年，当至元后元乙亥，息庵让禅师图建外三门，方具材庀役，俄受少林之请，佛智明悟通理大禅师定岩慧公嗣主法席，乃相旧轮藏之基，规模故在也，谓宜起废庶，琅函宝笈，贮阁有所。咨于广智大师、提点川明德大师、监寺贞等，度为藏殿三楹，辍三门材为之。寺之耆德法属闻是语已，欣然出衣盂资以助以倡，邻郡济南达宦善士之乐施者相继也。

经始于至元后二年冬十月，毕工于六年夏四月。宏敞虚静，位置崇整，扁其额曰“龙藏”。中为龛帐，以庥像设，以覆藏函、供张、器皿，殿所宜有，种种备具。金碧绚烂，芗灯芬灼，装严佛界，观者起敬。总其所用，为楮泉二万三千余缗。师偕提点贞、监寺挥等来请记于予。予惟大雄氏之教，肇自东汉，流传震旦，其为言说，普令一切世间，识原达本，发无上妙心，如良药療众疾，如慈航济苦海，如慧烛破幽暗。以之开迷惑颠倒，以之释贪着爱欲。人之求其法者，舍是《经》何以哉？知有是《经》而不能读，读而不能思，思而不能从，是与未尝见闻者无以异也。夫采药疗疾，取米救饥，而药与米究竟有尽。惟是《经》也，取而读诵，思惟其义，开发觉悟，深造自得，利已利人，普蒙福惠。于是《经》也，复无所损，义益明畅，如清净水洗涤尘垢，水亦还洁；如大宝月照彻昏暗，月自明朗朗。然则来学者舍此弗究，可乎？师张姓，世为保定完州人，居州之南檀山，年八岁，礼古唐甘露禅院诠公为师，得法于灵岩桂庵达禅师。至元后丙子，得锡今号，是为住山四十代师云。

至正元年二月望日记。

山门提点子贞、提点子廉、监寺子挥、监寺子洪，修造思柳、维那智、副寺思霭、典座子时、副寺子泰、子可、维宽、觉喜、净心、直岁、子路、觉昌、觉宗、觉千；

耆宿首座思让、首座子英、书记思岑、藏主思周、知客子全、仓主子敞，钱帛子庆、库主觉初、浴主思洪、外库觉增、侍者戒信，殿主子延等；

十方灵岩禅寺住持、传法嗣祖沙门佛智明悟通理大禅师定岩、野衲德慧立石。

石工张克让、苏亨刊。

右碑，连额高八尺五寸，广三尺五寸。篆额题“大元泰山灵岩禅寺龙藏殿记”十二字，径三寸，分三行。文二十四行，行五十五字，正书，径九分。碑阴刻施钞人名二十六行，正书，径八分。

按：杭州普宁寺印经一大藏，系世祖至元二十六年事，详见《广公提点寿碑》，至是顺帝至元元年始建龙藏殿，盖越四十七年矣。《泰山道里记》云：灵岩寺般舟殿西为辟支塔，又西偏为藏经殿，有《元张起岩创建龙藏碑》，即指此也。乾隆十四年，殿毁于火，但云殿毁而不言经之存亡，殆是经之散佚久矣。

碑文为张起岩撰，起岩之官中台侍御史，转燕南廉访使，史不详其何年，以此碑证之，则至正元年犹居此官也。碑文刻于至正元年二月，而碑阴在是年十月，盖刻文在毕工之初，碑阴则俟施钞之数已定而后刻也。碑阴列诸寺职，有所谓“铸泻者”，不知所职何事，识以俟考。

灵岩寺让公禅师道行碑 篆额，日本僧印元撰，行书，在灵岩

至正元年十一月

灵岩禅寺第三十九代息庵让公禅师道行之碑

日本国山阴道但州正法禅师住持沙门印元撰并书；

中奉大夫、前管领大开元一宗诸□都宗摄圆照普门光显大禅师益吉祥篆额。

大万松两国师下，有□□总统三世，而继其灯者息庵也。师真定人，讳义让，姓李氏。生而颖异，志气不群。卯岁礼本府华□□□阇黎为师[①]，剃落受□[②]，□□遍于讲肆，听习《华严》而深造毘庐□海。厥后，遂周游燕赵之间，遍参宗匠。未后往风龙山，扣古岩□□之室[③]，古岩一见甚称□□。未几，老□应灵岩之举，师乃侍往。皇庆中，古岩却少林之请，师又遂之巾侍数载，晨昏参请，机缘□□[④]，乃密付衣缺十字书记，复游南阳，领纪纲于香严，司记室于香山。又归嵩阳，首众于法王。至治年间，开堂□□之天庆[⑤]，次迁缺八字之灵岩，凡所住之处，皆革故鼎新，百废俱举。至元丙子秋，适嵩之少林虚席，本山知事□□□请匡[⑥]，率五缺九字。学徒云臻，师传道扬化之余，以庄严法□为心，故□丹青，粎銮殿宇，祖刹为之改观，加之□□廊庑[⑦]、仓库，并庄园、水磨，所有□宇，悉皆修整，仓库之畜十倍于常。苟非宿殖之力，焉有如此盛者欤?

庚辰之夏，遘疾弥留，乃□□人曰[⑧]：斯疾不可起也，□往必矣，急须营塔。至五月十二日，窣堵毕功，其日师召知事门人等付□[⑨]于后事，遂索笔书偈讫，右□□逝[⑩]。偈曰：来时本静，去亦□□，虚作舞□[⑪]，意乃优游。

① 华□□□阇黎为师：原碑作“华严寺相阇黎为师”。
② 受□：原碑作“受具”。
③ 古岩□□：原碑作“古岩宗师”。
④ 机缘□□：原碑作“机缘相契”。
⑤ 开堂□□：原碑作“开堂于洛”。
⑥ □□□请：原碑作“赍疏迓请”。
⑦ 加之□□廊庑：原碑作“加之寺内廊庑”。
⑧ 乃□□人：原碑作“乃命门人”。
⑨ 付□：原碑作“付于”。
⑩ 右□□逝：原碑作“右胁而逝”。
⑪ 舞□：原碑作“舞仕”。

至十四日阇维，门人分灵骨重塔于灵岩。世寿五十七，僧腊三十六，门弟□□有余人[①]，嗣法者一十三人。□□七月参学小师胜安携师行实，不远千里来乞文于我，而我乃日本之产，又非陈良去楚而□□周孔之道也[②]，然不获厥中华之鲁，奈公再三，辞不得已而诺之，以应平实于说，他日有荆舒而我之以膺者，予如何哉？虽文□□[③]，盖□耳也，亦不甚难，而须次第之实。且息庵师乃大宗匠，而道价超伦之人也，以至□自脱俗。师相公后，锡飞寰海，学历名□□之续[④]，达□□后之灯，以之契吾祖不传之旨，正偏兼举，了惟自纵横，黑白未分也，许谁得妙，由是论之，师平昔梳风镂月，斫□□金[⑤]，乃其续□□，何奇特焉。

师平日贵乎洒落为道，而自在不拘，凡游戏，三昧而纵放，取舍随流稳当。虽不拘于文字而亦不□□偏枯[⑥]，然所居之处，存亡进退，而不乖于其时，又非得失而动于其心也。自我万松大宗师去后，天下禅林而道风鼓舞二□□者惟师也[⑦]。于是师之生世，幼而至于壮，壮而至于老，皆道丰时盛而得遂其志，以至嫡嗣古岩大和尚，而天下禅老谁能出□□右乎[⑧]？主于灵岩，天下名刹，谁闻而不仰其风欤？终于少林，天下宗风，谁敢不偃于其草欤？今分塔于兹灵岩，可谓至矣，觉□□甲终焉之计矣[⑨]。吁！虽我拙而弗敢作之文，故盥涤焚香稽首，辍染短翰，系之铭。铭曰：

新丰一曲，回□追寻。格外元□[⑩]，罕逢知音。雪庭间出，续焰少林。

① 门弟□□有余人：原碑作“门弟子百有余人”。
② □□周孔之道也：原碑作“北悦周孔之道也”。
③ 虽文□□：原碑作“虽文不美”。
④ 学历名□□之续：原碑作“学历名山以之续”。
⑤ 斫□□金：原碑作“斫玉淘金”。
⑥ 不□□：原碑作“不情于”。
⑦ 二□□者：原碑作“二严获者”。
⑧ 出□□右乎：原碑作“出于其右乎”。
⑨ 觉□□甲终焉之计矣：原碑作“广矣，而甲终焉之计矣”。
⑩ 格外元□：原碑作“格外玄旨”。

五乳峰下，凤翔龙吟。近代相继，以心传心。惟息庵师，耀古腾今。吹无□□[①]，弹没弦琴。妙旨回互，暗度金针。四尸望刹，接物随宜。举唱定□，不落□时。末后一着，不劳伫思。踏翻□□[②]，趯倒须弥。劫石可碎，泰华可夷。师道师德，万世不衰。

至正元年仲冬之新复日，小师觉宗、觉际、觉迁、觉彰、觉猷、觉栋等立石；

清亭石匠张克让等镌。

右碑，连额高六尺，广二尺四寸。篆额题“息庵禅师道行碑记”八字，径二寸，分四行。文二十六行，行四十九字，行书，径八分。

文为日本僧印元撰书，中奉大夫圆照普门光显大禅师益吉祥篆额。中奉大夫乃文散官，从二品阶，僧职之有官阶者，仅见此碑。日本在宋时屡以僧来通贡，元世祖至元间，尝遣使持国书往，讽其来朝，不应，加之以兵，丧师而还。成宗大德三年，遣僧宁一山者，加妙慈宏济大师，附商舶往使日本，而日本人竟不至。史传所纪止此，则是终元之世，未尝有日本僧来也。自大德三年至至正元年，越四十三年矣，此印元僧或自慕中华释教之盛，附舶访道而来，非奉国王使命也。然既驻锡中土，自必上闻于朝，史何以不书其事？盖无关国典之重，不登于记载，则后之作史者，无从考稽矣。印元之住山阴道但州正法禅寺，自系日本之旧刹，其在中国不知住何刹宇。文不自叙其所住之处，但云小师胜安不远千里乞文，大约不出大都燕京诸处也。海夷方外不必论文字之工拙，然大致与中土相同。书亦流动有法。仲冬新复日者，冬至也，用字亦不多见。

灵岩寺提点贞公塔铭 篆额，行书，在灵岩

至正元年十一月

右碑，连额高五尺许，广二尺四寸。篆额题“明德大师贞公塔铭”八字，径二寸，分四行。文二十五行，行存三十七字，行书，径七分。下截缺失，读无全文。

---

① 吹无□□：原碑作“吹无孔笛”。

② 踏翻□□：原碑作“踏翻大海”。

首题“明德大师辅成堂提点贞吉祥碑记，十方大灵岩寺传法住持嗣祖沙门定岩撰，前灵岩禅寺记室福广野云书”。文云“公博陵茌山十寨土，俗郭姓，大族之家，明德号，吉甫之字也”。末云“至正元年仲冬月新复之日，小师觉山、觉善、觉昌、觉才、觉尚等立石”。

按：此碑与让公道行碑同为至正元年仲冬新复日所立，彼碑为日本沙门印元书，此碑为福广野云书，两碑笔迹如出一手，且贞公与让公同为古岩就公付法受具之弟子，立石之小师又皆觉字同辈，两碑文气又颇相同，疑皆两公之小师彼此商略而为之。然则彼碑之称印元撰书者，或皆托名也。文云“近年顺德路大开元宗摄所损庵大和尚”，似即让公碑篆额之“中奉大夫、前管领大开元一宗诸□都宗摄圆照普门光显大禅师益吉祥”也，益吉祥署阶中奉大夫，此碑称北溪长老为大司空，又云“以大司空银印号公”，岂当时僧制有官有阶有印耶？损庵称“益吉祥”，此碑标题称“贞吉祥”，子贞，其名也；吉甫，其字也。云贞吉祥者何居，恐与益公之吉祥又属释氏之佳号矣。

重修孔庙碑并阴 篆额，张从仁撰，王升书，在文庙

至正四年闰二月

至正重修宣圣庙记

泰安州儒学教授张从仁撰；

资善大夫、江南诸道行御史台御史中丞王升书；

翰林学士、承旨荣禄大夫、知制诰兼修国史张起岩篆。

泰安，山东名郡也。间齐鲁礼义之乡，比洙泗文化之地，山明水秀，人杰物夥，风俗淳朴而尚俭素。州庙学□□□建金大定癸卯，郡守徐□伟，重修□石，叙绩可考。迨皇元至元辛未，知州马公骧载修，亦□石纪□可睹。自至元迄今，以岁之数计者，余七十矣。至至正二年夏五月，知州靳公文用来守兹郡，下车之日，恭谒先圣，顾瞻正殿，神门贤庑，欹倾摧圮，□□风雨之甚，叹曰：清庙弗完弗肃，何以妥圣贤之灵，澄风化之源？遂捐俸金，倡僚采复整修之。同知祁宝闾、判官姚师顺，幕宾王璧、赵□□咸忻忻赞和，乐□□役。奉符尹郑侯宗，尚廉勤有能，经营规度，尤为之

力，与上下同心协谋，不取于官，不劳于民，采木石陶瓦甓，皆僦民力，鸠众工，以作□□正殿，次神门，次贤庑，次讲堂、斋舍，先后重轻而举。昔梁栋之攲者，起而以正，桷榱之朽者，撤而以新，瓦之裂去以补之，壁之隙塞以饰之。基固竹苞，砌结鱼鳞，朱其门，绿其牖，丹雘其楹，殿宇檐阿，峻起轩翔而华采交辉，如鸟革翚飞，瞻者弗言，而知其肃清之庙，圣圣塑绘之像，在天之灵亦获少康矣。所修殿庑门堂，会以楹计者四十有五，所费以缗计者贰万有奇。经始于至正二年秋七月，告成于四年春二月吉日。郡义士石维岩、李忠恕、陈易砻石求文于从仁，以纪兴造始卒之所以。从仁辞以才学肤浅，讵敢秉笔形容贤公兴庙之伟绩，义士直以从仁居教职，礼分当为，以故不敢不敏辞。

鸣呼！自天地开辟以来，世所谓圣人传道者，尧、舜、禹、汤、文、武、周公、孔子而已，孔子而下曰颜、曰曾、曰思、曰孟，庶能继往圣，开来学，以淑俊髦。圣域之入，虽不优而道统之传则有功也。汉之董子，唐之韩子，能黜仪、秦、申、韩之术，排释氏、老子之说，唱道之功，间世罕有，而造道之深则未也逮。有宋周、程、张、朱辈出，主盟正学，摈斥邪说，以续夫千载，孟氏不传之绪，俾圣人之道，灿然复明于世，以臻于今。然历代褒谥徽称，典祀修举，唯孔子暨门弟子而不及尧、舜、禹、汤、文、武、周公者，盖尧、舜、禹、汤、文、武、周公弗过揖让，俭勤吊民，伐罪制礼作乐以抚天下，是皆德洽群生，恩被当世者。若吾夫子生数圣人，后值衰乱，时辙环天下，而道卒不行，于是乎归洙、泗，述六经以诏后世，二千载而下，家诵其书，人遵其训，普天下岁时虔恭而庙祀之，宜哉！今圣朝累下诏以兴学校，乃设科以取多士，期以辅国宁天下而后已。靳公视政，先兴庙学，夙夜督工靡懈，可谓知本末先后矣，可谓不负朝廷右文崇儒之意矣。公廉正公勤，和而不流，使异日居穹位，施经济，必能化天下人，服诗书礼乐之教，力孝弟忠信之行，以跻于古帝，功殊匪泰安比，泰安将来文风丕变，人材众多，未必不自公兴学始。谨记。

至正四年闰二月日，石维岩、李忠恕、陈易立石。

右碑，连额高六尺许，广二尺四寸。文二十六行，行五十二字，正书，径六分。碑阴刻官吏、士夫、工匠等姓名，纵横列之，并正书，径六分。此碑镌刻不深，字多漫漶，《泰安县志》不录其文，无从补正。

灵岩山“大灵岩寺”四题字 正书额，文书讷正书，在寺门戏台上

至正四年四月

右碑，高七尺，广二尺二寸。中幅题“大灵岩寺”四字，正书，径一尺七寸。右题衔名一行，云“奉直大夫山东东西道肃政廉访副使文书讷双泉书”。左题年月一行，云“至正四年四月十有九日立”，并正书，径一寸。按：文书讷，史志皆不详其人。笔法整严，神采秀劲，可以想见其为人。

岱岳庙圣旨碑 在岱庙，与《泰定圣旨碑》同一石，今佚

至正四年九月

右碑，在州城内岳庙西偏延禧殿前，又有泰定元年一碑，其文略同，今并佚。

《金石文字记》云：按《元史·泰定帝本纪》有即位一诏，与此相类，鄙喭之语，播之王言，传之史册，贻笑后人，然其曰“每年烧香的上头，得来的香钱物件，只教先生每收掌者”。则是时香钱固未尝以入官也。

“唵嘛呢巴弥吽”题字 察罕晋华书，汉字一行，蒙古字一行，在灵岩大殿西，《延祐圣旨碑》侧

至正四年

贾鲁登太山诗刻 正书，在环咏亭

至正五年正月

塑七十二贤像记并阴 篆额，孔克坚正书，在文庙

至正九年五月

创塑州学七十子记

荣禄大夫、四川等处行中书省平章政事□□篆额；

中奉大夫、袭封衍圣公五十五代孔克坚书丹。

人生天地之间，其不可负者三，曰君、曰亲，而师与焉。乐土安业而享太平者，君也；抚字鞠育而全躯者，亲也；《诗》《书》六艺，诲导启迪以成其材德者，师也。人能忠于君，孝于亲，敬其师，乃天之恒则，人之职分，当为而已，不然何以自立于世间耶？昔周道既衰，王纲解纽，天下贸贸焉。乱臣贼子接迹于世，三纲以斯而紊，五典以斯而斁，奚由也哉？皇天奄顾载生，吾夫子祖述尧舜，宪章文武，所以垂世立教，师表万古者也。时门弟子不惮数千里而从游，虽值陈蔡之厄，匡人之围，寒饥流落，不敢少倍于圣人之规，其有补于名教也。历代以来，载在庙祀者，岂不韪欤？

至正七年夏六月，大成至圣文宣王五十二代孙孔之严判官泰安郡，下车之日，视事涖政，首谒庙貌，登殿行释奠礼。既毕，瞻仰圣像，被衮冕，巍巍南面。颜、曾、思、孟并世所谓十哲，皆左右列次，相向坐侍，其形仪端严清肃，绰有古人风采。出观两庑，七十子暨续补硕儒、血食廊庙者，其像止绘之于壁。几案不肆，俎豆不傧，风霾往来，聚散不恤[①]，贤哲之灵，奚能安然也哉？于是乎存心积虑，念兹在兹。

至正己丑春三月，遂与幕宾张焕、宋显协谋曰：清庙圣像既完，且若两庑贤像尤睹图画，钦敬明神之诚，讵有优劣者耶？遂捐俸禄，五月鸠工，比十哲之像而捏塑之。自大成殿下左右两庑，以世代先后，次列而南，转东西以与神门并。其冕服之制，考之历代封爵等威而像之。其贤像总百又有七，而户牖礼器奠斝咸备焉。其甓木之须、工役之力者，皆稍其食而酬其直，不

① 聚散不恤：原碑作“聚散不恒”。

扰其民。会其縻之资，以缗计者五千有畸。岁时官士祀享有归，神之来假来享必矣。夫孔侯生圣人，五十代之后，而能追远报本，□志始祖先贤，垂世立教，无穷之泽可谓孝矣；修殿宇，塑贤像，恪恭祀事，润饰风化，有辅圣朝，崇文偃武，益隆平之景运，可谓忠矣。忠孝既能，臣子之职庶几乎得矣。

呜呼！他日岱阳之风丕变，人材众多，若昔泰山孙氏，徂徕石氏、党氏辈出，以□□有元之新化，复齐鲁之旧风，孔侯之功，从斯远矣。彼流俗偏驳不正之学，略孔氏之规，趋异端之说者，瞻斯庙，仰斯像，其不惕然而自惭者乎！且以原其事之本末，礼之先后，略纪云耳。

泰安州儒学教授张从仁撰；

至正九年仲夏吉日，庙学教授陈遵礼立石。

右碑，连额高八尺五寸，广三尺二寸。篆额题“泰安州重修庙学记”八字，径四寸，分二行。文二十五行，行三十六字，正书，径一寸。碑阴刻官吏衔名，十六行，正书，径一寸。

按：《泰安县志·金石卷》不录此碑，而于《学校卷》则云：文庙至正二年知州靳文用、九年州同孔之岩重修。今以碑证之，乃是州判官孔之岩而非州同孔之岩也。碑中所纪，亦仅为七十子塑像，未尝及修庙之工役。然不知碑额何以云“重修庙学记”，而《县志》遂因之以为重修也。标题虽云“创塑州学七十子”，其实并从祀先儒俱塑之，故总其像百又七也。书碑者，衍圣公孔克坚，正以至正九年晋秩中奉大夫，增二品银印。五十二代孙孔之严，字雍甫，《阙里文献考》只载其官泰安州判，而不详政绩，故无考也。碑阴列官吏姓名，而本州之达鲁花赤、知州、同知、奉符县达鲁花赤，何以皆有官无人，并云缺也？岂其时守土之官旷缺其半，而于临民大事，无伤于废弛耶？然则当时朝廷铨政，概可想见矣。

灵岩寺慧公道行碑 正书额，正书，在灵岩

至正十一年十月

右碑，连额高六尺许，广二尺八寸。额题“慧公禅师道行之碑”八字，正书，径三寸，黑文凸起，分四行。文二十九行，行存六十字。下趺缺失，读之不全，正书，径八分。首题：“皇元泰安州十方灵岩禅寺第四十代住持佛智明悟通理大禅师定岩慧公道行之碑，大都

大竹林寺前住持英悟正印宗慧大禅师雪涧法祯撰。”末云：“大元至正十一年岁次辛卯十月十五日当山传法住持佛性圆通妙应大禅师方山野衲思璧书丹、题额并劝缘。”

按：碑文纪慧公之道行，而历叙其所至之功业，于炫烂之中，得平淡之旨。如曰：“吾出家本以生死事大，今拖犁拽耙，与俗人能置家者无异，是可为究竟耶？”此语非见道有得者不能言也。“住山”而谓之“视篆”，与后世居官摄印者同称。岂当时住持，亦有印信相授受耶？主报恩手段异诸方，“手段”二字创见此碑。

灵阳观碑 篆额，正书，在大汶口滕村灵阳宫旧址

无年号

右碑，半截，连额高五尺，广二尺六寸。篆额题“灵阳观记”四字，径三寸，横列于上。文二十五行，行存三十五、六字，正书，径六分。下截缺失，文读不全。首题：“乡贡进士琴台三张李倧撰，门人王道通篆额，王道亨书。”后题：“壬辰年仲冬有八日住持道士卫志坚立石。”

按：《泰安县志》：“灵阳宫在大汶口东南滕村，距城六十三里，宫已久废，有元至元二年碑。”此语误也，元有两至元，若世祖之二年，为乙丑岁，若顺帝之二年，为丙子岁。今此碑无年号，而纪岁曰“壬辰”，与至元二年不合。碑云“元贞间游徂徕山，越明年，又于徂徕之西南三十里许”云云，则非世祖时之壬辰无疑矣。惟顺帝壬辰是为至正十二年，然则《志》盖误以“至正”为“至元”，而脱去十字也。撰文者李倧，自称“琴台三张”，未详。“声”作“啨”，亦异文。

东岳别殿堂庑记 杜翱撰，周子贞正书，在岱庙，今佚

至正十三年四月

张士明题灵岩寺诗 正书，在灵岩山神庙

至正十五年正月

至正癸巳二月吉日，梦游山寺，是岁七月到任，九月劝农，至此恍然如梦中所见，因赋鄙语，录呈灵岩方丈。

前进士紫金山张自明题。

清亭忝民牧，倏尔两月余。

恳恻理辞讼，仓皇行简书。

深秋劝农事，东驰岱宗途。

有山忽北转，宛然梵王居。

云萝隔烟树，经阁参浮图。

林峦类拱抱，涧壑如交趋。

松风振岩谷，石泉溜庖厨。

峭壁龙蛇窟，悬崖虎豹区。

野猿啼町疃，海鹤舞庭除。

僧闲看贝叶，客至翦新蔬。

胜景跻寿域，禅房列周庐。

山前回首望，一梦恍相符。

至正十五年正旦，当山住持嗣祖沙门灵泉野衲谨书立石。

右刻，诗二十行，行十字，正书，径八分。

灵岩寺傅亨诗刻 正书，在灵岩

至正十五年九月、十六年三月

至正乙未秋九月，因公赴山东，游灵岩禅寺。

秋晚登临上岱宗，扶筇来此谒崆峒。

闲云送雨过深洞，老鹤将雏度远空。

白石清泉心未了，黄花红叶思无穷。

携云归隐知何日，坐想青山入梦中。

灵岩山房寻同年长清县尹张君德昭不遇。

慈恩塔上题名后，京国分携十四年。

梦想故人诗句里，坐看黄菊酒杯边。

停云蔼蔼秋容澹，落叶萧萧客恨偏。

独倚禅房重搔首，又鞭归骑过前川。

丙申春三月，海岳降御香回重游灵岩次赵明叔诗韵。

石径穿云雨意凉，乘铬重过老僧房。

门前古柏凝新翠，岩畔幽花散异香。

鹤舞双泉春水渌，龙归深洞暮山苍。

禅心久矣无拘碍，笑我狂游去远方。

前进士、应奉翰林文字承事郎、同知制诰兼国史院编修官傅亨题，时弟益、男文炳侍行云。

右刻，诗二十六行，行十二字，正书，径六分。

杨世瑛题名 正书，在桃源峪北崖

至正十八年二月

张田玉题名 正书，在桃源峪

至正十八年二月

灵岩寺李杰诗刻 行书，在灵岩

无年月

宿灵岩寺

一榻借禅房，窗虚风露凉。

诗魔催梦醒，王事促行忙。

人阖东西户，僧归上下方。

山中无刻漏，倍觉此宵长。

翰林李杰书，当山住持妙恭立石。

右刻，诗九行，行六字，行书，径八分。

萃美亭碑 徐琰撰，吴行正书，在百丈崖，今佚

至元丁丑

重修萃美亭碑

廉访使徐琰撰。

天下名山巍然而大，岩然而尊者，泰山而已。泰山胜境，窈然而深，蔚然而秀者，西溪而已。溪居岱宗之右麓，延袤数十里。树林阴翳，磴道崎岖，清泉奇石，瑰玮万状。行愈远而山愈奇，境愈胜。极溪之所穷，巅崖百丈，悬流下掷，望之如垂练，天绅泉也。天绅之西有巨鏊焉，一水自天胜岩落，为盘石所散漫，泻于鏊之上檐，若建瓴然，水帘洞也。而又芙蓉、悬刀、飞鸦、狮子诸峰削翠其上，黑螈白龙、神潭水府，潜珍其下。云烟吐吞，晦明变灭，跳珠溅沫，轰雷掣电，顾接有所不暇。真山水之窟宅，天壤之奥区也。金大定间，泰安太守姚公，面水帘而瞰天绅，创构一亭。樽俎不移，而诸景咸会，因榜之曰“萃美”。坡诗有云：江山虽有余，亭榭著难稳。登临不得要，万象各偃蹇。吾不知世间得登临之要，有如此亭者乎？

《岱史》载：岳西南麓百丈崖之左，古有萃美亭。元奉高尹王悟重修，廉访使徐琰记。但原文节略，岁月未详。亭圮，记石移置文庙，亦佚。

张天益题名 正书，在白龙池石壁

刘询等题名 正书，在斗仙岩

严谨墓碑 杜仁杰撰

洪福寺碑 在城西南六十里申村

广禅侯祠碑 在亭亭山

精礼寺碑 在城西南侯村玉女山之阳

“竹溪”二题字 篆书，在徂来西北址

“演易斋”三题字 篆书，在徂来二圣宫

“贫乐岩”三题字 篆书

贾氏书院题名 在云云山朱珪题名之上

新甫山残碑 正书，年月泐

明

太祖制东岳去封号碑 正书，在岱庙

洪武三年六月

灵岩寺方山休堂联传道行碑 篆额，正书，在灵岩

洪武五年秋

谕祭岱庙碑 正书，在岱庙

洪武十年八月

灵岩寺重建五花殿记 王裕撰，李进正书，在灵岩

正统五年九月

感雨记 夏靖撰并正书，在岳西南麓渊济公庙，今佚

景泰五年三月

灵岩寺陈豫诗刻 在御书阁

天顺四年三月

重修高里山神祠记 并阴篆额，许彬道撰文，原杰正书，在森罗殿后

成化三年五月

右碑阴，刻方豪题名，并蔡汝楠诗刻。

灵岩寺感应记并阴 篆额，□俊撰，周自成正书

成化十年正月

右碑阴，刻僧众题名。

灵岩寺造象记 李嬰远撰并行书

成化十一年六月

袁□灵岩诗刻 郭瑄正书，在千佛殿前

成化十二年

灵岩寺孙瑜诗刻 正书，在御书阁

成化十三年七月

任式会真宫记

成化十八年

贾宣谒白龙池诗刻 正书，在白龙池石壁

成化十八年

重修东岳图 在县署土地祠壁

成化十九年三月

尚䌹游泰山记 在岩岩亭

成化二十二年

鲁两先生祠记并阴 篆额，吴宽撰，姜立纲正书，在城内二贤祠

成化二十三年八月

右碑阴，刻祭文。

重修碧霞灵应宫碑记 篆额，徐溥撰文，尹旻正书，在水帘洞旁，今佚

弘治十年十月

灵岩寺重修五花殿记 戴义撰并书，在大殿前

弘治十一年九月

重修东岳庙碑 御制并书，在岱庙，今佚

弘治十二年

灵岩寺邵寅诗刻 行书

弘治十二年九月

俞俊古栝残诗刻 草书，在青帝观

弘治十六年孟春

灵岩寺李逊学诗刻 正书，在松风阁

正德四年五月

祭告东岳文 篆额，篆书，在岱庙

正德五年六月

乔宇登泰山诗刻 篆书，在环咏亭

正德五年六月

重修观音寺记 篆额，马雄撰，苏彪正书，在山东北九十余里齐城峪九顶寺

正德八年十月

重修东岳冥福寺记 任文献撰，王龙正书，在冥福寺，今佚

正德十三年三月

熊模游灵岩寺记 在千佛殿

正德十五年正月

灵岩寺方豪题名 在御书阁宋李公颜题记之后

嘉靖元年三月

修广禅侯祠碑 正书，在城南亭亭山庙内

嘉靖九年十月

“大观峰”三题字 杨抚正书，在岱庙

嘉靖十一年

应元诗刻 草书，在环咏亭

嘉靖十二年仲冬

张鲲登山杂诗 草书，在环咏亭

嘉靖十三年三月

金鱼石三题字并记 封南章正书，在徂徕中军帐

嘉靖十三年六月

“观海”二题字 张钦正书，在岱庙

嘉靖十四年五月

灵岩寺张邦枝诗刻 正书，在摩顶松台南面

嘉靖十五年八月

灵岩寺乔瑞、刘焘诗刻 行书，在千佛殿

嘉靖二十年六月

蒋扆等泰山诗刻 行书，在岱庙，今佚

嘉靖三十二年

灵岩寺塑妆祖师像记 王四好正书，在祖师殿址

嘉靖三十四年小春

祭告三神祠诗并序 谢东山正书，在岱庙，今佚

嘉靖四十年八月

谢东山题名 正书，在山绝顶探海石上

嘉靖四十一年五月

汪玉文论 正书，在石经峪

嘉靖四十一年仲秋

邵鸣岐等题名 正书，在山顶德星岩

嘉靖壬戌阳月

翟涛题名 正书，在德星岩

嘉靖四十二年仲夏

重修东岳庙记 篆额，李钦撰，安科正书，在岱庙，今佚

嘉靖四十二年六月

重修酆都庙记并阴 正书，李钦撰，在城北酆都庙

嘉靖四十二年十月

右碑阴，有题名。

周天球望岱诗刻 行书，在岱庙，今佚

嘉靖四十五年九月

“飞龙”“翔凤”题字 刘翾行书，在岱庙

隆庆元年夏

重修碧峰寺记 孙绪撰并书，在岳西四十余里寺内

隆庆五年□月

王守仁泰山高诗刻 正书，在明伦堂

隆庆二年四月

建立三阳庵碑并阴 萧大亨撰，张天祚正书，在岳西

隆庆四年仲春

右碑阴，有题名。

张元忭灵岩寺题名 行书，在御书阁

隆庆四年三月

灵岩寺王宗沐东游记 正书，在后土殿

隆庆五年八月

表泰山之颠碑 万恭撰并正书，在山顶，今佚

隆庆六年春

吴从宪泰阴碑亭记 在南郊泰阴碑前，今佚

隆庆六年

“泰阴碑”三篆字并题名 在泰阴碑之阴

隆庆六年

高山流水亭石壁记 万恭撰并正书，在石经峪西崖

隆庆六年冬

张元忭灵岩寺诗刻 草书

万历元年

张天祚泰山题辞 正书，在青帝宫

万历元年正月

袁稽白龙池赞 正书，在白龙池

万历七年七月

祀泰山高里祠记 刘大式撰，刘衍洛正书，在高里山神祠内

万历十一年三月

白云轩记 李戴撰并书，在山顶白云洞侧，今佚

万历十四年

灵岩寺苏演诗刻 草书二首，正书二首，在摩顶松台南

万历十五年三月

灵岩寺刘敕诗刻 正书，在摩顶松台南

万历十五年

“卧云”二题字 张寿朋八分书，在白云洞

万历十六年

祷雨灵应歌 正书，在三磴崖

万历十七年

灵岩寺徐琳口诗刻 周道南行书，在摩顶松台北面

万历十八年正月

灵岩寺重修千佛殿记 傅光宅撰，潘子云书，在千佛殿，南向

万历十八年十月

重修东岳高里山神祠记 李邦珍撰，安科正书，在高里山神祠

万历十九年正月

题暴经石水帘诗 崔应麒草书，在石经峪西崖

万历十九年

重修碧霞宫碑并阴 篆额，王锡爵撰，田应璧正书，在山顶，今佚

万历二十一年九月

右碑，阴刻皇后、嫔妃等题名。

十八盘石栏题记 正书，在山顶铁碑东侧

万历二十二年

重修三阳观记 于慎行撰，王应星正书，在岳西南麓

万历二十三年仲秋

黄景象抱龙台诗刻 草书，在灵岩御书阁

万历二十七年

重修竹林寺记 篆额，吴维城撰并正书，在岳西南麓

万历三十年季冬

灵岩寺汪应蛟诗刻 正书，在御书阁

万历三十一年九月

供祀泰山高里祠记 朱之蕃撰并正书，在高里山神祠

万历三十一年十月

重修碧霞元君灵应宫碑 邢侗撰，行书，在山顶，今佚

万历三十六年

毕懋康登岱诗刻 行书，在岱庙，今佚

万历三十七年夏

灵岩寺张萑鸣面壁斋诗刻 行书，在卓锡泉

万历三十七年

西天门题名二段 钟惺正书，在山顶西天门石阙上

水帘洞题名 钟惺正书，在岳阳水帘洞旁

新建王母阁碑 篆额，周国庠撰，张和元正书，在城西北隅梳妆院

万历三十七年

重修泰山灵应宫碑 篆额，张邦纪撰，胡忻正书，在城西南

万历三十九年

灵岩寺王安舜诗刻 行书，在御书阁

万历四十年

泰安州进香题名记 铁碑篆额，方从哲撰，汤焕正书，在山顶元君殿，佚

万历四十一年

御制泰山金顶御香宝殿铜钟赞文 正书，在后石坞

万历四十二年七月

敕建泰山天仙金阙碑 正书额，方从哲撰，汪民孜正书，在山顶碧霞宫前

万历四十三年孟春

牟志夔题名 八分书，在岳阳朝阳洞西崖

万历四十三年

钟惺后石坞题名 正书，在后石坞玉女祠大门下西石上，东向

万历四十四年七月

岱岳庙碑 毕懋康撰并行书，在大殿前，今佚
万历四十七年正月

“云根”二题字 篆书，米万钟书，在朝阳洞
万历四十七年

重修鲁两先生祠记 篆额，侯应瑜撰，范广正书，在城内二贤祠
天启元年五月

重建一天门碧霞元君行宫碑 篆额，于可久撰，洪邦治正书，在一天门
天启六年三月

钦修泰岱告成赐灵佑宫金碑记 篆额，□□撰，□□正书，在山顶元君殿前
天启五年六月

王应修诗赋石刻 行书，在环咏亭
天启七年

胡一龙和仁钦十二景诗刻 郝大成行书，在灵岩寺卓锡泉
崇祯元年二月

灵岩寺郑林诗刻 李承资正书，在山神庙前
崇祯六年

灵岩寺沈正宗诗刻 草书，在摩顶松台南
崇祯十一年三月

汉柏图赞 陈昌言正书赞，左佩玹篆书题字，在岱庙炳灵殿，南向

崇祯十五年七月

左重耀谒岱宗歌 篆书，今佚

崇祯十六年夏

敕建智上菩萨宝刹碑记 篆额，左佩玹撰，徐栴正书，在天庆宫

崇祯十七年三月

碑阴：义输赡田记。

般颂并跋 正书，在石经峪，无姓名年号

回公题字 行书，在山顶白云洞，无年月

汪广洋过泰山诗 行书，在岱庙，今佚，无年月

毕懋康、罗文玮诗刻 正书，在环咏亭

于可久题名 八分书，在石经峪北崖

岱顶铜钟经文 正书，在岱顶后寝宫

郭诏铜鼓、铜鼎、铜瓶记略 在碧霞祠，今佚

第一山 崔三畏正书，在一天门

泰山志卷第十八

泰山志卷第十九

朝议大夫山东泰安府知府休宁金棨纂辑

逸事记

东岳所以谓之岱者，代谢之意。阳春用事，除故生新，万物更相生代之道，故名岱也。《三礼义宗》。

岱宗石室，上下悬绝，其中金床玉几。《列仙传》。

泰山于所经诸山最高，而岑崿轩举，凌跨众阜，云霞草木，蔼然灵异，苑囿神奇，故无螫虫猛兽。《从征记》。

登乎泰山，下临千仞之渊，上荫百丈之松，萧萧然神王乎一丘矣。言不出乎耒耜，心不过乎俗人，其犹木犬守户，瓦鸡司晨也。《符子》。

有客登岱岳绝顶，行四十里，以伺日出。久之，星斗渐稀，东望如平地。天际已明，其下则暗。又久之，明处有山数峰，如卧牛、车盖之状，星斗尽不见，其下尚暗，初忆日自明处出。又久之，自大暗中，日轮涌出，正红色，腾起数十丈，至明处全无光，其下亦尚暗。《邵氏闻见录》。

章宗时，山东盗贼起，承晖迁山东路统军使。渠魁稍就招降，犹往往潜匿泰山岩穴间。按察司请：数万人刊除林木，则盗贼无所隐。承晖曰：泰山，五岳之宗，故曰“岱宗”。王者受命，封禅告代，国家虽不行此事，而亦不可赭也。天下之山亦多矣，岂可尽赭哉。议遂寝。《金史》。

山东以泰山之南为阳，汶、泗为津，邹、鲁其门庭也。泰山之北为阴，济、漯为津，东达登、莱之间，其幽奥处也。是以鲁尚礼乐，泰山之所抱中和气也；齐尚功利，泰山之所背懻忮气也。文翔凤《泰山记》。

泰山上下阴晴气候不同，盛夏苦寒，御夹单衣，不免拥炉。时微雨新霁，红日丽空，残云满地，俯视茫茫，如陆海堆絮积雪，不知其几千万顷。

客指示，顾予曰：其下人家方阴也。孔贞瑄《泰山纪胜》。

泰山有舍身崖，愚民或捽身其下，不知何取。或曰：墨氏之教也。夫墨氏之教，兼爱非中也，然摩顶放踵，犹曰：以其利天下，而后为之也。夫弃物于江河以为廉，人则笑之。至于舍身而无所利，曷为乎尔？一先正刻经语其旁曰：身体发肤，受之父母，不敢毁伤。是仁人之意哉！然不若泯其名，灭其迹之为愈也。《泰山纪胜》。

尝于春时，晨观山半，云布平密，绚烂一色，宛然倒看天宇。四月以后，山多蒸湿，不可居。五六月亦寒，衣必绵，卧必炕。早暮如深秋。遇暴雨，山半风击云涌，雷声电光，皆出其下，隐约见麓地，白波沉漭如海[1]。顷忽，云生岳巅，则上下皆雨。腊月，冲雪登岱，至御帐，云烟模糊。至十八盘，天宇开霁，俯瞩山腰，犹有云霭。及下山，大雪如故。冬春之交，诸崖谷出烟雾，寒甚，初尚可指数，顷则叆叇蒙覆，尽失山形。少霁，溪壑林木及楼阁檐牙，凝结冰花，珠联粉缀如画。明汪子卿《志》。

予登岱，于山，不敢言吴门、周越也，断自徂徕诸峰乎？于水，不敢言海也，断自汶、泮、泗、济乎？于典礼，不敢言羲黄也，断自虞狩乎？于石，不敢言李斯也，断自摩崖石经乎？远而疑，毋宁近而信。钟惺《岱记》。

以上山。

岱山东有员渊十里，孟夏之月，水腾沸，以金石投之，烂如土。孟冬之月，稍焦涸，中有黄色烟从地中出，起数丈，烟色万变。山人掘之，入地数尺，得焦石如炭，或有碎火，如俗间之火。有草名莽蝗，叶圆如荷，去之十步，炙，鸟兽不敢近。刈以为席，冬弥温。以枝相历磨，则火出。《拾遗记》。

金皇统二年，累月不雨。泰安守刘将军，祷于岱岳，不应。继致祭龙

① 沉：明《泰山志》卷四作“沆”。

潭，赫日滋炽。刘怒，令丁夫运石负土，欲填之。夜梦神告曰：天久无雨，非吾之罪。今四海之内，凡一勺之水，皆有神主之，吾岂敢上违天律，辄降膏泽，幸使臣察之。刘寤，愈怒。黎明，率千余卒，益辇土石投填潭中，比暮遂平。比至次晓，复渊泓如故。刘了不悟，但驱丁夫运土石填之。当昼隆热，忽寒风倏起，雷电从潭中出，山阜震动，吏民惧甚，犹督役不已。数日间暴卒，雨乃沛然。龙潭者，即今白龙池也。《岱史》。

古传有美丈夫，为岱南田家佣，复赘为婿。善灌园，每夜浇田，蔬畦皆满，绝不闻辘轳声。邻人异之，从垣隙窥视，乃见白龙，长可数丈，银鳞万点，寒光夺目。半身入井吸水，吐盈数畦。其人惊仆，遂喧传之。龙知事泄，乃辞去。语其室曰：家在傲来峰百丈崖下，今白龙池是也。嗣后，祷雨屡应，敕封渊济公。今州南八里有白峪庙，祀白龙神，至今不衰。《泰山纪事》。

人饮诸崖水多泻，惟瑶池、白鹤、水帘、五花、玉女数泉甘美，元君祠东崖一窍，泉滴如珠，昼夜出一斛许，其味尤佳。明汪子卿《志》。

岳之西南，有水出谷中，为西溪。自大峪口至州城之西而南流，入于泮，曰“渿河”。其水在高里山之左，有桥跨之，曰“渿河桥”。世传人死，魂不得过，而曰奈何。此如汉高帝云“柏人者，迫于人也”。《山东考古录》。

以上水。

奉高者，有事岱岳，帝王禅祀之处也。故有明堂在县西南四里，汉武立大坛于东山，以祭天，示增高也。《晋太康地记》。

泰山，东岳也。嬴、博二县共界，汉武封禅，割此县以供祀泰山，故曰“奉高”。邱元之《齐记》[①]。

郡城南门号“乾封”。盖汉武以元封元年登封泰山，二年，久旱不雨。公孙卿曰：黄帝时，封则天旱。乾封三年，言三岁不雨，暴所封之土令乾

① 邱元之：当作“邱渊之”。

也。帝乃下诏曰：天旱，意乾封乎？“乾封”之名始此。《泰山纪胜》。

以上郡邑。

泰山，一曰“天孙”，言为天帝之孙也。主召人魂，东方万物之始，故知人生命之长短。《博物志》。

泰山名“蓬玄太空洞天”，即太昊，为青帝，治东岳，主万物发生，考校死生鬼神之所。历代帝王报功封禅，上应奎娄之精，下镇鲁地之分野。《洞渊集》。

肩吾得之，以处泰山。《庄子》。

泰山神，姓圆，名常龙，呼之令人不病。泰山君，元丘目睦。泰山将军，唐巨，存之，却百邪。《龙鱼河图》。

齐景公举兵将伐宋，师过泰山，梦见二丈夫立而怒甚。公恐，觉，辟门召占梦者。至，公曰：今夕吾梦二丈夫立而怒，吾犹识其状。占梦者曰：泰山之神怒也。明日，晏子朝见，公告之。对曰：是宋之先汤与伊尹也。婴请言汤与伊尹之状。公曰：然，是已。今若何？晏子曰：请散师以平宋。《晏子》。

蒋济，字子通，楚国平阿人也，仕魏，为领军将军。其妇梦见亡儿涕泣曰：死生异路，我生时为卿相子孙，今在地下，为泰山伍伯。憔悴困苦，不可复言。今太庙西讴士孙阿见召为泰山令，愿母为白侯，属阿令转我得乐处。言讫，母忽然惊寤。明日以白济。济曰：梦为虚耳，不足怪也。日暮，复梦曰：我来迎新君，止在庙下，未发之顷，暂得来归。新君明日日中当发。临发多事，不复得归，永辞于此。侯气强，难感悟，故自诉于母，愿重启侯：何惜不一试验之？遂道阿之形状，言甚备悉。天明，母重启济：虽云梦不足怪，此何太适适？亦何惜不一验之？济乃遣人诣太庙下，推问孙阿，果得之，形状证验，悉如儿言。济涕泣曰：几负吾儿。于是乃见孙阿，具语其事。阿不惧当死，而喜得为泰山令，惟恐济言不信也，若如节下言，阿之愿也。不知贤子欲得何职？济曰：随地下乐者与之。阿曰：辄当奉教，乃厚赏之。言讫，遣还。济次速知其验[①]，从领军门至庙下，十步安一人，以传消息。辰时，传阿心痛；巳时，传阿剧；日中，传阿亡。济泣曰：虽哀吾儿之不幸，且喜亡者有知。后月余，儿复来，语母曰：已得转为录事矣。《魏志》引《列异传》。

桓哲，字明期，居豫章时，梅元龙为太守，先已病矣，哲往省之。语梅云：吾昨夜忽梦作卒，迎卿来作泰山府君。梅闻之愕然，曰：吾亦梦见卿为卒，来迎我。经数日，复同梦如前，遂相继殂。《搜神记》。

汉献帝建安中，南阳贾偶，字文合，以病殁。时有吏，将诣泰山司命，阅簿，谓吏曰：当召某郡文合，何以召此人？可速遣之。

时日暮，遂至郭外树下宿，见一年少女独行，文合问曰：子类衣冠，何乃徒步？姓字为谁？女曰：某，三河人，父见为弋阳令，昨被召来，今却得还，遇日暮，惧获瓜田李下之讥，望君之容，必是贤者，是以停留，依凭左右，天明各去。

文合卒已再宿，停丧将殓，视其面有色，扪心下，尚温，少顷，却苏。后文合欲验其实，遂至弋阳，修刺谒令，因问曰：君女宁卒而却苏耶？具说女子姿质、服色、言语本末。令入问女，所言皆同。方大惊叹，竟以此女配文合焉。《搜神记》。

帝登泰山，见神物迎谒。帝问左右，皆不见。有老巫阿马婆云：岳神在道左，朱鬓紫衣者是也。令巫传言，神可先归，遂不见。至庙，神复櫜鞬迎立庭下，巫言如所见，乃封神为“金天王”。《开天传信记》。

吴女盈盈善歌舞，姿容都冶。一夕，梦红裳美人手一纸，曰：玉女命汝掌奏牍。及觉，泣以白母，曰：儿不能久居人间矣。异日，当访我于碧霞峰头。其日竟卒。后诗客三山闻之，登岱绝顶，徘徊玉女池畔，为二诗以吊之。既归，梦二女奴召至一溪洞，更有碧衣短鬟者迎入宫殿。上有女

① 次：《三国志·魏志》注引《列异传》作“欲”。

子，玉冠绛衣，拥云幢宝扇，山不敢仰视。俄女使持一简授山，上书一诗，曰：绛阙琳宫锁乱霞，长生未晚弃年华。断无方朔人间信，远阻麻姑洞里家。历劫遥翻沧海水，浓春难谢碧桃花。紫台树隐瑶池阔，凤懒龙娇日又斜。寻寤。明日追寻，不得其处。《唐人小说》。

沙门岛罪人，旧额给官粮者三百名，每溢额，则取其人投之海中。马默知登州，建言朝廷：既贷其生矣，又驱之死地，非朝廷本意。乞选年深，至配所不作过人，移登州。神宗深然之，诏可，著为令，自是多全活者。一日，默独坐假寐。梦见一人从空中降如世间，所画符使，挟一男一女，至前，授男女于默，大呼曰：我自东岳来，圣帝有命，奉天符，马默本无嗣，以移沙门岛罪人事，上帝特命赐汝子。言毕，乘黄云而去。默惊起，与左右卒隶犹见黄云。后果生男女。《古史苑》。

郁离子观于岳祠，怅然叹曰：悲哉！先王之道隐，而鬼神亦受人之诬也。圣人有言，曾谓泰山不如林放，言泰山不享非礼之祭也。今也又从而为之祠，形其神而配以妃，不亦诬且亵乎？夫人之生死有天命焉，福善祸淫天之道也。使诚有鬼司之，犹当奉若帝命，其敢受非礼之祈，而淫纵其祸福于其所不当得者乎？祠以私之，是以浊世之鄙夫待鬼神也，不敬孰大焉。《刘伯温集》。

泰山碧霞元君，宋真宗所封，世人多以为泰山之女。后之文人，知其说之不经，而撰为黄帝遣玉女之事以附会之，不知当日所以褒封，固真以为泰山之女也？今考，封号虽自宋时，而泰山女之说，则晋时已有之。张华《博物志》：文王以太公为灌坛令，期年，风不鸣条。文王梦见有一妇人当道而哭，问其故，曰：我东海泰山神女，嫁为西海妇，欲东归，灌坛令当吾道。太公有德，吾不敢以暴风疾雨过也。文王梦觉，明日，召太公，三日三夕果有疾风骤雨自西来也，文王乃拜太公为大司马。此一事也。干宝《搜神记》：后汉胡母班尝至泰山之侧，为泰山府君所召，令致书于女婿河伯。云至河中流，扣舟呼青衣，当自有取书者。果得达，复为河伯致书府君。此二事也。《列异传》，记蔡支事，又以天帝为泰山神之外孙。自汉以来，不明乎天神、地祇、人、鬼之别，一以人道事之。于是封岳神为王，则立寝殿为王夫人，有夫人则有女，而女有婿，又有外孙矣。唐宋之时，但言灵应，即加封号，不如今之君子，必求其人以实之也。

又考：泰山不惟有女，亦又有儿。《魏书·段承根传》：父晖，师事欧阳汤，有一童子与晖同学。后二年，辞归，从晖请马。晖戏作木马与之，童子甚悦，谢晖曰：吾泰山府君子，奉敕游学，今将归，烦子厚赠，无以报德，子后至常伯，封侯。非报也，且以为好。言讫，乘马腾虚而去。《集异记》言：贞元初，李纳病笃，遣押衙王祐祷岱岳。遥见山上四五人，衣碧汗衫，半臂。路人止祐下车，言此三郎子、七郎子也。《文献通考》：后唐长兴三年，诏以泰山三郎为雄威将军。宋大中祥符元年十月，封禅毕，亲幸加封“炳灵公”，夫封其子为将军，为公。则封其女为君，正一时之事尔。

又考：元刘遵鲁《汉岛记》曰：庙中神妃，相传为东海广德王第七女。夫海有女，则山亦有女，曷足怪乎？《山东考古录》。

《左氏》《国语》未有封禅之文，是知三代以上无仙论也。《史记》《汉书》未有考鬼之说，是知元成以上无鬼论也。《遁甲开山图》曰：泰山在左，亢父在右。亢父知生，梁父知死。《博物志》曰：泰山主召人魂魄。此二者，皆其说之所本。其初见于史者，则《汉书·方术传》许峻自云：尝笃病三年不愈，乃谒泰山请命。《乌桓传》：死者神灵归赤山。赤山在边东西北数千里，如中国人死者魂神归泰山也。《三国志·管辂传》：谓其弟辰曰：但恐至泰山治鬼，不得治生人，如何？而刘桢《赠五官中郎将》诗有曰：常恐游岱宗，不复见故人。然则鬼论之兴，其在东汉之世乎？《山东考古录》。

广平府杜和斋，讳赓。原任南京西城兵马司，居官正直忠厚，人多称为杜佛。万历四十年七月二十七日，有二白衣者，到门云：请杜公接诏。时公不病也，急出庭前跪听。一人持白纸一幅，高声读：岱宗皇帝命曰：

作善降祥，天赏不忒。曰失暨滥，衡鉴非人。兹福善司，主者迁咨。尔广平府杜赓，植性温良，绝情淫杀。命尔为福善司使，务察兆民之隐，慈用示三等之昭报[①]，勿失良士，勿滥庸情。其以八月初一日任，迟乃降罚。读毕，公即请其弟，原任山东武德道副使，讳麐者，同至看诏。询其衣白之故。曰：取善人例应穿白。言讫不见。至八月初一日五鼓，杜公卒。《泰山纪事》。

长洲市民符某，皈心道门。万历丙申六月，梦郡隶入曰：我东岳使者，屈公为某司祭酒，令且下，先遣某为通。符不知所答，但惊颤而已。数日，符又见一吏卒，告旧任官来请。出迎，一白衣贵人坐肩舆而来相见。揖入坐定。言：某久为祭酒，秩满迁主天曹，知公心平才赡，举以自代，幸即赴任，无负天朝宠锡也。符曰：某目不识一字，何以作官治事，幸公哀之，别选能者。贵人曰：无妨，吾昔为前官举用，亦不识字，治事久之，豁然通灵。曹司吏典甚多，无用劳扰，籍公坐镇雅俗耳。本司文部及一鹰一犬，皆以交付。符问：鹰、犬何用？曰：鹰、犬以察人善恶，日行千里，不可少也。语毕，命吏卒上拜谒。家人悉不见，良久，贵人告去，符送至门，揖逊而别。居数日，沐浴更衣，无疾而逝焉。《湖海搜奇》。

大学士、益都冯公溥，二十一岁。崇祯已卯，乡举报至，方熟睡。家人呼之不醒，母太夫人惊，令噀以水，亦不醒。至半夜方寤，云：梦登泰山，云气蓬勃，拥之而行。至一殿，悬锦绣于门，众乐齐作，酒殽咸备。碧霞元君亲临，群仙随之。成礼将退，适闻鸡鸣，红日如车轮涌出，遂惊寤，寤时犹带酒气。《旷园杂识》。

岱庙配天门青龙神吐火。神高二丈，人力殊难攀跻，法像庄严，人情弗敢戏豫，巡逻严密，人迹不能潜藏。火自何来，乃炎炎忽从口出，遍考志乘，实为从来未有之奇。王在晋奏疏。

① 慈：《泰山纪事·人集》作“兹”。

有武生某者，素无行。遇人鼠牙雀角之忿，辄唆之，驾虚诬大，惟欲自饱囊橐，不顾他人身累产荡，以故皆恚其为人也，道路以目。一日，与侪众登岳顶礼，至险处，有巨石砏然自崖落，抛掷千百尺，如霹雳声。前后诸人暨某之舆夫俱无恙，独某躯已膏涂岩石无余矣，家人拾其一指以归。《泰山述记》。

某者，不知其乡里，奉母上山顶礼，携青楼女同行，每至盘路崎岖处，辄亲护女舆，母历险隘，置之罔顾也。既进香下山，至隘处，忽坠巨石击杀之。可见神惟歆人之善心，苟无善心可格神灵者，虽日日顶礼，究何益哉？《泰山述记》。

李钦，平阴人，性至孝，蚤失父，奉母，勉供甘旨。母病，医药不效。钦乃竭诚祷神，隆冬单衣，舆母祈安于岱岳。既归，母夜梦一白衣人至其榻，沥水于身。比觉，沉疴顿释。《泰安府志》。

以上神灵。

元祀代泰山，贡两伯之乐焉。阳伯之乐，舞侏离，其歌声比余谣，名曰“晳阳”。仪伯之乐，舞饕哉。其歌声比大谣，名曰“南阳”。《尚书大传》。

博县十月祀岱宗，名曰“合冻”，十二月涸冻，正月解冻。太守洁斋，亲自执事。作脯，广一尺，长五寸。既祀讫，取泰山君夫人座前脯二十朐，拜章，县次驿马，传送洛阳。《风俗通》。

大周天授二年二月廿三日，金台观主马元贞、弟子杨景云、郭先元奉敕于东岳作功德。汉《史晨前碑》题名。

古者，祭神用玉币。后来易之以钱。而纸钱焚化，前古所未有也，起于唐玄宗惑王玙之说。鬼神事繁，钱币不给，玙作纸钱易之，遂以成风。祭天享庙，皆用之。独四方谒泰山碧霞元君，多赍金钱币帛，施于神座前，犹仿古之遗意。《泰山纪事》。

以上祠祀。

黄帝会群臣于泰山，作清角之音，似两凤双鸣，二龙齐吟，丹蛇绕首，雄虹带天。横吹双角之音，不过如此。《文献通考》。

秦始皇二十八年，登泰山至半，忽大风雨雷电。路旁有松，荫翳数亩，乃封为“五大夫”。闻松上有人言曰：无道德、无仁、无礼而得天下，妄受帝命，何以封？左右咸闻，始皇不乐而归。《独异志》。

秦始皇下泰山，风雨暴至。休大树下，因封其树为“五大夫”。初不言其为何树也，后汉应劭作《汉官仪》，始言为松。盖松在泰山小天门，至劭时犹存，故知其为松也。五大夫，盖秦爵第九级，如曹参赐爵七大夫，迁为五大夫，是也。后人不解，遂谓松之封大夫者五。唐人松诗有“不羡五株封”之句，盖循习不考之过也。绍兴上虞县有村市，曰“五夫”，故老云有焦氏墓于此，后五子皆位至大夫，因而得名。近世好事者，或异其说，曰：此秦封松为五大夫之地也。绍兴间，王十朋为郡幕官，采访所闻，作《会稽风俗赋》，得此，遂以为然。故赋有“松挺千丈，爵封五夫”之句。疏于下云：上虞有地名五夫，始皇封松为五大夫处。盖越人但知始皇尝上会稽，刻石颂德，不知封松乃在泰山时，非在会稽时也。许观《东斋纪事》。

汉明帝东巡泰山，有乌飞鸣，乘舆上，虎贲射中之，遂作《射乌辞》。帝赐钱百万，令亭壁皆画焉。《古诗纪注》。

以上巡守。

岱宗有金简玉策，能知人年寿修短。汉武帝登封泰山，探策，得其“十八”，倒读曰“八十”，后寿如之。《风俗通》。

汉武时，有人骑白牛蹊人田，田父诃之。曰：我北海使也，将看天子登封。遂乘牛上山。田父寻之，惟见牛迹，遗粪皆银。明年，汉武封禅。《刘氏类山》。

元狩三年，帝复起陵霞观，去地九十丈，累白玉为壁，以八分篆写羲皇以来迄周成王封禅之事，所谓登壁文，盖帝王之本绩也。《洞冥记》。

高宗既封泰山，欲遍封五岳，作奉天宫于嵩山之南。御史里行李善感谏曰：陛下封泰山，告太平，致群瑞，与三王五帝比，隆矣。数年不稔，饥莩相望，陛下宜恭默思道以禳灾遣。《唐书》。

高宗封禅，车鼻可汗、葛逻禄叱利等三十余人，皆从至泰山下，勒名于封禅碣。《唐书·车鼻可汗传》。

高丽王高遣子男福从封泰山。《唐书·高丽传》。

有儋罗者麟德中酋长来朝，从封泰山。《唐书·流鬼传》。

玄宗封泰山，张说多引两省录事主书及所亲摄官升山，超阶至九品。九龄当草诏，谓说曰：官爵者，天下之公器，先德望后劳旧。今登封告成，千载之绝典，而清流隔于殊恩，胥史乃滥章绂，恐制出，四方失望。既而，果得谤。《唐书·张九龄传》。

从封泰山，奏东封记。《唐书·韦述传》。

天子东巡泰山，中书令张说谋屯兵以备突厥，兵部郎中裴光庭曰：封禅以告成功，若复调发，不可谓成功者。说曰：突厥虽请和，难以信结也，知我举国东巡，有如乘间，何以御之？《唐书·突厥传》。

刘□，曹州人，玄宗封泰山，晏八岁，献颂行在。帝奇其幼，命张说试之。说曰：国瑞也，即授太子正字，公卿邀请旁午，号神童。《唐书》。玄宗属其事于史官，镵其名于泰、华二山碑以为荣。《唐书·安金藏传》。开元二十年三月，赐爵代国公，于东、西岳立碑，以铭其功。《通鉴》。

明皇封泰山，回过金桥，御路萦转，一望旌纛绵数十里。召吴道子、韦无忝、陈闳同制《金桥图》。《唐诗纪事》。

明皇封禅泰山，张说为封禅使，女婿郑镒本九品官。旧例封禅后，自三公以下皆迁转一级，惟郑镒因说骤迁五品，兼赐绯服。因大脯次，玄宗见镒官位腾耀[①]，怪而问之，镒无词以对，黄幡绰曰：此泰山之力也。《酉阳杂俎》。

玄宗时，王毛仲为太仆，畜马。从帝东封，取牧马数万匹，每色一队

① 耀：《酉阳杂俎·语资》作“跃”。

相间，望之如云锦。《唐六典》。

明皇将登封泰山，益州进白骡至，洁朗丰润，权奇伟异。上遂亲乘之，柔习便安，不知登降之劳也。告成，礼毕。复乘而下，才下山趾，休息未久，有司言白骡无疾而殪，上叹异久之，谥之曰“白骡将军”。命有司具槽椟，累石为墓，墓在封禅坛北数里，至今在焉。《开天传信记》。

明皇东封，至加会顿。时有兔起于御马之前，上引弓旁射，获之。颉利发下马持兔舞蹈曰：圣人神武超绝，若天上则不知，人间无也。上因问饥否，对曰：仰观圣武如此，十日不食，犹为饱也。《续世说》。

唐窦庠《冬夜寓怀寄王翰林》诗云：满地霜无叶下枝，几回吟断四愁诗。汉家若欲论封禅，须及相如未病时。

按：相如奏封禅事，见《史记》。夫封禅既非古礼，而相如死犹献谀，不知庠何所取而以自比，此正唐儒之陋也。然韩退之亦上表劝封禅，又数自谓希相如。退之儒宗，尚尔，庠何议焉。《野翁诗话》。

大中祥符元年六月乙未，泰山西南垂刀山上，有红紫云气渐成盖，至地而散。其日，木工董祺于醴泉亭北见黄素帛曳林木上，有字不能识，言于皇城使王居正。居正见其上有御名，以告钦若。钦若具威仪奉导至社首，跪授中使，驰捧诣阙。帝御崇政殿，趣召群臣曰：朕五月丙子夜，复梦向者神人言：来月上旬，当赐天书于泰山，宜斋戒祗受。朕未敢宣露，惟密谕王钦若等，凡有祥异，即上闻。今得其奏，果与梦协。上天眷佑，惟惧不称。王旦等再拜称贺，乃迎奉安于含芳园之正殿。帝斋戒，备法驾，诣殿拜受之。令陈尧叟启封。其文曰：汝崇孝奉吾，育民广福。锡尔嘉瑞，黎庶咸知。秘守斯言，善解吾意。国祚延永，寿历遐岁。读讫，复奉以升殿。于是，郡臣表上，尊号曰“崇文广武仪天尊道宝应章感圣明仁孝皇帝”。《三朝符瑞志》。

初，王钦若既以城下之盟毁寇准，上自是常怏怏。他日，问钦若曰：今将奈何？钦若度上厌兵，即谬曰：陛下以兵取幽蓟，乃可刷此耻也。上令思其次，钦若因请封禅泰山，可以镇服四海，夸示外国。然自古封禅，当得天瑞希世绝伦之事，然后可。既而又曰：天瑞安可必得，盖有以人为之者。惟人主深信而崇之，以明示天下，则与天瑞无异也。《宋史》。

真宗将东封，孙奭谏曰：昔周宣王遇灾而惧，故诗人美其中兴，以为贤主。今震雷在冬，为异尤甚，此天意丁宁以戒陛下，而反未悟，殆失天意。《宋史》。

大中祥符二年，东封泰山还，赐梁固以下进士及第。三年，祭后土于汾阴，赐张师德以下进士及第。固状元灏子，师德亦状元去非子。魏野以诗贺曰：封禅汾阴连岁榜，状元俱是状元儿。《宋史》。

祥符元年，直史官张知白请以泰山诸瑞，命良工绘之。一本藏秘阁，传于不朽，一本以备玉清昭应宫图壁。从之。五年，丁谓等又上《汾阳祥瑞图》百四十八轴，与东封所录，并绘于玉清昭应宫东西庑。《玉海》。

真宗自封禅之后，士大夫争奏符瑞，献赞颂。崔立独言：水发徐、兖，旱连江、淮，无为烈风，金陵大火，是天所以戒骄矜也。《宋史纪事本末》。

真宗封禅还，以所得祥瑞，命近臣撰乐章，于朝会宴享则歌之，以纪瑞物之应。一曰“醴泉”，二曰“神芝”，三曰“庆云”，四曰“灵鹤”，五曰“瑞木”。《泰山纪事》。

瑞云亭，当时御香亭也。宋真宗将登封，斋于会真宫之穆清殿。有黄白云如幢盖，龙凤状，起太平顶。焚香再拜，云变五色。复有云如桥梁，紫云覆之，久而不散，遂以名亭。《泰山纪事》。

大驾玉辂，自唐显庆中传之，号“显庆辂”，唐高宗时造，至今进御。自唐至今，凡三至泰山登封。其它巡幸，莫纪其数。至今完壮，乘之安若山岳，以措杯水其上而不摇。庆历中，尝别造玉辂，极天下良工为之，乘之动摇不安，竟废不用。元丰中，复造一辂，尤极工巧，未经进御，方陈于大廷，车屋适坏，遂压而碎，只用唐辂。其稳利坚久，历世不能窥其法。世有神物护之，若行诸辂之后，则隐然有声。《梦溪笔谈》。

洪武初，居民于社首山中得玉匣，内有玉简十六，有司献于朝，验其刻，乃宋真宗《祀泰山后土文》。又成化壬寅秋，日观峰下，雨水冲出玉简，会中使有事东藩，复驰以献，乃命仍瘗旧所。《岱史》。

碧霞祠旧有玉印，文曰“天仙照鉴”。相传为秦时物。按《文献通考》：泰山玉女池侧有石像。宋真宗东封，诏皇城使刘承珪易以玉，砻石为龛，奉置旧所。今宫址正在其地，则此印当为大中祥符赐物。乾隆庚申，祠毁于火，前代碑刻如秦相二十九字俱经亡失，此印出诸煨烬，完好如故，有呵护之者。《古玉图谱》。

乾隆十二年十二月十四日，工人于日观峰侧，凿石得玉匣二，各缄以玉检金绳。启视，其一为祥符登封玉册，共十七简，简字一行，外用黄缦折叠裹之，见风灰飞。其一未启，其简尺寸悉如《封禅仪》所载。巡抚阿里衮献于朝。《泰安县志》。

宋林逋先生虽在隐逸，为一时名公推重。方是时，天子修封禅，告太平。其临终诗云：茂陵他日求遗稿，犹喜曾无封禅书。士之风节文学名天下，如先生其人，麟凤芝草，不足言矣。《西湖志略》。

永乐十三年，礼部郎周讷请封禅，尚书吕震赞之，不许。学士胡广献《却封禅颂》。《明史》。

以上封禅。

《后汉书·桓帝纪》：永兴二年，泰山琅邪贼公孙举等反，杀长吏。永寿元年七月，初置泰山琅邪都尉官。延寿五年八月己卯，罢琅邪都尉官。八年五月壬申，罢泰山都尉官。《金石录》载汉《泰山都尉孔宙碑》云：宙以延熹四年卒。盖卒后四年，官遂废矣。然泰山都尉实不始于此，光武时曾置之。《文苑传》：夏恭，光武时拜郎中，再迁泰山都尉。又《光武纪》：建武六年初，罢郡国都尉官。恭之迁，盖在此年前也。顾炎武《日知录》。

香税，惟岱与楚之太和山有之。旧例：总巡官一员，于府佐内行委，专一督理香税，上下稽查，是其责也。分理官凡六员，于州县佐贰官内行委。坐定遥参亭二员，一收本省香税，一收外省香税，俱填单给与香客。玄武门一员，收山后香税，亦给单。红门、南天门各一员，俱验单放行。顶庙碧霞宫门上一员，查放香客出入。凡此员额，其来久远，不知起自何年。

隆庆五年，议革遥参亭官一员并红门、南天门验单官二员，只存分理官三员，一在遥参亭，一在玄武门，一在碧霞宫。其委官期限，每年分作三季，上季自正月至四月，下季自九月至十二月。其时香客众多，故总巡官与分理官俱全数委用。中季自五月至八月，其时香客不多，故只委分理官，不委总巡官。又每一季完讫，则另行别委，故总巡官去住不常，而分理官亦常有奉委未到者。议者谓总巡官宜有专设，俾之常驻。

其税银旧例：省香客每名五分四厘，外省香客每名九分四厘，俱店户同香客赴遥参亭报名纳银领单上山顶。自万历八年，有外省香客，冒充本省报名，短少香税者，因改议不分本省外省香客，一例香税银八分。其银各店户包封，署名包上，储遥参亭库内，待夏冬二季起解时，店户各认姓名，领包倾销。后改季官收银，开验实[1]，店户倾锭，量行给与耗银，公私俱便。

其混施事例：凡香客施舍金银、珠宝、玉石、首饰并金银娃娃、铜钱及幡盖、袍服、纱罗、缎币等项，俱投在碧霞宫内。夏冬二季，另委府佐一员前往，会同原总巡官，登顶启门，收验诸所施舍前项物件，逐一验看估计，将金银珠宝、玉石首饰并金银娃娃、铜钱等项，同前项香税银一并解赴布政司储库，以待转解支用。其幡盖、袍服、纱罗、缎币等物，解赴济南府储库，支送三司堂上，首领与运司、济南府各佐贰员下折俸。

其会计事例：每年香税并混施银两，多寡不等，照数坐派：一曰解部，自嘉靖三十七年凡泰山顶庙香钱，除幡盖、袍服等物照旧折俸，其余金银、

① 开：《岱史》卷十三作“开包”。

首饰依例分季差官赴部交纳。春季约解银一万两有零，冬季约解一万二、三千两有零；一曰存司，专供公堂庆贺、表笺、扛夫、车价、分差人役、六房文册、纸札写字、书、手工食及德、鲁、衡三藩府、各郡王禄粮等项；一曰修城，其银亦储在布政司，以供修理城垣之费；一曰修庙，其银亦储在布政司，以供岳顶诸庙修理之费，每香税八分内除五厘修庙；一曰公费，供香税凡各委官廪给，并跟随人役工食。其银即于泰安州支给；一曰铜钱，旧例俱解礼部，近岁部中久不取解，俱贮藩司。《岱史》。

以上设官。

按：《汉官仪》云：汉武圆台在始皇封所北，台上有坛，谒人多置钱物，上亦不扫除。今碧霞祠有混施钱，尚仍其俗。考香税之设始自前明，至国朝雍正十三年十二月，奉旨裁革。

孔子过泰山侧，有妇人哭于墓者而哀。夫子式而听之。使子路问之曰：子之哭也，一似重有忧者。曰：然。昔者吾舅死于虎，吾夫又死焉，今吾子又死焉。夫子曰：何为不去也？曰：无苛政。夫子曰：小子识之，苛政猛于虎也！《檀弓》。

颜子与孔子上鲁泰山，孔子东南望吴阊门外有系白马，引颜渊指以示之曰：若见吴阊门乎？颜渊曰：见之。孔子曰：门外何有？曰：有如系练之状。孔子抚其目而止之，与俱下。《家语》。

孔子登东山而小鲁，登泰山而小天下，所登愈高，所见愈大，天下之理固是如此。虽然，孔子岂但登泰山而后知天下之小哉？此孟子所以有感于是也。东坡尝用其意作庐山诗曰：横看成岭侧成峰，远近看山总不同。不识庐山真面目，只因身在此山中。知此则知孔子登泰山之意矣。无为杨次公尝奉使登泰山绝顶，鸡一鸣，见日出。由是而言，则世之不见日者，尚多矣。陈善《扪虱新话》。

曾子耕泰山之下，天雨雪冻，旬日不得归，思其父母，作《梁山吟》。《琴操》。

子思游齐，与陈庄伯登泰山而观古天子巡狩之铭焉。陈子曰：我生独不及帝王封禅之世。子思曰：子不欲尔。今周室卑微，诸侯无霸，假以齐之众，连邻国以辅文武子孙之有德者，则齐桓、晋文之事不足言也。遂告以圣帝明王巡狩、祭祀、黜陟之典。《孔丛子》。

孟子生时，母梦神人自泰山来，止于峄。母凝视久之，忽片云坠而寤，时闾巷皆见五色云覆孟氏之居焉。后人称孟子有泰山岩岩气象，适符云兆。《三迁志》。

以上圣贤。

伯牙游于泰山之阴，卒逢暴雨，止于岩下。心悲，乃援琴而鼓之。为霪雨之音，更造崩山之音。曲每奏，钟子期辄穷其趣。伯牙乃舍琴而叹曰：善哉！子之听也。《列子》。

吴文章，泰山人，陈留太守。少孤，遭乱，与兄伯武相失，别二十年。后会下邳市，争计共斗，伯武殴之。文章欲报，心恻凄，手不能举，投杖于地，观者咸唾笑。还，相问，乃真兄弟也。《风俗通》。

胡母班，字季友，泰山人，名在八厨。谢承书云：班，王匡之妹夫。匡受绍旨，收班系狱，欲杀以徇军。班与匡书略曰：足下拘仆于狱，欲以衅鼓，此何悖暴无道之甚者也。仆与董卓何亲戚，义岂同恶。足下张虎狼之口，吐长蛇之毒，恚卓迁怒，何其酷哉！死者人之所难，然耻为狂夫所害。若亡者有灵，当诉足下于皇天。夫婚姻者，祸福之几，今日著矣。曩为一体，今为血雠，亡人二女，则君之甥，身殁之后，慎勿令□□尸骸。匡得书，抱班二子哭。班遂死于狱。《汉名士录》。

诸葛亮，字孔明，琅琊阳都人。父珪，为梁父尉，寻迁泰山郡丞。幼从父梁父，父卒，徙居南阳，好为《梁父吟》。《蜀志》。

陈武，字国本，休屠胡人，常骑驴牧羊。诸家牧竖数十人，或有知歌谣者，武遂学《泰山梁父吟》之属。《陈武传》。

安金藏，为泰山工人。时睿宗为皇嗣，或有诬害皇嗣，潜有异谋者，则天令来俊臣按之，左右不胜楚毒，皆欲自诬。惟金藏大呼，谓俊臣曰：公既不信金藏言，请剖心以明皇嗣不反。即引佩刀自剖其胸，五脏并出，血流被地，气遂绝。则天闻之，令舁入宫中，遣医入五脏，以桑白皮缝合之，傅药，经宿乃苏。《唐书》。

石守道学士为举子时，寓南都，固穷苦学。王侍郎渎闻其勤约，因会客，遗以盘餐。石谢曰：甘脆亦我所欲，但日享之则可，若止修一餐，则来日何继乎？朝享膏粱，暮厌粗粝，人之常情也，某不敢受赐。还之。《倦游录》。

石介守道为国子监直讲。一方士称曰叟，上谒，袖出诗曰：高心休拟凤池游，朱绂银章宠已优。莫待祸来名欲灭，林泉养浩预为谋。石逊谢，不悟其旨，延以酒食。日将夕，叟辞，石留之宿，曰：吾孤云野鹤，安可留也？既而，期年，因谤诬坐贬。《倦游录》。

姜潜，从守道石先生读书，离家百里。每归省，随意登途，不问朝暮。一日夜半，乘马佩弓矢。一童前导，睹林薄灯烛荧煌，悚怖不敢进。姜曰：鬼物耳，奚足畏哉。策马迫视，乃数人披发度地而赌，引弓一发，旋皆奔散，不测所之。独碧石大骰盆，莹然可爱，遂取之。《泰山纪事》。

欧阳修、余靖、王素、蔡襄同为谏官，欲引石介。仲淹曰：介刚正，天下所闻，使为谏官，必以难行之事责人君以必行。少拂其意，则牵裾折槛，叩头流血，无所不为。主上富春秋，无失德，朝廷政事亦自修举，安用此也。诸公乃止。《宋史·范仲淹传》。

范仲淹在睢阳时，有孙秀才上谒，赠钱一千，明年复谒，又赠一千。仲淹问之，孙生戚然曰：母老，无以养，若日得百钱，则甘旨可足。仲淹曰：二年仆仆，所得几何？吾今补子为学职，月得钱三千以供养，可乎？于是，授以《春秋》。十年后，泰山下有孙明复先生，以《春秋》教授学者。朝廷召，至，乃昔日索甘旨钱孙秀才也。《东轩笔录》。

王蒙，字叔明，湖州人，自号黄鹤山樵，赵孟頫甥也。画山水得外氏法。洪武初，官泰安州知州厅事。后有楼，面泰山，蒙张素绢于壁，兴至捉笔，三年而图成。有陈汝言者夙善画，一日过访，方展图，雪大作，欲改为雪景而难于设色，汝言沈思良久，曰：得之矣。为小弓夹粉笔，张满弹之，俨如飞舞。蒙遂叫绝，曰“岱宗雪图”，世甚珍重之。《艮斋倦稿》。

以上人物。

无字碑，秦所以疑万世也。后人师其智移而之冢冢，不可见矣。疑之以所不见者浅，疑之以所见者深也。予作《无字碑》诗曰：民不可使知，亟亟全其愚。噫！谲而劳哉。钟惺《岱记》。

碑者，山川之眼也。碑不易佳，佳者尤不易。古泰山自李斯碑后，有古于摩崖铭石经者乎？“虽无老成人，尚有典刑”，告守者审定佳恶自当别论。至其古不古，一覆其时代而得之，初无难事。请从玄宗以前，虽不佳者，亦当念其年寿而保存之。如苏颋书颂，夺于林焯四大字。然当去其字，仍大书石，云“此林焯毁苏许公碑颂处”，明正其刑，以告愚忍者。后有所犯，按所坏碑之久近，为其刑之，差可也。《岱记》。

《纪泰山铭》，隶书，明皇开元十四年，御制御书，字大如手，岱顶东岳庙后石崖上，南向，人谓之磨崖碑。朱彝尊云：碑铭典雅，或是燕许手笔。而御书遒劲，若怒猊渴骥，羁束安闲，不比《孝经》之多肉少骨。若唐隶尽若此，何惭汉碑碣乎？按：明皇既制《纪泰山铭》，亲札勒于山顶之石，以九月景戌告成。维时中书令张说撰《封祀坛颂》，侍中源乾曜撰《社首坛颂》，礼部尚书苏颋撰《朝觐坛颂》。而存于今者，唯此而已。《凹砚斋题跋》。

唐张怀贞、任要、韦洪、公孙杲四诗，俱刻于岱岳观碑侧，而编《岱史》者不录，任、韦、公孙三人新、旧《唐书》无考。任又题名云：贞元十四年正月十一日立春发岳，遂登太平顶宿。其年十二月二十一日立春，再来致祭，茶宴于兹。盖唐时祭毕，犹不用酒，故宴以茶也。《曝书亭集》。

阴字碑，以字镌北向[1]，从俗称也。或曰“金”字，当时以金涂饰也。或曰“禋祀”，以精意答享言也。声皆相近而义亦通。不知真宗东封时，驻跸会真宫，故碑作屏制，镌北面。当宫南百余武，义当从阴。宫旧在城内，而碑限于外，以故人亦罕知之。《岱史》。

《登泰山谢天书述二祖功德碑》在城南，北向，宋真宗御书，王钦若文。文典雅有清庙气象，书端凝有明堂气象，世称双绝。或谓岱巅东岩平削，钦若欲摩崖纪功，与唐八分并峙。已成其额，真宗谦让未遑，勒碑山下，取对越之义。其字完美，说者于钦若不取其人，取其文；于真宗不取其事，取其书。《泰山纪胜》。

岳西傲来峰下有石壁，平广二十余丈。书曰“龙潭”、曰“白龙池”，并大字。其旁皆宋人题名，尚未刓缺。因书之，得十五首，其文略无重复。自治平迄宣和六十年间人名字，亦可以想见当日太平之盛。《山东考古录》。

岳宫有石刻十六字，万历辛丑洛人李士登笔。文云：登岱巅兮，色光莫纪。想太初兮，山之生始。简远似汉人诗，若今人作岱游，不知豫储几千言以往矣。《岱记》。

吕升卿为京东察访，游泰山，题名于《真宗御制封禅碑》之阴，刊刻拓本，传于四方。后二年，升卿判国子监，会蔡承禧为御史，言其题名事，以为大不恭，遂罢升卿判监。《东轩笔录》。

凡阳宅冲处率树小碣，曰“泰山石敢当”。石敢乃五代时勇士，先是晋高祖自镇州朝京师，适愍帝出奔，止传舍，敢袖铁槌侍高祖。遇变，遂与左右格斗而死。稽《宅经》须避方煞，故取石敢当耳。其曰“泰山”，则又镇宅之义也。《说郛》。

以上金石。

邓艾年十二，曾读泰山碑，碑下掘得一刀，黑如漆色，长三尺余。上

① 向：《岱史》卷八作“面”。

常有风气冷凄凄然，时人以为神赐。《刀剑录》。

仙人王方平降陈节方家，以刀一口，名泰山宝环。语节方曰：此刀不能为余益，独卧，可使无鬼，入军不伤。勿以入厕溷，且不宜常佩。三年后，有从汝求者可急与之。后果有以车载钱百万请刀者。《列异传》。

以上刀剑。

司命东岳上真卿太元真人茅君，大茅君讳盈，字叔申。《真灵位业图》。

聂政父为韩王冶剑，过期不成，王杀之。时政未生，壮，问母，知之，乃上泰山，遇仙人，学鼓琴。七年琴成，漆身为厉，吞炭变音，以刀纳琴中，刺韩王。《琴操》。

泰山老父者，莫知姓氏，汉武帝东巡狩，见老翁锄于道傍，头上有白光高数尺，怪而问之。老人状如五十许，人面有童子之色，肌肤光华，不与俗同。帝问：有何道术？对曰：臣年八十五时，衰老垂死，头白齿落。遇有道者教臣绝谷，但服术饮水，并作神枕。枕中有三十二物，其三十二物中，有二十四物以当二十四气，八毒以应八风。臣行之，转老为少，黑发更生，齿落复出，日行三百里，今一百八十岁矣。帝受其方，赐玉帛。老父后入岱山中，每十年、五年，时还乡里。三百余年，乃不复还。《神仙传》。

西王母与上元夫人降，汉武帝视其巾器中有小书，乞瞻览。母曰：此五岳真形图也，乃三天太上所出，岂汝所宜佩乎？帝乞不已，与之，藏柏梁台。《汉武内传》。

刘道合者，居嵩山，唐高宗即所隐立太一观，使君居之。时将封泰山，雨不止，帝令道合禳祝，俄而霁。乃令驰传先行泰山祈祓，得赏赐辄散贫乏，无所蓄。咸亨中，为帝作丹剂，成而卒。帝后营宫，迁道合墓。开其棺，见骸坼若蝉蜕者。帝闻，恨曰：为我合丹而自服去。然所余丹无他异。《唐书·隐逸传》。

以上仙异。

程昱少时常梦上泰山，两手捧日。昱私异之，以语荀彧。及兖州反，赖昱得完三城。于是彧以昱梦白操，操曰：卿当终为吾腹心。昱本名立，操乃加“日”字于其上，更名“昱”也。《魏志》。

李虚中将疾，谓其友韩愈曰：吾梦泰山裂，流出赤黄物如金。左人曰：是所谓大还者。虚中既没，愈追占其梦，曰：山者，艮。其背裂而流赤黄，疽象也。大还者，其告之矣。韩愈《李虚中墓铭》。

以上梦异。

竹林寺，二十余里[①]，三阳庵之后坞也。小径沿山，清流夹道，蟠曲羊肠，景随步换。抵寺，四木参天，诸樱满地，晨钟晚磬，另一凄清。传云：古寺在石壁洞前，寺遭回禄，佛入石洞，门闭而不可寻。迄今云雾烟雨时，犹能遥见旧日楼台。神哉！异哉！《泰山小史》。

万历辛卯，余与刘文学斌以里选赴省会。我两人雅好探奇，闻泰山后有山径，景趣幽僻，携二苍头，策藜偕往。所经扫帚峪、牛栏口、玉皇岭，终日不逢一人，但闻山鸟乱啼，涧流潺潺，响出石窍中，危桥断岸叠嶂，青林山花蒙密，都碍人行。俄值天雨蒙蒙，四山阴晦。刘所携苍头，见栗树下有披裘戴笠执锄而立者，将就问道，未近而苍头死。文学入山林，觅数夫舁归山村旅舍，五鼓乃甦。记云：山中之精如人，长九尺，衣裘戴笠，其名金累。苍头所见者，或即此类。《泰山纪事》。

以上怪异。

泰山失金鸡。郑玄注：金鸡，泰山之精。《周易是类谋》。

汉昭帝元凤三年春正月，泰山大石起立，高丈五尺，有白鸟数千集其旁。《汉书》。

汉宣帝元康元年，凤皇集于泰山。三年，神爵集泰山。《汉书》。

泰山庙中，柏皆二十余围，夹两阶。赤眉尝斫一树，见血而止，今斧创犹在。《从征记》。

---

① 二十余里：《泰山小史·竹林寺》作“州西北二十余里”。

蔡邕行泰山，见爨桐，闻爆声。曰：此良木也。取而为琴。《后汉书》。

魏明帝初，泰山下有连理文石，高十二丈，状如枯树。其文色彪发，似人雕镂。自下及上皆合。百余步稍觉相近，如双阙也。《泰安县志》。

开皇十四年，将祠泰山，令使者致石像神祠之所。未至数里，野火歘起，烧像碎如小块。《隋书·五行志》。

宋真宗大中祥符六年十月，泰山兴工。有鸟类乌，嘴趾皆赤。役夫稍憩，即飞鸣作起之声。众工见其来，畚锸争进。将晡而去，以为常，目为催工鸟。旧《泰安州志》。

岱岳观经楼忽陊，楼屋徘回之中，杂骨盈车，有老蜘蛛在焉，形如矮腹五升之茶鼎，展足则周数尺之地矣。《玉堂闲话》。

处士松，在五大夫松上不里许，独挺山岩，偃盖森森，每风雨，有虎啸龙吟之致以羞。秦敕故名，万历间失去。《酝檀集》。

旧州堂东壁，一日云雾微生，有物如鳝鳝，飞出至半空，雷电轰掣，霖雨如注。太守因表其处曰“龙窝”。《泰山小史》。

张延登崇祯中游泰山，宿大汶口，偶行饭至水滨，见水中光芒特异，出之，则一石。可尺许，背负一小蝠、一蚕，腹小蝠近百[1]，飞者、伏者肉羽如生，蚕若天然。有小凹可以受水，下方正受墨。因制为砚，铭之曰：泰山所钟，汶水所浴。坚劲似铁，温莹如玉。化而为䶉，生生百族。不假雕饰，天然古绿。用以作砚，龙尾继躅。文字之祥，自求多福。故名“多福砚”。《尔雅》：郭璞注：齐人呼为�。故又名“蠛蠓砚”。《池北偶谈》。

康熙八年六月十二日，泰山顶庙钟鼓自鸣，泥中马蹄痕，其大如斗，或见大人迹，长二尺许。《泰安县志》。

以上物异。

泰山志卷第十九

---

① 小：《池北偶谈》卷二十作“下”。

泰山志卷第二十

朝议大夫山东泰安府知府休宁金棨纂辑

叙录

尝考郭璞《山海经》，而知天下名山不可不志也，矧泰山出震配乾，万物终始而阴阳交代之地乎？棨少时读《孟子》，至“孔子登泰山而小天下”，心目中即时时悬一泰山之象，思一登之而不得。迨壮岁游京师，官光禄，佐郡闽海，来往齐鲁间，屡于马首瞻视，皆以邮程促迫，未获一登。

岁甲寅，奉天子命，擢守泰安，治近岱岳。春秋祭祀，水旱雩祷，屡造其巅，曩昔之愿，于焉始副。凡所谓上中下三庙、天门、日观并峰峦岩洞诸名胜，探幽历险，无不毕至。更溯泮潦三溪源流，大小汶之分合。下至云亭、梁父、徂徕诸山，冈峦延属，无不周览。自唐虞迄今四千余载，巡狩望秩之典，升中封禅之文，史册昭垂，班班可考。人或读其书而未至其地，或至其地而未究其书，皆无能述作。今至其地矣，又复搜讨古书，披览纪载，岂可不载笔志之，以辅圣朝舆地山经之万一哉！“自古在昔，先民有作”。班固《汉书·艺文志》载《古封禅群祀》二十二篇，《封禅议对》十九篇，《汉封禅群祀》三十六篇，《封禅方说》十八篇，书亡无可考。而《泰山记》《泰山郡记》亦仅见于《史记》注、《水经注》所引。郑樵《通志·艺文略》载《五岳诸山图》一卷，《五岳图》一卷、《五岳记》一卷、《岳渎福地图》一卷，皆不著姓名。马端临《通考》谓《五岳诸山图》无名氏，多鄙诞不经。宋有大中祥符时丁谓等撰《封禅记》五十篇，其书俱不存。

而《志》之存者，则有明嘉靖间汪子卿编辑《泰山志》，巡按御史吴伯朋裁定，雍焯、洪章为之序。

雍序：岱往无志，同寅吴侍御始为之。侍御以榷务按部济南，例得有事于岱，爰登览诸峰，因之访灵异，稽故实。见秦汉以来残镌断碣逸仆荒榛，及近代闻人之赋述胜迹者，咸散漫岩崖，而莫可毕睹。于是询得抄本，付梓郡中。

夫岱，天下之名山也。世之慕胜者，孰不欲一蹑其间，而周瞩其所有，乃卒毕其愿者，不人人然也。梓行而胜流宇内焉，侍御之省方殊可征已。夫灵异幽绝者，山之胜；而兴云雨、奠疆宇者，亦惟山之自有。即天下之人，越江海逖千万里，执策而可得其异状。以心倾其胜，山之休奕覃矣。孰与雨旸若、方隅乂，上以慰九重之衷，下以阨生人之命，俾守臣群吏得以颂其德，而称议其嘉厘于无已哉！夫神之骘民，分也。矧岱秩列震镇，生育庶汇，其宁区保大，销祲沴而布祯祥，盖自鸿蒙以逮若今，厥惟载纪崇峻旷兹邈矣，曷假予祝，又曷假于予颂。顾不肖祗命东藩，心激民隐，兹所企愿于神者则然也。

梓成，济南守项君亟以叙请。时予方行部，日剧弗及。顷以病告，乃为是以复之。志稡诸例，而间有畔于岱者，近世诸岳镇名种种，梓志唯《华山志》则体裁差胜云，而又病于直略也。

洪序：《泰山志》四卷，明白野汪仲苏氏撰。仲苏氏名子卿，歙产也。倦游天目、钱唐之间，以文学行谊显吴越。吴越故材艺薮泽，咸帖帖推毂。然数奇，射策有司，屡进屡报诎。仲苏氏孜孜自树，不少衰，声问益踔厉藉甚。既以经行为督学使臣所献，赴上都，发扬粤，泝淮泗，印孔林，登泰山，凌日观，摩穹苍，栖巉岩，探泉溜，扪悬崖，搜残碑，抉晦蚀，稽故牒，踪迹文字以来，帝王、圣哲、瑰奇、幽异、坛壝、台殿、楼观、亭障、府寺、鸟兽、虫鱼、药草、木石，上下数千百年亡间，微显、存不、鸿鲜，罔不毕志，斯以详矣。

洪崖子章尝涉泰山之郊，顾瞻周回，神爽飞越。及得《志》读之，喟然叹曰：大哉！巍巍乎其天下之具瞻，而两间之巨镇乎？夫灏气挺灵，青曦凝质，五岳攸宗，万物伊始，其诸岱宗之所由名乎？是故王者钦崇，邦家望秩，上圣降神，名贤汇集，方物呈奇，幽明受职，宜也。虽然，古有登之小天下者矣。夫以泰山絜天下，天下非小也。然而登之以小天下，其诸日跻高明，则我大而物小者乎！复有称其非能有趾，而不能无趾者矣。夫积趾为麓，积麓为阜，积阜为陵，积陵为岑，积岑为嵩，积嵩为岳，不让土壤，不辞拳石，以成其崇，以极其峻。其诸君子以顺德积小以高大者乎？未也。

泰山高矣，泰山而上，不属泰山，则畔援俱忘，拾级并废，小大皆空，崇高无极，将与太虚者游。而造物者一茫不知其所由来，杳莫测其所际。噫！其至矣，其至矣！

其后查志隆重修，易其名曰《岱史》。于慎行为之序，历城刘敕增修之。

于序：岱史者何？志岱宗也。志何以为史？岱者万物始生，五岳之长，古帝王之所受命告成，而东诸侯主焉。志之而曰史，以尊岱也。岱故无志乎？有而系诸州且不备也。侍御岭南谭公，巡行考览，谋诸盐政大夫查公，以为州不得有乎岱，故别而为史也。为史奈何？革旧而为新，因略以致详，旁搜遐考，以备人文而标名胜，作者之志也。

夫图经者，观察之符契也，恢而弁之，以为纲纪，故作《图考》。天之精曰“星”，地之精曰“山”，岳其大者也。降娄玄枵之次，岁星位焉，其应广矣，作《星野考》。岱者中条之所底也，河、济不得无以障，青、兖不得无以镇，畿辅不得无以屏，故曰“齐得十二”焉，作《形胜考》。《记》曰：岱宗周回三千里，东方之山皆其裔也，然而绵亘二州，不可胜识，惟是七十二峰岩壑泉石，神怪倏诡，化工备矣，作《山水表》。在古锡鲁，其后隶齐，更姓易制，画野分疆，躔纷绮错，名实相参，而岱犹故岱也，作《疆域表》。省方之后，乃修玉帛，暨乎明堂，王政攸布，安所云七十二家之封，而以奉秦皇、汉武为乎，其失至我明然后一洒之，此亦古今得失之林也，作《狩典纪》。然自圣祖开基，厘正岳号，国有大庆，使奉璧告焉，亦柴望之遗矣，作《望典纪》。介丘之胜久矣，城邑坛墠，或为墟莽，探奇怀古之士，有所感慨而踟蹰焉，作《遗迹纪》。夫山之守为神，三宫空洞之天，百灵之府也，神房阿阁，可谓侈丽矣，作《灵宇纪》。游屐之所登临，星轺之所陟降，有庐舍焉，作《宫室志》。夫岱，君子于是观土德也，芝草玉石冥栖之侣耽焉，作《物产志》。夫自燕、秦、河、洛之间，奔走奉祠，络绎殷赈，其丽不亿，洋洋乎神之为德也，有司稽其名数以备不常，又以当他赋焉，作《香税志》。夫岱者一州之镇也，然而吉凶之应，于国有关焉，作《灾祥志》。操觚之伦，原本山川，极命草木，于游得之，沨沨乎可以观也，作《登览志》。

总之十有七卷，旁该寥廓，苞举珍瑰，缤纷浩侈，洞心溢目，闳哉博矣。故曰革旧而为新，因略以致详，旁搜遐考，以备人文而标名胜，作者之志也。於戏！天下之以山名者众矣。至于铲削刻画之趣，嵚崟窈窕之观，或具体于穹崇，若钟技于妙巧，亦皆标奇史谍，侈美声诗矣。况夫秩视三公，功侔造化，风云之所吐纳，万品之所育成者哉，何其宜有史而久未有也。岱得侍御公与大夫而后尊于史，岱尊于史而公与大夫之名得以不朽于岱，此宜金简玉策之藏，而悬宇之钜观矣，不亦盛哉。大夫博雅有文，故为武林世家。以丙戌季夏月，受书于侍御公，纂述钩校，不数月而告成事，斯已勤矣。行不佞，家于岱畎，盖尝有意斯举而力不能及。今也嘉侍御公与大夫之志，而幸岳之有以尊也。为叙诸简端如此。

宋焘则有《泰山纪事》。

自序：昔太史公足迹半天下，始有成书。上下数千百年，总括悉备，犹不敢自比于作者，曰余所谓整齐其世传，非作也。矧吾曹生泰山蓬蒿中，见囿方隅，识同井蛙，询及枌榆之故迹，业已茫然莫知，况六合内外，又何如矣？维我岱宗，自古号为名郡。无论守土之吏，扞牧拊循，有光竹素者，代不乏人。以至博雅清正之儒，葆真含和之士，抱芳完洁之贞，皆秀钟于山灵，行高于闾里。若彼缁黄者流，栖岳麓以全真，茹岱芝而自饱，徜徉方外，蝉蜕风尘，虽吾儒所不道，亦探奇者所必稽也。余乃遐览古牒，近参闻见，汇成一编。虽挂漏之诮在所不免，而千百什一之仅存，倘前事之不忘后事之师耶。若曰会其大全，而要于至当，敬俟之博雅君子。

萧协中有《泰山小史》。国朝林杭学有《泰山辑瑞集》，周龙甲为之序。

周序：古者，东诸侯实司东岳云：位至尊，权至重。凡帝王受命告成，皆有攸责焉。秦汉以降，分为郡县，后乃定为州。于是位渐卑，权亦轻。虽然，州有守，犹刺史也。刺史，国之外台，有专城任，州守亦然，况泰安且十倍他州者乎？他州守土，此更主山；他州治民，此兼格神。曰有祭告，惟州守是问；曰有游观，惟州守是征。国家捍蔽倚于斯，齐鲁关隘扼于斯，以及赋役多寡，漕源通塞，无不系于斯。如是，位安得卑，权安得轻？至于一方之文献，百代之大典关焉。其为封禅撰著几何家，其为仪制几何则，其为祈祷及修庙之作几何篇，其为登临歌咏几何氏。虽前此有《泰山志》，有《岱史》，有《蒐玉集》，非不探奇选胜，各自为书然？或太烦失琐，太简失略。傥非烦简得宜，集其成而汇辑之，何以示当世诏来者乎？

此州守林君果庵所以有《泰山辑瑞》之刻也。果庵金陵名宿，诗文久见推于世。昨者莅兹土，山川以奠，神人以宁，祀典无旷，供亿不匮，境内帖然。上下相维，赋役平均，转输克济，既不疲民，又不病国。听政之暇，退而著书，考核故实，编纂成集，果庵岂非贤守哉？夫泰山古多循良之官，如陈俊忠勇、李固恩信、皇甫镇静、韩韶赈恤、申恬德威并行，韦安石政平操洁，此其彰明较著者也。顾著述不传，千载而后，亦相与谓之曰能吏而已，孰有如果庵文章治行卓然不朽者乎？今且奉佐漳之闽矣。闽中山水佳丽甲天下，漳州有天宝山者，五峰峭列，周百余里。一郡诸山，皆祖于是，其间必有金简玉书贮于此，果庵至，当遍搜采焉。异日者，勒为一书，炳炳麟麟，与《泰山辑瑞集》并垂天壤，则此书实其先导也。是为序。

聂鈫有《泰山道里记》，钱大昕、姚鼐为之序。

钱序：往者，李进士素伯在京师数为予言：聂君剑光者，居岱宗之阳，多识岱故，贫而好著书，良士也！岁乙酉秋，予以使事道出泰安，留一日为岱宗游。欲访剑光同行，顾人无识之者。是日，出城北门，历十八盘，登玉皇顶，抵暮而回，粗识岱宗面目而已。其冬，复过泰安，剑光持刺介素伯书来见，予喜甚，然简书有期，不复能入山矣。将别，剑光以所著《泰山道里记》属予序其端。读之，由近及远，由正路以及四隅，较若列眉。其间岩谷幽阻，昔人游屐所未至，掌录所未详者，剑光历三十年，布衣芒屩，手扪目验而知之。其文质而不俚，简而不漏，洵志乘之佳者。素伯所称，不予欺也。予夙有山水癖，与剑光同。他日再游岱宗，剑光能强为我行乎？书之以为息壤之约。

姚序：余尝病天下地志谬误，非特妄引古记，至纪今时山川道里、远近方向，率与实舛，令人愤叹。设每邑有笃学好古能游览者，各考纪其地土之实，据以相参校订，则天下地志何患不善？余尝以是语告人。嘉定钱辛楣学士、上元严东有侍读，因为余言泰安聂君《泰山道里记》最善，心识其语。比有岱宗之游，过访聂君山居，乃索其书读之。其考订古今，皆详核可喜。学士、侍读之言不妄也。余疑《水经注》于汶水左右水源流方面，颇有舛误。又谓古奉高在今泰安石汶东，故古登封入奉高境西行，度环水而北至天门，历尽环道跻岱巅，乃得封所。《马第伯记》可覆案也。往昔在济南，秋霁登千佛山，望岱巅诸峰，遥相接，窃谓历城以南诸山皆泰山也，后人多为之名耳。今阅是书，每与余意合，而辨正尤起人意。聂君欲余序，以重其书。余浅学，又偶过臆度，徒幸有合于好古力索、久往来是山中者。聂君足重余耳，余安足重聂君哉！

聂鈫自序：余生长泰山下，尝搜讨岱故，更思以游屐得其实。乾隆癸亥，安丘刘履夫其旋教授泰安，与余善，每同攀幽跻险，探稽往躅。戊辰春，车驾东巡。当事属履夫，辑御路古迹，随笔《泰山纪略》，脱稿授余。后履夫除知嘉定县，卒官，余亦卜居山中。岁庚辰，有仁和成城卫宗者，来纂《泰安府志》，访获《纪略》，亟加叹赏，因请携归。厥后别刻《泰山胜概志》一卷，并多采《纪略》，然其中有一地两称或名同地异。

岩谷险阻，向有题刻，惜为苔蔽莫辩者，近乃竖梯亲加刮磨以核之，虽风雨寒暑，弗惮其劳。而又质之野老，参考群书，竭半生精力，爰汇为一编。提挈道里为纲领，分之为五，合之为一，名曰《泰山道里记》。凡古迹、祠宇、桥坊，悉缀其下。他如高里、徂徕、云亭诸山，皆支峰别阜；石汶、北汶、三溪诸水，同归于大汶；再灵岩、琨瑞川谷名迹，连属岳之极北者，虽异县何妨两载，而泰山全体著矣。之数者，庶几补前人诸纪所不逮，亦欲使后之游者易考焉。惟是管窥所及，文词鄙拙，复芟芜校订，自乙酉迄壬辰，四易稿而始定，非敢谓《记》之成也，聊以自娱山居云尔。

朱孝纯作《泰山图志》。

自序：孝纯重被恩命，来守泰安。泰安古东鲁地，泰山在其封内。诗所称“泰山岩岩，鲁邦所詹”者也。顾惟庸虚，谬典名郡，实主匕鬯，早夜兢兢，思所以仰佐圣天子理明治幽事万分之一。幸赖台府诸大吏仁贤，而僚属六七君子之交修而罔弃也。政洽人和，晏以无事，考图数典，乃喟然曰：是其所以为泰山者与?

岱为岳宗，神曰“青帝”。帝出乎震，有长子之义焉。地居东方，大明生于东，又下土之所以照临也。出云降雨，既已仁体造化，而其雄威又足以驱役万灵，奔走一世。非第如四岳之静镇一方而已。天地定位，山泽通气，此是何等气象。作者猥欲以丸泥封函谷，人知其傎矣。盖府县旧各有志，语泰山事都不详。号专门者，则有明人查志隆《岱史》、孔贞瑄《泰山纪胜》等书，又率踳驳不中史法，以故泰山之面目终不显。

夫杨榷古今，使封内名山不蚀简蠹，此真太守事也。爰求亡书，聘名士，同官协心，分曹授简，悉力搜剔。盖秉文者之研摩编削，凡阅岁余而始蒇厥事，勒为一书，命曰：《泰山图志》。

是役也，非敢遂拟诸纪泰山之牒，与赤文绿字相焜耀。然以观于上下四十余里中，隐辚郁律，延属施靡，星之繁然，井之划然。虽于岱宗大体势其一段，超鸿蒙，混希夷，朝晖夕阴，浑沦辟阖，气象仍是，天地元气，不许漏泄。而其间靦缕根角，累累如贯，真可使万物皆相见乎离。《诗·鲁颂·闷宫》曰：孔曼且硕，万民是若。先之以“奚斯所作”，斯《志》之成，岂徒以徼神贶，惟望秩之典，隆于庙享。而董正治官，设以方之奚斯，窃亦未肯多让！

抑孝纯曩在蜀，尝游峨眉矣，峨眉高且倍泰山，时当冰横雪暗，独拔千寻之地，将倚尺五之天，颇自诩冠奇绝。今志泰山，弥复憬然。盖峨眉之高，逸而孤者也。孤则绝物，故唯道场占焉。泰山之高，廓其有容者也。有容斯能养人。嘻！此泰山之大，所以为群生托命。而发扬昭明，特迈诸岳，永跱亘古。乃至万乘降尊，百僚备列，玉瓒黄流，丰融肸蠁，苍帝之精，实苍生之福也。猗与盛哉！

宋思仁为《泰山述记》。

自序：先司农公官词垣，时余入都定省，往来过泰山之麓[①]，晨餐暮宿，马驰车迅，仅得望其苍翠，曾不暇作一日游，仰止之心，数十年未尝置焉。

丁未冬，余移守汶阳，尝因公登陟，藉得历览形胜，遍寻往躅，崖泉溪洞，可访而知也。然其间有岩壑幽阻，荆楚蒙翳，为游屐所未至者，亦复不少。前人记志，虽有数家，而存于今者，皆蠹简残编，缺漏甚矣。余恐愈久而愈失也。画诺余间，辄搜讨群书，刮磨残碣，并考郡邑志乘所载，又得广文王君鸿中、周君桐相与摭拾，凡确实有征者，编为一集。

自康熙二十三年迄于乾隆五十五年，翠华东巡，奎章日丽，旷典时昭，谨恭彙另镌，用志泰山之光荣焉。至圣贤之遗迹，历代之典礼，文人学士之题咏，以及金石物产，靡不编入集中。分为十卷，题曰《泰山述记》。惟述旧而不敢妄参臆说之意也。若夫博综兼贯，考核无遗，是有俟于淹雅之君子云尔。

乾隆庚子辛丑间，唐仲冕主讲泰山书院，著《岱览》三十卷，不署姓名，称陶山山人。盖其母墓在岱西之陶山，所以识孺慕也。其书叙全岱、岱庙，为总览三；叙岱顶、岱阳、岱阴，为分览七；叙降禅诸山及徂徕、灵岩、琨瑞，为附览四；叙文献虞衡、齐谐，为杂览三；终之以自叙，为缀览一。凡览十有八，图十有四，古人诗、文、金石即附各卷中，淹贯博瞻，文采可观，惜乎其未能刊刻也。

---

① 泰山之麓：《泰山述记》作“泰山”。

桀案：诸书自《古封禅群祀》《泰山记》不可见，而以近之存者而言，明汪子卿《志》详于掌故，而山水未能完备。宋焘《纪事》、萧协中《小史》具有发挥，失之繁琐。至于《辑瑞集》又无论已，故朱孝纯以为"踳驳"不中史法也宜哉。聂鈫《道里记》阅三十年而成，言岱故甚悉。朱之《图志》、宋之《述记》多采其说焉。而朱《志》为内阁侍读江宁严长明削成，独尚体要，无卮词，有足称者，惟灵岩、琨瑞以为非泰安所隶，则略焉。王元美云：游泰山不游灵岩，不成游也。案：灵岩在泰山西北，琨瑞山、郎公谷在泰山东北，犹两背然，且志泰山非志郡邑也，使灵岩、琨瑞缺焉弗详，致泰山全体不备，岂例也哉？

桀典郡于兹，历五年矣。年谷顺成，簿书多暇，因设馆，聘名士，相与编辑。崇体例，慎取裁，一言不确，不敢强为传会也；一字不真，不敢强为沿袭也。本之于明汪子卿《志》、朱孝纯《图志》、聂鈫《泰山道里记》《泰山金石记》，而典籍之可考者，则有《史记·封禅书》并两汉以来各史郊祀、礼乐等志，应劭《汉官仪记》《水经注》、杜佑《通典》《开元礼》、郑樵《通志》、马端临《通考》、于钦《齐乘》、元好问《东游纪略》、顾炎武《山东考古录》《金石文字记》、岳濬《山东通志》、李兴祖《灵岩志》、颜希深《泰安府志》、黄钤《泰安县志》，他若《山海经》《风俗通》《白虎通》《东观汉纪》、徐坚《初学记》《括地志》《元和郡县志》《太平寰宇记》《册府元龟》《太平御览》《玉海》，并我朝《渊鉴类函》及诸经史子集，下至释道稗官家言，其有关泰山掌故而可引证者，无不搜讨荟萃焉。

我国家郅治聿隆，典礼大备。圣祖仁皇帝巡狩省方，燔柴肆觐。世宗宪皇帝恢崇庙貌，遣官祭告。太上皇帝御极之初，革除香税，聿新祠宇，法祖时巡，銮辂屡至，奎文睿藻，光宠山灵，迈越前古，迨甲子一周，恭逢授受昌期，传位皇上，遣使告祭，以彰休和，所为金声玉振丕承，亿万年无疆之休，猗欤盛哉！莫可尚已。兹谨首列《天章》，继载《盛典》，足以照耀日星，辉映乔岳，美矣！至矣！唐哉！皇哉！

《通志》载古来地里图经二十三部。《图谱略》云：图，至约也；书，至博也，即图而求易，即书而求难。是知志之不可无图以辅之也，爰作图二十有九，窃附古人左图右书之意焉。前志山水不分，率多淆紊，兹先作《总叙》《星野》《山脉总论》，并由麓至巅，分《岱阳》《岱顶》《岱阴》，极于四隅，分为三卷。如社首、高里、亭亭、云云、徂徕、梁父、灵岩、琨瑞诸山，另为《支山》一卷，而岱宗之全体始具。

若《川泉》，则考其源派分合，得其会归，庶使脉络分明，有条不紊。至于《祠庙》，则叙其创始之由，所以资考证也。《秩祀》，则总括群书，所以志典礼也。《封禅》，则本原诸史，所以见礼之变也。《郡邑》不嫌其略，《人物》载笔维严，盖有别于郡县志也。夫《金石》以垂不朽，式瞻古人之道存焉。况乎刻石传秦李斯作篆，丰碑号汉，顾氏析疑。晋、唐以来，贞珉尤不胜指数，何前志略而弗详耶？爰审校拓本，分遣拓工，四出搜访穷岩绝壑、绀宇琳宫，大而丰碑钜刻，小至断碣残铭，无不尽拓以归，都为四卷。自宋、元以前必详，至明代尤多，不能悉载，亦存其目，所以资经史篆隶证据者，获益为不少矣。他若旧闻轶事，见于诸书者，汇为《逸事记》一卷，间有辞涉诹诡，而文无依附可以备掌故者，皆汇入焉。前志皆列艺文，案：班固《前汉书·艺文志》，只列书名，今则以杂选诗文当之，失其意矣。是《志》不列艺文，凡前人文辞，各附于各山景物之下，以归简易云。

是志也，经始于乾隆乙卯，纂辑于嘉庆丁巳春二月，成于戊午五月。作《纪》三卷，《图》一卷，《志》十卷，《记》五卷，《叙录》一卷，其成二十卷。助（棨）纂辑者，黄明府继光、江孝廉凤彝、杨文学元锡、朱明经文藻，裁定则（棨）与孙观察星衍也。乃为之叙曰：

皇极敷言，岱宗首岳。圣圣相承，典谟制作。庙貌聿新，载施丹雘。龙脉既明，丰碑高矗。睿藻泉流，鸿文云簇。炳焕球图，光辉岩谷。谨恭录御制文，叙《天章纪》第一。

天文焕耀，帝载缉熙。协和以咏，宣德以诗。时巡乔岳，望秩抒辞。

花明芝盖，日丽龙旗。留题宸翰，遍树穹碑。迈越前古，云汉昭垂。谨恭录御制诗。叙《天章纪》第二。

维天左旋，维帝法焉。曰东巡狩，乃造岱巅。虞廷肆觐，峻业敷天。陋彼秦汉，封禅神仙。观风蠲赋，察吏褒贤。用答灵贶，亿万斯年。谨叙《盛典纪》第三。

周官土训，掌道地图。王乃巡狩，则夹王车。图经书纬，相错相须。图约书博，考证不诬。峨峨泰岱，雄长震隅。用作图考，庶得形模。作《图考》第四。

泰山岩岩，维天东柱。四岳所宗，万灵之府。背济襟汶，阴齐阳鲁。肤寸合云，天下霖雨。象应苍龙，镇此东土。跨海而来，灵脉斯聚。作《总叙》《星野》《山脉总论》。叙《岱志》第五。

洞号吕公，池名王母。松绕云窝，泉流龙口。磴道盘空，升仙路陡。东西神霄，上接星斗。日观嵯峨，丈人伛偻。顶曰太平，天门环守。分《岱阳》《岱顶》。叙《岱志》第六。

东曰松岩，摩天岭峙。西有傲来，山水清美。石屋黄华，岱阴迤逦。天烛左分，船石右起。周汉明堂，尚存遗址。极之四隅，可云观止。分岱阳东、西，岱阴，岱阴东、西。叙《岱志》第七。

岱岳支山，社首依附。高里相联，古封禅所。介石石闾，亭亭梁父。云云少岱，徂徕新甫。琨瑞灵岩，全体斯具。名胜留贻，秩哉有序。叙《支山志》第八。

珍珠泉美，玉女池清。三溪异派，峪水回萦。五汶源别，各立其名。至大汶口，众流合并。中川玉水，洄洑分明。溯其会归，庶合水经。叙《川泉志》第九。

周礼岳祀，兆而不庙。迨及汉庭，始崇庙貌。孚佑下民，神道设教。乔岳巍峨，琳宫焕照。青帝碧霞，精诚感召。望秩之仪，典隆燔燎。叙《祠庙志》第十。

在昔巡狩，省方观民。望秩所在，怀柔百神。崇德报功，礼器攸存。三公秩视，五帝德均。唐虞迄明，屡举精禋。稽之史册，祀典聿臻。叙《秩祀志》第十一。

上古封禅，述于管子。秦皇汉武，荧信巫史。建武中元，告功封玺。降及唐宋，符瑞以起。颂德勒铭，臣谀君侈。彙而志之，序其终始。叙《封禅志》第十二。

职方所掌，兖州岱山。汉为大郡，城邑回环。乃置奉高，祀岳礼虔。溯其因革，代有变迁。赋产古迹，载籍所传。志其大略，斯得其全。叙《郡邑志》第十三。

维岳降神，英贤不绝。柳下和风，羊公清节。孙石传经，志行高洁。泰山徂徕，道启来哲。春秋三子，竹溪六逸。仙释留踪，含章贞吉。叙《人物志》第十四。

秦皇刻石，唐帝摩崖。李斯篆古，苏颋颂佳。双碑趺合，建醮修斋。追宋封祀，树石庙阶。苍苔所泐，碧薛云埋。搜索得之，好古有怀。叙《金石记》第十五、第十六。

渊济崇封，灵岩金像。宋代迄金，贞珉堪赏。有元纪石，梵宫最广。前明碑目，附兹不爽。金薤琳琅，珊瑚铁网。传之千秋，以证古往。叙《金石记》第十七、第十八。

两伯之乐，清角之音。孟氏见云，伯牙鼓琴。蓬玄洞天，峰崿崎嵚。鬼神之府，碑碣如林。府君祭酒，民之所歆。搜神述异，旧典披寻。叙《逸事记》第十九。

粤志岱宗，本原诸史。纪图志记，厥有条理。网罗放失，察终原始。淹贯古今，详稽道里。述而不作，我心则喜。如有阙文，以俟君子。作《叙录》第二十。

泰山志卷第二十

点校后记

《泰山志》为清人金棨任泰安知府期间主持编纂的山志。

金棨，字戟门，号素中。安徽休宁人。清乾隆五十九年（1794）始任泰安知府。金棨倾慕泰山胜迹，常于政务之暇，缓带轻装，登览泰山，遍游名胜。清乾隆六十年（1795），金棨主持开展《泰山志》编撰工作，他“远考典章，近征文献”，历时四载，于嘉庆三年（1798）完成全部书稿。初稿完成后，金棨调任济南，未及刊印。直至嘉庆六年（1801），金棨始出资刊刻该书，并于嘉庆十三年（1808）辗转将书稿刻板交由岱庙道士收藏。

《泰山志》全书共二十卷，分为天章纪二卷、盛典纪一卷、图考一卷、岱志三卷、支山志一卷、川泉志一卷、祠庙志一卷、秩祀志一卷、封禅志一卷、郡邑志一卷、人物志一卷、金石记四卷、逸事记一卷、叙录一卷。阮元在序中评价该书：“序述赅备，体例谨严，兼史家之三长。”

本书的卷一至卷十三由赵鹏点校，卷十四至卷二十由陶莉点校。本次校点以国家图书馆所藏清嘉庆刊本为底本，除参校泰安市博物馆藏嘉庆六年刊本外，对原书征录之碑刻资料，今尚存原刻或拓本者，尽可能相校。力求最大限度地保持原刻，改正错讹。对《泰山志》中所引文章有不通或可疑之处，尽量检核原书，并作出校记。另外，因《泰山志》引文常采取节略的方式，除非导致理解困难或产生误解，一般不做处理，亦不出校记。至于刊刻中明显失误，如“已”“己”“巳”不分等；书中之明显避讳字，如“玄”为“元”，根据文意，径改而不出校记。书中古体字、异体字一般改为通用字。

陶莉　赵鹏

二〇一八年十月

清嘉庆《泰山志》刻本影印

序

昔管子舉封禪之典以告齊
桓公蓋以上古質樸未有史策
之文朝覲之禮故七十二代之
興感合諸侯於泰山下以定天
位因刻石其上以紀有天下之

泰山志　一

號如後世之備史也然則刻
石之制先於漆書七十二代先
於典誥又何論於諸史乎山
經地志史家之書也山莫大
於泰山史亦莫古於泰山泰山
之必當有志重於天下山經地

志遠矣況以我
朝
列聖御蹕時巡登祭之典
天章之富照耀山嶽垂示萬禩哉
前明歙汪子卿作志既詮序
混淆而查志隆之重脩岱史

泰山志　二

宋燾之泰山紀事蕭協中之
泰山小史以及
國朝林杭學之泰山輯瑞集皆
疎略淺陋不足以紀岱宗余
於乾隆五十九年奉
命視學山左試泰安畢登岱覽

其勝又徧拓其金石文字爲
金石録而岱志之舉尚望諸
鴻通博覽之君子休寧金太
守棨守泰安訟簡民和歲
時豐稔遂乃窮圖經之幽邃
閲舊志之殘缺實始爲脩

志之舉本聶鈫泰山道里記
金石記朱孝純圖志而廣徵
典禮博採貞珉作紀三卷圖
一卷志十卷記五卷敘録一卷
總爲二十卷經始於乾隆乙
卯告成於嘉慶戊午余喜

得其書而盡觀之序述賅
備體例謹嚴兼史家之三
長考地理於千古善乎何
異以古今爲經緯爲岱宗
勒成一史乎尤以愚妄之識
舊爲封泰山論一篇今太

守亦刊於卷中武斷之論
不足以質當世然爲泰山志
藝凡原始或有取焉
嘉慶六年冬至日儀徵阮元序
於浙江節院

序

五岳無古志惟南岳有唐宋人小録總勝二集中岳如明人說嵩之屬亦非佳作東岳舊志所存有明嘉靖時汪子卿撰本雍焯序稱吳侍御伯朋詢得抄本付梓大氐前人志書徵引諸書不載出典又不能搜討碑碣佚文僅據舊編增廣新聞而泰安每一守至輒改作志書題詠滋繁掌故刪落是志乘之通病金素中郡伯以名人莅任下車即以儒術飾吏治既臻政通人和乃取舊志徵實更新之所載故迹具有古書名目是正舛誤搜尋金石增廣遺文輙事凡數十百條閒以已意爲之考辨時郡伯以賢能調守濟南歷四載而書始成又三年而郡伯以親老告養去僑

居常州移書常州守請歸板于東省郡伯終母喪後竟不出往來江湖閒以文藉自娛其致如此泰山爲上古至周秦封禪考績之所我

國家

列聖省方必以展謁岱宗釋奠孔林爲首務

天章照燿巖麓不有紀述不足彰兹山遭遇之盛至于深林邃谷荒祠古墓前人遊歷之所不能至必侯屏斥卓騎懷鉛舐筆始能搜奇領異洵非郡伯之愛素好古異乎俗吏之所爲不能成是書也世之爲政者莫不以理積案整頓地方爲已任而視文學爲不急之務夫不知書亦必不視案牘案牘積則事多叢脞不考古則不更事不更事則不能

通今將謂之不學無術尚得託名勤政耶吾故嘉郡伯之爲是書而知其善政之能百廢具舉也至郡伯先守衞劇繼且領袖三齊能勇退以修孝養居心行政卓卓在人耳目無俟予之贅述云

嘉慶戊辰歲中秋後五日

賜進士及第山東督糧道前署山東布政按察使

誥授通奉大夫陽湖孫星衍撰

泰山志

凡例

一志列紀圖志記用標篇目規橅史例式昭體要

一綱羅舊聞考訂闕失悉依經史並掌故諸書及省志府縣志舊泰山志本諸舊文庶免蹈空之誚

一崇體例志泰山則在山言山不侈虛幻不妄搜羅山川必詳郡邑從略

一志泰山首作總敘星野仿宋敏求長安志例臚列古書引證明確可爲典据

一志支山舊志如靈巖琨瑞新甫諸山以爲非泰安所隷闕而不書蓋志泰山非志郡邑可比兹特詳備以

資博覽

一秩祀封禪典禮攸關悉本諸史本紀列傳並郊祀禮樂等志以及散見於他書者俱薈入焉以資考据

一舊志藝文志所載詩文今悉歸山水各景之下庶觀者易於披覽

一明汪子卿志載郡邑曰岳治臚列循吏選舉列女失之太繁朱孝純圖志以爲載郡邑則與府縣志無別竟削而不書又失之太簡漢立奉高以奉泰山之祀則志泰山郡邑不可闕也兹列其大槩以備考證並以別於府縣志云

一維嶽降神篤生賢哲人物不可不志也凡史傳載泰山人者皆彙入焉卽以隱逸仙釋附後

一金石可資考証是以不憚博採詳稽取爲方志之要

一郡邑志每卷多爲小敘勦襲瑣碎望之刺目今悉掃棄總之以敘錄庶歸簡要覽者自詳

一前人如王世貞李化龍邊貢于愼行鍾惺顧炎武俱有摘禁之書久奉檄查削今所錄皆無違礙所以遵

功令也

一明汪子卿志誤以劉寔傅伏爲泰山人按晉書劉寔傳平原高唐人也北齊書傅伏傳大安人也北魏書地形志大安屬朔州相去甚遠蓋誤以大安爲太安耳況北齊時泰安爲東平郡邑曰奉高直至金初始

稱泰安軍則彼時何有太安之名也黃鈐縣志羊烈傳云祖靈引按北齊書羊烈傳父瑩字靈珍與靈引爲昆季則烈爲靈引從子不應誤以爲祖孫也朱孝純圖志云唐開元十三年詔封泰山神爲齊天王詔齊天王之稱見冊府元龜而唐書通考俱爲天齊冊府元龜爲景德御纂唐書修於嘉祐宋末始有通考當以元龜爲據云云今按杜佑通典山川篇云天齊王通典乃唐代之書可證冊府元龜之誤又以田遊巖爲隱居泰山按唐書田遊巖京兆三原人入太白山又入箕山高宗幸嵩山親至其門無隱居泰山之語一一辨明附此正誤

凡例畢

特授江蘇常州府正堂加十級隨帶軍功加五級紀錄十次蔣　爲
移送事嘉慶十三年九月初一日准
前任山東濟南府正堂金　札稱敝府　前離閩嶠承乏岱
陽案牘餘閒謬稽圖籍竊惟岱宗者帝出乎震惟嶽降神
蟠元氣於九垓攝威靈於庶彙不崇朝而合膚寸萬物資
生闢洪濛而鎮大千高山仰止雖金泥玉簡
聖朝不侈封禪之文而輯瑞燔柴古牒實重虞巡之典山林山
澤掌在職方地事地圖司於誦訓是以不揣譾劣廣事搜
羅遠考典章近徵文獻以朱孝純之圖志爲之宗蕭劍光
之道理爲之據上紀
奎章下逮逸事山川脈絡金石琳瑯凡有可徵無不具載作紀
三卷圖一卷志十卷記五卷敘錄一卷謹備
鑾輅東巡庶守斯土者足以詔地事而詔觀事焉書作於乙卯
成於戊午會敝府　量移省會未及鐫梨及庚申罷郡侍養
南歸始就編纂付諸剞劂又以驚心風木息影枌榆數閱
星霜時懷鉛槧自維衰朽難效馳驅而惟此方策合貯名
山弆諸茅衡恐淪醬瓿兹特將泰山志輯成書二十卷書
板四百三十三片貯爲八箱齎呈冰案敢求鈞檄移會泰
安府轉發泰安縣飭岱廟住持道士具領收貯以垂久遠
不勝厚幸等由准此擬合備文移送爲此合移
貴府請煩查照轉行泰安縣將移到書籍板片飭交岱廟
住持承領收貯俾徵稽考仍望賜覆施行須至移者

右　　移
山東泰安府正堂徐
嘉慶十三年九月　　日移

泰山志目錄

卷一
天章紀　文
卷二
天章紀　詩
卷三
盛典紀　綸音　儀注　告文　奏疏附　駐蹕宮亭　御賜金玉寶器
卷四
圖考
卷五
岱志　總敘　星野　山脉總論

卷六
岱志　岱陽　岱頂
卷七
岱志　岱陽之東　岱陽之西　岱陰　岱陰之東　岱陰之西
卷八
支山志
卷九
川泉志
卷十
祠廟志
卷十一
秩祀志　列代巡狩　祀典　儀注
卷十二
封禪志
卷十三
郡邑志　因革　疆域　形勝　風俗　城池　官制　署廨　學校　田賦　物產　古蹟　塚墓
卷十四
人物志
卷十五
金石記　秦　漢　晉　東魏　北齊　唐　後梁　後唐　石晉
卷十六

金石記　宋
卷十七
金石記　宋　金
卷十八
金石記　元　明
卷十九
逸事記
卷二十
敘錄

案謹按水經注引泰山記泰山郡記其書俱不存明嘉靖間有順天府學教授汪子卿撰泰山志四卷其後查

道隆易其名曰岱史
國朝乾隆甲午歲有知府朱孝純輯泰山圖志一十四卷
皆未稱完備檠仰承
恩命典郡泰安恭逢
聖治郅隆
重熙累洽黎民樂育年穀屢豐檠不敏謹纂輯泰山志二十
卷作紀三卷圖一卷志十卷記五卷敘錄一卷謹備
聖天子鑾輅東巡竊附周官土訓掌道地圖以詔地事誦訓
掌道方志以詔觀事之義焉
嘉慶三年歲在戊午五月朔日山東泰安府知府金棨識

泰山志卷第一

朝議大夫山東泰安府知府臣休寧金棨恭錄

天章紀一

聖祖仁皇帝御製文

泰山龍脈論

古今論九州山脈但言華山爲虎泰山爲龍地理家亦僅云泰山特起東方張左右翼爲嶂總未根究泰山之龍於何處發脈朕細考形勢深究地絡遣人航海測量知泰山實發龍於長白山也長白綿亘烏喇之南山之四圍百泉奔注爲松花鴨綠土門三大江之源其南麓分爲二幹一幹西南指者東至鴨綠西至通加大抵高麗諸山皆其支裔也其一幹自西而北至納祿窩集復分二支北支至盛京爲天柱隆業山折而西爲醫巫閭山西支入興京門爲開運山蜿蜒而南磅礴起頓巒嶺重疊至金州旅順口之鐵山而龍脊時伏時現海中皇成鼉磯諸島皆其發露處也接而爲山東登州之福山丹崖山海中伏龍於是乎陸起西南行八百餘里結而爲泰山穹崇盤屈爲五嶽首此論雖古人所未及而形理有確然可據者或以界海爲疑夫山勢聯屬而喻之曰龍以其形氣無不到也班固曰形與氣爲首尾今風水家有過峽有界水渤海者泰山之大過峽爾宋魏校地理說曰傅乎江放乎海則長白山之龍[illegible]海而爲泰山也固宜且以泰山體位證之面西南而背

東北若云自函谷而盡泰山豈有龍從西來而面反西向乎是又理之明白易曉者也

南巡筆記

康熙甲子春日有山時值上元議行封禪及巡狩燔柴諸典禮者夫朕涼德菲躬臨御海寓邇年以來水旱兵戈民亦勞止雖邀天庇祐四海蕩平萬姓樂業實未有豐功偉烈足以昭示來茲何敢效法前人銘功紀德至于巡狩古天子所以周省侯國使諸侯肆覲明堂考其政績今天下之權統一於內督撫之賢不肖朕皆得而知之又無事於巡狩之名也惟是近畿郡邑屢經巡幸補助時施而東南黎民風俗尚未周知乃於秋九月陳請

兩宮暫違定省二十八日出京師經河間過德州閱濟南城觀趵突泉題曰激湍百姓遮拜馬首戶口繁盛比屋可封昔稱臨淄之間肩相摩轂相擊者今尚有遺風焉十一日至泰山石徑巉嶒緩步登陟四十里御帳崖瀑水懸流五大夫枯松猶在巖畔或亦後人繼植者入南天門捫秦時無字碑至孔子小天下處眞可收羅宇宙暢豁襟懷題普照乾坤雲峯諸字宿泰山巔月色清朗賦詩遣興來日登日觀峯看扶桑日出下山祀於嶽廟嶽爲五方之長發生萬物故躬祀之爲蒼生祈福十三日雨雪駐蒙陰縣侍臣云明日小雪喜其應候詰朝雪霽望蒙山峯頂半入雲霧或隱或現其上石衣土人攀縋取之名蒙山頂上茶嘗考四

川雅州有蒙山五峯極高峻上產甘露茶世所傳者或雅州之蒙山也渡沂水取魚既多且鮮因遣使馳進

兩宮以志思戀之懷蒺花鋪青淮之界居人輻輳十八日發宿遷縣閱黃河北堤岸一百八十里頻年水患工役浩繁民俗罷敝不若山左之庶饒渡河過清浦淮安府商賈往來舟楫如織寶應縣高郵州邵伯鎮皆以湖水泛濫未復故道居人草屋臨流牀竈半在水中朕甚憫焉登岸步行十餘里親察水勢召集耆老秀才細訪其故皆云自海口壅塞水無所歸二十年來田畝已成巨浸賦詩紀事思所以拯濟之二十三日抵維揚市肆繁華園亭相望遊平山堂天寧寺百姓持香夾道意甚誠敬平山堂乃宋臣歐陽修所建修以文學侍從之臣出知揚州爲政之暇優游談讌傳爲佳話故朕詩有文章太守心偏憶之句二十四日將由儀眞幸江寧府忽遇順風可以速達京口遂乘沙船順流而下波恬浪靜瞬息七十里沙船江中戰艦也自岳州長沙用兵以來多得其力今河海清晏當時戰具僅供渡江之用然安不忘危朕於此時未嘗不念艱難用武之際亥早登金山孤巒隱岫屹峙大江中飛閣流丹金碧照灼更有一峯離立曰善才石郭璞墓在其西上有妙高臺留雲亭朝陽洞下有中泠水稱天下第一泉朕率扈從諸臣一一探眺縱目千里題江天一覽四字并賦二詩竹林禪院在鎮江府城南五里曲徑逶迤茂林修竹高者四五丈

大者圍尺青葉碧枝陰森崖谷實北地之所未有晚而登舟揚帆丹陽縣常州府無錫縣俱未及泊一晝夜行三百六十餘里達姑蘇舟人云從無如此之速者二十七日由楓橋入閶門登城閱視士民觀瞻莫不忭舞有獻賦頌者是日駐蹕城中念執事人役辛勤遠來徧賞白金聽其各帶方物以示體恤二十八日回鑾過虎邱山不甚高亭榭闌檻布滿其上千人石高下可容千人傳爲生公講經處故旁有點頭石劍池在夾崖中殊可觀平遠堂俯瞰虎邱之背田疇林木望若錯錦蘇民仍列酒坊茶肆各安生業管絃競奏覺有昇平景象然從事紛奢罔知務本未若東北風俗之樸實耳夜坐舟中與侍臣高士奇談論古今興

廢之跡或讀尚書左傳及先秦兩漢文數篇或談周易或賦一詩每至漏下三十刻不倦日以爲常蓋詩書意味深長不似耳目之好易於煩厭也舟過無錫縣遊錫山觀惠泉石甃八角池水色渟泓味較玉泉遠不相及不知前人何以稱之爲第二泉二十九日由丹陽縣陸行初一日過句容縣蜿蜒石堤數十里抵江寧府雨花臺在城南登之則江山城郭歷歷可見報恩寺規制宏壯寶塔九級金碧琉璃盡鏤梵相結搆之巧殆竭人工非前代內帑所修不能至此城中闤闠充實烟火萬家景物太平昔稱六朝佳麗今亦不減大都也明日祭明洪武陵見其頹廢勅地方官禁護之過明故宮僅存遺址不禁慨然作過金陵論并

賦一詩登觀星臺望後湖題曠觀二字又明日再遣使進

兩宮方物閱鎮將射於教場頒賜扈從諸臣幣帛督撫御衣初四日發江寧府泊燕子磯峭壁臨江亦有勝致初十日閱高家堰堤工望洪澤湖汪洋千頃復由河南岸行一百八十里過桃源縣十一日渡河至宿遷次日駐蹕蒺花鋪自郯沂州取道東兗渡沂濟祊汶泗諸水泗水出陪尾山下泉林寺側石穴吐水衆泉俱導古樹成林有石碑刻子在川上處然闕里志載孔子觀川亭在尾山宣聖廟側未知孰是十六日長至節天氣晴暖無朔風祁寒扈從諸人莫不欣喜十七日過少昊陵顏子林駐蹕曲阜縣南十八日黎明祀於闕里齋心穆穆若有所見禮畢坐詩禮堂命孔

氏子孫講周易大學徧觀車服禮器及漢唐碑版檜樹在大成門內古幹蒼然苔蘚潤澤眞靈蹟也敬想至聖道冠百王前代留金銀器具皆人力可辦獨以仗前曲柄龍蓋留廟中並書萬世師表四字過闕里詩古檜賦出北門酹酒孔子墓下伯魚墓在孔子墓東十餘步子思墓在其前西有子貢廬墓之所左有宋眞宗駐蹕亭林中奇樹葱鬱未可計數行三十里駐蹕兗州府杜甫所謂浮雲連海岱平野入青徐是也念周公制禮作樂道接文武頃過曲阜未得躬謁廟庭特製祭文遣親藩代祀之遂由汶上東阿高唐至德州亟欲定省

兩宮兼程而歸是行也往返數旬所歷山東江南諸郡縣日以

周諮民隱體察吏治爲首務行道之頃復得覽其山川憑弔古蹟至於地方利弊則將有以斟酌損益焉率筆記之示朕之不徒事遊豫也

太上皇帝御製文

送五弟奉

命往祭闕里文廟序

雍正八年冬新修闕里文廟告成殿廡門陛黃瓦丹雘既宏既隆圭瓚俎豆罇罍之器須自上方

聖天子親書大成殿大成門匾額復命良工重摹

聖祖御製文廟碑文孝思繼述重道崇儒兼備於此既成例宜遣官祭告

皇父特重其禮

命皇五子齋居潔誠治裝減從以行余與吾弟夙夜之與俱飲食之與共講習討論之日親至於今二十年茲往千里之外能無依依繫戀而不忍舍顧思人自孩提以至於老大讀孔子之書未必能志希聖賢窮理探源以至於知孔子之道也幸而知之矣而私累之未捐精進之不勇則鮮能行之既行矣未有不心慕孔子欲登其堂而入其室者吾弟力學敦修不敢自懈于聖人之道者有年矣今奉

命往祭闕里瞻宮牆之數仞則欲得其門而入以見宗廟百官之美富也對聖貌之巍巍則思溫厲恭安如在其上而自省其躬修也遊禮樂之區想見金聲玉振之氣象是行也不益以增其嚮往服行之心而爲有生一大快乎

皇父猶有俟命吾弟祭闕里畢卽往致祭岱宗吾弟往哉昔孔子嘗登泰山而小天下孟子述之蓋謂得登聖人之堂與聞聖人之精深廣大則諸子百家羣言皆小也猶之登泰山之高者得覩嶽峯峻極則尌葹培塿皆不足言也吾弟卽登聖人之堂又登泰山之高誠敬之日積仰止之日深視瞻之廣濶胸次之豁然古文人學士所謂遊名山大川以助其文思筆力者又烏足云哉

重建泰山神廟碑文乾隆六年

國家秩祀之典方望實惟最重而泰山爲五嶽宗長功用顯彰爲德尤盛廟貌之在山巔者歷有年所夐乎邈矣鬱

攸不戒宜用鼎新粤以乾隆六年特遣專官董建靈宇殿庭廊廡門序觀閣崇閎壯麗鳥斯革翬斯飛眈眈翼翼琉璃丹碧輝映日星黼座璇題像設神御穆然其容笵金惟肖山半爲香亭寶鼎中峙覆以重簷載陟斯憩興仰止焉鳩役庀材胥出內帑公旬不勞經費不損凡土木之工若干閱期有六旬而竣朕惟岱爲方岳昉於虞書列於禹貢紀於周官詳於春秋傳蓋河泲淮海川瀆環滙扶輿積高之氣磅礴蘊結靈淑鍾萃蔚爲神臯奠坤維而翊天縡方位屬震盛德在木得造化生生之元故觸石出雲不崇朝而遍雨天下功至神也澤至溥也我

列祖撫一海寓懷保烝黎一體天地大生廣生之心爲神人主

明德馨香
神庥昭格予一人寅承基緒夙夜兢兢事神保民罔不祇
肅彼登封告成刻石紀號金泥玉檢往牒所誇矯誣侈大
之事繄寡昧所不敢知而乂寧方夏阜殖羣生俾庶而富
俾壽而臧尚其恵邀嘉貺錫羨介祉以篤我國家無疆之
慶則所以崇禮展敬揭虔妥靈其何敢後焉爰勒詞琬琰
昭示永永系以銘曰巖巖泰山峻極於天有虞肆覲肇祀
用虔牲幣祝號秩視三公匪僭匪瀆曰以報功伊
神之功霖雨萬國載生載殖食我
神力春也其時仁也其德體乾之元以立坤極奕奕新廟
穹峙層霄易陑以金以禦剛飈雲生桂棟雨挾松濤俯瞰

榑桑日觀岧嶢雕甍珠網鋪金碱玉紫殿靚深黼衮端穆
月馭星軿林霏馥郁靈貺孔時錫兹介福降神毓秀賢哲
克生時暘時雨百穀以成陑彼陟封七十二代成民致神
往訓是佩肸蠁斯通鑒格斯在祇薦神禋於萬千載泰勒岱頂
碧霞祠東碑亭

重修碧霞元君廟碑記乾隆三十五年

緣岱麓磴梯而上隃盤道者五十然後狃天門捫日觀岧
岧嵂嵂緯宿刓檻垂芒若引手可摘其地正應積高神明
之隩有廟焉范金塗䨼晃絶慶青稽水經注所載嶽頂上
廟兹其故阯矣而神禕翟珈笄孔睟孔愉耈鮐婦豎摯嚮
捧其厥角徠輳相與喁喁請命則曰碧霞元君說者以謂

黃帝所遣玉女或以謂是卽泰山神女往往伭背不合覈
之志乘元君封號肇自有宋大中祥符間眞宗有事東封
以上頂有玉女池乃易池旁石像爲玉龕而祭之顧攷劉
禹錫送張鍊師還東嶽詩有久事元君住翠微之句是唐
已前故有元君之名不自宋始彼道藏及諸家所徵姓氏
世系肅足深辨哉古者治神人和上下設教不爲戾俗求
其指歸亦曰禮由義起實以名章而已爾易曰乾天也故
稱乎父坤地也故稱乎母漢郊祀歌於后土夫人曰富媪
又曰媪神張晏云媪者老母之稱坤爲地故名媪記言地
秉陰竅於山川而泰山者萬物之始陰陽之交衆嶽之宗
以是證之太乙青元實惟其所宜乎有生之屬齋心祇祓

願揭其虔於元君而元君亦將悉其勤而錫之羨然則國
家秩祀泰山之神與億兆人奔走奉事碧霞元君之神其
爲翼綷元化二乎一乎在周官大宗伯有各因其方之語
在魯論有祭神如在之文如在云者詎惟是肸蠁荒忽不
可端倪於山僅見若堂若霍於草木僅見維天維喬之謂
乎亦將因其聲容得其精爽而後著之目而成之心神人
之道可接也且嶽視三公特自其秩言之今之肖象炳靈
者則旣藏旒秉圭矣又安知旼旼穆穆其對越乎禕翟珈
笄者不誠二而一乎以是比類而推北如元冥南如祝融
西如顓靈應具有其主名正位犂然食報於方望此物此
志也朕荷穹昊垂庥疊逢

國慶嘉薦普淳夙事宜周是廟自辛酉鼎新距今垂三十載因勑工官往會所司支內帑金庀材擴葺閎塏完緻所以答神貺所以祈神禧胥於是焉在其經始則己丑季春其蕆成則庚寅孟冬也恭勒岱頂碧霞祠殿前西碑亭

重修岱廟碑記 乾隆三十五年

泰岱位長羣嶽稱宗最古表望最尊而有其秩之舉莫敢廢所繫於正經亦最鉅遂稽詩書首紀有虞成周之世彌文懿爍隆茂大要非巡狩述職穆穆皇皇未聞輕議展采錯事數典特爲嚴重陵夷迄乎覇國覬覦三五妄希受命告功其臣猶知設辭以靳之然自七十二家之說興而昭姓攷瑞大號顯名鋪陳極乎遷之書相如之文世世封土

作碱琢玉成牒甚者以上山恐傷木石以遇風雨爲德未至以舉火輒應爲得行祕祠蓋由柴望一變爲封禪由封禪再變爲神仙而汰侈益無等矣我朝監於成憲祇愼明禋洪惟
皇祖聖祖仁皇帝康熙二十三年甲子廷臣有援黃帝上元封禪勒成之說爲請者
聖諭特下九卿等議駁甚盛典也甚盛心也朕寅承永懷
慈訓時式每逢時巡盛儀卽躬祀嶽廟潔蠲將事而於登封臺紀事諸什時復長言申諭所謂便使堯舜至今存迄無可告成功日者其義庶幾質諸古皇而不易耳夫戾經者不可以不斥則準經者不可以不修方曲咫聞之士猥言易壇墠而廟庭而象設寖乎踵事非制故吳澄以五嶽之禮各立一廟謂始自唐時及攷酈道元引從征記稱岱廟有三今屹峙南麓者實卽昔之下廟又稱廟有漢柏廟庫藏漢時神車樂器則祀嶽於此自漢已然所從來甚遠且巡狩述職特祀也國有令典遣官齎祝策來告常祀也是皆於廟有專饗而又何泥古之云乃者歲庚寅爲朕六十慶辰至辛卯恭逢
聖母皇太后八旬萬壽於時九寓臚懽百靈介祉維岱大生秉蒼精化醇之氣用克推演
鴻釐綏祚我皇極而重閎周閟歲渝弗飭靈承曷副焉爰諏將作攟而新之其歲月詳嶽頂記中以是廟爲太常宿縣

之所因爲迎神送神歌俾主者肄而落之其辭云

遙參亭兮還頓帝乘青陽兮出震會東后兮前驅標天齊兮作鎭焫蕭兮醞醇傳芭兮遝晉鬶雲章兮起膚寸睇肅然其神來兮肹蠁獻 右迎神

何九皇兮六十四民升中頌德兮欲云云羅封坎兮葅席藉禺車兮蒲輪江茅郜黍兮紛效珍神寋格兮顧歆曰予正祀兮薦訢闓樽桑亀采兮告慶穗泰符在握兮與物爲春嗞嗞乎根一而衍萬兮翊我昌辰 右送神 恭勒岱廟東碑亭

泰山志卷第一

泰山志卷第二

朝議大夫山東泰安府知府臣休寧金棨恭錄

天章紀二

聖祖仁皇帝御製詩

東巡出都

閶闔來天風玉仗排雙鳳喬嶽聳高標巡方翠華動

登岱

巖巖岱嶽高無極攀陟遥登最上頭路轉天門青靄合峯
回日觀白雲浮振衣巀嵲凌千仞騁目蒼茫辨九州欲與
臣鄰崇實政金泥玉檢不須留

百丈崖觀瀑

懸崖千丈響奔湍碉道嶒崚動石瀾彷彿青天有風雨松
陰漠漠逼人寒

岱頂對月

夜宿喬嶽巔縹緲近雲闕孤高絶塵翳天外見明月不聞
城市喧惟聽空籟發開軒肆遐覽萬象爭突兀對此心豁
然清夢自超越

汶水吟

汶水潺潺清似玉石澗縈紆行躑躅連山百里入蒹蕪松
柏緜蒙冬尚綠

經泰山之麓

曩于甲子冬日登泰山之巔覽秦漢以來故蹟俯
眺寰區憑臨滄海今茲南巡復稅駕山麓因望岱

宗而展禮焉

聳巘高峯記昔攀春同瀑水響潺潺萬層石級雲霄上千
里煙村縹緲間暫駐猶然思往事憑陵直欲小人寰朱旗
翠葆疎林外已見巍巍俯衆山

夜登泰山

日斜登泰岱嶺腹隔層霄深夜迴鑾處便忘石磴遥

見泰安等數州縣饑民亟命設法賑濟

東路行輦到人食正薦饑呼庚兒女盼宸遊衆所依村中
皆菜色散去掩柴扉救荒先發轂轉漕迅如飛兩旬無多
日有司報民歸地丁既已貸私派務全希盡心專邦本留

意欲國肥麥秋猶可望黎民其庶幾

望岱憶舊

青天竦峙翠雲濃端坐船頭眺岱宗憶上崇巄最高頂非
採芝檢效東封

世宗憲皇帝御製詩

望岱

芙蓉萬仞插丹梯海上羣峯莫與齊九點青煙看野馬五
更紅日候天雞雲封峭壁松多古蘚積殘碑字未迷冉冉
嶺頭笙鶴下仙壇曾此降金泥

題碧霞祠寶旛步虛詞二首

寶閣冰簾紫靄籠仙風裊裊拂旛紅扇開日月飛雙鳳座

繞星辰列九宮子視羣蒙敷惠澤毋臨率土荷帡幪敬將
玉帛當庭獻願普慈光遍域中
瓊宇璇宮日月長奇花瑶草總飄香琉璃作殿蒼龍衛雲
霧裁帷青鳥翔拂露霓旌珠燦爛御風鸞駕玉鑾鏘常將
天福人間錫奬孝褒忠佐萬方

太上皇帝御製詩

題李白泰山觀日圖限韻

供奉沉香亭遣調若鐘銑意在諷色荒不獨詞華擅五嶽
峙胷中磈磊難消遣長嘯登泰山日觀峯當面東望滄溟
洲坳堂杯水轉陽烏浴未乾魚龍乘曼衍扶桑巳三竿猶
不聞雞犬遐觀小宇宙形勢天下選咫尺大羅天天帝端

袞冕叩閶闔通明從容陪玉輦醉踏青芙蓉豈以佯狂免
騎龍恣天遊白雲共舒展帝女賜錦裳聞說冰蠶繭長鯨
不復回奇傳類詭辨何人寫丹青壁上裊香篆披時泰嶽
雄收處滄波卷卽此當臥遊悠然興不淺

見嶽麓

朝曦駐扶桑天際微茫分東來紫翠光隱隱淼飛雲知是
岱嶽麓初見意已欣杜甫有佳句果然符所云指日陟其
頂一破蒼穹雰

渡汶河

滑笏春波浴翠鳧遙源縈繞挼萊蕪風光一帶分齊魯支
派千流滙港湖踔路乍看横蝃蝀舟鮫曾未守萑蒲行來

文獻邦知近戸有絃歌學有儒

汶水吟恭依

皇祖原韻

肆覲東后修五玉

神堯家法貽軌躅魯疆初歷俯汶川春煙淡蕩波搖綠

望岱宗

百里齊南路巍然望岱宗乾坤惟一大造物不雙鍾特地
扶搖上倚天紫翠重剡㟲多巳見氣象未前逢變化眞難
測形容杳莫從早看膚寸合希澤有孚顒

渡汶水

過汶詣闕里事畢渡汶迴因流溯其源縈帶何悠哉鄆讙
龜陰田每每河之隈曾聞潤百里胡乃騰塵埃麥隴雖青

青望澤久縈懷調幕慙無術發粟詎遍該嗟哉此土民疾
苦經識來

漢明堂遺阯

制自周人創名傳漢帝都尊卑因以序玉帛此來趨遺阯
規猶壯崇臺草半蕪徒聞公玉帶道左獻新圖

望徂徠山

徂徠亦云巍千秋鎮齊魯北望比岱宗拳石如培塿叶馬
上看山色雲生山四字松年想何若畫意乃爾許六逸懷
竹溪高風迷處所

戲題投書澗

宋胡瑗講學泰山十年不歸見家問有平安字即
投之澗中不復展讀故名投書澗云
報來尺素見平安投澗傳稱人所難誠使此心無繫戀平
安兩字不須看

祀岱廟

釋奠迴鑾禮

岱宗緬
先不爲事登封地靈自是神憑宇廟古還看黛蔚松階下崎嶔
臨介石俗名扶桑石殿中肅穆仰蒼容已躬那更求多福祈歲
心殷惠我農
祀視三公舊典行配天生物鎭蒼精崇朝所冀雲蒸雨大

德應符震出亭寢殿端居帝偕后仙壇配享弟隨兄泰山
林放如相擬久矣禋宗不易明恭勒峻極殿前東碑亭

環詠亭

仙宮西側創雲軒春晝陰籠花木繁訪道不須期碧海忘
言眞可駐高奔幽偏事業三間足今古風華四面存四面列古
今登岱諸作於壁故名環詠云硯淨甌香閒點筆豈爭工拙壁間論恭勒亭東壁

漢柏

殿角陰森翠影拏濛濛常自護雲霞子房學得赤松術風
度而今見漢家

唐槐

兎目當年李氏槐枒槎老幹倚春階何當綠葉生齊日高
枕羲皇夢亦佳

合雲亭

一天門裏步天階
聖蹟依然此勒崖記取岱宗初入路盪胷雲已淨塵懷
小閣三間梵宇西偶來臨眺足拈題白雲晻藹亭邊合應
似桃花洞口迷

壺天閣

策馬上丹梯據牀憩紫閣既狹乃開豁俯暢臨碧落山靈
知我來爲我搴雲幕壺天蘊萬象攬結難依著嶽麓未及
半得未曾有樂極頂縱吟眸興會當何若恭勒閣東北石崖

迴馬嶺

曨曨日照紫芙蕖石磴盤紆路轉徐傳是眞宗迴馬處當
年來爲眞天書恭勒嶺東石崖

五大夫松

何人補署大夫名五老鬚眉宛笑迎即此今兮即此昔抑
爲辱也抑爲榮盤盤欲學蒼龍舞謖謖時聞清籟聲記取
一枝偏稱意他年爲挂月輪明恭勒五松西北石崖

朝陽洞

迴巒抱深凹曦光每獨受所以朝陽名名山率常有是處
闢雲關坦區得數畝結構寄幽偏瀟灑開窗牖歷險欣就
夷稍憩復進走即景悟爲學無窮戒株守恭勒洞東北懸崖

對松山

岱嶽最佳處對松眞絕奇古心誰得貌變態不容思萬嶂惟全碧四時無改枝依稀佺羨輩倚樹斸靈芝（恭勒山之東石壁）

白雲洞

封裏出英英長空幾縷橫所希膚寸合利我萬民耕

登封臺

軒轅遠矣不可知七十二代皆一律金泥玉檢敬用陳錦綍石函封以密我來岱頂探遐蹤凝眸聊寄凌雲筆亦非謙牧圖終吉兩言定論由中出便使堯舜至今存迄無可告成功日（恭勒飛龍巖）

恭頌

皇祖勒崖雲峯二大字

驪珠雙顆勒雲峯占斷巖巖萬景重不似摩崖千許字開元惟用詡東封（恭勒雲峯西壁）

恭依

皇祖登岱詩韻

丹梯紆陟穿雲脚翠觀平臨待日頭地迥頓教塵慮淨瞰空惟覺幻身浮果然萬古宗天下詎獨千秋鎮兗州大慰平生景仰志可無警句半巖留

天齊纔讓天居上進步竿尋百尺頭衆皺峯如能變化太空雲與作沈浮豈緣乘興凌千仞敬識憑高御九州纘述何能覆敢不乾坤亭裏久延留（乾坤亭在岱頂以奉皇祖御書普照乾坤四大

字處也（恭勒碧霞祠東碑亭碑陰）

夜宿岱頂

攀躋凌嶽頂僕役亦已勞行宮恰數宇舊築山之坳迴與天爲鄰滃然雲作巢倚欄俯岱松憑窗盼齊郊于焉此休息意外得所遭恭頌對月詩（皇祖有岱頂對月詩）徘徊惜清宵傍晚雲霧收近霄星斗朗仙籟下笙竽天花入帷幌神心相妙達古今一俯仰始遇有宿緣初地愜眞賞清夢不可得求仙果癡想（恭勒雲峯下）

雲巢

岱頂有行宮數宇偶爲夜宿詩云滃然雲作巢輒以名之

雲以山爲體山以雲爲衣始悟雲山境元氣相因依言二固不可云一亦何爲結宇貯雲采開窗納山姿踞榻靈根動搴幔有渰萋下雲爲我與上雲爲我帷題壁帶雲青雲兮初不知

日觀峯

天柱既孤高日觀乃竝峻峥嶸成左障犨崒凌千仞破曉登丹梯塵衣一爲振臥牛車蓋狀傳言殊未信海水詎湧金朝雲剛染暈無煩夸父追却憶童子問寄興在寥闊摛詞亦騰奮（恭勒日觀峯）

奉

皇太后登岱麓

十八盤前候
大安天門雙闕倚欄干
萬年王母會仙母此日和鸞接彩鸞雲看吐吞成幄幔
聳教扶被度巑岏南山獻壽無須比
寶算崇齊泰嶽端 恭勒南天門東崖石

別嶽

登嶽快晴明別嶽過風雨此事亦偶然何足陳諛語況茲
遍郊麥青青二寸許待澤正斯時渴望愁農父狂風慣吹
雲細雨未霑土彭怒不肯讓如膏亦奚補連年水旱災偏
萃於齊魯縱發帑粟施豈救流離苦哀哉煢獨民慙爲汝
父母 叶

過泰山再依
皇祖詩韻

纔看積雪消峯脚又覺輕雲翳日頭豈是山靈邀客住故
教嵐氣作煙浮屢吟尚憶
堯登頂結攬遐思禹畫州阿那天門門左側雲巢三日我曾留 雲巢岱頂行宮名
仄路盤旋出塞口岱宗俯視衆峯頭試思前度遊如在了
識百年夢亦浮稍喜省方近吳會豈辭問路自齊州若云
此地山川景只合驅車不合留 恭勒岱頂碧霞祠門左雍正九年碑陰

望岱廟

自有蒼精協震亨崇祠象設始誰成靈趨漢縣羣黎赤事
絕茅家三弟兄香和岱雲千仞合鐘傳汶水十分清憑輿
揭爾馳遙睞鱗繡郊原漸可耕

寄題漢柏

瑶階漢柏盤童童柏下吟情想像中不及同時嵩嶽樹受
名曾共穎川馮

渡汶水

汶水虹橋凍合津紐茅宿麥遲抽新心期鄧尉村前景背
指天孫雲外皴往事總堪愁渺渺無生底必滯塵塵未忘
只有勤民念餘槪空花付夙因

駐蹕方山

濟北名山駐玉符欣于始遇暢清娛梵宮高下羅諸岫行

殿樸淳別一區容都巳安謂多矣奇觀何限詎窮乎潤州
此去棲霞攬吉甫均標十道圖

靈巖愛山樓

榮青繚白相氤氳無色聲天大塊文著個橫樓眞恰當四
時佳氣與平分

巢鶴巖

法定開山有鶴瑞羽衣皜皜駐雲峯至今月白風清夕彷
彿東坡夢所逢

雨花巖

峯枝澗葉未芬芳祇有天花撲鼻香底事坐來都不著維
摩室裏卽斯牀

甘露亭

泉疏甘露淙淙注亭子因仍甘露名用汲誰工詎爻象馬遷會是歎王明

卓錫泉

泉臨卓錫一亭幽萬壑千巖景畢收最喜東南縹緲處澄公常共朗公遊

白雲洞

靄靄英英相後先穿雲忽上白雲巔春郊方待一犁雨便可爲霖潤大田

鐵袈裟

片鐵爲衣狀水田滄桑幾閱鎮精堅誰云五葉一花止試

看伽黎萬古傳

摩頂松

高松西指爲求經般若眞詮泯色形假使虬枝解更向定知糟粕是清寧

丁丑初夏登玉符最高峯得四百字

春巡氣尚寒有興未登眺清和茲返蹕日長況早到宇宙最奇處空過山靈譙設如逢炎暄揮汗亦何要時景値佳會況鮮幾務告邂逅不可失一暢智仁樂園北啟便門不必命旌纛肩輿陟崇椒林鳥爲前導嶊崣羅疏峯威紆列層崎陡壁若無路一綫穿林徼或如田見龍或如霧隱豹或雄以猙獰或深以窅篠或秀若丹青或莊若廊廟樹抱石爲胎泉飛峽成調山花霏細芳山禽遞幽噪歷歷所攬結朗朗開懷抱舍輿還進步何藉筇屐趠初至半室巖壓巖似棚窖方牀儼維摩不著天花落爲想詩僧逸頓息塵緣鬧躡險捫煙蘿洞有白雲號膚寸一脈起澤應三農禱證盟功德頂調御眞古貌巢鶴最高處胎仙宛可召應接乃無暇奇觀供四照南瞻日觀峯是我昨所造北睇鵲華翠雲中辨隱約其東朗公近疑聽錫聲標惟西乃豁開來路盤崖隩已覺鮮其匹便欲觀其竅設匪片時勞安識無窮妙蒼然日色暮歸路尋巋峭憶昔可公輩別傳西竺教想亦巢許流林泉寄笑傲侵尋事莊嚴逐末吁可笑其師若有知弗許頭應掉有爲法終幻成壞像相詔猶然冀施

檀云有福田報松鴟坐靜觀萬緣似誰覺忘物我未能吟懷且推敲

謁岱廟

岱宗遙望謝重登岱廟森嚴玉陛升祇有豐年祈帝貺愧無明德荅神憑唐槐漢柏形容古時景民風氣象增迅矣三年成瞬息向來欣戚總難勝（恭勒岱廟東碑亭碑陰）

過泰山作歌

土父澤母山之根成形類聚精義存文王後天列八卦艮兌交錯西南坤西南衆山祖脈惟崑崙其在艮維山本體是爲長白齊蒼旻轉折踰海伏而起岱宗雄長其實尾閭拳石崇中原五嶽五鎮各覽二（東嶽泰山中嶽嵩山北鎮醫巫閭南鎮會稽）崑

崙長白姑遙跂以予所登典安大嶺巳龍桑蘇台廣博崇
隆列之嶽鎭有過之而無不逮吁何其名曾不得與嶽鎭
厠豈非古來版圖以外未得通文字儒生各拘所見高位
置山既若此餘的獨不然蒼頡作字天雨粟鬼夜哭其理
信有豈是荒唐傳

渡汶河

湛湛復沄沄長虹亘兩濆山川千里互齊魯一渠分濟運
常資是成盟舊所聞道元稱博覽已見載名紛
源出仙臺嶺依稀石汶真春寒勒萑葦雨過漲漣淪公玉
漢奇士白英明老人徐行撫澄晏惟是屢覯民

過泰山三依

皇祖詩韻

方山一宿停清蹕泰岱巖巖見舉頭南指遙程春曉發東
來紫氣馬前浮
聖蹤永古並崇嶽
愷澤於今在九州縱是瞠乎嗟莫及
覲揚敢不意深留

靈巖石路盤山腳齊甸春光動陌頭案衍遙從西峪度龍
蓰不礙曉煙浮瓣香寸意馳仙闕輿地千年鎭兗州憂樂
向來何處著思量結習豈應留（恭勒碧霞祠門西雍正十三年碑陰）

望岱廟寄題

泉林取路向西移敬仰崇祠一念馳作鎭配
天首五嶽（廟中皇祖御書匾曰配天作鎭）居方出震佑嘉師唐槐漢柏
應依舊秋月春風又幾時香帛太常依例遣（車駕經山東境禮官奏遣大臣賫香帛告祭岱宗修故事也）祈年惟是禱無私

渡汶河

三汶茲為大千秋帶魯郊原山溯源出濟水滙流交凍解
遲蒲刺波清下鷺抓方春生養候未擬網罟拋

謁岱廟六韻

春巡限定程望嶽寄遙情用趁迴塗便一申肅拜誠震方
惟
帝出寅德肇人生仰載無私禱祈年有屏營英雲籠寶殿
佳氣護會城退憩尋環詠（環詠亭在廟西側四壁刻歷代遊人詩）詩裁不易
評

登泰山作

合雲亭度棧縈紆旬歲重教履巘途昔日今時渾不隔登
封降禪總無須儻來憂樂亦多矣試問山川略異乎昂首
天門三萬尺到因步步積工夫

壺天閣

迴閣昔經坐今來無復登攀躋緣未暇攬結識吾曾碧水
自深潤白雲指上層勒崖多舊句歷歷可明徵

迴馬嶺

昔人迴馬地進馬跋巖扃夫子有明訓功毋一簣停

朝陽洞

當年題句處灑掃備延停雲棧猶翹白岱峯未改青不敎
鎮留憩緣是舊曾經率以勞爲逸天門卽叩扃

一十八盤

猶記昔登十八盤坦途高架丈[illegible]寬曾因過費飭方伯率
爲趨平奉
太安
戊辰恭奉　皇太后安輿登岱有司架木爲棧道險峻皆成坦途茲來朕策馬以登不令架木
今度揮
鞭吟馬上不敎倣棧闕雲端石梯拾級千層迴却喜嶤峯
本色看

登泰山四依韻
皇祖詩韻
春日南巡程限迫題詩興寄碧峯頭設如兩度皆空過辛未
及今丁丑終覺一心太率浮謅

泰山志卷二　天章　十五

聖蹕辭曲阜縣登山遂至泰安州乾坤普照
天襟廓景仰
奎章萬古留
瞬息十春巖電影年來憂樂憶從頭誰能石上三生認且
看煙中九點浮幻矣仙蹤謝蓬海憫哉民瘼指徐州雲巢
若問前巡事岱頂行宮名戊辰三月孝賢皇后得病實於此淚灑空庭不忍留

望岱廟

岱嶽崇隆百里瞻苔陽岱廟恤精嚴禮官肅祀儀雖備巡蹕
將經岱宗首途遣官告祭如禮恭已忻翹敬倍添居震德宏六子率配
天澤厚萬方需心馳未覺雲山隔敢曰誠通冀福謙

駐蹕方山疊舊作韻

誰向丹陽借宋符佳談一例助遊娛何須此是彼非論不
異水流山峙匯行館數間堪駐耳好峯幾疊試登乎前年
已是擕圖去今日居然身在圖

題方山夕景

雪積有餘寒山高易爲暮松梢落暝色忽失蒼松處行齋
倚巖半謖謖仙風御神謐息外營景清契始遇然此不可
著明當淸蹕去

卓錫泉上作

古寺禮靈巖春泉憩卓錫泉上自有亭左倚千尋壁松蓋
密密張乳竇淙淙滴眉目於焉朗心神一似滌志秉誰所

泰山志卷二　天章　十六

作咄咄誇妙蹟錫如能昭昭泉卽所歷歷便實有其事臨
滴與捧喫

巢鶴巖

羽客本來瑤島種何因瑞相兆開山應緣命命同飛去安
養道場聽法還

雨花巖

維摩室裏文殊問那是如來不二門付與層巖雨花者更
無人說默無言

甘露泉

甘露泉頭甘露亭瀹泉洗鉢茁蓮青無端津逮闍黎口說
法猶當字字馨

卓錫泉

都大緇流也好奇錫傳乳竇注山陂玉泉第一惠泉二問
爾神僧卓者誰

白雲洞

天半嵌巖名白雲晴空無雨亦氤氳前春憶得探奇到路
自英英蔚處分

鐵袈裟

鐵鑄袈裟圖久住誰能著得自亢超蒲牢設擬鯨魚發也
似鐘聲披七條

摩頂松

長安辭闕求西竺摩頂松何在魯東遷固猶然有蹟駁稗

官奚怪語多空

壬午春題朗公石畫圖

靈巖山側一峯兀立狀如僧伽相傳爲晉竺僧朗
說法處因以朗公石稱之壬午春駐蹕於此點筆
爲圖并系以歌畫禪合相翠巖或當印可

玉符東麓卓立峯圖志猶稱是朗公人盡云然胡獨不飄
飄合掌行虛空又如達摩面巖壁復傳曾有點頭石一之
爲甚可再乎初祖生公笑可惜興來爲寫朗公貌三鬚何
曾求曲肖眉毛拖地至今然海月團團鏡光照

愛山樓

潔治行宮備豫巡高樓納得好山皴設云仁者有同樂便

擬當春澤物均

壬午孟夏月下澣登玉符山極頂作歌

初春晝短景易闌復慮高處不勝寒即今清和駐蹕早有
山羅登孤素抱內豎肩輿攀巘蘿更弗松下鳴梢訶絕頂
放眼一千里犁雲鋤雨何其多東山小魯泰山小天下我
則何敢凜乎御六等唯有祈年意非假與民休息孜孜者
雄辯那須誇炙輠返吾勤政延儒雅

過泰山五依

皇祖詩韻

靈巖謂是高無比更有高峯在上頭瞻魯象曾詩裏想青
齊色忽路前浮禪封玉帛秦兮漢襟帶耕桑郡復州保泰

惟斯躬所勉況榮若彼志毋留
兩度天門親拾級義碑捧讀憶從頭戊辰年事那堪道丁
丑春巡過似浮不改旰宵勤庶政惟期樂利永齊州省方
繼
武一心切詎是無端七字留

望徂徠作

徂徠松早似牛山孟子名言絜矩間只有竹溪傳六逸不
妨傲士此高閒

過汶河

靈源遠溯出萊蕪行地橫陳齊魯都是日輕輿復經過春
風野衍自清殊昔今不異觀民切來往寧因問景紆分羕

北南胥濟運古人相土有良模

謁岱廟

時巡指江國致祀遣春官兹取迴程近親瞻祭席單大生
功配
帝如在貌臨壇肅拜無私禱抒誠心始安

戲題環詠亭

廟旁精舍小逡巡瞬息流陰十四春（自戊辰題句至今閲十四年矣）環璧
茗華泐羣詠幾成五色目迷人（粗閲數首無一佳者）

題漢柏

岱廟東院漢柏六株森鬱庭宇信數千年神物其
西北隅一株尤爲輪囷奇古壬午初夏南巡迴蹕

經此默識其狀以歸氈廬清暇點筆成圖並系短
句
遥望嵩山結昆仲（嵩陽書院漢柏昔曾爲圖）近臨西院是雲仍（廟西院有唐槐）
大椿歲月猶虛擬萬古堪垣永瑞凝

登泰山作

欲笑相如逢漢武更非張説訣唐明却因瞻彼巖巖象便
以暢兹坦坦情或馬或輿遵棧路宜詩宜畫入仙京齊州
九點煙中辨益切憂懷保泰平

登泰山六依
皇祖詩韻

春巡南國孤紆蹕接轡高山仰馬頭可匹何曾吳嶺見既
成乃復大江浮便教一問峯兮谷未許多勞郡與州清蹕
載登午言降那因勝處恣耽留
五嶽之中宗首出誰能昆脚與皆頭神傳梓句眞稱獨象
擬韓文信不浮結攬
聖情昭泰麓照臨民隱遍齊州繼繩今日伊余責敢不聰聽一
意留

望岱廟有作

翕河喬嶽例馳香告祀涓辰遣太常謎止寸時修故典都
緣萬姓籲明慶配
天作鎮欽
神德（廟中皇祖御書扁曰配天作鎮）與地無疆福

懿祥
漢柏輪囷嘉蔭下春風曾憶小徜徉

靈巖愛山樓

高低七景闢山寺獨喜書樓在小園更不爰名徵故事包
涵無盡意中傳

巢鶴巖

瑞跡原因法定開胎仙那識去秊來層巖或見翩翩者莫
認當年丁令迴

雨花巖

弗隨冬謝逐春芳滿意清涼滿鼻香更不分疏著與否較
於天女散猶強

甘露泉

一例同同山下泉名稱甘露豈徒然法王解灌羣生頂會否原來在海邊

卓錫泉

泉如爲取錫爲能有卓應非最上乘藉問阿誰留此蹟依稀云是佛圖澄

白雲洞

昔年廻蹕意登峯疑見仙人馭鹿踪春曉尚寒且無暇白雲洞口任他封

鐵袈裟

鑄鐘弗就袈裟就孰是幻兮孰是常或曰不堅如鐵耳難持一切問榮將

摩頂松

法師西域過關中宏福譯經闡梵風何涉嚴旁摩頂樹眞成野語遂齊東

題靈巖摩頂松圖

元奘取經摩松頂謂曰將歸當東指因之新語傳靈巖今看是柏松非是設云後人所傳會種松亦易何爲爾人謂之松亦松之幾度指吟不可否斯地斯事其然乎姑且置焉徐證旨虬枝東指則誠似佛殿邊旁特孤峙千年以上歲斯歷玉節金幢入畫理我欲寫形知是柏顧名爲松面先泚松之與柏實易辨尚致淆譌有如此賢否萬狀目前陳吁嗟鑒別眞難矣

大唐新語稱摩頂松在靈巖寺爲元奘遺蹟夫唐時建都長安元奘發軔自必由彼而取經回譯經於宏福寺亦今西安地語雖斑斑可證於此地無涉或元奘由此詣長安譯經事畢仍來居此或長安亦有靈巖寺均不可知此當徐考耳然松既以摩頂稱即予屢經吟咏何嘗不人謂之松而亦松之茲欲寫其形則知是柏非松名或可以假藉實難可與遷就揭爾成咏其亦有戒於斯夫

圖成復走筆賦此

松以元奘傳古蹟柏忽居之主遊客謂柏即松松又非却有指東枝歷歷謂松即柏柏故是那見五鍼可假藉以譌

傳眞眞已譌眞譌是非更滋惑復思太古始製字柏謂之松松謂柏是非眞譌究何辨名循至竟其實責擲筆大笑有是哉拘墟戲論終無益

靈巖寺再疊前韻

煙霞朝暮傳心印泉石古今恆性靈不二殿旁法松鬱成雙門外刹竿亭風來簷角處鈴語春入山根新水渟此是色空無著處作磨更　梵王形

過泰山七依

詩韻

祇合登山小天下便當觀海悉源頭已看嶽嶽雲霞俯未了青青齊魯浮嶺別陰陽分作郡星明角亢照爲州遠今

七度賡
元韻爲有峯巔
聖蹟留
大嶺隆崇自參漢衆峯拱揖若駢頭春朝又覲神霄矗佳
氣忽來馬首浮憶昔
豫遊臻上界至今樂利遍東州千秋欲問登臨者幾箇能如
杜句留

過汶河

冰解中流細春初兩岸高原山派亘野濟水會資漕麗日
虹翻影輕風縠不濤黔黎迎蹕路情更切前遭

謁岱廟六韻

億禩
神庥永百年廟貌新佐
天生萬物護國福烝民慶落卜良日展誠恰仲春扶桑石
突兀炎漢柏輪囷肅拜經九載
慈寧值八旬抒忱顒有籲
介壽願重申（恭勒峻極殿前東碑側）

題漢柏

漢柏曾經手自圖鬱葱映照翠陰扶殿旁亭裏相望近名
實主賓誰是乎（恭勒壬午漢柏圖詩碑陰）

環詠亭

小屋三間嶽殿西亭敞非也昔難稽古今歲月一時閱長
短詩篇四壁題磬折予心執李杜翺瞻漢柏是夷齊忘言
更復言奚必欲笑莊周筌與蹄（恭勒亭中）

登泰山八依
皇祖詩韻
豫遊本擬當斂跡輪奐新歌重叩頭
志養亦惟體虔敬躬巡豈是動輕浮願言
遐算如高嶽詎曰登封俯下州萬級天門攀不易行宮清潔足
安留
巖象崇崇忽對面
奎文朗朗正當頭齊烟九點遥胥括匹練三吳近若浮錫羨八
旬開

寶衺耀靈萬古鎮神州再來此後知何日欲去不期步爲留（恭勒碧霞祠門外東碑側）

壺天閣

仰觀極頂尚隆崇俯視居然造半空放眼碧天以外看孰
非遊此一壺中（摩崖在閣東北石上）

迴馬嶺

崇椒越上越嶔岑傳是眞宗迴馬斯若論天書來致眞到
斯迴馬已爲遲（恭勒嶺東石崖）

飛來石

無翼飛來自何處淩空欲墜倚崚嶒詩書齊魯斯爲鎮梵
志借譬似不應（恭勒飛來石西南大石上）

詠五大夫松

五松刻峙泰山道祖龍經錫大夫號後世因以稱秦松其實嬴秦時已老疾風暴雨何時無何時鬱菀何時枯曩日司工人補植茲看磊砢龍鱗粗異哉名實誰賓主實以名存今即古何不謂之舜五臣肆覲於斯同律度（恭勒松西北大石上）

朝陽洞

嶄岁於茲得畝平崖坳北洞受曦明三間精舍頗清潔稍憩旋教進步行（恭勒洞東石壁丁丑詩北）

對松山

古榦今枝鬱相扶正看側睨總堪圖箇中儘有羲皇種當得見孫五大夫（恭勒對松山東石壁）

十八盤

雲衢盤陟造天門果是巖巖氣象尊建此崇臺仰三度登封降禪未曾言（恭勒十八盤東石壁）

日觀峯

居高攬遠理無疑峯頂當先見曉曦設使海邊立沮洳雖卑應更早於斯（恭勒日觀峯碑陰）

詠無字碑

本意欲焚書立碑故無字雖云以身先大是不經事（恭勒碑東南大石上）

白雲洞

氤氳觸石氣成蒸此意當知別有應一片常教封洞口金泥玉檢未容登（恭勒洞東石壁）

丈人峯

仙人對博寄幽託豈實凌虛上玉京立字是誰稱博古居然移置蜀山名（恭勒峯南面）

蓮花洞

乳竇溶溶迸石泉細淙洞口注成川謾言未是蓮花侯四面峯形豈不然（恭勒洞上）

漢明堂

廢蹟遺蹤辨有無誰云公玉帶曾圖設非麟趾關雎意便建明堂費亦徒（勒碑漢明堂故址）

桃花峪

春到桃花無處無峪名蓋學武陵乎五株不見蒼松老半點何曾受汚塗（磨崖桃花峪石壁）

登泰山即事言志八韻

岱廟及岱頂萬年鎮兗青生方惟物育佑國沛神靈歷久需修葺落成薦潔馨仲春適巡狩八袞以

慈寧那舉升中禮緣因祝

大齡奉欽瞻寶殿弗敢披

安轡詣且親登陟攄誠謁閟庭降原迴望處天近老人星

賦得泰山不讓土壤得容字八韻

分野奎婁次降祥齊魯封三公崇祀秩五嶽卓爲宗徒仰巖巖象誰知蕩蕩容廓哉德乃大受也衆胥供聚壤斯成

鉅接天孰竝蹤有臣如一介據地壓千峯杜句吟眞獨李
書譬豈庸何當膚寸合時雨利吾農
白鶴泉行館即事成什
出谷緣山蹕路延花村柳墅望相連觀民緩邁青郊道行
館新成白鶴泉祗以娛
慈用允爾設云適巳實慚焉八旬
聖母扶瞻嶽更祝如斯億萬年
體元堂
五嶽岱宗尊東方生物原虞巡秩仲月魯頌壽
堂萱是日臨行館體元額樸軒祝
鼇申篤悃施惠沛殊恩展義無非是餘閒有咏言長入法乾

德郎境勉心存
擬子建飛龍篇
巍巍泰山兖州鎮祟匪惟兖州五嶽是宗靈氣所宅生物
所始柴望肇禋宜必自此陳思芝童太白鶴仙胥別意託
我何有焉七十二君登封降禪惜乎巖石磨泐以徧至哉
重華二月東巡五禮五器無非爲民
岱嶽觀日 被輦紀 慶頌之四章
粤戊辰春駕言東巡既仰杳壇遂躋岱宗 叶 匪慕漢唐用
事封禪以祝
洪釐介祉錫羡暵彼扶桑升於東溟芝童綠髮玉女雲軿
慈恩載普覃齊浹魯戴我

文母式歌且舞
合雲亭
石是雲根雲石衣雲容石態蔚相依游心設擬承禎語合
漠由來吾所希
謁岱廟六韻
慶落當辛卯來瞻茲丙申
安輿欣莅止
古廟展誠純郎此
康強吉孰非
錫羡仁東方生衆物萬禩佑斯民松柏那論舊丹青尚若新
所希綿

懿壽命駕豈辭頻 勒岱廟東 碑亭側
漢柏口號
歷劫那知菀與枯謂猶多事寫形吾不禁笑指碑圖閒久
後還能似此無 勒漢柏 圖碑側
環詠亭
四面迴廊環古屋題詩嵌壁滿其間不須品第詠而去否
恐虛今番往還 勒亭內 東壁
壺天閣
中觀已升廿里遙天闕仰尚白雲標一壺謾謂觀止矣爲
學進吾往訓昭 勒閣 東崖
迴馬嶺

爲莫天書策馬來崎嶇難進遂因迴泰山何弗如林放不
受祥符捷徑開 磨勒石壁

飛來石

魂石無根寄石上似翔又似翥而飛底須靈應名假借石
設有知應未依 勒五松亭南石上

五大夫松

鬱葱盤道周厥貌已入古謂斯補古者古不知幾補南苑
雙柳樹我曾賦其故斯蓋遙與同弗復重絮語天數及地
數各得成於五人豈必不然大夫人之伍參立岱巖阿萬
刼宜所處 勒五松亭旁石壁

朝陽洞

南東其向劇巖隈穴處宛堪憩往來萬仞峯頭標日觀朝
陽此處笑重儓 磨勒洞壁

對松山

對松初不稱孰對萬古之上萬古松面目本來正如是小
哉人世詡嬴封 勒對松山東壁

登封臺

臺盼登封緊我思萬幾月理在勤爲便當堯舜至今在亦
之成功可告時 勒十八盤東崖

白雲洞

山中何有有白雲出谷封陵氤復氳太古以來絕人世幸
他人伯未曾聞 磨勒洞壁

登泰山九依

皇祖詩韻

八旬五毋仍康步六十六兒微白頭上瑞古今眞此罕後言是
否聽其浮惟知養

志以天下況是祝

釐殷九州岱廟巳瞻早

懿悃高峯欲陟巓停畱

元黃以判萬古峙伯仲之間五嶽頭入目景無非續舊遊

留雲有若浼浮

天章詎止垂永世

聖意昭然照下州設以九賡喻九仞十全有待再吟畱

日觀峯

天雞唱曉上扶桑一片大紅海水光此景衹宜出想像那
能中夜陟峯巓 勒日觀峯碑亭

丈人峯

丈人五嶽自青城岱頂何來假借名却是世人知此慣誰
因杜老句詳評 磨勒峯壁

蓮花洞

本來原自象峯名久假因之洞以成石實窪樽渟洞泌夏
時合有濯其清 磨勒洞壁

桃花峪

絳藤花及青松樹一例由人入話提却是松桃付不識識

惟灼灼與萋萋勒桃花峪石壁

合雲亭

峯環巒抱勢縈包夕靄朝嵐氣接交設果循名今慮寸爲
霖終是利東郊

四賢祠行館作

平陽弗愧先生席孫復守道願居弟子行不介原魯雅欽曾造
第孔道輔翼之不今竟同堂祖瑗威儀一代巾將履俎豆千秋
梓與桑何必於傍行館築斯之未信祇徬徨

羊祜城

桑梓猶傳僕射城峴山墮淚感輿情由來仁勝功遠矣元
凱沈碑空好名

登泰山十依

皇祖詩韻

六十一年君道煥
高如泰岱執齊頭
仁心仁政恒垂永
實行實言務去浮峻極至今存七字
鴻庥萬古被諸州不禁卽境增鑽仰從實未由愧遲留
十全今果酬前韻丙申登泰山有十全有待再吟留之句今果十依皇祖元韻惟彼時作詩之意弗獲如願不堪追憶亦不忍仰瞻耳覗弗視之祇俛頭豈謂覗
蠡誠未久旋成
永别幻如浮徒因民願巡吳郡便以途遵過嶽州四字賡來

各已廿再經不擬重詞留右登岱依韻詩自戊辰至今歲十疊已全因彙錄成卷并行館以志歲月嗣後或復巡再過此處重款壺天當更拈別韻成句不繼賡並識於此

體元堂

白鶴泉行館書堂有舊名體元屋君德展義以時行諸吏
扈蹕謹庶民瞻就誠於斯無別好卽此可怡情摘句春窗
暇觀書夜燭明南軒闕里近釋奠致寅精

謁岱廟

來因瞻岱宗岱廟謁誠恭封禪事無我阜安祈爲農代天
敷物育福國錫時雍九叩申虔謝八旬實罕逢

唐槐

柏槐根本不相同他植較來品又崇院各東西世唐漢忘

年友意在其中

環詠亭

明當發駕指泉林再叩頻申方寸忱環詠亭中聊徙倚片
時萬古一般心

漢柏

既成圖畫復吟詩漢柏精神那盡之碑堵却空留一面待
兹來補豈非奇

飛來石

疊石原非土作根飛來遂致有讕言似此屈指難爲數奚
必重僊靈隱存

朝陽洞

犖微窪處數間屋陟降人兹憩以常日觀高峯應早見底
須幽洞詡朝陽

白雲洞

春雲爲喜夏爲懼可識人殊無定情喜懼之中吾老矣不
曾一許頌其卿

迴馬嶺

天書上下腆顔爲鄙甚三呼稱不知中道弗前迴馬返嶽
靈應實愧難欺

登封臺

登封降禪古來傳總屬夸爲可鄙斿造極至今凡六次無
他祇謝愧心虔

丈人峯

高峯何有丈人稱誰向青城故事徵縮地齊東蜀西號千
年野語任相應

蓮花洞

峯可擬蓮洞難擬洞和峯却不相離譬之太華開十丈也
自相賓玉井池

合雲亭

名山無不解生雲膚寸況經古所云設使爲霖渥三寸東
郊舉趾正興耘

壺天閣

壺天閣據路之中於是傳餐足憩躬便可輕輿徐以進末
能策馬愧於衷

對松山

對松自是人稱謂問彼童童者豈知却惜五株永其號非
榮之也實卑之

桃花峪

石棧崎嶇陟峻層幾枝灼朵倚崇崚落英不付東流水那
許人間認武陵

日觀峯

少海初陽擁赤雲銅鉦一照衆峯低欲觀暘谷初昇際半
夜由旬里孰躋

體元堂

山陽行館在堂額丙申名不忍
初番憶即今三度行祇因瞻
岱懇空面祝
鑒誠
頤琭都成夢低徊那盡情幾餘繩榻凭遺悶紙窗明設論對
時義體元勉契精

泰山志卷第二

泰山志卷第三

朝議大夫山東泰安府知府臣休寧金棨恭輯

盛典紀

綸音

康熙二十三年九月十九日

詔曰帝王誕膺景命統御萬邦道重覲民政先求瘼是以虞廷肆覲肇舉省方周室懷柔式歌時邁詩書具在典制丕昭朕仰荷天庥纘承祖烈撫茲兆庶期底時雍夙夜孜孜懋求至理以富以教靡敢怠遑猶慮蔀屋艱難罔由上達故於直隸郡縣周覽巡幸

勤施補助更念山左等處土宜俗尚不加循省曷克眞知矧歷逢甲子世際昇平聿圖泰運之恒新在措苦生於豫大乘時命駕咨彼民依但樂利祇慰夫一方而德澤未敷於九有朕心歉焉用是特昭公普以宏仁庶奏誠和之盛治

一江南浙江江西湖廣省分自用兵以來供應繁苦宜加恩卹康熙二十四年所運漕糧著免三分之一　一自康熙十三年起至二十二年拖欠漕項錢糧著自康熙二十三年起每年帶徵一年以免小民一時並徵之累東巡經過地方宜俱加恩卹著將康熙二十四年應徵丁銀盡行蠲免　一泰山經過致祭其四嶽四瀆等祀應遣官致祭察例舉行　一凡官吏兵民人等有犯除十惡等罪不赦外（凡常赦所不原者不在赦內）其餘自康熙二十三年九月二十四日昧爽以前死罪軍罪以下已發覺未發覺已結正未結正咸赦除之有以赦前事告訐者以其罪罪之　一直隸各省修理文廟銀兩照舊存留以供整葺　一直隸各省解費腳價銀兩仍復存留照額支給　一祭祀行香習儀及祈晴祈雨鄉飲酒禮等項銀兩仍復存留以供支用　一嶽鎮四瀆廟宇傾頹者該地方官設法修葺以昭誠敬　一內外文武官員現應議處者俱著寬免　一內外文武大小各官除各以現在品級已得封贈外凡授職陞級及改任者著照

新銜封贈　一各處孤貧口糧已復存留經管地方務須從實給散以贍窮獨

於戲時臻熙皡彌隆寬卹之恩户樂清寧丕篤綿長之慶布告天下咸使聞知（先是翰林院編修曹禾題請封禪吏科掌印給事中王承祖題請巡狩並經部議因有此詔所有曹禾王承祖疏並部議俱附卷末）

康熙二十三年十月十一日大學士明珠王熙奉

諭旨朕夙夜孜孜勤求至理深宮寧處軫念閭閻諏吉時巡省覲民隱經行所至登於泰山至聖遺蹟緬然如覩一覽衆山登眺九有洵足攬天下之勝察造化之奇援筆濡毫書成昔照乾坤四字可於孔子小天下處建亭懸額復書雲峯二字可於極頂處磨崖勒石其本年香稅免解該部

用以鳩工庀材虔修泰山頂上各廟應行事宜爾會同該
撫確議具奏
康熙二十八年正月
上諭朕巡歷所至再經岱麓重瞻祠宇詢其廟祝知香火荒
涼日用難給岱頂諸廟亦復如之念泰山爲五嶽之長載
在祀典有功社稷不宜使之漸就寥落合將每歲香稅錢
糧內量給數百金使上下嶽廟與元君諸祠守祀者得有
資賴曉夜盡心兼可時加修葺以壯往來觀瞻示朕崇祀
之意爾諸臣即與山東巡撫藩臬會議以聞欽此
康熙五十六年六月初六日泰山大水盤路傾圮
命江南學臣林之濬江西學臣魚鸞翔修理

雍正七年
上諭山東泰安州神廟奉祀東嶽泰山之神歷代相傳靈顯
昭著佑庇萬民俾國家享昇平之福者明神之功德其來
久矣遠近人民感荷默佑之恩焚香頂禮罔不虔肅其廟
宇重修於康熙十二年距今五十餘年矣茲據署巡撫費
金吾奏稱廟宇盤道有傾圮頹壞之處應加繕葺山路亦
當修整着發內帑銀兩命內務府郎中丁皁保赫達塞前
往督工敬謹修理務使廟貌輝煌工程堅固速行告竣以
副朕爲民報享之至意特諭欽此
雍正九年十月闕里　聖廟告成
詔遣皇五子弘晝淳郡王弘暻致祭因過泰山行禮

雍正十三年十二月
上諭自古山川有能出雲雨者天子秩而祀之而五嶽之禮
尤重非有朝命不得致祠然王立大社而州黨又各有社
祭之祭則春秋禱賽庶民各就其所敬信而竭誠焉亦禮
俗之可以情假者也泰山舊有碧霞靈應宮遠近瞻禮者
軌蹟相望必先輸香稅於泰安州然後許其登山稅約歲
萬金自前明以來相沿未革朕思東方物之所生天地盛
德之氣之所發也故傳稱觸石而起膚寸而合不崇朝而
徧雨乎天下者惟泰山則春祈秋報黎庶輻輳在國家亦
宜順達其情若使力艱於輸稅而不得登山非所以從民
之欲也其當民樂施多寡任意准守祠人存貯以修葺舍

宇平治道塗有司不得干預諭到即鐫石樹祠用垂永久
特諭欽此
乾隆五年六月二十四日嶽頂碧霞祠災山東巡撫朱
定元奏
聞
詔發國帑重修俾復舊制遣內務府員外郎江都監督七年
五月告竣
乾隆十二年六月
上諭朕幼頌簡編心儀
先聖一言一動無不奉
聖訓爲法程御極以來覺世牖民式型至道願學之切如見

羮牆辟雍鐘鼓躬親殷薦而未登闕里之堂觀車服禮器
心甚歉焉仰惟
皇祖聖祖仁皇帝廵幸東魯親奠孔林盛典傳於奕禩
皇考世宗憲皇帝崇聖加封重新廟貌嘗遣朕弟和親王恭代
展祀未以命朕意者其或有待歟朕寅紹丕基撫茲熙洽
思以來年春孟月東廵狩因泝洙泗陟杏壇瞻仰宫牆申
景行之夙志復奉
聖母皇太后懿旨泰山靈嶽坤德資生近在魯邦宜崇報饗朕
不敢違爰遵
慈訓親奉
鑾輿秩於岱宗用荅鴻貺旋蹕青齊觀風布澤以昭崇聖法
祖敎孝省方鉅典有所應行典禮大學士會同該部稽考舊章
詳悉具儀以聞其應預備之各衙門查察事宜先期請旨
至行在一切所需悉出公帑毋得指稱供頓儲徛絲毫貽
累閭閻羽林衛士内府人役等各該管大臣嚴行稽查約
束並令扈蹕文武臣僚嚴飭傔從毋得侵踐田疇致妨宿
麥如有騷擾地方指名需索者立卽參奏從重治罪通行
曉諭知之欽此
乾隆十二年十一月
上諭朕尊崇
先聖仰止宫牆已降旨於來歲孟春躬謁孔林嗣因東省秋
潦成災雖經賑䘏恐一時民氣未復若改俟秋間前往未

知於民情實在若何在該地方業經動帑預備遲至秋間
不免又多一番勞費踴躍望幸自屬輿情但廵幸大典所
期於閭閻實有裨益是以特召廵撫阿里袞來京面加諮
詢或春或秋何者爲便據該撫奏稱東省被災州縣俱已
撫綏得所其經行道路營盤俱經預備若春月前往春麥
雖不能補種而秋田卽可及時耕作以待秋成若遲至秋
間則旣誤麥收并妨秋稼卽在地秋禾亦須早穫轉於民
間歲計未便等語看此情節則改至秋間仍不如乘春前
往爲宜但正月尚寒著定於二月初四日恭奉
皇太后鑾輿起程欽此
乾隆二十二年二月
上諭朕廻鑾渡黄後由順河集至徐州閱視河工朕卽由徐
州至曲阜展謁孔林途經泰安登岱拈香本日仍回大營
駐蹕可傳諭鶴年預行備辦其登山路徑但須畧爲掃除
足供行走卽有窄狹之處或乘馬或用山步輿卽緩步徐
行亦何不可者且
皇太后鑾輿並不登山切不可搭架天橋致多蝸㳘
皇太后鑾輿仍由順河集舊路先至靈巖駐蹕可一并傳諭知
之欽此
乾隆三十三年四月額駙福隆安奉
旨泰山進香回奏山頂各廟傾圮頹落因
命總管内務府大臣劉浩會同撫臣勘估發帑興修

乾隆三十五年四月
上諭前以富明安面奏山左臣民情殷望幸且泰安岱廟及
碧霞祠宇俱重經修理落成明歲正屆
聖母八旬聖壽
慈意亦欲親詣拈香因允其所請並諭令富明安一切務遵儉
約斷不可稍事華飾糜費諒該撫自當體會朕意善爲經
理惟入山東境內前往泰山曲阜陸程尚有數日前經富
明安奏明添設行宮數處以供頓宿因念
聖母年高瓦屋較氊廬更爲安適且可省運帶行營城分之繁
姑允所請然所經不過一宿憩蹕但期牆宇粗完埽除潔
淨足矣斷不必點綴水石佈置亭臺徒致耗費物力再泰

山徑路陡峻縈紆將來
聖母臨幸時但詣岱麓神祠瞻禮並不遠躋崇嶽毋庸于山頂
另建行宮至朕登岱經由道路只須就現成山徑畧爲除
治足資策騎總不得倣照從前搭蓋天橋重勞工作著傳
諭該撫務須遵旨撙節妥辦不得稍涉踵事增華以副朕
意欽此
乾隆三十六年二月十五日內閣奉
上諭朕俯順輿情祇奉
皇太后安輿恭詣泰岱祝
嘏延禧並登闕里之堂躬行釋奠輦路所經推恩優渥而泰
安曲阜爲駐蹕之地尤宜廣敷惠澤用溥隆施著將該二
縣乾隆辛卯年應徵地丁錢糧全行蠲免該部卽遵諭行
欽此
乾隆四十一年三月初六日內閣奉
上諭朕因兩金川全境蕩平祇奉
皇太后安輿恭詣泰岱祝
嘏延禧並登闕里之堂告功釋奠輦路所經加恩優渥而泰
安曲阜爲駐蹕之地尤宜廣敷恩澤用溥隆施著將該二
縣乾隆丙申年應徵地丁錢糧全行蠲免該部卽遵諭行
欽此

儀注

康熙二十三年

聖祖仁皇帝躬祀東嶽儀凡經過地方各有加
恩自親王以下宗室覺羅內大臣侍衛內務府武備院上駟
院鑾儀衛各官及各旗護軍統領前鋒統領等官至各
衙門扈從官及各執事人員俱預行派出節次隨行
駕發京師日鹵簿大駕陳設如常儀隨從不隨從王以下文
武各官各跪送隨行如常儀所過鴻臚寺官先期傳知
百里以內地方官率本地鄉紳士民迎於十里之外本
地鎮守滿漢官軍整隊伍迎於十里之外分文武東西
候
駕至跪迎送如常儀十月壬寅至於岱宗前期太常寺用白
紙糊版黃紙鑲邊墨書祝版不書

御名太常寺官具補服捧送廟中安設祝案上其神位前陳
設禮神制帛一青色圓降眞炷香一炷黄速香一觔白磁
爵三牛一羊一豕一登一鉶二簠二簋二籩十豆十酒
一尊燭二對燈十盞陳設畢禮部太常寺堂官奏請
皇帝具禮服陞輦儀仗全設扈從王以下內大臣侍衛文武
官三品以上及地方文官知府以上武官副將以上俱
朝服陪祀其餘文武各官俱於行宮前兩旁朝服跪送
皇帝入廟至二門降輦贊引官對引官恭導
皇帝入殿中門至拜位前立典儀唱執事官各司其事贊引
官奏就位
皇帝就拜位立典儀唱迎神贊引官恭導

皇帝詣香案前立司香官捧香盒跪進於
皇帝右贊引官奏上香
皇帝舉炷香上爐內又三上瓣香畢贊引官奏旋位
皇帝旋位立贊引官奏跪叩興
皇帝行二跪六叩頭禮陪祀王以下各官俱隨行禮典儀
唱奠帛行初獻禮捧帛官至神位前奠帛三叩頭退次
捧爵官至神位前立獻爵畢次讀祝官至祝案前一跪
三叩頭捧祝版跪案旁祇候贊引官奏跪
皇帝跪王以下各官俱跪贊引官贊讀祝讀祝官讀祝畢捧
祝文至神位前跪安帛匣內三叩頭退贊引官奏叩興
皇帝行三叩頭禮典王以下各官俱隨行禮畢典儀唱行亞

獻禮捧爵官獻爵於左如初獻儀典儀唱行終獻禮捧
爵官獻爵於右如亞獻儀典儀唱送神贊引官奏跪叩
典
皇帝行二跪六叩頭禮王以下各官俱隨行禮典典儀唱捧
祝帛恭詣燎位捧祝帛官至神位前跪捧祝帛三叩頭
司香官跪捧炷香不叩依次捧送燎位
皇帝轉立東旁候祝帛香過還位立祝帛焚半贊引官奏禮
畢
皇帝陞輦還行宮不陪祀文武各官俱於行宮前排班跪迎
候
駕過各退

乾隆十三年二月
太上皇帝躬祀岱廟儀先期太常寺官一員赴行宮奏
皇上御龍袍補服乘輿出行宮入廟大門至配天門降輿贊
引官對引官恭導
皇上入配天門至黄幄次內少憩
皇上出幄次盥手畢贊引官對引官恭導
皇上進仁安門由殿中門入詣拜褥前立典儀官唱樂舞生
就位執事官各司其事贊引官奏就位
皇上陞拜褥上立典儀官唱迎神司香官捧香盒至香案右
旁立唱樂官唱迎神樂奏祈豐之章樂作贊引官恭導
皇上詣香案前立司香官跪贊引官奏上香

皇上立舉炷香安香靠內次三上瓣香畢贊引官奏旋位恭
導
皇上旋位立贊引官贊跪叩興
皇上行二跪六叩禮樂止典儀官唱奠帛爵行初獻禮獻帛
爵官捧帛爵就神位前立唱樂官唱初獻樂奏肇豐之
章樂作獻帛官跪獻帛於案上正中三叩頭退獻爵官
立獻於爵墊正中退讀祝官就祝案前一跪三叩頭捧
祝文至案前先跪樂止贊引官奏跪
皇上跪贊讀祝讀祝官讀祝畢捧祝版至神位前跪安帛匣
內三叩頭退樂作贊引官奏叩興
皇上行三叩禮興樂止典儀官唱行亞獻禮獻爵官捧爵就

神位左旁立唱樂官唱亞獻樂奏興豐之章樂作獻爵
官立獻爵於爵墊左退樂止典儀官唱行終獻禮獻爵
官捧爵就神位右旁立唱樂官唱終獻樂奏儀豐之章
樂作獻爵官立獻爵於爵墊右退樂止典儀官唱徹饌
唱樂官唱徹饌樂奏和豐之章樂作畢典儀官唱送神
唱樂官唱送神樂奏錫豐之章樂作贊引官奏跪叩興
皇上行二跪六叩禮興樂止典儀官唱祝帛饌恭送燎位捧
祝香帛饌官至神位前跪捧香饌官不叩捧祝帛官三
叩頭各捧起依次送往燎爐時贊引官恭導
皇上轉立東旁鋪拜褥官起徹拜褥俟祝帛饌香過畢鋪拜
褥官仍鋪拜褥贊引官恭導

皇上還位立樂作數帛官數帛贊引官奏禮畢同對引官恭
導
皇上出乘輿還行宮
順治八年題准每年恭遇
萬壽聖節遣官致祭東嶽儀　一前期禮部題請遣太常寺
堂官一員行禮今由太常寺　一祝版白紙墨書黃紙
鑲邊前期太常寺官捧送廟內安設如常儀　一陳設
禮神制帛一青色白磁爵三牛一羊一豕一菓品五核桃荔支
圓眼棗栗各一盤酒一尊　一祭日陳設畢教坊司作樂贊引
官引承祭官至盥洗所盥洗畢引至殿內行禮處立典
儀唱執事官各司其事贊引官贊就位承祭官就位立

典儀唱迎神司香官捧香盒跪香爐左贊引官引承祭
官就爐前立贊上香承祭官上炷香爐內又三上塊香
畢贊引官贊復位承祭官復位立贊引官贊跪叩興承
祭官行三跪九叩頭禮興典儀唱奠帛行初獻禮捧帛
官跪獻畢三叩頭退執爵官立獻爵於案上正中退讀
祝官至祝案前一跪三叩頭捧起祝文立贊引官贊跪
承祭官及讀祝官俱跪贊讀祝讀祝官讀畢捧祝文跪
安案上捧帛官捧帛匣上三叩頭退贊引官贊叩興承
祭官行三叩頭禮興典儀唱行亞獻禮執爵官獻爵如
初獻儀獻於案左退典儀唱行終獻禮執爵官獻爵如
亞獻儀獻於案右退典儀唱送神贊引官贊跪叩興承

祭官行三跪九叩頭禮興典儀唱捧祝帛官恭詣燎位
捧祝帛官至案前行一跪三叩頭禮捧起祝帛司香官
跪捧不叩俟次送至燎爐承祭官轉立西旁候祝帛過
仍復拜位立贊引官贊詣望燎位承祭官至燎所祝帛
焚半贊引官贊禮畢退 祝文 維年歲次月日
皇帝遣官致祭於東嶽泰山之神曰茲朕誕辰惟神永遠默
佑謹以牲醴庶品之儀致祭尚饗按國家有大典禮差官致祭俱用此儀

告文

順治八年四月初七日
皇帝遣都察院右都御史劉昌致祭於東嶽泰山之神曰惟
神天門挺秀日觀昭靈吐納風雲育成品物朕誕膺天命

祇荷神庥特遣專官用申殷薦惟神鑒焉

順治十八年八月初一日
皇帝遣翰林院侍讀學士左敬祖致祭於東嶽泰山之神曰
惟神天門挺秀日觀昭靈吐納風雲育成品物朕誕膺天
命祇荷神庥特遣專官用申殷薦惟神鑒焉

康熙六年八月十七日
皇帝遣內祕書院學士劉芳躅致祭於東嶽泰山之神曰惟
神天門挺秀日觀昭靈德沛青陽育成品物朕躬親政務
祇荷神庥特遣專官用申殷薦惟神鑒焉

康熙十五年二月初七日
皇帝遣宗人府府丞馬汝驥致祭於東嶽泰山之神曰惟神
天門挺秀日觀昭靈德沛青陽育成品物朕祇荷神佑懋
建元儲特遣專官用申殷薦惟神鑒焉

康熙二十一年三月初四日
皇帝遣宗人府府丞李廷松致祭於東嶽泰山之神曰惟神
天門挺秀日觀昭靈德沛青陽育成品物朕祇承神佑疆
宇蕩平特遣專官用申殷薦惟神鑒焉

康熙二十三年十月
皇帝躬祀東嶽泰山之神曰朕惟五嶽視三公而泰岱爲之
長古帝王巡行時邁所過名山大川必按圖職方敬修祀
事昭垂典禮自昔爲隆是以虞史著望秩之文周詩有懷
柔之頌朕荷

天眷命罔敢寧居省俗觀風勤求民隱爰以艮月至於岱宗
惟神屹峙東方育成庶類天齊巨鎮功開萬物之先日觀
崇標尊爲百靈之府吉蠲用享虔事惟誠宣氣布和徧神
庥而沛澤始元啟泰翊景運以徵祥祇薦馨香神其歆鑒

康熙二十七年十二月十七日
皇帝遣內閣學士兼禮部侍郎李振裕致祭於東嶽泰山之
神曰惟神靈昭青帝秀啟天孫庶品資生羣方仰盛朕纘
承
祖宗丕基虔恭明祀茲以
皇祖妣孝莊仁宣誠憲恭懿翊天啟聖文皇后神主升祔
太廟禮成特遣專官用申秩祭惟神鑒焉

康熙三十五年正月二十七日
皇帝遣內閣學士兼禮部侍郎張榕端致祭於東嶽泰山之
神曰惟神岱嶽稱宗青陽奠位誕敷靈澤發育羣生朕勤
恤民依永期殷阜邇年以來郡縣水旱間告年穀歉登早
夜孜孜深切軫念用是專官秩祀為民祈福冀雨暘之時
若庶稼穡之屢豐惟神鑒焉

康熙三十六年八月初三日
皇帝遣日講官起居注侍讀學士傅伸致祭於東嶽泰山之
神曰惟神發峙東邦品物資始靈昭德懋允合稱宗朕以
剿除狡寇三履遐荒期掃邊塵乂安中外今者祇承神佑
塞北永清用告成功專官秩祀惟神鑒焉

康熙四十二年
皇帝南巡至泰安州登岱遣內閣侍讀趙世芳致祭於東嶽
泰山之神曰惟神名著岱宗功齊青帝廣敷膏澤發育羣
生朕祇承休命統馭寰區夙夜勤勞殫思上理歷茲四十
餘載今者適屆五旬海宇昇平民生樂業見輿情之愛戴
沛下土之恩膏特遣專官虔申秩祀尚憑靈貺益錫蕃禧
佑我國家共登仁壽神其鑒焉

康熙五十二年五月二十五日
皇帝遣吏部侍郎孫柱致祭於東嶽泰山之神曰惟神名著
岱宗位尊喬嶽發生庶類膏澤東維朕纘受鴻圖撫臨區
宇殫思上理夙夜勤求惟日孜孜不遑暇逸茲御極五十
餘年適當六旬初屆所幸四方寧謐百姓乂和稼穡歲登
風雨時若維庶徵之協應爰羣祀之備虔特遣專官式循
舊典冀益贊雍熙之運尚永貽仁壽之庥俯鑒精誠用垂
歆格

康熙五十八年二月
皇帝遣內閣侍讀學士兼參領朱汝鍇致祭於東嶽泰山之
神曰惟神秩尊羣嶽位峙東維百代增高崇朝徧澤朕纘
承
祖宗丕基虔恭明祀茲以
皇妣孝惠仁憲端懿純德順天翼聖章皇后神主升祔
太廟禮成特遣專官用申秩祭惟神鑒焉

雍正元年正月二十四日
皇帝遣宗人府府丞吳栗致祭於東嶽泰山之神曰惟神名
著岱宗位尊喬嶽發生庶類膏澤東維朕纘受丕基新承
景命竊念
皇考膺圖以來百靈効順四海從風坐享昇平六十餘載茲當
嗣位之始宜隆祀享之儀特遣專官虔申昭告惟冀時和
歲稔物阜民安淳風徧洽乎寰區厚德長敷於率土尚其
歆格鑒此精誠

雍正十三年十二月初五日
皇帝遣翰林院侍講學士伊爾敦致祭於東嶽泰山之神曰
惟神秀峙天門明昭日觀位尊五嶽澤沛羣生朕纘承大

統仰紹前徽伏念
皇考臨御以來敬禮明神肅將禋祀靈祇孚應昭受鴻庥清晏奠安茂登上理茲當嗣位之始宜隆望秩之儀特遣專官虔申告祭惟冀雨暘時若年穀順成萬方蒙樂育之庥兆姓荷帡幪之德尚其歆格鑒此精誠

乾隆十四年六月初三日

皇帝遣內閣侍讀學士明德致祭於東嶽泰山之神曰惟神上應奎婁下臨渤海震方表極萬彙資生茲以邊徼敉寧
中宮攝位
慈寧晉號慶洽神人敬遣專官用申殷薦神其鑒焉

乾隆十五年十月初一日

皇帝遣三品以上大臣歸宣光致祭於東嶽泰山之神曰惟神上應奎婁下臨渤海震方表極萬彙資生茲以正位中宮鴻儀懋舉
慈寧晉號慶洽神人敬遣專官用申殷薦神其鑒焉

乾隆十六年正月二十七日

皇帝遣太僕寺卿伊拉齊致祭於東嶽泰山之神曰惟神作鎮東方肇生庶類視三公而比秩長羣嶽以稱宗日觀天門是惟神府金牀玉几實曰仙閭朕時邁江南道經齊魯祠前漢柏想翠蓋之依然巖畔泰松仰貞枝而在目宜行望祭用遣專官潔籩豆於司存極齊明於如在神其昭格鑒此明禋四月十六日

聖駕南巡廻鑾抵泰安謁岱廟

乾隆十七年正月十一日

皇帝遣翰林院侍讀學士洙蘭泰致祭於東嶽泰山之神曰惟神上應奎婁下臨渤海震方表極萬彙資生茲以
慈寧萬壽懋舉鴻儀敬晉
徽稱神人慶洽爰申殷薦特遣專官神其鑒焉

乾隆二十年七月二十八日

皇帝遣內閣侍讀學士龔學海致祭於東嶽泰山之神曰惟神挺秀天門尊臨渤海肇生品物德沛青陽茲以平定準噶爾大功告成加上
皇太后徽號神人洽慶中外蒙庥敬遣專官用申秩祭惟神鑒焉

乾隆二十二年正月二十五日

皇帝遣禮部左侍郎介福致祭於東嶽泰山之神曰惟神造化鍾靈奎婁應象覽衆山而莫竝氣蓋坤維冠五嶽以稱尊位符震始風雲吐納崇朝彰布濩之功神秀氤氳庶類荷育成之德朕省方南土駐蹕東邦挹瑞靄於天門曾登峻極望祥光於日觀式賴洪庥用遣專官載申致祭神其來格尚克歆承四月十一日

聖駕南巡廻鑾抵泰安謁岱廟即日登山祀碧霞祠

乾隆二十四年十二月十五日

皇帝遣吏部右侍郎五福致祭於東嶽泰山之神曰惟神撰

協青陽尊臨東夏代成兩大肇品物以資生宗長四方普
行施而無外赫赫之靈威共仰巖巖之氣象同瞻兹以逖
同蕩平大功底定望天門之崔峷靈佑遥承表日觀之崇
隆鴻庥丕賴敬舉告功之典用申秩祀之文式薦馨香伏
惟昭鑒

乾隆二十七年正月十二日

皇帝遣吏部右侍郎恩丕致祭於東嶽泰山之神曰惟神瑞
協青陽位崇東土山勢旁臨乎鄒嶧松濤近接乎徂徠迎
愛景以東升扶桑日出不崇朝而澤徧岱石雲生兹以
慈闈萬壽懋舉鴻儀敬晉
徽稱神人慶洽仰靈祇於泰嶽虔奉明禋奉魯望於名山聿修

懿典尚祈鑒格歆此苾芬

乾隆二十七年正月二十五日

皇帝遣協辦大學士武毅謀勇公兆惠致祭於東嶽岱宗之
神曰惟神位鎮東方望隆羣嶽根盤地軸環九點之青山
氣接天門捧一輪之赤馭煥星文於日觀玉檢瑶函披翠
色於仙閭秦松漢柏是非特出雲降雨常仰神功抑亦惟
毓秀鍾靈首稱巨鎮朕省方吳會取道青齊念前此之時
廵又六年而一過稽古來之望秩剛二月之將臨特遣專
官用申虔祀神其來格式此居歆四月十九日
聖駕南廵廻鑾抵泰安謁岱廟明日登山祀碧霞祠

乾隆三十年正月三十日

皇帝遣御前侍衛工部右侍郎五福致祭於東嶽岱宗之神
曰惟神位崇五嶽秩視三公星應奎婁表東方以作鎮雄
連齊魯司太昊而効靈氣接九霄照曜麗方升之日潤滋
千里絪緼流方寸之雲仰神府之崔嵬秀鍾造化紀仙閭
之祕奥道協陰陽朕時邁南邦道經東土省方屢舉卅年
承奠麗之庥秩祀爰頒二月練陽春之吉敬陳殷薦用遣
專官神其降臨感此芬苾

乾隆三十六年二月二十四日

皇帝遣經筵講官禮部侍郎德福致祭於東嶽泰山之神曰
惟神鍾靈震位立極坤維冠五嶽以稱尊勢雄青兗齊兩
儀而永固象應奎婁元氣絪緼庶類荷發生之德雨膏溥

渥崇朝彰敷潤之功朕祇奉
安輿言登喬嶽挹天門之瑞靄方申祝
嘏之誠瞻靈宇之崇閎正届落成之候顯位視三公之秩義
在報功時廵遵二月之文禮先方望仰高標之峻極知靈
貺之孔時特遣專官用陳明祀神其昭格鑒此馨香二十
五日
聖駕親詣岱廟拈香二十六日登山祀碧霞祠

乾隆三十七年正月二十五日

皇帝遣吏部右侍郎曹秀先致祭於東嶽泰山之神曰惟神
靈鍾青兗宿應奎婁榮光上燭乎天門瑞氣遥連夫蓬島
體陽春而用事茂成始物之能隆柴望以報功蔚爲羣嶽

之長茲以
懋闡萬壽欒輿鴻儀敬晉
稱神人慶洽仰靈祇於泰嶽日觀揚輝秩魯望於名山東皇
齊福神其來格享此苾芬
乾隆四十一年五月十五日
皇帝遣和碩莊親王永瑺致祭於東嶽泰山之神曰惟神公
珪視望震宅函靈浴溟升日出之華扶桑暾接觸石應興
雲之候地柔膏滋朕蒇事金川敉寧玉壘稽古而修在泮
之典遵途而經維嶽之區碧巘霞飛瞻綿亘孰云百里
金萓景絢祝蕃釐惟曰萬年敕遣專官虔將明祀神其歆格鑒
此苾芬十四日

聖駕東巡親詣岱廟拈香十五日登岱祀碧霞祠
乾隆四十一年七月十一日
皇帝遣內閣學士汪廷璵致祭於東嶽泰山之神曰惟神奠
位東藩表雄左海瞻巖作鎮首蹐五嶽之封觸石為霖廣
沛崇朝之澤宗長之靈威無外巍峩之氣象彌尊茲以兩
金川小醜剷平大功底定振郊臺之朱鷺遠荷
寵庥分壥野於蒼龍益滋
鴻貺謁岱既申大典禮告成再展夫明禋薦此馨香伏惟昭
鑒
乾隆四十五年正月二十六日
皇帝遣禮部右侍郎達椿致祭於東嶽泰山之神曰惟神冠

嶽形尊視公秩峻襟環瀛渤遙分長白之支宿應奎婁丞
作大東之鎮合油雲於片石千里甘滋升旭日於扶桑三
霄景麗朕丕膺嘉貺式迓蕃釐溯祇事於巡方儀循四度
迨告功而展敬瞬閱五年茲時邁乎南邦用虔修夫望祀
專官是遣靈爽來歆
聖駕南巡過泰安二十六日駐蹕白鶴泉
行宮二十七日
躬詣遙參亭謁岱廟三月回鑾二十九日
皇帝遣內閣學士達敏致祭於東嶽泰山之神曰惟神靈鍾
木德象協台躔燭榮光而瑞啟登封沛渥澤而功神觸石
著宗盟於羣祀高邁嵩衡瞻傑觀於層霄青連齊魯茲以

朕七旬展慶九有臚歡欒輿崇儀特申昭告攷省方之典
禮既修望秩於名山仰表海之聲靈載迓蕃釐於潔薦神
其來格歆此苾芬是年四月
皇帝遣都統德保致祭於泰山之神是月十八日為碧霞元
君誕辰自是每年
皇帝遣侍衛大臣一員於四月十七日齋宿岱頂十八日黎
明詣碧霞宮拈香歲為常例
乾隆四十六年四月
皇帝遣都統德保致祭於泰山之神
乾隆四十七年四月
皇帝遣御前侍衞都統德保致祭於泰山之神

乾隆四十八年四月
皇帝遣御前侍衛都統德保致祭於泰山之神
乾隆四十九年四月
皇帝遣御前侍衛兼副都統阿彌達致祭於泰山之神
乾隆五十年四月
皇帝遣御前侍衛兼副都統阿彌達致祭於泰山之神
乾隆五十一年四月
皇帝遣御前侍衛副都統阿彌達致祭於泰山之神
乾隆五十二年四月
皇帝遣工部侍郎兼滿洲副都統阿彌達致祭於泰山之神
乾隆五十三年四月

皇帝遣工部侍郎滿洲副都統阿彌達致祭於泰山之神
乾隆五十四年四月
皇帝遣工部侍郎滿洲副都統阿彌達致祭於泰山之神
乾隆五十五年三月
皇帝遣內閣學士圖敏致告於東嶽泰山之神曰惟神功隆作鎮瑞啟登封通靈氣於天門燭榮光於日觀偏羣生而先望萬物資生卓五嶽以稱宗三公視秩地臨左海因名山而致升中澤嬗上穹不崇朝而徧天下茲以朕八旬展慶萬國臚歡懋舉崇儀特申昭告高山是仰魯邦所詹虞巡狩至岱宗允矣親修望秩周職方曰兗鎮於焉載迓蕃釐潔籩豆於司存薦馨香於神在庶其昭鑒式是居歆

乾隆五十五年三月
皇帝遣皇十一子成親王永瑆致祭於東嶽泰山之神曰惟神鍾靈震位擅勝坤輿冠五嶽以稱宗勢雄青兗配兩儀而立極象應奎婁德沛崇朝六合仰和甘之賜功昭溥海百昌資長養之能贊元氣於鴻鈞聲靈赫濯報宏施於喬嶽秩祀崇隆朕受籙延洪撫辰行慶春祺錫羨臚歡而典洽時巡壽域凝釐展義則禮先方望天門日觀瞻窔宇以告虔陰魯陽齊眷名區而受福仰高標之峻極知嘉貺之孔時特展隆儀用陳潔薦神其歆格鑒此明禋初四日
聖駕東巡至泰安祗謁岱廟駐蹕白鶴泉
行宮初五日登岱祀碧霞祠初七日

躬詣岱廟拈香是日宴羣臣各賞賚有差
嘉慶元年二月二十五日
皇帝遣青州副都統觀明致祭於東嶽泰山之神曰惟神功隆作鎮瑞啓登封通靈氣於天門燭榮光於日觀偏羣神而先望萬物資生卓五嶽以稱宗三公視秩地臨左海因名山而致升中澤嬗上穹不崇朝而徧天下茲以乾隆週甲嘉慶紀元懋舉崇儀特申昭告高山是仰魯邦所詹虞巡守至岱宗屢親望秩周職方曰兗鎮載迓蕃釐潔籩豆於司存薦馨香於神在庶其昭鑒式是居歆
歲四月十八日為碧霞元君誕辰
帝遣內侍御前大臣一員進香於十七日

祭明詣碧霞祠行禮歲以爲常乾隆四十五年四月
皇帝遣都統德保進香四十六年四月
皇帝遣御前侍衛都統德保進香四十七年四月
皇帝遣御前侍衛都統德保進香四十八年四月
皇帝遣御前侍衛都統德保進香四十九年四月
皇帝遣御前侍衛都統阿彌達進香五十年四月
皇帝遣御前侍衛都統阿彌達進香五十一年四月
皇帝遣御前侍衛都統阿彌達進香五十二年四月
皇帝遣工部侍郎都統阿彌達進香五十三年四月
皇帝遣工部侍郎都統阿彌達進香五十四年四月
皇帝遣工部侍郎都統阿彌達進香五十五年四月

皇帝遣　進香五十六年四月
皇帝遣御前侍衛都統布延達賚進香五十七年四月
皇帝遣御前侍衛都統布延達賚進香五十八年四月
皇帝遣御前侍衛都統布延達賚進香五十九年四月
皇帝遣御前侍衛都統布延達賚進香六十年四月
皇帝遣御前侍衛都統布延達賚進香嘉慶元年四月
皇帝遣御前侍衛都統布延達賚進香二年四月
皇帝遣御前侍衛都統布延達賚進香三年四月
皇帝遣御前侍衛都統布延達賚進香

附錄曹不疏曰臣聞祀典國之大事帝王事天明事地察於是乎神祇降福人民悅豫慶流久遠古者有常祀有特祀禮曰天子祭天地四方山川五祀歲徧爲此常祀也四時舉行之禮也書曰歲二月東巡狩至于岱宗柴望秩于山川此特祀禮司馬遷所謂每世之隆則封禪答焉者也三五以來昭姓考瑞必以其成功告於上帝臣考封禪書及班固應劭服虔諸儒所言泰山五嶽之長神靈所聚因高崇天謂之封就廣增地謂之禪明受天地之所命功成事遂有益於天地若高者加高厚者加厚陰陽和萬物序刻石紀號高世比德於九皇甚盛典也逮秦漢唐宋之主有事岱宗者皆動兵十數萬創立宮殿更起明堂辟雍勞民費財失對越之意後世議者遂不敢申明其禮獨詳於一歲中祈年報賽之常

祀不知祀天一也而禮有大小帝王受命於天左右相之歟成其功業故因名山升中與天相見報受命之無負因之燔柴肆祀以答幽贊明欲其精神通於貞宰使神祇各率其職佑我皇極光我泰階天人之際感召甚微其爲典禮至重至洪惟我
太祖高皇帝誕膺圖籙
太宗文皇帝受寶握符
世祖章皇帝撫有區夏大命雖定而天下未寧人心未靖三孽伏於方鎮海寇跳梁東南此乃
上帝神靈眷顧篤佑
皇上閱遭艱難昭宣至德神功開大一統之業垂裕於萬世

也伏見
皇上睿謀獨運動與天契決機制勝掃蕩都盡臺灣遐寇讋
威歸化納土稽顙窮海萬里廓清無外
皇上聖德高深期臻上理雖六合同風而孜孜不已政化翔
洽流於無垠三光五行昭精布序年穀順成聲教四訖
閭閻安生樂業共見太平而奉琛職貢梯山航海而來
者不可勝數猗歟盛哉古帝有功德者莫過於黃帝黃
帝上元甲子貞元運會考定星歷建天地神祇物類之
官制作度數合符造化由是封巒勒成遂開宇宙文明
之象漢武帝不得其時則以十一月甲子朔冬至應之
而數千年之景運適協於今日功成治定之後則繞天

之紀應地之時而立八之極端在今日矣臣愚竊謂
皇上以精一執中為奉若豈樂於泥金刻石鋪張揚厲之文
然而
上帝之命不可不報山川百神之助不可不荅而運世之本
開基之功德不可不紀誠宜稽古禮文潤色鴻業勿憚
登陟之勞亟議告成之典考漢唐之儀注行之簡易順
成大慶維新庶政為生民錫福為奕葉儲庥光昭
祖宗之洪烈休德時見瑞應洊臻頌聲洋溢與黃帝之時同其
盛美矣臣於歲首即懷此念慮蹈越位之罪既而惟之
受
恩深重報稱無由而敷陳經史導揚德化臣之職也拳拳之

誠冒瀆
宸聽奉
旨九卿詹事科道會議具奏欽此又吏科掌印給事中王承
祖疏曰臣仰見我
皇上乘泰運之始出維新之治屢頒
主諭戒飭臣工疏通仕路皆
軫念民生期登熙隆至意也誠德媲堯舜功邁漢唐矣方今
四海昇平要荒向化正觀風問俗勸課農桑之時臣讀
舜典所載歲二月東巡狩至于岱宗柴望秩于山川肆
覲東后臣竊惟其意岱宗居五嶽之首東方為生氣之
先二月乃東作之始燔柴祀天因所至而祭告之至其

協時月正日同律度量衡蓋皆為民事也故載之於書
令後世倣其意而行之我
皇上念切民瘼求登般阜必以農功為先務請倣虞帝之制
巡幸東方察閭閻之利病問風俗之厚薄設祭方嶽以
祈年豐又聞泰山出雲不崇朝而雨天下是
聖帝一禱即澤沛萬方矣詩云以祈甘雨以介我稷黍以穀
我士女此之謂也且東嶽密邇孔里臣見史冊所載漢
高之魯以太牢祀孔子後世美其開一代之文治倘
御輦所屆觀其車服禮器亦古今鉅觀而
皇上右文至意載之史冊誠千古不易見之盛事臣讀史記
封禪書內云上古封禪者七十二君皆荒唐無稽至秦

皇漢武做而行之不過耀德張功後世鄙焉我
皇上德接精一之傳博稽羣書上法虞帝行燔柴之禮不襲
封禪之事是
聖德神功光昭萬世矣奉
旨九卿詹事科道一併會議具奏欽此禮部會同九卿等議
曰伏察封禪之說不著於經書傳言舜至岱宗燔柴以
祀天原非封禪唐虞三代以前實無登封故事科臣王
承祖疏稱封禪之禮後世鄙焉編修曹禾請封禪以告
成功之處毋庸議又王承祖疏稱請倣虞舜廵幸東方
察閭閻之利病問風俗之厚薄設祭方嶽以祈年豐漢
高之魯以太牢祀孔子後世美其開一代之文治恭惟
我
皇上博綜經學宏闡心傳重道崇文千古莫並且
軫念民依省方問俗
鑾輿所至
訓飭官方特加蠲賑此皆勤民重農至意如
皇上廵問民俗經過泰山闕里應倣行虞舜燔柴漢高祖祀
孔子禮致祭等因奉
旨著候旨行應行典禮該部卽詳察具奏欽此
駐蹕宮亭敬識於左
白鶴泉
行宮

在泰山南麓依嶽爲屏天然圖畫百雉山城萬家烟火
近接几席遥望石閭徂徠諸山皆蒲伏北向儼然辰居
星拱矣乾隆三十五年撫臣富明安恭建
御題行殿扁額曰體元堂聯曰築館恰疏泉澄源課治省方
近瞻嶽育物宜仁
合雲亭
白鶴泉北曲徑逶迤至紅門而山勢頓高關遂而升實
爲登岱之初級也撫臣構亭此間以邀
睿賞
御題額曰合雲亭
玉皇廟
座落
廻馬嶺南有玉皇廟傑閣聳峙乾隆十三年
御題曰壺天閣西有倚山亭前撫臣於閣東恭建
座落以供
宸眺凡登岱者至此馬不得上故曰廻馬嶺
朝陽洞
座落
三磴厓勢斗削至五松樹而面始平曠曲徑縈紆上
朝陽洞迤西恭建
座落
御題其額曰勝覽方輿有詩摩厓

天街

雲巢行宮

移建白鶴泉

更衣亭

在碧霞祠東五花崖在其南舊為祠祭官齋宿地前撫臣撤而新之恭設
御座以為
皇上更衣之所

天柱峯亭

在玉皇祠艮隅去天尺五下臨無際俯瞰東北諸山橫嶺側峯龍跳虎臥洵乎淩絕頂而小衆山矣撫臣建亭其中繚以周垣以備
宸眺額曰浴日養雲

乾坤亭

天柱峯南下東折地勢平曠相傳為孔子小天下處有碑在焉
聖祖仁皇帝題普照乾坤四字前撫臣建亭恭懸
御書於上
太上皇帝繼題其下曰獨尊宇宙

日觀峯亭

觀日出處峯與天柱差肩若伯仲然
御筆留題詩載

天章卷內撫臣勒石其上建亭覆之以昭恭敬在乾坤亭東

岱廟

座落

琳宇嵯峨高出林表老松古檜鬱然蒼然其中萬碑笏立九石星羅襬衣拾級如入清禁撫臣於青陽門內恭建
行殿爰闢西扉以通岱廟焉

碑亭

在峻極殿前東西對峙撫臣分亭勒石恭紀
御製詩章

環詠亭

在岱廟西偏中羅歷代游人題詠勒石四周亭壁幾滿撫臣因其舊址改建數楹以供
宸憩仍存亭名

漢柏圖碑亭

炳靈宮內古柏六株黛色參天霜皮溜雨不數孔明廟前物也
御製漢柏詩以寵之並為繪圖撫臣勒石以誌草木遭逢之幸因建此亭

梳妝院

座落

在白鶴泉西南

靈應宮
座落
在社首山東
靈巖
行宮
在函雲洞北乾隆二十一年建中有愛山樓
御題額曰巡方攬秀北墍如屏幛有絕景亭迤西有觀花亭
崖之東阯甘露泉出焉靈巖第一名泉也
太上皇帝御書甘露泉三大字勒崖敬謹摹刻立碑建亭並勒
御製詩以昭
盛典

御賜金玉寶器
雍正八年
御賜金九錠每錠重九錢銀九錠每錠重九兩
乾隆七年
御賜金九錠每錠重一兩銀九錠每錠重十兩
乾隆十三年
御賜碧霞祠歡門三架金九錠每錠重一兩銀九錠每錠重
十兩
皇太后
皇后賜銀十錠共重八十三兩碎銀二錠又十二件共重十
兩零八分又赦印匣一個內恭貯

聖祖仁皇帝御書普照乾坤匾式銅硯一件銅筆二枝銅筆架
一件
乾隆二十二年
御賜錦袍一身鏡子一面鑲嵌銅邊緞袍五身
乾隆二十四年
御賜小黃袍一身眞青綠古銅鏡一面小銅鈸一副金絲旛
一對共六條（係金線織造）旛杆並座玻璃罇一件有蓋楠木
座磁香爐一座並銅香筒香檔楠木座洋磁瓶一對楠
木座靈芝花一對楠木座磁供器五件磁花插一對磁
燭臺一對楠木座金龍點油燈一對大洋磁瓶一對小
洋磁瓶一對

乾隆二十五年
御賜金絲旛一對（金線織造）旛杆並象旛座金鑲爐一個金花座
一個洋磁瓶一對楠木座金輪花牌一對
乾隆二十七年
御賜玉磬一件楠木架沉香獅子一對降香座女兒香盒十
個小洋磁瓶一對楠木座洋瓶一對上帶牙花葫蘆小
磁瓶一對楠木座
乾隆二十九年
御賜銀法瑯爐一個有銅香龔楠木座銀法瑯燭臺一對有
木燭一對楠木座銀法瑯瓶一對有花一對楠木座銅
鍍金滿達一個有座銅鍍金輪一對洋磁瓶一對有座

銀馬一件七珍銀將軍一件銀象一件銀輪一件銀男一
件銀女一件銀三寶珠一件銀蓋一件八寶銀魚一件銀
罐一件銀花一件銀螺一件銀腸一件銀傘一件銀輪
一件
乾隆三十三年
御賜藍玻璃香爐一件內有銅鍍金膽藍玻璃燭臺一對藍
玻璃花瓶一對銅鍍金輪一件白玻璃盞一對楠木高
座官釉錦帶瓶一對紫檀木座燒料穿珠旛一對黑漆
杆座
乾隆三十四年
御賜廣法瑯長方鼎爐一對紫檀木座亮白玻璃法盞一對

楠木高座燒料穿珠旛一對漆挑杆座
乾隆三十六年
皇太后賜鍍金滿達一個鍍金七珍八寶十五件鍍金輪一個
御賜磁鼎爐一件磁提梁卣一對文竹四方花瓶一對外有牙花
琉璃旛一對旛杆連座大玉圭一件長三尺五寸寬八
寸名溫涼玉半煖半寒
乾隆三十七年
御賜銅鼎一對楠木座銅爐一個上有銅絲罩白磁瓶一對
楠木座琉璃旛一對漆挑杆座
乾隆三十八年
御賜玻璃海燈一件有罩雙耳磁瓶一對有座雙耳瑪瑙瓶

一件有座法瑯蹬爐一對燒料穿珠旛一對有杆座
乾隆三十九年
御賜九江磁輪一件洋磁蹬爐一對楠木匣九江描金磁瓶
一對有蓋楠木座燒料穿珠旛一對洋漆杆座
乾隆四十年
御賜燒料穿珠旛一對三羊座小香牌一對楠木杆座九江
藍磁瓶一對楠木座銅蹬爐一對
乾隆四十一年
御賜五彩磁供器一分隨銅靈芝花一對木雕龍蠟一對燒
料穿珠旛一對漆挑杆座緯絲香帶挂絡一對木挑杆
座翡翠磁瓶二件隨木座磁輪一件

乾隆四十二年
皇太后賜法瑯八寶吉祥一分蓋魚罐花輪螺傘腸八件
御賜繡黃緞金龍淨十團袍三身藍田石大紅鞓帶三圍
乾隆四十三年
御賜燒料穿珠旛一對木葫蘆架座藍磁瓶一對銅度金輪
一件鶴鹿同春燈式香襆一對鳴鳳獻瑞四方小桃杆
一對連座
乾隆四十四年
御賜磁輪一對磁挑杆一對藍玻璃淨水瓶一對楠木座
乾隆四十五年
御賜藍磁花澆雙件連座古銅爐一件有蓋連座廣法瑯爐

瓶三設連座

乾隆四十六年

御賜鍍金藏佛塔一座磁輪一對連座洋磁瓶一對連座燒料穿珠旛一對漆挑杆座

乾隆四十七年

御賜五彩磁礶一對連座五彩磁爐瓶三設一分連座磁鍍金輪一對連座燒料穿珠旛一對漆挑杆座

乾隆四十八年

御賜緙絲香帶挂絡一對連杆座藍磁輪一件廣法瑯蹬爐一對燒料穿珠旛一對漆杆座

乾隆四十九年

御賜楠木銅鑲紫檀輪一件法瑯香匣一對穿琉璃珠扁旛一對連杆座香襆一對綠紗扇一把

乾隆四十九年

御賜竹如意一隻玳瑁邊藤掌扇一對鶴鹿同春挑杆一對

乾隆五十年

御賜海燈一件五彩磁瓶一對連座挑杆緙絲香牌一對琉璃旛一對黑漆杆一對象旛座一對

乾隆五十一年

御賜銅鍍金輪一個淨水盞二個香挑杆一對琉璃珠旛一對黑漆杆座

乾隆五十二年

御賜琉璃穿珠旛一對連杆座緙絲香帶挑杆一對藍花黃地葫蘆磁瓶一對有蓋連座藍花銅鍍金輪一件

乾隆五十三年

御賜穿琉璃珠大挑旛一對漢文鳳頭赤虎旛杆一對挑燈一對文竹淨瓶一對內裏各注吉磬如意一件銅法瑯把燈一件

乾隆五十四年

御賜穿琉璃珠大挑旛一對紫檀鳳頭旛杆一對紫檀雙獅抱瓶座小桌挑燈一對小銅提爐一對文竹香筒一個

乾隆五十五年

御賜銅掐絲法瑯海燈一件青花白地磬鈴鞾盤一對隨銅

一罩法瑯花穿琉璃珠扁旛一對隨挑杆座小香襆一對

乾隆五十六年

御賜龍桂香筒一對法瑯爐一件隨木座挑杆小香圓燈一對穿珠旛一對隨杆座

乾隆五十七年

御賜五彩磁輪一對紅木座磁鞾盅一對銅罩法瑯花小挑杆燈籠一對穿琉璃珠旛一對隨杆座

乾隆五十八年

御賜磁奔鞾瓶一個廣法瑯香筒一對有蓋連座香挑杆一對連杆座穿琉璃珠扁旛一對黑漆杆座

乾隆五十九年

御賜穿珠旛一對連杆座小挑燈二對鍍金八吉祥一對磁
瓶一件隨衣子
乾隆六十年
御賜穿珠旛一對隨杆座奔靶磁壺一對磁輪一件小香挑
杆一對
嘉慶元年
御賜銅鍍金輪一件磁靶盌一對穿珠小挑杆一對穿珠旛
一對連杆座
嘉慶二年
御賜銅輪一件磁靶盌一對香挑杆一對連杆座穿珠旛一
對楠木杆座

嘉慶三年
御賜穿珠旛一對隨杆座磁輪一件隨木座磁靶盌一對香
挑杆一對
乾隆五年六月二十四日山頂碧霞祠災從煨燼拾出
十八件列後
碎金四小件共重一錢三分　銀娃八個內有鍍金娃
三個共重二十九兩七錢　銀一錠重三十九兩三錢
銀一錠重三十八兩二錢　碎銀十六錠又五件共
重六十兩四錢五分　銀一錠重三兩三錢　藏佛一
尊　銀牌一個　銀燈一件　鍍金銀鐲一對重二兩
六錢八分　銀墜一隻　銀錢二個　銀環一副　殘
缺銀釵銀鳳銀花不全貼金銀花共重十七兩二錢
燒燬碎玉帶一包　燒燬碎玉帶版十四塊　燒燬碎
玉帶版二十四塊　破損石印一顆篆刻天仙照鑒四
字

泰山志卷第三

泰山志卷第四

朝議大夫山東泰安府知府休寧金棨纂輯

圖考

岱嶽全圖
岱廟五嶽眞形圖
岱頂五嶽眞形圖
岱陽圖
岱頂圖
岱陽之東圖
岱陽之西圖
岱陰圖

岱陰之東圖
岱陰之西圖
岱廟圖
漢柏圖
唐槐圖
飛來柏圖
扶桑石圖
白鶴泉圖
石經峪圖
壺天閣圖
[illegible]圖
桃花峪圖
社首高里二山圖
徂徠前面總圖
竹溪佳境圖
礤石峪圖
三嶺崮圖
新甫山圖
靈巖山圖
琨瑞山圖
岱嶽泉源圖

岱嶽全圖

宋孝純泰山贊有序

蓋泰山者上應角亢之精下據青兗之封綜萬物而交代冠五嶽以獨宗繫一元之肇始兼二氣而成終其體磅礴其勢穹窿根崑崙以迤北跨渤澥而遂東象蔥龍其在木形夭矯以猶龍乃謂震男厥神青帝性本乾剛心則仁粹闢羣萌以必先含衆生之所際迎日月之鮮華蘊風雷而蔚萃晴則廣宇被其光輝雨則寰區資其湛濊粤古帝王克媲天地對時茂以崢嶸布春溫而藹晬指青郊而肆巡駕蒼龍以言邁景明堂之威儀欽羣后之施曦遠播德音高標道誼民盡熙和物無疵癘益君王之遐齡宏國家之普利皆山之靈神之惠也恭惟

秩祀式敦

方范於南國憑軾首於東藩倡萬邦以履始覲四嶽而居尊倣虞周而徽典辭封禪之譏文吝閶闔之疾苦率官吏以清勤占雲物於日觀灑翰墨於天門斯皇古所希覯豈晚近之足論孝純世忝簪纓情怡山水昔叨西蜀之分符今守東魯之舊阯懼

神之難膺忻名山其在邇仰岱峯之千尋鄰嶽麓者數里排天闕其如屏撫郡城而若几是故入廟則儼其崇墉登山則覘其焜煒幸年歲之屢豐錫民人以繁祉既積厚以承高爰揚靈而誌美乃作贊曰

於赫東嶽嶔嵜岞崿出震宣揚先天所作青帝宅宮表海於東興雲施雨其澤鴻濛自昔天子或封或祀玉帛斯陳降以嘉祉惟我

聖朝河廣嶽喬莫不懷柔百神孔昭矧近

畿輔春巡是舉五嶽夙臨萬物載覩洪衍

龍文爛然星陳雕金鏤石郁郁紛紛奉守東郡瞻言肆覲夙夜靖共祗

天子命實惟嶽神曰聖曰仁承天百福佑我民人貽我甘雨茂我稷黍屢有豐年寧我邦宇高山無傾民衆無爭鄒魯文學有駿其聲使臣稽首戴高履厚願比嵩呼

天子萬壽

岱廟五嶽真形圖 今石刻在泰安縣署土地祠東壁張宜尉泰山記碑後 此摹岱史

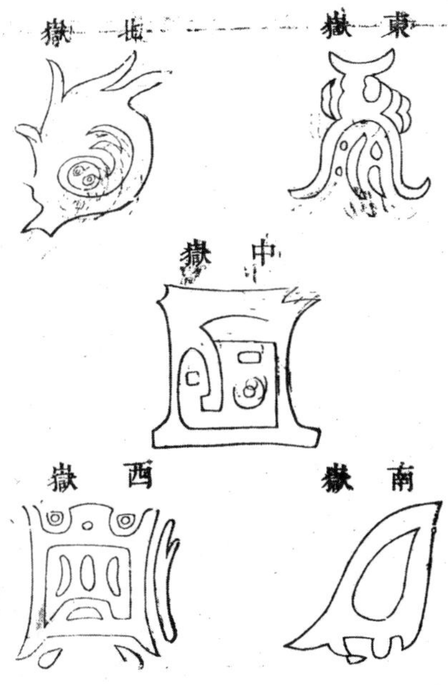

右圖按道經云五嶽之神分掌世界人物各有攸屬岱太山乃天帝之孫羣靈之府主世界人民官職生死貴賤等事又抱朴子云凡修道之士棲隱山谷須得五嶽眞形圖佩之則鬼魅蟲虎一切妖毒皆莫能近又云太初中李充稱馮翊人三百歲常負此圖入或佩之渡江海入山谷或夜行宿凶房邪魔魑魅魍魎悉皆隱遁虔供居地必獲禎祥又萬花谷記西王母與上元夫人降漢武帝帝覩其巾器中有小書乞瞻覽母曰此五嶽眞形圖也乃三天太上所出豈汝所宜佩乎帝乞不已與之藏柏梁臺余按諸說雖不可知然此圖類古符篆必有所自而五嶽之神亦不可誣也存之以資博識云岱史

岱頂五嶽眞形圖

右圖乃明萬歷甲寅刻石今在岱頂青帝宮廊簷東偏圖像與岱史小異按岱史作於萬歷丁亥在此碑之前二十八年所繪眞形圖傳世已久自不可廢而此碑摹勒必非無據宜並存以資互證謹依石刻摹繪縮本附岱史眞形圖後其圖說石刻與岱史全同不復出云

施閏章歌五嶽足跡誰能徧五嶽眞形誰所見岱宗山下嶽祠東鐫瑤刻玉窮鬼工紫泥搨就珊瑚色高堂日射扶桑紅璇宮銀闕森髣髴羣仙玉女紛相從禹鼎沈淪多不若山林佩此百神却丹竈思尋勾漏砂靈巖定採天臺藥眂嶽尋仙思漢武茂陵寂寥一抔土倘許吾曹有仙骨君現眞形與君語

岱陽圖

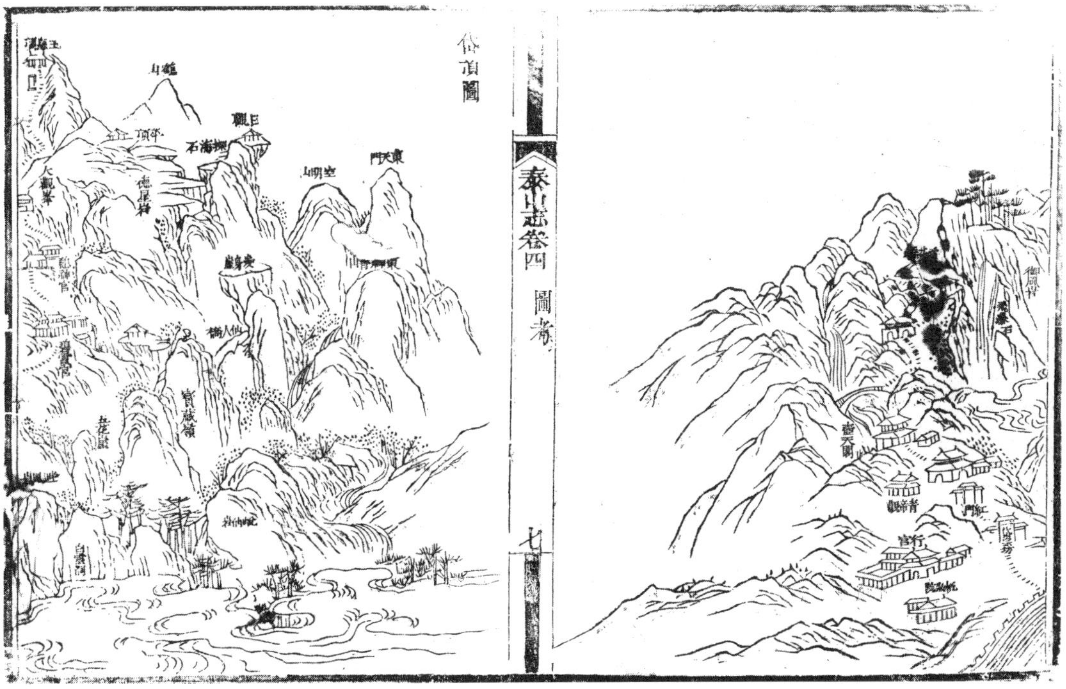
岱頂圖
泰山志卷四
圖考
七

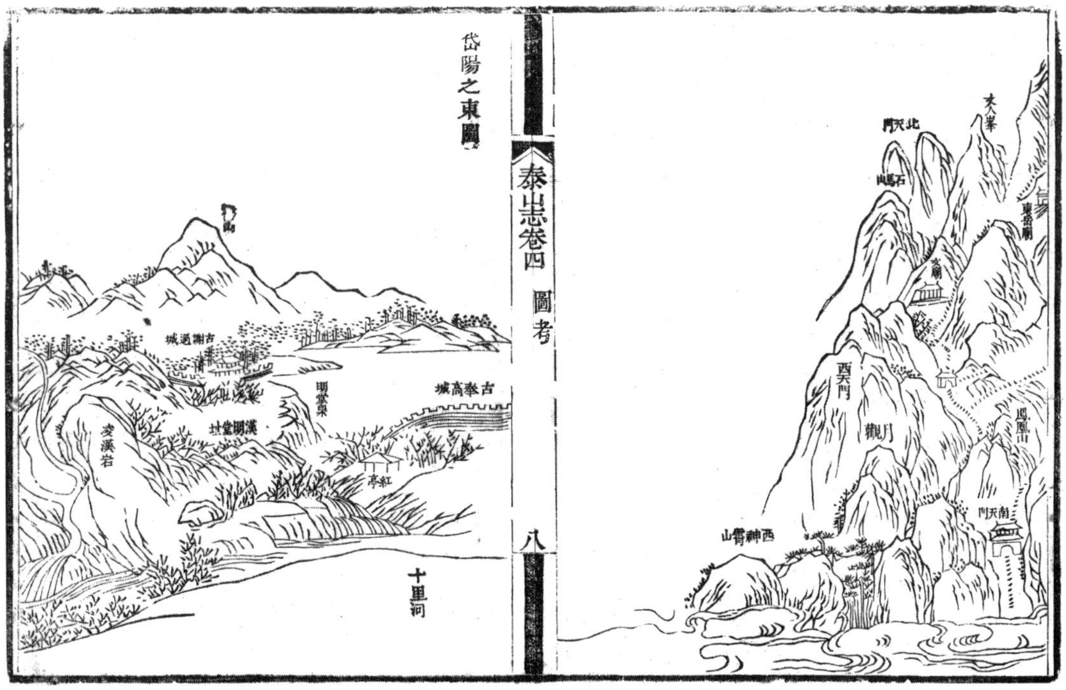
岱陽之東圖
泰山志卷四
圖考
八
十里河

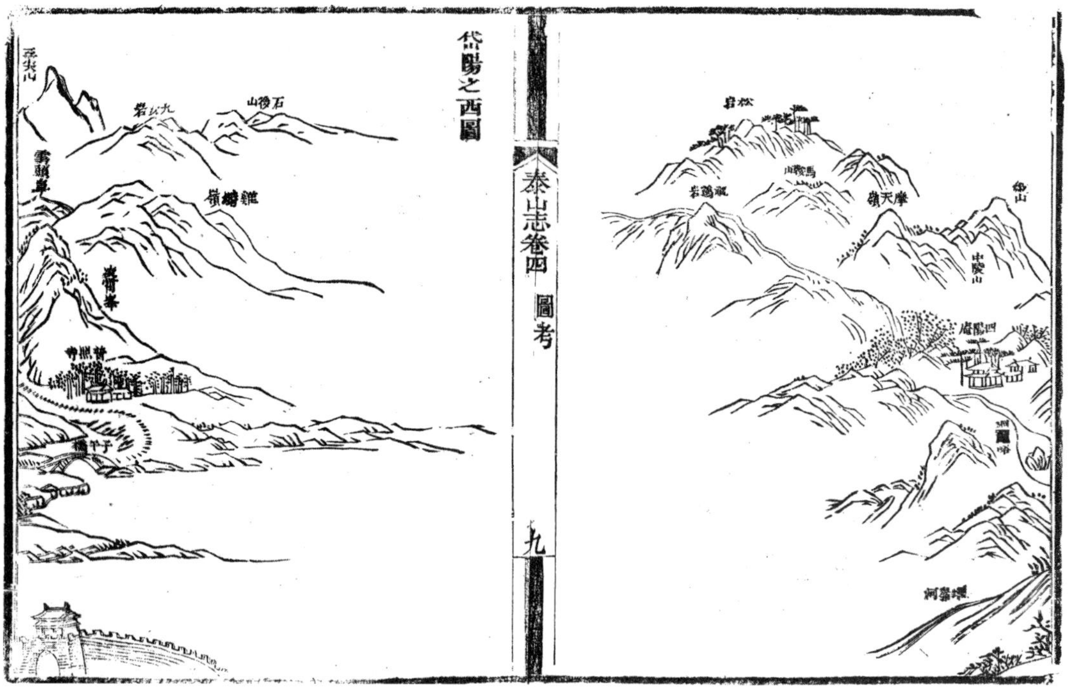
岱陽之西圖
泰山志卷四
圖考
九
松岩
摩天嶺
中溪山
四陽庵

岱陰圖
泰山志卷四
圖考
十
火焰山
丹穴嶺
竹林寺
鳳皇山
傲來峯
仙人影
三陽庵
三賢祠
廣生殿
天書觀

泰山志卷四　圖考　十一

岱陰之東圖

泰山志卷四　圖考　十二

岱陰之西圖

泰山志卷四 圖考 十三

岱廟圖

泰山志卷四 圖考 十四

漢柏圖 按漢柏六株在岱廟東炳靈殿前

泰山志卷四
圖考
十五

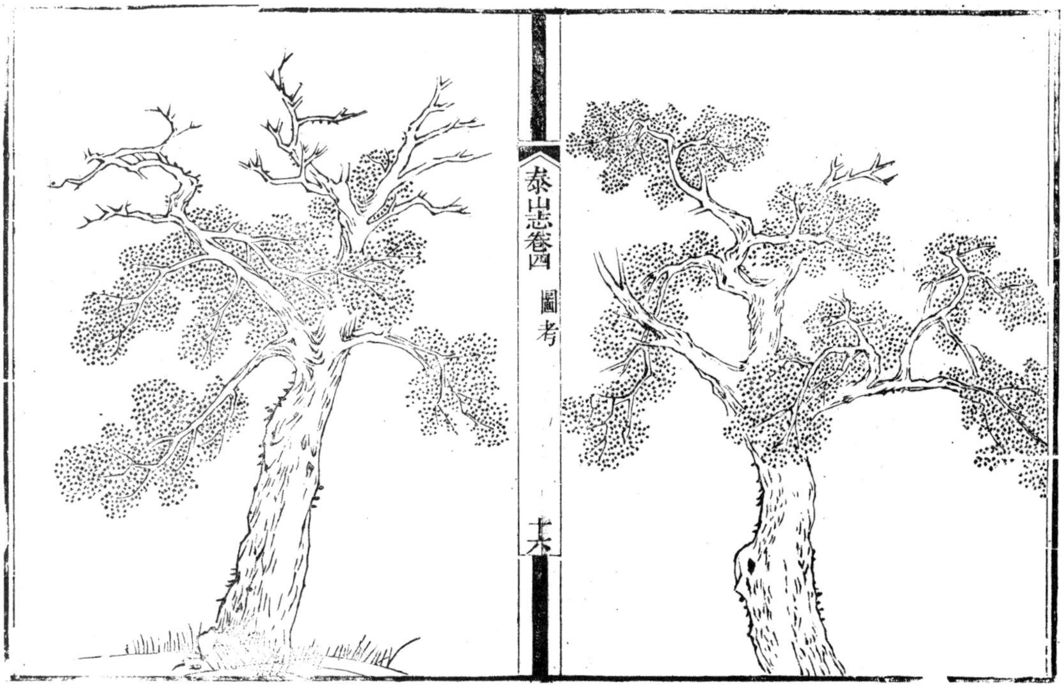
泰山志卷四
圖考
十六

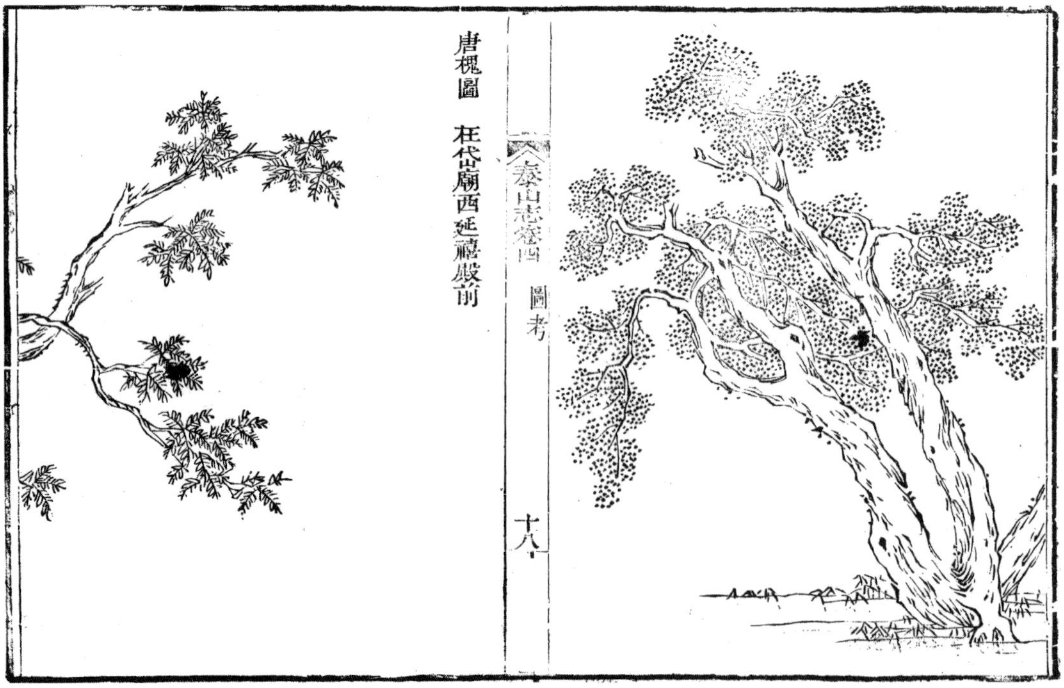

唐槐圖　在岱廟西延禧殿前

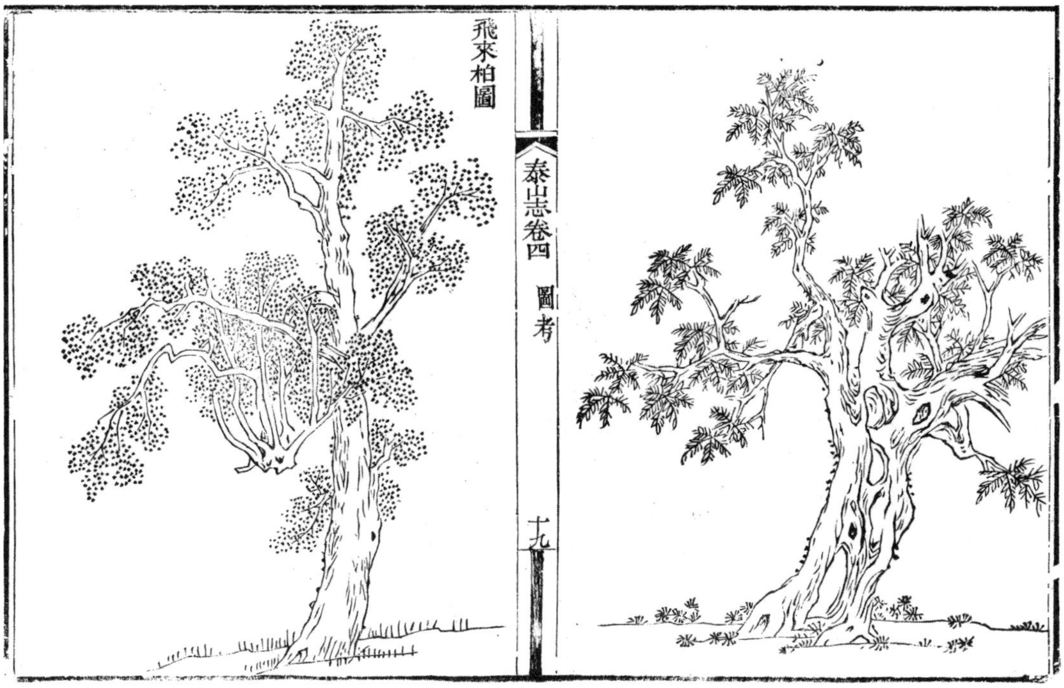
飛來柏圖
泰山志卷四 圖考
十九

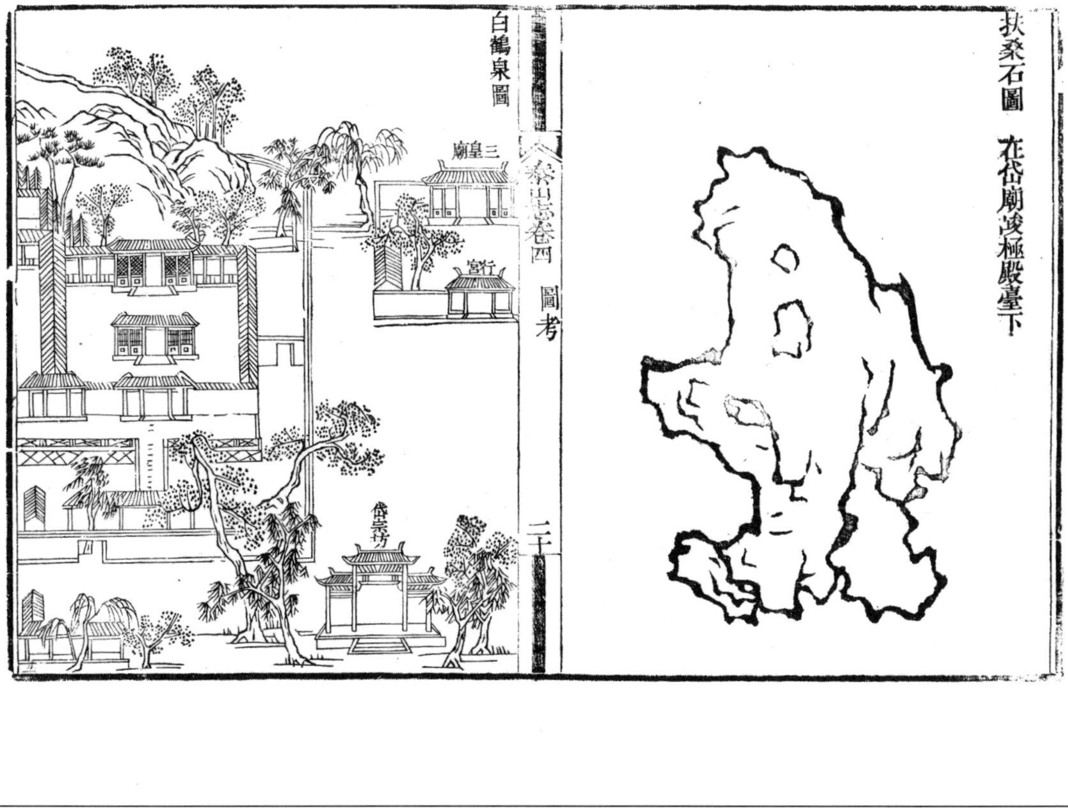
白鶴泉圖
三皇廟
行宮
岱宗坊
泰山志卷四 圖考
二十
扶桑石圖 在岱廟峻極殿臺下

石經峪圖
石經峪
泰山志卷四　圖考
二十一
白鶴泉
體元堂

壺天閣圖
御書
御座
泰山志卷四　圖考
二十二
高山流水亭

白雲洞圖
泰山志卷四
圖考
三十三
甘霖洞
迴馬嶺
倚山亭

桃花峪圖
泰山志卷四
圖考
三十四
玉皇殿
鐵佛堂
桃花峪
元君祠
鳳皇山
白雲洞

泰山志卷四 圖考 三十五

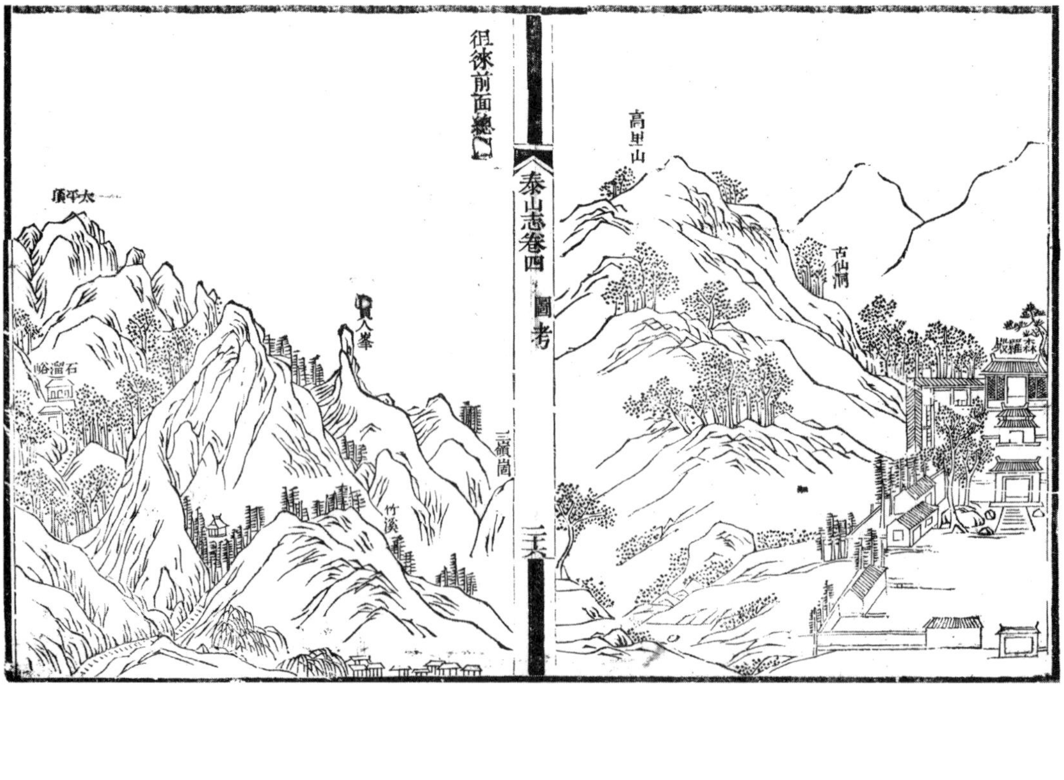

泰山志卷四 圖考 三十六

竹溪佳境
泰山志卷四　圖考
二十七
觀音崗
滄浪水

礤石峪圖
泰山志卷四　圖考
二十八
煉丹爐
礤石
二聖宮

三嶺崮圖
泰山志卷四
圖考
二九
貴人峯
昇仙臺

新甫山圖
白雲洞
蓮花峰
泰山志卷四
圖考
三十
三嶺崮

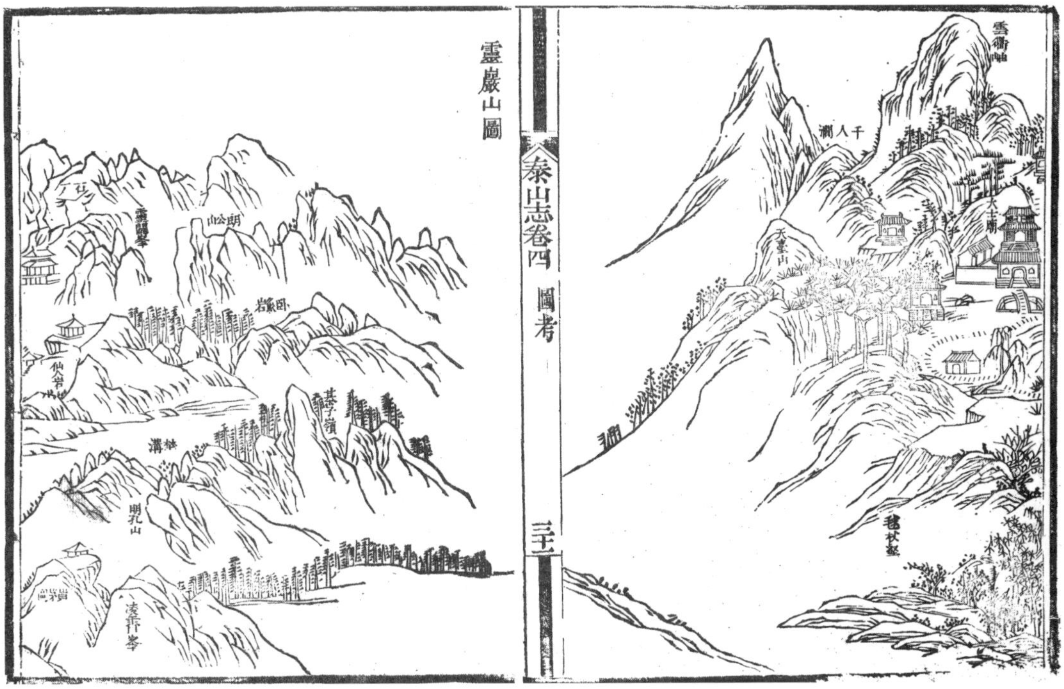
靈巖山圖
明公山
明孔山
泰山志卷四
圖考
三十一
千人澗

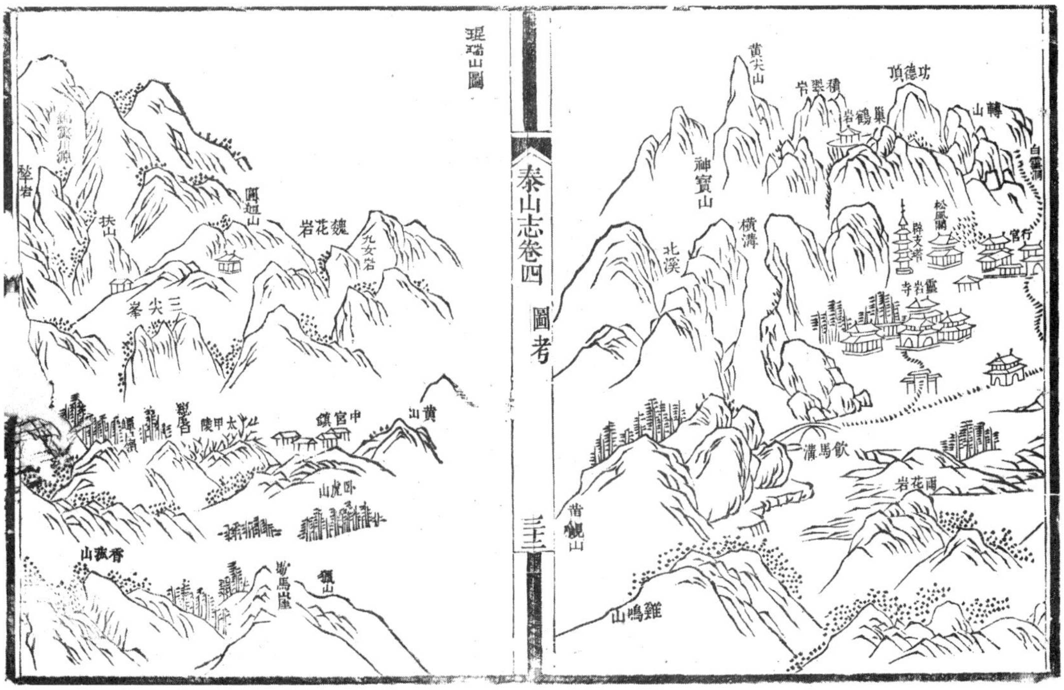
琨瑞山圖
魏花岩
九女岩
扶山
三尖峯
太甲陵
中官鎮
卧虎山
黃山
泰山志卷四
圖考
三十二
黃尖山
功德頂
積翠岩
巢鶴岩
轉山
神寶山
橫溝
北溪
行宮
飲馬溝
雨花岩
雞鳴山

泰山志卷四　圖考　三三

泰山志卷第四

泰山志卷四　圖考　三四

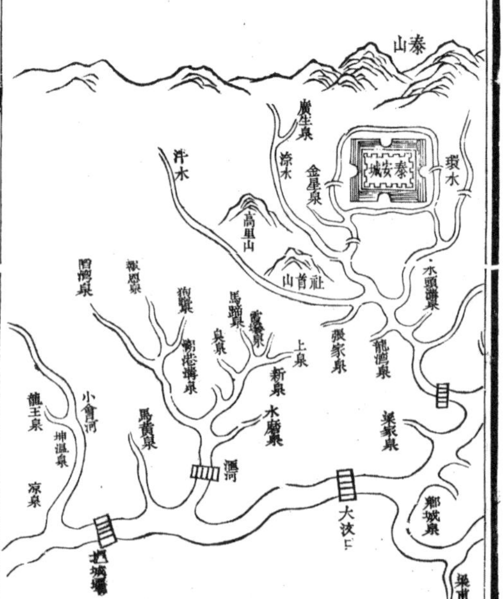

泰山志卷第五

朝議大夫山東泰安府知府休寧金棨纂輯

岱志一

總敘　星野　山脈總論

總敘

泰山在泰安府城北五里古曰岱宗虞書歲二月東巡守至于岱宗禹貢海岱惟青州又海岱及淮惟徐州詩魯頌泰山巖巖魯邦所詹禮記王制五嶽視三公周禮職方氏河東曰兖州其山鎮曰岱山爾雅釋山河東岱泰山爲東嶽五經通義曰岱者代也東方萬物之始交代之處爲羣嶽之長故稱宗風俗通義云泰山一曰岱宗岱始也宗長也萬物之始陰陽交代故爲五嶽長白虎通云嶽者何謂也嶽之爲言捔也捔功德也東方爲岱宗者何言萬物更相代於東方也史記貨殖傳云泰山之陽則魯其陰則齊漢書五行志云泰山岱宗五嶽之長王者易姓告代之處也博物志曰泰山一曰天孫言爲天帝之孫也杜佑通典云泰山面西南向鄭樵通志云泰山一名岱山在兖州乾封縣文獻通考云岱宗東嶽也以其處東北居寅丑之間萬物終始之地陰陽交泰之所爲衆山之所宗主博聞錄云泰山高四千丈環一千里尸子云泰山之中有神房阿閣道藏書云泰山周圍一百六十里畸五十步方面各四十里道書福地記云泰山洞天周迴三千里鬼神之府茅

君內傳云仙家凡三十六洞天泰山周迴三千餘里名三宮空洞之天漢官儀及泰山記云泰山盤道屈曲而上凡五十餘盤自下至古封禪處凡四十里山海經注云從山下至頂四十八里二百步唐六典云山周百六十里高四十里一統志云舜東巡至此其山屈曲盤道至絕頂四十餘里

按諸家言泰山周迴高下道里不同惟唐六典一統志之說爲近明汪子卿舊志云道藏等書或極夫蟠亘而侈言之或卽夫柴望之地而約言之也蓋登山者寅上而未下度其時在平地僅行六七十里而已況攀陟爲勞日亦不過四十里考明萬歷間參政張五典嘗立一法量之其法用豎竿一長一丈刻以尺寸竿端置一環用橫竿一長亦一丈中置一環兩端皆五尺取其輕重相稱以繩繫於橫竿之環而又穿於豎竿之環牽其繩之尾則橫竿可上可下而不失其平於是以豎竿所立之處視橫竿所至之處則五尺爲一步矣此以量其遠近也每量一步若在平地則橫竿由端以至豎竿前後俱著於地若前高而後下則橫竿前著於地而後懸於空視竿所懸處至地尺寸若干此以量其高下也又備一冊每葉畫三百六十格每量一步則塡一格平地則於格內塡一平字其高尺寸若干亦於格內注之塡盡一葉則足三百六十步爲一里其高則累尺寸而計之不爽也由山下至絕頂凡量四千三百八十四步而紆迴曲折皆在其中高三百八十六丈九尺一寸中除倒盤低十八丈五尺七寸抵高數外實高三百六十八丈三尺四寸折步七百三十六步六分八釐平高共積五千一百二十步有奇實一十四里零八十餘步耳

星野

周禮保章氏以星土辨九州之地所封封域皆有分星春秋緯文耀鉤云布度定記分州繫象三河雷澤東至海岱以北兖州青州屬機星史記天官書角亢氐兖州虛危青州奎婁胃徐州帝王世紀自軫十二度至氐四度曰壽星之次韓分野自婺女八度至危十六度曰

元枵之次齊分野自奎五度至胃六度曰降婁之次魯分野泰山郡隸兗州史記貨殖傳陽魯陰齊故竝載三州

前漢地理志齊地虛危之分野也南有泰山城陽後漢書天文志注星經曰歲星主泰山徐州青州兗州玉衡第五星主兗州常以五辰日候之戊辰爲山陽泰山晉書天文志十二次度數自軫十二度至氐四度爲壽星於辰在辰鄭之分野屬兗州費直周易分野壽星起軫七度蔡邕月令章句壽星起軫六度州郡躔次角亢氐鄭兗州東郡入角一度東平任城山陰入角六度泰山入角十二度唐書天文志降婁元枵其神主於岱宗歲星位焉又須女虛危元枵也初須女五度中虛九度終危十二度其分野自濟北東踰濟水涉平陰至於山茌循岱嶽衆山之陰其地得娵訾之下流其象著爲天津絕

雲漢之陽凡司人之星與羣臣之錄皆主虛危故岱宗爲十二諸侯受命之府奎婁降婁也初奎二度中婁一度終胃三度自蛇邱肥城南届鉅野東達梁父循岱嶽衆山之陽奎爲大澤在娵訾下流婁胃之墟東北負山葢中國膏腴地百穀之所阜也宋史天文志天市垣二十二星在氐房心尾箕斗內宮之內東蕃十一星五曰徐七曰齊歲星爲東方爲春爲木主泰山徐青兗及角亢氐房心尾箕文獻通考云宋中興天文志石氏云東宮青帝其精蒼龍爲七宿角亢氐房心尾箕司東嶽司東方明史天文志女二度至危十二度元枵之次也泰安州虛危分天原發微曰天下山分爲四條上應二十八宿負海貨殖所阜之國自北河下流南距岱山爲三齊自南河下流北距岱山爲鄒魯此負海之國也

按周禮職方氏辨九州之國其時疆土所分皆有分星以觀妖祥保章氏所掌是矣但以周室東遷舊章散佚故鄭注周禮云大界則曰九州州中諸國之封域於星亦有分焉其書亡矣其說不可易也左傳國語及甘石氏所言星次則據春秋巳後大國言之鄭氏曰堪輿雖有郡國所入度非古數也又玉海引呂氏曰十二次葢戰國言星者以當時所有之國分配之耳斯言得之史記天官書則以漢之分州言之故其說與星經畧異按天地與人事本合一人事既變地里亦區則天星所占亦復不能無異非强爲牽合亦非妄爲別異也司馬氏世掌天官其言豈誣哉要之星土之說有一定之區限又有變通之義不明區限則是不知分星無以觀妖祥矣然使不明通義而執一以求之則古之國與漢之州終格格不相入是貴好學之士能明其意也如周鶉火之野也其後數被侵奪地甚狹猶爲分野葢以周共主之國雖甚削微猶當獨應天星也鄭本祝融之虛亦當應鶉火然鶉火既應於周不復應鄭又鄭國都雖在祝融虛而其地則多隸于角亢故與陳同占角亢耳漢

之河南爲周地鶉火之野也河內河東爲內地[illegible][illegible]之野也而天官書則云柳星張三河葢漢既混一天下[illegible]河同隸司隸司隸治河南又爲漢東都故三河之地統應鶉火也如此之類皆其通義不可不知者漢書及費直蔡邕鄭康成皆同占說晉志依用陳卓之言不明星經言國史記言州所以相合之故乃强爲比附使之齟齬不可通如云角亢鄭兗州而下云東郡入角一度東平入角六度東郡東平豈得爲鄭乎室壁衛并州而下列張掖酒泉諸郡夫張掖酒泉敦煌天水隴西與衛何涉如此穿鑿附合竟使古天官家言一廢不可復舉可慨也隋志云昴畢冀州尾箕幽州室壁并州及三河之河東河內皆本冀州之域帝居所在故其界尤大是直以爲禹貢九州矣考所云昴畢冀州尾箕幽州云云皆本史記史記本言漢之分州而隋志又牽入禹貢分州故愈說愈非矣唐一行言兩戒河山其說本於天官書街南北之語而引申之一行聰穎特達故能心知其意如云及七國交爭甘石更配十二分野是知甘石諸人之言非盡出古法也葢泰山當用星經所說歲星主泰山五星占也蒼龍司東嶽五行占也其下郡縣則當用元枵齊降婁魯之言十二次之占也若府志以爲司天之學愈密而說愈繁縣志以爲或以州占或以國占率多舛駁是豈知變通之數者哉

山脈總論

山東通志泰山脈總論曰泰山之脈由遼東旅順口渡海爲北皇成（一作隍城）島南皇成島小欽島大欽島鼉磯島高山島長山島（其附脈之島則有大竹島小竹島沙門島侯雞島大黑島小黑島）登陸入蓬萊縣境左翼爲棲霞縣之翠屏山（分支東結福山寧海文登榮成諸山）出清陽水至之罘海口爲之罘山右翼爲棲霞縣之鼇山出黃水河西北邐黃縣境至黃河營海口爲㟂屺島其中爲正脈居東北而達西南自丹崖山而西爲平山又南爲崮山（三山皆蓬萊縣南其聚脈之山東則有福山縣之崮屶山西則有蓬萊縣之赤山紫金山石門山南則有蓬萊縣之九目山磁山三山牛頭山石劈山龍山虎山平山巨山密水山望海嶺黃縣之蔚陽山棲霞縣之公山松山）又西南入棲霞縣境爲艾山（西大河南流分支東南結海陽萊陽即墨諸縣之山）又入

招遠縣境爲羅山（穎門河北流）又西入黃縣境爲萊山爲盧山（其擁脈之山有黃榆山了角山絳山石城山魯基山鳳喙山）又西南爲蹲犬山（隨家疃河北流）（大沽河南流）又南復入招遠縣境爲滾粟山又南爲分水嶺（石星河北流嶺以南澗水南流）爲齊山又南邐萊陽縣境爲志霞山（平南河北流）爲芝山（東艮河北流）復入招遠縣境爲塔子山又西入掖縣境爲沙峴嶺旋溝嶺（二山之水入萬歲河西流）爲唐家山（蘇郭河西流）又南爲崮山爲分水嶺（白沙河北流鄜埠河南流）分水嶺之西北則爲萊州郡城城北瀕海結爲三山島（其擁脈之山則有雙山雄山大基山寒同山筆架山皇城貞福山祿山單山）自分水嶺折而東南爲馬鞍山（小沽河南流）爲大澤山岱脈之所聚也（其聚脈之山則有兩月山青山天柱山崮山黑土山兩髻山高望山海眼山芝萊山泰山三戶山）又南爲明堂山自此地曠水分中隆爲脊東南至

膠萊河河中有分水嶺（左水邐即墨出膠州淮子口右水邐掖縣出海倉口）渡河而南入膠州境爲棘埠嶺（直路屯河西北流）爲九層嶺（墨河東流）爲七寶山（洋河東流）又南爲五努山（即鐵橛山膠水西北流朱陽河東北流分支西北結諸城安邱濰昌邑諸山）又南爲長城嶺（其擁脈之山則有艾山東石耳山西石耳山蟆蚣山靈鵲山捉馬山小珠山大珠山窑同山松山）又西南入諸城縣境縣西南有回頭山岱脈之所迴也（分支南結日照安東衛諸山其擁脈之山則有雲母山芍藥山鼓山石樓山垂羅山藏馬山牛龍山琅琊山）自此折而西爲竹山爲雹石山（長城所經）爲障日山（百尺水東北流）爲盧山（盧水北流）爲大仙山爲桃林山爲馬耳山有黃草關（長城所經白歛河北流）又西爲分流山（小水河北流其擁脈之山則有五朵山九仙山昆山石屋山）又西南入莒州境爲高柘山（浯水東北流分支北結安邱濰縣諸山南結莒州蘭州郯城諸山）爲臥牛山（長城所經）又西南爲箕屋山（濰水東北流）又西

入沂水縣境爲大弁山（長城所經）有穆陵關（沭水南流其擁脈之山南則有莒州之雲孔山壺山七寶山黃山獨坐山沂水縣之大峴山荊山外則有安邱縣之摘藥山望海山擂鼓山雁嘴山鳳皇山燈臺山）又西入臨朐縣境爲沂山古所謂東泰山也實爲岱脈結頂之處（沂水南流瀰汶北流分支南結沂水蒙陰鄆費諸山由蒙山分支南結滕嶧鄒泗水新泰寧陽諸山北結青州府治益都諸山又西北結博山淄川長山鄒平諸山）列爲東鎮與岱埒尊（其左右擁脈之山北則有臨朐縣之嵩山黑山冶源山胸山紀山柳山龍山粟山逄山仰天山石門山蓮花山八岐山南則有蒙陰縣之范協嶺魯山松仙嶺）又西爲蓮兒山又西入博山縣境爲鹿町山爲南博山又西入萊蕪縣境爲黃谷山爲甕口嶺有青石關（分支南結萊蕪新泰諸山）爲大崑崙山又西爲原山岱脈之要樞也（汶水南流淄水北流其擁脈之山南則萊蕪縣之文字嶺石馬山蒼山北則博山縣之神頭山岳陽山黑山鳳皇山又西有淄川縣甲山）又西入章邱縣境爲黑牛嶺爲

長城嶺一名長春嶺萊蕪接界分支北結益都諸山其擁脉之山南則有萊蕪縣之馬鞍山方舟山大舟山香山肅然山北則有章邱縣之趙洞山天倉嶺半頂山冶山西龍洞山又西南入歷城縣界循長城而西爲梯子山嶺絡羣峯爲岱宗北障錦繡川西北流川南則有屏風山金鑪山龍集山平頭山龍門山孔子嶺川北則康王山迤乇大佛頂諸山其西南爲長城嶺爲仙臺嶺有北拱南拱二臺爲鶴山爲孤山孤山西爲桃花峪爲分水嶺分支西結長清肥城東平平陰諸山爲九龍岡又南爲泰山其最高處世謂之玉皇頂也其岱北擁脉之山左有玉女山右有石馬山又有明月峯孤山殛山山鶴鴿障自仙臺嶺以南諸山其詳泰安縣志岱頂以東則爲秦觀峯爲日觀峯爲獨秀峯爲雕窩峯爲東神霄山爲青山爲昇仙嶺岱頂以西則爲周觀峯爲月觀峯爲丈人峯迴雁峯爲西神霄山爲百丈崖爲傲來山爲凌漢峯岱頂以南則爲三天門二天門一天

門黃峴嶺御帳坪紅門貫羅列於岱陽者有高里山石閭山介石山亭亭山云云山徂徠山梁父山此則泰山之大結也泰山左衛自棲霞縣之翠屏山分支而東爲岠嵎山又東北入寧海州境爲巋山五丈河北流爲𡸣山辛安河北流𡸣山河南流又東爲崑嵛山龍泉河北流黃龍河南流又東入文登縣境爲著棋山送駕河北流又東爲成山頭榮成縣境瀕於海又東南爲鐵查一作槎山爲五壘山亦瀕於海自棲霞縣之艾山分支而東南爲大方山縣河南流爲[illegible]山陶漳河南流又東南入海陽縣境爲林寺山昌水西南流爲嵩山[illegible]河南流爲招虎山沽頭河南流爲三駕山瀕於海又分支而西南爲小方山又南入萊陽縣境爲旌旗山爲萊鳳山爲[illegible]

山爲天井山爲雙山又西南入即墨縣境爲靈山爲黃山爲狐狸山石河西南流爲石城山墨水西南流又南爲大嶗山小嶗山瀕於海羣峯巒峙爲岱脉之東南障自諸城縣之迴頭山分支而南爲琅邪臺循海而西南入日照縣境爲三柱山爲柏林山爲馱兒山傅疃河東南流爲固山固河東南流爲烽火山又西南入安東衛境爲關山爲阿掖山爲石門山又南爲筆峯山左瀕於海右入江南贛榆縣境自莒州之高柘山分支而南爲七寶山爲靈山爲青山袁公水西南流爲盧山爲巨公山潯水西南流爲馬鬐山爲大王嶺又西南入蘭山縣境爲蒼山爲馬陵山綿亘數百里逕郯城縣境有山口池由吾洞望海嶺諸名入江南宿遷縣境瀕於黃河古泗水入淮處也自臨朐縣之沂山

分支而行一南入沂水縣境爲白馬崖爲織女洞爲雙崮山爲龍山爲靈山瀕於沂東汶與沂水交會一西南入蒙陰縣界爲松仙嶺松仙河東流爲魯山爲花協嶺爲艾山沂水東南流爲嵩崮山爲雕崖山爲龍堂山與新泰縣接界又東南爲巨圍山巨圍水東南流又南爲龍岡阜爲分水嶺小汶水西流堂阜水東流又南爲五女山又南爲蒙山有雲蒙中蒙龜蒙之異名綿亘數百里自沂河以西小汶河以東凡左衛岱嶽諸山皆由蒙山發脉蒙山兼蒙陰費二縣自蒙陰縣之蒙山分支而東爲九女賜又東入費縣境爲龜蒙頂爲紫荆關蒙山水東南流又南爲五彩崮入蘭山縣境爲西旂山爲大柱山東南瀕於沂蒙山水與沂水交會自費縣之蒙山白馬關分支而南爲聰山浚水東南流爲嫣亭山左有漏澤

湖又南為南城山為分水嶺又東南為大崑崮祊水東流為抱犢崮泇水西南流又東入蘭山縣境為泉崮香水河南流為神谷山入郯城縣境為芙蓉山為磨山為優傻山入江南邳州境瀕於泗今為黃河水經流自蒙山白馬關分支而西南為香山為聖公山二山在泗水縣又南入滕縣境為逆山泉流西入漷水為太白山小沂水東北流漷水西南流為寶峯山東江水西流為胡陵山西江水西流又南為張山為茱萸山又西南入嶧縣境為熊耳山為花盤山承水南流為閔公山為青檀山為石屋山為寨山為金陵山為葛嶧山又西南為平山為黃邱山南入江南銅山縣界瀕於泗又西為微山下為湖山特立波中自蒙山又分支而西南連岡通阜入泗水縣境為陪尾山泗水西流為安山又西為二旗山分支入曲阜縣為戈山防

山為聖林之左衛又西南入鄒縣境為尼山智源水西流為昌平山為四基山為九龍山白馬河西南流為唐口山為嶧山又西南入魚臺縣境為梟山為黃山為獨山瀕於湖郎獨山湖自蒙山分支而西入新泰縣境為闕山小汶水北流洙水南流為橫山為龜山在縣西南又西南入寧陽縣境為玲瓏山為靈山又南為九仙山聖林之所憑也山在林北三十五里漕水西南流一支自靈山西出為鳳屏山為爵山為彩山為告山又西為伏山為雲山為鶴山為嵩山瀕於汶隔岸與東平州之龍山相接自萊蕪縣之原山分支而南為倉山為茜山為碁山為葫蘆山牟汶西流折而西為筆架山為新甫山鼻汶北流蘇村羊流等河南流又西南為冠山又西南入泰安縣境為徂徠山至於西麓瀕於汶大汶小汶交會

此一支為泰山近衛以徂徠作案泰山右衛自膠州之五努山分支而西北入諸城縣境為白龍山為岠山又北入安邱縣境一支為峽山為岞山又西北入濰縣境為塔山東于河北流為程符山西小于河北流為黃山又西北入昌樂縣境為孤山一支自峽山西南出為三山為蓋公山為聖水山又西入昌樂縣境為白狼山白狼河東北流為紀山西丹河北流為堯山在臨朐益都縣界堯河水北流兩支俱由西北入壽光縣境瀕於海自臨朐縣之沂山分支而西北為明月峯為冶源山薰冶水東北流為蓮花山為仰天山又西入益都縣境為三陽山為北峯山又西北為石膏山南陽水東北流為九迴山北陽水東北流為鼎足山山與臨淄縣聯界女水東北流又西為金山又北為鐵山入新城縣境瀕於濟小清河自沂山

分支而行一自北而西為嵩山入博山縣境為岳陽山為黑山又西北為黃石塢山又北入淄川縣境為甲山為伏山為鳳皇山一西北入長山縣境為長白山連峯羅列拱護西南實為岱嶽之後扆昔人有副嶽之目焉按岱宗發脈於遼左之長白山而此山名與相符亦可異也又西北入鄒平縣境至九龍山瀕於濟臨濟山濼自章邱縣之長城嶺分支而北為雞山為西龍洞山入歷城縣境為東龍洞山為桃花嶺為八達嶺為旛竿嶺又西北為歷山又北為華不注山瀕於濟即大清河自泰山北麓分支而西為分水嶺迤北入長清縣境為長城嶺又西入肥城縣境為孫家嶺為五道嶺有大石關又西為孝堂山入平陰縣境為廟山為峻玉山為聖容山為雲門山

又西南入東阿縣境爲亭山爲龍頭山爲黃崖山狠溪水西北流爲天池山洪範池西北流折而西爲扈山又北入聚寶山爲虎窟山又西爲碻磝山爲巨山又西爲子路山爲豆山爲臘山入東平州境爲卧牛山爲金山至安山湖爲安民山爲梁山入鄆城縣境爲金線嶺連阜紆折循脈而東南入嘉祥縣境爲章山爲酉村山爲南武山爲遂山又南入金鄉縣境瀕於昭陽湖自泰山西分水嶺入肥城縣境爲五道嶺分支而西南爲牛山爲陶山入平陰縣境爲寨山爲大菩薩山爲紫蓋山爲赤溝山又南入東平州境爲蘆泉山又東南爲雕鶚嶺爲金螺山爲龍山瀕於汶隔岸與寧陽縣之嵩山相接沿海島嶼其以島嶼衛列沿海者必以其脈之所

注者爲重岱脈自北而南自南而西捍外衛内重在東南是以循長山島而衛於右者爲侯鷄島大黑島小黑島桑島峰屺島至萊郡之芙蓉島而止岱脈自萊郡折而東南行而東南諸島笏拱標聯今書其最著者東則有沙門島崆峒島養馬島劉公島雞鳴島轉而南行則有倭島鎮邪島延眞島又折而西則有五壘島蘇山島琵琶島黃島青島田橫島大管島車門島福島古蹟島唐島齋堂島沐官島至於鶯遊門入江南省海洋抵雲梯關爲南濟合河淮出海之處皆岱宗海外之左衛也

[宋錢伯言遊覽記]宣和己亥九月二十四日面奉玉音至奉符催視嶽祠後一月伯言至自兖明日具香燭以告上旨已而罷醮於會眞宮獨登瑞雲亭早飯於行館遂同令寇庠丞呂光問祠官曹欽承萊蕪令韓僖道士蘇彥弼謁岱嶽觀酉連池上復自金母洞過青帝觀觀文僖丞相遺刻遂遊白龍潭眞御苑玉芽於水中愛其泉石之勝迺相與策杖散步還過雞籠峯始復肩輿躬走社首山視禪壇訪遺蹟晚入乾元觀小飯翠陰亭而歸錢伯言題

[元杜仁傑撰東平張宣慰登泰山記]皇帝中統元載擢用宿儒宣撫十道公首與其選公治河東有異政考爲天下最上親召勞以卮酒至以字呼朝野榮之越四年上復命公爲東平宣慰使嘗曰曲阜實夫子之庭泰山爲中原神嶽皆在境下所當親祀以至元重九前三日辦嚴以行由沂州門出時天宇晦冥翌日至林廟拜三日聖墓雨氣猶未艾信宿抵嶽祠明旦登西華門雲則載陰載暘雨則間作間止咫尺三觀在墨潑染間刹那千百其變公謂所親曰登頂之約蓋不敢定苟晴矣乃行否則恐勞而人既而五鼓將作陰爲之解騶三唱未終星爲之芒錯于是州刺史張汝霖奉符令張佺司戶王天挺及從者三百指具肩輿輦公而上已而過黃峴飾於護駕泉次御帳少憩去天門猶不翅十五里路漸臨林樹四合就其罅望之天光凝碧如紺珠薄暮至絕頂由東以望見山影黝黑偃卧無際頃觀李斯碑僅得數字其餘漫不可識下自登封壇皆歷代磨崖亦復剝裂

惟唐明皇御製紀泰山銘其字大如椀泥幾寸泥金錯落猶有存者日沒少頃寒氣已逼人如仲冬時從者燎薪圍坐以待旦參甫中公起步自玉女池登日觀峯六合寥闊肅然無纖滓待蒸黍時東方曨曨乍離乍合移晷日露其半恍然如入無量金色界中凡在行者莫不嘆詫及迴又得西影直抵昧谷若與崑崙爭雄長公輒奮髯驚則曰吾此行凡三見岱宗面目吾願足矣噫予自壬辰北渡三十餘年凡九來未嘗覩此奇事雖欲勿紀得乎古者有天人之辯謂人無所不至惟天不容僞眞知言哉公純誠人也蓋無往而不協無動而不言無禱而不應是行之異乃一節耳雖然天下之事固有邂逅相合者多矣昔衛旱伐邢師興而雨或者謂適與雨會則非也此特純歸之天烏在所謂由人乎哉至於揮劍成河變晝爲夜或有此理如韓吏部開衡山之雲蘇端明借海藏之春皆我輩之餘事安用詫爲因公此來書諸石以示來者至元元年

[明太祖御製岱山高文]岱山高兮不知其幾千萬仞根盤齊魯兮亦不知其幾千百里影照東海兮巍然而柱天益於民庶兮興雲吐霧神龍出乎其間禎祥則甘露垂於松柏佳歲則滂沱遍於厚坤冬則寒風時出巖壑雜然而有聲百川林藪森然而如雷坤之所載世之山首岱山也至如暘谷之東方或登峯頂時聞天聲萬籟

岱山之高也哉柱天之勢豈可云乎俄而風生萬壑雲起諸巒隱隱雷動百川倏忽電掣萬里長虹此岱山之神至也至則威靈百備神之造化如此少時風靜雲收電斂雷息又百川之淸泰其岱山尤其高哉其蒼松也始天地而生倚丹崖而長松之所以長千尋不比丹崖所以高萬仞何量蓋由太古之歲月以至於今蒼松掃丹崖而莓苔不秀丹崖映蒼松而五色交輝猿啼雲樹之杪鶴翔日觀之東鴟鶻盤旋乎深谷雖扶搖不可得而昇峯於巖登泰山而小天下越大海而渺江湖信哉

王世貞遊泰山記 余自戊午己未間有事於泰山者三而其稍可紀者第二遊也其初遊為正月晦自淸源謁臺返於海道宋丈大武偕夜浴於使院三鼓起啟堂之北扉而望若曳匹練者自山址上至絕頂又似聚螢數百斛囊中光熠燿不定問之乃以玆時士女禮元君燈魚貫而上者也其頌祝亦隱隱可聽云以黎明入山即陰晦浮雲出沒背際十步外不辨物第覺輿人之後趾高而余前僂而已即絕頂亦無所覩見且寒甚宋丈迫欲返還憩鄧都宮趣觴舉者數而後膚不栗也甚悔之至六月朔偕御史段君按部泰安段君約以三日登而諸道從者衆度不任輿馬余乃與參議徐君文通請以二日先段君許之至夕而大雨其次日雨止出泰安可

二里所即入山時禾麥甫熟黃綠間錯如繡拂拂作餅餌香樹杪濃陰暈之意甚適而至無掌故可詢者自是皆詰曲逶迤而上峯勢巑岏若相噬而旁多溪澗泉流硍磂間作悲鳴與笳吹相應久之至迴馬嶺乃卻肩輿改從腰箯又四里抵御帳巖一曰御仗宋永定陵東封止仗衛處其前為巨澗澗底白石砥平如玉色而巖陡上廟其巔頗寬嘉樹陰之好鳥喈喈可愛又行可三里抵黃峴黃峴者不知其所繇名有松五即所謂五大夫者也以厄於石不能茂而稍具虬虺狀當是二三百餘年物亡何為百丈崖崖凹深如屋傍有石洞嵯口而下黑其究叵測已度石壁峪為十八盤應劭所謂兩從者扶掖前人相牽後人見前人履底前人見後人頂如畫重累者非此地也耶而今道益飾治且有昇者所謂五六步一休蹀蹀遽頓地不避燥濕前有燥地目覘而兩脚不隨且幸免矣自是為十八盤者三而穿中實日天門既上罡風蓬蓬然吹帽欲墮道士衣羽奉樂而迎出沒雲氣中亦一奇觀也行可里許為元君祠元君者不知其所由始或曰即華山玉女也天下之祝釐祈福者趨焉祠宇頗瑰偉而歲所入香緡以萬計用供縣官匪頒其右為御史所棲後一石三尺許刻李斯篆二行一石池縱廣及深俱二尺許亦曰玉女洗頭盆也自是左折而上里許曰嶽帝祠陋不能勝香火其後削壁造天

左為開元帝紀泰山銘唐隸徑可二寸而贏勢若飛動惜其下三尺許為搨碑者冬月燂火蝕之遂不全右為蘇頲東封頌字形頗秀媚尚可辨而損於閩人林焞忠孝廉節四大字又有顏魯公題名損於方元煥詩固不若苔土埋翳之尚可洗而有也自是益北上數百武為絕頂曰玉皇祠祠之前有石柱方而色黃理亦細可丈許所謂秦皇無字碑也其石非山所有或曰中有碑石冒之按李太宰裕記云石埋植土中似方非方四面廣狹不等細觀之總十二行行各十二字多不可識今殊不然然李公以為在開元銘東十數步則非此石明矣恨曩時不於其地一訪搨使先蹟泯泯也復折而東稍一百步復上百步石室冠之高如玉皇祠中有黧色石蓋方丈瑩潤可鑑云漢武帝所藏金泥玉檢地也傳云白雲起封中者是已其前地稍闢即所稱日觀秦觀越觀諸峯者蓋五鼓而起觀日出則為日觀西望而見秦則為秦觀南望而見越則為越觀耳其後人所指某峯某峯皆妄也時霧氣重不可久憩又亡所覩見如春時怏怏而下適徐君至呼酒談詩甚樂三鼓而寢約以五鼓起觀日出然其寢皆已甘甚醒則高舂矣意恍恍不自得強與徐君扶杖而尋昨所遊時天初霽日益弄色其東南盡目力微白而晃漾者以為海耶直北而西隱隱一抹蒼碧若長城之堞者則意以為太行恆嵩之類

耳至稍遠而淄澠濟泗千流疊帶近而諸山皆若培塿獨徂徠稍尊居然一衡几登眺久之因與徐君語傳所稱吳門白馬固未敢信即小天下豈欺我哉俄而諸山各出白雲一縷若冢中起稍上大如席凡數百道則狂馳而遇輒合其起無盡其狂馳而遇亦如之頃刻遂徧成白玉池而仰覩則空青瑩然上下異色呼酒與徐君酌自以為生平之創見所謂野馬絪縕信也俄而報段君至從行者參政張丈希舉副使李君嵩僉事王君遴張君師价因置酒於其署移席玉皇祠南柏樹下記云漢武所種千株大者十五六圍今不能十之一而小疑即其孫枝也酒少間散步至舍身崖其缺處可三尺而下臨杳藹數千仞張丈足縮不敢前而王君席間慷慨談兵事乃亦縮弗前張丈顧而曰君扼腕而談兵毋敢抗者乃亦弗前耶余笑曰此自兵法諸君弗察耳夫無進生而有退生此王君所以弗前也王君亦大笑乃別段君約以次日緣尋山諸勝乃下五鼓復大雨雨連日夕不休余始與徐君同舍而張丈王君舍圮漏乃移就余而舍中水亦將二尺因布長几置枕簟其上小吏裸而行酒炙所劇談六合內外張丈又時時以雅謔雜之凡四日雨始小息夜臥倦甚王君苦吟若寒蟬又時時提余耳告以所得句余不勝惕強起顧視天碧淨如浣而大星百餘巨於杯歷歷箸角殆可仰而摘也質明復

大雨州供業已盡乃行辭段君與諸君偕發時寒甚衣絹素至五重不解亦有乞道士木綿裘者下天門雨止日出每十八盤竟輒去一衣至御帳巖衣去且盡時巖旁飛瀑爭下凡二十餘丈濤翻雪噴若鬪龍吐蟄玉鱗四飛珠沫羣唾余與發不可遏既立盤石流泉中呼酒數大白輒酹長歌振林樾諸君皆壯之有和者有就取飲者移時而報段君至相與之鄷都宮爲小宴別其明年之四月朔以行部道出萊蕪會家大人有邊事甫定乃乞靈於泰嶽以閒登焉將五鼓杖策日觀峯頃之東方色微辨而顧余及從者衣洞赤已觀石室及諸碑碣盡赤乃見一線赤從東黯靄中起顧山之背則猶昏然雞盖三喔也又頃之日輪徐上雲君霓師金支翠旗彷彿鳳從於是諸峯城郭盡現而山之觀與世同矣余三登而始畢其勝然目境耳其峯之爲回雁爲雞籠爲蓮花爲明月爲丈人爲獨秀爲東西神霄崖之爲百丈爲馬棚爲鵓鴿峪之爲石經爲桃花爲馬蹄石之爲牛心爲龍口爲試劍爲龍紋虎阜洞之爲呂公爲白雲爲遙觀泉之爲白鶴爲水簾爲白龍諸用怪偉稱者固未及一二探也夫以封禪告成之主凡七十二而結繩者半之天地之人文鬱而後世之博識者不能舉其畧辭之不可以已也如此哉去余茲役才有七年矣而所經睹若夙夕會至自太和有所撰述因併記之其後二遊

各有詩詩爲七言律凡十首

王之綱泰山記

泰山東嶽山也是爲岱宗爾雅邱右陵曰泰郡志萬物交代故稱岱羣嶽之長故稱宗爲天應角躔地分魯域宋元前隸兗東平路今隸濟南泰安郡道藏書云泰山週廻一百六十里奇五十步方面各四十里郭璞云從泰山自下至頂四十八里三百步漢官儀云盤道屈曲而上凡五十餘盤茅君傳云泰山週廻三千餘里博聞錄云泰山名蓬元高四千丈環一千里福地記云泰山洞天週廻三千里其言高廣遠邇一固人人異以今考之由岱宗坊而左週廻至其坊下凡一百七十里百九十七步其稱一百六十里奇五十步者近是自郡城登嶽坊三里至一天門而上礧砢陀坂循谿入谷度高老橋水簾洞廻馬嶺黃峴嶺二天門小龍峪九龍峪十八盤三天門至嶽頂四十五里其稱四十八里者是也至其峯山嶺峪洞石巖崖亭臺觀宇支麓蜿蜒不可殫紀蓋嘗即其著者而言最高爲嶽頂古登封臺今表其巔爲玉帝太清宮宮前秦無字碑碑前秦觀峯可望長安下爲青帝宮碧霞宮東嶽廟頂以北由丈人峯石馬山而上爲堯觀臺臺之北爲拗山磨山仙臺嶺黃伯陽洞金絲洞蓮花峯佛寺峪即谷山寺寺址即周明堂中有峪泉下爲天津河山谷聯屬嶽頂蓋四十里臺之東北爲鳳皇池會仙菴肅然山臺之南爲鶴山玉女山半有黃華洞洞即後石屋玉女修眞處下有飲虎池大燭山小燭山仙鶴灣天井灣西轉爲明月嶂即明月元臺之西北有北拱臺南拱臺北天門獅子峯船石分金石石後山方正石土嶺頭老鴨尖懶張石屋黑闘石屋青天嶺自老鴨尖西下爲上石屋即雲臺菴下石屋即桂師菴青龍宮黃石崖直至禮山思鄉嶺長城嶺鐵佛寺傅老菴桃花洞自禮山南而突起者爲鴨窩峯猴愁峪西風門峪桃花峪黃山中有白練石屋皆屬嶽之北者近之爲歷山爲長白遠之非燕趙太行之間乎嶽頂以東由太平頂漢登封臺而左爲日觀峯日觀峯雞鳴時見日出於海高三丈漢登封臺或云宋者非云禪者誤俗名寶藏庫峯之東爲鵬窩峯獨秀峯東神霄山壁海石伏虎門鵓鴿崖峯之南爲舍身崖可止臺東天門旛杆石婁子洞崖西下有遙觀洞即昭眞蛻仙巖即王老石屋水仙寨朗然子洞藥圃千戶廳中嶺山水半埠艾窩觀星峪東南十八里爲漢明堂旁有謝過城夾谷會後齊人歸魯龜陰田以謝過處嶽東南地曰谷里即夾谷皆屬嶽之東者近之爲汶陽之田汶河淄河諸水遠之非青登萊海島之間乎嶽頂以南由玉女池德星巖而前爲周觀峯周觀峯可望洛邑峯之東爲仙人橋試心石東影翠石獅子崖五花崖崖西

有避風崖虎頭崖白雲洞鎖雲巖三靈侯廟南天門即三天門左有上清界坊彌高巖朝陽洞即古迎陽洞洞上有半山亭宋眞宗蹕袍松龍泉峯九龍峪小龍峪飛龍巖洞下爲攔住山御帳坪坪上有秦封五大夫松始皇眞宗嘗駐此又下爲望駕石護駕石快活山蛟龍石黃峴嶺迴馬嶺中有玉皇廟登仙臺十峯嶺翔鳳嶺古雲巖歇馬崖三字崖凌漢寨雲頭埠白羊坊水簾洞大藏嶺炮高嶺石經峪中有石經臺高山流水亭萬兩溪公石壁記水簾崖縣經石下爲楊老塢分水嶺東溪山箭杆峪峪東升仙嶺青山南擒虎山東岱道菴西巖巖亭虬在灣飲馬菴王母池飛鸞泉滌塵泉呂公洞后土殿老君堂即古岱嶽觀中有漢柏唐鴛鴦碑下爲三皇廟鄷都廟轉北爲一天門坊孔子登臨坊天階坊飛雲閣中溪山斗母殿轉而西爲大祖殿升元觀白鶴泉鄷都峪眼光殿青帝觀岱麓書院又轉而南爲鳳皇臺漢宣帝時鳳皇集處郡城中爲岱嶽廟中有唐槐古柏西爲長春觀東爲先師廟南爲會眞宮魯兩先生祠城外南有升中古蹟陰字碑亭西爲天書觀醴泉亭高里山鬼仙洞社首壇中有環翠亭再轉而南爲宋封祀壇朝觀壇舞鶴臺皆屬嶽之南者近之爲云亭梁父徂徠嶧諸山沂泗諸水遠之非吳越之交衡廬之勝乎嶽頂以西爲吳觀峯吳觀峯可望吳門孔子望吳閶門指示

顔子處下爲君子峯右爲越觀峯越觀峯可望會稽一
名月觀謂與日觀相對云傘之東爲仙閭巖西影翠石
峯之西爲西天門延至青風嶺兩峯巖西神霄山三尖
山以南九女寨回雁峯即雁飛嶺火焰山仙人掌傲來
山劉盆子寨天勝寨雞籠懸刀芙蓉飛鴉凌漢諸峯下
連馬跡峪觀音洞白鶴洞鳳皇山竹林寺西北百丈崖
天紳泉仙影崖白龍池西[illegible]山元圭石忽雷灣耀星灣
鑼鼓灣普照寺周樸菴今仰德堂三陽菴胡安定公投
書澗孫泰山公讀書授經諸臺石徂徠公侍立景賢諸
石南下大峪口又有大石匣小石匣藏劍匣試劍石三
元石擂鼓石皆屬嶽之西者近之爲靈巖爲長城鉅嶺
遠之非泰晉河源崑崙太華之勝乎以此而言則其稱
至四千里者殆又不足以盡之大抵傳記所載未必悉
合或極夫蟠亙而侈言之或即夫柴望之地而約言之
不越以紀其形勝耳及考其當時巡守則唐虞天子五
載一巡守歲二月東巡守至於岱宗夏后氏因之周制
十二年一巡守歲二月東巡守至岱宗覲諸侯於明堂
自是而漢之光武孝章孝安魏之明帝隋之文帝唐之
高宗亦莫不因焉望祭則王制歲二月東巡守柴望祀
山川周禮小宗伯四望五嶽魯世家周公封魯伯禽爲
魯侯遂得主泰山之祀自是魯僖公宣公之猶三望漢
宣帝之歲五祀章帝之幸祀泰山魏文帝晉成帝後魏

景穆帝唐高祖太宗德宗宋祖金元亦皆有望封禪則
無懷氏封泰山禪云云伏羲神農炎因之黃帝禪亭亭
顓頊帝嚳帝堯帝舜復禪云云禹禪會稽湯復禪云云
其所封皆於泰山焉周成王封泰山禪社首秦始皇封
泰山禪梁父漢武帝封泰山禪肅然光武封泰山禪梁
父唐高宗元宗宋眞宗皆封泰山禪社首若乃登覽則
孔子遊泰山嘆苛政猛於虎顏淵從孔子辨繫練於吳
門曾參歌梁山以力耕孟軻感覆雲以彰瑞伯牙善音
於霖雨之操延陵合禮於嬴博之封孫明復嘆春秋之
微石守道篤侍師之敬胡瑗寘書而投澗許衡寓魯以
名齋雲遊則安期生授少君神樓之劑稷邱君識漢武
升高之危巨和著安道之名純陽留憩洞之跡張仙繫
林檎以示異長春演眞教以稱仙張志純悟道於天倪
徐世隆辨材於三子王從之化跏趺而仙巖蜺故成興
公通元祕而泰頂完眞讚述則刻石銘篆諸李斯封禪
書遺諸相如磨崖碑勒於唐元宗陰字碑書於宋眞宗
張說頌舞鶴之臺晁迥銘天齊之號王欽若有社首頌
陳堯叟有朝覲文王旦頌於封祀壇楊億序於天貺殿
洪邁記乎泰山楊伯仁紀夫岱廟宇文子有宜和之製
杜翺有延禧之述徐炎記萃美之亭党懷英譔谷山之
刻題詠則仲尼邱陵之歌張衡四思之什曹植有飛龍
之篇陸機有泰山之韻謝靈運李白之吟泰山張養浩

李簡之韻登岱王奕王惲有漢柏之句范致沖王旭有
竹林之作杜甫之望嶽盧照鄰之登封劉禹錫遺詩練
師蕭楚才賡和展禮丁春澤爲日觀賦杜仁傑爲天門
銘王欽若紀登泰山李義府述敘封禪梅聖俞之登岱
嶽蘇軾之遊靈巖洞賓揮句於金母池張志純覽勝於
桃花峪凡夫省方而答貺覽勝以窮奇宣幽而發祕者
亦率於是焉是皆不可以無紀者內史氏綱曰余讀魯
頌泰山巖巖魯邦所瞻及孟子云孔子登泰山而小天
下未嘗不嘆其形之勝也至讀舜典封山之文戴記升
中之語則又未嘗不嘆此之足以爲民病也迨讀文中
子有曰舜一歲巡五嶽國不費而民不勞者兵衞少而
徵求寡也後世少兵衞則不足以防窺伺之奸寡徵求
則不足以備羈靮之用然後知封告之非能以病民而
時有不可舉之適足以爲民病也國朝名山大川但因
本稱而未有封號歲時遣祭不廢卒未嘗舉封狩之典
說者以爲度越千古其在茲也豈不信哉豈不信哉矧
其制作之盛如聖祖泰山高之賦列聖遣祭之文昭回
天地而文臣賢士羽客騷人若薛瑄王守仁李夢陽李
東陽輩品題不輟又有以備一代之文章固有不待封
而崇者矣登覽者豈獨以其形之勝已哉是用記之以
告來者萬歷元年癸
酉歲春王月之吉

王思任泰山記會謂泰山不如林放乎兒時問先生遂
結一碧痞十二歲從盱江還驢上見嶧山是矣非是而
痞乃痛既以姑孰令兩附輯圭走兗道僅宿春耳終不
我即去來鞅鞅青未了也丙辰之冬岱入夢意惡之丁
巳左官齊幕開府李公西卿修年好予還亟觴之謂泰
山色且落子馬首幸以所得來而直指畢公又申之以
嘉命今日無筊篝之愁明日有順風之縱少伯纔出石
室得夷光而入洞庭也景日俱賀矣乃以六月廿四日
至博邑寅鼓飯家力汰弱獎健肩輿出登封至紅門改
腰筍看泰山易與耳吾家秦望兒弟也兩記室朱儲言
將毋同至一天門壑石鬱確歷斗母殿高老橋折澗瀑
瀑幽雌靡定數里爲水簾洞晴捲不下而意可會也又
數里爲馬棚崖言崖可屋馬也又數里爲回馬嶺蹄至
此不可使爲緣也又數里爲黃峴嶺得名以色此泰山
轉伏轉起之脈也傲來一峯嘗向人前雄誕謂不讓泰
山而至此羞澀稱婦子十步一休五步一徊苦甚而得
快活三此三里入氣一鬆謂之快活三也對岸諸峯頳
紋蒼點披麻皴戟起數折而憩玉皇閣以爲至矣舉首
天紘杳杳猶然更衣亭也兩記室曰艱頤泰山之高沈
沈者秦望到那許隱殷響中見紅沫者二天門乎且摩
蛟龍石蜿蜒而遊也越數里飛瀑砰下高山流水子牙
鼓于此乎御帳崖宋暉之以是秦人所蔽風雨也何物

臺傍松奄奄一息而猶忍大夫之爲又數里上朝陽洞
登振衣亭望徼來畏怯逡巡已甘臣僕下所謂百丈崖
大小龍峪者盡夾壁天穿仙巢靈窟鐵結磓礧止許五
丁削一綫與人也後人見前人履底前人見後人頂如
晝重累人正其際耶自十八盤以上松益瘦瘦樹堅黑
苔繡或蒼或白路梯立終無橫人豈特不與膝共類兩
相支而已距躍三百輿人不我戒級半回首幾嚇癈而
目與胆大惟蓬蓬獵獵者即來破肉生平雪三伏之仇
亦一快事自三天門內逶迤數里如入小村頂在股掌
矣予意先謁青帝而道士萬如有元君考元君之始黃
帝封岱遣七女雲冠羽衣迎崑崙眞人元君其一也而
祠前載西牛國石氏之女得背仙指入天空山爲碧霞
君則又不如何據金碧輪奐靈爽赫然而嶽宮之圮反
有遺洩者豈嶽帝似土官而元君爲置吏耶元君走四
方如鶩歲收金錢數萬計士女一香燈丐喃唄誦雷吼谷
搖有墮踏至死者而是日催衆一二輩得饕淨游之福
甚恬之日小午霧蒸蒸起道士以爲頃刻海市則又甚
虞公羊氏之說乃飯罷天浣如碧得禮青帝宮右行而
登玉皇殿後有石壁廿丈明皇紀泰山銘字俱掌大八
分古勁當是倣韓擇木筆有桃花泉題兩餘雲海徬郎
蘇頲東封頌而林焯以忠孝廉節劉蕃之焯一家堂中物
強以詔泰山此豈可令乃祖林放見耶遇每一巖字面

贅字何處不可塈而共欲黥泰山爲亟去看無字碑丈
許滑玉若幕覆然絕非此山物不如何以鞭來祖龍欲
無字今儒欲有字蒲車葅稭幸不爲所坑耳焚書有遠
識哉乃上登封臺而泰山之極詣於此呼吸通帝座矣
下視茫茫野馬也絪縕也月蠕引數灣或明或動者涂
耶泮耶汶水耶而猿蹲几下者又傲來耶如鼠拱如龜
伏者梁父長白諸山耶七十二君之所封也孔顏之所
語也曹謝李杜諸老之所羨詠也此也望後幛一圖其
左肩更矗石黃蒨翠染突而成何當吳閶石田輩來此
肩一屏去以予所目萬雅飛至青有三十餘層俱翼弱
不前前日濟南華不注一乳粽爾若此鬬得付一炬吾
當盤礴仰空以天爲紙濡墨北海寫一大字此後投筆
可矣而道士又爲予言黃花洞幽絕也則從丈人峯取
徑抉荒耐怪十五里不聞鳥聲蛇行而得亭焉萬松枝
閣望其下黑翠毿毿洞即天空山也不甚廣迹元君拇
指飲其泉兩腋毛冷人言泰山松泰山實無松但稟石
氣多隱壽于此者勝爾欲取桃峪尚遠還經回雁峯下
股不佞目矣乃少臥署中以日之西蒞五花岡觀周觀
酌玉女泉冽之捫李斯篆念九字昧死請凡兩出泰一諂
何栗也然非天子不考文豈得人誦泰山哉即李斯一
晝今人未嘗夢見而反蕪之垣尻棘首時倌學不師古
矣左行而下爲禮斗臺魯班洞搜剔無異而白雲洞几

幾研楊侍郎書兩天下三字差可人乃上月觀指點州
城畝餘方蜓而穹窿之嶽宇棋枰白杪而已道士言某
峯火焰某凌漢某神霄某紫天勝劉盆子俱返照中影
旆不大悉歸路暝矣迅寒入夜盡集暑具守腹背猶不
支起看簷頭萬星如斗欲滴又如目睛動閃不等引去
宮鴟尺五也相與爇松走日觀過漢武玉檢碑不見白
雲封起但有奇鬼搏人久之黑中一帶血融融然微而
茁踰兩時而盛人鬭戰擊盡保亭中已辨字而山中寂
無雞喔視下方漆昧正人世寢酣時也海氣不清煜煜
金盪者有物點之雲耶山耶不可知亦無赤丸可探不
如吾鄉越嶂早望反得跳快道士以爲非秋不見則日
觀此來惧寒多許人矣呂叔簡之解不道學也從望海
石履仙人橋竊舍身崖有大人先生以孝經作法律巨
書於石死之人愚而挺勸之人古而迂年年無禁者何
似神道設教見夢於元君之易從乎乃別嶽歸下南天
門一瞬頓不知吾何以上輿股灑甚以予身蕩之兩手
據竿僥倖不振落耳仍觀石經峪盤似虎邱大有流趣
乃元人書佛經一派活泉鋪過而明人遂刻大學一章
以敵之苦極此輩至山麓日已踰午不及看漢柏第回
仰數十里壁立萬仞又靄靄雲氣中也生中國或不能
見泰山見泰山或不能游游矣或不能盡盡矣或不能
兩日之內毫無所蔽無人而獨領吾乃知嶽游有夙嚌

昔之夢非妖也王思任曰吾登月觀日落如車有日之
觀吾登日觀月挂如船有月之觀雖不兩得亦未兩失
也泰觀入烏吳觀無馬則斷斷兮矣庶幾周觀之東乎
泰山丑寅交代之地是帝之所出震也萬物怒生于此
首建元氣磅礴形郎壯爲宜其父崑崙而兄四嶽也人
身七尺眼僅寸餘所見者百里而域泰山有丈目郎可
以通萬里乃其軀四千丈當如何視由甸耶維天東柱
障大海鎮中原鍾賢聖興雲物潤兆民府神鬼變化無
方奇不在一泉一石間也此不可以游賞而可以觀善
觀者觀其氣而已矣孔氏觀之日渾然孟子觀之日浩
然俯察厥理各有所會登泰山孔氏意也小天下則孟
氏意也若予之意止在泰山一片青也今而後予之腹
其空洞
矣乎

于愼行岱畎圖經記岱宗之山周迴三千里命曰三宮
空洞之天古帝王所告成也其上有日觀之峯有玉女
之壇其阪有秦人之松有漢人之柏其麓有嶽帝之宮
其陰有黃華之洞玉女是焉修眞岱宗之北六十里爲
玉符之山上多栝柏多椒下爲朗公之谷是有金仙之
宇命曰靈巖又北百二十里爲玉函之山嘗有玉函其
上漢帝啟之化爲白鳥是爲王母所使亦曰千佛之巖
其下齊州在焉中爲湖水多荷芙蕖西爲濼水之源湧

出若輪北流入於沸水沸水之北爲金輿之山史之謂華不注孤峯亭立狀如青蓮厥有華陽之館是爲北紀岱宗之南四十里爲徂徠之山汶水經之又東百里爲龜蒙龜蒙之前不足百里爲陪尾之山泗淵之水出焉泉如列星其石五色滙而西流過五老之峯是爲尾山又西三十里逕軒轅之邱會於闕里其别爲洙瀆又南六十里爲鄒嶧之山其山積石孔洞狀如累丸上有白雲之宫秦人於此立石謂之書門邾婁之國在其山陽是爲南紀岱宗之西爲仙閭之巖羽人居之命曰三陽觀其陰多五色芝多赤箭服之已人風疾又四十里爲傲來之山其山嶕嶢萬仞有石壁焉黑質而白文如人東向立其名曰仙人景其下懸流百丈滙而爲淵命曰白龍之湫出爲渿水又西三十里爲雲臺之山其壤多黄亦曰黄山多棗栗之實有泉出其巔垂如白虹流而入於汶水又西三十里爲金牛之山上有龍淵下有肥子之國又西二十里爲陶山山有二崦左曰東幽右曰西幽上多洞穴下有池水謂是種魚之陂志曰陶之朱公浮海至齊止此居之其野皆沃水也又西南六十里爲大徭之山厥高千仞狀如觀闕其下狠水出焉又西十里爲雲翠之山其巔有石焉削成而四方謂之天柱多朮黄精服之不死其坳有玉帝之閣是爲西紀雲翠之北有洪範之淵北流入於狠水出於穀城是爲管子

之邑城北有山上多文石經曰緺羝之首北望穀城之山是也秦時老父是授畱侯素書其西爲虎窟之峯下臨汶水北爲香山其上多蕨有梵帝之閣是邑也萬山環之其中有畸人焉厥狀徐徐于于巖石是棲蓬藋之田是食命曰懸解之民其處善臥其出善遊遊於岱宗之野三登日觀之峯以望滄海北至於沸南至於嶧無不周也其遊與若士爲偶左手操盃右手操管其止恒飲其醉恒歌歌聲中金石之音褚氏之子默而傳之藏諸奚氏之室是曰岱畎行吟萬歷閼逢
敦牂之歲十月既望有是先生自題

「于慎行登泰山記」蓋予家岱山之下嘗再從子充遊其時率在暮秋若三四月五方士女登祠元君以數十萬夜望山上篝燈如聚螢萬斛叫嘯殷賑鼎沸雷鳴彌山振谷僅得容足之地以上而其時水泉多枯木葉或脱故山之奇麗珍瑰未露其十一二露又爲人衆所掩意五六月之間水木方盛必有瓌異之觀而居常以憚暑不能出卽出又無與偕徒側身東望思焉粤歲辛巳六月予臥病穀城山中朱廷尉可大倚舟廣川過而訪予相與盤桓雲翠東流之間望泰山雲氣如在衣袖於是决策同往以其月十有九日發東流泉上行山水之間二日而至泰山下主人肅[illegible]館舍明旦昧爽衣冠謁三嶽祠祠在郡城坎方負嶽而宫埒鈞天之居出登封門

昰許至于嶽麓有雙觀焉謂之一天門下車乘篮輿以上磴道鱗鱗谽谺逶迤仰見峯勢嵬嶷嵬光如乘天之雲峻不容屐以爲决不可至行數里至迴馬嶺玉帝之觀在焉其峯曰蜺仙巖觀之前爲昇仙閣憑閣望羣峯反在足下而其上則又有[illegible]者磴道益斗絕詰曲偪側而上樹四人以爲竿而中貫一輿前人之趾履後人之顛後人之趾在予背上其後二人如之應劭所謂如畫重累人矣兩旁丹壁翠崖嵾嵳嶠崒雲霞萬色陰晴異態飛瀑爭下濤翻雪噴流聲淙淙乍大乍細若懸綆鳴環下而迎客而水簾洞之泉從山下瀰漫下流注於絕壑以入磵礧忽然而沒有時復出石梁木楨互相撐拄間以其耳目與之接惟恐失之而不敢縱觀然後知此山之奇向者眞未得其一二也又數里過黄峴嶺西行折東北則下而復上又前數里御帳坪在焉御帳坪者秦人所從蔽風雨也當嶽半道負中峯而處左右諸峯兩面環拱石泓數畝泉流其上釃而下注厥聲砰磕宋眞宗駐蹕遺址有亭亭前松樹二秦所封五大夫也生石隙中不甚高大而幹皮龍鱗類數百年物其決不爲秦時松可曉而地則中阪無疑意好事者卽其地樹之從者曰松有五雷雨壞其三非也五大夫者秦之爵級松何必五假而封七大夫松又將七耶從者不對又上則峯崖益險壁立插天其石皆磊砢相承或圓或方或

攢或長巉巖崒嵂不可名狀而其垠堮之間色相種種望之迷瞀其丹而紺者爲殿爲屋兩巖之間一隙碧而如帶者爲天光翠而如髮者爲松蒼白而如繪者爲苔萬仞懸而如鳥巢者爲羽人之居而俯視則谿谷磷磷不可見丈尺又數里爲大小龍口龍口者石峽飛泉如龍吐也小龍口之旁爲斗母觀自此以上凡嵌嵓之間爲仙靈神鬼之居者羅而列於左右蓋所謂神房洞天百靈之府也又數里爲十八盤古謂之環道望天門如一隻矢括在其端上盤如緣壁矣因謝輿拾級而上距躍三百揮汗如雨出天門之上左折而至碧霞宫碧霞宫者所爲祀泰山元君也負玉皇頂而立抱五花峯於前日觀在其左丈人在其右規制狹於嶽宫而金碧煜爚觀闕暉麗顧反過之其西爲使館玉女之池在焉膏渟黛蓄肅有靈氣其旁巖上卽李斯篆也予與可大就館更衣謁元君於壇羽人贊祝出而臨五花岡巒糾紛含谺懷谷雲樹宫宇俯在目底下視郡城蓋盍罨靄文洸如線環之數周川原迴合縈青繚白提封百萬不盈一矚由宫左折而上爲青帝宫其後峭壁數十仞鐫開元泰山銘又北上數百武爲玉皇宫宫在絕頂古之封壇秦皇碑在焉碑石青白高二丈而無文葢歲久夷滅或曰秦所以表泰山其下有石函玉書於理不誣繞玉皇宫之後倚闌而顧俯見西面羣山蟉蛇蜿蟺如盤龍

足蛇透七十二峯之下其支脈首尾歷可指數以至於海而桃花明月石屋諸洞在嶽之背列仙所紀金牀玉几之勝若將覩焉記曰天孫岱嶽周迴三千里以今觀之嶽崟乎三州之半矣又折而東可一里許漢之封壇在焉石方丈許碧而瑩賦屋覆其上又東爲日觀以旦觀日不往而南登捨身臺捨身臺者一峯陡出其平處可數尺而下臨千丈以三石攀抵博尺有咫謂之仙橋過橋而席於臺日光西沈霞色在壁風吹冠裳聲如裂石於是相對大觴望見西南有千家之聚橫以大堤默黑無際諦視之雲也蓋雲如烟火下博上銳平地覩雲見其端此見其杪頂之月出羽人吹笙和以歌音極酣而返山氣懍慄枕席皆濕不可以寐出立壇上月光熒熒星斗可拂俯視萬壑烟雲一氣茫茫正白銀海玉波不可辨識道家所謂三宮空洞之天也往聞人言山以夜半觀日出訪之羽人五六月間平明乃出五更可往也於是坐而至五更秉燭披衣以登顧見山中雲氣從澗壑吐出如一縷烟稍上而大大東西聚散車馳馬奔倏然往來頃刻滅沒於是可大大呼以爲平生未有從者盡譴東方作矣回而東望有山數峯如臥牛車蓋之狀而又漸沒赤霞半天光色媚麗間以碧綠熠燿五色直射衣袂頭之平地湧出赤盤狀如蓮花蕩漾波面而熾煒不可名狀以爲日耶已又一赤盤大倍於先所見側

泰山志卷五　山脈總論　三十三

立其上若兩長繩左右汲挽食頃乃定羽人告日昇矣蓋先所見如蓮花者乃海中日影非日也日且高春赤霞與影皆沒而下徹見一綫白滉瀁明滅羽人曰海也又頃之日左黑氣隱隱一抹狀如連山長城可大示予此眞六鰲所戴矣羽人曰雲也可大一嚎走望海石上取酒浮白醉而熟寐從者咸慄且呼予睨而心壯之回立登仙臺西望丈人越觀二峯近在目睫因顧可大往予與子充登嶽倚越觀望君今吾陟丈人峯可瞰太行呼子充也會疲不能往策杖而下氣益舒展每行數里則求嘉樹流泉或峯坳片石捬膺而坐舉觴屬可大日此非伯牙避雨巖乎夫高山流水於子何逃聲矣由御坪而下憩於巖巖之亭折而左入得經臺峪經臺者石壇斜倚山曲方廣數畝鐫心經一卷字大如斗壇北有壁瀑布從山上來懸壁而下流於經壇瀰漫過之從水上覩篆書一一可讀壁上鐫數大字以水爲幕往予再遊蓋未嘗至以僻不當道爲人泉所蔽故也過經臺而下出一天門左折而得岱嶽觀又東里許得王母池池大盈畝懸流注之浩經臺之瀑已而雨至登車出山涉泉而行天暝持炬車中聞水聲在足下者數里而至逆旅明日大雨主人請遊三陽觀告遽而行至百丈峯下望山上瀑布數道如從天下蓋在山之西南非舊所見矣岱畎生曰予覽古圖經脈地勢所由高下蓋北紀諸

山負地絡之陰竝太行王屋東踰常山至醫巫閭而止南紀諸山負地絡之陽連桐柏熊耳入於甌越江淮河濟所繇東下如建瓴矣岱宗獨立海上西向而揖羣山汶洸沂泗出其支麓旋之如帶以入於海其狀若負扆云往河流燕齊間由岱之北挾濟入海今從徐方顧反出岱嶽南挾淮入海斯地道所變遷也予登山巔北望九河故迹蒼茫與天際矣

釋慧秀岱宗賦

惟大東之靈嶽跨齊魯之土疆應天星於角亢分帶礪於徐方配高明而作則司人命之短長實九垓之巨鎭稟淸氣於少陽考虞巡以稱首歷周狩而彌光秩視三公位居長子佐靑帝以發春御蒼龍而經始爾其渾淪磅礴赫赫巖巖含精布化蓄寶出潛拓阯繇邈四方是詹仰絕雲漢挽窮荒萄渤澥杯浮碣石芥峙丸泥啟於函谷匹練懸於吳會雞鳴出日鳥宿沒景極宇宙之壯觀肆心神於獨騁若夫妙幻恍忽甫陰欻陽轟雷車於下界張鳥翅於崇岡靉靆則滃從膚合霡霂則潤及要荒霞明霧晦集霰飛霜紅芳脫而綠茂嚶鳴逝而鷩揚固無物而不備亦何序而不臧其上則神霄玉女日觀天門丈人君子巖崀居尊鳳皇石馬鵰窩鶴巢思鄉分水青嵐疊消三字五花傲來仙影鎖雲弄月迴雁孤挺悲愚俗之舍身念仙閭之莫拯其下則

泰山志卷五　山脈總論　三十四

徂徠高里梁甫云亭蓮花峠崿獅子崢嶸御幛當前馬棚侍右仙臺遠峯長安迤後飛鴉伏象負磁懸刀呼名不一送目匪遙靡不紆青貫紫吐瑞擊霄列仙班於廡下羣拱玉以來朝石則羊關虎皁牛心龍口大懸小懸舟屋形取若塗臙脂於落照試干將而中剖織女用以支機生公喜其肯首泉則飛鸞白鶴護駕滌塵瑤池水簾玉醴天紳碾駿周於石屋聖泉瀉於雲根泛桃李兮出谷漬雲藥兮輕身洞則白雲黃華鬼仙金母想引蛇於五丁異藏書之二酉峪則大龍小龍石經石壁間椒子於陽坡識仙人之履跡至若東西二汶虬在鷹愁投書飲馬雷鼓喧流王母之池封家之匯或下淶河或趨汶水取仁智之能兼豈江湖之是侈爾乃天喬竝麗飛走咸若松卻秦官柏膺漢爵椿梧梓檜榆柳桑柞楸樹榕欒楊棟羣木皆土所宜取用斯緯卉則辛夷長春凌霄夜合鸎粟雞冠薔薇芍藥山丹月季五色的皪紫藤黃蘐尤堪饋饁果則梨栗棗柿梅李杏桃林檎石榴蘡實充饒朱櫻夏熟紫柰秋搖可以黍雪可以冰調瑚璉是薦辟暑鎔痟藥則青芝赤箭太乙長卿鬼見須愁王不留行車前之穗馬兜之鈴黎盧澤瀉山查地丁鴛鴦之藥枸杞之英金石砂土載在圖經克瘳厥疾匪若眩瞑鳥則紅娘巧婦白練黃鸝鳩雀鶯鳩鴉鵲雉雞提壺布穀野鶩鷓鴣聲如唱佛種似畫眉鵓鴿翡翠時或有

之獸則獐麃羅鹿蒼狐白狼兩足躍兔三色猜羊戴珠
之狪披黃之鼠犇𪊲投崖晝伏夜起匪月山珍備物廼
紀谿磵之水易涸易盈游鱗不產奚貴空名穀有穇䅟
稻麥菽粟胡麻巨勝民用桓足豆兼黑白青黃赤綠香
聞九里歲惟二穫野繭纏絲木棉遷蓐有枲有麻以供
常服堅冰在陰積雪在谷少暑多飆陶旅不蓄太古之
風淳樸之俗穴處巢居如豕如鹿是曰山蚩迷龍就咢
若夫葆光抱一喻景餐霞擁琴而晤帝驛授枕而駐春
華崔文賓丸安期龍散皆託跡於名山豈東都之所產
亦有斷言離相晏坐經行擁柟檀之海傳日月之燈心
空浩劫境現化城竦青鸞於椒輪來白馬於西竺莫不
志超元闕道合法程然而正智罕修詭習易啟褻鬼神
稽稗史標元號於碧霞肖天孫而廟祀冠裳信其耳食
佔販遵其遐㘴役蠢庸傾婦寺望雲封以叩心首奉高
而委積靡不思靈墟之一奏鏡翠蘤之作臨羣謀翕集
千里同心乃俾東皇避烈震位遜尊無懷之神既騶軒
轅之轍不臻玉檢森芒金泥銷爍墟秦漢之遺蹤悼登
封之弗續茂陵所以興懷蠶室虛其敘錄抑未詭夫降
精孕淑誕孔生顏孟表乘雲之夢會歌雨雪之田決泱
大風巍巍雅操一聖三賢皆鍾元造發二儀之祕藏開
百王之道奧窮羣昏於長野振千秋之文教此四嶽甘
心乎峻績而九山弗矜其微効者也亂曰天作高山岱

泰山志卷五　山脈總論

惟宗只終始萬物位則崇只油雲沛雨但常豐只篤生
聖賢徧無窮只民之昭昭繫厥功只匪孔及孟世皆曚
只七十二君道則彰只封不加尊德有常只彼秦與漢
儀既詳只六師皇皇民事劭只鴻惟我明秩號當只遣
告以時國運昌只我
賦且歌思不忘只

國朝周藩泰山賦以揣天下於泰山之安爲韻惟嶽瀆之
成形視公侯之分揣水順流而朝宗山常峙而羣固望
北極之崚嶒自渾源而飛渡瞻南陸之岧嶤翳祝融其
孤露削三峯於太華絕龍嶺之依附列二室於中嵩憑
女几而迴環是宜作鎮以居方莫不效靈而綿蓰若乃
調元出震宰物參天疆分魯室星曜角亢冠羣嶽而稱
宗扶輿鬱積莞芸生而迭代造化司權結輪囷之福地
吐奇秀於層巔拔躋則盤礴數十繞匝亦步武盈千石
偃蹇而堆阜洞潺湲而流泉池一泓而清淺峪萬態之
阿卷當峯過而路轉臨絕壁於深淵甫停雲於嶺上尋
騁目於祠前久推靈府厥號蓬元爾其正位當陽尹高
自下仙影如迎德星不夜秦碑無字以搘撐玉女乘風
而羽化簽猊卓立而揚威猛虎猙獰而恐嚇雲鎖[illegible]
以自成水簾滴瀝而珠瀉飛龍夭矯而虬藏翔鳳[illegible]
而鶴啞五花三字捫手有稜流水高山暴經無棚時拊
石以試心還避風而無據既凌漢而彌高亦朝陽而望

駕斯則御幛之巖壑皆奇而邀封之大夫堪詑者也他
如神宵分列翠影相於顧瞻左右遍歷崎嶇探藏龔之
鵰窩啟邃幽於仙閣望海若之澎湃觀星宿之乘除吳
門渺以闐寂洛邑化爲邱墟日甫出而曈曈雁倦飛而
徐徐數三尖之默默攬獨秀而魚魚乍憑空以搗鼓思
臨澗而投書將授經而卒業寧藏劍以淪胥石景賢其
特立臺可止而何居彼君子兮方高蹇而邁俗有丈人
者若矗起而招予爰是策藤杖卸籃輿躡遊屐飄仙裾
發金絲之響防石馬之砠怖虎飲之饕餮感猴愁而歎
獻明月嶂前陰翳桃花洞裏泥淤朗然子歸鳥有黃伯
陽屬子虛亦何事向一懶張而問道臨黑闥以躊躇則且
管窺博物鈔青小譜一靈布濩萬象專與仙茗香遠而
軋茁巧婦韻清而棲廬山僧讚佛而不輟天麻滴淚而
堪鋤練捲紅白而熠燿英餐紫赤而常儲蔓抽四葉而
種別兔蹤兩足而技疎狪狪僅誌於神禹斑斑偶似夫
王餘是特標奇之未節而爲他山所弗如刎槐自唐而
枝茂柏從漢而條舒經風霜之剝蝕穆然想見乎古初
懿夫上下交地天泰麟鳳遊車書會以時巡方春蒭載
青旂張翠葢勃法宮鸞聲噦坐明堂恩膏沛一八慶兆
民賴歌四國之是皇告三時之不害是其省方也務使
宣德達情而其望祀也不過燔柴沃酹王心無逸以作
所穆穆爾容神靈申命而用休綿綿其賚夫河七十二

泰山志卷五　山脈總論

代之君陋習相沿上封下禪徒喜功而好大曰云云與
亭亭侈規模之無外若天書與靈芝尤伎倆之狡獪聿
有景行前哲仰止高山藐六合於指掌梯九仞而難扳
嘆苛政而心惻望匹練而鬢斑雲飄飄而嗚咽猘子職
於寬閒彖巖巖以篤生看雲氣之往還懷爾音於霖雨
誌吾過於郊闕析春秋之奧旨堪砭訂夫愚頑若烟霞
之錮疾駐大藥於朱顏或完真而蛻故傷寂莫之維縶
或誣芳而表異要彖數之素嫺神已遊乎方外世不類
乎人間苟傳疑而多闕詎仙籍之可刪至若登皐以嘯
者有味乎言之邱陵發興於宣聖篆檔勒石於李斯子
建之才高七步張衡之韻叶四思李杜之氣體高邁陸
謝之句法參差相如蜀札於身後洪邁撰記於當時燕
國公落墨自大回道人琢句生姿宛陵以窮考而彌工
髯蘇以壯遊而恢奇銘天門而氣沖霄漢賦日觀而彩
映瀛池凡夫萃美宣和之製磨崖陰字之碑罔不彪彪
而炳炳信大文之在乎茲因作歌曰登岱嶽兮望長安
輝
宸翰兮陋紫壇卿雲縵縵兮霏露溥溥山光勃發兮廟貌殊
觀紀
翠華之駐蹕兮來舞鶴與驂鸞惟明德之薦馨兮極上際而
下蟠元君聿彰其丕應兮萬年厭而百福攢何高厚之
不擇土壤兮占鴻雁於漸磐思成民以致力兮[illegible]

而驕厥官抒長言以詩
往兮靈踴躍於毫端
周孔于邱陵歌登彼邱陵岺嶍其阪仁道在邇求之若
遠遂迷不復自嬰屯蹇喟然回顧題彼泰山鬱確其高
梁甫迴連枳棘充路陟之無緣將伐
無柯患滋蔓延惟以永嘆涕霣潺湲
漢張衡四愁詩之一我所思兮在泰山欲往從之梁父
艱側身東望涕霑翰美人贈我金錯刀何以報之英瓊
瑤路遠莫致倚逍遙
何爲懷憂心煩勞
魏曹植飛龍篇晨遊泰山雲霧窈窕忽逢二童顏色鮮
好乘彼白鹿手翳芝草我知真人長跪問道西登玉堂
金樓複道授我仙藥神皇所造教我
服食還精補腦壽同金石永世難老
曹植仙人篇仙人攬六箸對博泰山隅湘娥拊琴瑟秦
女吹笙竽玉樽盈桂酒河伯獻神魚四海一何局九州
安所如韓終與王喬要我於天衢萬里不足步輕舉凌
太虛飛騰踰景雲高風吹我驅迴駕觀紫微與帝合靈
符閶闔正嵯峨雙闕萬丈餘玉樹扶道生白虎夾門樞
驅風遊四海東過王母廬俯觀五嶽間人生如寄居潛
光養羽翼進趨且徐徐不見軒轅氏乘
龍出鼎湖徘徊九天上與爾長相須

曹植驅車篇驅車揮駑馬東到奉高城神哉彼泰山五
嶽專其名隆高貫雲蜺嵯峨出太清周流二六候間置
一二亭上有湧醴泉玉石揚華英東北望吳野西眺觀
日精魂神所繫屬逝者感斯征王者以歸天效厥元功
成歷代無不遵禮記有品程探策或長短惟德享利貞
封者七十帝軒皇元獨靈殘霞激流瀣毛羽被身形發
舉蹈虛廓徑庭升窈冥同
壽東父年曠代永長生
晉陸機泰山吟泰山一何高迢迢造天庭峻極周以遠
層雲鬱冥冥梁父亦有館蒿里亦有亭幽岑延萬鬼神
方集百靈長吟泰
山側慷慨激楚聲
謝道韞泰山吟峩峩東嶽高秀極冲青天巖中間虛宇
寂寞幽以元非工復非匠雲構發自然氣象爾何物遂
令我屢遷逝將宅
斯宇可以盡天年
南北朝謝靈運泰山吟岱宗秀維嶽崔崒刺雲天岞崿
旣嶮巇觸石輒遷縣登封瘞崇壇降禪藏肅然石閭何
晻藹明堂
祕靈篇
唐李白遊泰山六首四月上泰山石平御道開六龍過
萬壑澗谷隨縈迴馬蹟遶碧峯於今滿青苔飛流灑絕

巘水急松聲哀北眺崿嶂奇傾崖向東摧洞門閉石扇
地底興雲雷登高望蓬瀛想象金銀臺天門一長嘯萬
里清風來玉女四五人飄颻下九垓含笑引素手遺我
流霞杯稽首再拜之自愧非仙才曠然小宇宙棄世何
悠哉　清曉騎白鹿直上天門山山際逢羽人方瞳好
容顏捫蘿欲就語却掩青天關遺我鳥跡書飄然落巖
間其字乃上古讀之了不閑感此三歎息從師方未還
平明登日觀舉首開雲關精神四飛揚如出天地間
黃河從西來窈窕入遠山憑崖望八極目盡長空閑
然值青童綠髮雙雲鬟笑我晚學仙蹉跎凋朱顏躊躇
忽不見浩蕩難追攀　清齋三千日裂素寫道經吟誦
有所得衆神衛我形雲行信長風颯若羽翼生攀崖上
日觀伏檻窺東溟海色動遠山天雞已先鳴銀臺出倒
景白浪翻長鯨安得不死藥高飛向蓬瀛　日觀東北
傾兩崖夾雙石海水落眼前天光遙空碧千峯爭攢聚
萬壑絕凌歷緬彼鶴上仙去無中雲跡長松入雲漢遠
望不盈尺山花異人間五月雪中白終當遇安期於此
鍊玉液　朝飲王母池暝投天門闕獨抱綠綺琴夜行
青山間山明月露白夜靜松風歇仙人遊碧峯處處笙
歌發寂聽娛清暉玉真連翠微想象鸞鳳舞飄颻龍虎
衣捫天摘匏瓜恍惚不憶歸舉手弄清淺
誤攀織女機明晨坐相失但見五雲飛

杜甫望嶽岱宗夫如何齊魯青未了造化鍾神秀陰陽
割昏曉盪胸生層雲決眥入歸鳥會當凌絕頂一覽衆
山小
李德裕泰山石雞鳴日觀望遠與扶桑對滄海似鎔金
衆山如點黛遙知碧峰首獨立烟嵐內此石依五松蒼
蒼幾
千載
張懷貞泰山頌泰山巖巖兮凌紫氛中有
羣仙兮乘白雲陳金薦璧兮　缺三字
宋王欽若登泰山四顧無雲道路開黃麾迎從六龍來
三神合祭光千古萬族傳呼動九垓幽鳥似通崑閬信
真松深隱棟梁材已知身世
非常事會到天門十二迴
石介泰山詩七百里魯望北瞻何巖巖諸山知峻極五
嶽獨尊嚴寰宇登來小龜蒙視覺凡此爲羣物祖草木
莫鋤
妥
石介嶽色春色滿魯兮雨餘堆汶河濃雲映不盡殘照
射來多高與天臨縣閒同月上坡時開西北戶愛此巒
嵯峨

杳道登岱凌空疊嶂絕凡埃青帝高居絳節開捧出海天紅日近迓將蓬島碧霞來石閭閃爍迎陽洞玉簡光華封禪臺一自祥符禋祀後太平頂上最崔嵬

元元好問登岱泰山天壤間屹如鬱蕭臺厥初造化手劈此何雄哉天門一何高天險若可階積蘇與累塊分明見九垓扶搖九萬里未可誣齊諧秦皇憺威靈茂陵亦雄才翠華行不歸石壇滿蒼苔古今一俯仰感極令人哀奇深忘登頓意愜自遲回夜宿玉女祠崩奔湧雲雷雞鳴登日觀四望無氛霾六龍出扶桑翻動青霞堆平生嵩華遊茲山未忘懷十年望齊魯孤雲拂層崖青壁落落雲間開眼前有句道不得但覺胸次高崔嵬徂徠山頭與李白吾欲從此觀蓬萊

王奕泰山詩扆齊機魯闢天關左右微垣列兩班大展明堂俱翕受黃河東畔少遊山

張養浩登泰山風雲一舉到天關快意平生有此觀萬古齊州烟九點五更滄海日三竿向來井處方知隘今後巢居亦覺寬笑拍洪崖詠新作滿空笙鶴下高寒

李簡登嶽三峯突兀與天齊天門未到勞攀躋層層石磴出林杪縈迴百折青雲梯盤石甃憩舒清眺澗壑風

來號萬竅水聲俄在樹梢頭疑有於菟天外嘯向曉纔登日觀峯手披雲霧開鴻濛火輪欲上海波赤金霞翻動蒼龍宮黃河一線幾千里吳越山川眞地底爲數齊州九點青更將伏檻窺東溟李白不遇安期生安得羽翼飛蓬瀛

吳萊泰山高寄陳彥正泰山一何高高哉極青天世人欲上不可上層巖峭壁徒攀緣望中絕頂路一斷石穴上出鐵鎖下縆歷趢相鉤連誰歟愛奇者步步喜若癡已心不顧死雙手捩長烟毛羣驚迴少虎豹羽族跕墮多鳥鳶浩氣剛風摶結虛空作世界蜚龍捷鬼鑿開混沌巢神仙道逢四五叟含笑使來前黃冠皓髮傲兀楊野蔌菜粥鋪盤筵自非爾願力何計此留連當知卿扣綬昧雲霄有頂處得不俯懾嶄巖箐棧無窮淵嗟茲大凡夫行尸走肉眞猩纜段帑思家最可惜李紳戀俗終離鏑舉頭告神人苦乏風馬與電鞭蘼蘺東縛郎絕下佀見松柏欑槮數萬仞石稜突兀橫戈鋋古來秦漢東封不到此悴問梁父并肅然日觀嵯峨恍在下蓬萊浩渺空樓船彼云鯨可射此謂狗能牽安期羨門一往不復返文成五利受寵驟貴祈長年仙人自有眞至道何由傳迷馬龍漢延康紀去授金鐺玉佩篇

賈魯登泰山岱宗何崔嵬羣山無與比使者入塵囂望之不勝喜無緣凌絕頂詣祠聊致禱夫何一殿存千間暴遺圯人言遭劫火金源亂兵裏感此廢昔年傷今未能理飛奏入彤庭經營頁在邇奈何齊魯饑百姓殘糠籺神分願效靈釀懷多樂祀行當復故宮金碧蕩瞻視

明宋濂登岱岧嶤泰嶽拄蒼穹萬壑千巖一徑通象緯平臨青帝觀靈光長繞碧霞宮淩晨雲幔天涯白子夜晴搖海日紅玉露金莖應咫尺舉頭霄漢思偏雄

方孝孺夏月登岱振衣千仞思悠悠泰岱于今愜勝遊秦漢舊封懸碧落乾坤勝概點浮漚海明日觀三更曉風動天門九夏秋更上雲端頻極目紫微光電閃吳鉤

汪廣洋過泰山偶賦七十二神州淋漓紫氣浮天低衆山小星拱一峯秋雲翳成龍虎嵐光薄斗牛岱宗與恒嶽引領日東頭

李夢陽問鄭生登岱二首昨汝登東岱何峯是絕峯有無丈人石幾許大夫松海日低波鳥巖雷起窟龍誰言天下小化外亦王封　俯首無齊魯東瞻海似杯斗然一峯上不信萬山開日抱扶桑躍天橫碣石來君看秦政後仍有漢王臺

喬宇登嶽二首五嶽誰爭長東皇萬物先晦明分日月呼吸變雲烟厚脈中盤地神功上配天雲亭問封禪千古竟茫然　百靈朝拱處空籟聽琅璈地据中原勝天臨下界高雲山雙老眼江海一秋毫欲訪蓬瀛去從誰借六鰲

王守仁登岱四首曉登泰山道行行入烟霏陽光散巖壑秋容淡相輝雲梯挂青壁仰見蛛絲微長風吹海色飄颻送天衣峯頂動笙樂青童兩相依振衣將往從凌雲忽高飛揮手若相待丹霞閃餘暉凡軀無健羽悵望不能歸　天門何崔嵬下有青雲浮泱漭絕人世迴豁高天秋暝色從地起夜宿天上樓天雞鳴半夜日出東海頭隱約蓬壺樹縹緲扶桑洲浩歌落青冥遺響入滄流唐虞變楚漢滅役如風漚莞矣鶴山仙秦皇豈堪求金砂費日月頹顏竟難留吾意在驪古冷然馭涼颷相期廣成子太虛共遨遊枯槁向巖谷黃綺不足儔　穹崖不可極飛步凌烟虹危泉瀉石道空影垂雲松千峯互攢簇掩映青芙蓉高臺倚巘削傾側巖崪峒失足墮烟霧碎骨顛崖中下愚竟難曉擢折紛相從吾方坐日觀披雲笑天闊赤水問軒后蒼梧叫重瞳隱隱落天語

閶闔開玲瓏，去去勿復道，濁世將焉窮。塵網苦羈縻，富貴直露草，不如騎白鹿，東遊入蓬島。朝登泰山望洪濤，隔縹緲，陽輝出海雲來作，天門曉，遙見碧霞君，翩翻起員嶠，玉女紫鸞笙，雙吹入晴昊，舉首望不及，下拜風浩浩，擲我玉虛篇，讀之殊未了。旁有長稍翁，一一能指道，從此煉金砂，人間跡如掃。

王守仁泰山高歐生誠楚人但識廬山高廬山之高猶可計尋丈若夫泰山仰視恍惚吾不知其尚在青天之下其色直出青天上我欲倣擬試作泰山高但恐邱垤之見未能測識高大筆底難具狀扶輿磅礡元氣鍾寔兀半遮天地東南衡北恒西有華俯視偃僂誰雌雄人寰茫昧乍隱見雷雨初解開鴻濛績壁丹梯烟霏靄霽海日初湧照燿蒼翠平麓遠抱滄海灣日觀正與扶桑對聽濤聲之下瀉知百川之東會天門石扇豁然中開幽崖邃谷聚積隱埋中有遯世者流竄潛雌伏殘霞吸秀於其間往往怪譎多仙才上有百丈之飛湍懸空絡石穿雲而直下其源疑自青天來巖頭膚寸出烟霧須臾滂沱遍九垓古來登封七十二主後來相效紛紛如雨玉檢金函無不爲只今埋沒知何許但見白雲猶復起封中斷碑無字天外日日磨剛風飛塵過眼倏超忽飄蕩豈復留其蹤天空翠華遠落日辭千峯魯郊獲麟岐陽會鳳明堂既毀閟宮興頌宜尼曳杖逍遙一去不復來幽泉鳴咽而含悲羣巒拱揖如相送俯仰宇宙千載相望隆山喬嶽尚被其光峻極配天無敢頡頏嗟予瞻眺門牆外何能彷彿窺室堂也來攀附躡遺跡三千之下不知亦許再拜占末行吁嗟乎泰山之高其高不可極忽然回首此身不覺已在東斗旁

張岫登岱雞鳴海曙射神宮石徑縈紆上碧空回馬嶺前琪樹古水簾洞口野花紅松攀御帳溶溶月雁避天門獵獵風盡日攀蘿登絕頂此身疑在五雲中

謝榛登岱為親祈壽岱嶽初登眺泰松不可攀欲將千古色長比二親顏心切雲相倚行遲鶴共還仙童授芝草靈秀到庭間

曾棨茌平早行望岳我欲登泰山憑高望八極浪跡十二年蹉跎竟難得今晨馬上忽見之屹立東南半空碧想當洪濛時二氣相鬱蟠大塊戲黃土莫能識其端圓靈降崖崿坤后孕峰巒一朝天地劃開闢但見千丈萬丈高嶒屼乃知造化神置此真坤軸巨靈枕其巔六鼇戴其足愚公不能移長房不能縮天工經營鬼斧鑿削出千數百峯青立玉自從上古來南風吹不平日月出華彩星宿揚光晶寒崖積冰雪陰壑馳風霆雲霞炫明晦草木發精英上浮金銀氣下潛魑魅形巖巖魯所瞻作鎮朝百靈崑崙以爲父四嶽以爲兄匡廬峩眉乃其子此外培塿皆雲仍齊魯青未了此語何足憑其上萬里天亦借茲山青秦皇漢武巡遊遍玉檢金函重封禪風雨莓苔往日碑烟雲松柏當時殿由來五嶽秩三公況爾巨鎮山之宗鍾靈毓秀杳莫測磅礴下土專其雄我皇御天生有聖德廣彰仁化誕布恩澤一舉平安南再舉清漠北車駕時巡過泰山望祭築壇陳玉帛小臣幸此奉宸遊一見茲山愛山色雖無涓塵禆河嶽頗有詞氣塡胸臆他年載筆頌神功刻盡泰山山上石

王僎登嶽齊魯名山仰岱宗崚嶒萬仞玉芙蓉月明海曠連三島雲淨天空插數峯白石謾留名士篆蒼松何用大夫封我來不盡登臨興更上丹崖第一重

徐有貞登泰山豈厭丹崖步步迎眼前靈景變陰晴馬從萬丈松邊駐人在九重天上行朝見白雲山半起夜看紅日海東生還知戀闕心無遠直北分明是帝京

潘禎登泰山二首大翼垂雲須九萬天遊今日始忘還千年誰更觀滄海老腳吾方到泰山雨過春巖龍自戲松生太古鶴常閑題詩不盡孤高意起立中峯看世寰

神仙鶴背也超然泰岳朝騎凌紫烟山壓東溟盤大地路橫北斗到青天手中日月誰同弄象外風光我得先一笑人間空萬古太清聊倚興無邊

王經登泰山開闢乾坤峙此山有生何幸得躋攀登高漸覺星辰近到此方驚宇宙寬突出孤峯擎日月亘綿萬里發林巒追思五載東巡日三代君臣共克艱

潘楷登岱天門天外迥佇覽萬山微峭壁從空落烟霞繞座飛路通仙島近心與世塵違賸有徜徉興酣歌馬上歸

陳琳同余侍御再登泰山次韻茫茫蒼海半山寰天壁蹐攀步步艱頓覺風雲生足下却疑身世出人間鬢須看鏡驚將老廊廟懸情未許閒暫息塵蹤隨謝屐蓬瀛洞裏探仙關

柴奇登岳朝出登封門起拂衣上塵肩輿歷巑岏清霜及茲晨極目日觀東海水浩無垠泰事今已遠壇社空荊榛撫景增嘆息羣山自嶙峋

邊貢登嶽四首岱宗山秀百靈屯壁立烟霄萬古存幽府化機盤地軸上清眞氣接天門霞標日觀青松麗春透龍池碧水溫薄暮振衣峯頂石蓬萊東眺海雲昏北上天門日未斜剛風吹我度褵衍仙人洞古雨丹鼎

玉女祠高護碧霞珠澗千年猶凍雪陰崖四月始桃花
秦封漢禪俱牢落細讀穹碑感歲華　玉皇祠畔一凭
闌絕頂風高夏亦寒北去塵沙通瀚海西來天地是長
安青雲迴隔三千界白日平臨十八盤似有飛仙度石
磴鳳笙鸞鼓珮珊珊　巖巖崔嵬雲霧升泰山[illegible]
今稱百千萬地豈重有三十八年纔一登貝殿深春來
供客松崖落日下樵僧中天夕
磬冷冷發知在烟巒第幾層
王廷相登岳五岳俱神嶽岩巍泰岱偏半巖回駿馬絕
頂俯雲烟一覽小天下三更見日懸蓬萊疑咫尺直恐
礙飛
仙
李攀龍懷泰山域內名山有岱宗側身東望一相從河
流曉挂天門樹海色秋高日觀峯金篋何人探漢策白
雲千載護秦封向來信宿
藤蘿外杖底西風萬壑鐘
趙鶴登岳四首分明蒼秀挹雲關誰鑿當年混沌胎山
歷星辰從下看海浮天地自東迴一時岱狩雍容禮千
古崧高製作材載說皇朝稱記詔始知神哲冀三才
一上遙岑萬丈蒼天風歷爲鸞表裳雞鳴往往看東日
人語時時到下方雲暗鐘聲連海樹春浮花氣入山堂
四時未歇登遊興觀試崖倚喚客忙轉轉官旌度幾

峯不知花外有鳴鐘春空一望青蒼裏曉殿齊開紫翠
重山鳥歸時知雨意崖松到處換雲容平生奇賞輸今
日便欲淋漓浩蕩胸　東皇祠下走靈氣今古祈靈賸
有文不斷香燈千里至有時鐘磬四山聞雨聲直過僧
家竹鴻影平低客路雲却愛三
人花底飲不妨對影到斜曛
李東陽望岳上至文闕來觀泰岳峯半空翻碧浪平
陸走蒼龍紫氣沾巖瀑青嵐灑黛濃長原隨迤邐高樹
助蒙茸幢節迎還送戈矛擊更儀烟霞變明晦雲雨驗
豐凶混沌天初闢精靈地所鍾分疆齊青貢肇域紀堯
封祀淩臨滄澥憑虛擇華嵩行尊宜佐史名重合稱宗
外斂神無迹中涵德有容廟嚴王者象植古大夫松北
闕身長繫東軺境暫逢崖攀愁日觀谷嘯想風從聖主
齋心切儒臣樂事慵饕殘一憩驛塵輿從倜官儕歲旱當
憂國民勞恐病農我方頤一笏誰共手雙節日月蹉跎
易溪澗隔限重奮飛輪鳥翼飄泊信萍蹤濯熱思晞髮
淩秋憶蘊胸酒闕多
爽氣涼思曉惺鬆
張鏊登岳二首道假三齊出形眞五岳先瑤壇雲樹杲
日闕露花妍狩典開虞日封碑見漢年登臨重回首紫
氣帝鄉偏　暝色迴吳楚靈光集鬼神殿虛雲霧出門
倒斗牛鄰笙鶴來還去仙芝秋復春齋宮夜不寐存意

欲脩
眞
楊祜登岳四首朝發泰山麓暮登泰山椒度壑既窈窕
陟巇亦岧嶢日匿逾曜崖冰寒未消霜猿紛叫嘯風
木怒鳴號身緣避舉輕目以眄睞勞憩石偶危坐臨深
鬱長謠　茲山何峻極盤礴亘百里鳥道五丁開雲標
三觀起雪嶺無冬春煙嵐互蒼紫星垂崖戶外人度青
天裏陽枝晞日華陰谷飛霞綺仙靈此窟宅幽異詎能
紀　振衣躋雲峯倚杖眺明堂葱葱鬱佳氣歷歷殊井
疆周王昔時巡觀民覲東方皇皇四海一肅肅羣后蹌
升堂奠蒼璧端已居青陽釐事曠千載愴然情內傷
秋氣已堪悲登山轉寥泬對酒晚將歸感時傷暮節霜
淒哀雁翔寮盡羣龍穴秦碑苔蘚滋漢墠神光滅千
巖灑寒風萬壑飛晴雪寶劍拂扶桑長嘯高雲裂
陳沂登岳二首飛軒臨絕頂懸磴更岧嶢谷響松風接
天空海霧消琳宮環紫極玉節下青霄路指天門外來
迎笙磬遙　一入登封路乾坤自此分諸峯會元氣亂
石散星文仰面攀青磴回頭看白雲飛梁架窮壑鳴溜
四山
聞
胡纘宗望岳三首忽聽笙歌元鶴羣即看樓殿紫霞文
斗邊細路邀新月鳥外孤峯挂夕曛漢帝金壇歌石碣

秦皇玉刻隱苔紋騎龍李白今何處日觀天門空白雲
倏倏望岳丹霄上颯颯乘風紫極邊半壁秦松懸日
月堂空周觀出雲烟峯期太華翩躚起影落扶桑裊窕
騫更度三溪見雙鶴忽從青帝接羣仙　山下秋日正
皛皛山上秋雨還冥冥夜來巖畔挂星斗曉起澗底興
雷霆陰陽變幻倏忽異天地闔闢蒼茫靈何當結廬向
山住朝朝吟
對芙蓉青
楊志學大朔可泉望岳二首絳霄迴出天門上飛瀑高
懸日觀邊星斗垂垂臨絕巘蓬瀛渺渺隔蒼烟雙龍噴
沫千巖動孤鶴凌風萬里騫我亦平生愛邱壑欲從此
地學神仙　天上仙人自不羣龍書裊裊太元文秦皇
臺上雨初霽漢帝壇西日未曛鬱鬱古松停鶴馭巖
巖峭壁繡苔紋羽童兩兩垂青髻曉起山頭禮白雲
張鐸登岳曲坂縈迴翠蘚滋瓊宮貝宇碧參差長天斜
倚峯紋坼寒日遙隨岳影移香火何年傳漢時風雲終
古護秦碑却驚身在層
霄上絕頂翻憐雁度遲
廖道南望岳二首岱宗高龍從羣峯凌紫穹日觀影扶
桑月嶂烟朦朧飛泉走其下宛然雙白龍上有玉女池
銀河瀉長虹玉女散天花萬朵青芙蓉仙人王子喬絳
節朝上宮遺我金檢書期我遙相從我欲從之游雲路

險且重何當謝塵鞅睎髮咸池東　咸池有僊國乃在
帝座旁紫虛懸玉牓絳闕輝琳瑯曲瓊挂綺疏晻靄搖
星潢祥烟裊叢林葳垂花樹香妟期與韓衆雙騎丹鳳
風采采金光草和彼紫霞漿朝翔天門闕夕息帝女桑
俯視濁世士奔走駒隙光
願言凌飛濤邀遊東海洋
袁袠夢遊泰山歌我聞泰岱五嶽之所宗巍乎高哉拔
起摩蒼穹天門日月相避隱勢壓九服何其雄扶桑碣
石眇在下安論鳧繹連龜蒙宵夢憑陵騎六龍足躡列
缺驅冷風捫參歷井上日觀飄飄直謁元君宮白榆赤
桂夾御道中有顏如桃花膚瑩玉雪綠髮皓齒十五雙
金童手持靈訣授我讀科斗奇字殊難通凡胎俗骨不
可換覺來相失滄溟東朝逢海上青鳥使邀我遠遊登
岱宗開緘長跪讀數過星文雲篆恍與夢寐同向平婚
嫁未畢累長卿臥病還書空何當白日
生羽翼飛上泰岱絕頂第一之高峯
楊繼盛登泰山志欲小天下特來
登泰山仰觀絕頂上猶有白雲還
陳鳳梧登岳剛風吹上最高層寒氣稜稜骨亦清雲起
半空方作雨天臨絕頂忽開晴松濤坐聽千巖響奎壁
行看五夜明自信茲遊眞
不偶飄飄雙袖羽翰輕

聶靜登岳絕岳孤城外山行聽曉鐘空崖留漢碣古道
列秦松石磴銀河轉瑤臺瑞靄重未須愁落日猶上最
高峯
白世卿登岳著屐登高地詩人得共遊五更常見日三
伏早生秋雨向山腰起泉當石眼流岳靈通變化萬里
走神州
姚奎泰山雪後曉天紅日放高晴小坐山輿踏雪行凍
樹裏花春有迹寒溪結玉水無聲煙銷絕頂羣峯露風
度虛巖萬籟生老衲雲深
知我過數聲清磬出松迎
梅守德登岱嶽三首喬嶽平生勞夢想天門今日遂攀
躋層巒迥出青霄上曲逕同看白日低雲氣東連蓬海
外　煙光西與太華齊却慚作賦非能事盡日淹留思欲
迷　曉氣氤氳開洞府巖光噴薄出雲根參差紺宇臨
丹壑紫翠烟蘿挂石門滄海波濤浮日月朝昏風雨別
乾坤行行漸覺塵寰小五嶽應唯此獨尊　玉皇巔上
倚危闌萬頃烟霞入壯觀仙樂似聞霓羽奏天風時拂
斗牛寒九霄雲護秦壇古千載苔封漢碣殘歲莫登臨
多感慨不堪
回首望長安

高誨登岳三首翠削芙蓉萬朵開瑤烟繚繞護仙臺瑤
池宴罷金虬去明月屏空紫鳳來雨霽歸雲棲樹杪夜
深出日見蓬萊向時未到天門上九點齊州祇浪猜
踏碎芙蓉萬壑秋無端造物與心游斗聯西北天樞近
海坼東南地軸浮涼影月窺雲外溺寒聲風滿雁邊樓
胸中壑上都消却一枕清泉不斷流　石梯萬折凌天
表層疊峯巒青未了巉巖飛瀑半空落冷瀧冰花結林
杪南天回首眼界濶烟霧沈沈寰宇小興高漸覺風生
腋岳頂迴旋看泰石俯凭日觀望蓬萊曉浴金烏海波
赤舉頭西北神京在五色曉雲時縹緲青天可捫星可
摘沆瀣淋漓灝東壁欲呼玉帝呈琅玕山高風露羅衣
寒渺渺天空下笙鶴平收宇宙胸中寬桃花峪口路深
邃怪石嶙峋懸若墜五松翳漢吐紫烟欲訪仙人何處
在金泥玉檢埋秋草七十二編[illegible]遺叢寒鴉啼上野棠
枝涼月娟
娟山石老
陶欽皐登泰山遙遙仙使伴村春處處天風灑石淙澗
底總無黃犢飲峯頭長有白雲封誰憐詞客歌春樹慢
聽山僧散午鐘飯對胡麻
聊自飽轉來瑤草定相逢
徐紳登泰山曾聞天上玉皇宮絳節星壇向此逢半夜
日光搖海色四時香霧捲天風金函玉檢通羣帝五嶽

三山第一峯回首下方城
郭在不知雲壑幾重重
賈三近冬日登嶽遊目高寒處羣山擁岱宗登封迷漢
草徙倚有秦松萬壑烟嵐合諸天紫翠重肩輿明月下
上界已
聞鐘
徐中行登岱二首浩蕩天門日月開削成丹壁擁崔嵬
河宗泰嶽翻西遶山拱神京自北迴黯淡春陰收碣石
霏微佳氣接蓬萊更聞玉女三漿在願上君王萬壽杯
東嶽眞形迥不羣中峯瑞靄更氤氳天門雪盡河流
合日觀春晴海色分風起秦松常似雨氣蒸漢
檢欲成雲千秋霸跡終銷歇猶說相如封禪文
許宗魯東嶽秩祀嚴東土明禋冠五宗金函神鬼籙玉
簡帝王封海湧中宵日巖留上古松何時凌巀嵲飛舉
跨蒼
龍
方正修登嶽陶侃夢八翼側身飛
雲門碧霞差亦近稽首問天孫
高拱登岱岱宗神嶽勢崢嶸東鎮齊封百二城雲捲洞
門時欲濶日華暘谷曉偏明虞廷首望仍今古尼父崇
登著姓名我欲御風凌
絕頂手提星斗運璣衡

楊文禕登岱 海宇誰云濶，都來四望中。峯巒咸拱北，日
月早窺東。下土疇能並，中天比最雄。宣尼元獨步，萬古
仰高
風。
周天球登嶽 坐凌霄漢頫氤氳，掌上河山萬里分。日觀
靈光搖海色，天門英氣蕩秋氛。誰從澗底逢瑤草，祗見
封中起白雲。千載禪儀虛
祕冊，無論七十二家文。
謝肇淛登岱四首 獨立蒼茫黯自愁，天邊落木正逢秋。
片雲長伴依孤闕，一氣誰能辨九州。馬向吳門搖匹練，
蜃從滄海起層樓。山河指點東南盡，咫尺應同萬里遊。
中天飛閣俯崔嵬，吳越諸峯面面開。錯落山形皆北
拱，微茫海氣自東來。秦皇驅石原無字，漢代祈靈漫有
臺。七十二君多勝事，只今斜日照蒼苔。 紺殿朱宮敞
碧霞，樓臺縹緲玉眞家。鸞驂夜繞三珠樹，羽蓋朝迎七
寶車。天外金門馴虎豹，雲中絳節動龍蛇。朝元歸去瑤
池冷，落盡冰桃萬樹花。 半空星斗落前楹，月色霜華
十里平。四壁烟嵐寒枕簟，幾家燈火隱山城。封中白見
秋雲起，海底紅看夜日生。自分
身如王子晉，平峯頂上坐吹笙。
楊巍赴南都登東嶽二首 駐馬登東嶽，憑高辨四溟。始
知八世小，不斷此山青。樓閣秋孤出，川原晝杳冥。將尋

泰山志卷五　山脈總論　三十七

孫復隱，忽忘有嚴程。 梁父名仍在，登封事不磨。逢人
諏古蹟，覽勝欲狂歌。匹練吳門近，豐碑漢代多。還能寄
老眼，萬里
見滄波。
李傑登泰山絕頂 五嶽鎮坤維，其東雄泰岱。巖巖一何
高，屹立霄漢外。神靈所攸鍾，秩祀宜萬代。我來屬深秋，
登陟覽勝概。雲開旭日升，峯巒新染黛。盤盤上澗谷，石
磴豁復隘。涼飈起虛谷，颯颯響靈籟。兩崖戢霜樹，爛斑
殊可愛。五松非秦封，亦已類偃蓋。躋攀入天門，縹緲淩
上界。睇盼感廢興，喟然發長嘅。七十二帝王，封禪遺迹
在。玉檢時復出，崖鐫亦殘壞。茲山自今古，直與穹壤配。
絕頂氣益清，衣袂浮沆瀣。羣山紛復從，歷歷同聚塊。中
原小如甌，滄海縈若帶。置身九重近，誰
謂天下大。吾言良非誇，聊以志一快。
黃哲登岱 今年初出承明班，折腰從政青徐間。神州二
月新雨霽，我來萬里觀名山。名山泰岱連雲上，鄒嶧徂
徠鬱相望。晨霞彷彿見丹崖，旭日曈曨射青嶂。羽服追
遙山際行，垂蘿盤石漸迴縈。喬樹千章寒谷秀，陰泉百
道曉虹明。天都太古瑤壇在，石室丹爐長不改。中林迢
遞躡天門，五色芙蓉輝光彩。東極羣眞鳴珮環，招搖玉
女開金闕。蒼龍飛去溟海濶，黃鶴下唳清風還。奎壁祥
光生縹緲，日觀扶桑擘昏曉。登臨今日九州同，顧視寧

論萬山小，名岳齊天天不知。齋宮虔潔閟靈祇，寶鼎椒
蘭騰馥郁。芝檻華蓋仙葳蕤，祠官祝釐朝擊鼓。玉童吹
笙雙鳳舞，魯祊秦祀變浮雲。后土精靈夜相語，功成世
世來登封。明堂駿奔朝岱宗，翠華行虔入歸鳥。樛木盡
亞隨飛龍，微茫玉檢無人識。綠雲陰洞秋聲急，但問松
喬遺素書，我欲因之蛻凡骨。絕頂元芝應再生，神遊早
顧抛塵纓。笑騎蒼猊驂
太乙，稽首銀臺超上清。
鄒善登泰山 遙望泰山岑，崒嵂未易陟。高高入雲中，雲
路安可極。觸暑奮必登，振衣起尋食。寧不念崎嶇，懷此
久且亟。石徑隱翠微，窈窕通復塞。虬松幾何年，蒼蒼太
古色。須臾步天門，徘徊日觀側。豈緊盡青徐，悠然險九
域。瀰瀰洞雲平，俯闞若憑軾。
頫語魯諸生，萬仞在自力。
王世貞泰山二首 尚憶秦松帝蹕留，至今風雨未全收。
天門倒瀉銀河水，日觀翻懸碧海流。路轉千盤迷積氣，
誰從九點辨齊州。人間處處襄城轍，矯首蒼茫迴自愁。
壁立芙蓉萬古看，削成松檜隱高盤。中峯翠壓徂徠
色，絕頂青收碣石寒。梁甫吟成還自和，茂陵書
就欲誰干。依微倚有吳閶在，欲向秋風問羽翰。
李化龍登岱五首 風定神鼇靜不遊，振衣東望海雲悠。
誰憑日馭窮三界，獨倚天門見十洲。波吐金銀仙觀曉，

泰山志卷五　山脈總論　三十八

烟沈紫翠帝京秋。乘風寄問無生客，底是蓬壺第一流。
玉檢金泥幾劫灰，尚留遺跡至今猜。白雲捧日封中
出，青鳥銜書海上來。一輦道蒼蒼秦樹曉，雲屏矗矗漢宮
開。徐生自是饒仙骨，一入東溟更不迴。 中天嵐翠鬱
沈沈，積氣擁空冷不禁。金殿分明懸碧落，銀河清淺挂
瑤岑。天雞夜唱扶桑曉，海鶴晴盤珙樹陰。七十二君無
覓處，只餘冠劍影森森。 千盤鳥道轉雲蘿，徙倚層霄
發浩歌。北走峯陰淩紫塞，西來練影落黃河。諸天迴薄
星辰近，下界蒼茫風雨多。眼底殊庭君自見，九還未就
奈人何。 中峯自合小殊方，絕頂眞疑出上蒼。八極風
沙塵漠漠，五城煙霧水茫茫。笙簫半入鈞天奏，杖履
平分北斗光。五彩筆只今千象緯，擬將仙露奉君王。
馬三才登岳二首 層巒萬仞開新霽，乘暇登臨逸興偏。
山出雲重飛鳥外，林深春盡落花前。天門迢遞丹霄路，
海日蒼茫碧樹烟。十二齊驪何處覓，麥苗盤隴水盈川。
覽勝春遊萬里來，仙宮縹緲入雲隈。秦松披拂仍餘
蔭，漢帝登封空故臺。石壁有輝騷客賦，岱宗無
禰使臣才。丹宸白髮頻回首，惆悵峯頭各一迴。
王紹元登岱岳 驅車歷齊魯，東望玉女峯。瞻彼泰山岑，
五岳專名宗。雲霓貫雪嶠，石磴縈蠶叢。東觀掠扶桑，西
眺弱海滃。上有玉髓泉，揚英接空濛。周流十二亭，中列
蕊珠宮。秦松鬱蒼蒼，漢柏參虬龍。登封七十帝，效厥稱

元功跡綿事已矣玉帛隨飈風卓哉軒皇老祕妙奪天
工渴澈流瀣漿饑吸朝霞紅一舉蹈虛靡年與茲山同
至道豈遠而元命在厥躬
吾非斯人與浮世徒忡忡
〔王敎〕登泰山 泰山之高何奇哉三十六盤路縈迴金烏
半夜海底浴碧桃千樹池邊栽秦松漢柏供御帳金簡
玉笈餘經臺瓣香春仲[illegible]
拜禮和風晴日天門開
〔于愼行〕登岱 忽出塵寰賦壯遊試從九點辨神州浮雲
直上千峯色落日長懸萬里秋紫塞東臨滄海斷黃河
北滾大荒流秦封漢禪成
邱土留與人間不盡愁
〔宋燾〕泰山吟 太極闢靈祕神胥此境開岩嶤薄雲漢石
磴幾紆迴捫蘿讀鳥篆摩挲古蒼苔飛瀑垂虹落九天
鶴唳哀斗衡西北指渤澥東南擢紅日燒絕頂下界起
風雷古來七十主空有登封臺玉檢今淪沒白雲自往
來六合元芥子萬物紛稊荄足踏青芙蓉河流渡一杯
誓將脫泥滓藐爾參三才飱霞吾已矣翀舉亦奇哉
〔鄭懷魁〕登岱 石澗淙淙下二龍盤桓猶辨大夫松天窗
有路窺疑小人趾升雲畫似重紺殿布金新禱祀明堂
執玉舊朝宗登壇待聽神
雞喚看到東南第幾峯

〔劉敎〕登岱 巖巖一片石上與白雲齊不知高若何但覺
青天低疑爲蒼玉柱藉之支全齊安得廬其巔百年向
此棲
〔彭宗孟〕登岱 高高環道挂蒼霓路入重關絕馬蹄天闕
三門通碧落地盤千里壓青齊緣崖士女披雲上綴壁
人烟雜鳥棲指點列仙靈
異跡扶桑東畔閶風西
〔董其昌〕望岱 百里看山眼逕遙岱色分應爲天下雨不
斷封中雲漢簡千秋祕秦松萬壑聞何當馳匹練高揖
碧霞
君
〔項守禮〕登岳 次侍御吳堯山韻 萬仞嵯峨倚碧天好風
送我到山巔彈丸赤縣微茫外杯勺黃河縹緲間南望
白雲凝暮靄東瞻紅日帶晴烟十
洲蓬島應非遠海上何勞漫覓仙
〔蘇濬〕登岱岳 平生湖海原空濶覽勝今登第一山夾道
濃曛楓葉赤垂岩倒染菊花斑九州禹貢微茫外千里
堯封指顧間星斗瞻依眞
咫尺夜溪環珮響珊珊
〔王子謙〕登岳遇雨 曉凭危岳迥高寒俯瞰溟濛宇宙[illegible]
方愛亂雲塡萬壑忽驚急雨失羣巒平生自謂凌[illegible]

到此翻歌行路難幸有古碑
秦漢在剔磨苔蘚縱奇觀
〔蕭協中〕泰山朝望 曉風吹淨海雲平入戶青山更有情
叢樹遙梳仙女髻長川斜挂丈人纓鶴[illegible]遠箇冲煙起
芝傍幽巖帶露生忽訝黃金
滿頂際羲和擁上火龍行
〔王楫〕登岱 曾聞五嶽首推尊況復巡遊載典雅禋祀繇
來表海東登臨始覺小天下雲隨野馬日翻飛泉挂流
虹時倒瀉漢柏秦松長
護靈碑名無字紀封祀
國朝魏麟徵 過泰山 我昨登天門駐足起烟霧欲呼赤松
子攜我雲中去側見五大夫枝披迴輦路植節非不堅
豈爲秦官誤壁立磨崖碑千載永不仆風霆走
其下氣與神靈聚榮名安足寶睠此磐石固
〔朱雯〕登岱 列嶽維尊首岱宗插天一柱削芙蓉青連齊
魯推方鎭翠壓亭云儼附庸半嶺雨隨雲氣合對巖濤
瀉樹陰濃自瞻
聖主停鑾輅玉檢芝泥陋漢封
〔何如泗〕登岱 巍峩泰岱獨稱宗翠壑丹崖紫氣重面壁
踏空雲擁杖瞻天直上石盤松遊踪敢與千峯接塵徑
還當萬里衝曉起蒼茫無
定處徘徊日觀露華濃

〔牛岍紫〕登岱 老年最愛丈人峯倔强來登不拄筇將陟
三千餘仞上徧探七十二家封瀑飛絕巘無非紵松拂
層雲宛是龍四顧河山天
浩渺擁青叠翠識朝宗
〔馮溥〕紀夢 曾登嶽麓燕天門縹緲霓裳醒夢魂跨
鶴仙人傳玉笋驂鸞侍女奉金根秦松龍蜕鱗含雨漢
碣苔封篆有痕欲溯滄桑
尋往事海波澎湃湧朝暾
〔孫廷銓〕登岱 駘宕天門立岱宗碧霄秋盡洗芙蓉石壇
金節虛難問雷壑霜鐘晚欲從到海山情終讓嶽起封
雲氣自飛龍夕陽礀戶清
陰滿誰辨秦宮舊五松
〔顔光敏〕望嶽 岱宗俯羣山萬叠朝蒼龍絪縕肇元化物
象含冲融雲氣朝四塞倏忽高天空天門如覆盎兩壁
來松風邦祀不敢瀆曠代無登封胡爲御道間社鼓聲
逢逢石閭覆蘿薜經春益青葱何時陟崚嶒目盡扶桑
東
〔高孝本〕登岱 岱宗冠五嶽嵯峨出二東仙閭鍾闢氣靈
異紛難窮下爲奉高城配極開神宮閶闔表雙闕制與
象魏同梦楣帶虹霓殿閣鬱龍嵸排闥見天表恍惚雲
路通未離庭廡間千嶂羅胷中不知天下小會且凌[illegible]

穹
〔施閏章岱嶺夜雨〕寒星看掌上暮雨忽樽前積氣無巖
壑秋聲劃海天萬松飛瀑裏三觀亂雲邊恍惚身何在
眞從象
緯眠
〔又雪中望岱嶽〕碧海烟歸盡晴峯雪半殘冰泉懸絕壑
雲路鬱千盤影落燕齊白光連天地寒秦碑凌絕壁杖
策好
誰看
〔又登岱四首〕岱宗萬仞氣蒼蒼杖策層巔盡八荒列岫
兒孫爭拱立諸天旌節鬱相望丹霞白霧分陰霽玉簡
金函入混茫欲小神州重極目丈人峯畔一褰裳　夕
嵐夜雨萬山迷忽有天雞閶闔啼帝許登臨捫日月　人
從指顧走虹霓扶桑灼爍滄溟畔太華微茫碣石西　七
十二君空駐蹕何如笻杖遍丹梯　羣仙冉冉下青峯
迴合虛無紫氣重日出天門當漢時雲深御帳失秦松
雙崖石裂驚龍鬭四月桃開積雪封輦道荒蕪民力盡
相如禪草且從容　日觀晴光傍午開茫茫東見海爲
杯九州積氣峯前合萬里浮雲杖底來鄒魯山靈眞莽
蕩吳閶練影漫徘徊崑崙不
到終遺憾欲駕蒼龍首重回

〔高珩泰山〕扶輿元氣在浩劫尚濛濛獨立滄溟岸高盤
青帝宮千峯五嶽長一雨九州同漫說崑崙大窮荒故
易雄
〔又朝岱〕歲云暮矣當豐年香火逐羣禮泰山半夜鳴金
催社侶踏星靡靡霜花斑千聲一佛潮音吼甲馬咸云
神掖走闐中嚴屬戒腥葷梵宇琳宮徧稽首上山竭蹷
下山輕三百青蚨沽一斗歸遺兒女買銅鉦千里泰松
猶在手泰山滿腹誇鄉
人鞭聲霹靂天門神
〔曹爾堪登岱〕問徑樵能說披圖嶽有形燔柴虞夏禮籀
碣漢唐銘山鼠攢冰竇奇松嵌石屏欲尋封禪處花雨
晝冥
冥
〔王士祿望嶽二首〕拔華提嵩見總持背齊襟魯肅形儀
氤氳了指雲霞異蔚從知日月卑封閟嬴劉時冉冉
觀分秦越影離離劇憐靈境頻來往潦倒纔成望嶽詩
行子驅車青嶽陽欲行復止心旁皇蓮花桃花總縹
緲亢父梁父皆微茫應劭舊文語最古李斯巨
篆書尤蒼安得振衣上高頂坐看海中升扶桑
〔王上正嶽下作〕嶽路清和候氤氳望不稀林園收宿雨
石瀨濺入衣斑馬紅亭渡溪禽白練飛買山隨處好終
日戀
晴暉
〔趙執信泰山下作〕昨行泰山東白雲翳天門但疑霄漢
近豈謂岡巒尊今晨路南轉北面朝丈人秋風生西極
萬里開朝曦拔豁盛大容擺簸雷雨痕洗然耳目前赫
矣神靈存兩觀耀日月指顧引越秦三溪鬱參差秀色
相吐吞左映萬碧瓦松柏晴猶昏右擁千尋壁瀑布懸
天紳噴薄冰玉碎騰攫蛟龍伸誰掬滄海波濯此青嶙
峋匡廬抱銀河失意空南奔渺茲嶧與蒙亭亭復云云
我如蓬藁士意外睹九閽嵗峩但睨視虎豹無輕嗔乎
生幾緉屐咫尺漸逡巡終
當結茅宇長與神房鄰
〔又泰山道中遇雨〕餘寒和曉色客路轉氤氳五汶入春
雨千山行岱雲塵消容馬健綠淨向天分未擬成歸夢
今宵遮
莫聞
〔又晚晴過岱下時將之江南〕烟披嶽麓翠帷張雨浥春
疇細草香人帶斷霞過小渡鳥銜飛絮入斜陽鞭絲帽
影垂垂遠日觀天門望望長嶺半
桃花隴頭麥肯輸物色與江鄉
〔朱彝尊泰安道中曉霧〕苦霧滴成雨平林翳作峯不知
巖際寺恰送馬頭鐘汶水已爭渡泰山猶未逢忽驚初
日躍遠近
碧芙蓉

〔査愼行望岱〕山形陡然來其勢乃易量孤根雖秀拔羣
岫或爭抗泰岱四岳宗宇宙虞隘妨大麓起沂州鱗鱗
叠巒嶂客程窮五日日日坡陀上不知去平地已是幾
千丈漸覺所歷高縱眼快前嚮昨經新泰郊突兀方示
象將開意忽會在遠神彌王霞氣舉之升隔天樹屏障
龜蒙挾鳧繹連絡走相傍徂徠亦兒孫未可儕輩行其
他況培塿僂伏同一狀今朝及山趾耳目嗒焉喪便思
躡芒屩去倚扶桑杖天門泬寥開萬里詄蕩蕩仰瞻星
漢逼下掃雲海漲雞鳴日觀峯倒影出摩盪惜哉身未
到祇用窮想像秦松漢代柏盤攫倘無恙碑憶摩崖鐫
亭思駐蹕創賢君七十二踵事規模壯如何太史文隱
躍時近謫誰陳封禪頌體格要有當游蹤觸目記即事
語敢放覽眺存古
懷終期慰遐暢
〔張英登岱〕行行兖州道矯首青冥中朝霞擁日出照灼
滄海東蒼翠插天半泰山何巃嵸上有白雲氣映日如
長虹紫嵐忽變幻萬里迴天風梁父與社首連綿亘遙
空遠望百里外霄漢若可捫況復登天門盤曲安能窮
我欲披日觀俯瞰蓬萊宮周秦數點碧
黃河襟帶雄長獻探玉策邈與穹蒼通

〔張元登泰山〕岱嶽之山何巑岏千峯萬峯羅當前恒華嵩霍那足數峻嶒突兀撑空天我昔望見失登陟自時懊惱憐緣慳彈指流光二十載於今始得窮追攀仰見南天門縹緲有無間雲遮霧擁侵空際恍疑超越准飛仙何年造物起靈閟銅崖鐵壁勞鐫剜雷鳴山破劃崩豁纔容一線通人寰我來躡雲磴雲磴何盤盤前行更逆折橫斷復鉤連梯空架危三千丈然後飛身直上萬仞之層巔雲茫茫兮滅沒風浩浩兮高寒躊躇四顧中心茫然我聞古者登封七十有二代金泥玉檢留空山又聞少昊玉女列仙班神房珂闕鎖蒼烟願言尋之愁無緣但見重巒複嶺互鉤帶蒼然一氣爭迴旋練挂吳門白日湧海波翻鄒嶧若錐淪培塿黃河如帶蟠蜿蜒自非造化鍾神秀何由五嶽尊獨專世人見小不見大如蟻緣塊驚巖巒到來絕頂期汗漫始知浩蕩開心顏逝將結茅屋寄跡臨天關科頭蔭長松舉手挹飛泉等閒獨立雲霄外笑看日月跳雙丸

〔峻德望岱〕岱宗天半鬱相望萬仞雄峯俯八荒大海雲霞看滅沒中原風雨接蒼茫秦松漢柏知何處日觀天門去未遑曾跨赤虬凌紫氣朗吟絕頂叫扶桑

〔唐芳第過岱〕石稜犖确車欲傾黃頭奴子扶輪行綠樹叢中殘月落青山缺處朝曦生一片白雲恣蕩漾須臾

巖壑呈萬狀當年泿指出封中山靈大笑層霄上神房遠攝絳節朝靈風一度松蕭蕭我友短笻臨絕頂霞空縹緲聞仙璈今來驅車使東去山憐我老留莫住紅桂花繁不寄書青娥玉女歸何處荒邈空傳七十君眼前登陟徒紛紛白頭嬾上東封頌秋雨銷沈碧澗文

〔程瑞祊登泰山〕蘚積蒼崖路不分開元勒石有遺文天邊霧雨林端落嶺表松風洞口聞飛瀑流成千澗雪曉烟化出萬重雲披榛未忍閒雙屐無字碑前日又曛

〔盛符升登岱〕不到千盤上安知萬古情混茫留洞壑鬱蔽出陰晴封檢雲常合磨崖月自明空餘山色在曾傍六龍行

〔曾畹八月至岱宗〕八月西巡日東遊泰岱峯鳥回封禪道雲沒大夫松曉氣含羣岫天門散六龍平明滄海望長此憶朝宗

〔安致遠登岱〕矯首倚空濛憑虛俯大東谷雲鋪爛漫海日蕩青紅星宿三州外華彝一氣中際天疑咫尺幻出碧霞宮

〔牛元弼登岱〕肩輿直入白雲端九點齊烟指顧間日觀峯頭天咫尺桃花峪口鳥綿蠻懸崖樹老生鱗甲穿石泉流響珮環七十二君封禪處可留玉檢在名山

〔張鵬翮登岱岳〕岱嶽巍巍石壁叢梯霞直上渾凌空獨提星斗青天近始信精誠帝座通瞬息爲霖遍海澨萬千氣象自龍嵸吳閶白馬蒼茫外紫極銅龍縹緲中

〔沈起元望岱口占〕靈氣蒼茫岱色開望窮碧落馬遲回白雲一片隨風出知向何方作雨來

〔沈廷芳登泰山歌〕五嶽巨鎮推岱宗插天萬仞青芙蓉蕩空層雲浩如海夜半日躍扶桑紅初經迴馬嶺路轉山腹行處空旋過水簾洞倒懸雪練噴長風石磴盤盤歷盡十八曲始覺捫參撫井呼吸上與天關通左招碧霞君右叩青帝宮羽衣金節飄颻下半空邀我遊戲十吳兩觀東西峯其間秦松漢柏雷雨已摧朽焉辨七十二代玉簡金泥封摟身絕頂高攀雲松摩崖剔古篆斜蝕如爛銅獨有無字碑屹立寒雲中我欲大書補其闕恐驚山鬼驅虬龍還尋祖龍避雨地更訪天寶盤遊蹤祈天符命理無據矧以縱欲希神功粵稽重華事柴望肆覲羣后昭協同周王時邁陟喬嶽明堂敷對來球共東巡自古有典禮詎尚封山刻石跨豪雄吾聞泰山之

雲膚寸合氤氳倏歘彌蒼穹化爲霖雨澤萬國神靈酬秩宜三公默贊我后效燮理永禳旱潦銷兵戎和平作頌覲神聽多多黍多稌歌年豐

〔孫熊兆泰山高〕泰山高高無極濛濛齊魯同一色靈派萬里接崑崙元氣盤鬱收不得蔽虧日月包孕風雷羣山絡繹皆拱伏何數龜蒙與徂徠蓬壺方丈連雲氣歷歷貝闕金銀臺泰山高高無極青冥手捫不盈尺南指練影挂吳閶北瞰雪濤飛碣石天雞夜半鳴萬象猶昏黑日觀峯頭望滄海扶桑枝上一輪赤寰中未辨金鴉影絕頂分明混沌闢噫吁戲高無極茫茫造化鍾神工豈與嵩華鬭嶮巇惟此呼吸一線通帝座以爲七十二代金泥玉簡升中基

〔宋弼登泰山〕羣山盡迴伏巍然見岱宗蒼茫元氣合積厚極高穹夙昔懷名岳願言入仙峯靈祇扈　鸞御輦路懸長虹晨興命扶服颯颯凌天風俯覤信所慄仰眺彌難窮齊魯昔建國茲焉亘其中陰陽分向背作鎮豈須封巡狩覲方嶽明堂廓有容至於懷古客不問秦五松奇絕御帳崖千仞削芙蓉懸流下素練碧澗相激衝龍蛇棲絕壁封禪何王蹤紀載七十二誕夸非所崇躋險氣愈厲仄足行相從迴出萬松上遂與天門通徂徠

已邱垤何況繹與蒙叠叠赴滄海目力窮天東昔人一
登眺六宇成樊籠信茲非虛語萬古拓心胸夜宿星辰
大宵瞰海日紅天雞鳴喔喔夢寐方曈翁羡門將安期
明發或可逢逝乞金丹術葆此塵世躬他時重陟歷濟
勝將無同質言紀遊跡聊以明
吾衷千秋李杜在稱詩誰能雄
（沈德潛）望嶽大造愛奇崛產茲東海間五方羣長岱九
宇總無山青帝靈難接天門路可攀何須凌絕頂胸已
臨塵
寰
（袁枚）登泰山不登泰山高那知天下小一朝到此間登
臨敢不早土人結繩爲木籃令我偃臥同春蠶兩人負
之走若蟹橫行直上聲喃喃初入萬仙樓旋登水簾洞
衆峯似兒孫羅列爭相送側側曲徑蟠長蛇垂垂鐵索
懸枯枿一重白雲一重水蕩搖千片萬片芙蓉花丹梯
碧磴轉不已突然絕壁摩空起其下澗壑深其上天門
啟來時徑路雲已封惟有忍死直上虛無中後人頭接
前人踵徑寸草壓千尺松不愁不到蓬萊宮但愁輕軀
細骨不足當天風欲知齊魯形如何幾叢蝸角攢蜂窩
一條黃水似衣帶穿破世間通銀河只恨天上酒杯少
不信世間人民多九州下聽聲悄然混茫一氣遙無端
脚底葉飛高鳥背眼前海走胸懷間始知蒼蒼非正色
不然何以俯看黃土如青天道人引我禮嶽皇瓊樓絳
宇何煇煌
聖朝盛德不封禪相如閒煞無文章七十二代金泥玉簡半
沙土使我懷古心悲傷下山忽忽愁日墮紅塵回首眞
無那不見金輪捧出扶桑
來但見峯頭璧月銀盤大
（何同）步黃蓮菴竹林登岱（韻）棕鞋藤笠地行仙小阮攜
遊到岱巔礀石霾陰酣落日長安秋色亂寒烟白浮銀
闕初生月紅入扶桑欲曉天搔首
雲端吟謝朓星搖珠斗近杯前

泰山志卷第五

泰山志卷第六

朝議大夫山東泰安府知府休寧金棨纂輯

岱志二

岱陽 岱頂

岱陽

岱宗坊（朱孝純圖志）云在泰山南阯距泰安府城北里許跨道爲坊登岱者自此始坊創於明隆慶間巡撫姜廷頤總河翁大立巡按羅鳳翔等後圮雍正八年郎中丁皂保赫達塞奉
勅重建篆書坊額坊北爲玉皇閣下舊有白鶴泉

鳳凰臺圖志云在岱宗坊西南漢書宣帝元康元年鳳凰集泰山後因其地爲臺臺上有亭久廢

（漢）元康元年三月詔迺者鳳凰集泰山陳留甘露降未央宮朕未能章先帝休烈協寧百姓承天順地調序四時獲蒙嘉瑞錫茲祉福夙夜兢兢靡有驕色內省匪懈永惟罔極書不云乎鳳凰來儀庶尹允諧其赦天下徒賜勤事吏中二千石以下至六百石爵自中郎吏至五大夫佐史以上二級民一級女子百戶牛酒加賜鰥寡孤獨三老孝弟力田帛所振貸勿收

（明）蕭協中（詩）臺上曾聞集鳳凰時和應自兆禎祥漢臣不似宋臣媚浪擬靈芝奏未央

白鶴泉亭泰山道里記云在岱宗坊北知縣程志隆拓建有石坊額曰白鶴知縣馮光宿建

（程志隆）白鶴亭記（略）閣西偏源泉一泓清冽而旨相傳昔有數白鶴止于泉畔遂名泉故有亭久廢惟存老屋三間制甚湫隘名蹟靈區幾至湮沒地當登岱始基朝謁者無虛日苟遊踪初憩問所謂亭而漠乎無有不幾與柳州鐵爐之步同一寄慨乎急謀所以鼎新之鳩工庀材于其舊地建亭一所搆榭五楹規模頓覺改觀矣

亭成千峰屏蔽于後九陌棋布於前城郭井里歷歷在目而徂徠高里諸山遙列几案幷可時挹其空翠

王母池圖志云一名瑤池又名虬在灣泰山道里記云在白鶴泉東北飛虬嶺下水經注云古者帝王升封咸憩此水上西北爲王母殿殿東跨澗爲王母樓俗名梳洗樓圮故阯猶存其水爲中谿所逕遂名梳洗河山海經所謂環水也

〔于愼行記〕池大盈畝懸流注之

〔孔貞瑄泰山紀勝〕池受小蓬萊之水深廣可勝小艇左呂仙洞右羣玉菴夏秋山水暴漲響況沉作江潮吼震搖城市如殷雷未吐

〔泰山道里記〕按宋李諤記稱昔黃帝建岱嶽觀遣女七人雲冠羽衣修奉香火以迎西王母其說荒遠不可稽然老君堂雙碑載唐人題名有拜訪瑤池之語知其久也

〔明李養正詩〕攜榼踏秋遍瑤池景更幽水澄清似玉松老曲如虬乍冷依山足高眠枕石頭忽聞青鳥喚彷彿到崑邱　酒醉猶能酌日斜故不歸巳拚塵世棄漸覺足音稀風靜魚爭出秋深蟹正肥薜蘿山盡老吾欲剪爲衣

〔林守芳詩〕幾年飛夢向瑤池此日何緣得一躋屐到仙橋無犬吠雲侵丹洞有鶯啼松間炊黍眠初覺石上看棋日未低望裏塵寰歸路杳居然不異武陵迷

環水橋泰山道里記云明舉人張虎建

呂公洞圖志云在王母池南東崖下唐韋洪詩謂之發生洞宋錢伯言紀遊稱金母洞方廣如夏屋傳純陽子鍊丹於此內有純陽石像

飛虬嶺岱覽云在呂公洞東

〔按〕岱史呂公於紹聖政和間題詩二首於王母池卽此

〔宋蕭泰山紀事〕昔呂公題詩石壁有虬常對詩頂禮一夕呂公復至揮筆點其額遂化龍飛去

〔唐呂巖詩〕昔日曾遊此如今九十春紅塵多少客誰是識予人　昔年畱字識曾來事滿華夷遍九垓無賴蛟虬知我字故畱蹤跡不沈埋

〔宋范致沖詩〕朝遊北海暮瀛洲仙珮何年到此遊安得相逢問丹訣春風同醉岳陽樓

〔明杜文同詩〕古洞峆岈白石衡門羃歷青苔黃鶴仙人巳去碧桃花爲誰開

〔吳南岱詩〕仙人曾此雨畱題惟有蛟螭識我師媿我塵勞初到客高山流水似相知

巖巖亭泰山道里記云在飛虬嶺上金知州姚建榮建幷自爲記明成化間參政張盛移建於水簾洞東今廢

〔明李時勉巖巖亭送陳參政歸山詩〕岱宗磅礴不可擬翠色横秋幾千里峭石巉巖倚天外孤亭屹立當山趾亭前芳草沒路岐古砌荒涼苔蘚滋幽花拂檻無人採獨鳥時鳴聽者稀晨霞浴日千峯紫一杯遙見滄溟水升元觀裏曉鐘聞岱嶽祠前白雲起聖賢大道誰不由乾坤闔闢同周流泰山氣象難爲喻誰遣名亭獨此畱

君去薇垣有閑日隨處登臨訪遺跡想得憑闌一望餘懷古淸吟興何極

小蓬萊泰山道里記云在虬在灣北

〔泰山紀勝〕澗東湍湍迅激巖石若傾蓋盛夏布几中流壘石蹲坐浮觴避暑下有寒潭引谿風作颼颼聲頓覺轉炎爲涼驅夏徂秋不知世間有懊惱事

〔泰山道里記〕虬在灣北石厂森陰谿水環瀠曰小蓬萊爲工人攻石所毀崖西猶有巡山李元英等及巡山孫明叔等題名皆無朝號

虎山岱覽云在飛虬嶺東

金山圖志云與虎山屹對

一天門坊圖志云明參政龍光題康熙丁酉巡撫李樹德重建在白鶴泉北泰山道里記云自岱宗坊至此四里內有元君祠爲登岱者衆路之會北上一坊明羅洪先題曰

孔子登臨處凡坊皆跨道遊者經其下也

按一天門稍下道西爲關帝廟廟東偏有憩亭及靈井登者乘筍輿始此輿如竹兜長僅六尺許穹其坐處若弓桁置絡兩桁間坐之舁夫以韋懸兩把負韋握把側足橫行磴上乘者無俛仰之苦上行緩下則如飛矣明袁宗泗詩一入紅門界青崖杳靄中輕輿人倒輓絕磴路懸空直上山疑盡縈迴岫不窮巖巖頻在望今日始通天

合雲亭泰山迣記云在孔子登臨處坊西雍正三年知州吳曙建乾隆十三年

御賜亭額

天階坊明巡按高應芳題圖志云在孔子登臨處坊北

紅門坊額曰瞻巖初步圖志云康熙間建在元君廟前

大藏嶺泰山道里記云在元君廟西北自東趾至巔有石

屋各一其南丹壁懸崖所謂紅門也

名山記山至是而徂徠已不能賓若遜若降其他山皆奴趾而隸伏矣汶水隱烟中如一線

國朝趙國麟詩出郭四五里嶽雲當面來一水出巨壑雙峯豁然開西峯懸當戶石洞冪雲隈定有餐霞人長年臥綠苔 凌晨登紅門霽色明朝旭俯視萬家烟平疇盡新綠 雨後青山入眼明晨光乍破翠微生半人濟勝拋筇杖屐筍初登郭索行

釋元玉紅門十六韻邱壑有餘情欣羨彌中素棲尋屢靡從多由訂期誤巖巖者岱宗仰止自童孺屈指三十年今始得覯赴紅門當山趾[illegible]側頗瞻顧一徑輿微容褰裳足僅措奇觀在絕頂異趣出輿遇登臨意未深徒爭攀涉路杖策乘新霽嶔嶔踐蒼霧積峽滿芳菲馨香沾宿露吾欲陟雲岑常恐忽初步卑邇不自欺乃循先聖度神功探杳冥山靈勤守護越嶺聽鳴泉心跡忘依附於此思故人行行時復往所悲天一方襟懷難共吐

且止亭泰山道里記云在元君廟旁明天啟六年僧興旺拓建知州于可久記

飛雲閣圖志云在元君廟東今名觀音閣

更衣亭圖志云在飛雲閣東凡士夫登岱者至是易便服以行今改彌勒院其南別構一亭以存舊制

小洞天圖志云在飛雲閣東北即黑石埠東爲簫竿峪

明蕭協中泰山小史西山十丈高爲遊人必經之路凡欲臨此必循徑而下一壑曲繞茂林澗草森森蔓仰視崖上人趨走終日不輟眞別有洞天矣明甘應甲勒小洞天三字泰山道里記草木森蔚谿內片石如几曰卜洞天下有灣曰柳條飲馬石峽各隨地命名蕭協中詩未聞兜率至不見藥珠來水石絲簧奏茵花錦繡開空中浮殿閣物外淨烟霾此即眞蓬苑低徊俗念灰

垂刀山圖志云在大藏嶺西宋祥符間得天書於此

酆都峪迣記云俗名鬼兒峪在垂刀山西南

元李簡詩石洞荒涼樹影孤州人相語是酆都古碑猶說韓擒虎爲問如今尚有無

萬仙樓圖志云在紅門北舊稱望仙

隱眞洞岱覽云在萬仙樓下

桃源峪圖志云在萬仙樓東北或曰桃花澗匯水爲碧泉夾岸多朱櫻蘂竹曰櫻桃園

明鍾宇淳記二三月時桃花穠艷若綺遊者疑爲武陵桃源泰山道里記古詩冉冉孤生竹結根泰山阿今可見者惟此與普照寺嶽東北竹子園耳杜浹桃花澗詩櫻桃生澗底石上多古苔山下花已落山頭花未開

蘊亭泰山道里記云在桃花澗北順治十六年建爲遊人憩息之所今圮

高老橋迣記云蘊亭北爲斗母宮又北爲高老橋坊自一

天門至此五里岱覽云龍泉水經其下橋北山勢突起

岱史古有學者姓高創開此道故以名橋明嘉靖三十九年副使高捷重修

國朝徐恕詩浮嵐暖翠聳層霄躡屐人過高老橋兩岸溪聲流鶴澗一峯障影濟鮫綃飛雲夜宿仙人石野鳥晴穿羽客寮依約龍泉水西北中溪東注雨蕭蕭

漱玉橋泰山道里記云在高老橋東北里許圮

砭高嶺圖志云在高老橋東北

石經峪圖志云在砭高嶺東宋陳國瑞題名石經谷石廣可數畝古刻隸書金剛經於上

水簾崖述記云在石經峪北

泰山紀勝澗東有乳山倒垂銳若笛笋倚巖作石亭左峯肱抱中石陂斜平如掌方數畝許偏鐫字如斗大相傳以爲晒經石上有小瀑布橫闊若短簾浸經字半剝落矣布席陂中央趺坐水左右來濺人衣襟較身汲寒流漱齒似非人間境界

吳同春記窮水簾泉源北行里許泉自亂石中泠泠出巨細相間時作笙簧音林木深茂鳥鵲喧呼令人會心

鍾宇淳記西巖古梅數株疏影橫斜酷似西湖林和靖放鶴處

泰山道里記金剛經字大如斗不記姓名年號殘缺過半明王世懋輩疑爲宋元人筆而無所指實按北齊武平時梁父令王子椿好內典嘗於徂徠山刻石經二俱隸書字跡古勁與此如出一手則是經或亦子椿書耶明人刻大學聖經於上端以勝之今佚汪坦刻詩般一章在焉

鍾宇淳詩我來恣奇觀流水瀉石上灑纓見古字隱隱衆星朗篆跡半從鳥跡分貝葉時間松葉響石火不作祖龍劫龍象中開探象罔枕石聽泉足娛悅高山流水忽獨往雕鏤無過亦華想點頭悟石意儻恍

于慎行詩朝下天門關夕憩暴經石此石自何年斜倚萬仞壁疊嶂灑飛流匹練千餘尺水底玉篆分了然成鳥跡其文乃上古讀之茫不識誰參雪竇禪未示金仙迹緣池低寶樹宛見祥河出兀坐聽潮音洗耳心方寂

李養正詩大石突如雲小石平如掌不見人行跡但聽泉流響一箇白石亭團團如玉闕待我夜來時獨坐看新月

劉勅詩暴經自何年經文蝕欲半拂苔聊一讀苔痕不可辨把酒坐其間片片曇雲亂苦海漫無涯何時識彼岸

杜文同詩貝葉翻來石上天花雨自雲中妙解無言可解無言乃見眞空

崔應麒詩晒經石上水簾泉誰挽銀河落半天新月控鉤朝挂玉長風吹浪暮凝烟梵音濺沫乾還溼曲澗流雲斷復連選勝具觴恣幽賞題詩媿乏筆如椽

吳同春詩覓勝尋幽曲徑通眉輿面面受天風深巖貝葉經霜白絕壁曇花映日紅百道泉聲飛樹杪千尋翠色落雲中援琴欲鼓高山調不見鍾期興轉窮

魏允貞詩傳經人去杳無期貝葉還誰手自披我竟不諳空梵字媿他頑石點頭時

國朝丁耀亢詩石腹灌寒溪劃然青裂帛隨地展方稜高下界三格黝然無字初勢已成鳥跡方圓有異相圭斑雜殳戟鑽鑿古人心精神動仙釋苔痕潑墨瀋平如布經席靈蛟拳禿尾鐵鷹刷健翮鈎分亂石皴影落寒潭碧呵護有天龍山鬼皆辟易漱齒讀金經泠然洗魂魄

田同之詩高山忽倒垂左右夾飛瀑經石何鑿鑿誰爲留空谷曳杖歷中陂苔文襲襟褐

嚴長明至石經峪觀北齊人書經暨水簾崖諸勝詩桃源路轉山未深衣袂已覺浮嵐侵風光流轉不知遠一鳥前導如青禽畫屏幾疊誰爲障纔到中峯衆峯向迴眸瞥見影離離無數漏痕穿壁上誰歟刻畫留影泡高齋筆蹤審不清世人率臆肆評泊巖花應笑溪蟲囂捫蘿剔蘚思椎拓忽訝流泉沒雙脚尋源路轉石亭東翠影中驚雪花落飛淙挂壁逾十尋心神灑濯毛髮森就中有句假琴筑山空何處來知音人言汶口尤清奧樵子尋常未能到攖身徑欲試孤笻倏聽鐘聲澗西廟孤雲落日行就途來路迴首空成逋陰崖何由結茅屋看碑飲水忘朝晡

仙峽石述記云一名試劍石石壁中分在水簾崖稍西

高山流水亭圖志云在石經峪明隆慶六年河督侍郎萬恭建西上舊有聽雨軒今圮

〔萬恭高山流水亭記〕余旣表泰山之巔掠泰麓而南下則憩晒經之石石廣可數畝徧刻梵經皆八分書大如斗不知何代所爲近有好奇者則刻大學聖經於上端以勝之余乃大書曝經石字皆博可六七尺刻深三寸垂不磨以助其勝北聳石巖石若斬截而成澗泉漫石而下以懸於空巖若垂萬珠焉余輒大書水簾字深刻之水澌澌淅淅字上宇隱隱匿水中斯泰山之至奇觀也已乃穿澗水而西得石壁高約十五尺廣約四十尺夷出天成下擁石基余東向而立則水簾之泉冷冷出其左而桃柳數十株蔚蔚繞其右余遂倚石壁爲之亭亭悉以石石柱四直入石基其深尺有咫上覆以石板令永久登泰山者得憩息萬禩焉余嗜鼓琴輒顧從者曰夫是倚泰麓之壁也斯不亦高山乎夫是臨水簾之泉也斯不亦流水乎爲子援琴而絃之邀泰山之神聆廣陵之散若將巍巍乎志在高山也又洋洋乎志在流水也是謂神品亦謂神解從者悅遂命之曰高山流水之亭

聽泉枕石岱覽云在高山流水亭北

龍泉峯又曰栲栳崮圖志云在高山流水亭迤東石經峪水出其後

水簾洞坊圖志云在砲高嶺西北泰山道里記云自高老橋坊至此三里

住水流橋在水簾洞前道里記云一澗深廣有橋跨之

天紳巖泰山道里記云在住水流橋西北一里山坳古洞出水卽水簾洞懸崖飛瀑名曰水簾泉

〔泰山紀勝〕歷高老橋入祖廟迤邐由巽趨乾及澗忽轉而東如胼動膝折飛瀑從西北來淨如垂練洞戶藏簾中水弱時隱約可見

登仙橋泰山道里記云在水簾洞北

歇馬崖圖志云由登仙橋東折而上泰山道里記云一名馬棚崖言崖可屋馬也一名三字崖今傾落北有聖水泉

〔岱史〕向有墨書三畫風雨不滅傳爲呂仙蹟故又名三字崖

〔趙國麟遊記〕昔與枚翁盤桓崖下如坐夏屋中長嘯浩歌響振山谷今崖傾岸缺祇立巖牆豈有神龍飛去特畱破壁耶

〔泰山道里記〕大學士趙國麟題詩云一澗空中落雙崖勢欲連崖忽傾落趙復題云高岸已夷陵谷變後來休笑畫圖虛

〔于振〕〔詩〕芒鞵踏處儘疎狂夜雨新晴氣候涼野水雲橫仙子渡春山花壓美人妝時和隙地多栽樹歲稔莊農慣進香歇馬亭邊村店小燈前檢點舊奚囊

〔趙國麟〕〔詩〕一澗空中落雙崖勢欲連巨靈不惜力鞭石使之縣何年倦遊者盤礴一周旋嗒焉天地小長歌起暮烟

壺天閣泰山道里記云在歇馬崖北卽明嘉靖昇仙閣址乾隆十二年拓建改今名殿閣鉅麗對閣爲元君殿北爲玉皇廟

倚山亭述記云在壺天閣西偏

迴馬嶺岱覽云一曰瑞仙巖圖志云在壺天閣北重巖疊嶂一名石關應劭謂之天關過此馬不能登矣泰山道里記云自水簾洞坊至迴馬嶺坊凡七里

〔泰山紀勝〕山迴路轉扆齒甫通突而重山橫亘劃然阻絕轉爪向東南梯雲御風而行繞達嶺巔蓋山腹中脈絡盤紆至此又一大折云

〔明〕〔謝肇淛記〕入山漸深但覺白雲黃葉左右飛積至高老橋水泏且澗卽水簾洞亦涓涓如蹄涔無奇也由水簾洞折而東又折而北道始峻削難行吾游山多矣雖絕地插天亦必迤邐紆迴而上或輿或步咸得袖手騁目獨泰山不然其坦不能十武輒就石磴磴皆懸空斗削高者百餘級小以十數輿中五管在上胸膝相摩手挽足抵頭岑岑也加以狹崖夾障耳目塗塞如道委衖中意甚苦之至玉皇閣下輿迴望始見徂徠一峯獨當

南面扼塞汶水縈若衣帶爲注目移時又上
爲迴馬嶺顧從者自高老橋時騎已不前
〔邊貢詩〕迴馬嶺前春日西澗花巖草鬱萋
萋上方鐘落不知處惟見白雲巖畔棲

十峯嶺圖志云在迴馬嶺東岱史稱古雲巖下爲鷹石溝

九峯山圖志云在迴馬嶺西峯高下排列有九因名

金星亭圖志云在迴馬嶺東上

步天橋圖志云在迴馬嶺北

十二連盤逑記云在步天橋北上又北爲黃峴嶺

黃峴嶺泰山道里記云一名中谿山土色赤黃異他處舊有黃峴嶺坊今圮

〔王思任記〕黃峴嶺得名以色此泰山轉伏轉起之脈也
傲來一峯嘗向人前雄誕謂不讓泰山至此差避稱婦
子
矣

二天門泰山道里記云在黃峴嶺上自迴馬嶺坊至此五里峯迴路轉是爲登岱之半

〔袁宗泗詩〕再上天門望烟雲滿素衣陡崖三面削峭壁
一泉飛排戟峯逾遽通天路轉微涼風吹傲骨五月凜
寒
威

虎阜石圖志云在二天門北二虎廟旁巨石蹲踞如虎故名

倒三盤逑記云在虎阜石北

快活三在倒三盤北逑記云路凡三里地忽坦夷或名快活山旁有玉液泉

〔馮時可記〕歷磴久之有地名快活三再
上再下可三里許差不磊砢御者快之
〔泰山紀勝〕北陟雙廟西眺扇子崖如相拱揖倒盤而下
路皆平澗野花與草樹雜發點綴茅舍竹籬間絕似乎

野村落人家無復巖巖氣象譬如接巖賓之後忽
遇好友坦懷笑語遙望對松山另開一幅圖畫矣
〔劉傑詩〕西峯迤邐鬱藍開空翠沈沈撲面
來若遇虎頭應畫我看山人傍一株槐
〔釋元玉詩〕嶺嶺徑崔嵬峯峯路嵂崒險極勢欲旋坦道
從危得從危得坦道其意復如何仍向層霄步雲中乃
笑
歌

跨虹橋圖志云快活三又北有橋曰跨虹

迎天坊圖志云在跨虹橋西北今圮

龍文石在跨虹橋北泰山道里記云一名蛟龍石以石文理若龍也

迴龍橋圖志云有石曰龍文又北爲迴龍橋東崖曰小龍口石峽飛流曰小龍峪

小龍峪坊圖志云在迴龍橋北圮

攔住山在小龍峪西北圖志云以疊嶂橫抵谷口也岱覽云山橫抵朝陽洞下爲盤道一重一掩上有弄月巖下爲潛龍澗

弄月巖岱覽云在攔住山上有半山亭故址

〔泰山小史〕山腰橫聳一巒似懸似繫構亭其上顏曰半
山俯視左有大夫松凌凌風表右則蒼石若側屏立千
仞每登臨耳畔風生梵音鐘韻交從天下稍上爲僧挂
錫地汶水襟前明滅練光大都塵眼亭下有李斯小篆
人爭磨搨今
不可考矣
〔明米萬鍾憩半山亭詩〕徑轉闢烟闢高亭得半山不須
凌巘外已自出人間青靄相上下白雲時往還岱巔憑
側望憩此
復躋攀

雪花橋在小龍峪北岱覽云三磴崖其下爲雪花橋其南爲小龍峪，

三磴崖述記云在雪花橋北上
泰山道里記雪花橋再上爲三磴崖平處三里至
此又復嶔崎側一石鐫明徐用檢禱雨靈應歌
御帳坪述記云在三磴崖東北泰山道里記云片石坦谿
爲宋眞宗駐蹕處前爲飛瀑巖
李裕記坪卽宋眞宗東封帳宿處其地夷衍嘉木樓櫰
繁陰布地前卽深澗黛蓄膏渟水光映天石錯雜如齗
齶有小魚色青
黑浮遊水面
泰山紀勝中路瀑布惟御帳崖爲勝勢極斗峻飛流濺
沫珠迸玉溶下與龍文石相暉映崖上青石坪可坐數
百人諸水從雲間奔赴頓覺泠然與世人迥隔雖薄
遊亦當作十日盤桓坪上鑿痕尚多疑是御帳遺址
吳節詩幾度天書降紫清宋皇曾此駐龍
旌野花啼鳥年年換猶有人傳御帳坪
邊貢詩白日天門近青山御帳空亭虛從眺覽樹古自
登封過鳥層空上鳴泉萬壑中翠華春不返惆悵昔人
蹤

查約詩宋皇臨御日此地數遊觀花下停雙輦松間拜
百官雲常依寶座月自照瑤壇寂寞仙橋路惟餘古木
看
趙國麟詩絕壁臨大壑飛流千尺下松濤與水濤喧寂
不相假石色漾月影寒颼滌炎夏坐久風雨來松花任
飄灑
小天門泰山道里記云卽五大夫松坊岱史稱誠意門自
二天門至此五里
明陳萬言小天門值雨詩武帝登封舊有臺靈湫
時見白龍迴天風倒捲簾泉水谿有游人冒雨來
五大夫松在御帳坪北圖志云坪北舊有秦時五大夫松
始皇東封於此避風雨焉
按漢書但言大樹未言松也初學記引漢官儀及泰山
記云小天門有秦時五大夫松而唐陸贄亦云五株泰
山紀事云有二株萬歷三十年泰山起蛟二松化龍飛
去是皆以松爲秦所封也東齊記事云五大夫秦爵之

第九級如曹參賜爵七大夫遷爲五大夫是也後人不
解遂謂松之封大夫者五今新栽五株有坊額曰五大
夫皆好事
者爲之
泰山紀勝始皇東巡五大夫以捍衛功受封不知後祖
龍幾年而沒或者非常遺愛土人不復擁護之幸後
王寬仁不奪其爵迄今十八公猶襲名號未詳
是其苗裔否抑別族有獨立大夫亦就衰朽矣
趙國麟記檢弇州遊記讀之所謂有松五具虬虺狀當
是二三百餘年物今惟枯幹一株屹立石上又檢臥遊
道人岱宗圖說云嶂前雙松老幹拳曲勢欲飛舞道人
圖說出萬歷之季去弇州時不數十年已失其三何況
今日惟是記中所云百丈崖凹深如屋旁有石洞樣口
而下黑其究叵測今洞外有屋而無崖下亦砥平如出
地上此則人爲之斲天巧
非若植物之出於氣數也
明王聞修詩若箇庭中言鹿馬何人境上識
魚書當時不負君王意只有山頭五大夫
姚奎詩黑龍潭中蛇母出霜鱗剝落腥雲溼毿毿長髯
十兩針挺挺直骨三千尺神靈呵護元氣鍾驅霆戰雨
搖蒼空堅剛節操振今古濫爵肎受秦王封波濤滿地
陰風起萬籟颼飂成律呂材堪柱國苦弗試蕭然遺棄

空山裏青青顏色無秋冬吞冰吐雪經磨
礲工師一日如相逢終當獻入蓬萊宮
鄒德溥詩爾本抱勁節秦官何
及之乘風發長嘯如羨商巖芝
屠隆詩高節栖靈嶽寧汚秦氏
官天風吹不斷濤捲萬峯寒
龔勉詩長松倚絕巘蒼翠欲摩
空豈受秦皇命自有白雲封
吳節詩曾與秦皇託舊恩昂霄聳壑露盤
根可憐二世空塵土不及寒松有子孫
魏允貞詩雨中松樹倚嶙峋不洗東風舊
日塵何似桃花含意遠武陵只戀避秦人
嚴長明御帳坪觀秦五大夫松作歌秦皇騎虎遊八極
萬鬼百神俱辟易惟有丙畢偕南箕離立天門不奉職
飛輪抉石從東來如漸離筑張良椎自非蒼髯五老互
遮蔽幾令岱畎變作沙邱臺嗟哉此松封植忘所自得
非青州遺種夏后肆洪流九載不復漂百蟲將軍未曾
焚千劫避過水火攻來與曾孫作屏衛我聞松百尺自
號爲木公今爵列第九報稱殊未崇豈知嬰與繆雖乏
棟梁貴轉得與斯高品評不同列而我獨惜茲松千歲
應有靈胡不化作白鹿青牛形俾服御之可長生免使
三千男女採藥去一船終古搖空冥胡爲獨閟空巖蹋

金閼支離生意足友半死之枯桐結孤生之修竹徒見
漢唐兩世來登封又見符瑞三朝志空介二千年事何
離離獨作松問松應知哀哉匪石不
能語但聽蕭蕭風起猶自如秦時

飛來石岱覽云在五大夫松坊側
泰山道里記巨石屹立相傳萬歷三
十一年夏自山巔墜此因名飛來
吳南岱詩曾在生公舊講臺何年渡海却
飛來騎鯨有日終飛去化作星辰上九垓
蕭協中詩松亭亭石矻矻偃蓋萬古青堅確
千年歷故乘風雨夜飛來不是秦皇鞭策激

望駕石岱覽云在小天門東
岱史誠意門西爲公署東爲五松亭又明愍容亭明人
重建題曰御帳遺蹟今俱亡東有望駕石如人拱立

單仙亭岱覽云在五大夫松北明時建今廢亭名猶篆崖
上

老人砦岱覽云在望駕石東

朗然子洞在老人砦下泰山道里記云元初劉朗然修道
處洞可容二十人下爲雙叉溝

凌虛閣泰山道里記云朝陽洞坊北上爲凌虛閣圯西爲
振衣亭阯

望松亭迷記云在凌虛閣迤東今圮

朝陽洞圖志云在御帳坪西北洞深廣南闢舊名迎陽一
曰雲陽泰山道里記云有坊自五大夫松至此一里
泰山紀勝洞中澄泉甘冽崖上滴露如懸珠道士以器
承之命曰石乳西偏石屏磈礧有奇致米萬鍾大書古
篆題雲
根二字
王在晉詩雲根蟠一竅石罅通
萬靈白雲任去來洞門常不扃

御風巖圖志云在朝陽洞東北

處士松圖志云朝陽洞北一松挺立曰處士松泰山道里
記云明方元煥題識塗澤民碣曰獨立大夫
泰山小史明萬歷三十一年一
夕風雨失其樹惟碣石存焉
鍾宇淳記有古松亭亭如葆車名處士松欲別之於五
大夫也余謂此君蒼顏素髮剝落傲睨冰雪崖石間無
論不辱秦即處
士于君何有哉
劉宗岱處士松跋略余自嘉靖己酉始登泰山見秦所
封五大夫松聳而立又北里許一松偃蹇如蓋曰處士
松隆慶戊辰再登泰山五大夫已亡其三而處士松依
然無恙不知誰氏改處士爲獨立大夫疑若曾受秦封
者嗚呼五大夫之存亡不足惜余獨
惜夫處士何不幸而多斯名也噫
吳南岱詩傲節何須枝葉扶亭亭百尺類
吾徒孤巖剩有嘉名在絕勝同時五大夫
祁承爜詩處自稱遠志出則爲
小草青青澗上松肯被浮名擾

對松山圖志云一曰萬松山有坊在朝陽洞北兩峯對峙

老松彌谷最稱奇勝泰山道里記云自朝陽洞坊至此四
里
馮時可記兩峽東西松數萬
株蒼翠相掩縹緲雲霧間
泰山紀勝冒雨行對松山雲塡澗谷皆平眼前斜飛若
輕縠積棉推挽可動仰視兩山黑雲壓頂上與松樹融
結神合無間忽悟松樹乃雲苗所鍾感泉石之氣而
生也風動微露鬐髯若怪龍藏雲霧中瞰人欲搏
喻成龍萬松山歌蔚葱葱青濛濛千株萬株插芙蓉芙
蓉直上九千仞披襟長嘯吹天風晴光蕩漾搖碧空仙
姿肯傍塵埃中以此可愛不可近鬱鬱恥受秦皇封屈
鐵參天浮黛色倒影下映龍池黑發秀鍾靈自有神孤
高得氣本正直虬幹霜皮宛然在鶴來鶴去知何代幽
意豈獨擅空谷蒼翠猶能化龍蹟昨夜繩牀冷如鐵空
濤萬壑流雲結起視冰翼燭天白口吃新詩吟不得回
首遙憶青項玕我心明月含清光懷人稠疊復落莫身
凝江海思茫茫他年終覲結茅宇銜杯箕踞歌梁父泉
石以爲友苓實可充脯對之能使心神清食之又令顏
色古胡不任達永棲
託却向寰中歎辛苦

（朱輝珏詩）數里聞松濤兩崖屹相向春雲護藥苗靈禽棲其上
（田同之詩）寒松韻空山千株萬株寄對峙綠雲停搖曳蚪鱗墜飛泉下峯頂遥光破蒼翠

聖水橋岱覽云在對松山左

乾坤樓泰山道里記云在對松山西明洪朝選建圮近改新盤於橋西高阜上或謂之雲門

龍門坊泰山道里記云舊額大龍峪坊在對松山北自對松山坊至此四里坊東即大龍峪

雞冠峯泰山道里記云在大龍峪北片石懸立於上翔鳳嶺南巖也

新盤口述記云在大龍峪東

（吳同春記）盤創自藩參呂叔簡往春月禱祠者衆舊盤不能容往往擠墜崖谷中叔簡闢火池以西爲新石盤往來稱便

（泰山紀勝）東上入新盤俯視羣山錯疊如綺歷雁翎五老諸峯上臻子崖度天橋皆幽折可盤薄嘗謂舊盤似直臣新盤似韻士一則磊落光大嚴峻不可屈撓是冠裳入朝氣象一則緜邈蕭疎蘊藉風流隱逸君子之所珍也盤盡仰望宮殿嵯峨不知人間天上

度天橋泰山道里記云明萬歷間參政呂坤建今圮

（泰山道里記）登岱者上從東而下從西無相踐蹂仁人之用心如此

雁翎峯泰山道里記云在新盤口南尖峯峭出蓮花峯下趾也北上崖縫吐水曰大龍口

石壁峪在大龍口北岱覽云兩峯插天攫削壁立

飛龍巖圖志云在石壁峪東

翔鳳嶺圖志云在石壁峪西

昇仙坊岱覽云在十八盤下束峽處泰山道里記云自龍門坊至此三里圖志云中爲十八盤俗以坊北爲緊十八坊南爲漫十八云

十八盤泰山道里記云石壁峪中爲十八盤盡處爲南天門漢應劭封禪儀記名其地曰環道也

（王思任記）夾壁天穿鐵結碨礧止許五丁削一縫與人後人見前人履底前人見後人頂如畫重累人正其際耶

（泰山紀勝）兩山壁立中通一線仰窺天門如鏡嶮峭不可登聯鎖爲欄緣雲傍霧躋天門返顧凜然動登高臨深之悔雖自謂賁育亦復氣奪

（祁承爜十八盤詩）拔地五千丈沖霄十八盤徑從窮處見天向隙中觀重累行如畫孤懸峻若竿生平饒勝具此日骨猶寒

（釋元玉石壁峪詩）層巖對對夾蒼煙絕處金繩象外懸到此已觀雲是地凌空肯藉管窺天香侵紅袖松風滿霧擁籃輿瀑雨連是險是夷人共歷復誰幽興勝前賢

（徐恕昇仙坊詩）絕似登山兩脚僧千層萬級走崚嶒已知仙路原非遠不信天階亦可升嶺外黑風驚伏虎雲中白霧起飛鵬懸崖未敢辭辛苦一宿丹寮一盞燈

（巖長明由對松山登十八盤遇大風雨至三天門有作）左壁如屏右如障爭長東西不相讓就中一綫露青冥天路云從此間上昂藏七尺付輿丁曳以長繩挾以纜如蟻旋磨蟻循條項踵挨排成一行前瞻方喜日平肩後顧忽驚雲壓項雲來便作水煙歎雨急還賚電雷壯洪鐘萬斛四山縱強弩千枝一林放盤中倏變海茫茫盤頂空餘天決決此時黍粒渺單身耳目精神交混瀁妄思捧土塞天河不使飛流下千丈更愁山去化方蓬高掌還應巨靈仗陳祈聊解暫時嘲詎識山靈已陰相分風特爲掃雰霏出天門高有闊同遊彳亍幾人來引手相看幸無恙遥看傑閣上摩空會借仙翁赤藤杖拄來長嘯倚危闌一覽斜陽下空曠

岱頂

南天門圖志云一曰三天門距昇仙坊一里磴道盤空一關獨啟自是朝天有路矣

〔元〕杜仁傑天門銘泰山天門無室宇尚矣布山張鍊師爲之經構累歲乃成可謂破天荒者也於是乎銘曰元氣裂兩儀具五嶽峙眞形露惟岱宗儼箕踞俯彌高乾天柱浩千劫空來去誰爲鑿起天處匪斤斧乃祇詛竅開達底處十八盤盤千步蘚初吐抱圍樹日車昃慘曦馭六龍頹莽迴顧踏此往嘉無數無懷下兵刑措七十君接鑾輅聖道熄彝倫斁揖讓歇篡奪屢忽爲閫梗無路象緯森救訶護朝百靈由玆戸金璀璨朱閶布九虎蹲萬夫怖我欲叩閽者怒閽何時坦如故對晃旒獲控愬豁蒙蔽泄塵霧刮政疵剔民蠹上得情下安作頌血礴帝聰悟崖不磨蒼壁豎刻我銘期孔固垂萬世正王度

〔明〕陳沂詩望入天門十二重敻然飛舞半虛空千尋不假鉤梯上一竅惟容箭括通風氣蕩摩鵬翮外日光搖漾海波中欲求閶闔無人問但擬形雲是帝宮

〔李學道〕詩石磴層層破紫氛半空飛翠灑衣裙煙迷下界羣山渺虹跨寒霄兩壁分無數琳宮依絕巘有時元鶴傍輕雲蓬萊高處風微動隱隱鐘聲天外聞

〔袁宗泗〕詩攀蘿經御帳駐馬憩秦松直劈峯雙立斜盤級萬重山腰驚雨過峪口亂雲從自此天閽叩方知第一峯

〔成城〕詩山勢兩崖立天門一線通手攀危磴上人在亂雲中杳靄空諸界艱危攝寸衷平生搔首意今日叩高穹

摩空閣泰山道里記云南天門上有閣曰摩空

月觀峯岱覽云在西天門之南南天門之西與日觀峯對峙而危聳過之以月朏庚方故名泰山道里記云西偏怪石攢簇即漢官儀及泰山記所謂山頂西巖爲仙人石閭也

西天門岱覽云在月觀峯北兩壁如削象魏天成明林[illegible]

度勒曰西闕

〔明〕鍾惺記岱之爲天門者三西天門者石自門焉眞天門也

上桃峪泰山道里記云在西天門下桃花峪水源也

君子峯在上桃峪中

〔泰山道里記〕上桃峪中一石卓立曰君子峯

西神霄山圖志云在上桃峪南俗呼兩峯巖岱覽云雙巒峭拔與東神霄山相望峽口有臥馬峯

天街圖志云在南天門東北廬而市者三十餘家述記云迤北相傳爲唐蘇源明讀書處

〔泰山道里記〕應劭所謂東上一里得木甲木甲者武帝時神也是其地矣按此地舊有五賢堂祀孟荀楊文韓五子又有肩吾軒石林館皆其故址

避人厂岱覽云幽僻可棲在天街北

鳳皇山述記云由避人厂自東而北前舊有蓬元坊明人建

〔泰山道里記〕按名山洞天福地記第二洞東嶽泰山周迴一千里名蓬元之天此坊之所取名也

象山岱覽云以狀名在鳳皇山南圖志云一曰鎖雲巖

白雲洞圖志云鎖雲巖上有白雲洞述記云舊有坊曰白雲明巡撫李戴建洞亦曰雲窩頂東北坦處有白雲亭白雲軒玆圮洞南深谷峻削亦名百丈崖

〔公羊傳〕泰山之雲觸石而出膚寸而合不崇朝而雨徧天下

〔王衡記〕洞巉巖多竅雲從竅出如線蓊然滿山四馳而縷結爲一即雨媒也

〔李戴白雲軒記〕今歲夏余祇奉上命鎮撫東土時若旱魃爲災未及受代輒禱於泰山之神爲元元乞一旦之

命竊私念公羊傳所稱不崇朝而徧雨天下者泰山之雲也今安得爲雲爲雨卽符所禱哉已而見白雲裊裊布濩山谷蓋自白雲洞中出也因往躡之則在鳳皇山之陽石磴陡絕而下洞高丈許廣亦稱是中有石竅廣二尺深僅尺許而洞之下陡峻深谷又不可測所謂百丈崖者是也洞中石竅四時水常溢注其來無形不知所自夏月則其勢愈盛沛然旁達故相傳爲龍洞曰霖又曰雲根雨脈云余於此益信雨天下之言不誣也圖所爲標其勝宜無如斯言者一日以語鹽臺譚惺堂侍御則手筆雨天下三字勒石洞門余檄有司樹之坊坊稍北構亭一楹亭稍北構軒三楹而軒之宅勝最奇背負石壁如屏左右如翼獨開一面甚閎曠憑檻俯視大小龍峪如蒼龍噴水而山麓行人摩肩接踵往還如蟻近眺則徂徠山當其左傲來山當其右遠眺則云云亭亭尼邱梁父又環列星羅畢獻奇偉噫斯天下之大觀也已陟斯洞憩斯軒者寧無霖雨天下之思乎哉奚但選勝擘秀云爾有司請余記之是舉也前按臺韓西元侍御與其議今按臺毛文源侍御會其成其餘有司執事勒之碑陰

（趙國麟詩）出洞本無心入洞亦無意洞中貯白雲崇朝滿天地不過膚寸耳寧知莫思議雨徧天下歸白雲仍此寄

砧子石岱覽云在百丈崖東

蓮花峯圖志云在天街東南五峯攢簇如蓮花

（泰山紀勝）祠外白蓮若供養數峯攢立花瓣寬平又絕類蓮實遊人多坐飲其上

五花崖述記云在蓮花峯稍東危崖萬仞登之視盤道中人往來絡繹如蟻俗呼爲望人峯

試心石述記云在五花崖頂二石鉤連於上登之動搖或云惟心誠則不動迤南有神泉

（泰山紀勝）石銳僅容足下臨絕澗常有道士鵠立其上索錢過者駭且笑謂是以命貿財者夫以命貿財寧獨一道士哉

團屏峯圖志云在鳳凰山東岱史謂之懸石峯舊有老君堂圮

虎頭崖述記云在團屏峯東偏巨石狀類臥虎故名

避風崖岱覽云在虎頭崖南折轉東石丫深靚向陽宋人題刻殆徧

（明金紹裕詩）丹霞翠壁撥晴空萬里湖山入望中回首扶桑天咫尺滿身香霧立空濛

闞仙巖圖志云在避風崖東北亦曰振衣岡

（泰山道里記）巖多宋元人題名明人大書振衣岡三字鑱毀過半

魯班洞述記云在闞仙巖上稍北爲北斗臺又東巨石黑麗上鐫天柱峯三字下有宋劉袞馬熙題名東北崖石竅滴水曰珍珠泉迤南有明置西公署額曰仰止亭今廢圖志云東上爲碧霞祠元君上廟也西有玉女池池亡舊有

秦篆刻石東有聖水泉

（金棨聖水泉禱雨歌）嘉慶丙辰春雨愆期禱於龍潭罔應閔孟夏廿有四日迄種將屆覓望逾殷廼復齋遬戊夜步登岱頂質明虔祈碧霞元君祠祠東北隅有聖水泉神瀵也取水奉歸朝暾方杲曜射人目禺中過壺天閣雲氣縷縷出巖罅間比至岱廟則已油然四匝靀霂如織矣入夜乃甘澍滂沱達旦未已所部七州縣迭告霑足遂書有年崇朝之澤其應如響神既幸承不敢不紀也爰作歌曰仰巖巖兮作鎮山稱宗兮水紀聖天一兮導源不崇朝兮敷潤挹貯缶兮方盈歘傾瓢兮何迅片雲兮隨車注濊汋兮瀰川浸濡鴻畎兮龜田兆黍蘇兮緣亘柏甫蒔兮千栽廻舍膏兮黛靚豈蝝耀兮揚靈翳鸞驂兮錫慶護三素兮霏微寫涓涓兮長縈

推秀巖岱覽云在大觀峯南碧霞祠北

寶藏嶺圖志云在碧霞祠東南巨石類獅俗呼獅子崖述記云介五花崖探海石間東北上爲嶽廟從征記謂上廟在山頂卽封禪處也

大觀峯泰山道里記云一曰彌高巖在嶽廟北懸崖峭壁勒唐元宗紀泰山銘世謂之磨崖碑圖志云峯東舊勒宋眞宗述功德銘明翟濤鐫德星巖三字掩其上殘碑字跡猶存

（蔣超）磨崖碑詩五嶽班秩岱最雄古來封禪誇神功秦碑漢碣滿崖壑蝌蚪滅沒懸蒼穹近來冠蓋苦唐突惡詩惡札爭磨礱荊璞磯成金步搖神鼎鎔作官錢銅還思天女坐雲際玉琢肌膚金範躬苔綠攢施滿殿角鐵鎖牢錮愁春風願乘鸞鶴騰碧落擺脫塵礙摩清空山頭碑板盡化爲無字于秋萬歲惟見雲霞歷落開天容

（沈廷芳）重登泰山觀唐紀泰山銘磨崖碑詩我登泰山歲乙丑其月仲春日辛酉是時陽和雖已回木強草枯峯嶺黝但拓磨崖碑以歸旋裝珍重等蝌蚪重來恰喜當清秋青蒼入望爽氣浮夜就磨崖碑畔宿陵晨獨起攬古愁緬惟開元全盛日政出仁義被九州君王昕夕恒儆惕韓張姚宋非常儔坐享承平廿餘載民康財阜滋天庥撫茲清宴長怠敖封禪將行先祀廟爰稽七十二代事惟天惟祖致虔告禮成聿著此銘詞詞仿典謨何煌燿巨手傳自張說筆頌揚功德奚太郎明皇八分洵邁古大書深刻高崖峭是舉端由說贊成蹕入咸京官爵冒用肇天寶喪亂基唐室陵夷延末造吾聞五載一周巡唐虞三代制可循粤若秦漢誇侈大應令敬仰嗤千春國朝天子實聖神先後作述古莫倫狩法大舜祇柴望省方意在循斯民敬觀普照乾坤字雲峯鐫刻倶嶙峋郎今萬笏劍削待御墨不輕降紫宸金泥玉簡屏勿用升中有戒欽臣鄰明德勳爲後世則唐碑縱佳徒可嚬我憩崖下塵鞅息回首前遊心惻惻不見無字祖龍碑祥符奸相蹟同泐歸來獨覽浯溪銘漫叟清臣足矜式

（嚴長明）觀唐元宗紀泰山銘詩四十韻有唐六葉全盛時祖宗錫慶天垂釐宰衡庶尹各奉職用康億兆朝蠻夷名山顯位望恩幸大官再拜交陳詞順天應民本帝道敢以勞瘁辭馳驅維時孟冬日在酉水官按節金神隨箕風吹空畢雨灑翠旂孔蓋翾以飛觀風問俗復施惠邇者不泄遠不遺乾封百年父老在皇儀再覩紛齎咨齊宮位止遞三宿青霄夜靜神光垂泰壇翹首時天半仰法大象圜如規用享上帝配高祖百神以次咸予後其下方邱奠社首日泰折以侑帝祇皇考作配睿宗祀餘制悉準升中儀封禪庚寅禪辛卯至日上下否恬熙祥雲九華日五色瑞光端單如琉璃爰升天門叩日觀對揚帝命詞舒遲鏤諸玉牒納玉鐀印受命寶金爲泥禮成從官呼萬歲響答山谷聲同揆非甚盛德曷臻此允宜撰刻留屋屭維帝曰俞可其奏大文親書如義泰松伐取作煙墨漢皇石可丹毫支上言報天眷顧厚下言祈福緣悉黎元元指歸況有屬好謙示儉兼流慈詞嚴意密堪示後碑材北面天生宜厥高三丈寬丈六字徑五寸仍有奇鸞翔鳳翥在天表地上蟲鳥何由幾胡爲勵精未卅載妄思端拱垂裳衣千秋金鏡一朝失覆簣頓使前功隳三塗已裂四扇砍青騾避地空流離劍門積石千萬仞勢與喬岳爭崔巍經行豈竟無紀述歸秦但唱淋鈴詩始知封禪事非古率由侈泰心潛滋銀繩金檢白石䃭七十二代誇留貽告成處所千八百六經至竟無其辭王通袁準識尚具後王何故相攀追書垂黃素蔭華蓋故智不越尋常窺我來遊占得大壯森然魄動神披靡年深點畫恨小缺金光猶向蒼崖披從臣名姓復可辨䴥煤繭紙行搨劇惜哉朝覲碑已佚莫由玉匣同瘞池

大小懸鼓石岱覽云以狀名在大觀峯巔

桃花洞述記云在懸鼓石下裂天泉雲水溉之

（明蘇眉山）詩雪竇雲岑玉洞新桃花紅映武陵春仙槎直泛蓬壺裏何事漁郎復問津

（鄒德溥）詩峻壁凌穹蒼洌泉貫其趾不知天地間清絕更誰似

雲峯圖志云桃花洞西有橫嶂曰雲峯

一拳石圖志云雲峯西南有石高可丈許題曰一拳石俗呼眞泰山泰山道里記云西北爲青帝宮有碧天泉洞

（泰山紀勝）一石挺立或題聰明正直四字命之曰眞泰山世傳五嶽眞形本此甚矣人之好異也

獨石岱覽云在青帝宮門外巨石踣臥故名

望吳峯圖志云一曰孔子巖在桃花洞西漢官儀及泰山記曰吳觀者望見會稽郎此明建過化亭圮

泰山紀勝泰山推孔子巖極空闊無障蔽可以窮目力
之所至後卽山陰路巖前二短碣紀與顏子望吳門事
龔勉詩尼父昔登臨元覽超無
上我來得瞻依頓覺心神曠
文翔鳳詩陶令籃輿箇箇還謝公屐齒不
曾開峯頭自見吳門馬更有何人上泰山

登仙臺在望吳峯西

泰山道里記廟西有崇岡曰登
仙臺岱史以純陽嘗登此云

泰山絕巔圖志云在望吳峯東北一曰天柱峯俗呼玉皇
頂自南天門西抵月觀東至日觀凡七里宋祥符間皆稱
太平頂上爲玉帝觀卽古太清宮也登岱者必以此爲極
焉

鍾宇淳記此泰山絕頂青蓮云
呼吸通帝座非此不足以當之
高誨記延竚四望滄溟東坼河流天傾而汶水湯湯只
環一綫西南萬山伏地若米堆榷徂徠尼父僅露脊可

指耳
文翔鳳記嶽巔在宮垣中乢所結撮處向冠之以
宇萬尚書恭始毀而出之于是山始得露其頭骨
萬恭表隆慶壬申黃河功成天子懌豫命恭若曰汝其
東禋於是臣恭以八月禋泰山報成績也余乃歷覽巖
踰險絕撫泰碑登日觀已乃陟山巔謁天宮忽緇衣[illegible]
邏目瞪足踐搭余言曰是泰山巔石也余異之眡其上
室如鋼也眡其下砌如砥也而惡知夫泰山之巔而又
惡知夫泰山之巔之石余喟然歎曰夫泰山擅四嶽之
尊而茲巔石又擅泰山之尊乃從而屋之又從而夷之
又從而戕履之令尊貴不揚發靈異不表見余過也余
過也亟命濟倅王之綱撤太清宮徙於後方命之曰弟
掘地而出巔毋刓方毋毀圓毋斲天成返泰山之眞已
矣倅乃撤土巔出之巔石博十有一尺厚十四尺有奇
聳三尺戴活石焉東博二尺五寸厚一尺三寸西博一
尺八寸長八尺有五寸夫約泰山而東之巔已奇皆六
又摩頂而戴之石斯上界之絕巔青帝之元冠也余会
活石覽觀萬里俯仰八荒遠眡則扶桑之日曜其
斋之風吹其西近睇則秦碑若正笏叢石如羣圭
魯諸阜圓者似金直者似木曲者似水欽者似火
似土枕青陽之絳闕俯元君之幽宮而六極之[illegible]

矣彼巔石不表見幾千萬年矣今出之始返泰山之眞
而全其尊後來觀覽者尚毋刓毋毀毋斲天成務萬世
令返其眞而全其尊以毋得罪於泰山之神其緇衣踽
踽意乎緇衣余問何許人何所受而告余默而不荅噫
我知之矣蓋緇衣受之碧霞碧霞受之太君太君
受之上清上清受之元始元始受之寥冥之祖

郝經乙卯九月十九日登太平頂詩窮秋老雨四十日
坤軸欲爛陰霾纏我來方作泰山游玉虹一夜收雲煙
山靈奕奕生喜色突兀撐裂青羅天輕裾飄飄過黃峴
乘輿直到三峯前霜餘灌木出秋色萬疊紅錦幪椒巔
泓澄寒滀浸太古翠壁細瀉珠璣圓當時秦漢極侈麗
未必如此皆天然天門中斷兩屹立箭筈一磴蛇蜿蜒
峻峭絕頂肆崇崚竚立矯首望八埏長天沈沈入西極
九州却在東海邊衝風慘淡萬里來海窟勁刮鯤鯨涎
須臾白雲生嶽麓腳底泱莽無山川秦壇周觀覺浮動
滿地覆冒兜羅緜忽疑山移入海中白浪四洶虛濤掀
山陰瑰詭光怪出赤氣翠暈相鉤連下從谷底上碧落
寶塔萬級高蟠旋遂登日觀叱日馭六龍倒著珊瑚鞭
玉鱗剝落金甲坼九芒迸綺生血鮮三山搖蕩海水沸
蓬壺縹緲來飛仙爲言此色與此界君自固有非塵緣
恍然記悟復無語
把手一笑三千年

于愼行登岱頂絕頂秋高上帝宮茫茫一氣俯寰中地
盤河濟三州盡天入秦吳萬里空玉闕光連星斗上丹
峯影落海門東亦知眞宰
多相藉許倚煙霄兩劍雄
王在晉登岱頂攀蘿絕磴望三齊洞口雲深去路迷海
角日痕千尺線天門曉刻一聲雞露盤仙掌搴銅柱月
窟靈根駕綵霓五色文成
聊展翰峯頭的爍照青藜
鍾惺登岱頂朝登泰嶽望蓬萊晚帶斜陽輿未回一路
草香都是藥千林樹老盡生苔浮雲似水流將去怪石
如人立起來不是此生君
國有探奇直上捨身臺
王元坤嶽頂紀游兩歇丹梯轉翠微殘虹明滅亂泉飛
池邊玉女驂鸞過橋畔仙人駕鶴歸上界靈光搖絕壁
中原秋色澹斜暉吳門練影
憑誰見滿路天香拂客衣
仲言永玉皇頂危閣倚層霄山河入望遙天橫關塞鴈
日抱海門潮霧露開朱旆雲霞庋碧簫自然幽賞處不
用祉
僧招
祁承㸁登絕頂大觀何止盡東 六合都歸極目中呼
吸已知通帝座山河原不礙虛 雁飛二月危崖雪鶴

嘆三更絕壑風萬仞峯頭
剛一枕朗然長嘯間疎鐘
〔李三才詩〕清齋獨夜萬緣空踏破天門與
帝通一任紅塵千萬丈此身已住白雲中
〔劉侯詩〕青天亂插玉芙蓉何處雲迷舊漢封石磴人來
逶似鳥丹崖松老總如龍還隨潦倒平生意復上東南
若箇峯萬里茫茫周一
氣吳門欲辨更無從
國朝王度登泰山絕頂萬仞峯頭放大觀清虛何用借風
翰眼橫布地三千界身歷懸梯十八盤借食那須求石
白裁衣應自足霞丹翩翩直
欲招雲侶共向通明整佩冠
〔桑調元登泰山絕頂〕盤盤磴道鏟嶔崟高下亭臺映石
林直上天門與天語側聞龍洞有龍吟泥金事杳籠青
氣觀日峯高照赤心忽聽傳聲動巖壑秋空長嘯快登
臨　秋晴日出氣葱蘢
御墨高鐫第一峯碧落大開青帝宅白茅人誤漢皇封傍巖
松想千年鶴迎
輦雲成五色龍當代
聖明超萬古虞周典禮繼前蹤
〔陳應詔登岱頂〕前年振衣直走東海東足踏島嶼窺龍
宮蛟鯨鼉蜃時出沒蜃樓海市披長風蒼波浩淼元氣

接沙門長山指顧中探奇忽動游山興蠟屐千里登岱
宗巖巖氣象驚心目七十二峯攢太空拾級牽絙躡絕
頂俯視溟涬開鴻濛羣山起伏如簣土汶水中分一線
通乾坤亭上發長嘯驚落鵬鶴墮泰松翹望蓬萊五雲
裏幾時重訪游仙蹤薄宦轂城二十載今為釣
水樵山翁此日遨遊眞快絕潮聲岳色羅心胸
〔嚴長明登岱頂詩〕酌蠡者不可以測海坐井者不可以
觀天半生學鳩鷃搶在枋榆間一朝飛上大鵬背始信
盧敖鄒衍非狂言前身禽夏誇輕矯記向蓬元事幽討
初由金闕望吳閶繼轉瑤臺拾仙草風雨驚從足下生
方州頓向眉間小進步力加猛四顧神飛揚凌虛但一
氣正色同蒼蒼欲知大地形何似九點煙環一杯水遙
空更復舉頭看一圓笠覆雙跳丸右傾西北左闕東南
六鼇之足尚堅硬五色之石猶斒斕因思靈門當日奏
奇績原從此度輪廣規方圓道人引我升元圃禮罷心
同一銖黍前有千秋兮後萬古往不可聞兮來不可覩
中間歲月能幾時更沒黃塵復何補吁嗟乎人與溟涬
非同科春風恨少秋霜多舉手便是北斗柄何因作我
金叵羅金叵羅酌桂酒誓與茲山長不朽拍茅許之吟
肩敵張劉之笑口歌成一曲隨東風天上人間兩回首

古登封臺述記云在玉帝觀前臺基方廣有碣曰古登封
臺

〔淮南子〕尚古之王封泰
山禪梁父七十餘聖
〔泰山道里記〕按漢官儀秦篆刻石東北百餘步得始皇
封所漢武在其北二十餘步得北垂圓臺臺上有壇謁
人多置錢物壇上亦不掃除則詔書所謂酢梨酸棗狼
籍散錢處數百幣帛具道是武帝封禪至泰山下未及
上百官為先上跪拜置梨棗錢於道
以求福壇以南有玉盤玉龜即此也
〔蕭協中登封臺詩〕巖巖萬仞天中起上有高臺燭霧裹
歷代相傳漢武皇燔柴秩祀巢壇壝玉簡金書不可求
穹碑矗立東山頭山來七十二君事千年冷落同山邱
幾度登壇尋遺跡縹緲孤高塵世隔豈是山靈呵護奇
深藏秘檢雲生白白雲搖曳繞壇前呼吸猶疑
動九天欲效相如請封禪君王已自卜長年

無字碑述記云在登封臺下一曰石表

〔泰山紀勝〕無字碑非碑也度其中必有所藏當是封禪
之文銘或玉檢金函之屬相傳一巡方惡其疑天下命撤
之甫動其蓋雷風驟作說雖近
怪然其中有物焉則斷斷無疑

〔翁德洪無字碑詩〕絕巘植空碑古人
如有意由來最上乘原不立文字
〔胡汝桂石表歌〕天門崔巍雲縹緲翠巘疊峯爭呈巧千
崖萬壑駭人目竟日看山山未了夜半舉手摩星辰高
歌日觀看日曉山巔獨有一柱不渾渾潔素插天表藏
鋒斂鍔若太拙震撼風雷不傾倒傍人妄說秦時碑熟
視空空益窅窅到此胸中一字無翻見磨刻盡潦草至
人從來貌若愚安得繁藻一滌掃今古登臨多少人信
惟孔子天下小太乙留此
渾元機杜杖乾坤永不老
〔張銓觀無字碑詩〕莽盪天風萬里吹玉函金檢
至今疑袖攜五色如椽筆來補秦王無字碑
〔王在晉無字碑二首〕東海長流石未枯山靈愛寶隱元
符從教烈焰焚經史致使秦碑字也無　童女浮查去
不回幾迴車輦望蓬萊而今欲
續秦人字誰是鞭山駕壑材
〔王乘籙詩〕雲去蒼苔綠風來古
樹春荒碑無篆跡山亦解亡秦

平頂峯述記云在絕巔東南巔石平敞故名

乾坤亭述記云在平頂峯南明挾仙宮故址也康熙二十

三年建

〔明〕詹仰庇雨霽會飲挾仙宮詩 凌霄披翠入牕開冠蓋疑從天上來座繞山光搖劍戟雨餘霽色動樓臺還將石瀨調歌管更擷峯霞入酒杯壯觀生平今更幾坐升海日共徘徊

〔王在晉詩〕置身最高處扶輿闢廣廈入眼既空明襟亦瀟灑山川在几席滄海入尊斝洪濛恍開闢陰陽本陶冶浮沉看飛鳶氤氳驟野馬廣漠渺地遙平明見天瀉于焉發浩歌超然小天下

日觀峯 泰山道里記云在平頂峯東南漢官儀及泰山記曰東巖爲介邱東南巖爲日觀日觀者雞一鳴時日始欲出長三丈許又東南名秦觀望見長安吳觀者望見會稽周觀者望見齊王世貞以日觀秦觀越觀爲一峯誤

〔泰山紀勝〕峯與玉皇頂略等夜晴明早往候日曙星漸沒微暉散綺羲輪將升海霧盡赤蕩漾久之日突出海水晃若閃鏡轉瞬間紅光射目不可逼視矣

〔唐〕丁春澤日觀峯賦 日之升也浴海而麗天嶽之峻也切漢而臨邊登高者以致九霄之上愛景者欲在萬人之先其所惟一其仞惟于伊風靈之有截彼日觀之存焉大其夜刻未終曙色猶昧彼窮高之極遠此有進而無退未辨昏明斯分覆載屢聞鳴雁猶陰沈而不覩忽聽晨雞即曈曨而可愛於是漸出暘谷將離地維巖巒既秀草樹生姿氣則赫絶人皆仰之其望也如燭其照也無私昔者帝王御宇立極垂統封禪及此成功巡狩應其春仲莫不登茲絶頂遐矚大明思煦嫗之義窮造化之精以爲日象一人之德嶽是三公之名信王侯之設險俾海宇之來平方今一德無爲三光有象動植昭泰神祇肸蠁千巖瑞色思効社以口升萬壑春雲欲入封而空上客有才乏羽儀心思騫翥每積聚螢之志難窮望日之處引領終夕含情達曙知照燭之有期故躊躇而不去重曰日有觀兮絶代獨立登之望兮無遠不及何太陽之至精莫不專於出入

〔又賦〕泰嶽東南峯開一室傍接天路低臨曉日陰霾玉兔動霄漢之微明曉報天雞越氛埃之迥出初其暝色蔥蘢懸崖倚空獨出清虛之外遙分蒼莽之中隱霧猶白經天漸紅披草樹以燈亂耀波濤而血融及大林嶺寒消煙雲色變星河參落以初沒峯巒邐迤而徐見火動山頂輪移水面穿暗隙以飛鏡歷幽窗而走電至若門宇蕭條霜空泬寥晴開曙景暖入殘宵揚晶彩以施艷散芒角而飄飄露灑文薄風牽影搖望極天涯生從地表升弱木以歷歷出陰山之杳杳萬壑收暝千巖送曉消古砌之晴雪動寒庭之宿鳥遙空冷滑傷寸晷之難留碧嶂岩嵬望孤光而漸小凌霄色麗騰空影斜氣亂山燒光分水花絶壁孤危覺靈海之津狹炎輝咫尺信長安之路賒既而背暘谷以徐來泛圓靈之不凝蒙水氣以珠暗露松陰而碧碎霞色收錦天風斂黛披雲闢之斜視鄙天門而俯對依簷乍吐咸生齊魯之間過嶺遹明煦及草茅之內由是遠挂參落高辭絶暝萬象焜煌而畢照六龍夭矯以無寧安得足踏聳峭手扶青冥陳白晝之苦短願陽烏之暫停

〔宋〕梅聖俞詩 晨登日觀峯海水黃金鎔浴出車輪光隨天行無蹤正是刺我目攢集如劍鋒照耀萬物與磨滅萬物凶草木既無命必問石間松當時一避雨安得大夫封八而苟不過抱簡誦六龍

〔范致沖詩〕岱嶽東南第一觀青天高聳碧巑岏若教飛上峯頭立應見陽烏浴未乾

〔元〕段輔題李白泰山觀日出圖詩 岱宗鬱鬱天下雄謫仙落落人中龍茲山茲人乃相從氣奪眞宰愁豐隆玉堂一任雲霧封長鯨飛渡秦皇松夜呼日出滄海東再爲斯世開鴻濛釣天帝居深九重醉舞踏碎青芙蓉天孫玉女爲斂容却視五嶽秋毫同長鯨一去不復逢乾坤萬里號秋蟲當年咳唾留絶峯至今樹石生香風我欲追之杳無蹤不意邂逅會此中屋梁落月依然空

〔徐世隆詩〕我夢天倪子同登日觀峯骨彊清似鶴步健老猶龍方外無官府堂中有岱宗仙閭眞福地杖屨會相從

〔明〕于愼行歌 岱嶽峯頭一片石天光杳杳搖空碧我來夜掃石上雲未明看見海中日日出海東幾千里茫茫不辨雲與水天雞喔喔海上啼東方霞氣半邊紫忽然激灩玻璃翻一泓捧出赤玉盤長繩斜挽不得上半時方到扶桑巔扶桑枝葉成五色海水明滅一線白日東雲氣如連山日中欲識鮫人國平明日高海水乾滿天翕艷紅氣團三山金闕流安在六鼇背骨秋霜寒憶昔秦帝東封年欲浮海水遊靈仙驅石作橋不可涉金支翠羽空西旋幾時得見海中出日三千丈脫屣妻子如浮煙眼前朱生信豪士側帽大叫石上眠我亦欲取巨石塡東海揮戈且止羲和鞭六龍不停日如矢仰天鳴鳴酒熱耳

〔程雲詩〕聞道蓬萊不可期眼前滄海小如卮清秋一片桃花色玉女投丸半夜時

〔文翔鳳詩〕乍作丹邱不善圓徘徊似待絲繩牽半輪欲上如中却想見初生太古前

〔鄒德溥詩〕我凌千仞岡縱目乾坤外長風吹海色冷然襲衣帶

國朝王苹詩日上嶽勢尊羅列芙蓉綠羣峯紛來朝蒼藹如膏沐引領亂峯顛抗策移淸旭藻景含林岑疊疊春波縠餘霞正卷舒朝霏忽斷續萬竅響寒音松花落巾幅

〔李成鵬詩〕矗矗東岳高四溟迴一望杖策陟其巔憑眺日觀上舉頭天可捫俯視何渾漭側身臨東海扶桑在混濛忽爾波心紅閃爍不可狀腷膊雞初鳴羣宿尚瓌亮誰知天樞轉羲輪已震盪願乘萬里風扶搖視所嚮

探海石圖志云在日觀峯東北

〔泰山紀勝〕一石橫出長可二丈餘東指渤海三面無所憑依雨滑風烈則不可登好事者或飲酒其上

〔李興祖詩〕纔聽天雞報曉聲扶桑旭日已初明蒼茫海氣連雲動石上遊人别有情

〔蕭協中詩〕蒼厓晴望迥一石獨崔嵬面海日初出凌風潮欲來女媧鍾未鍊秦帝鐸空催不盡乘危懼微茫首重迴

古封禪壇述記云在日觀峯西一曰登封壇俗曰寶藏庫

〔泰山道里記〕日觀西爲登封壇蓋唐時築也岱史云日觀峯西爲宋築石函方丈許亦題刻日古封禪壇以所瘞金書玉簡故云唐書禮樂志高宗乾封元年封泰山爲圓壇又爲壇於山上號登封壇旋名登封壇曰萬歲臺元宗十三年有事泰山立圓臺於山上又於圓臺上起方壇又爲圓壇於山下典禮樂章可徵也宋史眞宗東封於山上置圜臺按前代登封爲金泥玉簡之事皆是其地而壇基無存

東天門岱史云在日觀峯東

〔王衡記〕絕勝南天門惜無階梯僅爲鼪鼯雉兔之窟巢耳

伏虎門圖志云在東天門東峽口險絕下爲鷹愁澗

〔嚴長明登日觀峯觀日出歸後題詩伏虎門壁〕淸晨盼天門得上已昏黑古殿閉虛皇神燈黯無色齋心丙夜目不窺倏驚窗紙紅離離空中似聞海波溢耳畔如有天雞啼瞷然走向幡竿石東望立同榴木直不知咸池去此路幾千但覺海水羣飛入胸臆初時色漭泱有若新磨銅須臾勢隆起一綫緣長虹咄哉長虹曷由起復止南亘魚頭北魚尾拂天誰奮毅和鞭敲折玻璃萬絛紫散成朶朶金芙蓉貼向滄波吹不起少焉風動蓬山根播蕩溟渤如翻盆就中團出火一輪計里遠以三千論左歇南離右欽北戒六象焉藏太空焉繫何龍燭而明何麟鬬而晦故棄策而莫追胡揮戈而遽退安能御六辨指陽門郅縹蓋曳紼帶足踏紺鴉背飛上搏桑顚遠引木公秋高拍青童肩親從黃道泝眞宰一證古今扣槃捫籥之譾言狂歌未了衝飈起倏見雲來若鵬徙兩翼飛遮萬里光一時賁育咸披靡東牟道士劉孟容自言卅載居山中曾經五度見鼉采皆與此夕神光同鼉磯忽報更籌淺觀壯如斯志應滿歸來奮筆寫龍蛇惟見兩眼金光不停閃

愛身崖圖志云舊稱舍身崖在日觀峯南三面陡削愚民往往於此舍身明巡撫何起鳴繚垣禁之因易名

〔泰山紀勝〕舍身崖奇險以石投之移時及地微聞駭然之聲愚民或擿身其下常有遺骸撐拄不知何取或曰墨氏之教也夫墨氏兼愛其流弊乃至不仁其身悲夫

〔林之濬圍牆記略〕日觀之東有崖焉陡絕萬仞望而目眩心掉者久之俗名爲舍身崖村鄙小民其計窮無可復之者往往寸心糜爛欲以幸來生福利其始也不知創自何人後遂沿以成習歲或一二見州佐守張君愨然傷之丁酉冬君奉檄監嶽頂稅未匝月以舍身告者凡三人君益慘惻不自安因築垣以阻其徑其長餘三百尺高十有五尺募山之踐更者守之有徘徊垣下及踰垣而跳者則詰其所由來爲之寬譬而遣之自是閱五歲不聞有舍身者君慮垣日久寖以頹毀守者亦因以懈怠後之人不能繼其志也請余爲文勒諸石以垂不朽

〔張位歌〕人生實難胡樂死子欲報親親念子養老送終若無託大是不孝滅天理或有無聊祈後身更望蓮花佛會人富貴多憂樂是苦見身淸淨便登眞萬仞身輕一鳥落骨肉爲泥魂渺漠女愧成名淸風崖男非喪魄天祿閣東嶽蒼蒼德好生誰哉作俑誣神明乘雲託世轉相誑千秋萬祀坑愚民我今作歌勸來者神人夢授語非假泰山鴻毛當自思珍重此身莫輕捨

〔張衮詩〕舍身崖崖深萬丈眞禍階人間兒女癡且愚往往投葬生前骸父母提攜豈不愛忍心割置三年懷白日羽翰旣茫昧四方緣業空爾乖哀愚勸石方思道譬俗迴聰知有敎民彝天理本自然胡不爲臣死忠子死

孝

瞻魯臺述記云在愛身崖上石凸起高丈餘一日旛竿石可止臺述記云在瞻魯臺旁稍南有方正石端瑩如碑制

仙人橋圖志云在愛身崖西兩崖戌削中三石銜接如梁

王衡記兩壁中斷石梁度之
鍾惺記壁不屬者丈許三石凡鈎連而橋焉
泰山紀勝橋當絕澗峭壁夾橫石若權履之如將陷往往既過卻視股慄不能還
劉應時詩夾石雙懸萬仞淵千鈞一髮引青天見愁弱水無舟渡道是崑崙有棧連輕舉擬將鳧作舄高飛思與鶴聯翩還須直造金銀闕祕受軒轅太史篇
吳南岱詩誰將數石綴虛空石斷雲連路不窮笑我一身輕似羽好風扶送過橋東

望海石述記云在仙人橋西巨石坦豁與日觀埒

東神霄山圖志云在瞻魯臺東南俗名嚇人峯懸崖天半吁駭殊甚

東西影翠石圖志云在東神霄山南巖下爲九龍峪

清靜石屋泰山道里記云在鷹愁澗北一洞極深敞中有清泉元初女冠孫清靜修眞處俗呼爲仙人場

空明山圖志云在清靜石屋北中穴通明日光穿午

遙觀洞泰山道里記云俗稱昭眞庫在望海石西高深幽曠遊者憩焉

蛻仙巖在遙觀洞南明汪子卿舊志云翰林王從之蹴趺化此

王老石屋圖志云在蛻仙巖下

泰山紀事王老者邨居慕道有老道士造之留月餘忽遍體瘡瘍謂王老曰得酒數斛浸之卽愈王如命道士坐酒甕中三日出鬚髮皆黑顏如童子謂王老曰能飲此可以仙去王全家飲之皆醉忽風動雲蒸同時超舉

突秀峯泰山道里記云在王老石屋稍東滌慮谿西南流中圖志云獨秀峯卽泰山小史所稱石筍也峯頂舊有蒼松偃蓋今亡

泰山小史碧霞祠火池南一逕透迤下臨深壑數里許始得坦途約自嶽頂西南七八里忽開一石平如砥可十畝中突一石筍三成高七十尺其巔一松挺蓋枝葉橫盤水環石流四壁藏雲獻媚礨雞離奇眞壺天之別境也

鶴山泰山道里記云在絕巔東北七里圖志云林木葱鬱野鶴多巢於此

丈人峯泰山道里記云在絕巔西里許狀如老人傴僂下

有碾砣泉今涸

元黃氏筆記俗呼婦翁曰泰山說者以爲泰山有丈人峯故有是稱然古者通謂尊長曰丈人非特婦翁也或又引張說東封事其說尤鑿按漢郊祀志大山川有嶽小山川有嶽墒山嶽而有墒則嶽可以謂之婦翁矣世俗之稱謂未必不以是或又因嶽山而轉爲泰山耳
明劉應時詩丈人石上望羣山吳越周秦指顧間過去青牛追不及飛來白鶴杳難攀東皇細削芙蓉闕玉女深居虎豹關咫尺蓬萊天路隔尋仙不遇只空還
吳南岱詩丈人嶽立拱天門似領仙班謁至尊爲憶當年杜老句諸峯羅列似兒孫

石馬山圖志云在丈人峯西遊後石塢黃花洞進路也明呂坤因洞路險危故題迴車巖於此

呂坤迴車巖說略自丈人峯東阯下陂陵五六里猶可車至亂石溝獨足盤則懸崖巉巗大石崚嶒足令王陽動色

北天門岱覽云在石馬山北舊有石坊額曰元武門今廢
北天門南天門倚坤乾之位非坎離分戸蓋山勢西馳也
自岱宗坊紅門至獨秀峰神仙坊止嘉慶元年先後種柏
二萬二千株立石記之
金棨種柏樹記泰山天下之大觀非獨魯所詹也然古
幹參天森陰夾路者惟對松山爲最外此輪囷蔚薈之
處無有矣棨守泰之二年太原康公承
天子命陳臬二東吏畏民懷政不勞而成集丙辰三月按部
至郡齋邀登山爲民祈福時棨方募民植柏千章於盤
道傍公見之欣然曰是所以培護山靈者不可以不徧
遂捐俸入爲倡增植萬株使泰安尉張延模董其役未
幾而公晉秩維藩洎丁巳春釐河底績載禮岱宗則前
之所植者柯葉鬱然顧之益喜復命募植萬株蓋通前
所植凡得二萬餘株矣秋七月公奉有巡撫江蘇之
命瀕行屬棨紀其事在昔甘棠之詩曰召伯所茇又曰召伯
所憩一蹊歷止息之處猶令人愛慕之如是矧夫口授
手指親爲規畫者乎自今伊始都人士女與四方賓客
之來此邦者瞻巖巖之象望葱葱之氣與低回留之不
能去固知今不異於古所云也且名山大川扶輿淸淑
磅礴鬱積鍾於人爲豪傑之才鍾於物爲棟梁之用而
亦視在上者之有以栽培而長養之泰山神秀所鍾由
來厚矣公蓋於樹木之舉寓樹人之意而豈第以茂林
嘉樹增名山之勝騁游觀之目乎哉棨不文揣公意深
且美不可不傳於人兼告夫後之守是邦者俾勿翦勿
伐以無忘茲勤其種樹道里暨同僚姓名則
具勒於碑陰是爲記嘉慶二年八月立石
碑陰載種柏道里岱宗坊至紅門二千一百八十六株
東西眼光殿一千株　紅門至萬仙樓四千五百十
六株　萬仙樓至茶棚一千六百株　茶棚至斗姥宮
四千八十六株　斗母宮至水簾洞二千株　石經峪
五百株　水簾洞至大槐樹一千五十四株　大槐樹
至壺天閣一千四百四十五株　壺天閣至二虎廟四
百六株　二虎廟至增福廟一千株　增福廟至濺雲
澗四百七十株　濺雲澗至五松樹五百十七株　五
松樹至獨秀峯一百七十株　獨秀峯至神仙坊五十
株　續種呂祖閣四百五十株　紅門二百株　斗母
宮二百株　玉皇廟一百株　二虎廟五十株

泰山志卷第六

泰山志卷第七

朝議大夫山東泰安府知府休寧金棨纂輯

岱志三

岱陽之東　岱陽之西　岱陰

岱陰之東　岱陰之西

岱陽之東

松巖在對松山東圖志云自嶽頂而東南分者對松山東
有松巖
李裕記懸崖峽峍下臨絕壑古松數百株高薄雲漢佳
花異草含丹吐白者駢羅列布於巖谷靈禽異獸啾鳴
嘯號之聲雜沓盈耳
婁子洞述記云在松巖西北高深險僻相傳漢婁敬曾棲
此
馬鞍山述記云在松巖南兩山竝起如馬鞍
䃲雞砦岱覽云在馬鞍山西南西與老人砦接圖志云石
嶂縱橫六七里中凹處一水盤折而下曰懸淙泉
李裕記自西山折旋而東層嶂疊出
泉涌石上奔瀉數十丈縷縷如簾
肝華石述記云在䃲雞砦南五里形色紫潤故名
石練陀述記云在肝華石南危崖鑿磴旁有九間石屋
東谿山岱覽云一名延坡嶺在石練陀東南泰山道里記
云雙溝環涌嶺北諸谷水皆滙此爲東谿發源處
丈峪述記云在東谿山東五里東有丈窪村地多丈
栗子峪泰山道里記云在丈峪東南五里

楊老陽泰山道里記云在東谿山南岱史稱楊老圜嶺崖
險阻上却平曠昔有楊老避兵於此
摩天嶺圖志云在楊老陽南端巖特起雲至此多散去又
名爭雲峯
屏風巖述記云在摩天嶺南又南有迴龍峪
（泰山紀勝）岱麓左腋幽靜蕭瑟爲黃冠燒煉之所遊覽者含旃弗顧僻故也唯僻故勝南望徂徠若几案可憑式庶幾竹溪六君子之遺風猶有存者
筆架石在迴龍峪中岱覽云峪水東南流迴繞筆架石也
（宋燾記）林麓佳處結茅爲屋疊嶂環列一水縈曲大有武陵風景
淩漢砦圖志云在迴龍峪東又東爲繡彩灣
鵓鴿崖述記云在摩天嶺東四里峭壁多巢野鴿

風門述記云在鵓鴿崖東二里峽口怒風故名
臥龍峪述記云在鵓鴿崖南三里岱覽云一名五龍峪言
峪水深曲也
中陵山述記云在臥龍峪東二里
水牛埠泰山道里記云在中陵山東二里
小津口述記云在水牛埠東北
椒山黃鈐縣志云有東西二山中夾小津口
鼉滋峪在椒山東南岱覽云小津口水東南流入鼉滋峪
也
椒子峪岱覽云在椒山西南明汪子卿云昔有異人種椒
於此

杏園在椒子峪南里許
（泰山道里記）栗椒杏各以樹之多者得名
杏山圖志云在椒山東八里
仙人洞述記云亦名餐霞洞在杏山上
王老峪岱覽云在杏山下
水泉峪岱覽云在王老峪西南
傅家村圖志云在杏園南旁有巨石上浮如舟
蕭協中石舟詩火裏開金蓮巖前駐石舫藏壑事更奇扣舷發深想鼓浪壓崩沙停橈牽宿莽千載誰揚舲我欲附依往泛覽周五湖青冥恣滉瀁乘風歸去來飄然謝塵鞅
漢明堂故阯泰山道里記云在傅家村南謝過城東里許
距府城十里上有元人題刻明堂故基四字今佚有明堂

泉其經流曰十里河
（明汪子卿志）其地舒衍突起石岡巔平而高四丈許周約三畝後枕嶽麓支山如扆障左右如衞從然溪水縈洄南會於汶遙望徂徠如列屏案當時朝會之規宛然在目
（水經注）漢武帝元封元年封泰山降坐明堂於山之東北阯武帝以古處嶮狹而不顯也欲治明堂於奉高旁而未曉其制濟南人公玉帶上黃帝時明堂圖圖中有一殿四面無壁以茅蓋之通水環宮垣爲複道上有樓從西南入名曰崑崙天子從之入以拜祀上帝焉於是上令奉高作明堂於汶上如帶圖也古引水爲辟雍處基瀆存焉
（蔡邕明堂論）明堂者天子太廟所以崇禮其祖以配上帝者也夏后氏曰世室殷人曰重屋周人曰明堂東曰青陽南曰明堂西曰總章北曰元堂中曰太室易曰離也者明也南方之卦也聖人南面而聽天下向明而治人君之位莫正於此焉故雖有五名而主以明堂也其正中焉皆曰太廟謹承天隨時之令昭令德宗祀之禮明前功百辟之勞起尊老敬長之義顯教幼誨稚之學朝諸侯選造士於其中以制度生者乘其能而致死者

論其功而祭故爲大教之官四學具焉官司備焉譬如北辰居其所而衆星拱之萬象翼之教之所由生事受作之所自來明一統也故言明堂事之大義之深也取其宗祀之清貌則曰清廟取其正室之貌則曰太廟取其尊崇則曰太室取其堂則曰明堂取其四門之學則曰太學取其四面周水圓如璧則曰辟廱異名而同事其實一也春秋因魯取宋之姦賂則顯之太廟以明聖王建清廟明堂之義經曰取郜大鼎于宋納于太廟傳曰非禮也君人者將昭德塞違故昭令德以示子孫是以清廟茅屋昭其儉也夫德儉而有度升降有數文物以紀之聲明以發之以臨照百官百官於是戒懼而不敢易紀律所以明大教也以周清廟論之魯太廟皆明堂也魯禘祀周公於太廟明堂猶周宗祀文王於清廟明堂也禮記檀弓曰王齋禘於清廟明堂也孝經曰宗祀文王於明堂禮記明堂位曰太廟天子曰明堂又曰成王幼弱周公踐天子位以治天下朝諸侯於明堂制禮作樂頒度量而天下大服成王以周公爲有勳勞於天下命魯公世世禘祀周公於太廟以天子禮樂升歌清廟下管象舞所以異魯於天下取周清廟之歌歌於魯太廟明堂魯之廟猶周清廟也皆所以昭文王周公之德以示子孫者也易傳太初篇曰天子旦入東學晝入南學暮入西學在中央曰太學天子之所自學也禮

記保傅篇曰帝入東學上親而貴仁入西學上賢而貴德入南學上齒而貴信入北學上貴而尊爵入太學承師而問道與易傳同魏文侯孝經傳曰太學者中學明堂之位也禮記古大明堂之禮曰膳夫是相禮日中出南闈見九侯門子日側出西闈視五國之事日闇出北闈視帝節猶爾雅曰宮中之門謂之闈王居明堂之禮又別陰陽門南門稱門西門稱闈故周官有門闈之學師氏教以三德守王門保氏教以六藝守王闈然則師氏居東門南門保氏居西門北門也知掌教國子與易傳保傅王居明堂之禮參相發明爲四學焉文王世子篇曰凡大合樂則遂養老天子至乃命有司行事興秩節祭先師先聖焉始之養也適東序釋奠於先老遂設三老位焉春夏學干戈秋冬學羽籥皆於東序凡祭與養老乞言合語之禮皆小樂正詔之於東序又曰大司成論說在東序然則詔學皆在東序東序東之堂也學者詔焉故稱太學仲夏之月令祀百辟卿士之有德於民者禮記太學志曰禮士大夫學于聖人善人祭于明堂其無位者祭於太學禮記昭穆篇曰祀先賢于西學所以教侯之德也卽所以顯行國禮之處也太學明堂之東序也皆在明堂辟廱之內月令記曰明堂者所以明天氣統萬物明堂上通於天象日辰故下十二宮象日辰也水環四周言王者動作法天地德廣及四海方

此水也名曰辟雍王制曰天子出征執有罪反釋奠於學以訊馘告樂記曰武王伐殷爲俘馘於京太室詩魯頌云矯矯虎臣在泮獻馘京鎬京也太室辟廱之中明堂太室也與諸侯泮宮俱獻馘焉卽王制所謂以訊馘告者也禮記曰祀乎明堂所以教侯之孝也孝經曰孝悌之至通於神明光于四海無所不通詩云自西自東自南自北無思不服言行孝者則曰明堂行悌者則曰太學故孝經合以爲一義而稱鎬京之詩以明之凡此皆明堂太室辟廱太學事通合之義也其制度數各有所法堂方百四十四尺坤之策也屋圓屋徑二百一十六尺乾之策也太廟明堂方三十六丈通天屋徑九丈陰陽九六之變且圓蓋方載六九之道也八闥以象八卦九室以象九州十二宮以應辰三十六戶七十二牖以四戶八牖乘九室之數也戶皆外設而不閉示天下不藏也通天屋高八十一尺黃鍾九九之實也二十八柱列於四方亦七宿之象也堂高三丈亦應三統四鄉五色者象其行外廣二十四丈應一歲二十四氣四周以水象四海王者之大禮也

（章俊卿論）明堂乃黃帝之舊漢武帝時公玉帶所上揚氏祭禮明堂篇以其不經見而削之然其所言茅蓋通水與大戴禮所記畧同又考工記所言夏后世室殷人重屋周人明堂其制大概由質而趨於文由狹而趨於

廣也由是推之黃帝時無明堂則已苟有之則一殿無壁蓋之以茅正太古儉朴之制又案武帝欲求仙延年方士之謬誕者多假設黃帝之事以售其說如所謂修五城十二樓封名山棲萬靈於明廷采首山銅鑄鼎之類皆矯誣過甚張大其詞以迎合時主之侈心獨公玉帶所上明堂之制乃簡朴如此雖不經見然亦可以稽千門萬戶之失固未可以其言之竝出於封禪求仙之時而例黜之也

（李白賦）昔在天皇告成岱宗改元乾封經始明堂年紀總章時締構之未輯痛威靈之遐邁天后繼作中宗成之因兆人之子來崇萬祀之丕業蓋天皇先天中宗奉天累聖纂就鴻勳克宣臣白美頌恭惟述焉其辭曰伊皇唐之革天創元也我高祖乃仗大順赫然電發以首之於是橫八荒漂九陽掃欃搶開渾茫景星曜而泰階平虹蜺滅而日月張欽若太宗繼明重光廓區宇以立極綴蒼昊之頹綱淳風沕穆鴻恩滂洋武義烜赫於有截仁聲馭乎無疆若乃高宗紹興拓統錫羨神休旁臻瑞物咸薦元符剖兮地珍見旣應天以順人遂登封而降禪將欲考有洛崇明堂惟厥功之未輯兮乘白雲于帝鄉天后勤勞輔政兮中宗以欽明克昌遵先軌以繼作兮揚列聖之耿光則使軒轅草圖羲和練日經之營之不彩不質因子來於四方豈殫稅於萬室乃準水

泉攢雲梁磬玉石於隴坂空豪材於瀟湘巧奪神鬼高
窮昊蒼聽天語之察察擬帝居之鏘鏘雖暫勞而永固
兮貽聖謀於我皇觀夫明堂之宏壯也則突兀曈曨乍
明乍蒙像太古元氣之結空龍從頞杳若嵬若業似天
闢地門之開闔爾乃劃岸客以嶽立郁穹崇而鴻紛冠
百王以垂勳燭萬象而騰文寧恍惚以洞豁呼嶔㟧而
旁分又比夫崑山之天柱矗九霄而垂雲於是乎結搆
乎黃道岧嶤乎紫微絡句陳以繚垣闢閶闔而啟扉崢
嶸嶒嶷絫宇宙之光輝崔嵬赫奕張天地之神威夫其
背泓黃河垠漱清洛太行卻立通谷前廓遠則標熊耳
以作揭谿龍門以開關點翠彩於洪荒洞清陰乎羣山
及乎烟雲卷舒忽出乍沒岌嵩噴伊倚日薄月雷霆之
之所鼓蕩星斗之所伾扢挐金龍之蟠蜿挂天珠之硉矹
勢拔五嶽形張四維軋地軸以盤根摩天倪而創規樓
臺崛岉以奔附城闕嶔崟而蔽虧珍樹翠草含華揚蕤
目瑤井之熒熒拖玉繩之離離撤華蓋以儵淶仰太微
之參差擁以禁扃橫以武庫獻房心以開鑿瞻少陽而
舉措採殷制酌夏步雜以代室重屋之名括以辰次火
木之數壯不及奢麗不及素層檐屹其霞矯廣廈鬱以
雲布掩日道遏風路陽烏轉景而翻飛大鵬橫霄以側
度近則萬木森下千宮對出熠乎碧光之堂炅乎瓊華
之室錦爛霞駮星錯波沏颯蕭寥以飂飅䆗陰鬱以櫛

密含佳氣之青葱吐祥烟之鬱律九室窈窕五闈聯綿
飛檻磊砢走拱負緣雲楣立岌以橫綺彩桷攢巒而仰
天皓壁畫朗朱甍晴鮮赬欄各落偃蹇霄漢翠檻迴合
蟬聯汗漫杳蒼穹之絕垠跨皇居之大半遠而望之赫
煌煌以輝輝忽天旋而雲昏迫而察之粲炳煥以照爛
儵山謁而晷換蔑蓬壺之海樓吞岱宗之日觀猛虎失
道潛虯蟠梯徑通天而直上俯長河而下低玉女攀星
於網戶金娥納月於璇題藻井彩錯以舒蓮天窗綺翼
而銜霓扶標川而罔足擬跂結而罷蹄要離歘矐而外
喪精視猋背而中迷亘以複道通乎掖垣坌入西樓實
爲崑崙三事庶尹正儀躅以出入九夷五狄順方面而
來奔其左右也則丹陛崿崿彤庭煌煌列寶鼎歊金光
流辟雍之滔滔象環海之湯湯闢青陽而啟總章廓明
臺而布元堂儼以太廟處乎中央發號施令採時順方
其闢闔也三十六戶七十二牖度筵列位西八東九白
虎列序而躨跜青陽承隅而蚴蟉其深沈奧密也則赤
熛掌火招拒司金靈威制陽汁光權陰坤斗主土據乎
其心若乃熠燿五色張皇萬象人物禽獸奇形異模勢
若飛動瞪眄睢盱明君暗王忠臣烈夫威政興滅表賢
示愚於是王正孟月朝陽發曦天子乃拖蒼玉鑾蒼螭
臨乎青陽左个方御瑤瑟而彈鳴絲展乎國容輝乎皇
儀旁瞻神臺順觀雲之軌俯對清廟祟配天之規欽若

肸蠁維清緝熙崇牙樹羽熒煌葳蕤納六服之貢受萬
邦之籍張龍旗與虹旌攢金戟與玉戚延五更進百辟
奉珪璜獻琛帛軒昂俯僂儼容疊跡乃潔俎醴修粢盛
奠三犧薦五牲享於神靈太祝正辭庶官精誠鼓大武
之隱轔張鈞天之鏗鎗孤竹合奏空桑和鳴盡六變齊
九成羣神來兮降明庭蓋聖主之所以孝治天下而享
祀育冥也然後臨辟雍宴羣后陰陽爲庖造化爲宰飱
元氣酌太和千里鼓舞百寮賡歌於斯之時雲油雨霈
恩鴻溶兮澤汪濊四海歸兮八荒會嚨聒乎區寓駢闐
乎闕外羣臣醉德揖讓而退而聖主猶夕惕若厲懼人
未安乃目極於天耳下於泉飛聰馳明無遠不察考鬼
神之奧推陰陽之荒下明詔班舊章振窮乏散敝倉毀
玄沈珠卑宮頹牆使山澤無間往來相望帝躬乎大田
后親於郊桑棄末兮反本人和兮時康建翠華兮萋萋
鳴玉鑾之鉠鉠遊於昇平之圃憩乎穆清之堂天欣欣
兮瑞穰穰巡陵於鶉首之野講武於驪山之旁封岱宗
而祀后土兮掩粟陸而包陶唐邀遊乎崆峒之上汾水
之陽渴飲沆瀣之元精黜滋味之馨香貴理國其若夢
遊華胥之故鄉於是元元澹然不知所在若羣雲從龍
衆水奔海此眞所謂我大君登明堂之政化也豈比夫
秦趙吳楚爭高競奢結阿房與叢臺建姑蘇及章華非
享祀與嚴配徒掩月而凌霞由此觀之不足稱也況瑤

臺之巨麗復安可以語哉敢揚國美遂作辭曰穹崇明
堂倚天開兮龍從鴻蒙搆瓌材兮偃蹇坱漭邈崔嵬兮
周流辟雍岌靈臺兮赫奕日星噴風雷宗祀肸蠁王化
恢鎮八極兮通九垓四門啟兮萬國來考休徵兮進賢
才儼皇居而作固
窮千祀兮悠哉

〔蕭協中漢明堂詩〕漢室東巡帝明堂肇有餘天開新禮
樂地擅勝規模玉砌風雲壯雕梁日月扶萬方徵瑞合
四海綴鳧趨舊俗臨軒問華封借岱呼豈知窮歲月爭
惜漸榛蕪絕壑水空碧荒壇石蔓枯重來已千載遺構
記雄
圖

岱陽之西

五陀巖紅葉嶺硤石溝諸勝在對松山西南圖志云自嶽
頂而西西南分者

石後山圖志云距對松山四里明汪子卿志云在嶽頂西
十里前多巨石故名泰山道里記爲石縧山又名西谿山

爲西溪發源處

九女砦述記云在石後山西岱史云昔有九女避兵於此

（泰山紀勝）孤峯絕澗廢宇空庭明月清風自作來往鼠翻丹竈蠹蝕祕詮忽聞松柏謖謖如跫然空谷足音

（泰山道里記）一峯高處奇蔟若蓮地多石英白者如水晶有淡紫者瑩徹五稜魏書景初元年增崇宮殿鑿泰山之石英也

三尖山岱覽云在九女砦西天外三峯宛若削成西脅有石厂

轆轤岡岱覽云在三尖山下岡專而長黃西河遶其南

丹穴嶺在三尖山西岱覽云黃壤赭石上頗舒衍西下爲八里溝

仙趾峪述記云一名馬蹄谷在九峯山西有仙人草履跡長尺餘馬蹄跡逕五寸

雞嵎嶺岱覽云在仙趾峪西南東與祝雞砦相望

雲頭埠圖志云在仙趾峪南

（泰山道里記）峯巒攢起壓雲中望之若人立或若獸蹲

白楊坊圖志云雲頭埠其下有白楊坊地多白楊西崖有白楊洞中有洑池水

淩漢峯圖志云一名金泉峯在白楊坊南峯北亦有淩漢砦下有三賢祠祠東爲投書澗宋胡瑗投書其中因名祠迤西爲香水峪東南有普照寺寺東有石堂諸勝

（泰山紀勝）東谿幽勝異恒排澗流而注之釋元玉築堂其衝巖阿種菊皆徧命曰菊圃導流南注爲石塘九曲蒔荷焉輔以茭蒲清夜孤往臨池取月坐石邀風不知僧之非我我之非僧也

（石堂集評）石堂山水佳甚分明一樣山水添箇詩人山水甚佳

（徐祖望同趙仁圃遊石堂詩）我欲尋良友君還選勝遊雞聲纔報午落葉尚鳴秋石乳茶三碗松花飯一甌清談應不厭遠與兩人幽

臥象石泰山道里記云普照寺西南爲滿空塔塔北爲明魯藩相田時耕墓西北有臥象石

子午橋在普照寺南岱覽云新泉西折過子午橋而注橋北普照寺蓋古刹

振鐸嶺圖志云在淩漢峯東南有黑虎峪水南流滙爲新泉

全眞崖岱覽云在淩漢峯之右由三賢祠北上與雲頭埠仙趾峪相次崖左有三陽庵自北石級陡絕而上嶺巔曰天外

（泰安縣志）其地磴道崎嶇林木葱茂與四陽菴東西對峙

（于慎行飲三陽菴絕頂對月）孤亭堪倚嘯一醉斗牛邊袖拍千峯月觴飛萬樹烟花前鸞吹度海上鶴書傳借問三宮路今當幾洞天

三陽洞述記曰一名勝禪洞在全眞崖東

木末亭在三陽庵東南泰山道里記云庵東南有木末亭于慎行之所名也

傲來山圖志云一名芙蓉峯在淩漢峯西岱覽云脉與丹穴嶺接自竹林寺西南入高岸深谷入單行攀藤附葛而上石竇可通曰砦門

（劉應時傲來峯詩）獨秀西南數傲來天門洞宇鎮蒿萊竹林曲抱青峯出月障高懸碧澗開石壁峪中雲散去

仙人掌上鶴飛迴登臨不盡平生興對景慚無作賦才

歸雲洞在傲來峯巔泰山道里記云其巔一洞曰歸雲內有石池湧流岱覽云雖盛暵沍寒不竭

三透天在砦門西泰山道里記云俗呼玉皇洞圖志云西一洞中可窺天者三也

天勝砦述記云一名劉盆子砦在三透天南坦處可容千人元初僧通慧律師行全結茅於奉高天勝砦即此

〔岱史〕漢劉盆子等聚兵於上有演武場張旗石及柱窩碓磑之蹟

〔泰山紀事〕岱西南峯最陡峻處有劉盆子砦瑯邪人樊崇起兵於莒轉入泰山後議立盆子時兵已數十萬鼓行而西則盆子固未嘗據此時以崇歸盆子部下名劉盆子砦耳

獅子峯圖志云在傲來山東北懸石通明行全之徒德友

亦於此避地焉

懸刀峯岱覽云在獅子峯北

扇子巖圖志云一曰仙人掌在獅子峯東述記云傾崎宛如摺箑巖北舊多青桐曰青桐澗

〔泰山道里記〕青桐澗水東流入竹林西河明季州舉人王無欲築室崖巔復結茅其下曰西山別業其時櫻桃夾徑松檞盤紆今濯濯矣僅存石廟曰無梁殿祀玉皇下為石閣閣洞四虛上祀元始天尊茲無欲建碑記在焉

〔孫寶侗詩〕劍峯怒刺天積鐵拔千仞陰崖闢斷壑欹側恐重墮俯臨鬼谷幽旁倚丈人峻望來方骨驚棲者先足振石屋依崖懸斷壁垂綆進造物既設幻斯人亦好遯何年尋猿棲此日欲鵬運矯首望青冥浩然已神奮

仙桃石在扇子巖東泰山道里記云巨石欹容如桃東南有會仙菴址

〔泰山紀勝〕由竹林踰澗陟西山荊棘蒙茸險澀無徑攀茅尋樵子屐蹤取道轉突崖懸棧達玉皇洞聞犬吠雲中雞鳴天牛訇然色喜拔行劉盆子砦壘寬平直寺旋登二嶺始抵崖前峯如扇面障空因以得名列嶂皆犀利棘矜傲岸不俯似欲抗衡岱宗而力不逮遂號傲來西南峯底洞藏巨蛇常就道士丐食忘機不驚山陰洞極澗容數百人中有碾磑几榻可以避世盆子曾竊踞其上俗呼牛王洞意必牛劉聲訛耳竟以名惡不顯然則名可忽乎哉

〔李素遊西山詩〕西山深處奇不知何年闢孤峯插天際突兀閱今昔聞來時一遊攜手得莫逆策馬入蒼峽曲曲小徑窄經過白龍池仙人影如畫俄驚飛濤落崖高丈計百遙指會仙菴疑比藐姑射下馬憩竹林喜晤薾天釋須臾渡河西亂藤縈水磧著屐踏白雲崎嶇路轉僻行入傲來門坐踞仙桃石漸登高廣處軒豁令人懌乃見扇子崖猶存巨靈擘峭壁不可上虎牙險且劇懸梯升絕頂廣平似安宅北臨青桐澗幽渺深千尺西望仙人洞長鎖烟霞碧石魚噴靈氣野鹿遺仙跡巍巍元始殿氣象鳥斯革瑤几藏寶籙瑯函祕玉冊別有小茅屋清閑坐羽客開窗豁作障欹枕雲鋪席巖前花馥馥溪畔鳥嘖嘖採芝茹金莖酌泉飲瓊液如聞子晉笙擬

看王喬舄任彼滄桑變曠然樂朝夕但聞山中趣名利俱可擲

壺瓶崖岱覽云在青桐澗北危崖凸出類彝狀

劉盆子洞圖志云在壺瓶崖巔南向有石門上下懸絕

火焰山述記云在壺瓶崖西北二里一峯黑黝特異

觀音洞述記云俗謂魔王洞在火焰山南

石屏峪述記云在觀音洞下

水音砦泰山道里記云在石屏峪西一里平處可容千人

弄水巖泰山道里記云在天勝砦西南雙峯崛起

雞籠峯岱覽云在弄水巖南圓垂如籠下有下泉

石鼓在下泉中泰山道里記云巨石如懸鼓也

飛鴉峯岱覽云仙影崖在扇子巖東圖志云石色深黝忽

若人形對拱稍白者西赭者東名曰仙人影
（泰山紀勝）西山危巖得山之半峯青而影白宛有人形
眉鬚衣襦皆具俗呼仙人影銘曰天地闢寅會昌萬八
百形影張神生象化流光去不息顯若藏造物功妙難
量若有人山之陽薜蘿衣雲霓裳發西極凌東荒立岱
阿指扶桑丹藥就形凋傷賴影在刼
不戕人間世日促忙嗟終古自徜徉
（蕭協中詩）面壁禪宮異仙崖鏡石瑩不勞人拂拭聲睹
影分明衣染古烟碧神凝秋水清何時肖握手崖際試
班荆
（趙國麟詩）仙子御風行宇宙不爲宅何況石壁上豈肖
留形跡黑白分陰陽實乃造化闢人物之始生視此謂
之魄
東百丈崖圖志云在仙人影東稍西南爲忽雷灣
西百丈崖圖志云在仙人影西明汪子卿志云東崖南向
西崖東向相去三百步許

招軍嶺岱覽云在西百丈崖東上舊有石塢庵
萃美亭圖志云在招軍嶺側金知州姚建榮建元奉符尹
王悟重修廉訪使徐炎記亭圮記石亦亡又南爲白龍池
（徐炎記）天下名山巍然而大巖然而尊者泰山而已泰
山勝境窈然而深蔚然而秀者西溪而已溪居岱宗之
右麓延袤數十里樹林陰翳磴道崎嶇清泉奇石瑰瑋
萬狀行愈遠而山愈奇境愈勝極溪之所窮顛崖百丈
一懸流下瀨望之如垂練天紳泉也天紳之西有巨壑焉
一水自天勝巖落爲盤石所散漫瀉於壑之上簷若建
瓴然水簾洞也而又芙蓉懸刀飛鴉獅子諸峯側翠其
上黑螟白龍神潭水府潛珍其下雲烟吐吞晦明變滅
跳珠濺沫轟雷掣電顧接有所不暇眞山水之窟宅天
壤之奧區也金大定間泰安太守姚公面水簾而瞰天
紳創構一亭樽俎不移而諸景咸會因榜之曰萃美披
詩有云江山雖有餘亭榭着難穩登臨不得要萬象各
偃蹇吾不知世間得登
臨之要有如此亭者乎
（李養正聞安季子話白龍池之勝詩）傳聞池上好秋水
白泠泠紆曲穿山谷縱橫照日星雨晴虩曝背風飲鶴

槎微吾欲尋琛
去白龍尋未歸
（王元坤白龍池）傲來山下泉千尺灑落平池貯澄碧池
中常日有龍游風雷併捲池中石龍去池空幾夕曛帷
餘古廟妥龍君須臾四野
飛霖雨還自池頭一片雲
（蕭儀林龍池飛瀑）溪來百丈瀑空懸掛出瑤織羅遠天
練鎖秋深銀鶴舞雷驚石破玉龍旋白榆倒影殘星碎
丹桂浮香皓魄圓雨後遙看
澤不厭明霞幾縷送樵烟
（何星田觀白龍池和徐芝仙韻）傲來插奇峯峯腰矗雙
闕出沒多怪雲靈氣互盤結云中有隱斜山叟神其說
周君呼偕遊葉落凝霜月鳥鬼類鶯行鳥道若蒼折同
人著屐前凍鳥寂林樵歌響空山溪泉其聲歡雲時
亂靈陰疑湖吼東湖吐噓歘霧昏怒蛟鳴晴宿瞪目怪
石間齒齒露鱗骨捲空見玉龍倒歛銀鬐滿崖俯瞰百丈
潭海若涌杯勺誰繫星宿瀕晒與神龍溼吾聞淵濟才
能令霖雨作行見揳岱雲崇朝上騰躍歸吟實摩攄筆
底藏邱壑開軒爽
氣來巖壁望隱約
元主石圖志云在白龍池北岱史因謂之石舟

三元石圖志云在白龍池東南爲鑼鼓灣又南爲耀星灣
又南爲大峪
（釋元玉詩）朝游雲中柳爲掃雲中露獨往尋芳蹤入
雲深處時當三月際桃李花滿樹鶯啼燕更語春光教
莫負聽之使心惻歲月不我駐徘徊清溪曲花落誰親
梧舊屐印蒼苔又向層巒步移節轉幽徑行到峯頂住
懷人心易遠
遂長恭日暮
劍匣石岱覽云大峪口西有石如方函相傳函中三尺水
一夕風雨爲仙掣去
試劍石岱覽云在劍匣石前中分如劈
仙影石岱覽云在試劍石旁如人冠巾仗劍舒一足而坐
大雄嶺岱覽云在雞籠峯西五里古有大佛寺範銅爲象
高丈餘

岱陰

摩雲嶺在北天門北岱覽云陰道以北天門爲隘其北爲摩雲嶺

八仙洞在摩雲嶺東泰山道里記云危若鶻栖卽馬第伯所云石室也下爲亂石溝

（鍾惺記）石壁百仞松腋之在左而半上得八仙洞

（泰山紀勝）鳥道一線松阿結茅屋數椽點塵不到若或有隱君子焉

獨足盤述記云在八仙洞東北岱覽云岱陰環道也明萬歷間闢徑甚險隘林古度題曰黃花棧

（鍾惺記）對而壁者有若廟若寢若垣若林者焉數斯覩之皆石也茂之寄題曰筍城中闕有壑石萬其峯錯以松松聚則濤不以風也其中烟霏所蕩層巒聽之偃仰牽拂不能自止飛流自日觀下者望齊冰雪大要泉被

於崖日被於泉松被於日風被於松仰日觀諸峯如坐朝陽洞時也度其處又當爲岱之半矣

雙鳳嶺述記云在獨足盤東南兩峯迴翔俗呼大小牛心石又曰大小蠟燭峯皆因形命名

天空山岱覽云在獨足盤北一名玉女山圖志云山巔坦平俗呼爲堯觀臺

（泰山道里記）岱史云堯嘗登此意或因遙觀而誤之耶

黃華洞泰山道里記云堯觀臺前古洞清邃曰黃華俗以環洞多黃華傳爲玉女修眞處中有靈異泉岱覽曰來鶴泉

蓮花洞在黃華洞東泰山道里記云東一洞曰蓮花石瓣倒綴如蓮懸霤涓滴謂之石乳泉積冰恍如玉柱岱覽云

自黃花棧至此爲松雲最深處圖志云卽岱史所謂復石屋也自迴車巖迤邐至此總名後石塢俗呼後十五青南天門至此十五里爲嶽北奧區云

（馮時可記）下陰道約數里路更險而石更奇轉至最深處爲黃華洞洞高可丈許廣容一几石隙滴水爲來鶴泉清冽可飲洞旁爲齋豁然開敞一望三面皆萬仞削壁色如積鐵互重相抱而絕頂諸峯森峙於左夕陽掩映紫翠相錯泰山幽勝無過於此

（姚奎遊記）泰山東數里許有石屋世傳爲霞元君煉眞之所予公暇欲往觀焉從者曰徑險不可輿遂易服帽以葛帶結腰短策芒鞋命道士劉教宏爲前導行三四里無復蹊徑披蒙茸攀藤蘿傴僂而上愈進愈險下瞰嶺崖驚汗浹背又三里盤旋轉一岡而石屋在望矣有羽士四人蹣然而迓予青松絕壑間前牽後挽適獲濟焉曉日縱眺上有倒鐵奇峯千朵前有夷地可半畝入其中窈然而深閒然而虛明石竇涓涓凝結玉柱大十圍高丈餘晶瑩可鑒崖有元君手跡玉揖宛然後有石林則元君偃息處左偏一竅透絕頂頂有石欞可坐三

四人水滑不能升躋攀數磴而下力疲臥石狀毛骨洒洒旁有聖水池清冽而甘不盈不涸下有石曰牛心甚奇怪又下有洗鶴灣深不可測一鶴鳴于上似與人聲相應和實眞仙境界與塵寰迥絕人之遊泰山者每以道左日窮爲晝於斯罕到孰知石屋之多奇邁爾哉石屋於予惜乎遇之晚也嗟夫世之豪傑士詎有終身未之遇者遇矣而晚矣病焉

（劉敕詩）蒼松鬱草閣十里岱山陰盤迴穿雲杳石巖俯洞深月明雙鶴舞風細老龍吟久欲凌虛去烟霞快此心

（祁承㸁黃花洞詩）洞門深鎖苔痕碧玉露冷冷珠樹爛眞人蛻骨是何年蘿徑閒雲擁白石

（又石屋詩）仙源路深邃闃寂無人跡攀崖臨險滿取逕幔巖陰冷冷洞底泉齒齒石中厓境界既迴殊煩襟亦洗滌自笑風塵人乃得煙霞息願言招王喬相與坐盤石

（鍾惺詩）山有挾而勝不專在高寒粲粲黃華洞聲光夕陽間萬松裏泉石往復多其端泉不壁而瀑松不風而滿層巒或漢之偃仰生微瀾巖壁不自主煙日靜而安巃石相磴棧屈曲自絆蟠雖無人上下其勢若牽攀以

其處山半末力厥絲艱遊
者日登岱遂不復降觀

〔林應麟詩〕仙郎雅興好幽尋共訪仙閭入碧林繡壁忽開丹地穴靈泉疑泄洞天深上方雲磴空中轉下界烟花望裏陰媿我支離久漂泊始從塵世識初心

〔用同之詩〕四圍峭壁空何來一石屋轉側入黃花古洞深藏竹巒影薄松風眉宇淨寒綠

〔林古度詩〕洞路入青松乃名曰黃華萬松間萬石數若恒河沙傑壁忽迴響諸峯森楂枒氣色因巖壑聲影相無涯岱後與岱前亦覺不寂譁前儼帝王宅後則幽人家志始以登壯情終爲遊遐昨來行宿處寓目俱不賒指顧溟濛際飛鳥類輕斜

〔周在建詩〕丈人峯下過青翠萬山迷仄磴泉流滑輕陰鳥語低山深無客至石古有人題坐愛蓮花洞歸雲好共栖

〔任俠詩〕青遮黛擁烟巒泉紫迸紅迎霜葉動路轉松陰絕壁開白雲送入黃華洞水沉香爐博山開玉笙縹緲聲如夢洞邊乞取石田耕我來試覓胡麻種

〔張元遊黃華洞詩〕昨月已登泰岱巔今朝更訪黃華洞絕險百折轉山陰連峯東去摩虛空懸崖一綫盤秋毫攀援頗訝容猿猱努力杖策事登頓捫蘿躡蹬緣岩崿振衣颯颯天風冷倏忽已造清虛境靈扃一扣雙扉開入門瀟灑珠宮靜丹甍碧瓦架巑岏玲瓏窈窕森高寒仙人一去丹爐渺至今匡竅藏靈泉琮琤滴瀝珠源潨清磬泠泠雜幽韻一掬天漿淨客魂茫茫塵世何須問竭來四顧轉徬徨嵐光滅沒粘衣裳龍鱗虎牙交森錯冥濛一氣迴青蒼須臾晻靄羲馭仙源無分空歸去金庭却望無尋處一塢白雲如堆絮　黃華古洞倚巑岏爲叩幽扃取次看仙闕玲瓏開妙麗靈泉淅瀝滴清寒千峯雲影移琳館萬壑松風掃石壇復嶺層巒嵐翠合振衣天際獨憑欄

〔趙國麟詩〕岱嶽之奇在天門萬仞壁立一線捫岱嶽之奇在日觀火珠三湧合復散蒼巖雲島鍾此塢靈境更屬神仙府絕頂北折繞澗行側壁懸崖似廊廡一路蒼松萬壑濤磐礴石罅無寸土干霄直欲與山齊嶺巔更有虬龍舞洞名黃華冽清泉六月寒冰堅玉柱疑是石髓自空流倒瀉巖穴成石乳我來探奇今已三茲行更值沐新雨東南幾峯青芙蓉插空翠黛將軒舉山靈忽欲幻遊人烟耶雲耶失其處少焉復見兩三峯轉瞬上

下成洪濛身世不知寄何所變亂惚恍心恍恍人生百年行霧裏清明片刻見山松玉女修眞形莫測吳門練馬空歎息古人所至如春風山川反爲增顏色同人此遊悟者誰飛昇妄意無終極安期妙藥渺難求御風仙術不可惑收盡山前萬嶺雲天門歸路始可得

〔蕭儒林石鴟松詩〕石鴟松圍萬頭陰紆迴鶴徑入蕭森凌晨海霧平清澗向夜江濤捲碧岑脂落懸崖收藥響漣幽洞聽鳴琴耳根何幸塵緣洗謖謖猶聞太古音

坳山　圖志云在天空山北

仙人砦　岱覽云在坳山下可容千人

明月嶂　泰山道里記云在摩雲嶺北羣峯秀列儼若屏嶂舊有採芝菴宋張景巖結茅隱此旁有臙脂石以色名

懶張石屋　岱覽云在明月嶂北或云明張三丰修眞處

孤山　岱覽云在懶張石屋西南一峯崻嶸特起東北爲小

冰牢峪

眺平臺在小冰牢峪北圖志云老平臺舊多花木天地運度經泰山北有桂樹七十株其實赤如橘是也西北爲大冰牢峪

揚子峪　岱覽云崖岸深陡在眺平臺西里許

半邊山　圖志云在揚子峪西十餘里山似擘去其半也

九龍岡　圖志云在天空山東上有鑑池

磨山　岱覽云九龍岡東北爲磨山距天空山八里有五女圈石

五女圈石　岱史云夜有呼號相力之聲詰朝巨石壘成圈蓋五仙女爲之

張遠峕岱覽云在磨山旁自雙鳳嶺至此山勢盡東馳矣

岱陰之東

天燭山泰山道里記云在九龍岡東兩峯矗立如炬東西遥峙其下爲谿里峪

分水嶺圖志云在天燭山東嶺南嶺北諸水皆於此分流也

觀星嶺述記云在分水嶺東二里

巃嵸峪在觀星嶺東岡志云東爲觀星嶺又東爲巃嵸峪中有村曰大津口

大津口村岱覽云在巃嵸峪中產檀栗東北多槲林土人謂之山蠶厰

竹子園在大津口村北五里

考古錄潘岳笙賦鄒魯之珍汶陽之孤篠焉而古詩亦云冉冉孤生竹託根泰山阿

周明堂故阯述記云在大津口西北

周禮冬官考工記周人明堂度九尺之筵東西九筵南北七筵堂崇一筵五室凡室二筵

大戴禮盛德篇明堂九室室有四戶八牖三十六戶七十二牖蓋以茅上圓下方其外水名辟雍

明堂月令說堂高三丈東西九仞南北七筵九室十二堂室四戶八牖宮三百步在近郊三十里又云堂方百四十四尺坤之策也屋圓徑二百一十六尺乾之策也

唐顏師古明堂議明堂之制爰自古昔求之簡牘全文莫覩肇起黃帝降及有虞彌歷夏殷迄於周代各立名號別創規模衆說舛駁互執所見巨儒碩學莫有詳通斐然成章不知裁斷究其指要實布政之宮徒以戰國縱橫典籍廢棄暴秦酷烈經禮湮亡今之所存傳記雜說用爲準的實亦無味然周書之敘明堂紀其四面則有應門雉門據此一塗固是王者之常居耳其青陽總章元堂太廟及左个右个與四時之次相用則路寢之義足爲明證文王居明堂篇帶以弓韣禮於高禖九門磔攘以禦疾疫置梁陰道以利農夫令國有酒以合三族凡一事等皆合月令之文觀其所爲皆在路寢者也戴禮昔周公朝諸侯於明堂之位天子負斧扆南嚮而立明堂者明諸侯之尊卑也周官又云周人明堂度九尺之筵東西九筵堂一筵據其制度即大寢也亦曰黃帝曰合宮有虞氏曰總章殷曰陽館周曰明堂斯皆路寢之徵知非別處大戴所說初有近郊之言復稱文王之廟進退無據自爲矛盾原夫負扆受朝常居出入既在皇庫之內亦何云於郊野哉孝經傳云在國之陽又無里數漢武有懷創造詢於搢紳言論紛然終無定據乃立於汶水之上而宗祀焉明其不拘遠近亦無方面孝成之代表行城南雖有其文厥功靡立平帝元始四年大議營創孔牢等乃以爲明堂辟雍太學其實一也而有三名金褒等又稱經傳無文不能分別同異中興之後蔡邕作論復云明堂太廟一物二名鄭元則在國之陽三里之外七里之內景己之地穎容釋例亦云明堂太廟凡有八名其體一也苟立同異竟爲巧說並出乎胷懷曾無師祖審夫功成作樂治定制禮草創從宜質文遞變旌旗冠冕今古不同律度權衡前後不一隨時之義斷可知矣假如周公舊章猶當擇其可否宣尼彝則尚或補漏况鄭氏臆說淳于謏聞匪異守株何殊膠柱愚謂不出墉雉邇接宮闈實允事宜諒無所惑但當上遵天旨祗奉德音作皇代之明堂永貽範於來葉區區碎議皆畧而不論

泰山道里記竹子園西地極平曠羣峯環峙林木鬱葱雙溪瀠繞交流中爲周明堂故阯史記封禪書泰山東北阯古時有明堂處齊有泰山之明堂是也漢之廢基又在其旁今稱明堂村訛曰明家灘據金學士党懷英谷山寺碑云嶽東北阯有明堂引沈存中說而以爲漢盎懷英生長泰山通掌故本水經注漢武帝封泰山嘗降坐明堂於山之東北阯逼近周明堂處武帝以古處嶮狹不顯令奉高作明堂於汶水如帶圖在山之東南阯去周明堂三十里又岱史稱周明堂故阯在嶽東北麓旁有谷山寺蓋指地之著者而言按寺基嶮僻距明堂尚十里顧引懷陰碑記强爲牽附殊未可信

畢瑜詩黍離詩自詠東周翠輦無因此地遊朝聘不聞來東帛會盟惟識有諸侯聖賢述作光千古王霸興亡付一邱莫向高臺尋舊跡斷碑殘礫不勝愁

張邦敎詩天王出狩時玉帛萬邦隨柴望遵虞制恩威協禹規齊君終罷毀季旅竟奚爲千載存遺阯青陽在

指
麾
（林杭學詩）城南城北草綿芊周漢明堂盡野田展障青山猶此地鑾輿黃屋已當年埜茅通水軒皇後檢玉泥金虞帝先欲覓舊圖王會遠只今惟有遺溪泉
大峴山岱覽云在明堂南
黑山圖志云明堂南爲大峴山西南爲黑山西北爲谷山
谷山泰山道里記云屹崒特異絕頂孤松挺秀俗呼曰定南針
黑闥石屋泰山道里記云在谷山頂西南
金礦洞泰山道里記云在谷山頂西北有洞二其在東者懸崖上下二穴水自崖巔下注其在西者一穴幽暗出水人不能入洞外多裂石紋皆結紫石英即岱史稱金絲洞

元初邱處機煉丹於此
蓮花峯在谷山東北泰山道里記云又東北有蓮花峯西北爲恩谷嶺
恩谷嶺在谷山西北圖志云兩山交錯一水中流曰雁嶺河
佛峪圖志云一名佛谷在恩谷嶺北稍北有古井曰玉泉
返倒山岱覽云在佛峪北又北爲青岡峪
（馮時可記）東爲介邱可望周明堂故阯北下爲石峪寺亦曰谷山寺路不險以而境亦幽絕與黃華等
仙臺嶺泰山道里記云即長城嶺在青岡峪北嶺凸起有石臺二曰南拱北拱遙相對峙岱覽云踰嶺而北則靈巖琨瑞東西分峙矣嶺南下有馬跑泉一名莎草泉

（按山東通志謂漢武帝於此望祀蓬萊史無其文或別有所本歟）
牛欄口在仙臺嶺南圖志云莎草泉水南流逕牛欄口西
藥園述記云在牛欄口東十里岱史云昔有修眞之士種藥於此又有千戶廳稱名無考
龍門山岱覽云在藥園東三里溝水東南流
鹿町山述記云在龍門山東北五里
黃伯陽洞岱覽云在鹿町山陽岱史云戰國時黃伯陽修隱處也
（蕭協中詩）古洞烟霞迥高人嗜隱偏厭時矜古辨獨此契凡詮黃鶴寧同姓蒼崖共紀年悠悠行路者肯爲憩吟鞭
青山岱覽云在大津口東五里絕頂巨石如冠漢書昭帝

元鳳三年春正月泰山大石起立高丈五尺有白烏數千集其旁焉即此
望仙臺在青山南岱史云漢武帝築也東南有皇姑庵
升仙嶺述記云在青山東四里東南爲石汶
仙源嶺岱覽云在青山東北與鹿町山相望中爲津拱河
門家墅岱覽云在津拱河北八里今名門墅莊有會仙觀故址
雨金山述記云在門家墅北傳昔大雨沖出金礦
伙金石岱覽云在雨金山上
大廬山岱覽云在雨金山東北六里
小廬山岱覽云在雨金山東南三里兩山中夾巖洸河

轉山圖志云在盧山西北十三里

石鳲呰岱覽云轉山有石鳲呰侍郎王度進士范維粹故居也其下有黃坂村

榭埠嶺岱覽云在盧山東北三十里迫長城嶺榭林尤勝

摘星巖岱覽云在榭埠嶺東北

青陽谷岱覽云在摘星巖下巖洸河發源於此

祝山述記云在小盧山東八里

九坂嶺岱覽云在祝山東北二十里迴巒複嶺奥險如九折坂下有九曲峪水西流

雨砧崖在九坂嶺下

淥池在九坂嶺西

旁山述記云一名石窗山泰山道里記云九坂嶺東南一山曼衍背聳谿深上有數穴如頤圖志云或稱肅然山者誤

狼虎谷圖志云在祝山東五里

〔按〕五代史黃巢死於泰山狼虎谷聞見後錄巢爲尚讓所急陷泰山狼虎谷乃白髠爲僧得脫於此九頂山南有大冢俗稱爲黃巢墓無碑碣並存以備博攷

九頂山圖志云在狼虎谷東北二里

肅然山岱覽云在九頂山東今稱宿巖山

考古錄史記武帝禪泰山下址東北肅然山註服虔云肅然山在梁父按梁父縣舊在兗州府泗水縣境是泰山之南與本文東北不合酉陽雜俎云長白山古肅然山也亦非按史記帝以乙卯封泰山明日下陰道丙辰禪泰山下址東北肅然山明日即丙辰也本日下山本日行禮必在三五十里之內不當遠至長白山也魏書逸

光傳弟敬友嘗置逆旅於肅然山南大路之北設食以供行者今泰安州東闕往北七十里地名王許保其北有山碑云古肅巖山恐即肅然山也又按光武以二月二十二日辛卯封泰山夜下山晡日百官上壽暮宿奉高三十里明日發至梁父九十里二十五日甲午禪梁父則謂肅然在梁父者亦非

楊邱山岱覽云九頂山東有楊邱山其東有小陵舒暢崛起地名王許保屬萊蕪治

岱陰之西

船石圖志云自嶽頂而西北分者避入厂西北爲船石岱覽云層崖闊數丈若萬斛舟故名

看月巖在船石西北岱覽云以與月觀相屬名其下深池爲沐龜溝圖志云巖北土地平曠亦曰快活三里北有雲臺菴故址

夕陽洞泰山道里記云在雲臺庵後石厂深廣而西闢所謂上石屋也

頭陀巖岱覽云在船石北桃峪水逕其南折而西北爲混元池

雁窩崖岱覽云在混元池西北石壁峻絕征鳥聚而巢焉

清風嶺在雁窩崖北岱覽云延亙突兀鑿礎崎嶇

老虎窩岱覽云在清風嶺下石穴深暗中有泉圖志云東通石厂最軒敞洵爲岱西佳處

〔吳同春記〕至桂師巷萬松連雲奥踞山半下窺虎穴深闇難測

龍灣在老虎窩西北泰山道里記云邱巒突出如島嶼下有碧花池石皆碧紋天然池甃

黃石崖岱覽云在龍灣西北稍西林木匝里許中爲野人之廬

映霞峯述記云在黃石崖北三里有傳老庵故址下爲香泉

鬬虎溝述記稱猛虎溝在映霞峯西北旁有花園多金銀花（泰山道里記孔子嘗嘆苛政猛於虎後人强名之耳）

青天嶺岱覽云在鬬虎溝西北其東北則長城嶺泰山道里記云長城嶺俗呼大横嶺古長城所經戰國策所謂齊有長城巨防者也

河上林圖志云在鬬虎溝西南地多桃樹峪因得名即上

桃峪也峪水西南流中有石窩曰大海眼西納白草峪水（吳同春記至海眼投石水中聲殷殷不絕）

幞頭巖岱覽云在白草峪南形如岸幘

老鴉峯在幞頭巖西南泰山道里記云俗名老鴉尖東南舊有碧峯寺址

鍬钁山岱覽云在老鴉峯西南下爲鍬钁峪有桂師菴故址南有龜灣

白鶴洞述記云在鍬钁山西崖一洞深窈岱史所謂下石屋也

石艑述記云龜灣下長石欹斜曰石艑

西神庫在龜灣西南泰山道里記云巨石廓潤谽谺蹲之搖動或謂中有寶藏云

中軍坪述記云在西神庫南石闊多文彩

桃花峪岱覽云在中軍坪南一名紅雨川（吳同春記絳山導吾左傲山翼吾右雲臺石棚如拱揖招余而前）（張志純詩流水來天洞人間一脉通桃源知不遠浮出落花紅）（王宏誨詩流水晴懸碧澗霓桃花春似武陵溪東方自擬隨王母縱少漁郎路不迷）（吳同春詩桃樹千重帶水涯靈巖百折傷山斜秋高圖日爲實雨過天門淚作花方朔頻須貽漢主漁郎何處覓仙家我來不及春風晚杖履翩翩度彩霞）（祁承㸁詩曲曲雲梯步步斜爲尋西崦問仙家方來姑射餐瓊雪一夕春風萬樹花）

礧負山岱覽云在桃花峪迤西即岱史礧山也以大山負小如礧子狀俗呼降福山

鏡兒石在礧負山圖志云山半有鏡兒石廣丈餘瑩澈如鏡東南有平壤約十畝餘俗呼臺子地舊有雲臺庵址

十字峯圖志云在上桃峪西岱覽云與雁窩崖對峙西北有大倒溝西爲青龍宮故址西北爲青嵐嶺

青嵐嶺圖志云在十字峯西北岱覽云山色嵐光常作空現佛頭青也

丁香峪圖志云在青嵐嶺西北地多紅白丁香花

思鄉嶺岱覽云在丁香峪西北岱史云人死魂歸於此而思鄉也語近誕西有小倒溝

南頂岱覽云在小倒溝北峯巒突起頂西南爲胡桃園

梯子山岱覽云在南頂南如雲梯百級下爲石厂溝圖志

稱石棚溝
玲瓏石岱覽云在石𠂆溝西
透明山泰山道里記云在梯子山西南陡削玲瓏北拱老
鴉峯宛如几案
摩耳石岱覽云在透明山南
吴同春記自姜倪砦數里由摩耳石至鐵佛寺酒數行曠然樂其幽峻
東神庫岱覽云在透明山東南與西神庫相望石若垂簾
蘚痕不上亦時見光彩閃爍云
龍山圖志云在梯子山東南
姜倪砦岱覽云在龍山之巔
眞人峯圖志云姜倪砦南一石若人形故名

黃石巖岱覽云在眞人峯西南與在龍灣西北者絕相似
車道巖圖志云在龍山西南巖北有雙溝如轍跡
筆架山岱覽云在車道巖西一名雕窩山圖志云五峯排
列崖崿倒懸野鳥多巢於此
羊欄坡石述記云在筆架山北岱史謂仙人牧地巨石環
列秀麗異他處
燕脂坡圖志云在筆架山南地多燕脂花
猴愁峪泰山道里記云在青嵐嶺南
白練石屋岱覽云在猴愁峪西多巢掩白練鳥
孫鼐化詩絕壁何人啟石扉曾聞翠鳥此忘機相逢偏是雲生候不見巖前白練飛
水閣石屋圖志云在猴愁峪西南水出不竭

拔山岱覽云在水閣石屋南一名雁飛嶺視諸峯差高鴻
雁南翔多集於此
回雁峯岱覽云在拔山東一石聳立如圭
燕窩石圖志云在拔山東北有窩如燕窩
水鈴山岱覽云在燕窩石南水激石聲如鈴也
五峯頂泰山道里記云在拔山西東巖蒼松叢茂俗呼松
樓岱覽云在拔山五峯之間亦曰風門
迎風嶺述記云在風門南下有枯石河
西橫嶺圖志云在迎風嶺南西起桃花峪東抵烏龍潭綿
亘二十餘里西上爲黃金口
海棠峪圖志云在西橫嶺西北多秋海棠花峪西南爲膞

子溝
膞子峯在膞子溝中泰山道里記云一石崛秀流水盤旋
刺楸山述記云在膞子溝西以山多刺楸樹故名
土縣山在刺楸山西泰山道里記云陡險巔平得黑壤十
八畝
駱駝嶺在土縣山西南岱覽云狀如封駝有藏峯寺
三館山圖志云在駱駝嶺西二十餘里三峯矗立如鼎足
有甘露泉
黃山岱覽云在三館山西十二里

泰山志卷第七

泰山志卷第八

朝議大夫山東泰安府知府休寧金棨纂輯

支山志

社首山　高里山　介石山　石閭山

亭亭山　梁父山　云云山　徂徠山

新甫山　少岱山　靈巖山　琨瑞山

社首山

社首山在泰山南阯史記封禪書云周成王封泰山禪社首應劭曰山名在博縣晉灼云在鉅平南十三里元和郡縣志云在乾封縣西北二十六里太平寰宇記云在乾封縣西北二十六里一統志云在府西南二里明汪子卿志云在嶽南二里許聯屬高里前代多禪此顏希深泰安府志黃鈐泰安縣志俱云在高里山之左二山相聯高僅四五丈有宋禪社首壇頌碑

顧炎武社首山考史記周成王封泰山禪社首唐書高宗乾封元年正月庚午禪社首元宗開元十三年十一月辛卯禪社首宋史眞宗大中祥符元年十月壬子禪社首今高里山之左有小山其高可四五丈志云卽社首山在嶽旁諸山中最卑小不知古人何取於此意者封於高欲其近天禪於下欲其近地且山卑而附嶽趾便於將事初陟高山之後不欲更勞民力耶

唐景雲臺唐書高宗乾封元年正月庚午禪社首先爲降禪壇於山上旋名景雲臺

宋社首壇宋史禮志眞宗禪社首

宋史太平興國中有得唐元宗禪社首玉冊蒼璧至大中祥符元年令瘞於舊所二年五月知兗州朱巽上言

泰山修封畢社首壇增高丈六尺廣五十尺詔獎之

辭香嶺岱覽云在社首壇東明張邦紀云四方朝山士庶

泰安府志明洪武初居民於山中得玉匣內有玉簡十六有司獻於朝驗其刻乃宋眞宗祀后土文也

無不至此辭香者舊有天仙祠元君下廟也

對岱亭岱覽云在社首山西北明李戴毛在建今廢

泰山小史泰山諸景色映襟裾城郭井戶鱗集在望

蕭協中詩峯頂平如碁局方危亭相對嶽蒼蒼草裀醉雨千畦綠麥浪翻風四月黃

環翠亭故址在社首壇西南近改閻羅殿下有石晉時石幢

許應元同蔡行人登環翠亭詩沓騎青林駐登臺翠甸新雲山存吏隱詞藻待王臣花日初亭午蘭標欲麗春憐君竹溪興竟夕對清眞

蔡汝楠同許泰安環翠亭詩蒿里亭元勝風花春載柔還陪仙吏躅得共白雲遊仗劍蓮華淨傳杯竹葉浮如何葛洪宅星座俯芝邱

高里山

高里山在泰山南三里漢書武帝紀太初元年十二月禮高里伏儼曰山名在泰山下元和郡縣志曰高里山亦曰蒿里山在乾封縣西北二十五里太平寰宇記云在乾封縣西北二十五里一統志云在府西南三里又名亭禪山明汪子卿志云亭禪山一名高里又名蒿里聯屬社首在嶽南三里泰安府縣志俱云在縣西南三里朱孝純圖志云在泰山南三里左有高里神祠後人譌名蒿里泰山道里記云亭禪山本名高里山崔嵬類龜

〔顧炎武高里山辨〕泰安州西南三里俗名蒿里山者高里山之譌也史記封禪書十二月甲午朔上親禪高里漢書武帝紀太初元年十二月禪高里注伏儼曰山名在泰山下乃若蒿里之名見于古挽歌不言其地漢書武五子傳蒿里傳兮郭門閲注師古曰蒿里死人里審若此山爲死人之里武帝何所取而禪祭之乎自晉陸機泰山吟始以梁父蒿里竝列而後之言鬼者因之遂令古昔帝王降禪之壇一變而爲閻王鬼伯之祠矣漢書上親禪高里師古注曰此高字自作高下之高而死人之里謂之蒿里其字爲蓬蒿之蒿或者誤以高里爲蒿里混同一事陸士衡尚不免況餘人乎

玉仙石岱覽云在高里山陽片石瑩潔

〔泰山道里記〕乾隆二十六年知縣程志隆廣栽松柏培護之迨三十四年工人采石自洞門上下劈去數丈而形勢遂失其舊

古仙洞泰山道里記云在高里山陰謡謂鬼仙

〔泰山小史〕洞深暗余同好奇友窮之執燈籠火種入始尚寛稍入則隘乃得一竅如智井而淺躍身下路亦寛

且隘如是者再則四壁皆山洞若突厦可容三十餘人石牀一石磴二登牀捫其頂亦一竅上有巨石塞之旁無所通雖陰森襲人然微有氛氳氣風濤聲不知何來或水由地中行耶

介石山

介石山泰安府志云縣南四十里泰安縣志云城南四十里泰山道里記云城南四十里岱史云宋眞宗大中祥符元年禪於此按宋史無其事

石閭山

石閭山在介石山南二里史記封禪書云石閭者在泰山下阯南方方士多言此仙人之閭也漢書武帝紀太初三年夏四月修封泰山禪石閭一統志曰在府南四十五里泰安府志云在縣南四十里石皆礌砢攢處如村墟羅列古帝王降禪之所泰安縣志云介石山南三里許其山有壽眞洞朱孝純圖志云在泰山南四十里

亭亭山

亭亭山在石閭山南三里史記封禪書云黄帝禪亭亭應劭云亭亭山在鉅平北十餘里水經注云汶水又西南逕亭亭山東括地志云亭亭山在兖州博城縣西南三十里也一統志云在府南五十里泰安府志云在介石山南泰安縣志云在石閭山南朱孝純圖志云在泰山南五十里宋眞宗大中祥符元年封山神爲廣禪侯於山上建廟祠之

梁父山

梁父山在泰山東南九十里史記封禪書云古者封泰山禪梁父者七十二家而夷吾所記者十有二焉括地志云梁父山在兖州泗水縣北八十里元和郡縣志云在泗水縣北八十里西接徂徠山一統志云在府南一百十里新泰縣西四十里泰安府志云徂徠西南距城九十餘里泰安縣志云在縣東南九十里汶水之陽漢時以山名縣隸泰山郡泰山道里記云大汶口東南三十里爲梁父山平衍突出其上舊有地主祠

〔按〕史記八神二曰地主祠泰山梁父蓋天好陰祠之必於高山之下小山之上命曰時說文天地五帝所基址祭地也秦本紀祠上帝於西時索隱註時止也言神靈之所依止也漢郊祀志顔師古註如種韭畦之形於畦中各爲一土封祠之必於高山之下是則凡土高處皆曰時也按史稱禪云云者九禪亭亭者一禪會稽者一

禪社首者一無禪梁父之文然自秦漢以來後言封禪
無不以梁父與泰山並稱白虎通云增泰山之高以報
天附梁父之基以報地明天之所命功成事就有益於
天地若高者加高厚者益厚矣又曰梁甫泰山旁山名
三王禪於梁甫之山梁者信也甫者輔也信輔天地之
道而行之也泰安縣志謂梁父雖有專山亦岱下小山
之總名也孔子邱陵歌所謂梁父迴連是已府志云云
云山在梁父之東亦稱梁父與新泰萊蕪聯界新泰縣
志有梁父山蓋從云云山之別稱則知降禪諸山皆可
稱爲梁父矣史記上至梁父禮祠地主蓋古者降禪他
山先祠於此今壇址無存今其旁猶有梁父村南爲梁
父城漢時置縣屬泰山郡水經注引開山圖云太山在
左亢父在右亢父
知生梁甫主死

（漢）諸葛亮梁父吟　步出齊城門遥望蕩陰里里中有三
墳纍纍正相似問是誰家墳田疆古冶子力能排南山
文能絕地紀一朝被讒言二桃殺
三士誰能爲此謀相國齊晏子

（晉）陸機梁父吟　玉衡既已驂羲和若飛凌四運循環轉
寒暑自相襲冉冉年時暮迢迢天路徵招摇東北指天
漢西南升悲風無絕響元雲互相仍豐水憑川結霜露
彌天凝年命時相逝慶雲鮮克乘履信多愆期思順焉

足憑慷慨臨川響非此孰爲
興哀吟梁父巔慷慨獨撫膺

（梁）沈約梁父吟　龍駕有馳策日御不停陰星簷極迴變
氣化坐盈侵寒光稍眇眇秋塞日沈沈高窗灰餘火傾
河駕騰參颸風折暮草驚蘀隕層林時雲靄空遠淵水
結清深奔樞豈易細珠庭不可臨懷仁每多意履順孰
能禁露清一唯促緩志且移
心高歌步梁父歎絕有遺音

（唐）李白梁父吟　長嘯梁父吟何時見陽春君不見朝歌
屠叟辭棘津八十西來釣渭濱寧羞白髮照清水逢時
吐氣思經綸廣張三千六百釣風期暗與文王親大賢
虎變愚不測當年頗似尋常人君不見高陽酒徒起草
中長揖山東隆準公入門不拜騁雄辯兩女輟洗來趨
風東下齊城七十二指麾楚漢如旋蓬狂生落魄尚如
此何況壯士當羣雄我欲攀龍見明主雷公砰訇震天
鼓帝傍投壺多玉女三時大笑開電光倏爍晦冥起風
雨閶闔九門不可通以額叩關閽者怒白日不照吾精
誠杞國無事憂天傾猰貐磨牙競人肉騶虞不折生草
莖手接飛猱搏雕虎側足焦原未言苦智者可卷愚者
豪世人見我輕鴻毛力排南山三壯士齊相殺之費二
桃吳楚弄兵無劇孟亞夫咍爾爲徒勞梁父吟聲正悲
張公兩龍劍神物合有時風雲感會起屠釣大人嵲屼

當安
之

（明）何景明梁父吟　君不見泰山高高梁父在其半古來
封壇禪地無宮館崖崩壁拆鐵鎖斷秦碑漢碣何人看
自從生人開九州九十六帝行權謀虎豹噉食龍蛇憂
朝翻暮覆作雲雨立談坐笑生戈矛君不見田疆論功
爭二桃齊門三邱蘊野蒿又不見魯連辭賞輕千金却
秦救趙何雄豪眼前無人辨曲直身後聲名更何益拂
袖空憐蹈海心護車枉負排山力梁生五噫歌莫哀東
絕梁父觀蓬萊千年雲開錦繡壁五色日抱金銀臺瀛
洲方丈列仙占文成五利何能驗徐生入島竟不回博
士儒生盡坑塹我吟梁父君振衣世路崎嶇多是非琅
玕芝草海岱曲釣
竿拄杖從今歸

（國朝）施閏章泰山梁父吟　山高多烈風鬱鬱少松柏側足
凌天門浮雲蔽碣石辛勤紀封禪茫昧探玉策攘攘七
十君一逝無陳迹上爲羣仙居下爲萬鬼宅言當采芝
食使我生羽翮攬裳不及餐白日何促迫生非孔顏徒
百年亦何益何況蕩
陰里空埋壯士魄

桑調元梁父吟和李太白韻　我作梁父吟長懷方子春
海山窈冥失島嶼海水汩沒無涯津成連訪其師刺船

去海濱牙生獨得海山海水之古意七條冰上彈紛綸
萬古鍾期只一箇無言讚歎心相親又懷榮啟期天生
萬物幸爲人更幸有生生在中國中不乞金丹西王母
不求大藥東王公九十帶索行歌風影鬢白髮飛秋蓬
乘化待歸盡安貧樂道何其雄此間煙月浩無主矯首
仰天見河鼓河東河西癡牛騃女不耕不織含淫思秋
期已過涕如雨誰敎罰向營室居聘錢久逋天帝怒嶽
帝感我之丹誠借我丈人峯頭高臥永不傾我不管小
兒女銀河一片支機石亦不管古帝王金盤千尺承露
莖有時起來騎白虎飛蹴七十二峯無所苦拋棄塵埃
艮足豪神仙富貴輕如毛冷笑長源一品啖猥芋曼倩
三次偷蟠桃何況銅山金穴聚濁猥且勞今年已六十
曠蕩了不悲只須脚踏霞嵐遍五嶽庭用手攬風
雲際一時大笑狂歌李太白歌不同科兩得之

云云山

云云山在泰山東南百里史記封禪書云無懷氏封泰山
禪云云虙羲禪云云神農禪云云炎帝禪云云顓頊禪云
云帝俈禪云云堯禪云云舜禪云云湯禪云云李奇曰云

云山在梁父山東索隱云晉灼曰云云山在蒙陽故城東北下有云云亭也括地志云云云山在兖州博城縣西南三十里也一統志曰在府東南一百二十里泰安府志云在柴城之東距城百里許泰安縣志云在縣東南百里泰山道里記云宫里鎮南三十里爲云云山培塿圜伏山上舊有云云亭西下一石刻賈氏書院四字傳爲元賈進士讀書地失其名其北有坡曰羽林村曰甘露

徂徠山

徂徠山在泰山東南三十里詩魯頌徂徠之松水經云汶水又西南流逕徂徠山西注云山多松柏廣雅曰道梓松也抱朴子稱玉策記曰千歲之松中有物或如青牛或如

青犬或如人皆壽所謂樓松也鄒山記曰徂徠山在梁甫奉高博三縣界猶有美松亦曰尤徠之山也赤眉渠帥樊崇所堡也故崇自號尤徠三老矣山東有巢父廟山高十里北魏書地形志曰泰山郡梁父縣有徂徠山在北元和郡縣志云徂來山亦曰尤來山一統志云在府東南四十里泰安府志云縣東南三十里嶽之案山也名山紀盛曰徂徠居羣山之中祖泰岱昆新甫金斗青雲石門九仙子孫儼列鳳仙筆峯東蒙金牛遙爲賓主雙汶絡其面背匯於西南如帶結於嶺峯巒嵯峨星體俱備四面闢嶂沙水相繆龍脈自泰山傲來之下爲金牛龍山蜿蜒東注由永音堂踰大汶盤結於此週百六十里宋孝純圖志云徂徠山在嶽東南三十里蟠亘奇崛脈自西南麓入故志徂徠自西南之圜山始輿地廣記唐省梁父入博城歐陽修曰徂徠魯東山泰山道里記自郡城至山北蹊徑逼窄遊岱宗而探徂徠之勝者則繞山之東西兩路自前而入約百餘里

圜山在徂徠西南岱覽云巑岏四圍樵蹊紆折舊有古四禪寺圮山南曰上峪水西流曰滄浪溝

驪纓臺岱覽云一石屹立在滄浪溝中

望山岱覽云在驪纓臺西南里許言望而難即也有石屋曰老君洞

他山泰山道里記云在望山南五里爲白蓮泉發源處泉

北有法雲禪寺

穀積山岱覽云在他山西南圓銳若堆粟也

廣長嶺圖志云在圜山東五里

北頂圖志云在廣長嶺東有佛寺

藥山圖志云在北頂東五里前有聚泉菴

懸珠山岱覽云在藥山東三里上有臥雲菴圮

九龍嶺岱覽云即懸珠山支峯也其下爲八道溝南下爲十六峪或云石溜峪水南流泰山道里記東崖懸石如珠此山之所由名也匯水爲漿池南流會嚮水河

毛老谷圖志云在懸珠山東

乳山圖志云在毛老谷東二里述記云玲瓏秀峙舊多竹

木谿水繞前而西注古刻竹谿佳境於巖唐天寶間李白孔巢父韓準裴政陶沔張叔明隱此號竹谿六逸堂後爲元人鹿森隱居處東南峭石壁立篆書貧樂巖潢易齋諸蹟許衡嘗讀書於此元初開國侯徂陽時珍於其地建二聖堂後稱二聖宮稍北石洞方廣趙國麟顏曰簞瓢

〔泰山道里記〕按二聖堂卽六逸舊基而俗訛以党竹谿當之也

〔李白送韓準裴政孔巢父還山詩〕獵客張兔罝不能挂龍虎所以青雲人高歌在巖戶韓生信英彥裴子含清眞孔侯復秀出俱與雲霞親峻節凌遠松同衾臥盤石斧冰漱寒泉三子同二展時時或乘興往往雲無心出山揖牧伯長嘯輕衣簪昨宵夢裏還云弄竹溪月今晨魯東門帳飲與君別雪崖滑去馬蘿逕迷歸人相思若煙草歷亂無冬春

〔石介訪竹溪呈孟節兼有懷熙道詩〕到頭泉石是吾家坐石聽泉日已斜一片青衫非富貴千竿綠竹好生涯君曾覽照頭皆雪我試看書眼亦花更好結爲山伴侶教他蔬益佐勳華

〔邱濬題竹谿六逸圖〕徂徠之山竹滿谿溪中流水清漪漪昔人已往不可見至今陳迹猶依稀酣歌狂飲者六子就中最豪孔與李爲龍爲蛇誰豫知白也逃生巢父死

〔蕭延賀春日訪竹溪遺跡二首〕路入春山眼界新溪光岫影逗嶙峋特來空谷煙霞地爲憶明廷供奉人亂石差差會結宇疎竿梟梟舊成鄰祇今謾誦榛苓句澗道盤桓藉草茵　六逸堂高俯碧溪名山片石業堪稽生花無夢輝齊右捧日有懷問隴西竹掩新晴畱藥圃窗鳴舊雨落芹泥伊人宛在情何旣兩岸春風鳥自啼

三嶺崮述記云一名三台山圖志云在乳山東南一峯特起北巖勒獨秀峯三字傳爲唐李白書下有徂徠神祠金明昌中封護國感應侯今圮峯北懸崖瀉水爲羊公河

〔蕭協中獨秀峯詩〕徂徠山翠鬱迴盤望裏孤峯秀可餐迴出斷煙撐日月高標清漢挂闌干亭亭每作芙蓉態挺挺時將拄笏看到此遊人偏著眼漫題名姓附巖巒

萬松嶺圖志云在三嶺崮北下有石屋甘泉出其側

徂徠絕巔泰山道里記云亦曰太平頂在萬松嶺北十里雙峯頡頏老松數十株偃覆其上古有感應侯祠今並其基亡矣

〔元王野人詩〕徂徠山下是吾家　吸露噓風臥紫霞幾百年來無箇事朝朝坐對老松花　翠滿竹溪雲滿山晨鐘暮鼓疊煙鬟天光一線開丹嶂獨坐松篁杳靄閒

紫霞洞圖志云在絕巔西

李源砦圖志云在絕巔西南旁有自來泉

貴人峯圖志云在乳山東六里孤秀插天峯東南跨澗有橋名曰隔塵橋西爲升仙臺北爲隱仙觀有竹溪元圃丹鑪桃源諸景趙國麟題刻徂徠第一桃源深處

〔泰山道里記〕明萬歷中有于仙號蛻虛者闢此修養有年蟬蛻完眞觀門外古木夾徑多桃竹曲水匯池南流

〔國朝徐德謙宿隱仙觀西堂記〕行李投巖畔雲根廹近牀四山寒葉響一枕急流涼客思清如許秋宵永不妨雞聲驚曉夢歷歷出松篁

桃花峪岱覽云在隱仙觀西南二里

〔泰山道里記〕自觀東石屋東闢有天然丹竈傳爲于仙煉丹處

小普陀巖岱覽云在貴人峯南二里

礞石峪述記云在桃花峪東石坡廣數畝飛瀑雪涙勢若建瓴

女智崮泰山道里記云在三嶺崮東六里

青風頂圖志云在礞石峪南

臥石山岱覽云在青風頂下奇石絡繹如羊或謂之叱羊

山
天平前砦圖志云在青風頂西南三里
泰山道里記赤眉所堡即此地極平暢衆石爲臺基阯猶存
風門口岱覽云在貴人峯東四里有西別谷
釣魚臺岱覽云在西別谷東南里許
蜨山圖志云在西別谷東南三里山南朱櫻夾岸曰櫻桃
園
演馬嶺岱覽云在蜨山東二里圖志云嶺巔有趙州菴南
下爲東別谷
砦山述記云在演馬嶺南五里
蓮山泰山道里記云在砦山東五里藍谿出焉其上爲光

化禪寺東南里許一巨石刻北齊時隸書大般若經
圓五崖圖志云在蓮山東北前有大悲菴
映佛巖述記云在圓五崖東南三里上刻隸書般若波羅
蜜經
黑山岱覽云在映佛巖東一里
松山岱覽云在黑山東五里前有松巖洞
霹靂山岱覽云在松山東南一里其山兩穴可通曰霹靂
洞
兩埠山岱覽云在霹靂山南里許兩山對峙如岸已上徂徠之陽
芍藥峪泰山道里記云在絕巔北二里峪東北三里爲紫
灔池

花坡述記云在芍藥峪西北二里
中軍幃泰山道里記云在花坡北二里以地處徂徠適中
也康熙間建三清殿前有地洞深暗西爲招軍石周多石
春旁有鳴旺泉下爲大峪
玲瓏山圖志云在中軍幃北五里上有野人洞唐開元間
王希夷隱此
金魚石圖志云在中軍幃東二里巨石中劈半踣於地上
下魚痕宛在傳爲金魚化龍處
長春嶺述記云在金魚石東五里黃壤秀異周袤約十里
下有宋石介徂徠書院今遺阯猶稱爲講書堂旁有姜潛
別墅曰讀易堂

天平後砦圖志云在長春嶺北
泰山道里記按此砦去中軍幃不遠皆樊崇聚兵處有演武場柱窩遺蹟
燕子石屋述記云在天平後砦東北有龍谿水遶其側危
崖瀑流而下曰潛龍灣
西仙霞嶋泰山道里記云在天平後砦東北
鳳鳴山泰山道里記云在西仙霞嶋之東若鳳舉其首也
黃峪圖志云在鳳鳴山北
東仙霞嶋泰山道里記云在鳳鳴山東
虎穴山岱覽云在東仙霞嶋東
牛山泰山道里記云在虎穴山東山南有朗僧洞神化菴
山北有大藏峪

角山圖志云在中軍幛西四里兩峯竝峙故名山上兩石卓立横石亘其上曰鞦韆架

大砦口遊記云在角山西迤東陡岸幽谷爲鴈愁澗

攢石崮泰山道里記云在大砦口西北三里北崖篆刻竹谿二字圖志云西北爲金党懷英所居顔其室曰竹谿菴圮康熙間於其地建玉帝閣

轉山岱覽云在攢石崮西北

嶁峋山岱覽云在轉山西

吳山岱覽云在嶁峋山西已上徂徠之陰

趙國麟遊徂徠山記徂徠列泰山前猶老人几泰山坐而憑之尚偃其背若將俯焉以故藐徂徠者殊泉然松徑竹溪名藉甚典冊中心竊疑其必有異每欲邀同人遊荏苒幾十五年不克遂康熙癸巳九月徂徠道者邱

師以木瓜三枚餽大倍常品色深黄幽馥内蘊問所由產曰樹生礫石峪石罅中歲可得數十枚予曰異哉因與邱師約廿二日丙寅同内兄黄子徵野門人張子漢張金子與參往遊焉行三十里小頓於團瓢至汶河沙平水淺一望無際隔岸諸峯翠黛撲人眉宇渡河數百武道旁豐碑大書宋太子中允徂徠石先生神道乃太史宋繹田先生所建者衡書山西太原平定州判此先生勀閹黨被黜時也殆感慶歷聖德軼事而題此碑乎緣山西行數里一峯峪岈崒嵂勢欲飛墜邱曰此攢石崮也竹溪六逸堂在其下又數里山隈叢樹森鬱殿宇廊舍若人冠巾幘雜立其中邱曰此四禪寺也又十餘里至茅茨薄暮矣山巔野燒明滅如雲月隱現邱指山半紺碧相間若樹若石者曰其中爲十六峪轉而東行五六里至山陽高了靜遠家叩門登堂菊英遶屋亭軒甚幽主人籌燈放酒縱談徂徠之勝以二聖宮礫石峪爲最廿三日飯於高子孟兄希程家高子昆仲具肴榼以葫蘆盛酒使小奚肩之出村未半里東北一峯鬱確上銳張左右翼中權奮勇爭先渴驥奔猊勢不可犯峯前去巔不數咫殿閣皆露鴟吻蒼松數株與石色相亂高子曰土人名此峯爲三嶺崮其東北爲礫石峪其西北爲二聖宮請先從西北入予曰諾行二三里甫入山道上怪石星羅碁布支蘗起伏皆作峯巒迴環映帶步移形換彸溪行里許西北一山端嚴静正三泉出山趾匯而爲池清鑑毛髮渡大溪北望諸山層巒疊嶂相爭相讓而出其最高者爲太平頂其西爲桃花峪其南爲毛老谷又循小溪而北兩山嶄狹大石障其前幾無所見下騎步行從石東轉上忽現一境青松紅樹參差上下依山爲閣茅屋數椽叢篁繞之門前石梁横亘流水潺湲其上同人皆驚歎爲仙境渡石梁至閣下遥瞻閣上兩像竝坐東爲老子西爲孔子此二聖宮所由名也坐老聃於左豈惑於史遷問禮之說歟抑尊神道尚右之說歟由閣東拾級而上爲三清殿其下貧樂巖爲元人鹿茂之隱居處鹿以儒隱於黄冠杜仁傑譔銘碑殘剝不可讀由貧樂巖轉而北爲演易齋大刻篆書三字於石稍南草堂三楹爲希程讀書小齋啟西窗千巖萬壑奔赴窗下夕陽繪影衆山皆紫希程又引穿竹攀崖而上有大石方廣數丈如岸幘墮地南向爲洞俯而入中可坐五六人希程請題洞名予顔曰簞瓢所以繼隱士之志也希程設酒脯小酌問礫石峪於道者道者曰踰東嶺可十餘里騎不得上由前山途頗坦殊遠因亟命僕同邱師持襆被驅騎出山期見星而會予與徵野等各持藜杖倩山中樵子作鄉導登東山樵子指道中狼跡大寸許同人皆有戒心轉而南忽見一峯突兀傲岸迎面而出卽之甚邇似乘墉相鬭者樵子曰此三嶺

崮背面也踰嶺望之却在天際其東嶺如人如獸如列几筵如陳簠簋如建幢如樹幟肖形賦物不一而足東行至一嶺石皆蛙形俯仰向背跳躍聚散大小數百頭下嶺北行至風門口壚黑無所見忽聞羣狼嘷鳴悲慘激烈巔髮上指樵子大聲疾呼同人叱咤繼之響震巖壑過風門口東下又聽犬聲四起與人聲狼聲呼啞叫嘯嗷嘈喧應山鳴谷應樵子曰將至矣稍前人聲漸近道童來迎予左手拍道童肩右手扶藜杖行落葉中索索有聲履滑將仆者數下視澗中樹石查牙虎豹蹲踞虬龍怒拏羅刹變相倏忽萬端險不可測將下嶺樹中火光熠燿道人持燎相迎從樹下度溪到院中惝怳夢幻似不從人間來也竦師解純一鄒平人深情古貌少習黄石家言設山中蔬果飯客言開山于仙尸解事娓娓可聽久之邱師來秉燭引同人從屋後緣古藤梯石而上木瓜竹樹叢生石中石巔倚崖爲茅屋屋東上爲純陽閣閣東南上又爲玉帝閣閣前礀石爲闌火光中見諸樹杪盡出閣下閣東曲室解師丹楊也予曰今晚當借蒲團一片地矣就寢夢中猶陟危峯不得上數驚覺殘月入窗狼聲遠來枕上凄清欲絶披衣起坐視窗外月光漸白昧爽啟戸闊昨夜諸境怳如隔世事所寢曲室在懸崖絶壁之上古柏之巔乃知身卧鶴巢猿窟中也從院中遥望貴人峯孤秀刺天上下如削西剡其

首有同半圭出門外西溪流水從大石下引過門穿竹根浸灌蔬畦圃外古樹彌望黃葉半脫微間丹碧由圃東上嶺遊陳搏酣睡處側身而入爲門直身而立爲洞鞠身而登爲樓轉身而臨爲臺聳身而上直凌其頂爲峯皆大石磊磊自相倚著疑有巨靈負而疊之循嶺北半里許爲煉丹爐石更大於陳搏睡處渠渠夏屋深廣軒豁中有天然丹竈東南諸峯軒軒霞舉皆具飛昇之勢下嶺到澗中老樹怪石觸目皆東坡藍本登南山小普陀巖正拱貴人峯下巖過小澗登西山山中田父攜雞酒來助道人供客同人遊興愈豪飯後登純陽閣從閣下至貴人峯下仰視巉峭雲端一柱幾欲擎天定有仙人瓊館設青精石乳以待但不能化作猱玃騰身直上耳轉而西觀于仙葬衣冠處下大小石梁選大石倚崖環坐四望峪中曠如奧如兼擅其勝浮大白話山中雞犬桑麻大類桃源人說避秦事不復知外間尚有魏晉同人皆神怡心曠樂而忘返解曰立夏三日則櫻桃熟赤珠映日火齊萬樹百鳥飛鳴聲中簫管坐磐石餐丹砂吸寒露沁入心脾爾時先生肯來遊乎予曰來解曰深秋巖壑盡變楓林霞烘雲染丹朱萬狀猩血浸人袍袖眩目醉心爾時先生肯來遊乎予曰來解曰峪東爲光華寺又東爲大悲菴西北爲中軍幛又西爲紫源池此徂徠幽境也先生肯遍遊乎予曰總候櫻桃紅

葉時當辦幾量屐踏盡徂徠萬壑雲耳時日已下舂希程靜遠同田父俱去予與諸子復留山中晚登西嶺尋來時路問諸峯名於解師爲作遊記張本廿五日辭解師出山過遙贍門度隔壟橋行兩山間奇石絡繹令人應接不暇將出谷中西偏一山自巔及趾如羊數千頭立者臥者跪者觸者囓者乳者舐者負者奔者登者墜者大者如瓶小者如羔予謂徵野曰此君家初平叱餘之石也稍南爲女智崮轉西行二三里至天保莊遂乘騎經三嶺崮前麓山川映發標新領異無一來時舊境廿六日別高氏昆仲一路望徂徠諸峯如逢故人矣三十里至汶河南岸拜徂徠先生墓觀先生所作墓表爲孔彥輔書先生集中有拜掃堂記云石高五尺廣二尺三寸厚一尺列辭二千三百六十八字信然然堂已圮石已泐字已闕且始祖以下三十二墳碑多湮沒存者僅碑額數字而已予讀徂徠集孔孟仁義之言未嘗離口其文嶙峋硉矹磥砢歷落而浩然之氣布濩行間眞具體子輿氏之氣象者夫山之奇奇以石泰山巖巖藏萬仞之石而不以石顯徂徠巖巖分泰山一支而遂以石著此泰山與徂徠之分卽大聖大賢與賢人之分也秪徊不忍去者久之歸而爲之記

杜天培徂徠山賦幷序徂徠汶水南流所自經也去泰山東南三十里而近高不及泰山而廣闊配之雄偉不如泰山而奇秀抗之宇內名山不在五嶽之數者天台峨嵋最爲傑出竝徂徠其流亞歟夫五嶽視三公自泰山視徂徠殆如蕭之於曹郭之於李氣勢相高而不相下情實相讓而不相軋也登眺之餘因敢摭拾狀而賦之詞曰天作高山東惟岱宗肩隨眉列徂徠稱雄方其神化融結居魯之分父乾行而母坤維凡泰岱而妃清汶氣俯吞乎全齊體平壓乎數郡蒼茫渾厚而眞源莫問遙睇之厥色正黑博大絕倫若鐵堆若雲屯青霓白霧日月吐吞仙靈潛其窟宅陰陽判其曉昏近矚之則疊嶺沓嶂錦攢星爛渾渾依天之石嶄嶄藏龍之澗小峯亦自繞其煙霞偏巖亦各挾夫雷電陽陂則冬日含葩幽崖則六月飛霰羣巒秀而康樂爲之欣起峭壁懸而昌黎爲之悲眩爾其左澗溟渤右走崤函北拱

神京南以環吾孔宣尼之墓田龜息諸巨鎮絡繹森列總斯山之僕從兒孫而已焉其下則山足裂萬竅鳴氤氳盛蒙泉生皎潔而光侔星宿滃滃而響接蓬瀛滸滸焉漾漾焉滙爲大川徑行五百里而與黃河口合幷至乃洞懸乳竇穴產仙蝠靈藥含滋秀草芬馥起銀雉眠瑞鹿貨不貴乎難得而四方走合抱之木禽不取夫珍異而千古無虎豹之蹋又茲山之所獨也猗歟休哉霖雨萬方厥績彰顯而金泥玉檢之封弗之及徂徠之上交不諂乎梁父社首氣脈聯屬而特立拔起之勢不可狎

徂徠之下交不瀆乎有宋君子石守道人號之爲徂徠先生曰魯之望也泰山魯所瞻徂徠魯之望茲其品目巍巍乎無以尚也

石介徂徠山齋熟寢家童報征西府從事田集賢元均張著作叔文趙推官庶明書至開緘讀之因題書後滿徑蓬蒿懶自鋤何人日午叩茅廬徂徠山下一枕睡經略府中三紙書兵謀貴勝縱橫出海鳥忘機飲啄餘唯有淮夷雅宜作文
章兼不讓黃初

蕭協中徂徠山詩撫池窺源紫倚竹愛溪碧古人善疎狂六逸不可卽我景石先生苦心在研席地靈人傑歟日落諸
峯赤

孔貞瑄徂徠懷古岱嶽南臨東海西徂徠別谷寄高棲謫仙何術能馴鳥巢父由來善樂饑茅屋微霜彫落木淸霄明月滿寒溪祇今菉竹猗猗盛六逸風流未可齊

程雲徂徠山詩不爭岱嶽尊所隔猶尺咫面面成一方百有六十里五汶夾之流不絕滔天起孫石讀書臺岸粤不容趾至今竹谿存千載思高軌夙其對衡門朝夕互青紫或言采昌陽可以延年祀飲酒不服仙終焉聊

復爾

（王士祿）望徂徠山詩　晚步石橋上南眺徂徠山委蛇露蒼蔚脩然眉睫間餘雪一以映宛如好女顏緬昔孔裴輩借弄竹溪月嘯咏雜漁釣風俗亦清絕又聞石先生讀書山之陽父老尚能言餘韻何洋洋余亦辭世網雅思侶猿鶴逝將營一椽於茲永棲託聽言野躑躅遠煙生漠漠

（王士正）徂徠山詩　雲陰移徂徠影覆汶河水下有賢人居清風被田里一抔詎能容千秋今廟祀

（又）徂徠懷古二首　徂徠林壑美復愛竹谿清應有雲霞侶幽居遠世情釣竿想巢父酒態憶長庚寂寞空山道寥寥千載名　當年石守道卜築亦于斯時際昇平日人傳慶歷詩子孫留伏臘水石映茅茨直道今誰繼淒然汶水湄

（又）徂徠山下田家詩　行行空翠裏明晦更多姿碧樹通村落青山向嶽祠林深雞犬靜雨足隴苗滋他日龜陰稼躬耕亦不遲

（趙執端）徂徠道中　萬疊峯巒裏猶存守道祠清風半山竹遺跡斷橋碑雲與泰山接泉臨汶水湄逝將棄塵俗來此構茅茨

（查慎行）入兗州境望徂徠山　青山雅淡如故人何可經時不相見我行久與故人別轉向青山增眷戀來從燕趙歷齊邦千里平沙黃一片眼前俗物厭勃塞物外心期失葱蒨朝來雙眼豁然開已報汶流通魯甸日高螺髻矗諸峯天遠修眉浮半面含姿獻態各自媚一老巋峩聳冠弁茲山洵屬魯之望指點兒童悉能辨猶傳有道石先生六一垂銘抵佳傳聖人已遠道僅存此事終應賴狂狷景行竝作泰山仰恍惚風流覿前彥白楊風急不少留片帆忽過東阿縣

楊二酉過徂徠詩　予家甕山麓山水有夙緣通籍近廿載行役凡幾年閩海一槎渡身似蓬瀛仙往來吳與越形勝靡不前已覺江湖淺況當潞河偏今年役濟上池水清且漣水源五百四派出亦涓涓匯流成汶泗下濟運爲川我欲窮河源東岱瞻謂天朝浴浮磬濱夕陟徂徠巔山松不可見蕭寺來茶煙六逸去不返空餘溪口泉

（成城）己卯重陽前一日程蘊山明府邀同顏太守遊徂徠山信宿而歸　泰山之下難爲山惟有徂徠崪兀堪追攀翠微一帶東南際令我隔城遙望開心顏程侯妙解山水趣農事方登少機務開筵峯頂作重陽鄭重前期戒供具太守風流澹蕩人翩翩五馬出郊闉軟輿絡繹不知數蓮花幕裏來嘉賓賓朋盡是江南客我亦生平愛泉石悠悠泮汶渡行人斜日一鞭山影碧山中有寺名光華橫峯側嶺紛相遮不知泉聲活活出何許但見丹黃照眼秋葉濃於花明日來過礫石峪步步看山看不足誰能脫巾高坐雲濤堆靜對西風相與掃塵俗茲遊乘興爲清娛崎嶇歷落任人扶芒鞋到處遊仙圖一宿再宿成須臾我聞徂徠七十有二寺梵刹荒涼半委棄又聞竹谿名與唐賢著六逸高蹤無覓處世間萬事浮雲馳紅樹青山屬阿誰徂徠先生不可作茫茫俛仰空懷思掉頭一笑趁歸路奚囊慵就登高賦我將獨上泰山縹緲之峯頭阿閣神房千秋萬歲住

（王雨霖）望徂徠山　岱宗鬱磅礴餘勢猶嶙峋羣峯走徂徠盤折五汶濱開軒獨憑眺煙雨迷芳春想見綠蘿徑巖花映松筠遠慕六逸遊欲往且逡巡移時山雲起直與天門鄰

新甫山

新甫山在泰山東南隸新泰縣詩魯頌新甫之柏北魏書

地形志汶陽有新甫山一統志云宮山在新泰縣西北四十里接萊蕪縣界卽古新甫山泰安府志云在新泰縣西北四十里高峯插天盤結百餘里爲泰山左翼舊名小泰山上有雲衢岫下有毬杖墪西有水寨溪五雲澗山前有雲孤寺岱覽云新甫山今名宮山九峯如蓮俗呼蓮花山

千人洞一統志云在山西北深遠莫測

望仙臺在山前雲孤寺內泰安府志云漢武帝封禪於此見仙人跡建離宮於上遂改山名宮山築此臺今石鞦韆架猶存

（明王應脩）新甫山懷古　新甫傳聞久登臨始見奇懸崖高巘巢斷石迴參差空翠翠峯逕微茫一徑危攀藤雲拂袖藉草露沾肌斤盡魯侯柏苔殘漢武碑山僧聊共話谷鳥暗相窺壁古龍蛇剝林深麋鹿馳汲泉供茗椀

敲火爇松枝寂寞探元意淒涼弔古詩滄桑不可問邱壑有餘思秦

（趙希朴）春日登新甫山春山春望鬱葱葱矯首層巒切太空問俗久傳秦禪地逢人爭道漢離宮三峯時吐嵯峨月萬木長交淡蕩風最是憑凌情不厭尊前青眼更誰同

（譚其吉）晴望宮山苔老石翻澗雲荒峯自奇平疇遙可辨危徑到還疑天地知何意山川産若私江南追所歷靈幻未如斯

國朝程雲登新甫窈窕攀林杪空濛極望收野泉偏受雨喬木易知秋近捧青徐出高憑岱嶽游廿年邱壑志今日一滄洲

（楊繼芳）宮山懷古秋色滿山巖行雲溼古樹相喚谷鳥鳴聞聲藏其羽深洞有龍蟠巖光若帶雨夕陽隱西峯寒煙流復聚離宮何日廢荒草埋石路歸屐印莓苔轉盼生餘慕

（王士祿）新甫山徂徠既瓌瑋新甫亦鬱秀蒼蒼百里間與岱相輻輳拄頰望嶔崟複沓森巑驟朱霞耀晨嶺白雲滃夕岫輾轉無定姿晦明相蕩潋定有靈異棲或是仙人囿漢武此築宮未必方士謬我行佚瞻矚恨不躡巖寶爲詠闕宮詩遙集破儒陋

（施閏章）望仙臺崔嵬新甫山蜿蜒百餘里連峯障日寒翠柏參天起窅窅巖洞深津津流石髓遙見羽衣人青霞隨玉趾借問此爲誰云是洪崖子漢武非仙才登望亦徒爾覿面不相識延頸睇海水千載鬱蕭條荒臺蔓葛藟

（葉方恒）游新甫山嶽東古新甫其形作蓮花俗因以之名齊魯相矜誇立石插穹昊葉葉紛交加迴環結奧區中有神仙家憑虛敞青望平野耕桑麻緜延漢時宮曾映朱明斜莊嚴起梵宇奔走來窮遐安期不可見石洞流春霞

少岱山

少岱山一統志曰在東阿縣東一里橫亘郭門以在岱宗之西故名泰安府志云其上有臺一成臺上爲元君祠臺下爲嶽帝祠嶽祠之前爲玉皇祠東麓爲金山産鈴石泰山述記曰在泰山西一百六十餘里隸東阿縣一名小泰山東阿縣志云泰山之西支蜿蜒迤靡至於邑境得大清河而止其支脈皆從東南來小泰山在邑之東郭門枕百步而近山不甚高大其上爲嶽館有臺一成元君之宮在焉無谿洞古蹟故展齒少至環抱諸山亦不可悉記也

靈巖山

靈巖山在泰山西北四十餘里一統志曰方山在長清縣東九十里山東通志云靈巖山四面方正又名方山齊乘曰即水經注所謂玉符山也上有黃龍甘露獨孤雙鶴卓錫石龜六泉下爲靈巖寺朱孝純圖志云靈巖山古稱方山泰山道里記曰靈巖古方山也或曰玉符山多松柏東

晉京兆竺僧朗事佛圖澄碩學淵通初止於琨瑞山降錫焉嘗往來於此說法猛獸歸伏亂石點頭靈巖所由名也屬泰山郡唐隸齊州山茌縣尋改爲長清縣元屬泰安州後併濟南府山自泰山踰長城嶺西北經西棋子嶺蜿蜒挺特層崖削壁面南向周迴六十里

（水經注）玉水導源太山朗公谷舊名琨瑞溪水亦謂之琨瑞水也其水西北流逕玉符山

雞鳴山述記云在靈巖東北山下有臺有洞夜半嘗聞雞鳴山西巖曰麻衣洞元李堅棲隱處東北過大谿抵雙槐樹爲入靈巖各路之會

（泰山道里記）自泰山後烏道磔礰難行登泰山繼遊靈巖者由泰安府城西北遶山西麓而入九十里經長清境之灣德村東北逕雞鳴山下

（泰山紀勝）岱西有長城鉅防婁敬洞遶岱百餘里兩山夾道一水中流縈洄百折異鳥奇芳足人耳目中有靈巖谷虛中如弧路盤旋若磨山曲道斷澗怪石齒齒似欲齧絕塵世輪蹄者有石梁可渡緣壁郁落仿佛輞川余嘗自是經柳里莊遙望蒼松翠柏被巖麓無恒河沙數幽秀逼人而糾宇雜綴隱見天然黃鶴石田畫幀矣證明龕孤懸碧落雲靄歛移影落馬首爲之神扑

塔寶峪泰山道里記云在靈巖東南立石如塔中空瑩然

又東跨道爲坊額曰靈巖勝境

黃峴山述記云在塔寶峪東南有老虎窩

明孔山泰山道里記云在黃峴山東其山一孔南北相通盤旋北入內有石佛像再入一窟甚深山巔有靈光亭圮

（國朝韓章明孔山詩）何年鑿闢見神工嘉兆分明應郎公寶剎既成人已去猶畱滿月照山中

滌思峪泰山道里記云在明孔山東又東爲大橫溝崇興橋俗呼大石橋有宋釋仁欽修橋碑大觀二年郭思撰王高篆郭升卿正書南向其北面先勒元豐王臨飛白書靈巖道場四大字又東爲小橫溝明空橋俗呼小石橋東有龜背石又東爲飲馬溝有新石橋又西北爲方山神祠又北爲靈巖寺

雨花巖岱覽云在大石橋西南本名滴水崖乾隆二十一年

御賜今名泰山道里記云出上水石瀲泥如石雖小亦白具邱壑

凌霄峯岱覽云在雨花巖東南又東爲黃茆岡宋蘇軾登齊州雲龍山詩云醉中走上黃茆岡即此

泰山志卷八　支山　三十二

硻班洞岱覽云在靈巖寺彌勒殿之西一曰巨和洞述記云上爲十王殿外有宋宣和五百羅漢碑東北蒼崖之陽有卓錫泉又名錫杖泉傳爲佛圖澄錫杖卓出者水西流滙爲鏡池俗呼功德池上有卓錫亭東有二井相連碣曰雙鶴泉亦稱立鶴泉

（泰山道里記）金陳壽愷記云昔法定建寺患其無水雙鶴飛鳴其下涓涓果得二泉今一泉塞

懸星巖述記云俗呼功德頂在靈巖北崖最高處岱覽云青壁四削如印上平如砥方山所由名也石龕宏敞名證明龕有釋迦佛像高丈餘旁有四行者像皆因石爲之龕座刻宋元題名

（按）北魏孝文帝本紀太和三年於方山起文石室五年建永固石室於山上立碑於石室之庭八年幸方山石窟寺蓋謂此也

泰山志卷八　支山　三十三

拂日巖岱覽云在功德頂迤西兩峯夾徑如雄關一名小西天北有飲虎池

積翠巖岱覽云在拂日巖西

巢鶴巖岱覽云在拂日巖南昔有雙鶴止此石坪軒豁俗呼晒經臺前爲蹲獅巖或曰盤石也

（國朝于紹舜巢鶴巖詩）塵蹤長是羨飛鴻巢鶴巖巔恰御風十里松陰晴亦雨千重煙靄色還空列屏山似居連舍放眼人如鳥脫籠不用憑虛更搔首恐躭詩句負青葱

（又蹲獅巖詩）獅峯雄踞出崔嵬烏弋誰將縮地來怒吼松濤驅虎豹閑排雲陣鼓風雷西歸欲逼星河去東望疑從泰岱迴聞說空王降怪獸猙獰亦上雨花臺

雲窩泰山道里記云在巢鶴巖東谷口

觀音洞在雲窩南崖泰山道里記云三門相通內有石佛像東南崖多勒宋人題名有坦地約三畝不生草木曰無生地佛家以無生爲上乘故云

香霏巖岱覽云在巢鶴巖西俗呼繡毬山迤南有唐天寶僧慧崇塔西北里許北峪之水南流北峪之北有石厂中一窟如井又西北二里有神寶泉

寶山岱覽云在神寶泉北上立玉皇廟東曰神谷

黃尖山在寶山北二里泰山道里記云兩崖對峙俗呼梯子崖崖上南北二山相連曰雙峯其陽石竅蓄水甘美充溢謂之醴泌泉

石鴿峪岱覽云過雙峯西折而東北層巒吐霧清渚含烟尤爲幽邃又東北爲如巢巘或稱棲佛洞

轉山在功德頂南

白雲洞在轉山東岱覽云白雲洞豁闢向陽出證明龕南下過轉山東折至焉

小石厂岱覽云在白雲洞下東南峭壁如削有平臺曰可公牀明釋眞可憩此崖上勒朗公傳

大石厂岱覽云在小石厂東一名半室崖容可數十八

絕景亭岱覽云在小石厂南下一名抱靈亭宋釋仁欽建

東崖有甘露泉靈巖第一名泉也

（泰山道里記）其地相傳爲金陳壽愷元杜仁傑隱居處郄志所載觀音朝元達摩各殿故址古木參差多老檀礧砢擁腫狀若虬龍志稱千歲檀也

鐵袈裟亭岱覽云在甘露泉南旁有印池

（靈巖志）昔法定時有鐵物自地湧出高六尺許如袈裟披摺之狀明人篆刻鐵袈裟三字舊在甘露泉之達摩殿後移置於此覆以亭

（宋）張舜（鐵袈裟詩）綫蹊針孔費鏐鏐鐵作袈裟信不凡大庾嶺頭提不起豈知千古付靈巖

（國朝）楊涵（鐵袈裟詩）紅爐不記是何辰長短誰能量此身莫怪至今披不起祇求豎得脊梁人

仙人巖岱覽云在印池西南石壁峭特上有亭明嘉靖中隱士李松勒巖名石上

石尾峯泰山道里記云在白雲洞南三里

靈闢峯泰山道里記云在石尾峯南峽通一線即小天門東二里有華巖泉北爲華巖寺圯北五里爲野老村吾張忠隱處

朗公山泰山道里記云在靈闢峯南西巖有朗公石狀類老僧傴立迤南爲九曲峪朗公砦朗公泉

如來頂岱覽云在朗公石西南

快活巖岱覽云在如來頂西南遊者至此可憩故名

臥象嶺泰山道里記云朗公石西南爲如來頂快活巖臥象嶺

珠山岱覽云臥象嶺南爲珠山有埜溝

東西磨山泰山道里記云又東雙峯圓特俗稱東西磨山中夾蘆溝水東流

（宋）卞育（遊靈巖記）齊有靈巖寺居天下四絕之一海岱間山水之秀無出其右者僕爲郡從事被檄屢到焉長廊大廈其制甚雄擊石鳴金其徒甚衆斷基壞阯古殿石闕五季之遺跡往往具在山僧引導而悉觀之涉深

之東雙峯插天巍然對峙穹窿似可通行山僧指之曰此東天門也天門之西一峯特高其平如席寺之基阯正居其下山僧指之曰此方山也有證明像焉具杖屨而徧登之羊腸鳥道縈迂盤曲且進且卻攀緣而上者不知其幾千仞也既升絕頂山巒之形盡可俯瞰若斷若續若駐若馳屏列櫛比周環四合珍禽異獸古木怪石千類萬狀靡不睹焉心目恍然殊不知居天地塵埃之間而已之有軀也山僧又指曰東有朗公石西南有明孔雞鳴二山但能引望非人迹可到者耳由山之西宛轉而下至半巖得泉於石竇間味甘如醴停杯而激之清韻琳瑯珠璣亂迸坐待久之醒人毛骨山人曰此甘露泉也下有錫杖白鶴二泉舉類此矣顧謂同行者取酒藉石以竟日幽禽噪晚烟靄四合巖月亭亭松雲索索山僧曰可以還舍矣山腰巖腹幽亭奇榭徑從而盡覽焉其樂何可既耶於呼智者勞心愚者勞形勞心者殆勞形者疲曾不知雲霞棲心息形自在地也僕方衮衮於簿書間不能同苾蒭衆誦貝葉文優游周旋於此良可愧怍解後有期心遊且賞殊未厭之不知異日之來又何時也將出山礱石而志之庶幾使勞形勞心者見此一悟云爾

唐李白題靈巖寺泉池詩　客來花雨際秋水落金池片石含青錦疎松挂綠絲高僧拂玉柄童子獻雙梨惜去愛佳景烟蘿欲瞑時

劉長卿靈巖寺西入石路　山僧候谷口石路拂莓苔深入泉源去遙從樹杪回香隨青靄散鐘過白雲來野雪空齋掩山風古殿開桂寒知自發松老問誰栽惆悵甘泉水何人更渡杯

錢起題靈巖諸峯　向山看霽色步步豁幽性返照亂流明寒空千嶂淨石欄有餘好霞殘月色映上詣朗公廬孤峯懸一徑雲裏隔窗火松間下石磬客到兩忘言猿心與禪定

宋滕涉道出靈巖過題五言排律十韻　山半舊招提捫蘿躡石梯佳名標四絕勝境出三齊殿古煙霞窟庭深檜柏蹊嶽靈分地界雲險接天霓香篆清風裊松廊翠巘低飛塵無路入幽鳥隔巖啼夜夢泉聲急飄涼竹韻淒微陽生頂上殘月落峯西暫到緣塵慮長居信覺迷致君功業就向此卜幽棲

鮮于頤遊靈巖　松門十里蒼山曲宮殿參差倚巖腹[illegible]盤一逕入雲中又登絕頂最高峯石壁蒼然起秋[illegible]谿深處時聞鐘磴道崎危達巖下幾派清泉在細[illegible]色朦朧出遠山忽驚星斗在簷前倦客遊來不知[illegible]光皎皎巖霜寒一出禪林復回顧白雲已滿山頭路

鮮于侁畱題靈巖寺　馬煩箠策車馳轂終歲塵勞常碌碌喜聞巖寺並山中路轉清溪入幽谷乍行山口疑洞天窮身一上翻平田千層臺殿隱林木四面石壁生雲煙山僧迎門笑相揖爲語祖師存往迹屈指于今八百年已在西來達摩前鶴鳴飛止黃金地錫杖甬起清涼泉境稱四絕名天下天台石橋乃其亞千峯不改歲寒時一水最憐秋月夜半生遊學頗艱辛且向空山老此身也知方丈安禪處解笑東西南北人

宋遞登覽靈巖　抖擻塵衣訪古蹤捫蘿陟嶮敞靈峯寒堆泰嶽千層雪清遶方山十里松泉頂容回聞法鼓雲堂僧起動齋鐘如來元現因明處直上人天第一重

金勢堪次鮮于頡韻靈巖　寀兀方山曲古殿般舟枕巖腹石磴層盤林莽中芙蓉面面羅青峯菩提花散諸天雨薝蔔風傳萬壑鐘元烟一鶴蹁躚下巖自點頭泉自寫袈裟金藏不知年飛錫猶在西來前披襟向月聊放歌聲徹東壁明河寒閑雲紛落如相顧我欲乘之入天路

元郝經遊靈巖寺　岱宗西北馳倒卷碧玉環岳靈祕雄麗勢欲藏三山初從谷口入兩掩爭孱顏漸疑下地底細路深屈盤仰視覺天窄石井攢峯巒陸海沙刼開寀兀仁王寶桐鯨吼西風棟宇橫高寒石龍噴清泉西落几案間修竹掃山色瑩綠芽雲根丹鳳飢不來寂莫青琅玕上方在天上下視無塵寰空霏鎖霜樹翠錦蒙朱殿西日迴清暉輕金滿烟寰何時脫世網挂席高盤桓靜境求初心滯慮驅萬端向晚蒼烟合更欲窮躋攀路斷不得前矯首重一看

明許彬畱題靈巖二首　古剎幽深有路通四圍山擁芙蓉曇花尚逐馱經席靈雨常隨聽法龍東澗水流西澗月上方僧定下方鐘五花新殿凌霄漢畫栱雕甍幾百重

面面峯巒紫翠連白雲深處有人烟落花泛泛流雙澗古塔巍巍出半天勝地連山三百里名師卓錫幾千年北遊不盡登臨興揮筆成詩付大顛

薛瑄靈巖道上　路入山門景便幽高風不斷石林秋照人霜葉紅於燒拂袖嵐光翠欲流幾過野橋橫絕澗遙從古剎見高樓北峯直與天相接更擬攀蘿到上頭

徐有貞靈巖行　靈巖奇絕聞天下我欲遊之久無暇年來治水功已成導山過此聊停駕手托天書登上方上方金碧生輝光回旌弭節祇樹傍問誰建此古道場後踞獅子前象王文殊普賢相頡頏山開由法定松偃自元褒法定安在哉況彼希有之如來既不見兩虎馱經去又不見雙鶴隨錫回但見白雲千萬堆欲動不動宏

佛徊金色界中，多寶塔青蓮社裏。九層臺九層臺寶塔
曾經幾塵刧，黄龍蟠伏缽盂水，碧苔繡盡袈裟鐵。嚶鳴
有鳥似頻伽，步步香生薝蔔花。雨紅風翠飛滿路，路迷
誤入山人家。泉斟明月和流霞，茶烹蒙頂先春芽。中分
三十六禪院，最好無如五花殿。圖畫天開當四面，面面
奇觀觀不偏。屬茲清和節，春物方駘蕩，復多繡衣人相
從共清賞。主僧名至瑄，精進如惠朗，殷勤供香積，招邀
到方丈，陰陰閟修竹。稱我酒酣來，此宿西峯夜聽天雞
唱，東崦朝窺海鳥浴。可憐清賞殊未足，無柰塵緣苦羈
束。何當了却分家忙，來與松子同翱翔。飢飡紫玉英，渴
飲甘露漿，後天不老凋三光。郎此
便是無何鄉，何必泛海求扶桑。

〔陳鳳梧〕登靈巖 玉符千載記方山，傳得圖澄卓錫緣。佛
日巖光初霽雨，辟支塔勢欲參天。繁松十里風濤靜，立
鶴孤泉月影妍。北望少林
全寶地，滿山空翠鎖雲烟。

〔王世貞〕再遊靈巖十二韻 爲捨祇園竹，名山結願偏。登
臨恍初地，徙倚東諸天。不改芙蓉色，微添薜荔烟。松雲
移疊嶂，花落助鳴泉。苔蘚青從引，苔衣碧任穿。井猶雙
鶴浴，瀑似片虹懸。磬發僧歸定，鐙餘客借傳。新茶收月
供，淨氍割霞眠。未叩無生理，聊追有漏緣。空聞飛錫杖，
不見布金田。盡刧終成幻，降心恰悟禪。祇應何所住，一
鉢付
流年。

〔李化龍〕重遊靈巖十韻 攬秀山全勝，探奇客再尋。慈雲
開覺路，佛日上初林。淨域三天曉，空門十里陰。忘機僧
化石，種福地生金。高閣看八代，方池閱古今。鐵衣留幻
相，巖竇見禪心。峯合窺天小，臺高貯月深。清泉雙鶴舞，
老檜萬龍吟。閒寂消塵慮，清虛愜
素襟。皈依欣有地，慚愧未抽簪。

〔國朝施閏章〕靈巖行 靈巖開鑿巨靈苦，萬仞丹梯作環堵。
已留天穴燭明星，更遺甘霖瀉石乳。重林藻翠來風雨，
鐵崖涌出袈裟古。土花錯落鏤金斑，水田細繡天爲補。
丹臺飛嵌層巖巔，削成石屋居無椽。杖藜直上八千尺，
手撫白鶴凌紫烟。朗公卓錫呼不應，龐眉十丈拱我前。
徧視人間悲浩劫，誰知梵宇亦桑田。般舟寶殿金銀摧，
世尊塵埃龍象哀。唐碑宋碣紛斷折，存者欹側埋荒苔。
靈跡摩挲恨未了，倦遊一宿艮草草。安能高枕臥空山，
飽飯青精
顏色好。

琨瑞山

琨瑞山 岱覽云在泰山東北四十五里，舊名金輿山（輿或作檢），
又名崑崙（崙作崘訛），又名金廬山（廬一作驢）。水經云泰山朗公谷舊
名琨瑞溪。山東通志云金廬山在歷城縣東南八十里，山
下爲朗公谷。泰山道里記云泰山東北四十餘里爲琨瑞
山，東有金驢洞，志稱黑風洞，齊乘稱西龍洞。山勢秀拔，
雙流如帶，面西南向，周六十里。

〔水經注〕有沙門竺僧朗，少事佛圖澄，碩學淵通，尤明氣
緯，隱于此谷，因謂之朗公谷。故車頻秦書云苻堅時沙
門竺僧朗嘗從隱士張巨和遊，巨和嘗穴居，而朗居琨
瑞山，大起殿舍，連樓累閣，雖素飾不同，茲以靜外致稱，
卽北
閣也。

〔酉陽雜俎〕竺僧朗往金榆山，及卒，所乘驢上山，失之。時
有人見者，乃金驢矣。樵者往往聽其鳴響，土人言金驢
一鳴，天
下太平。

〔釋慧皎高僧傳〕竺僧朗於金輿谷崑崙山中別立精舍，
猶是泰山西北之一巖也。峯岫高險，水不宏壯，谷中舊
多虎災，人多執杖結羣而行。及朗居之，猛獸歸伏，晨行
夜往，道路無滯。奉高人至今猶呼金輿谷爲朗公谷也。

〔泰山道里記〕自泰安府城東北踰長城嶺，經玉皇嶺，至
百餘里，自歷城縣東南經柳埠村，至八十五里琨瑞東
南三十里爲長城嶺，嶺南北水
皆分流，酉陽雜俎謂之分流山。

金廬山 岱覽云爲琨瑞主峯。泰山道里記云山西北爲神
通寺，寺中東廊下有朗公時所浚神異井，涸東有染池，龍
洞泉洞門半掩石龍，半靈水自中出，經青龍岡通聖橋西
注玉水。西北隅地勢幽曠，中有朗公塔，制最古，多元時篆
書塔銘。

千佛巖 岱覽云在朗公塔西。泰山道里記云削崖絕壁，有
大小石佛千龕，多魏齊及唐人所鐫，猶有造像記二十餘
可識。

黑風砦岱覽云在千佛巖西北昔人嘗避亂於此
紅鶴崖岱覽云在黑風砦西北泰山道里記云石壁凌雲洞心駴目大觀也又西北爲季兒砦泉子峪青牛砦通天峪巨石懸臥如梁曰仙人橋
梯子山岱覽云在長城嶺迤北東有仙人洞雲梯澗西爲仙龍潭玉水源也歷城志稱錦陽川
桃科嶺岱覽云在錦陽川西北
平頭山岱覽云在桃科嶺西北
龍集山岱覽云在平頭山迤東上有玉泉寺下爲風門嶺爲劈山
天麻峯岱覽云在梯子山西

松峯岱覽云在天麻峯西下有龍池泰山道里記云左會涌泉之水有涌泉橋西偏有涌泉庵
屏風山岱覽云在涌泉西丹碧錯落與雲霞亂采石梯百有十六級上立天齊廟有黃巢洞爲盤礴所掩
交戰峯泰山道里記云在松峯西北山勢突兀頂有數穴深不測曰雲洞東爲陡谷多丹楓樹西爲雲谷下有響泉又西北爲蚖洪峪中有苦苣泉爲苦洪　琴泉
靈鷲山泰山道里記云琴泉又西北逕靈鷲山西有九塔寺塔九頂門外有聖水泉
回龍山泰山道里記云又北逕回龍山西也
鞦韆臺泰山道里記云在長城嶺北山高陰寒多積冰曰冰臺又名冰泉
玉皇嶺泰山道里記云在鞦韆臺西下有蔚溝臺
瓦子嶺岱覽云在玉皇嶺北徧山皆瓦礫傳爲秦皇離宮北爲齊城峪又北爲白石崖
虎頭崖岱覽云在白石崖東北
梨峪泰山道里記云在瓦子嶺西有潮音洞
青岡嶺岱覽云在梨峪北
柏崖岱覽云在青岡嶺西上有透明洞下爲柏水灣
扶山岱覽云在柏崖西子房洞在其北深里許旁爲五帝閣東五里有子房菴有熨斗泉北六里有都泉西注會水簾泉

（明）楊衍祚子房洞詩野棠開處洞門開俯瞰中原指顧間雲鏁瑤函黃石去鶴鳴琪樹赤松還沖開碧落崖千尺截斷紅塵水一灣回首咸陽新日月何如濟上舊雲山
三尖峯泰山道里記云水簾泉又西一里逕三尖峯南峯之西曰木梨砦曰龍洞峪南爲錦雲川
拔山岱覽云在錦雲川西南又西北爲黑山砦又西北爲楊廣砦其西爲火鏁山天麻砦道溝峪出焉林壑無際內產朱櫻又北爲魏花砦宋指揮魏花故居也
圓通山岱覽云在天麻砦北又北爲方山砦又北爲九女砦泰山道里記云三石削立宛如三婦竝在雲中又名三媳婦砦
澇泉嶺岱覽云在九女砦北有澇泉峪嶺西爲隱士峪有

葫蘆崖卽志所稱瓢峯也

康王山岱覽云玉水西流逕其南山之西巨石偏立曰老人峯

黃山岱覽云在瓢峯西北周如城郭玉水逕其北泰山道里記云疑卽水經注之玉符山也以錦陽川所經故又曰玉水齊乘云靈巖與方山相連疑卽玉符山案靈巖前後之水源流與朗公谷水無與則非玉符可知矣今皆以靈巖爲玉符山蓋因齊乘而誤

泰山志卷第八

泰山志卷第九

朝議大夫山東泰安府知府休寧金棨纂輯

川泉志

岱頂諸水　岱陽諸水　中谿

東谿　西谿　岱麓諸泉

桃花峪水　九龍峪諸水　天津河

徂徠諸水　汶水　泰境諸泉

靈巖諸水　琨瑞諸水

岱頂諸水

神泉出五花崖試心石迤南漢官儀記云南脅神泉飲之極淸美利人泰山道里記云水南流逹滌慮谿經對松山而西注龍峪

玉女池圖志云在岱頂碧霞祠西池上舊有秦篆刻石明汪子卿志云甘冽四時不涸一名聖母水池東有聖水泉

文獻通考泰山玉女池在泰山頂池側有石像泉源素壅而濁眞宗東封先營頓置泉湍涌上徙升山其流自廣淸冷可鑑味甚甘美經度制置使王欽若請浚治之像頗摧折詔皇城使劉承珪易以玉石旣成上與近臣臨觀遣使龔石爲龕奉置舊所令欽若致祭上爲作記又云大中祥符元年五月丁丑泰山王母池水變紅紫色

明崔文奎記太極判動靜生陰陽山鎭坤維體靜陰也水生天一體動陽也岱岳摩空峯巒拔起夫地數十[illegible]絕頂出泉流注石池淸泚可鑑蓋陽根陰之象泉以[illegible]女名必有所稽地志失載記云山林川谷邱陵能出爲風雨見怪物皆謂之神岱嶽毓神上通乾象降靈下土坤道成女天仙玉女之號其以是歟

謝肇淛記山頂苦乏水泉獨是池未嘗竭疑有神物護之

〔泰山道里記〕按古玉女池屬大闕祠基適掩於正殿龕座下今祠東有聖水井西有玉女池并建亭遺跡皆後人傅會耳

〔明龔勉玉女池詩〕山池水碧澄可照芙蓉面玉女時往來彩雲飛片片

〔程拱辰玉女歌〕英英白雲端神女駕紫鸞素姿淨浴天池水扶桑日閃玉容丹朝餐明霞暮吸露芙蓉製服電爲冠我聞黃帝女修眞生羽翰載傳漢玉葉石屋煉金丸西向瑤池禮王母鳴璫雜佩聲珊珊白日飛挾曹仙去空留丹竈鎖蒼巒黃花古洞眞人跡女指織印蒼石更有一片雨花床千年指作蒲團席銀燈懸斗旁燦若七星奕爐烟繞岩廊裊裊吐霧碧天花不捲水珠簾甘泉迸出白玉液作聞萬壑松籟鳴疑是經聲喧喈喈曾頌李白句飄飄下九垓載聞宋眞宗東封紫觀開寶磬聲落天空外玉簫吹集鳳皇臺卿雲絢爛扶輿下朱旛五采駕山來巍巍岱宗奠東土赫赫元君何神哉惟山有神增靈異寰區千古仰崔巍我也生前懷仰止今日東山著屐齒十八危盤石參差萬丈雲梯空中覗乘風上天門振衣躡星紀僊樂雲中迎身如霄漢裡金蓮頂上紫氣騰稽首風前薦香芷素手授我硃砂杯須臾餌以白石髓揖予更上日觀峯天雞初叫朱曦起西望崑崙雪花明玉池直接天河水夜夢石函玉虛篇傷有羽衣親點指從此覓却紫芝依碧霞人世浮名一掃如風靡

〔蕭協中玉女池〕琳宮高揭碧山岑祠畔靈池歲月深藻色綠縈元女鬟鏡光淸澈道人心翻疑借液銀河近宵信涵虛玉露浸恍惚水雲飛白篆泠泠淸況起長吟

珍珠泉泰山道里記云出鬬仙巖東北崖石竅滴水如貫珠晝夜出斛許味極佳

裂天泉雲水池述記云在懸鼓石下夾桃花洞出爲岱覽云泉甘澹異於諸泉

碧天泉泰山道里記云在青帝宮東今涸

萬福泉泰山道里記云東爲天街西爲萬福泉

〔泰山小史〕石穴湧流甘冽異凡時中貴汲以羞上賜名萬福遊人多掬以洗目

〔蕭協中詩〕新祠開萬壽地脈細流通斟酌饒瑤液芬馨福閟宮寵郵烹石白花忽剸泉紅蠲疾非關橘傳香或隱龍尌署勞驛置調鼎契宸衷賜額來雲外祥光徹瀨中消涓遨錫祉潄潄兆年豐澌咽偃部竝甘醇流瀣同玉盤澄霽月溪縠皺輕風元覡酬難竭重湫渰不窮痕洟山獻瑞石鑄鬼輸工倚杖流連久塵緣一洗空

碾砣泉岱覽云在丈人峯側涸

滌慮谿岱覽云在王老石屋稍東泰山道里記云水澈冽西南流中有突秀峯

百丈崖泰山道里記云酉雲洞南深谷陡峻水西南流入石壁峪

臥馬峯泰山道里記云在西神霄山峽口渠水南流至對松山東注龍峪

岱陽諸水

大龍口在雁翎峯北邵伯溫聞見錄云龍口泉大石有鑄如龍啄其口水自中出

〔王惲詩〕峯巒重疊水潺湲在蔭縈回不易攀獨倚長空頻縱目始知身在白雲間

〔張位詩〕浮雲萬里結秋陰飛瀑千尋度遠林每怪登臨風雨驟芙蓉匣裏作龍吟

大龍峪在龍門坊東岱覽云承石壁峪之下衆水所歸圖志云峽水若瀉南經飛瀑巖小龍峪西注黃西河

三叉溝在老人砦朗然子洞下泰山道里記云會雙溝而西南流

潛龍澗圖志云在攔住山下水西南流入黃西河

飛瀑巖在御帳坪前泰山道里記云瀑水懸流若濺花鋪玉而下曰護駕泉明汪子卿志云以宋眞宗名又曰銀河

岱覽云其下爲雪花橋瀑水所經［陳鳳梧詩百丈崖高鎖翠烟半空垂下玉龍涎天晴六月長飛雨風靜三更自奏絃蒼亦佩懸雪片片珠簾洞織月娟娟晚山倒著肩輿下迴首斜陽景更妍　施閏章詩我尋古柏樹愛此巖下泉橫瀉珠簾靜斜飛瀑布懸積與生石髮落日動山烟輦道除荒草長悲封禪年］

小龍峪岱覽云在欄住山東南石峽飛流勢如龍噴圖志云東崖兩石谽谺中噴清泉曰小龍口［劉應時詩萬壑千巖起一門蟠龍噴沫此騰奔搖空瀑布疑拖練帶雨驚波似覆盆玉寶雲深迷月窟仙巖雷動撼天根坐來忽覺魂飛越日暮歸期不敢論］

玉液泉岱覽云在快活山旁石穴迸水可掬

聖水泉泰山道里記云在歇馬崖北

中谿

中谿源出岱陽黃峴嶺山海經曰環水出泰山郎此水經注云環水又左入于汶水圖志云黃峴嶺又名鼎谿山迤東谷水湧流爲中谿發源處水南流經迴馬嶺又南流七里過住水流橋

水簾泉出天紳巖下東南流注之［陳文燭記水自數千仞注於絕壑如玉虹垂地銀漢落天　鍾宇淳記泉源自天紳巖來當雨後奔流飛射噴激如萬斛明珠狀　鍾惺銘晴雨所覆白雲之上冬愛其原厥流斯養石穿其中俟時而響岱寶爲之勸登宏獎　王元坤詩百丈雙崖分巨壑泉引天紳向空落洞門長日耀珠光披拂靈風護烟幕沈沈玉蝀挂飛流洞古簾垂映日葯斑歛澗邊秋草勁鶴鳴簾外水雲浮水淨山空深洞杳影其銀河墮林杪忽驚洞裏玉如還波紋不捲東峯曉　蕭協中詩尋眞欲問碧雲宮竹杖芒鞋好御風洞裏有仙疑睡穩故將珠水挂簾櫳　魏允貞詩藜杖山中破曉烟涓涓石壁挂流泉眞心會到源頭處一派銀河自九天］

石經峪水岱覽云出龍泉峯後上接三叉溝繞峯而出西南注之［黃鎔詩泉壑應看此最深岱宗直下數千尋誰題梵字深溪裏故使溪聲作梵音］

鷹石溝水出十峯嶺下圖志云以石似鷹得名水南流會石經峪

龍泉岱覽云在水簾洞南三里上有高老橋盤道所經泰山道里記云水從西北山峽經此東注中谿又南注桃花峪

中谿水又東逕黑石埠西泰山道里記云有柳條灣飲馬灣石峽灣各隨地命名漢枚乘謂泰山之霤穿石是也

箭竿峪水在其東岱覽云水南流逕虎山北又東南繞明尚書蕭大亨先塋側匯爲石馬灣過岱道村呂仙橋入梳洗河

梳洗河岱覽云源出岱東南摩天嶺屏風巖之間橫溝涌流而東尋南折逕孩漢砦西河腹雙泉遞瀰滙爲金牛灣東南流至鳳皇村東

青龍泉自北來會之［泰安府志其地水泉甚多惟青龍泉有石刻三字可紀］又西南入梳洗河

迴龍峪圖志云在屏風巖南水東南流逕筆架石岱道村

入堰嶺河

福泉泰山道里記云屏風巖前四陽菴南石竅滴水曰福泉

飛鸞泉在羣玉菴前明汪子卿志云在王母池右水甚清冽流注池中

梳洗河郎王母池泰安縣志云上有梳洗樓基此河之所由名也其水爲中谿所經繞郡城東南流泰山道里記云又南過封祀壇東則河淤伏流至本頭溝復見又南入泮河歸汶總名中谿也

（蕭協中詩）藥宮原不珥明璫樓廢波澄映夕陽輕抹露
烟迎岱色嫩縈河芷帶天香瑤池沁液風生暈嶽麓分
泉月淩涼欲借雙成問
王母恐隨時局亦新妝

東谿

東谿源出岱東南之延坡嶺

（蕭協中詩）閒看罨畫水澄溪嶽色西傾樹
影低流出前村幽賞足一灣春繞碧琉璃

懸淙泉出祝雞砦巔岱覽云旋折而下奔瀉數十丈南流達於雙溝

（于慎行石淙大書歌）君不見岱色參天杳何始連綿迤
邐中天起觸石興雲膚寸合條忽入埏潤烟水海若鞭
石西向縈印浮水面如掌平三畝盤塘通一綫渠上原
非鑿削成近接龍祠白楊浦遠渡人家清水城中有山
人結廬處泉開石竇流雲注赤脚踏石頭冠雲獨釣清
流砣砥柱短衣長鑱劚黃精山可茹兮水可烹泉石眞
賞琴書癖邱壑奇觀鷗鷺盟明公意槩天下奇清畫簾
垂牒訴稀賞音久著調琴譜淬鍔新得試劍埏振纓獨
訪巖穴闢一見磬淙輒有意淋漓揮墨入平雲靜拂秋
烟立寒翠鐵勁銀曲在筆端柱立山橫一運肘蒼松怪
石墜懸崖顏柳曹米皆袖手石骨迸徹山靈嘯共引流
鷗石上笑泉聲琴聲相和鳴流水白雪誰比調明公返
棹雷奇迹渺淵飛梟落雙烏山人寂寥考槃寞天籟亭
中理妙籍采采秀兮盤之間石皏皏兮水瀺瀺望鄉雲
於天外絢五色之相鮮濯清流以自潔撫孤嶼
而盤桓夫安得從美人于天路灑霈澤於毫端

雙溝挾嶺北諸谷水夾石練陀南流匯於東谿述記云又東南流注於艾峪又東南注栗子峪又南流逕小津口東

西兩椒山夾之水東南流入蠶滋峪又南至沙溝入汶

李家泉出岱東北觀星嶺下岱覽云水南流入栗子峪

水泉峪水岱覽云入沙溝

繡彩灣出淩漢砦東泰山道里記云水東南流經白家河入十里河

明堂泉岱覽云艾峪水自北來匯漢明堂遺阯側故名西折而南流其經流曰十里河

（泰山紀勝）以明堂名泉志其地也在謝過城左小山寬
平方里許中有馳道疑郎明堂舊基泉一線涓涓縈折
入汶掬水濯纓穆
然動盛古之想

十里河距郡治十里南流入泮河歸汶總名東谿也（岱覽云東谿不與中谿合摩天嶺界之也）

西谿

西谿源出石後山岱覽云上納龍峪之水經黃峴嶺西因名黃西河

（王旭西谿詩）我愛西谿好披雲屢往來一川烟景合三
面畫屏開薄俗無高隱清時有逸才近巖多隙地松竹
更須
栽

谿水西逕九女砦南又西逕三尖山南

仙趾谷水西南流自東北來會之泰山道里記云又南逕

丹穴嶺東又西逕鳳皇山北匯爲馬蹄灣北受八里溝水又南過竹林寺西爲竹林西河南逕百丈崖注於黑龍潭

陸峻竹林西河詩暝色連芳草荊扉晚暫開夕陽林外盡澗水竹邊來牧豎驅羊返山僧洗缽回吟餘幽興愜日暮更遲迴

洑池水出白楊洞中岱覽云西南流過淩漢峯陰匯爲碧油灣水碧於油也俗呼香油灣入西河

新泉在淩漢峯南振鐸嶺圖志云黑虎峪水南流匯爲新泉西折過子午橋西會投書澗香水峪諸水

李光地詩泰山天下望峯有號金泉觸石立成澗登封此告虔胡茲崇頂秀襲彼舊名鮮卓錫栖靈異拈枝灑鬱煎歲犇祈望者昔著法師賢一自上人至再聞絕響涓孤絲雲獨往一片心相牽解帶寒家舊回頭滄海田雨風將懼恐夷險幾瀾漪入道僧鄰俗我言師不顛蒼蒼南嶺下藹藹長林邊羈東每塵頓馳依在蔚芊何期

行跡枉告語新泉濺宛土卯須友于霄自詠言源因斷復出點便石如硫多是名山祕今流法水湲勞歌吾把卷同調邪安莖歷落長幽侶優游可忘年酌甘蒼蘚壁釆苦白雲天何用里兒喜於焉故我全吾懷云爾已師意將無然井邑旱望久清渠聊可傳

投書澗水南下東受新泉之水岱覽云又西南流入香水峪潘允端題碣曰宋胡安定先生投書處

泰山紀勝宋胡安定讀書泰山十年不歸得家問見平安二字輒投澗中古人勵志精勤堅苦如此

香水峪水泰山道里記云西南流會於西谿

青桐澗在扇子崖北泰山道里記云水東流入竹林西河又東注西百丈崖

黑龍潭澄碧無底

東百丈崖圖志云瀑瀉若垂紳名曰天紳泉下注黑龍潭

忽雷灣在其西南明汪子卿志云天將雨時行人每聞雷聲迅發於此

西百丈崖圖志云視東崖高倍之懸流如挂練亦曰水簾泉岱覽云水南下注白龍池

泰山紀勝西丈崖出會仙巷過仙人影峻若建瓴而北丈崖如懸修稟噴萬斛眞珠望之似雙龍下飲澗水奔躍來會

孫寶侗詩龍池幽且清上潭更奇麗我來日暮時凜然風雨勢峽口委懸濯蒼崖盡兩際其中爲深潭尋丈難意計空碧泉象涵蕩漾清光逝流沫上噌吰潛形中搖曳清冷綠波沈蜿蜒白痕細山氣藹蒼茫谷風振飂飋怳若神物騰猛氣難自制霓旌間雲車駕馭遲青帝

白龍池在招軍嶺南明汪子卿志云在傲來山阯廣數尋深不可測池上有龍神祠在州祀典歲旱禱之輒應

袁稽詩時萬歷七年七月不雨予憂之祈雨於潭次日雨三日後又大雨龍之爲靈昭昭也故贊以鐫石用彰神龍之功當永祀云白龍之潭淵淵莫測有禱則應沛降甘澤粒食生民四境旣宅靈承神休永祀功德

考古錄嶽西傲來峯下有白龍池懸崖絕壑殆非人境石壁平廣二十餘丈曰白龍池其旁多宋人題名

泰山紀勝禱雨輒應歲有常饗西北諸壑之水流爲溹河經大峪口大石峽白石燦爛沙水澄鮮石鱗魚生焉

泰山道里記池北層崖橫互上復峭削形若舟岱史謂之石舟上鐫元圭石三大字下層徧刻宋人題名顧氏金石文字記載之未盡也池東有三元石前爲淵濟公祠

陳經邦詩百丈寒潭浸碧峯玉龍於此閟靈蹤卽今齊魯青無幾何日噓雲慰萬農

徐欽祉詩傲來東下秀且奇丹崖翠嶂色迷離況有古澗飛流澌銀河倒落濺珠璣聲響如雷影崩欹下而匯作白龍池白龍池爲誰名之遙指前村黃髮知白龍曾化白衣兒坦腹東牀勢異姿旱魃爲虐民苦饑潤澤生民神所司我來遊此喜如痴欲拜龍神獻一卮何事潛在深潭爲深潭變動不敢窺忽而澄澈照鬚眉忽而波浪起如堆若愛客來言在茲作霖作雨世所期或潛或見誰能推龍乎龍乎繫我思我思雲從天上時

鑼鼓灣圖志云在白龍池南〔按〕明汪子卿志云俗傳七月中元日有聲如鑼鼓泰山道里記謂水激石嵌如鑼鼓道里記之說爲近

耀星灣在鑼鼓灣南圖志云又南爲大峪

大峪南石峽寬隘者二曰大石峽小石峽岱覽云自黃西河爲竹林西河挾百丈崖水經黑龍潭白龍池至此爲西谿會歸處

谿水東折逕元忙兀博羅驩碑北稱漆河〔按〕元忙兀博羅驩碑在郡治西北三里許碑額篆曰大元太師泰安武穆王神道之碑銘姚燧撰隸書碑北一里有大冢俗稱土公土母府縣志並泰山道里記皆謂博羅驩墓考碑文云公以大德庚子五月二十有二日薨於臨安寓舍以其年七月八日葬檀州西北太行山此地安得有墓少詹事嘉定錢大昕云按忙兀氏分地在泰安故立碑於此以紀勳德碑銘云嗟公王孫國泰山下正指分地而言非有遷葬之事又錢少詹札云承詢及博羅驩神道碑事古人立碑神道本以表墓而名後來立碑則有不必拘者寒家所藏南宋石刻有曾文節公三聘神道碑在廣西省城之龍隱巖三聘墓本在江西其子宏正任廣西轉運判官時鑱之崖石三聘嘗除廣西提刑未赴任亦不聞有立祠粵西事度宋元以後似此者必多不獨泰安武穆一人也元時諸王功臣有分地者不過收其戶稅初未嘗就封於此史亦未見有立寢廟之證或說誠未足據也

酆都峪在垂刀山西泰山道里記云水南流逕金山北又西南入漆河

漆河水折而南流岱覽云東受廣生泉之水泉出廣生殿側故名繞府城西南逕古汶陽橋南下逕天書觀南至靈芝街西南爲漆河橋有靈派侯廟

漆河引城濠水西受金星泉水逕橋下南流入泮河歸汶總名西谿也明汪子卿志云三溪相去各十里而西溪之景爲最勝

〔蕭協中漆河詩〕溪水南流駛晴烟水面浮逗巖深浴鷺滑脈遠通舟古渡蘋花冷橫津蔓草幽翛然歸汶上此去總悠悠

岱麓諸泉

白鶴泉出一天門下一里水西南流明汪子卿志云在嶽之南麓升元觀後洌而甘美好事者嘗以城中井泉稱較之輕重亦異泰山小史云宋拗郡城疏泉瀠繞其下城北舊有水道經岱廟東南流折而西南曰運舟街至城西南出會漆河入泮河歸汶〔泰山道里記〕明嘉靖間舉人封尚章別墅於泉側引水爲池曰封家池凡輶軒諏集多於此尚章沒其家苦於供應遂用巨釜塞之復立閣於上自泉塞後宋燾以州中科目漸稀與當事議濬竟爲泉所阻然至今夏秋大雨時閣旁地中猶隱隱如雷吼西南有泉一泓清洌甘美蓋其支流耳〔劉汝飛白鶴泉感懷詩〕泰山多名泉白鶴居其首空明一鏡開過物鑒好醜匪爲封家池名勝由來久余昔過此雅愛泉清洌吳君亦多情選勝招好友酒闌賦新詩此會良非偶閱今百餘年勝地竟何有美哉誠難恃伊誰職其咎人事有興廢物理寧獨否所貴蘊藉人於此能辨取泉尚有竭時山乃常不朽

眼光泉泰山道里記云在金山西眼光殿西遊人於此掬水洗目

滌塵泉述記云在后土殿門外

下泉一名鐏泉泰山道里記云其水自傲來山西飛瀑而下中有石鼓東南流入泮河

醴泉岱覽云在天書觀大門內〔文獻通考〕大中祥符元年四月丁巳兗州乾封縣民王用田中有兒童掊土得小青錢數十爭取之錢墜石罅因發石有湧泉二十四眼味極甘美又拓石河復有湧泉二十五眼又一眼出層阜之上信宿勢加倍又別引

數派雙魚躍其中有果實流出似李而小味甚甘及今
古錢百餘封禪經度制置使王欽若貯水馳驛以獻分
賜近臣詔設欄格謹護之
六月詔建亭以靈液爲額
〔法苑珠林〕泰山之東有醴泉爲其形如井本體皆石欲
取飲者皆洗心跪而挹之則泉出如流若或汚慢則泉
縮焉蓋有神
明以孚之也
〔泰山道里記〕天書觀大門內舊有泉有亭明人題刻醴
泉二字宋燾日余童穉時猶見觀內泉出石崖下注有
垂楊數株大二十圍蓋宋祥符時所植今
樹既烏有而泉又甃深爲池非其舊矣

桃花峪水

桃花峪水源出西天門下上桃峪
沐龜溝水泰山道里記云西北流經李子溝至老虎窩入
之
自桃峪之北而起者其水過頭陀巖南折而西北注混元

池
又西北逕鴈窩崖西又西北滙龍灣水
又西北逕黃石崖南又折而北三里西北流香泉水南流
注之又西北逕鬬虎溝
又西北逕青天嶺長城嶺之間泰山道里記云兩嶺夾澗
一源兩分卽水經注分水谿也一東南流一西北流西北
流者出青天嶺西南至泰安長清兩縣界首村過瀶川橋
折而西北其經流曰中川循長城鋪達於崮山左納靈巖
諸谷水而注東南流者繞青天嶺東麓南折左會虎溝水
過海眼桃花峪再折而轉東南其經流曰北汶與中川分
流各半故又名泮河或謂從桃花峪分流非矣

峪水又西南逕河上林又西南曲中有石窩深不可測曰
大海眼白草峪水自西注之
又南滙龜灣達於小海眼
又南逕中軍坪南注大小養魚池池南卽桃花峪水會歸
處又西南出峪口再折而東爲泮河自分水谿至此傾曲
凡八十餘里總名泮河上納三溪之水合於大汶岱覽云
其由頭陀巖迤西而北而西南至礶負山皆桃峪右岸由
十字峯西北而南左接傲來西界肥邑則其左岸矣
〔蕭協中泮河詩〕泮溪春水綠于苔曾向漁郎
渡口來水面桃花紅片片令人翹首憶天台
自桃峪之南而起者混元池下三汊澗自西來入之
峪水又西北大倒溝水自西來注之

又西北有小倒溝水自西來注之溝西南爲梯子山有石
厂溝又西南至水闉石屋又南爲水鈴山東南有烏龍潭
西爲壇子澗
枯石河水出迎風嶺下東流逕烏龍潭
石屏峪水西南流過黃金口入之石屏峪水不與竹林西
河合壺瓶崖界之也
又南折過大埠嶺東入泮河
臍子溝在海棠峪西南
蓑草泉在駱駝嶺藏峯寺東岱覽云水南流入泮河稲谷
其西澗也
甘露泉出三紹山水東流入泮河
氿泉出黃山

九龍峪諸水

九龍峪在岱頂東神霄山下岱覽云納諸巖澗水東南流北折繞神霄東滙雲河水雲河者水漾漾如雲也東北注鷹愁澗泰山道里記曰鷹愁澗北有洞曰清靜石屋中有清泉

鷹愁澗在東天門東伏虎門下圖志云峽口陡險深不可測水東北流會洗鶴灣

亂石溝岱覽云在岱陰八仙洞下水南流過避塵橋東折逕鶴山北又東滙爲洗鶴灣

洗鶴灣泰山道里記云夾岸陡險蒼松欹臥如梁水瀠洄而東注達於谿里峪

靈異泉在天空山前黃華洞中岱覽名來鶴泉

石乳泉在蓮花洞內泰山紀勝石屋與八仙洞相連然無徑可通澗石如鼎卵攀藤附葛而下行五六里始達雲路透折緣山跨澗嵐氣與松風相激薄沾染襟袖眉宇爲之浸綠既至峭壁圍空崒千百仞皆神工削成展若列屏曲若卷畫松生巖阿間撐雲蔽日上不見天澗下松棚如積霧葢屋亦不見地轉側入黃華蓮花二洞掬泉水飲之覺惠泉中冷猶是人間藝味也此爲岱陰第一洞天福地徘徊彌日喟然觀止

鑑池在天空山東九龍岡上泰山道里記云清可鑑髮俗呼玉女洗頭盆岱覽云東下爲旋螺峪北爲鳳凰池東北爲飲虎池皆以水勝

小冰牢峪岱覽云在孤山東北五里卽岱史天牢峪也泰山道里記云陰壑層冰經夏始解因名凌冰洞圖志云或呼老冰洞水東北流入天井灣

大冰牢峪泰山道里記云在眺平臺西北六里石凹極闊又曰冰牢岱覽云視凌冰洞尤危險水東北流會冰洞入天井灣

谿里峪圖志云在天燭山下巖穴深邃泉湧不竭岱覽云鷹愁澗洗鶴灣之所匯也又名風魔谿東南流入掃帚峪天燭山東爲分水嶺泰山道里記云其南則有掃帚峪李家泉諸水其北則有旋螺峪冰牢峪諸水皆循嶺分流焉又東逕崛磜峪大津口北爲天津河石汶源也泰安縣志云環周明堂故阯而東流

天津河

鵰嶺河出蓮花峯恩谷嶺之間岱覽云兩山中峽水東流

匯爲天井灣卽天津河源也

佛峪水在其北泰山道里記云東流與馬跑泉會其上有玉泉禪寺

玉泉在寺東泰山道里記云古井水色紫黑充盈遇旱不減党懷英八分書玉泉二大字

又北爲青岡峪水圖志云東南流與佛峪水會入天井灣馬跑泉一名莎草泉泰山道里記云出仙臺嶺之陽水南流逕牛欄口西圖志云又南逕竹園東入天津河

天津河水又東逕青山北距大津口五里曰麻搭河岱覽云又東流左納龍門溝水又東南流四里出升仙嶺東南爲石汶所匯

津拱河出仙源嶺鹿町山之間劉氏類山云陡岸深凹晉張忠所鑿石釜也岱覽云東北流左會巖洸河水又東而南入石汶

巖洸河泰安縣志云源出摘星巖青陽谷南流逕上下兩港村又西南横介大小兩盧山之中岱覽云西南流入津拱河歸石汶

狼虎谷水岱覽云南流入石汶

金井河源出九坂嶺岱覽云下爲九曲峪水西流過雨砧崖滌池南折至九頂山後又東匯爲金井灣繞山東南折而西南流逕汶里村東入石汶

（泰山道里記金井河西涘曰西金井入或淘金於此以東金井在河東涘萊蕪境也）

徂徠諸水

羊公河泰安縣志云源出徂徠山陽澹崖下南流過三横崮東又東南逕時家莊東又南至羊祜城西因以名河又南入小汶

自來泉泰山道里記云徂徠絕巔西有紫霞洞下爲李源砦自來泉飛流圖志云其水西南流入響水河

響水河泰山道里記云出徂徠西南乳山之北上納諸谷水匯此西導曰日新池逵於毛老谷過茅茨村南又西入大汶

漿池岱覽云爲八道溝石溜峪水所匯南流會響水河

滄浪溝岱覽云納上峪之水又西南入大汶

白蓮泉岱覽云發源於他山水西南流逕積穀山南其經流曰順河入大汶

礤石峪飛瀑水泰山道里記云至隱仙觀南與西澗合流繞天半砦又西南注羊公河

西別谷水泰安縣志云在貴人峯東水東南流

東別谷水岱覽云出演馬嶺西南流五里與西別谷合流南注小汶

藍谿水出薤山泰山道里記云東南流過鎮里村西又南入小汶

紫灩池岱覽云在徂徠巔東北五里一名紫源池産九節菖蒲及玲瓏草木沙溝河源也東北流經天平後砦東至

沙溝河北折過西莊又西北入大汶

隖旺泉泰山道里記云中軍幛西爲招軍石旁有隖旺泉下爲大峪水西流入隖愁澗

龍谿在天平後砦東泰山道里記云水東北流過燕子石屋側危崖瀑流而下曰濯龍灣以崖上凸起三畫婉若游龍故云北導西折曰四里河繞徂徠北麓又西南入於大汶

隖愁澗岱覽云在大砦門迤東泰山道里記云水北流經石匣溝匯爲白鶴灣又東北會四里河

曲水河泰安縣志云源出徂徠西北攢石崮之竹谿水西北流逕竹谿菴南又西北過轉山下入大汶

吳山溝水泰山道里記云西南流入大汶
東會河泰安縣志云源出徂徠東北諸谷中下會北滾順河諸泉西北入大汶
徂陽河泰安縣志云在徂徠天平前砦下源出婕山之北納諸谷水西從南流至此又南過天寶寨東又南逕古南城東入小汶
東濁河泰安縣志云一名淄水出徂徠東南泉里莊石鑄中會針溝泉諸水西北入小汶齊乘云泰山南亦有淄水卽此水經注以小汶爲淄水亦以此

汶水

汶水按水經注有牟汶北汶石汶柴汶元和郡縣志云汶

水源出乾封縣東北原山西南流經縣理南去縣三里又有北汶嬴汶柴汶牟汶浯汶述征記曰泰山郡水皆名曰汶有北汶嬴汶牟汶柴汶與水經注之石汶世稱五汶皆源別而流同也禹貢錐指云汶水有五北汶嬴汶柴汶牟汶其一則經流也書經地理今釋云汶水合流於泰安之靜安鎮謂之大汶
大汶發源於萊蕪縣原山之陽水經注引從征記曰汶水出縣西南流自入萊蕪谷夾路連山百數里泰安縣志云此經流源也較諸汶爲獨遠水西流入泰安境過梭村北逕臺頭史家莊至谷家莊折而南逕北禪村西汶曲中有大冢至故縣東又西南流右合石汶

石汶泰安縣志云出泰山東北天井灣上接仙臺嶺下之鴈嶺河諸谷東南流繞周明堂側曰天津河東過青山北曰麻搭河有津拱河西南流注之又南介祝陽村山口集間巖洸河西南流注之東南至南北兩石汶村又南逕故縣西至岔河入大汶范家灣鯉魚溝諸泉西南流注之泰山道里記云自天井灣至此逶折九十餘里左受萊蕪原山之水過古博邑城北合爲塹汶西南流有塹汶河村碣曰古靜封鎭左與萊蕪之牟嬴二汶會
牟汶有二泰安府志云一自萊蕪縣東南寨子村海眼泉發源合湖眼蓮花等泉西流逕顏莊至盤龍莊一出萊蕪縣東二十里古牟城西南水經注云汶出牟縣故城西南

阜下俗謂是水爲牟汶也萊蕪志云自響水灣發源會鵬山趙家諸泉西南流至盤龍莊二水合流又西有孝義河水入之又西至瀘馬河合於嬴汶
嬴汶亦有二泰安府志云一自萊蕪縣南宮山之陰石漏河發源北流逕安仙寺至瀘馬河會牟汶又西逕縣城南坡草窪至嘶馬河一自萊蕪縣東北大小龍灣發源西流合西北諸泉南流入嘶馬河泰安縣志云至是匯四汶挾諸泉西流入泰安境至崅峪北嶽錫靈泉自東南注之東會河挾順河北滾諸泉自西南注之板橋灣泉自北來至沙際伏流地中四十餘里逕焦家林南至塹汶河村入大汶又西南合流逕崔家莊北徂徠東西兩桃河自南而西注之又南逕逯家

莊又西南逕顏家村清泉鐵佛堂等泉自北注之又西南
逕博縣故城南右合北汶
北汶卽泮河自泰山西北分水谿分流至桃花峪水經注
云北汶水出分水谿源與中川分禹貢錐指云北汶卽泮
水源出泰山分水嶺非萊蕪志所云北汶也泰安縣志云
出桃花峪口東南流逕新莊東北火樓莊粥店至高里山
南又逕舊鎭南又東至城南西谿滦河南流注之又東至
城東中谿環水西南流注之又東南至夏村南東谿諸水
亦西南注之又東南逕全標店東入大汶又西南合流東
逕南北望村徂徠西麓諸泉注之又南抵陽關城西水經
注云汶水又西南逕陽關故城西是也右合柴汶

柴汶卽小汶水經注云汶水又南左會淄水水出泰山梁
父縣東西南流逕柴縣故城北世謂之柴汶矣泰安縣志
云柴汶發源於新泰縣龍堂山至安家莊入泰安境西南
逕古岱山城左受濁河諸泉又西逕羊祜城南柴城西北
循徂徠南麓柳谿諸水自柴城樓德間西北流注之又西
南介梁父村韓家莊間逕龍鄉故城南水經注云汶水又
西南逕龍鄉故城南是也入大汶西南流爲大汶口
大汶口五汶合流處也泰安縣志云汶水合流又西南逕
汶陽城塼舍集抵高淤村南匯河諸泉南注之卽西濁河匯縣西南十餘泉
又西南過堽城壩橋石溝河卽小西會河合諸泉南流注
之又西逕張侯欒任南會肥城之沙河至道溝入東平州

境西逕坎河之戴村壩北與清河會濟汶合流實汶水之
故道也其經流屈而西南至汶上縣南旺湖分流入運河
按禹貢錐指有水出萊蕪縣繫子村流合牟汶者近志
指爲浯汶據漢志琅琊靈門縣有高柔山浯水所出東
北入濰許氏說文水出靈門山世謂之浯汶在今莒州
界與萊蕪無涉志妄言耳浯汶遠在琅琊關入泰山郡
域近志因之
而誤故正之
宋文天祥汶陽路遇雨詩積雨不肯霽行路如涉川青
氈縧我後白氈覆我前我欲正衣冠兩手如糾纏飛沫
流被面代我泣涕漣鴻鴈分南翔遊子入北燕平楚渺
四極雪風迷遠天昔聞濟上軍又說汶陽田我今履其
地形古蒼蒼烟男兒
欲了事長虹射寒泉
又過汶河中原方萬里明日是重陽桑棗人家近蓬蒿
客路長引弓虛射鴈失馬爲尋獐見說今年旱青青麥
又秧
明喬宇大汶口九峯南望碧嵳峩汶水平添
一丈波渡口客來休便過北溪山雨正滂沱

戴經汶河古渡五汶縈洄一脈深逕崖轉壑下千尋飛
流畫鎔波光動界道長虹草色侵曲水亭邊雲漠漠文
姜臺畔雨冥冥渡頭憑弔
當年事却羨漁舟傍綠潯
國朝高珩曉渡汶河神祠小憩白髮抽簪起每遲宵征又
喜見朝曦葑田水路通樵徑野墅雲深失酒旗細雨黃
壚三日醉微風青柳萬條絲神祠
回首人惆悵四十年前駐馬時
程雲過汶水有感二十泉入汶流清波西去日悠悠
平沙曲岸參差出黃葉青苔次第浮客路斷橋前夜雨
人家返照舊時秋祗今風景
看無異江北江南迴自愁
張元大汶口晚抵大汶口停鞭愁獨看危橋通斷岸怪
石插驚湍漠漠平沙遠荒荒落日寒浦風捲落葉隨地
撲征
鞍
王苹大汶口沙岸行人少長橋斷壑東一行寒鷺白半
嶺夕陽紅負米年華裏爲儒道路中那能驅款段臨水
已成
翁

泰境諸泉

泰安縣治泉源共六十有七泰安縣志曰坡里泉雲臺泉皂泥溝泉鳳凰泉淸泉利運泉廣濟泉鐵佛堂泉周家灣泉風雨泉馬兒溝泉泰應泉以上十二泉在縣東大汶之北入大汶明堂泉粱子溝泉木頭溝泉以上三泉出縣東南夏村入泮歸大汶廣生泉金星泉張家泉龍灣泉以上四泉至全標店東南歸大汶粱家泉獨東南流入大汶上泉靈應泉馬蹄泉臭泉溯港溝泉狗跑泉報恩泉陷灣泉水磨泉新泉以上十泉由匯河至西李家店河汶口入大汶馬黃溝泉南逕三汶口流入七汶龍王泉坤溫泉涼泉以上三泉由小會河西南入大汶大興橋泉鯉魚溝泉范家灣泉板橋灣泉北滾泉撤倒井泉會泉順河泉以上八泉在縣東大汶之東南入大汶嶽錫靈泉北流入大汶吳山溝泉滄浪溝泉以上二泉出徂徠西麓入大汶斜溝泉水泉羊舍泉新興泉白土崖泉龍堂泉鄉城泉以上七泉在小汶之北大汶口之東入小汶濁河泉闞泉針溝泉力溝泉二柳泉黑虎泉神泉海潤泉海旺泉小柳泉石縫泉水泊泉皮狐泉韓家莊泉粱父泉以上十五泉在小汶之南入小汶

靈巖諸水

甘露泉岱覽云出絕景亭東崖趾泰山道里記云水西流繞甘露亭北又西過玉河橋下復北折入

御花園匯魚池伏行而南

（明）劉亮采詩甘露泉頭石偏宜月上憑雲歸山一色水落澗多層幽壑棲靈物長林散佛燈吾生有結習每欲作詩僧

石龜泉岱覽云舊在

行宮大門內迤西澗

印池泰山道里記云水出函雲洞繞鐵袈裟亭而西注又北伏行會彩泉

彩泉岱覽云北谿源也舊有接引佛殿圮泉在殿趾東水西流逕三空橋注飲馬溝

北谿泰山道里記云卽飲馬溝靈巖志稱宋眞宗幸靈巖會此飲馬得名有新石橋明天啓中釋圓桂建東納彩泉諸水經三空橋下則淤阻伏流至此復見屈曲西南黃龍泉水自南來入之又西過雨花巖大小橫溝之水雙抵谷間流各從北來入之其下曰滌思峪又西與南谿交流匯爲大谿又西石隝泉水自南來入之又西北注於沙河卽水經所謂中川也又西北過長淸城東北歸大淸河

雨花巖岱覽云泉激灑如雨下匯飲馬溝

（于紹舜詩）懸崖滴滴絕喧塵杖屨何辭遠問津石竇飛泉寒漱玉谿花落水淡含春斜攀曲逕松爲蓋倦枕淸流草作茵自是桃源仙隱地可憐身世日因循

卓錫泉岱覽云在五花閣東北蒼崖之陽一名錫杖泉西流三四步匯爲鏡池亦曰功德池舊有龍王廟今改卓錫亭

（泰山紀勝）佛堂中鑿池得源砌以文石一泓澗瑩中懸琉璃燈映之洞見九淵掬飲肌骨皆冷心塵頓淨亭前引爲曲水分注時有松蕊流出見者疑是武陵桃花

（宋蔡安持錫杖泉詩）畏途暑溽汗揮流暫記靈巖物外遊山遠禪扃泉漱玉新秋氣候似窮秋

雙鶴泉岱覽云在卓錫泉迤東

北峪泰山道里記云在慧崇塔西北里許水南流經朝元

洞圓光洞東而注大橫溝源也

飲虎池岱覽云在拂日巖北泰山道里記云水西北流中匯方泉東崖有老佛窩池水又西逕積翠巖南又西南流小橫溝[illegible]也

神寶泉岱覽云北峪之北有石厂泉在石厂西北二里山石間近小寺莊下爲漬米峪言水僅可淅也北流西折注中川

華巖泉泰山道里記云在靈闕峯東二里水北流入黃家峪西折注於中川

醴泌泉出黃尖山之陽

朗公泉岱覽云出朗公山南九曲峪水北流東折南下三

里注靈帶河

埜溝岱覽云珠山有埜溝會納支水南谿源也臥象嶺澗水注之

南谿岱覽云水循黃茆岡東導折而南會憩象泉而西注至滌思峪西南會北谿諸水爲大谿

蘆溝水東西磨山夾之泰山道里記云東流南折會棋子嶺西曲溝水曰三叉溝又西至武家村南北接靈帶河水南接紅蒿峪水匯爲合一河又西過長城鋪北注於中川

琨瑞諸水

龍洞泉岱覽云在神通寺東泰山道里記云洞門半掩石龍半露水自中出經青龍岡通聖橋西注玉水

染池在神通寺東

〔明〕晏壁染池詩 柳子當年記染溪別分一派出東齊憶從濯錦江邊過風漾晴瀾五色迷

海螺峪泰山道里記云在青龍岡東三里匯錫杖泉西南注於玉水

玉水源出梯子山西仙龍潭水經注云濟水又東北右會玉水水導源泰山朗公谷舊名琨瑞溪水亦謂之琨瑞水也其水西北流逕玉符山又曰玉水泰山道里記曰琨瑞東南三十里爲泰山西北之長城嶺嶺南北水皆分流迤北爲梯子山谷水更多東有雲梯澗西爲仙龍潭歷城志稱錦陽川納諸水逶迤西北流左會礦洞溝水又西北經桃科嶺東左會枯泉之水又西北逕平頭山東又西北左

會龍門峪水又西北逕齊王砦南又西逕琨瑞山南曰琨瑞谿

獨孤泉泰山道里記云梯子山西爲天麻峯獨孤泉北流

龍池泰山道里記云又西爲松峯下有龍池亦玉水發源處水西北流經窩鋪峪又北過雙鎖山紅山口西右會三岔水又西過金驢山南又北與琨瑞谿合流總名玉水也又左會涌泉之水有涌泉橋

玉水又西逕屏風山南　又西逕柳埠村南

雲谷岱覽云在交戰峯　西下有響泉又西北有苦苣泉有琴泉齊乘謂泉甲天下韻琴筑而味肪醴是也

雲谷諸水西北流逕靈鷲山西會聖水泉又北逕回龍山

西入於玉水
冰泉岱覽云在長城嶺北鞦韆臺下北經龍峽入印度泉
茶臼河出齊城峪泰山道里記云中有試茶泉懸流飛瀉
經康泉右會勺泉峪水又北過白石崖西左會避暑泉水
又東北逕虎頭崖西右會段華泉水入於玉水
五子溝西爲黎峪有潮音洞上接印度泉水經閻家河北
流右會石灰溝水又東北右會礤池水又北經三角洞東
又北右會石厂谷水又北經青岡嶺東入於玉水
玉水又西逕柏崖下爲柏水灣又西左會石欄峪水又西
經扶山北伏流有熨斗泉東北流北六里爲都泉
都泉爲岱北諸泉之總水西注會水簾泉

玉水又西北經總度口南接錦雲川合流
南川一名錦雲川泰山道里記云發源於玉皇嶺之蔚溝
西南爲拔山爲五女石山溝水西北流經東南棋子二嶺
中峽會西棋子嶺水曰出山溝又名出泉溝達於黑山砦
北有下安寺故址屈從東北流左會百花泉水又北左會
雙泉水又西北經楊廣砦東又西爲火焰山爲天麻砦中
夾道溝峪
玉水又西逕康王山南爲黑水灣
玉水又西逕中宮鎮南齊乘稱中宮東有懸泉柳泉車泉
皆入玉水北接錦繡川合流
（聶璧柳泉詩）杏花開徧柳垂絲柳下清泉漾碧漪莫折柔條留繫馬綠陰深處聽黃鸝

（又懸泉詩）百尺深泉石上懸龍歸洞口散晴烟會從五老觀飛瀑倒挽銀河落九天
北川一名錦繡川泰山道里記云發源於梯子山雲梯澗
西北流左會紅泉峪水又北右會石鴎谷水又東北左會
燕脂泉水又東北右會藕池水又北經黃爐泉禽寇峪會
雲河水又北經黃砦南右會天井峪水又西爲大澗嶺有
龍灣水西南流又西經桃花嶺南有桃源洞右會大黑谷
水又北經青石崖東又北左會白雲泉水又西經林泉觀
南又西經琨瑞山北左會荻子峪水又西左會馬蹄谷水
又西北經香孤山南又西經大佛寺會寶姑泉水又西南
左會稻池水入於玉水
（歷城志）錦繡川延袤六十餘里泉石之勝層現疊出劉天民函山集強半詠北川風物也

玉水又西北經月牙嶺北又西北逕鐔口嶺北又西北逕
臥虎山南岱北諸水之水始合於此又西北逕黃山北又
西北至渴馬崖南則泊然而止洑流而東發趵突泉又北
曰濼水又東曰小清然西北流者至長清縣之槲山北復
見又西北逕獵山北又西北經齊河縣界入大清河水經
謂之濟水會歸矣

泰山志卷第九

泰山志卷第十

朝議大夫山東泰安府知府休寧金棨纂輯

一祠廟志

岱廟在泰安府城內西北隅水經注引從征記泰山有下中上三廟牆闕嚴整門閣三重樓榭四所按此則下廟也

〔風俗通〕岱宗廟在博縣西北三十里山虞長守之〔燕魏雜記〕東岳廟在兗州府奉符縣封天齊仁聖帝〔明汪子卿志〕案志唐廟在嶽之南麓俗岳升元二觀前當爲漢陞宋改今地其後廢興修葺詳具宋祥符宣和金大定元泰定至元及明朝諸記石〔舊州志〕廟創始於唐恢拓於宋重修於金元明

遥參亭在廟前昔凡有事於廟者先拜於亭而後入故名遥參前有石坊坊北爲殿祀碧霞元君兩廡翼之其後爲東嶽坊以上圖志

〔明汪子卿志〕遥參亭舊榜曰草參門門中有臺臺再成臺上有亭亭重簷四面十有六角峻嶒綺麗〔泰山道里記〕遥參亭一名草參爲入廟之始自明人設元君像於亭中遂與廟隔不可通甚謬矣

東嶽坊北爲廟城周三里高三丈有奇門凡八南闕者五中爲正陽左右爲掖門掖門左爲仰高右爲見大東闕者一曰青陽又曰東華西闕者一曰素景又曰西華北闕者一曰魯瞻又曰厚載門各有樓城四隅亦皆有樓曰巽曰艮曰乾曰坤各隨其方以名之由中門而入北爲配天門其東爲三靈侯殿東南有宋宣和宇文粹中撰修廟碑最鉅東爲炳靈殿殿後有靈感亭殿前有古柏六株傳爲漢武時植有

御製漢柏圖碑

〔文獻通考〕炳靈公廟在泰山下後唐長興三年詔以泰山三郎爲威雄將軍大中祥符元年十月封禪畢親幸加封令兗州增葺祠宇經度制置使王欽若自言嘗夢覩神又於廟北創建亭名曰靈感

〔馮時可記〕寢殿前漢柏十餘株皆連理中一株最巨輪囷擁腫狀尤詭異非千百年不能有者

〔陳昌言漢柏贊〕有菀者柏蟠株靈宇植之何年云自漢武形奇特譎崢嶸崇階兄彼泰松弟適唐槐飛潤流津函雲滿月奇柯孤引修幹高揭亭亭偃蓋蔽芾倏匀鎮廣東土蔭茲下民我來其下徘徊徙倚圖以擕之昕夕仰止

〔王禕漢柏詩〕蒼柏無娀擁漢陵闕宮遺樹鬱崢嶸崔嵬不植明堂礎造化潛通嶽頂靈萬壑烟霏封傑幹半空風雨撼秋聲白頭會見東封日秀映鸞旗一色青

〔王奕漢柏詩〕膚剝心枯歲月深孫枝已解作龍吟烈風吹起孤高韻猶作峯頭梁甫音

〔李興祖詩〕瞻彼長林其實森森沖霄漢兮慰我好音　瞻彼長林其質彬彬獨淩寒兮慰我同心　瞻彼長林其葉葱葱億萬斯年兮用不窮歲終

〔施閏章詩〕根不必深絕壁枝不必摩蒼天婆娑嶽廟眼前樹輪囷屈曲幾千年龍文蛇腹復猿背鐵幹蟠空少根蒂岱宗玉女旌旗翻百靈半夜風雨會草偃畢宏畫不得神物旁觀空歎息春暮天寒鸛鶴悲陰霞繞樹沈雲黑崔嵬祠廟已頹災唐槐灰燼秦松摧武皇六龍逝不回嗟爾古柏胡爲乎在哉令我哀歌矯首心徘徊

炳靈殿北舊爲迎賓館爲候王人之所康熙間增置三茅殿乾隆三十五年拓建

駐蹕亭改三茅於延禧殿

配天門西爲太尉殿朱佐前定錄補謂爲幽公杜琮也西南有宋祥符晁迥撰加封碑記宣和製稍亞焉又西由延禧門入爲延禧殿前有古槐明甘一驥題曰唐槐也

馮時可記唐槐一株中空而
半枯其半枝葉蔽芾如新植
李興祖唐槐詩爰有緑槐在岱之陽云誰之澤庶士伊
人彼伊人兮實獲我心爰有緑槐在岱之下日居月
諸曷維其久我有旨酒以敖以遊爰有緑槐在
岱之内黄鳥于飛既舊且輩悠悠我思薄言旋歸
張鵬翮唐槐詩瀟灑名山日正長烟霞爲侶
足徜徉詩能歎抗清風夜一任槐花滿地香
嚴長明詩二首盤拏雙幹入晴烟幾見風花殿角前不
奈更詢唐代事斷碑已失鼠兒年亂蕋珍珍墮瓦溝
黄時想見不宜秋縈華久絕
南柯夢祇有佃鄉欲臥遊

延禧殿北舊有御香亭爲收貯御香之所有誠明堂爲祭
官齋宿所竝圮又北爲藏經堂内貯歷代經文典諸東爲
鈞班殿西北爲環詠亭四垣嵌歷代石刻明萬歷間重建
乾隆十二年拓新之中勒
御製環詠亭詩

文物鳳記延禧殿西偏有環字
以鐫歷代名人之詩者爲觴地
岱史亭久廢諸石刻淪於荒穢中萬歷間桑東陽仍其
舊址復搆亭宇將韓范歐陽諸公題名拂拭而雜新之
嚴長明詩林扉間敞殿西偏春晝來過草色芊翠壁陰
濃疑有雨古槐根斷忽生泉吟邊韻落搾擬鐸劫外碑
横片段烟到此可無題
字任貿簹特地揀勻圓

仁安門在配天門北内有石欄内外奇石凡九皆有題勒
字多漫漶左右碑石林列西有石幢一高二丈許俗亦呼
爲無字碑
石欄北爲露臺臺上屹然中立者曰介石俗名扶桑石有
古柏一株披衷北向曰孤忠柏東西有碑樓二東爲
御製重修岱廟碑西則明太祖制改泰山封號碑也
臺下有古檜數十株蟠結杈枒臺西一株附枝倒垂如綴

臺東西有井二西井味尤甘美又有鐵桶二宋建中靖國
元年造奉符縣人李諒題記
上爲峻極殿明汪子卿志曰仁安殿朱孝純圖志竝泰山
道里記云即宋之天貺殿汪子卿志云天貺殿在嶽頂宋
眞宗得天書建學士楊億撰碑
銘殿今廢
碑存嶽祠殿九間重簷八角覆以黄瓦如王者居内祀東
嶽泰山之神
吳雲題聯帝出
乎震人生於寅
國朝康熙二十三年
賜額曰配天作鎮雍正九年
賜額曰岱封錫福乾隆十三年
賜額曰大德曰生聯曰青社開封峙者宗山稱嶽長耆精降德

聖惟產物與天齊三十六年
賜玉圭一高三尺五寸寬八寸色白微青上鐫乾隆年製四字
周以長廊壁繪冥司審録善惡狀東廊之中爲鼓樓樓後
有東齋房圮西廊之中爲鐘樓樓後有神器庫庫北爲西
齋房竝圮殿後爲寢宮東西曰配寢乾隆十三年
賜額曰權輿造化聯曰震出泰亨萬物廣生推盛德雲蒸雨降
八方甘澤遍崇朝以上朱孝純圖志
參用泰山道里記
水經注引從征記云廟中有漢時故樂器及神車木偶
皆靡極巧麗又有石勒建武十三年永貴侯張余上金
馬一匹高二尺餘形制甚精今亡
案建武是石虎年號注誤作石勒
宋楊億天貺殿碑銘宇文粹中亟修泰嶽碑
記金楊伯仁重修東嶽廟碑文俱入金石記
明薛瑄重修碑記東嶽泰山之神故有廟在泰山之陽
朝廷有大典禮大政務則遣使告焉廟屋既久多圮漏

弗治先是守臣嘗奏請修建而未克底完天順己卯泰安州復以其事達之濟南府因以上請詔允修葺於時都憲年公富方議興役而去左副都御史賈公銓繼來巡撫乃洎巡按藩臬協議旣擇有幹幕職以董其役復俾濟南府知府陳銓月一在以綜理焉銓始至泰安謂修葺嶽廟固所以祇若朝命致謹大神然尤當以省民財重民力爲本財匱民勞事亦非可因詢及守府者具言數十年所積禮神之物甚富遂遣人持市木之巨細與其他修屋之不可缺者及旣合而匠役皆在官之人而農氓不知有役銓旣綜理有法董役者亦用其意不急不徐工日就緒始事於天順庚辰秋七月辛巳夏五月訖工殿宇周廊門觀繚垣悉皆完治不頋於前不侈於後咸願刻石以紀其事山西按察使王允濟南人也因以書來求文於瑄惟孔子有曰必也正名乎蓋明則有禮樂幽則有鬼神其理一也然則祀神之道其可不以正名爲先乎如嶽鎮海瀆在古帝王之世皆以名山川稱之初無封號之加蓋以其爲天地儲形萃秀神氣流通能興雲雨以澤物能出財物以濟民古雖載在祀典而不可加以封號自前季以來道學不傳幽明之理不明于天下邪誕詔妄之說日作於是有封五嶽爲王爲帝者有封五嶽爲公者有封四海四瀆爲公爲王者而又各加以美號夫嶽鎮海瀆其形峙而流其氣神而靈古禮五嶽視三公四瀆視諸侯而乃崇其等人其神名旣失正神豈頋享洪惟我太祖高皇帝定有天下之初卽稽古祀神之典乃頒大明詔旨於嶽鎮海瀆諸神曰考諸祀典知五嶽五鎮四海四瀆之封起自唐世崇名美號歷代有加瀆禮不經莫此爲甚今依古定制凡嶽鎮海瀆並去前代所封名號止以山水本名稱其神仰惟詔旨所載隆復古制大洗前訛其所以達幽明之理言上下之分允宜表正斯世垂法將來而爲萬古不易之大典孔子所謂正名者于斯見之猗歟盛哉東嶽泰山之神爲諸嶽冠聖朝旣正其名秩其祀而廟弗治又俾所司以時修葺而巡撫憲臣洎藩臬得綜理其役如銓者不竭民之財力而克底完新皆可謂祇若朝廷丕休顯命而致謹於大神者矣遂序其事而銘之曰

一理宰幹二氣互根淸浮無際濁[illegible]斯存柔行剛峙川洪嶽尊惟此泰山造化鍾萃龍從太虛磅礴厚地匪啻邦嶽寶叙嶽最其蓄罔測其施靡量元雲寸石甘雨八荒功旣載溥厭報宜彰有廟在陽奉命新葺重臣是承守臣是職民不匱勞事底完集殿宇廊觀弈卓紫迴高下中度不騖不卑神氣鬱鬱流通在茲昔古山川明祀有體夫何前季封號薦起僭嶽於天紊三公禮逮我聖世道復古隆斥絕僭誕率由大中嶽鎮海瀆悉正其名惟岱宗神神稱允格迄茲有役咸願石刻述理繼辭以示

無極

國朝朱彝尊重修碑記

禮山川之祀以望其旣祭也則以牲玉庋而瘞之於林沉於水未有升高祀者其後易壇壝爲廟而五嶽皆於山下恒山祠上曲陽遠在數百里外猶不失古望祀之義焉東嶽廟在泰安州治西北隅實嶽之南麓前三門門三塗樓峙其前神之居在三重端冕秉圭一如帝者之儀議者謂五嶽秩視三公然周禮有兆五帝之文宰五行配五色後蓋分祀五方而青帝得祀於岱章服之盛非僭也書歲二月東巡守至于岱宗爾雅釋山河東岱應劭曰岱始也宗長也萬物之始陰陽交代故謂五嶽之長相傳神掌死生之籍故曰齊度游四方名登泰山籙蓋自九皇六十四代以來秩祀不改彼嵩華恒霍特廟祀一方而已神則祠宇徧天下生民之奔走咸福者疑神崇標峻極是處由是山椒嶽頂各飾神祠金碧焜燿於松栝之表至州城之廟載諸祀典祈報者或未之過焉惟朝廷有大典禮特命使臣祠告外則州之有司春秋致祭一灑埽而已廟以是久不治嗚呼抑知百神受

天子職必祠官祀典所載乃其所以憑也與

皇帝踐位之六年躬攬大政告於海內名山大川爰命祕書院學士宛平劉公修岱宗之祀使旋尋奉

命撫東土既至檄知州事林君修治於是三司以下靡不率錢爲助采大木於江淮由運河輦於廟明年竣事城之雉堞殿之垣墉戶之棖楹土者爲臺木者爲榭鼓鐘之樓齋湢之所宗廡棨挾餼饌暴慝莫不畢治穹碑斷碣踣者復立鬼物青紵夾門左右州之男女遠方之人咸來覽觀小大稽首爰龕貞石以書歲月公授簡彝尊曰斯文也非子不可彝尊伏念岱宗爲先王省方之地觀民設教於是乎在有孚顒若惟神是依治神人以和上下建神元以保邦國觀化之理一也萬物出乎震妙萬物者莫如神天地之盛德仁氣備焉神之靈爽既妥百物以諧四時以序協乎先王望祀之義將遐邇之祈報者不於彼而於此焉庶無戾於古矣乃作詩曰萬彙之生孰秉其權陰陽相代有化必遷巖巖喬嶽善氣所宣降婁之躔天根在海羣山是宗莫之與等惟神司職克配真宰陳書於虞考禮於周魯公三望紀於春秋百王之祀豈其崇邪嗟世之人不稽祀典鍵此重扃巒礎是踐神房寢地覆之苔蘚穆穆

天子旣親萬機使告於岱誕及海沂親臣代祀冊神之扉

帝有恩言爰撫青社小東大東綏此勞瘁有淑者旗有萃者焉乃巡於野乃舍於郊乃諏司牧爰暨庶寮浮木於江斲石於嶅公來奉符五宿山麓新門有伉四阿重屋亦有寢宮陳其牲玉有薦者璧帝晬其容百靈來會爾侯

爾公奕奕者廟神罔時恫鬱鬱唐槐丸丸漢柏樹以豐碑昭神之德使山如礪報祀不忒

劉浩重修碑記 恭惟我
朝定鼎燕冀而泰嶽峙其東脈起長白實爲左護出雲降雨潤四海之蒼生毓秀鍾靈巋
九重之鴻業嶽尊岱長建廟於山麓宮啟碧霞奉祀於重巔
聖聖相承屢奉
敕修乾隆三十三年夏四月額駙臣福隆安奏
旨進香同奏山頂各廟傾圮頹落
特命臣劉浩前往會同撫臣詳細勘估興修臣劉浩星赴東省會同撫臣富尼漢登泰相度山頂碧霞宮並相近乾坤亭等七處碑碣扁對均奉
宸章炳煥燦耀千秋我
皇上虞巡周邁二月岱宗而岱廟與廟前之遙參亭歲久悉露頹圮均蒙
敕修敬謹勘估入奏乾隆三十四年春臣劉浩面奉
諭綸乘皮赴泰會同撫臣富明安委員庀材鳩工擇吉興作敬慎經營共期仰副
聖天子崇重泰岱神祇之至意距乾隆三十五年殆幾兩載凡神像大殿以及各殿宇廊廡門垣全行拆倒新修次第具舉丹雘藻繪輪奐一新茲庚寅歲冬月之吉大工告成仰見廟貌巍巍聿新孔固而山頂碧霞宮諸殿亭

悉皆翬飛雲表迤邐於峯迴翠疊之中明歲
鑾輅經臨
躬親殷薦行見我
皇上特舉崇祀之盛典廣爲庶兆之
鴻恩倚歟盛矣臣等共相核計統用帑銀十九萬四千有奇將以工竣會奏告成實屬萬世無疆之休用謹拜手颺言述修岱廟始末如右而泰頂碧霞宮等八處亦俱附著于斯云

宋歐陽修祭東嶽文 修比者獲解郡章許還里閈方巾車而即路屬暑雨之時行輒以愚誠仰干大造蒙神之惠賜以不違吹淸飇而散陰暴秋陽以潤轍遂無道路之阻得返草茅之居荷德之深不知爲報一觴之潔謹用薦衷

宋齊南守曾鞏告岱嶽祈雨文 去歲之旱有請于神蒙畀嘉澤田則大稔今春河役發民二萬更迭齎送衆又倍之蓋此齊人出者幾半迨其反室維夏之初勞費旣深又違穡事夫民數歲乃遇一稔敝之如此今二麥方苞而亢陽爲虐吏任其咎所不敢逃惟民何辜賴神終惠能致雲雨則實在神尚其念之敢告

又 惟神含德體仁鎮茲東夏興雲致雨澤施八紘今此齊邦近在山趾方夏久旱麥苗將萎吏思其繇奔走羣望而入徵言賤不能上動頻除復散忽已兼旬念此疲民弊於征斂方歲之富食常不足一遇災害必損溝壑惟神威烈覆被羣生顧此北州宜先蒙賜豈伊靈眷獨忍遺之是用飭遣士民布誠祠下禱窮詞急冀獲哀矜使一雨需然則倒懸可解尚其降鑒無作神羞

又 維泰山歷古至今有天下者巡狩封禪勒成告代莫不之焉或企足動容卒莫能至實卓偉殊尤神明之地故天下宗焉二典所記其光靈威烈焯示萬世大豈他山可得而視維齊魯獲仰而事粒食褸衣莫匪陰施今邦不雨自四月以迄于茲積水之澤塵起冥冥粟將槁死蝗亦滋生雖政或不良足以致此而百姓何罪宜蒙哀矜彼撮土之山勺水之川尚能與民爲福錫之有年豈如泰山朝出一雲暮澤天下其勢之易易於轉圜而比近託麗顧不能憐始莫之或告告或不虞夫民之生蓋亦艱矣無儲與藏重斂煩使歲一不登多濆於死姦強無知或起乘時聚爲盜攘以取誅夷循理安業用闇之民亦與俱亡奚可不傷羣受命天子守藩于東敢齋以嚴告于靈宮惟神閔人之病助歲之功需然下雨變沴爲豐倘俾斯民以牛羊黍稷得承事于無窮

又 謝雨文 臣愚行爲時之所背言爲時之所輕寡儔少和耿耿煢煢奇於人而如此敢望信於冥冥屬東藩而

進調託斯文而薦誠眷齊魯之舊邦依大鎭之崢嶸若旱魃之方驕憂歲事之不登民且瘠於溝壑或椎埋而死兵冀聰明之響荅霈膏雨之霄零言丁寧以上訴心慽恍而潛驚顧不能以諸世將何以動夫威靈乃不知夫神與道而爲徒雖窅默而難明其虛心也物有來而必應其公聽也無憎愛之常情彼大雖自大小雖謂小吾與善而已矣常一視而持平故微衷得以上徹利澤爲之旁行或噫爲風或震爲霆隱然雷出藹然雲蒸灌甘以兼夕滅災氣於無形蓋西極于甸服東屬乎滄濱人盈其望物遂其生黍芃芃而擢秀粟薿薿而敷榮使時沴遂熄年功可成人食豐乎鍾鬴神祀衍乎粢盛民相安於田里吏無用於威刑信大恩之莫報而至德之難名愚所以意激而感深者方涉世之零丁荷降監之不昧知忠信之可憑敢因辭以進謝愧抽思之匪精

明巡撫王忬告嶽文 蓋聞懿垂編錄休翊明時以雄長乎五嶽者神之大造也觸石而出膚寸而合不崇朝而雨天下者神之能事也至於奔走天下積致賄施以利賴此一省者又神之顓惠也則夫雨暘時若固神之當先及而亦一方之所私望者矣乃不雨自春迨將中夏達乎四境且害三時麥已罔秋禾豈望歲夜倬雲漢晝苦風霾下民其咨上天有慼神之所以惠此一方者不其爽歟且忬受命撫茲圖惟休釐殫厥心力而已雲行

雨施實仰明神焉勢分固爾尚抑悖及庶司或險諧詹
皐有乖戚假則神宜罰及厥身顧斯民何辜代服政咎
罹此荼毒耶謹齋明思省遣敎授胡大慶告此雩事禱神
其嶽崇朝之靈渥千里之利則豈惟悖與一方之人戀
答其望雖神之取信天下輝映今古
或亦攸係矣惟神其聽之哉尚饗

國朝施閏章祭嶽文維岱爲五嶽之長維神爲岱宗之君
自古帝王祭告封禪及海內外士女重趼響臻者無算
蓋萬物之權輿也閏章視學此邦日夜震恐懼不得賢
才報
天子休命夫賢才者嶽之所生神之所依也其有伏而不出
者豈神之靳惜與抑求之未盡其道也惟神其啓佑之
俾終厥事以
無墜厥職

宋鮮于侁嶽神辭雲蓊蔚兮山之巔瞻靈兮望青天
嶄巖巑岏兮磅礴無垠巃嵸嵂崒兮寧一以爲仁草木
雜而羅生兮人不可名鳥獸蕃而走集兮虞不能知因
高錯事兮道此躋陞登岱勒成兮胡爲而七十二君齊
余心兮不外高余冠兮甚偉擷芳杜兮爲衣掇紫芝兮
作珮柏實兮松華石髓兮蘭英蕙肴陳兮玉案明水湛
兮清尊誠拳拳兮不解寐接神兮怳若有言嵩高峻極
兮生甫與申周道將明兮宣以中與水旱不常兮蟲螟
以災稼穡卒荒兮民生流離勞來安集
兮之子之功禘此下民兮寧遺神羞

明張鐸迎神辭雨滂滂兮風颸颸望神君兮駕赤螭魂
怳怳兮遠祖馳峻坂兮陟長岐望舒爲御兮霞爲裳豐
隆前導兮電爲旗迢遥戾止山東涯蒼虬元豹何紛披
神駒寶馬森相隨瓊琚絡珮聲纍纍鳳凰銜珠光陸離
紛屢舞獻瑤卮坎坎擊鼓揚
巫師願鎮坤維兮祀事孔時

又送神辭雨忽散兮雲英英送神君兮駕太清天衢縹
緲兮不可挹忽侘傺兮心驚龍翼輴兮驂闐虎服箱兮
縱橫馳驅海岳返瑤京霓裳霞帔儼同行玻璃流光照
空明玉童時罷雲和笙瓊宮寶宇寂無聲歌萬福受瑤
觥陶陶嬉舞歡相迎願
靈去而來兮奠此羣生

唐馬友麐早春陪敕使麻先生祭嶽詩我皇盛文物道
化天地先鞭撻走神鬼玉帛遍山川忽下元洲使來遊
紫洞前青羊得處所白鶴怪時年虔懇飛龍記昭彰化
鳥篇巖風半山水鑪氣總雲烟光抱昇中日霞明五色
天山橫翠微外室枉絲潭邊緹幕灰初暖焚林火欲然
年光若草樹春色換山泉伊水來何日嵩巖去幾千山
疑小天下人是會神仙葉令梁鳧入浮
邱駕鶴旋麻姑幾年歲三見海成田

宋晁補之謁岱祠即事詩澤南三百里極望橫天雲
端色疑黛諦觀初可分崢嶸介邱像須洞元氣屯頃刻
有變化慘澹殊明昏天行帝出震其位生物元不周僨
西北川乃東南奔寧知天大鼇死竟使三山浴不有是難
傾孰維大塊根嘗聞周官說實維天帝孫神靈所鎮守
民物斯芘存幽明胎一理有道惟常尊不覺下馬拜僮
奴亦遵循適知正直理足使冥頑敎三王有損益商人
所尊神明法或不懼夜行安得遂以此轉世敎庶幾驅
驁民莫宿太平驛不眠慮絲棼明朝好天色萬象開胚
渾勢橫恒碣盡支壓齊魯蹲五色冒日觀一握通帝閽
恢拓下摧壓青蒼上氤氳泉石競沮洳一州嵐互紛綸高
皐蹋風海深踏跆火輪波濤捲堆阜一一溟渤吞樹杵
覗卉邑七箬藏松椿碧瓦峙雙闕紅牆繚長闘顯嬲巖
閟容內粼邪垢魂賜臣登絕頂一覽神秀原萬壑射竅
嶤三壇矗嶙峋莽不覩項領何能窮脞跟稍稍指鳧繹
依依數亭云松列大夫爵贏識將軍墳瑣屑澗花麗霏
微崖葯薰廣大艮有以奇險安足論瑰詭有形上頹然
德彌惇得無希夷子傲世逃深榛亦有黃冠士相對如
麋麏此曹嗇草木語道良未聞解榻坐中觀洗心馳大
鈞形氣要得一不然隨物汎是事亦姑置幽尋聊可勤
初疑無字碑瑩潔誰敢文又怪玉女井高絕何由淵俯
穿闔仙巖鳥下天壁垠側度五賢堂熊經背逸巡劍石
危素履女蘿柔屢捫摔卜八極遠風來袂軒軒寥廓自
無梯猶疑天可賓陰谷不可視恐落魑魅羣安得遂獨
往身如黃鵠翻周流遍五嶽採擷芝英繁卽欲憩圓嶠
或當止崑崙衆真迎我語一笑顏玉溫是中差可樂子
胡戀塵樊答此太遺物身閒猶事君重華迹已遠秦漢
事方煩成功屬吾宋五禮垂後昆皇帝二載春臣備太
史員紬繹自帝典頗識康哉言泥金自玉牢願須無前
勳有志類韓愈無書愧文園臣髮將雪素臣心猶日暾
今此在林藪跳身同獲猿
徒觀衆山小愁絕下天門

明王元坤嶽廟詩地開神府自鴻濛作表羣靈控大東
萬國朝宗瞻巨鎮二儀生物精元功青旂曉轉光華麗
蒼璧時陳禮制隆陟降有巖簾陛迥滿空甘雨遍天風
飛樓層堞啓星門五岳推先品位尊帝出震隅迴象
緯靈昭木德奠乾坤百王秩祀崇遺典萬類瞻
依肅駿奔鸞鶴去來天路近廣庭鐘鼓自朝昏

國朝沈德潛詩闕殿崇東國唯神配極間鐘沉汶源水香
和泰山雲檜柏森靈氣碑銘辨古文升階肅瞻拜萬慮
靜紛
紜

嚴長明謁岱廟謁太微執斗臨紫宮元精合攝呈兆崇
顯威仰尤發厥鍾職宿出使專厥雄維帝出震闢東封

垂旋仿佛君雲中日章月采昌以丰外表嚴毅中捴出
金輿山立璧兩轂蒼麟夾侍搖青鬘先以大角倉精龍
眼天察地横復縱歛海飲漢如長洪莫原厥始要厥終
一周三千里境未窮高四千丈廓有谷天闢上下開梯衢
左日右月鶩發驂太清宮碧扉則形云亭社首衛若墉
玉符現瑞瑤附崧配以太華恒衡嵩靈誾精氣相周通
象若侯甸男衛從扶輿匪特以自豐德之博者功亦隆
稽古顓頊居空峒奉火爲祖金爲宗昌璽佐之殫靖共
導率元武行蹣蹣窮蛇冠珥追厥雖荷燭龍燭山曰鐘
陰火灼冰冰弗融鳥獸希革草失萑維靈賴眠變心忡
少皞于召來東蒙唐臣陛吾若不逢明威聖者天所工
負甲背虎持六䆴陽門倒挂神桑弓數鑿大塊噓協風
生氣涌出如奔虹吹萬無復天札凶谷氣不㜸林不詘
時叶光紀心維怔斥桑輿馬兼僕值上之帝所燉鞠訩
天庭忽荒神罔恫縮身潛喘夔魑同下斧委羽棲其躬
因是六幕交和沖靈通訴合竽若顛魔箕舒森畢降涷
凝膏液若乳酪醴以昌萬彙綏九農奔走唱于復唱喁
時邁嘉通庸高居被飾金碧重五禮六樂罔不供奠以
蒼璧妃青琮天酒地汁夷溶溶
天子下賁光維熊煇增羣岳麗燭空証等封禪夸成功七十
奎章二代交洵洵騰書埋玉欺旮儚豈惟麟鳳來竟慵黍禾
茅亦生不叢蹖余八翼擲䑼罐茲何意向天門翀挈才
自媿成牛蟣含辭欲吐道弗充迴驢驚見貞石碧重若
球貝陳三雍披經未已淚落胸公如天杜頹中峯元神
陟降應在宮帝晨左右鳴珩璁曷
歸乎來兮我衷閶闔東望雲曨曨

酆都廟在岱宗坊東神稱酆都大帝配以冥府十王道經云酆都爲陰氣之主又曰十王之中七曰泰山故祀此乾隆十三年

曰現因果法墀下有古柏柏頂寄生檜一株根枝鬱茂俗曰飛來柏廟始于明宏治十四年太監李瑾建 志 圖

明李欽重修酆都廟記 岱宗南麓有廟曰酆都其神爲北陰酆都大帝配以冥府十王其東爲曜靈五閻王而左右十司曹官列焉嘗稽道經所載酆都者陰氣之主九地之樞機拷罰罪鬼死魂之所也十王之中其七曰泰山故陸機泰山吟有曰蒿里亦有亭幽岑集萬鬼蓋蒿里去泰山僅數百武耳白樂天詩亦曰東嶽前後魂北邙新舊骨誠如是則酆都之爲廟夫豈嶽麓之所可少者哉雖然俗傳收捕追逮出入死生之說固儒者所不道也然昔吴道子畫地獄變相於成都民咸畏之屠沽魚肉者不集而況崇之以殿陛列之以象有之以人由嚴之以判燒春磨之刑使人入則肅然凛然出則悚然將自知去惡以求免刑戮之弗其爲神道設教之意顧有復善於此者哉廟創始於太監李瑾時宏治十四年也至今歷歲既久風雨所侵剝棟宇榱桷蓋瓦級磚與夫丹艧藻繪之飾未免傾圮漶漫嘉靖壬戌春濟南寸安陽宏齋翟公濤以兩臺專委來督嶽廟大工既獲成績乃復以檄請爲重修酆都之舉兩臺亟爲嘉允卜日興事貲費取給於香稅而於農民秋毫無所干擾經始於癸亥秋七月訖工於冬十月毀宇周廊門觀繚垣悉加完治鬼神之像皆重爲塑然一新廟西登嶽之路復建岱宗坊三楹自此以至嶽頂方凡八叉皆立坊以表其名而各揭聯以壯其景金碧煒煌映照山河由是泰山之偉觀愈益增矣郡人士咸願刻石以紀其事余惟天以春生萬物止之以秋聖人法之天以政養民肅之以刑故曰父母之於子鞠育而遂字之仁也鞭扑而告戒之亦仁也上之於民也政教以撫綏之仁也刑罰以聳厲之亦仁也岱嶽於方爲東於時爲春興致雲雨發育萬物而北陰酆都之府所司者秋殺之權也公來本以嶽廟爲事而其餘力又有及於斯者無乃所以警勸下愚而啟其遷善敏德之機耶

升元觀在岱宗坊西久廢乾隆三十五年恭建行宮於此 志 圖

三皇廟在岱宗坊北祀伏羲神農黃帝配以八蜡兩廡祀先醫明宏治間嘗遣中官致祭有御祝文碑今以歲十二月八日致祭爲郡人蜡祭之所 泰山道里記

明宏治十六年御祝文 粵維三皇建于有極百草聿嘗藥石是賚疾痛疴癢用賴以瘳神聖功巧萬世永賴籩俎既精虔誠斯達敬伸祭奠庶其歆格謹告

朝元觀在三皇廟北初名建封院宋政和八年賜額升元有敕牒碑元至元二十二年張志純重修改朝元有徐世隆碑神祀東華帝君俗謂東嶽福神此則自西南徙建者

玉皇閣在朝元觀西北上祀玉皇下爲三元洞閣西爲比

斗殿明隆慶間建前有人祖殿近改痘神祠

金龍四大王廟在玉皇閣北山東通志稱神爲南宋謝緒行四錢塘人隱金龍山宋亡投苕水死明天啟四年以擁護漕河封今號

國朝康熙元年祀此以上圖志

青帝觀在金龍四大王廟西隋書禮儀志開皇十五年春行幸兖州遂次岱嶽行禮畢詣青帝壇祭焉顧炎武云即月令所謂其帝太皞也圖志參道里記

〔案〕觀創建無考宋祥符初重修有宋加青帝懿號詔廣生帝君讚御祝文俱入金石記

西眼光殿在青帝觀北金山上明高真院殿西有眼光泉

后土殿在金龍四大王廟東北有宋范致君題名

老君堂在后土殿東古岱嶽觀之一隅也唐爲老氏築宮武后賜額曰白鶴已上圖志

〔泰山道里記〕自高宗以下六帝一后修齋建醮皆於此觀有雙碑以蓋趺合而東之俗呼鴛鴦碑其字四面每面作四五層書法不一唐碑存於泰山者唯此與元宗紀泰山銘耳顧炎武采入金石文字迤南曠基敞豁皆岱嶽觀故地按水經注曰古帝升封設舍所蹕處有石甃存焉在故觀南趾從征記曰中廟去下廟五里屋宇又崇麗於下廟廟東西夾澗岱史載向尚存古松柏十餘株有趙子昂題刻漢柏二字今與樹俱亡是岱嶽觀在元以前爲東嶽中廟矣

羣玉庵在老君堂之東祀王母東有亭曰觀瀾西爲藥王殿石渠夾徑建以橋欄庵前有飛鸞泉泰山道里記

東眼光殿在虎山上雍正八年建與西眼光殿遥峙圖志

關帝廟在玉皇閣北康熙乾隆間相繼拓修乾隆十三年

曰神威巨鎮廟東有憩亭及露井泰山述記

元君廟在天階坊北元君亦有上中下三廟此其中廟也

觀音閣在元君廟東舊名飛雲乾隆十三年

額曰普門圓應

萬仙樓在觀音閣北舊稱望仙明萬歷四十八年建上祀王母配以列仙中爲元君乾隆十三年

額曰景會羣真以上圖志

〔趙國麟詩〕櫻桃正熟時簫鼓喧清晝遊人集萬仙山靈若馳驟仙人厭繁囂隱約棲巖竇泠泠石上淙終古彈清奏〔又〕丹樓倚山椒云是仙居處澗水通瑤池青鳥自來去

斗姥宮在萬仙樓北古龍泉觀也明嘉靖二十一年德藩重建北爲高老橋坊

三官廟在高老橋北明人祖殿故址也

考古録泰山上有人祖廟不知何取三秦記驪山巔有人祖廟不齋戒而往即風雨迷道長安志曰即秦始皇祠蓋本之史記所云祖龍者人之先也今臨潼志以始皇不應祀典改爲三皇廟

元君殿與壺天閣對峙乾隆十三年

額曰瓊霄珠照以上圖志

玉皇廟在元君殿北乾隆十三年

額曰紫垣凝命圖志

三大士殿在金星亭西泰山道里記

二虎廟在二天門北祀黑虎故名泰山述記

增福廟在跨虹橋北西有元君殿北有迎天坊圯圖志

元君殿在朝陽洞坊北乾隆十三年

賜額曰靈府慈光北爲對松山坊圖志

大悲殿在對松山北乾隆十三年

賜額曰蓮界慈航北爲龍門坊舊有龍王廟上有金母殿阯圖志

關帝廟在南天門內舊有三靈侯祠通志稱爲周諫官唐宸葛雍周武也宋眞宗東封泰山見三神人於天門因加封建祠後改置於鳳皇山圮遂移鳳皇山之關帝廟於此乾隆十三年

賜額曰乾坤正氣圖志參述記

五賢堂在南天門東北舊祀孟荀揚文韓五子相傳爲蘇源明讀書處

老君堂舊在圖屏峯今圮

萬壽殿舊在虎頭崖東北泰山小史稱萬壽宮又有御香殿亦曰御香亭萬歷四十二年建祀九蓮菩薩竝造大銅鐘一上有御製鐘讚崇禎十四年復增祀智上菩薩殿久圮移像於青帝宮置鐘於後石屋以上圖志

[案]二后升祔時先後建祀岱巔竝置祀山下天書觀內

北斗壇在魯班洞北明萬歷間築四面皆門而中通上復爲臺曰禮斗碧石並峙多文采俗呼輔弼二星取泰山北斗之義也圖志

碧霞元君祠在北斗臺東元君上廟也舊名昭眞觀宋眞宗東封建明洪武時重修劉定之記成化間改署碧霞靈應宮萬歷三十六年重修邢侗記祠南向正殿五間像設及蓋瓦鴟吻簷鈴之類皆範銅爲之殿東一間曰東寶庫西一間曰西寶庫儲諸所捐施即漢武帝時所謂棃棗錢也

國朝康熙二十三年

賜額曰坤元叶應雍正九年

賜額曰福綏海宇乾隆七年

賜額曰震維靈嶽乾隆十三年

賜額曰贊化東皇聯曰碧落高居金臺傳妙訣蒼生溥佑木德仰慈恩又

賜聯曰三素雲英扶絳節九光霞纈麗青壇東西兩廡祀眼光送生二母瓦皆鐵冶中爲香亭即萬歷中建金闕處東西

御碑亭二南爲祠門門前爲臺左右爲鐘鼓樓門外綽楔三中曰敕建碧霞坊東安民坊西濟世坊南爲大門上有歌樓東西有二石閣大門外有火池爲四方祈禱者焚帛之所祠內有前明銅碑二門外有雍正十三年裁革香稅碑東石閣外爲更衣亭即岱史稱東公署香稅總巡官舊居處圖志參以泰安縣志泰山道里記

[明]汪子卿[志]宮之東南拱抱爲五花崖東北迤西則嶽頂磨崖日觀諸峯蜿蜒環峙三面若屏扆前若雙闕由宮門西下石磴三丈許南俯縣崖下視城郭若畦圃自城郭望之則崖峯森蔽不能見宮宇此蓋造化靈區眞天奇也

[圖志]碧霞靈應宮今稱碧霞元君祠

[明宏治十六年]御祝文懿德含宏仁慈廣霈佑蒼生於壽域鼓羣品以躋依茲因眇躬偶爽調攝敬祈聖力永

保康寧特以香帛用伸告祭益彰靈應福佑家邦謹告

嘉靖十一年皇太后祝文皇帝臨御海宇十有二載皇儲未見國本尚虛百神萬民無不仰望茲特遣官敬詣祠下祗陳醮禮潔修禋祀仰祈神貺默運化機俾子孫發育早錫元良實宗社無疆之慶無任懇悃之至謹告

高誨玉女考略泰山玉女神顯靈于天下其來尚矣世傳爲東嶽女蓋謬說也人心崇尚習妳承訛非特愚夫愚婦之不知雖博雅君子亦未聞有能考其實者按州志載嶽頂玉女池馬端臨通考紀池側故有玉女石像泉源壅濁宋眞宗東封先營頓置泉忽湧上升山其流自廣清泚可鑑味甚甘美王欽若請浚治之像頗摧折詔易以玉石既成上與近臣臨觀復礱石爲龕奉置舊所祭焉唐劉禹錫送東嶽張鍊師詩云久事元君住紫微而李白遊泰山詩亦云玉女四五人飄颻下九垓及觀李諤瑤池記謂黃帝建岱嶽觀嘗遣女七人雲冠羽衣修奉香火以迎西崑崙眞人由是考之則知玉女必黃帝所遣七女中之修而得仙者後世因之祠于山而宋元間龕像建觀尤有徵迨我朝拓新殿宇靈應益著不然則泰山喬嶽之上何緣有此據通考唐詩所載質之謬記益信

劉定之記略泰山絕頂舊有祠祀碧霞元君以其最高雲蒸雨降材木易朽飈風剛勁瓦多飄毀祠不能久今副都御史原傑巡撫山東謁祠見其驟墜謀新之銅梁鐵瓦琉璃甎甓之堅固丹艧青堊藻繪漆飾之輝煥高廣深邃規制增倍其費取諸官而民不知自昔登山捐施委諸巫祝妄費不可稽而令紀理之皆有條法云

邪側重修碑蓋聞之孔子云質有餘者不受飾也碧霞宮胡以修也又聞之德彌盛者文彌縟中彌理者文彌章碧霞宮胡以弗修也夫大室不應春秋致貶華山加緣光和見迹張寵以二千祠堯史晨用王穀表聖東瀆隙嫩乎桓相淮源歸勛於郭守沿經舉釐自昔然已岱宗爰長諸嶽冠以帝稱廟貌崇閎雄峙州治而碧霞元君靈應宮則巍然托阯抗擢岱叔其列任集仙莫神道籙等編末究元君之始寧龔耳食之謬唯是四嶽避峻九山推烈碧霞於斯焉宮要之人天允叶精響合答則下臣彷彿可得而言無懷之所稅映黃帝有虞之所駐蹕二代以降迄乎秦漢臚禪紛如廣心競設乎壙陵中貔厚集乎壇王癈尋無已輝鑠若何那代列皇重屋遺告倖福陋贊策之罔竭禋酌刻牒之緒以故明祇惠以豐耕下土追乎轂嗛蓋有馬談蹉其冊典寬舒聯共穎煩者矣厥有冠帶之脩布衣之飄佑販之魁帷闕之佀靡不指峯高以首踏望雲封而滕地琉則珠松徽尾鍮

鏤師比帛則春草雜翹黎單毪氈幣則楊邁朱提鮫支白撰供則盎緹醍醐腒鷩宮脂器則雕篋黃目盌盛棕嶽樂則雲和別樹丁寧垮竿儀則金支翠葆徽章星旒焚燎絳天于喝震擊蟬麗畫轂木禺龍駟毀麟萬狀不可勝窮百千億兆路藉雜遝或遠攬乎樓木之采或下瞰乎治耶之宇或依稀乎白馬之影或隱見乎明堂之虛綦情翕赴亦已極矣嶽靈忞穆能無應乎竊戛降瑞錫祉調風希霖膏寸澤乎遐表彌天飽其至德所謂追穀藜而祓豐穰則又惟一人之所暨及也元元之衆則弭疾癘覡瘉愚蒙思牖年壽句延予嗣所賜水火希遠離聯來眾休滌啟聽各副所懷亦有桑爻云亭斂焉聽命共驅旅炊施靡之屬谷實金銀鏈銅之用凡此有位阿無報旂轂傑儔之少喻適煬睹而不擇藻井連而會遺脊茅之地飛雲廳日若開寶鏈之天府葺甃稽典還嶽畤子來者可念行築者云勞劑推盡議之先實出尊明之斷方諸前哲今古同符則此碧霞宮者胡可以不修也胡可以不紀也是役也給岱廟計費四千九百五十金有奇撫中丞今晉右司馬晉江黃公名克纘主議前左布政使今撫河南吳江沈公名季文前參政今按察使宜城徐公名夢麟議協金適辦而今左布政使崑山李公名同芳續用輸覈起工竟工歲月俱岱廟記中提衡振飭則前按部侍御無錫嚴公名一鵬後按部侍御海澄[illegible]公名如琨今按部侍御燕山蕭公名淳前按部侍御涇縣葉公名承盛今按部侍御內江李公名應魁若前左布政使安慶劉公名尚志今右布政使南昌章公名邦輔督糧道參政濟山徐公名堯莘分守濟南道參政自河柴公名應乾提學道前副使晉江李公名叔元今副使尉氏靳公名於中驛傳道副使南宮韓公名策分巡濟南道前副使固始文公名球今副使潁州張公名鶴鳴武德道副使永年杜公名麟濟南知府今陛副使肅甯俞公名維守今濟南知府歸安丁公名濬皆與有先後督率勞泰安知州歙縣江君湛然以職守終始厥事例宜書州同知賀本昌臨朐縣丞吳復金丞爰克竣宜附書岱廟記先撫黃公作例以營繕嗣光碑當有銘銘曰泰山巖巖萬物伊始帝冊帝孫儺元君是呼吸上通僅尺有咫膚寸八荒入事甚邇四嶽苞祗四流遵迤嗌岱是宗靡敢抗顏光民有言神怪誦詭我儀圖之所善珍否萬方玉帛走不停晰孰云秦高有道如先鑠然仙居棟厦宜庇疇新茲宮我撫則以靈舊載靳神司其匯發函竊霄皇乃受祉

郭器銅鼓記略予貞長右綾巡繁濟光生政暇宵登斯山嶽獻遺之物而懼其珍也乃白諸進撫大中丞南臬王先生鑄銅鼓四緩其心置桑銜焉以象四時鼓萬物生長收藏文爲之鼎朐之概以達潮緝之氣其知所謂

鼓之舞之以盡神者與猶未也又欲顯道神德行各識以銘其鼓文云元氣鼓萬物春差爾岱神乎神氣再鼓麗朱夏品物亨乃神化孰鼓舞秋乃收物之府神之休消而息爾鼓爾物歸根元資始其鼎文云大德曰生興香維誠人在洪爐左右和平其瘫文云不平者情不私者平神焉人哉人焉神哉吁爾乎微矣可以幽贊於神明矣予故爲之記示後世有考焉已矣

國朝韓錫胙元君記　統古今天下神祇首東嶽而東嶽祀事之盛首碧霞元君元君者泰山玉女元君其封號也廟在泰山頂自京師以南河淮以北男婦日千萬人奉牲牢香幣喃喃泥首階下前代設官徵稅充度支陶允宜詩云自是神人同愛國歲輸百萬助昇平者是也我

上御極詔永免其稅於是遐邇來禮元君者風雨相續其衆多什伯前詩云夫玉女何神也道藏云金虹太乙定父女也蓋東嶽爲天孫天官書織女亦爲天孫因其名日孫遂撰金虹以爲之父因織女天孫爲女並東嶽亦牽合而爲女也瑤池編云黃帝會西崑崙眞人遣女七人雲冠羽衣往泰山迓之玉女乃七人中一人彼六人者又何往乎玉女卷云玉女姓金名玉葉西牛國孫寧府奉符縣石守道妻也漢明帝中元七年四月十八日生年十四入天空山黃華洞修道天空山即泰山也攷

秦李斯從始皇登封出玉女於岱宗之巔因祀之稱爲神州老姥是玉女早見於秦時何有漢明帝時降生事況中華無西牛國或即浮屠家所云四大部洲之西牛賀洲者果爾亦當在身毒國西相距不知幾十萬里無論西牛國無郡縣之制泰山郡無孫寧之號而強以彼地天空山指爲中華泰山且謂玉女有夫也瀆亦甚矣文獻通考云泰山頂有玉女池池水苦濁則山已有玉女名宋眞宗登封命王欽若先營頓置池中清泉涌出詔易池旁石刻女像以玉奉以石龕而祭之則前此山固有玉女像唐劉禹錫送女道士張練師歸東嶽詩云久事元君住翠微則唐以前已有元君神號而明楊時喬乃謂宋眞宗授天書特假設元君名俾五方易於信從胡廳斷若此歟近世佞佛者云觀世音千百億化身在南爲海神天后封碧霞元君在北爲泰山玉女亦封碧霞元君皆一人也首楞嚴經十種仙爲阜華嚴舉山林晝夜諸神悉屬諸護法聽經之列顧豔玉女天后二神之靈而胥實以觀世音又有刻洞賓集者載洞賓與梓潼俱授記佛前俾鄙誕幻無稽不經不足辨也然則元君何神也泰山在魯境魯賜天子禮樂得郊禘郊該社郊圜丘上帝社方澤地祇也齊桓公九合諸侯自以爲帝王受命不過此欲並魯用郊禘然方以尊周室爲名因託言欲封禪封禪郊社之變名也管仲知不可窮

以辭亦托言符瑞未臻以阻之故郊社一岐而封禪封禪再岐而符瑞符瑞又岐而神仙也祭義圜丘稱泰壇方澤稱泰折說者云泰壇魯郊泰折魯社皆在泰山左右也泰壇事上帝以人像之則冕旒王者泰折事地祇以人像之則翟褘后夫人又禩時祭泰折亦以后夫人主祀從其類而祫之也又漢武封禪泰石閭當時以爲仙人之闕禮如祀后土即後世所附會黃華洞不虛也然則元君地祇也曰夫父嚴而母慈胞孕萬彙出於母而其出之者母不自知之天命而地親五村百符之於地而其産之者母不自明之所謂神也今千萬男婦徐祈年免病求嗣保壽日躋崇秩猿攀蟻接泥首元君前皆人世吉祥應有之事而神即如其意佈之非若金泥玉檢囊長生不死爲人世不應有之事神不能達天以子之也孔子曰祭神如神在則必洞之乎如見其形焉狀乎如聞其聲焉以情推之朝日夕月其所謂如在者將如日之圓而熱月之盈而斷乎祭門巷龕中爾其如柱者亦將如門之闔闢如巷之逶逸如竅之幽突與夫中爾之瀟灑乎御別有冠裳坐立之形似以勝鬱而陟降者乎易泰折而宮室之貌地祇而珈珮之是靈爽之集百爾之隱也謂非天下之正神乎敬以告後之君子俾有所取信焉

劉鎮碧霞宮詩　一幢夌霄漢中藤玉女家仙旛搖碧落寶殿映朱霞映日裁雲鬢鬟風散雨花登臨多少客不惜路途除

姜鏡詩　誰開覺宇聳雲岑雲去雲來山半陰石罏暗寒暖玉砌天花時散蓋珠林隨緣好釋區中念選勝眞同物外尋最是燕臺看處只霞光遠映帝城金

東嶽廟在元君祠東北從征記所謂上廟在山頂即封禪處也元張志純重修明嘉靖間巡撫曾銑繼之

國朝乾隆十三年

賜額曰資始惟元又

賜額曰上摩蒼昊

西北爲青帝宮李戴重修乾隆十三年

賜額曰慈天廣祐　以上圖志

西爲後寢宮明稱神憩宮內設元君卧像乾隆十三年日德溥坤輿亦有兩配殿繚以周垣（圖志參用泰安縣志）

孔子廟在望吳峯前舊爲過化亭基後因建廟於其地明嘉靖萬歷間朱衡鄒大猷查志隆相繼修葺

國朝康熙十五年吳雲楊霖重建甃石爲像乾隆三十五年奉

建舊基之南廟三楹中肖先師像而以四配分侍左右恭懸

書額 天其前有坊李樹德題曰登聖蹟（圖記參用泰山道里記）

（明毛在春秋上丁祝文）維聖天縱惟岳降神大哉孔子優聖絶倫乾坤化育帝王經綸岱宗仰止振衣登臨一時過化萬載洪鈞肅瞻廟貌吾道常新消茲豨伸敬薦明禋

玉帝觀在玉皇頂古稱太淸宮明成化十九年中使以帑金建修隆慶六年萬恭撤觀於巔北出巔石而表之

國朝乾隆十三年

御題額曰妙運無爲聯曰統馭羣靈端紫極絪緼眞宰肇元功

元君廟在岱陰獨足盤東北內有萬松亭後改彌勒殿自東而上爲蔚然閣下祀呂仙東爲三官殿地移像於元君殿西舍明隆慶六年胙城大輔國將軍睦㰘建有禁約碑

萬歷崇禎間州人徐霙哉王度皆讀書於此

（泰安縣志）玉女山[illegible]曲徑參差軒牖爽豁門外俯臨深溪杳靄無際松崖石竇間煙雲往來都非人間佃境

採芝庵在岱陰明月嶂泰山紀事[illegible]張崑巖結茅修煉於此曾產紫芝一本因名今亡

四陽庵在岱東南屛風巖前一名潛仙舊址在庵西南明萬歷初道士柴慧庵修煉處州人蕭大亨移建於此

呂仙祠在虎山東南岱道村中萬歷間建宋燾有碑記（以上圖記）

（宋燾記）郡城北三里許有呂公祠羽客心元子所創建也心元姓韓氏世居泰山下幼業儒稍長權子母隱於市與世溷同不自崖異五十而契元理捐家累絕塵緣棲心淡漠擇林麓佳處結茅爲屋疊嶂環列一水曲瀠大有武陵風景乃構宇祠呂公飄飄然黃冠道服矣構甫成見有羽流蓬首麻屨而至貌類病者踞坐簷柱下移時乃去詰旦復來投之金錢戲炊汔弗顧也兩足浮腫履穿趾露而行步如飛心元微覺其異尾而目送之瞥然已失所在始悟爲呂公來也而追無從矣祠是道念轉堅屛嗜去慾齋神保和勤而行之郡人士稍稍慕其靜篤余獨心好之結方外交洎祠久頹敝不蔽風雨郡庠司訓胡君乃捐貲爲改創遷呂公而虔事焉客有譏且詆者余歎曰是惡知仙哉仙道倏忽變化凌虛倒景大鵬蚊蛇焦螟嵩山芥子須彌毫光六合而蝸殼而大千而溟海而蹄涔而斗室而嶠壺

眎無兩也一掬僅椰子大乃呼吸宇宙周遊八極包羅以千百萬億計則淸虛故耳淸虛之府神其來居而世人自生隔閡自見逼窄有生則有情有情則有愛戀有愛戀則有恐怖苦惱病死幾曾見寂寞得道蟬蛻遺世亭亭塵外者哉故百年竟世隙光之凝塵遊絲之飄影究竟何有千競萬逐蠻觸之角騷蟻穴之牛鬭究竟何關我身未生何名何象我身既化何象何名身後身前悉爲幻杳當境執境自賊自戕總是隘之爲見所見無非隘者雖千仞之棟十畝之宮無解於局促耳心元根器已大遺累逍遙身棲蓬蒿神遊法象齊富貴於夢蝶視彭殤爲旦暮縱浪大化心寂神閒吾惡知虛無清靜之非昇眞沖舉嗒然一室之非神山十嶽哉從此勤行修煉灑然有得定知純陽師現形指授不復作黃腫道士來矣客曰唯唯於是乎記

呂祖閣在岱麓王母池東北嘉慶二年巡撫伊江阿知府金棨建

竹林寺在岱西南傲來峯在黑龍潭北莫知所始自唐迄今屢經興替元元貞間僧法海重修明永樂間僧滿空拓

建寺多竹今無圖志

范致沖詩竹林深處有招提靜掩禪關過客稀薝蔔花開春欲暮泠泠鐘磬白雲低

許安仁詩蕭寺天教勝處安峯巒騰擲水雲間客來總說遊山好不道山僧却厭山

王旭詩石逕俯雲壑竹林開幽境寺古僧徒稀山深嵐氣冷待遊未終興紅日忽倒影曳杖投暝烟長歌下前嶺

李傑詩陟險千萬盤未識寺門處一澗委蛇來齒齒亂石聚飛梁忽橫亘清泉下奔注其間有靈湫蛇龍所蟠據時經不測谿心動髮毛豎肩輿尺寸進僕夫汗如雨我欲飛步登崖傾足難駐青鞵與布襪惜不攜此具會奇不知止竟忘垂堂慮緬懷得一樂未足償千懼峯回見林薄飄然發佳趣古殿三兩楹滿庭蔭高樹百果經秋霜甘美皆可茹同行得二妙把酒勸酬屢酒酣陟巑岏冀與仙靈遇高寒覺衣單俯視飛鳥去白雲出巖阿英英若春絮登臨興無限日暮歸何遽摹寫詎能窮率爾成短句

宋燾詩二首多時不訪竹林僧茅逕荒蕪亂野藤此日探奇來坐久一龕香雨對青燈

野叟山村太古風山樵鬢插野花紅樹陰敧擔說山鬼笑指峯門有路通

田同之詩竹林何窈窱招提占絕境鳥鳴林壑幽泉涵雲霞冷雨後更奇絕半天懸寺影

徐祖望詩誰將一幅李營邱引我來從畫裏遊紅葉沒崖和雪積白雲帶石過溪流馬蹄欲滑苔痕凍樵逕將開草色愁僧老寺荒人不到探奇偶爾一尋幽

孫岳頒詩中峯留偈處精舍竹間遮半夜滴山雨一籬開槿花葉垂知鳥立草動見蛇斜欲共深公語禪心隔水涯

普照寺在岱西南淩漢峯南相傳是唐時建金大定間奉
敕重修明永樂間高麗僧滿空
國朝康熙初崇川僧元玉先後卓錫於此寺東有元玉別構石堂自為銘左右題凡十二旁為元玉塔有淄川唐夢賚志銘西南為滿空塔志圖

李傑詩半林殘日映崔嵬上有孫公舊講臺竹帛銷沈書院廢鼓鐘鞺鞈梵宮開酒傾秋露浮杯滿曲送春聲入座來清景留人歸路晚碧雲紅葉擁山隈

祁賢步前韻詩招提隱隱倚崔嵬紺宇周環幾若臺斜日短筇山徑曲石橋流水寺門開浮屠證果真成幻儒道淵源有自來千載清風仰孫石獨遺堂址向巖隈

釋奚林詩門前幾曲流水寺後千尋碧峯鳥語溪聲斷續山光雲影玲瓏

釋元玉詩歲月值殘暮亭中風寒[illegible]巖棲寡生計曳杖東溪行蘚徑依花入烟林蒼藹[illegible]轉步向高柳嚶嚶草蟲鳴溪頭多磐石坦如几榻平[illegible]映異泉水潺潺流有聲偶從石上坐蕭然寡所營野景[illegible]怡幽意浩歌抒素情樵人不我顧伐木遠丁丁日夕攜筇返雲根影與并

趙元昌詩松風橋畔舊山僧猶記新詩說上乘三笑溪頭人去後石堂蹤跡一遺燈

孫岳頒詩刈茅覆淺屋編竹護頹牆清磬度流水寒山空夕陽莓苔紛古色花鳥悅晴光盡日僧無事安禪坐晝長

三賢祠在岱西南投書澗西卽泰山上書院也舊有石介記勒壁今亡黨懷英曰孫明復石守道築宇泰山下以為學館屬大關嶽祠壖基甫廹乃北徙山麓元好問曰泰山書院唐周朴所闢宋孫明復居之明嘉靖中按察僉事盧問之妥孫石神位於此顏曰仰德堂後又合祀胡瑗為三賢祀春秋致祭有授經臺講經臺諸石刻今鄉人稱為上書院者卽此康熙五十一年學政黃叔琳知州徐肇顯重建乾隆四年知府蔣尚思重修二十四年郡人宋為爕重修圖志參述記泰安縣志泰山道里記嘉慶二年知府金棨督訓導周桐諸生蔣大慶賈佩榮重修

石介泰山書院記文入金石記

黃叔琳重建三賢祠碑記岱宗之麓有三賢祠祀宋安定胡先生泰山孫先生徂徠石先生也三賢曷以祠以

生平無媿爲人師而魯人尊重乎其道教澤千年不朽
也祠廢興遷徙具累朝志述中迄茲荒圮無存歆薦俱
闕予以康熙戊子奉
學山左行部訪其遺址崇巖嵯峨澗水紆折卽安定投
書處也後爲授經臺畀石林立幽夐特至想當山風四
號人蹟屏絕壓青暘古師友講誦道氣悠然可仰而庭
構民焉曷從矜式遂應州人士之請割俸與復舊規爰
屬州牧徐君經理而司敎王玢董其役粵庚寅秋九月
告成棟宇靚新堵墀軒敞肅儀晉謁神爽儼憑典型斯
在矣嘗考人材學術莫醇於宋代然當天聖慶歷之朝
最稱翕治猶多忠佞雜糅枉直紛軌雖學禁未行而黨
議滋起以韓范富杜諸公齟齬出入而三先生適生其
間抱元聖道經於荒山野水之濱訂殘補缺累月窮年
至不問家人事其視名利仕進泊如也朝賢薦達時起
時廢幸相次入爲國子師得以闡發聖言訓習來學生
徒向風講舍恒滿矣天子時或臨雍賜緋召直邇英名
卿大夫折節問道所蘊略施矣然世爲三賢惜者咸謂
位不滿其德用不彈其才遺書愁徵直道終紬獨其學
術文章立身行已卓示天下後世者固不以名位爲輕
重也當石先生遇仁宗革政踴躍歌頌別白賢姦佐颺
當罰人多指目爲狂且怪幾至貽身後之禍然當時信
心不惑以正道爲已任以清議爲國維嗟乎使三先生

遭熙豐紹聖之政其呼籲憤激何如哉又或際宣和靖
康之時其慷慨赴蹈何如哉信乎英風浩氣宜自謂勇
過子興氏也宋初文治尚沿五季陋習經學積久方顯
而三先生實爲之倡泰山著尊王發微表章麟旨安定
自江南訪學十年不歸研析異同用意專確厥後荆舒
之學肆行春秋廢斥至南渡而始復徂徠排擊佛老詆
諆浮薄自以周易教授其鄉傳述甚衆嗣有雒中康節
之圖伊川之傳易理愈明溯諸先河後海實爲濬程邵
之源啟康侯之派者也三君子氣局斂舒風議參斅亦
不必盡同要諸忠孝仁義培養於性眞公正廉直昌明
於著作窮餓不以易其操讒謗不以挫其志俗情世故
不以亂其學斯固言行坊表大節同歸千百世後求爲
經師人師者均足勵頑懦而化鄙倍矣按志金元以來
有孫石兩先生祠後遂以安定合食暨祀孫石於州城
舊制湮廢余以三先生行孚義洽今欲明尊師取友之
道理宜從合証可關諸或疑胡先生葬歸淮海續祀蘇
湖未必降依茲土因借援江都董宅嶺表韓祠以明驗
世大賢神無不在豈謂海陵千里不歆此岱麓一瓣香
哉予嚮讀遺文舊史久依景行竊幸潔宇羞芹藉據風
敬且謂士君子居其地則尚友其賢今試聽澗瀏之球
毋對書臺之嶽巢風晨雨夕思何以罔愧切磨而几筵
肅穆杖履如存師弟子傴僂作披之風升降髣髴巖嶽

新宮濟濟多士盍念魯邦瞻止蹶然興起矣乎州牧徐
君肇顯振興儒教而司訓王玢董治有方祠成復佽置
旁翼三楹以資護守石先生後裔猶多有讀書樸藝之
士因得其裔孫州庠生維巖以守祠之任畀之庶幾永
保勿
替云

宋蕭詩　尋幽度危嶺遠眺出青林上有孫石臺芳草一
何深晴烟披蘚壁流水若彈琴清泠聽不厭悠悠契我
心當年靑紫客身世已銷沉
却美深山者獨留太古音

黃叔琳重修三賢祠詩　泰山巖巖萬仞高徂徠崍峙仍
岧嶤山川人物一俛仰千秋孫石雷風標平陽儒客道
在魯玉書麟筆窮秋毫四十不婚亦不仕雲邊結屋棲
菅茅石公英年負奇氣躬耕嘯咏談伊皋平生得師擬
杖履摳衣北面趨承勞嗟哉晉唐古禮絕東山六逸狂
呼嗽當時韓柳抗師席蜀日越雪人嘵嘵自從兩公力
返古接武洙泗儀犛髦在三大節總不負鳳凰翶野鶩
鳴霄泰山潛心繹魯史得統元和陸淳氏紛綸三傳競
文矛獨揭魯王恩微旨十二編中斧鉞存忠厚簡易無
岐軏公卿嘉禮達官求著書耽寄名山趾海陵儒宿胡
先生實學傳薪闢荆枳參覈陽秋宮有鄰負囊千里來
依止朝窮叩擊晚鑽研十稔風光猶尺咫妻孥瑣屑亂

人意不問平安書一紙淙淙曲澗瀉虛無鄉音付與東
流駛至今迸水謝纖塵一片精心照清泚三賢已矣靈
光殘曾人歆祀授書壇肅穆衣冠同一宇嵏如矗峙三
峯寒不知何年化平地溪毛並繼春秋祭幽堅無光座
石淒吾徒合抱千秋媿重興榱桷臨高臺峩冠球帶神
歸來良師在前畏友並閭閭高弟相追陪雜晨風雨連
晦夕講筵仍對巖花開生前讓銷與毀鑠轉爲金玉增
晶現理山義海壽穹壤豈與名劫沉飛灰拜酌寒泉進
肴醴明靈脟鑾思悠哉魯國諸生皆奇古前修儼在憑
樽俎試挹三賢芹藻芳應思六籍耕耘苦大賢之後澤
未湮胡公別記淮南譜泰山子裔苦飄零儒官義恤還
鄉土能文尙有徂徠孫道義磨礱念爾祖作歌未足暢
儒風聊於名
敘存小補

韓伯端重修三賢祠詩　尼山不作木鐸杳道學陸沉經
義攘斯文振起在吾徒主持風教誰師表幸哉有宋慶
歷問天使三賢聚泰山爬梳遺編互相發畏友良師其
鍵關孫公首著尊王論微言直探麟經蘊崇實務本訓
後人退守廉隅甘困頓守道先生實親炙篤學尙志變
時追力排邪佞氣昂藏獨慍羣小遭退斥闡發經學有
胡公訓士雅飭容止同太學取法風一變榜花強半出
門中可怪高名人所計阻過三賢官無異臧倉而今安

在哉三賢遺蹟傳芳事講堂舊著泰山阿祠宇飄搖蔓薜蘿百年曾煩數公慮一旦功成臺史過祠新儒雅肅瞻視想見三賢同講肄高臨書澗誦遺篇至今英爽滿天地

三陽觀在岱西南香水峪東舊名三陽庵明嘉靖時德藩建鍊士王三陽廬此萬歷間重建于慎行爲記 圖志

于慎行碑記岱宗之陽爲陵漢之峯其下曰香水峪山坳平壤壇衍如抵俯臨谿谷雜樹蓊蔚泉石鏗淘蓋嶽之奧區也而僻在嶔岑峔㟥之間遊客居人無能至者嘉靖辛亥東平道士三陽王公窮遊四域徧歷名山將歸而隱於嶽麓乃攜其徒華陰雲山咎公輩周爰相度得是地而樂之伐木薙草鑿石爲窟以居德藩二三常侍嘉其苦行捐貲相助稍稍營葺廬居莊嚴神宇未幾而雲山承之廣結衆緣大興繕造彌歷三紀結瑤搆奐輝映巖壑四方道俗香火醮祀歲無虛月萬歷壬辰予嘗從二三客子躡屐東遊降自嶽麓由孫石書臺之後陟峻嶺三里轉而北行遂至觀下入門三重得磴道而上有殿有閣又左爲客寮四楹以待遊鑣階下有泉匯而爲池羽人飲焉閣後有洞方廣丈許命曰朝元皆公居之由閣左上磴道數曲茅亭三五碁置松間葱蒨欑

糝不秋而慄峯之半壁孤亭出焉顏曰木末登是而望忽若飄撇上騰以臨雲霓神霄芙蓉諸峯環之如扆青人天倪南俯川陸勢盡數百里徂徠梁父拱挹左右以朝於嶽汶水出其下茫茫如練烝爲浮煙長天平野混以返照丹翠異色裏回嘯歌暮不得下須之月出東峯風林颯颯憑闌上下顥氣迴合如汎銀海肌骨悚慄不可以留信乎仙聖之祕境寰寓之大觀也嗟夫以是地之名勝列在三宮空洞之天歷數千百年莫有知者而雲山之流乃能得其奇而出之使荒榛灌莽之墟化爲丹臺紫府將蠻四方豈山川之靈亦待人而與與吾曹逐逐利名汩沒白首進而羈於風塵退而牽於家累曾不能探奇選異自卜菟裘於煙霞窈窕之境徒遊而心慕之視雲山之流其亦可愧也夫泰山下阯故多列眞之迹如傳所稱稷邱君安期生尤其著者雲山之流豈嘗受其寶訣而有所得與三陽名陽輝雲山名復明觀舊以庵名予爲更之俾重修山門以恢厥制復度其徒張守香爲東道主若將從而棲焉姑因其請而記之

[劉敕詩]日暮下山去還過道士家肩輿黃草沒石磴白雲斜遙見千峯樹恍疑二月花天台不可覓向此臥烟霞

于慎行詩半嶺通仙界縈迴嶽麓西已看三觀迥猶覺萬峯低暮雨瑤華落春雲玉洞迷遊情渾未減縹緲望丹梯

趙元昌詩道院行廚淨玉鐘照人山色話偏濃斜陽未肯尋歸徑更上青山外峯

釋元玉詩秋光遙望斂雲枝山色淸憐歲晚時澗底野香流杜若徑邊病羽噎螽斯枝臨幽地禽聲絕烟斷斜陽樹影移得句書空仍自笑峯巒擬共筆爭奇

無梁殿在岱西南仙人掌前祀玉皇殿前有閣祀元始天尊皆以石爲之州人王無欲所建也東南有會仙庵故阯 圖志

淵濟公祠在岱西南白龍池上岱史云宋元豐五年封白龍爲淵濟公建祠禱雨輒應 圖志

宋趙合撰淵濟公廟記元王天挺撰靈異記俱入金石記

天書觀在汶陽橋北宋史大中祥符元年封祀制置使王欽若得天書於泰山西南垂刀山下靈液亭北因建觀於此殿廡三所前祀元君像中爲九蓮菩薩後智上菩薩智上九蓮皆范銅鍍金爲之門西有醴泉祥符中建亭於上顏曰靈液今圮北有鐵浮圖十三級明嘉靖十二年造又南有門樓三間乾隆十一年燬於火西有宋翠陰亭故阯 圖志

[顧炎武聖慈天慶宮記]泰山之西南麓有宋天書觀大中祥符年間建後廢爲碧霞元君之宮前一殿奉元君萬歷中尊孝定皇太后爲九蓮菩薩構一殿於元君之後奉之崇禎中尊孝純皇太后爲智上菩薩復構一殿於後奉之乃更名曰聖慈天慶宮而按察使左佩玹爲之碑宮成於十七年之三月京師淪喪即此月也竊惟經傳之言曰爲之宗廟以鬼享之又曰爲天子父尊之至也孔子論政必也正名昔自明太祖之有天下也[illegible]

嶽瀆神祇竝革前代之封正其稱號而及其末世至以
天子之母太后之尊若不足重而必假西域神號以爲
崇豈非所謂國將亡而聽於神者耶然自國破以後宗
廟山陵之所在樵夫牧豎且或過而慢焉而此二殿獨
以託於泰山之麓元君之宮焚香上謁者無敢不合掌
跪拜使正名之曰皇太后固未必其能使天下之人虔
恭敬畏之若此是固大聖人之神道設教使民由之而
不知者乎其與宋之託天書以夸契丹者相去遠矣以
其事爲國史之所不及載故序
而論之俾後之人有以覽焉
〔泰山道里記〕案天書即欽若所爲黃素書也當時君臣
相欺侈言祥瑞其書詞見三朝符瑞志龍圖閣待制孫
奭曰天何言
哉豈有書也

大佛寺在岱西南大埠嶺

谷山玉泉禪寺在岱東北佛峪上元魏時僧意降錫處金
釋善寧重建東有古井曰玉泉東北而上爲藥師七佛閣
元至元間釋普謹建久圮
金党懷英碑記元杜仁傑記
閣復七佛閣記俱入金石記

皇姑庵在望仙臺東南以上圖志

仁育庵在岱東北青山北四里岱覽

會仙觀在岱東北門家墅元至元間建道士孟養浩修煉
於此旁有方井井四洞淵泓莫測圖志
元鹿森會仙觀
記入金石記

元都觀故址在岱西北淸風嶺下石厂之側泰山道里記

傅老庵故址在岱西北映霞峯述記

碧峯寺一名鐵佛寺在岱西北老鴉峯東南明建今圮

桂師庵故址在岱西北鞦韆峪

元君廟在岱西北䃭頁山西南內有玉皇殿及鐵佛殿鐵
佛從碧峯寺移祀以上圖志

古雲臺庵舊在䃭頁山東南明正德間釋道轉重建三教
堂碑今廢泰山道里記

青龍宮故址在大倒溝西岱覽

黃姑庵在岱西北五峯頂東北

白姑庵在岱西北黃石巖以上圖志

藏峯寺在岱西北駱駝嶺西南元延祐六年創建明重修
案古樂府東飛伯勞西飛燕黃姑織女時相見黃姑河
鼓轉音郎牽牛也白姑無所攷或因黃姑而傅會之耶

有碑記圖志並泰安縣志

龍駒寺在岱西北三縮山圖志

延慶院在岱西北黃山宋釋海定重建元明皆重修額曰

雲臺寺圖志

資福寺在郡城岱廟東南初名冥福禪院唐開元間創建
後唐釋智順後晉釋志隱相繼增修僞齊劉豫時釋海巖
重建改曰崇法禪院元修之
國朝乾隆五十七年知府徐大榕重修易今名並於寺東建岱麓書院
〔金眾重修資福寺記〕資福寺在郡城北門內西去岱廟
百數十武郎唐之冥福禪院也歷代沿修具有碑誌歲
久傾圮碑亦勵有存者大都漫漶不可識嘗考金石錄
所載寺始於開元盛時奉敕創建其後主院僧以廟稍
狹乞於朝敕賜大地十段其本院坐落長潤三千二
百餘步約十五畝有奇中爲大雄寶殿前爲天王殿以
其餘地爲常住爲香積爲知客館何其盛也自晉天福
以降時修時圮蓋幾使千百載之禪林化而爲瓦礫之
場矣茲非守土者之責歟前郡守毘陵惕菴徐公莅任
之三年撫寺故址而慨然爰鳩工庀材以復之又以泰
山書院在嶽晏門外移建城內以便諸生誦習因析寺
址之半爲諸生書舍數十間設講堂於上期年工竣仍

爲建大雄寶殿三楹天王殿三楹右爲關帝伽藍殿而更其額曰資福寺資福云者爲衆生資養福德之義也在釋典以莊嚴佛土爲眞實功德佛土謂心也今資福院主果能莊嚴己心以事佛則心盡而福隨之在儒曰自求多福諸生果能以事天立命之學内治其心學至而福亦隨之然則持君子之三戒愼君子之九思福心之道也卽佛法去貪嗔癡戒殺盜淫之說也視履考祥其旋元吉福身之道也卽金剛經信心清淨則生實相行一切善法則得阿耨多羅三藐三菩提之說也儒言福善釋亦言福善亦視乎八之資取之耳余繼惕菴來守斯郡於課諸生之暇過資福寺瞻拜史胥環請曰使君復修此寺工甫竣而去其几案帷幄爐瓶猶未備也於是輸募兼行而所需畢具更乞余一言勒諸貞珉因允其請其輸金姓名具碑陰嘉慶二年四月立石

金粟資福寺施燈油田記蓋聞象教之闡厥有傳燈以智炬迭持啟光明藏乃能燭彼迷津焚兹覺路故法嗣者宗之若善知識願效皈依卽心是佛因佛見心燈欲詣於昭融法燈必期其朗徹道固無二諦也泰安資福寺爲前郡守惕菴徐公所重修余視事後復增設几案帷幄諸未備旣勒石以志緣起矣吾母奉佛惟謹謂是莊嚴已具檀施宜崇命建燈幢月捐俸錢以爇之余祇承焉罔敢懈歲戊午量移濟南過去之燼弗留未來之燿孰續不有常住其何以繼佛日之輝長明勿替乃置鳳凰莊地十二畝有奇畀僧耕穫藉福田之餘息永資火傳贍禮衆生欣普照焉夫人之善施視力所至正如燈炷隨其大小而發光明惟益膏油明乃不絕華嚴偈云善財然法燈信炷慈悲油念器功德光滅除三毒闇準是以虔申供養結香饑雲敷師子座雖謂一燈之灼然百千燈無滅無盡可也又奚侈炷如須彌山油如大海水始證琉璃光遍映大千界耶用諗寺僧使護守之嘉慶三年十一月勒石

龍王廟在資福寺南卽宋封白龍爲淵濟公也乾隆三十年知縣程志隆以白龍池淵濟公祠久廢始建祠城中圖志

關帝廟故會眞宮也在龍王廟東卽古奉高宮宋眞宗東封齋宿地卽以宴羣臣父老者也内有玉皇殿成化十八年重修有學正任式記萬歷二十二年八月初七日燬於火後卽故址改建關帝廟歲時致祭焉圖志參述記

任式記會眞宮玉皇殿成當有碑刻以紀其歲月式齋沐拜手言曰一氣之分而輕清上浮者謂之天主宰乎其間者謂之帝吾儒曰昊天上帝彼道家者流尊其名曰昊天玉皇上帝世之曰宮曰觀皆其奉香火之地也會眞宮在泰山之陽其創建不可考觀宋祥符間有頌二聖功德碑在宮之南百步許朝覲碑在宮之南一里舊傳者謂眞宗封泰山駐蹕於此金大定間從奉符縣隸泰安州故宮居州城之輿閟與替靡常所存者僅玉皇殿三開嵋基卑下上遣中使進香帛於方嶽行瞻是祠從衆望并以嶽頂昭眞祠上聞欲更新之上可其奏畢下命所司時歲在庚子也於是召公輸於魯甸招匠石於郚郊採徂徠之松新甫之柏是斷是度是尋是尺辛丑昭眞觀旣作壬寅玉皇殿告厥成巍巍乎浩浩乎松桷有梃旅楹有閑粉飾藻繪妍麗精華金碧耀日月之光丹青奪乾坤之秀像設穆穆赫爾厥靈誠以昭我聖代敬天事神之意無乎不在也若夫泰山徂徠相映前後奇花吐而玉座芬芳白雲飛而瑤壇空靜星冠羽衣舉手以加額者祀罪天子於萬壽也黃童白叟羅拜於左右者祈斯世斯民於乎康也嗚呼天不在於高高而在於咫尺帝不在於寘寘而在吾昭灼過之者寧不東虔恭存敬畏以思無負於對越也

魯兩先生祠在關帝廟南祀宋孫明復石守道今名二賢祠舊在岱廟東偏卽兩先生講學舊館金大定十九年郎其地建祠党懷英記明成化間知州胡瑄建祠於此吳寬記天啟中知州侯應瑜重修

國朝順治十年學道施閏章修岱覽參泰山道里記

金党懷英記入金石記

吳寬記魯兩先生者爲宋泰山先生孫公明復徂徠先生石公守道也祠始建於今泰安州治之西而鄰於嶽廟金源時遂爲廟併元改建於岳麓已而復爲浮屠氏據入國朝乃附祠於州學而規制狹隘祀事簡率無以慰魯人之思至是州守前進士德清胡君瑄言於巡撫山東左副都御史無錫盛公公謂其事係於風化慨然奏請於朝事下禮部議從之仍俾有司每歲仲春祀以羊一豕一秩爲常典於是胡公復請於藩臬諸公擇地得於州治之東南以成化十三年八月建祠焉工未畢盛公以請老去而眉山吳公來代益重其事趣成之俾

日胡君以書來請記於予大人君子所以能使人人追崇者非區區末學所知顧請之之意堅不可已也惟兩先生生宋盛時泰山來自平陽而萬於魯其學長於春秋著尊王發微簡易公平多得經之本義一時名公賢士高其學行至妻以女或就見之范公富公交薦其賢始授官官上殿中丞徂徠則生於魯者當孫公退居泰山之時實師事之其爲人好善嫉惡嘗著怪說中國論及唐鑑以爲世戒而慶歷聖德詩尤爲人所傳頌常以經術教授於鄉後在太學益以師道自居太學自此而興初舉進士甲科官止太子中允蓋兩先生平生見於歐陽文忠公墓誌而國史取以爲傳者其大略如此拔其言論世信其爲人賢君子卓然出乎流俗而表爲一方之望者也故在當時並爲人所尊仰至即其所居山稱之以配其德可謂至矣泰山孫嘗祕薦而人亦嫉之不得盡其用若徂徠之剛直既沒而禍怨作幾不能保其遺骸而庇其妻子蓋小人之不相容亦勢之所至者也今去之六百年雖天下知有兩先生而魯爲所寓所產之地道德之風藹然有存宜人尤尊仰之祠象奐焉而不至於卒廢人心之公不能自已如此而歐陽公所謂發先生之光者今則愈久而愈光矣兩先生葬處守臣又推朝廷尊賢之意既加護封唯謹且二氏幸皆有後而石差繁復遷其人入學充弟子員魯人之思庶幾慰之因併載其事俾刻之祠下云

施閏章記往讀歐陽氏所謂孫明復石守道兩先生墓誌銘偉其文嗟異其人久之過泰安州有兩先生祠知爲先生遊息講業之所因爲文以祭之入其祠頹檐漏瓦門垣不飭几筵不具而兩先生像獨存其儒衣冠上坐者孫先生侍坐者石先生也孫先生晉州平陽人舉進士不第退居泰山之陽魯人石先生輒師事之杖屨必侍登降必扶執弟子禮甚恭魯人觀者皆歎息興起今觀其像如生時余不覺流涕夫兩先生學成行立傳於後世無可哀者余獨念兩先生躬耕力行居泰山徂徠之間雖嘗官於朝而不久其位不大伸其志卒爲姦人所嫉謗石先生作慶歷詩褒譏大臣尤中奇禍至困踣身死幾不免發棺可謂阨矣然當時魯人尊之太學諸生從之宰相鄉大夫折節下之以薦於天子天子加禮蓋行修於身而不可掩也自宋迄今六百餘年祠祀春秋不廢魯人無賢不肖皆稱曰泰山孫先生徂徠石先生而不敢名泰山徂徠兩山遂若爲兩先生所獨有而向之姦人乘權嫉謗者影響俱泯且不得與草木等太史公曰富貴而名磨滅不可勝紀惟倜儻非常之人稱焉後之有志於道者其毋味於利而怯於義毋競錐刀之末而失邱山之重亦可以自壯矣而吾儕承先人之訓遊聖賢之鄉不敢爲不肖爲竊恐其未逮不免與草木同盡此後人之所以可哀也既撤祭召兩先生之裔爲存恤惟石氏有奉祀生承基問其遺書已不存會理問蘇君署州事予出四十緡俾新其祠侍御趙公宏文倡爲之助蘇君既謀始而州守曲君允斌爭又匯治之屬武舉張子所存董其成乃訖工夫聞先生之風者思見其人謁祠而見其像如生俎豆肅然感興者必衆乃刻石告諸生且將以自勵焉

王奕詩師生高占二山名千載誰云道義輕岳府柏林風雨夜琅然猶帶讀書聲

胡瑄詩奎星聿應兩先生泰岳徂徠相對青司諫謾勞歌聖德聚徒惟解授遺經分來洙泗源頭水贏得歐陽石上銘明主崇儒專廟祀百年師道有餘馨

和聖祠在魯兩先生祠西北多明人石刻歲時祭焉泰山道里記

長春觀舊在岱廟西北元初知州張郁建女冠訾守愼修眞於此賜號妙眞觀地有中統二年元和子記碑泰山道里記

梳粧院舊爲白雲觀在岱宗坊西南郡城北門外西北隅明萬歷間周藩奉國將軍勤鯤建祀王母其後增祀元君圖志參泰山道里記

靈派侯廟在郡城西南後晉天福六年建其神舊稱滦河將軍又曰通泉侯宋眞宗東封泉水方涸俄有淸流涌出賜封靈派侯圖志 宋元碑記入金石記

靈應宮在社首山東元君下廟也廟刱無攷明萬歷三十九年奉敕拓建賜今額有張邦紀碑記前後殿各五間南有崇臺上爲金闕俗名銅樓棟宇欄楯以及像設皆範銅鍍金爲之萬歷時欽造舊在岱頂碧霞祠內後移置於此

泰山道里記並圖志

沈廷芳銅樓歌泰山城外古道院殿宇插漢何清幽入門老樹互撐拄中有突兀縹緲之飛樓樓高丈餘廣袤稱軒窗闌楯工雕鏤上作元君道眞相鉢衣瓔珞垂蘇旒童男姹女傍雙鶴楣牓楹帖蟠蛟虬是皆檀谷銅所鑄工緻與古六氏侔騰光輝彩射烈日觀者莫敢張兩眸不知何代始製此羣言勝國宮掖祈神庥初安太清宮穹碑並列峩峯頭繼遣兵燹禍遠自山頂舁至城西陬邪許費盡萬人力移置高壘如崇邱我來登臨覽四周摩挲銅狄嘅嘆五百秋昔聞夏氏鑄鼎象物怪始用貢金遍九州前王制度利民用施用定可成嘉猷後世作事恒違欲仙階邀福徒營求金人十二肇秦始佛塔應眞創自錢婁罔如明初武當殿滇南鸚鵡堪匹儔方其盛時尙過舉矧在中葉迺縱禱祀無疆諆我欲鎔之紅泉府重是舊物還表猶作詩書壁示炯鑒日斜風緊旗旐愁吁嗟乎金泥玉簡典禮盡虛幻茲樓微物曷足重懷千古憂

相公廟在社首山上神稱東嶽輔相見宋胡元質記石或謂趙韓王者誤圖志

高里山神祠在高里社首二山之間額曰森羅殿刱建無攷元至元二十一年明成化二年及萬歷間俱重修圖志

亭亭山神廟在亭亭山漢書地理志泰山郡鉅平注有亭亭山祠宋眞宗大中祥符元年封山神爲廣禪侯遣秘書丞直史館姜嶼致祭元知州張郁知縣張佺重修圖志

地主祠在梁父山史記八神二曰地主祠泰山梁父漢武帝及光武皆降禪於此今壇阯竝失圖志

感應侯祠在徂徠之陽獨秀峯下祀徂徠山神金明昌元年封爲護國感應侯今圮泰安縣志參泰山道里記

二聖宮在徂徠之陽乳山下舊稱二聖堂元初開國侯田陽時珍建有高詡碑記後增建玉皇閣王母殿三清殿泰安

縣志參泰山道里記

毛姑庵舊在徂徠之陽乳山西二里今其地稱毛老谷岱覽泰山道里記元初州人毛仙姑居之修持三十餘年臨化留頌泰定軍節度時宥爲紀石於墓遂稱其地爲毛老谷

聚泉庵俗稱大庵在徂徠之陽藥山泰山道里記

古四禪寺在徂徠之陽團山下北齊河清二年建金元重修乾隆三十四年秋大雨山水橫溢寺基無存泰安縣志參泰山道里記

法雲禪寺在徂徠之陽佗山下金大定二年釋福燈建有敕牒碑泰安縣志

隱仙觀在徂徠之陽小普陀巖南祀呂純陽內有玉帝閣

三清殿明萬歷中有于仙蛻虛闕此岱覽參泰山道里記

趙州庵在徂徠之陽演馬嶺上圮僅存呂仙閣中爲北斗殿俗呼團瓢下爲三皇廟人稱徂徠七十二觀寺此其尤者岱覽

光化禪寺在徂徠之陽薤山上刱於元魏宋祥符間賜號曰崇慶元初時珍重修有高詡碑記岱覽竝泰山道里記（成城宿光化寺詩）山近尖濃翠精廬返照明到門千樹合過澗一僧迎水石澄寒色松風起梵聲此時塵鞅客心跡亦雙清

大悲庵在光化寺東北里許圓瓦崖泰安縣志竝岱覽

三清殿在徂徠山陰中軍幛前康熙間建泰安縣志

神化庵在徂徠山陰牛山之南泰山道里記

玉帝閣在徂徠西北麓卽金党懷英所居竹谿庵故阯康
熙間建泰安縣志參岱覽

靈巖寺在靈巖山廣袤三里殿閣層輝明汪子卿志云舊
在泰安治內今屬長清距登封之地九十里峯巒聯屬其
實統曰泰山而曰靈巖其別名也岱嶽志之不可遺者
泰山道里記案北魏孝文帝本紀太和三年起靈泉殿思遠佛寺於方山遂屢幸焉迨正光初僧法定復興拓建曰靈巖寺見宋郭思石橋記碑隋文帝本紀開皇十五年旅玉符疑卽此寺舊阯在甘露泉西唐貞觀時徙於西南麓宋熙寧間移建於此仍額靈巖有敕牒碑歷代修葺制加詳焉
大門內三橋相竝中曰聚善東曰虎谿西曰接引明時重
建二門內碑石林立東西爲鐘鼓樓其南爲天王殿
橋北爲大雄殿殿七間祀觀音文殊普賢卽宋之獻堂及

山門本無像設香明正德間魯藩增置
國朝乾隆二十二年
賜額曰卓錫名藍聯曰奇松爾日猶回向詭石何心忽點頭兩
翼齋廡東爲韋馱殿西爲觀音堂由甘露泉遷此
大殿北爲五花閣上祀三大士下祀圓通菩薩西爲彌勒
殿又西曰魯班洞上爲十王殿鏡池西北爲千佛殿殿七
間中祀毘盧漆藤爲之配以藥師彌陀範銅爲之左右小
佛千餘卽唐貞觀中僧慧崇所移建者宋拓修之明嘉靖
間重建萬歷間重修
國朝康熙五十三年僧淨意重修東北爲御書閣慧崇建靈
巖志稱唐僧陳元奘譯經處有大觀時仁欽篆書閣額萬
歷間重刊靈巖志誤以爲貞觀御筆也北上有超然亭圮
今爲方丈禪堂
宋曾鞏題靈巖方丈詩法定禪房臨峭谷辟支靈塔冠層巒軒窗勢聳雲林合鐘磬聲高鳥道盤白鶴已飛泉自漫青龍無迹洞常寒更聞雷遠相從樂性道塵囂豈可干
元傅亭靈巖方丈話舊詩秋晚登臨上岱宗扶筇來此謁崆峒閒雲送雨過深洞老鶴將雛度遠空白石清泉心不了黃花秋葉思無窮攜書歸隱知何日坐想青山入夢中
閣東爲后土殿西爲般舟殿西南爲辟支塔塔九級每級
門四牕六皆磚石爲之唐天寶中建宋嘉祐間重修元明
相繼修之西偏爲藏經厰乾隆十四年燬於火其後爲倚
翠亭迤西爲和尚林有唐天寶中慧崇塔及宋元塔銘西
北爲松風閣稍西爲朝元殿由甘露泉移此南下爲關帝

廟
后土殿東爲定公殿圮又北爲玉皇殿自韋馱殿東爲轉
輪藏內爲孔雀佛殿阯近改爲公館東爲達摩殿由甘露
泉移此
寺門外南爲方山神祠東南有伽藍殿西南爲地藏庵東
南爲藥師佛殿思議佛殿竝圮自伽藍殿東過仙人巖爲
白衣殿星月樓及維摩庵皆圮稍東卽鐵袈裟亭旁有印
池上有接引佛殿圮以上泰山道里記參岱覽
唐司空曙遊靈巖寺詩春山古寺繞烟波石磴盤空鳥道過百丈金身開翠壁萬龕燈燄隔烟蘿雲生客到侵衣濕花落僧禪覆地多不與方袍同結足下歸塵世竟如何
宋李迪留題靈巖寺詩靈巖山勢異金地景難窮塔影遮層漢鐘聲落半空千尋羅雉堞萬仞聳屏風飛鶴來

清寶劉魚荘古桐名曾參四絶封合亞三公勢徹河墻
遠形差嶽鎮雄仙閭鄰岐極日觀件穹崇邃洞連蓬島
重巒鑿梵宫望應消俗慮登喜出塵籠獻壽需衛並分
茅海岱同艮方標出震午位對升中嵐滴晴烟碧崖鋪
夕照紅巍峩齊太華奇勝敵崆峒鍊句供詩客樵眞怯
晝工天巧分怪狀神化結全功吟賞慵同首雲泉興愈
隆

張揆宿靈巖寺詩　再見祇園樹流光二十年依然山水
地況是雪霜天閣影移寒日鐘聲出暝煙巍官苦奔走
一宿亦
前緣

孔舜遊靈巖寺詩　[illegible]從乎地出塵籠覩到諸天釋梵宫
郄悟冗官長役物[illegible]如大士日談空山横青壁千屏合
泉迸丹崖一線通[illegible]鳥静嘯人外境疎鐘不墜世間風
目無可欲猿猱伏心絶微塵水鑑融自恨無緣陪晏坐
他生願効
種松翁

蘇轍詩　青山何重重行盡土囊底巖高日氣薄秀色如
新洗入門塵慮息盥漱得清泚升堂見眞人不覺首自
稽祖師古禪伯荆棘昔親啟人跡尚蕭條豺狼夜相觝
白鶴導清泉甘芳勝醽醴聲鳴青龍口光照白石陛尚

可滿畦豈惟濯蔬米居僧三百人飲食安四體一
念但清涼四方盡兄弟何言庇華屋食苦當如薺

元趙文昌題壁詩　路入藤陰石徑涼馬頭遥認贊公房
兜羅天近雲煙濕婆律風清草木香紅鶴飛來山隱隱
元猿啼罷月蒼蒼窮探自是
平生病杜杖眞須到上方

李岳詩　上方重閣喜登臨山氣霏微向夕陰棲鳥伴雲
歸寶塔落花隨雨散香林清泉脉脉流名古蒼栢森森
閲歲深一扣禪關觀衆
妙更須何地豁幽襟

明徐毅詩二首　山露霏微石徑斜上方臺殿寂無譁春
深尚有殘紅跡知是優曇第幾華　四面山開翡翠屏
碧梧修竹雨亭亭老僧定起
推窗坐自啟瑯函誦貝經

王守仁和蘇穎濱韻　客途亦幽尋宵將穿谷底塵土填
胸臆到此乃一洗仰視劍戟鋒嶙峗類如泚俯窺蛟龍
窟前聽伏首若稽異境固靈秘茲遊實天啟梵宇適巖壑
簷牙相角觝山僧出延客經營設酒醴導引入雲霧峻
陟歷堂陛石田惟種椒晩炊乃有米臨燈坐小軒矮榻
便倦體清幽感疇昔陳李兩兄弟侵晨訪遺跡碑碣多
荒薺

王應鵬別靈巖寺詩　落日青天迥登樓面碧峯片雲翻
絶壁疎雨過深松塔自空中突泉於樹杪重吾師如惠
遠脫屣
卽相從

徐中行詩　列岫圍丹壑諸天出翠微雲霞明客路薜荔
暗禪扉御墨金爲榜神僧鐵作衣塔寒青漢上鐘梵白
雲飛揮麈深元理忘筌學息
機仁如逢慧遠日暮澹忘歸

傅國宿靈巖寺詩二首　祇林金失日聲縈暗生雲珠翠
春常在香花午不分風搖金塔影雨繡鐵袈紋不用愁
供給松關墜露芬　燈寒開貝葉夜靜掩松扉清磬聞
林杪幽人語翠微餅餐婆利淨茶把露華肺坐久諸天
冷香雲
落客衣

神寶寺在靈巖北峪北魏正光初僧法定剏建今廢有唐
碑　泰山道
里記

神通寺在琨瑞山西北舊稱朗公寺水經注云苻堅時沙
門竺僧朗居琨瑞山大起殿舍連樓壘閣郎此元和郡縣

志云神通寺在歷城縣東七十里琨瑞山中泰山道里記
云琨瑞山西北爲神通寺隋開皇三年文帝以通徵屢感
故曰神通也其制門闕兩重北爲大雄殿東曰伽藍殿西
曰達摩殿北爲千佛殿圯北爲方丈東爲禪堂又北爲法
堂兩翼齋廊寺西地倣豁舊有藏經堂轉輪藏鐘鼓樓圯
又南一臺有四門塔極崇麗皆石爲之塔前古柏一株九
頂蒼秀傳云漢植其東有宋三壇寺窣堵波因石鑿成紹
聖間潘卞爲撰銘又東有染池龍洞泉西北隅曰朗公塔
制最古　岱覽並泰山道里記

明許邦才神通寺詩二首　百里泰山陰千年號寶林諸
天聞說法初地問安心古殿松聲合長廊月色深夢酣
禪榻寂清磬下雲岑　寤寐東南[illegible]秋更一過青山
過橋盡黄葉擁川多丈室因巖穴經臺上蔦蘿同遊仍

抱病試與
問如何

[李攀龍神通寺詩]相傳精舍朗公開千載金牛去不迴初地花開藏洞壑諸天樹杪出樓臺月高清梵西峯落霜淨疎鐘下界來豈謂投簪能避俗將因卧病白雲隈

泰山志卷第十

泰山志卷第十一

朝議大夫山東泰安府知府休寧金棨纂輯

秩祀志

列代巡狩 祀典 儀注

列代巡狩

唐虞三代

周易觀象曰風行地上觀先王以省方觀民設教

尚書舜典歲二月東巡狩至于岱宗柴望秩于山川

詩周頌於皇時周陟其高山嶞山喬嶽允猶翕河敷天之下裒時之對時周之命

禮記王制天子五年一巡守歲二月東巡守至于岱宗柴而望祀山川覲諸侯問百年者就見之命太師陳詩以觀民風命市納賈以觀民之所好惡志淫好辟命典禮考時月定日同律禮樂制度衣服正之山川神祇有不舉者爲不敬不敬者君削以地宗廟有不順者爲不孝不孝者君絀以爵變禮易樂者爲不從不從者君流革制度衣服者爲畔畔者君討有功德於民者加地進律五月南巡狩至于南嶽如東巡狩之禮八月西巡狩至于西嶽如南巡狩之禮十有一月北巡狩至于北嶽如西巡狩之禮歸假於祖禰用特 禮器因名山升中於天

秦

始皇帝卽帝位三年東巡海上行禮祠名山大川及八神

二曰地主祠泰山梁父
二世皇帝元年東巡碣石並海南歷泰山至會稽皆禮祠
之（以上史記）
漢
武帝元狩四年始巡郡縣寖尋於泰山（通典）
光武帝建武三十年三月幸魯過泰山告太守以上過故
承詔祭泰山及梁父
章帝元和二年二月東巡狩至泰山修光武山南壇兆辛
未柴祭天地羣神如故事壬申宗祀五帝於孝武所作汶
上明堂光武帝配癸酉更告祠高祖太宗世宗中宗世祖
顯宗於明堂各一太牢卒事遂覲東后饗賜王侯羣臣因

行郡國幸魯祠孔子及七十二弟子四月還京都（以上後漢書祭祀志）
下詔曰朕巡狩岱宗柴望山川告祀明堂以章先勳其
二王之後先師之裔東后蕃衛伯父伯兄仲叔季弟幼
子童孫百僚從臣宗室衆子要荒四裔沙漠之北葱嶺
之西冒耏之類跋涉懸度陵踐阻絶駿奔郊畤咸來助
祭祖宗功德延及朕躬予一人空虛多疚纂承尊明盥
洗享薦慙愧祗栗詩不云乎君子如祉亂庶遄已歷數
既從靈耀著明亦欲與士大夫同心自新其大赦天下
諸犯罪不當得赦者皆除之復博奉高嬴無出今年田
租芻稾（後漢書章帝紀）
安帝延光三年二月丙子東巡狩辛卯幸泰山柴告岱宗（文獻通考）
漢班固東巡頌竊見巡狩岱宗上稽帝堯中述世宗遵
奉世祖禮儀備具動自聖心是以明神屢應休徵仍降
不勝狂簡之情謹上岱宗頌一篇曰若稽古在漢迪哲
聿修厥德憲章丕烈翩六龍較五輅齊百僚謁賓素命

南至以司歷厥中月之六辰備
天官之列衛盛輿服而東巡
漢崔駰東巡頌伊漢中興三葉於皇惟烈允迪厥倫矩
坤度以範物規乾則以陶鈞於是考上帝以質中總列
宿於北辰開太微敞禁庭延儒林以諮詢岱嶽之事于
時典司者奮載華抱實道爾而進曰盛乎大漢世增其
德此神人之所庶幸海內之所想思顧有喬山之征典
在祖嶽之巡時邁其邦民斯攸勤不亦宜哉乃命太僕
訓六騶調路馬戒師徒於是乘輿登天靈之威路駕太
一之象車升九龍之華旗建拂霓之旌旄褒胡耇之元
老賁孝行
之畯農
漢馬融東巡頌允迪在昔紹烈陶唐殷天衷克播光若
時則運璣衡敷六典歷八成肆類于上帝實柴乎三辰
禋祀乎六宗祇燎乎羣神遂發號羣司申戒百工卜筮
稱吉蓍龜襲從南征北伐爰相告祥清夷道而後行曜
四國而揚光展聖義於巡狩喜圻時而詠八荒皆宗嶽
以屬翊岱神之所望散齋既畢越翼日辰械燎增構
烈火燔燎燿光四燭炎燭天蕭香暐升清煙昌雲珪
璋發揚犧牲粢盛饗宗廟明永元樽空桑孤竹咸池
雲門六八而
發神靈並存

三國
魏明帝凡三東巡狩所過存問高年恤疾苦或賜穀帛有
古巡幸之風焉（晉書禮志）
北魏
太武帝太平真君十一年十一月帝南征過岱宗祀以太
牢（册府元龜）
隋
文帝開皇十五年春正月壬戌車駕次齊州丙寅旅玉符
山庚午祠泰山三月己未至自東巡狩望祭五嶽（本紀）
唐
高宗麟德二年幸東都遂幸東嶽

元宗開元十三年十月發東都赴東岱 以上文獻通考

明

成祖永樂七年三月車駕巡守駐蹕東平望祭泰山 明典彙

祀典

唐虞三代

尚書舜典望于山川徧于羣神

詩周頌懷柔百神及河喬嶽

禮記王制天子祭天下名山大川五嶽視三公四瀆視諸侯諸侯祭名山大川之在其地者　禮器齊人將有事於泰山必先有事於配林　祭法四坎壇祭四方也

周禮大宗伯以血祭祭社稷五祀五嶽　國有大故則旅上帝及四望　小宗伯兆五帝於四郊四望四類亦如之　若軍將有事則與祭有司將事於四望　肆師之職立次祀用牲幣　典瑞兩圭有邸以祀地旅四望　司服祀四望山川則毳冕　大司樂乃奏姑洗歌南呂舞大磬以祀四望　大祝國將有事於四望及軍歸獻於社則前祝

春秋隱公八年傳鄭伯請釋泰山之祀而祀周公以泰山之祊易許田三月鄭伯使宛來歸祊不祀泰山也　僖公三十一年夏四月四卜郊不從乃免牲猶三望　宣公三年春王正月郊牛之口傷改卜牛牛死乃不郊猶三望

秦

始皇帝并天下令祠官所常奉名山一曰泰山春以脯酒

為歲祠因泮凍秋涸凍冬賽禱祠其牲用牛犢各一牢具珪幣各異 史記

漢

宣帝神爵元年制詔太常五嶽皆有常禮祀東嶽泰山於博使者持節侍祠歲五祠 漢書郊祀志

三國

魏文帝黃初元年十一月庚午以郎阼燎祭五嶽 本紀　二年六月庚子祀嶽瀆瘞沉珪璧 冊府元龜

晉

元帝建武元年令郡國有五嶽者置宰祝三人以孟春仲冬祠之 隋禮志

明帝太寧三年七月詔以五嶽四瀆望秩久廢主者其依舊詳處 本紀

成帝咸和八年立北郊祀地祇地郊五嶽從祀 文獻通考

北魏

明元帝泰常三年立五嶽廟於桑乾水陰春秋遣有司致祭有牲及幣準古望秩云

獻文帝皇興二年二月以青徐既平遣中書令兼太常高允奉玉幣祀於東嶽 以上北魏書禮志

（祝文）正址坤元作鎮東夏齊二儀以永固崇至德以配天故能資元氣以造物協陰陽而變化若其崇嶺峭峙川谷幽深神怪譎詭倏忽百靈出納風雲首成萬品攝生之所歸焉禎祥之所萃焉是以歷代帝王之崇封禪銘功以告其成七十二君咸在茲焉自非功侔造化德同自然孰能若此者哉自我國家肅恭禋祀懷柔百神

邦域之內罔不咸秩往以天路未夷雖望祭有作今大化旣同奄有淮岱謹薦於嶽宗之靈尚饗

孝文帝太和十九年正月巳亥帝南征二月壬戌詔班師四月巳未行幸瑕邱遣使以太牢祀岱嶽本紀

祝文造化氤氳是生二儀元黃旣闢山川以離四流含靈五嶽苞祇并兼方象出納望羲岱宗穹崇梁父盤崛青卭荷曦春趾巒崔肇生庶類啟光品物土敷神工下融靈秩載協化文四氣亦溫百王鐫成莫不茲室

北齊

文宣帝天保元年六月巳卯詔分遣使致祭五嶽本紀

唐

武德貞觀之制五嶽以五郊迎氣日祭之東嶽岱山祭於兖州其牲皆用太牢祀官以當界都督刺史充文獻通考

元宗開元五年十二月戊寅詔詳定嶽瀆典禮　十三年十一月壬辰詔封泰山神爲天齊王禮秩加三公一等宜令所管崇飾祠廟去山十里禁樵採　十八年正月丁巳詔五嶽四瀆各令郡縣逐處設祭　十九年四月甲辰命有司祭五嶽四瀆以尚書省諸曹郎分往諸州祭焉　二十年四月戊申命有司擇日就祭五嶽　十一月庚申制五嶽四瀆各令致祭務盡誠潔以上册府元龜

二十二年春正月癸卯制嶽鎮用牲牢餘并以酒脯充奠開元禮　六月以多雨令高品官祭五嶽　二十三年正月乙亥詔五嶽所在長官以禮致祭　二十五年十月戊申敕禮部尚書杜暹祭東嶽　天寶元年正月丁未改元五嶽四瀆并令所在州縣致祭　甲寅以得靈符又令所在

長官備禮祭五嶽　十二月乙亥令光祿卿嗣鄭王希言祭東嶽　天寶三載四月丙辰令太子詹事嗣許王瓘祭五嶽　六載正月戊子以加封四瀆令所在長官致祭五嶽　七載五月壬午以上尊號詔所在長官致祭五嶽　八載九月詔令宗正卿褒信郡王璆等分祭五嶽　十載正月甲子制專使分祭五嶽　二月巳亥遣嗣吳王祗祭東嶽　十二載二[illegible]制五嶽四瀆各委郡縣長官致祭其祠宇頹毀者量[illegible]葺　十四載八月辛卯以歲稔制令郡縣長官秋後醮[illegible]嶽瀆又詔令所在長官卽擇日致祭五嶽四瀆

代宗廣德二年二月詔五嶽宜令所管致祭　永泰元年正月癸巳改元制令五嶽所管牧宰精誠致祭　大歷元年十一月甲子大赦改元制曰五嶽四瀆祀典攸存神理昭著宜以禮致祭　五年六月詔曰五嶽四瀆神明所居風雨是主宜委中書門下分使致祭以達精誠

德宗貞元二年詔太常卿裴郁等十八各就方鎮祭嶽瀆　四年五月初復御署祭嶽瀆祝版舊制

文獻通考太常卿董晉奏五嶽四瀆伏準開元禮每年各以五郊迎氣日祭之其祝版並合御署自上元元年中祠小祠一切權停自後因循不請御署其祝版欲至饗祭日所司準程先進取御署附驛發遞敕旨宜依仍所司每至時先奏附中使送往

順宗以貞元二十一年正月卽位四月册皇太子詔五嶽委所在長吏量加祭祀

憲宗元和四年十月庚寅册皇太子詔五嶽所在長吏量加祭祀　七年十月庚戌制册皇太子五嶽委所在長吏量加祭祀

穆宗長慶元年七月壬子受册尊號禮畢詔五嶽各令所在以禮致祭

文宗太和八年二月庚寅大赦詔五嶽四瀆各委所在長吏致祭仍加豐潔以副精誠

五代

後晉高祖天福二年八月詔以正位差官祭告五嶽兼下逐州府量事修崇所有近廟山林仍宜禁斷樵牧　十月丙戌命使祠五嶽　六年詔嶽鎮廟宇宜令各修葺仍禁樵蘇

後周太祖廣順二年[illegible]月親征兗州遣翰林學士竇儀祭東嶽廟以上册府元龜

宋

太祖建隆元年六月平澤潞遣官祭泰山廟　四年平湖南遣使祀南嶽繼令有司製諸嶽神衣冠劍履遣使易之禮志　乾德元年五月甲寅遣使禱雨嶽瀆　二年三月丁酉遣使齎[illegible]五嶽　九年七月丁亥命修五嶽祠廟本紀

開寶五[illegible]詔自今五嶽各以本縣令兼廟令尉兼廟丞專掌祀事常加案視務於蠲潔仍籍其廟宇祭器之數受代日交以相付本州長吏每月一詣廟察舉縣近廟者遷治

所就之文獻通考

太宗雍熙三年八月丁未大雨遣使禱嶽瀆　淳化元年夏四月庚戌遣中使詣五嶽禱雨俱本紀　二年二月祕書監李至請遵舊禮五嶽就迎氣日各祭於所隷之州長吏以次爲獻官其後立春日祀東嶽岱山于兗州禮志　至道元年二月八日以旱祀五嶽故事御書祝版學士言五嶽視三公稱名恐非古上曰唐德宗猶拜風雨朕爲民祈福無憚桑林之禱舊制豈可廢玉海

眞宗大中祥符元年加號泰山爲仁聖天齊王遣職方郎中沈維宗致告又封威雄將軍爲炳靈公通泉廟神爲靈派侯亭亭山神爲廣禪侯各遣官致告詔泰山四面七里禁樵採給近山二十戸以奉神祠社首徂徠並禁樵採　四年五月乙未加上東嶽爲天齊仁聖帝禮志　九月辛卯向敏中等爲五嶽奉册使冬十月戊申御朝元殿發五嶽册本紀　十一月戊戌又加上東嶽帝后號曰淑明遣官祭告禮志　五年二月命晁迥等撰加五嶽帝號碑玉海　八月己未作五嶽觀

晁迥撰碑文入金石記

仁宗慶歷二年夏四月丙辰以春夏不雨遣使禱于嶽瀆　嘉祐元年春正月朔御大慶殿受朝命諸州長吏致祭嶽瀆

英宗即位於嘉祐八年五月戊辰初御延和殿以疾未平

命禱于嶽瀆　治平二年九月乙酉以久雨遣使祈于嶽
瀆以上本紀
神宗熙寧元年以祈雨命諸路擇端誠修潔之士禱嶽瀆
禮志　元豐三年集賢校理陳侗請依周禮建四望壇於四
郊以鎮五嶽四鎮四瀆庶合於經詔下詳定禮文所詳定
文獻通考
哲宗元祐五年二月癸卯禱雨嶽瀆本紀　元符三年修東
嶽廟命曾肇撰碑文爲殿三日嘉寧著祉儲佑玉海
徽宗宣和四年九月有司以泰嶽廟成奏功詔學士承旨
宇文粹中撰修嶽廟碑廟碑
高宗紹興七年五月壬申命禮官舉嶽鎮海瀆之祀本紀

太常博士黃積厚言嶽鎮海瀆請以每歲四立日分祭如
祭五方帝禮詔從之禮志
金
世宗大定四年六月庚午初定祭五嶽四瀆禮禮官言嶽
鎮海瀆當以五郊迎氣日祭之詔依典禮以四立土旺日
就本廟致祭其在他界者遙祀立春祭東嶽于泰安州其
封爵並仍唐宋之舊禮志　十九年敕修嶽廟廟志
章宗明昌元年五月丙子以祈雨望祭嶽鎮海瀆　三年
三月丁酉命有司祈雨望祀嶽鎮海瀆　四月丁卯復以
祈雨望祭嶽鎮海瀆　五月巳丑以雨足望祀嶽鎮海瀆
[illegible]年六月丙辰以晴致祭嶽鎮海瀆　承安元年三月

丁酉不雨遣官望祭嶽鎮海瀆于北郊丁未復遣使就祈
于東嶽　四月巳卯遣官望祭嶽鎮海瀆　十一月癸卯
命有司祈雪仍遣官祈于東嶽　二年夏四月丙辰命有
司祈雨望祭嶽鎮海瀆　五月甲申以雨足望祭嶽鎮海
瀆　四年五月戊戌命有司望祭嶽瀆禱雨　六月辛巳
遣官報祀嶽瀆　五年六月乙巳遣有司祈晴望祭嶽瀆
七月乙卯朔以晴遣官望祭嶽瀆　太和四年二月丁
酉詔祈雨東北二嶽　四月丙午以祈雨望祀嶽瀆　五
月乙丑有司請雩詔三禱嶽瀆辛卯報謝嶽瀆
宣宗興定二年七月巳卯以旱災遣官望祀嶽鎮海瀆以上本紀

元
嶽鎮海瀆祭祀之禮使者奉璽書即其處行事曰代祀代
祀自中統二年始凡十有九處分五道後乃以東嶽東海
東鎮北鎮爲東道道遣使二人集賢院奏遣漢官翰林院
奏遣蒙古官出璽書給驛以行中統初遣道士或副以漢
官祭祀志
世祖中統二年秋七月乙丑遣使持香幣祀嶽瀆本紀　至
元三年夏四月定歲祀嶽鎮海瀆之制正月祀東嶽鎮海
瀆土王日祀泰山于泰安州祭祀志　秋七月丙午　四年
四月辛未　五年四月壬寅俱遣使代祀嶽瀆　六年四
月甲午遣使祀嶽瀆　九年正月辛巳刺燕王遣使持香

旛祀嶽瀆　十一年三月辛卯遣使代祀嶽瀆　十二年二月庚午命怯薛丹察罕不花侍儀副使關思義真人李德和代祀嶽瀆　十三年五月乙未遣使代祀嶽瀆　秋七月丙辰遣使持香幣祀嶽瀆　十四年二月甲子　十六年二月丙午　十七年二月辛丑俱遣使代祀嶽瀆　十八年正月辛亥遣使代祀嶽瀆　十九年二月辛卯遣使代祀嶽瀆　二十一年正月甲戌遣蒙古官及翰林院各一人祀嶽瀆　二十二年春正月甲申遣使代祀五嶽

二十三年春正月壬午太陰犯軒轅太民遣使代祀嶽瀆　二十四年春正月庚寅　二十五年春正月丁酉　二十六年春正月辛丑　二十七年春正月丁巳俱遣使

代祀嶽瀆　二十八年二月丁酉詔加五嶽四瀆四海封號各遣官詣祠致告加上東嶽爲天齊大生仁聖帝　二十九年二月甲子　三十年春正月丁亥俱遣使代祀嶽瀆

成宗元貞二年二月丙寅遣使代祀嶽瀆　大德元年六月甲午諸王也里干遣使乘驛祀五嶽命追其驛券仍切責之　二年二月癸未詔諸王駙馬毋擅祀嶽鎮海瀆

四年二月乙卯遣使祀東嶽

武宗至大元年三月丁卯遣使祀五嶽

仁宗皇慶元年十二月丁亥遣官祈雪於嶽鎮海瀆

泰定帝泰定元年秋七月庚寅　二年八月辛丑俱遣使代祀嶽瀆　三年三月乙巳帝以不雨遣使分祀嶽瀆

四年閏九月甲戌命致祭五嶽

文宗天歷元年九月壬戌遣使祭五嶽　二年冬十月庚戌遣使代祀五嶽　至順二年冬十月甲辰遣秘書太監王珪等代祀嶽瀆　三年六月癸丑遣使分祀嶽瀆

順帝至正二年春正月癸巳遣翰林學士三保等代祀五嶽　以上本紀

明

太祖洪武二年二月命都督孫遇仙等分祭嶽瀆　禮儀志

三年詔定嶽鎮海瀆神號畧曰爲治之道必本於禮嶽鎮海瀆之封起自唐宋夫英靈之氣萃而爲神必受命於上

帝豈國家封號所可加瀆禮不經莫此爲甚今依古定制並去前代所封名號東嶽稱東嶽泰山之神　禮儀志

六月二十日制曰磅礴東海之西中國之東參穹靈秀生同天地形勢巍然古昔帝王登之觀滄海察地利以安民生祝曰泰山於敬則致於禮則宜自唐始加神之封號歷代相因至今曩者元君失馭海內鼎沸生民塗炭予起布衣承上天后土之命百神陰佑削平暴亂正位稱職當奉天地享鬼神以依時統一人民法當式古今寰宇旣清特修祀儀因神有歷代封號予起寒微詳之再三畏不敢效蓋神與穹同始靈鎮一方其來不知歲月幾何神之所以靈人莫能測其職受命於上天后土爲人君者何敢預焉懼不敢加號特以東嶽之神名其名依時祭神惟神鑒之

十年八月以天下寧謐遣曹國公李文忠道士吳永輿鄧子方代祀泰山樹碑嶽廟詔自今以後歲以仲秋詣祠致祭

御製祝文朕荷上天后土之眷命蒙神之效靈以致平群雄息禍亂君主黔黎於華夏統控蠻夷於今十年中國康寧然於神之祀若以上古之君言之則君爲民而禱歲有春祈秋報之禮於斯之際有望於神而祭者有巡守於所在而燎瘞者今予自建國以來十年于茲國爲新造民爲初安是不得親臨所在而祀神也特遣開國忠臣李文忠道士吳永輿鄧子方以代予行奉犧牲祝帛於祠下以報效靈自今以後歲以仲秋詣祠致祭惟神鑒之尚饗

十一年遣道士吳永輿官行甫祭泰山

告文惟神靈峙方嶽鍾秀后祗主司生民厥功允大時維仲秋禮當報祀特命使者奉犧牲醴帛詣祠致祭伏惟鑒知尚饗

二十八年討龍州趙宗壽遣神樂觀道士樂本然國子監生王濟祭告泰山

御製祝文昔者元運將終英雄並起民患兵殃時予亦與羣雄並驅藉兵保民上帝黙相山川受命效靈所在

必克轉戰五年餘方乃兵偃民息衆樂生生之計天下太平二十八年矣今洪武乙亥四月間廣西布政司報蠻夷酋長龍州趙宗壽奉議州黃世鐵不循治化貧國殃民兵興之事本重既行不敢不告所以告者兵行十萬各離父母妻子途間飢飽勞逸山嵐瘴氣患者有之此兵行之難兵入其境良民受害且大軍所過荆棘不生民驚且疑未有不傷者也此其所以告也但欲瘴癘之方化煙嵐爲清凉之氣俾渠魁良民安業軍士速回各得完聚以養父母是其禱也然予未敢輕告上帝惟神鑒之爲予轉達謹告

三十年九月以用師西南夷遣道士朱鐸如監生高翥祭告泰山

御製祝文昔元末兵爭傷生者衆予荷皇天眷命嶽鎮海瀆山川效靈諸將用命偃兵息民今三十年矣兵甦之餘民方安定邇來西南戎守諸將不能昭布仁威但知肥己虐人致令諸夷苗民困窘而奮怒攻屯戍致傷戍守善民者予非敢用兵由是不得已指揮諸將帥兵進討然山川險遠彼方草木茂盛煙嵐雲霧蓊鬱之氣吞吐呼吸則人多疾疫此行人衆各辭祖父母父母妻子涉險遠以靖邊夷以安中夏萬冀神靈轉達上帝賜清凉之氣以消煙嵐早定諸夷速歸營壘得奉祖父母父母暨屬團圓是其禱也今年九月二十六日兵行特遣人專香帛牲醴先詣神所謹告尚饗

成祖永樂四年七月師討安南遣道士嚴士安監生馬武致祭泰山

祝文昔者奸臣構禍屠害諸王以及於予予不得已以兵自救賴皇天眷佑嶽鎮海瀆效靈獲定内難遂安社稷爰自即位以來休養黎庶普天率土均視同仁今安南賊人黎季犛及子孫黎蒼驕盈兇悖屢犯邊疆又侵思明府祿州等處地方予爲寬容不肯興師問罪但遣使諭使還地黎賊巧詞支吾所還之地多非其舊還地之後復據西平州逼脅命吏又侵寧遠州地方占管人民殺虜男女邊境之人數年之内罹其荼毒豈可勝言況安南之人受其禍害不遺一家占城之地被其劫掠已踰數歲遣人告諭冀其改過罔有悛心益驕益甚予爲天下之主恭天成命安忍坐視民患而不之救今特命將出師聲罪致討實出予之所不得已心在救民豈敢用兵尚念兵士遠行離其父母妻子山川險阻嵐瘴鬱蒸跋涉勞勤易於致疾予惟念此深用不寧惟冀神

靈鑒予誠悃聞于上帝賜以鴻庥潛消瘴癘大振兵威早獲渠魁永安遐壤今年七月十六日兵行特遣人致香帛牲醴先詣神所謹告尚饗

五年討安南遣道士復生監生張禮致祭泰山

祝文比者安南逆賊黎季犛及子孫黎蒼逞兇肆暴屢壞邊疆侵奪思明府祿州等處地方予加寬貸不肯興師問罪但遣使諭使還地黎賊巧詞支吾所還地多非其舊還地之後復據西平州又侵寧遠州逼脅命吏占管人民劫掠貲財殺虜男女邊境之民受其殘酷安南之人并被其害誅求百端老幼不寧占城之地累年遭其劫掠予數遣人告諭冀其改過而賊稔惡日甚罔有悛心予爲天下主視民塗炭安忍不救乃命將出師聲罪致討志在弔民豈敢用兵實出於不得已賴皇天后土眷祐嶽鎮海瀆效靈將士奮志賈勇悉掃蕩其孽黨撫安其良善尚念將士暴露于外離其父母妻子山川險阻道里迢遞今天氣炎熱恐嵐瘴鬱蒸起居失調易於感疾予夙夜念此寢食不寧萬冀神靈鑒予誠悃聞于上帝賜以鴻庥潛消瘴癘俾降清凉使將士安寧百疾不作特遣人致香帛牲醴先詣神所祭告尚饗

宣宗宣德十年五月遣泰安知州胡宗敏致祭祈年
英宗正統元年五月以嗣承大統遣吏科給事中車遜祭告泰山　三年遣泰安知州胡宗敏致祭祈年　九年夏旱遣翰林院侍讀習嘉言致祭祈雨
代宗景泰元年閏正月以嗣承大統遣禮部左侍郎儀銘祭告泰山　二年遣工部右侍郎張敏致祭泰山

告文天降膏澤在風雨率其職地湧甘泉由嶽瀆效其靈敷布天地之澤施秘風雨嶽瀆不得辭其責也今歲雨暘時順所以澤萬物者至矣而獨泉流不洪所以灌百川者歉焉河不由其道而水決於海泰山四瀆之源復秘南北漕運之渠日涸此又何如天地均有矜惠生民之心神何獨無奉若天命之意務使河循故道分灑溯南而復旋布泉源廣慰輿望神既有以塞其責朕亦有以賴於神神其鑒格專候感孚謹告

三年以河流泛溢遣太子太保都御史王文祭泰山

祝文茲者河流泛溢自濟寧州以南至于淮北民居農畝皆被墊溺所在救死不贍朕實傷切于懷夫朕敷政以惠民神出泉以澤物皆上帝所命今泉流溢於淮泗災害及於公私伊誰之責固朕不德所致神亦豈能獨辭必使泉出得宜民以為利而不以為患然後各得其職仰無所負而俯無所愧專候感通以慰懸切謹告

四年以雨雪過多遣刑部尚書薛希璉祭泰山　秋又遣翰林院編修王與致祭祈雨　五年遣太常寺少卿李宗周致祭祈雨　六年遣刑部尚書薛希璉祭泰山祈年

告文恭承天命重付眇躬民社所依災祥攸繫志恒內省政每外乖或寒燠愆期或雨暘踰度旧嚮失利穀麥不登憂切民心妨及國計究推所自咎由在茲然因咎致災固朕躬罔避而轉殃為福實神職當專夫有咎無功過將惟一轉殃為福功孰與均特致懇祈幸副懸望謹告

憲宗成化元年四月以嗣統遣尚寶司丞李木祭告泰山
四年遣山東巡撫都御史原傑致祭祈年　六年遣禮

部尚書李希安祭泰山祈雨以上俱史　九年遣禮部左侍郎劉吉祭泰山祈雨廟碑　十三年以連歲災祲遣山東左布政使陳儼致祭祈年　二十年以祈雪遣山東布政使戴珙祭告泰山　二十一年地震遣山東巡撫盛容祭告泰山

告文惟神自開闢來作鎮東土興致雨雲茂育萬物靈明克昭蒸民攸賴是以歷代報祀之典有隆無替乃今歲二三月間震動數次意者人事不修不齊瀆神弗安弗寧守臣疏達朕心憂惶祗備香帛命官往祭望喬嶽以虔祈冀鑒臨而奠位助司元化誕福斯人夫古今瞻仰者在茲國家欽崇者在茲謹告

孝宗宏治元年三月以嗣統遣大理寺右少卿李介祭告泰山　四年遣左通政元守直祭泰山祈雨　六年遣山東巡撫王霽致祭祈雨　七年河決張秋遣平江伯陳銳右副都御史劉大夏右僉都御史熊翀督工修築祭告泰山　十年遣山東巡撫熊翀祭告祈雨　十二年詔修東嶽廟　十七年遣右副都御史徐源致祭祈雨
武宗正德四年正月遣山東布政使司左參政張文佐致祭祈年　五年遣戶部左侍郎喬宇祭泰山祈雨

祝文此者暵厲踰時雨澤少降水泉枯涸運道艮艱意者政有乖違上干叶氣予心警惕內自省循爰飭有司各修乃事粵惟齊魯之地泉源是鍾名山大川神所居守敬將香帛特遣廷臣仰冀明靈斡旋大化沛施甘澤濬發河流庶使國餉疏通田禾暢茂民生有賴邦本無疆謹告

六年以兵討寧夏逆黨就擒遣山東布政使司右參議徐永告謝泰山

告文去歲以來寧夏作孽命官致討逆黨就擒內清中外底定非承洪庥曷克臻茲因循至今未申

厲者四方多事水旱相仍饑莩載塗人民困苦盜賊嘯聚剿捕未平循省咎由實深兢惕伏望神慈昭鑒𠕋贊化機灾沴潛消休祥叶應佑我國家永庇生民謹告

七年遣山東布政使司左參政張津祭告祈年

世宗嘉靖元年三月以嗣承大統遣吏部尚書石珤祭告泰山　十一年命泰安知州李欽祭泰山祈嗣

祝文惟神鍾靈孕秀鎮奠一方陰翊國家其來尚矣朕以寡昧恭承大命十有一年于兹敬事神祇罔敢少懈顧儲宮未立恒切于懷兹者特具牲帛醴齊遣官虔禱伏望茂著神功錫予元嗣則我國家綿慶祺于無窮而神亦亨福于有永矣伏惟尚饗

十七年元子誕生命泰安知州丁方告謝泰山　三十二年閏三月以黃河漲溢遣山東巡撫沈應龍致祭泰山

三十三年二月以修濬工成遣山東巡撫沈應龍告謝泰山　夏四月遣巡撫沈應龍祭告祈年

穆宗隆慶三年以水災遣山東巡撫姜廷頤祭告泰山 以上岱史

六年漕河橫溢遣山東巡撫傅希摯祭泰山 廟碑

神宗萬曆元年以嗣統遣左布政使曹科祭告泰山 岱史

儀注

唐虞三代

柴望秩于山川肆覲東后協時月正日同律度量衡修五禮五玉三帛二生一死贄如五器卒乃復 尚書舜典

夏后氏因之

周制十二年一巡守 以上通典

秦

秦并天下令祠官所常奉天地名山大川鬼神可得而序也 漢書郊祀志

漢

高祖初悉召故秦祀官復置太祝太宰如其故儀 文獻通考

章帝元和二年詔曰山川百神應祀者未盡其議增修群祀宜享祀者 後漢書祭祀志

晉

新禮巡狩方嶽柴望告設壝宮如禮諸侯之覲者賓及執贄皆如朝儀而不建旂 晉書禮志

北齊

北齊有巡狩之禮并登封之儀竟不行 通典

岳鎮海瀆亦各於其方配郊而祀之

隋

隋制行幸所過名山大川則有司致祭嶽瀆以太牢岳瀆各依五時迎氣日遣使就其所祭之以太牢 以上隋書禮儀志

唐

皇帝巡狩儀將巡狩所司承制先須告于東方諸州曰皇帝二月東巡守各修乎乃守考乃職事無敢不敬戒國有大刑駕將發告圜丘宗廟社稷皆如別儀皇帝出宮大備鹵簿皆如常儀軷于國門祭所過山川如親征之禮所經州縣刺史縣令先待于境通事舍人承制問百年古先帝

王名臣烈士皆州縣致祭　右鑾駕出宮
將告將作先於泰山下修圓壇四出陛若先有封禪祀天壇即不須別築
前告三日尚舍直長施大次於外壝東門之內其設文武侍臣次陳
饌位設宮懸樂燎壇之制一如圓丘儀　前一日皇帝清齋於行宮
應告之官皆於告所清齋一日近侍之官應從升者及從
告羣官諸方客使皆於其所俱清齋一宿諸衛令其屬晡
後一刻各以其方器服守衛壝門與太樂工人俱清齋一
宿奉禮設御位於壇之東南西向設告官司徒執事者御
史奉禮贊者協律郎太樂令望燎位東方諸州刺史縣令
介公酅公文武九品以上官西方北方番客等位並如上
辛圓丘儀其褒聖侯等亦如之設告官以下門外位於東西壝門之

外道南皆如設次之式郊社令帥府史一人及齋郎以罇
坫罍洗篚冪入設於位並如常儀執罇罍篚冪者各位於
罇罍篚冪之後告日未明十五刻太官令帥宰人烹牲於
廚蒼牲一騂牲一　未明四刻太史令郊社令各服其服升設昊天
上帝神座於壇上北方南向席以藁秸設高祖神堯皇帝
神座於東方西向席以莞設神位各於座首未明三刻諸
告官以下各服其服郊社令良醞令各帥其屬入實罇罍
及玉天帝太罇二配帝著罇二俱實以汎齊其明水各實於上罇玉以蒼碧幣一丈八尺　太祝以玉
帛置於篚太官令帥進饌者實諸籩豆簠簋等皆設於饌
幔內未明三刻奉禮帥贊者先入就位贊引引御史太祝
以下入行掃除如常儀訖各就位皇帝服袞冕乘輅發行

宮奏請進發內外器服如常儀駕將至謁者贊引各引告
官通事舍人引從告羣官東方刺史縣令諸方客使俱就
門外位駕至大次門外迴輅南向其降輅之大次謁者引告官及從告羣官入就
位皇帝奠玉帛等儀並如圓丘初皇帝既升奠玉幣太官令帥進饌者其奉
饌奉樂之儀並如圓丘天帝之饌升自南陛配帝之饌升自東陛　諸太祝迎引於壇上各
設於神座前設訖謁者引司徒以下降自東陛復位諸太
祝各還罇所太常卿引皇帝詣罍洗樂作其盥洗酌獻奏樂讀祝之儀並如圓丘其祝文臨時撰　訖興皇帝再拜初讀祝文訖樂作太祝進奠
板於神座還罇所其酌獻配帝奏樂讀祝之儀並如圓丘　皇帝拜訖樂止太
常卿引皇帝進天帝神座前北向立樂作太祝各以爵酌
福酒其飲福受胙奏樂皇帝還板位之儀並如圓丘　謁者引司徒降復位太祝各

進徹豆還罇所奉禮曰賜胙其衆官受胙皇帝望燎及太祝燎牲體玉幣皇帝還大次
禮官二人次出等儀並如圓丘　右燔柴告至
皇帝既還大次侍中板奏請解嚴將士不得輒離部伍　皇帝改服通
天冠絳紗袍乘輅奏請還宮如常儀　右鑾駕還行宮
柴之明日望秩祀于岳鎮海瀆山林川澤邱陵墳衍　隰
將祭所司先為壇於祭所其神皆以尊卑為叙重行南向
前三日守宮設祭官以下次於東壝之外道南北向以西
為上設陳饌幔於內壝東門之外道北南向前二日太樂
令設宮懸之樂於壇南設登歌於壇上皆如常儀右校掃
除壇內外又為瘞埳於壇北之壬地外壝之內方深取足
容物前一日諸祭官各清齋於祭所諸衛令其屬晡後一

刻各以其方器服守衛壝門與太樂工人俱清齋一宿奉
禮設祭官位於內壝東門之內道北執事位於道南俱西
向北上設御史位於壇下一位於東南西向一位於西南
東向令史各陪其後設奉禮位於樂懸東北贊者二人在
南差退俱西向協律郎位於壇上在西陛之西東向設太
樂令位於北懸之間設望瘞位於瘞埳之東西向設祭官
以下門外位於外壝東門之外道南每等異位北向西上
設酒罇之位岳鎮海瀆各山罍二山川林澤俱蜃罇二邱
陵墳衍原隰俱散罇二各於壇上南陛之東北向西上其岳
壇上加山罍二罍置於山罇東北向皆加白冪設玉篚於罇坫之所設洗於壇南
陛東南如常執罇罍篚冪者各位於罇罍篚冪之後郊社

令帥齋郎以罇坫罍洗篚冪入設於位祭日未明十五刻
太官令帥宰人以鑾刀割牲齋郎以豆取牲血置於饌所
遂烹未明二刻太史令郊社令各服其服入設神座各於
壇上北方南向席皆以莞設神位各於座首未明一刻祭
官以下各服其服郊社令良醞令入實罇罍及玉山罍實以醍齊
蜃罇實以汎齊散罇及山罍皆實以清酒齊加明水酒加玄酒各實於上罇祭神之玉以兩珪有邸太祝以
幣置於篚太官令帥進饌者實諸籩豆簠簋等奉禮帥贊
者先入就位贊引引御史太祝與執罇罍篚冪者入自東
門當壇南重行北向西上立定奉禮曰再拜贊者承傳御
史以下皆再拜訖執罇罍篚冪者各就位贊引引御史詣
壇東陛升行掃除於上令史祝史行掃除於下訖引就位

質明謁者引獻官贊引引執事者俱就東門外位太樂令
帥工人次入就位謁者贊引各引獻官以下入就位立定
奉禮曰再拜在位者皆再拜謁者進獻官之左白有司謹
具請行事退復位協律郎跪俛伏舉麾鼓柷奏順和之樂
以䔒賓之均自後壇下之樂皆奏姑洗樂三成偃麾戛敔樂止奉禮曰
再拜獻官以下皆再拜太祝取玉於篚立於罇所謁者引
獻官詣岳壇升自南陛北向太祝以玉幣東向授獻官受
登歌作肅和之樂以函鍾之均謁者引獻官進北面跪奠
於岳神之座俛伏興謁者引退北面再拜訖登歌止謁者
引獻官降自南陛還本位初獻官升奠玉幣太官令帥進
饌者奉饌陳於東門外登歌止太官令引饌入俎初入門

雍和之樂作饌至陛樂止饌升南陛太祝迎引於壇上設
於岳神座前籩豆蓋冪徹之如式設訖太官令以下降自東陛以出
太祝還罇所其鎮海以下之饌皆祝史迎於壇上設於神
座前相次而畢訖謁者引獻官詣罍洗盥手洗爵訖謁者
引升自南陛詣酒罇所執罇者舉冪獻官酌醍齊訖樂作
謁者引詣岳神座北向跪奠爵興謁者引獻官少退北向
立樂止初獻官進奠爵祝史各以爵酌奠鎮海以下還罇
所太祝持板於神座之右東面跪讀祝文祝文臨時撰訖興獻
官再拜初讀祝文訖樂作太祝進奠板於神座還罇所獻
官拜訖樂止太祝酌罍福酒進獻官之右西向立獻官再
拜受爵跪祭酒啐酒奠爵興太祝帥齋郎進俎太祝減神

前三牲胙肉皆取前脚第二骨加於俎西向授獻官受以授齋郎
獻官跪取爵遂飲卒爵太祝受爵復於坫獻官興再拜謁
者引獻官降復位諸祝各徹豆如常訖還罇所奉禮曰賜
胙贊者唱再拜在位者皆再拜獻官不拜順和之樂作奉
禮又曰再拜獻官以下皆再拜樂一成止謁者進獻官之
左白請就望瘞位西向立於衆官將拜諸太祝各執篚進
神座前跪取玉幣齋郎以俎載毛血等各由其陛降壇詣
瘞埳以物置於埳訖奉禮曰可瘞埳東西各四人寘土半
埳謁者進獻官之左白禮畢遂引出贊引引執事者以次
出又贊引引御史太祝以下俱復執事位奉禮曰再拜御
史以下皆再拜訖出贊引引工人以次出其祝板燔於齋

所以上開元禮　右望秩于山川
望秩之明日肆覲東后朝覲之明日左右丞相以考制度
事奏聞節錄開元禮　右肆覲東后考制度
祭嶽鎮海瀆儀　諸嶽鎮海瀆每年一祭各以五郊迎氣日
祭之前祭五日諸祭官各散齋三日致齋二日如別儀前
一日嶽令清掃內外又爲瘞埳於壇壬地方深取足容物
贊禮者設初獻位於壇東南亞獻終獻於初獻南少退俱
西向北上設掌事者位於終獻東南重行西面以北爲上
設贊唱者位於終獻西南西向北上設獻官等望瘞位於
瘞坎之東北西向設祭官以下門外位於南門之外道東
重行西向以北爲上祭器之數罇六籩十豆十簋二簠二

俎三嶽令帥其屬詣壇東陛升設罇於壇上東南隅北向
西上罇皆加勺冪有坫以置爵設玉篚於罇坫之所設洗於南陛東南
北向罍水在洗東篚在洗西南肆篚實以巾爵執罇罍洗篚者
各位於罇罍洗篚之後祭日未明烹牲於廚其牲各隨方色齋郎以豆
先取血毛置於饌所夙興掌饌者實祭器牲體牛羊豕皆載右胖前脚三節節一段肩臂臑皆
載之後脚三節節一段去下節載上股胳二節又取正脊脡脊橫脊短脅正脅代脅各二骨以並餘皆不設簋實稷
黍簠實稻粱籩十實石鹽乾魚棗栗榛菱芡鹿脯白餅黑餅豆十實韭菹醓醢菁菹鹿醢芹菹兔醢筍菹魚醢脾析
菹豚胎若上無者各以其類充之凡祭官各服其服三品毳冕四品繡冕五品元冕六品以下
爵弁若有二品以下各依令嶽令帥其屬入詣壇東陛升設嶽神座於
壇上近北面南向席以莞又實罇罍及玉凡罇一實醴齊一實盎齊一實
清酒其元酒各實於上祭神之玉兩珪有邸祝版置於坫嶽令又以幣置於篚

齋郎以豆血皆設於饌所其幣長丈八尺各隨方色贊唱者先入就位
祝與執罇罍篚者入當壇南重行北面以西爲上立定贊
唱者曰再拜祝以下俱再拜執罇者升自東陛立於罇所
執罍篚者各就位祝詣壇東陛升行掃除於上降行掃除
於下訖各就位質明贊禮者引祭官以下俱就門外位立
定一刻頃贊唱者曰再拜在位者皆再拜贊禮者進初獻
之左白有司謹具請行事退復位贊唱者曰再拜在位者
皆再拜祝跪取玉幣於篚興立於罇所凡取物者皆跪俛伏而取以興奠物
奠訖俛伏而後興掌饌者帥齋郎奉饌陳於東門之外贊禮者引
初獻詣壇升自南陛進神座前北向立祝以玉幣東向進
初獻受玉幣還罇所贊禮者引初獻進北向跪奠於神座

興少退北向再拜贊禮者引初獻降還本位掌饌者引饌入升自南陛祝迎引於壇上設於神座前掌饌帥齋郎降自東陛復位祝還罇所贊禮者引初獻詣罍洗盥手洗爵升自南陛詣酒罇所執罇者舉冪初獻酌醴齊贊禮者引初獻進詣神座前北向跪奠爵興少退北向立祝持版進於神座之右東面跪讀文曰維某年歲次月朔日某嗣天子某謹遣某官某敢昭告于東嶽岱宗維神資養萬品作鎮一方式因春始謹以玉幣犧齊粢盛庶品朝薦於東嶽岱宗尚享訖興初獻再拜祝進奠版於神座還罇所祝以爵酌清酒進初獻之右西向立初獻再拜受爵跪祭酒啐酒奠爵祝帥齋郎以俎進減神座前胙肉前脚第二節共

置一俎上以授初獻初獻受以授齋郎初獻跪取爵遂飲卒爵祝進受爵復於坫初獻興再拜贊禮者引初獻降復位於初獻飲福酒贊禮者引亞獻詣罍洗盥手洗爵升自東陛詣罇所執罇者舉冪亞獻酌盎齊贊禮者引亞獻詣神座前北面跪奠爵興少退北向再拜祝以爵酌清酒進於亞獻之右西向立亞獻再拜受爵跪祭酒遂飲卒爵祝受虛爵復於坫亞獻興再拜贊者引亞獻降復位初亞獻將畢贊禮者引終獻盥洗升獻飲福如亞獻之儀訖贊禮者引終獻降復位祝進神座前徹豆還罇所贊唱者曰再拜非飲福受胙者皆再拜贊禮者進初獻之左白請就望瘞位西向立於獻官將拜嶽令進神座跪取幣齋郎以俎載牲體黍稷飯詣瘞埳以饌物置於埳東西廂各二人寘土半埳贊禮者進初獻之左白禮畢遂引初獻以下出祝與執罇罍篚冪者俱復執事位立定贊唱者曰再拜再拜訖遂出祝版燔於齋所以上開元禮

宋

真宗大中祥符五年詔加上東嶽曰天齊仁聖帝命翰林禮官詳定儀注及冕服制度崇飾神像之禮其玉冊制如宗廟謚冊帝自作奉神述備紀崇奉意俾摛冊文有司設冊使一品鹵簿及授冊黃麾仗載冊輅衮冕輿於乾元門外各依方所羣臣朝服序班仗衛如元會儀上服衮冕御乾元殿中書侍郎引五嶽玉冊尚衣奉衮冕升殿上爲之

興奉冊使副班于香案前侍中宣制曰今加上五嶽帝號遣卿等持節奉冊展禮咸承制再拜奉冊使以次升自東階受冊于御座前降西階副使受衮冕輿于丹墀隨冊使降立丹墀西玉冊發至乾元門外帝復坐冊使奉冊升輅鼓吹振作而行東嶽冊文於瑞聖園及廟內外列黃麾仗設登歌奉冊於車奉衮冕於輿使副袴褶騎從遣官三十員前導及門奉置幄次以州長吏以下充祀官致祭畢奉玉冊衮冕置殿內宋史禮志

徽宗政和三年議禮局上五禮新儀五方嶽鎮海瀆壇各高五尺周四十步四出陛兩壝每壝二十五步壝飾依方色祭嶽鎮海瀆設位南向以西爲上山川從祀西向以北

為上諸嶽鎮海瀆年別一祭以祭五帝日祭之東嶽泰山於兗州界（文獻通考）

金

每歲御署祝版命守臣侍祠（岱史）

元

世祖至元二十八年正月帝謂中書省臣曰五嶽四瀆祠事朕宜親往道遠不可大臣如卿等又有國務宜遣重臣代朕祠之漢人選名儒及道士習祀事者其禮物每處歲祀銀香合一重二十五兩五嶽組金旛二鈔五百貫至則守臣奉詔使行禮皇帝登寶位遣官致祭降香旛盒如前禮惟各加銀五十兩五嶽中統鈔五百貫（祭祀志）

明

凡遇天子巡狩經過嶽瀆禮部預期奏聞或親祭或遣官俱翰林院撰告文太常寺備祭品（明史禮儀志）

太祖洪武二年二月命使分祭嶽瀆是日上服皮弁服御奉天殿禮官以香及祝文進上躬署御名以香祝授使者百官公服送至中書省使者就行香用黃金為盒以貯之黃綺旛二白金二十五兩以供市祭物牲用太牢幣各從其方色令所在有司歲二祭以清明霜降（禮儀志）

歲春秋二仲月泰安州祀禮先行祭一日（岱史）

泰山志卷

泰山志卷第十二

朝議大夫山東泰安府知府休寧金棨纂輯

封禪志

自古受命帝王曷嘗不封禪蓋有無其應而用事者矣未有睹符瑞見而不臻乎泰山者也雖受命而功不至至梁父矣而德不洽洽矣而日有不暇給是以即事用希傳曰三年不為禮禮必廢三年不為樂樂必壞每世之隆則封禪答焉及衰而息厥曠遠者千有餘載近者數百載故其儀闕然堙滅其詳不可得而記聞云（史記封禪書）

上古三代

無懷氏封泰山禪云云

伏羲神農並因之

黃帝禪亭亭

顓頊帝嚳帝堯舜復禪云云

禹禪會稽

湯復禪云云其所封皆於泰山也

周成王封泰山禪社首其儀不存（以上杜佑通典）

齊桓公既霸會諸侯於葵邱而欲封禪管仲曰古者封泰山禪梁父者七十二家而夷吾所記者十有二焉昔無懷氏封泰山禪云云虙羲封泰山禪云云神農封泰山禪云云炎帝封泰山禪云云黃帝封泰山禪亭亭顓項封泰山禪云云帝嚳封泰山禪云云堯封泰山禪云云

云舜封泰山禪云云禹封泰山禪會稽湯封泰山禪云云周成王封泰山禪社首皆受命然後得封禪桓公曰寡人北伐山戎過孤竹西伐大夏涉流沙束馬懸車上卑耳之山南伐至召陵登熊耳山以望江漢兵車之會三而乘車之會六九合諸侯一匡天下諸侯莫違我昔三代受命亦何以異乎於是管仲睹桓公不可窮以辭因設之以事曰古之封禪鄗上之黍北里之禾所以爲盛江淮之間一茅三脊所以爲藉也東海致比目之魚西海致比翼之鳥然後物有不名而自至者十有五焉今鳳凰麒麟不來嘉穀不生而蓬蒿藜莠茂鴟梟數至而欲封禪毋乃不可乎於是桓公乃止（管子封禪篇）

〔山海經〕禹曰天下名山經五千三百七十山六萬四千五十六里居地也言其五臧蓋其餘小山甚衆不足記云天地之東西二萬八千里南北二萬六千里出水之山者八千里受水者八千里出銅之山四百六十七出鐵之山三千六百九十此天地之所分壤樹穀也戈矛之所發也刀鎩之所起也能者有餘拙者不足封於太山禪於梁父七十二家得失之數皆在此內是謂國用

秦

始皇即帝位三年東巡郡縣祠騶嶧山頌秦功業於是徵從齊魯之儒生博士七十人至乎泰山下諸儒生或議曰古者封禪爲蒲車惡傷山之土石草木埽地而祭席用葅稭言其易遵也始皇聞此議各乖異難施用由此絀儒生而遂除車道上自泰山陽至巔立石頌秦始皇帝德明其得封也從陰道下禪於梁父其禮頗采太祝之祀雍上帝所用而封藏皆祕之世不得而記也始皇之上泰山中阪遇暴風雨休於大樹下諸儒生既絀不得與用於封事之禮聞始皇遇風雨則譏之（史記封禪書）

始皇刻石並二世詔書俱載金石志

漢

文帝十六年夏四月上使博士諸生刺六經中作王制謀議巡狩封禪事（史記封禪書）

武帝元鼎四年汾陰得大鼎乃以禮祠近鼎至甘泉從行上薦之自得寶鼎上與公卿諸生議封禪封禪用希曠絕莫知其儀禮而羣儒采封禪尚書周官王制之望祀射牛事齊人丁公年九十餘曰封禪者合不死之名也秦皇帝不得上封陛下必欲上稍上即無風雨遂上封矣上於是乃令諸儒習射牛草封禪儀數年至且行天子既聞公孫卿及方士之言黃帝以上封禪皆致怪物與神通欲放黃帝以上接神僊人蓬萊士高世比德於九皇而頗采儒術以文之羣儒既已不能辨明封禪事又牽拘於詩書古文而不能騁於是上盡罷諸儒不用（史記封禪書）

〔漢書兒寬傳〕議欲放古巡狩封禪之事諸儒對者五十餘人未能有所定先是司馬相如病死有遺書頌功德言符瑞足以封泰山上奇其書以問寬寬對曰陛下躬發聖德統楫羣元宗祀天地薦禮百神精神所鄉徵兆必報天地並應符瑞昭明其封泰山禪梁父昭姓考瑞帝王之盛節也然享薦之義不著于經以爲封禪告成合袪於天地神祇祗戒精專以接神明總百官之職各稱事宜而爲之節文唯聖主所由制定其當非羣臣之所能列今將舉大事優游數年使羣臣得人自盡終莫能成唯天子建中和之極兼總條貫金聲而玉振之以

順成天慶垂萬世之基上然之乃自制儀采儒術以文焉

元封元年三月東上泰山泰山之草木葉未生乃令人上
石立之泰山巔上遂東巡海上四月還至奉高上念諸儒
及方士言封禪人人殊不經難施行天子至梁父禮祠地
主乙卯令侍中儒者皮弁薦紳射牛行事封泰山下東方
如郊祠太一之禮封廣丈二尺高九尺其下則有玉牒書
書祕禮畢天子獨與侍中奉車子侯霍去病子上泰山亦有封
其事皆禁明日下陰道丙辰禪泰山下阯東北肅然山如
祭后土禮天子皆親拜見衣上黃而盡用樂焉江淮閒一
茅三脊為神藉五色土益雜封縱遠方奇獸蜚禽及白雉
諸物頗以加禮兕牛犀象之屬不用皆至泰山祭后土封

禪祠其夜若有光晝有白雲起封中天子從禪還坐明堂
羣臣更上壽史記封禪書

［制詔］朕以眇身承至尊兢兢焉維德菲薄不明於禮樂
故用事八神遭天地況施著見景象屑然如有聞震于
怪物欲止不敢遂登封泰山至於梁父然後升禪肅然
自新嘉與士大夫更始其以十月為元封元年行所巡
至博奉高蛇丘歷城梁父民田租逋賦貸已除加年七
十以上孤寡帛人二匹四縣無出今年算賜天下民爵
一級女子百戶牛
酒漢書武帝紀

又詔古者天子五載一巡狩用事泰山諸侯有朝
宿地其令諸侯各治邸泰山下漢書郊祀志

二年秋作明堂於泰山下　五年春三月還至泰山增封
甲子祠高祖于明堂以配上帝因朝諸侯王列侯受郡國
計漢書武帝紀

四月中至奉高修封焉初天子封泰山泰山東北阯古時
有明堂處處險不敞上欲治明堂奉高旁未曉其制度濟
南人公玉帶上黃帝時明堂圖中有一殿四面無壁以茅
蓋通水圜宮垣為複道上有樓從西南入命曰昆侖天子
從之入以拜祠上帝焉於是上令奉高作明堂汶上如帶
圖及五年修封則祠太一五帝於明堂上坐令高皇帝祠
坐對之祠后土於下房以二十太牢天子從昆侖道入始
拜明堂如郊禮禮畢燎堂下而上又上泰山自有祕祠其
巔而泰山下祠五帝各如其方黃帝并赤帝而有司侍祠
焉山上舉火下悉應之史記封禪書

［夏四月詔曰］朕巡荆揚輯江淮物會大海氣以合泰山
上天見象增修封禪其赦天下所幸縣毋出今年租賦
賜鰥寡孤獨帛貧窮者粟漢書武帝紀

太初元年冬十月行幸泰山十一月甲子朔旦冬至祀上
帝於明堂十二月禪高里　三年春正月行東巡海上夏
四月還修封泰山禪石閭　天漢三年三月行幸泰山修
封祀明堂因受計　太始四年春三月行幸泰山壬午祀
高祖于明堂以配上帝因受計癸未祀孝景皇帝于明堂
甲申修封丙戌禪石閭　征和四年春正月行幸東萊三
月上耕于鉅定還幸泰山修封庚寅祀于明堂癸巳禪石
閭漢書武帝紀

［司馬相如封禪文］伊上古之初肇自昊穹兮生民歷撰
列辟以迄于秦率邇者踵武逖聽者風聲紛綸葳蕤堙
滅而不稱者不可勝數也續昭夏崇號謚略可道者七
十有二君罔若淑而不昌疇逆失而能存軒轅之前遐
哉邈乎其詳不可得聞也五三六經載籍之傳維見可
觀也書曰元首明哉股肱良哉因斯以談君莫盛於唐

堯臣莫賢於后稷后稷創業於唐公劉發迹於西戎文王改制爰周郅隆大行越成而後陵夷衰微千載無聲豈不善始善終哉然無異端慎所由於前謹遺教於後耳故軌迹夷易易遵也湛恩濛涌易豐也憲度著明易則也垂統理順易繼也是以業隆於繦緥而崇冠於二后揆厥所元終都攸卒未有殊尤絕迹可考于今者也然猶躡梁父登泰山建顯號施尊名大漢之德逢涌原泉沕潏漫衍旁魄四塞雲專霧散上暢九垓下泝八埏懷生之類霑濡浸潤協氣橫流武節飄逝邇陿游原迥闊泳沫首惡湮沒闇昧昭晢昆蟲凱澤回首面內然後囿騶虞之珍羣徼麋鹿之怪獸導一莖六穗於庖犧雙觡共抵之獸獲周餘珍收龜于岐招翠黃乘龍於沼鬼神接靈圉賓於閒館奇物譎詭俶儻窮變欽哉符瑞臻茲猶以爲薄不敢道封禪蓋周躍魚隕杭休之以燎微夫斯之爲符也以登介丘不亦恧乎進讓之道其何爽與於是大司馬進曰陛下仁育羣生義征不憓諸夏樂貢百蠻執贄德侔往初功無與二休烈浹洽符瑞衆變期應紹至不特創見意者泰山梁父設壇場望幸蓋號以況榮上帝垂恩儲祉將以薦成陛下謙讓而弗發也挈三神之驩缺王道之儀羣臣恧焉或謂且天爲質闇珍符固不可辭若然辭之是泰山靡記而梁父靡幾也亦各並時而榮咸濟世而屈說者尚何稱於後而云七十二君乎夫修德以錫符奉符以行事不爲進越故聖王弗替而修禮地祇謁款天神勒功中嶽以彰至尊舒盛德發榮號受厚福以浸黎民也皇皇哉斯事天下之壯觀王者之丕業不可貶也願陛下全之而後因雜薦紳先生之略術使獲燿日月之末光絕炎以展采錯事猶兼正列其義校飭厥文作春秋一藝將襲舊六爲七攄之無窮俾萬世得激清流揚微波蜚英聲騰茂實前聖之所以永保鴻名而常爲稱首者用此宜命掌故悉奏其義而覽焉於是天子沛然改容曰愉乎朕其試哉乃遷思回慮總公卿之議詢封禪之事詩大澤之博廣符瑞之富乃作頌曰自我天覆雲之油油甘露時雨厥壤可游滋液滲漉何生不育嘉穀六穗我穡曷蓄非唯雨之又潤澤之非唯濡之氾尃濩之萬物熙熙懷而慕思名山顯位望君之來君乎君乎侯不邁哉般般之獸樂我君囿白質黑章其儀可嘉旼旼睦睦君子之能蓋聞其聲今觀其來厥塗靡蹤天瑞之徵茲亦於舜虞氏以興濯濯之麟游彼靈畤孟冬十月君徂郊祀馳我君輿帝以享祉三代之前蓋未嘗有宛宛黃龍興德而升采色炫燿熿炳煇煌正陽顯見覺寤黎烝於傳載之云受命所乘厥之有章不必諄諄依類託寓諭以封巒披藝觀之天人之際已交上下相發允答聖王之德兢兢翼翼也故曰興必慮衰安必思危是以湯武至尊嚴不失肅祇舜在假典顧省厥遺此之謂也　史記司馬相如列傳

（見寬東封頌）臣聞三代改制屬象相因間者聖統廢絕陛下發憤合指天地祖立明堂辟雍宗祀太一六律五聲幽贊聖意神樂四合各有方象以承嘉祀爲萬世則天下幸甚將建大元本瑞登告岱宗發祉闓門以候景至癸亥宗祀日宣重光上元甲子肅邕永享光輝充塞天文粲然見象日昭報降符應臣寬奉觴再拜上千萬歲壽

制曰敬舉君之觴

（唐高宗白雲起封中賦）客有遭逢漢昌從武帝而登岱覩白雲之効祥曰此蓋非常不飄不揚初起封中方郁郁以呈象稍浮山上乍英英而有光原初出之意也告成我皇我皇德以靜人威以不難廓清諸夏光啟大漢俗既和兮考時巡禮既備兮登日觀惟天輔聖無雨則其明微惟嶽通元出雲所以幽贊不然者山有四嶽胡獨興于此地有四極胡不普而施觀耀質以流彩若無心而有知無心者何隨車而動息有知者何表聖之功德帝穆清以修祠雲故清其容帝貞白以爲心雲故白其色豈徒然也君爲萬國所仰嶽乃衆雲所屆其垂恩儲精登封俯拜亦庶乎明神斯答景福攸介故夫是雲也乘元氣而出冠靈壇而浮不漠漠而四散直亭亭于上頭祥光內朗瑞色旁流既表慶於茲日復增華於介丘此可以見於無疆之休者也且夫刻石者所以紀號泥金者所以昭告必元德之已升乃茲山之可造若齊桓僭侈秦帝驕暴縱傾國以修封豈嘉祥之云報美矣哉晝日斯清瑞雲孔明絪緼蕭索下應一人之感髣髴影響旁聞萬歲之聲彼入房彰于殷帝浮河表于周成豈可于茲而名哉

（呂溫白雲起封中詩）封開白雲起漢帝坐齋宮望在泥金上疑生祕玉中攢柯初繚繞布葉漸蒙籠日觀祥光合天門瑞氣通無心還出岫有勢欲凌風倚遣成膏澤從茲遍大空

（李正辭詩）千年泰山頂雲起漢皇封不作奇峰狀寧分觸石容爲霖雖易得表聖自難逢冉冉排空上依依疊影重素光非曳練靈既是從龍豈學無心出東西任所從

（張嗣初詩）英英白雲起呈瑞出封中表聖寧因地逢時豈待風浮光彌皎潔流影更沖融自叶堯年美誰云漢上同金泥光乍掩玉檢氣潛通欲與非煙並亭亭不散空

光武帝建武三十年二月羣臣上言即位三十年宜封禪

泰山後漢書
祭祀志

太尉趙憙上言曰自古帝王每世之隆未嘗不封禪陛下聖德洋溢順天行誅撥亂中興作民父母修復宗廟救萬姓命黎庶賴福海內清平功成治定羣司禮官咸以爲宜登封告成爲名報德百王所同當仁不讓宜登封岱宗正三雍之禮以明靈契望秩羣神以承天心也 東觀書

詔書曰朕即位三十年百姓怨氣滿腹吾誰欺欺天乎曾謂泰山不如林放何汙七十二代之編錄桓公欲封管仲非之若郡縣遠遣吏上壽盛稱虛美必髡兼令屯田 後漢書祭祀志

三十二年正月上齋夜讀河圖會昌符曰赤劉之九會命岱宗不慎克用何益於承誠善用之姦僞不萌感此文乃詔梁松等復案索河雒讖文言九世封禪事者松等列奏乃許焉乃求元封時封禪故事議封禪所施用有司奏當用方石再累置壇中皆方五尺厚一尺用玉牒書藏方石

牒厚五寸長尺三寸廣五寸有玉檢又用石檢十枚列於石傍東西各三南北各二皆長三尺廣一尺厚七寸檢中刻三處深四寸方五寸有蓋檢用金縷五周以水銀和金以爲泥玉璽一方寸二分一枚方五寸方石四角又有距石皆再累枚長一丈厚一尺廣二尺皆在圓壇上其下用距石十八枚皆高三尺厚一尺廣二尺如小碑環壇立之去壇三步距石下皆有石跗入地四尺又用石碑高九尺廣三尺五寸厚尺二寸立壇丙地去壇三丈以上以刻書上以用石功難又欲及二月封故詔松欲因故封石空檢更加封而已松上書爭之遂使泰山郡及魯趣石工宜取完青石無必五色時以印工不能刻玉牒欲用丹漆書之

會求得能刻玉者遂書書祕刻方石中令容玉牒二月上至奉高遣侍御史與蘭臺令史將工先上山刻石二十二日辛卯晨燎祭天於泰山下南方羣神皆從用樂如南郊諸王王者後二公孔子後襃成君皆助祭位事也事畢將升封或曰泰山雖已從食於柴祭今親升告功宜有禮祭於是使謁者以一特牲於常祠泰山處告祠泰山如親耕貙劉先祠先農先虞故事至食時御輦升山日中後到山上更衣早晡時即位於壇北面羣臣以次陳後西上畢位升壇尚書令奉玉牒檢皇帝以寸二分璽親封之訖太常命人發壇上石尚書令藏玉牒已復石覆訖尚書令以五寸印封石檢事畢再拜羣臣稱萬歲命人立所刻石碑乃

復道下[illegible]十五日甲午禪祭地于梁陰以高后配山川羣神從如[illegible]始中北郊故事四月已卯大赦天下以建武三十二年爲建武中元元年復博奉高嬴勿出元年租芻稾以吉日刻玉牒書函藏金匱璽印封之乙酉使太尉行事以特告至高廟太尉奉匱以告高廟藏於廟室西壁石室高主室之下

後漢書
祭祀志

泰山刻石文 維建武三十有二年二月皇帝東巡狩至于岱宗柴望秩于山川班于羣神遂覲東后從臣太尉憙行司徒事特進高密侯禹等漢賓二王之後在位孔子之後襃成侯序在東后蕃王十二咸來助祭河圖赤伏符曰劉秀發兵捕不道四夷雲集龍鬭野四七之際火爲主河圖會昌符曰赤帝九世巡省得中治平則封誠合帝道孔矩則天文靈出地祇瑞興帝劉之九會命岱宗誠善用之姦僞不萌赤漢德興九世會昌巡岱皆當天地扶九崇經之常漢大興之道在九世之王封于泰山刻不著紀禪于梁父退省考五河圖合古篇[illegible]

劉之秀九名之世帝行德封刻政河圖提劉予曰九世
之帝方明聖持衡矩九州平天下予雒書甄曜度曰赤
三德昌九世會修符合帝際勉刻封孝經鉤命决曰予
誰行赤劉用帝三建孝九會修專茲竭行封岱青河雒
命后經讖所傳昔在帝堯聰明密徽讓與舜庶後裔握
機王莽以舅后之家三司鼎足冢宰之權勢依託周公
霍光輔幼歸政之義遂以篡叛僭號自立宗廟隳壞社
稷喪亡不得血食十有八年揚徐青三州首亂兵革橫
行延及荆州豪傑并兼百里屯聚往往僭號北夷作寇
千里無煙無雞鳴犬吠之聲皇天睠顧皇帝以匹庶受
命中興年二十八載興兵起是以中次誅討十有餘年
罪人則斯得黎庶得居爾田安爾宅書同文車同軌人
同倫舟輿所通人迹所至靡不貢職建明堂立辟雍起
靈臺設庠序同律度量衡修五禮五玉三帛二生一死
贄吏各修職復于舊典在位三十有二年年六十二乾
乾日昃不敢荒寧涉危歷險親巡黎元恭肅神祇惠恤
耆老理庶遵古聰允明恕皇帝唯慎河圖雒書正文是
月辛卯柴登封泰山甲午禪于梁陰以承靈瑞以爲兆
民永茲一宇垂于後昆百僚從臣郡守師
尹咸蒙祉福永永無極　後漢書祭祀志
應劭漢官馬第伯封禪儀記車駕正月二十八日發雒
陽宮二月九日到魯遣守謁者郭堅伯將徒五百人治

泰山道十日魯遣宗室諸劉及孔子瑕邱丁氏上壽受
賜皆詣孔氏宅賜酒肉十一日發十二日宿奉高是日
遣虎賁郎將先上山三案行還益治道徒千人十五日
始齋國家居太守府舍諸王居府中諸侯在縣庭中齋
諸卿校尉將軍大夫黃門郎百官及宋公衞公褒成侯
東方諸侯雒中小侯齋城外汶水上太尉太常齋山虞
馬第伯自云某等七十人先之山虞觀祭山壇及故明
堂宮郎官等郊肄處入其幕府觀治石石二枚狀博平
圓九尺此壇上石也其一石武帝時石也時用五車不
能上也因置山下爲屋號五車石四維距石長丈二廣
二尺厚一尺半所四枚檢石長三尺廣六寸狀如封篋長
檢十枚一紀號石高丈二尺廣三尺厚尺二寸名曰立
石一枚刻文字紀功德是朝上山騎行往往道峻峭不
騎步牽馬乍步乍騎且相半至中觀留馬去平地二十
里南向極望無不覩仰望天關如從谷底仰觀抗峰其
爲高也如視浮雲其峻也石壁窅窱如無道徑遥望其
人端如行朽兀或爲白石或雪久之白者移過樹乃知
是人也殊不可上四布僵臥石上有頃復蘇亦賴齎酒
脯處處有泉水目輒爲之明復勉強相將行到天關自
以爲已至也問道中人言尚十餘里其道旁山脅大者
廣八九尺狹者五六尺仰視巖石松樹鬱鬱蒼蒼若在
雲中俛視谿谷碌碌不可見丈尺遂至天門之下仰視

天門窔遼如從穴中視天直上七里賴其羊腸逶迤名
曰環道往往有絙索可得而登也兩從者扶挾前人相
牽後人見前人履底前人見後人頂如畫重累人矣所
謂摩胷捏石捫天之難也初上此道行十餘步一休稍
疲咽脣燋五六步一休蹀蹀據頓地不避濕暗前有燥
地目視而兩腳不隨早食上晡後到天門郭使者得銅
物物形狀如鍾又方柄有孔莫能識也疑封禪具也
得之者汝南召陵人姓楊名通東上一里餘得木甲木
甲者武帝時神也東北百餘步得封所始皇立石及闕
在南方漢武在其北二十餘步得北垂圓臺高九尺方
圓三丈所有陛人不得從上從東陛上臺上有壇方
一丈二尺所上有方石四維有距石四面有闕鄉壇再
拜謁人多置物壇上亦不掃除國家上見之則詔書
所謂酢梨酸棗狼藉散錢處數百幣帛具道是武帝封
禪至泰山下未及上百官爲先上跪拜置棗錢於道
以求福即此也東山名曰日觀日觀者鷄一鳴時見日
始欲出長三丈所秦觀者望見長安吳觀者望見會稽
周觀者望見齊西北有石室壇以南有玉盤中有玉龜
山南脅神泉飲之極清美利人日入下去行數環日暮
時頗雨不見其道一人居其前先知蹈有人乃舉足隨
之比至天門下夜人定矣車駕十九日之山虞國家居
亭百官布野此日山上雲氣成宮闕百官並見之二十

一日夕牲時白氣廣一丈東南極望致濃厚時天清和
無雲瑞命篇岱嶽之瑞以日爲應也二十二日燎祭
天於泰山晨祭也日高三丈所燔燎燔燎煙正北也禮
畢百官各以次上郡儲輦三百爲貴臣諸公王侯卿大
夫百官皆步上少用輦食時國家御首輦人輓升山至
中觀休須臾復上日中後到山上更衣須臾羣臣畢就
位早晡時郎位於壇國家臺上北面虎賁陛戟臺下封
訖騎三千餘人發壇上方石尚書令封石檢以金爲
繩以石三檢東方西方各三檢檢中石泥及壇土色赤
白黑各依其方色禮畢稱萬歲音動山谷有氣屬天
遂不見山巔山巔人在氣中不知也封畢有頃詔百
官以次下國家隨後數百人維持行相逢推百官延
二十餘里道多迫小深谿高岸數百丈步從匍匐邪上
起近炬火止亦絡繹步從觸擊大石石聲正讙但讙石
無相應和者腸不能已口不能默夜半後到百官明日
乃訖其中老者氣劣不能行臥巖石下明日早太醫令
復遣問起居國家云昨上下山欲行迫前欲休則後人
所蹈道峻危險恐不能度國家不勞百官以下露臥水
飲無一人蹉跌無一人疾病豈非天邪泰山率多暴雨
如今上直下柴祭封登清晏溫和明日上壽賜百官省
事事畢發暮宿奉高三十里明日發至梁父九十里夕
牲功効如彼天應如此羣臣上壽國家不聽　後漢書

祭祀志

班固白虎通封禪篇王者易姓而起必升封泰山何報告之義也始受命之日改制應天天下太平功成封禪以告太平也所以必於泰山何萬物之始交代之處也必於其上何因高告高順其類也故升封者增高也下禪梁甫之基廣厚也皆刻石紀號者著已之功跡以自効也天以高爲尊地以厚爲德故增泰山之高以報天附梁甫之基以報地明天之所命功成事就有益於天地若高者加高厚者加厚矣或曰封者金泥銀繩或曰石泥金繩封之以印璽故孔子曰升泰山觀易姓之王可得而數者七十有餘君封者廣也言禪者明以成功相傳也梁甫者泰山旁山名正於梁甫何以三皇禪於繹繹之山明已成功而去有德者居之繹繹者無窮之意也五帝禪於亭亭亭亭之山亭亭者制度審諦道德著明也三王禪於梁甫之山梁者信也甫者輔也信輔天地之道而行之也太平乃封知告于天必也於岱宗何明知易姓也刻石紀號知自紀于百王也燎祭天報之義也望祭山川祀羣神也詩云於皇明周陟其高山言周太平封泰山也又曰墮山喬嶽允猶翕河言望祭山川百神來歸也

袁宏曰夫天地者萬物之宮府山川者雲氣之郛墟萬物之生遂則宮府之功大雲雨施其潤則郛墟之德厚故化洽天下則功配于天地澤流一國則德合于山川是以王者經畧必以天地爲本諸侯述職必以山川爲主體而象之取其陶育禮而告之歸其宗本書云東巡狩至于岱宗柴傳曰郊祀后稷以祈農事夫巡狩觀化之常事祈農撫民之定業猶潔誠殷薦以告昊天況創制改物人神易聽者乎夫揖讓受終必有至德於萬物是故王者初基則有封禪之事蓋以其成功告於神明者也夫東方者萬物之所始山嶽者靈氣之所宅故求之物本必於其始取其所通必於所宅崇其壇場則謂之封明其代興則謂之禪然則封禪者王者開務之大禮也德不周洽不得擬議斯建功不宏濟不得髣髴斯禮曠代一有其道至高故自黃帝堯舜至于三代各一封禪未有中修其禮者也雖繼體之君時有功德此蓋率復舊業增修前政不得仰齊造國同符改物者也夫神道貞一其用不煩天地易簡其禮尚質故藉用白茅貴其誠素器用陶匏取其易從則封禪之禮簡易可也若夫石函玉牒非天地之性也　袁宏後漢紀

三國

魏明帝時中護軍蔣濟請封禪帝雖拒濟議而實使高堂隆草封禪儀以天下未一不欲便行大禮會高堂隆卒不行　通典

蔣濟奏曰夫帝王大禮巡狩爲先昭祖揚禰封禪爲首是以自古革命受符未有不蹈梁父登泰山刊無竟之名紀天人之際者也故司馬相如謂有文以來七十二君或順所繇於前謹遺教於後太史公曰主上有聖明而不宣布有司之過也然則元功懿德不刊山梁之石無以顯帝王之功示生民不朽之觀也今大魏振百王之弊亂拯流遁之艱厄接千載之衰緒繼百世之廢業自武文至於聖躬所以參成天地之道網羅人神之化上天報應嘉瑞顯祥以比往古無所取喻至於歷世迨今未發大禮此儀久廢非倉卒可定宜下公卿廣纂其禮卜年考時昭告上

帝以副天下之望

詔曰聞蔣濟斯言使吾汗出流足自開闢以來封禪者七十餘君爾故太史公曰雖有受命之君而功有不洽是以中間曠遠者千有餘年近者數百載其儀闕不可得記吾何德之修敢庶茲乎濟豈謂世無管仲以吾有

桓公登泰山之志乎吾不敢欺天也濟之所言華則華矣非助我者也公卿侍中尚書常侍省之而已勿復有所議亦不須答詔也　晉書禮志

晉

武帝平吳混一區宇太康元年九月庚寅尚書令衛瓘等議封禪奏請至於再三詔報絕之　通志禮畧

衛瓘等奏曰臣聞肇自生靈則有后辟載祀之數莫之能紀立德濟世揮揚仁風以登封泰山者七十有四家其諡號可知者十有四焉沉淪寂寞曾無遺聲者不可勝記大晉之德始自重黎實佐顓頊至于夏商世序天地其在于周不失其緒金德將升世濟明聖外平蜀漢海內歸心武功之盛實由文德至于陛下受命踐阼宏建大業羣生仰流惟獨江湖沅湘之表凶桀負固歷代不賓神謀獨斷命將出討兵威暫加數旬蕩定羈其鯨鯢赦其罪逆雲覆雨施八方來同聲教所被達於四極雖黃軒之征大禹遠畧周之奕世何以尚今若夫元石素文底號前載象以數表言以事告雖古河圖洛書之徵不是過也宜宣大典禮中嶽封泰山禪梁父發德號

明至尊享天休篤黎庶勤千載之表播流後之聲俾百世之下莫不興起斯帝王之盛業天人之至望也

詔曰今逋寇雖殄外則障塞有警內則百姓未寧此盛德之事所未議也

瓘等又奏曰今東漸于海西被于流沙大漠之險皆南北戶莫不通屬芒芒禹跡今實過之天人之道已周巍巍之功已著宜修禮地祇登封泰山致誠上帝以答人神之願也乞如前奏

詔曰今陰陽未和刑政未當百姓未得其所豈可以勒功告成邪詔不許

瓘等又奏曰臣聞處帝王之位者必有歷運之期天命之應濟兆庶之功者必有盛德之容告成之典無不可誣有不敢讓自古道也而明詔謙沖屢辭其禮雖盛德攸在推而未居夫三公職典天地實掌人物國之大事取義於此故漢氏封禪非是官也不在其事臣等前奏蓋陳祖考之功天命又應陛下之德合同四海述古考今宜修此禮至於克定歲月五府上議然後奏聞

詔曰雖蕩清江表皆臨事者之勞何足以告成方望群后思隆大化以寧區夏百姓獲乂與之休息斯朕日夜之望無所復下諸府矣

瓘等又奏曰臣聞唐虞三代濟世宏功之君莫不仰承天休俯協人志登介丘履梁父未有辭焉者蓋不可讓也今陛下勳高百王德無與二茂績宏規巍巍之業固非臣等所能究論而聖旨勞謙屢自抑損時至弗應推美不居闕皇代之上儀塞靈祇之款望使大晉之典謨不昭風烈三五臣等誠不敢奉詔如前奏施行

詔曰方當共思宏道以康庶績且俟他年無所復紛紜也

王公有司又奏曰自古聖明光宅四海封禪名山著於史籍作者七十四君矣舜禹之有天下也巡狩四嶽躬行其道易著觀俗省方禮有升中于天詩頌陟其高山皆載在方策文王為西伯以服事殷周公以魯藩列于諸侯或享于岐山或有事泰山徒以聖德猶得為其事自是以來功薄而僭其義者不可勝數號諡不泯以至于今況高祖宣皇帝肇開王業海外有截世宗景皇帝濟以大功輯寧區夏太祖文皇帝受命造晉蕩定蜀漢陛下應期龍興混一六合澤被群生威震無外昔漢氏失統吳蜀鼎峙兵興以來近將百年地險俗殊人望絕塞今不羈之寇二代而平非聰明神武先天弗違孰能巍巍其成功若茲者歟臣等幸以千載得遭運會親服大化日覩太平至公至美誰與為讓宜祖述先明憲章古昔勒功岱嶽登封告成宏禮樂之制正三雍之典揚名萬世以顯祖宗是以不勝大願敢昧死以聞請告太常具禮儀復上

詔曰所議誠列代之盛事也然方今未可以爾便報絕之 晉書禮志

六朝宋

文帝元嘉二十六年尚書吏部郎袁淑奏曰今當鳴鑾中岳疾卷趙魏檢玉岱宗今其時也臣逢千載之會願上封禪書一篇帝笑曰盛德之事我何足以當之 宋書袁淑傳

文帝在位長久有意封禪遣使履行泰山舊道詔學士山謙之草封禪儀注其後魏師南過其意乃息 宋書禮志並通典

孝武大明元年十一月戊申太宰江夏王義恭表請帝以文軌未一不從 文獻通考

表曰惟皇天崇稱大道始行揖讓迄于有晉雖聿修前緒而跡淪言廢蔑記於竹素者焉可單書緬乾維建徵

號流風聲被絲管自無懷以來可傳而不朽者七十有四君罔仁厚而道滅鮮義而德宣鍾律之先曠世綿絕難得而聞邱索著明者尚有遺炳故易稱先天弗違後天奉時蓋陶唐姚姒商姬之主莫不由斯道也是以風化大洽光熙于後炎漢二帝亦躡屢則因百姓之心聽輿人之頌龍駕帝服鏤玉梁甫昌言明稱告成上靈況大宋表祥唐虞受終素德山龍啟符金玉顯瑞異采騰於軫墟紫煙藹於邦甸錫冕九五之徵文豹赴天歷之會誠二祖之幽慶聖后之冥休道冠軒堯惠深亭毒而猶執沖約未言封禪之事四海竊以惡焉臣聞惟皇配極惟帝祀天故能上稽乾式照臨首協和穹昊膺茲多福高祖武皇帝明竝日月光振八區拯已溺之晉濟橫流之世撥亂寧民應天受命鴻徽洽于海表威稜震乎沙外太祖文皇帝體聖履仁述業興禮正樂頌作象歷明達通於神祇元澤被乎上下仁孝命世叡武英挺遭運屯否三才湮滅酒龍飛五洲鳳翔九江身先八百之期斷出人鬼之表慶煙應高牙之建風耀符發逆之辰親翦凶逆躬清昏壒天地革始夫婦更造豈與彼承業繼緒拓復禹跡車一其軌書同其文者同年而議哉今龍麟已至鳳凰已儀比李已實靈茅已茂雖氣降霧於宮樹珍露呈味於禁林嘉禾積穗於殿甍連理合榦於園籞皆耀質離宮植根蘭囿至夫霜毫元文素

翩頳羽泉河山嶽之瑞草木金石之祥方織惈塗之謁抗驛絕祖之奏魔猵雜香琴不可勝言太平之應茲焉富矣宜其從天人之誠遵先王之則備萬乘整法駕修封泰山瘞玉岱岨延喬松於東序詔岐於西廂鑿天關使敵關謁紫宮朝太一奏鈞天詠雲門贊揚幽奧超聲前古豈不盛哉伏願時命宗伯具蕤典度

詔曰太宰表如此昔之盛王永保鴻名常爲稱首由斯道矣朕遭家多難入纂絕孝德薄熙淺鑒寐崩愧頊麟鳳表頑茅禾兼瑞雖符祥顯見悤乎猶深庶仰進矢志拓揣中寓禮祇謁神朕將試哉

有司奏曰臣聞崇號建極必觀俗以樹教正位居體必採世以竟言是以重代列聖咸由厥道元勳上烈融章末分鳴光委緒歌而罔藏若其顯謚騰軌則系緩聲采徵器聞聽爰洎姬漢風流尚存遺芬餘榮緝映紀緯聲年絕世祀代革精華可得騰金繩奏玉牒鏤迹以熙今鑄德以麗遠而四望埋禮歌之禮日觀踐修封之容豈非神明之業難崇功基之迹易泯自茲以降訖于季末莫不欲英宏徽位詳圖洪聲豈徒探默修文闕幽馭世而已諒以騰非虛奏書匪妄埋擊兩恕神淳塵復樹安得紫壇蕭祇竹宮載芬散火投郊流星奔座寶緯初基厭靈命歷德振施維功濟淪象元浸紛流華液幽潤規存永馭思詳檢遠太祖文皇帝以啟遺秦運景望震凝

采樂調風集禮宣度祖宗相映軌迹重暉聖上纂籙蕃河圻翔衛漢金波掩照華耀停明運動時來躍飛風舉澄氛海岱闢景中區歌神還靈頹天重耀儲正凝位於兼明茲嶽蕃華於元列故以祥映昌基繫發纂素重以班朝侍典飭令詳儀纂綜淪蕪捜騰委遴奏玉郊宮禋珪元疇景集天廟覡穰祥節至昕陽川邸風禮綢威巡駐表綏中甸史流其詠民挹其風於是涵迹祝陰振聲威響歷代之渠沈口望內安侯之長賢王入侍殊生說氣奉俗還鄉羽旌卉儀儴音革狀邊帛絕書權光葩嬀天岱發靈宗河間賓崇邸淪鼎振采泗淵雲皇王嶽摛藻口漢并角郎音栖翔蘩纂衮甲霜咏瓌舞川肆榮泉流鏡後照河源故以波沸外闢雲蒸內澤若其雪趾青氣元文朱綠日月郊甸擇木弄音重以榮露騰軒蕭雲掩閣鏘穎華萌移華淵禁山輿岭衛雲鵠竦翼海鱗詠流江茅吐藍被書之列仰筆以飾辭濟代之蕃獻邑以特禮豈非神祇氣昌物瑞雲照蒲軒龜軫口泉淳芳

太宰江夏王臣義恭咀道遵莫抽奇靡古該潤圖史施詳聞載表以功懋往初德耀炎昊升文中岱登牒天闕耀冠榮名摛振聲號而道謙稱首禮以虛挹將使元祇訣觀幽瑞乖期絜甫無盛德之容介丘靡升盟之響加窮泉之野獻八代之驥交木之鄉莫絕金之楛蕭靈重表珍符兼貺伏惟陛下讓詳淵載衍屬休章依徵聖靈

潤色聲業詠辰稽古肅齊警列儒僚展采禮官祀儀饗栗動音洪鍾竦節陽路整衛端正途清禁於是結環珮端玉藻鳴鳳岕律騰駕流文閒綵比象之容昭明紀數之服徽煒天陣容藻神行翠蓋懷陰羽華列照乃詔聯事掌祭齎客贊儀金支宿縣雛石潤響命五神以相列闥九關以集霧警衛兵而開雲先兩祇以灑路霞凝生闕煙起成宮臺冠丹光壇浮素靄爾乃臨中壇備盛禮天降祥錫壽固皇根谷動神音山傳稱響然後辨年問老陳詩觀俗歸薦告神奉遺清廟光美之盛彰乎萬古淵祥之烈溢乎無窮豈不盛歟臣等生接昌辰肅懋明世束教管聞未足言道且章志湮微代往淪絕拘採遺文辯明訓誥□□□□蓋訪鄒魯草縢書壇玉之禮具竦石繩金之儀和芝潤瑛鐫璽乾封懼弗軌屬上徽煇當王則謹奉儀注以聞

詔曰天生神物昔王稱愧況在寡德敢當鴻貺今文軌未一可停此奏　宋書禮志

北齊

文宣帝天保五年正月制詔問舛中紀號書北齊

潁州長史樊遜對曰臣聞巡嶽之禮勒在虞書省方之義著於易象往帝前王匪唯一姓封金列玉億有餘人

仲尼之觀梁甫不能盡識夷吾之對齊桓所存未幾然盛德之事必待太平苟非其人更貽靈譴秦皇無道致風雨之災漢武奢淫有奉車之害及文叔受命炎精更輝四海安流天下輯睦勁騎士馬駕鼓車乃用張純之文始從伯陽之說至於魏晉雖各有君量德而處莫能擬議蔣濟上言於前徒穢紙墨袁準發論於後終未施行世歷三朝年將十祀啟聖之期茲爲昌會然自水德不競函谷封塗天馬息歌包茅絕貢我太祖收寶雞之瑞握鳳皇之書體一德以臣朝屆三分而事主蕩此妖氛易如沃雪但昌既受命發乃行誅雖太白出高中國宜戰置之度外望其遷善伏惟陛下以神武之姿天然之畧馬多冀北將異山西涼風至白露下北上太行東臨碣石方欲吞巴蜀而掃崤函苑長洲而池江漢復恐迎風縱火芟之共焚按此六軍未申九伐夫周發牙璋漢馳竹使義在濟民非關好戰至如投鼠忌器之說蓋是常談文德懷遠之言豈識權道今三臺令予六郡良家蓄銳須時裹糧待詔未若龍駕虎服先收隴右之民電轉雷驚因取荊南之地昔秦舉長平金精食昴楚攻鉅鹿枉矢宵流況我威靈能無協贊但使彼之百姓一覩六軍似見周王若逢司隸然後除其苛令與其約法振旅而還止戈爲武標金南海勒石東山紀天地之奇功被風聲於千載若令馬見不死子陽尚在使欲案

明堂之圖草射牛之禮七德論功多懸往列升中告禪臣用有疑 北齊書樊遜傳

隋

文帝開皇九年平陳朝野物議咸願登封秋七月丙午詔曰豈可命一將軍除一小國遐邇注意便謂太平以薄德而封名山用虛言而干上帝非朕攸聞而今以後言及封禪宜即禁絕冬十一月壬辰考使定州刺史豆盧通等上表請封禪上不許 隋書本紀 兗州刺史薛冑以天下太平登封告禪帝王盛烈遂遣博士登泰山觀古跡撰封禪圖及儀上之高祖謙讓不許 隋書薛冑傳 十四年羣臣請封禪高祖不納晉王廣又率百官抗表固請帝命有司草儀注於是牛宏辛彥之許善心姚察虞世基等創定其禮奏之帝

逡巡其事曰此事體大朕何德以堪之但當東狩因拜岱山耳十五年春行幸兗州遂次岱岳為壇如南郊又壝外為柴壇飾神廟展宮懸於庭為埋埳二於南門外又陳樂設位於青帝壇如南郊帝服冕乘金輅備法駕而行禮畢遂詣青帝壇而祭焉 隋書禮儀志

唐

太宗貞觀初羣臣並請封禪唯魏徵以為不可太宗曰朕欲卿極言之豈功不高耶德不厚耶遠夷不慕義耶嘉瑞不至耶年穀不登耶何謂而不可對曰陛下功則高矣而民未懷惠德則厚矣而澤未旁流諸夏雖安矣未足以供事遠夷慕義矣無以供其求符瑞雖臻罻羅猶密積歲豐稔倉廩尚虛此臣所以竊為未可臣未能遠比且借喻于人今有人十年長患療治且愈皮骨僅存便欲使負米一石日行百里必不可得隋氏之亂非止十年陛下為之良醫除去疾苦雖已乂安未甚充實告成天地臣竊有疑且陛下東封萬國咸萃要荒之外莫不奔走今伊洛已東暨於海岱萑莽巨浸茫茫千里人煙斷絕雞犬不聞道路蕭條進退艱阻豈可引彼四夷示以虛弱竭財以賞未厭遠人之望加年給復不償百姓之勞或遇水旱之災風雨之變庸夫橫議悔不可追豈獨臣之懇言亦有輿人之誦太宗不能奪於是乃止焉 文獻通考

（謝趙郡王孝恭等詔曰省表具懷自有隋失道四海橫流百王之弊于斯為甚朕提劍鞠旅首啟戎行扶翼興運

克成鴻業遂荷慈睠恭承大寶每日畏思治弗敢康寧兢兢夕惕用忘興寢履薄馭朽不足為喻賴三靈顯命百辟同心海外無塵遠夷慕義但流通永久凋殘未復田疇多曠倉廩猶虛家給人足尚懷多愧豈可遽追前代取譏虛美所望愉愉濟濟叶力盡誠輔其不逮致之王道如得雅頌刊于金石菽粟同如水火反樸還淳當如來議

六年平突厥年穀屢登羣臣上言請封泰山太宗曰議者以封禪為大典如朕本心但使天下太平家給人足雖闕封禪之禮亦可比德堯舜若百姓不足戎狄內侵縱修封禪之儀亦何異于桀紂昔秦始皇自謂德洽天心自稱皇帝登封岱宗奢侈自矜漢文帝竟不登封而躬行儉約刑措不用今皆稱始皇為暴虐之主漢文為有德之君以此而言無假封禪禮云至敬不壇掃地而祭足表至誠何必

遠登高山封數尺之土也侍中王珪曰陛下發德音明封禪本末非愚臣之所及祕書監魏徵曰隋末大亂黎民遇陛下始有生望養之則至仁勞之則未可升中之禮須備千乘萬騎供帳之費動役數州戶口蕭條何以能及太宗深嘉徵言而中外表章不已上因遣中書侍郎杜正倫行泰山上七十二君壇迹是年兩河水潦其事乃寢舊唐書禮儀志

十四年十月甲戌趙王元景等表請封禪帝沖讓不許至于再三乃下詔冊府元龜

詔曰自古明王君臨區宇功濟天下道被生民內外無虞年穀豐稔莫不歸功上元致禮厚地騰茂實於六合飛英聲於百代今公卿在列屢屬虛心嶽牧具僚固一陳僉願理在難奪敬依來請顧循諸已仍懷慙德

命祕書少監顏師古諫議大夫朱子奢等集當時名儒博士雜議不能決於是左僕射房元齡特進魏徵中書令揚師道博採衆議奏上之其議曰為壇於泰山下祀昊天上帝壇之廣十二丈高丈二尺玉牒長一尺三寸廣厚五寸玉檢如之厚減三寸其印齒如璽纏以金繩五周玉策四皆長一尺三寸廣寸五分厚五分每策皆五簡聯以金昊天上帝配以太祖皇地祇配以高祖已祀而歸格于廟盛以金匱匱高六寸廣足容之制如表函纏以金繩封以金泥印以受命之璽而玉牒藏于山上以方石三枚為再累纏以金繩封以石泥印以受命之璽其山上之圓壇土以五色高九尺廣五丈四面為一階天子升自南階而封玉牒已封而加以土築為封高一丈二尺廣二丈禪社首亦

如之其石檢封以受命璽而玉檢別製璽方一寸二分文如受命璽以石距非經不用又為告至壇方八十一尺高三尺四出陛以燔柴告至望秩羣神遂著于禮其他降禪朝覲皆不著至十五年將東幸行至洛陽而彗星見乃止唐書禮樂志

二十一年正月丁酉詔以來歲二月有事于泰山八月泉州海溢壬戌停封泰山本紀

高宗麟德元年七月丁未詔以三年正月有事於泰山

二年十月丁卯如泰山以上本紀　乾封元年正月封於泰山庚午禪於社首壬申大赦改元通志　封泰山為圓壇山南四里如圓丘三壝壇上飾以青四方如其色號封祀壇玉策三以玉為簡長一尺二寸廣一寸二分厚三分刻而金文玉匱一長一尺三寸以藏上帝之冊金匱二以藏配帝之冊纏以金繩五周金泥玉璽璽方一寸二分文如受命璽石碱以方石再累皆方五尺厚一尺刻方其中以容玉匱碱旁施檢刻深三寸三分闊一尺當繩刻深三分闊一寸五分石檢十枚以檢石碱皆長三尺闊一尺厚七分印齒三道皆深四寸當璽方五寸當繩闊一寸五分檢立於碱旁南方北方皆三東方西方皆二去碱隅皆一尺碱纏以金繩五周封以石泥距石十二分距碱隅皆再累皆闊二尺長一丈斜刻其首令與碱隅相應又為壇於山上廣五丈高九尺四出陛一壝號登封壇玉牒玉檢石碱石距

玉匱石檢皆如之爲降禪壇於社首山上八隅一成八陛如方丘三壝上飾以黃四方如其色其餘皆如登封其議畧定而天子詔曰古今之制文質不同今封禪以玉牒金繩而瓦尊匏爵秸席宜改從文於是昊天上帝褥以蒼地祇褥以黃配褥皆以紫而尊爵亦更焉是歲正月天子祀昊天上帝於山下之封祀壇以高祖太宗配如圜丘之禮親封玉冊置石㮰聚五色土封之徑一丈二尺高尺已事升山明日又封玉冊於登封壇又明日祀皇地祇於社首山之降禪壇如方丘之禮以太穆皇后文德皇后配而以皇后武氏爲亞獻越國太妃燕氏爲終獻又明日御朝覲壇以朝羣臣如元日之禮乃詔立登封降禪朝覲之碑名封祀壇曰舞鶴臺登封壇曰萬歲臺降禪壇曰景雲臺以紀瑞焉唐書禮樂志

〔玉牒文〕有唐嗣天子臣某敢昭告於昊天上帝有隋運屬顛危數窮否塞生靈塗炭鼎祚淪亡高祖仗黃鉞而救黎元賜元圭而拯沉溺太宗功宏鍊石定區宇於再得崑山寢燎炎海澄波雖乃業茂宗祧斯實降靈穹昊今謹告成東嶽歸功上元大寶克隆鴻基永固凝薰萬姓陶化八紘

〔武后表〕曰伏以封禪舊儀祭皇地祇以太后昭配皆以公卿行事以妾愚誠恐未周備何則乾坤定位剛柔之義已殊經禮載陳中外之儀斯別豈有推尊先后而以宰臣參祭詳求至理有紊徽章妾望以展禮之日總率六宮內外命婦親臨奠獻以申如在之敬

〔駱賓王爲齊州父老請陪封禪文〕曰天列象紫宮通北極之尊大帝凝圖元猷暢東巡之禮是知光隆先澤既輯玉於雲臺業紹禮宗必塗金於日觀伏惟皇上乘乾握紀纂三統之重光御極登樞應千靈之累聖故得河浮五老啟赤文於帝期海薦四神奉丹書於王會瑞開三春祥洽五雲旣而輯總章之舊文紹辟雍之故事升煙翼戟移玉輦於梁陰若月承輪祕金繩於岱嶽臣等質均芻狗陰謝桑榆幸屬堯鏡多輝昭餘光於連石軒圖廣運追盛禮於摐金然而鄒魯舊邦臨淄遺俗俱沐二周之化咸稱一變之封境接青嶂俯瞰獲麟之野山開翠屺斜連辨馬之峯豈可使稷下遺甿頓隔陪封之禮淹中故老獨奏告成之儀是用就日披丹仰璧輪而三舍望雲紓素叫天閽於九重倘允微誠許陪大禮則夢瓊餘息翫仙閭以相歡就木殘魂遊岱宗而載躍盧照鄰登封大酺歌日觀仙雲隨鳳輦天門瑞雪照龍衣繁弦綺席方終夜妙舞清歌歡未歸

元宗開元十二年四方治定歲屢豐稔羣臣多言封禪中書令張說又固請乃下制以十三年有事泰山於是說與右散騎常侍徐堅等刊定儀注皆如高宗之制唐書禮樂志

十三年十月封祀于泰山去山趾五里西去社首山三里丁亥服衮冕於行宮致齋於供帳前殿己丑大備法駕至

山下乃御馬而登侍臣從帝以靈山清絜不欲多人上欲初獻於山上壇行事亞獻終獻於山下壇行事召禮官學士賀知章等入講儀注因問之知章等奏曰昊天上帝君位五方精帝臣位帝號雖同而君臣各異陛下享君位於山上羣臣祀臣位於山下誠足以垂範來葉爲變禮之大者也禮成於三初獻亞終合於一處於是三獻悉於山上行事其五方帝及諸神座於山下壇行事通典

帝問前世何爲祕玉牒知章曰玉牒以通意於天前代或祈長年希神仙旨尚微密故外莫知帝曰朕今爲民祈福無一祕請卽出玉牒以示百寮乃祀昊天上帝於山上壇以高祖配祀五帝以下諸神於山下其祀禮皆如而卜日告天

及廟社大駕所經及告至問百年朝覲皆如巡狩之禮其
登山也爲大次於中道止休三刻而後升其已祭燔燎侍
中前跪稱具官臣某言請封玉冊皇帝升自南陛北向立
太尉進昊天上帝神座前跪取玉冊置於案以進皇帝受
玉冊跪內之玉匱纏以金繩封以金泥侍中取受命寶跪
以進皇帝取寶以印玉匱侍中受寶以授符寶郎太尉進
皇帝跪捧玉匱授太尉太尉退復立太常卿前奏請再拜
皇帝再拜退入於次太尉奉玉匱之案於石𥓓南北向立
執事者發石蓋太尉奉玉匱跪藏於石𥓓內執事者覆石
蓋檢以石檢纏以金繩封以石泥以玉寶遍印引降復位
帥執事者以石距封固又以五色土圜封其配座玉牒封

於金匱皆如封玉匱太尉奉金匱從降俱復位以金匱內
太廟藏於高祖神堯皇帝之石室其禪於社首皆如方丘
之禮唐書禮樂志　御製紀泰山銘書勒於山頂石壁之上中
書令張說撰封祀壇頌侍中源乾曜撰社首壇頌禮部尚
書蘇頲撰朝覲壇頌以紀聖德通典

元宗紀泰山銘張說封祀壇頌
蘇頲朝覲壇頌俱入金石記

玉牒文　有唐嗣天子臣某敢昭告于昊天上帝天啟李
氏運興土德高祖太宗受命立極高宗升中六合殷盛
中宗紹復繼體不定上帝眷祐錫臣忠武底綏內艱推
戴聖父恭承大寶十有三年敬若天意四海晏然封祀
岱嶽謝成於天子
孫百祿蒼生受福

登封喜雪詩　日觀卜先征時巡順物情風行未請禮雲
密遠飄霙委樹寒花發縈空落絮輕朝如玉已會庭似
月猶明既覩膚先合還欣尺有
盈登封何以報因此謝功成

封泰山祀天樂章一十三首降神用豫和六變歌款泰壇
柴泰清受天命報天成竦皇心薦樂聲志上達歆下迎
億上帝臨下庭騎日月陪列星嘉祝信大禧馨澹神
心醉皇靈相百辟貢八荒九歌叙萬舞翔肅振振鏘
皇皇帝欣欣福穰穰高在上道光明物資始德難名
承眷命牧蒼生寰宇謐太階平天道無親至誠與鄰
山川遍禮宮徵惟新玉帛非盛聰明會真正斯一德通
乎百神饗帝饗親維孝維聖緝熙懿德敷揚成命華
夷志同笙鏞禮盛明靈降止感此誠敬迎送皇帝用
太和孝敬中發和容外彰騰華照寓如昇太陽真璧就
奠元靈垂光禮樂具舉濟濟洋洋登歌奠玉帛用肅
和奠祖配天承天享帝百靈咸秩四海來祭植我蒼璧
布我元製華日徘徊神煙容裔迎俎入用雍和俎豆
布敷粢豐盛亦有和羹既戒既平鼓鐘管磬肅唱和
明皇皇后來賓我思成酌獻用壽和蒸蒸我后享獻
惟寅躬酌鬱鬯跪奠羽神孝莫孝乎配上帝於親敬奠
敬乎教天下爲臣皇帝飲福酒用壽和皇帝嚴配享
皇天皇降嘏天子萬年送文舞出迎武舞入用舒和
六鐘翕協六變成八佾徜徉八風生樂九部兮人神感
美七德兮天地清送神用豫和禮樂終禋燎上懷靈
惠結皇想歸風莊過天爽
百福來衆神往　張說

禪社首祭地祇樂章八首迎神用順和至哉含柔德萬
物資以生恒順稱厚載流謙通變盈聖心事能察增廣
陳厥誠黃祇僾如在泰折俟成享皇帝行用太和肅
我成命於昭黃祇裘冕而祀陟降在斯五音克備八變
聿施緝熙肆靖厥心匪離登歌奠玉帛用肅和黃祇
是祇我其夙夜寅畏誠潔匪遑寧舍禮以琮玉薦厥茅
精念茲降康胡寧克暇迎俎用雍和夙夜宥密不敢
寧晏五齊既陳八音在縣粢盛以絜房俎斯薦明德惟
馨尚茲克偏皇帝初獻用壽和惟以明發有懷載殷
樂盈而返禮順其禮立清以獻薦欲是親於穆不已裒
對斯臻皇帝飲福用福和穆穆天子告成岱宗大裘
如濡執斑有頤樂以平志禮以和容上帝臨我云胡肅
邕　皇帝還宮用太和昭昭有唐天俾萬國列祖應命
四宗順則申錫無疆宗我同德曾孫繼緒享神配極
賀知章　送神用靈具醉代順和靈具醉杳熙熙靈將
往眇禋禋顧明德吐正辭爛遺光流禎祺○源乾曜
馬巽觀開元皇帝東封圖儼若翠華舉登封圖作開晃
旒明主立冠劍侍臣陪迹類飛仙去光同拜日來紛痕
疑檢玉黛色訝生苔挂壁雲將起凌
風仗若迴何年復東幸魯叟望悠哉

宋

太宗太平興國八年六月已酉兗州泰山父老及瑕邱等七縣民詣闕請封禪一雍熙元年夏四月乙酉泰山父老詣闕請封禪戊子羣臣表請凡三上許之五月丁丑乾元文明二殿災六月壬寅詔罷封泰山本紀

太宗將東封蒙定議曰嚴父莫大于配天請以宣祖配天自雍熙元年罷封禪爲郊祀遂行其禮識者非之扈蒙傳

眞宗大中祥符元年春正月乙丑有黃帛曳左承天門南鴟尾上守門卒塗榮告有司以聞上召羣臣拜迎于朝元殿啟封號稱天書戊辰大赦改元三月甲戌兗州父老呂良等千二百人詣闕請封禪丁卯兗州并諸路進士等八百四十人詣闕請封禪壬午文武官將校蠻夷耆壽僧道

二萬四千三百七十餘人詣闕請封禪不允自是表凡五上夏四月甲午詔以十月有事于泰山遣官告天地宗廟嶽瀆諸祠乙未以知樞密院事王欽若參知政事趙安仁爲泰山封禪經度制置使丙申以王旦爲封禪大禮使馮拯陳堯叟分掌禮儀使五月壬戌王欽若言泰山醴泉出壬午詔緣路行宮舊屋止加塗塈毋別刱癸未置天書儀衛使副扶侍使都監夾侍凡有大禮即命之詔離京至封禪以前不舉樂所經州縣勿以聲伎來迓六月乙未天書再降於泰山醴泉北壬寅迎泰山天書于含芳園九月戊寅西京諸州民以車駕東巡貢獻召對勞賜之乙酉親習封禪儀于崇德殿冬十月戊子上御蔬食庚寅以巡幸置考制度使副凡巡幸則命之是歲五星順行同色本紀

初太平興國中有得唐元宗社首玉冊蒼璧至是令瘞於舊所其前代封禪壇址摧圮者命修完之山上置圜臺徑五丈高九尺四陛上飾以青四面如其方色一壝廣一丈圍以青繩三周燎壇在其東南高丈二尺方一丈開上南出戶方六尺山下封祀壇四成十二陛如圜丘制上飾以綠四面如方色外爲三壝燎壇如山上壇制社首壇八角三成每等高四尺上闊十六步八陛上等廣八尺中等廣一丈下等廣一丈二尺三壝四門如方丘制又爲瘞埳於壬地外壝之內以玉爲五牒牒各長尺二寸廣五寸厚一寸刻字而塡以金聯以金繩緘以玉匱置石𥓗中金縢難用以金塗繩

代之正坐配坐用玉冊六副每簡長一尺二寸廣一寸二分厚三分簡數量文多少匱長一尺三寸檢長如匱厚二寸闊五寸纏金繩五周當纏繩處刻爲五道而封以金泥泥和金粉乳香爲之印以受命寶封匱當寶處刻深二分用石𥓗藏之其𥓗用石再累各方五尺厚一尺鑿中廣深令容玉匱𥓗旁施檢處皆刻深七寸闊一尺南北各三東西各二去隅皆七寸纏繩處皆刻三道廣一寸五分深三分爲石檢十以擫𥓗皆長三尺闊一尺厚七寸刻三道廣深如纏繩其當封處刻深二寸取足容寶皆有小石蓋與封刻相應其檢立𥓗旁當刻處又爲金繩三以纏𥓗皆五周徑三分爲石泥封𥓗泥用石末和方色土爲之用金鑄寶曰天下同文如御前寶

以封䃭際距石十二分距四隅皆闊二尺厚一尺長一丈
斜刻其道與䃭隅相應皆再累爲五色土圜封䃭土徑一
丈二尺下徑三丈九尺命直史館劉鍇內侍張承素領徒
封圜臺石䃭直集賢院宋臯內侍郝昭信封社首石䃭並
先往規度之詳定所言朝覲壇在行宮南方九丈六尺高
九尺四陛陛南面兩陛餘三面各一陛一壝二分在南一
分在北又按唐封禪備法駕準故事乘輿出京並用法駕
所過州縣不備儀仗其圜臺上設登歌鍾磬各一具封祀
壇宮架二十虡四隅立建鼓二舞社首壇設登歌如圜臺
壇下宮架三舞如封祀壇朝覲壇宮架二十虡不用熊羆
十二案又按大典南郊合祀天地服袞冕垂白珠十有二

旒衣纁裳十二章欲望封禪日依南郊例洎禮畢御朝覲
壇諸州所貢方物陳列如元正儀令尚書戶部告示並先
集泰山下仍詔出京日具小駕儀仗太常寺三百二十五
人兵部五百六十六人殿中省九十一人太僕寺二百九
十九人六軍諸衛四百六十八人左右金吾仗各一百七
十六人司天監三十七人有司言南郊惟昊天皇地祇配
帝日月五方神州各用幣內官而下別設六十六段分充
按開寶通禮嶽鎮海瀆幣從方色卽日月皆有制幣今請
封祀壇內官至外官三百一十八位社首壇嶽鎮以下一
十八位並用方色幣又南郊牲正坐配坐用犢五方帝日
月神州共用羊豕二十二從祀七百二十七位仍以前數

分充今請神州而上十二位用犢其舊供羊豕改充從祀
牲又景德中升天皇北極在第一等今請亦於從祀牲內
體薦舊制郊祀正坐配坐褥以黃皇帝拜褥以緋至是詔
配坐以緋拜褥以紫又以靈山清潔命祀官差減其數或
令兼攝有期喪未滿餘服未卒哭者不得預祭內侍諸司
官除掌事宿衛外從升者裁二十四人諸司職掌九十三
人其文武官升山者皆公服詳定所言漢書八神與歷代
封禪帝王及所禪山並於前祀七日遣官致祭以太牢祀
泰山少牢祀社首九月詔審刑院開封府毋奏大辟案帝
習儀于崇德殿初禮官言無帝王親習之文帝曰朕以達
寅恭之意豈憚勞也旣畢帝見禮文有未便諭宰臣與禮

官再議於是詳定所言按開寶禮則燔燎畢封冊開元故
事則封䃭後燔燎今如不對神封冊則未稱寅恭或封䃭
後送神則併爲諠瀆欲望俟終獻畢皇帝升壇封玉匱置
䃭中泥印訖復位飲福送神樂止舉燎火次天書降次金
匱降禮儀使奏禮畢皇帝還大次俟封䃭畢皇帝再升壇
省視緣祀禮已畢更不舉樂省訖降壇仍詔山上亞獻終
獻登歌作樂十月戊子朔禁天下屠殺一月帝自告廟卽
屏葷蔬食自進發至行禮前並禁音樂有司請登封日圜
臺立黃麾仗至山下壇設權火將行禮然炬相屬又出朱
字漆牌遣執仗者傳付山下牌至公卿就位皇帝就望燎
位山上傳呼萬歲下卽舉燎皇帝還大次解嚴又傳呼而

下祀官始退社首瘞坎亦設權火三爲準遣司天設漏壺
山之上下命中官覆校日景復於壇側擊板相應自太平
頂天門黃峴嶺岱嶽觀各竪長竿揭籠燈下照以相參候
辛卯發京師以玉輅載天書先行次日如之至鄆州令從
官衛士蔬食丁未次奉高宮戊申齋于穆清殿諸升山者
官給衣令祀日沐浴服之庚戌帝服通天冠絳紗袍乘金
輅備法駕至山門幄次改服鞾袍乘步輦登山鹵簿儀衛
列山下天書仗不上山與法駕仗間立知制誥朱巽奉玉
冊牒及圜臺行事官先升且以回馬嶺至天門路峻絶人
給橫板二長三尺許繫綵兩端施於背膺選從卒推引而
上衛士皆給釘鞵供奉馬止於中路自山趾盤道至太平

頂凡兩步一人綵繡相間樹當道者不伐止縈以繒帝每
經陿險必降輦徒步亞獻寧王元偓終獻舒王元偁鹵簿
使陳堯叟從祀官黙饌習儀於圜壇是夕山下罷警場辛
亥設昊天上帝位于圜臺奉天書于坐左太祖太宗並配
西北側向帝服衮冕升臺奠獻悉去侍衛拂翟止於壝門
籠燭前導亦徹之
（玉冊文）嗣天子臣某敢昭告于昊天上帝臣嗣膺景命昭事上穹昔太祖揖讓開基太宗憂勤致治廓清寰宇混一車書固抑升中以延積慶元符錫祚衆寶效祥異域咸懷豐年屢應虔修封祀祈福黎元謹以玉帛犧牲粢盛庶品備兹禋燎式薦至誠皇伯考太祖皇帝皇考太宗皇帝配神作主尚饗
（玉牒文）有宋嗣天子臣某敢昭告于昊天上帝啟運大同惟宋受命太祖肇基功成治定太宗膺圖重熙累盛粤惟沖人丕承列聖寅恭奉天憂勤聽政一紀于兹四隩來暨丕貺殊尤元符章示儲慶發祥清淨可致時和

年豐羣生咸遂仰荷顧懷敢忘繼志僉議大封聿申昭事躬陟喬嶽對越上天率禮祗肅備物吉蠲以仁守位以孝奉先祈福逮下侑神昭德惠綏黎元懋建皇極天祿無疆靈休允迪萬葉其昌永保純錫
命羣官享五方帝及諸神於山下封祀壇上飲福酒攝中
書令王旦跪稱曰天賜皇帝太一神策周而復始永綏兆
人三獻畢封金玉匱王旦奉玉匱置於石䃭攝太尉馮拯
奉金匱以降將作監領徒封䃭帝登圜臺閱視訖還御幄
宰臣率從官稱賀山下傳呼萬歲聲動山谷即日使還奉
高宮百官奉迎于谷口帝復齋于穆清殿壬子禪祭皇地
祇于社首山奉天書升壇以祖宗配
禪社首玉冊文嗣天子臣某敢昭告于皇地祇無私垂祐有宋肇基命惟天啟慶賴坤儀太祖神武威震萬寓太宗聖文德綏九土臣恭膺寶命纂承丕緒穹昊降祥靈符下付景祚延鴻祕文昭著八表以寧五兵不試九

穀豐穰百姓親比方輿所資涼德是愧溥率同詞縉紳協議因以時巡亦既肆類躬陳典禮祗事厚載致孝祖宗潔誠嚴配以伸大報聿修明祀本支百世黎元受祉謹以玉帛犧牲粢盛庶品備兹禋瘞式薦至誠皇伯考太祖皇帝皇考太宗皇帝配神作主尚饗
帝至山下服鞾袍步出大次癸丑有司設仗衛宮縣于壇
下帝服衮冕御封禪壇上之壽昌殿受朝賀大赦天下文
武遞進官勲減免賦稅工役各有差改乾封縣曰奉符縣
宴百官卿監以上于穆清殿泰山父老于殿門甲寅發奉
符始進常膳帝之巡祭也往還四十七日未嘗遇雨雪嚴
冬之候景氣恬和祥應紛委前祀之夕陰寒風勁不可以
燭及行事風頓止天宇澄霽燭焰凝然封䃭訖紫氣蒙壇
黃光如帛繞天書匣悉縱四方所獻珍鳥異獸山下法駕

還奉高宮日重輪五色雲見鼓吹振作觀者塞路歡呼動天地改奉高宮曰會真宮九天司命上卿加號保生天尊青帝加號廣生帝君天齊王加號仁聖各遣使祭告詔王旦撰封祀壇頌王欽若撰社首壇頌陳堯叟撰朝覲壇頌圜臺承祀官竝于山上刻名封祀九宮社首壇奉祀官竝于社首頌碑陰刻名扈從升朝官及内殿崇班軍校領刺史以上與蕃夷酋長竝于朝覲頌碑陰刻名禮志

登泰山謝天書述二聖功德銘王旦封祀壇頌陳堯叟朝覲壇頌王欽若社首壇頌俱入金石志

徽宗政和三年兗鄆耆壽道釋等及知開封府張爲等五十二人表請東封優詔不允六年知兗州宋康年請下祕閣檢尋祥符東封典故付臣經畫時蔡京當國將講封禪以文太平預具金繩玉檢及他物甚備迄不行禮志

明

成祖永樂十四年三月壬申尚書呂震請封禪上曰今天下雖無事四方多水旱疾疫安敢自謂太平且六經無封禪之文事不師古甚無謂也不聽典彙

梁許懋封禪對舜柴岱宗是爲巡狩而孝經鉤命決云封於泰山考績燔燎禪於梁甫刻石紀號此緯書之曲說七十二君燧人之前世質民淳安得泥金檢玉結繩而治安得鐫文告成妄亦甚矣若聖主不須封禪若凡主不應封禪秦始皇嘗封泰山孫晧嘗封國山皆由主好名於上而臣阿旨於下非盛德之事不可爲法也

宋胡寅封禪論緯書本原於五經而失之者也而尤紊於鬼神之理幽明之故夫鬼神幽明之故非知道者不能識斷國論者誠能一決以聖人之經經所以載道雖有緯書讖記屏而不用則庶乎其不謬於理矣登封之事原於柴燔而失之者也詩書紀巡狩而柴者記所謂祭天也至岱宗陟其高山云者記所謂因名山也行山

則因以爲高無則於郊而壇其義類一也又有大事而告於上帝者武王克商始有天下故柴望而告也舍此則瀆矣記以饗帝於郊與升中於天爲一事則傳者之失也然則七十二君之編錄詩書禮典畧不經見審有是事乃天下國家之盛舉堯舜禹湯文武成康昭宣皆身致太平安得闕而弗講故前賢論登封者莫善於許懋惜乎世祖之臣智不及此陷其君於過舉而不得聞也封禪之事漢唐之君往往行之曾無一人建議明白如許懋者賢哉懋乎其學可謂正矣漢唐以來緯書行而經學弛重以鄭元博聞寡要不知折衷於聖人而惟緯書之信世無稽古之言以袪羣惑遂使有天下者於無事時肆其侈心千乘萬騎巡狩侈費登山琢石夸大功德或有祕祝以祈不死取笑當代貽譏後來彼梁武之資未必如漢光武之英也一聞懋言遂過欲行之意推廣其義以答請者則賢於光武遠矣使其舉措每如此則金甌之業何缺壞之有

章俊卿封禪論以封禪爲非古者王仲淹也以封禪爲不經者李泰伯也以封禪爲不足信者蘇子由也夫六經無封禪之文帝王無封禪之事著是文者管仲疏其源史遷浚其流季仲推其波張說助其瀾侈是事者祖龍嘘其煙孝元封其燼隋帝熾其膏元宗烈其焰是封禪之典惟以肆情示誇也證之以六經之明文質之以帝王之實迹則後世之惑滋甚且云云一山也或以爲在東山或以爲在蒙陰亭亭一名也或以爲在平陰或以爲在鉅平社首一地也或以爲在鉅平或以爲在博縣則服虔晉灼應劭之論不同旣曰伏羲神農禪云云又曰三皇禪繹繹旣曰帝嚳堯舜禪云云又曰五帝禪亭亭旣曰禹禪會稽湯禪云云又曰三王禪梁甫則管仲孔穎達之說爲不一紛紛異議迄無訂證唐虞三代果有是乎七十二君果足信乎設有是事六經遺文豈應不載吁安得仲淹泰伯子由與之議封禪之非哉

明邱濬封禪論封禪之說詩書禮典畧不經見審有是事乃天下國家之盛舉堯舜禹湯文武成康皆身致太平安得闕而弗講所謂七十二君者果何代何人哉先儒有言養生至於長生不死爲國至於祈天永命皆有是理然人未有能爲之者縱爲之然亦不出乎身心日用之間非必由乎服食藥物徼求鬼神而後致之也是故明君永年莫若寡欲延國祚莫若愛民寡欲而至於全其天愛民而至於過其歷誠有是理亦誠有是事嗚呼世主所以甘心於不貲之費而行封禪之禮者以有祕祝之求也誠知此理反之於心知其必無驗之於古知其無效則自不爲矣

國朝孫星衍封禪論封禪者巡守考績之禮天子五年一升方岳封諸侯明黜陟輯瑞柴燎以告天示至公不自專上古聖人敬天敬事之至也周衰不巡守故封禪之義晦秦漢以爲祈年求僊之事當時儒者不能辯明于是七十二君之盛迹後世得以嘗之矣緯書出于周末猶通古義其在孝經鉤命決云封于泰山考績柴燎禪于梁父刻石紀功故鄭康成注書云柴者考績燎也又白虎通云嶽之爲言捔也捔功德也風俗通云嶽捔功考德黜陟幽明也是方岳亦以考績得名矣案堯典稱歲二月東巡守至于岱宗柴肆覲東后又曰五載一巡守羣后四朝敷奏以言明試以功車服以庸白虎通述大傳曰見諸侯問百年大師陳詩以觀民風俗命市納賈以觀民好惡山川神祇有不舉者爲不敬不敬者削以地宗廟有不順者爲不孝不孝者黜以爵變禮易樂者爲不從不從者君流改衣服制度爲畔畔者君討有功者賞之則其事也古者黜陟皆稱天其在堯典曰惟時亮天工皋陶謨曰天工人其代之又曰天命有德天討有罪又曰敕天之命諸侯者代天工以佐天子或命或討天子皆登名山考其績積柴燔牲告天以黜陟之或書之金策玉檢山高升中冀達于天諸侯之所共見若春秋時會諸侯皆因邱陵明目聰辟非常也七十二君皆封禪其說見于莊子管子之言必三代時相傳舊

說黃帝合符釜山即其事合符亦輯瑞也天子執冒諸侯執圭以冒覆圭爲合符亦曰輯瑞無過者復其圭有過者留其圭能改者復之不復者黜其爵地則其義也故禹會塗山執玉帛者萬國防風後至則戮之是也齊桓公合諸侯匡天下其力可以黜陟天下而嫌于僭上故管仲設言難致之物以阻之不正言考績當由天子者爲周室不巡守諱亦不足折桓公能合諸侯之心也然云受命得封禪亦謂黜陟自天子矣秦始皇東巡至泰山諸儒生僅知古者蒲車租席之禮宜其見黜其時意在立石頌德不知有考績之事漢文帝使博士諸生作王制謀議巡狩封禪事亦祗信鬼神卒不能明古制武帝巡幸郡縣寖尋于泰山惑于封禪則能僊登天之說又惑于封禪者古不死之名諸儒草儀大率將順其事故史臣議之以爲羣儒不能辯明封禪事又拘于詩書古文而不敢騁也後漢建武時有司奏封禪云爲百姓祈福刻石紀號何其不察經傳之文哉漢自司馬相如倪寬應劭諸人皆不識封禪爲考績之典獨[illegible]康成以孝經說知之故康成者一代之大儒而緯書[illegible]一代古說不可廢也亡秦者胡之讖出于秦孔子素王之言出于董仲舒信知讖緯不始哀平之間矣封者[illegible]諸侯之土于文从㞢从土从寸守其制度禪者祭天于文从示上古有封禪之稱言爵諸侯祭告或于天也[illegible]封者

封山之義封必于泰山東方春應二月示布德行惠勉諸侯言賞而罰亦隨之又以日夜分正度量也禮記稱因名山升中于天不言祭地而漢書注服虔云封者增天之高歸功于天禪闡也廣土地也後漢志注項威曰除地爲墠後改墠曰禪神之矣是謨以墠解禪字項說違古義矣吾懷世之嘗古人者皆不明古義以己之愚反嘗古人之愚若明堂辟雍封禪諸大禮尤傳譌不得其實後遂廢之并以爲迂怪之事孟子言諸侯去籍六緯之外非緯書何述焉緯書有增加有醇雜是在擇之而已或以封禪之儀不述于周公孔子然今書缺有間矣孟子爲孔子之學者曰明堂者王者之堂行王政勿毀之明堂在齊泰山即古者封禪考績之堂孟子固愛封禪之禮矣鄭康成雖知考績柴燎亦未詳言之故作封禪論或曰封禪者帝王易代大封諸侯升中于泰山故曰岱宗故白虎通稱東方爲岱宗言萬物更相代於東方也則亦黃帝合符虞舜輯瑞之義與考績之說亦不遑矣

按禪于梁父刻不紀功見梁書許懋傳引

阮元封泰山論泰山者上古大山居天下之中者也封泰山者七十二代易姓而王祭天刻石以紀號也上古淳質無史冊刻石紀號者著一代之史也是故封禪爲古大禮古者開創之帝王雖功德有醇駁而皆得行之

秦始皇漢武帝之求長生光武帝之用讖緯宋真宗之得天書皆以邪道壞古禮不足爲封禪咎秦始皇晉武帝隋文帝唐太宗議封禪或行或不行非也此皆易姓一天下之君當刻石紀號者也漢武帝魏明帝北齊文宣帝唐高宗元宗宋真宗明成祖議封禪或行或不行亦非也此非易姓一天下之君不當刻石紀號者也竊嘗考之古矣泰山曰岱岱者代也古帝王告代之處也後漢書注云泰山者王者告代之處爲五嶽之宗故曰岱宗所居曰齊州齊者中也居天下之中也爾雅曰齊中也又曰中有岱岳列子湯問篇言齊州黃帝篇言齊國皆中州中國也上古水土未平中國地褊泰山齊國地高而無洪水之患遂爲天下之中有王者起德教足以服衆功力足以制人即可以朝諸侯有天下登泰山而封之七十二代豈皆如黃帝堯舜之德歟其以雜霸之力收天下之權如後代秦隋者必有之矣其時文字始造史冊未興設非大朝會升中于天刻石岱宗以紀之則天下之權猶未一代興之號猶未正且其君之姓名亦無以傳于後世也惟其盛衰興廢三古迭更受命異姓必有封禪以定之是以管夷吾所記者十有二家不能以受命易姓之辭窮齊桓公乃設爲嘉祥未臻之說嗚呼豈知後世文人昧管氏之大義反以其所設之辭侈爲符瑞以飾封禪致迂儒之疑封禪非古禮豈不慎哉

泰山志卷第十三

朝議大夫山東泰安府知府休寧金棨纂輯

郡邑志

因革 疆域 形勝 風俗 城池
官制 署廨 學校 田賦 物產
古蹟 塚墓

因革

泰安府山東通志稱天下之安如泰山而四維之名蓋取諸此禹貢兗青徐三州之域周爲魯宋齊地東平須昌屬宋本漢書地理志方輿紀要又宿鄣二國秦屬齊東泗水三郡地史記秦始皇本紀二十六年分天下以爲三十六郡漢爲泰山郡東郡東平國地隸兗州部須昌屬東郡無鹽屬東平國景帝中六年別東平國爲濟東國

武帝元鼎元年爲大河郡宣帝甘露二年爲東平國東漢因之省肥城入盧縣屬濟北國須昌無鹽屬東平國晉因之隸兗州晉以東阿穀城屬濟北國南宋爲泰山東安濟北東平四郡地新泰泰安屬兼隸徐州北魏於泰山郡析置東泰山郡又於濟北郡析置東濟北郡新泰屬東泰山肥城穀城爲東濟北隸兗州北徐州濟州隋改泰山爲魯郡以新泰屬瑯琊郡肥城東阿仍屬濟北郡隸徐州兗州唐爲魯郡瑯琊郡東平郡隸河南道宋爲襲慶府魯郡東平府東平郡隸京東西路沂州瑯琊郡隸京東東路金以泰安爲州領奉符萊蕪新泰東平爲府領須城東阿平陰俱隸山東西路元爲泰安州初屬東平路後隸省部領奉符新泰萊蕪濟寧路領肥城東平路領須城東阿平陰隸山東東西道明泰安州新泰萊蕪肥城屬濟南府東平州東阿平陰屬兗州府隸山東布政使司

國朝因之雍正二年分泰安爲直隸州領長清新泰萊蕪三縣八年分東平爲直隸州領東阿平陰陽穀壽張四縣十二年以濟南府之肥城易泰安之長清十三年升泰安爲府設泰安附郭縣以東平州並所領之東阿平陰屬焉陽穀壽張仍歸兗州府其領州一縣六隸山東布政使司泰安府志

泰安縣山東通志附郭從郡名乃安靖泰安之義周爲齊魯地嬴博二縣屬齊在哀公十一年會吳伐齊克博至嬴又昭公八年大蒐於紅成公二年齊圍龍今縣境有紅亭龍鄉當是魯之北境秦屬齊郡漢爲博嬴奉高三縣地屬泰山郡治奉高東漢及晉南宋因之北魏改博曰博平與奉高仍屬泰山郡治博平嬴縣廢隋改博平曰博城屬魯郡開皇六年改奉高曰岱山大業初省岱山入博城唐

改博城曰乾封屬兗州魯郡武德五年置東泰州貞觀初州廢仍屬兗州魯郡乾封元年更博城爲乾封宋改乾封曰奉符屬襲慶府魯郡開寶五年移縣治岱嶽鎮即今治也大中祥符初改日奉符又築新城在今治東南三十里而以岱嶽鎮爲舊城金初爲泰安軍尋改爲泰安州仍治奉符遷岱嶽鎮元因之直隸省部初屬東平路至元五年改直隸明省縣入屬濟南府

國朝因之雍正二年改泰安爲直隸州十三年升爲府設附郭縣

賜名泰安疆域仍州之舊泰安府志

疆域

泰安府東至青州府博山縣界一百八十里西至兗州府陽穀縣界二百五十里南至兗州府寧陽縣界六十里北

至濟南府長清縣界一百一十里東南至沂州府蒙陰縣界二百一十里東北至青州府博山縣界一百九十里西北至東昌府茌平縣界一百八十里西南至兖州府汶上縣界一百里東西廣四百三十里南北袤一百七十里由府治北至省城一百八十里西北達於

京師一千里泰安府志

泰安縣東至萊蕪縣界六十里至縣治一百一十里西至肥城縣界六十里至縣治九十里南至兖州府寧陽縣界六十里至縣治一百一十里北至濟南府歷城縣界八十里至縣治一百八十里東南至新泰縣界八十里至縣治一百五十里東北至濟南府章邱縣界一百五十里至縣治二百三十里西北至濟南府長清縣界四十里至縣治一百五十里西南至兖州府汶上縣界一百里至縣治一百八十里東西廣一百二十里南北袤一百四十里編戸九十七里府縣志

形勝

岱爲五嶽之宗冠諸峯而表鎮汶有四源之會斂泉水以資濟畫社分埛實青徐之根柢該鄆畱嶷乃南朔之樞機自虞巡周狩以來卓哉靈府在陽魯陰齊之地屹矣長城山東通志兼禹貢兖青徐分春秋齊魯宋泰山綿亘於東北汶水合流於西南太乙神明之區中原要害之地右瞰運河則千艘並騖旁連列郡若高屋建瓴泰安府志泰山巒確憑玉几於徂徠泮水漣漪結象環於石汶通志岱嶽奠其後汶水經其前溪山峻隘據東南之勝　羣山雄踞於東北泉水交流於西南洵稱五服之尊古藩封之勝地也舊州志

風俗

人情樸厚俗有儒學文獻通考　去洙泗百餘里人好儒術李謙文廟記　風俗淳樸而尚儉素張從仁文廟記　泰安舊稱淳樸士習於孫石遺風多好經術重氣節府志

城池

泰安府城舊爲岱嶽鎮宋開寶五年移築乾封縣城於此大中祥符元年改名奉符又築新城於東南三里舊城廢金大定二年復還舊治元以後因之明嘉靖間濟南通判王雲興奉檄修築易土以石周七里六十步高二丈五尺厚二丈池闊三丈深二丈四門東曰靜封西曰望封南曰

乾封北曰登封郡人馬經有記刻石登封門內三十二年沂州兵備任希祖檄知州鄭聚東重修崇禎十二年道蔡懋德增修四隅各出稜角周圍三丈許創四樓去地五丈許城以岱麓爲基城外東北皆曠野

國朝順治十一年知州傅鎮邦張錫懌相繼招徠營房舍以衞之遂成市巷乾隆十三年春知縣湯任奉

旨重修高厚方廣如故改四門名東迎暄西嶽晏南泰安北仰

聖又各建敵樓并石橋四座三十九年知府朱孝純以垣堞多圮率士民捐貲重修黄鈐縣志

官制

泰安府知府一　糧捕通判一　經歷司一　司獄司一

儒學教授一
泰安縣知縣一　縣丞一　主簿一　典史一
儒學訓導一
泰安營參將一　守備一　把總一　外委把總一
宮里村汛把總一　堯山口汛外委千總一

署廨

泰安府署在迎暄門內街北舊知州署雍正十三年改地周一十六畝四分有奇　糧捕通判署在府城東南一百里樓德莊
經歷司署在府署內東偏　司獄司署在府署內西偏
儒學教授署在學內府志
泰安縣署在泰安門內街西南向舊爲蕭宮保第乾隆四年知縣

李松建　縣丞署舊在縣署內東偏今改建西迎翠街
主簿署在縣西南九十里安駕莊　典史署在縣署內西偏　儒學訓導署在學內　泰安營參將署在城內東南隅　守備署在遙參亭南路東　把總隨營分署縣志

學校

儒學在迎暄門內府署東創於宋開寶初金大定間知州徐偉重建元至元間知州馬驤重修至正二年知州靳文用九年州同孔之嚴重修明洪武初州同陳文祐正統六年知州施守正天順六年知州李琪皆重修成化十五年學正任式移學路於廟東十八年知州賈宣增修二十二年知州胡瑄拓地重建嘉靖十年知州李敃三十一年參議張旦重修隆慶六年知州楊山築山學後建屏學前
國朝順治六年郡人御史趙宏文重修康熙十三年知州朱麟兆五十二年知州張五福州同張奇逢雍正七年知州王一夔紀邁宜皆重修十三年改府設縣祭祀肄業共之府學額入二十名縣學額入二十名乾隆十六年知府宋諤知縣劉朝宗重修四十五年署知府胡德琳知縣黃鈐緣前令張鳴鐸興修未就捐俸重修大成殿五間東西兩廡各七間南爲戟門五間門東爲齋宿更衣之所南爲泮池橋三叉南櫺星門三間前爲屏牆東西兩坊大成殿後爲明倫堂東西齋房各三間前爲門門迤東爲禮門東爲奎文閣大成殿西南爲崇聖祠輯府縣志
泰山上書院在投書澗西今爲三賢祠詳見祠廟志
泰山書院在天書觀西乾隆二十九年知府姚立德購買

民舍改建知縣程志隆記圖志

（程志隆記）自昔宋儒孫明復先生講學泰山之陽從遊如石徂徠胡安定諸君子皆一代偉人號爲極盛今傳其遺址在凌漢峯下然已不可復識蓋泰山書院之名由來久矣前明萬曆間侍御宋公燾慕往哲之遺風搆青巖社以衍其教澤
國朝康熙間相國趙公仁圃與及門講學其中時虞山蔣公撫東視山左因得割俸修葺易名青巖書院乾隆五年郡守王公重爲修拓並詳撥香稅閒款暨萊郡餘米變價銀各千數以供修脯膏火之資而學者於此一聚嗣歷二十餘年飄搖風雨屋宇傾非藉重貲不能重建且宋氏後人亦需此以爲居址勢有不得仍其舊者余承乏是邑別思以振起之維時前郡守李公相與謀建書院粗有成議尋於二十八年秋調任大名未遑蔵事姚公繼守是郡爰承前議率屬捐俸購宅於城西命余董其役於是拓而廣之葺而新之凡正門重門講堂書舍以至庖湢廩廨莫不具修復於講堂東偏築室以祠三賢閱數月而工竣又以經費儲偫酌定章程延明師集諸生肄業其中仍顏其額爲泰山書院閱明年姚公調任濟南今郡守宋公政成之餘慨以崇文教爲急務因復裕理經費爲久遠計時以公餘召諸生講學壹

臺不倦而泰山書院之名曰益著矣泰山爲五嶽之宗自古巡狩封禪聿昭典制今

天子親禮岱嶽時巡戾止

天章宸翰輝映林巒士生其間沐

朝廷作人之化承聖賢禮教之遺磅礴扶輿蔚然以起矧夫景仰前賢泰山徂徠兩先生推挽後先于喁倡和讀春秋發微易解諸書臨淵徘徊登高望古想見當日几筵杖屨師弟淵源未有不感懷興起而思有以躡其後者然非上之人作意崇儒宏獎後進毅然以禮樂詩書爲己任有以握乎化民成俗之源者又烏能尋墜緒於七百餘年之遠而決意振興若斯之易易也余不敏幸隨諸公後視茲文教聿興數百里中貧笈擔囊蹌蹌濟濟規條初立品諸肅然率皆務實而存誠不同蹈虛以襲迹行見甄陶道器品藻人倫士習文風日新月盛庶以仰副列憲尊經養士之心而先賢之澤藉以大衍其傳即賢之宋趙王蔣諸公創建初意亦得永垂無替矣宋燾青巖居二絕編籬種豆綠萋萋人似桃源路不迷日暮酒醒新月上扶筇又過書橋西　昨宵溪水長潮痕烟雨霏霏晝掩門隔岸幾家芳樹綠分明城市有江村

岱麓書院在賁福寺東乾隆五十七年知府徐大榕拓寺基曠地建造今山長於此聚徒講學

育英書院泰安縣志云在縣東三十里崖下莊朱孝純圖志云在石汶南明李汝桂講學於此又南有汝桂墓

田賦

明洪武二十四年賦地五千五百八十頃五十六畝四分三釐成化十八年賦地五千九百六十五頃八十四畝二分四釐岱史

國朝以來均丈不一乾隆二十一年原額折就一例地五千九百七十三頃四畝六分八釐八毫除豁免拋荒地并節年新墾并首報地實在一例地五千一百六十頃五十二畝五分四釐九毫

歲額實徵地丁銀四萬二千四百五兩九錢九[illegible]三釐閏月折色不在內米八千四百六十二石三斗三升二[illegible]

物產

尚書禹貢岱畎絲枲鉛松怪石周禮職方氏兗州其山鎮曰岱山其利蒲魚其民二男三女其畜宜六擾其穀宜四種爾雅中有岱岳與其五穀魚鹽生焉山海經云泰山上多玉其下多金又云泰山多貞木一名冬青道書福地記云泰山多芝草玉石岱史曰昔有者今無或昔無而今有志惟載其所有耳

穀有黍黃白黑三種稷黃黑二種稻紅白二種麥三種麰麰蕎菽青黃赤綠黑刀扁諸種粟百餘種曰九里香花裏黃其最佳者秫薥俗呼高粱紅白黑三種白如玉者曰玉秫芝麻胡麻陶宏景曰八穀之中惟胡麻爲良純黑者名巨勝當九蒸九暴熬擣餌之斷穀長生薏苡仁岱史

蔬有蒔於畦圃者曰韭菘即白菜芥番薯俗名紅芋白芋又謂之地瓜菠薐萵苣茼蒿豆莢長扁數種葫蘆瓠茄王瓜絲瓜冬瓜南瓜蘿蔔山藥葱蒜薹莧薑芋藕其野生者曰薺荼藜藿蘧芹枸杞椿楝𦶟欒芽俱可菹香美並異八麻樹芽和糜粥亦佳枸骨芽曰芳春土人甘之又黃花菜即鹿葱花珍美稱於天下岱史並府志

木有松博物志松本石氣石裂而受沙即產松松三千年更化爲石泰山多松亦以多石耳柏檜桂天地運度經泰山北有桂樹七十株其實赤如橘也椿樗俗謂臭椿莊子吾有大樹人謂之樗梧桐楸即樹梓槐榆白者名枌爾雅所謂榆白枌也楊有白楊青楊杈楊三種柳有垂絲金線三春之別桑柘埤雅栢宜山石柘之從石義取此齊景公爲弓稱泰山烏號之柘槲葉可飼蠶大者爲椽楝荊冬青竹棠檉樟椒楓白蠟榕楮皮可爲紙皁莢府志

(明汪子卿志木有泰松漢柏唐槐皆紀於嶽於祠與徂徠新甫並傳矣他若椿梧梓檜楸椰桑柘榕欒楊柳榆楝雖皆有之顧登封之地無喬林豐樾而取材於工師者或寡焉)

花有牡丹芍藥紫薇淩霄夜合辛夷長春麗春梔子玉簪萱葵臘梅薔薇雞冠罌粟山丹月季蘭蕙芡菰石竹蓮菊桃碧桃杏木槿石榴丁香夾竹桃鳳仙剪秋羅十姊妹海棠素馨美人蕉雁來紅藤花(蔓生於樹可食)蔦蘿(岱史)

果有梨栗棗柹梅杏桃李柰石榴銀杏櫻桃林檎核桃蒲萄沙果羊棗文官果(五月成熟實如栗)棠棣榛木瓜無花果諸品多植於嶽阯園林其在嶽者多野生曰山榴獮桃野棠(岱史)

藥以泰山著圖經者有青芝(一名龍芝)天麻(苗名赤箭有風不動無風自搖故名獨搖芝又名合離草人不輕見見之卽走須以石壓之七八月採其明亮堅實者惟泰山獨異他産然亦難得舊傳

竹林寺老僧種參化爲天麻故生竹林者尤良)景天(四五月采陰乾或盆養置於屋上可以辟火故又名愼火圖經云苗葉似馬齒莧而頗大莖極脆弱開紅紫碎花)遠志(苗名小草)天門冬千歲藟徐長卿(一名別仙蹤)太乙餘糧石龍芮石鍾乳石琉黃白石脂赤石脂白石英紫石英(太平御覽紫石英自大峴至泰山皆有)元石(生泰山之陽唐本註云此鐵液也)磁石(本草生山之陰有鐵處)滑石雲母石絡石草(俗名耐冬包絡石木而生)龍骨伏翼(卽蝙蝠)蛞蝓(圖經云卽蝸牛也)松肪柏實茯苓(博物志松脂淪入地中千歲爲茯苓茯苓千歲化爲琥珀一名江珠今泰山有茯苓而無琥珀益州永昌出琥珀而無茯苓)丹參茵陳茵芋女萎狼毒連翹藜蘆(卽山葱)澤漆瞿麥(卽石竹)石香附子(卽莎草根)延胡索石蜜(本草石蜜多在泰山石窟中有經一二年者氣味醇厚入藥良)

有名在圖經而不以泰山言者曰蒼朮黃精(芝草之精陶宏景謂之仙人餘糧九蒸九暴可以代糧又名曰米餔)黃連黃芩元參蝦參苦參沙參菖蒲知母益母草貫衆(浸水缸中日飲之能辟時疫)山查山藥地黃地榆紫花地丁天南星枸杞木蘭防風荆芥芫花花椒白部百合草烏柴胡牽牛桔梗藁本芎藭漏蘆鬼箭麥門冬威靈仙白蘚皮青木香鬼見愁車前子硝石長石青蒙石金星石(本草生於蒼石內其外有金色麩片)銀星石(本草外有銀色麩片)金銀花(經冬不凋一名忍冬)馬兜鈴王不留行石藥(一名石花又名雲茶生石之陰其狀如花藥其味如茶故名可已心疾王隱晉書稱唐褒入山食木實餌石藥以代茗遂得長年)夏枯草瓜蔞仁葛根葛花夜明砂艾(岱史)占斯(本草占斯生泰山山谷樟樹上寄生樹大銜枝在肌肉今人以胡桃皮爲之非也)

貨有絲有木綿紬絹葛可爲絺有麻縩蜜蠟(明汪子卿志本草大麻一名漢麻生泰山川谷今人作布及履用之)

徂徠珠子煠自然有龍麝氣以水調勻以刀圭服能已鬲氣除痰飲專用此一味阿膠和之擣數萬杵卽爲妙墨不俟餘法也陳公弼在汶上作此墨謂之墨龍髓後人盜用其名非也(東坡集)

茶薄產巖谷間山僧間有之而城市則無也山人採青桐芽曰女兒茶泉崖陰趾苗如波稜者曰仙人茶皆清香異南若黃芩芽皆爲茶亦佳松苔尤妙(明汪子卿志)

鳥多野鴿巢巖穴及嶽祠榱題多鳩雀有鸞鵲鷹鸇鴉鵲惟嶽祠無鴉曰山僧聲如念佛曰紅娘子色如胭脂曰拖紅練拖白練皆以尾色名有雉雞山雞野雞鵪鶉黃鸝鴒鶉翡翠布穀畫眉有翠羽褐衣如畫眉者汶有鴛鴦鸕鷀鸛鴿野鷺(明汪子卿志)

泰山有獸焉其狀如豚有珠名曰狪狪山海經

獸有麠麎貛兔兔有兩其足者不能走每跳一二丈許曰跳兔有黃鼠蒼狐白狠在深山窮谷而登封之地則無也明汪子卿志

伏翼即蝙蝠生泰山川谷食諸乳石精汁皆千歲純白如雪又英雞常食碎石英故名人服之最補取英之功也別錄

魚有斑文四五寸許四五月生嶽北溪澗中過此則無矣明汪子卿志

石鱗長四五寸生石澗中色似白金又有赤黑色者味最美縣志

山蠶出泰山東北麓縣志

古蹟

博城在縣東南三十里即舊縣村故堞猶存本齊博邑漢置縣屬泰山郡縣志

左傳哀公十一年會吳伐齊克博

前漢書地理志註有泰山廟岱山在西北求山上錢大昕云求山上三字當是兗州山之譌

水經注汶水南逕博縣故城東

括地志兗州博城本漢博城縣城泰山在兗州博城縣西北三十里

元和郡縣志後魏改博縣爲博平隋開皇十七年改博平爲博城縣乾封元年高宗封嶽析長安以置乾封長安元年廢乃于岱山下改博城縣爲乾封縣屬兗州

一統志宋開寶中移縣於岱嶽鎮此城遂廢

明汪子卿志博城在嶽東趾距州治三十里今名曰舊縣

嬴城在縣東南五十里即故縣莊西南距古博城三十五里春秋時齊邑漢置縣屬泰山郡府志

左傳桓公三年公會齊侯于嬴哀公十一年會吳伐齊克博至嬴

孟子反於齊止於嬴

水經汶水出泰山萊蕪縣原山西南過嬴縣南注云汶水又西南逕嬴縣故城南

後漢書陳俊傳張步遣將擊俊戰於嬴下注嬴縣名屬泰山郡

明汪子卿志嬴城在嶽東阯距州治東南五十里唐屬東泰州後省入博城

奉高城在縣東北十七里漢置縣屬泰山郡治府志

前漢書地理志注有明堂在西南四里

水經汶水又東南過奉高縣北注云奉高縣漢武帝元封元年立以奉泰山之祀泰山郡治也縣北有吳季札子墓

元和郡縣志漢武帝封禪分嬴博二縣立奉高縣以奉泰山之祀

龍鄉城在縣東南五十里今大汶口東十餘里有城基俗曰鄉城是也縣志

左傳成公二年齊侯圍龍杜注在博縣西南

水經汶水又西南逕龍鄉故城南

一統志龍鄉城在府西南

梁父城在縣南九十里梁父山之南漢置縣屬泰山郡縣志

前漢書地理志注師古曰以山名縣也

水經淄水又逕梁父縣故城南注云王者封泰山禪梁甫故縣取名焉

元和郡縣志梁父山在泗水縣北八十里西接徂徠山

太平寰宇記廢梁父縣在乾封縣東南五十九里隋開皇二年移梁父縣於此唐武德四年移入博城置今廢

兗州府志在寧陽東北九十里泗水縣北四十里

泰安府志案山東通志在三縣接界處今全隸泰安

柴城在縣東南一百里漢置縣屬泰山郡縣志

水經注淄水又西南逕柴縣故城北地理志曰泰山之屬縣也

一統志廢柴縣在府南漢置縣屬泰山郡元封四年封齊孝王子代爲侯國後漢省舊志州南有柴城堡

汶陽城在縣西南七十里許今城上村是也縣志

水經注汶水又西南逕魯國汶陽縣北王莽之汶亭也縣北有曲水亭春秋桓公十二年經書公會杞侯莒子盟于曲池左傳云平杞莒也故杜預曰魯國汶陽縣北有曲水亭

泰山道里記案樓上匯河之間有土邱傳爲曲水亭阯汶水逕汶陽城南不在其北也

陽關城在縣東南六十里今治東南陽關村是也縣志

左傳襄公十七年師自陽關

水經注淄水又西逕陽關城南

後漢書郡國志鉅平縣有陽關亭

括地志魯陽關故城在兗州博城縣南二十九里西臨汶水也

菟裘城在縣東南九十里近梁父縣志

左傳隱公十一年公語公子翬使營菟裘吾將老焉注菟裘在泰山梁父縣南

水經注淄水西南流逕菟裘城北

後漢書郡國志泰山郡梁父侯國有菟裘聚

北魏書地形志梁父有菟裘澤

元和郡縣志菟裘故城在泗水縣北五十五里

一統志在府境內

鑄鄉城在縣西南七十里縣志

水經注汶水又西南過蛇邱縣南注云縣治鑄鄉故城春秋左傳宣叔娶于鑄是也杜預曰濟北蛇邱縣所治鑄鄉城者也蛇水又西南逕鑄城西左傳所謂蛇淵囿也故京相璠曰今濟北有蛇邱城城下有水魯囿也

後漢書郡國志蛇邱有鑄鄉城

一統志蛇邱故城在肥城縣南春秋魯蛇淵囿也亦曰鑄鄉漢置蛇邱縣屬泰山郡後漢分屬濟北國晉宋因之後魏屬東濟北郡北齊省

下讙城在縣西南一百一十里有下畢村臨汶水上其遺蹟也縣志

春秋桓公三年公會齊侯于讙杜預注蛇邱縣西有下讙亭俗謂之下讙城

水經注蛇水又西南逕夏暉城南經書公會齊侯于下讙是也今俗謂之下讙城

一統志在肥城縣西南魯邑也

謝過城在縣東北十五里縣志

太平寰宇記謝過城有汶陽田齊以此歸魯以謝過故有城存

明汪子卿志謝過城在嶽東南阯漢明堂側齊魯會夾谷後歸謝之地故名嶽東南地曰谷里古夾谷也

闕陵城在縣西南城上村南七里縣志

水經注漢章帝元和二年東巡泰山立行宮于汶陽執金吾耿恭屯城門於汶上基塹存焉世謂之闕陵城也

羊祜城在縣東南九十里縣志

明汪子卿志羊祜城距州治東南九十里即晉羊祜所封之南城

泰安府志縣東南九十里即晉南城羊祜封邑今復城內有寺曰羊城寺城西有村曰羊社再西曰羊祜廳

程瑞祊過羊太傅故里詩雨過疎林日易昏晉時門巷幾家存風流幕府傳佳話遺愛襄陽墮淚痕逆旅軒車頻弔古野田雞犬自成村當年陸抗知君好軼事猶堪對客論

徂山城在縣東南七十里徂陽東偏有城堞遺阯土人漫以安固呼之相傳即此縣志

太平寰宇記廢岱山縣在乾封縣東南四十里依徂來山北齊於此置隋開皇二年廢爲奉高縣五年又改爲岱山縣大業二年廢入博城

鉅平城在府西南漢置縣屬泰山郡一統志

水經注汶水又南逕鉅平縣故城東而西南流城東有魯道詩所謂魯道有蕩齊子由歸者也今汶上夾水有文美臺

北魏書地形志鉅平縣有鉅平城

宋王應麟詩經地理考鉅平省入兗州博城今襲慶府奉符縣

奉符城在縣東南三里宋大中祥符初築金復還治岱嶽鎮舊城遂廢縣志

王士正奉符故城詩我行奉符城不見崑崙遂何處仙人閣青山繞長陌惟聞覚竹鷄鳴歸南村宅

長城鉅防俗呼大横嶺在縣西北六十里卽泰山岡阜古

長城所經戰國策所謂齊有長城鉅防者也縣志

管子長城之陽魯也長城之陰齊也

韓非子長城鉅防足以爲塞

史記六國年表齊威王十一年趙取我長城田世家趙人歸我長城

竹書紀年梁惠成王二十年齊築防以爲長城又云晉烈公十二年王命韓景子趙烈子及我師伐齊入長城

泰山郡記泰山西北有長城緣河逕泰山千餘里至琅邪臺入海

齊記齊宣王乘山嶺之上築長城東至海西至濟州千餘里以備楚史記楚世家正義引

水經注山上有長城西接岱山東連瑯琊巨海千有餘里蓋田氏之所造也

括地志長城西北起濟州平陰縣緣河歷泰山北岡上經濟州淄州卽西南兗州博城縣北東至密州琅邪臺入海

元和郡縣志故長城首起平陰縣北二十九里齊湣王所築蘇代謂燕王曰齊有長城巨防足以爲塞是也

泰安府志卽泰山岡阜以古長城所經名長城嶺

泰安縣志城因山爲之起平陰之防門緣泰山北岡而東徑萊蕪博山臨朐沂水莒州日照諸城蜿蜒幾二千里至膠州海中大朱山訖焉泰山郡記及水經注括地志皆謂至琅邪臺入海或指地之著者而言其實相距尚六十里也

汶陽田在嶽南汶河之上明汪子卿志

春秋成公二年取汶陽田八年晉侯使韓穿來言汶陽之田歸之於齊

水經注汶水又西蛇水注之水出縣東北泰山西南流逕汶陽之田

蕭協中汶陽田詩賜履分茅事可稽何緣歸魯復歸齊紛紛予奪迷蕉鹿此日平疇雨一犁

龜陰田在縣東南二十里龜山縣志

水經注汶水東南流逕龜陰之田龜山在博縣北一十五里山北卽龜陰之田春秋定公十年齊人來歸龜陰之田是也

明汪子卿志龜陰田卽齊人歸魯以謝過者

棘亭在縣西南境縣志

春秋成公三年秋叔孫僑如帥師圍棘左傳取汶陽之田棘不服圍之杜注棘汶陽之邑在濟北蛇邱

水經注汶水又西溝水注之水出東北馬山西南流逕棘亭南去汶水八十里

路史魯棘在汶水北

蜀亭在縣西境縣志

春秋成公二年十有一月公會楚公子嬰齊于蜀

春秋釋例泰山博縣西北有蜀亭

一統志在府西

紅亭在縣南境縣志

春秋昭公八年秋蒐于紅杜注紅魯地

後漢書郡國志紅亭在奉高縣西北

一統志在府東

泰山道里記十里河東四里有紅亭遺阯向有土邱今其村訛爲紅廟云

陽橋在縣西北境縣志

左傳成公二年楚侵魯及陽橋杜注魯地陸澄曰博縣有陽橋

泰陰亭在郡南門外迤東有臺宋眞宗登泰山謝天書述二聖功德碑在焉明巡按吳從憲篆刻其前曰泰陰碑並建亭其北揭其亭曰昭事上帝翌其門曰升中古蹟圖志

吳從憲泰陰碑亭記余按山東之明年暮春三月循泰岱將有事於登萊因與同事諸司臨拜嶽祠陟登封臺覽往蹟之僅存者惟泰之斷碑與唐之磨崖其他皆湮沉磨滅不可復覩矣知州事李逢暘請曰城南有陰字碑者乃宋眞宗御書封禪紀文距州半里而近此祥符中東封故蹟也時偕同事往觀之碑凡五面相合而成屹然如列屏嶂非特其製與他碑迥異而其敬天尊祖謙遜辭讓之意百世之下讀其文字猶令人肅然斂容稽首而莊誦之也然而時移代變金泥玉檢光函萬丈今則盡藏委翳於荒墟榛莽之區其不爲湮沉磨滅者無幾矣余因是竊有慨焉乃戒有司除地築亭於陰碑之北周圍繞以牆垣亭之木植瓦甓皆取於宮之餘材官不告勞民樂趨事是秋九月望日告成余適再按是州宴於亭下凡五間砌以石址臨於濠淵重門深迴畫棟高啅碑砥峙前儼如上帝之臨雉堞擁後恍若海市之觀北瞻泰嶽壁立萬仞則勃然興仰止之思南眄徂徠直道偃蹇則惕然起尙友之志覩曩日荒墟榛莽之區今則巖巖翼翼廓然大觀非直爲是州奇勝而奎章宸翰輝映今古眞有光於泰嶽也矣於是命工人篆其碑之南曰泰陰碑揭其亭曰昭事上帝翌其門曰升中古蹟州之士民樂其有斯亭也爽道樹以槐柏後渠種以菱荷仍取其地之中作爲花塢周以棚欄多植奇花異草以待四方賓客之觀翼亭之西拓地半畝築室數間以爲往來憩息庖羞之所由是至斯亭者莫不徘徊竟日而不能去也嗚呼可謂盛矣

朝覲壇在泰陰碑南爲宋祥符中百官朝覲之所有陳堯叟朝覲頌碑今改爲山川壇文見金石圖志

李簡詩朝覲當年築此壇旌旗影裏簇仙班只今惟有青山在日暮孤雲自往還

舞鶴臺在朝覲壇東南唐書禮樂志高宗乾封元年封泰山爲圓壇山南四里號封祀壇旋改今名元宗時亦爲壇於此今圯圖志

封祀壇在舞鶴臺東北宋眞宗東封所築有王旦封祀頌碑文見金石圖志

塚墓

周柳下惠墓柳下卽治東南柳里村有墓在焉其高如陵戰國策秦伐齊令有敢去柳下季壟五十步而樵採者死無赦卽此舊有碑今廢舊州志

一統志周柳下惠墓在府東八十三里柳里村

明汪子卿志柳下惠墓在州治東南一百里至今村人尚多展姓者村名曰柳里村

泰安府志柳下惠墓在縣東南百里柳里村

泰安縣志和聖墓縣東南柳里村

案泰安府經歷莊文於嘉慶二年二月奉署按察使兗沂曹濟道孫星衍札委訪查柳下惠墓具覆云查得和聖墓在泰安府城東南汶河北郭家莊西北一里距城一百里墓地四面見方其四十四步墓中高連頂六步並無碑碣和聖祠在汶河南西柳莊地方距墓六里有碑二一曰和聖故里一曰柳下書堂皆係乾隆年間建立距祠正南一里有橋名和聖橋亦立有碑記又有展氏先塋在府城東南王莊地方南一里去和聖墓之西南十八里去和聖祠之正西十里有元延祐五年庭思固譔展氏先塋碑記碑陰爲宗派之圖當將墓祠丈量其丈量之步弓每步係三尺八寸云云孫星衍因篆書柳下季壟四字立于墓前案今滋陽縣西郊亦有柳下惠墓蓋誤也

蕭協中柳下惠墓詩[illegible]高名百世芳佳城何
處是零落野煙荒滿[illegible]廢祟缺典章會須有優
孟和聖
德難忘

季札子墓
禮記檀弓延陵季子適齊於其反也其長子死葬於嬴
博之間孔子曰延陵季子吳之習於禮者也往而觀其
葬焉
水經注奉高縣北有吳季札子墓在汶水南曲中季札
之聘上國也喪子於嬴博之間即此處也從征記曰嬴
縣西六十里有季札兒冢冢圓其高可隱也前有石銘
一所漢末奉高令所立無所述敘標誌而已自昔恒鐫
氏尸禮埽之今不能然碑石
靡碎靡有遺矣唯故趺存焉
泰安縣志今治東北六十里北碑
村旁汶水南曲中有大冢疑是

五代高行周墓在縣西八里堰德村縣志
泰山紀事案五代史高思繼嬀州人以武勇雄於北邊
爲幽州節度使李匡威戍將因匡威兄弟之亂將兵三

千歸晉王李克用旋爲主將劉仁恭所訴誅之而猶錄
其一子行周纔十歲補以軍職後歸莊宗隸李嗣源帳
下屢有大功著爲襄州行營都部署從鎭歸德漢加中
書令從鎭天平軍封臨淸王周封齊王卒贈尚書令追
封秦王墓
在泰山下

宋石氏先塋徂徠西北汶河東岸石介撰墓表士建中眞
書孔彥輔篆額縣志

石介墓祔先塋
一統志石介墓在
府東南五十五里
泰安府志宋石介墓在
徂徠西北地周頃餘
泰安縣志有碑題宋太子中允徂徠石先生神道乃明
宋燾所建也時燾劾閹黨被黜故銜書山西太原平定
州判趙國麟云殆感慶歷聖德軼事而題此碑乎薰蕕
不同器忠佞不同朝屈於一時伸於千古曠代相感前
後同揆其兩先生之謂歟按
石先生墓誌銘歐陽修撰

李忠信墓在縣西南東向莊旁宋贈侍郎縣志
泰安府志在泰安縣西
南六十里姜潛撰墓表

姜潛墓在縣南申村宋國子監直講縣志
泰安府志在城
南五十里申村

孫覿墓在縣東南樓德鎭宋贈朝散郎許翰撰墓誌縣志

金党懷英墓在縣南四十里翰林學士承旨縣志

元時珍墓在徂徠山南時家莊府志
泰安縣志有泰安軍節度使左副元帥時侯神
道碑皇慶二年十一月宋子貞撰高翿隸書

嚴謹墓在城東六十里埠前村西元縣令有杜仁傑撰墓
碑縣志

明聶貞墓在徂徠山西北工部員外郎縣志

高嶽墓在城北門外半里許孔道　東明知州縣志

王漢墓在城南四里孔道旁明錦衣衛指揮府志

蕭大亨墓郡治西南三十里金牛山之陽明少保兵部尚
書府志

封尚章墓嶽東南摩天嶺下嘉靖壬午解元縣志

宋燾墓縣西十二里[illegible]旺莊明御史縣志

李汝桂墓縣東北三十里山口村明教諭有神道碑縣志

王楫墓縣東四十里塹汶河側明寧夏巡撫府志

胡來亭墓摩天嶺南下趾明知縣府志

李若墓傲來峯南下明知縣府志

田時耕墓岱麓普照寺前明縣丞爲曾藩相有鄭芳撰墓碑

岱史

〔泰安縣志〕田時耕字舜夫號龍溪少負奇質倜儻有大志補州學生嘉靖十五年以優行貢太學授茂邑丞時猺蠻寇亂爲撫帥調兵食節縮有方二十六年擢曾藩相至贛郡疾作而卒時論惜之

安科墓在嶽東南麓傅家村西明知州舊州志

〔泰安縣志〕安科嘉靖丙午舉人授鎮江府通判治行卓異祝篆無錫當道異其才以丹徒丹陽武進宜興四縣竝屬之一時交老咸稱神明江寇周至廉率衆數千作亂水道梗塞科逆戰獲之陞河南陝州守渡江見火炬百餘往來江岸隱隱有哭聲科禱曰年來倭逆犯順江北將士陣亡者多爾欲仗我歸籍耶果爾登我舟禱畢羣炬果附舟得渡其精誠格鬼神如此解組歸施棺千餘以瘞遺胔年八十五卒

國朝趙宏文墓縣東北祝山之陽巡按御史府志

〔泰安縣志〕趙宏文字樸庵崇禎丁丑進士甲申流寇據城倡義誅僞官被逮志不降辱順治初召爲廣東道御史巡按蘇松時江南新附人多反側宏文漸次經理民賴以安

王度墓縣東北八里上高莊東戸部侍郎縣志

施天裔墓在城西宋家莊縣志

〔泰安府志〕施天裔字泰瞻順治初由明經任睢州牧時徵税尚無定額天裔請丈減賦民皆德之累仕至廣西巡撫多惠政壽致仕卒年七十有七

趙國麟墓在城西天平山之陽文淵閣大學士縣志

泰山志卷第十三

泰山志卷第十四

朝議大夫山東泰安府知府休寧金棨纂輯

人物志

周

柳下惠魯公族展氏名獲字季禽食邑柳下謚惠春秋左傳曰夏齊孝公伐我北鄙公使展喜犒師使受命於展禽呂氏春秋曰齊攻魯求岑鼎魯君載他鼎以往齊侯弗信而反之爲非使人告魯侯曰柳下季以爲是請因受之魯君請柳下季答曰君之賂以欲岑鼎也以免國也臣亦有國於此破臣之國以免君之國此臣之所難也於是魯君乃以真岑鼎往春秋繁露曰昔者魯君問於柳下惠曰我欲攻齊何如柳下惠對曰不可退而有憂色曰吾聞之也謀伐國者不問於仁人也此何爲至於我符子曰鄰人謂展禽曰魯聘夫子夫子三黜無憂何也禽曰春風鼓百草敷蔚吾不知其茂秋霜降百草零落吾不知其枯枯茂非四時之悲欣榮辱豈吾心之憂喜列女傳曰柳下既死門人將誄之妻曰將誄夫子之德邪則二三子不如妾知之也乃誄曰夫子之不伐兮夫子之不竭兮夫子之信誠而與人無害兮屈柔從容不彊察兮蒙耻救民德彌大兮雖遇三黜終不蔽兮愷悌君子永能厲兮嗟呼惜哉乃下世兮庶幾遐年今遂逝兮嗚呼哀哉魂神泄兮夫子之謚宜爲惠兮門人從之以爲誄

林放字子邱魯人故里在今治東南放城集論語林放問禮之本子曰大哉問季氏旅於泰山子謂冉有曰女弗能救與對曰不能子曰嗚呼曾謂泰山不如林放乎

〔頴希深林放故里考〕孔子弟子見於家語史記者皆無林放姓名惟蜀禮殿圖有之王應麟以爲文翁所記如林放遷伯王申根申堂皆後人增益不可考然自成都畫壁而後唐開元二十七年追贈放清河伯宋大中祥符元年追封長山侯並從祀孔子廟廷所從來久遠明嘉靖九年輔臣張璁疏言林放雖嘗問禮然家語史記邢昺註疏朱子集註俱不載諸弟子之列乞祀放於魯附祭本處鄉賢祠仍其舊爵至本朝雍正二年禮臣議以林放問禮之本子曰大哉問應請復祀詔從之此其封爵從祀之大畧也而所稱祀於魯者則魯地濶遠不能確指其鄉之所在以經傳註疏及國語史記水經注括地志諸書證之大約東至沂水費縣西極魚臺嘉祥南盡鄒嶧北抵泰山廣袤數百里皆在魯封域之內今闕里志但言放字子邱魯人山東通志因之兖州志并佚其姓名不可謂非遺憾考泰安崇禮鄉之放城集相傳爲林放故里舊志及它書皆不載予獨謂其可信者三宋真宗命廷臣撰孔子弟子贊主客郎中刁衎贊林放云東岳稱美長山表封一記其所生之地一記其所封之地其可信者一也論語曾謂泰山不如林放乎意孔子並時列國名卿大夫及魯多君子知禮者蓋不乏人何獨取例於放當時必就其近者言之耳其可信者二也乾隆己卯秋土人掘地得古碑字畫俱已磨滅惟隱隱見林放及唐太和二年數字此則千年以上之物尤可據以爲信予恐後人不察妄生疑議謂放魯人不必定隸泰安境者則請更從而求其鄉之所在焉可矣

漢

王章字仲卿泰山鉅平人也少以文學爲官稍遷至諫大夫敢直言元帝初擢爲左曹中郎將與御史中丞陳咸相善共毀中書令石顯爲顯所陷咸減死髠章免官成帝立徵章爲諫大夫遷司隸校尉大臣貴戚敬憚之王尊免後代者不稱職章以選爲京兆尹時帝舅大將軍王鳳輔政章雖爲鳳所舉非鳳專權不親附鳳會日有蝕之章奏封事召見言鳳不可任用宜更選忠賢上初納受章言後不忍退鳳章由是見疑遂爲鳳所陷罪至大逆初章爲諸生學長安獨與妻居章疾病無被臥牛衣中與妻決涕泣其妻呵怒之曰仲卿京師尊貴在朝廷人誰踰仲卿者今疾病困危不自激卬乃反涕泣何鄙也及爲京兆欲上封事妻又止之曰人當知足獨不念牛衣涕泣時邪章曰非女子所知也書上果下廷尉獄妻子皆收繫章死不以其罪衆庶冤之 漢書本傳

毛莫如字少路泰山人官至常山太守有清名受田王孫易於琅邪魯伯 漢書施讐傳註

栗豐泰山人官刺史自韓生嬰以詩授受四傳至豐 漢書趙子傳

冥都泰山人官丞相史初胡母生治公羊春秋授東平嬴公嬴授貢禹禹授潁川堂谿惠惠授都都復與琅邪筦路同受學於顏安樂名爲筦冥之學 續文獻通考

羊陟字嗣祖泰山梁父人也家世冠族少清直有學行舉孝廉辟太尉李固府舉高第拜侍御史會固被誅陟以故吏禁錮歷年復舉高第再遷冀州刺史奏案貪濁所在肅然又再遷虎賁中郎將城門校尉三遷尚書令時太尉張顥等與宦豎相姻私公行貨賂並奏罷黜之不納以薦前

太尉劉寵司隸校尉許永幽州刺史楊熙凉州刺史劉恭益州刺史龐艾清亮在公薦舉升進帝嘉之拜河南尹計日受俸常食乾飯茹菜禁制豪右京師憚之會黨事起免官禁錮卒於家後漢書本傳

羊續字興祖泰山平陽人也祖侵司隸校尉父儒爲太常續以忠臣子孫拜郎中去官後四遷爲廬江太守後揚州黃巾賊攻舒續大破之郡界平安鳳賊戴風等作亂續復擊破之生獲渠帥其餘黨輩原爲貧民使就農業中平三年江夏兵趙慈反叛殺南陽太守秦頡攻沒六縣拜續爲南陽太守當入郡界乃羸服閒行其令長貪潔吏民良猾悉逆知其狀莫不震懾乃發兵擊慈斬之賊既清平乃班

宣政令候民病利百姓歡服時尚奢麗續深疾之常敝衣薄食車馬羸敗府丞獻生魚受而懸於庭丞後又進之乃出前所懸者以杜其意靈帝欲以續爲太尉時拜三公者皆輸東園禮錢千萬令中使督之名爲左騶其所往輒迎致禮敬厚加贈賂續乃坐單緼袍示之曰臣之所資惟斯而已左騶白之帝不悅故不登公位而徵爲太常未及行卒救泰山守賻其家節錄後漢書本傳

王匡字公節泰山人爲人輕財好施以任俠聞袁紹辟爲河内太守後惟董卓之難英雄記

三國

鮑信泰山平陽人少有大節沈毅有謀大將軍何進辟拜騎都尉知董卓必爲亂勸袁紹襲卓紹畏卓不敢發乃引軍還鄉里時曹操起兵信乃與弟韜以兵應表信行破虜將軍韜裨將軍汴水之敗信被創韜死於陣勸操規大河之南以待袁紹之變後表爲濟北相黃巾賊入州界操擊之被圍於壽張信殊死戰以救操得潰圍出信遂沒時年四十一雖遭亂起兵家本修儒治身至儉而厚養將士居無餘財士以此歸之節錄魏志本傳

鮑勛字叔業信之子魏文帝爲太子時郭夫人弟有罪勛爲魏郡西部都尉治之文帝爲請不從及即位勛數直諫帝益忿之後以非辜下廷尉鍾繇等請之不許遂誅之勛内行既修廉而能施死之日家無餘財節錄魏志本傳

高堂隆字升平泰山平陽人高堂生後少爲諸生泰山太守薛悌命爲督郵郡督軍與悌爭論名悌而呵之隆按劍叱曰昔魯定見侮仲尼歷階趙彈秦箏相如進缶臨臣名君義之所討也督軍失色悌驚起止之後仕魏爲散騎常侍賜爵關内侯青龍中大治殿舍及崇華殿災星孛淫雨之變隆皆據引經典上疏切諫帝曰覩隆奏使朕懼哉又請改正朔易服色殊徽號異器械帝從之遷光祿勳傳撰封禪禮儀及卒帝歎曰天不欲成吾事高堂生舍我亡也節錄魏志本傳

臧霸字宣高泰山華人父戒爲縣獄掾據法不聽太守欲所私殺太守怒令收戒詣府霸年十八將客數十人要奪

之與父亡命東海以勇壯聞黃巾起霸從陶謙擊破之拜騎都尉曹操表霸爲瑯琊相操在兗州以徐翕毛暉爲將後叛投霸操語劉備欲霸送二人首霸曰霸所以能自立者以不爲此也願爲之辭操聞而義之後討黃巾戰孫權累立功封良成侯卒謚威子艾嗣節錄魏志本傳

孫觀字仲臺泰山人與臧霸俱起討黃巾曹操破呂布使霸招觀兄弟厚遇之從定青徐羣盜功次於霸封呂都亭侯兄康亦以功封列侯觀與操會南皮拜青州刺史從征孫權於濡須口爲流矢所中力戰不顧操勞之曰將軍被創深重而猛氣益奮不當爲國愛身乎轉振威將軍創甚卒子毓嗣累官青州刺史節錄魏志本傳

晉

羊祜字叔子續之孫世吏二千石至祜九世並以清德聞父衛上黨太守祜蔡邕外孫景獻皇后同産弟年十二喪父孝思過禮博學能屬文身長七尺二寸美鬚眉善談論恂恂若儒者文帝爲大將軍辟祜未就公車徵拜中書侍郎俄遷給事中黃門郎陳留王立賜爵關中侯邑百戶徙秘書監封鉅平子邑六百戶武帝受禪進號中軍將軍加散騎常侍進本爵爲侯泰始初爲尙書右僕射衛將軍都督荆州諸軍事出鎮南郡開設庠序綏懷遠近甚得江漢之心與吳人開布大信降者欲去聽之減戍邏之卒以墾田八百餘頃其始至也軍無百日之糧及季年有十年之積祜在軍輕裘緩帶身不被甲鈴閤之下侍衛者不過十數人石城以西盡爲晉有修德信以懷柔初附慨然有吞吳之志每與吳人交兵尅日方戰不爲掩襲計將帥有欲進譎詐之策者輒飲以醇酒使不得言吳將鄧香掠夏口祜募勇士生縛香既至宥之香感其恩率部曲而降祜出軍行吳境刈穀爲糧皆計所侵送絹償之每會衆江沔遊獵常止晉地若禽獸先爲吳人所傷而後爲晉兵所得者皆封還之於是吳人翕然悅服稱羊公不之名也祜與陸抗相對使命交通抗稱祜之德量雖樂毅諸葛孔明不能過抗嘗病祜饋之藥抗服之幕士多諫抗曰豈有酖人羊叔子哉抗每告其戍曰彼專爲德我專爲暴是不戰而自

服也各保分界而已無求細利孫皓聞二境交和以詰抗抗曰一邑一鄉不可以無信義況大國乎臣不如此是祜專其德也咸寧初除征南大將軍開府儀同三司得專辟召祜寢疾求入朝面陳伐吳之策帝以其病不宜常入遣張華問其籌策疾篤舉杜預自代尋卒帝素服哭之南州人聞之罷市哭贈侍中太傅持節如故謚曰成襄陽百姓於峴山建碑立廟望其碑者莫不流涕因名爲墮淚碑祜年五歲時令乳母取所弄金環乳母曰汝先無此物祜卽詣鄰人李氏東垣桑樹中探得之主人驚曰此吾亡兒所失物也云何持去乳母具言之李氏悲惋時人異之謂李氏子則祜之前身也又有善相墓者言祜祖墓所有帝王

氣若鑿之則無後祜遂鑿之相者見曰猶出折臂三公而祜竟墮馬折臂位至公而無子太康二年以兄子篇爲鉅平侯奉祜嗣（節錄晉書本傳）

羊琇字稚舒景獻皇后之從父弟也父耽官至太常兄瑾尙書右僕射琇少與郡計參鎮西鍾會軍事從平蜀及會謀反琇正言苦諫還賜爵關內侯琇涉學有智算少與武帝通門甚相親狎每接筵同席嘗謂帝曰若富貴見用任領護各十年帝戲而許之初帝未立爲太子而聲論不及弟攸文帝素重攸恒有代宗之議琇密爲武帝畫策甚有匡救又觀察文帝爲政損益揆度應所顧問之事皆令武帝默識之其後文帝與武帝論當世之務及人才可否武

帝答無不允由是儲位遂定及帝爲撫軍命琇參軍事帝卽王位後擢琇爲左衛將軍封甘露亭侯帝踐祚累遷中護軍加散騎常侍琇典禁兵豫機密寵遇甚厚初杜預拜鎮南將軍朝士畢賀皆連榻而坐琇與裴楷後至曰杜元凱乃復以連榻而坐客耶遂不坐而去卒贈輔國大將軍開府儀同三司諡曰威（節錄晉書本傳）

胡毋輔之字彥國泰山奉高人高祖班漢執金吾父原練習兵馬山濤稱其才堪邊任舉爲太尉長史終河南令輔之少擅高名有知人之鑒性嗜酒任縱不拘小節與王澄王敦庾凱俱爲太尉王衍所昵號曰四友澄嘗與人書曰彥國吐佳言如鋸木屑霏霏不絕誠爲後進領袖也辟別駕太尉掾並不就後以家貧求試守繁昌令始節酒自厲甚有能名遷尙書郎討齊王冏賜爵陰平男累轉司徒左長史復求外出爲建武將軍樂安太守避亂渡江元帝以爲安東將軍諮議祭酒遷揚武將軍湘州刺史假節到州未幾卒子謙之（節錄晉書本傳）

羊曼字祖延太傅祜兄孫也父暨陽平太守曼少知名州禮辟皆不就避難渡江元帝以爲鎮東參軍轉丞相主簿委以機密歷黃門侍郎尙書吏部郎晉陵太守以公事免曼任達頹縱好飲酒溫嶠庾亮阮放桓彝同志友善並爲中興名士時州里稱陳留阮放爲宏伯高平郗鑒爲方伯泰山胡毋輔之爲達伯濟陰卞壼爲裁伯陳留蔡謨爲朗

伯阮孚爲誕伯劉綏爲委伯而曼爲黷伯凡八人號兗州八伯擬古之八儁知王敦不臣終日酣醉諷議而已故得不與其難蘇峻作亂加前將軍率文武守雲龍門王師不振或勸曼避峻曼曰朝廷破敗吾安所求生勒衆不動爲峻所害峻平追贈太常子賁嗣（晉書本傳）

羊鑒字景期泰山人父濟匈奴中郎將兄煒歷太僕兗徐二州刺史鑒爲東平太守累遷太子左衛率後討蘇峻以功封豐城縣侯徙光祿勳卒（節錄晉書本傳）

羊曇泰山人知名士也爲舅謝安所愛重安薨後輟樂彌年行不由西州路嘗飲石頭大醉扶路唱樂不覺至州門左右白曰此西州門曇悲感以馬策扣扉誦曹子建詩曰

坐存華屋處零落歸山邱慟哭而去晉書謝安傳

六朝宋

羊欣字敬元泰山南城人曾祖忱晉徐州刺史祖權黃門郎父不疑桂陽太守欣少靖默汎覽經籍尤長隸書不初爲烏程令欣時年十二王獻之爲吳興太守甚知愛之獻之嘗夏月入縣欣著新絹裙晝寢獻之書裙數幅而去欣本工書因此彌善起家輔國參軍隆安中朝廷漸亂欣優游不復進仕會稽王世子元顯每使欣書辭不奉命元顯怒乃以爲其後軍府舍人欣意貌恬然不以高卑見色論者稱焉義熙中爲新安太守前後凡十三年游玩山水甚得適性轉義興太守非其好也頃之稱病篤免歸除中

散大夫弟徽字敬猷河東太守節錄宋書本傳

羊元保泰山南城人祖楷晉尚書都官郎父綏中書侍郎元保起家楚臺太常博士劉穆之舉爲高祖鎮軍參軍入爲黃門侍郎善奕棊太祖與賭郡戲勝以補宣城太守在郡一年爲廷尉數月遷尚書吏部郎御史中丞丹陽尹會稽太守又徙吳郡太守加秩中二千石太祖以元保廉素寡欲故頻授名郡爲政雖無幹績而去後常見思不營財利處家儉薄太祖嘗曰每有好官缺我未嘗不先憶羊元保世祖即位爲金紫光祿大夫以謹敬見知大明五年遷散騎常侍特進元保自少至老謹於祭奠四時珍新未得祠薦者口不妄嘗卒時年九十四謚曰定兒子希字泰聞少有才氣尚書左丞嘗疏請寬山湖之禁泰始三年出爲廣州刺史後討劉思道遇害希子崇字伯遠尚書主客郎父葬畢不勝哀卒節錄宋書本傳

程邕之泰山人素依隨邊榮時沈攸之兵敗江陵城爲張敬兒所據邊榮爲留府司馬被報將斬之邕之抱持榮謂敬兒曰君入人國不聞仁惠之聲而先戮義士三楚之人寧蹈江漢而死豈肯與將軍同日而生敬兒曰求死甚易何爲不許先殺邕之然後殺榮三軍莫不垂泣曰奈何一日殺二義士比之臧洪及陳宮云南史沈攸之傳

羊璿之字曜璠泰山人與謝靈運何長瑜荀雍文章賞會共爲山澤之游時人謂之四友終臨川內史宋書謝靈運傳

北魏

羊祉字靈祐泰山鉅平人晉太僕卿琇之六世孫也父規之宋任城令太武南討至鄒山規之降賜爵鉅平子拜鴈門太守祉性剛愎好刑名爲司空令輔國長史襲爵鉅平子景明初爲將作都將加左軍將軍正始二年王師伐蜀以祉假節龍驤將軍益州刺史出劍閣而還後爲光祿大夫加平北將軍未拜而卒贈安東將軍兗州刺史謚曰景節錄北史本傳

羊深字文淵祉之第二子也早有風尚學涉經史爲尚書駕部郎中加右軍將軍明帝行釋奠禮講孝經獨蒙引聽時論美之莊帝踐阼除太府卿又爲二兗行臺深處分軍

國損益隨機亦有時譽初尒朱榮殺害朝士深第七弟侃
爲泰山太守遂率鄉人外招梁寇深在彭城忽得侃書慨
然流涕斬使人并書表聞莊帝乃下詔褒其忠烈令還朝
受敕乃歸京師除名久之除金紫光祿大夫普泰初爲散
騎常侍衛將軍尋兼侍中廢帝甚親待之時膠序廢替名
教陵遲深乃上疏請修立國學廣延胄子帝善之出帝初
除中書令及出帝入關深與樊子鵠不從齊神武起兵於
兗州子鵠署深爲齊州刺史天平二年正月爲東魏軍所
破死之子肅武定末儀同開府東閤祭酒節錄北魏書並北史本傳
羊靈引祉弟也好法律京兆王愉出鎮冀州靈引爲長史
以相閒伺每折於愉及愉作逆先斬靈引於門事平贈平

東將軍兗州刺史謚曰威節錄北史羊祉傳
羊敦字元禮性尙閑素學涉書史以父靈引死王事除給
事中出爲本州別駕公平正直後爲廣平太守治有能名
雅性清儉屬歲饑饉家餽未至使人外尋陂澤採藕根而
食之遇有疾苦家人解衣質米以供之然其爲治亦尙威
嚴朝廷以其清白賜穀一千斛絹一百匹興和初卒年五
十二吏民奔哭莫不悲慟贈衛大將軍吏部尙書兗州刺
史謚曰貞子匽武定末開府行參軍北魏書良吏傳
劉業興泰山人四世同居並共財產家門雍睦鄉里敬異
有司申奏標於門閭北魏書節義傳

南梁

羊侃字祖忻泰山梁父人漢南陽太守續之裔也父祉魏
侍中金紫光祿大夫侃少而瑰偉身長七尺八寸雅愛文
史博涉書記尤好左氏春秋孫吳兵法弱冠隨父在梁州
立功爲別將尋以平羌功遷遣使持節征東大將軍東道
行臺領泰山太守進爵鉅平侯初其父每有南歸之意侃
至是將舉河濟以成先志以大通三年至建業授徐州刺
史并其兄默三弟忱給元皆拜刺史五年封高昌縣侯六
年出爲雲麾將軍晉安太守郡內肅清頃之徵太子左衛
率大同三年車駕幸樂遊苑侃預宴時少府奏新造兩刃
矟成長丈四尺圍一尺三寸高祖因賜侃馬令試之侃執
矟上馬左右擊刺特盡其妙高祖善之又製武宴詩三十

韻以示侃侃卽席應詔高祖覽曰吾聞仁者有勇今見勇
者有仁可謂鄒魯遺風英賢不絕六年遷司徒左長史八
年遷都官尙書九年出爲衡州刺史太清元年徵爲侍中
二年復爲都官尙書侯景反攻東掖門侃親自距抗賊乃
退加侍中軍師將軍詔送金五十兩銀萬兩絹萬疋以賞
戰士侃辭不受部曲千餘人並私加賞賚初侃長子鷟爲
景所獲執來城下示侃侃曰我傾宗報主猶恨不足豈復
計此一子幸早殺之數日復持來侃謂鷟曰久以汝爲死
猶在邪吾以身許國誓死行陣終不以爾而生進退因引
弓射之賊感其忠義亦不之害景遣傅士哲呼侃與語曰
侯王遠來問訊天子何謂閉拒不時進納尙書國家大臣

宜啟朝廷侃曰侯將軍奔亡之後歸命國家重鎮方城懸相任寄何所患苦忽致稱兵豈有人臣而至於此吾荷國重恩當禀承廟筭以掃大逆耳不能妄受浮說開門揖盜士哲又曰侯王事君盡節不爲朝廷所知正欲面啟至尊以除奸佞既居戎旅故帶甲來朝何謂作逆侃曰聖上臨四海將五十年聰明睿哲無幽不照有何奸佞而得在朝欲飾其非寧無詭說且將軍親舉白刃以向城闕事君盡節乃若是邪平無以應乃曰在北之日久挹風猷每恨平生未獲披敘願去戎服得一相見侃爲之免冑士哲瞻望久之而去其爲北人所欽慕如此後大雨城內土山崩賊乘之突入侃令多擲火爲火城以斷其路徐於內築城賊不能進十二月疾卒詔給東園秘器布絹各五百疋錢三百萬贈侍中護軍將軍 梁書本傳

羊鵾字子鵬侃第三子隨侃臺內城陷竄於陽平侯景呼還待之甚厚及景敗鵾密圖之乃隨其東走景於松江戰敗惟餘三舸下海欲向蒙山會景倦晝寢鵾語海師此中何處有蒙山汝但聽我處分遂直向京口至胡豆洲景覺大驚問岸上人云郭元建猶在廣陵景大喜將依之鵾拔刀叱海師使向京口景欲透水鵾拔刀斫之景乃走入船中以小刀抉船鵾以矟入刺殺之世祖以鵾爲持節通直散騎常侍都督青冀二州諸軍事明威將軍青州刺史封昌國縣公食邑二千戶賜錢五百萬米五千石布絹各一千疋又領東陽太守加散騎常侍平峽中除西晉州刺史破郭元建於東關遷使持節信武將軍東晉州刺史承聖三年西魏圍江陵鵾赴援不及從王僧愔征蕭毅於嶺表聞太尉僧辯敗乃還爲侯瑱所破於豫州遇害時年二十八 梁書本傳

羊鴉仁字孝穆泰山鉅平人少驍果有膽力普通中率兄弟自魏歸國封廣晉縣侯征伐青齊閒累有功績大同七年爲都督豫司淮冀殷應西豫等七州諸軍事司豫二州刺史鎮懸瓠及侯景反鴉仁率所部入援反爲景所敗臺城陷爲景所留以爲五兵尚書鴉仁常思奮發謂所親曰吾以凡流受寵朝廷竟無報效今社稷傾危身不能死若以此終沒有餘憤因泣下見者傷焉三年出奔江陵遇害

史臣曰羊侃鴉仁值太清之難並竭忠奉國侃則臨危不撓鴉仁守義殞命可謂志等松筠心均鐵石古之殉節斯其謂乎 梁書本傳

北齊

羊烈字信卿太山鉅平人也魏梁州刺史祉之弟子父瑩字靈珍魏兗州別駕烈少通敏好讀書能言名理魏孝昌中烈從兄侃據郡起兵歸梁烈潛知其謀與從兄廣平太守敦馳赴洛陽告難朝廷將加厚賞烈告人云譬如斬手全軀所存者大爾豈有幸從兄之敗以爲己利乎卒無所受弱冠州辟主簿天保中歷尚書祠部左右民郎中除平

陽太守治有能名蝗不入境勅書褒美焉遷光祿少卿武平初除驃騎將軍義州刺史尋以老疾還鄉卒烈家傳素業閨門修飾為世所稱門女不再醮魏太和中於兖州造一尼寺女寡居無子者並出家為尼咸存戒行烈弟修有才幹大寧中卒於尚書左丞子元正武平末將作丞隋開皇中民部侍郎卒於隴西郡贊治北齊書本傳

隋

姚義泰山人與河南董常南陽程元中山賈瓊河東賈收等師事文中子王通義困於窶篤信好義不忍捨道而干祿通謂之曰確哉義也實行古之道難進而易退通謂義能交或曰簡通曰所以為能也又曰廣通曰簡而能廣廣而不濫又所以為能也問孔庭之法曰詩曰禮而不及四經何也義曰教之以詩則出辭氣斯遠暴慢矣約之以禮則動容貌斯立威嚴矣度其言察其志考其行辨其德志定則發之以春秋於是乎斷而能變德全則導之以樂於是乎和而知節可從事則達之以書於是乎可以立制知命則申之以易於是乎可以盡性若驟而語春秋則蕩志輕義驟而語樂則喧德敗度驟而語書則狎法驟而語易則玩神是以聖人知其必然故立之以宗列之以次先成諸己然後備諸物先濟乎近然後行乎遠豈其然乎通聞之曰姚子得之矣泰安縣志

唐

羊士諤泰山梁父人登貞元元年進士第累至宣歙巡官元和初拜監察御史坐論李吉甫出為資州刺史有詩集行世泰安縣志

五代

姜端乾封人高明果毅伏一世時盜起東土鄉人推以為令民賴以安泰安縣志

宋

姜紘居云亭鄉以五經教授生徒鄒魯名士多從之景德二年舉明詩學登上第仕廣川清遠縣令多惠政吏民德焉泰安縣志

石介字守道兖州奉符人進士及第歷鄆州南京推官篤學有志尚樂善疾惡喜聲名遇事奮然敢為御史臺辟為主簿未至罷為鎮南掌書記丁父母憂耕徂徠山下葬五世之未葬者七十喪以易教授於家魯人號介徂徠先生入為國子監直講擢太子中允直集賢院時范仲淹富弼韓琦杜衍同時執政歐陽修余靖王素蔡襄並為諫官介喜曰此盛事也歌頌吾職其可已乎作慶歷聖德詩曰衆賢之進如茅斯拔大姦之去如距斯脫其言大姦斥夏竦也詩且出孫復曰子禍始於此矣通判濮州未赴卒會徐州人孔直溫謀反搜其家得介書夏竦銜介甚且欲中傷杜衍等因言介詐死北走契丹請發棺以驗詔下京東訪其存亡士民數百保介已死乃免斵棺有徂徠集唐鑑行

於世節錄宋史本傳

〔歐陽修讀徂徠集詩〕徂徠東魯山石子居山阿魯人之所瞻子與山嵯峩今子其死矣東山復誰過精魄已埋没文章豈能磨壽命雖不長所得固已多舊稿偶自録滄溟之一嬴其餘誰付與散失存幾何存之警後世古鑑照妖魔子生誠多難憂患靡不罹宦學三十年六經老研摩問胡所專心仁義邱與軻揚雄韓愈氏此外豈知他尤勇攻佛老奮筆如揮戈不量敵衆寡膽大身么庶往年遭母喪泣血走呡哦垢面跣雙足鋤犁事田坡至今鄉里化孝悌勤蠶禾昨者來太學青衫踏朝靴陳詩頌聖德厥聲續猗那羔雁聘黄晞晞驚走鄰家施爲可怪駭世俗安委蛇謗口由此起中之若飛梭上頼天子明不挂網者羅憶在太學年大雪如翻波生徒日盈門饑坐列雁鵝絃誦聒鄰里唐虞賡詠謌常續最高弟騫游各名科豈止學者師謂宜國之皤天壽反仁鄙誰尸此偏頗不知讒諂者又恐加詆訶聖賢要久遠毀譽暫諠譁生爲舉世疾死也魯人嗟作詩遺魯社祠子以爲歌

〔又重讀徂徠集詩〕我欲哭石子夜開徂徠編開編未及讀涕泗已漣漣勉進三四章收淚輒忻懽切切善惡戒

泰山志卷十四 人物 十六

丁寧仁義言如聞子談論疑子立我前乃知長在世誰謂已沉泉昔也人事乖相從常苦艱今而每思子開卷子在顔我欲貴子文刻以金玉聯金可爍而銷玉可碎非堅不若書以紙六經皆紙傳但當書百本傳百以爲千或落于四夷或藏在深山待彼謗燄熄放此光芒懸人生一世中長短無百年無窮在其後萬事在其先得長多幾何得短未足憐惟彼不可朽名聲文行然讒誣不須辨亦止百年間百年後來者憎愛不相緣公議然後出自然見媸妍孔孟困一生毀逐遭百端後世苟不公至今無聖賢所以忠義士恃此死不難當子病方革誇辭正騰喧衆人皆欲殺聖主獨保全已埋猶不信僅免斵其棺此事古未有每思輒長嘆我欲犯衆怒爲子記此冤下紓冥冥忿仰叫昭昭天書於蒼翠石立彼崔嵬巔詢求子世家恨子兒女頑經歲不見報有辭未能詮忽開子遺文使我心已寛子道自能久吾言豈須鐫

〔又讀張李二公文贈徂徠先生詩〕先生三十年東魯能使魯人皆好學其間張續與李常剖琢珉石得天璞大圭雖不假雕琢但未磨礱出圭角二生固是天下寶豈與先生私褚橐先生示我何矜誇手攜文編謂新作得之數日未暇讀意欲百事先屏却夜歸獨坐南窗下寒燭青熒如焠爚病眸昏澀乍開緘爍若日星明錯落辭嚴義正質非俚古味雖淡醇不薄千年佛老賊中國禍福依憑羣黨惡拔根掘窟期必盡有勇無前力何犖乃知二子果可用非獨詞堅由志確朝廷清明天子聖陽德彙進羣陰剝大烹養賢有列鼎豈久師門共藜藿予慙職諫未能薦有酒且與先生酌

姜嶼奉符人事眞宗文章政事稱天下知制誥歷知興濰海寧淄五州事終度支員外郎直史館贈吏部郎中泰安縣志

姜鎬景德間以進士歷知蓬通房三州事號稱神明所至以清白聞守尚書屯田郎中致仕金紫光祿大夫泰安縣志

姜潛字至之奉符人從孫復學春秋用田況舉召試學士院爲明州錄事參軍以母思鄉求致仕熙寧中神宗聞其賢召對延和殿訪以治道對曰有堯舜二典在願陛下致之之道何如後知陳留縣數月青苗令下移疾去節錄宋史本傳

泰山志卷十四 人物 十九

李穆奉符人以明經取高第歷官至尚書司勳郎同邑姜潛稱其三建使者節四治劇郡當世名臣交章薦之蓋能臣也子壽江陰軍判官次師彥公彥皆太廟齋郎泰安縣志

李亘字可大兗州乾封人少好學有智慮大觀二年進士徐處仁當國擢尚書郎官建炎末金人犯淮南亘不及避劉豫使守大名與凌唐佐謀寄陳豫可取狀告於朝募卒劉全等十餘人往返事泄遇害贈官立祠曰愍忠附宋史龔楫傳

杜默字師雄奉符人師事石介讀書徂徠山中詩文踔厲英發氣凌一時介稱本朝八十年文人爲多近世作者石曼卿之詩歐陽永叔之文詞杜師雄之歌篇豪於一代矣作三豪詩以送之泰安縣志

石介三豪詩曼卿豪於詩社壇高數層永叔豪於辭舉世絕儔朋師雄歌亦豪三人宜同稱曼卿苦汨没老死殿中丞身雖埋黃泉詩名長如水永叔亦連蹇病鸞方鶱騰四海讓獨步三館最後登師雄二十三筆距猙如鷹才格自天來辭華非學能廻顧李賀輩麤俗良可憎玉川月蝕詩猶欲相憑陵曼卿苟不死其才堪股肱永叔氣甚閎用之王道興師雄子勉旃勿便生驕矜

歐陽修贈徂徠先生門人杜默詩南山有鳴鳳其音和且清鳴於有道國出則天下平杜默東土秀能吟鳳凰聲作詩幾百篇長歌仍短行攜之入京邑欲使衆耳驚來時上師堂再拜辭先生先生頷首遣教以勿驕矜贈之三豪篇而我濫一名杜子來訪我欲求相和鳴顧我文字卑未足當豪英豈如子之辭鏗鍠間鏞笙淫哇俗所樂百鳥徒嚶嚶杜子卷舌去歸彩翮以翰京東聚羣盜河北點新兵饑荒與愁苦道路日以盈子盍引其吭發聲通下情上聞天子聰亦使宰相聽何必九苞禽始能瑞堯庭子詩何時作我耳久已傾顒以白玉琴寫之朱絲縆

金

党懷英字世傑故宋太尉進十一代孫馮翊人父純睦泰安軍錄事參軍卒官妻子不能歸因家焉懷英登大定十年進士第調莒州軍事判官累除汝陰縣尹國史院編修官應奉翰林文字翰林待制兼同修國史懷英能屬文工篆籀當時稱爲第一學者宗之明昌元年再遷國子祭酒二年遷侍讀學士明年議開邊防濠塹懷英等十六人請罷其役詔從之遷翰林學士承安二年乞致仕改泰寧軍節度使明年召爲翰林學士承旨泰和元年增修遼史編修官三員詔分紀志列傳刊修官有改除者以書自隨久之致仕大安三年卒年七十八謚文獻懷英致仕後章宗詔直學士陳大任繼成遼史云節錄金史本傳

元

石珪宋徂徠先生介之裔孫也體貌魁偉倜儻不羈金貞祐南渡兵戈四起珪率少壯負險自保與滕陽陳敬宗破張都統李霸王於龜蒙山乘勝引兵入盱眙歲戊寅太祖與宋議和珪令麾下劉順入覲太祖慰勞之順還告珪心感服乃棄其妻孔氏子金山仗劍渡淮率順來歸木華黎承制授珪光祿大夫濟兗單三州兵馬都總管佩金虎符便宜從事後金棄東平珪與嚴實分據收輯濟兗沂滕單諸州癸未太祖詔曰石珪棄妻子提兵歸順戰勝攻取加授金紫光祿大夫東平兵馬都總管山東諸路都元帥餘如故秋七月珪領兵破曹州與金將鄭從宜連戰數晝夜糧絕援兵不至軍無叛意珪臨陣馬仆被擒囚至汴金主壯其爲人誘以名爵珪不爲屈金主怒烝殺於市其麾下立祠兗州祀焉節錄元史本傳

石天祿父珪陷金死節天祿襲爵授龍虎衛上將軍東平路元帥佩金虎符時宋將彭義斌取大名及中山天祿敗之獲義斌又敗金將武仙屢立戰功遷金紫光祿大夫都元帥鎮戍邊隅數與金人戰未嘗敗北後破考城復圍歸德從攻蘄黃功居其首時詔天祿括戶東平軍民賦稅並依天祿已括籍冊嚴實不得科收病卒子十人典祖襲千戶官武畧將軍從伐宋功在諸將上陞顯武將軍佩金虎符卒子璉嗣節錄元史本傳

嚴謹字孝先奉符人也東平大行臺實之疏屬有將才金貞祐甲戌之亂郡城失守謹率鄉民避地徂徠之天平砦已而黄山羣盗來攻謹討而殲之東平行省蒙古忽里剛以忠勇薦遷懷遠大將軍宰清平遂領淄倅居未幾河朔諸郡無堅城總領張山杖策歸盟以腹心見委充東山招撫守傲來之天勝砦宋人于江攻天勝謹力殫被執以死子顯字子明丙戌春復從張帥拓地撫民承制擬加武略將軍授兖州泗水縣令仍充本郡軍民彈壓以疾卒榮襲父爵改泰安州司戶泰安縣志

時珍字國寶徂徠人質幹雄偉性長厚爲鄉里所愛信金末盗起東海所在響應郡縣守令皆望風遁去民無所請

命珍率少壯守天實寨一方帖然乙酉元兵南下嚴實開府東平珍率衆歸之授昭勇大將軍泰定軍節度使兖州營內觀察使元帥左監軍是歲攻益都城下超授鎮國上將軍右副元帥鎮兖州尋改左封隴西郡開國侯食邑千戶戊戌致仕歸子宥襲十五年孫棟襲珍生平不喜近功小利故每事無輕肆而明識果斷往往出人意表壽七十以疾終於家東平路萬戶總管府參議宋子貞論曰草昧之初海內豪傑疾蹙詭遇以邀功名者爲不少而珍獨盤桓後塵不失其正可謂厚德君子者矣泰安縣志

朱珪字輔之祖陽沈鄗人父玉際亡金亂率衆爲一方守禦東平嚴武惠公給劄充都總領管轄軍民匀當珪生氣宇不凡讀書博覽洽聞及長州軍辟舉忽覩忽郡王降給劄付充泰安州等處提領掌管軍民上下帖服歷遷膠水高密二縣尹所在興學校戢奸宄輕徭慎獄惠績廉聲遠近稱之歷宦四十餘年以壽終子天祐充光州行軍鎮撫沒於王事泰安縣志

明

王圭字廷器泰安人性樸儉篤學舉永樂乙酉鄉試任山西夏縣教諭以德學名當道薦爲御史辭不就儒官清素四十八年以子貴封戶部員外郎年四十喪偶不復取壽幾百歲子二牧山西鄉試第一育賜進士累官山西左布政稱剛直清白俱爲鄉評所重明汪子卿志

傅裕字克寬天順間舉人判真定府擢倅延安尋升知守所至稱廉仁榆林參將郭英豪横不法屬裕鞫其獄英以五百金賂不受卒按以法後致仕林居絶請謁鄉評重之明汪子卿志

蕭大亨字夏卿號嶽峯泰安人母夢嶽神入室而生體貌奇偉登嘉靖壬戌進士初授榆次令累遷戶部郎中駐陜西花馬池督餉監兵以念母疏請終養辭極剴切上俞之兼程而歸五百里外聞母訃廼披跣不食徒步日奔百餘里居憂哀毁骨立服闋復除邊道歷任藩臬跋涉河朔關隴間幾二十年始開府寧夏再調宣府寧夏孤懸河外戍卒驕横宣府爲京師項吭要害所至調度井然恩威並著

晉兵部侍郎護潞藩之國一切裁以法中官斂衽不敢恣道路肅然尋轉右都御史總督宣大山西三鎮威信素服邊庭人稱福神焉加太子太保兵部尚書召入累進少保兼太子太保柱國兵刑兩部尚書致仕卒於家所著有今古文鈔文章正宗等書行世從祀鄉賢子二和中以父廕除後府都事累晉太僕寺少卿明達有爲卒入鄉賢協中另有傳泰安縣志

李汝桂號少崖還樸其字也以字行家泰山之崖下村事父母稱孝爲學究性命之旨以主靜謹獨爲要學者多宗之隆慶己巳貢成均授獻縣教諭楷模多士有安定蘇湖風及歸從遊日衆侍皋比者數百人大參甘一驥侍御馬

經綸皆造廬執弟子禮年七旬餘坐講堂談說竟日無倦容闡明太極中庸鈎深探微多前賢所未發卒年八十六侍御馮從吾題其壙曰明理學名儒還樸李先生墓所著有還樸心聲講餘錄諸書行于世泰山紀事

張異泰安下張保人篤學敦行勤勞養父母寒暑不怠父死廬墓三年母死如之由州學生卒業成均官山西布政司檢校明汪子卿志

宋燾字繹田家泰山下萬歷辛丑進士選庶吉士改御史巡按應天因劉天緒亂上疏罷採榷極言民不堪命竟爲盜賊語甚切至並斥時相及諸閹宦由是權貴側目不容于朝以疾歸築室泰山之麓顏其室曰青巖讀書其中數與東林諸君子往復尋卒時年四十四崇祀鄉賢所著有泰山紀事青巖居草行于世泰安府志

燾青巖居偶成詩僻性耽閒曠依山啟靜扉方知塵事遠况與世情違月白烟蘿徑風清薜荔衣短牆垂柳綠常蔭釣魚磯

王楫字濟川一字夢符泰安人萬歷己未進士初授柘城調安邑尋遷戶部主事司餉山海關會兵變閣部及道崇難楫獨全莊烈嘉之曰諫怨不及操守可知遷固原道升寧夏巡撫以廉介執法忤悍將遇害朝野傷之泰安縣志

蕭協中字公黼宮保大亨次子以廕授上林苑監丞晉順天府治中崇禎末致仕甲申流賊攻城將陷協中北嚮再拜投井死生平精文翰尤尚氣節蒿目時事輒扼腕欷歔

著有綠逵樓賦醞櫝集泰山小史李維楨爲之序雍正四年入忠義祠泰安縣志

國朝

王度字平子順治丙戌進士除大同知縣總兵姜瓖以城叛時總督以下官胥出迎英王家屬陷城內皆惶懼有謂宜入城者度大呼曰賊據城矣若入城是從賊也今事且急莫如馳赴陽和迎英王會兵勦賊衆意乃決閱十月而賊平擢刑部主事恤刑江南之徽寧諸郡多所平反全活甚衆累官總督倉場戶部右侍郎致仕歸年八十餘卒著有恤刑題稿泰山後石塢蓮花洞側有石刻戶部侍郎王度讀書處九字朱孝純圖志

范惟粹字完白選之子順治己丑進士初知政和縣後補江右新城邑多積猾號難治惟粹御以醇靜豪右斂跡四境帖然稱善俗焉年六十以疾卒於官吏民思之著有江上草澄觀堂稿（泰安縣志）

趙國麟字仁圃號拙庵其先上虞人祖瑗愛泰山之勝遂家焉國麟康熙丙戌進士由長垣知縣仕至文淵閣大學士國麟自少至老潛心力學務闡明宋五子大旨而不泥其辭尤喜啟迪後進設青巖義社於泰山之麓來學者嘗數十百人（朱孝純圖志）

李之實字蕡其父乾明時樹德於鄉刺史以孝義旌其門之實篤志嗜學爲文奔放有奇氣知州張錫懌州同賀運

清皆名進士雅重之中康熙癸卯鄉試一上公車不第退而教授生徒成就人材甚夥著春秋辨疑四書存是編藏於家子九德字皋颺少年食餼有文名與王無間著黃運記四卷（泰安縣志）

漢（以下僑寓）

蔡邕往來依泰山羊氏積十二年（後漢書）

唐

李白字太白興聖皇帝九世孫白之母夢長庚星因以命名十歲通詩書既長隱岷山更客任城與孔巢父韓準裴政張叔明陶沔居徂徠山日沉飲號竹溪六逸（節錄唐書本傳）

孔巢父字弱翁孔子三十七代孫少力學隱徂徠山後遊江東永王璘辟署幕府不應璘敗知名廣德中李季卿表爲左衛兵曹參軍拜湖南觀察使德宗狩奉天行在擢給事中累上破賊方略帝嘉納未幾兼御史大夫爲魏博宣慰使李懷光據河中帝令巢父宣慰竟遇害帝聞震悼贈尚書左僕射謚曰忠（節錄唐書本傳）

蘇源明少孤寓居徐兗工文詞有名天寶間（唐書）

（杜甫八哀詩武功蘇源明）武功少也孤徒步客徐兗讀書東嶽中十載考墳典

宋

孫復字明復晉州平陽人舉進士不第退居泰山學春秋著尊王發微十二篇大約本於陸淳而增新意石介有名山東自介而下皆以先生事復年四十不娶李廸知其賢

以其弟之子妻之復初猶豫石介與諸弟子請曰公卿不下士久矣今丞相不以先生貧賤欲託以子宜因以成丞相之賢名復乃聽孔道輔聞復之賢就見之介執杖屨立侍復左右升降拜則扶之其往謝亦然介既爲學官語人曰孫先生非隱者也於是范仲淹富弼皆言復有經術宜在朝廷除祕書省校書郎國子監直講車駕幸太學賜緋衣銀魚召爲邇英閣祗候說書尋罷後貶處州監稅徙應天府判官未行翰林學士趙槩等十餘人言復經爲人師不宜使佐州縣留爲直講稍遷殿中丞復與胡瑗不合在太學常相避瑗治經不如復而教養諸生過之復既病韓琦言於仁宗選書吏給紙筆命其門人祖無擇就復家得

書十五萬言錄藏秘閣宋史本傳

〔附信道堂記〕聖賢之迹無進也無退也無毀也無譽也唯道所在而已用之則行舍之則藏孰爲進哉孰爲退哉考諸三王而不謬建諸天地而不悖質諸鬼神而無疑百世以俟聖人而不惑孰爲毀哉孰爲譽哉吾之所謂道者堯舜禹湯文武周公孔子之道也孟軻荀卿揚雄王通韓愈之道也吾學堯舜禹湯文武周公孔子孟軻荀卿揚雄王通韓愈之道三十年處非今之世故不知進之所以爲進也退之所以爲退也毀之所以爲毀也譽之所以爲譽也其進也以吾堯舜禹湯文武周公孔子孟軻荀卿揚雄王通韓愈之道進也於吾躬何所進哉其退也以吾堯舜禹湯文武周公孔子孟軻荀卿揚雄王通韓愈之道退也於吾躬何所退哉其見毀也以吾堯舜禹湯文武周公孔子孟軻荀卿揚雄王通韓愈之道見毀也於吾躬何所毀哉其獲譽也以吾堯舜禹湯文武周公孔子孟軻荀卿揚雄王通韓愈之道獲譽也於吾躬何所譽哉故曰聖賢之迹無進也無退也無毀也無譽也唯道所在而已予丁丑歲秋九月作堂於泰山之陽明年春堂既成以是道處是堂故命之曰信道堂云景祐五年正月三日記

〔石介贈孫先生詩〕世無伯樂不識馬眼看騏驥如駑駘先生今年四十四才似皋夔胡爲哉泰山山下水照石溪聲濺濺白雲堆我居其間搆茅屋先生先生歸去來

〔又贈孫先生詩〕我有山興感悲萬物紜紜幸者誰衆材叢阜無奇姿直轅曲輪皆所宜大木磊磊節幹奇撑巖拄谷無處施我願天子修明堂坐朝諸侯會四夷柱要十圍棟百尺日責匠石搜訪之千人用斧萬人拽大根斫斷山崩欲五州追牛十縣丁載送上都天子怡般輪駭汗工倕走有目未省曾觀窺黃帝合宮堯衢室周制九筵虞總期聽政朝夕有攸處闔門左右咸以時天子拱手四輔立坐致四海爲雍熙不用直棄用卽大短轅曲輪爾胡爲

〔梅聖俞哭孫明復詩〕舊業居東岱中年謁紫庭要塗無往跡至死守殘經

胡瑗字翼之其上世居陵州後爲泰州如皋人先生爲人師言行而身化之使誠明者達昏愚者勵而頑傲者革故其爲法嚴而信爲教久而遵師道廢久矣自景祐明道以來學者有師惟先生暨泰山孫明復石守道三人而先生之徒最盛歐陽修胡先生墓表

〔附宋史〕胡瑗與孫明復石守道講學泰山攻苦食淡終夜不寢十年不歸得家問見有平安二字卽投之澗中不復展讀令人名其書處爲投書澗云

張續字禹功李常字適道皆濮人石介教授徂徠山中二子負笈從遊介稱之曰禹功藏用於神得天下之幾適道直道而行明天下之治幾近易治近春秋二子之道其必達矣後舉進士皆登高第泰安府志

元

許衡字仲平河內人金季兵亂避之徂徠泰山間扁其室曰魯齋初從姚樞竇默游獲聞程朱之學遂爲名儒元世

祖召爲京兆提學累官集賢大學士兼國子祭酒領太史院事累遷中書左丞贈司徒諡文正節錄元史本傳

鹿森字茂之關中人隱居徂徠好老氏言晚而玩易題其所居曰貧樂巖曰潰易齋長清杜仁傑爲之譔碑泰安府志

朝

江天嶼字山民江南淮陰人遊岱下家焉修髯古貌望之如神仙中人與學博孔貞瑄郡人趙瑗張坦諸耆宿往來石堂與祖珍和尙結生公之社詩酒徜徉號八散人性喜梅作梅花七律一百二十首淄川唐太史夢賚序之謂在孤山處士伯仲間泰安縣志

金簡字枚仲紹興人愛泰山之勝家焉以部掾爲徐州彭

城驛丞貌偉麗瀟灑善畫山水有岱嶽邱壑圖大學士趙公國麟題以長歌（泰安縣志）

趙國麟題岱嶽圖詩鶴髮老翁同余好千巖萬壑藏懷抱長臂攜來七二峯矗立窗東青浩浩下蟠坤軸連地維上拂羲馭映晴昊西走崑崙勢欲連東趨滄海影如倒九龍飛舞天門左丈人獨立共觀看崖松可容六月寒洞雲未雨瀑垂縞黃峴西迴風翔下石經亭子水雲島出公王母臺地飛泉亂卷水森森傲來揮天仙掌露蔽翳西麓招提精當前古樹抱樓臺山勢曲砌登山道我昔垂髫時追隨陟降謝尼嶺漸長漸成山水新時結同人攜幽討穿雲酢嶺青芙蓉冒雨登攀拾瑤草北窗坐對恰神貪見暴富傲腸飽十年不覩故人面一夢中猶自兒了了今人之樂勝且探奇選勝迹如掃一旦林薊何降達偶當結地遂神巧金子金子公不懸拍手大笑移山老

趙瑗字臨若趙儒也流寓泰安與淮陰江山民曲阜孔璧六州人張方平范靖赤釋祖珍象乾等結生公之社號石堂八散人（方望溪集并張西教碑記）

周（以下隱逸）

春秋三子黃士傳云三子者楚之交子魯之周子齊之狂子也目睹王綱之數思欲絕景雲表濯志溟滓乃相與居泰山之陽處環堵之室蓽戶不闔蓋茨不翦而高歌不輟君子謂可方之倪鈇云贊曰猗方三子同道一心蜩觀姬邦鳳逝秦岑作歌舉色含和抱真豈謂陋棲廢厥高吟

榮啟期列子云孔子遊於泰山見榮啟期鹿裘帶索鼓琴而歌問曰先生所以為樂者何也對曰吾樂甚多天生萬物惟人為貴吾得為人一樂也男尊女卑吾得為男二樂也人生有不見日月不免襁褓者吾既行年九十矣是三樂也貧者士之常死者人之終處常得終尚何憂哉孔子曰善乎能自寬者也

唐吳筠高士詠榮期信知止帶索無所求外物非我尚琴歌自優游三樂通至道一言階尼丘居常以待終嘯傲復何憂

隋

徐鴻客泰山人隋末山東大水饑殍滿野李密取黎陽倉大濟之得勝兵三十餘萬鴻客獻書於密以為大衆久聚恐米盡人散師老厭戰難以成功勸密乘進取之機因士馬之銳沿東指南直向江都執取獨夫號令天下密壯其言以書招之竟不出莫知所之（岱史）

唐

范山人（見李太白集）

李白送范山人歸泰山詩曾客抱白鶴別餘往泰山初行若片雲杳在青崖間高高至天門日觀近可攀雲山望不及此去何時還

泰山老人（見張文昌集）

張籍泰山老人詩日觀東邊幽客住葛巾藤帶亦逢迎曉修黃籙無人見深種胡麻共犬行洞裏仙家常獨往壺中靈藥自為名春泉四面遶茅屋日日唯聞杵臼聲

王希夷徐州滕縣人孤貧嗜學父母終為人牧羊收傭以供葬葬畢隱於嵩嶽後居兖州徂徠山中好讀易及老子刺史盧齊卿就謁致禮因訪以字人之術希夷曰孔子稱己所不欲勿施於人可以終身行之矣及元宗東巡勅州縣以禮徵召至駕前年已九十六上令中書令張說訪以

道義宦官扶入宮中與語甚悅開元十四年十二月下制曰處士王希夷絕學棄智抱一居貞久謝囂塵獨往林壑朕爲封巒展禮側席旌賢賁然來思克應嘉召雖紆綺季之跡已逾伏生之年宜命秩以尊儒俾全高於尚齒可朝散大夫守國子博士聽致仕還山舊唐書

宋

秦辨泰山隱士大中祥符三年四月辛酉賜號貞素先生放還山宋史眞宗本紀

金

王若虛字從之槀城人也幼穎悟若夙昔在文字間者擢承安二年經義進士歷管城門山二縣令皆有惠政薦入

爲國史院編修官後轉延州刺史入爲直學士天興元年哀宗走歸德明年春崔立變羣小附和請爲立建功德碑翟奕以尚書省命召若虛爲文若虛自分必死私謂左右司員外郎元好問曰今召我作碑不從則死作之則名節掃地不若死之爲愈雖然我姑以理諭之乃謂奕輩曰丞相功德碑當指何事爲言奕輩怒曰丞相以京城降活生靈百萬非功德乎曰學士代王言功德碑謂之代王言可乎且丞相既以城降則朝官皆出其門自古豈有門下人爲主帥誦功德而可信乎後世哉奕輩不能奪金亡微服北歸鎮陽與渾源劉郁東游泰山至黃峴峯憩萃美亭顧謂同游曰汩沒塵土中一生不意晚年乃造仙府誠得終

老此山志願畢矣乃令子終先歸遣子恕同行覘夾驗因垂足坐大石上艮久瞑目而逝年七十所著文章有慵夫集滹南遺老集傳於世節錄金史本傳

〔明〕汪子卿志王從之初官翰林後隱泰山跏趺而化人稱其地曰蛻仙巖

漢以下方外

泰山老父不知姓氏漢武帝東封見老父於山下道傍頭上白光高數尺怪而問之老父曰臣年八十五衰老垂死遇有道者教臣絕穀但服朮飲井水枕神枕枕中有三十二物以二十四當二十四氣以八當八風臣行之轉老爲少日行三百里臣今年百八十矣帝受其方賜以玉帛神仙傳

稷邱君泰山下道士也漢武帝時以道術受嘉賞後罷去帝東封稷邱君擁琴迎拜止帝勿上上必傷足帝上及數里左足指折諱之還爲稷邱君立祠列仙傳

安期生在泰山遇李少君入山採藥病困安期生與神樓散一七而愈列仙傳

崔文子者泰山人也世好黃老潛居山下後作黃散赤丸賣藥都市會民有大疫文子擁朱旛以黃散濟人飲者立愈所活萬計傳讚曰崔子得道術兼秘奧癘氣降喪仁心攸悼朱旛電麾神藥捷到一時獲全永世作效列仙傳

馬明生臨淄人姓和字君實少爲縣吏捕賊被傷瀕死忽遇一女子云太眞夫人也與藥一丸服訖即愈遂棄職自

號馬明生隨夫人入岱出石室試以鬼怪狼虎不懼挑以美女子不動夫人曰可教有安期生至夫人以明靈付之而去後得安期生丹經白日昇舉列仙傳

按馬明靈縣志作馬明生字亦君實淵鑑類函作馬明之君賢丞有異同并識之以俟有識者考定焉

劉馮者沛人學道於穆王子服石桂英及中嶽石流黃年三百餘歲而容轉少後入泰山中列仙傳

晉

張忠字巨和中山人永嘉之亂隱於泰山清虛服氣餐芝餌石年在期頤而視聽無爽苻堅遣使徵之至長安請以野服入覲堅謂之曰先生獨善之美有餘兼濟之功未也故遠屈先生將任齊尙父忠曰昔因喪亂避地泰山與鳥

獸爲侶尙父之況非敢竊擬乞還餘齒歸死岱宗堅以安車送之行達華山嘆曰我東嶽道士沒於西嶽命也奈何行五十里及關而死謚曰安道先生晉書隱逸傳

羊權字道輿泰山人羊忱少子居茅山得道晉穆帝昇平三年有九嶷山仙女羅郁降權丹室贈權浣布巾金玉條脫各一枚移時而去泰安縣志

南北朝

竺朗京兆人少事佛圖澄碩學淵通尤明氣緯隱於泰山東北之琨瑞谷嘗往來於靈巖說法秦苻堅欽其德行元魏太祖亦遣使致書贈以素旃罽銀鉢爲禮後燕慕容德師事居給以兩縣租稅谷中舊多虎朗居之虎患遂絶嘗

與隱士張巨和遊張常穴居而朗大起殿舍連樓疊閣雖素飾不同然以靜外致稱云十六國春秋

隋

李清北海人少學道開皇四年嘗入雲門山遇人授書一軸互談甫半日歸視城郭人民屋宇皆非訪其子孫已爲雲仍矣開所授書乃小兒醫方也試之奇效齊魯間從學者甚衆後入泰山莫知所終泰安縣志

法瓚齊州人初隱於泰山之阜開皇十四年帝東巡守招訪名德下勅延之命住京師勝光寺岳通志

唐

張鍊師見劉賓客集

劉禹錫送東嶽張鍊師詩東嶽眞人張鍊師高情雅淡世間稀堪爲列女書青簡久事元君住翠微金縷機中抛錦字玉清壇上着霓衣雲衢不用吹簫伴秖擬乘鸞獨自歸

呂嵓字洞賓宋天聖戊寅三月二十一日書五言絶句於王母池署其後曰回回翁題政和丙申六月十八日復書七言絶句署其後曰回公再書前後書法皆類顏魯公再書二字類遲賢亭刻人莫能識好事者摩其眞蹟於會眞宮觀詩則知純陽子三至泰山矣岱史

張仙不知何許人開元中與李某同至泰山學道久之李以宗室辭歸仕至大理丞屬安祿山亂攜家襄陽尋奉使揚州途覯張邀李同宿門庭壯麗僕從璀璨李視女妓中有持箏者酷似其妻及罷張呼持箏者以林檎繫裙帶上

各散去明日李復至門館荒穢絶行人跡詢鄉人曰此劉道元宅已十餘年無居者尋還襄陽索其妻裙帶果得林檎問其故云一夕夢見五六人道云張仙與擲箏臨別以林檎繫裙上於是知張巳得仙矣（岱史）

宋

張景巖密州人隱居泰山結茅爲庵以庵上有明月嶂曾產紫芝號曰采芝東郡趙鼎臣政和七年四月登岱至十八盤與炎坐月下席地而飲俄聞窸窣有人行聲趙心動曰山中暮夜安得此聲耶有頃至延坐問之則張景巖也年五十餘鬚鬢黑漆語言純直無方士虛誕氣飲數行探懷出茯苓松葉佐酒歌道曲數闋酒盡穿東嶺而去（泰安府志）

元

邱處機棲霞人號長春子嘗居泰山南阯以全眞爲教兒時有相者謂其當爲神仙宗伯年十九師事王重陽爲七眞之最太祖特詔求之賜號無爲演道大宗師（明汪子卿志）

張志純號天倪子泰安埠上保人六歲能誦五經十二歲入元門居會眞宮數載道行超羣輩初名志偉元主改今名賜號崇眞保德大師授紫服（岱史）

〔元好問送天倪子歸埠山詩〕太白詩筆埠山頭布韈青鞋欠一游擬欲高人參藥鏡却嫌凡骨比丹邱雲間茅屋雞犬靜物外煙霞風露秋後日天門重登覽蛻仙巖下幸遲留

〔徐世隆送天倪子歸埠山詩〕九十行年髮未華道人風骨飽煙霞洞天福地三千里神府仙閭第一家牛膝藥靈斟美醞兔毫盞淨啜芳芽隱居自愛陶宏景莫作山中宰相誇

〔王奕和元遺山呈埠山張眞人詩〕江右書生拄白頭杖藜始得此山遊手摩紅日登三觀袖拂黄埃看九州

徐世隆別號復齋元翰林學士夙與泰山天倪子遊元季喪亂變姓名上下泰山常居岳祠或城隍廟三稱子從學一教習泗水趙距〔一〕授漢書其一曰王圭授舉子業久之別去言三子貴賤短修其後授漢書者目盲賴說書爲衣食習泗者遇濟南灌城之厄以泗解圍以趙距脫死致爵賞圭登科膺爵齒三人所至悉如其言圭年八十許時世隆復來見天順間又至泰山惟升元觀一老道士識之其容貌如見時所見後不知所終（岱史）

成興公不知何許人隱泰山修道數十年仙去（五嶽眞形圖說）

海印泰安州人居鄒縣大明禪院幼悟道常夢異僧指示

一日呼弟子曰吾幻身非久住世書偈畢端坐而化三日慈容如生院上紫霧光明貫天際邑令見之稱爲眞佛（岱史）

東原海公俗姓于氏光州固陵人也弱冠結茅定陶之白佛堂度徒千有餘人咸以菩薩稱之元國師海雲號曰明慧大師旋開泰山竹林古基幽僻有終焉之意踦寶峯葺草爲廬未旬日緇素踵迹之欲廣其宇海曰吾緣盡矣樹此蘭若功輸爾輩勿忘吾囑言訖而逝其後竹林寶峯禪寺之興實自海始焉（泰安縣志）

劉朗然萊州府人遍訪名勝棲止岱麓今其遺蹟曰老人砦朗然子洞云（泰安縣志）

吳守一蘭陵人從劉朗然得鍊度術辟穀數年忽有道者

入盧與語袖出茶烹而飲之道者出戶遂失所在吳年至九十餘羽化時異香滿室白鶴遶空山東通志（泰安縣志）按岱史誤爲明時人亦不言鍊度何處後吳舫翁亦稱其人故從通志錄之

孫清靜女冠寧海縣人常入泰山修道今嶽北有古洞極深敞石牀天然清泉香洌曰清靜石屋乃其遺蹟泰安縣志

大行齊州人入泰山草衣木食行法華三昧感普多現身遂覺心眼洞明見十方諸佛猶如明鏡中像至元間詔入宮闕賜號開國法師常精進菩薩岳通志

行全清河大姓房氏子也生有宿慧既長受具戒於本州之廣教院歷游講肆通曉律義創刻宗門碧巖經律文字往來奉高山中結茅宴坐於天勝寨上默究元理兗州節

度左副元帥張進遂興葺布金山之大雲寺請住持焉落髮弟子二十有五人內德友者載其師資接見機緣契証之語甚多晚復還鄉井時稱其來如著衫去如脫屣云布山廟碑

德友姓王氏本州雙村人元時盜起避地泰山之天勝寨時恩州律師全公先在此卽往炷香既蒙示及去師不遠於獅子峯下抱節育道或三日一飡或五日一飯若此者三稔忽聞鵶鳴而悟入日從今後更疑著天下老和尚鼻孔也布山廟碑

張君寶別號保和容忍三丰子遼東懿州人生於金世多力能移禪塔入目爲張拉塔或稱爲張邋遢嘗修鍊於岱今傳其居爲懶張石屋云明史

毛仙姑本州人築庵徂徠山修持三十餘年於延祐二年十一月十九日臨化留頌曰混處修持三十年是非海裏了眞緣如今脫下皮囊日拍塞靈空永自然時泰定軍節度時肎爲紀石遂稱其地爲毛老谷墓碑

明

雲公滿空禪師高麗僧也永樂間與數僧航海而來宣德三年給度牒令參方禮祖因登泰山訪古刹重建竹林寺復駐錫普照四方衲衣受法者數千天順七年閏七月二日說偈而逝弟子洪因爲建塔立碑稱普照重開山第一代禪師塔碑

雪蓑不知何許人或曰爲吳人佯應之能詩善書彈一弦琴諸技精絕嘗遊泰山徂徠嘉靖間館於李中麓家偶與中麓遊蔬圃手撮韭葉濡墨大書又在碁天觀書元之又元四字故脫一點字在石壁高處札木爲梯乃可至既下梯伴驚曰誤落一點可如何旋自取頭上葛巾扭結如繩浸於墨中大呼取巾望石壁一拋遂點字上人始駭其非常後辭中麓入山採藥往來於海岱間數年不知所終泰山紀事

王陽輝號三陽東平道士也徧遊名山歸隱嶽麓與其徒華陰雲山眢公輩相度於凌漢峯下鑿石爲窟以居鄉人爲葺神宇數椽曰三陽庵迄今遂成名勝廟碑

柴慧庵崑山羽士深契黃老之旨修養於岱陽之摩天嶺下名其居曰潛仙庵碑刻

散髮道人者自言洛人嘗趺坐仙人橋上苦行十五年問其姓名不對衲衣跣足步崖間如飛後不知所終岱史

于𡉉虛汶上道士也萬歷間闢室礤石峪之隱仙觀棲神元默壽至八旬蛻去後一月有蹊某遇汶上見赤一足攜一屨云將往南京先是寧陽徐夢覺徐斐然十餘人自南海歸路由金陵見𡉉虛在市中與語移時及旋里聞𡉉虛巳卒計在南京之日即遇於汶上之次日也今峪西北貴人峯下有于仙葬衣冠處泰安縣志

叩頭僧不知何許人嘗棲泰安之靈派侯祠夜則跏趺逼

宵不寐晝則周遊城市叩頭勸善人以是呼爲叩頭僧嘗語人曰我參方五十年矣盡載內胎生卵生濕生化生惟人爲貴具此靈性便可立地成佛莫使寶山歷盡虛過一生後遊清源預告人圓寂之期而化泰山紀事

單道人自稱日照人赤脚挽雙髻破衲懸瓢訪侍御宋燾於青巖洞中爲十日之飲醉後意態粗惡燾初不知其爲異人也善幻術倏忽變化莫可端倪後辭去隔歲餘有請箕仙者仙降大書曰我單道士也書詩甚多有句云純陽遊岱嶽轉轉尋同侶始悟單字兩口爲呂日照者純陽也臨行時曾留衲衣一藤扇一未幾皆失去其扇上有詩云欝鬱者松植彼岱阿維葉扶疎蔭茲嘉禾行子負戴白汗交加止於繁陰載咏載歌裹糧將炊乃伐其柯伐柯云何曰惟晨炊勿戕爾根留爲生滋爾淸我燥弗療我饑我行其側痛惜漣洏拂袖壺嶠世人永辭字類漢張芝惜不可再覓矣泰安縣志

明

元玉字祖珍號古翁廣陵崇川人嗣法金粟天岸老人居泰山普照寺聚經典數千卷澄思容探寺前一石題曰界塵石名流往訪咸比之遠公蓮社云有石堂集金臺隨筆諸刻岳通志

吳雲號舫翁別號三堂居士吉安人以黃冠讀書嶽麓與闕里孔貞瑄建岱頂聖廟又肖石像於中古翁嘗稱其文

章道德不易得豈其有託而逃者歟所著有學舫集石堂

〔朱孝純圖志案施閏章愚山集送吳舫翁序稱其少爲安成名士明末自髡爲僧嘗從青原樂禪師遊豈後復隱於黃冠耶〕

泰山志卷第十四

泰山志卷第十五

朝議大夫山東泰安府知府休寧金棨纂輯

金石記一 秦 漢 晉 東魏 北齊 唐 五代

無字碑

顧炎武日知錄云岳頂無字碑世傳爲秦始皇立按秦碑在玉女池上李斯篆書高不過四五尺而銘文并二世詔書咸具不當又立此大碑也考之宋以前亦無此說因取史記反覆讀之知爲漢武帝所立也史記秦始皇本紀云上泰山立石封祠祀其下云刻所立石是秦有文字之證今李斯篆是也封禪書云東上泰山泰山之草木葉未生乃令人上石立之泰山巔上遂東巡海上四月還至奉高上泰山而不言石刻是漢石無文字之證今碑是也後漢書祭祀志亦云上東上泰山乃上石立之泰山巔然則此無字碑明爲漢武帝所立而後之不讀史者誤以爲秦耳

葉九苞金石錄補云泰山無字碑在絕頂高三丈餘闊四之一色微黃光潤如蠟或云下有金泥玉檢以此石審之相傳爲始皇立顧寧人力辨其非定爲漢武立余與徐季重家敷文徘徊其下忽蒸雲如絮頃刻向人不相見其雲氣中猿臂蟬聯而下甫下山頂雨飄飄然至矣

按孫何碑解云管子稱無懷氏封泰山刻石紀功則刻石泰山尚矣是石在山絕頂玉皇廟門外登封壇下高今尺一丈五尺六寸南北面廣三尺六寸東西側厚二尺四寸上微臨於下頂以𥕢蓋另覆以石四稜稍磬折石色明淨可鑑非山之所有或曰石表或曰神主石或言其下有金書玉簡立於何代顧氏引史書所載似有依據但考其廣狹長短制度與瑯琊刻石相符或亦是始皇立而未刻者果是漢石何以毫釐與秦碑不爽但遙遙數千載秦歟漢歟安得起山靈而問之石西南稜上有正書一帝字審其筆法頗似唐人或好事者爲之

秦

始皇帝刻石 李斯篆書

二十八年

皇帝臨位作制明法臣下修飭廿有六年初并天下罔不

賓服親輔遠黎登茲泰山周覽東極從臣思迹本原事業祇誦功德治道運行諸產得宜皆有法式大義著明陲於後嗣順承勿革皇帝躬聽既平天下不懈於治夙興夜寐建設長利專隆教誨訓經宣達遠近畢理咸承聖志貴賤分明男女體順慎遵職事昭隔內外靡不清淨施於昆嗣化及無窮遵奉遺詔永承重戒

二世詔書

二世元年

皇帝曰金石刻盡始皇帝所爲也今襲號而金石刻辭不稱始皇帝其于久遠也如後嗣爲之者不稱成功盛德丞相臣斯臣去疾御史大夫臣德昧死言臣請具刻詔書金石刻因明白矣臣昧死請制曰可

歐陽修集古錄云余友江鄰幾謫官奉符嘗至泰山頂上視秦所刻石處云石頑不可鐫鑿不知當時何以刻之也然四面皆無草木野火不及故能若此之久而風雨所剝其存者纔此數十字而已

趙明誠金石錄云泰山刻石以史記考之頗多異同史云親巡遠方黎民而碑作親輔遠黎史云大義休明而碑作著明史云垂于後世而碑作陲于後嗣史云皇帝躬聖而碑作躬聽史云男女禮順而碑作體順史云施于後嗣而碑作昆嗣史云具刻詔書到石而碑作金石刻皆足以正史氏之誤

劉跂秦篆譜云史記載始皇帝及二世皆行幸郡縣立石刻辭今世所傳本可讀者唯二世詔五十餘字而始皇刻辭皆謂已亡余以大觀二年春登山訪之徘徊碑下其石埋土中高不過四五尺形制似方而非方四面廣狹皆不等所謂五十餘字者在南面稍平處故士大夫多得見之其三面猶殘缺蔽闇人不措意余剔摩垢蝕試以紙墨漸若可辨然終意其未也政和三年秋復宿嶽頂親以氈椎從事始得完善四面總二十二行行十二字從西面起以北東南爲次西面六行北面三行東面六行南面七行其末有制曰可三字復轉在西南

稜上乃知十二行是始皇辭共十行是二世辭以史記
證之文意皆具字共二百二十有二可讀者百四十有
六其毀缺及漫滅者七十有六李斯小篆古
今所師經千三百有餘歲而復彰兹可尚也
董逌廣川書跋云余至泰山就視其石高幾八九尺方
面二尺餘以亂石培其下昔所建立葢鑿石爲穴下寢
其中歲久摧仆則後人累石固其趾
以存至字則止此未可以久遠期也
都穆金薤琳琅云予家舊藏此本僅五十一字乃二世
詔即歐陽公所謂江鄰幾本趙氏所謂兗州及宋莒公
本是也近得劉譜視前加九十三字此則跋之功也歐
陽公宋莒公皆不知四面有字葢在劉譜未出之前元
吾衍子行號稱博洽其學古編云石皆剝落
惟二世詔一面稍見豈亦未嘗見劉譜耶
金石文字記云秦篆今所存惟臣斯臣去疾御史夫臣
昧死言臣請具刻詔書金石刻因明白矣臣昧死請二
十九字在嶽頂碧霞祠東廡而泰安城內東岳
廟中別刻一石亦止二十九字其宋本不傳
金石錄補云泰山絕頂碧霞元君宮之東廡秦始皇二
世刻石存二十九字州城內岱廟中別刻一石其文同
按宋劉跂序秦篆譜時尚存二百二十
二字今止十之一宋本不傳久矣惜哉

按二刻同一石在山頂宋眞宗東封此山兗州太守模
本以獻凡四十餘字其後宋莒公模刻于東平郡江鄰
幾治奉符又刻于縣廨按其文皆二世詔也葢碑石四
面北西東三面爲始皇詔書南面爲二世詔書石仆而
後人起立之以二世詔稍完植之南鄉故其三面摩滅
者世多不傳見大觀間汶陽劉跂親至泰山絕頂去其
翳蝕模其全文以歸雖殘缺剝落然首尾完具不可識
者無幾于是秦篆完本復傳人間矣都元敬尚得見劉
氏全文後北平許某始于榛莽中移置碧霞元君宮東
廡吳同春遊泰山絕云秦篆苦三面嵌壁不能盡讀今
數力士出而觀之已與劉氏所記不能符合迨亭林顧
氏所見唯二十九字本乾隆庚申碧霞宮火而是石遂
亡後人摹其本于岱廟今岱廟本亦佚邑人聶氏又別
摹一石于縣署土地祠雖仿自明本而神氣已非今所
得見者唯此耳海內諸君子寶
二十九字殘刻珍如尺璧宜哉

漢

武帝鼎銘 篆書 今佚

太始四年

右銘見梁虞荔鼎銘武帝登泰山鑄一鼎高四尺銅銀
爲之其形如甕有三足太始四年造其文曰登于泰山
萬壽無疆四海寧謐
神鼎傳芳大篆書

光武帝刻石 見後漢書今佚 文見封禪志

建武三十二年二月

師曠墓畫像 在新甫山麓墓前

右刻四面無年月作車輪蛇龍形在新甫山麓師曠墓
前按岱宗介齊魯間環抱諸山皆支阜也自南而下曰
社首其右曰高里迤南曰亭亭東南曰新甫迤汶曰徂
徠東北曰琨瑞聯屬西北曰靈岩雖界入他縣仍岱之
支脈也故新甫琨瑞靈岩
諸山遺刻亦在所錄焉

晉

任城太守夫人孫氏之碑 隸額隸書 在新甫山麓

泰始八年

夫人濟南孫氏之中女也實曰□姬其□與齊同姓□別
閭族遂以爲氏父列卿光祿大夫建德亭侯以儒雅稱世
濟其休夫人少有淑質純静不□寬仁足以容衆明敏足
以辯物九歲喪母少爲父所見慈撫終喪哀毀坐不易位
□有隱括傅母之訓罔以加焉父時未有繼室長沙人桓
伯序有寡妻伏氏魏文帝以用妻之伏氏柔少有國色然
非所好而顧違尊命莫之能定夫人謂父曰何不以嘗同
寮辭之父意乃膺文帝詔報之曰生敬其人死辭其室追
遠敬終違而得道者也父悅入謂之曰昔臧武仲先犯齊
莊不令與已邑今我不犯尊而蒙優詔同歸殊塗介其□
代伯序爲侍中父爲侍郎此爲同寮故夫人□□父爲勑

海太守十餘年政化大行孤宜□□□□□意時夫人□
□在家止□令□而謂之□□威而退雖天之□然事君
不懟□能□儉閒□□□爲吏部尚書多用老成先帝舊
臣舉□□從必不忘君□而□舉君爲侍中夫人□而□
過窮理盡情爲父所異皆此類也夫人在羊氏次第有□
度承上接下衆皆悅之任城非夫□□□夫人齒此相帥
孝□加之謙勤戰戰臨深唯恐不逮是以舅姑嘉其淑婉
娣姒宗其德音□□人爲婦卌餘載言無□過□無怨惡
故也□□且感慈□□□□□下惟詩人刑于之言嚮前
□後率由弗違以御于家邦終始以孝聞□□夫人之□
□□□□□□二□小子宏明宏哲皆□□不幸早亡子

孫皆仁厚振振有麟止之化皆是義形□□□□□□
□□□□八年□月庚寅□十二月甲申□嗣子迅哀懷
永絶□□罔極追惟□□□□□□□□力不肅之訓
□□歎曰古者鐘鼎制銘所以章君父之令德也又有號
謚□□□□□□□□我先妣立言立德同之不朽可
沒而無稱哉于是乃追而紀□爲之辭曰奐乎文母于我
夫人潛神內識罔不彌綸和樂色養□□□□□
□□是勤昧旦□□□問日新喪難宏多仍罹□□翼翼
小心惟憂用老□□□□□□□□惟□□□
恤恤遺孤辟踊靡及日古□□□□□□何以□□□□
告哀□□

右碑在新甫山麓張庄原上高七尺廣三尺圭首額下
有穿題曰晉任城太守夫人孫氏之碑十一字作篆字
三行字大四寸碑文共二十行卅七字大寸二三分筆
勢謹嚴文詞古雅猶存兩漢遺意適體雖剝泐過半列
敘事實多足與史相證明向來金石家均未之見自乾
隆癸丑歲爲錢唐江鳳彝搜得西晉石刻本希見婦人
碑銘尤少爰命新泰令柳世珍建碑亭以覆之俾數千
年佳刻不致損毀于樵牧豎之手斯則守土之責也
武億曰按魏志列傳桓階字伯緒長沙臨湘人碑以緒
爲序古字通故也階傳言劉表辟爲從事祭酒欲妻以
妻妹蔡氏階自陳已結婚拒而不受因辭疾告退是當
爲階元配此碑載伏氏年少似是其繼室也階身沒而
遺事可見又如此碑言伯序爲侍中父爲侍郎此爲同
寮按階傳魏國初建爲虎賁中郎將侍中而夫人之父
官侍郎亦同其時其後父歷官侍郎渤海太守吏部尚
書侍郎則位亦顯矣然史不爲立傳碑亦不書名按盧
毓傳文帝以毓爲吏部尚書使毓自選代乃舉阮武孫
邕帝於是用邕按碑言父爲吏部尚書其時正與相近
疑其父爲孫邕也碑云夫人在羊氏按羊氏當晉時泰
山南城門閥最著任城太守爲羊氏之族今惜碑不見
其名殆莫可稽也晉書職官志王國改太守爲內史以
宗室傳證之景王陵泰始三年轉封任城王之國然則

任城爲王國不宜稱太守益當云內史而淆亂往往相
易不可遽數如桓彝見於武帝紀稱宣城內史及按桓
溫傳則亦稱太
守皆此類也
桂馥曰按魏志管寧傳侍中孫邕薦寧邕歷官與碑同
疑即夫人之父魏文帝典論光和中北海王和平亦好
道術自以當仙濟南孫邕少事之據此則邕爲濟南人
益可證鮑勛傳帝屯陳留郡界太守孫邕見衆碑言勃
海太守不及陳留或邕歷二郡碑但舉其一爾碑又云
長沙人桓伯序魏志桓階傳作伯緒案階陛也序東西
廧也當爲序碑又云昔臧武仲先犯齊莊不合與已邑
考左氏傳齊莊公將爲武仲田與之言伐晉武仲以鼠
爲喻遂不與田碑指此事謚法武而不遂曰莊此莊字
本作壯晉時左傳本尚作壯後改爲莊漢趙充國蜀漢
關羽魏曹休桓階許褚龐德徐
晃文聘州泰並謚壯侯可證也
宋文藻曰按碑不見年號碑中有年月可辨者惟八年
十二月甲申等字八年上漫漶莫辨夫人父仕魏文帝
朝其時夫人年初長自文帝初元迄元帝禪晉其在位
四十六年夫人當已六旬則入晉歷年不久終晉之
世有八年者惟武帝之太始太康惠帝之元康元康八
年距晉初已三十六年計夫人有九十餘歲碑文無一

語頌乃高年斷不逮此今以資治通鑑目錄追考之元
康八年十二月戊戌朔則甲申在十一月其非元康八
年無疑矣太康八年十二月壬寅朔甲申亦在十一月
十二日其非太康八年亦無疑矣惟太始八年十二月
庚午朔甲申是十五日遂定此碑爲太始八年然則夫
人之壽垂七十矣又按碑甲申下闕一字庚寅下闕一
字庚寅上有月字月字上闕微存一似係十字此上乃
有八年字碑似云八年十月庚寅卒十二月甲申葬也

泰山君孜高樓碑

升平三年六月

按陶貞白眞靈位業圖五岳君五百年而一替泰山君
泰顥字景倩此其神與是刻見金石錄及墨池編今佚

東魏

胡元方等造像記 正書在泰安城東姚莊大雲寺西墀下

興和二年

右刻在石柱上四面佛像文已剝泐殊甚僅有大
魏字興字二字庚申字知其爲東魏興和二年庚申歲
也餘惟數人名可識

楊顯叔造象記 正書在琨瑞山神通寺四門塔上

武定二年

武定二年口乙卯朔十四日戊辰冠軍將軍司空府西閤
祭酒齊州驃大府長流參軍揚顯叔仰爲亡考忌十四日
敬造石像四區願令亡者生常値佛

右刻字畫明淨筆意瘦挺造象中佳製也

北齊

大般若經磨崖 王子椿隸書

武平元年

右刻在徂徠之陽光化寺東南一里許石崖上字大七
八寸雄古可愛末書冠軍將軍梁父縣令王子椿欵字
一行全文多剝蝕

四佛號刻 隸書在前石之左

無年月

般若波羅密經磨崖 隸書

武平元年

右刻在光化寺東南里許映佛岩上字體大亦與大般
若經同作二層刻上書般若波羅密經冠軍將軍梁父
縣令王子椿十七字下層書經文半
多殘缺末題武平元年僧齋大衆造

金剛經殘刻 隸書

金石錄補曰泰山御帳坪之南有石經峪石如平臺舊
刻金剛經後人刻大字盍其上字皆徑尺黃花澗內有
唐人題名與
白蝙蝠詩

按石刻在山南麓石坪縱橫數十畝作碁局紋隸字大
徑尺餘奇古雄秀向來金石家未獲覩焉惟明人華亭

孫克宏古今石刻碑帖目云泰岳之陽刻金剛經大尺
許相傳爲王右軍書今攷其筆法實與鄒縣北齊韋子
深刻經同出一手其亦爲韋氏作無疑明王世懋紀遊
云此書不能定唐宋元人筆耳眞盲瞽可笑不知書勢
足以定時代宋元人斷無此結構氣味又陳國瑞題名
有曰熟視筆畫非人所能歷千百年曾不磨滅豈非神
力護持以遺觀者爾時在北宋人視之已歎美若此惟
地當瀑泉奔赴之區剝泐殊易今明淨可讀者存字不
滿二百匯同碑碣可以人
力護持使垂永久惜哉

唐

千佛崖造象殘刻 正書在琨瑞山神通寺千佛崖上

武德口年

右刻文雖殘毁書法絕精尙存有鄰禪師桑門僧沙棟
國書傳記及大唐武德口年厥年七十等字可識此外
上下四旁唐人造象鐫刻紛紛其無
年月者十餘首審其字體亦唐刻也

千佛崖僧明德造象記 正書

貞觀十八年

千佛崖劉元意造象記 正書

顯慶二年九月

大唐顯慶二年九月十五日齊州刺史上柱國駙馬都尉
渝國口口劉元意敬造口象供養

右刻筆致類顏平原

千佛崖僧明德造象記 正書

顯慶三年

千佛崖南平長公主爲太宗文皇帝造象記 正書

顯慶三年

千佛崖趙王福艁象記 正書

顯慶三年

大唐顯慶三年行青州刺史清信佛弟子趙王福爲太宗
文皇帝敬艁彌陀像一軀願四夷順命家國安寧法界衆
生普登佛道

右造象記有年月者五首在山東北九十餘里曰琨瑞山石嶂高廣名千佛崖唐人徧勒佛象于上各有題記凡有年號者得武德一貞觀一顯慶四文明一永淳一餘無年號者不盡拓崖之西南古刹荒涼即神通寺也

岱嶽觀造象記 正書 在山南麓老君堂西碑北面第一層

顯慶六年二月

金石文字記云泰山東南麓有唐岱岳觀今存小殿三楹土人稱爲老君堂其前有碑二高八尺許上施石蓋合而束之其字每面作四五層每層文一首或二首皆唐時建醮造象之記空處又有唐代人題名東西側有詩並題名中二側面無字唐碑存于泰山者唯此及元宗泰山銘蘇頲東封朝覲頌二文皆磨崖刻于山上此碑在山下以小而雙束故不仆書非名筆故摹拓者少而獨完至今因歎唐時六帝一后修齋建醮凡二十許其此二碑亦異乎近代之每歲一碑以勞人而災石者矣

金石錄補云唐岱嶽觀在泰山之東南麓王母池上今存中殿之楹俗稱爲老君堂前有二碑皆唐時建醮造象之記予同環讀之兩日酸楚足徵精力之耗碑上發上二尺許詢之廟丁則吾邑顧亭林所發也苟非亭林好事必就湮沒矣

封禪朝覲壇頌 正書 在山頂今佚 李安期撰

乾封元年正月

波擾五岳塵飛深入反昭重圍動想神京結嘩剆浮雲未
口口巢王元吉委鎮策而地口置州縣兼神初基未遑西
畧懇搆兩開玉帳楊口魏竊弄神璽規亭籠霄之碧建德
旌口累捷而致雙擒眇六年間未方勞誓牧口冠九天志

淸八表英威迅其嘗捨于口幣俗于龍英玉帛樽

右刻在山頂大觀峯間金石文字記云明閩人林焞開府山東以忠義廉節四大字鐫其上頌文去其大半後勒御製詩刻而是文遂盡磨去今雲峯二字之下是其舊刻處也

劉仁願題名 正書 在山頂雲峯西

乾封元年二月

口口衛將軍曾城縣開國公上柱國劉仁願潁川郡夫人
陳大男口口出身口口二男懷瓚任宏文館學士女一人
新婦寶二新婦于乾封元年二月十九日口記

阮元山左金石志云右題名磨崖按泰安縣志載此碑云漫漶莫辨蓋因題名上有嘉靖癸丑吳天壽大字題名掩刻致有漫漶細辨之所損尚無多也年月之後有盤陁挑兒高益富呂小隴奉毋聶阿稔笙博士沈小奴等字武虛谷云皆後人所題不記年代疑爲金元時刻笙博士者專業自名亦起于唐如大歷同光禪師塔銘

有造桥博士
皆此類也

登封紀號文 飛白書額 高宗御製并行書 在山頂今佚

乾封元年二月

碑側 正書

小字登封紀號文 飛白書額 高宗御製 并行書 在山下今佚

碑陰 小字正書

右二刻一在山頂一在山下並見金石錄石亡已久按高宗乾封元年戊辰祀昊天上帝封玉冊庚子祀皇地祇于社首山之降禪壇奉六宮以登當時外夷之從封者如車鼻可汗傳云唐高宗封禪車鼻可汗葛邏祿叱利等三十餘人皆從至山下勒名于封禪碑會要云突厥于闐等十一蕃長扈送高麗傳云高麗王高藏遣子男福從封太山流鬼傳云有儋羅者麟德中酋長來朝從封太山可見當時車騎震服極一朝之盛較故山上山下並刻石以紀功惜一舉三失之譏君子議之徙侈文字之華果足垂示來許耶

岱頂投龍壁題記 正書 在山頂雲峯西洞口東向

乾封元年二月

山左金石志云右磨崖題名字本模糊加以右方有明嘉靖二年生龍池高海刻字掩其上愈不能辨僅尋其影迹之掩不盡者得其姓氏年月二百餘字武虛谷云按舊唐書高宗紀麟德三年春正月戊辰朔車駕至泰山頓壬申御朝覲壇受朝賀改麟德三年爲乾封元年意此皆從封有事諸臣故有宮府寺丞檢校造封禪行宮門整備大使等官行内府監主簿王知敬見新唐書王友貞傳云父知敬善隸書武后時仕爲麟臺少監者即其人後有西臺主書王行眞按職官志龍朔改中書省爲西臺其屬中書舍人下有主書四人即此西臺主書也又有奉勅投龍璧於介丘者一人殺璧似即封緘瘞王之事益都雲門山有北海太守趙居貞投龍詩碑序云趙居貞登雲門山投金龍環璧奉爲開元天地大寶聖文神武皇帝祈福也事與此同

岱嶽觀造象記 正書 在西碑北面第二層

儀鳳三年三月

千佛崖王万元等造象記 正書

永淳二年六月

永淳二年六月爲天災旱側口諸村史同王万元百餘人等于明口口口口口遂崇甘澤設齋造象

千佛崖趙玕造象記 正書

文明元年四月

岱岳觀造象記 正書 在東碑北面第二層

神龍元年三月

神通寺僧无畏造象記 正書 在神通寺四門塔上

景龍元年

岱岳觀修齋醮記 正書 在東碑北面第四層

景龍二年二月

岱岳觀建醮報賽記 正書 在東碑南面第一層

景龍三年三月

周

垂拱殘刻 在紅門東今佚

垂拱元年

右刻據邑人聶氏泰山道里記載紅門東有豐碑斷路已磨泐無字可讀[illegible]碑額稜上有垂拱元年口月廿五造及二年五月等字碑側猶有宋人題識當日東封安在哉茲范今古泯塵埃字句可識翻視底面有行書字影差小隱隱莫辨豈即高宗乾封元年小字登封紀號文立于山下者而武后補刻之歟

岱岳觀造象記 正書 在東碑北面第一層

天授二年二月

王仁恭祭岳頌 嚴浚序邢令均頌杜行均八分書見金石錄今佚

長壽二年正月

岱岳觀造象記 正書北面第一層在西碑

萬歲通天二年四月

岱岳觀造象記 正書南面第一層在西碑

聖歷元年十二月

陪勅使麻先生祭岳詩 正書守博城令馬□□在岱岳觀雙碑東一側第一層

〔金石文字記〕曰久視二年記所稱神都青元觀主麻慈力即其人也武后遣之至觀修醮神都即東都故有伊水嵩岩之句

岱岳觀修齋醮記 正書北面第二層在西碑

久視二年正月

又一首 正書北面第二層在東碑

長安元年十二月

又一首 正書南面第二層在西碑

長安四年九月

又一首 正書北面第三層在西碑

長安四年十一月

唐

修封禪壇記 賈膺福并正書見金石錄今佚

景雲二年八月

〔金石錄〕云初余得賈膺福八分書大雲寺記愛其筆法後又得此記字爲小楷尤工妙可喜

岱岳觀設醮投龍記 正書南面第三層在西碑

景雲二年八月

又一首 正書南面第三層在東碑

開元八年七月

封祀壇頌 正書張說撰在城南四里舞鶴臺今佚

開元十四年

皇帝六葉開元神武皇帝再受命致太平乃封岱宗禪社首鑿石紀號天文煥發儒臣志美立碣詞壇曰厥初生人俶有君臣其道茫昧其風樸畧因時而敎起與運而紛落泯泯沒沒無聞焉爾後代聖人取法象立名位衣裳以等之甲兵以怛之於是禮樂出而書記存矣反其源致敬乎天地報其本致美乎鬼神則封禪者帝王受天命告成功

之爲也闕曩聖之奧訓考列辟之通術疇若天而不成易背道而靡失由此推之封禪之義有三帝王之畧有七七者何傳不云道德仁義禮智信乎順之稱聖哲逆之號狂悖三者一位當五行圖籙之序二時會四海昇平之運三德具欽明文思之美是謂與天合符名不死矣有一不足而云封禪人且未許其如天何言舊史者君莫道於陶唐虞舜臣莫德於皋陶稷卨三臣降德皆有天下仲尼叙帝王之書繫周秦之誓明魯祀周公用王禮秦承伯益接周統孔聖微旨不其效歟然秦定天下之功高享天祿之日淺天而未忘庭堅之德也故大命復集於皇家天之贊唐不惟舊哉其輿之也元靈啓迪黃祇顧懷應歸運以義舉

撫來蘇以利見湯也無放夏之慙武也無伐殷之戰高祖創業四宗重光德有格天漏泉蒸雲濡露菌蠢滋青氤氳涵煦若天地之覆載日月之照臨溥有形寓歸景磬無外而宅心百有八年於茲矣皇帝攘內難而敢新命戴睿宗而纘舊服宇宙更闢朝廷始位荅羲軒氏之造皇圖也九族敦序百姓昭明萬邦咸和黎人於變立土圭以步歷革銅渾以正天荅唐虞氏之張帝道也天地四時六官著禮井田三壤五圻成賦廣九廟以尊祖定六律以和神荅三代之設王制也武緯之文經之聖謩之神化之然猶戰戰兢兢日慎一日納規誨以進德遂忠良以代工講習乎無爲之書討論乎集賢之殿寵勇爵貴經明翌乎鵷鸞之列

在庭毅乎貔豹之師居鄙人和旁感神寶沓至乾符坤珍千品萬類超圖溢牒未始聞記我后以人瑞爲心不以物瑞爲意王公卿士儼然進曰休哉陛下孝至於天政合乎道前年祈后土人獲天穰間歲祀圓丘日不奄朔感祥以祈聖因事以觀天天人交合其則不遠意者喬卬埽路望翠華之來上帝儲恩俟蒼璧之禮久矣焉可專讓而廢舊勛羣臣固言至于再至于三帝乃挹之曰欽崇天道俯率嘉話恐德不類敢殫于勤其撰巡守之儀求封禪之故旣而禮官不戒而備軍政不謀而輯亙娩練日兩師灑道六甲按隊八陣警蹕孟冬仲旬乘輿乃出千旗雲引萬轂林行霍濩燦爛飛焰揚精原野爲之震動草木爲之風生歷

郡縣省謠俗問百年舉百祀與墜典葺闕政攸徂之人靈家相慶萬方縱觀千里如堵城邑連歡邱陵聚舞其中垂白之老樂過以泣不圖蒿里之魂復見乾封之事堯雲往舜日還神華靈鬱爛漫乎穹壤之間是月來至于岱祇祓齋宮滌濯靜室凝神元覽將欽泰一議夫泰山者聖帝受天官之宮天孫總人靈之府自昔立國莫知萬數克升中而建號惟七十而有五我高祖六之而今七矣非夫尊位盛時明德曠代遼闊難并之甚哉先時將臻夫大封也畢封疆于高岡築泰壇于陽趾夫其天壇三襲辰陛十二咸秩衆靈列坐有次崇牙樹羽管磬鏞鼓宮懸于重壝之內干戚鈠殳鈎戟戣戵周位于四門之外俶國重器傳代絕

瑞旅之於中庭玉輦金轂翠冒黃屋夾之于端路庶官百辟羌夷蠻貊衮成之後讓王之客序立于禮神之埸髦頭弩牙鐵馬金鏃介胄如雪旗幟如火遠匝乎清禁之野於是乎以天正上元法駕徐進屯千乘於平路留羣臣於谷口皇帝御六龍陟萬仞獨與一二元老執事之人出天門臨日觀炎流瀣宿蠛蠓赤霄可接白雲在下庚寅祀高祖於上封以配上帝命衆官於下位以享衆神皇帝冕裘登壇奠獻俯僂叶金奏佾羽舞撞黃鐘歌大呂開閶闔與天語清將信公奉斗布度懋建皇極勤恤蒼生昭假乎未兆讓災乎未萌上下傳節而禮成樂遍福壽同歸而帝賜神策乃檢玉牒於中頂揚柴燎於高天庶忠誠之上達若凴

焰而駕烟日轡方旋神心餘眷五色雲起拂馬以隨人萬歲山呼從天而至地越翌日尊睿宗侑地祇而禮社首遂張大樂觀東后國風惟舊無黜幽削爵之誅王澤惟新有眚災大賚之慶不浹日至化洽於人心不崇朝景福遍於天下然後藏金匱於祏室迴玉鸞於上都煌煌乎眞聖朝之能事而高代之盛節者也于斯之時華戎殊俗異音同歎曰兵合多雨山峻多雲豈有大舉百萬之師尅期千里之外及行事之日則天無黫翳地無纖塵嚴冬變爲韶景寒風變爲和氣非至德其孰能動天如此其顯者乎昔人云自西自東自南自北無思不服今信知聖人作而萬物覩其心服之之謂矣或曰祭泰折主先后非禮歟曰是禮也非宜也王者父事天母事地侑神崇孝無嫌可也且夫柴瘞外事帝王主之蒸嘗內事后妃助之是開元正人倫革弊禮起百王之法也故令千載睹末光聆絕韻咀甘實漱芳潤爍元妙之至精流不已之淑聲臣說作頌告於神明四皇墳而六帝典雖吉甫亦莫能名徒採彼輿人之詩曰大矣哉惟天爲大惟皇則之率我萬國受天之祺子孫百代人神其休綏之云爾而已矣

紀泰山銘　隸額　元宗御製并八分書

開元十四年九月

紀泰山銘

朕宅帝位、十有四載。顧惟不德、懵于至道。任夫難任、安夫難安。茲朕未知、獲戾于上下。心之浩蕩、若涉于大川。賴上帝垂休、先后儲慶。宰衡庶尹、交修皇極。四海會同、五典敷暢。歲云嘉熟、人用大和。百辟僉謀、唱余封禪。謂孝莫大于嚴父、謂禮莫尊於告天。天符既至、人望既積。固請不已、固辭不獲。肆余與夫二三臣、稽虞典、繹漢制。張皇六師、震疊九寓。旌旗有列、士馬無譁。肅肅邕邕、翼翼溶溶。以至于岱宗、順也。爾雅曰、太山爲東嶽。周官曰、兗州之鎮山。實惟天帝之孫、羣靈之府。其方處萬物之始、故稱岱焉。其位居五嶽之伯、故稱宗焉。自昔王者受命易姓、於是乎啟天地、薦成功、序圖錄、紀氏號。朕統承先王、茲率厥典。實欲報元天之眷命、爲蒼生之祈福。豈敢高視千古、自比九皇哉。故設

壇場于山下、受羣方之助祭。躬封燎于山上、冀一獻之通神。斯亦因高崇天、就廣增地之義也。乃仲冬庚寅、有事東嶽。類於上帝、配我高祖。在天之神、罔不畢降。粵翌日、禪於社首、侑我聖考、配於皇祇。在地之神、罔不咸舉。暨壬辰、覲羣后。上公進曰、天子膺天符、納介福。羣臣拜稽首、千萬歲。慶答歡同、陳誡以德。大渾叶度、彝倫攸敘。三事百揆、時乃之功。萬物由庚、兆人允植。列牧衆宰、時乃之功。一二兄弟、篤行孝友。錫類萬國、時惟休哉。我儒制禮、我史作樂。天地擾順、時惟休哉。蠻夷戎狄、重譯來貢。累聖之化、朕何慕焉。五靈百寶、日來月集。會昌之運、朕何感焉。凡今而後、儆乃在位。一王度、齊象法。權舊章、補缺政。存易簡、去煩苛。思立

人極乃見天則於戲天生蒸人惟后時乂能以美利利天下事天明矣地德載物惟后時相能以厚生生萬人事地察矣天地明察鬼神著矣惟我藝祖文考精爽在天其曰懿余幼孫克享上帝惟帝時若馨香其下丕乃曰有唐氏文武之曾孫隆基誕錫新命纘戎舊業永保天祿子孫其承之余小子敢對揚上帝之休命則亦與百執事尚綏兆人將多于前功而毖彼後患一夫不獲萬方其罪予一心有終上天其知我朕惟寶行三德曰慈儉謙慈者覆無疆之言儉者崇將來之訓自滿者人損自謙者天益苟如是則軌迹易循基構易守磨石壁刻金記後之人聽詞而見心觀末而知本銘曰

惟天生人立君以理惟君受命奉天爲子代去不面人來無已德涼者滅道高斯起赫赫高祖明明太宗爰革□政奄有萬邦罄天張宇盡地開封武稱有截文表時邕高宗稽古德施周溥茫茫九夷削平一鼓禮備封禪功齊舜禹巖巖岱宗衍我神主中宗紹運舊邦維新睿宗繼明天下歸仁恭已南面氤氳化淳告成之禮留諸後人緬余小子重基五聖匪功伐高匪德矜盛欽若祀典丕承永命至誠動天福我万姓古封太山七十二君或禪奕奕或禪云云其迹不見其名可聞祗遹文祖光昭舊勳方士虛誕儒書齷齪佚后求仙誣神檢玉秦災風雨漢污編錄德未合天或承之辱道在觀政名非從欲銘心絕巖播告羣嶽

大唐開元十四年歲在景寅九月乙亥朔十二日景戌建

碑西側諸王從臣題名小字入分書

趙崡石墨鐫華云元宗太山銘文詞雅馴分隸遒逸刻在太山高崖不易拓王戸部堯年爲彼中司理見餉一本如獲明珠王元美云余嘗登太山轉天門見東二里許穹崖造天銘書若鸞飛鳳舞于烟雲之表爲之色飛全祖望鮚埼亭碑跋云開元紀泰山銘摩崖刻之前明俗吏更以忠孝廉節四大字鑱其上舊文爲所毀者半天下之庸妄有如此者予求得范侍郎天一閣所藏完本豈非百朋之珍乎封禪秦漢之侈心碑雖有儆悠之言已慚愧初年之勵精矣至于末路賀野無遺賢則其極衰也鐵函齋書跋云明皇泰山銘鑱青帝祠後石壁方三丈余每過其下輒摩抄不忍去商之官斯土者皆以搨須架而架木則不可卒致遂不復强之丁亥夏五過蕪城見棻芳杜所藏本有顧云美飛白書泰山紀銘四字大方尺古勁在銘上思以錢叔寶瀟江夜汎圖易之不可益以白鏹又不可怏怏至白下門忽見此本與以所益之數得之爲之不寐者竟夕然終以不得云美題字爲恨也

山左金石志云唐元宗紀泰山銘文唐書所載不全岱史及泰安志亦有數字不同今悉從拓本舊濟南府志云碑下截剝落明葉彬補書百八字形似小異蓋搨者冬月搆火之所蝕也字舊塡金泥元時錯落猶有存者見杜仁傑記今悉銷殘矣武虛谷云舊唐書禮儀志元宗製紀泰山銘御書勒於山頂石壁之上者是也今以其文與志參校朕宅位十有四載碑作宅帝位若涉大川碑涉字下多於字宰相庶尹碑相作衡禮莫盛於告碑禮字上多謂字告字下多天字震疊九寓碑作震疊以至岱宗碑至下多于字實萬物之始碑作實惟天帝之孫羣靈之府其方處萬物之始爲蒼生而祈福碑而作之呼萬歲碑呼作千慶合歡同碑合作答迺陳誡以德碑無迺字懿爾幼孫碑爾作余刻金石碑石作記冀後人之聽詞而見心碑無冀字又作後之人衛我神主碑衛作衍中宗紹運舊邦惟新碑於此下多睿宗繼明天下歸仁二句或禪亭亭碑亭亭作奕奕儒書不足碑不足作齷齪按文之異者容所據見或有不同若銘列祖而獨遺睿宗則下文恭已無爲正以睿宗禪位爲詞若接屬中宗義便不相屬又儒書齷齪蓋指議封禪儒生所錄故以齷齪鄙之作史都嫌其過詆儒書遂刪易以不足當之斯不達其旨矣銘後題開元十四年敘又作十四載年載通稱互文非如天寶元年改年爲載始

有專
名也
又云從封諸王羣臣題名在紀銘西側武虛谷云題名
石刻向未經人著錄故流傳絕少前明嘉靖間數姿人
鐫刻大字橫貫交錯唐刻遂湮蝕僅有一存矣擇其可識
者有臣憲字另行有岐王臣範字下空一格有太子宇
依稀有業字司空邠字另行王臣洽字氵字另行有臣
濤字延王臣囧字另行有王臣沐字永王臣澤字太子
口口事員外字另行有正員嗣韓王訥字宗正卿員外
置同正員字另行有王臣字另行有軍嗣氵王臣宇嗣
口臣字另行正卿員外置同正員嗣鄭王字另行有員
外置字餘不可見今以舊唐書傳紀証之憲睿宗長子
讓皇帝憲也岐王臣範者睿宗第四子本名隆範後避
元宗連名改單稱範睿宗踐祚進封岐王太子下空五
格是業字業睿宗第五子本名隆業後單名業睿宗郎
位進封薛王開元八年遷太子太保是空處當作太保
薛王臣也司空邠按章懷第二子名守禮神龍中遺詔
進封邠王先天二年遷司空後以開元二十九年甍是
司空邠字官封雖殘未全見知為守禮也據元宗紀開
元十三年二月丙子改幽州為邠州此刻於十四年作
邠字從新改為文王臣洽十三年三月鄫王嗣眞改名
洽卿其八臣濤元宗第十八男濤封為壽王也延王臣

下殘字按元宗第二十男洄封為延王新唐書亦作洄
延王本傳作洄據石刻殘字囧當從洄為定王臣沐元
宗第二十一男沐封為盛王是王字上缺文當作盛也
永王臣澤元宗第十六男澤封為永王皆以十三年封
金石刻所記與史合嗣韓王臣訥宗室世系表有嗣韓
王太僕卿訥嗣鄭王下缺表有小鄭王房嗣王遂州刺
史璥後於明大字題名內鑽空見一臣盧鍼秀名蒙古
字內存一開國口李仁德名又有書門下口口事上柱
國臣李元口又有陸去泰劉崇熙劉大雅王敬之諸名
按李元下缺字當作紘紀於十四年四月丁巳戶部侍
郎李元紘同中書門下平章事本傳及宰相表並同今
石刻有書門下口口事字正其同中書門下事時也元
紘銜已至四月可知
刻石又當後於此矣
右刻在山頂并額共高三丈四尺廣一丈七尺作碁局
紋大書深刻額字大二尺碑文大五六寸山崖石理此
處獨堅故全碑平坦完好唯下截為道人積薪燬于火
乾隆初邑人大學士趙國麟以舊本重摹補之字形差
小神氣亦遠不及原本碑西側從封諸王從臣題名作
數層刻之惜多為歷朝題字鑱毀殆盡嘉慶二年春署
山東按察使陽湖孫星衍來謁岱宗前運河同知黃易
陽湖揚元錫錢塘江鳳彝同至宿登封頂命工精拓審

視尚存岐王臣範咸王臣沐延王臣洄及張說尉大雅
劉璥之孫元慶等銜名殘闕數百字筆鋒犀利奕奕有
神情佳刻不完耳東側亦多唐宋金元人題
名紛紛遍刻高與碑等趙明誠題名在焉

社首壇頌 源乾曜撰見文獻通攷今佚

開元十四年

東封朝覲頌 蘇頲撰梁昇卿八分書今佚

開元十四年

封祀之山五在中國泰嶽首之昊穹之命再集巨唐皇帝
受之臨位十四年考虞氏歲巡之義諷周王時邁之什十
月辛酉步自有洛十一月景戌帳殿齋于嶽趾淵默以清
繹思而照將紀功布度順斗承天精享也已丑宏觀軼區
宇盛儀振開闢高臨建鳳萬隊張皇以燭山上御飛龍百

神翕習以扶道國台二藩后四髦士密侍信臣高位扈封
臺列升陛不下五十以聖言沖邈瑤牒寶書誓之旨日朕
獲守丕業恐不克駿命惟上帝儲休錫蒼生無疆之慶朕
之慶也古則祕之何哉屬寒馳迅飇露淸終夕若埽若鋤
宴然而已庚寅天官玄籙王制協時嚴高祖以配之嗣高
宗以陟之冕裳立珪璧序潔豐俎調鐘呂倨句于簨簴
擊拊柷敔寶駢瑞兮物焜煌空滿霄兮音容與則纖塵不
動和氣充塞日在于觀天為之門揭日大光謂小天下昭
以抱戴見之卿靄郁郁紛紛喜氣烟熅當芝檢引紫禀太
紫洞而三辰接鬱蒼搖而萬歲聞自下達上徯吾君君之
來兮望如雲端兮睟聖之門至尊辛卯有事于社首以祭

圻如泰壇於穆我睿宗侑而作主奠獻嗚咽天子之孝也
僉以金匱歸勳于祖禰石䃀藏美于乾坤戒咸秩則司存
癸巳載大旗合大樂三陔峴以惟抗四亞鏶而輅止朝羣
牧擯千官底邦賦數庭寶華蟲辨等車馬奉覲周人隨人
二王之賓戎狄蠻貊萬里重譯必拱于著執贄奉璋□□
卬卬靡敢怠遑乃建雞竿代鼉鼓帝命出皇恩溥揚巽風
作解雨施舍之蕩滌之宥法罪除煩纇滇湧洋溢周流黜
霿不祟朝而徧者與此山俱嶠翳而不拔胡徽而不鋪也
亦既稱壽申命宗伯吝爾頌焉效古之刻石臣頲稽首再
拜而言曰臣聞昔在帝堯臣惟咎繇聰明之謂聖邁種之
謂德天若曰依于巨唐易姓者李王于中華崇功者唐聖

之澤德之浸也我唐祚之典昌符誕膺兩儀動六葉承皇
帝宣高祖四宗之景烈肇開元神武之明號廣矣大矣莫
有不寧罔有不俾咸一德之輔不二心之臣羣后抗詞曰
臣聞先王因天事天因地事地因名山升中于天陛下得
天之經得地之義得人之行行也者孝莫大焉兼三才以
爲政政也者仁莫大焉含萬物以爲性今三才貞萬物亨
六典平九功成官不滔獄不放至于刑清良有以也因斯
而談清明在躬志氣如神之睿者君也四國于藩四方于
宣之美者臣也有物有則君臣父子之原所由于前設其教
于後爾往歲邦危中否天討內難陛下提三尺之劍犯闈
闔絶勾陳趨北軍正北辰然後翼翼乾乾尊尊親親立我

烝人聖考所以付天下之公器蹈汾陽之清塵唐雖舊邦
其命維新古者振兵釋旅祠土祈穀先事也我是以幸太
原祭汾脽耀金甲肅邊鄙虜馬讋而不敢南向解嚴京獲
寶鼎獻宗廟成人歸而盡務東作報福京坻于是乎爰佐
五畤郊天以奉時爰崇九室祫祖而敬思昭格遲遲神人
允奮無何藉三脊盛六穗不召斯至擁休之類如山則委
曷月而祕發非享物降嘉司火也立渾同度在睿也陛下
姑謂之薄臣所未諭且管氏詫齊帝王凡八十九湮淪鬱
沒孰若致美我高宗勒岱甲子正六十斿鑾葳蕤故能應
期我神武惟繼代奉業增高係鴻抉乎中何也即先后以
權塹阻于運二宗紹復未遑厥功神闡之契不在諸子而

當聖躬固不可辭者審矣帝曰俞畏德之不稱而左輔右
弼襈縉紳鴻碩之倫抱蘊懷書蒸雲吐霧方集賢內殿講
議前席以論之傳不云乎君子勤禮敬之至也易不云乎
先王作樂豫以動也愼矣哉禮樂之爲用故執禮者具刪
弊則質宜之自我變樂者理去商何害謙以爲臣二者洽
而三讓之制曰可始嚴鹵簿騰七萃啟禁關迴九重以聽
乎鑾聲之雝雝匪疾匪徐物其有容動植讚華夷觀駢闐
繞搏美漫半散出成皐踰榮波憑滑臺眺淇河遂並昆吾
之墟倘佯乎大舜之澤瀕四瀆二濟入于兗徑九一三齊
喬于岱惟二旬有六而頓行在莫不皤皤華皓如藿傾陽
或牽以餓或捧之觴傴僂乎康莊一以伸神武之今日一

以感乾封之舊章迺僉歸之觴舉之慈且惠而與之驩沸渭頡頏刉國鄒魯家洙泗乘汶野而圖記可知指泮林而頌聲不墜以周公之故將孔子之後翹然希王者之屬車聖人之淸蹕則久及信宿之應巖巖所瞻宗神曰天齊王加一等于三事戶二十供王祀環十里禁人樵報也大禮旅之數再褒成之祿撫遺叱賜之復帝曰吁夫艱難繄王業休咎牽人事況天監之殊祥也殊典也不自滿而虔鞏于位朕寶臣曰乾曜洎說有初有終時乃風欽哉汝作朕左右丞相繄汝忠盖以嘉猷補衮之闕罔或怠遂宏天封煥天章篆介丘而旋德賜大饗乎羣方程後代美其律聲其實墳作四而籍言七也臣頲不敏繼伯夷之直淸徹太史之畱滯聆金奏同百獸之舞振木鐸採萬人之詩敢陳詩以頌曰天子聖兮天孫崇登以封兮報以功受命再惟皇代天之賚人所載士馬山牒戈矛山沓正符山祿靈響山答天與人合我鋪衍兮長粹淸太元冊兮太一精休光光我之慶成舜四朝而禹萬國莫之我京

案唐書崔融傳梁昇卿工八分書東封朝覲碑爲時絶筆是刻在乾封元年封禪朝覲頌之西不知毀于何時舊志稱損于林焯以兩碑混而爲一也

開元十四年十一月

造泰山御碑記并陰 正書孫文慶撰見金石錄今佚

開元十四年十一月

岱岳觀修齋記 正書在東碑南面第二層

開元十九年十一月

又一首 正書在東碑南面第四層左讀

開元二十年二月

董靈寶題名 正書在泰山銘東側左讀

開元二十三年七月

文曰莫州泛龍觀道士董靈寶爲國投龍設醮開元二十三年七月一日

齊州神寶寺碣 篆額八分書在神寶寺

開元二十四年十月

大唐齊州神寶寺之碣　□子寰纂并書

觀夫三皇五帝氏王夏殷周漢氏作淳源竭而不流澆俗紛其方扇雖□萠將聖老氏谷神遊龍之道德西浮歎鳳之詩書東□竟不能庇交喪拯□□馬彼移俗登茲仁壽徒存紫氣之言終絶素王之筆曷若金□□跡　十地而孤尊寶樹應期乘四輪而廣運大雄有已見□生溺之苦海于是虔橫寶筏而濟之大雄有已見諸子迷之朽宅于是虔駕舟杭而出之視之以五蘊皆空明之以諸漏以盡洎玉毫騰彩現賢力之象位金儀入□現神通之日月經傳白馬眇闒巘以移來刹起青龍□闕浮而錯峙遂令有國有家者得其道而四海以寧元元□□者得其門而六塵高謝豈與夫向時之二教同日而言焉神寶寺者寶山□面岱宗北陰岡巒□□而石壁萬尋林藪蒙蘢而□□千仞貔豹蹲踞人絶登臨虺蟒縱橫鳥通飛路粤有沙門

諱明不知何許人也禪師德隆四輩名優六通僧徒具歸
羣生宗仰晨□棘□四念經行夜宿榛□六時禮敬貔豹
枕膝禪心宗而不驚虺蟒縈身戒定澄而不亂水瓶朝滿
羽仗夜來事跡非凡故非凡測親題□記自敘因由曰明
以正光元年象運仲秋于時振錫登臨思同鷲嶺徘徊引
望想若雞□欻彈指法聲此爲福地遂表請國主驅策入
神立此　以靜□爲號自梁齊已來不易題牓屬隋季
經綸生人版蕩革鼎推遷眞俗各虛今之所存殆將半矣
至我大唐御宇重遷九鼎再修二儀四海廓清萬邦壹統
用光正道建三寶以傳燈化洽垂衣統□生于壽域迺格
命天下有因廢伽藍先有額者並使屯僚于時有鄉人王□

應答州縣申聞以此寺北有寶山東有神谷因改爲神寶
寺爾其寺也望魯開基臨齊作鎮堂宇宏壯樓閣岧嶤
□□璝階塗金碧□容有睟瑞相無違發妙彩于天金聲
奇遺于龍石手輪含字臨□綴而披綱眉宇舒毫鑒璧瑲
而上月寺內有石浮圖兩所各十一級舍利塔一所衆寶
莊嚴胡門洞啟石戶交暉迈宇鏘鏘飛檐巘巘半天鵬起
遙遙烟霧之容一地龍盤宛宛丹青之色挹朝霞之眗眗
湛夜月之濯濯風牽則寶鐸鎗鎗日照則花盆晶晶迢迢
亭亭鬱鬱青青皓皓旰旰煥煥爛爛遠而望之鬧若初日
照灼皎扶桑近而察之□似素雲霏霧度夕陽方之鷲塔
有似飛來辟以化城還疑無夠出寶嶦仰之形勝是歸依之

福因寺內先代大德僧明幹挺智惠壓被無明闇僧彥休
護惜浮囊微塵不犯僧元質積行勤苦執範僧倫僧神解
□樹論幢摧諸橋子僧玄哲持經得驗舍利猶存僧惠沖
殷念西方期心安□所造功德觸類滋多僧景淳肅戶綱
宗元門樞紐僧貞固□心宏護結志修營僧法將鬱跡出
家童顏落彩三齊負笈獨標麟角之先九洛□□迥出牛
毛之外並其沐聖恩僉成道器忽罹□風急鹿苑霜飛早
謝傳燈空歸錫影現在諸大德寺主僧慧珍戒珠□月道
骨含□提忍作衣法空成座六時禮念勝不至林一食操
□□不再飲是慈悲父是良福田廣濟蒼生普心供養前
□維那僧惠冶操松子似崖岸萬里吐□雲于脣吻納山

岳于心胷維橫道門□達無礙上座僧塵外戒香紛馥有
賓頭盧之軌儀都維那僧敬祥惠劍如霜繼舍利佛之談
說僧敬崇柰苑良材檀愛河而濟羣溺僧智山祇園杞梓
敏法宇而庇蒼生並騰麟俊戴嬌鳳□□餘厚柱于春臺
撫定輪于秋駕□烟飛□來遊歡喜之園宴坐經行實名
和合之衆故同鐫寶碣高旌福門大唐開元神武皇帝陛
下朝宗萬國□頓八宏金鏡含七曜之輝玉燭和四時之
氣慶雲澄彩瑞日呈祥仁動上元力作大造瀛海天山之
地盡入隄封龍庭鳥穴之鄉咸霑□化封金岱嶺刻玉傳
閭藻鏡維坤光華日月刺史盧諱全□門有鄉相家襲銀
璜強幹則不發私書清肅則遠然官燭矜孤恤寡愛士崇

賢故得詠入來□詞登至晩山荘縣□令梁曰大夏幹局
貞□神情警悟風琴寫韻則瑞雉爭馴冰鏡澄清則祥鸞
自舞誠梵王之福地眞釋帝之名區爾其澗戸溪沈山扉
窣窣玉牀雷乳問抱朴而猶疑石壁藝經訪嚴遵而不識
奇卉怪木如竟須達之園瑞葯僊苗似入提伽之院象王
獻菓下甘露于珠盤鳳女持花拂靈香于寶帳迦陵頻伽
之鳥百囀間關優曇鉢羅之花九光凌亂漢皋遊女對玉
洞以傾心季梁賢臣仰瓊堂而頓首庶使文殊過去憶抄
說之清塵彌勒再生見神功于貞石式鐫寶碣而爲頌云
大雄降跡葱山本元□有三界非無二門不生不滅若亡
若存遍看郡有無如我尊鴈門惠遠蜀賓羅什明公繼兹

茄藍此立俗戸易窺眞門難入遁□龍象前後相及大唐
受命當宇握鏡化洽萬邦功齊七政緣圖舒卷紫雲迴映
惠日再暉薰風在詠門庭華敞房宇輪奐蓮臺晝闔危樓
飛觀竹韻宮商花然灼爛僧衆虔仰士女稱歎亭亭妙剎
灼灼精廬雕盤瞰壑鏤檻淩虚珠懸日淨峰迴風□□甍
栖鳳倒井銜蕖峩峩寶碣落落神軒邪山聳岫苦海澄源
錦雲霞烈綬霧風翻此中何地給孤獨園
維開元廿四年歲次景子十月丁未朔五日辛亥樹刻工
畢下缺
僧普解僧法海僧惠溪僧□□僧法□右大德等並名繼
此寺□□遷神勒之在銘紀于來代

右斷碣高六尺三寸寬四尺字三十五行行五十四字入分書字徑寸額字徑五寸在泰山西北九十餘里靈岩之陰寶山神寶寺故基篆額九寸頗端勁文字亦嚴整唯遇石有缺陷處即空數字應是勒時原未細加磨礱碑羣生羣有作郡湧作踴八紘作八宏提封作隄封皆異文若黎作秎乎作虖寂作宋嘲作胡嘗作辟飲作歙慧作惠則猶存古法也

碑側行書心經

無年月

靈巖寺頌李邕撰并行書見金石錄今佚

天寶元年

靈昌郡太守邕以法有因福□□得眞僧戻止神人告祥
宜或眞空以悟聖或密□以接凡□謂之靈巖允矣眞晉
宋之際有法定禪師者景城郡人也嘗行蘭若若是者歷

年禪師□勞一人逝將辭去忽有二居士建立僧坊宏宣
佛法識者以爲山神耳因夫山者土之至厚谷者墟之至
深水者因定而清林貝葉之經衡廓蓮花之獨人存法立
事著名揚空剏乎辟支佛牙灰骨起塔海龍王意貿金仍
舊昔者州將厚具邑吏孔威廣□支保多借器物而送之
仍施絹五十匹□若武□阿閣儀鳳堵波光堂大悲之修
舍利之□□身之造禪祖之崇山□□增□□□□也雲
霞炳煥于丹青即而察之日月照明□□□二□□客植
之不生汎于草間穢于壠上職由律住持入慧之境□繁
文字□筆杪于連章□廣開遺刻上座僧元景都維那僧
□祥□主安禪或上首□空或出等永言悟入大敵津梁

咸高梯有口勝公自照仍依俗諦天長其詞曰倬彼上人巍乎曾嶺寘立福地神宮歲寺建置今古齊同磴道邐迤霞閣昤曨其二岳寺台之國口岱之北阜蒲之要陘是人依法口事聯聲哉傳覺以極斯萬其五大唐天寶元年歲次壬下缺

右頌見錢唐黃司馬易所藏舊本魄力雄偉爲北海得意書惜祇存上半下截已闕每行蘙穮多誤不能定其原次茲姑仍刪錄之

造太一眞武象碑并兩側題名正書

天寶六載四月

右刻在山西南麓青帝觀嘉慶丁巳夏與內閣侍讀學士濰州蔣予蒲諸人遊普照寺過此得于西廊廢圃遂命工移置殿前樹之審視碑文已磨泐過甚僅隱隱見數字及年號額鑿佛象二製甚精工兩側每刻陰文獻

花小象二作二層左側題名有曰夫人供養曰佛人趙進超一心供養右側題名有曰父供養曰佛人劉令心一心供養審其字體皆唐刻也碑陰爲宋皇祐朱禧詩刻

造舍利函記正書在靈岩見金石文字記今佚

天寶十一載

岱岳觀修齋醮記正書在西碑南面第四層

大歷七年正月

公孫杲贈諸法師詩正書在岱嶽觀造象記西碑側

大歷七年五月

岱岳觀修齋醮記正書在西碑北面第四層

大歷八年九月

王大使等題名正書在山南桃源峪左讀

大歷八年十月

大歷八年王大使因拜岳與韓補闕前建安口太守同遊張鍊師房道士卜口口記時十月十口日

右刻在桃源峪北石崖上已爲宋人張邦茂等題名鑱毀文從左讀字體本小古石無多宋人因從其右空處題字起縱筆大書連及左方於是大歷題名盡爲所掩從筆縫中尋其影迹乃得錄其文幸磨泐者僅四字耳泰安縣志云僅有二十字可識者蓋未審也志錄此碑題作張鍊師題名云劉禹錫有送東嶽張鍊師詩郎其人也今驗碑同遊者實王大使爲之倡而題記者張鍊師等三人是不應以張鍊師爲主矣王大使等皆不書名無從攷也

岱岳觀王圓題名正書在東碑南面第四層

大歷十四年二月

岱岳觀敬謇等題名正書在東碑側第二層

建中元年二月

又口偃等題名正書在東碑南面及西碑南面第五層

建中元年

又任要等題名并詩正書在東碑北面第三層

貞元十四年正月

靈巖功德頂佛座題名正書在功德頂石龕佛座上

長慶元年

林放殘碑正書在城東南放城集見舊志今佚

太和二年

舊志云城東南八十里放城集相傳爲林放故里向有祠土人掘地得斷碑猶存林放問禮之本及唐太和二年十餘字

青帝觀石刻在山南麓見元好問東遊紀畧今佚

大中□年

修方山證明功德記正書牟璿撰鹿繼宗書在靈巖山頂

大中八年

修方山證明功德記　鄉貢進士牟璿撰

此山前面有石龕龕有石像從彌勒佛并侍衛菩薩至神獸等計九軀按寺記云唐初有一童兒名善子十歲已下自相魏間來於此山捨身決求無上正眞之理□啟首□四禮遂墮未及半虛五雲封之西去其音樂□□天風錯□畢寺緇白無不瞻聽乃鑿此山成龕立像旌之曰證明功德暨乎會昌五年毀去佛□天下大同凡有額寺五千

餘所蘭若三万餘所麗名僧尼廿六万七百餘人所奉驅除略無遺孑惟此龕佛像儼□徵有董殘大中五年奉旨許於舊蹤再啟精舍寺主僧從心間於州縣起立此寺有杭州鹽官縣人僧子儒俗姓董氏不遠江湖訪尋名跡至六年五月七日得度既果前言□□懇誠金采裝飾方山證明功德兼□□□神及師子各二隻□金彩色手功價□□□五十貫文施主二百餘人□□一鐫姓名□□左其山龕在寺之艮直上可四里下思入□井以□處是端身□山滄淇有同蓬島□龕石□有泉不□來源從細竇泄□石盆□□□□□而已玉液金漿莫得□其甘美□□香山□□質乎香□子儒公明山齋之□□□固敬

石之像長牟冀賢劫盡而同盡自□□外斯可傾移哉

大唐大中八年四月八日鐫記

按此後有寺主僧及捐施人姓氏不具錄

寺主僧從惠大中五年奉皇恩遠降許令漆飾舊基先度僧敬□主持□月廿八日經長清縣陳狀四月十三日門缺□字來□六月廿日□□□度獨缺七字祝□心□後□工北臨聖堂□是此等缺六字一景界夜至三更先見二僧一僧面西而立一僧面東而缺四字亡妣□身缺十三字先□□□集隨后而缺六字去來□□有五□四□□赤□大袖□衣頭上冠弁□執笏中有一女身缺九字頭□雙鬟手中執□□老□□去缺六字餘□忽然不見明□□至齊州□□□

此□祥瑞□□七月廿八日呈上刺使劉將軍遂喚入見問其由八月一日得度九月一日入缺四字倘住會□□□度使缺四字侍□□官缺十七字上闕明勅所□□宜依□

大中八年四月廿日記

按此碑之左尚有五行隱隱有字皴裂不能辨識成文因不具錄石刻二段在靈巖功德頂石龕佛座下正面中刻小佛像一前後刻記小字楷書瘦劲有神書者鹿繼宗鐫者李可言姓名與施錢人混列幾不能辨刻文之上又多爲宋人題名鑱毀

宋文藻曰是碑上鑱宋人題名五段第一段元祐三年戊辰長清王撜第二段蘇永叔李行父庚祐之三人題從左讀無年月第三段永叔曾遊四字第四段丁巳三月十日而無年號由戊辰逆推之當是熙寧十年第五段丙子仲春十四日由戊辰順數之當是紹聖三年蓋五段同爲宋時所刻首尾相距二十年也自有此五段宋人題名後人從未有述及唐時碑記所載證明功德之所由來及主僧從惠亡妣冠弁執笏降臨之事蓋書

刻之埋沒久矣按會昌五年八月壬午大毀佛寺復僧
尼爲民事見新唐書武宗紀而毀有額寺至五千餘所
毀蘭若至三萬餘所復僧尼至廿六萬七百餘人亦可
補史所未詳至大中五年奉旨再啟精舍亦史所不書
鹽官僧人董子儒金彩裝飾雕造師子爲證明中興之
大辦那今考其事蹟不惟長清志乘之所遺即武林傳
述舊聞亦無有知其姓字者矣石刻縱廣一尺三寸橫
寬八尺從未經人椎搨乾隆乙卯春益都段赤亭吳江
陸古愚先後往搨俾文
藻參校兩本而詳錄之

泰山石闕題名見金石錄今佚

封禪壇殘碑陸堅八分書　見金石錄今佚

岱岳天齊王靈應碑萬賓書　見鄭樵通志今佚

右刻寶刻類編作衎同光撰開元二十二年立按岱岳
之神唐元宗開元十三年封天齊王宋真宗大中祥符
元年加封仁聖天齊王四年詔加上天齊仁聖帝元世
祖至元二十八年加封天齊大生仁聖帝明太祖洪武
二年改稱東岳泰山之神
今唯宋勑封一碑在焉

顏眞卿題名正書　在泰山銘側見金石錄今佚

〔金石錄云〕泰山銘側有題名三列王世貞記東封頌旁
有顏魯公題名損于方元煥詩〔固不若昔土埋翳之尚
可洗而
有也

劉難陁等題名正書象記　在岱岳觀造西碑側第五層

魏嘉禮等題名正書象記　在岱岳觀造西碑側第三層

李白泰山吟詩刻篆書孫克宏碑刻日今佚　在山上見明人

李白題獨秀峯三字正書三嶺　在祖徠

琨瑞山千佛崖造象雜記二十首並正書

後梁

小蓬萊諸人題名正書八分書

辛未改元

運局龔四能巡山李元英主簿顏志道縣尉陳聖徵同觀
辛未改元後二日題左讀

巡山李元英鉅鹿簿張伯揚濟陽掾張君猷同主觀張義
之遊此左讀

巡山孫明叔法掾揚子平[illegible]尉子章同觀暴瀑癸酉六月
十三日顏志道題左讀八分書

壬申秋社日主簿顏志道[illegible]揚子章同觀主張義之到是
峪水聲寒玉山色迷靄深[illegible]仁智之趣覩夕陽忘歸是日
濟北王仲文題左讀

蘭陵東元伯與姜子正蘭思復馬濟叔韓公權張義之同
遊甲戌孟秋望日題左讀

泰山姜子正□卭翟公肅□□七月晦日

右刻六首在山南王母池北水石陰森名小蓬萊案宋
金元無辛未改元者唯後梁太祖開平五年辛未改元
乾化至甲戌是爲末帝乾化四年新縣志
稱有宋元祐甲戌東元伯等題名誤也

後唐

冥福院牒正書　在冥福寺今佚

長興四年九月

勅中書門下行書宣賜冥福禪院產業地土正書字徑二寸第一段
在岳廟東其地南至街北至馬司徒東至姜三郎李子薗
爲隔東南至槐樹東北至張中舍　第二段西斜㪷市近
北街東面東北東北至卞二郎北至卞二郎南至官省房
西至街　第三段濟酒務西南至街西南二至靈派侯廟

西至滦河岸北至潞東北二至街東至酒務界牆内有霍二口郎王廟令巋街有稅地相至霍二郎宅南至本院地東至大鄆州街南自至西至小鄆州街　第四段寨西門裏有街南裏褁角地一覈　第五段大寨内有地戕陆所居地基并拐子地計三畝捌分叁釐叁毫並係冥福禪院地基　第六段大寨裏本院東菜園一坐計地玖畝大第七段寨城東東北路菜園一坐計地叁畝大路南拐子地一角計地壹畝大東至翟家南至道西至成家北至南宫地　第八段本院莊上菜園一坐計地伍畝大四面自至　第九段宣賜冥福禪院稅戶口在昭告亭東有莊計地壹拾貳頃大東至沙河南至張中舍西至王官人北至

成三郎内有短頭地身在北邊西北角東北角至韓五郎趙二伯莊南一段肆拾肆畝大東至張八郎南自至西至張二郎北自至雍家莊後有地一段南至張教書西至古道北至東北角二自至　第十段泰山下本院所止地基南北長陸拾叁步闊伍拾陸步陸分及殿後拐子地東西長肆拾壹步口分闊伍步陸分約地壹拾伍畝大並係賜到院地基（地凡十段字十四行行三十餘字正書字徑五分）　右付冥福禪院准此　長興四年九月二十三日（正書一行字徑六分月日上鈐蓋印一）樞密使檢校太傅平章事駙馬都尉趙（有押鈐蓋印一）樞密使檢校太傅平章事范（有押鈐蓋印一）樞密使檢校太傅平章事范（空）封（有印）

三此郵　中書門下牒冥福禪院（凡四行字徑一寸正書而末行上五字行書下）

備也

（四字正書印一印徑二寸文曰中書門下之印郎通行大篆文）賜紫法僧實相主僧智順

監院從幽（字徑五分）額曰特賜冥福禪院地土之記（字徑二寸正書由五代而宋詔遷治號嶽祠也）

（右刻在冥福寺西塀下高五尺一寸廣二尺七寸碑字上下兩層上層刻是牒共二十二行眞草大小相間其日樞密使檢校太傅平章事駙馬都尉趙日樞密使檢校太傅平章事范葢趙延壽范延光也二人有押押皆有印顧氏金石文字記謂此牒無押葢押為印文所亂視之未審耳下層刻僞齊時印照乃奉符縣崇法院僧海岩狀稱給付印押執照簿尉皆有押茲院在後唐號冥福至僞齊易名崇法嗣後仍稱為冥福今改名資福寺是碑為重修此寺時亡去）

僧智璋等功德頂題名（正書在靈巖山頂石龕佛座）

清泰三年

三郎廟殘石（正書在山南麓）

（按文獻通考後唐長興三年詔以泰山三郎為雄威將軍宋大中祥符元年加封炳靈公是碑有三郎等字或即其廟碑與姑附于此）

後晉

冥福院經幢（正書在城内資福寺）

天福二年三月　六年正月

（右幢高六七尺上下兩層作八面書之下層邱是經首周環讀之猶未盡也一刻金剛經題天福二年三月姓氏殘闕一刻婆羅門僧云云題天福六年歲次辛丑正月辛酉朔二十五日乙酉檢校太保使持節密州諸軍事行密州刺史兼御史大夫上柱國淸河郡開國侯闕反作上層葢因舊幢斷仆後復樹立而倒置之故章可有間矣）

澶州建奈河將軍堂記（正書額正書在城西南隅廟内）

天福六年三月

太嶽奈河將軍廟堂石記銘　鄉貢進士劉光度撰
祝史福如書
詩云太山巖巖惟魯所瞻摽羣嶽之首隱衆靈之府靈者神也神生於無神之神陰陽不測而爲神日月照耀而爲明無神之神者至道也道德經云杳杳冥冥於中有精恍恍忽忽於中有物此之謂也天福六年三月十七日新瀆州岳社頭郭肇等皆以金門貢藝玉署呈才風雲雅作於二龍奮躍素高於雙驥副社頭郭肇□清涵珠海鑒澈冰潭貯茂異以盈懷抱才實而鑠志因乘暇豫同慕勝遊面彼南原共觀稾舸飲酒酣暢而相與言胡不聞賈誼云生乚也若浮生死之也若休莊周云生之也道行死之也物

化人修短分定豈不在乎神明哉遂乃共志修崇歸心社享結集岳社化彼邑人不暮月間揔四十戸至天福元年三月十日社衆西自新州東之太岳遠備牢醴克置羞薦無愧叨僭惟竭至誠但有遺曠庶幾增建竊見宮宇炳煥峯巒迴合尊神衆列侍者星繁唯奈河□元非靈廟是以歷覽林藪履蹈河壖東望則天之壇西臨鬼仙之洞疊嶂重巖倚其後飛雲流水枕其前得此一方實爲殊勝是以擘畫砂礫□□□□任便裁基隨宜厰跡召公輸於魯甸招匠石於郢郊截岨崍之花松斷新甫之挺柏奇材異石窮神役思以蘊崇碧瓦銅塼盡心畢力以駢集□運斤秉斫爭工不異于雷震劇木飛繩競巧可同于電捷天福三年

五月十日建就堂一所三間四下椽迴迴行牆二十四堵門樓一所悉以粉飾藻繪秀麗精華取金碧於十洲運丹青三島香寶綺井返植蓮苛畫棟琱梁高橫螮蝀翠櫚朱綱亭亭而日麗九光複道重階落落而露凝五色天福五年三月九日迎入將軍夫人眞形兩座厮兒妮子兩人夜义一對郭肇等命以巫者告厥成功釃酒焚香虔誠啟仰忻然應變但覺醃顏迴風遶壇實謂神降此則天意人事豐道合符體乎元元不可窮紀光度學輸鍾會才謝邱遲堅讓不從輒敢承請是以凝元抑寂□簡□豪力課短倭用旌刊飾銘曰

瞻彼奈河泉瀉清清噎彼逝人魂飛冥冥善惡斯作禍福隨情應業受分靡跡厥靈將軍英靈祠堂肅穆一氣散化萬神應兆事有宛彰物無不照輔贊天孫宗室嵒峭優游高士放曠清人預搆陰德恩振芳塵物景代謝事跡相仍成此廟貌永司其津

天福六年歲次辛丑三月辛酉朔十七日巳丑

謹具錄元立社糺首及頭副掾句當人姓名　天福元年充糺首石徽趙勳　次充頭副掾陶凝趙勳　次充頭副掾王光庭程罕李訓李嗣　次充頭副掾張翰傳賛趙勳聶召　次充頭副掾郭召邵超奇賓邵規　□□人趙勳顏溫李近嗣邵進劉鐸聶召王進孟景張翰張素畢佺韓勳王朗王韜趙作楊挺宋安許儒程罕宋穎馬唐李溫李

畢　召磊銖胡瓊王豐劉祚劉聊孫罕傳贇石徽王廷口
劉　侚遂磊進張太王勳李訓　勾當副樣邵規奇賓
口口副樣郭肇邵超陶凝陳唐馬溫宋美成贇王福王知
訓岳規　都料匠尉遲練夏侯知遠鐫　范彥釗李口同
造

右碑高四尺九寸廣二尺六寸字徑七分額字二寸並正書額曰澶州建桼河將軍堂記字二十四行行五十十五字在城西南廟內碑陰有熙寧間題名

全祖望鮚埼亭題跋云濟南七十二泉皆發於太山之麓獨未聞所云桼河者石晉天福二年有太山桼河將軍碑鄉貢進士劉元之之文也其文不工書亦拙桼河之神而曰將軍又有夫人眞不典之祀也以五代石墨之希故存之

宋文藻曰碑中字多別體靈作霊寘作寘炳煥作柄換畢力作畢力役作役迎作迎嗣作嗣翰作翰皆隨意增

減不合六書王韜應是王韜楊挺應是楊挺劉聊應是劉訓或以形似致誤其生若浮其死若休語出莊子今引賈誼語而浮字下衍生字不暮月間依文義當是春月之誤返植蓮苛似即蓮荷謂香實綺井周刻翻覆蓮荷也漢書鄭其傳握頗好荷禮是以荷爲苛此則以苛爲荷也運丹青三島丹青下當有於字應業受分碑實是分字嘉氏金石文字作受纍似未確也碑稱立社紀首紀同紏謂斂錢之首也同預會建廟爲同社郭肇是社首也頭副樣勾當人是當時在廟經理之名目猶言正副也其名硎見此碑額題澶州建桼河將軍堂序又稱新澶州五代周時曹州謂之澶州此廟在泰安而云澶州建所未詳也廟稱將軍不詳爲何神所掌何事今据碑序首言生死陰陽之理而銘詞又有輔贊天孫之語博物志云泰山一曰天孫言爲天帝之孫也將軍殆亦輔佐泰山之神與高里神祠相爲左右今釋氏功德書有過桼河橋之事其源殆出於此顧亭林考古錄亦云桼河水在高里山之左有橋跨之曰桼河橋世傳人死魂不得過而曰桼何此與漢高帝云柏人者迫於人也之意同至其眞形有夫人有厮兒妮子有夜叉一對後世神廟象設之盛亦濫觴於此矣

青州臨淄縣口生幢子 正書在資福寺

天福七年

寘福院新寫藏經碑并陰 正書額正書 在寘福院今佚

天福八年五月

東岳寘福禪院新寫藏經之碑

朝議大夫行殿中侍御史柱國周元休撰

逃夫元黃判而清濁分三才敘而萬彙育散乎元素簡易之體猶存降口中庸澆口之風益扇雖羣分類聚上智下愚靡不惡其死而愛其生口其得而口乎喪綱維盤古爰及當今咸欲致身于常樂之鄉立名于無疆之域而嗜慾窒性好尙由心口苦海而口迴蹈迷途而纏踵竟致惡而必得愛而必忘浩浩洋洋猶百川之滔滔過者莫可得而

言也至於用慈儉口口口體沖虛而爲質駕口口鸞之侶俯仰八宏驂口御氣之流逍遙口合或丹邱暫别或羽化俄歸亦不能忘情於生死之源絶跡于口夷之境降茲以往何足道哉洎乎西域誕靈耀列星而應瑞漢廷入夢挺金質以呈祥法被寰中口超象外遠究天人之際廣開方便之門現無生而不死之口口有相口無形之域修正覺之口口口口能口口口口之至明闇室皆曉觸類斯長無幽不遁元化普洽而不窮虛谷有聲而必應口矣哉總萬法而爲方卽絶跡出塵無如佛者夫口道也大慈廣運宏濟無方闊口口口口元關口啟導一乘之教覺路難登寂滅虛空眞如綿邈窈冥莫測識智難量是知翕長空者必

假以羽翰濟巨浪者須資于舟楫將欲以言觀法以法觀
心窺解脫之門究□□□□是者即莫□乎經夫其要
也如則□以一音次則偈于四句變卷石爲千峯之秀導
勺水爲萬流之源于是貝葉緹緗流行斯廣龍宮寶藏□
□攸繁莫不指示迷方津梁□□使□□珠者必求罔象
涉麗水者果獲祥金披文則萬象皆呈得意則一言以蔽
能宏是者其維釋門之達士哉即今經藏主隱公是其人
也公生于鎮州靈壽縣俗姓裴氏法名志隱出家于奉恩
寺受戒于光化初幼無童心長有佛性名山勝境靡不經
遊先止于岨崍山光化寺修行二十餘載剃度三十餘人
遠邇傾依緇俗瞻仰是院先有主者僧順公本貫定州深

澤縣人也俗姓李氏法名智順出家於本州開元寺受業
於法華院後因巡禮遂至山門與先院主僧道言相繼住
持六十餘載剃度二十餘人條崇院寺□德佛事並已周
圓濮陽化召得施主李彥章等特建鐘樓經藏雖斤斧丹
青煥乎畢備而經文典誥咸且闕諸遂乃堅請主持假其
緣化既從請託遂果歲時莫不募修信心資乎敏手堅比
移山之志勤同覆簣之功僅越十年始就前願凡寫藏內
經律論及聖賢傳記等共五千四百八十卷並新紙墨咸
得精詳永用緘藏是圖悠久今院主僧行□供養主僧行
感典座僧行隱並禪林擢秀□水澄波護戒珠而如握靈
虵傳祖印而非關墮鵲三千世界不[illegible]六塵八萬法門皆

歸一念身居五濁蓮花生于淤泥心燃百燈太陽入于闇
室住持□境炳煥釋宗況方嶽之中岱宗爲首地臨齊魯
境歷淮沂玉几金牀宛留勝跡天門日觀下瞰長空爰屬
盛明即期封禪方今千年啟運四境無塵緇徒雖膺于法
門野老咸知其帝力府□太師相公勳高社稷□列山河
下車而比戶咸蘇出令而連營盡肅論兵玉帳謀深起翦
之流禮士金臺價重鄒枚之選故得時康俗阜氣淑年和
成此莊嚴□□風教遂釋子歸依之願契如來付屬之言
得不備以良因記之貞石元休功虧力學敏謝生知幸見
託于斯□實懷□於染翰□揚功德迺述銘云浩浩浮生
茫茫曠劫惡積禍胎福生善業覺路難尋愛河易涉瞻彼

波瀾□□舟楫爰昔大士百億化身戒珠不類□境□塵
演茲妙法□□蒸民門闢覺路指示迷津妙旨幽深微言
祕奧窅窅靈源茫茫元造孰究真宗孰探法寶欲究欲探
必資經誥猗歟經典列聖徽猷一音□□百□斯流雕金
鏤玉貝葉緹緗將求佛性捨此何求偉哉達士成此至功
□乎寶藏宛若龍宮生雖有岸法本無□天長地久永播
真風　大晉天福八年歲次癸卯五月戊寅朔十五日壬
辰建

碑陰

興邦佐命忠亮功臣泰寧軍節度兗沂等處州觀察處置
等使撿校太師同中書門下平章事使持節都督兗州諸

軍事行兗州刺史武威郡開國公食邑□□戶食實封三
百戶□□潘信　節度行軍司馬銀青光祿大夫檢校戶
部尚書兼御史大夫輕車都尉田文進　節度副使金紫
光祿大夫檢校尚書左僕射兼御史大夫上柱國冀從實
　節度判官朝議郎檢校尚書金部郎中兼侍御史賜紫
金魚袋王琯　觀察判官將仕郎檢校尚書職方員外郎
兼侍御史賜紫金魚袋劉彥融　節度掌書記將仕郎試
大理司直兼侍御史賜緋魚袋申光遜　觀察支使將仕
郎試大理評事兼監察御史朱谿　節度推官將仕郎試
大理評事李光□　觀察推官將仕郎試祕書郎閻翥
　節度巡官儒林郎試大理評事兼監察御史李□□

登仕郎前守太子通事舍人守錄事叅軍張鏑　將仕郎
守戶曹叅軍于用章　將仕郎守法曹叅軍李汎　文林
郎試大理評事守乾封縣令張□　修職郎守乾封縣主
簿賈全翼　前泰寧軍節度副使光祿大夫檢校司空兼
御史大夫上柱國安定縣開國子食邑五百戶席全威
院主僧行仙師翁元起置院和尚法號從幽俗姓刁氏
藏經功德主僧志隱　先師本貫鎮州靈壽縣人本州泰
恩寺主僧道恭　藏經周備刊石標題同學行□等二十
餘人　前攝龔邱縣主簿張□□　都料作頭白景男知
信知遠

石碑連額高九尺二寸廣三尺二寸額字徑二寸文字
徑六分二十九行行七十餘字並正書字多剝泐碑陰
更漫漶難讀舊在真福寺天王殿乾隆壬子泰安守
徐大榕改修寺宇遂與勅牒一碑並爲工人所毀

揔持咒幢 在高里山 釋歸仁正書

天福九年

右幢高六尺五寸作八面刻磨泐殆盡後書東京同力
會人某某鄆州同力會人某某兗州同力會人某某濮
州同力會人某某內有天平軍節度押衙前齊州都商
稅使銀青光祿大夫檢校太子賓客殿中侍御史雲騎
尉韓知訓泰寧軍押衙銀青光祿大夫檢校太子賓客
兼殿中侍御史武騎尉劉□□節度押衙前岱嶽鎮使
□□節度副使前察固鎮副兵馬使充岱嶽鎮都虞候
王訓滑州別駕孫近徽前亳州別駕劉崇友前攝齊州
司馬趙宏嗣又無官名者數十人官名漫漶不可辨識
者數人亦可以見當時風尚曰岱嶽鎮者今治本宋乾
封縣城故址創于開寶五年後晉時猶爲岱嶽鎮其
岱嶽鎮使及岱嶽鎮都虞候官名則舊志所未詳也

普安社衆人刻經石幢 正書 在真福寺

無年月

佛頂尊勝陁羅尼經幢 正書

右幢四石疊成每石八面字徑寸類柳誠
懸無年月在真福寺姑與前幢並附于此

泰山志卷第十五

泰山志卷第十六

朝議大夫山東泰安府知府休寧金棨纂輯

金石記二宋

宋

靈巖寺禪師珣公塔銘 正書 在靈巖西北塔院

咸平二年九月

夫日中則昃月□乃虧喻生滅之不停等輪迴之無定是知數有蹇足天無皁白一眞之境未臻四天之軀何息卽有歿而不朽者其茲謂與上人俗姓張氏法諱延珣家自全齊生□歷下幼而迴異長而復英意捨□□□□空慧依靈巖山寺主僧志雅以爲親敎方袍圓頂禀戒持心而後遷入郡城别居蓮宇爲佛地之棟梁作金田之綱紀□徒作德士庶欽風轉□□經一□誦維摩經一千卷課金剛經五萬卷猶是廣神慶讃大集人　勝善克敷良緣是植亨年六十六非□□疾而奄□矣門人瓊因等師資義重法乳情深念訓誨以有成在孝思之無替建茲卵塔使靈骨以有歸述彼嘉猷表華門之不墜刊此貞珉之石□不昧于千齡旌其成德之名冀揚芳于天□時大宋咸平二年歲次已亥九月庚辰朔十八日建寺主講上生經本寺大雲寺主僧開元人□主僧小師念法華□

靈巖寺尊勝經幢 正書 在藏經殿

景德四年

登泰山謝天書述二聖功德銘碑二 篆額 御製并正書 一在城南門外一在山頂德星巖磨崖

大中祥符元年十月

登泰山謝天書述二聖功德銘　御製書并篆額

朕聞一區宇而恢德敎安品物而致昇平此邦家之大業也考茂典而薦至誠登喬嶽而答純錫此王者之昭事也結繩已往茫茫而莫知方册所存章章而可辨罔不開先流福累洽儲休長發其祥永錫爾類故能禋祀上帝肆覲羣后追八九之遐躅狗億兆之歡心是以武王勤獨夫集大統而成王以之東巡高帝平三猾啓天祿而武帝以之上封禦以五代陵夷四方分裂嗷嗷九域顒影而求存□□萬民籲天而仰訴不有神武多難何以戡不有文明至治何以復恭惟太祖啓運立極英武聖文神德元功大孝皇帝積慶自始受命無疆歷試于艱難終陟于元后威靈震疊元澤汪翔無往不賓有來斯應濟民於塗炭登物於春臺俾乂萬邦成湯之甚盛咸宣九德文王之有聲啓運于前垂裕於後太宗至仁應道神功聖德文武大明廣孝皇帝洪基載紹景貺誕膺如日之升燭于率土如天之廣覆于羣生人文化成神道設敎尊賢尙德下武後刑金石之音明靈是格玉帛之禮蠻貊來同書軌畢臻典彝無闕上元降鑒虞舜之溫恭庶民不知唐堯之於變重熙之盛冠絶于古先增高之文已頒乎成命遂巡其事謙莫大焉肆

子沖人獲守丕構其德不類其志不明弗克嗣典罔識攸濟屬以陽春屆節靈文錫慶由是濟河耆老鄒魯諸生啟予以神休邀予以封祀不遠千里來至闕庭朕惕然而莫當彼確乎而莫止俄而王公藩牧卿士列校獻封者五上狀閱者萬餘以爲景命惟新珍符紛委不可辭者天意不可拒者羣心天意苟違何以謂之順道羣心苟鬱何以謂之從人是以登介邱成大禮敦諭雖至勤請彌固竊念乾坤垂祐宗祏儲祉導揚嘉氣僅洽小康唯夫疆場以寧干戈以息風雨以順稼穡以登無震無驚既庶既富皆天之賜也豈朕之功歟雖則告成功紀徽號非凉德之克堪也然而序圖籙答殊禎非眇躬之敢讓也天孫日觀梁甫仙

閭五嶽之宗萬物之始升中燔柴舊章斯在纘成先志懿範遵已定之經祇事圜邱嚴配肅因心之孝於是詔輔臣以經置命羣儒而講習給祠祀者罔有不至供朕身者無必求豐故玉幣犧牲朕之所勤也羽儀服御朕之所簡也精意篤志夙興夕惕誠明洞達顯應遝彰自天垂恩正眞親臨於雲馭奉符行事予育敢怠於政經粵以暮秋之初恭饗清廟告以陟配孟冬之吉虔登岱宗俾乎對越奉寶籙於座左升祖宗以並侑禮之正也孝之始也乃禪社首厥制咸若于時天神畢降地祇畢登肸蠁可期眞獻如覩其薦也雖慙乎明德其感也實在乎至誠亦復酌鄷宮之前聞遵甘泉之受計百辟委佩五等奉璋肆告施仁舉善

[illegible]治稽考制度採摭風謠文物聲明所以揚二聖之洪烈歡娛慶賜所以慰百姓之來思蓋又兩儀之純嘏七廟之餘慶邦家之盛美蒸黎之介福豈予寡昧所可致焉唯當寤寐寅畏夙夜惕厲不自滿假不自逸豫寵綏庶國茂育羣倫以答穹昊之眷命焉勒銘山阿用垂永世銘曰節彼岱嶽歸然東方庶物伊始元感其章自昔受命反始穹蒼燔柴於此七十六王顧惟寡薄恭嗣洪猷乾乾慄慄雖休勿休元符昭錫餘慶遐流羣情所迫盛則爰修前王丕顯是曰告成伊予沖眇無德而名永懷眷佑祐答景靈聿崇嚴祀用達精誠殊祥疊委寓縣奔馳禮無違者神實格思藏封石累刻字山嵋蒸民永泰繁祉常垂

大中祥符元年十月二十七日 御書院奉敕模勒刻石

石墨鐫華云帝既佫言天書之妄復爲太山之封而作此銘述太祖太宗以及其身語多浮夸文亦拖沓正書僅能方正無少鉤磔想帝亦不能辨此或王旦輩爲之潤色而尹熙古之流握管耳碑方廣幾埒開元太山銘字減小不能强半而文筆手腕則不啻泰山之于鄒嶧矣鮚埼亭題跋云祥符天書述以頌太祖太宗之功德其眞書絕佳予得之豐城學士萬卷樓是石刻元文貞公遺山親登岱宗顧未及見予得見之幸矣取以配唐開元太山石本誰曰不宜右碑有二並篆額正書一在山頂德星巖高二丈六尺廣一丈二尺六寸額高二尺八寸廣五尺五寸一在城南郊原上五石合成製若屏幛高九尺第一石廣三尺字八行第二石廣四尺五寸字十二行第三石廣五尺一寸字十四行第四石廣四尺五寸字十二行第五石廣三尺字八行其字五十四行行二十八字正書從二寸額覆巾一石之上高二尺八寸廣四尺八寸篆書從八寸以圜臺在山頂故字從北面取對越之義其碑陰南面篆書大字曰泰陰碑三字係明吳從憲題勒俗因呼爲陰字碑山項磨崖一碑已爲諸人題名鐫殘過半

子大小與山下碑同而行數有不同按文獻通考初王
欽若言唐高宗元宗二碑之東石壁南向平滑欲即崖
成碑以勒聖製上曰朕之功德固無所紀若須撰述不
過謝上天數佑敘祖宗盛美命勒石北向以答天眷又
東軒筆錄云呂升卿爲京東察訪游泰山題名于眞宗
御製封禪碑之陽刊刻搨本傳于四方後二年升卿判
國子監會蔡禧爲御史言其題名事以爲大不恭遂罷
升卿判監據此則眞宗之爲是銘先經磨勒岱嶽又立
碑城南
也明矣

封廣禪侯敕并祭告文 行書 在亭亭山祠內

大中祥符元年十月

封號敕

敕亭亭山廟惟彼靈祠載于祀典導長源而善利聳峻下闕
上封禮崇咸秩俾疏榮于侯爵用介祉于燕民可封廣下闕

祭告文

維大中祥符元年歲次戊申十一月戊午朔四日辛酉皇
帝遣秘書丞直史館姜嶼致祭于廣禪侯朕奉若元符升
中喬嶽惟神貧職幽贊成功特加封爵之美稱用答儲祥
之休應仍令致奠以達深誠尙饗

青帝廣生帝君讚并陰祝文 篆額 御製并正書 在青帝觀今佚

青帝廣生帝君讚 御製御書并篆額

若夫典治喬嶽表正靈祇司生發於東方佐聰明於上帝
宜乎名冠仙籍德被蒸氏饗祀典於蕭薌鏤徽稱於金石
者也屬以虔修封禮恭答神休薦顯號以致誠述斯文而
頌美讚曰節彼岱宗奠茲東土生育之地靈仙之府爰有
高眞允司明命至神不測虔誠斯應茂實克昭儲祥是繫
式奉嘉名用伸精意

大中祥符元年十月二十七日 御書院摸勒刻石

碑陰

維大中祥符元年歲次戊申十一月戊午朔四日辛酉崇
文廣武聖明仁孝皇帝謹遣尙書兵部員外郎邵口告於
青帝廣生帝君伏以峻功丕顯誕彰陰騭之仁神化無方
實主發生之宇惟高眞之攸館乃喬嶽之靈區屬以祇奉
元符躬陳大報仰緊景貺克舉上儀式彰昭代之稱以表
欽崇之禮合伸致告用達虔誠謹告

金石文字記云青帝即月令所謂其帝大皞而史記封
禪書秦宣公作密畤于渭南祭青帝唐書王璵傳請置
春壇祀青帝於
國東郊者也

按隋書禮樂志開皇十五年春行幸兗州遂次岱岳爲
壇如南郊又陳樂設位于青帝壇如南郊帝服袞冕乘
金輅備法駕行禮畢遂詣青帝壇祭焉可見古之于青
帝祀典甚鉅故壇而不廟觀不知創于何時歷朝之有
專祀班班可攷矣是刻舊在泰山西南址青
帝觀大殿西墀乾隆十二年爲俗吏所毀

加青帝懿號詔 御製行書 在青帝觀今佚

大中祥符元年十月

敕中書門下名嶽配天乃衆山之雄長盛德在木實萬物
之資生惟眞宰之斯存蕊靈篇之攸紀青帝眞君職司煦
育道叶沖虛贊元化於高明庇羣生於溥率眞祠夙建方
志可徵屬嚴駕以時巡爰秘封之成禮式瞻神觀冀沐冥
休祇舉典章載揚懿美奉蕭薌而昭薦旌至德於無方用
表欽崇永綏福祉宜尊懿號曰青帝廣生帝君觀宇特加

修飾故茲詔示想宜知悉

封祀壇頌篆額行書在郡城東南

大中祥符二年七月

大宋封祀壇頌　天書儀衛使封禪大禮使推忠協謀同德佐理功臣金紫光祿大夫中書侍郎兼刑部尚書同中書門下平章事集賢殿大學士監修國史上柱國太原郡開國公食邑四千七百戶食實封貳千壹伯戶臣王旦奉敕撰

臣聞天地之文著明含章焜煥於庶物禮樂之用象功崇德昭格於至神王者宣淳耀之烈建中和之極於是錫天瑞出坤珍覺悟於蒸民鮮不登泰山禪梁父聿崇於明德

蓋天地之文闕下民何以法象乎禮樂之典廢從世所以祖述焉是知勤皇績騰茂實交三神之歡著一王之法述符命繼昭夏申乎大報示於無窮極典章之備物真帝王之盛節者也粤自遂初始造書契增高益厚載九皇之德樸略而難名時邁省方□六經之文紬繹而可舉沿襲之規寖廣巡守之儀□□五載際於虞典一紀因乎周制所以彰善癉惡□民設教者矣自後道非下濟德異升聞或緘秘祝之辭或黜諸儒之議先治兵而釋旅乃肆缺五字順缺四字行殊爲民祈福之義光武紀號□石緘于故封開元陳信□玉牒之不秘典章斯在風烈可觀□□難行禮從茲絕洎四方之叙擾屬五代之陵夷但恣尋戈不遑置器

俎豆之事埽地將盡塗炭之俗籲天無辜陰隲下民誕缺十六字聖光啟丕運皇宋三葉在□天下五十載矣太祖啟運立極英武聖文神德元功大孝皇帝之創鴻業也名膺帝籙運契天飛徵軹道之降鄙牧野之誓以帝軒之神武□漢缺九字號陟元后集大勳聲風而海外駿奔端扆而天下寧晏太宗至仁應道神功聖德文武大明廣孝皇帝之恢寶圖也天縱多能體膺上聖徇齊濬哲居質以成德文明中正開物以成務凝神缺六字及策賢艮率土致覆盂之安丕基成磐石之固崇文廣武儀天尊道寶應章感聖明仁孝皇帝聖道日躋大明繼照尹京邑也神明之政四方是則踐承華也元艮之德萬國以貞圖□□理訟□咸格遵

顧命而主神器極孺慕而纂宗祊守缺六字冠於百王熙庶政叙彝倫智周於萬物□爵出祿褒德念功若臨照之代明法雲雷之作解繼志述事樹經久之規弛禁省官布寬大之令□張文理薦親學於上庠振舉武經缺五字甸厚時風而敦世教訓戒昭而數軍實爾者邊吏致告時巡缺七字儆衆□揚大聲秉武節停缺四字民繼好一介交聘靡宣金革之威六師不陣還於衽席之上緩帶喧哺而式和民則弢弓□刃而止嚴武備於是修墜典緝遺文命秩宗講三王之禮訓奉常考六代之樂渴讜議則下周爰□詔□□□則中缺六字獄訟申飭理官簡孚而用平刑□□而行輕典敦敘公族並建戚藩犬牙之制是崇麟趾之詠斯洽設

獮狩之禮止於從時修宴射之儀于以觀德勞身焦思有
文飾之憂勤革履弋綈遵漢文之恭儉卜郊定位案歷上
陵□□極之□□久廢之禮易脂澤而哀慟入石室而涕
洟至性感於人神元德格於上下紫宸議政勵精於日昃
金華侍講不倦於宵分校正蘭臺之書增建石渠之閣規
模廣於麗正典籍備於宣明深味道腴以資治本帝堯稽
古虞舜好問以聲身而爲律度執規矩以定缺六字推恩而
逮下萬方有罪引咎而在予德教被於無垠皇明燭於有
截兵偃刑措道茂化醇百嘉阜昌庶萌樂育獨運陶甄之
上丕闡鴻鈞之祚訪崆峒之道採康衢之謠夷夏大和天
人交感必彰嘉應以□元通門號承天節臨獻歲眞官奉

其丕□□以先期秘檢煥於靈文降□清旭受釐宣室躬
□丹書錫無疆之休諭大中之理繇是覃如春之澤易紀
年之號且斯文未作伏羲氏觀象以畫八卦有神馬負圖
之瑞洪水方割夏后氏底績以導百川受元夷使者之命
比□相慶異代同符缺五字氓謳謠于外鴻筆麗藻之彥頌
美於內於是東土耆艾闕里諸生連袂而來抗章以請洎
思皇之士郎序之戎藩嶽大臣緇黃衆品伏閤叩首請封
禪者無虛日矣僉以爲祥瑞雜沓天意也中外傾矚人事
也靺鞨越巂朱崖象郡之地俱入於提封□□□□東縣
江□鄗黍之類悉從於班貢矣羣情悃愊式佇於慶成上
帝顧懷不可以謙拒書上者至於五上不得已而俞之誕

告庶邦載形明詔將以奉揚先烈非謂告厥成功申命輔
弼之臣諭以簡易之道經始勿亟無擾于民且山爲嶽鎮
之宗地□□禮之國周孔垂教乃始封載誕之邦陰陽相
代是育粹炳靈之府當僝工之際蕆事之初明誠以孚元
鑒先答應龍有翼蜿蜒而下垂醴泉無源瀵沸而自涌芝
含三秀帀地而羅生日麗九華得天而絢采鱗介之細草
木之微□異効奇紛綸疊委而□□心粹清凝思元牝乃
因華胥之夢再覿姑射之神告以玉書降於神房之麓著
之黃素得於季夏之初揆日奉迎備禮祗若爰疇咨於封
祀固胳合於穹旻亟命□司草定大典採摭清議討論舊
章郎事用希其禮多闕酌義訓以革正參制度以折衷古

文逸禮之靡記議郎博士之未達上資元覽洞析於精微
無望清光悉臻於體要穆卜涓日掌鼓奏儀申必告之誠
躬祠清廟以就盈之月有事介邱先齋紫宸載止禁籞屏
簫韶之備樂以極靜專部大官之常膳以御菲薄清蠲式
道雲會星□□□蹕之啟行奉天書以先路備設儀衛增
置官屬極恭肅而遵天貺也采章之盛藻縟原隰武衛之
雄震疊區寓八方述職萬旅騰裝讓塗而行外廬不閉奔
走會同之際端肅而無譁威發栗烈之時融和而可愛民
絕札瘥之患物有蕃廡之詠供帳不移而□儲供不戒而
備歷東郡之屬邑抵澶淵之□□軍國異名修文事而有
武備土誦夾侍掌方志而道地圖風伯清塵招搖參乘周

覽臨濮少留汶陽戒誓庶官申嚴執事靖恭爾位恪謹攸司羽衛具陳乘輿乃出垂翠緌而鳴寒玉載瓊□而擁雲罕天□景從禁旅前驅八神齊奔萬物咸覩卿雲待族仙鸞成侶俯法從而交蔭覽德輝而翔澤□光下燭抱□騰芒觀雲式瞻奏牘狎至溢簡編而不可載考圖牒而未始聞下詔肅祇柴望而告至儲精蠖濩淵默而齋居祀前一日未質明備法駕至於山趾更衣於帷殿上乃乘輕輿陟絕巘躋日觀出天門築圜臺於山上度地宜而循古制也升山之前夕層雲蔚興嚴颷暴起達曙振野而未已有司失職而是憂洎寶籙先登華蓋徐至焚輪止息寥泬清霽若胚渾之初判狀羣靈之先置辛亥祀昊天上帝設天書

位于左次登歌樂作奉迎就位顯奉符而錯事也二聖嚴配定位側向以申恭事表繼志而奉天也亞獻終獻作之樂章以為禮節一其儀而申昭事也祝史正辭秘刻勿用黎元蒙福孚佑是祈克其已而厚勤卹也袞冕俯僂金石鏗越捧珪幣奠犧象絡金繩而斯畢飛紫燎而上達舒遲暨禮陟降盡恭明德之馨至誠之感苾芬以薦肸蠁如答通帝鄉之岑寂接雲漢之昭回協氣上浮纖羅不動神策錫靈長之祚日卿奏殊尤之瑞垂紳委珮蹈舞齋室之前鼇抃山呼聲震層霄之外山下設壇四成如圜丘之制乃命茂親以承大祭祟□□□以斯□潔粢豐盛而在列萬靈咸秩四隩來同九宮貴神實司水旱吾民是依動繫慘舒

厥職尤重命築壇於山下封祀壇東率禮吉蠲詔大僚以尸其事壬子祀皇地祇於社首百司承戒慎之至也三獻盡誠禮無違者翌日朝覲壇覲羣后輯五瑞千品成列萬國胥洎英莖韶夏以徧作僸休兜離而次設風行赦令雷動歡聲祝網之仁普霑蓼蕭之澤遐被大明之照徧燭於蔀家崇朝之潤周濟於天下昭示聖作以志元封日星炳其天章鸞龍奮其仙翰感祚德之元貺遂光表之鴻猷金玉其相與典墳而並鶩神靈是保揭日月以長新復有道濟生民名在祀典功德兼茂跡用尤著者烜乎睿文特形贊□刊於翠□貽厥方來而乃飛喬嶽之靈幸列真之宇俾加賁飾用極褒崇養老申合飲之私勞□推□復之惠命

市納賈採詩觀風聘有道而省高年平權衡而考制度官克用乂黜幽之典靡行化洽可封歸厚之民咸若惸嫠攸恤幽隱咸達乃翠華之旋軫臨曲阜之故墟升講肆之堂屈順風之拜徘徊設奠眷想遺風褒聖之禮有加卹後之恩彌渥以經□□□□載□□□□邦周公旦啟真王之封太公望進昭烈之號咸建廟貌領於祠官按節迴鑾式閭表墓徧走羣望罔不遺靈河濟之區海岱之壤南暨淮漢北際常趙梯航萬國冠帶諸酋四遠雲來千里星屬聽清蹕缺五字得躋仁壽之□□覲覩作□□事扶老缺六字六龍迴御七萃解嚴太史撰辰近臣奉祀藏侑神之金匱上加謚之寶冊舉歸格藝祖之禮親饗太宮考飲至策勳之

典惠綏列辟盡聖人之能事成天下之壯觀前□所記纔
十二□□儀斯廢僅三百載（缺四字）天命（缺四字）實惟其時翼祖
造新邦臻大定經制而未遑神宗求至理致升平業成而
中罷遺茲景鑠屬在欽明丕顯詒謀奉成先□□□大號
永□□名□□昭姓考瑞□大統也勒石垂□昭茂功也
人神以和禮□□備盛德也□□定位祖考嚴配大孝也
報本穹昊歸功宗祏謙尊而從衆欲禮卑而受徽稱克讓
之風高視於前古矣下尺一之詔嚴禁止之□□□行葦
靡□□□好生之德□於羣心矣服純衣而在□御□□
□數□□別謝□□致美黻冕減乘輿服御之物罷周廬
交舍之制則惟新禮器增飾壇壝故翼翼之心精意以享

有典有則必躬必親寅恭天至也既如彼蒼蒼之意惟德
（缺五字）事□□□□瑞報況神速也□□此宜乎擁鴻休介
繁祉後天而老象日之升垂萬世之耿光爲百王之稱首
者也臣位冠台衡親逢旦暮承上公之乏相盛德之事與
夫茂陵草遺忠之奏周南與留滯之歎非可同年而語矣
矧又恭膺（缺五字）獲當□述茲所以紹帝皇之墳素表金石
之篆刻嗣丕天之大律□□世之鴻範者也寡章平之經
術無燕許之才筆大懼檮昧不能發揮徒躑躅於燥吻實
僶俛而秉詔賡誦舜德曷繼於皋陶紀頌漢巡有媿於亭
伯貽之來裔以闡丕□其辭曰增高益厚王者上儀制禮
作樂莫大於斯應運接統垂鴻逆釐茲事體大惟聖難之

岱宗炳靈巖巖峻峙和鑾響絕牲瑄禮弛缺其神權邈蹫
星紀乃聖挺生乘時斯起惟宋肇興受天顧諟盡黜苛政
式敘彝倫以洗汙俗乃弔匪民革其不諟被以至仁威靈
有赫軌跡易遵與民更始其命惟新寶歷日隆神武不測
厥角獻琛水讋陸□惠澤滂流皇猷允塞陰隲下民懋建
皇極照被六幽化行蠻貊累盛重光乾乾翼翼展義省方
觀風耀德假伯靈臺躋民壽域寶鼎增重永協大同正符
薦錫告厥成功論乎至理廸彼元風保邦清淨錫祚□□
化洽無外道惟大中百度以貞六符斯正傾輸羣心稱述
瑞命僉議勒封以期升侑休烈日彰神策天授徇民從欲
展采告成屬車時邁法從天行濟濟鵷序巘巘鸞聲星言

汶上雲會岱亭穹崇絕巘岧遰圓靈躬陟上封聿申昭事
祖考來格禮樂明備威以至誠享其精意欽謁歸功謙謙
益至嚴配克誠蒸蒸不匱柔祇昭報毖祀聿修二儀訢合
百神懷柔帝容載穆靈貺殊尤肆覲輯瑞端冕凝旒萬國
以朝四夷接武行葦之仁兮敦洽蓼蕭之澤兮周溥茂遂
羣生浸漬萬寓慶集丕圖風還邃古騰茂飛英超三邁五
赫赫顯號穰穰鴻禧百祿是荷萬壽無期遂及黎庶永洽
淳熙法昊穹兮剛健不息踵黃軒兮清淨無爲自天之錫
百世承之

大中祥符二年七月十五日立　翰林待詔朝散大夫國
子博士同正騎都尉臣裴瑀奉勅書并篆額

右碑連額高一丈一尺廣四尺四寸篆額題曰大宋封
祀壇頌六字大四寸作二行碑文行書共四十三行
行一百字大八分在城東南三里許原上按山左金石
志云王旦結銜天書儀衛使宋史傳作天書儀仗使太
原郡開國公傳亦不載文中升講肆之堂通
作講 禮玉藻肆束及帶注云肆讀爲肄

朝覲壇頌 篆額 陳堯叟撰 尹熙古行書 在郡城南門外

大中祥符二年七月

大宋封禪朝覲壇頌并序 封禪鹵簿使推忠協謀佐理
功臣金紫光祿大夫行尚書左丞知樞密院事修國史兼
羣牧制置使上柱國潁川郡開國公食邑二千三百戶食
實封捌伯戶臣陳堯叟奉□□

臣聞配侑尊嚴王者所以敦其孝也朝宗覲遇聖人所以明
其禮也又若因名山而遂封煥先業而跡著踵七十二君

之遐武永萬八千歲之丕□□軼五玉壇賓諸侯巍巍煌
煌事之大者非命大通博之士繹蓬缺五字之學缺六字重九
經之思又安可藻潤功德流播徽懿臣顓蒙寡聞駑淺無
取奧詔滌慮拜手而颺言曰宋受天命帝六合子萬姓以
聖繼聖垂五十載稽神道而設教感民生之歸厚烈祖神
考耀武振德鬱乾維而張宇盡坤倪而畫野夷綦觸璺黜
僭盪偽懷生胥□滋液元化上帝降鑒昌大洪緒崇文廣
武儀天尊道寶應章感聖明仁孝皇帝之御天下也三葉
嗣統重離繼明恭敏而克仁循齊而允迪肯堂主鬯承天
序而寅畏黃屋正位奉先志而夕惕若乃敷乎要道刑于
率土始則謹色養□□闈缺八字孝之至也□□郊丘者二

竭精□□獻朝□□□者一鬱俊感於霜露祀之大也六
御宸陛精較□□振滯淹於韋布聲通潛於巖穴文教之
隆也再駕革輅觀省朔野貞師律以威荒□戎人以禮樂
武經之著缺十二字綏軌物□□□□□實情達幽仄欽恤之深
也體元功之藏用爲而勿有推赤心而與物坦然無間誠
明之廣也友于天族敦乎教也惠綏耆年勉夫養也斲雕
復樸必始于宮室勸農禁□率先乎稼穡昭夫儉也黃□
一缺七字勛編□□室務得□而□□□謹乎授也六職交
乂百揆時序猶復訪古無怠論學彌益遊覽乎九皇之道
畢講乎三代之訓□庬黎獻勤恁方轂燕燕之德既格于
神明生生之仁終達於躍卵太和遂布于景氣靈臺遊偃

於師節混一文□敕載疆場缺五字易戰□□□措兵者也
於是河海夷晏巖廊穆宣瑩元覽□宅衷操斗極而播憲
□天常立民經清淨之鄉御乃六氣之辯富壽之域躋乎
三登之祥四隩納誠五緯遵軌日星薦祉而訢合草木効
靈而始見千品萬類□綸缺七字矜缺六字天意若曰振古絕
德負無與讓軼世靈契允宜曰答繇是貞介來儀寶命申
錫抒三篇淵懿之訓啟萬祀綿長之兆普天磬世靡不欣
戴惟蒼旻登□之祐乃□而垂鴻之慶流烏之祥秖載其
異兩□□覗何□□□□斯□□□□□□自天之秘實獲御
邦之緼於是洙泗諸生龜蒙羣彥發詠歎於庠塾□謳吟
於衢路旖裳連襟波屬鱗萃既而宰衡偉幄之輔熊羆羔

厲之列迨于千夫長百夫長黃冠緇衣台背兒齒相與不約而信不謀而同伏覩(缺五字)封(缺六字)陛下系纂聖統光闡丕業立隆以爲極執契而司會□斯成矣□□乎矣□□神矣昆蟲草木罔不孚矣所宜鋪鴻藻而熙帝載飛英蕤而振絕禮遵昊天之成命慰東晳之徯后觀風□□□之業展□□□侯之□允謂□德□□□□錫符奉符以行事□□之請不爲進越皇帝虔鞏敦論四讓不獲既而垂旒深念前席而言曰惟我二聖付以大寶海內海外悉主悉治□懷錫羨之慶丕冒詒翼之教一變□□朕何有焉又敢欺乎 □告成功(缺五字)揚耿光奉遺懿宣景鑠報嘉瑞斯事□體乃朕之志且夫無懷已降夷吾所記迨建武

之儀開元之制綿蕝草具宜削其靡無煩民無黷神恭朕之禮罔憚薄奉蘊之容姑務豐大□□有□□錫厥職繇是(缺十四字)之說紬漢室優游之議順以創制闓嘉言於既往俟而不典黜空文之無謂既歷古而肆習乃折衷於睿聖輔臣先事而祗命崇嶽騈日而薦瑞醴泉歲湧神龍倏見靈芝三秀而絡野嘉穀合頴而充畝星弁□掖忽恍(缺十一字)寥泬之晝再降既告廟而成禮□□□□戒吉卿雲先後而觸石逕鶴翩翻而旅集元貺益重坤珍愈出月孟冬日辛卯皇帝乃闢寢居清康衢儼金輿總衡之御肅寢兕彌龍之制都人山立而辰拃(缺八字)神檢先路虞士前道九旄之蓋薇參廊以徘徊十極之音合正始而容與俄而常伯

陪乘大丙弭節千官扈蹕而星拱九龍效駕而風舉萬騎雜沓洶洶兮海運九旂繽紛烈烈兮雲布歷河沂榮光湛乎百丈戾嶽趾愛□□乎四聾猛士(缺六字)元髦轇轕而彌亘周廬徼道植鍛懸版既□闢齋宫之靖冥滌清裹於蘋蔓雲罕儀路鈎陳樽壑奉寶符而先置儼宸仗而延屬大風示異當□石而遽止寒谷應感將裂膚而俄煥倏忽之變陰陽不測皇帝於是登喬嶽陞天□□玉輦步巖磴俯矚靈於渤澥觀衆山之培塿崇臺冠空而崛屼翠旌周阿而掟獵辛亥昒爽卽事靈闕登太祖以配天奉太宗而侑饗大圜軒豁懸寓澄爽烈宿照爛於浮景盛禮登降於□□□□肅(缺七字)音諧而大樂六變百神降而元酒三獻肅

□□用爟火高舉圭璧之序嚴紫霄而有容金石之文凝絳烟而無際秩衆靈而在下命羣官而分饗備物之盛實列萬國錫年之祥乃過億世既卽次而燎幣旋復□而檢玉牒璽(缺七字)于鴻明之報白雲起封始氛氳於膚寸神光□藏寶炳蔚而五色翌日迴鳴鑾禪社首禮遂畢於登降誠乃格于上下復本反始二儀之氣斯和執圭奉璋肆覲之禮攸舉且夫壇壝三成蓋大□小之制侯氏□□君勞臣□□繇是□□□次掌舍設梐司儀辯等車馬具禮始眡館而穆穆俄觀旂而濟濟皇帝乃登淸壇翳雲芝負斧扆明章施臚句□□而交達琛賮逓職而□乎九儀櫛比萬□嚮至航海告傳圭之符毛□慶于呂之瑞巍(缺五字)穹

壁□□□虎之（缺五字）業雜竿竽施籥歌以詠德佾舞而象
事禮憲備成訖無遺者旣而王公庶尹岳牧羣長胥進而
言曰夫祚德者天合符者聖陛下以大業鉅封對越景命
區域陝化人祇協慶禮物具八方之產祀□□千□□盛
□何山郭□□□□獻海錯之充貢哉父天母地之孝于
以之備君臨子事之義於是乎盡洋洋乎蕩蕩乎民無得
而稱焉謹伏壇□上千萬壽帝曰吾□豆籩靜嘉器之文
也牲牷肥腯祭之飭也非朕所以請上上帝臨下民之意
也惟朕□薦于□□□神之□享于惟馨庶乎盡物首
義用缶納□□旨無以异矣又曰咨爾有方之衆明聽予
誥先王克謹天戒臣人克有常憲肆朕祇畏荷□覲施爾

其愼厥終一乃心弼予夙夜之治□□元元之命罔忽厥
□□速于戾□□□□□九垓□潤旣禮止而樂闋遽霄作
而雨解渙汗兮大號丕休兮茂典置□孚聿空圄犴斯弛執
熱者濯居窮者遂在逸者復處幽者貞員首方足悉已□
□蠕動翾飛罔不□跂逸祥禽於空谿遂珍獸於遐□集
百靈而受職與□□而更始所謂□□□□景福雲行雨
施不崇朝而徧天下者也觀之明日撫彝章□先古太常
陳詩而觀俗典禮同律而考度正班爵之上下閱市器之
良窳勵守屏以□□章教條而咸舉廢而振皇儀而旋軫
訪儒宫而□□浸仁澤於遺□合凱□於下國歡聲□□
溢山□□□□載揚嘉氣鬱葱擁宸輿兮歸格策勳飲至需

□樂胥昭德垂休邈乎無極皇帝於是敷睿藻紀雲闕始
則推□□□純錫終則讓祖宗之顯烈義畫增麗堯文濬
發□□天經而昭布表日□而高揚丕丰□□□之□□
□□祀典之清芬上則教尊於世次而功施於民形褒議
而流永增徽稱而益振煥乎宸製鏤之貞珉信闕典而咸
秩垂聖範而□□□□哉懷庭之道曠而復屬盤維之基
亘而彌遠□乎人和年登而神降□吉倪寬所謂帝王之
盛節抑亦天下之壯觀聖作物覩不其偉乎太史臣曰主
□有聖明而不宣布有司之過也臣虔奉咫尺參侍□□
□□揭厲竊謂萬一雖不足究宣駿德光大隆業蓋□尊
□辭炳灼於無窮（缺五字）敢謹爲頌曰於穆我宋　天明

命烈祖造邦神宗繼聖靈旗指麾洪基保定神教誕敷民
德丕正明明我后集慶□□稽古立訓惟儉是宜羣方允
迪庶彙緝熙天縱至聖日用焉知上天降鑒□□□□雙
觡恭（缺五字）周伯□□老人効靈乾符坤珍溢於祥經上德
不德謙而益光寅奉祖考肅祇元黃天迪其德盛歷洪長
眞介薦至元符屢彰濟濟多士嵩嵩燕民塡衢溢郛集于
紫宸□啟伊□武功至仁□□伊（缺五字）讓不獲元章□
□□命有位蒇事岱宗虔巡効駕□□邁宣風八極四海雲
蒸霞從巖巖魯詹高軼乾宇旣祓旣登以禋以旅二聖克
配三辰攸處六變成文□靈□□蒼璧元酒□□齋粟肸
蠁禋燎飄颻鐘律翌日降□皇祇是出允猶翕河百神咸

秩禪之明日乃嚴壇壝於是肆覲岱以陳儀樘楯載列簴
簴攸施儼爾珪組翼乎熊羆王公庶尹再拜稽首磬口口
口上千萬壽口口欽哉一德斯懋元首股肱惟爾佐佑慶
澤遂敷宥民赦獄濱汗涵濡滋液滲漉洗滌頗纇　揮
亭毒施及夭胎罔不生育乃程律度乃齊日時升擢方穀
懲艾不祇凡百有位以悅以隨大禮克舉缺五字乎哉登靈
封兮報元功禪厚地兮薦清衷揭方明兮車服以庸單慶
澤兮罘網遂空惟聖宋之光宅兮與黃比崇宜乎金聲之
玉振之萬斯年兮無窮

大中祥符二年七月十五日立　翰林待詔朝散大夫國
子博士同正騎都尉臣尹熙古奉勅書并篆額

【石碑連額高一丈一尺廣四尺四寸篆額題曰大宋封禪朝覲壇頌八字大四寸作二行碑文行書共三十八行行五十四字大一寸在府城南里許案此碑撰文者陳堯叟結銜有穎川郡開國公稽之宋史傳所不載書碑者尹熙古歷官與封祀壇頌書碑之裴瑀皆同行書筆法亦相類疑出一人手兩碑月日亦同】

社首壇頌　正書額　正書　在高里山相公廟

大中祥符二年

禪社首壇頌　天書儀衛副使封禪禮儀經度制置等使
推忠協謀佐理功臣金紫光祿大夫禮部尚書知樞密院
事修國史上柱國太原郡開國公食邑三千五百戶食實
封一千四百戶臣王欽若奉勅撰

涒灘御歲應鍾旅月國家建號之四十九禩皇帝紹統之
十有二載燔柴喬嶽成禮於勤封迴蹕方丘薦誠於厚載
人神交感祿祉來宜爰命下臣式揚嘉頌粵自聖明御極
寰宇大和民知教而措刑俗致理而偃武熙熙庶彙如陟
於春臺惕惕宸心若臨於秋駕元德上達乾文下垂方純
嘏以誕膺故至神而合贊見於乙夜同日星之揚輝告以
先期若寒暑之不忒履端之月成魄之辰晝漏初傳朝暾
未耀仰蒼龍之內闕覩黃素之奇文豈必元龜負圖而出
洛何須赤雀銜書以及豐上沖厲內增寅恭外積克勤精
意仰答靈心感應宜符禎祥不絕雲成五色表嘉瑞于太平
星見離方薦殊徵於萬壽由是索前王之令躅秩祀典之
無文思大饗於季秋用昭告於上帝荅爾之詔將戒於有
司徯予之謡爰與於東土鄒魯之士海岱之民竭乃一心

若律呂之相召來於千里如符契之不愆進盛禮於元封
獻露章於魏闕以為有唐之季天步艱難朱梁已還寓縣
離析蒸黎塗炭兵甲日尋薦紳無仁義之談鈇鉞肆虔劉
之患上天悔禍肇啟於昌期百姓與能勃興於明主太祖啟
運立極英武聖文神德元功大孝皇帝炎靈應統綠錯膺
圖奉唐侯之固辭避陽城而罔獲克安九服成不戰之功
祇事百靈受無疆之福太宗至仁應道神功聖德文武
大明廣孝皇帝大明繼世至德在人文告以懷柔武威而
震讋憲章號令俯洽於殊方文物聲明仰踰於往古崇文
廣武儀天尊道寶應章感聖明仁孝皇帝稟粹二儀[illegible]
五運紹成基於累盛荷景貺於重熙通於神明錫類孝[illegible]

格於上下廣覆之仁若乃弋綈爲裘書囊爲帳恭儉之至也泣辠於市扇暍於塗慈惠之隆也仄席掄才反支受訟聽政之勤也齋居議刑弛懸決獄慎罰之深也至若恭默思道勵翼求賢振恤惸嫠諮詢讜直脊徵五典昭明百官禮無大而不揚情無小而不達道彌高而思彌下業愈盛而志愈微故得鳥獸可窺水火不奪萬民以治五教在寬天降之祥物安其所所謂集元黃之景祜攬步驟之上儀者也夫登嵩宗禪梁甫對越天地嚴配祖宗揆玉以禮神刻石而紀號千八百后其道皆同七十六君其蹟可視刻夫盛德大業巍乎若斯天瑞人謀昭然如彼誠宜答三靈之祐順九域之心考時日於歷官詢制度於宗伯肆覲羣

后懷柔百神蒼璧以祀天黝犢以祭地發維新之大號受不已之厖禠豈獨一方區區之誠實亦六合□□之望上於是臨法座而延見命謁者而諭旨嘉其將順之心示以惕厲之意以爲禎祥申錫但荷於洪庥封禪告成難居於盛美故當徐議無復過談莫不贍珠旒伏文石期於得請然後□從克讓之詔雖行敦執之言益固於是鈞衡之元輔帷幄之碩儒三臺之具臣五營之列校郡國之上計庠序之橫經班白緇黃之儔椎髻文身之衆相與集闕闔趨鈎陳述庶民徯后之談敘歷代不刊之訓且曰天高地下大禮生其中君令臣行百度遵其治罔蹈道而無福罔失政而無禍道莫大於奉 明神政 莫隆於典茂典故遂古而

下方冊所標未有長發眞源永孚休命歷數在已美利及人而不宗祀昊穹昭配祖禰奉符東岱展采仙閭者也而況巡狩之文毛舉於虞典登封之義囊括於周詩六經著其讜言百王以爲盛則衰世思之而罔克治世遊之而不能□□武隋文其讓也正世祖元宗其修也宜陛下高邁羲農俯覩舜禹天鑒厥德赤伏之符旣膺后來其蘇東人之念方積觀民展義今也其時錯事增高辭之豈獲雖復輿情可却宸慮難迴其如三神之景命何二聖之盛烈何優詔不許者四封章固請者五於是答元穹之顧諟狥黔首之勤求俯而從之蓋不獲已乃頒明命戒有司曰自天之休旣鍾於列聖累洽之慶復屬於冲人若乃登名山朝

萬國雖盛德之事其何以當而率土之情復無以拒蓋將申於大報敢云告厥成功咨爾有位之臣暨于蒇役之者犧牲玉帛禮於神則極其□□輅旂常奉於吾則從其儉委樞近之佐以先置畧授其成謀聚文儒之士以撰儀洞稽乎舊制其命也至當故下無以干其工也不繁故衆思自勵德音一發民望如春誠感上通神心若契至乎聖賢之祖述禮樂之沿襲或有舊史失傳精義莫續羣臣極慮靡究其端睿旨發□盡其理凡所刊正二十餘條於是奉常遵爲彝訓又若秘牒有一信冊有六燔瘞俯□追琢難成將以貞珉代乎溫玉雖復有司固請俞詔勉從在乎宸心惕然罔措果於內府訪得其眞蓋往日之所營僅朞月

而乃就取之琢刻用於神祇克集厥功彝懲于素足以見先聖有開口口吾君善繼之孝者也且夫天之臨也不貳天之鑒也至明聽之口聲吉凶見乎象數而降命善惡基乎人盛德之興巍巍乎其莫逃鴻休之至紛紛乎其無窮當夫揆日有期鳩工在始地不愛寶吐素液以流甘龍飛在天騰卿雲而絢彩神葩煜爚挺秀而朝敷瑞氣口口揚輝而晨映耽目鷙獸匿蹟空山盤手毒蟲潛形蟄戶在井之鮒祭百鍊以成鱗繞樹之禽凝六出而變質沃日漲海既過其驚波航葦巨河復遵其故道九穗兩岐之秀四犢一角之奇或駢實而共枝或先秋而告稔斑虎衮丈之繭靈雲共帶之瓜元鶴聲臻聽笙鏞而自若慈烏獨口口春鈾而有常瀼瀼沆瀣以如飴趯趯明禋而呈素中天之月露煥發之重輪曲沼之泉灌相鮮之麗色一封使者告慶交馳六藝書生頌美載路盈已無德而踰也矧又甚於斯焉昔者五老告期但聞一至兩龍變職豈復重來未有岱佑彌昭殊休再降巍然岱嶽窅靄藍泉循緣宇之中逃蒼元之意於是備時乘之駕迎寶命之符是月大雨霧霈容雲葱鬱潤甫田而雖洽治馳道以方勤及乎瑞牒爰來乘輿將出則煩陰並散杲曜徐昇紫氣覆於離宮白雲映乎廣殿時億之福豈易測乎於萬斯年必可保也瞻言南域舊產靈茅方志雖存郡人罕識及夫詔書採擷耆老營求稀世之珍故蕃殖而久廢不貢之責方藉茅以爲藝遂生

三脊之奇用資五天之藉或吾曩記斯實同符開元舊文諒多愧色既而協良日薦虔誠寅奉靈文祇見祖廟謝會昌之純錫告配侑之崇名于時入集八方塵飛九陌齋明之夕澍雨以清皇衢祼鬯之辰霽雲以覆世室非烟燭野瑞日流空肅肅金飈襲星罕而徐轉翩翩玉羽扈河圖而肇禧二后在天降鑒於至治百世觀德協慶於無垠猶謂斯禮不行其來已久雖感冤於闕典慮未盡於至誠乃復屬黃屋之崇高習泰壇之薦享恭畏之色罔異於奉祠闕疑之文並從於折衷官師聳勵神鑒益歆既而今且戒辰鳴鑾遵路百工承式七萃啟行八校止齊闐蕭蕭之鳴馬九斿時動見習習之祥風鼓吹不喧率由舊則金石咸寢肇自聖謀至若念封禮之方陳矜嚴是務慮有司之弗給簡易爲先乃損屬車別鳴鑾　虛大輅以安秘籙見奉天之誠御步輦以出國都形愛民之志連甍感抃接壤歡謠四望則衣袂成帷中塗口壺漿若市豈資諫諍已罷乎從畋何待討論動歸乎至蹟葦茆咸却誠玉食以齋心草木不傷法蒲車而育物若乃次舍所設菲薄攸安棟宇之基未嘗改作閈閎之勢罔或增新唯元幕以環周或下口而躬處頌祇之庭在邇接神之冊儲靈屬夜漏之未央視祡光之欻見瑞踰沉璧祥協超口至乃命庶官走羣望專叩后土別祀九宮禮瀕海之諸神饗射牛之列帝所謂闡皇猷於簪宇昭上德於億年者也暨夫屆廣魯臨岱宗庶臣

奉迎罔不率舞東后來覲靡有後期八表之民駿奔競至未名之寶櫛比咸臻壇壝以陳簠簋以具申誠于百執必信而必誠昭感乎萬靈有嚴而有翼越以孟冬之月庚戌之朝望泰之高峯昧爽而陟比黃之大典次日而修其或俯層崖履危磴慮人之勞也乃降輦焉及乎欵雲封望齋室想神之在也亦躧步焉徒御繼登罔逢乎驟雨羽衞成列俄息乎終風平視太虛下觀旭景靜將地接動與天偕澄宸慮以杳冥望法象而髣髴於是被元衮搢大圭神六變而來思色三獻而彌厲侑以宗祖煥乎天經丹書載陳表儲休於上帝玉牒不祕示無私於下民而又饗彼羣神于茲山下準圜 之式伸徧祀之心謹晷度以合時望煙

燎而交影衣冠在列笙磬同音是夕也天門之巔士庶載渴甘醴忽湧無源自澄侁侁奉宸飲之而不竭日觀之上人莫能升明神斯臨有儀可象濟濟在列覩之而相目此又感召之章灼休嘉之殊尤也翌日禮皇祇禪社首方澤之形泰折廣樂之音八成象其色則黃牲昭乎絜則元酒岳鎮海瀆靡不格思墳衍郵畷罔不咸在眷乃坤元之德配乎柔克之尊生植羣倫包函方夏廣大博厚所以養材流謙居貞於焉載物伸茲大報在乎至虔肅若奠獻之儀祇率穹昊之制勤恭勵翼盛典由是無違雜遝紛綸柔靈以之薦祉清蹕將至倏振驚飈晁服纔升俄爲霽景燿火之影邈在雲霄登歌之聲散於坰野唯誠明而是竭忘陟

降之爲勞於是昭仁心從物性楚夏所貢羽毛之衆莫不出於苑囿放之郊原次復詔秩宗修勤禮三帛二牲執贄以見右賢左戚辨等而居元冠蒼佩者充庭魚甲貝冑者列侍宸顏穆若安可望其淸煇能事巍乎徒得觀於洪烈旣而布大令均渥恩禮高年修墜典幽蟄咸振客網並蠲霈慶賜而春行覃徽鏁而日麗采詩察俗遠協於夏書納貢觀風式遵於王制興廉舉孝崇德報功鰥寡惸獨之流罔不咸恤律度量衡之法由是得中復除之恩浹於四極酺醵之惠際於九圍當其御郡樓宴鄉老有在沼之介族附遊童之衣襦色奪金英狀微榆莢壽蓋踰於千載祥實冠於四靈昔者聞韶而鳳來拊石而獸舞言其善應豈復

殊塗罷萊蕪之鐵官貰龜陰之曠土襁負相屬葘畬盡開至於邈想古賢緬懷神道增文憲昭烈之稱謂伸仁聖炳靈之封崇以爲列上清而監觀者眞仙故加保生廣生之號育良材而利用者疊嶂故修靈巖廣禪之祠惠洽於人雖小不捨新玉女之像是也福流於物雖大必營創會眞之宮是也猶且枉星旄降玉軑幸闕里祀孔堂瑰口之刊載揚芬德璽綬之薦用益徽名祓飾廟庭增修禮器出幣帛以賜宗黨頒經史以聚學徒下自諸生咸膺其進爵上暨先正肇荷其追封好賢之心周於百世尊儒之道形於萬方豈止序門人以陪祠蠲齊甿而給役也昔天寶以洽平在運崇五廟之洪名大中以恢復成功加二宗之尊謚

而皇上孝思不匱至德潛符展禮太宫歸尊偉號始以寶冊親授三公拜手而遣肅祗之至也復以蕭薌躬謝六室涕洟而進追慕之積也足以薦乾坤之祐增宗祏之美慰昊天罔極之感伸明發不寐之懷旣而王公協辭夷夏同志遵順美之前訓增可久之徽稱始固守而不從旋曲成而俯受懿夫法乾剛而覆下是謂儀天用元默以居中故爲尊道叶吉而圖書開奥寶應攸昭上封而河嶽效祥章感斯著典禮備舉簡冊載光軒曰徇齊彼何尚也湯云聖武兹豈遠而猶復紀錫符之辰建覃慶之節郡國清醮以答於明威士庶縱遊用樂乎神運生成則禁乎屠宰隱惻則止乎刑辟古今之盛節殫矣皇王之休聲備矣臣學乎書史偶乎昌辰敢商榷於前修竢揄揚於景鑠竊再拜而言曰在昔帝嬀其臣有五夏典於禹商始於卨宗周建邦本於后稷有唐命氏肇于庭堅而伯益旣典朕虞亦佐禹績秦德不競天祿未窮故我聖朝集兹大統宜乎比隆於三代垂裕於萬齡者焉洪惟陛下纂承寶圖建用皇極含道德之甘實具慈儉之馨香煦然發榮可得而述昔者河流載湛里社方鳴列緯集於降婁三統在乎單閼暨夫再歲果誕真人蓋奎爲魯分之星乃司文物泰實兖州之鎮爰丰發生豈非運屬文明化符生育法從臨於洙泗祀典修於云亭之應乎此益受命之殊貺也御辨之初維藩之域綠龜薦瑞元輔矢謨以爲至柔者毛至剛者介今則以

至柔之物附至剛之姿天何言哉民胥效矣必將武事休偃文德懷柔是時也戈甲方馳封疆尚聳旣而玉帛繼好書軌大同罷尉候之官成建櫜之治此又嗣統之丕祥也夫感人心而致和平莫先於孝與王道而致雅頌無尚於仁昔者主器震方辭宫臣之常禮則成帝之避馳道也宅憂倚廬終三年之通制則高宗之在諒闇也系元辰之歷行哭而朝陵則顯宗之伸永慕也覽後庭之籍動容而出嬪則文皇之召至和也寬一成附重之刑制三流悕輕之典則高帝之約法也升北辰覗寶之座創先蠶壽星之祭則孝文之重祀也修前代之園寢訪功臣之子孫則武王下車之事也絕番禺之藥矢毀尚方之獵具則成湯祝網之心也再駕戎輅則周宣之治兵也三郊吉土則虞舜之肆類也順時令闢車徒因三時之閑習五申之法神武之用也臨便座幸上庠較藝以掄材談經以興學時文之化也蓬閣翬飛牙籤雲矗寶南風之聖作聚東壁之羣書聿修之美也親視簨簴躬聽笙竽新甲令以募工師製升歌以詠詒訓述作之大也絕域之民留滯未返惻然軫慮豐給而遣仁及於懷土也司貨之吏掊克爲能漁乎出令寬政爲先道濟於溥天也紀祥符之寶歷元符之故事也新儀衛之庶僚太微之彝制也明照於前古觀其失而不揚德之盛也辭高於往代有其善而不伐謙之至也孝德著矣仁聲洽矣積是純懿發爲茂功則巨禮之行殊禎之應由

天意也非人力也矧復兩漢而來建都於雍五嶽之地皆在於東居既異於辨方理且殊於師古今國家宅梁宋之域當穹壤之中禮得其宜事歸於正故可以仰遵五典高繼九皇抑又嬴秦上登僅至中路天有所不佑也漢武秘祝不示羣臣道有所未廣也光武欲其速成將竄封於玉檢力有所未豐也高宗黷茲巨典接神以椒房禮有所不肅也元宗建議在初輔臣殊志出爵伊始庶尹興言人有所未允也若乃篤天祐逆神釐遠邇協心上下交泰唯精唯一盡善盡美未若今日之備也又不以功成而自大治定而自矜炳乾文號神嶽仰懷天貺不敢以怠遑俯述世功用歸乎德美此實歷代之所未有上聖之所獨臻也下臣不佞恭獻頌云惟天祐聖惟聖奉天寶命隆兮惟辟治民惟民戴辟萬國同兮祖武宗文重規疊矩建大中兮奉符錯事登封降禪告成功兮報本反始爲民祈福示至公兮洪猷盛德高視古昔垂無窮兮

右碑高五尺九寸廣二尺五寸字五十一行行百十一字額與文並正書額題大宋禪社首壇之頌八字徑四寸碑字徑五分在高里山相公廟大門左案文係王欽若奉敕撰幾五千言爲歷代諸碑所罕覯當時鴻章鉅製如磨崖諸刻已極鋪張之盛乃王欽若等復爲此繁冗之言粉飾一時以取媚悅甚矣宋世君之妄而臣之諛如此尚冀媲美古封禪與案山左金石志云此碑撰文者王欽若結銜有太原郡開國公稽之史傳所無文云涒灘御歲應鍾旅月謂戊申歲十月也此碑别無年月惟此二語是年月但戊申是大中祥符元年乃舉行封禪之歲非立碑之歲碑自當與封祀朝覲二壇述類及之二壇碑皆有書人姓名此碑獨無而書體較精整惟訛字極多不可枚舉亦不足致辨也獨喜其文字完善可讀較勝二碑

天貺殿碑銘篆額 楊億奉敕撰尹熙古行書在岱廟西壖

大中祥符二年十一月

大宋天貺殿碑銘并序　翰林學士中大夫行尚書兵部員外郎知制誥同修國史　史館事柱國南陽郡開國侯食邑一千一百戶賜紫金魚袋臣楊億奉敕撰　翰林待詔朝奉大夫國子博士同正騎都尉臣尹熙古奉敕書并篆額

臣聞元天之覆物也陰隲而無私上帝之臨下也高明而有赫倬昭回而成體其聽孔卑杳寂寞以希聲厥應如響故周書紀其輔德義易載其益謙百祿咸宜於以隆其永命庶徵時若于以降乎嘉生斯皆自我民而聰明表其道之貞觀者也至乃秉陽而健垂象於日星得一以清成章於雲漢東壁列位主圖書之秘文䴅寶淪精握河洛之命紀苞乾之緼至顯矣天之文有爛矣眇覿太古鋪觀往牒三五之世德化醇茂故伏羲受龍圖以作八卦軒轅得龜篆以朝五靈放勳獲玉泥青繩之文帝舜膺赤文綠錯之瑞夏商以降績用昭明故大禹夢蒼水之符帝乙拜元王之字西伯之赤雀止戶武王之白魚入舟皆盛烈通於神祇茂勳格於穹厚繇是奇物譎詭以効質珍圖炳煥以告休宣純禧而奮景炎形實訓而示靈眷斯固殊尤絕迹曠千載而罕逢卓異倜儻爲百祥之稱首不然者又何以運契於中和之極兆發乎至治之期雜霸已還寂寥而無紀

合符之盛啟迪而必先者哉崇文廣武儀天尊道寶應章感聖明仁孝皇帝陛下之御天下十有二載也纂二聖之丕基肇八紘之鴻緒中道底定庶邦協和玉燭陽明珠躔軌道頌聲載路協氣橫流百工維時五兵不試仁風衍於無外洪化馳而若神品物茂遂而由儀羣黎富庶而知教徽纆之刑幾錯弦誦之聲相聞人自謂於羲皇家悉爲於鄒魯行葦勿踐忠厚之性成天網彌疏寬大之德著淳源載復洽具畢張皇上方端居穆清之中獨運陶甄之表執粹精而思道宅清明而在躬極深研幾淵默雷震揚蕤絢景煇光日新固已濬哲之懿升聞懵怛之愛敦洽金玉其度追琢而惟精雲日之表就望而無極當其愛景長至陰

魄下弦斗城靚深虎闈竒徯建章萬戸筦籥之有嚴衛尉千屯誰何而載肅銀漢左界玉繩西傾挈壺之漏屢移滕席之對云罷方將凝神於蘉蒦寧體於清閟靜慮合於希夷嘉應通於肹蠁俯及乙夜闃乎嚴扃煥發靈光皎若白晝乃有眞靈降於霄極臚語示乎休徵將求衣而趨對忽乘飈而滅迹天子於是申以齋戒致其精明爰及獻歲發春之初祇受大中祥符之錫九賓宿設親拜於廣庭八神前驅奉引於黃道寘之恭館藏於東序乃復肆眚於縣寓易號於初元惠賚浹於五管爵秩加乎羣后均合飲之澤以尙齒推給復之典以貴農皇明誕敷純嘏均被繇是徇東人之勤請考乾封之舊章將以陟介丘禪社首奉符而行事刻號以告成揚二聖之休光爲天下之壯觀列城除道有司講儀龜策告猶雲氣呈瑞宜象物之咸若徯我后以來蘇三神眷懷萬邦和會而靈心昭荅元應沓臻以爲庶人靡常猶畢星之好雨羣小多辟或夏蟲之疑冰雖兄施之殊倫興情之成口猶復先甲而申告以儆于清夷方將應期而紹至以彰乎絕瑞惟元年仲夏既望之後夕上復夢神人諭以諄諄之意期以來月錫符於泰山於是濬發德音申儆執事有依類託寓之異當疾置飛馳以聞粤勅鐘鼎銘鑄渾叶度肇自初吉以及生明惟茲巖巖之峯荐發穰穰之瑞祥光夜燭成十煇之姿卿靄朝躋結九葩之狀是月之六日也粤有梓匠晨詣靈液亭給斤斸之役

草露方濕人迹罕至忽得黃素於灌莽之上其文有皇帝崇孝育民壽歷遐歲之言周章震駭魂思飛越亟白引進使曹利用宣政使李神福即共捧持以詣封禪經度制置使臣欽若臣安仁緘縢載嚴騎置來獻皇上周旋欽翼夙夜齋明醇粹內充典章兼舉命廊廟之元宰暨左右之信臣分授使前奉導靈貺驛傳云至詔蹕出迎羽衞星陳官師景從弁冕端委親拜受於苑中元圖秘文復徧示於羣下先是陰雲待族大雨濯枝需泥治道之是艱霑服廢禮之爲懼是日也懸寓澄霽佳氣鬱葱杲杲之馭上躋光華在旦叢叢之姿迭娟紛郁垂文五色之鳳載薰九光之霞成綺神人胥悅戩穀來同矧乃縣蕞之儀素已草具翠祿

之駕乃先啟行既備物以吉蠲俾有司而翊衛載以威輅入于應門星旄先驅金奏並作天子方復弭鸞旗而稅龍馭撫鼉桼而坐帷宮穆穆皇皇以俟夫元符之至也既而步自閶闔率先羣司納之殊庭是爲秘寶且復討論前載追求遺範煇昱下燭泰既作畤珍瑞云獲漢亦起宮其後因軌迹而增崇建名稱而不朽者非可以悉數也乃詔魯郡申飭攸司爰就靈區茂建清宇授規於哲匠董役以廷臣樸斲前施塈塗咸備法大壯而取象曾不日以克成直寒門□□之庭鎮阿閣神房之麓雲封巘起迴對於軒檐泉流冽清載環於階城祗若天貺表以徽名既而愼擇靈辰揭之題榜乃有元鶴集于虡甍清唳引之墜羽而去斯

又九皐之仙質千歲之純精挺貽化之姿告壽昌之兆者也及夫親封泥檢載揚燔燎降自陰道禪于方丘會朝明堂肆覲東后靈澤及于四海神化馳于六幽天子乃撫節盤桓憑軾游豫周爰溥覽以屆于茲瞻堂構以改容臨清流而發歎金爐朱火修潛德以升聞羽葢清塵彰健行之不息旋軫飲至天成地平因時計功金相玉振且以爲古之哲后裦紀瑞命方牘所述蹤武可徵至若甘露黃龍標於年歷芝房朱鴈播於樂章或作繪以彰施或紬經以論著皆所以昭答報降垂示方來爰詔下臣頌茲徽烈恭惟紫書秘牒荐錫于玉晨福應之大者也靈宮眞宇列峙于坰野制作之盛者也非有遷雄之博物通達崔蔡之發篇清麗鄒枚之論辨曹王之氣質又曷能敷陳景鑠述宣鴻明著之金石之刻流乎億萬之祀如臣膚淺豈能演暢拜命之下燥吻惟勤頌歎游揚雖謝於素蘊博約溫潤寧企於前修伏紙怔忡將□□□銘曰太始權輿遂古之初結繩而治斯文闕如三五迭興受命合祛河洛開輿乃出圖書岐周發祥鳳止高岡火流於屋魚躍於航靈眷諄諄赤文煌煌金策之賜翦殷啟疆卯刀□讖□□□□秘圖元契曠絕靡常惟皇建極與天合德有開必先神休叵測清夜戒期聖容斯覿旭日朝躋眞符云獲節彼崇巘天帝之孫刺經定議發祉闓□泉流㳺涌和景晏溫□元申錫明靈有赫雲篆騰晶冰紈襞積殊類響答奇應山沓樵蒸禮

成蓼蕭慶洽遂宇翬飛揭榜雕楣建茲顯號式昭鴻禧□□□□翠旄揚蕤福應之盛煇光在茲魯邦奕奕泰觀巍巍封雲蓊蔚泿井漣漪巋然宏構永鎮方祇

大中祥符二年十一月十七日

右碑連額高一丈廣四尺四寸篆額題大宋天貺殿碑六字徑四寸五分作二行文共三十二行行八十一字行書徑八分碑立於大中祥符二年十一月蓋是封禪禮成天貺殿竣工之後岱廟分上中下此碑在下廟碑既立此則當時天貺殿亦必建於此其遺址不能確指矣書碑者尹熙古大中祥符六年天齊仁聖帝碑亦熙古書彼碑雄健此則行筆流麗惟結銜爲朝奉大夫國子博士騎都尉彼碑則進階朝散大夫守司農少卿上騎都尉矣

封東嶽天齊仁聖帝碑　篆額　行書　在岱廟

大中祥符六年六月

大宋東岳天齊仁聖帝碑銘并序　翰林學士中散大夫守尚書工部侍郎知制誥同修國史判昭文館事護軍南安郡開國侯食邑一千五百戶食實封貳伯戶賜紫金魚袋臣晁迥奉敕撰　翰林待詔朝散大夫守司農少卿同正上騎都尉賜紫金魚袋臣尹熙古奉敕書并篆額

臣聞結粹爲山麗無疆之厚載升名曰嶽表莫服之崇邱至若根一氣以混成娩四時而首出作鎮東夏實惟岱宗辨乎五方設位冠配天之大畫爲八卦建標當出震之區邃深連空洞之宮翕習號神霄之府夫其魁甲艮象柢制坤軸巉嶙碕礒穹崇呇冥天門路界於鬱蒼日觀勢臨於杲曜列仙遯迹存棲眞之石閭永命儲休閟與齡之金篋

滋殖百卉函育庶類畜泄雷雨吐納風雲封之所以合元符登之所以小天下近綴梁社遠矚秦吳控壓海沂襟帶洙泗鄒人所仰魯邦是詹肇生物之化權蓋頤貞之壽域也古先哲后誕膺駿命披皇圖稽帝文告成功申大報昭姓考瑞刻石紀號自無懷氏迄唐明皇登封展采布在方策者罔不于兹矣開元十三年始封神曰天齊王禮秩加三公一等縣歷五代寂寥無聞爰暨皇朝勃興嘉運叶百姓與能之望應眞人革命之秋太祖皇帝總擥英雄鞭撻宇宙勤勞四征削平多壘方混一於寰中太宗皇帝纂隆洪緒懋建皇極斟酌道德統和天人乃綏懷於海外然而艱難創業蘊蓄詒謀勒崇奮炎將底績而未暇開先遺大知奕世而有歸粤惟崇文廣武感天尊道應眞佑德欽明上聖仁孝皇帝陛下承鼎定之基格孟安之世顯仁以育物廣孝以奉先宣洽重熙財成庶政弭息戎旅撫柔要荒乘國步之密清宅天衷於醇粹因之以豐祿加之以阜康席慶宗廟之重游心帝王之術長轡遠御大道坦夷天衢於是乎嘉亨德教於是乎漸被戴日戴斗聿遵朝聘之期太平太蒙盡入車書之域垂衣在上擊壤在下得以疇咨俊茂博訪幽隱講求典禮包舉藝文接千歲之統可炳儀於封祀當萬物之盛宜昭告於神明然猶務謙尊而益光體健行而不息沖晦藏用淵默思道俄而天休震動上帝顧懷眞籙洊臻靈心有繹總集峻命覺悟烝黎踰金簡玉字

之文等河圖洛書之寶承是秘檢發爲蕃釐霈澤開榮普天受賜新建元之號易通邑之名茂昭降祥聳動群聽是時東土耆老奏闕廷以上書南司宰輔率官師以抗表願循考古之道煥發升中之儀兼獲固辭乃徇勤請且以增覆載之高厚揚祖宗之純懿也儲峙供億悉出於縣官經啟營繕不煩於民力大中祥符元年冬十月具儀制嚴仗衛陳屬御躋介丘齋心服形奉符行事群司奔走百禮修明集巉巖之巔湊顥英之氣壇壝清肅牲器純備玉幣式叙樽彝在列奠獻克謹燔繹用張晏娭交三神之歡涉配祟二聖之位舉爟火升高煙示瑞牘以環觀建雲臺而特起社首之禮抑又文焉咸秩無文奉行故事朝會赦宥涵

濡盪滌采輿誦求民瘼旌前烈衍徽章參用王制著明皇績大猷克集神貴幽贊故自始及末見象日昭史氏之筆殆不停輟則有非煙紛郁太陽晏温仙芝無根菌蠢以含秀醴泉無源浩涌而普利靈潤休氣嘉穀奇木鱗介之宗長翔游之品類表異駢出曠代絶倫豈非受職修貢發祥介福之徵乎八謂是山也崇冠華嶽功侔造化斯不誣矣國家稽虞書四巡之首原漢氏五祠之重述宣邦典申嚴祭法奉正直聰明之德罄精虔嘉粟之誠爲民祈福與國均慶封巒之後復增懿號曰仁聖天齊王蓋以形容靈造舉褒崇之禮也名稱之義大矣哉化功生物之謂仁至神妙用之謂聖登隆顯赫亦云至矣復思嚴飾廟貌彰灼威

靈責大匠之職議惟新之制於是命使屬役協辰僝功庀卒徒給材用輿雲錨運風斤程土物以致期分國工而騁藝規畫盡妙樂勸忘勞踰年而成不愆于素棟宇加宏麗之狀像設貴端莊之容凡所對越肅恭逾至四年春舉汾陰后土之祀成天地合答之禮憲章明備上下交感純嘏旣錫大賚施及圓首方足式歌且舞猗歟開歲順動煌煌景鑠而皆擬聖明之述作從英茂以飛騰灼叙慶靈奉揚殊貺紀諸盛節悉以命篇布日星之華配雲雨之潤並刊鳳藻散爵龜趺播洋溢之頌聲垂極蟠之能事而志求象罔順拜崆峒闞衆妙之門贊列眞之宇非止卜永年于郟鄏是將納雅俗于華胥者也又以大一五佐本乎天太寧

五鎭本乎地其位參兩鴻名可齊特尊列嶽咸加帝號由是奉升泰山之神曰天齊仁聖帝乃命棊馳道之東偏直宸居之巽位闢地經始别建五嶽帝宮以申崇尙之禮焉御製奉神述詔中書召侍從之臣諭以制作之本意觀夫聖文之梗槩以爲岱鎭之大輔于柔祇動植之所蕃息泉源之所滋液至靈允宅陰騭攸司鍾戩穀而有徵繄黎元之是賴舊史具載前王式瞻著册府之典嚴祠祀之禮增奉邑之數申樵蘇之禁皆以仰不測之明威顯無方之妙迹也方今兵革偃戢華夷會同歲獲順成物無疵癘率由丕應寔助永圖固當稽彼前聞進其尊稱謂乎唐虞曰帝商周曰王夫商周之王爵人臣而有素唐虞之帝奉神道

而何疑兌其容衞等威冠裳制度極徽數以宿備宜名體以相符因而成之禮無違者願延景祐普及含生至乎哉鼓動睿辭無私廣大坦然明白之理沛然利澤之德曲成司牧俾臻富壽有以見聖人之情矣遂志勒石徧立于五嶽廟庭從近臣之議也是歲冬並命使介分詣諸嶽定吉日飭有司皇帝被法服御朝元殿禮行樂作而臨遣之持節受册袞冕相繼次叙而出觀者如堵且歎文物聲明之盛未嘗有也使者奉詔訖事率叶素期於穆宏觀夐超千古矣越明年詔五臣撰辭各建碑于嶽廟而臣浸漬皇澤涵泳淸徽偶集鳧雁之行遂塵龍鳳之署預承綸旨彊叩蕪音曷勝眷獎上以慶幸宣明盛禮叨奉册於秦城潤色

貞珉玷彌文於魯嶽荷輝榮之稠疊愧才學之空虛爍吻濡毫謹爲銘曰節彼泰山蟠亘大東一氣凝神五嶽推雄勢并𡵨繹秀出龜蒙崛起海表目爲天中高摩霄極俯瞰暘谷神策斯秘昌圖可卜物性鍾仁民居獲福魯邦是常盛德在木百靈淵府三宮洞天稷丘真隱芝童列仙白鹿方駕飛龍命篇宅其勝境幾乎大年嶽長曰宗歲交曰岱仰止巉巖奠茲持載壽域旣優神聰有賚禱祀誕隆寅畏如在千載興運八紘開基武功盪定文教緝熙封禪縟典祖宗制宜逮夫聖嗣方畢宏規惟帝奉符惟神佑德茂績其凝皇猷允塞嘉應沓臻鴻禎靡測芃芃豐衍元元滋息於赫靈廟控帶名區有詔改作俾受金模協心董役豐資庀徒技殫功倍雷動星敷大廈咸新羣黎改觀碎䆗靚深崢嶸輪奐肅穆威容潔清几案欽修允宜肸蠁攸贊功懋天作澤從雲游式諧民望詔報神休殊號斯薦前古匪儔庶安億兆豈止懷柔天帝之孫復升以帝出乎震宮臨乎日際事固莫京理亦潛契樹此翠碑騰芳百世　大中祥符六年歲次癸丑六月辛酉朔十四日甲戌建　中書省玉冊官御書院祗候潘進并謝望之刻

右碑連額高二丈一尺廣六尺二寸篆額題曰大宋東岳天齊仁聖帝碑十字二行徑五寸碑文行書三十四行行八十字徑寸二分在岱廟大門內西塀案山左金石志云此碑撰文者晁迥宋史傳於大中祥符六年以前但叙其由右諫議大夫進翰林學士知審官院同修國史封泰山祀汾陰司太常詳定儀注累遷尚書工部侍郎而未及其判昭文館事又奉敕撰文及碑所云宜明盛禮奉冊泰城傳亦失載皆可補史闕也

功德頌　忠範等題名 正書　在靈巖功德頌石龕佛座上

天禧五年

尊勝經幢 正書　在靈巖北塔院

天聖三年

靈巖寺杜堯臣詩刻 正書　在御書閣

天聖□年

神明遊會真宮詩 在岱廟　久佚

神明遊會真宮詩題跋二石 各體書　在岱廟環詠亭東西壁間

寶元等年

胡宗回觀子義修 正書 翰林學士李宗諤曾看 行書 余向游西洛訪號崇真張大師白於嵩陽山齋愛其幽寂欵留數日因語及余有泰山之遊遂出神明遊題會真詩筆一軸授予曰隱君昔書此詩留吾山齋子其因往可爲模石于泰山乎嘗然其請後到辭數載備於登涉未能副深託之意且會真在皇上未封祀前有太平之號至回蹕始賜今額而隱君之詩周旋氣槩分明物象藹嘗陪祀于此得其詳矣觀其筆勢壯重辭意脫灑實一代無擬倫耳紙尾復數君題名又可尚也它日模刻翠珉留藏真館爲天下之觀耶稷山逸民韓退題後 行書 李孝昌伯衍觀 正書 集賢校理宋綬覽 行書 山人林通題 正書 曼卿秘演觀寶元二年正月廿五日 正書 邵餗屢觀 分書 唐異 行書 慶歷二年正月四日武功蘇子美觀 行書 兩江方元煥觀 行書 海岳黄有觀 行書 嘉靖丙午謫岱

廟得觀先文正題墨有感濟大夫惟一識正書錢唐詹山覽
行書玉峯王珍觀正書古杭李奎觀正書權監東嶽廟濟人程正
觀行書嘉靖十九年四月陳仲錄觀正書魏閣覽大諫詩筆因
題絕句文如吐鳳筆如龍珍重華箋墨尚濃清氣已銷名
迹在世間誰復繼仙翁草堂東牖題草書古吳周同觀正書姑
蘇端口觀楷書嘉靖丁酉春膠東李學博觀行書高平范仲淹
題正書闕詠清風樓覽行書嘉靖元年三月七日衢方豪獲觀
正書
斯書冠世入妙千古亡對所謂盡美耶慶歷六年四月廿
七日越題草書杭詹山閣行書筆勢精麗眞墨寶也殊可愛可
愛才翁書草書皇祐元年夏王洙觀飛白筆力勁健欺愛無已

皇祐甲午年季口識草書古杭李奎閱行書平湖百歲翁陸卿
印同濤渭兩孫閣正書永豐歐陽修正書嘉祐五年三月四日
莆陽蔡襄閱正書襄復觀飛白戊戌孟秋琴川蘇祖蔭觀正書程
勘識正書兩泉劉一桂分書口人江口口同觀行書蘇臺周同閱
行書平度李學詩觀正書宛陵梅堯臣覽分書韓琦觀正書沈遵文
通觀正書萊人藍田玉爻分書越人陳仲錄覽分書姑蘇口口覽
行書宣城施閏章觀正書吳郡張伯玉恭覽行書戊戌孟夏蘇祖
蔭觀楷書廣淵嘗看正書不疑觀篆書莆王正之行書無爲楊傑觀
分書明逸先生詩筆因進士譚逑家藏出示予作詩題于後
大梁皇甫遵先生清氣已朝元流落精英萬古尊習習仙
風人不覺瑶華瓊草本無根行書徐端朝孫簡王仲康伏覽

元符庚辰重陽日行書熙寧辛亥春牒游長安謁李先生丕
祐因與牒論書遂出大諫种先生紀泰山會眞詩墨蹟一
軸俾掌閱之卷後有鉅卿顯人親題之蹟復爲留詩甚衆
愛其筆勢眞工遒麗懇借臨模藏諸口口屢欲鑿石流置
四方忽忽莫能如吾意丙辰年侍家君官邑之権首訪是
官窮覽粱壁間獨無此詩因語主宮王君希顯且先生盛
德與大名猶口口之煥太清而爛然國史暴聞於天下者
久矣固不復言也其詞翰雄逸世未多有人或罕見慮其
擬本歲久湮滅茲可惜哉曰願刻石以信永永口傳於不
磨也予其爲摸勒毋辭固可其請未涉月而工告畢郎龜
於齋廳之西壁益見先生樂推君美而難乎主宮之勤顯

其賢也如是讀其詩則其人之所存可知耳十年歲丁巳
月丙午日王戌稾延譚述敘龐綏之刊正書東海朱孝純觀
篆書

右刻各體書咸備錯綜大小不一自胡宗回起至方豪獲觀爲一石自斯書冠世起至孝純觀止爲一石分嵌岱廟環咏亭東西二壁間高一尺八寸廣三尺五寸案會眞宮舊名奉高宮大中祥符間駐蹕處也帝享昊天上帝于山上圜臺慶雲繞壇月有黄輝禪祭皇地祇於社首天宇澄霽紫氣蒙壇法駕還奉高宮日重輪五色雲見瑞祥畢集大禮慶成詔以太山奉高宮日會眞种放會眞宮詩刻卽其事也詩石其亡已久宮後改太山書院塑天地諸神象萬歷甲子八月柱內火作殿宇畢燼种之原石詩刻大約燬于是時焉

泰山書院記 正書 石介撰 在三賢祠今佚

一　康定元年七月

自周以上觀之賢人之達者皋陶傅說伊尹呂望召公畢

公是也自周以下觀之賢人之窮者孟子揚子文中子吏部是也然較其功業德行窮不必易達吏部後三百年賢人之窮者又有泰山先生孟子揚子文中子吏部皆以其道授弟子既授弟子復傳之於書其書大行其道大耀先生亦以其道授弟子既授之弟子亦將傳之於書將使其書大行其道大耀乃於泰山之陽起學舍構堂聚先聖之書滿屋與羣弟子而居之當時從遊之貴者孟子則有梁惠王齊宣王滕文公之屬揚則有劉歆桓譚之屬文中子則有越公之屬吏部則有裴晉公鄭相國張僕射之屬門人之高弟者孟則有萬章公孫丑樂克之徒揚則有侯芭劉棻之徒文中子則有董常程元薛收李靖杜如晦房魏

之徒吏部則有李觀李翺李漢張籍皇甫湜之徒今先生遊從之貴者故王沂公蔡貳卿李泰州孔中丞今李丞相范經略明子京張安道士熙道士擇之門人之高弟者石介劉牧姜潛張洞李蘊足以相望於千百年之間矣孰謂先生窮乎大哉聖賢之道無屯泰孟子揚子文中子吏部皆屯於無位與小官而孟子泰於七篇揚子泰於法言太元文中子泰於續經中說吏部泰於原道論佛骨表十餘萬言先生嘗以謂盡孔子之心者大易盡孔子之用者春秋是二大經聖人之極筆也治世之大法也故作易說六十四篇春秋尊王發微十七卷疑四凶之不去十六相之不舉故作堯權防後世之纂奪諸侯之僭逼故作舜制辨注家之誤正世子之名故作正名解美出處之得明傳嗣之嫡故作四皓論先生述作上宗周孔下擬韓孟是亦為泰先生孰少之哉介樂先生之道大先生之為請以此誌刊之石陷於講堂之西壁康定元年七月十八日記

右碑在嶽西南麓今名三賢祠內正書其佚已久

石氏先塋紀　篆額　石介自撰　士建中正書　在徂來之陰汶河東岸

康定二年八月

慶歷殘刻　正書　在山南麓東岳廟故址牆竿石側

慶歷六年

巡歷屬部青帝觀留題詩　正書　在青帝觀大寶造象之陰

皇祐四年三月

巡歷屬部遊青帝觀留題

轉運使尚書工部郎中宋禧

按部到天孫因過清靜軒山光覆雲蓋石罅迸松根危磴斸河路遠林桑柘村閑邀羽人話洞究五千言皇祐四年三月二十二日題

青帝觀主賜紫道士郭永昌

朝奉郎守殿中丞知縣兼兵馬都監及管勾宮廟公事賜緋魚袋張周同至立石　朱演刊

宋禧題名　正書　在岱岳觀造象碑石蓋上

皇祐四年三月

李昉題名　正書　在岱岳觀造象碑石蓋上

皇祐四年五月

李若清等題名正書左讀在王母池二門內牆根

皇祐五年四月

山左金石志云案泰安縣志載麗歸蒙題名從右讀今驗碑首行是年月記以下由掌文籍至道正皆道職之由小及大者以是知當從左讀則道職由大及小次叙爲順而末記年月於題名之格亦合也既定爲左讀則標題當以首一人道正賜紫李若清爲倡右麗龜蒙列名在末不宜居首矣

郭聖澤題名正書左讀在靈巖寺後后土殿東嵌牆內

嘉祐元年十月

郭聖澤因設水陸到此丙申孟冬十七日題男口侍行

右題名三行從左讀正書兼行體大者徑寸筆法清勁案山左金石志云題名但有丙申而無年號不能定爲何代以臆度之靈巖寺剏建於後魏正光至宋景祐中重修自是鼎盛每歲千里居民老幼匍匐而來散財施

寶惟恐不及歲入數千緡齋粥之餘羨盈積多道場之盛如此郭聖澤父子雖未有攷而水陸齋會宋時盛行玩其筆蹤上不類隋唐下亦不類金元以之入宋較爲近之仁宗嘉祐元年爲丙申歲此石既在靈巖則設水陸即在寺中郭氏父子攬勝題名事所應有此附錄存列于嘉祐元年

靈巖建辟支塔題名十石正書在塔上牆間

嘉祐二年三月

右辟支塔題名十石各高一尺八寸五分廣二尺二寸正書徑五分塔在靈巖寺西北磚砌九級高約數丈有級可登

朱文藻曰辟支者釋氏要覽云梵云辟勒支底迦唐言獨行也翻譯名義集作畢勒支底迦辟與畢聲近而異也其以辟支名佛者見水經注云于闐國剎利寺有石鞾石上有辟支佛足跡又酉陽雜俎亦云于闐國贊摩寺有辟支佛鞾此以辟支名塔者殆塔上供辟支佛也靈巖寺辟支塔稽之長清縣志不詳其興建之由即宋張亮重修寺記亦祇云辟支塔從古制而不言建自何年以臆度之蓋亦魏正光中法定禪師所建也宋景祐中主僧瓊環修寺而不修塔至嘉祐二年乃合衆力爲修塔之舉而因有此題名也題名十石所載男婦子女約三千人其州縣鄉村寨社之名可備志乘攷證所載各社有社頭社官社長社政社司社錄社副錄社舉副社舉點檢勾當知客都排副都排諸名目而散者爲社人不知此等是在官者抑是私舉者因憶昔讀三朝北盟會編於靖康年間頻有山東寨主結連鄉兵各保本社抵禦金兵者要皆社官等之後效也當時行疏勸緣遠連郡縣有所謂十人頭百人頭千人頭者碑載三千人皆是助錢修塔姓名不詳所助若干獨夏津縣李若沖夫婦各施石二尺大書特書碑爲修塔而刻而亦兼及鑄鐵人鐵鉒之事玉篇鉒送死人之具也此鐵鉒不知是何器而與鐵人同鑄又值修塔之時或即塔前供用之器然不詳其重若干計碑中載施鐵之數則遺金拾鐵五五斤趙政施鐵三十斤陳元拾鐵五斤凡鐵四十五斤不知八事之重祇此抑或尚有施鐵人而不備書耶又不可解者修塔助緣皆屬河北山東而捨鐵鑄器獨遠及於淮南楚州寶應人何也助緣之人市戶最多想是市易之行戶居官者惟靖順之一人登仕郎官封州司理參軍也又有鄉貢進士一人鄉貢學究一人處士一人其稱謂之別者有男弟子女弟子有名其子爲菩薩留將軍留者名其女爲哥爲兒者書其父名爲十

郎者稱其母爲大娘又有稱三母者又今俗稱祖母爲婆外祖母爲外婆妻母爲丈母師之妻爲師母並見此碑其姓之少見者則有司遂咸皇扈似封商桑劇苑曲間夾鳳葺刑蹇栗竹俗榮東靖其稱謂之異文則女婿爲女妹外甥爲甥甥孫女爲大娜子三娜子而以竫字命名者二人一是傅竫一是張純竫據字彙補云音靖人名宋有劉竫而不著出於何書今又見泰山岱廟有鐵桶建中靖國元年所鑄題名有樊竫與此皆北宋人則劉竫要亦與此同時不遠也

靈巖千佛殿碑并陰正書在大殿東

嘉祐六年六月

齊州靈巖寺千佛殿記　朝散大夫尚書工部郎中提舉管勾兗州仙源縣景靈宮太極觀公事護軍賜紫金魚袋王逵撰　京兆府普淨禪院賜紫沙門神俊書并題額

釋典謂昔有金人生西方同名號者踰乎千百萬億則了

性悟空以成道者非不廣矣自白馬來東土建寺院者幾乎百千萬所則示形出相以化人者非不多矣其間烜赫中夏暉映諸藍得四絶之偉者則有荆之玉泉潤之栖霞台之國清洎茲靈巖是也案地志後魏正光中有僧濾定者倡首撥土以興焉炎宋景德歲始賜此額噫絶之聯且有四種義不越乎高倚靑山俯臨寒泉茂林修竹猒廕戶牖奇花異石羅列庭楹或景趣果如是則爲地望之絶也豈忝矣至若黃金塗像碧瓦淩空迴廊大殿瑩然塵外層樓峻塔倬彼霄際縹緲構果如是則爲莊嚴之絶也不誣矣又若千里輻輳羣類子來珍貨希寶□向喜捨香頂艾臂男女日至耐誘掖果如是則爲供施之絶也誠甓矣設

若割慈父母脫躧□斈貌漸心頓相本生滅表動內寂洞徹正覺篤行願果如是則爲精進之絶也眞奇矣矧其左有泰山岣峋與天爲鄰生物則灑天下之雨告瑞則吐封檢玉者七□二□□右則有淇河渾渾厚地偕奔葱嶺馬中之雲持陽和啟蟄之柄膺覆燾司命之神如先帝泥金頫雷驚電黻迴貫銀漢之浪險經禹鑿之門遇本朝□年□淸者有上中下源其前則有鄒魯大國洙泗鉅防闕君臣父子之教闢仁義禮樂之鄉循之者昌悖之者亡其後則燕趙二樂山川四馳限爾戎狄壯斯藩籬自甲冑干戈之息俾士庶羊馬之肥歡好爰結恩威□綏□其雄重也則既如此談其封略也復如彼則千佛中處膺大雄氏之

其宜矣加之野有艮田可以封萬戶口有華屋可以蔭萬夫帑有羨貲可以蘇萬民僧有方便可以化萬心不甚盛與神宗皇帝章聖皇帝悉以御書爲錫命爲皇帝陛下降以御篆飛白以嗣之厥後有僧瓊環者次第以輪奐爲其如土木之華繪塑之美泉石之麗草木之秀森森然碁布前後遠者咸以耳聞之近者咸以目擊之于千佛之旨何啻乎形影之外譬喻其□邈也善相萬萬明矣故略而不述也僕被詔司泰寧軍宮觀下車伊邇有住持賜紫僧重淨貽書請識因用直書以塞其顒也時庚子年春王三月望日記

嘉祐六年辛丑歲六月望日景德靈巖寺住持講經賜紫

沙門重淨建立　眞定府郭慶郭庠鐫字

右碑高七尺二寸寬三尺五寸字二十三行行四十二字正書字徑寸二分額字正書徑六寸在靈巖大殿之右東向有陰書施錢人名并有職掌僧衆共字二十七行行五十餘字徑六分正書其上有元祐及靖康中題名二首

張掞題靈巖寺詩正書在巖般舟殿

龍圖閣直學士尙書兵部郎中充眞定府路都部署兼安撫使知成德軍府事張掞　再見祇園樹流光二十年依然山水地況是雪霜天閣影移寒日鐘聲出暝烟粗官奔走苦一宿亦前緣　嘉祐六年辛丑歲七月一日齊州靈巖寺主講經賜紫沙門重淨上石　京兆府普淨賜紫僧神俊書　眞定府郭慶刊字

右碑高二尺八寸廣一尺五寸詩字徑二寸前後題銜欵識字徑五分並正書端整完好可讀詩云再見祇園樹流光二十年以宋史張掞傳證之當是明道中知萊州掖縣時到此也其作此詩是甚成德軍時過此留題年已六十七矣詩作於寒冬碑刻於七月則詩爲嘉祐六年以前所作寺僧撿出進刻之耳

白龍池諸人題名三十一首 正書三十首 篆書一首

治平等年

入內供奉官李舜舉被命禱祀帝嶽奉香勝槩於壽聖節日先欵青帝宮矣詣白龍潭治平四年題書吏李恭從行

兖州劉袞奉詔祈雪於岱宗登絕頂翌日謁白龍池之祠元祐丁卯孟春初四日奉符令林會題 貫道建欄於此以便遊者元祐丁卯正月八日 范陽正輔再遊同魯國景元至丁丑三月廿六日 元符庚辰七月晦趙習之

徐安國弟居仁孫正中同遊左讀 皇甫偁徐端朝孫樹同遊建中靖國元年三月廿六日題左讀 奉符令李珪因捕蝗恭謁白龍祠男棄侍行崇寧壬午孟秋初七日左讀 誠中君實德升崇寧二年八月廿六日自王母池來訪此左讀

董元康政和甲午重九日攜家來遊賁贊賁侍行 自恭觀元康兄留字政和乙未孟冬二十日左讀 莆陽陳國瑞子玉恭謁白龍池祠俯洞酌泉小憩而邁政和丁酉夏前二日 姜子正子方李晉道劉言可才文叔同來庚子四月左讀 李顯道張公 仲與張去塵庚子孟夏十九日同遊池上左讀 鄆城李償弟俊侄贛隨侍遊此癸卯季春廿八日 張子觀水於池十三年春三月篆書左讀以上顧氏所得

府管稱景華邑尉安中立遊白龍池熙寧甲寅三月二十一日題左讀 元祐二年孟春之初晁補之及之觀岱宗遺跡謁白龍祠俄頃山市變幻奇遇也故志之 山陽龔無黨被漕檄權半奉高因率兒侄輩遊此時元祐庚午仲冬十一日 米芾觀 汴陽无永居士任紹承祖朝嶽罷同青帝觀主楊若沖遊太平頂回瞻覩白龍池勝跡時大宋紹聖三年二月十五日謹記 范陽正輔遊岱宗訪此時丁丑正月既望題 德充忠玉國寶文仲紹聖丁丑三月九日左讀 韓存中點檢嶽祠修造同王濟之一遊庚辰十月廿七日左讀 元符三年十月一日奉高人石匠呂仝周道同遊 古豐任艮孫嵩同陪古沛邵禮同遊建中靖

國元年季春仲旬書 長清董元康弟元發元濟元肅男賁友人李勝之同遊崇寧元年壬午季春旦日新監海門稅董直書 淸邑劉純叔同李無悔崇寧癸未四月二十五日遊此 政和甲午仲秋七日東明劉子晉鄆城李沖季遊白龍潭觀百丈崖還憩於此左讀 政和乙未□□上七日來遊白龍池上偕普濟范顯道鄧公序錢無咎孟世夫党子山劉子榮劉和仲宋正之張子祥張子明閻傑之郝伯洪 政和乙未季春十八日遊白龍池上偕普濟侯□始范顯道南陽鄧公序臨安錢無咎馮翊党子山平昌世逵中山劉子容山人劉和仲宋正之張子祥張子明閻傑之鹿珍郝伯洪 長清董自恭謁白龍池之祠罷酌泉

石上時乙未孟冬中澣日讀左

金石文字記云岳西做來峯下白龍池石壁上平廣許二十餘丈書曰龍潭日白龍池五大字其旁皆宋人題名尙未刓缺錄之得十五首其文略無重複自治平迄宣和六十年間人名字亦可以想見當日太平之盛而金元以降荐遭兵火名山奥區委之榛莽無復有題名者矣又云張子觀水于池篆書張宇作弡案劉原父弡仲医銘釋弡爲張以爲張仲之器歐陽永叔從之趙德父金石錄疑之黃長睿東觀餘論則云弡其勿反非張字考之玉篇信然然此云弡子則爲張子無疑蓋宋人好奇者據劉原父永叔所定之字而用之耳宣和博古圖亦有周弡伯匜此係篆字大書無年號案宋朝紀元無有至十三年者若日金元又不合一代全無題名止此一人也右刻均在白龍池雙崖對峙南曰三元石北曰元圭石宋人題刻始遍顏氏所采十五首皆在北崖之陽顯而易見者近年錢唐江鳳彝復搜得正書十六首均在南崖之陰幽晴陡險游人罕至自熙寧迄政和內無年月者三首顏氏得十五首今又過之亦可見金石尋求必由好古者親歷其地抉苔剔蘚而得之但恐工人摹拓所及往往十失五六是可慨矣

張掞送靈巖寺主二詩刻　正書　在靈巖山神廟南壁

熙寧二年三月　三年九月

詩送新靈巖寺主義公上人　龍圖閣直學士尙書工部侍郎羣牧使張掞上

峩峩日觀出雲層西麓靈庵寄佛乘金地闢人安大衆玉京選士得高僧霜刃斷腕羣魔伏鐵軸存心奥義增願我舊山泉石美翦除諸惡賴賢能　熙寧二年已酉歲中元日

詩送敕差靈巖寺主大師詳公赴寺　朝散大夫守尙書戶部侍郎致仕張掞上

黃紙除書下九天岱宗西麓鎮金田鷲峯肅肅臻多士蘭社熙熙擁衆賢像室光華暉曉日禪心清淨擢秋蓮山泉自此增高潔雲集十方結勝緣　熙寧三年白虎直歲九月十三日

山左金石志云宋史張掞傳掞舉進士知益都縣明道中知掖縣通判永興軍爲集賢校理四遷爲龍圖閣直學士知成德軍入判太常司農寺累官戶部侍郎致仕熙寧七年卒年八十以此計之則當熙寧二年三年時年已七十五六也第二首送詳公詩是已致仕時作第一首送義公詩尙是居官時作而工部侍郎羣牧使則傳所不載熙寧三年爲庚戌歲以庚爲白虎直歲殊見此碑濟南府志長淸縣志祗載張掞五律一首不收此二詩仙釋卷又不爲義公詳公立傳故事蹟無攷

朝賢送詳禪師住持靈巖詩刻　正書行書　在靈巖殿般舟殿大門外

熙寧三年八月

詩送靈巖法師　安石

靈巖開闢自何年草木神奇鳥獸仙一路紫苔通窈窱千崖青靄落潺湲山祇嘯聚荒禪室象衆低摧想法筵雪足莫辭重趼往東人香火有因緣

詩送靈巖法師　充

戰士長戈赴蕩原謀臣獻策廟堂間吾師倜儻浮屠隱不事三侯事經論兩街推許住靈巖百鳥銜花待師信淸風一振海潮音曠刼曾蒙祖師印窮秋別我願何言珍重詳師指一彈

詩送詳禪師住靈巖　尙書司封員外郎直史館同修起居注直舍人院兼同知審官東院蔡延慶

靈巖川上白雲深十里青松晝自陰遠寺幽佳傳已古名
山勝絶冠于今羣峯疊翠凝秋色危壁飛泉瀉暮音此景
去爲風月主五湖應不起歸心
詩送靈巖道光大師　尚書祠部郎中新知饒州蔡冠卿
僧讀儒書舉世稀惟師精學出塵機上都香火安禪久東
國林泉徇衆歸道在莫從形相索身閒都覺利名非靈巖
到日秋應晩還寫新詩遍翠微
熙寧庚戌仲秋十六日元輔
清晨叩　翛然振　縈帶生　不待春　聽法來　安隱
誰　師得向　莫鎖溪雲　奉送　清晨門　程自説
度葦生　瘦羸口　北山宅

右碑連額高三尺二寸廣一尺九寸額題宋朝賢贈行詩六字正書徑二三寸分三行詩四首參錯書之字或正或行或大或小皆爲送靈巖法師詳公而作亦有稱道光者書欵有單稱名者曰安石曰充有兼官銜者則蔡延慶蔡冠卿二人冠卿詩後一行上題年月下署元輔不知即冠卿之字抑别是一人也下節有字十四行每行存二三四字殘闕難讀案詳公事蹟志乘不載觀諸人之詩是奉敕住靈巖而朝賢贈詩以寵其行也張揆詩獨爲一碑此則諸公合爲一碑安石不書姓當即是沂公是時正參政也充無姓攷其時有俞充者字公達鄞人官都水丞或即其人宋史傳稱茂州羌寇邊充上十策禦戎神宗納之葢是喜言兵事者故其詩首言戰士長戈赴荔原謀臣獻冊廟堂間也兩街推許者釋氏有左街右街爲兩街猶言東序西序也

敕賜十方靈巖寺牒碑　正書額正書在靈巖天王殿神像後下截埋神座中

熙寧三年　月

敕賜十方靈巖寺牒碑

中書門下牒　開封府奏先准中書劄子京東轉運司奏

據齊州申准開封府牒據僧永義狀經府披訴情願下缺送
供人施利至多諸處浮浪聚集兼本寺莊田不少全藉有
心力僧人住持主管今訪聞得僧下缺切辨認覺察止絶浮
浪之人不得彼處聚集去訖伏乞朝廷下左右街僧司别
選差有德行心下缺寺院住持勾當所貴同心協力住得山
門伏候敕旨奉聖旨依奏劄付開封府尋劄付左下缺僧司
結罪保明申府迴據左右街僧録智林等狀申智林等依
前項府劄子内中書劄子内下缺當住持及取到本院主鑒
文保明行詳有行止稍有心力即日别無過犯委是得人
請實結罪下缺得上命指揮差本僧訖却令指摘别具狀申
上次乞指揮府司尋出給公據付僧行詳收執仰下缺掌事

依十方寺院住持勾當具寺院法名申僧司令申府仍立
便起發前去至齊州住持靈巖下缺去充本寺掌事具寺院
法名申府便發遣僧行詳等起發前去往彼住持齊州靈
巖寺至今左下缺詳近蒙僧録司選定依准録降聖旨指揮
保明住持齊州靈巖寺行詳屬以衰老多病已下缺據僧録
司保明定差令指摘掌事僧五七人前去行詳既承上命
敦遣固亦不敢辭避輒有誠下缺綱紀今既再煩聖旨選差
則與州郡差請特異伏見潤州金山寺每差住持人並從
朝廷特下缺去所貴有以彈服遠人廢寺易爲興葺積集功
德上贊聖祚行詳竊聞靈巖寺舊是甲下缺乙住持創新降
敕改爲十方勑語内明言院中受業徒弟並不得作知事

勾當欲乞據此體例（下缺）七次住持不得離今來許令指摘

掌事僧五七八亦慮難爲照顧行詳欲乞特度隨身童行

十（下缺）

牒奉敕行詳依奏宜差充齊州（下缺）不得差作知事勾當所

乞度（下缺）敕故牒　熙寧（下缺）　右諫議大夫參知政事王

吏部侍郎參知政事韓（假）

右碑上截高三尺六寸寬三尺七寸碑云開封府奏凡十五行正書字徑一寸自中書門下牒及牒奉敕六行眞行兼之字徑三四寸不等其末官銜二列字體扁甚王字下有押少偏韓字下一假字字偏而小額高二尺寬一尺三寸五分字徑五寸正書下截爲天王像座掩埋在靈巖寺二門內之左西向

山左金石志云兩參政之名以宋史宰輔表攷之熙寧二年二月庚子王安石自翰林學士工部侍郎兼侍講除右諫議大夫參知政事三年四月巳卯韓絳自樞密副使除兼參知政事是年十二月兩公皆同平章事矣

此碑但存熙寧二字攷其立碑當在三年四月以後十二月以前也然據碑韓公是吏部侍郎參知政事宰輔表則韓絳於治平四年神宗即位之初自三司使吏部侍郎除樞密副使是熙寧三年韓參政祗官樞密副使而非吏部侍郎矣碑與表異或史有誤文宜據碑證之

李忠信墓表　正書　姜潛撰　在城西南鄉

熙寧五年八月

韋驤等石柱題名　行書　在靈巖章馱殿

熙寧六年十月

祕書丞韋驤著作佐郎張誇衢州判官楊于從諫院舍人鄧公察訪東州便道遊靈巖過夜遂宿熙寧六年十月中休

右題名左讀分五行行書徑二寸案韋驤本名讓避濮王諱改名驤字子　錢塘人皇祐五年登第元符[illegible]

官知四明其官祕書丞則無攷張誇楊于亦俱無攷諫院舍人鄧公者攷宋史鄧潤甫傳潤甫字溫伯遷昌人熙寧中除集賢校理直舍人院攺知諫院當卽其人又據神宗本紀熙寧五年閏七月遣中書檢正官章惇察訪荊湖北路而六年十月京東路察訪之使本紀不書中休本張衡賦速燭龍兮令執炬過鍾山而中休謂過宿靈巖而中休也

王紳題名　正書　在奈河將軍廟碑陰

熙寧七年八月

再謁靈派神祠請雨故也熙寧甲寅秋八月右璫王紳袞儀父題

右題名方廣尺許字五行行五字正書徑寸五分在奈河將軍廟天禧六年劉光度碑陰首言再謁神祠則已前嘗來而未有題刻或年久而缺佚也甲寅爲熙寧七年本紀載是年二月禱雨三月以旱避殿減膳四月以旱罷方田七月詔河北兩路捕蝗九月戊戌以時雨降勸民趨耕可知是年旱災爲已甚矣碑云八月再謁神祠則二三月以來之請雨自可推測而知也

馬熙題名　正書　左讀　在山頂碧霞祠西

熙寧八年二月

新兗守尚書外郎馬熙自仙源來謁帝祠是日登嶽徧遊東西絕頂新宿州掌嶽掾林會從大宋熙寧八年二月二十四日

右磨崖高廣二尺許題名七行左讀正書徑二寸

蘇子由題靈巖寺詩并跋　正書　在靈巖今佚

元豐二年正月

高里山相公廟新㧊長腳竿記　篆額　正書　胡元資撰　裴從[illegible]　在高里山相公[illegible]大門左

元豐三年三月

東嶽高里山相公廟新掛長腳竿記

兖之奉高北有岱山焉迺天下之巨鎮也尊之曰東嶽神館天齊仁聖帝也自秦漢而下洎巨唐逮我大朝封禪之禮備焉廟貌威崇殿宇顯敞一如上方制度俾至者加其恭肅噫聰明正直神之德也福善禍淫神之職也幽而罔測顯而有靈則四方之民咸歸仰之在帝廟之西有高里山之祠即聖帝輔相之神也其廟號本漢封爵也領袖羣司掌判陰籍光載祀典靈威不泯今有古沛張平者即長河之舟賈也迺集社聚緡歲賽於祠下覩其神像虔啟願心立長竿於廟庭由是選梓木以爲之材龍翠口以爲之碩聳而上直表著其壇功畢告成故書其始刻之於石以永其傳時　大宋元豐三年庚申歲三月　泗州船戸同糺首王政男欽　徐州沛縣留城鎮都糺首張平立石厂東平進士胡元賁撰　徐氏裴聳書　將仕郎守東嶽令口守德篆額　張希白刻

右碑高四尺二寸闊一尺九寸上下二層上刻胡元賁記字十八行行二十字正書字徑五分額字徑二寸三分古籀書下層刻修齋建醮之記多徐州諸處船戸姓名字甚小剝蝕不能卒讀

盛陶詩刻　正書　在靈巖御書閣

元豐三年十月

李公顔金像記　正書　在靈巖御書閣

元豐三年十月

治平中家君判官還口永嘉道過錢塘僧惠從來告曰盧舍金像成矣欲歸齊之靈巖而未有託也願附舟而北家君從之後十五年余口其寺徘徊瞻仰因識其事元豐庚申孟冬李公顔才甫題

右碑高一尺五寸廣二尺前半爲李公顔所題正書七行後半爲明人方豪所題行書九行住僧刋字題名于末

靈巖道境四大字　飛白書　王臨書　在崇興橋碑陰

元豐三年

右四字飛白書徑二尺分二行其左題云元豐庚申尚書兵部郎中直昭文館知軍州事上柱國王臨璽筆二十五字爲一行正行書案飛白書始於蔡邕見堊帚成字此云璽筆所未詳也王臨字大觀大名成安人起進士元豐初自皇城使擢兵部郎中直昭文館知齊州因題此字

泰山志卷第十六

泰山志卷第十七

朝議大夫山東泰安府知府休寧金棨纂輯

金石記三 宋 金

淵濟公廟碑 正書 趙合撰 在岳西南址今佚

元豐五年

泰嶽西南隅有靈泉曰白龍池岸古石峻淵然罔窮大頂巍然而作髻髻大峪環然而爲邦郭峩峩而蔚者懸刀秀於上湍湍而鳴者百丈溢於中夏暮秋朝靄呈波面而爲瑞異花靈草艷羅岸徑以爭香榮流天轉涵漾峯迴乃一方雄勝之地登而蒞之者無不嘉而駭焉自漢唐以來至於我宋毎歲投金龍玉簡御香爲之禱矣蓋龍克雲克雨

浹洽萬彙阜成元元近者春夏不雨驕陽頗熾賢宰大夫楊鏐躬率縣吏民庶祈雨於白龍之神幸龍之明德不越夕而甘雨降應如影響稼穡以之而興縣境自是而蘇焉邑民霍直等白於大夫曰今衆庶感龍之惠願各持寶貨刱龍堂一所以答神休乃選材飭工約而中度麗而不奢經之營之不逾月而歡樂成之大夫特牒上司敷奏天廷乞賜嘉號庶旌龍之效耳元豐五年

右碑在嶽西南麓淵濟公廟文見岱史久佚

重修靈派侯廟木帳記 篆額 王或撰 魏寶正書 在城南靈派侯祠內

元豐八年六月

東嶽靈派侯廟重修木帳記

岱宗鎮東方爲嶽之伯其山實萬物之始而其[illegible]主生[illegible]天子合祭柴望以禮而庶人奔走饗獻以誠故災沴不作休祉來應然所主者岱宗之神而左右附於神者司掌不一所以各建其祠而存夫像也山麓之右有水派而南者耆相傳曰渿河河瀆之東有祠焉表以將軍之號見於舊碣昔嘗聞道微大師索文湛曰祥符初章聖東巡法駕順動侍臣衛士洎蠻貊來朝者無慮百餘萬人皆泊于山下須水以供飲濯方患河之已涸而轉盼之間淵泉復溥源源不竭由是蠲渴滌垒上下獲濟此皆尸河者之靈應也升中禮畢天子嘉其功封以侯爵爾後益利及四方之民無窮近歲邑人篤於信神者多夢渿河之神警以禍福俾

其人避惡而趨善示神之化也噫神之至幽所職或遷而於禍福之權有所兼固不可致詰而嚴其祠事以答靈既宜矣祠堂中有木帳久而蠹弊不足以護神像邑人王文知神之不可不欽而欽之之誠無以至遂首出錢十五緡又得樂從者其力以資助乃命良工購楩楠易而新之亦見其欽神之誠至也書曰至誠感神然事神者以誠之至而不祈其報孰謂不獲其報者哉方飭材之初於祠之內外植柏七十株培壅灌溉以致悅茂冀其永久也功休求爲之記或以邑人之志書云時

大宋元豐八年歲次乙丑六月四日前進士王或記 泰山魏寶書 歷山王補之篆 呂口刻石

右碑高三尺六寸闊一尺七寸字十八行行三十二字正書字徑五分額題重修靈派侯木帳記八字篆書徑一寸七分四行碑已斷今嵌於靈派侯祠內火池壁東面

修漢武帝廟碑 正書在新甫山西麓

元豐□年

右碑連額高六尺廣二尺文漫滅行字皆不計正書徑七分案新泰縣志廟久廢西麓有碑聲類磬爲樵牧石子所擊遍成圓凹深闊皆三寸許字無一存惟額上有漢武皇帝之碑六字今驗此碑漫滅卽非圓凹深闊之處亦無可辨惟碑下截之末每行存二三字然可見者祇十六行幸其中一行有元豐二字可定此碑爲宋刻也凡存四十餘字不至如志所云無一字存者

劉袞等題名 正書在山頂碧霞祠西與馬熙題名同一石

元祐二年正月

兗海守劉袞奉詔祈雪次謁玉女祠率巡山劉孟邑令林

會登二絕頂臨四觀遍覽勝槩元祐丁卯孟春三日

右磨崖縱廣二尺橫寬三尺題名八行正書徑三寸案宋史哲宗紀元祐元年十二月戊申詔以冬溫無雪決繫囚是以二年正月三日兗州守奉詔祈雪於泰山也林會於熙寧八年官爲掌嶽掾見馬熙磨崖至此越十二年而爲邑令矣此邑令殆卽奉符縣也

趙合煒愿施石柱記 正書在岱廟三茅殿今佚

元祐二年七月

長清王揆題名 正書在靈巖功德頂佛座

元祐三年

王摭等題名 正書在靈巖千佛殿碑陰

元祐三年

劉仲平題名 正書在山上水簾洞旁

元祐六年二月

蔡安持詩刻 行書在靈巖御書閣

元祐七年十月

四絕之中處最先山圍宮殿鎖雲煙當年鶴馭歸何處世

上猶傳錫杖泉

元祐壬申十月中澣睢陽蔡安持貧中題

右碑高三尺五寸廣二尺詩三行行在右年月姓名三行在左並正行書徑三寸年月三行之上空二字空處有劉德亭正隆題名案靈巖寺有絕景亭僧仁欽建亭有四景曰犖峯獻秀曰甘泉漱玉曰松舟挺翠曰巖花啼鳥卽詩所謂四絕也魏僧法定開創靈巖苦乏水諫於佛圖澄澄曰何地無水至一處曰此下有甘泉以九環錫杖卓之得泉詩世上猶傳錫杖泉者是也

卞育遊山詩 見金石文字記今佚

元祐壬申

王母殿剏置花園記 正書在王母池二門內牆根

元祐八年

上官均題名 正書在振衣岡

紹聖二年十月

京兆上官均以使事抵奉高同靖恭楊昇遊嶽頂觀日出攬歷代遺迹紹聖二年十月七日

右題名五行正書徑寸五分宋史上官均傳紹聖初拜左正言以章惇怒遷工部員外尋提點京東淮東刑獄據此題以紹聖二年使事抵奉高當是提點京東刑獄時惟史稱均爲邵武人此題作京兆爲異

趙令緋等題名 正書在振衣岡

紹聖三年四月

開封趙令緋紹聖改元濟南從事罷官敬謁帝祠時窮冬不能遊岱宗怏恨而去明年爲東魯別駕復得以職事恩造祠下遂登絕頂東望日出遍觀古迹巡山張佖邑尉劉迹同行紹聖三年四月朔

右題名十一行正書徑寸五分案泰安縣志金石卷載此題名邑尉劉迹闕迹字

張佖等題名正書左讀在振衣岡

紹聖三年四月

開封張佖宛陵梅昌術同登太平頂介卞虞老侍丙子四月十七日

右題名五行左讀正書徑二寸丙子是紹聖三年開封張佖時方巡山故四月朔日與趙令緋同遊至十七日復遊也案泰安縣志梅昌術作梅昌遊四月十七日志無十字今悉據碑錄之

三壇寺阿彌陀佛窣堵波銘正書青龍峽石塔座上在琨瑞山

紹聖五年二月

齊州歷城縣三壇寺阿彌陀佛窣堵波銘并序

神通寺住持福勝賨山　玉福玉祿玉禎玉俊

補陀子潘卞撰　應鄉貢進士馮睿書

阿彌陀佛窣堵波者比邱福林爲父母所造也福林俗姓鄭父諱朝宗素學儒經稱爲長者元豐五年六月二十四日卒於俗舍年七十五時當溽暑及斂浹旬顏色如生蠅蚊不近艮福善之所感也母畢氏持齋事佛布施勤約元祐六年前八月初四日卒於俗舍年七十六老染微疴雖修懺悔艮順生所報也福林姊福燈頭陀苦行大戒卯齋荼毗其骨負之推置於福林受業齊州歷城縣神通三壇寺俾近四門石塔東北隅三十餘步就山鑿石成瘞坎以藏之迺磐石以覆之起七級窣堵波以表之龕阿彌陀佛以事之求舍利以鎮之始於紹聖三年六月初三日第三級功畢成其年月日皆悉資薦考妣以求冥助也補陀子潘卞尉于茲邑福林者適當營建之將成哀懇求銘并序始末既素與善之又義其孝思獨力成辦乃爲作銘銘於塔曰西方有佛號無量壽四十八願普度羣有罪滅口途樂資無垢福林建塔上爲父母一善從心千佛授手劫火難焚此塔不朽

大宋紹聖五年二月初十日上石李道刊

右三壇寺塔銘字二十九行行十五字字徑一寸正書在神通寺東南半里青龍峽石塔座上南向

李迪遊靈巖詩刻正書在靈巖般舟殿大門壁

紹聖五年三月

大丞相文定公遊靈巖詩

靈巖山勢異金地景難窮塔影遮層漢鐘聲落半空千峯羅雉堞山如城壁之狀萬仞聳屏風飛鶴來清竇有雙鶴泉劉魚掛古楠名曾參四絕封合亞三公在泰山後勢徹河壖遠形差嶽鎮雄仙閭隣峻極日觀件穹崇遂洞連蓬島重巒聳梵宮山面有證明功德祕望應銷俗慮登喜出塵[illegible]獻壽嵩衡並分茅海岱同艮方標由震午位對升中嵐[illegible]晴烟碧崖鋪夕照紅巍峩齊太華奇勝敵崆峒鍊句供詩客模眞怯畫工天孫分

怪狀神化結全功吟賞慵迴首雲泉與愈隆

前字十八行行十字徑一寸二分正書

先丞相天聖間嘗留詩寺壁後主僧刻石逮今歲久字畫刓缺因命工再刊于石紹聖五年三月中浣日姪曾孫新滑州白馬縣主簿李侃敬書　正監寺講經論沙門口口口

前字四行行十五六字徑七分正書

金石文字記云右小石刻在長清靈巖山寺中其山距府九十里南接泰山北帶龍洞齊乘以為疑即水經之玉符山而魏書所云朗公谷者在其東南自前代稱為一勝境宋金元八題字最多予至則當兵火之後縱橫偃踣委之荆棘瓦礫之中然猶得唐一宋金元合四十餘元以後不能悉數唐刻為天寶十一載造舍利函記文不工不足錄而宋刻年月序次以此為首案史李迪諡文定前後三知兖州其再任則仁宗天聖中也

回回翁詩刻二 正書行書在城內關帝廟

紹聖五年三月　政和六年六月

昔日曾遊此如今九十春紅塵多少客誰是識予人回回翁題　紹聖戊寅三月二十一日留題口口口上

昔年留字識曾來事滿華聲遍九垓無賴蛟虬知我字口留踪跡不沉埋回公子口　政和丙申六月十八日題於王母池北

右碑高二尺七寸廣一尺七寸五分碑分上下二截上截五絶詩一首旁署回回翁題並正書下截七絶詩一首行書旁署回公子下一字不可識一行草書在泰安縣會眞宮故址關帝廟大門內西壁碑上截留題處所字已漫滅但存上字下截云題王母池北据泰安縣志稱王母池上有王母洞相傳純陽子鍊丹於此額曰呂公洞頗疑此碑必是當時道士託為仙蹟誇耀于人者也會眞宮在城東南隅古之奉高宮也明萬歷二十二年燬于火宮遂廢後即其址建關帝廟

桃源峪諸人題名五首 正行書在山南

紹聖等年

朝奉郎張邦茂宣德郎張權道觀主劉子諒宗紹聖二年十二月十三日同遊劉太和書 正書　劉康叟紹聖丙子五月二十八日觀 正書　口孺具酒約文叔端夫子方應之口回甄甫辛卯季夏十二日同遊 正書　趙茂實曹世隆徒步到此政和甲午季夏十一日 正書　長清董元康政和甲午仲秋日訪泉石因攜家飲此質贄賁侍行 行書左讀　董元康遊甲午仲秋日 正書左讀

嶽陽萬山樓北為桃源峪層崖沿流宋八題名於上其張邦茂輩五題名俱有年號惟大書口孺一段時在辛卯則徽宗改元政和也至董題凡二亦大書

圓通經并楞嚴偈刻 蔡卞行書在靈巖御書閣壁

元符二年十二月

覺海性成 云云不具錄

元符二年十二月十三日莆陽蔡卞書凝寒筆凍殊不能工也

妙湛總持 云云不具錄

建中靖國元年冬十一月五日池陽慧日院南軒續此偈

崇寧元年十一月鄱陽齊逖施刻於靈巖寺

住持傳法淨照大師賜紫仁欽立石　匠人牛誠刊

右刻偈四石各高一尺二寸廣五尺偈語題款俱行書崇寧元年立石題名三行正書前段之末空處有方豪

題刻二行云嘉靖元年三月六日棠陵方豪再觀嗚呼君子可以人廢書乎其餘空處又刻觀者姓名案宋史姦臣傳蔡卞登熙寧三年進士紹聖四年拜尚書左丞專託紹述之說中傷善類徽宗即位黜知江寧府連貶少府少監分司池州幾踰歲起知大名府徙揚州召爲中太乙宮使擢知樞密院此碑前段書於元符二年十二月正官尚書左丞中傷善類之時後段續於建中靖國元年十一月正謫少府少監分司池州之時逾年即改元崇寧至十一月靈巖刻石而卞已知樞密院矣碑所書偈於靈巖毫無繫屬卞於住持仁欽亦毫無因緣徒以蔡氏兄弟同居宰輔勢焰烜赫山僧無識藉刻此卷以增光寵耳蔡京所書元祐黨籍碑百年而後猶重刻於南荒彼蓋因黨人重也此碑以藏之名山垂八百餘年而點畫完善豈非因地而重哉棠陵愛其書至謂君子不可以人廢書殊不謂然

劉晦叔等題名 正書在小蓬萊

元符三年正月

孫𢢴等題名九首 正書在泰山銘東側

元符等年

元符三年九月二十三日孫𢢴楊景李堯臣李敏能同登泰山三頂觀歷代遺跡 正書左讀 建中靖國元年三月二十四日楊舜賓李子儀趙公立呂君禮同遊 正書 郝楞年田國材許遜程康崇寧初元季春念六日同登岱三峯 正書左讀 王宜崇寧元年 正書 趙子和趙君安□□源崇寧四年乙酉季秋同登泰山三峯刻石磨崖側 正書 行宮至十月宣令權且停罷宣到岳高昆監修東岳興國七年 正書字多漫滅讀不成文 太原王貽公□與天水趙明誠德父政和三年閏正月八日同登 正書 淸和張大受河南褚完善昌黎韓通叟政和五年九月六日同登 正書 廣川董堯問峯巒秀祗

恐黃筌畫不成 正書

右題名九首大半爲嘉靖題名所劇毁多從筆蹤影迹搜剔得之董堯問一首後半是詩僅末句可讀太原王貽一首內有趙明誠姓名訪碑諸家所未經見者特爲拈出諸條皆縱横參錯聯爲一片因不復分晰與孫𢢴等連綴錄之

李諒等施鐵桶記 正書在岱廟

建中靖國元年五月

山左金石志云右鐵桶二在岱廟東揮下高可四尺餘徑三尺餘每桶有銘四段正書字徑寸餘一桶曰大宋國兖州奉符縣獻鐵桶會首李諒右諒竊以神功默運滔持禍福之權妙用無私密握生成之造伏見國家尊崇廟皃百物鼎新而聖帝廟前闕少水桶二隻今紏到敬神之衆其結良緣具姓名如後云云後雜書姓名及施錢之數內有王助教妻賈氏孫向母張氏施錢伍及永靜軍梅恕等字末云匠人萬浩弟昆男眞一桶雜書施錢人姓名內有樊玥及萊蕪監鉬施冶李晁鑄等字末云右衆會人幷發虔心謹捨淨財共成勝緣伏望聖慈俯照察建中靖國元年五月日會首李諒等獻案銘文稱王助教攷宋史職官志别無助教之設惟合班之制有諸助教之稱此但言助教者殆諸參軍助教也樊玥之玥音淨宋時盛以此字命名萊蕪監鉬案宋史地理志襲慶府注云萊蕪監鐵冶而此似銅字未詳何故孫向母應亦施錢伍貫造范者伍字下𢧐貫字也鐵桶二隻計錢一百六十五貫可以知其所直矣

趙令燡題名 正書在岱廟今佚

建中靖國元年九月

郭巽等題名 正書在虬在灣北

崇寧元年

王母池石上題名 正書在王母池門外牆竿石側

崇寧三年四月

靈巖寺吳拭詩 正書在御書閣

崇寧五年

余赴治歷下謹拜香于靈巖道場靈巖固東州勝絕處余聞之舊矣然不知與武夷昇眞洞天相若也余旣幸供佛飯僧又經行宴坐之地了了然如家山胃住山仁欽師初不與余接問之蓋鄉人也因作三小詩以誌其事　丹峯翠壑一重重香火因緣古寺鐘若有金龍隨玉簡武夷溪上幔亭峯　一麾邂逅得東秦憶別家山六度春何意眼看毛竹洞主人仍是故鄉人　大士分身石罅開輕煙微雨證明臺灑然一覺鄉關夢換骨巖高好在哉　崇寧五年丙戌夏四月甲戌建安吳拭顧道題

右序詩年月共十六行序以十二字爲一行詩以十六字爲一行字徑寸各界方格筆法秀勁鋒穎如新不經風雨故略無剝蝕

范致君題名　正書　在后土殿夾牆間

大觀元年正月

武夷范致君久慕仙風自楚之魯遂登泰山以望八極之表有宋大觀元年正月廿三日記于是碑　后土聖母殿下缺七字上石

右石高廣一尺五寸正書七行行六字徑二寸末后土一行小字注于左

大觀聖作碑　正書額正書　在文廟泮橋西偏東向

大觀元年九月

右碑連額高丈許廣四尺額題大觀聖作之碑六字行書徑五寸許分三行文二十行行七十一字後年月刻石三行諸臣銜名四行並正書徑一寸李時雍摹寫蔡京題額李書畫細如髮瘦挺似褚河南題額以御製爲聖作昔人謂猶以公主爲帝姬也大觀元年三月詔立八行取士科八行者善父母爲孝善兄弟爲悌善內親爲睦善外親爲婣任於朋友爲任仁於州里爲恤知君臣之義爲忠達義利之分爲和反是爲八刑前刻詔旨後刻科條以鄭居中請頒行天下郡邑於是在在學宮皆有是碑摹刻無異頒詔于元年九月刻石於二年八月今山左郡邑存者尚多泰安其一也

郭思遊山詩刻　有金石文字記　在靈巖

大觀戊子

靈巖寺崇興橋記　篆額郭思撰行書　在靈巖寺外橋邊

大觀二年九月

齊州靈巖崇興橋記　朝奉郎新差權通判岷州軍州管勾學事兼管內勸農事兼管勾給地牧馬事雲騎都尉賜緋魚袋河陽郭思撰　承議郎知南外都水丞公事專切提舉廣武雄武埽濟南王高篆

靈巖勝境仙聖所居金石可見自後魏正光中法定師復興是寺迄今已六百年至吾宋熙寧始正名爲十方以容名天下大名德大長老爲住持主而中間去來化滅寺主數易權攝非人緇旅旣來多失所望四方瞻禮因亦衰滅下逮于山租田課僧用佛供寺屋略皆荒落稱是今上嗣位齊州衆求海內高德得建州淨照大師仁欽以聞之朝郎有詔以仁欽爲靈巖住持主欽公至寺之一年寺境清二年學人來三年佛法明四年天下四方知靈巖有人而歲時香火供事遂再盛欽公曰靈門宗旨雖以寂滅爲究而象教住世亦必以莊嚴爲助于是起獻堂以處供士建

後闕以護禪席口口泉軒以燕見善知識完絶景亭以憩
適游觀再新證明功德殿以快四方禮謁爲供養口惟是
山門大路十六七里達寺庭正西口賓旅所由而中路有
大溪横道霖雨暴水歲費修塞人甚厭苦訪之耆舊皆曰
石橋峪而石橋名峪名存跡滅欽公曰橋於此口所宜古
之名豈虚得哉日者寺務百施況此橋梁之外先是欽公
構獻殿四方信悦布施雲委今橋以獻殿羨餘支其費丈
尺口訪橋材即于旁崖艮石取足于是諸檀越樂公勸化
競相賫助橋用以給橋議遂定庫司所備工人餔啜而已
于是欽公曰國家設道場廣利益一以增闡善因二以資
祐國福方今欽崇祖宗以本仁孝吾知國恩者也願吾橋

成以崇興爲名即以大觀改元十月起役役至次年九月
橋遂成橋長六十二尺闊二十五尺自溪底出溪上高三
十五尺上施屋五楹旁闢欄楯編石架空如砌如鞜翠巖
之前蘿陰之下虹蜺蚪屈若競若拏童不歲勞客不時病
行不履阽道不涉迂以善利濟人以直路指人以不謝之
功施人以不朽之事遺人欽公于勝境結勝緣如此哉余
被恩倅岷南以是月頂禮菩薩至橋下欽公一見謂如平
生聞其一言半偈即便醒然心眼開大諦觀此一日之悟
乃深信公長年之益其能主持名山明暢大教固宜屬令
書橋成歲月橋費金錢以緡計者千有奇石以條段計者
千有奇人匠以工計者九千有奇管勾董役僧道傳造作

橋在明孔山西靈光亭北於戲欽公指迷說幻將大悟人
于正路以爲大導師況此一路徑[illegible]乎救患拔殃廣度人
于苦海以爲大法橋況此一溪澗事乎春秋新一門一廡
聖人必謹書之以見舉措之當否此橋利益安得無辭于
是退而書之命小子升卿書丹以寄　大觀二年歲次戊
子九月壬子晦　齊州靈巖禪寺淨照大師住持傳法釋
仁欽立石　守本州助教楊若拙并妻劉氏同發心施錢
叁拾阡乞保家眷平安增延福壽　長清縣蕉大夫宅楊
氏兒謹施錢伍拾阡充買橋亭上柱一十二根所求利益
伏爲自身與合家眷屬保慶平安增延祿壽　監寺賜紫
僧道口　副寺僧寶月　維那賜紫僧慧敷　典座僧智

恢　庫主僧惠旻　直歲僧道通　首座賜紫僧道舉
知客僧元素　經堂主僧淨泉　侍者僧道岩　開基監
造僧道傳　監作行者孫道彬　緣化頭陁劉道儲　歷
下牛誠徐儀摸刻

右碑連額高七尺五寸寬三尺六寸字二十八行行五十字行書字徑八分其額題曰崇興橋記字徑三寸許自第二行至十三行每行之下各缺一字在靈巖道中橋西南向是碑在元豐間刊王臨飛白書靈巖道境四大字今翻轉爲北面矣

靈巖寺釋仁欽書心經　篆書　見金石文字記

大觀三年

皇沂等觀音洞題名　正書在靈巖山頂

大觀三年

鄭秉德題名（正書左讀在琨瑞山千佛崖上）

大觀四年三月

平原鄭秉德濟南沈君正同弟天粹自四禪寺登奉春岩洞詣靈巖道場處天門東口是口大觀庚寅三月廿三日

右題名縱八寸橫一尺二寸字九行行五字正書徑寸左讀其右尙有一行漫漶不可辨石上平而下經雕鑿左右圓斜向內居中尖起二寸似係器物之蓋頂題字在上平橫列尖處各分其平也乾隆乙卯錢塘江鳳彝親搨得之

靈巖寺釋仁欽五苦之頌（正書額道巖正書在般舟殿）

大觀四年八月

竊觀三界之內唯有五種苦事世人罕知輒書此頌奉勉幸希省覺住靈巖釋仁欽述

生來從四大假合依六塵妄識投胎𣪊執情爲我身幾回勞父母恩愛強分親出沒何時了誰知自苦辛（生苦）心欲行千里區區不到頭祇隨聲色轉怎肯向身憂面皺眉如雪貪程尙勿休可憐無智者一似戀枝猴（老苦）結託空勞力追陪枉用心一朝牀枕上苦痛自呻吟滿目妻兒女空生煩惱深此時難替代惟獨自孤衾（病苦）閉眼從神識寃靈往那方目前如闇室背後沒星光縱有堆金玉尋思何處藏孤然無伴侶恐怖自惶惶（死苦）杳杳隨長夜悽悽貫可傷平生寃枉事酬對直須償唯有修心好前程果自昌勸君早回首免此五般殃（苦苦）

大觀四年八月朔日當寺比丘海補立石　侍者道巖書

濟南徐儀刊

右碑高四尺二寸廣二尺額題五苦之頌四字正書徑二寸平列於上頌共十二行首行最密三十三字總爲一行餘二十五字爲一行正書徑寸楷法清挺完好無一劖筆頌語述生老病死苦五者之苦皆釋氏常談具大智識者視之極爲庸淺蓋佛門設教大率爲下愚人苦口者多也胎𣪊之𣪊即卵字謂胎生卵生也從𣪊會意

靈巖寺釋仁欽十二時歌（見金石文字記）

大觀四年

平原人等題名殘刻（正書在小蓬萊）

大觀口年

開封人等題名（正書在靈巖觀音洞）

大觀口年

韓夫人遊靈巖題記（正書在般舟殿）

政和元年三月

太寧夫人韓氏朝拜東嶽回遊靈巖觀音道場四絕之所崇峯列翠宛若屛圍而北主峯嶷然五里之聳兩[illegible]有殿號曰證明謂其如來化跡祈應如響於是發精確志不懼巇嶮乘輿而步其上仰瞻紺像欣敬不已及觀巖巃木怪石奇景與世別眺寓移時頓忘塵慮若非聖力所加從心之年焉能至此於內自省尤爲之幸仍知名山勝槩傳不誣矣時政和改元季春念五日　孫男左侍禁曹沬　三班奉職淡　右班殿直涇侍行　使女意奴孫倩奴喬口口口口奴張意奴祝美奴楊藥奴朱柔奴薛琢奴張望奴

□□行　洙奉命題紀嵒石　徐儀刊

右碑高二尺二寸廣一尺八寸記十二行行十八字徑寸許正書兼行體夫人母族韓氏歸於曹為曹洙曹深曹溍之祖母封太寧夫人洙兄弟皆官居右階宋史無傳可攷碑稱從心之年焉能至此則夫人年已七十矣使女從行亦得刊於碑末又金石之一例一夫人行而使女從者十八可謂豪矣然以高年之人不懼嶮巘步上證明亦足徵其奉佛之誠也

淨照和尚誡小師偈　行書在靈巖般舟殿

政和元年七月

往靈巖淨照和尚誡小師

吾來住此不覺十載為國焚修□度九第今為年老衰邁精力勞倦難以久居又忽見秋風落葉意思闌散孤月寥天寒凶蕭索感懷情動頓起休心欲慕退閑偷安養拙不免與諸子別離古者云父子雖親其路各別自此已往汝等諸人各自努力進修切莫虛度時光一剎那間便是它生異世懃持行業慕道為心報答四恩三有出家之子義聚沙門但且上和下睦兄恭弟順一師之下百歲同條若以逆諍相違自然不能安處順吾言者是吾弟子背吾言者非吾弟子臨行相別聊書此偈付汝安懷各希委悉

物外翛然獲自由慇懃諸子送佗州白雲暫駐無方所明月相隨到處優巖谷乍掩終勿思林泉幽景豈迴眸吾今此去聊相別汝且和光混衆流

政和元年孟秋月十有八日寄　濟郡東禪西軒書付誡小師

右碑高三尺五寸廣二尺□十七行行三十字正書兼行體年月後列諸徒五十九人名皆同立石者又有□儀刻三字淨照和尚即仁欽此碑是久住靈巖退老□州之東禪寄此偈語以誡其舊住之諸徒也諸徒中同道□謂者五十八獨首一人海潤不用道字詩偈中作指□不可解據文義當是作拋政和元年上距大觀二年□崇興橋作記立碑事踰四載然則淨欽在寺□□於□者五六年鉅工甫畢而即退休不□□偏之急流勇退者矣

景祐等題名　正書小篆在

政和改元十一月

靈巖寺釋仁欽十二景詩　見金石文字記

政和元年

靈巖寺剳付　見金石文字記

政和元年

鄧永年題名　正書在泰山愛身崖

政和三年四月

巢鶴巖題名八首　在靈巖山頂

政和等年

□縮裴秀回劉永施經里仲壽沈邦傑僧廣先智思登證□回偈道傍政和癸巳季秋十九日邦傑書　左讀　東平宋安中同張遠來遊覽山景□季春下旬　大名朱元宜張應之庚子同登　潁州□奇號琮遊　博州高唐劉生同妻索氏遊頂回　宣和二□三月十九日稅戶孫東元　左讀

□邑縣□安同宋□江南歙州程□濟州□□　□為亡妣存□如□　□峭壁屏□屏□至道□鄖前□標州獻

次口州蔡禮題

右題名正書大小不一並在靈巖巢鶴巖下盤路石壁其中紀年明確者惟第一首政和癸巳益三年也北磨崖之左郎與牟瑫脩方山證明功德記接連

張泱等題名正書在泰山銘東側

政和四年十二月

岱岳觀董元康題名正書在碑側第　層

政和甲午九月

趙子明謝雨記行書在靈巖般舟殿

政和五年四月

政和乙未經春不雨百姓咨嗟思欲禱於法定聖像誠心一啟甘澤隨降遂涓吉辰詣靈光致謝因覽諸衆經日而

還向子千涓同至縣令趙子明孟夏廿一日　監寺僧昭戒立石

右碑高二尺廣三尺許題記十一行行六字行書徑二寸法定爲靈巖開山之初寺初患無水有雙鶴飛鳴遂得二泉名曰雙鶴後一泉塞一泉尚存遇旱禱雨多在于此

錢無咎等題名正書在呂公洞北側

政和五年十月

李堯文題名行書在靈巖伽藍殿

政和六年閏正月

山陽李堯文自汶以事至東武由奉高祠嶽過靈巖瞻禮觀音像登證明龕盡得遊覽之勝政和六年閏正月十九日

右題記六行行書徑一寸五分

贈朝散郎孫覲墓誌銘正書　許翰撰書在要德鎮萬壽宮壁

政和六年

宋故贈朝散郎孫公墓誌銘　朝奉郎行秘書省校書郎兼國史編修官編修六典檢閱文字賜緋魚袋許翰撰并書　承議郎秘書省著作郎編修六典檢閱文字李敦義篆蓋

政和三年余入校中秘書所與並遊往往鮮明辯麗英發可喜而曾國孫君聖求獨靖固淵塞渾然難知余心異之曰此豈非曲阜闕里之風也哉吾今乃知天以夫子之教興於魯者因其質厚如此而文生之也後二年謁其丈人

大夫公於東郭私第聽其議論重德人也又一年其家卜葬其先大父則狀其行與事而請銘於余余既得交於聖求父子間又得於此考觀其世德之經緯本末喟然歎其積之遠矣因益見魯多君子足以發吾昔日之言爲不妄也遂書其蹟而銘以亂之君諱覲字明之兗之泗水人曾祖諱程祖諱榮考諱達世世以農服田至君之考乃盡劃膏腴以與兄弟而自取磽薄力耕其中君少而孤食龕攻苦事繼母接諸弟以立家母爲敕戒所生無得恃吾故亂兄治官府有政與勤其弟吾寧以身往役發於誠心以故上下依懷閭門大和歲惡人爭貸粟於官君獨不往曰今自刻厲尚可以生貸而不能歸是欺國也其居鄉能以義

槩動人沈毅慨慷時有俠氣有惡少自以負君妄意君心
結客數十撫刃從君君正衣冠而叱之惡少心震氣褫失
刃墮地數以云云不覺膝屈請得改事君因與講不復帶
芥巨冠將至鄉人大擾謀徙避之君止之曰少族我即持
牛酒造冠壁願見因留與之醉飽歌呼相樂輸以其情冠
壯而義之爲引去有故家子嗜酒不羈君見戒以無穨家
聲發怒辱君君謝遇之益厚其人愧之終身避君縣吏與
君不相能薦數中以吏事後敗困窮君反賙之吏愧亡匿
曰吾無面目見孫君矣蓋其能詘服人心如此大夫罷官
與元開魯大荒或欲擇居它鄉君不可曰無年如此族姻
日夜望吾至以薦其饑吾何忍擇利自營而不此顧耶乎

旣歸施擔即內外千指仰食君君市米官廪雜糠覈藜藿
相與食之無難色有餘則以餉隣里之窮無告者振施甚
衆大夫官蜀計司取錢引之當毁官者復出之郡縣大夫
月受以爲俸君曰以此與民爲市是罔民也禁家人無得
出積爲錢五六十萬盡廢其後有司逮治操空文以市於
民者官吏皆汙而大夫獨皭然有蜀人賢之大夫之爲循
吏君蓋多有力焉其自蜀歸則盡舉族人之無後與貧不
克葬者凡三十五喪葬之未疾數月忽戒其子儉葬與凡
家事豫爲條理大觀四年八月辛卯卒於舒州官舍年八
十一以其子恩爲通直郎累贈至朝散郎其治命曰必於
先塋乎吾葬今以十月甲申葬莵裘東節義鄉里仁之原

與考同域娶曹氏贈太宜人男女二人男琪朝散大夫提
點南康軍道遥觀女適邑人潘濬孫凡四人傳儉億僖傅
奉議郎以辭學兼茂高選爲秘書省正字即余之所異爲
同舍郎也億將事郎鄆州刑曹掾餘未官初君未嘗伏術
爲學而行事每與書合又能撙絀自下以延致士敎其子
孫詩書以故子孫彬彬多以文行著云銘曰
暴與非祥墮神姦慶積離久乃見端根蟠源洑天所艱擢
爲脩林舒長瀾孫氏世隱根寬閒逮君負能不施官人文
不琢天守完俟天我昌匪力干裔冑袞袞方彈冠謂君未
顯非今患昭詩佳城唯後觀　裴通苗成魏通模刻

右碑高二尺八寸廣二尺五寸文三十五行行三十五
字正書徑五分篆蓋未見撰書者許翰碑前結銜稽之

宋史翰傳皆所不載蓋史闕也孫明之之孫傳宋史有
傳稱傳字伯野登進士第中詞學兼茂科爲秘書省正
字校書郎累官中書舍人宣和末高麗入貢傳言事被
貶許翰論救翰亦罷之靖康二年以留守從欽宗北狩
死于朔廷謚曰忠定此碑載傳以辭學兼茂高選爲秘
書省正字正與傳合但史稱傳海州人此碑孫明之爲
泗水人殆明之與傳時隔三代由泗水遷籍海州未可
知也碑文首云政和三年下云後二年又一年則是以
政和六年葬碑亦
當立於是年矣

府中效安石題名正書在青帝觀唐碑側

政和丁酉四月

張勘靈巖觀音道場題記正書在靈巖功德頂西北崖

政和七年正月

靈巖山觀音菩薩昔所化現天□之□跡維時四大□政
和歲在丁酉首春甲午劇請□□充右文殿修□□樂張

勅來守濟南爲題峯口著口名以彰其實

右磨崖高一丈廣五尺前有靈巖觀音道場六大字每字徑三尺餘後係以記三行行徑五寸並正書

崔大昉等觀音洞題名 正書左讀在靈巖觀音洞

政和七年三月

博州崔大防周君度同登證明口到遊漢仙洞時政和丁酉歲三月十四日題

右題名四行正行書左讀其右隱隱有字二三行不能辨

楊昇等觀音洞題名 正書在靈巖觀音洞

政和七年

博州楊昇同楊善到此政和七年 下闕

右題名二行

梁西均觀音洞題名 正書左讀在靈巖觀音洞

政和七年四月

汝陽梁西均挈家同遊適潘女悟通侍行政和丁酉孟夏旦

右題名二行左讀即在楊昇題名之左兩相接連侍行之女名悟通葢皈依佛門者也

陳國瑞題名 正書在石經峪崖上今佚

政和七年

蒲陽陳國瑞子玉校學奉高遊石經峪熟視筆畫字徑尺餘非人所能歷千百年曾不磨滅豈非神力護持以遺觀者政和丁酉看餘一日承議郎知縣事鄭溫恭勒石

王安石題名 正書在山頂宋磨崖東今佚

政和七年四月

政和七年四月十九日臨川王安石介甫與南陽鄭君中口口同登訪口奉符尹鄭溫恭偕行

王喚靈巖寺飯僧記 行書在靈巖寺

政和八年六月

王喚被旨特許因職事到濟南營治亡妣襄事小祥前八日恭詣靈巖道場禮觀世音預設僧供請如老陞座飯畢出山劉材韓洵王永亨侯不羣同行政和八年六月廿有七日

右刻高一尺五寸廣二尺記十一行行八字行書徑寸許玩碑文似王喚方居母憂未及小祥因事起復道經靈巖飯僧追示祈福也如老者似即宋齊古施五百羅漢記所稱住持妙空大師淨如也

升元觀牒 篆額草書正書在山東南址朝元觀內

政和八年閏九月

尚書省牒泰寧軍奉符縣升元觀

泰寧軍狀據兖州儀曹掾兼兵曹婁寅亮狀稱契勘兖州奉符縣泰山之下有古洞天周三十里名曰三宮空洞之天載在圖經是實即目宫觀並無名額却有建封院一所逼連嶽廟之後殿屋完備田產頗多只一村僧占據住持任從民間安攢邱墓穢惡不蠲深慮觸瀆眞仙不便欲乞備申朝廷改爲道觀州司看詳本院委合改充前件洞天道觀伏候 指揮

牒奉 敕宜賜升元觀爲額牒至准 敕故牒

政和八年六月十四日　牒

起復太中大夫守左丞王厈　特進少宰卢

起復少保太宰臣　太師魯國公不押

政和八年閏九月二十一日襲慶府管内都道正兼權措置升元知觀事洞元大師賜紫道士李仲昭立石

金石文字記云泰山東南麓升元觀牒大字草書甚道勁不知何人筆録之以見當日牒文之式考宋史襲實傳但云政和二年進士爲上虞丞不言歴官兗州亦可以此碑補史之闕其曰太師魯國公則蔡京也晉照寺有金大定五年牒長春觀有元丁亥年牒其式略同金元碑並有印曰尚書禮部之印即今通行大篆文不用女直蒙古字

右碑連額高四尺六寸五分闊二尺字大小入行每行長短不齊額曰升元觀敕古籀書字徑三寸其牒奉敕已下十六字行書字徑四寸許甚道勁不知何人筆餘皆正書如首列尚書省牒一條字扁而寬三寸許又泰

寧軍狀等語字徑六分至年月後書官銜三人名有押惟魯國公不押字徑一寸略同宋碑云起復太中大夫守左丞者王黼也特進少宰者余深也起復少保太宰者鄭居中也泰安縣志誤以特進少宰爲劉正夫

安隆題名 正書 在王母池大門外牆石上

政和八年九月

董元康石刻 正書 在岱嶽觀今佚

政和八年

金石文字記云右題名在岱岳觀予既録唐碑往返數四道士謂余曰昨發地得石刻二與觀之其文亦可采因附焉下題同此

盛勛題名 正書 在岱岳觀今佚

政和八年

金石文字記云戊戌乃政和八年其年十一月己酉朔改元重和曰決獄者讞而決之古無仲夏斷決之事也

賈洵題名 正書 在泰山銘東側

政和八年

靈巖寺朝洵三人題記 正書 在靈巖御書閣

政和口年

何亭玉等功德頂題名二首 正書 在靈巖山頂石龕

宣和元年三月

右題名二首前段四行存者封十藴資遊觀三月二十三日凡十二字可辨後段三行云何亭玉唐口儀來遊宣和元年三月廿五日左讀

錢伯言遊覽記 行書 在岱廟殿西壖今佚 文入岱志

宣和二年九月

金石文字記作錢伯言題名云舊在宋天書觀後人移之州城内岳廟中壖古松下行書大徑尺餘

右碑行書字大如掌在岱廟峻極殿西壖下南向其北面有篆額曰襲慶錢守紀游碑陰鄒宏文跋方元煥行書字徑二三寸不等兩面文字皆漶脱入妙乾隆三十五年重修泰山諸祠是碑乃廢

避風崖諸人題名 正書 在山頂

宣和二年

補之及之貫道自絕頂迴歇此巖下　饒陽鎮田完仝史賚李千遊岱頂庚子三月六日記張進口　磁州左口揚式王立楊玫曹渙宣和次歲三月口日遊此　保順軍安立同妻牟氏并男口奴外生魏琦宣和次歲三月六日登頂遊此記　千乘縣十河店陳文鉅宣和二年遊頂記　沂州沂水縣張買奴遊頂宣和二年三月十日記嚴青口　鉅野簿文叔劉子口張芬文遊頂迴宣和庚子三月十

五日

案岱巔天街石厂南闢爲避風崖多宋人題刻俱正書惟晁補之等題一則在崖之東其用完以下題名凡六並列此崖之西爲廬市所掩

劉宗等題名 正書 在山之東北海螺峪磚塔座上

宣和三年四月

李唐臣觀音洞題名 正書左讀 在靈巖

宣和四年四月

清平李唐臣范庭口鄭伯温王秀姬田汝霖遊此宣和四
年四月三日

右題名三行 正書兼行體

朱濟道詩刻 篆書 在靈巖坐落房

宣和五年二月

二年催遣向東州見盡東州水石幽不攄尋常費心眼靈
巖消得少遲留 右一 東州山水亦堪遊及至靈嵒分外
幽會有定師能指示直須行到寶峯頭 右二
宣和五年二月初九日朱濟道偶書呈如公妙空禪師一
口魏濮定禪師乃觀音化身初居靈嵒口口神寶峯作釋
迦石像艮有深旨

右碑高二尺二寸廣四尺篆書七絕詩二首連款共十四行行六字字徑三寸末有小字注二十行共二十九字亦篆書徑一寸朱濟道不詳何許人如公妙空禪師者靈巖住持淨如也以法定禪師爲觀音化身抝見此注

靈巖寺海會塔 正書 僧祖英 在靈巖寺

宣和五年七月

有魏正光迄今聖宋綿歷年餘八百寺號之更遷人物之
臧否以致隆窳不可悉數逮夫規式崢然緇侶雲委土木
備舉殿閣一新無如今日堂頭妙空禪師唱導之閑獨念
常山從來先亡後化積骨遺骸有力則疊石累塋星分櫳
畝孤窮者暴露坑淵灰燼狼藉殊無以表叢林義聚之義
宣和癸卯寒食師躬率衆饗祭祖師窣堵之左忽惻然爲
懷卽日芟草定基揆作海會之塔庶幾聚其散瘞以合爲
一且使後來順寂有歸於是舉衆驩然嘆喜師勇於有爲
而作利益事乃僉請醵金請助其費六月初一基土爲穴
作壙壙分爲三中安住持東安僧徒西安童行七月十五

告成預令報諭徒季收斂棄擲二十日營辦供食嚴持香
燭與闔寺之衆作種種佛事迎而葬之已往者既獲安其
地後來者亦乃均其利舉家靡不相慶曰吾儕像教獨善
其身爲目前計者倒指皆是今堂上老師作利益事以垂
永久非願力廣大悲智圓融何以能此咸請書其歲月監
寺比邱祖英謹題

右刻石縱一尺五寸橫三尺許記文二十八行行十三字正書圓勁似景龍鐘銘自魏正光元年庚子至宣和癸卯實六百四年而碑云年餘八百者蓋記憶之訛也海會塔今南方佛寺謂之普同塔明孫克宏碑曰有靈巖寺普同塔銘疑卽此碑

青帝觀眞君殿記 篆額 正書 周顯靈撰 張振 在青帝觀大門內

宣和五年十二月

東嶽青帝觀眞君殿之記　總眞居士周顯靈撰　補□
校正御前文籍□□人張振書　丹林郎李係存篆
於戲魁乎偉乎舉六合於太虛之內者元氣之力也包總晦明維持終古而不覆墜者至神之功也神無方而有方者賴焉神無名而有名者□焉神也者妙萬物而爲言聖也者大而化之之稱至精者爲至粗者所歸至妙者爲至顯者所持凡囿於名教之域莫不皆神之所主聖人郊禋澤瘞名從其類致其禮彰其用歲暮臘蜡合萬物而索享之無一物之精不求而報其主物之功然時有用舍名有高下而神之所□又有貴賤剛柔之别五行之尊者在天爲五帝在地爲五嶽在人爲五常在身爲五藏在物爲五

事未嘗不各從其類而有所主火爲文見於離明之方而帝與萬物相見於是乎在水爲武潛於幽朔之位萬物至是而堅凝伏藏惟其堅凝是以毅然不可犯可得而犯者所恃焉惟其伏藏是以出而應物則天下無敵龍爲五蟲水類之長水之至精所生方其伏于混茫潛於纖芥其質也極天下之至微其氣也□天下之至妙其神也游天下之至幽及其風雲既會出而布四海之澤則雷雨之動盈於九區其體之廣其氣之雄蔽塞宇宙矣此水德沉潛之効也乾爲八卦之君處西北至陽闔闢之方其六爻□致則成亢龍於象爻爲寒冰此水德剛健之功也水爲五行之祖與土同王於坎宮四象萬物資之以始生故元武之

狀其金木二體而水火之色存焉乃四象所會而歸根抱元以守其宗惟其能以至柔□□□之至剛使不能有所犯是以四象歸之以稟其生以全其養若嬰孺之懷二親也非大道至眞何以及此坎之中有陽□焉以一陽□乎羣陰之中使昭昭之倫由此以成始成終非不怒而威不戰而服何以及此我北方作聖眞武靈應眞君儼金闕眞尊之聖撫有倫孩慕之誠統元天無鞅之猛護億相包育之羣十極內外神姦魑魅凡爲幽顯害者莫不慴懼□光聞風震駭□□並仰涛濟無涯久沐德庇獲蒙師禮寄齒學徒之列積有年矣平生于□宗之道□論警悟披拂迷□皆睿意所感而遂通之晚□於修眞久視之理薄造淵

奥多古今簡籍之所罕載聖倫之所未窺者舉目會心默而識之非智德洞徹於靈府無以與於斯也今且飭身鍊行崇建三聖之教總會一眞之境仰答宏貺往年祈斗中七元君上達帝聰願以護師之稱冒干□□已而聖威旨以允旨今以兇魔所戾屯坎萬狀正擬攄誠瀝懇以俟哀援俾聖導所能遽成實績屬大梁□□李□□捐貲購工獨剏眞祠于泰嶽青帝觀後金山之端託以記文庶傳永久殿爲南北五架東西四楹重簷羽揭綺觀翬飛丹□□拱勢亂雲漢中凝睟儼靈衛肅然香燭華實之奉蘋荇薦篆之供悉李氏具焉仰瞻岱宗之峻極俯鎮萬壑之深注所以來中馭而駐倒景恍乎其儀洽乎其應將以崇國祚

濟億兆於千萬斯年其慶李氏之耄□釋意外之慾尤俾
流於世世者方焉□毫之力爾若夫甦□□於困蒙成眞
仙修鍊之業實亦寤寐不忘於大阜布雲電惟洪造鑒而
矜之殿始治於宣和壬寅五月□□日落成於六月十八
日奉安於七月十八日稽首再拜作頌三章章八句曰滄
波浩渺惟水之明雄威淵默惟□之靈靜滋衆築動應八
瀛我眞潛妙我武振亨於皇紫極實爲辰樞乾關是幹坤
□是扶陽虛焰熾陰厄靖紓至剛莫犯至柔所憮桓桓無
上滔滔至精破萬魔膽滅千妖形□□□□禦□之勍儼
兹煥宇永護四生

大宋宣和五年歲次癸卯十二月　日立石上缺監修道士

呂善上缺尙修殿同知觀李賜紫道士張上缺觀道士李

右碑高三尺四寸廣一尺七寸篆額八字徑三寸作四行文三十二行行五十二字正書徑五分額字已鑱毀隱隱可識在青帝觀重門內西牆間

重修泰嶽廟碑篆額　宇文粹中撰　張漴正書　在城內岱廟炳靈宮門外

宣和六年三月

宣和重修泰嶽廟記　翰林學士承旨正奉大夫知制誥
兼侍講修國史南陽郡開國侯食邑一千五百戶食實封
壹伯戶臣宇文粹中奉敕撰　朝散大夫充徽猷閣待制
知襲慶軍府事管勾神霄玉清萬壽宮兼管內勸農使兼
提舉濟單州兵馬巡檢公事陳留縣開國男食邑三百戶
賜紫金魚袋臣張漴奉敕書篆

宣和四年九月有司以泰嶽宮廟完成奏功制詔學士承
旨臣宇文粹中紀其歲月臣粹中辭不獲命退而移文有
司盡得營建修崇詔旨本末與庀工鳩材因舊增新之數
謹再拜稽首而言曰臣聞自昔受命而帝者咸有顯德著
在天庭合四海九州之懽心以爲天地社稷百神之主故
□壇場圭幣以象其物有宮室祠宇以奠其居有牲牢酒
醴以薦其潔有祝册號嘏以導其誠其漠然而意可求僾
然而誠可格殆與人情無以異是以黃帝建萬國而神靈
之封七千虞夏商周文質迭救雖所尙不同而事神以保
民其歸一揆故其言曰望于山川徧于羣神又曰山川鬼
神亦莫不寧其詩曰懷柔百神及河喬嶽又曰嶞山喬嶽

允猶翕河東曰兗州其山鎭曰岱山自開闢以來尊稱
東嶽其穹崇盤礴雖號爲一方之鎭而觸石膚寸不崇朝
而刈及天下是以歷代人君昭姓考瑞盛登封之禮告祭
柴望五載一巡守必以岱宗爲首而神靈烜赫光景震耀
載在書史接於耳目者奕奕相屬也宋受天命建都于汴
東倚神嶽遠不十驛章聖皇帝肇修封祀蓋嘗躬款祠下
欽惟神靈響荅之異念唐開元始封王爵禮加三公一等
未足以對揚休應遂偕五嶽咸陞帝號自是宮廟加修薦
獻禰厚四方萬里士民奔湊奠享祈報者蓋日益而歲新
也皇帝聰明仁孝光于上下神動天隨德施周溥既成膺
斯民於富壽迺申敕中外凡所以禮神祇崇顯祀靡不備

物畢用其至歲在辛巳迄於壬寅詔令興修增治宮宇繚牆外周罘罳分翼歸然如清都紫極望之者知其爲神靈所宅凡爲殿寢堂閣門亭庫館樓觀廊廡合八百一十有三楹財不取于賦調役不假于追呼而屹然崇成若天造地設靈祇燕豫福應如響嗚呼眞盛德之事也惟古聖王先成民而後致力於神故奉牲以告曰博碩肥腯謂民力之普存也奉盛以告曰潔粢豐盛謂三時不害而民和年豐也奉酒醴以告曰嘉栗旨酒謂上下皆有嘉德而無違心也臣竊伏覩皇帝陛下臨御以來夙宵之念無一不在於民者發號出令以誠以告頒恩施惠以生以育設官擇人以長以治制法垂憲以道以翼以訓以齊政成化孚中

外寧謐於是國有暇日以修典禮民有餘力以事神祇咸秩無文周徧羣祀自古所建上下遠邇靈祠告祝于今莫不畢舉觀是宮廟土木文采輪奐崇麗則知郡邑之富庶帷帳熒煌衮冕璀璨則知絲枲之盈溢牲牷充庭醪醴日御則知耕牧之登衍簫鼓塡咽歌呼係道則知風俗之和平神之聽之迺祇陳於上帝用降鑒錫茲祉福則社稷之安固歷數之緜遠益方興而未艾也臣既書其事又再拜稽首而獻頌曰於皇上帝監觀九有孰贊天緯山川封守帝欲富民俾阜貨財溥潤澤之俾司風雷東方岱宗是爲天孫體仁乘震生化之門昔在章聖崇以帝號發冊大庭五雲前導施於子孫格是神係歲在攝提新宫載考皇帝

慈儉愛民自衷不侮鰥寡不廢困窮神鑒其仁錫之屢豐皇帝神武赫然外攘馴服悍戾以耆善良神予其義助之安彊仁義既洽民有餘力還以報神神居是飭峨峨神居作鎮于東有來畢作庶民所同惟此庶民惟皇作極丕應傒志徧爲爾德祝皇之壽泰山同久握圖秉籙歷箕旋斗祝皇之祚泰山等固鎮安二儀混同萬宇下逮羣黎徧敷錫之億載萬年惟神是依匪神獨依惟天無私有謠康衢述是聲詩

宣和六年歲次甲辰巳酉朔十八日丙寅建　胡寧刋

右碑連額高一丈九尺廣六尺篆額題宣和重修泰嶽廟記八字徑七寸分二行文共二十六行行七十四字正書徑二寸碑陰刻廟官姓名二十行正書徑八分似前十五行爲宋刻後五行有東平路宣差怯里馬赤等

名目爲元人所刻此碑撰文者宇文粹中書丹者張漴宋史俱無傳可攷本紀復無制詔撰碑之文禮志不詳祠宇重修之事而字畫完好規制穹巍周刻方夔鐫勤工緻實岱廟諸碑之冠也

靈巖寺五百羅漢記　張克卞正書　在靈巖十王殿

宣和六年八月

施五百羅漢記　承節郎張克卞書

梵語阿羅漢此云應受世間妙供養蓋具六神通得八解脫善超諸有嚴淨毗尼眞可以受世間之妙供矣矧茲五百大阿羅漢者親受佛戒荷護法輪拔濟未來不入滅度誠苦海之津梁暗塗之燈炬也惟應眞示化靈跡至多故貌像莊嚴崇信愈衆濟南京東大都也靈巖巨刹佛事最勝而五百羅漢之像未覩其傑齊古竊有志於是久矣

政和之初得官閩中閩俗伎巧甲於諸路而造像之工尤
爲精緻于是隨月所入留食用外盡以付工人洎乎終更
而五百之像成矣端嚴妙嚴奇厖古怪顰笑觀聽俯仰動
靜無一不盡其態自閩而北歷水陸幾五千里而後至於
齊之靈巖齊人作禮歎未曾有噫豈無因相生信因信生
悟者耶齊古自少游學及竊祿仕蹤跡萍梗幾半天下投
老倦游將欲屏跡閭里爲終焉之計笻杖芒鞋一巾一鉢
可以日奉香火澡滌妄緣普及見聞同超覺路此予之夙
志也雖然如是內辨其質莫非彫木外覩其飾盡是明金
然則五百尊者今在甚處若也迷口口數顯是徒勞苟爲
捨像求眞却成孤負離此二塗如何則是不見道金雞解

銜一粒粟供養十方羅漢僧　奉議郎賜緋魚袋宋齊古
謹施　宣和六年中秋住持妙空大師淨如上石
右碑高三尺寬二尺九寸字二十三行行十九字正書字徑寸惟書人姓名極小在靈巖十王殿大門外北向羅漢像爲宋齊古所施碑記亦即所自作其作宦閩中自閩塑像至五百尊之多不遠五千里水陸津般勞費極矣惜無傳記可攷不知其作閩何官里居何處然必於靈巖供養想亦家於齊地也碑云內辨其質莫非彫木外覩其飾盡是明金是言羅漢塑像之制則木雕而金裹者矣

王淵題名 行書　在靈巖般舟殿
宣和八年六月
功德頂佛龕諸人題名
宣和等年
高直臣題名 見金石文字記　在靈巖

靖康元年
趙邦美題名二首 正書　功德頂石龕內　在靈巖
靖康二年正月
長淸宰趙邦美子相口拉楊叔應李充道同遊金僊靖康
丁未正月廿二日
禮同恭拜　曹積李流曈口口王斌口昌口遊記二年二
月三十日
右題名二首前段正書四行後段分上下二節上節僅存禮同恭拜四字下節姓名泐者四字亦正書皆舊有磨崖而掩刻之
趙令住靈巖寺題名 正書　在靈巖千佛殿碑陰
靖康二年正月

崇法院印照 正書　在眞福院牒碑下層今佚
僞齊阜昌二年
縣戸案據崇法院主僧海巖狀於去年二月內有羣賊李
僅等入縣浩蕩了本院坊郭岱岳保兩戸方田文賬并宣
降敕牒出公據尋行勘會并名保去後名到保劉皓公弼
并取到隣人等姜寶張珉翟慶狀供本院浩蕩了本院坊
田文賬等文字下項須至指揮一坊郭地三段　第一段
東至姜三郎李子園西至岳廟南至街北至張中舍　第
二段西斛㪷市近北街東面東北至卞二郎北至卞二郎
南至宮口西至街　第三段東至酒務界牆南至街西至
滌河北至大街　一岱岳保　第一段東至沙河東北角

至韓五郎西南南至成家　第二段東至張八郎西至張七郎南至道北至㢋家　第三段西至古道南至翟官人北至王官人東自至　第四段寨城東萊園一座約二畝半大弁路南拐子地約一畝大東至翟家南至道西至成家北至南宫地　一宣降敕牒　一後唐長興四年九月二十三日有趙樞密使檢校太傅平章事駙馬都尉及范樞密使檢校太傅平章事等押付到特賜田產物業敕牒一道　一祖師實相大師住持敕宣牒一道　一童行看掌御書閣敕牒一道　右給公據付崇法禪院收執照會准此　阜昌二年二月初一日給文林郎簽書判官廳公事兼縣事劉　欽　修職郎主簿專一管勾勸農事高㐀

承信郎縣尉專一管勾勸農事張万　院主僧海巖　住持賜紫僧寶口　踵繼撥賜受業僧海環　僧紹臻　僧惠寬

右刻凡三十一行正書徑五六七分不等內左讀者二十六行長短不齊用印者三處印徑一寸五分文曰奉符縣印

功德頂佛座題名 正書　蘇永叔一首　潁水李顏廬山李憲一首　齊幕仲等一首

無年月

靈巖朗公傳磨崖 釋如曉行書在山頂可公床

不知何年

戊子歲秋七月念七日　釋如曉謹書

右磨崖縱四尺橫寬一丈五尺文四十行行九字至十二字不等行書徑三寸許前書東晉朗公傳本梁慧皎撰文不具錄末年月題名一行但稱戊子歲不係年號書人如曉係宋僧因錄附宋末

東岳廟御祝文 高冢宰篆書

右刻見明孫克宏碑刻目今佚

孫明復墓碑 歐陽修書

右刻見明孫克宏碑帖目今佚

靈巖寺詩刻 田稹　滕涉　祖無擇　孔舜張合宗　鮮于侁　宼亭卞　杜欽況

右靈巖石刻大小不一無年月見金石文字記今並佚

鯖埼亭題跋云鮮于公論新法最爲平允而黨人倚極恨之端禮門前之石借其子綽並豫焉近見其留題靈巖七言石刻一紙詩筆之工不必言書亦清健可愛其上石在元豐三年

金寺碑跋 宋御書　歐陽修在郡城南

右刻見明孫克宏碑刻目今佚以上俱無年月可繫並附於末

金

張憫修三磴崖記 正書　在三磴崖西壁今佚

天眷元年八月

靈巖寺妙空禪師塔銘 篆額　正書在靈巖寺

皇統二年

右碑僅存半截凡文二十七行行存十九字正書徑八分額題妙空禪師塔銘六字皆蝌蚪文徑五寸分三行文內一行云皇統元年六月二十八日管勾濟南府十方靈巖末行又有皇統二此下並闕遂定此碑立於皇統二年妙空事蹟不見其全文之可攷者師諱淨如俗姓陳氏福州侯官縣人其住靈巖未詳何年但云論之以理乃盡歸所口田案明昌六年周馳撰靈巖寺田園記云寺之田園實亡宋景德間所賜也逮天聖初稍爲人侵冒主寺者不克申理其後紹聖間掌事者稍怠左右遂伺隙而取之時長老妙空者雖訟於有司其地未之能歸也据此則碑所云論之以理乃盡歸田者非實錄矣又妙空自號方山老拙嘗有宣和五年自書眞贊

又有別知事禪衆詩皇統三年合刻碑在寺中別衆詩云七年林下冷相依則住靈巖七年也證以田園記其住持在宋紹聖間至是越五十年矣

靈巖寺定光禪師塔銘　篆額　正書　李魯撰　高鏗書　在靈巖寺

皇統二年十月

濟南府十方靈巖禪寺第九代定光禪師塔銘　濮陽李魯撰　濟南高鏗書　儒林郎行臺大理寺丞韓詮篆額

皇統壬戌中秋定光侍者走書於魯曰先師頃自普照來住靈巖道場鋤墾荒蕪爰立規矩不幸席未煖遽示寂滅智月忝出門下荷潤特深報效蔑聞彌增惕懼遂躬率諸門人營建梵□□功告成銘誌未備其念先師疇昔交契之厚誰如公者今輒以昌黎韓淘通仕所叙行狀請銘於

公能無意乎魯始錯愕顧陋學無以表其高風既而曰樂道人之善聖人之訓也尚何讓□□道詢俗姓閻揚州天長義城人也世爲鄉里大姓產業雄一方歲入不貲幼孤事祖母以孝聞及長性豪邁姿貌魁偉喜施與好鷹犬馳騁田獵割鮮染輪不忘旦一旦鄉人畏愛以任俠處□□無何臂鷹牽黃過故人家見讀方冊師挺前奪取欲視故人曰是豈公所能知師氣憤徐更讀之乃智望禪師十二時謌也闋未竟面熱汗下嘆曰報應若此可奈何故人曰審如是早自□□師茫然謝歸放縱鷹犬游獵之具杜門斂服粟布衣芒屩體膚餓悴而視髮之念萌芽胸府矣家人以爲狂初加訶禁師志益堅竟禮本縣興教寺常住院首

座僧德安爲師納戒於本州□□實政和改元之歲也師在衆持頭陀行精嚴齋戒平治心地其師名謂之曰懷與安貢敗名汝器識遠大未可量也盍游方以廣學問師即詣本州建隆寺依住持因禪師爲侍者未幾參□□室頗領元妙建隆語師曰汝將騰趠萬里詎可於此久淹當務遍參以卒遠業師稟命至龜山見慈禪師坐禪次聞靜板有省以頌投龜山深蒙印可遂入舒州見甘露卓禪師卓識師根□□常謂曰法華言禪師爲一時郢匠盍往謁焉師忻然領命及一見師資道契駐錫四稔舉作座元因爲師小參舉二祖覓心了不可得馬祖即心是佛機緣於是徹證傳心之旨太湖眞乘□□人諸禪舉師名德郡委縣

令齋牒勸請師謝曰吾始捨緣私自爲盟不願住持矧茲末法祖道榛棘宜得吾門龍象提宗印以振衰墜庶幾有益詎可妄欲以此事付田家子是猶貢越□□□甫計亦左矣因固辭令請益堅師計窮碎牒投諸地令駭曰斯罪也奈法何衆以師厲志純一本無慢心禱令得不白州聽舉自代者因得遁去師以名迹爲衆指目乃歸義城距祖第數□□得佳泉石處曰岧山搆精舍號定光菴將終老焉鄉里子弟執侍甁錫願度爲弟子者五十餘人建炎二年大軍渡淮尋陷天長師處倉卒無撓色太尉薛公巽之入白統軍迎置軍中□□□養且下令曰尔等當善護持勿致失所洎旋軍至沂聽師自便名士劉郛子機雅聞其

名虛懷接納一叩眞機定交方外壽於泗水靈光山卜築自晦阜昌六年濟南普照虛席府帥劉□□□嗣事者衆以師應選乃給帖馳疏敦請師確守前誓專使荐來勢不獲已以五月十三日到寺首請惟素禪師爲座元希璇□丈一切以清規從事晨參夕請鐘鼓一新其於誨導尤示慈□□子仰之爲指南旣暇卽徐覗殿宇圮毀者改建完葺侈不逾舊儉而中禮道力所攝人自樂施皇統元年住靈巖妙空淨如禪師示寂府帥都運劉公謂一時尊宿德行純備無如師者爲□□府屬寄居士夫僧正綱維諸寺勸請師謂靈巖巨刹未易遽治府帥曰師負重名當暫屈一往不勞指顧衆自悅服師猶形謙讓府帥懇請久乃應

命以九月五日開堂演法漸欲樹立□□□於府曰常住撥賜田上親力播殖所得僅足飽耕夫又供僧歲費無慮三千萬丐依舊例原免科役庶獲飯僧福田上報國恩實遠久之大利益也府可其請師乃推擇十方勤舊□□事喻之曰世間萬事欲一一如法卽無有是處至於處叢林掌常住錢穀要當先自潔己錙銖不欺非惟目下明白抑亦過後得力衆化其德無不盡心師元學淵深勤於接物初機請□□□忘倦於是四方翕然謂獲宗匠學者嚮慕道風踵至籌室自兵火以來未之有也明年春師至府求退且曰昔黃龍心禪師云馬祖百丈已前無住持事道人相求於空閑寂寞之濱其□□□住持皆王臣尊禮爲人

天師今則不然挂名官府遂同編氓是豈久寓之地耶援引至理詞義切當府帥喻之曰非意相干可以理遣師當還坐道場勿恤也時又迫近結制師乃強留□□□曰汝等勉之吾將逝矣因日爲衆普說入室勤劬不替者彌月衆亦莫測俄有野蜂集於寢堂鴉鵲百數悲鳴下上識者異焉夏六月二十三日粥罷顧謂侍者收鉢置方丈卽令撾鼓□□□座垂語詞旨哀切特異常日旣下座示有疾衆咸怖惴而師神色恬然屢欲趺坐衆悲泣救藥不克如志有問疾來者但目覗之豈非葉落歸根來時無□獨提全提之旨者乎第後學□□□之領也二十四日右脇而化時署氣炎猛居六日如始逝二十九日以遺命荼毗得

五色舍利百餘粒翌日瘞靈骨於當山後與塔之右卽其上示窣堵焉閱世五十七坐夏三十二門□□□有餘人傳道於四方以名著者十餘人有示衆廣語游方勘辯頌古偈贊流通於世師先在淮甸嘗膺椹服之賜及師名禪定洎北來絕□不言唯號定光菴主自臨濟義元禪師凡十□□□出黃龍慧南南出照覺常總總出廣鑒行瑛瑛出舒州法華證道禪寺住持永言言卽師嗣法師也師常歎今時傳法紹嗣者往往開堂有橫費及居普照因上堂便爲法華和尚拈香□□□飯堂衆酬法乳而已性不積財住靈巖纔十月所得書付常住爲供僧用特喜賓客一時名卿巨公慕其道行莫不願爲友至千里走介問安否

師待人以誠不視貴賤高下其心恤□□□動推惻隱數於道路解衣以遺寒者噤凍而歸又好儲諸良藥拯救患難見有疾苦如出諸已於是感恩懷惠與其參學問法者相半所至交口稱譽出於自然聞者歡喜願居門下奔□□□唯恐其後可謂道重一時名高四遠者矣趣寂之日遠邇莫不哀歎師故人孫力智彥周聞師示滅亟走諸山宿中道夢師若平生來告曰山僧兩來靈巖矣卽指其藏骨所在驚寤見□□□光粲然移時方滅旣抵寺僧或告寺有故延珣禪師塔其銘文有意捨浮華情耽定慧之語良符彥周之夢是知師應跡世間豈偶然哉銘曰

飢鷹摩空得肉乃飽韓盧待嗾志厲霜草追飛逐走聊以

自娛陷心潰腦衣袖爲朱定光老人少年如此勇猛悔悟是眞佛子一缾一鉢誓堅志願石頭路滑請益無倦傳心得妙爲衆□□□跡空谷人不我遺兩坐道場接物利生事有固然逃名得名衆仰其德罔不自厲壓以至誠不嚴而治優游請退從吾所好使君眷厚竟莫之報死生常事戲劇有情於我何有撒手便□□□萬仞靈塔百尺山低塔高不俟他日淄州崇勝禪院住持嗣法小師慶悟　徂徠崇慶禪寺住持嗣法小師惟□

皇統二年歲次壬戌十月庚申朔初十日已巳起復昭武大將軍陝西諸路轉運使劉益立石　歷山任升刊

右碑連額高六尺二寸廣三尺四寸篆額定公塔銘四字徑五寸橫列於上銘文三十四行行七十三字正書徑七分下截近趺處每行缺二三字撰文者李魯書丹者高鯉二人皆不甚著名而文體詳贍書筆遒勁寺碑銘中不多得也

山左金石志云篆額者儒林郎行臺大理寺丞韓淦案行臺之制以別於中臺天眷三年移置汴京皇統二年定行臺官品皆下中臺然則此題大理寺丞降於正六品故書階儒林郎僅依從七品之下此皇統新制也昌黎韓淘通仕叙行狀淘似與韓淦同弟兄行則韓淦亦昌黎人也立石者起復昭武大將軍陝西諸路轉運使劉益致百官志轉運陝西有東西路其分路之始證以地里志天德二年京兆府置陝西東路轉運司平涼府置陝西西路轉運司此當皇統二年陝西轉運猶未分東西也故言諸路以舉之

妙空長老詩讚二首　行書在靈巖千佛殿

皇統三年

拙頌奉別知事頭首兼雲堂諸禪衆　一住山淨如拜呈

七年林下冷相依自愧鈆刀利用微聚散莫云千里遠輪

天一月共同暉

慈書記寫予眞求讚漫書此以塞來意

眉不修踈頭突兀鼻磬垂兮顴無骨長憐百醜兼且訥慈禪慈禪不我拙名兮邈兮水裏月咄

宣和五年八月初三方山老拙書

妙空老師嗣法薦福英和而出於大宗師門下兩坐道場僅四十載凡示徒貴機用唯棒喝可語言知客道德獲此二頌囊之久矣師今示寂命工摹石益傳不朽皇統三年中秋日監寺僧義由謹記

右碑高二尺廣一尺八寸詩讚共十一行行十三字行書徑一寸跋三行行書徑五六分案妙空長老名淨如號方山老拙方山者卽靈巖寺山也其住靈巖未詳何年而自題眞讚則在宣和五年至是摹勒上石距書讚

越二十一年矣跋云師今示寂益妙空
寂於皇統元年後二年乃刻是讚也

靈巖寺傅大士梵相十勸碑 正書 在般舟殿

皇統六年八月

右碑高二尺一寸廣一尺三寸分上下二層上層畫傅
大士像下層刻十勸詞首標題一行云婺州雙林傅大
士十勸并梵像此後即十勸詞不具錄末云皇統歲次
丙寅八月中秋日濟南府七方靈巖禪寺住持嗣祖沙
門法雲募工刻石山門書記僧義由書洛陽雍簡畫會
人胡寧鐫凡十四行行二十四字正書兼行體徑五分
案碑畫傅大士披袈裟趺坐胡床首有冠簪疑是居士
相不盡是梵相也左置高几爐香煙裊右侍一行童背
似負葫蘆兩手執物如簡策其畫如此傅大士名翕梁
時人居金華義烏縣之雲橫山金華即婺州也十勸詞
是其所作法雲住持靈巖乃
繪其像書其詞以勸寺衆

靈巖寺任瀛詩刻 行書 在松風閣

皇統七年三月

濟南府推任公詩

詩呈堂頭雲禪師　瀛口上

放開塵眼頓超凡便覺棲眞悟泐潭碧嶂排空千仞矗清
泉漱瀨十分甘五花殿裏師因果百法堂中問指南若道
爲官太拘束三年三得到精藍

皇統丁卯三月二十八日監寺比邱子方上石　兗人胡
寧刊

右刻詩十行行書年月二行正書前題瀛下闕一字驗
碑亦似瀛字疑刻工有誤筆因磨去而重刻瀛字於上
也其官爲濟南府推稽之濟南
府志秩官竟不列任瀛姓名

靈巖寺觀音聖跡象並序 正書 在觀音堂

皇統七年七月

濟南府靈巖寺祖師觀音菩薩託相聖跡序

雲公禪師住持靈巖寺未越三歲宗風大振嚮風而遠近
歸之一日謂濟濱老人陳壽愷曰夫靈巖大刹昔自祖師
觀音菩薩託相梵僧曰法定禪師于後魏正光元年始建
道場與梵宮居天下四絕境中稱敘而世鮮知其由我祖
師其始西來欲興道場於茲也前有二虎負經青蛇引路
捫蘿策杖窮絕壁而不可登乃徘徊於南山之顛面石之
久感日射巔峯成穴透紅光於數里師乃躡光而下美其
山林秀蔚可居千衆道遇村人亦異人也顧師而言曰師
豈有意于茲患其無水耶回指東向不數里間可得之矣
師旣徐行則有黃猴顧步白兔前躍俄驚雙雀飛鳴其下

捎捎果得二泉又擊山泐臨錫杖飛瀑迸涌遂興寺宇逮
今八百餘載凡所求應感而福生民莫可勝紀然爲我祖
師發揚顯聖跡之狀蔑聞其人良可太息乃命工敬圖其
像而列諸石庶廣其傳普勸遐邇永同供養皇統七年孟
秋旦日濟濱老人陳壽愷序并書

住持傳法沙門法雲募工立石　洛陽雍簡畫　魯人胡
寧鐫

右字二十七行行十四字正書字徑四分上有法定像
右手持錫左右各一虎背有囊上有雙鶴飛鳴前有一
蛇樵翁對立有畚鍤在地一猿捧
果回顧在觀音堂僧舍西壁東向

靈巖寺雲公禪師像刻 見金石文字記

皇統七年

靈巖寺面壁象記 正書在般舟殿

皇統七年十二月

禪之初祖圓覺老師始自天竺來居嵩高少林道場盖面壁者九年大祖禪師斷臂立雪世舉知之而昧其處自少林行殿而西林篁蓊鬱千步而近度嶺越阻羣山四臨前則少室諸峰嵱嵷連屬後則五乳峯兀擁掩如舉手內向中峯之下乃其故處有泉泠然始至無水以杖劍剌地隨舉而涌引而東出世因號以錫杖而叢榛族棘荒穢翳塞兎蹊雉域蛇虺所舍樵牧避焉元祐二年西守簡翼張公求而得之始往過焉使作亭以識其處除地得趾層甃宛然後十有餘年知登封縣樓君异復往過之謂長老清江

襄棘開道使有人聲馬跡再至則治矣盍復其故對曰下南山之木出西谷之竹伐薪以陶率少而役可立具其所乏者財爾异請任之于時衆治泰陵休于次异敬以請自監司與百局之執事及羣縣之令丞佐尉下逮工賈庶役不挽而同于是智者謀仁者施壯効其力工獻其伎爲堂爲室圖像陳焉守衞有次門廡有列盖一朞而具既月以成而林出芝十有二本華各異色莖如漆飾甘露雨於泉池夜有光氣四起屬天合爲大練東西數十里嗚呼其興可量也耶夫道一而今之教者三三家之役相與詆訾盖世異則教異教異則說異盡已之道則人之道可盡究其說則他說亦究其相訾也固宜三聖之道非異其傳與不傳也耶子孔氏之門顏閔冉皆無傳仲弓之後則有荀卿曾輿之後則有孟軻端木貢之後則有莊休而荀孟莊之後無傳焉李氏之傳關尹尹之傳復無聞焉釋自能仁二十八世而爲初祖初祖之東六世而爲曹溪曹溪至于今又十有五世矣而儒老子之徒欲與校其源委誤矣嗚呼道之傳盍始于此歷歲千百逮今而興豈有待於異耶建中靖國元年九月十八日居士陳師道撰　大金皇統七年歲次丁卯十二月晦日濟南府十方靈巖禪寺住持傳法沙門法雲募工重立石　山門維那僧宗安書　兗人胡寧刊

右字二十四行行二十八字正書字徑五分上有達摩面壁像一頭陀合掌其後在般舟殿內南壁北向

靈巖寺康淵詩刻 正書在靈巖寺

皇統八年五月

贈靈巖西堂堅公禪師　武安康淵

縈迴綠水遶春山蝶舞鶯啼白晝閑誰似西堂知解脫不教憂色到朱顏

伏覩甲兄都運觀察贈西堂禪師佳什言超物外奇逸清高如閑淡煙雲縈巖映岫自生光彩耳謹命工刋諸琬□用久其傳皇統戊辰五月初十日住持法雲立石

右刻詩七行行八字徑一寸跋四行徑五分並正書

山左金石志云康淵詩殊有情致中州集未之收也其里居武安是冀州之稱法雲跋云伏覩甲兄都運觀察則淵固嘗爲轉運使證之寶公塔銘亦稱運公淵其歷官可見者如此甲兄未審何義當以甲乙爲行次之稱

耳

靈巖寺雲禪師塔銘 正書在靈巖寺

皇統九年五月

濟南府靈巖山省差住持傳法第十代雲禪師塔銘　雲泉比邱正觀撰文　無閻比邱□□書丹　括蒼比邱義□篆額

師諱法雲字巨濟世居泉州同安縣西林林氏之子氏族甲于泉南其祖諱益宋元豐間天子知其人以諫議大夫除任下闕卒相繼惟師自襁褓中聞鐘磬聲則合掌抵額或問以善言則應對無滯皆與經語暗合至□六歲屢請于父母欲出家下闕釋氏教受業于當縣化度禪院禮尊宿德

新以爲師不喜羣居卜庵于院之側榜其庵曰寂照晏坐自如修習禪定德璿下闕神駒尔左提右挈朝夕警誨千里之行始于此也後至大倫山梵天禪寺孜禪師會下孜□見而奇之遂許入室叩請甚下闕者甚衆不知師出何語惟聞孜大笑厲聲曰子到不疑之地正要保任師掩耳而出自兹囊錐穎露雲水之士皆願從之下闕嗣大相國寺智海禪院清禪師清嗣雲居祐禪師祐嗣黃龍□禪師師每與同參論道相約曰雖然佛法只者是然名山下闕不訪遂率諸道友遍歷祖席航海而至寄州寄人扶老攜幼相迎于述者無慮數千人口加尊敬擇幽隱以處之時兖州下闕公聞師之名嚮師之道請居普照六年大開禪關俾一方之

衆知有此道者師之化也後靈巖虛席朝廷遴選其人主之而謝鑾公移守濟南公採摭輿論以師名申省三請而後從紹□□□□邇悅慕當途公下闕轉運使康公允爲知遇凡事之有益于常住者興之事之有損于常住者革之曁四年而殿宇□□□然以新忽語其徒下闕可以久居意欲脫然高引而有事于遠游也衆雖疑之而不知其所以然閱前八月十六日師寄遣人詣府陳狀求下闕之遂止越十有四日告疾衆召醫治之師曰因緣至此醫者奚用爲在疾五日書頌以別衆曰秋八月兮船回波頭日卓下闕有何無倒騎鐵馬兮何賓何主撒手清風滿四維凝眸皓月超千古頌畢焚香端坐不言不□不飷至閏八月初八日

跏下闕有志于退休未幾而示寂豈不自知當然者耶議者惜其未盡所蘊而天厄其壽悲夫立塔于寺之西北隅祖塔之側壽下闕子十　有一人皆質直守道無聞于時師有同參僧祖習自師出世輔之翼之使師之道行于世者習與有力焉習執師行下闕蒙師之獎激感習之高義而不敢辭乃爲之銘曰

授法溫陵播道東齊維兹爰始引導羣迷宗門聖箭釋氏神駒一音演唱下闕禪侶輻輳是則是儀解粘去縛爲世大醫嗟乎藴奥未盡施爲臨行一句下闕跏趺□滅拂袖西歸方山之側窣堵巍巍仰懐其德祗敬其師式示來者下闕

皇統已巳五月初一日宣武將軍知山東東路轉運使上

輕車都尉京兆縣開國伯食邑七百戶闕下

右碑闕下截數字額題寂照禪師塔銘六字篆書徑五寸分三行文二十四行行存四十六字正書徑八分案此碑撰書篆額皆出比邱之手而結構俱佳末行結銜宣武將軍知山東東路轉運使此下當是立石姓名闕不可知案文中稱轉運使康公尤爲知遇云云則所闕者宜爲康淵也

靈巖寺寶公開堂疏正書在千佛殿東壁南向

皇統九年八月

徵事郎濟南府錄事夏緯書山門監寺僧宗安立石李彥列字

濟南府今請靈巖禪寺寶公長老開堂演法爲國焚修祝延聖壽者

竊以丈室駐錫便知祖道之興諸天雨花喜遇禪林之伯

判殺訛之公案舉最上之因緣不有能仁難安勝境伏惟寶公堂頭和尚早具鍛金之爐鞴妙傳出世之津梁枯木寒灰宴坐於千峯影裏騰蛟起鳳進步于百尺竿頭茲緣緇素之依歸冇請省廷而允可唱少林之曲調踞靈巖之道場信堂堂龍象之姿赴肅肅人天之會白雲堆裏不妨依舊徑行碧眼胡邊無惜斬新拈出永洪睿筭廣震潮音謹疏

皇統九年八月日疏 承事郎濟南府推官權判官李德恭 府判官闕 宣威將軍濟南府少尹完顏沒良虎 安遠大將軍同知濟南尹事南陽縣開國伯食邑七百戶韓爲殷 特進行濟南府尹上柱國莘國公完顏篤化叔

右碑連額高五尺二寸廣二尺八寸額題開堂疏三字正書徑五寸橫列于上文共十八行行二十八字正書徑寸二分月日中間有濟南府印方一寸八分篆文案大定十四年寶公禪師塔銘下截損闕不能考寶公之上一字爲何也彼碑稱師姓武氏相州里人靈巖虛席府尹韓公爲殷運使康公淵係中行省云云即此疏所云有請省廷而允可也疏後列銜五人內判官闕人姓官權判官李德恭少尹完顏沒良虎同知尹事韓爲殷行府尹完顏篤化叔而運使康淵不與焉稽之濟南府志諸人皆不列於秩官此等金石文字修志者皆不一一搜采何也

靈巖寺雙林坐像記正書在般舟殿

皇統口年

靈巖寺山場界至圖正書在般舟殿

天德三年十一月

右碑縱二尺橫二尺八寸上橫題靈巖山場界至之圖八字正書中繪山川屋宇下橫題云昨岳廟宇爭山場蒙尚書戶部准法斷還本寺今將紀界古碑并阜昌公據四至照驗畫圖刻石庶使後人若觀者掌然山門皆十方僧兼住持長老去留不定其界至稍遠少有到者凡差直歲當一巡之以爲常例不可忽焉天德三年冬至日十方靈巖禪寺傳法住持圖悟佛日大師裕顯書皆小字正書

重修釋迦院三世佛殿碑篆額正書 許申撰 成允元書 在城西南孫伯村

貞元三年三月

靈巖寺張汝爲題記行書在般舟殿

正隆元年五月

余素好林泉之清勝久聞靈巖名山迺自昔祖師之道場也所慊塵緣衮衮未獲游覽比雖守官汶上鄰封咫尺亦無由一到茲因被檄賞勞徐邳州屯守軍兵還登岱宗故不憚迂遠行役之勞惠然而來周覽上方勝槩峯巒

拔殿閣壯古森天喬木是處流泉憩於秀嵓絕景之亭清
風時至了不知暑惟聞啼鳥之聲幽邃清奇迴□囂凡信
四絕之一也頓息塵慮以適平昔景仰之意□□忘歸憶
唐李涉詩有云因過竹院逢僧話又得浮生半日閑正此
之謂也時攜家偕遊正隆丙子歲仲夏初七日同知東平
總尹遼陽張汝爲仲宣題　十方靈巖禪寺監寺沙門法
告立石　東平張誠刊

右刻記十八行行十二字行書徑一寸末立石刊石二行正書徑五分
山左金石志云題記者爲同知東平總尹遼陽張汝爲
武虛谷云金史張浩傳子汝爲卽其人也浩籍遼陽渤
海故汝爲單稱遼陽舉其郡名也然史未著其官中州
集僅稱爲河北東路轉運使未知其先固已爲東平總
尹矣地里志東平府以府尹兼總管今
結銜稱總尹者殆併二官爲一名也

靈巖寺釋迦宗派圖 正書在般舟殿

正隆元年八月

右碑高三尺六寸廣一尺八寸五分額題釋迦宗派圖
五字八分書橫列於上次總敘宗派列說於上層次列
宗派世系始自衆集置大轉輪王一傳爲大須彌小轉
輪王再傳爲眞生粟散王三傳爲茅草王四傳爲甘蔗
王五傳爲別成王六傳爲拘盧王七傳爲瞿拘盧八傳
爲師子頰王九傳爲淨飯王十傳爲悉達多十一傳爲
釋迦牟尼世系止於是下層正中畫牟尼佛衆正立兩
足下各承蓮花佛左手下垂右手拊胸胸有卍字兩肩
佛光上覆火焰繞光而上刻畫皆完好右邊一行云西
京嵩嶽少室山少林禪寺洒埽比邱惠初宣和二年九
月晦編集左邊一行云正隆元年八月旦日濟南府長
清縣十方靈巖禪寺住持傳法沙門法琛立石蓋此宗
派圖爲宋宣和年少林惠初據本行經
所編集而靈巖法琛刻以傳世者也

靈巖寺劉德亨等題名 行書在蔡安持詩刻後

正隆二年三月

四禪寺牒 行書在徂來西趾四禪寺內今佚

大定二年二月

尙書禮部牒　尙書禮部牒　泰安軍奉符縣天封寺僧
法潤東平府普照寺受業僧普汶太平鎭慶成院受業僧
義政狀告見住本□□□□□□□四禪菴本庵房屋係
五十間已上自來別無名額依奉上畔已經本軍軍資庫
納訖合有錢數乞立寺額須至給賜者　牒奉　敕可特
賜法雲禪寺牒至准　敕故牒　大定二年二月□日令
史向昇　主事安　中憲大夫行員外郎李　宣威將軍
郎中耶律　侍郎　正奉大夫禮部尙書兼翰林學士承
旨知制誥修國史王

右碑高二尺七寸廣二尺四寸作二層刻下層刻四禪
寺記上刻敕牒有禮部銜二列一眞書字徑二寸一行
書略小敕牒三列行書字徑二寸惟奉敕字獨大泰安
軍一段及年月下姓名皆正書字徑五分其用印處有
三印徑二寸許篆文曰尙書禮部之印後三銜字徑一
寸五分末銜字闊二寸四分甚扁下間有押在徂來山
西趾寺
內今佚

法雲寺牒 行書在徂來西南趾寺內大殿前

大定二年十二月

尙書禮部牒　尙書禮部牒　泰安軍奉符縣天封寺僧
法潤東平府普照寺受業僧普汶大平鎭慶成院受業僧
義政狀告見住本軍奉符縣羊欄村四禪庵本庵房屋係
伍拾間已上自來□□名額依奉上畔已經本軍軍資庫
納訖合有錢數乞立寺額須至給賜者　牒奉敕可特賜

法雲禪寺牒至推敕故牒　大定二年拾貳月　日令史

向昇　主事安　中憲大夫行員外郎李　宣威將軍郎

中耶律　侍郎　正奉大夫禮部尚書兼翰林學士承旨

知制誥修國史王

右碑高四尺四寸廣二尺五寸作二層下層刻重修寺記上層刻敕牒尚書銜二一正書字徑一寸八分一行書字徑一寸五分泰安軍一段與年月並正書字徑四分敕牒行書字徑一寸四分官銜四列正書字徑一寸五分在徂來西南吡寺大殿前案此碑文與前同惟一作二月一作十二月且文內缺字較少因並錄之

妙覺院牒在城西南下張村

大定三年二月

大覺寺牒在城東古城村

大定三年三月

普照寺牒在山寺壁

大定五年正月

右碑高二尺廣三尺四寸書法殊佳在嶽西南麓普照寺大殿壁右南向

大雲寺華藏世界海圖并碑陰敕牒正書　沙門法圓撰序　在城東姚莊大雲寺殿東墀

大定五年九月

右碑陽刻圖并序碑陰刻敕牒渾額高六尺廣二尺四寸圖額橫題依大華嚴經錄華藏世界介海圖篆書介卽界字中繪小佛象列二十層上平下銳銳處佛象一至平頂列象二十漸減而下至底以大蓮座承之左右各有題字碑陰額題大雲禪寺敕黃碑記篆書八字橫列於上下是敕牒公據再下爲當寺諸僧名文繁不具錄碑在泰安縣大雲寺案泰安縣志大雲寺有三此在姚莊者其一也舊名古雲臺寺金重建有大定四年敕牒卽此碑也但志載此碑祇云敕牒而不及碑陽之華藏世界海圖則志之略也此圖刻鏤極工不獨爲山左諸碑所僅有卽問諸釋氏亦多爲問見所未及者圖下有法圓序記本作於宋元祐八年至大定五年寺僧慧宗模刻並給賜敕牒在大定四年而立石在明年也此圖在元祐時爲駙馬都尉李瑋刻於東京覺嚴禪院李瑋者宋章懿皇太后弟李用和之子尚兗國公主也此碑大約從覺嚴禪院搨本重摹然覺嚴石刻亦不見於金石著錄則以釋氏之言每爲人所略也空名敕牒從禮部頒發各路轉運司填名發賣有官管勾謂之發賣其所每貫一牒給錢三百貫文省他寺敕牒公據皆未詳其制獨此碑可見金時寺額給牒之法金時以軍興需費賣額牒文公據皆稱益都府定慧禪院者益都府官賣名額故也下鐫度僧名數第一代海定度僧二十一名第二代慧宗度僧十四名案金史百官志凡設僧尼道女冠三年一次限度八十人試之經卷皆以誦成句依音釋中選者試官給據以名報有司其額限如此此碑爲刻給據故并度僧名列之也

石震題獨秀峯記正書在徂來山獨秀峯旁

大定十年

四禪寺記正書在四禪寺敕牒下層佚

大定十二年

徂徠山之西路有寺基相傳曰古四禪寺數代老宿結庵居之僅就緒矣大定二年冬有住持法潤等經官納錢賜額法雲缺五字檀越乃命福燈缺五字竊見形勢峻側山水衝注難以修葺缺十字故址瓦礫猶在因欲興建遂具狀告官許令移徙今所建之地缺十七字恐後缺三字不知其由僅將寺敕勒諸貞石爲遠久之傳云時大定歲次壬辰庚戌月甲午日紀　南王村維那首韓口耿法林蔣法瑩韓友韓適蔣竹楊宥皇明常　西朱村維那首張明寬高法元畢政王琮張清任成仙　東萊馬口書　勸緣住持沙門福燈立石　西王　木匠王眞　石匠王永模刊

右刻在城東南四十餘里四禪寺敕牒碑之下層正書字三十行行十一字徑五分今佚

靈巖寺寶公禪師塔銘 篆額正書在靈巖寺

大定十四年七月

右碑半截額題寶公禪師塔銘六字篆書徑四寸橫列於上文二十六行行存三十八字正書徑八分此碑下截爲土所沒僅就現存之字讀之文不屬也寶公但知其俗姓武氏相州里人其出家後命名寶上一字及某甫某號不得見矣大雲寺敕牒云買寺額納錢三百貫文省而此碑乃云將已俸三千万特買大明寺額何以若是之懸殊也此碑撰文者相州林慮縣仙巖梅軒居士翟炳書丹者忠顯校尉眞定府醋同監閻崧山左金石志云金史百官志稅醋使司視課多寡盐依酒課不及二萬貫爲院務設都監同監各一員此稱醋同監卽是職也

大覺寺牒 篆額王慶書在城東南古城村

大定十四年十月

重修法雲寺記 正書在法雲寺牒下層

大定十七年八月

重修法雲禪寺之記

徂徠山南羊欄村有四禪寺廢基石佛斷碑尙存創建於北齊河淸二年今有僧福燈者兖州曲阜人也俗姓屈氏爰從妙齡慕善出家爲童行時雲游濟南投開元寺普賢院安居日久禮僧賜紫眞教大師善慧爲門人受業披剃厥後出入起居事師之禮□罔不循一日語福燈曰人能宏道非道宏人佛道至妙苟非我輩孰能闡揚汝其念之當擇有緣之地以回勝事他日福燈飛錫北來故照此所有大因緣與僧泱潤等結庵上峪或迎送約束或求化僧儲往來維行斯地觀其四禪古跡未嘗不惻然動懷屢見檀越高年碩德具說修建之意翕然喜從有西朱村華嚴經藏主張明寬南王村韓法圓俱受五戒自後酒肉葷腥特不需脣二公同志悅淸淨慕山林凡百正已惠貧放物仁義兼行爲里人所重舉事推誠住持僧福燈堅請明寬等爲□首雖義不獲已退省畢狎不惟不敢自擅亦嘆獨力不暇給也遂專見衆村耆艾說其修建緣事靡不允合卽約同陪入山臨四禪古基之次□偟周覽少頃燈公謂諸公曰此廢敗之地不可葺修寺宇當别卜善地而興𠝹之僉曰然于是去古基北數百步間選地數畝形勢爽塏宜建佛宮之地當年二月差收穀且闢荒榛起磐石修

址人皆不憚服勤之勞新□旣成遂乃鳩工集役遴選材木㠯經㠯營富者輸財貧者効力修成法堂方丈僧房各五楹八椽寢堂三楹八椽棟宇雄壯簷殿高揭窗牖疏明經始於大定辛卯仲春慶成於丙申孟秋其芭瓦材木堦砌石局工師日食之費約用錢伍千餘貫檬檀越厚助俾衣鉢有資旣而堂宇功畢燈公與衆糺首共□幸遇昭代聖□復起□大定之初天下鴻寧釋教大興□□□住菴僧潤公等與善知識數□□大發□意裒集錢叄百貫依奉上畔經本軍軍資庫納訖錢數乞示寺額伏蒙朝廷特賜法雲禪寺噫寺之名額尙矣堂殿佛像廊廡次焉若不刻於石永懷廢毀之憂命莘夫以紀歲月垂諸不朽梵刹

之側諸山環拱屹然而起者東曰他山西曰穀積山也蔚然而秀者南曰獨山也潺潺乎瀉于兩峯之間者方丈之後溪也三門之前泠然清濬注焉而不盈酌焉而不竭者白蓮泉也其餘林木谿壑尤美不可勝言異日老宿大德若聞而知之接袂連駁自他方而來棲遲於此間也愚雖顓蒙竊聞法雲禪寺檀越四遠鄉村繁早風俗協和禮義相陸純質而厚簡約而廉貧居豪室慕善之心□皆有之每當春冬農隙之時或於精藍或就私第舉蓮社廣齋供延僧流讚誦梵音講究貝書瞻禮聖像□興□□□□□勤是知佛教不可思議住持僧福燈自天德二年貞元元年兩次經本軍陳□□乞存留餘□公據二本帶請到邊

二山欄地土□□□□□南至穀積山□□□□□□□西至□山高家峒□□□□□□□□□□□□內據稱除由石柵闊道磴砤□焦砂嶺外合輪□□□至大定八年又經本縣告狀出給公據令福燈毀坼翻移□□□□屋宇材木磚瓦一□修建施行是爲可書自度膚淺故不敢述文姑摭其實以誌之大定丙申仲秋晦日故濟州司錄孫張莘夫謹記　田茂刊　勸緣住持福燈立石

石刻在法雲寺敕牒碑之下層字二十八行行四十五字正書徑五分

靈巖寺方丈惠才詩刻行書在靈巖般舟殿大門內西壁

大定十八年六月

方山野人因樂道自興作山居吟示諸禪者當山監寺首座梵香禮求上石余不能伏筆　靈巖方丈惠才書

山僧樂道無拘束破衣壞衲臨溪谷或歌或詠任情足僻愛林泉伴麋鹿水泠泠兮漱寒玉風清清兮動疎竹閑身悅唱無生曲石鼎微烟香馥郁幽居免被繁華逐贏得蕭條與林麓大道無涯光溢目大用無私鬼神伏知音與我同相續免落塵寰受榮辱浮生夢覺黃粱熟何得驅驅重名祿　大定十八年六月旦日當山監寺僧祖童首座僧宗元立石

石刻詩十二行行書徑寸許末立石一行正書徑七分　案大定十四年寶公禪師塔銘其時建塔者即是當山住持惠才公之住寺至是已數年矣作詩刻石而首座爲之焚香禮求亦足見彼教之敬師如此惠才字勢學山谷詩格亦朴勁中州集未採

真相院摹刻東坡施金帖行書在長清縣真相寺

大定十八年七月

今正寄銀六兩助成舍利槨也本意並是爲先人先妣追薦告頌大師更爲於佛前燒香祝願過悚怱之特煩以生日惠貺經數香□爲壽感刻人回無以爲意書絲□段一段麄茶芽五斤□□□徽鮮至愧至愧軾白

東坡先生施金建塔而遺此數帖塔久未成羅正隆之季兵火而亡其本既定復得之詢之嘗已流落數百里遇好事者識之而卒歸本院古語有謂珠無翼而飛玉無脛而走者以至寶之物不自珍於人而人□以致之者也顧此寶之去來雖曰人致而暗中亦應神物護持了知此得出

谷道人云蘇翰林書又字字可珍百餘年後想見其風流
餘韻當萬金購藏耳噫嘻歲月愈遠而此愈難得寺僧其
秘以十襲而長有之異時或賢達君子勸緣募工畢此勝
事者庶幾憑仗奇蹟取信後人而易爲力焉大定十八年
六月晦日甲山劉賢謹題　大定十八年七月六日立石
眞相院住持僧道逸　講經論傳法沙門道侁　講經
論傳法沙門祖雲　賈順模刊

右刻縱一尺三寸橫寬三尺二寸蘇帖十行行書徑五分劉跋連僧名共二十三行正書徑七分案長清縣志載眞相寺在縣治西有磚塔八盤高與石麟山齊宋元豐八年眉山蘇軾過長清僧法太方爲磚塔未成軾取金銀助之仍爲撰文并書刻石至今尚在今据此碑乃東坡以銀六兩助建舍利槨其後又以坡公生日寺僧饋物爲壽坡乃荅以絲段茶芽手書此帖石紀年月劉資跋此帖謂正隆兵火帖亡旋復歸院異時勸緣募工畢此勝事則當大定十八年立石之時塔猶未成也今磚塔八盤高與山齊不知何年所建志未詳攷且云東坡撰文并書殆未嘗檢覩此碑耳

靈巖寺蕭守中題名

大定戊戌

重修東岳廟碑　楊伯仁撰　黃久約正書　党懷英篆額　在岱廟大殿前東墀

大定二十二年

大金重修東岳廟碑
翰林侍講學士少中大夫知制誥兼左諫議大夫禮部侍
郎護軍宏農郡開國侯食邑一千戸實食封壹伯戸賜紫
金魚袋臣楊伯仁奉敕撰　中憲大夫充翰林待制同知
制誥上騎都尉江夏縣開國子食邑五百戸賜紫金魚袋
臣黃久約奉敕書　承務郎應奉翰林文字同知制誥兼
充國史院編修官武騎尉賜緋魚袋臣党懷英奉敕篆額
臣聞嗜欲將至有開必先天降時雨山川出雲明神之所
㠯昭聖德也隮山喬嶽允猶翕河敷天之下裒時之對聖
人之所㠯昭神功也豈非幽顯之感通報施之明驗歟昔
我始祖景元皇帝肇基王迹遂荒大東迄我太祖仁兵一
舉爰革遼命及我太宗繼伐徂□奄定華夏我主上亦繇
東都□纂大統紹開中興皆符帝出乎震之義也迺睠岱
宗之神乘震秉籙實司東方東方者萬物之始故爲羣嶽
之長我國家受命之攸在離德自天啟亦惟神之陰相哉
□聖在位之十有□年內外晏清禮樂修舉□帝于郊而

百神受職民龢物豐靡有菑害凡嶽鎭海瀆名山大川率
命有司崇飾其廟貌嚴寅其祀事歲□親署祝版遣驛命
守臣侍祠皆首於岱宗大定十八年歲在戊戌春嶽廟災
雖門牆儼若而堂室蕩然主上聞之震悼不已俾治有司
不戒之辠既而嘆曰神其或者㠯宮廟故弊欲作新者乎
迺敕庀工度材以閒明年以同知河北西路轉運使事徐
偉就遷□泰□□□領其事彰德軍節度判官王元忠佐
之皆選能也命馳驛以圖來上入受訓誡示之期約且擇
尚方良工偕往營之出內帑錢以貫計者□有□□黃金
㠯兩計者二百四十有六及民之願出貲㠯助者幾十萬
千且運南都之材以足之復詔其工役勿煩吾民給以傭

直故皆悅而忘勞矣二十一年辛丑冬告成凡殿寢門闕亭觀廊廡齋庫雖仍舊制加壯麗焉詔謂格神之道所貴致潔其當陽之像毋用漆塑以涿郡白玉石爲之殿楹高敞勿事口障殿閾口口設爲儲胥俾四方士民遠致奠獻者皆遂其瞻禱之心而無褻黷之怠廟之西南隅舊設舍館賓客往來皆止焉郡吏時率倡樂㠯娛之因爲缺十字洞啟或終夜讙譁詒㠯神靈靜謐之宅豈可使之汙嫚如此卽其地更置廟庫俾門禁加嚴葢所以崇肅敬也自三觀而下十里口于缺七字二年四月制詔翰林侍講學士楊伯仁紀其事臣伯仁承乏禁林職在贊揚聖德豈敢以鄙陋辭謹書詔旨之始末與其經費之多寡口口拜手稽首而作頌曰

東方曰仁萬寶資始神惟岱宗爰主張是雞鳴見日其高巖巖兖州之鎮魯邦所詹觸石生雲合于膚寸口口口朝天下膏潤無懐而下七十二君咸登兹山告厥成勲於皇禋祀上帝懐柔百神無文咸秩剏此喬嶽口口制度天子時金肇迹東土誕膺口口實受神祜我后中興出震應辰禮樂災之所生然在不虞舊或未捨新何㠯圖洪惟聖明監此神意親授規摹選能興事宸衷僃在民願攸同不愆于素案圖奏功臺門將將如鳥斯革廣殿巍巍增陛㠯級牲酒圭幣薦羞㠯時敢獻善祝神之聽之聖人之德聖人之壽泰山之高泰山之久聖人之業聖人之基泰山之固泰山之維神居孔安口饗是格生甫及申蕃宣方國禮無不答神罔時恫於萬斯年福祿來崇

右碑連額高一丈四尺廣六尺篆額題大金重修東嶽廟之碑九字徑六寸五分分三行文二十七行行六十一字正書徑一寸五分案泰安縣志載此碑云大定口口年四月楊伯仁奉敕撰黄久約書党懷英篆額年上空二字葢以碑無立石年月而闕之也今据碑文稱大定十八年嶽廟災明年興建二十一年告成二年四月制詔楊伯仁記其事二年之上碑泐七字當是大定二十二年則立石卽在是年矣金史列傳楊伯仁字安道眞定槀城人伯雄之弟仕世宗朝由濱州刺史入爲左諫議大夫遷侍講兼禮部侍郎久在翰林文詞典麗世宗曰自韓昉張鈞後則有翟永固近日則張景仁鄭子聃今則伯仁而已其次未見能文者黄久約字彌大東平須城人擢進士第調鄆城主簿三遷曹州軍事判官累擢禮部員外郎兼翰林修撰升待制党懷英字世傑馮翊人由汝陰縣尹除國史院編修官應奉翰林文字工篆籀當時稱爲第一伯仁懷英之能文工篆史特書之而久約之善書史獨闕焉觀此碑結體展拓而筆格秀整當不愧爲大手筆也金源一代金石合三人之能而萃爲一碑者甚少宜以此爲最矣

重修宣聖廟碑 李守純撰 劉禮正書篆額 在文廟泮橋西偏東向

大定二十三年四月

大定重修宣聖廟記

泰安之爲州也有嶽祠以壯觀其中有岱宗徂徠泮汶漕濟以環抱其外實周公之封境孔子之鄉國帝王封禪之所也亡宋開寶五年徙乾封縣于此大中祥符元年改曰奉符廢齊阜昌之初改爲軍曰泰安本朝開國六十有八年升之爲州自其爲縣以孫明復石守道二先生山齋之故基建學以柏林之地課養士作成之材故常有焉魁乎天下者則耿公㠯世顯於翰林者則楊公用道是其尤傑

出者也惜乎歲久殿宇壞甚震風淩雨聖賢像弗克謹庇蠹舍頓漏學者鮮肯居之有司者吝出竟不之葺亦莫如之何矣歲在戊戌嶽祠被災朝廷命徐公中憲偁來守茲郡詩蒙宣名指書嶽廟營繕之制公受訓誠以還朝夕從事再期告成上遣使來視使者見其廟貌閎壯宏麗甚稱賞之匹詢以嶽祠之弊公迺口陳數事又言有一於此爲害尤重昔者嶽祠告修所壞運司必先視之兖州然後行之故曠日持久而不能有成也且如宣聖廟日就傾圮止請繕於運司倘三年而不報況夫嶽廟更當稟乎兖州乎稽滯之弊從可知已使者還奏得可其請更其舊弊所謂宣聖廟聽以嶽廟餘材修之公遂以規繩授之匠者大其

廟庋柱以石瓦以琉璃長廊四迴如拱如揖聖賢之像皆倣闕里而又講有堂處有齋以至庖湢亦皆有所委曲以盡心期副國家崇儒重道之意人特見其成莫知其所以施設之方可謂賢且能矣朝廷可謂能擇人而任使之矣經始於壬寅三月十有四日落成於八月初四日俾守純爲文以記之守純以職在主善不敢以淺陋辭故叙其實而復有說焉夫事之廢興殆非人力之所能也天也是學之壞久矣諸生所望者扶顛補漏而已猶爾齟齬願莫之遂今日一新甲于他郡始知天意以聖上守成尚文之際不欲有司草創而修故使先難其事也然則事之廢興[illegible]非天乎處乎其中被國家教育之恩者當如何哉[illegible]不[illegible]

泥於章句而止也當以致君澤民爲心知其所以學者而務進焉所以學者何哉曰道也道之在人則爲性性之妙用則爲神散之□應物則爲五常如或好仁好義好禮好智好信而未造乎道則其應物也雖勞心役慮求合於五常而處之然亦不能無蔽孔子於是有六言六蔽之戒也若乃造道之深則居之安居之安則資之深資之深則取之左右逢其原故其應物也不待勞心役慮求合於五常而自然合矣孔子於是有一以貫之之語也由此言之學者之所當以道爲事也子又曰朝聞道夕死可矣豈非欲夫學者之以道爲事耶猶恐乎未之能入復示其所以入之之門曰知幾其神乎君子上交不諂下交不瀆其知幾

乎當是之時顏子不幸曾子獨得其傳曾子傳之子思子思傳之孟子其子思之論道則曰天命之謂性率性之謂道修道之謂教又曰至誠之道可以前知至誠如神孟子之論道則曰存其心養其性所以事天也又曰大而化之之謂聖聖而不可知之之謂神夫二子之立言無少詭於孔子者蘭陵荀卿反獨非之謂傳□□傳不知其統嗚呼荀卿胡爲而云爾也是與二子同門而異戶歟是其學之淺不足以知其深歟徐以其所著之書考之蓋其學之淺不足以知深也何則荀卿有曰學者始乎爲士終乎爲聖人觀乎其意則是以聖爲道之極也豈知子思孟子以神爲道之極而得孔子之所傳者歟宜乎妄生詆訾而不顧

也守純以謂儒家者流必欲助吾君明教化不先造孔子之道則難矣必欲造孔子之道不先踐子思孟子之言亦難矣而荀卿之說反使天下後世有惑于二子失其所趨嚮故爲辯之俾學者知其所以學焉他日或爲朝廷之用庶幾乎不遠於政矣癸卯四月二十有六日李守純謹記

進士劉禮書丹并篆額

州學齋長薛實　學錄李頑之　學正安然　升卿　登仕郎泰安州司候判官提學甄之綱立石

右碑連額高七尺二寸廣二尺四寸額題大定重修宣聖廟記八字篆書徑五寸分四行文二十八行行六十九字正書徑七分案泰安縣志載此碑云詞甚雅飭但其意以易傳知幾其神中庸至誠如神與孟子聖不可知之謂神爲學所從入之門造道之極而謂荀子所云始乎爲士終於爲聖人爲不知道於義未允也碑末結銜

登仕郎泰安州司候判官提學甄之綱金史百官志諸防刺州司候同司候一員司判一員判官者卽司判異名提學蓋是提舉學校省文言之

靈巖寺滁公開堂疏　正書　在般舟殿前

大定二十三年九月

山門知客僧宗秀道璘立石僧義瑄書

左平章政事今請滁公長老住持濟南府十方靈巖禪寺爲國焚修開堂演法祝延聖壽者□呂達摩不西來孰能薦祖盧公既南度始見分枝雖無豪髮示人要在承風取證倒開法施各踞名坊厥有濟南靈巖佛寺利洽鄒齊襟吞兗魯一百年叢林浩浩三千里香火幢幢飛閣蓮宮粹容金界不期倖匠焉振宏綱伏惟滁公長老守文三代接

武四禪應歷下之機緣續方山之勝蹈遂使白蓮眞跡無根而鬱鬱騰芳青社餘光不鏡而綿綿照世正好高提祖印獨步大方祝吾皇萬載之昌圖繼古佛一乘之慧壽謹疏

大定二十三年九月日疏　金紫光祿大夫平章政事宗國公蕭察通

右碑連額高六尺二寸廣三尺篆額題開堂疏三字徑五寸橫列於上文十三行行三十一字正書徑一寸五分案皇統九年寶公開堂疏請者爲濟南府尹此疏獨爲左平章政事所請則其禮愈隆矣月日中間有不章政事之印篆文方二寸五分他碑所無也末行署金紫光祿大夫平章政事蕭察通平章上不加左字與首行異金史蕭察通傳大定十七年拜尚書右丞轉左丞闕三歲進平章政事封任國公與此碑宗國公不同而平章上亦無左字百官志尚書省尚書令一員左丞相右丞相各一員平章政事二員亦不加左右字武虛谷云案金史百官志封號小國三十內有萊云舊爲宗以避諱改据是則通封宗國其後避睿宗諱易號任國耳前

題左平章政事者左丞異名也左丞爲宰相之貳故當時亦云左平章政事也始請滁公或在二十三年之前及疏文立石實爲二十三年九月故前有左字後無左字其官序可案如此

魯兩先生祠堂記　党懷英撰并八分書

大定二十三年十月

天封寺碑篆額　党懷英撰并八分書　在城東南舊縣村

大定二十四年十一月

石城徐鐸等題名　正書　在泰山銘東側

大定二十六年三月

石城徐鐸被符度修諸祠工費因□絕頂周覽而還大定丙午三月十七日仝游蒲陰趙七斤男鄭和尚侍

右刻就山崖嵯石爲一方格內題字五行行九字正書大小不等大者徑二寸小徑一寸案泰安東嶽廟奉

重建以大定二十一年落成二十二年敕楊伯仁撰文立石而其工費則徐偉領其事王元忠任之至是工畢乃符調徐鐸來度之也當時敕修者不止東嶽一廟郎宣聖廟亦同時修葺故云度修諸祠工費也同游者趙姓而七斤其名侍行者爲徐鐸之男而名之曰鄭和尚其鄙如此方格右上角有崇寧二字左上角有頂拜于三字蓋是宋人謁岱頂題名之下截而已爲方格所掩矣

靈巖寺才公禪師塔銘篆額正書在靈巖寺

大定二十七年十一月

右碑篆額題曰才公禪師塔銘六字徑四寸横刻於上文二十九行行存三十五字正書徑八分此碑下截没土者半無從得才公之事蹟才公之名碑已不見以山居吟詩刻證之乃惠才也詩刻於大定十八年其時惠才正居方丈自號方山野人至是二十七年乃示寂於興化矣才公住靈巖爲第十七代見此碑首行碑有云皇統壬戌恩賚普度壬戌爲皇統二年稽之熙宗本紀不書度僧之事

妙覺院碑正書在城西南下張村寺牒之下層

大定二十八年九月

姚會亭題名正書在泰山銘東側

大定二十九年

濮國大長公主同駙馬蒲察題名正書在泰山銘東側

明昌元年三月

石塔小記正書在城東南蝙陰村

明昌三年三月

安升卿題名正書在徂徠王帝閣屏風巖上

明昌壬子

岱下安升卿與徂陽王賡姜孝儀遊徂徠採古跡谿谷篠簜松栢森森得冠軍石經于佛谷訪竹谿六逸于乳山遂登絕頂拜感應侯祠憩于紫霞洞次臨紫灩池白鶴灣過徂徠書院至竹谿庵小飲躋北崮而望岱宗心遊天外也

明昌壬子孟夏記

安升卿遊覽記正書在岳頂東北谷山絕壁

明昌三年九月

曲阜孔端肅與徂徠石德潤王賡謁岱嶽觀遂登太平頂歷介邱巖仙閣巖次到谷山下觀天津河盤旋古明堂基達于汶明昌三年九月晦泰山三谿居士安升卿記

安升卿題字正書在徂徠西南麓乳山上

右刻竹溪佳境四大字每徑一尺

孔端肅題名行書在徂徠北玲瓏山洞壁

明昌三年

明昌三年秋九月肅自闕里之徂徠訪石君德潤山齋遊覽名勝歷萬松嶺登絕巔禮神祠北下林壑更幽一山屼嵂特異名曰玲瓏崮古洞深敞傳唐王希夷嘗棲此書之以識遺蹟云

姜氏云亭房題名記篆額正書在城西南申村

明昌四年十月

□□云亭房題名記　裔孫鄉貢進士姜孝儀編　特賜進士及第將仕郎孔端肅篆額　應鄉貢進士石德潤書

水行於地其源深者流必長木生於土其本固者枝必茂人居於世其德大者固宜克昌於厥後者哉先太公抱大

賢之道起渭水之濱應非熊之聘其德固曰大矣垂二千年間苗裔詵詵然仍多顯人然謂源深則流必長本固則枝必茂不其然乎初爲周文王武王師號太公望一號師尚父武王克商首封於齊傳一十九世至康公貸爲田和所滅遷於海濱方未失國時子孫先巳散居韓魏齊魯之間有世居淄川者縉紳之士代不乏人在唐末咸通間有隱君子諱慶者因避難自淄川徙家於沇之乾封築汶上晦其德不耀死葬所居里之東原生子諱逵能嗣其先志亦隱居有子諱端五代時爲乾封縣令捐館之後皆祔於先塋之次自乾封而下亦縉紳之士代不乏人迨祥符間有學士諱嶼者一枝更故卜於太平鎮西關外五里釆山

之陽自時厥後又有宣德諱鍔者亦别葬於瑯邱故趙之原皆云亭隱君之苗裔也三所之内既多名士又出顯官其進身者或擢第於楓庭或承居於世祿或以孝行之選而起於鄉校或以遺逸之興而名試中書或習武略擢爲殿魁其居職者或讐芸閣之書或剖銅符之政居蓮幕治琴堂者又何紛紛如也文武萃於一門青紫踰於口世此云亭房名聯仕版者亦不下於淄川者矣苟不記之則後世子孫又烏可得而知哉兹者有族姪洪爲人既孝且義將祖林内墳墓應破壞者出巳錢買塼造棺一一營之又率衆族建祭亭於林所告成之後詣曲阜告僕曰可建碑於亭孝儀謹案云亭房世譜自乾封以下居仕籍者開列于後時明昌四年歲在癸丑七月日裔孫姜孝儀謹追記

明昌四年歲次癸丑十月旦朔孫洪等立石　匠人賈口刊

右碑不連額高六尺廣二尺八寸記文十二行行六十一字正書徑七分記後題名二十行上下二列正書不具錄案齊魯間姜氏有二枝一在淄川一在泰安其在泰安者謂之云亭房此則云亭房後裔刻其先世之居仕籍者自五代迄金題名於左以示後人追記編次者姜孝儀書碑者石德潤篆額者孔端肅端肅稱特賜進士及第据金史選舉志廷試五被黜則賜之第謂之恩例又有特命及第者謂之特恩此稱特賜者不知是恩例抑是特恩也題名中有姜潛考宋史有姜潛字至之兗州奉符人但史列入隱逸傳碑載姜潛官至大理寺丞恐是兩人章聖皇帝誤書彰聖又姜知彰元符二年舉武進士擢第一碑稱之爲二狀元所未聞也

靈巖寺王珩路伯達二詩刻　正書行書　在御書閣

明昌五年二月

巡按詣靈巖名刹禮佛焚香憩坐于超然亭覽堂頭琛公佳製謾繼嚴韵山東路提刑王珩　鍾山英秀草堂靈林下相逢話愈清聞道謀身宜勇退得閑何必待功成　明昌五年十月十五日十方靈巖禪寺住持傳法沙門廣琛立石　濟南梁宗誠同李堅摸刊

琛公堂頭和尚有題超然亭頌因次其韵冀州節使路伯達　六合空明現此亭本來無垢物華清客來便與團圞坐萬偈何妨信手成　明昌五年二月十五日十方靈巖禪寺住持傳法沙門廣琛立石　濟南梁宗誠同李堅摸刊

右刻縱一尺三寸横寬二尺八寸詩二首分刻左右四周以花紋界隔之前詩九行正書後詩七行行書並經

寸許廣琛立石一行正書徑四分撰刋一行正書徑三分前後並同案明昌六年周馳撰靈巖寺田園記云明昌三年提州司援他山例許民採伐由是長老廣琛詣於部省五年琛復走京師詣登聞院陳詞蒙奏斷用阜昌天德所給文字爲準盡付舊地云云據此則琛公自明昌三年以迄六年皆住持靈巖也當明昌三年時許民採伐之提刑不知何人假使卽此和詩之王珩則不應縱民採伐致琛公有犇告跋涉之苦矣若王珩是別一提刑亦當爲琛公理其直也二詩一刻於明昌五年二月十五日一爲十月十五日不知琛公走京師又在何月琛公原倡亦無攷矣黨伯逵見中州集云仲顯字伯逵冀州人正隆五年進士明昌初授武安軍節度使鄉人棨之据金史本傳伯逵字仲顯與中州集稱字伯逵者異今碑刻爲自題不宜署字是名伯逵無疑本傳稱改鎮安武宋朝事實冀州慶歷八年陞安武軍節度金蓋依其舊名而中州集作武安倒訛之故也伯逵詩爲遺山所採

靈巖寺田園記 周馳撰　趙渢正書　党懷英篆額　在寺二門內

明昌六年十月

十方靈巖禪寺田園記　鄉貢進士周馳撰　承務郎守秘書丞兼尚書禮部員外郎驍騎尉賜緋魚袋趙渢書　翰林學士朝散大夫知制誥兼同修國史護軍馮翊郡開國侯食邑一千戶食實封壹伯戶賜紫金魚袋党懷英篆額

濟南靈巖自法定禪師肇建道場于今幾千載矣峯巒奇秀祠宇雄麗號天下四絕之一比卬恒二百餘衆雖四方布施者源源而來然其衣食之用出於寺之田園者蓋三之二其地實亡宋口德間所賜也逮天聖初稍爲人侵冒主寺者不克申理但刻石以紀其當時所得頃畝界畔而已其後紹聖間掌事者稍怠左右口口遂伺隙而取之時長老妙空者雖訟於有司其地未之能歸也至廢齊時始徵天聖石記悉歸所侵地然石記字畫已皆駁缺寺僧因其歲久愈不可考因請於所司口令主首故老與夫近鄰共立界至迄今阜昌碑石存焉聖朝天德間復有指寺之山欄爲東嶽火路地者旣而省部委官驗視考之阜昌碑文不得遂其詐因符移府司府司涵印署文帖給付焉大定六年朝廷推恩兆天下山澤以賜貧民由是諸山林舊所固護者莫敢爲主樵者薪之匠者材焉凡森欝叢茂之處皆濯濯如也惟靈巖山林以其有得地之本末故獨保完明昌三年提刑司援他山例許民採伐由是長老廣琛訴於部於省才得地之十一二也五年琛復走京師詣登聞院陳詞蒙奏斷用阜昌天德所給文字爲準盡付舊地省符旣下於是已事僧悟寶陳於府再給公帖矣將復刻石以爲後人之信遂丐文於歷下周馳乃爲序其終始之實而書之或曰世人所以不能脫世網而逃死生者以其貪愛爲病也如來有藥爲之對治止於一捨而已故深於道者視軀命猶視外物況外物乎見衆生飢餓雖封割支體了無靳惜今琛公以土地之故至取必於朝廷而後已斯無乃口於其敎歟愚應之曰不然夫封割支體以噉衆生則可矣若封割衆生支體以噉衆生豈理也哉抑嘗聞客有捐萬口口口以遺眾者蓋初無難色及有人託守斗粟則不敢縱鳥雀耗口一龠何則自爲爲他之理異也且

夫寺之常住所以贍養十方□□□也巢盎不得已而爲衆主持□爾非所私有也如覩其湮没而弗與保護因而絶大衆日用之資乃曰吾能以捨爲心然則所捨者□誰物耶知是理則知琛公之□□違佛教矣或者釋然因併書其言以告來者使謹守焉　明昌六年十月二十有三日記

首座僧悟倫　書記僧普遷　智藏僧廣藏　知客僧祖清　知閣僧蘊興　殿主僧宗堅　監寺僧宗徵　副寺僧廣仲　維那僧悟寶　典座僧正演　直歲僧志巧　庫頭僧覺允　當山住持傳法嗣祖沙門廣琛立石

右碑連額高六尺五寸廣二尺八寸篆額題靈巖寺田園記六字正書四寸分二十行文已十六行行五十一字正

書徑六分案此碑撰文者周馳書丹者趙渢篆額者党懷英皆一時巨手周馳見中州集云字仲才濟南人大定中仕太學屢以策論魁天下私試亦頻中監元貞祐之兵濟南陷不肯降擕二孫赴井死鄉人葬之宅後之壽樂堂遼東人吳子英嘗從仲才學能記其所著亞父擁玉斗賦及他文數篇今得此田園記又於仲才遺文獲其一矣趙渢字文孺東平人金史傳渢仕至禮部郎中党懷英已詳前趙渢文云渢之正書體兼顏蘇党懷英小篆李陽冰以來鮮有及者時人以渢配之號曰党趙碑書寵字右旁龍字皆缺筆應是避諱

十方靈巖寺碑篆額　党懷英撰并八分書　在大殿前陰有劉德淵詩刻

明昌七年九月

十方靈巖寺記　翰林學士朝散大夫知制誥兼同修國史上護軍馮翊郡開國侯食邑一千戶食實封壹伯戶賜紫金魚袋党懷英撰并書篆

名山勝境天地所以儲靈畜秀非福力淺薄者所能棲止必待僊佛異人建大功德以爲衆生無量福田泰山爲諸嶽之宗其峯巒拱揖谿麓回抱神秀之氣尤鍾於西北而西北之勝莫勝于方山昔人相傳以爲希有如來於此成道今靈巖是其處也後魏正光初有梵僧曰法定杖錫而至經營基構始建道場定之至也蓋有青蛇前導兩虎負經四衆驚異檀施雲集于是空崖絶谷化爲寶坊歷隋至宋土木丹繪之功日增月葺莊嚴爲天下之冠四方禮謁委金帛以祈福者歲無慮千萬人佛事□興而居者益衆分而爲院者凡卅有六趣嚮既異遂生分別主僧永義律行孤介以接物應務爲勞力辭寺事時開封僧行□方以圓覺客理講示後學衆共推舉可以住持乃更命詳實來

代義仍改甲乙以居十方之衆實熙寧庚戌歲也越三年癸丑仰天元公禪師以雲門之宗始來唱道自是禪學興行叢林改觀是爲靈巖初祖爾後法席或虛則請名德以主之而不專□宗曁今琛公禪師廿代矣其傳則臨際裔也師至之日屬山門魔起規奪寺田四垣之外皆爲魔境大衆不安其居師爲道力猛卒以道力摧伏羣魔山門之舊一旦還復衆遂安焉師以書屬懷英曰吾寺之名著於諸方舊矣繇希有至於定公則不□計其歲月繇定至於今幾七百年中更衰叔歷朝刋紀斷泐磨滅蕩然無餘而佛祖之因地建置之本末與夫禪律之改□□派之承傳後來者鮮或知之念無以起信心鎮魔事雖然佛法堅固

與虛空等而魔者如浮雲浮雲彈指變滅而虛空無有□
盡何憂乎魔事惟是著述銘勒佛事門中舊所不廢予無
以有為譙我幸為我一言余報之曰諾已乃敘師之所欲
言者書曰遺之若夫山川光怪靈蹟示現山中老宿皆能
指其所而詳之此不復道也明昌七年秋九月十有九日
記
首座僧師敏書記僧普實知藏僧蘊輿知客僧宗徹知閣
僧廣仲殿主僧宗堅監寺僧法敘副寺僧普遷維那僧悟
實典座僧普守直歲僧志巧庫頭僧覺允　明昌七年十
月十四日當山住持傳法嗣祖沙門廣琛立石　歷山賈
德摸并刊

碑陰
遊靈巖留題
天下三巖自古傳靈巖的是梵王天羣峯環寺連叢柏雙
鶴盤空湧二泉此日登臨驚絕景當年經構仰良緣停雲
為憶寥休子好伴眞游方公禪師社白蓮　丙辰冬至日蓬山
劉德淵識
監寺淨善維那淨悅典座正寧直歲善全住持清安野叟
提點行實都綱普謹命工刊
冠氏帥趙侯濟河帥劉侯率將佐來游好問與焉丙申三
月廿五日題
右碑連額高七尺五寸廣三尺二寸篆額題十方靈巖寺記六字徑五寸分三行文十九行行四十八字八分
書徑一寸碑陰劉德淵題詩并立石僧名共十行行十
一字正書間雜古篆徑二寸後有元好問題名五行行
書徑二寸碑文稱琛公之傳為臨際裔臨際即臨濟齊
乘載濟陽大定六年避金主允濟諱改曰清陽允濟遇
弒復舊此碑刻於明昌七年宜遵大定制為衞紹王諱
也碑陰末題名為元好問手書勁逸不失古法丙申為
蒙古太宗之七年于時金亡三年矣趙侯者據遺山集
冠氏趙侯先塋碑稱冠氏帥趙侯天錫字受之今為東
平左副元帥兼分治大名府路同知兵馬都總管事宜
授將軍十戶者即此題趙侯也遺山嘗客冠氏又與趙
侯銘其先人宜
其陪此勝遊耳
陳氏廬墓碑　篆額王思恩撰　田邦直正書在城東南赤坂莊
承安四年
谷山寺碑　篆額党懷英撰并八分書在岳東北
泰和元年五月
谷山寺記　前翰林學士承旨中大夫知制誥上護軍馮

翊郡開國侯食邑一千戶食實封壹伯戶致仕党懷英撰
并書篆額
佛法自西方來天下名山勝境化為道場興廢因緣自有
時運嘗讀元魏高僧傳得僧意勝蹟之詳而異之意之寂
也以天帝之召及期遂行此其餘緣當有復興之日矣泰
山南麓而東鶩繇東迄北曰大小峴其下曰天津河環地
百有餘頃山勢四圍葢漢之明堂在山之東北址此其地
也道左二里許耕墾之餘瓦礫被之與沈存中之說高麗
制度瓦皆有紋者合又西北行六七里山光叢叢高下隱
見一峯嶷然秀拔而下圜曰谷山也沿澗少北今寺基矣
嘗有獵人行獵蓮花峯側遇羅漢像而終日無所獲每遇

之必然獵夫怒積薪將焚之明日遷坐於高險薪燎不可
及獵夫愕而悔謝是夕山下老稺三四夢異僧久隱蓮花
峯有獵者之厄或問爲誰蓋曰意云者老十餘輩更相
誘率凡一再行當石掩奥處果訪得之乃扶輿而下至今
所忽重不可動而峯嶺重複掩抱可興寺場衆悟遂止焉
粤自兵亂荒山重澤殘擾殆徧廢置始末不可詳究惟土
人名之曰佛谷者舊矣蓋意之逝也有靈感之異土人以
是命名繼有僧善寧遠涉荒梗首至谷山舊址破屋廢圮
而已獨山色如舊出没起伏益遠而益秀善寧獨喜雅契
宿心于是日趨山下句萩粟擕火具結茅而休焉往來山
坂無難色暇日畚築谿澗勤苦作勞而無怠意短褐芒屨

從事如初自是澗隈山脊稍可種藝植粟數千株迨于今
充歲用爲齋粥所須日益辦具凡卅餘年則谷山初祖也
天眷二年四月間詣官言寺之舊地東至於黑山分水嶺
南至於恩谷嶺西至於張遠寨稍北至於返倒山嶺有司
可其請其後僧法朗繼之鋤理荒險不避寒暑經營成就
復卅餘年則谷山第二祖矣今崇公寺緣契合四方有識
翕然歸向工役趨作日盈百數殿基琢石高踰數丈若是
者三四焉綵塑圖飾不與也州城之東隅曰柴水院惟許
存上院積貯之物其餘住持攝度申理徒弟皆不許也崇
公經畫作勞能繼二祖此寺當興時矣蓋意之去來也皆
異則其成也必閟其久也必振今谷山寺尚仍舊名計其

歲月蓋七百有餘歲矣是復興之數云嗚呼異哉泰和元
年五月九日記
勸緣住持沙門智崇立石　度僧九人廣琳廣靖廣瑋廣
寶廣顒廣興廣純廣敏廣彬各辦化緣執役寺事　宣秘
大德等故法兄三人智思智源智照度僧八人祖顯祖正
祖了廣偕廣深廣安祖義廣珍　古任李紳刻

右碑高六尺二寸廣三尺四寸篆額題谷山寺記四字徑四寸分二行文十八行行五十一字八分書徑八分碑陰篆額題曰玉泉禪寺勤跡檀那記字徑一寸五分題名四十四行行九十字正書皆捐施人姓名數百人文不足録在山東北麓谷山寺內距城約五十里

山左金石志云金史党懷英傳承安二年乞致仕改泰寧軍節度使明年召爲翰林學士承旨久之致仕碑書銜前承旨者是也蓋懷英終於是官故中州集以承旨目之向言勲護軍至是益進爲上護軍傳亦不及之碑

言寺之舊地西至於張遠寨此寨名不見金地里志疑其爲村墟之名非有設官知寨故志不收也

補塑釋迦佛象記　篆額　党懷英撰并八分書　在縣署土地祠已殘闕

泰和六年四月

右碑下截斷闕祇存上截連額高四尺廣二尺四寸篆額題新補塑釋迦佛舊像記九字徑三寸分三行文十七行行存二十三四字八分書徑一寸案此碑斷裂爲三上截二段接笱可搨下截毀失無存泰安縣志碑舊在郡城冥福寺今移置縣署土地祠西壁碑不見撰書人名氏惟有知制誥護軍馮翊等字當爲党懷英也碑有云見索以文口英此英字即是党懷英之名上所闕字乃懷字也碑爲懷英撰書故上文云見索以文也末行有泰和六年四月十四日知是立碑年月也

谷山寺牒　正書　在寺殿左壁香嚴寺牒丨闕

泰和六年十一月

尚書禮部封尚書禮部泰安州奉符縣第一鄉泰山佛峪

谷山寺受業第三代住持勤僧尊口僧智崇自辦於沂州納米准錢承買到洪字第一百二十五號寺額一道乞書填作玉泉禪寺者牒奉敕可特賜玉泉禪寺牒至准敕故牒泰和六年十一月日令史丁介桂主事韓玠承德郎守員外郎兼左補闕孫朝散大夫郎中兼國子監丞王承德郎試禮部侍郎兼口口口秘書少監喬中奉大夫禮部尚書兼翰林學士知制誥同修國史口口口口張仜寺額付僧智崇

右碑高五尺六寸廣二尺九寸作二層上層刻是牒字十四行大小不一首行列尚書禮部封五字葢封皮也即刻其上牒從尚書銜至僧智崇止是爲全文尚書銜二列以及牒奉敕故牒三列字徑二寸許眞行相兼又孫王喬張銜四列迄寺額付僧智崇六字並正書字徑寸許惟張銜字形寛扁而有押至所云泰安州僧智崇

承買到洪字號寺額一道塡作玉泉禪寺等語與敕後所識年月計字四行皆正書字徑五分牒共用印十五方徑二寸二分文曰尚書禮部之印皆大篆

道士谷山登覽詩刻　正書在泰安

泰和七年八月

道士谷山春日登覽

淡蕩春風暖暄和曉日遲褰裳登詣屆絕頂慨幽奇北海洪濤闊南山大澤危東峯青鳥下西嶺白雲垂眼界空濛極煙光縹緲隨精神何灑落道德自扶持髮鬢丹霄外參差碧漢涯那須采芝術直赴上仙期　泰和丁卯中秋後刊　長春子書

右刻高七尺六寸廣三尺四寸詩六行行二十字徑三寸許案泰安縣志城西北隅舊有長春觀元

機弟子某修眞於此即處機即長春也中統二年長春觀碑稱長春弟子爲眥守愼則此或即眥守愼追摹其師手書墨蹟而刻於觀中者歟東北有天津河河西北爲谷山長春子春日登覽似在此谷山涉河而上詩故有褰裳登詣屆之句也

郭侯等題名　正書在泰山銘東側

泰和八年八月

讜澤郭侯絳陽李恩古滕完顏從正泰和八年八月廿三日同登

右磨崖三行行八字正書徑二寸案題名三人惟郭侯金史有傳云字伯有澤州人大定二十二年進上泰和七年遷山東安撫副使以題名案之正其爲副使時也

香巖寺牒　正書在谷山寺牒下層

右牒在谷山寺牒之下層牒式同前不具錄

奚術題字　正書在岱廟殿前怪石上

大安二年八月

傲來山題名　正書在天勝砦北岡

貞祐三年七月

玉泉二題字　党懷英八分書在谷山玉泉寺旁

弄水巖三題字　正書在徂徠雜龍峯

雞籠峯三題字　正書在徂徠大峪北

高益福等題名　正書在雲峯西今佚

六逸堂碑　党懷英書在泰安

右刻見孫克宏碑帖曰今佚

泰山志卷第十七

泰山志卷第十八

朝議大夫山東泰安府知府休寧金棨纂輯

金石記四 元 明

元

貧樂巖二聖宮碑 篆額 高詡撰 高翺八分書 在徂徠山陽西偏二聖宮

定宗元年丙午四月四日

貧樂巖二聖堂碑記 宣聖五十一世孫襲封衍聖公孔元措篆額 宣差東平路萬戸總管府掌書記益

盖聞大道混冥老氏□以啟其□異端□□孔以行其說迺立言垂訓廣大悉備包含萬類一以貫之爲無窮不朽之教永作成法大矣哉非二聖人者出其孰能

故老氏以道德□□□□有三究元氣之祖者則曰有物混成先天地生寂兮寥兮獨立而不□□行而不殆可以□天下毋又曰道生一一生二二生三三□□□□焉□□□之術者則曰道常無爲而無不爲□□□□守萬物將自化又曰我無爲而民自化我無事而民自當我好靜而民自正我無欲而民自□立修身之旨者則曰明道若昧進□□□□爲道日損知足不辱知止不殆戒以剛強守之柔弱此道德發用之餘蘊而元妙之大無有□□□萬世無老氏道幾于息矣夫孔子之道堯舜禹湯文武周公之道也故祖述憲章發明盛德大業流風善政美化嘉澤至□□美□試□□□□□于六經之中燦然靡所不載是知孔子之德爲人倫之標準作王道之紀綱用之久治□之□□誠百王不易之道世□□□□□□□道天地也日月也無得而名焉嗚呼三代而下亂國相繼正道不行是猶天地不能無否忽泰則□日月不能無晦忽開則明聖人之道□□□□□□則亨故老子之教塞于周秦而見於漢之文景崇于兩晉盛于有唐孔子之道尼于□□□□于大漢又昏于魏晉久息于宋齊梁陳隋□□□唐則大振吾二聖人之教俱伸于此時一謚帝號一冊王爵天下萬世之公論定焉愚故曰爲無窮不朽之教者此其效歟厥後游聖人之門宗□其道者世有其人

鹿公先生近之矣公北幽襄谿人諱森其名茂之其

字也素業儒書尤深于易僕□向日從事環慶得識眉宇兵亂之後垂十五餘載今□復與公相會公語僕曰諱森先師同里鐵李眞人師事□□□□□子郭鳳仙幾三十年得訣了悟眞人未嘗讀書經史之言問無不知或□□□時數處應請一日諱森與二三友人講易于劉氏宅眞人忽至□謂衆人曰大易神變不測豈庸俗能探賾幽□乎□□元旨一坐傾聽從來未之聞也復謂諱森曰以爾學道若不屏聰蔽明黜華□□□□□子今之世矣因感悟斯言乞日斷髮毁形敬□師前叩頭請教乃錫旨訓曰戒之戒之道以德爲本德以孝爲基爾終親□□□□諱森□□毋以壽終老雖屢涉艱險常惕□□不忘初□歲在

癸巳來寓鉅平後旼郜徂徠不悔入道之晚務在力行語旣僕服膺此言以□其事公□□□指語默動靜無非道也公□□孔子□□□□老氏之教又謂昔者孔子適周問禮于老氏以尊先進因立二像于一堂□□□□茲坐□□友徒□□□瞻禮可謂不負所學而知所□□□嘗讀後漢文見孔文舉幼謁李膺之言而曰先君孔子與君之先人李老君同□□義而相師友融與□累世通家焉□于□□又知孔老以聖接聖同時行教其名雖殊理則一也此公之作堂本意豈私也哉泰定軍節度使時侯父子崇信教□□□下□德望□若公之志行宜其見重僕忝與公有舊因拜聖容禮成而後不能無言僅取公始終

出入之義及公□□行跡□□之言以序而□之用刻貞珉□之久遠休哉風化之行使爲儒爲道者皆敦朴忠信之人公之力也其尊師重道護持名教爲牧民司事之本者又見時侯賢父子之功德宏大默膺蔭祐諒不淺矣前

進士益津高詡記

歲次丙午夏四月庚申朔四日癸亥

鎮國上將軍左副元帥前泰定軍節度使兼兖州管內觀察使隴西郡開國侯食邑壹千戶致仕時珍襲爵男時宥

立石

右碑連額高六尺廣二尺八寸篆額字徑三寸文二十四行行五十五字八分書徑九分案闕里文獻考孔元措在金章宗時至元太宗襲封衍聖公丙午乃定宗元年縣志及泰山圖志作大德十年誤

重修光化禪寺碑 篆額高詡撰高翿八分書在徂徠山東南麓寺內嵌壁東南向

定宗元年丙午四月六日

□修光化禪寺之記 宣差東平路萬戶總管府掌書記

益津高翿書丹并篆額

徂徠光化寺者其來遠矣始創基於後魏至隋朝而有光化之名唐有天下三百餘年衣鉢相傳宗派不泯繼以五代之亂寺從而廢趙宋開國迨及祥符七年復賜號崇慶而與明孔山之靈巖相爲甲乙無何貞祐之變殿宇堂廡盡爲灰燼靡有孑遺嗚呼名山勝槩福田善境何難成易壞也如此盖廢者興之本盛者衰之因此物理之常自然之道也我左副元帥前泰定軍節度使時侯當紛拏之際

卜寨天保以忠誠義氣力戡大難保完老幼專甫底定又以凶荒饑饉爲先備之計務勸課農桑使民力本積勞累功衣食粗足時侯意謂向時大兵之下我一方生齒不冒矢石不入湯火不轉溝壑豈非吾鄉中有善人大君子素積德行有以感之者邪不然何皇天眷佑如此之重也若不革心惕慮力行忠信誠慤焉能應之眷我光化名刹眞種福香火之宮不得具眼目人殆難勸善宏教遂敦請暉公長老住持載振瀚音行緣未盡以老退堂方法嗣高弟味□重繼祖鐙公以謙退避游沂水久而不還時侯慮虛法席使爲善者老士庶無所歸依復遣人致書遠迎公不能拒振錫而來遂夷荒剗穢支傾起廢意在興崇襲爵節

度使時侯政暇之日命僕來訪方丈參禮之餘四顧寺基周覽形勢又見作新法堂僧衆謹嚴顧謂僕曰大人元帥節使致仕休閑堂下受戒經營此地無一日暫忘金碧之像力猶未到尚冀年登民有餘力以爲後圖大人之心與侯公之心一也又語僕曰父有德子不述非孝也人有善外不稱非忠也敢屈雅意序其行事可乎僕恭諾承命謹採摭始終之跡刻諸琬口用勸來者大矣哉如來之教徧滿三千大千世界乃散在一切諸有含生之類如來閔念衆生皆有本來之性爲閻浮洲中有大黠巨姦六賊往來縱恣誑誕衆生造諸妄緣亂想使迷執不歸如來是故喻之以善惡明之以因果恐未悟復誘以天堂曉以地獄爲

善必升爲惡必墮諄諄切切唯恐一物之失乃至劫火焚燒非法雨無以息業風苦海沈溺非慈航不能濟駭浪噫嘻非如來大慈悲功德不可思議尚誰能極於此力乎其無生之理唯了心見性者得之僕以固陋無學安敢以胷臆妄論之矣歲次丙午夏四月有六日前進士益津高詡記　武略將軍都巡檢段欽　軍民副彈壓提控薛實　武略將軍總理軍民都彈壓夏進　詳議官鄭居常　宣武將軍兵馬都總領兖州觀察判官時遇　鎮口口將軍承襲泰定軍節度使時宥立石　楚太刊

右碑連額高六尺廣二尺八寸篆額題重修光化禪寺之記八字徑四寸分四行文二十行行五十字八分書徑八分碑稱寺創基於後魏今寺中別無魏碑不能攷其創建之緣起此寺之東南里許有北齊王子椿摩崖大般若經及題名等可知此寺在北朝時爲最著惜無攷據流傳也碑無時代年號但云歲次丙午四月六日記泰安縣志遂以是碑爲大德十年所立案碑稱寺有立石者其官爲承襲泰定軍節度使攷元史地理志兖州金改泰定軍元初復爲兖州不應至大德十年復稱泰定且節度使之官元時已易碑文前段敘祥符以後直接貞祐之變是指金代末年之事下云左副元帥前泰定軍節度使時侯當紛拏之際卜寨天保云云左副元帥是元初之官前泰定軍節度使尚是金代之職紛拏卜寨當易代之際顯其保守一方也据此則丙午歲乃元定宗即位之元年其時未有年號國號故但紀干支也文云至隋則而有光化之名則而二字無此文法必有一譌

磐溪二題字并跋　王天定正書　在徂徠礤石峪

定宗己酉五月

許魯齋讀書處六題字　王天定正書　在乳山下

無年月

徐世隆題名　正書左讀　在泰山頂雲峯西側

定宗己酉七月

東平參議王玉汝經歷汶上張昉知事柯亭李滋濟南杜仁傑須句孟謙從大行臺嚴公以口己酉七月中澣謁岳祠竟是日遂登絕頂陳人徐世隆題

右磨崖題名四行正書左讀案泰安縣志載此碑注云今毀今驗此刻現在雲峯西側字俱可讀惟一字剷毀耳題云己酉乃定宗崩後之次年大行臺嚴公即東平路行軍萬戶嚴實也

嚴實禮岳祠記　杜仁傑撰　商挺正書　在鬬仙岩　爲振衣岡三大字所掩

定宗己酉七月

振衣岡題名二首　正書　在泰山振衣岡

定宗己酉十一月

長　劉詢鄱陽程□穉邁同登太平頂觀山日時元□壬
辰　月左讀　歲已酉十一月初五日泰安州刺史張郁建
立大行臺嚴公磨崖二碑模勒鄉貢進士王天定吏目梁
禰徐昇王坦石匠高政男高源楚太周仙王成監修司候
判官范元謹題

右題名二首前首五行左讀在上節後首八行在下節並正書案泰安縣志不收此二刻前首末觀山日之下小字注云時元□壬辰四月元下缺字頗似祐之半案宋元祐無壬辰追前壬辰爲皇祐四年下推壬辰爲政和二年均與元字不合據下節有已酉歲建立大行臺嚴公磨崖等字嚴公即嚴實則已酉爲元定宗末年與此已酉相近之壬辰爲元太宗四年爲金哀宗天興元年然則壬辰上元字是天字而石刻糢糊耳今姑連類列于定宗之末

泰安軍節度使時珍墓碑　宋子貞撰　高翿八分書　在城東時家莊

憲　三年癸丑

貧樂巖銘　杜仁傑撰　嚴忠範正書　在徂徠山陽

中統元年七月

杜仁傑題名　正書　在徂徠山白鶴灣

中統元年七月

張銓題名　正書　在山頂雲峯西側

中統元年九月

普照寺經幢　正書　在寺大殿

中統二年四月

靈巖寺僧復庵詩　正書　在后土殿

中統二年六月

超然堂碑　篆額　王天挺撰　張志純書　在城西南上張村全眞觀內

中統二年七月

長春觀碑　篆額　路大中正書　在城西北隅故址

中統二年七月

長春觀記　壽陽路大中書丹篆額　□陽高政刊

竊以教非道不立人非教不修凡以道爲宗以神爲教者豈徒然哉蓋有以也莫不剖瞶抉瞽拯沉照昏躋人於長生之域嗚呼世或有聞而未悟者然聞而悟者是旦暮一遇之幸也近代幸我師祖設教七眞開天性相近習相遠而上智下愚咸使知之道與貌天與形男修女學悉爲證矣全眞之道杳然難言哉其教也微妙元通廣大悉備在

人賢者識其大不賢者識其小大抵絕貪去欲返樸還淳屈已從人懋功崇德則爲遊藩之漸若乃遊心於淡合氣於漠不以是非好惡內傷其生可以探其堂奧矣嘗□以修學論之性性相拘惑之以爲異達之道通爲一所以壯棟宇嚴像設利物接人者有之致虛極守靜篤順□□□者□□□學今學先覺後覺以其蛻形□滓男簪仙果去者比比其人而女冠鑾神人易遷者亦不滅墉城所載神道設教□□□□□□□眞人七眞之一也道充德□□用無方門徒越中分魯雅圓明之師偏得圓明之上足有妙眞大師訔守愼族氏出金鄉乃女冠耆宿度門弟子甚衆大朝癸未秋聞長春國師應詔迴故誠懇道迎數舍自爾

置觀住於燕每得親炙師席省心元訓師敬承特旨歲丙申有鎭撫王友省差傳义奉先行臺公命許此令妙眞住持況岱宗乃神仙之府奉高實仁義之邦□□以□使張郁宣差阿里兒及州之諸官共爲功德外護遂自興焉與居爲之使□腫鞅掌十餘指時趙守淵主觀事王守志□□□□一唱一和積累修緝寒暑饑渴極其作務歲月既久始成倫敘前有殿以祀聖眞後有堂以振禮誦左有寮以酬接待右有室以供庖廚沉沉洞洞輪奐一新足以肅晨香昏燈上祝聖壽無疆下薦士民之福不其豐歟是觀自經始至落成前後凡二十餘年豈其妙眞維持有□亦惟趙守淵王守志輔翼之勤也強圉大荒落之上春余自

梁父廻過忘年蕭然子於東華承介□以文碑之余自愧螗螂之才弗克當拒轍之任請□□□□□者也彼囑之愈切弗獲已則曰妙眞修學無間然矣儻來不爲得儻去不爲失不悅生不惡死沖而用之厥心不震則天地晦冥而朗日自照霰雪交集而陽春自舒此得性之功也動與陽同波靜與陰同德寢無夢覺無憂虛而待也其生乃全聽之於心沖氣以爲和息之以踵谷神而自不死此保命之效也予景仰久矣今幸覩芝眉年已長而色若孺子聞所言如聞天籟于隱几使予之意也消以此而論不唯識得修學之効如彼抑知立營建之功如此故宜書之用刊翠□庶壽其傳是月下弦後三日元和子謹述

中統二年七月十五日建　東平路府判兼權推課稅所官張郁

右碑連額高五尺五寸廣二尺四寸篆額題長春觀記四字徑四寸分二行文二十三行行五十字正書徑八分碑陰有題名剝蝕殆盡在城內西北隅長春觀故址有句案泰安縣志載長春觀元邱處機弟子某修眞於此所謂邱處機者卽長春眞人也所謂弟子某者以碑攷之乃女冠妙眞訾守愼也訾姓不多見漢有樓虛侯訾順見功臣表守愼殆其裔也碑云大朝癸未者乃太祖建國之十八年歲丙申則太宗嗣位之八年強圉大荒落爲丁巳歲乃憲宗嗣位之七年其時未有國號紀元故但稱干支至立碑始紀元爲元統二年也撰文者元和子不詳其姓名似亦長春之弟子文案岱史載長春觀有邱神仙牒及成吉思皇帝勑旨碑金石文字記有元丁亥年碑今俱無案邱神仙卽邱處機成吉思皇帝者元太祖尊號也其曰丁亥則至元二十四年也

全眞觀碑正書額宋子貞撰徐世隆正書在城西南上張村

中統二年十月

天門銘杜仁傑撰嚴忠範正書在南天門西今佚

中統五年正月

泰山天門無室宇尙矣布山張鍊師爲之經構累歲乃成可謂破天荒者也齊人杜仁傑于是乎銘之

元氣裂兩儀具五岳峙眞形露惟岱宗儼箕踞仰彌高屹天柱浩千劫室來去誰爲鑿起天慮非斤斧乃祝詛一竅開達底處十八盤盤千步薺初吐抱圖樹日車昃慘曦馭六龍頹莽迴顧踏此往嘉無數無懷下兵刑措七十君接鑾輅聖道熄彝倫斁揖讓歇篡奪屢忽焉閟梗無路象緯森蔽訶護朝百靈由茲戶金璀璨朱閶布九虎蹲萬夫怖我欲叩閽者怒闢何時坦如故對晃旒獲控愬豁蒙蔽泄

壥霧刮政疵剔民蠹上得情下妄作額血殫帝聰悟崖不
磨蒼壁堅刻我銘期孔固垂萬世正王度
東平路總管嚴忠範書　中統五年正月望日　泰安州
刺史張汝霖勒石　淵靜大師岱嶽觀主劉德源昭眞觀
主翟慶眞同立　高又元刊　東萊藍田至此

右碑高六尺三寸廣四尺八寸石堅潤色淡赭形制天然不加磨礱因名自然碑天門銘即刻其上字十八行行二十一字正書字徑二寸淵靜以下二十四字差小東萊藍田至五字篆書於左方上截碑字頗作元銘辭古雅書法端嚴洵元碑之佳者在三天門外西側東向乾隆三十五年郎其地築臺而是碑遂廢

張宣慰登泰山記　隸額　杜仁傑撰　王禎正書　在縣署土地祠五嶽圖陰

至元二年二月

東平府路宣慰張公登泰山記　奉高晚生王禎書篆

濟南杜仁傑記　文久番　志一
至元二年二月望日副宮范居正知宮王志郎棲眞大師
副提點侯志崇　休和大師東嶽廟副提點劉謝從　崇
眞明道圓融大師泰安州道門提點東嶽廟住持宗主張
志偉同刺史張汝霖立石　高又元刊

右碑連額高四尺廣二尺三寸隸額題東平府路宣慰張公登泰山記十二字徑二寸八分文二十五行行三十五字正書徑七分案碑稱東平府路宣慰張公而不詳其名字里居以史攷之即張德輝也史傳稱德輝字耀卿冀寧交城人歲丁未世祖在潛邸召見問對甚詳戊申夏德輝得告將還陛辭陳先務七事敦孝友擇人才察下情貴兼聽親君子信賞罰節財用世祖以字呼之賜坐賜賚優渥世祖即位起德輝爲河東南北路宣撫使二年考績爲十路最陞見帝勞之遷東平路宣慰使春旱禱泰山而雨至元三年秋參議中書省事語與碑文合惟世祖以字呼之傳在世祖未即位以前碑則敘於河東報最之後春旱禱泰山而兩碑則略而不書耳張公登岱在至元元年九月碑立於二年二月迨三年則入爲中書參議矣王禎書碑字體遒緊惟辦衰作辨衰則別字也皷三唱字書無皷字廣韻有鴂字訓交切鴟鳩似梟玩此碑文義似與鴂同非即鴂字也開皇乃隋文帝年號碑文御製紀泰山銘則當是唐之開元云開皇者誤也六合蹇開當是霽開而碑文實是蹇字恐皆是誤書也額十二字爲隸書而王禎自題爲書篆又自稱晚生皆𢬵見此碑

靈陽寺碑　正書　在大汶口東南滕村

至元二年

會仙觀碑　篆額　正書　鹿森撰　王天挺　在山東北門家墅

至元五年正月

巖巖泰山形勢雄厚位諸嶽之宗賚生成之始含元精而
秘神靈之奧府均造化而隱仙眞之洞天所以古之帝王
例皆焚柴望秩行封禪之禮告厥成功者自茲山始山之

東北四十餘里有聚落曰門家墅繚以羣山若無路之可
入匯以雙谿雖久旱而不竭又有崇岡峻坂映帶左右叢
菅灌莽蔽虧無罅其地形蜿蜒若睡龍然龍之首平而可
居者僅數畝西南而望岱宗諸峯如指立千囊萬髻秀峙
於風塵之表眞絕觀也閒有識者嘗至而謂曰是豈凡民
所可家焉直使得道者宅之爲稱耳及訊諸耆艾曰此蓋
會仙觀故基也歲壬辰有道士孟養浩韓抱一王若虛李
道誠四人者因游歷過此遂慨然有卜居終隱之志且承
居者段德輩懇留乃駐錫焉自是誅薙茆刊山木經始數
歲乃有土木金碧之漸泰安刺史張侯一日政隙撫視農
民信馬過此方解鞍少憩問養浩輩詳其向之耆艾所謂

會仙興廢之由侯喜而謂曰諸公果有意乎我爲公倡之四子曰雅於是卜日揆地鳩工庀材百役具舉凡所缺乏者侯皆裨助之由是鄉鄰遠邇莫不響應富者以財貧者以力日構月締年不逾紀三清有殿七眞有堂齋有廚財有庫客有寮至於蔬圃井磑無一不備輿議以謂非文石無以壽其傳養浩以歲月經營之始末謁予於徂徠以記見託予謂興廢係乎數勤惰在乎人雖然純歸之數則是猶不耕不穜望年之豐古今寧有是理耶是故歸於數者輕責於人者重斯可矣天下之事勤而不成者有矣夫未有惰而能成者也傳有之二人同心其利斷金誠知言哉而況四子者謀則一心言則一口力則一手加之外護有

郡侯多助有居民嗚呼人衆乃能勝天明□觀甫成抱一若虛道誠相繼仙去獨養浩守之亹亹然左補右葺如故自今以始凡隸而爲黄冠束手仰成張頤待哺者聞四子之風盍亦興起云

重修宣聖廟碑 李謙撰 趙文昌正書 楊桓篆額 在文廟

至元十二年四月

泰安重修宣聖廟記

泰安州廟學金大定間郡守徐公偉以嶽祠羨材增大之其制倣闕里之舊遭罹兵亂幸而完存然以歲月滋久不庇風雨將有壓覆之患累易前政未暇葺者逮至元辛未洛州防禦使馬公驤來尹是州視事之始致謁先聖顧瞻廟貌退而歎曰事有急於此者乎因慨然有興作之志首出俸幣以爲僚屬之倡同知儲公企范迭相贊和由是境內士民以至緇黄之屬其爲佽助富者以資貧者以力初不出強勉敺率而人自樂爲先撤大成殿治而新之次及賢廡次及神門講堂齋舍之類煥若完整舉視舊加隆像設顯嚴一新繪事又圖七十子暨先儒於兩廡會州之監司噉撤令尹孫公民獻判官郭公敏相繼而至凡織悉未備者皆踵成之州教授王尹禎遣其門生劉璟馳書東平請記其事僕以文字澳涊謝不敢當劉生申其師之辭則又請度不可終辭輒以所聞復之三代之世自二十五家之閭以及萬二千五百家之鄉皆有序有庠立道德者爲

之師序以明教庠以行禮而視化焉而又各有教濔歲時若月朔祭祀會而讀之書其敬敏任恤者書其孝友睦婣有學者書其德行道藝三年大比而興賢者能者以禮賓之其不帥教者觀之以射鄉之禮不變則移之左移之右移之郊遂先王之於民所以教之之方可謂詳且悉矣民自成童以上已知室家長幼之節十五則知朝廷君臣之禮所謂人有士君子之行者豈虛言哉嗚呼斯民也三代之所與其學者也然而古今異制習俗亦不得不異猶幸一郡一邑亦自有學以爲民之耳目使觀其素習而知揖讓進退之儀養其良能而明孝弟忠信之實雖不能盡如粹古而其遺意具在信乎其爲元化之原而爲政者所當

務也馬公自下車以來首爲是舉其亦知本末先後矣昔文翁守蜀郡興起學官學者至比齊魯衛颯典桂陽修庠序之教而邦俗大化夫蜀郡桂陽皆僻遠荒陋不知禮教自兩郡爲政變夷之風爲之一變矧泰山聖人鄉郡去洙泗纔百有餘里人好儒術戶知讀書今學成教舉當有通今學古之士如泰山徂徠二先生者出焉公與爲有力茲故表而出之異時傳循吏者得以考焉其餘治績尚多郡人俱能道之此不書至元十二年夏四月甲子東平府學教授李謙記承事郎長清縣尹趙文昌書山東東西道提刑按察司書史揚桓篆額

右碑連額高五尺二寸廣二尺四寸篆額題重元重修宣聖廟記八字徑三寸五分分四行文二十一行行四

十字正書徑九分按泰安縣志官蹟[illegible]不爲馬驤立傳故碑所謂其餘治績尚多郡人俱能道之者竟無從攷矣碑爲李謙撰文趙文昌書丹揚桓篆額史稱謙爲東平府教授生徒四集累官萬戶府經歷復教授東平先時教授無俸郡斂儒戶銀百兩備束修謙辭曰家幸非甚貧者可聚貨以自殖乎翰林學士王磐以謙名聞召爲應奉翰林文字一時制誥多出其手至元十五年陞待制据史則謙爲東平教授而未詳何年以此碑證之知至元十二年猶爲東平教授也史又稱揚桓弱冠爲郡諸生中統四年補濟州教授後由濟寧路教授名爲太史院校書郎遷秘書監丞至元三十一年拜監察御史而未嘗言其爲山東東西道提刑按察司書史或者爲書史在未爲郡諸生之前乎然桓以大德三年卒年六十六則生於甲午當至元十二年篆額之時年已四十二且中統四年已爲教授豈有越十二年反爲書史之理以史按之則篆額之年正爲太史院校書郎時也豈同時別有一揚桓耶然觀篆法尚非他手所及是所未詳也

重修靈派侯廟碑　篆額王禎撰并正書在城西滐河將軍廟殿前東壁西向

至元十三年十月

泰安重修靈派侯廟記　州教授王禎撰并書篆　高又元刊

泰山有三溪獨西溪雄秘莫測其源來自上方下爲瀑布直注山根洞洑龍湫而出高深莫折淵而復流者至郡城之西百欒武而近居民飲灌之而呼曰滐滐之東湄地形若穹龜然廟其上曰靈派侯者宋眞宗大中祥符元年有事泰山駐蹕於此始患水泉涸絕俄而涌溢嘉其神異而封建之也興作始末文石具在每歲春遠近獻薌駢肩累跡不可勝數郡民云丐諸神者每對所禱亦嘗有所憑託而宣其威烈故祈謝之徒刲羊豕而焚楮鏹者略無虛日一日泰安監司暾撒縣尹孫公民獻暨諸僚屬同謁祠

下憫其殿像摧壓頹蓄興修之志已而廟壖爲奔流所齧祝之之際水復折而西二公耳神之靈既熟而又目覩其驗遂親董其役更其廟而新之以崇其祀凡土木瓴甓繪塑之須一出本朝香火之貲皆二公規度之力也落成之日囑僕爲記竊聞之山林川谷有能利於人者則秩而祀之唯岱爲鎭嶽實發生之所膚寸興雲不崇朝而雨者其流澤又能滋於民物復及萬乘功用顯白神而祠之宜矣其有感於死生膠於向背徼福而逃禍求利而避害皆非神之所職茲因及之以懲後之諂妄者云乃作迎送之詞俾歌之以侑其祭詞曰我侯兮何在山之麓兮水唯滐山幽兮水鳴具我侯兮形聲侯之游兮委蛇風爲馭兮雲爲

衣馮夷兮擊鼓水妃兮歌舞侯之樂兮來止徒御雍雍兮赤舄几几我民承事兮既多受祉侯之去兮悠哉忽慘變兮陰霾來或去兮叵測千秋萬歲兮愈欽靈德

武德將軍泰安州達魯花赤兼諸軍奥魯嗽撒　奉議大夫泰安州知州兼諸軍奥魯孫民獻　承務郎同知泰安州事兼鐵冶同提舉儲企范　徵仕郎泰安州判官郭敏

左讀

大元至元十三年歲次丙子十月二十五日泰安州知房趙尙中都目陳瑀賈祐立石

右碑連額高三尺七寸五分廣一尺七寸五分篆額題曰重修靈派侯廟之記八字徑二寸五分分四行文二十行行三十七字正書徑五分在靈派侯廟二門東壁西向

徐世隆詩刻 正書在岱廟環詠亭

無年月

記夢五言

我夢天倪子同登日觀峯骨彊淸似鶴步健老猶龍方外無官府壇中有岱宗仙閭眞福地杖履會相從　翰林集賢學士正議大夫知制誥同修國史徐世隆書

復齋送天倪子還泰山

九十行年鬓未華道人風骨飽煙霞洞天福地三千里神府仙閭第一家牛膝藥靈斟美醖兔毫盞淨啜芳芽隱居自愛陶宏景莫作山中宰相誇

右石高一尺七寸廣一尺九寸詩凡二首其一八行行十一字字徑一寸四分其一五行行十四五字字徑八分並正書案泰安縣志金石不列是碑元史徐世隆傳世隆字威卿陳州西華人弱冠登金正大四年進士癸巳奉母北渡河嚴實招致東平幕府俾掌書記元世祖在潛邸召見於日月山欲留之以母老辭賓予忠濟爲東平行臺經歷中統元年擢燕京等路宣撫使三年宣撫司罷還東平除太常卿兼提舉本路學校事至元元年遷翰林侍講學士兼戶部侍郎七年遷吏部尚書九年補外爲東昌路總管十四年起爲山東提刑按察使十五年移淮東十七年召爲翰林學士又召爲集賢學士皆以疾辭年八十卒此世隆歷官之始末也此碑結銜云翰林集賢學士知制誥同修國史傳無制誥國史之職而翰林集賢學士當在至元十七年雖以疾辭猶列其銜也傳不載其號復齋碑云復齋送天倪子還泰山泰安縣志錄此詩於藝文作徐世隆送天倪子歸布山則復齋爲世隆號而泰山布山又互異也以時攷之碑刻二詩皆在至元十七年後至二十二年所作其時方辭官必就陳州家居此蓋書於其家而所稱天倪子者刻於泰山不著年月也天倪子未著其名据元遺山有呈布山天倪張眞人詩王奕和之則道士而姓張也又證以朝元觀碑知爲張志純

靈巖寺僧復庵詩刻 正書在后土殿與中統二年詩同一石

至元十八年

中統二年六月旦日重遊方山少林復庵圓照敬題再到靈巖古道場儼然喬木蔽雲房十分山色四時好一味松風六月涼老樹挂藤侵石壁落花隨水入池塘主人乞與禪床臥夢裡似聞天上香　復庵老衲游山漫興謹賦拙偈　至元十八年清明后十日題　年來乘興一閑游直擬尋山山盡頭之字水從斜磵出羊腸路到斷崖休古藤依倚巖前樹老木侵欹澗下流啼鳥催歸日將暮林陰撲翠溼衣裘　至元三十一年孟冬下旬有三日　當山傳法住持法姪桂庵野衲覺達立石　錦川夏中輿刊

通道宮碑 篆額魏道明正書在東鄉觀外

至元十八年五月
創修通道宮碑　前東嶽廟提點洞眞通元大師賜紫金
襴魏道明書丹篆　岱麓高又元男高溶刊
嘗聞道與之貌天與之形而媸妍小大無偏斯變化神功
眞測也故聖賢垂科教度人倫下及重陽祖師立全眞大
教七眞輔翼四衆依歸嵓谷幽棲之流市朝應物之者而
臣修崇宮觀在在有之況東嶽名山大川豈無建立焉奉
符之西南兩舍第四鄉東向村通道宮迺安閑子圓明大
師甯君之所建也君諱志平本處人賦性溫柔幼而樂善
年未冠願修眞閫徂徠葛家坊稚川仙迹有古陽子丁公
超然苦志道價非嘗口往拜之積有年矣公禮青社萬壽

眞常子慈惠眞人范尊師師卽長春眞人法嗣也一日公
語君曰凡人爲道口不遠人可於滕村置觀將永滕因君
承法旨起靈陽觀於是開畎畝斫荆榛與衆興工朝勤暮
息不數日載而口象方壺齋雲便舍間計五十就立碑焉
君於癸巳夏初來此欣然四顧之前汶水而後菴山左云
亭口口口口君謂門弟曰是處可瞻道衆百餘召王志元
於數子同心協力治下平高穿井築垣編茆作屋巳未季
春口口口殿不日而成至元十二年夾鍾緝營後殿至元
十七年繪塑七眞法師尊師宮金碧晃然洎三門堂口口
勝靈陽君施鍼藥病告者痊化一方居士僑官推誠信士
咸悅而助之令子孫蕃衍者多耳足以四時香口山皇王

之萬壽祈黎庶之千祥請福禳災而不輟也嗚呼先師既
沒仁樂于山穎悟長生奚言可諭龍眉甯口巳西山晝二
者君誠相比易曰嘉遯貞吉旨正志也經曰明道若昧進
道若退固得門口口指名冠諸方口口口風斲石作記同
志素亨源詣余文之堅退匪容鉅鹿野夫繫其銘曰
道包萬有神化無窮聖賢肇啟科教流行重陽復度七眞
一遇大關元門令人開悟泰岱坤維通道偲基長春范父
甯禮丁師宮觀所與草木光生雲朋信士協贊而成殿像
旣完蔵時田圓方傳承劫以立名言　大元至元十八年
歲次辛巳五月二十日通道宮知宮陳道素季道亨劉道
源同立石　武德將軍泰安州達魯化赤兼諸軍奥魯八

合禿　奉議大夫泰安州知州兼諸軍奥魯張之綱　中
書右丞淮東都元帥大功德主李魯懽
通道觀記篆額正書在東向觀內
東向通道觀　宣口東平路萬戶府五翼管民官口世昌
篆額　古口琴臺李裕撰　壽陽逸人謝信之書
大哉道之大也混混茫茫窅然窔然故非言說形容可彷
彿哉若終不言云何興敎夫自太極剖判口口開國中含
萬類皆口於道若夫生而無情者知生而有性者有識其
有識者愛惡相攻是非口辯多材本來自然眞性是故上
聖垂慈著明法教大柢須假艮因使人宏道茲賜紫希夷
大師口賜子丁公者自於髫童清高不羣遂栖心招隱觀

然弃俗遊於東楚遇眞常眞人禮而師焉深契幽微洞傳
奥秘已而西邁至岱岳之南有滕村者愛其地而起觀目
靈陽四方逸士來集於門從衛師者多焉有其徒無欲子
衛公志堅者幼而好學長而慕道于重陽之門首爲□者
其衛公一□出游至此地□有舊基從容而咨訪里人云
乃郎鄉裴氏主之因度其方隅愛其雅寂謂可建爲福地
耳歸告于古陽命出淨賄懇于裴□而得之由是古陽議
于衆咸贊此安閑子衛公志平住持而綳斯觀焉其觀之
初興衛公朝夕勤勉徒侶經之營之不憚其勞鄉之英彥
見而益施其土田爲觀恒產及材木所須匠工所費咸願
爲助兹□聖殿聳構太上之像可崇舍增□羽衣之流有

庇肯荒址咸然一新遂題其額名爲通道通者無窮塞凝
滯之稱道則無爲而無不爲者也意通而了然得之者幾
何人斯兹因無欲衛公過余舍話此觀□□美石將樹碑
記非□之于吳□夫其家素豪此翠□蓄之歲久惠然裁
捨今命良工磨瑩以成願爲我記之余自揣愚鄙淺□才
疎不足其事□不獲已因語其迹摭而述之□逢執徐元
月八日住持道士□觀衛志堅知觀衛志平立石
下張寨元帥府令史張　下張寨元帥府知事趙格　下
張寨元帥府彈壓劉　忠勇校尉副統孫　忠勇校尉管
軍督□　忠武校尉都統岳　西界寨軍民彈壓曹俊
忠武校尉巡撿兼提控董□　武略將軍遥授嵫陽縣主
簿兼總鎮知事張秀廷
鎮國大將軍泰定軍節度判官天勝寨右副元帥都功德
主李良弼

靈巖寺清安禪師塔銘 篆書額正書 在靈巖

至元十九年六月

右碑連額高五尺許廣三尺額題清安禪師方公塔銘八字篆書徑四寸五分分四行文三十行行存四十二字下截尚闕數字無全文可讀碑有云天兵南牧數歲于戈當是太祖郎位稱帝之十餘年間丁丑以來數歲其時方公初出家至至元辛巳示疾清安距出家五十餘年銘詞云七十餘年者正謂方公世壽也戊申師住東鹿眞如寺是年爲定宗郎位之三年師年四十餘然則住靈巖年幾五十矣末行云至元十有九年歲次壬午六月十下闕此是立碑之年月也

靈巖寺福公禪師塔銘 正書額正書 在靈巖

至元十九年十月

右碑連額高五尺許廣二尺八寸額題福公禪師塔銘六字正書徑四寸分三行文二十三行行存三十五字正書徑一寸下截闕數字無全文可讀碑有云壽五十有五蠟二十下有闕文要之其出家不滿三十年矣從至元壬午上追之則福公生于金正大戊子而其住靈巖也在中統庚申時年三十三則距出家龍興寺不過數年然碑又云幼歲出家是與蠟二十餘不合也蠟當作臘豈當時通用耶文爲沙門淨書撰末題至元十有九年歲次壬午十月日是其立碑歲月也

七佛閣碑 閻復撰 李謙八分書 王磐篆額 在泰安城東北五十里谷山寺內

至元二十一年正月

□師七佛閣記　太子左諭德李謙書　翰林學士承旨
中奉大夫知制誥兼修國史領集賢院事王磐題額　泰
安州教授時震摹勒

天有七曜而四時行地有七澤而九土寧人有七情而善
惡生惟金輪氏立教洞貫三才包括萬類所謂藥師七佛
眾數之妙將無契於是乎按經之所載瀉界凡七界居一
佛其光明徧照惠澤普及在浮圖法中猶元天之有日星
焉百川之有江湖焉故爲其屬者奉之惟謹岱宗之陰曰
谷山道場巖巒回抱林樹蔚蔽蓋雲山之都會煙霞之娵
宅也謹公上人興滯補敝於劫火廢隊之餘疏鑿而梟穜
蓺而圜墍塓而田耆庖之眾無慮數百指既殿中央以
大雄法像謂七佛之壇不可不嚴於是闢層崖而闢焉一
日上人赴京師杖錫踵門請爲是閣作記問諸興造之蹟
曰吾因山以爲基故不假覆簣而高伐木以爲材故不煩

市易而足以願力爲役故不待鼛鼓而集問閣之大小及
爲役幾何時曰揭楹爲三列楹惟五其高九仞有奇經始
於至元十七年春落成於今年之秋又問谷山興置始末
曰自元魏高僧意師現化之後曰寧曰朗曰崇曰靖凡四
傳而寺緣益大竹溪党公文石具在也復謂上人曰惟閣
之役若寺之緣既聞命矣敢問谷山之陽自歷劫以來有
無上寶閣以蓮峯爲楹以蟠岡爲礎以雲虹爲飛棟以煙
霞爲浮藻以萬象爲瀉身赤今所作爲何如也上人曰不
然吾聞天地之外復有覆載陰陽之外復有造化故自其
大者而觀之須彌一芥子也大千一棗葉也曾何泰山之
足云自其細者而觀之大空之一塵恒河之一沙中間自
有佛國在仁者無用妄生分別且爲我作七佛閣記子曰
即如上問答語子爲若作記已竟請歸而摹諸石上人曰
唯唯時至元癸未十一月二日也上人漁臺人俗姓蔡氏
夙喪父母從理師祝髮此寺壯歲游方始參陶山仁公再
禮紫蓋雕公卒得瀉于普照鑑公行業爲眾所推錄泰安
僧司事凡數十年與當世名士杜徵君仲梁輩從游甚歡
其好賢樂善蓋有本云翰林集賢侍講學士中順大夫知
制誥閻復記　嘉議大夫中書禮部尚書劉果實贊成之
至元二十一年歲次甲申正月望日承事郎前建康道宣
慰司都事李敬祖立石　都勸緣住持嗣祖沙門英悟大
禪師普謹同立石　泰安州都料匠郭安仁構　石匠作

頭周順高成刻

右碑連額高六尺二寸廣三尺二寸額題藥師七佛閣記六字正書徑四寸分三行文二十三行行四十一字八分書徑一寸按泰安縣志云谷山寺即佛峪寺金泰和元年党懷英撰記叙寺之興建甚詳此碑紀七佛閣之剏建蓋寺中之一閣耳文爲閻復撰復以能文自弱冠即爲元好問所選與李謙等齊名謙隸書體正而筆健史獨略而不稱刊碑有摹勒者又有贊成者有石匠刻者又有都料匠構者皆他碑所無

王惲漢栢詩 正書 在環詠亭

至元二十一年五月

高里山神祠記 徐世隆撰 徐汝嘉正書 揚桓篆額 在殿後

至元二十一年十月

重修東嶽高里山神祠記　翰林集賢學士正議大夫知
制誥同修國史徐世隆撰　承務郎同知泰安州事徐汝

嘉書丹　濟寧路儒學教授揚桓篆額

蒿里者古之挽章之名出於田橫門人感而成歌漢李延年分爲二曲薤露送王公貴人蒿里送士大夫庶人後代以爲人死精魂歸於蒿里其山有神主之因立七十五司以爲追逮收捕出入死生之所也故張華博物志陸機泰山序皆云人死其魂拘於蒿里白樂天詩曰東嶽前後魂北邙新舊骨樊殿直修廟記亦言人生受命於蒿里其卒歸於社首今東嶽山有地府府各有官官各有局皆所以追死注生冥冥之中豈無所宰而然耶其祠距泰嶽廟之西南五里許建於社首壇之左自唐至宋香火不絶望之者入則肅然近則威然出則怖然若有追之者豈非世人

如見眞鬼神而然歟吳道子畫地獄變相後成都人來觀咸懼罪修福田兩市屠沽魚肉不集況此祠司局之多鬼神之衆囹圄之深幽其不寒心而駭目者鮮矣金季兵燹四起玉焚石燼向之所謂像教者又墮之劫灰矣行臺嚴武惠公治東平民懷吏畏政如神明特敬天倪子提點道教張志偉張初名志偉後遭遇上知賜名曰志純議起廟像如初未完而公薨嗣相能爵天倪子鳩工者又數年旣申省部始許修理聖上卽位懷柔百神無文咸秩詔海內名山大川嶽瀆諸祠聽所在修完遊會元門掌教宗師管領諸路道教洞明眞人祁志誠與天倪子意契遂竭力以成舊祠百二十楹近已完繕次第落成其塑像輝耀比舊

有加焉余待罪翰林方作泰山廟碑未竟天倪子曰岱宗碑成此特碑之一事耳若不足勞執事執事文如流出第令門生執筆代書則足矣余謂蒿里者社首之禪址猶在亦唐代受釐之地使老夫不腆之文得挂名其上固所願也非所敢望也故附語而爲之記若夫無懷氏封禪之君有虞氏巡守之代略而不書尊泰山也

宣授沖虛至德通元大師東嶽提點監修官兼東平路道教都提點張志純同建　太師國王嗣孫太中大夫東平路達魯花赤兼本路諸軍奧魯總管土卜申立石

大元至元二十一年歲次甲申廿月乙巳朔十五日己未

岱麓高又元刊

右碑高六尺一寸廣三尺額高一尺八寸廣一尺篆書徑二寸七分字二十行行四十六字正書字徑一寸在森羅殿後西偏南向

蒿里七十五司碑　正書　在高里山神祠後殿西

至元二十一年

右碑高四尺二寸廣二尺八寸分上下二層上層二十四行題云蒿里七十五司信士姓名于左奉訓大夫沂州尹嚴慶管官員司汶上縣尹武珙同吏李簡管天曹地府二司東原錄事司宗法祖管□□□□投生風雨四司楊讚善管僧道勾願醫藥三司軒圓貴管舉意水府四生三司陳氏管看經土地速報三司冀州信都縣獲獐寨曹斌管舉善司王元安管長壽法汗走獸三司白福玉管平等山神注祿三司本州周祐妻顧氏男瑞童管水造像趙成管子孫注生二司尹果信管□□□神二司邢□□管燒香求證二司王氏管注祿五道二司李熙□管還魂忠孝二司張永善管城隍司劉□管孝順司齊二姐管齋戒司□妙謙管修廟司□妙眞管山林司張祁正管殺生司梁棟妻賈氏管推問司張宅徐氏管六道司本州馬縣尉名國寶□塑土閘州僕陽

縣晉陽鄉土井村李口誠妻張廟善爾張玉童管陳狀
司伏以靈像威嚴神房敘列判人間之禍福注塵世之
吉凶伏願信上之家長幼平口口口清吉上願皇基永
固聖壽延長云云至元二十一年歲次口申下闕其下
層分三項姓名前一項口侍人一員十三人分五列後一
項在廟灑掃戶姓氏十五人首一人曰廟長又十六人
首一人曰廟典分四列並正書按泰安縣志不載此碑
其立碑之年與徐世隆撰重修高里山神祠碑同則此
碑因重修神祠時募塑七十五司神像遂記其姓氏也
神有七十五司碑立其數只四十二司餘未見其名目
所列各司皆主吉凶禍福分理冥府
之事蓋東嶽輔相所驅使之神也

蒿里七十五司神房誌 篆額正書 在高里山神祠後殿西

至元二十二年正月

右碑連額高七尺廣三尺八寸篆額題東嶽蒿里山參
司六案七十五司神房誌十六字徑三寸五分分四行
碑分六層並正書右邊總敘二行有云天網恢恢疎而
不口積善降之百祥積不善降之百殃爲善降祥爲惡
降殃善惡之報其在斯焉第一層三行曰判所隸司判
磨勘司判都察司是爲三司第二層六行曰判閻衆案

判苦楚案判口口案判保刑案判功德案判注生案是
爲六案以下四層分列七十五司曰判孤魂司姓口氏
口州人判地嶽司姓口氏口州人判疾病司姓口氏漢
州人判味心司姓口氏楚州人判土地司姓口氏同州
人判財帛司姓柴氏亳州人判口口司姓宋氏沁州人
判口口司姓口氏楚州人判口口司姓口氏磁州人判
天口司姓口氏口州人判口口司姓口氏口州人判口
口司姓口氏口州人判速報司姓包氏閻州人判口口
司姓何氏口州人判口口司姓任氏金州人判口口司
姓口氏口州人判口口司姓錢氏口州人判注死司姓
楊氏口州人判惡報司姓口氏池州人判法伎司姓口
氏口州人判四生司姓口氏陳州人判口淫司姓尹氏
口州人判曹吏司姓田氏新州人判長壽司姓文氏唐
州人判齋戒司姓宋氏徐州人判注祿司姓王氏華州
人判官員司姓成氏蔡州人判子孫司姓李氏鄭州人
判風雨司姓左氏路州人判鬼魅司姓張氏耿州人判
枉死司姓楚氏鞏州人判陳狀司姓都氏鄧州人判索
命司姓秦氏滑州人判口問司姓口氏相州人判平等
司姓宋氏金州人判口口司姓侯氏汲州人判走獸司
姓繁氏湖州人判口口司姓口氏口州人判校量司姓
甯氏開州人判勾願司姓勾氏口州人判功德司姓口
氏田州人判醫藥司姓范氏泗州人判燒香司姓柳氏

海州八判五穀司姓張氏萊州人判放生司姓宋氏兆
州人判看經司姓牟氏泰州人判水府司姓鄒氏單州
人判江福司姓薛氏倈州人判貴賤司姓張氏龍州人
判掠剩司姓李氏均州人判水怪司姓曹氏石州人判
山神司姓邱氏宜州人判促壽司姓張氏代州人判照
證司姓宋氏金州人判毒藥司姓張氏定州人判姦邪
司姓張氏皇州人判注禍司姓金氏耀州人判失魂司
姓何氏易州人判山林司姓杜氏定州人判孝順司姓
王氏新州人判修廟司姓王氏信州人判殺生司姓張
氏渭州人判六道司姓陳氏盧州人判還魂司姓史氏
光州人判忠直司姓王氏齊州人判驛客司姓馬氏延
州人判飛禽司姓宋氏衛州人判精怪司姓李氏青州
人判墮胎司姓東氏新州人判盜賊司姓馬氏陝州人
判究柱司姓鄭氏許州人判減福司姓閔氏建州人判
送病司姓闕氏宜州人其第六層中間空處有曰生爲
上柱國死作閻羅王年直使者月直使者日直使者時
直使者左邊題云大元至元二十二年歲次乙酉甲戌
朔上元後六日口廟王致堅蓋立石年月也按泰安縣
志不載此碑始以其出於不經無足錄也陶貞白眞靈
位業圖云鬼官有七十五職名顯者凡百一十九人始
卽七十五司之緣起又生爲上杜國死作閻羅王二語
出隋書韓擒傳至善惡慶殃之說大率寓勸懲之旨非

蓋無據因詳述之

朝元觀碑 篆額 徐世隆撰 劉惟一篆書 在山南麓升元觀

至元二十二年三月

嶽陽重修朝元觀記 古口劉惟一篆 郡人高又元鐫
翰林集賢學士正議大夫知制誥同修國史徐世隆撰
岱宗者何衆嶽之長也嶽陽者何四方之南也朝元者何
兩儀資生萬物居泰羣臣之賀正也故道家取象名其觀
曰朝元朝元之建未詳始於何代東平嚴公南征愷還之
日徑趨泰山祠焉禮也蓋昔者諸侯得祭境內山川將登
絕頂遙望古殿簷楹損壞棟宇摧仆遣人視之果如所見
命道侶住持剋期修理會公薨逝嗣相踵行其事貿緣掌

敎洞明眞人屬天倪子張志純志純元名志偉遇聖上知識遂改今名天倪子以嶽廟事重辭焉眞人乃下拜不起天倪承命遂鳩工掄材雖時經凶年亦勉力成之其費皆出會眞常住嶽頂香資掌教所助淨財支用殆盡嗚呼偲語云眞人不足勸人爲屋矧棟樑之材丹臒之工物也邪雖然泰山者蓬元之洞天洞天三十六福地七十二郎其一也故其門曰天門其觀曰日觀其風也來萬里其雨也徧九州其星曰歲星其帝曰青帝既爲衆山之長又爲萬物之宗其興與廢必有靈祇司之豈有不爲神物所護持者哉廢而興之宜矣雖然古人爲命禪諶草刱世叔討論子羽修飾子產潤色區區一辭令之微尚經四賢而能之

若此祠也先公倡之嗣相繼之眞人助之天倪終之豈有不興者乎翰林集賢學士又爲之記且敘之以詩云嚴公南伐愷歌歸會過朝元古殿基已立城池從衆守未完宮觀擇師爲丹青繪出神仙像玉石鐫成仁聖姿紀德歌功翰林事步虛正要七言詞

大元至元二十二年歲乙酉三月十有七日知觀門事泰安州都目高淵　從仕郎泰安州判官張翔　承務郎同知泰安州事徐汝嘉　武德將軍泰安州知州兼諸軍奥魯粘合瑋　武德將軍泰安州達魯花赤兼諸軍奥魯八合禿　宣授冲虛至德通元大師東嶽監修提點兗東平路道門提點張志純重建　魯國武惠公嗣孫奉訓大夫沂州知州兼諸軍奥魯嚴度立石

右碑連額高八尺五寸廣三尺額題岳陽重修朝元觀記八字籀文徑三寸五分分二行文二十行行四十六字小篆徑一寸二分按泰安縣志云觀初名建封院宋政和中賜額升元觀元張志純重修改稱朝元觀其神祀東華帝君道家謂之東嶽福神今據碑文但云爲臣之賀正不言所祀爲東華帝君也碑云朝元之建未詳始於何代則似改額朝元其來已售不自此碑始也東平嚴公者名實字武叔長清人初宋取益都以實爲濟南治中實知宋不足恃乃謁木華黎於軍門甲午朝太宗於和林授東平路行軍萬戸此所謂東平嚴公也庚子年卒中統二年追封實爲魯國公諡武惠其子孫之見於史傳者子曰忠貞忠濟忠嗣忠範忠傑忠裕忠祐孫曰瑜乃忠濟之子此碑云魯國武惠公嗣孫嚴度當是金紫光祿大夫忠貞之子也

靈巖寺新公禪師塔銘雷復亨撰　耶律希逸正書并篆額　在靈巖

至元二十二年十二月

右碑連額高六尺廣三尺篆額題新公禪師塔銘六字徑三寸五分分三行文三十行行存六十二字正書徑五分尙闕數字未全見撰文者進士雷復亨書丹篆額者嘉議大夫山東東口西道提刑按察使漆水耶律希逸文云師諱新全字仲益月泉其號也姓郭氏父曰雙明居士代爲燕之奉先神寧太平里人其生平事蹟不獨禪行精深郎詩法鍊句亦多新穎元之詩僧如公者亦無幾家惟氣宇衡霄大丈夫何頗覺粗豪蓋其時年少氣盛詩法佛法皆初入門未免以血氣用事者也耶律希逸碑稱相門世胄也左丞相薨于京公奔喪去師遂示寂實至元二十二年五月一日按元史列傳希逸爲中書令耶律楚材之孫左丞相耶律鑄之子故云相門世胄傳載鑄卒于至元二十二年而不言何月以此碑證之知在五月以前也傳稱希逸官淮東宣慰使蓋是最後所居之官不載山東東西道提刑按察使者史文從略也碑末云至元二十二年歲次乙酉十二月二十六日是立石歲月

聖旨焚僞道藏碑篆額正書　唐方撰　粘合瑋　在眞福寺今佚

至元二十三年五月

塡池靈異記王天挺撰並正書　今佚

至元二十三年

填池靈異記　王天挺撰并書

淵濟公之號始於宋其廟於兵亂間爲金東莒公燕寧所毁不數月而寧卒歲在丙戌元帥裴燕劉瑀權知泰安州事守天勝以久旱禱雨於龍池之側時有小白蛇出戲於香鼎上劉以爲神龍所變再拜祝之曰三日之内有雨則我將爲神修廟卜之吉一軍歡呼羅拜經數日無雨劉怒曰神許我雨今既無雨則無神矣命諸隸卒揭西崖之石填其池池將滿雷雨暴至如傾雹大如雞卵衆惶怖驚走既晴視之其池中所填之石悉爲湍流衝去皆駭異拜謝服罪卽今廟貌劉帥爲創始此事土人往往有親見之者

權府張侯談之甚詳因併爲之記

右碑在嶽西南麓淵濟公廟今與廟俱無文見岱史曰丙戌則至元二十三年也

至元二十四年二月

雲溪觀碑　李道祖撰　張志純正書　在羽父山雲溪觀内

至元二十五年六月

感澤記并題名　正書額　正書　在白龍池

至元二十九年

岱岳觀禁約　正書　在王母池今佚

時氏先塋記　篆額　郗天鄰撰　孔擧八分書　在城東南時家莊

至元三十年二月

靈巖寺肅公道行碑　篆額　正書　在靈巖

至元三十年九月

靈巖足庵肅公禪師道行碑　大都報恩禪寺傳法住持嗣祖林泉老衲從倫撰并書丹篆額

青州法祖渡江已來至朔方居萬壽立曹洞一宗與聖安竹林晦堂佛日而鼎峙焉故三派淵源於今愈盛青州之下四傳而得萬松光暎叢林聲傳四海天下指爲祖道中興復嗣雪庭裕裕嗣足庵肅其餘龍象碩大光明表表可紀觀肅之學業道德亦四科十哲之一數爾公名淨肅號足庵金臺永平張家里孫氏子祖居滿城之西以隴雲耕月而立其家經四世而生公其父見異常童有出塵之格攜歸唐縣禮香山明公落髮給侍之餘令閱梵文目擊千

言娓娓成誦後聞雲峯亨公走依座右日復一日於槌拂之下發明大事雖秘傳密授不滿初心深自韜晦遍參名宿謁三陽廣仰山通報恩貧皆蒙許可後雪庭掌天下僧權而主萬壽才學博贍道德豐盈遐邇雲臻慨然輻輳公亦袖香逕造其室一見心奇之鍼芥之緣不差毫忽遂以衣法而併付之詰旦捲衣去依趙好乳峯禪伯稟受外典未及食新果造幽微復叅東山微九峯信信命嗣續東山之道公掉臂弗受遁燕之萬安寄傲南窗閉關却埽杜絶人跡當是時嵩少闕人就命開法於萬壽之堂越明年宣授河南府僧尼都提領居九祀革故鼎新未嘗少息剏建方丈二十四楹古未之有也當修營之際輦土般石必先

其力上下悚然莫不服膺爭先爲之次主靈巖八載廣闢
大厦榱桷差脫人不堪其憂公爲之一新其餘僧舍增新
者百有餘間自來修營締構無出其右會萬壽虛席命補
其處一到增修廊廡翕然稱善此公居三巨刹立叢林宏
祖道與福之大槩也偶四大違和退居香山壽聖故刹壽
及耳順而歸寂焉闍維後收靈骨而歸塔矣小師智錦不
遠千里求銘於予予以叔姪之義不辭鄙陋而爲銘曰
曹溪洶湧幾多年洪波浩渺知無邊餌雲鈎月咸爭先龍
門一跳勝飛仙三居大刹光先賢行藏取舍通精研墨華
現瑞非無緣壺天美景恒并遷包容萬象攄雲騰雄雄氣
象摩青天遍參名宿機盤旋縱橫妙用鑽彌堅涅槃心印

寔堪傳足庵承受忘其年根深蔕固榮恩田枝枝葉葉繼
茂祈聯綿
至元三十年歲次癸巳重陽　小師監寺智錦等立石
靈巖傳法住持嗣祖桂庵覺達同立　錦川匠人夏中與
刊

右碑連額高六尺七寸廣三尺五寸篆額題肅公禪師道行之碑八字徑一寸五分横列於上文二十三行行四十五字正書徑九分按肅公住持靈巖者僅八載其後住持萬壽遂歸寂焉碑云闍維後收靈骨而歸塔殆是歸骨於靈巖也釋氏以身後火化爲荼毗闍維即荼毗盖以聲近而有異文耳

大聖院塔廊記　徐朗撰　張士彧正書　在城西南五十里嶅山東南

至元三十一年

靈巖寺提點廣公壽碑　正書并額　在靈巖

至元三十一年五月

普覺禪師廣公提點壽碑　將仕佐郎棣州儒學教授南宫左思忠撰　靈巖傳法住持嗣祖沙門桂庵野衲覺達書丹并題額

夫達理山禪通方野衲或院居受業或錫挂諸方扶持法
道法道與行輔弼叢林叢林茂盛經祁寒暑雨忘重苦大
勞護法不避喪軀安僧那知有已將無作有補短絶長一
僧之寒猶已之寒一僧之餒猶已之餒赤心似舊白頭如
新寺僧獲優足之宜常住享豐榮之慶如斯之德今誰有
乎僕於普覺大禪師見之矣師姓夏氏名正廣字濟川揚
州江都縣人也年十歲天兵南下國破家亡身無定在有

輔國上將軍樞密副使合旦官人引至江北之清平乃師
先祖之故鄉聊爲住坐當時是也見師好善心慕佛乘年
十四送入靈巖投爲出家拜住持清安老人爲師披剃之
後登壇受具日往月來委當院門一了百當其爲人權變
如此會至元四年八月二十八日榮受宣命保護院門總
統諸師知師多能給付副身俾爲本寺東西兩架都提點
又賜普覺大禪師之號語云量材受職其在兹乎師嘗自
警曰天下三巖靈巖爲最寺僧雖有藏教殊無其如法衆
看念何其如雲侶檢閱何至元二十六年與住持寶峯長
老并衆知事商略曰道離文字者禪不離文字者教奈教
自禪來禪從教入使失者得而迷者悟遂領本寺數人前

往杭州南山普寧寺印經一大藏渡江而北龕於靈巖雖
元奘重來只是這箇師又念曰哀哀父母生我劬勞欲報
之德昊天罔極隨挈祖父母父母靈骨抵於泰安之長清
旣月乃日植松楸立墳壠重新棺槨再整衣衾榮葬於縣
之南一鄉靜默峪春秋祭祀以時思之其爲僧孝親之心
於兹可見度落髮小師伯餘人其高第一人曰思金等蒙
師之恩報師之德建壽塔立壽碑不遠千里出示始末求
文於余刻諸貞石傳無窮之名播無窮之美余不愧辭荒
筆謬識短才疎因而爲銘其銘曰
靈巖名刹古道場叢林人物皆諸方出類拔萃誰非常阿
師頭角獨軒昂聖朝平土收封疆慕羶隨蟻歸吾皇靈巖

薙髮十歲强清安門下蘭生香天書一扎受十行院門威
護增威光東西兩架僧主張有條不紊歸權綱大師普覺
心清涼寒灰枯木爲肝腸取經一藏從蘇杭衆心閑靜師
心忙祖先靈骨俱攜將歸來卜葬南一鄉功成名遂難掩
藏建碑立塔爲昭彰思金求文來我旁恨無健筆爲發揚
願師壽算等無量名與方山同久長
至元三十一年仲夏重午日門人庵主思金等立石　當
山傳法住持嗣祖沙門桂庵野衲覺達勸緣　錦川族人
石匠夏友夏明刊

右碑通額高七尺五寸廣三尺二寸額題廣公提點壽
碑六字正書徑四寸分三行文二十四行行五十字正
書徑九分按碑不詳廣公世壽幾何據銘序云年十歲
天兵南下國破家亡乃指甲午年金亡之事其時揚州
蹤屬宋而爲李全所攻干戈擾攘廣公是以身無定在
也今碑立於至元三十一年甲午歲是可知廣公壽七
十矣序又云前往杭州南山普寧寺印經一大藏攷之
杭州西湖志載普寧寺在南峯塔下咸淳臨安志周廣
順元年建宋大中祥符初改今額秦少游龍井題名所
云航湖至普寧遇道人參寥策杖並湖而行出雷峯度
南屏得支徑上風篁嶺正其處也今湖堤遺壚尚存止
見石塔院字畫殘云云而總不詳元代之興廢若何以
此碑證之則元至元末年尚有藏經板可印其寺之盛
可知矣然普寧印經事亦僅見此碑可爲武林梵刹增
一掌故也碑云當時是也當作
當是時也乃書當時倒互耳

修竹林寶峯寺碑　篆額　李謙撰　釋福
門正書　在山西南麓

元貞元年九月

重修竹林寶峯禪寺記

前翰林院侍讀學士朝請大夫知制誥同修國史野齋李
謙撰　外護都功德主忠顯校尉泰安州達魯花赤兼諸

軍奧魯事哈剌不花篆額　圓融雙照大師講諸經疏傳
法嗣祖沙門福門書
泰山竹林禪寺者名冠天下詢諸前輩莫知其所由自唐
迄金屢經興替詎可云哉及兵息之後有先受業僧珍公
都綱欽公闍黎鑑公僧錄廷公僧判監公主事連公講主
等而相謂曰有先師所居竹林舊基水場故址我儕等力
不能贍今聞東原海公菩薩聲名蓋代數處建立精舍何
無禮請其人住持修葺永遠剃度光顯吾門不亦可乎衆
皆云然於時敬修書疏及以施狀恭請海公上人維持修
葺師雖允悅謙而謂曰宗隆有數非力能然師諱法海姓
于氏光州固陵人也祖嘗任光化軍節度使祖父昆季咸

將貴顯家貲亙萬值大兵而離散師年弱冠遁跡於魏博
間至館陶東北舍餘地得招提故基曰白佛堂榛莽蒙蔽
師迺芟而除之結茅而處得念佛三昧晝夜寒暑不爲變
易歲在甲辰二月口遇師披剃始蒙出世如寶珠出泥光
溢衆目於是緇俗聽信志力是願相與住持踰六十晦中
起演法之堂齋僧之室方丈海會香積庫囷以次俱新揭
其額曰淨土院時中書右丞嚴公總管東平迺具書疏請
詣本府之四禪寺徒衆雲聚亦復如是乃創爲繪塑大雄
薩埵護法神將百有餘尊光燦具足迄今顯然歲次丁未
僧錄雲公同衆比邱請住持在城大開元寺自是法緣洪
振衆悉歸依人人咸以菩薩稱之居無幾何東振齊魯北

抵幽燕西踰趙魏南距大河莫不聞風趨赴其送施者朝
暮不絶以資賄衣物積如邱阜於是乃重修雷音堂文殊
殿方丈寮舍鐘樓廊廡百有餘間四方下院三百餘處剃
度小師千有餘人俗素豪士受持三歸者莫知其數前後
齋僧幾千百萬給繒纊以賑單貧設糜粥以飼飢餓慈悲
方便靡所不至國師海雲聞師道價特賜號曰明慧大師
一日宴居語諸徒曰所施下院三百餘區吾欲韜光待終
宜何而處有近侍僧夏志成通從容而作對曰有泰山竹
林之古所誠田於餘地山水佳麗人境幽僻可以作終焉
之計師聞之告密而竊記異日弗辭隻影曳杖獨跨寶[illegible]
達斯古礎折草爲廬苟避風雨宴坐習禪方遂雅懷於時

[illegible]花爭秀野鳥聲喈雲山以之變色幽谷爲之生春未及
旬日門徒緇素躋踵相覓願奉衣飡者繼日不輟從茲奉
高一郡誰不歸崇居之未久雲徒旣衆欲廣其廈奄示維
麻召諸弟子付以衣盂而告之曰吾緣盡矣樹此蘭若功
輪爾輩勿忘吾囑言訖移時溘然而逝春秋三十有九僧
夏一十有七荼毗送終者僧俗億萬指無不哀慟爾隨起
塔於靈臺立眞堂於數處仍遵梵儀大事終矣是後小師
志成志通志從嫡孫定峯定廣定玉定果定聚重孫正元
正演正順等於斯竹林相繼住持排肩勠力幾五世矣方
始見成能仁有殿祖眞有堂雲賓有舍庖食有廚三門挾
庫及下院木場所宜用者悉皆備矣復以餘力樹喬松而

塞戶植修竹以封窗又抉以川流縈紆而通諸庭宇滄浪
而貫諸階除漱石砌汲烹餚饌灌蔬圃生口菜茹涟歸大
壑復入湍流瀑作水簾崖懸百丈滄集龍池滿碧千尋逼
之則毛寒過之則膽戰眞所爲遁世之桃源棲心之福地
矣茲有住持小師定玉正元正順等緬想諸公歷歷勤苦
恐後世湮沒無聞欲立石傳之久遠特狀其始末託遷公
僧判不遠而來求予以文予因而謂曰泰山之尊天下孰
不望之竹林之名率土孰不聞之菩薩之化方今孰不遵
之復何假以辭飾隨命孺子代筆勉抽來情從其狀而書
爲記焉
外護功德主照口校尉泰安州達魯花赤兼諸軍奥魯勸

農事忽都　外護功德主奉議大夫泰安州知州兼諸軍奥魯勸農事杜天祿　外護功德主從仕郎泰安州判官唐世英　承務郎同知泰安州事兼諸軍奥魯勸農事張師謁　外護功德主泰安州僉判旺吉祥承事郎奉符縣尹郜汝舟進議校尉奉符縣達魯花赤忙古歹

元貞元年歲次乙未九月下弦日完福大師泰安州僉判定玉提點正元正演山主正順福就福秀立石　周順男周瓊刊

右碑連額高五尺六寸廣二尺八寸文三十行行五十五字正書徑六分末書各官姓名及年月僧衆俱左讀在嶽西南麓今寺圮惟碑存焉

朱珪先塋記　陳應奎撰并書在城東南沈於村

大德四年二月

朱珪題名　正書云云山　在

大德四年三月

竹谿庵記　時震撰西北庵內　劉紱正書今爲玉帝閣碑尚存　在徂徠山

大德四年十月

竹谿庵記　泰安州儒學教授時震撰　泰安州儒學教授劉口書

竹谿舊爲名區也尚矣粤自隋唐遼宋賢士大夫欣慕謌詠之作所以誌其盛者不爲不備及乎名姓刻列于碑陰世失其舊剝落而不存者多金口口党公一時修舉猶多口滅不能完復可勝嘆哉其興廢之由固有闕必無口口不可數計亦由夫宏繼者或非其人安措失宜張而復弛卒無成效者有耳比得庵主口道源口口口李之高弟李公嘗以賓道口重其能道源洵進徒劉進童踵成其事二師皆性行修潔志務勤苦巳不口口難強人深爲遠邇敬信故當初弊難祈更興口積數年間雖未能復還舊基而殿廊齋舍抑次第而合時完矣其不墜徂徠芳遊者夫豈偶然哉越大德戊戌歲口口劉公學而愛敬之由上考來爲奉符尹公入于國政克勤吏職受任伊始量時敷治境內賴安一時行旅過此追憶是庵爲移時之留因口二師轄口山軍居此晨夕起奉香火凡耗減無一不復焉即其所恢拓書社振起文明爲此境鎮口口口口口口口且告以成敗之由毅然爲之倡首從而助之者皆不憚口口劉公喜而和之愈靡巳焉口口匠會未閱月工巳告厥成矣而口于是擇吉日會鄉老升堂共治成之二師既感其誠不吝有所樂施者衆苟非刻石以誌將毋以助施口遂徵文于僕任口口職義難固辭乃總其始末并編次助施姓名庸紀是歲月云

大德四年十月巳卯日

右刻在徂徠西北舊爲竹谿庵今爲玉帝閣殘碑猶存碑與陰及題額皆正書甚剝落難辨金党懷英嘗居此著有竹谿集

觀濤二字并題名　時震正書　在徂徠之陰中軍幛

大德四年十一月

靈巖寺達公道行碑　篆額　左思忠撰　正書　在靈巖
大德五年三月
靈巖禪寺第三十一代桂庵達公禪師道行之碑　將仕
佐郎廣平路永年縣主簿圓通居士南宮左思忠撰　本
寺正聞□
有道山僧無塵野衲家風冷淡活計清貧紙襖麻衣芒鞋
竹杖坐則寒灰枯木行則野鶴孤雲洒落心目寬洪眼界
脚根點地鼻孔撩天把住放行只由自已□□縱去不倚
他人心似桂臺之鏡明皎皎然性如走盤之珠活碌碌地
超今越古視死如生做富貴若浮雲輕功名如草芥先覺
覺後自利利他如斯識量今□□□僕於桂庵和尚見之

矣師諱覺達字彥通桂庵其自號也生爲汴梁尉氏縣七
里店李氏子幼而穎悟長而端嚴□不茹葷心不思榮
貴每聞誦□□諦聽而喜形於色父母相謂曰此子終非
在家子爲出家兒則可也遂許爲佛子年甫十二三禮龍
門山寶應寺崧巖和尚爲師披剃之後登壇受具□□□
氣有老成心遂於本師告香入室其師授以本色鉗鎚似
有入路其聰明有如是乎師嘗勸謂曰男子生世不遠走
高飛天涯海角參師訪道終是自家□□□外尋覓如管
中窺豹時見一斑耳遂辭師雲遊講肆聞南京溫公講主
明唯識海義遂師聽學一通百了遂得法師之名非爲妄
說師嘗自警曰道離□□□禪不辭文字者教今旣學道

可不離文字而入道乎羅籠不住呼喚不迴遂爲復參闓
據山和尚名傳天下聲動人間始爲參扣未幾聞邢州資
戒大會□□□賜問本師崧巖曰赴會之餘其行藏云何
其依止云何崧巖曰削髮在洞下之前咸名於曹山之後
他宗異派不可外尋又聞燕京遂後有資戒大會□□□
和尚住持萬壽爲曹洞宗師舍是而他參猶之秦而適齊
矣其依止不可勝用也遂造燕京之萬壽復庵一見待若
故人遂授以衣鉢掌之三五年間求□□□何之教復庵
退離萬壽隨至齊河之西庵因緣未至時節未來復還燕
京參林泉大和尚心清目冷室奧門深屏退紅塵消殘白
日百煅千煉刮垢磨□□□露影林泉付以衣頌始爲羅

參會至元二十二年有奉聖州椴谷山龍巖禪寺書疏禮
請出世開堂師於是日開大□談禪拈寶香祝壽雖復庵
林泉只是這箇爾復整頓叢林寺僧得優足之宜常住享
豐榮之慶住持四載師自念曰急流終勇退打閙處抽身
方是衲僧退爲退院復還燕□□□林泉請住藥師小刹
乃衣鉢所也粥魚有序齋鼓依時寒谷生春爐灰發焰慨
然一曲唱起還鄉其省親之心於兹可見布衣芒鞋腰包
頂笠杖挑明月袖□□□徑造汴梁之尉氏乘行之際憶
於齊河之西庵靈巖諸師聞師到此請看轉藏經其酉連
如此日來月往寶峯退院靈巖虛席遽疏禮請師辭讓再
三諸師□□□粥飯因緣行藏時節不可逃遯師知不獲

免灰心住持慇懃六載常住事產無者有之舊者新之破
者完之地土窄隘者寬濶之蘭林斫伐者告諭言護持之
師遂退院渡河而南至於法王暫爲小隱有洛京龍潭小
刹古道場也聞師在此請爲永遠剃度住持當是時有香
山普門禪寺虛席乃大悲□□□□大小知事雲集法侶
遠疏禮請復爲住持與前代住持海公禪師從舊至新勤
無二跡先聖後聖其揆則一其此之謂歟靈巖舊住落髮
小師蕃有數□□□□曰思巖等想師道業念師功行若
不刻銘立石使後世百千年以來十數輩之後幾於無聞
乃持狀出示始末託與公不遠千里求文于余況桂庵□
□□□死生之契義不可辭據其實以次序之因而爲銘

其銘曰
桂庵我許爲和尚枯木寒灰爲兩樣脚根鼻孔高下分點
地撩天不虛誑半生過教與叅禪頭角軒昂一龍象勢神
焦似扣禪關始得禪門了宗匠林泉林下立功名三派宗
風獨自唱開堂出世棲谷山往往㩳邪俱掃蕩歸來都下
住藥師不起狂波與風浪道人活計一鉢囊明月長擔在
肩上播然退爲省親行尉氏汴梁爲去向何期靈巖請住
持三載閱窮經一藏天涯海角衲僧家又住香山得名望
大悲要分正手眼一喝聵爲根本相揚名後世是思巖千
里求文遠相訪師徒烜赫兩生光耀古騰今長萬丈
大德五年三月旦日　小師思捨　思遵　思訓等　住
持靈巖禪寺月庵長老福海勸緣　錦州匠人夏中興

右碑連額高七尺二寸廣三尺二寸篆額題達公禪師道行之碑八字徑四寸分四行文二十七行行六十三字正書徑八分碑稱達公於至元二十二年住棲谷山龍巖寺者四年退住藥師小刹還鄉省親憩於齊河西庵雖不詳年載大約又數年之事然後請到靈巖先看藏經者二載住持者六載計其時蓋大德初年矣碑刻於大德五年是後住香山後寺中諸徒思巖等不忘師之道行而刻此碑其時達公固無恙也

大德五年
趙榮墓碑　正書在城西南七十里南仇古[illegible]上

大德六年
天童和尚默照銘　蒙古書見金石文字記今佚

大德六年
崇福院鐘題字　正書在城內資福寺

大德九年

右鐘文曰皇帝萬歲太子千秋較他鐘字云皇后千秋重臣千秋者更新異

靈巖寺平公管勾勤跡記　僧覺達撰思圓正書在般舟殿大門內

大德十年三月
靈巖平公管勾勤跡之銘　本寺書記思圓書　當山前
住持嗣祖沙門桂庵野衲覺達撰
夫深山裏钁頭邊經營産業開拓山門補𥨪叢林護惜常
住運先覺覺後之心行自利利他之行者其孰能究歟惟
管勾名體相稱耳公諱淨平濟南鄒平縣九湖里馬氏之
子長年十有九歲不甘處俗聞止庵老人道價崢嶸名振
山東徑造靈巖丈室始爲落髮習經業之後受具戒已來
公心貞性古言無粧飾所稟天性也自此閑暇之際發上

品忠心施功向前三門之左鑿石開路使車馬直徹院庭
人皆翕然更栽接梨柹諸雜果樹伍伯餘株遶寺諸處及
梨峪栽竹壘石牆遮護看守忠心爲最時有藪山月泉作
詩上壽贊云管勾多年苦用心栽培松竹出雲青老僧無
可爲添壽只指松筠作壽齡知人之鑒巨可爲證不可掩
人之德以示來者使後進發見賢思齊之志不爲無益不
負平公開山路壘石牆栽接之勞心焉余錄公之實跡信
筆而書使後世播無窮之苦行□仍惠之以銘其銘曰
靈巖勤跡厚施功獨占先心貞兼志壯德性自天然何時
嘗出寺甚口下平川鑿石開大路車馬徹庭前接成梨柹
樹栽竹更心堅梨柹并竹子年年貨賣錢高低石牆起可

羨老平禪行滿功成處廣種福無邊止庵門下子昆仲少
齊肩苦行千年播佳名萬古傳
大德十年三月二十七日山門監寺思川立石　當山傳
法住持嗣祖沙門古巖野衲福就勸緣　清亭方茂典刊

右碑高二尺四寸廣二尺六寸文二十五行行二十四字正書徑八分此碑撰書人皆出釋氏銘序俚鄙而書則嚴整有顏法文記寺僧淨平管勾寺事功行之勤故題曰勤跡之銘管勾者僧職也猶道觀之提點

靈巖寺下院聖旨碑　正書　在靈巖後山神寶寺內

大德十年四月

皇帝聖旨裏　書記思圓書　清亭方茂典刊
帝師下諸路釋教都總統所據泰安州靈巖寺監寺僧思
川狀告有長清縣南一鄉淨默神寶寺係靈巖寺下院時
常有一等不畏公法僧俗人等往往于寺家山場內置立
炭窯斫伐樹木損壞常住產業久而荒廢攪擾僧衆有碍
念經告天祝延聖壽祈福等事乞詳狀禁治事得此會驗
欽奉聖旨節該寺院房舍裏使臣休安下者鋪馬祇應休
著者稅糧商稅休要者但有屬寺院底地土園林碾磨店
鋪解典庫不揀甚麼休奪要者欽此今據見告總所合行
出榜省諭諸人欽依聖旨事意如有違犯之人仰所在官
司就便痛行治罪施行須議榜示者　大德十年歲次丙
午四月八日十方靈巖禪寺山門監寺思川等立石

右碑連額高三尺二寸廣一尺七寸額題皇帝聖旨四字正書橫列於上文十五行行二十五字正書徑八分月日中間有印方三寸蒙古篆文迴繚三行下有三押此碑立石者監寺思川據本寺致和元年塑像題名碑有一行云管供床鏡而油漆施主監寺思川即此僧也致和元年距大德十年凡二十三年而思川監寺如故亦云久矣

加封大成至聖文宣王廟碑　隸額正書　在文廟

大德十一年七月

上天眷命皇帝聖旨蓋聞先孔子而聖者非孔子無以明
後孔子而聖者非孔子無以法所謂祖述堯舜憲章文武
儀範百王師表萬世者也朕纘承丕緒敬仰休風循治古
之良規舉追封之盛典加號大成至聖文宣王遣使闕里
祀以太牢嗚呼父子之親君臣之義永惟聖教之尊天地
之大日月之明奚罄名言之妙尚資神化祚我皇元主者
施行　大德十一年七月日

右碑連額高六尺廣二尺六寸隸額題大元加封聖旨六字正書徑二寸分三行聖旨十行正書徑寸許按是年五月武宗嗣位加孔子號曰大成遣使闕里祀以太牢宣頒制詞各學勒石有用國書者有用古籀文者此則以正書譯之他碑皆署九月此則七月也

重修三皇廟碑 篆古字額正書在布金山之陽埠上店

至大三年十月

重修伏羲聖祖之廟記　竹林後人畢子麟天祥撰　門弟張仲寬濟卿書丹并篆額

古之於今聖明之主忠正之臣載於文典祭於殿堂者耳聞目見豈能盡言哉普天之下環海之中京府州縣山村墅店人居之處佛寺道觀峻宇彫粱金碧晃耀粧飾之盛費用之大不啻萬金猶能興成必假衆人之財之力而能

爲之也今夫岱嶽之西有山曰布金山之南有店曰埠上店之南街之北有前人所興祈福之地一方約伍分其地之中正北面南右曰伏羲聖祖之廟左曰觀音之堂正東面西中曰南嶽昭惠靈顯眞君右曰劉十八郎左曰法汗司正西面東曰義勇武安王廟以觀音之堂與東西二廟壯麗新鮮除香火祭祀之餘別無用意惟伏羲聖祖之一廟歷年深遠雨漬風吹材木朽爛牆壁傾斜人見之不無修補之心思其費用之大莫之能爲徒瞻寒目惜而已異日有本鄉社長張安德思之有父母之遺命欲行修葢不果而下世哀慟其心如神所使特口敬心禮備香酒祭祀廟前再拜而誓之曰以安德之身爲人微淺誠意重修孰

獨力難辦願神加祐焉郎日歸家置辦筵饌酒菓請問親舊老長伯叔弟兄朋友好事之人不限遠近多寡與安德同志肯赴於會見面是幸鄉人聞之遞相勸勉忻喜雲集或材木磚石工匠人力飲食破用一問而足不同而成欲立斯石記其姓名於碑之陰固請子麟爲文辭之不免以己之所聞所見而言之也世俗謂之爺娘廟者古任之東南有山曰爺娘山山下有廟曰爺娘廟至今存焉易之序卦云有天地然後有萬物有萬物然後有男女有男女然後有夫婦有夫婦然後有父子有父子然後有君臣有君臣然後有上下有上下然後有禮義有所錯爺娘之爲稱者是有夫婦父子人倫之道也書序曰古者伏羲氏之王

天下也造書契以代結繩之政由是文籍生焉以伏羲之爲尊號者見於尚書序者也又易繫辭曰昔者包犧氏之王天下也仰則觀象於天俯則觀法於地觀鳥獸之文與地之宜近取諸身遠取諸物於是始作八卦以通神明之德以類萬物之情作結繩而爲網罟以佃以漁葢取諸離書曰伏犧易曰包犧然字異義同也自五帝之上號曰三皇又自軒轅神農之上號曰伏犧聖祖尊之至也後之君子見其殿宇纖毫隳廢早爲修理何難之有斯立石之意也不亦宜乎記曰伏犧聖祖道化流傳居五帝上在三皇先始畫八卦觀象于天代結繩政文籍生焉作爲網罟以漁以佃其誰立廟布金山前埠上古店地秀人賢張氏之

子孚與齊肩父亡母化志繼心專會合衆力時再新鮮斯
石之立期於萬年
天聖褰元帥兖州節度使鎮國上將軍張　男修武校尉
張士表　安籙府判官張士彧　洪沲萬戶顯武將軍張
斌　宣授冲虛至德通元大師東嶽提點監修官兼東平
等路道門都提點張志純　重修補壁維那張青
皆大元至大三年孟春下旬□□張安德　弟張安仁同
立石　奉高王端福　姪王忠幹

右碑連額高六尺五寸廣二尺二寸額題二字篆古文徑二寸分二行文二十二行行五十五字正書徑一寸按泰安縣西南賢親鄉有上下埠此碑在埠上店乃上埠也距城七十里其地有布金山志稱樹林陰亞李白送王山人歸布山元好問送天倪子歸布山皆即此布金山也山陽有三皇廟不詳創建緣起碑文爲畢子鱗撰而自稱曰竹林後人張仲寬書而自稱曰門弟皆所未詳劉十八郎法汁司皆不知何神文中引世俗語呼伏犧廟爲爺娘廟而暢論天地萬物男女父子夫婦之義此可與武梁祠畫象之畫伏羲夫婦爲人道生民之始以互證也序後兩行有用韻四字爲句者不曰銘贊而曰記又金石之一例也文云然後有禮義有所錯然後下有字似衍文補𡐓作補體亦別體也

靈岩寺海公道行碑篆額 正書 在靈巖

皇慶二年八月

十方大靈巖禪寺第三十二代普耀月庵海公禪師道行
碑并序　觀物道人悻齋孫榮孚撰　大靈巖禪寺傳法
住持嗣祖桂庵覺達書丹并篆額
集賢大學士陳榮祿鄰於京城萬壽寺予由是亦往來其
間方靈峯禪師退夾山席棄冗於此予每見讀洪寬範林
間錄其書間引用儒之經史子集文體彬蔚瀏亮亘鮮儔
匹而□□求虛無抑寂寞責有窮音抑又一覺範出惜乎
不爲陋學所知及典法萬壽由東川銘予始受知靈峯皇
慶癸丑夏四月甲子詰旦靈峯皆比邱數輩攜普耀法嗣
思然至大二年□□十二日行實於愚爲普耀請銘愚遽
曰東川銘序不通何讀祿祿之謝幸息於包羞其可再靈
峯曰伯陽父不云乎下士聞道大笑之不笑不足以爲道
果復有韓柳二蔡王官麻□□出則當趨走下風鏡中壁
烏能爲明害辭不獲已勉閱理其狀師號普耀諱福海自
稱月庵翼城楊氏季子生而異光照室稚而性好浮圖里
閈寺曰香雲每戲往則累日忘歸處□□室父母二兄忖

其志不可奪至丙午僅五稔乃爲童行於香雲講主成公
誦讀不再略無遺忘歲戊午披剃受具戒磬獲成公平昔
之業有龍象稱乃納履而西入安西伯達禪師□□究無
懈久之伯達訝其聰敏以趙州柏樹子檢量師機鋒勁提
辭理明晳嘗記莿云他日祖道必賴此子宏揚常自度云
雖達毗盧界宜修普賢行聞寶應嵩巖禪師與復庵重足
□□器量沈雅禪風大振存誠敬謁遂入嵩巖室參訪之
暇思留翰墨重九有賴有黃花封嶽頂又添紅葉壯嵩陽
之句嵩巖聞之云海維那異日當爲嵩山法主至元丙子
聞復庵受□□萬壽寺疏遂北上入復庵室以師雖不若
楊岐會從遊久見其穎悟特達即以衣頌付之及復庵退

席居齊河以書召之俾應嵩山法王請果符鸞巖之兆至
元庚辰春開演於法口口綱頹載振紐絕復維叢席規矩
之餘臺門堂殿一切所須簷宇無不具者尚冀瞻盼壯麗
乃鑿西堂墺垣後崖廣基以起海會延十方雲侶金碧燦
爛奐然一新寔嵩陽之勝跡也口口丙戌夏龍門寶應汝
陽香山二疏交至師去龍門就香山者欽綸命也師自指
門登座至大德丁酉凡一十二臘其創者四圍石寺基正
門丈室二湧路水擊來壅之共歟三所焉寺處山顛唯雨
水是賴師以己貲僦運給用十二臘始終如一口口僧室
弊者補闕者增功與法王等傳誦不怠度苾蒭千餘指大
德戊戌領疏移席於靈巖禪寺師至則曰危哉巖乎名非

妄得遂命遂師塹鑿廣平隆殿堂於久替新丈室三十餘
口口棟宇無一不備大德壬寅以己貲飯僧萬起退席念
率爾受疏挂錫南陽丹霞山古跡成燼府北叢竹廣袤三
頃常住也比邱衆野處其中師傾囊鳩功作塹深廣成尋
以禦諸畜口口魚竈釜於瓦礫之餘手足胼胝不辭勞苦
竹刈遂歸日用諺曰師之身餧虎欲得而食之師亦捨之
矣大德癸卯香山比邱衆退思久積勤舊畢至泣哭以請
丹霞烏能伉儷哉師口口果把返錫香山未及朞大德甲
辰大都萬壽禪寺具疏懇請冬十月庚寅登座當是供賁
事見東川碑大德乙巳欽蒙勅賜元寶萬五千緡王公通
施亦二萬緡以之作僦櫃納質贏羨計焉東廡等三十餘

楹創爲西廡偶駔驗列肆之增繁文則近僅至大己酉春
正月戊戌以疾示寂荼毗靈骨口口壽始餘分於靈巖香
山法王丹霞者皆壽塔焉嗣法者二十餘比邱度出時逮
者三百壽六十有八爲僧五十一臘其於無上正等正覺
之道確乎其不可拔於文殊普賢觀音門口口聲色而偏
動用觀始終之際則可知已書不云乎知人則哲惟帝其
難而欲辨淺深於滄海窮涯際於太虛況視聽之所不暨
四空之所庵昧不生不滅者哉以是知摩竭提寂滅道口
毗邪離不二法門形乎彼岸矣夫彼岸者名言不可得隨
迎不可見師豈不得其蘊乎是其可銘也已詞曰
乾乾梵師乃眷中土繄西四七寔爲東祖道本於一離而

乃五派分世異昭牒著諸青州崛起用彰曹洞巍乎萬松
當代紀統爰及午月纂復衣頌大覺冥契詎乖妙用五啟
元關返錫者一修普賢行厥功克即六通洞徹樞機固必
語極有無默究愈悉唯此靈區敢侔名宇桁梧上壘榱桷
下頫高甍嶫嶫周原膴膴氣聳泰顛勢超梁父憑軒廣睦
極目沃流離朱至精莫測迴修去彼祗樹來此少酬其徒
僉曰師寔罕儔刊銘貞石永揚厥休
大元皇慶二年歲次癸丑八月旦日　小師思軋等同立
石　大靈巖禪寺傳法住持嗣祖沙門桂庵覺達勸緣
靑亭蘇克珉等刊

右碑連額高八尺廣三尺二寸篆額題海公禪師道行之碑八字徑三寸五分分四行文二十八行行七十字

正書徑一寸書丹篆額者覺達筆力頗質勁

靈岩寺山門五莊記　篆額正書在御書閣

皇慶二年十二月

自元貞年間於塔寶峪口選吉地剏建新莊一所曰北莊也建佛殿三間內塑自在觀音一堂全珈口堂一所內塑關王全西口房三間穿井一眼遶莊開荒地數頃有餘盡在寺家山場界至內遂作一偈出示諸人偈曰置罷南莊置北莊春秋曾請好開荒休辜壯志琛公老祖父田園要主張獨鶴泉宜開舊地曰中莊也水屋頭開地栽桑曰東莊也覆井坡可蓋新房曰南莊中塢店西曰西莊也已上道五莊只在靈巖產業界至內起建永遠贍濟常住供給

衆僧不爲無益以示來者他日百千年後使諸人共知山門外有五莊在　大元皇慶二年歲次癸丑季冬望日當山傳法住持嗣祖桂庵野衲記

守座思敎書記思圓知藏智正敎讀思亨錢帛思海提點智舉提點思宗監寺思讓前監寺思川官門思角維那智運副寺思琎典座子謙直歲思粟殿主思子副寺思宣直歲惟鑒直歲思酉直歲子巖殿主洪望外庫思柳知客惟香東莊主思癸南莊主惟堅西莊主惟山北莊主子吉中莊主子益圓頭思圖侍者德慧　山門衆知事同立石

錦川夏中興門人王庭玉刊

右碑連額高二尺四寸廣三尺二寸篆額題靈巖山門五莊之記八字徑二寸五分橫列于上文二十四行行十五字正書徑一寸按寺產久爲民占自大德十一年提點舉公詣京陳告悉還本寺至是相距六年遂得次第剏建五莊開荒贍衆矣碑爲桂庵野衲記野衲之下記字之上刻篆文覺達二字名印又書碑之一例也不見他碑

靈巖寺就公禪師道行碑　篆額正書在靈巖

延祐元年九月

靈巖禪寺第三十三代古巖就公禪師道行之碑　靈巖禪寺傳法住持嗣祖沙門桂庵野老覺達撰書丹

西乾四七東口口三莫不名高天下蓋爲根深蔕固源遠流長心心相印祖祖相傳故曹洞淵源於今愈盛青州之口萬松建立叢林光揚祖道聲傳四海天下指爲祖道中興復嗣口口裕裕嗣足庵肅肅嗣古巖就觀就之學業道

口脚根點地鼻孔遼天諸方敬仰豈虛言哉古巖禪師名實相符矣公諱普就古巖其晚年自號也眞定在城劉氏子幼口食茹葷長年十有五歲厭俗境好慕空門徑往封龍山禪房山禮讚公山主爲師落髮親炙博通經業令登壇受具聞口禪師道行超邁誨人不倦卽往依棲次謁林棠寶積雲峯禪伯體妙窮元南詢之與日益加矣又聞鵲里崇孝清安老口前一口大事因緣爲汝日復一日槌拂之下發明此事雖秘傳密授不滿初心深自韜光遍叅名宿謁靈巖足庵肅朝口頭然依棲八載迨至元十三年赴順德大都兩處登壇受具蒙賜度牒及至元十八年當是時萬壽虛席命足庵住持公亦不憚驅馳結絶不了的公

棨幸遇本分鉗鎚百鍛千鍊故口無窒礙矣遂以衣須而付之曰質朴眞純有古風將來足可振吾宗若逢才器須傳受歷代相承繼後蹤復還寶積閑口十年詣於靈巖充座元位大德六年月庵海公退堂郎時本寺具疏請開堂住持大德丁未榮受皇太子令旨又受聖旨護持山門產業前後一新蒙總統所賜妙嚴宏法大禪師之號日往月來臣持七載大刹不可久居退隱靈棲庵守道口龍山禪房之命住持二載皇慶元年仲冬復還靈棲庵此時祖庭少林闕人本寺知事持疏不遠千里而來謹請接口續佛慧命接物利生平生足矣靈巖受業小師數十餘輩其一八日子貞等想師道業念師口行若不刻銘立石口年以

來十數輩之後幾於無聞乃持師行狀出示始末求文於余余不愧辭荒筆謬摭其實而爲銘曰

達磨面壁自離西天全提正令寄付單傳青州之下四傳萬松中興祖道大口口口雪庭親孫足庵嫡嗣質朴眞純常行二利大哉古巖面目嚴冷接物利生提口口口靈巖影裏幸受皇宣功成名遂絕後光先靈棲寓舍不可潛身禪房莫住既少林春三花口口五乳峯前末後一著心月孤口門資衆等不辭勞苦樹此豐碑銘傳萬古

大元延祐元年歲次甲寅九月望日　小師子彬子謙等

當山傳法住持嗣祖沙門桂庵野老覺達勸緣

右碑連額高六尺許廣三尺二寸篆額題就公禪師道行之碑八字徑三寸分四行文二十七行行四十六字正書徑九分按此碑紀古巖就公道行立碑之年就公現住少林不爲銘塔作也碑不言就公世壽幾何計其延年當亦六七旬矣其在靈巖先依足庵肅公八載後開堂住持者七載自別靈巖隱靈棲住禪房復還靈棲繼住少林相距七載小師子彬等思其道行爲立此碑

靈巖寺舉公壽塔碑　正書額正書　在靈巖

一　延祐元年九月

諸路釋教都總統所照得泰安州靈巖禪寺監寺僧智舉勝心廣運院務繁興容衆尊賢上和下睦具斯美德宜贈佳名可曰圓明廣照大師

南陽香山住持桂庵野衲爲靈巖舉公監寺荷負叢林領略常住積有年矣乃足庵門資既稱智舉可字彥高遂作俚語以爲贈之

頭角崢嶸接九皋襟懷灑落絕纖毫扶持大刹寧辭倦輔翼叢林不憚勞　心固厚志堅牢足庵門下最英豪而今戰退姦邪輩不負靈巖舉彥高

大元延祐元年季秋望日小師子津等同立石

右碑連額高三尺六寸廣一尺六寸額題舉公提點壽塔六字正書徑二寸許分三行文十一行行十九字正書徑一寸按此碑乃靈巖寺提點舉公自造壽塔立石塔前碑額之上刻呪語曰唵麽抳鉢訥銘吽七字以護持之前刻都總統加號語後刻桂庵贈字彥高贊頌語而以鷓鴣天詞一闋綴於末

吉祥寺令旨碑二　在城西南錢家村

一　延祐二年七月　五年二月

重修廟學碑并陰側　篆額　向毓德撰　王翼正書　在文廟

一　延祐二年八月

重修廟學之記　本州石匠作頭咼義高翼刊　泰安州儒學教授尙毓德撰　新泰縣儒學教諭王翼書并篆

夫學校風化之源政教之所自也閩蜀之夷一沐漢唐循吏之化丕變民風爲儒者衆況泰高之近魯乎雖然廟學興廢亦必待其人也知州徐公創始於大定癸卯馬公重修於至元辛未今復五十餘年雖有柏林地課以給粢盛尙口學田以贍師弟是以加號之碑久而不立十儒從祀闕而不繪殿廡堂齋簷桷崩摧不蔽風雨前爲政者葺理未及瑯琊張公中順來治是郡下車之際恭謁宣聖傷其廟貌久廢故與監郡也先不花承務同知亦揑帖木兒昭信州判張公忠翊案牘王惟鼎都目尙撝等各攄己俸市

其瓦木爲之復修士庶聞者莫不助其糧力爰命奉符尹董公承務督其役不再月而畢功輪奐一新庶事是舉立聖元加封大成碑於西廡之南繪濂溪明道伊川康節橫渠涑水晦庵南軒東萊魯齋眞容於兩廡之次撥魚池劉德上王趙乞兒戶絶二地叁拾柒大畝以贍其學由是文風日盛甲於他郡諸公以毓德主善於斯故命玆文庸紀其跡愚以自古設學不過明夫五常之道是道也本乎天性雖曰人皆有之不無氣物拘誘必以持敬養之於幼繼之以格物致知之功推而至之可以平天下奈何異端起而亂眞詞章行而失正道學鄉失其傳若非周子復啟其端晦庵諸公開示蘊奧孰知古之道哉方今以科場取士法依三代不用律賦省詩小義惟尙格物致知以明四書九經之義經義則不拘格律策則不矜浮藻必以理勝爲主蓋革詞章之習道學復興敦尙行實事皆循古所以明其道也郡守諸公欽遵上命承流宣化貴德崇文重修廟學庶政由是而成風化以之而美豈惟居民之幸亦儒學之幸也故摭其實而勉爲之記　大元延祐二年歲次乙卯八月日立

承務郎泰安州達魯花赤兼管本州諸軍奥魯勸農事也先不花以下左讀　中順大夫泰安州知州兼管本州諸軍奥魯勸農事張允恭　昭信校尉同知泰安州事亦揑帖木兒　忠翊校尉泰安州判官張亮　都目尙撝　提控案

牘王惟鼎　司吏馮用彰　孫仁　郃伯謙　陰德昭

孔文　劉澤　李之肅　鄭彬　耿守仁　司誠

右碑連額高六尺二寸廣二尺八寸篆額題重修廟學之記六字徑三寸分二行文二十二行行五十字正書徑七分碑陰刻官吏姓名二十四行正書徑五分按今之泰安府在元時爲州泰安縣元時爲奉符縣故碑陰官屬皆列本州及奉符縣而碑文云奉高近魯者奉高縣名本於漢晉之舊也碑云知州徐公創始於大定癸卯馬公重修於至元辛未徐公謂徐偉馬公謂馬驤也泰安縣志但載二公之修建於學校而獨於延祐二年知州張允恭之重修則略而不書惟錄碑目於金石卷中亦志之疎也

靈岩寺執照碑并陰　篆額正書　在大殿西

延祐二年九月

皇帝聖旨裏泰安州長清縣承奉泰安使州指揮來申據靈巖禪寺僧人陳思讓當官告稱累累被前煽煉人等於

本寺山場內騷擾不安誠恐已後引惹事端告乞施行得
此縣司叅詳如蒙出榜禁治誠爲便益申乞照詳事得此
照得先據靈巖禪寺僧人陳思讓狀告本寺師係與國家
祝延祈福大禪寺經今千有餘年全憑本寺地土山場四
至內諸樹修理殿宇房廊養贍僧家已有累降聖旨事意
四至碑文爲驗皇慶元年三月初二日本寺欽受御寶聖
旨節該泰安州長清縣有的靈巖禪寺爲頭寺裏住持的
桂庵長老提點監寺爲頭的和尚每根底執把著行的聖
旨與了也這的每寺院裏房舍裏使臣休安下者鋪馬祗
應休拿者商稅地稅休與者寺院裏休斷人者官糧休頓
放者不揀是誰占著的田地交回付與者但屬寺家的并

下院田地水土薗林碾磨竹子山場解典庫浴房店鋪不
揀甚麽他的揀的是誰休侵奪要者這和尚每道有聖旨
麽道無體例勾當休做者欽此除欽遵外於延祐二年三
月初一日有長清縣賫到文字壹紙令本寺僧人前去中
塢店聽讀聖旨思讓與本寺長老大小人等前到本店有
內史府差來官李忠顯等向思讓言道俺賫擎御寶聖旨
前來開讀訖除欽遵外其本官對思讓等言道爲您這寺
九曲峪內有銀鐵洞冶起立銀鐵冶便要吐退准伏文狀
思讓回道元奉聖旨交您無違礙地內這九曲峪是俺寺
家四至地內贍寺常住山場地土自來爲土不曾有人侵
奪道罷本官前去長清縣令本縣官司行發信牌將思讓

等勾擾不安告乞施行得此爲恐不實行據本縣申照得
除外遵依發牒本縣主簿札木赤進義不妨本職親詣靈
巖寺九曲峪照勘踏覷前項銀鐵洞冶是否本寺山場四
至內地土明白保結牒來去後回准牒該備奉泰安州指
揮爲靈巖寺陳思讓告地土請不妨本職親詣九曲峪踏
覷前項銀鐵洞冶不見是否山場四至內地土爲此喚到
剗底保見役社長魯進狀結年七十三歲係本保生長人
氏自記事以來知得靈巖寺山場東至仙臺嶺南至青尖
山并大峪分水河曲屈爲界西至老婆山北至方山碁子
嶺日今九曲峪興煽銀洞冶委是靈巖寺山場四至內地
土外别不知其餘事因如官已後體究得銀洞冶却不係

本寺山場四至內地土進情願甘當誑官罪犯無詞得此
又喚到聶提領轉委頭目段昌狀稱即與魯進詞理相同
文狀在官却行前到靈巖寺抄錄到明昌五年鐫鑿碑陰
界至照勘得亦與魯進所責無異及喚到本寺監寺陳思
讓彩畫到四至圖本粘連保結牒來請照驗事准此縣司
今將彩畫到四至圖本抄錄到碑陰界至保結申乞照驗
事得此申奉到中書兵部仰已經備關內史府照勘依例
施行奉此行下本縣依上施行去訖今據見申使州除外
合下仰照驗欽依累降聖旨事意依上禁治施行奉此除
外合行出給執照付靈巖寺收執欽依施行須至出給者
執照　右付靈巖禪寺收執准此

延祐貳年玖月　日

右碑連額高八尺廣二尺八寸篆額題宣賜靈巖聖旨之碑八字徑三寸分二行文二十六行行六十字內惟延祐年月日字扁闊一寸五分餘俱方徑七分月日中間方印一顆方一寸八分蒙古篆文此行直下有二押碑陰刻字三層第一層延祐五年三月第二層至順元年十一月第三層至順元年十二月碑內所列四至山名惟方山今見長清縣志餘若仙臺嶺青尖山老婆山碁子嶺九曲峪等名皆不存矣志載市集條下有剩底店集即碑所稱剩底保也碑陰額題泰安州申准執照之碑九字正書徑三寸橫刻於上下分三層上層刻延祐五年三月執照十九行行二十二字正書徑八分中層刻至順元年十一月執照十五行行十四字正書徑六分下層刻至順元年十二月執照二十五行行十字正書徑七分俱有印押碑側刻蒙古文一行七字長二尺許廣八寸延祐五年者寺產爲侯得山占據告狀斷丐因給執照至順元年寺僧貞提點買得官地官給二照一爲泰安州所給一爲奉符縣遂合刻於碑陰大指如此文不具錄當時買官地須由社長陳請官壕擽打量然後徵價給照元制於此可見以一分六釐地而價直中統鈔十定則地價亦不廉矣今南方人口語謂物

之不眞爲假鈔此碑有云地價檢驗無僞可知假鈔之語昉於元時長清與奉符俱屬泰安州此碑延祐五年執照爲長清縣所給至順元年執照爲奉符縣所給始寺產界連二縣之間也埇稱妻父爲丈人見於裴松之三國志注而流俗或未盛行此碑云侯得山丈人十九則是當時通行之稱矣

張志純遺世偈頌　正書　在城內關帝廟壁間

延祐四年二月

宣授東嶽提點監修官張君壽期九十六歲四月二十五日降誕八月十二日昇霞乃作遺世頌曰

脫下娘生皮袋此際樂然輕快百尺竿頭進步蓬元洞府去來前世宿德醫僧今作道門小才　山僧批頌啟上

奉高賢者　保貞大師會眞宮提舉王若禎敬立二石

大元延祐四年二月二十九日郡人張貞書

右石縱廣一尺四寸橫寬二尺一寸偈頌題識共十四行行八字正書徑寸許按碑末有小字二行云萬歷甲午秋會眞宮災刻無所附余因揚道士請移置關聖廟壁左則知此碑舊在會眞宮明萬歷間移於關帝廟也會眞宮古之奉高宮張志純爲嶽廟提點臨終爲此偈以遺奉高賢者故提舉王若禎刻于會眞宮然曰敬立二石則是更有一石矣

太師泰安武穆王忙兀博羅讙畏答神道碑并陰　篆額　姚燧撰　并八分書　在城西舊教場

延祐四年四月

當大德癸卯燧持憲節使江之東三年光祿大夫上柱國江淛行省平章政事公之三子內□□太宮宿衞渾都與江東建康道肅政廉訪副使伯都及行河南省參知政事埜仙帖穆而譜其系狀其事以請曰先公三宿墳葬矣其

忠以事國孝以繩家光大而雄偉者不及今焉鑱之金石將日遠日忘奚以示遺胄於無窮敢屬筆子燧以與憲副聯事此道義不可辭乃序之曰公忙兀氏諱傳羅驩畏答而公之曾孫蘸木曷公之孫瑣魯大都公之子始畏答而與兄畏翼俱事太祖時太疇盛彊畏翼謀往歸之畏答而苦止曰帝何負汝而爲是竟去追又不復雪泣而歸請獨宣力帝貳之曰汝兄與衆皆往獨留何爲無以自明乃折矢誓曰所不忠事帝者有如此矢帝感其誠易名肩壓約爲按答盖明炳幾先與友同死生之稱帝後與王罕陳於曷刺眞彼衆我寡刺兀魯一軍先發其將兀徹帶玩鞭馬鬣不應肩壓請曰戰猶鑿也匪斧不入我先爲鑿請君斧

纔顧帝訣曰臣萬一不還三黄頭兒將軫聖慮者辰入疾
戰大敗其軍輔猶逐北勅使止之乃旋師免胄爲殿臑中
流矢帝傷之曰朕戒卿早休兵竟創而歸親爲傅藥寢輿
同帳踰月而卒帝曰曩只里吉爲敵將實禦屑壓其以只
里吉民百户屬屑壓子世世歲賜勿絶其族散亡者收完
之即封北方萬家太宗以其子忙各爲郡王又俾貴臣忽
都忽大料漢民分城邑以封功臣割泰安州民萬家封郡
王歸奏帝問忙兀之民何如是少對曰臣今差次惟視太
祖之舊舊多亦多舊少亦少帝曰不然舊民少而戰績則
多其增封爲二萬與十功臣同爲諸侯者民异其編兀魯
爭之忙兀舊兵不及臣半今封固多於臣帝曰汝忘而先

玩鞭馬鬣事邪後諸侯王與十功臣既有土地人民凡事
干其城者各遣斷事官自司聽直于朝公年十六爲斷事
官世祖正宸極以從征叛王阿里不各功賜其軍驛馬四
百匹金銀幣帛稱是尋詔入宿衛曉近臣曰是勲閥諸孫
從其出入禁闥無輒誰何李璮反詔將忙兀一軍圍濟南
鈔盜都萊州賊平决獄燕南人稱明允賜衣一襲雲南王
虎各赤爲其省臣寶合丁犇毒殺事聞勅中書擇可治其
獄者凡四奏人皆不當旨丞相先眞舉公且言敗事臣請
從坐帝曰之人則可公辭臣不愛死第年少目不知書帝
曰朕方恃卿求皇子死倘書別帖兀而知書惟可使之簿
責其事是否一委自卿明日愼無歸咎輔行也且聞卿不

善飲彼地多瘴宜少飲敵之未至四五驛所實合丁遣人
負金六篋來迓公曰雲南去朝廷遼邈省臣握兵不安其
心將懼而變乃好爲語遣之既至盡以金歸省而竟其獄
得置毒情殺之而還奏可顧先眞曰卿舉得人賜兼金爲
兩五十武備寺奏令入筋角惟忙兀以時殿於常歲帝曰
其報賜之自今凡忙兀事無大細如札刺而事統丞相安
童者悉統於博羅驩八年授昭勇大將軍右衛親軍都指
揮使虎符大都則專右衛上都則三衛兼總十一年授金
吾衛上將軍中書右丞太師南伐分軍爲兩制曰其右授
丞相伯顔阿术節度左悉委卿指一犯法臣曰如別急烈
述失朕不責也俄授兼淮東都元帥軍于下邳公策諸將

曰清河居宋北鄙城小而固與泗州昭信淮安實相犄角
當水陸衝未易卒拔可頓大兵爲疑海州東海石湫逼此
數百里其守必懈吾將輕兵倍程而東其守臣可襲虜也
師至海州丁安撫果下石湫東海隨下清河史安撫聞之
亦下不一月而下四城宋主既降而淮東諸州猶城守故
太傅伯顔入覲還密詔以公進兵拔淮安南堡戰白馬湖
及寶應棄高郵不攻由西小河達漕河據灣頭堡斷通泰
援竟投揚州斬其制帥李庭芝淮東諸州悉下賜西域藥
及蒲萄酒介冑弓矢鞍勒會分江南諸州隸諸侯王及十
功臣又益封桂陽州十四年遣平叛王只里斡帶於應昌
賜以鞶帶幣帛與博羅同署樞密院事未久授北京右丞

既至召還會南土多反者詔募民能從大軍進討者俾自爲軍其百夫千夫惟聽其萬夫長節度不役他軍制命符節一與正同已行矣公疾不能自陳令董司徒文忠入言今者日所出入勝兵何啻百萬何假此曹無賴僥倖之徒以壯軍威臣恐一踐南土肆爲貪虐斬伐平民姦其婦女棄其貨財民畏且仇反將滋衆非便召與疾入帝視其色捽然賜坐與語重陳董奏可之適常德入覲庸凡帶一軍殘暴其境如公所策勅斬以徇諸是軍皆罷之十六年扃刺斯博羅斯幹羅罕薛連干皆彊宗也勢不相一求遣大臣撫綏詔令公往凡居是二年十八年以右丞行省甘肅將大軍駐西北仰哺省者十數萬人自陝西隴右河湟皆

不可舟惟車輦而畜負之塗費之餘十石不能致一米石至百緡公經畫得方供億不乏賊不敢窺邊者二年廿有一年授龍虎衛上將軍御史大夫江南諸道行御史臺事黄華反徵内地戍兵進討未能平賊多奴良民以歸公令監察御史提刑按察司隨在糾覈皆止還之以疾歸會諸侯王乃顔反帝欲自將征之公曰始太祖分東封諸侯王及侯其地與戸臣如知之以二十率之彼得其九忙兀兀魯札剌爾宏吉烈亦其烈斯五諸侯得其十一彼力滋多吾力滋多吾有衰耗彼亦衰耗然要其歸五侯之力終多彼二惟責徵兵五侯自足當之何煩乘輿臣昔疾今愈請事東征制可賜介冑弓矢鞍勒命公董是五諸侯兵以行

與乃牙按戰屢摧其鋒再與其黨一王塔不帶戰霍雨不止軍以乏食求却公曰兩陣之間勿作事先已而彼軍先動公悉衆乘之逐北二日身中三矢禽塔不帶斬忽倫輩復與月列魯太師合力始誅之賜銀爲兩四百五十幣帛九乘再月其党一王哈丹復叛公再請往詔與諸侯王乃馬帶討之公狃於屢勝一日不虞賊游兵卒至止從三騎返走有絶壑前廣二丈深加廣半追兵且及獨公策馬能越三入後者皆見殺人以爲天相忠義後逐北極於東海之壖哈丹自引焚獲其二妃斬其子老底於陳凡戰四年所得金銀悉散將士以故人致死力賊平勅一妃賜乃馬帶一妃賜公陳金銀器延春閣召東征諸侯王及公至將

分賜之間公卿家是器幾何輦帶有無公曰以陛下威德奉身之物亦畢備矣帝曰朕出此本以酧卿曹之勞在人則伐其能以幸多取朕問猶曰既有可謂謙挹不眩于貨者豈合其徒手歸始賜是器五百兩二十八年改河南宣慰司爲行中書省求可首是省平章者凡三奏皆不允末乃及公則可授榮祿大夫平章政事淮鹽爲引歲六十五萬前政多逋至公如額而集賜異幣一開封監縣帖兀而告廉訪使胡某不戢其民昏集曙散縣簿陳勣逞延屋器械於村又周劉光店爲牆四其門扃鑰司夜出入詔公按之皆誣杖而徙戍南邊河水遷流無常民訟退灘連歲不絶或以其地投獻諸侯王求爲田民自蔽公奏正之仍著

爲令河後泛濫隄埽橫潰歸德睢州汴梁水及城下游爲
巨浸公親行水督有司捍完之皇上元貞二年遷公平章
陝西未行而改復爲河南入覲奏忙兀一軍戍北歲久衣
卒故幣請以臣泰安州五戶歲入絲一斤積四千斤盡輸
內帑易爲匹帛分賚諸軍上以爲益勅遞車送達軍中賜
銀爲兩百五十幣帛三陛辭之日上諭之曰卿今白須世
祖德音實足聽聞事更加愼中書平剌眞宣政院使大食
蠻合奏始者伐宋始祖分軍爲兩右則屬之伯顏阿朮左
屬之博羅驩今伯顏阿朮皆有田民而博羅驩獨不可後
上曰何久不言豈彼恥自白邪其於淮東所嘗戰地高郵
已籍之民賜五百戶以上中下率之上一而中下各二及

圖背銀倚比再至汴踰年凡流外官久滯不銓旅食道宮
者旬月皆出之大德之元叛王岳朮忽而兀魯速不華來
歸公遣使驛聞始是諸王叛由其父是輩小弱若無與知
今焉來歸宜棄前惡以勸未至上曰是奏深契朕衷改平
章湖廣賜金鞍勒至汝寧合福建省于江浙授公光祿大
夫上柱國江浙等處行中書省平章政事賜玉帶夏大旱
隨禱而雨杭之豪民十家入賂于官大爲釀務高其估而
專其利酒日濟惡公變其法改省四憑其富蓄凌轢府縣
肆爲姦利自刻木牌與交鈔雜行民間實侵貨幣與國爭
利又盜隄海之石牆其私居公欲斬之而中書刑曹當以
杖然亦由是大姓始知重足立矣以大德庚子五月二十

有二日薨於臨安寓舍年六十有三以其年七月八日葬
於檀州西北太行山不封最其平生典兵則右衞都指揮
使都元帥樞密院風紀則御史大夫宰相則三爲右丞四
爲平章與夫四十七年馬足所及西南雲南西北金山東
北海隅東高句驪東南吳閩再討叛臣四征叛王其間事
平而疾聞變請行惟以有國艱虞爲憂覩轉鬬乎萬里之
遠歷歲之久若堂奧之朝夕焉雖風雪皸瘃其膚鋒矢交
集其躬飲食饑渴不時其口體皆不避恤必致寇首戲下
歸報終事而止眞凜凜有會耆風上尤眷重之若世祖身
御橐鞬弓矢皆萬世傳寶不以賜臣下者惟以賜公海東
青鶻雜先朝多或十賜至白鶻犒爪玉如聖語曉曰是禽

惟朕及鷹師所轄以卿世臣諸孫宣力之多曰桑榆矣無
以娛心河南治地平衍而遠且多陂澤鵝鶴所集時出縱
之使民得見昭代春秋蒐獮之盛不敢萌啟邪心皆殊錫
也夫人兀怯烈氏□按檀氏□札剌而皆前公卒今夫人
札剌而氏王氏按檀氏宏吉烈氏男□人太宮憲副參政
博羅公於庭臣居家最名有法夜分不寐諸子列侍其前
聽談祖宗故實毋敢或歸私室燕奉樽俎迭歌舞以娛賓
亦無有酒失者女六長適國戚卜伯次適薛徹干平章子
僉書樞密院事完者次適國王弟孛蘭肹次適月赤察而
太師弟怯烈出次適山東宣慰使必宰牙幼在室男女孫
如干銘曰皇矣太祖肇造方夏右之左之惟十臣者公之

曾考展一其中折矢溉告帝視友同敵陳來加挺戈而出
入崩其軍免胄而入五兵之長無矢不仁由賊叩輪懋功
是創帝惻其心百俘償死顧成嘉止既王其子逮分茅土
帝自等差國以泰安二萬其家公祖王季勤勩克類再傳
而公世祖之事勳閥遺苗帝植以培而獨於公嘗礬其材
聽於禁闥無止入出翼翼其心彌謹自律隨遇而安利患
靡干承命卽往奚遠奚難東北海邦西南南詔甌閩炎陬
金山遐徼聞有艱虞必請赴趨大獄叛藩無一漏誅人臣
憲憲日名臺院平章大夫有密鈞踐先聖今聖賚予優優
艮駟天閑豪隼御韝橐鞬介胄鞍帶衣裘黃白之金委家
如邱皇矣太祖于疆于理惟公曾考實成其始遺厥大艱

畀之神孫神孫世祖闢乾翕坤考其皇輿南北猶判孰是
浙右嬴鬼歆禖大輿師征巘業百城罔不簞壺竭魘義聲
傳其國都孱王銜璧纛爾淮東諸州猶壁詔公進攻盪殲
渠兇九域攸同公焉成終將天之意悠悠或至成始之孫
宜際斯會益封桂陽江嶺外內於乃先烈克光以大嘗聞
古先誓侯功臣泰山如礪國以永存嗟公王孫國泰山下
權輿礪如其自今也
延祐四年四月廿日男翰林學士承旨開府儀同三司知
制誥兼修國史埜仙帖穆而建

右碑連額高一丈六尺六寸廣五尺六寸篆額題大元太師泰安武穆王神道之碑銘十四字徑六寸大元二字横列於頂太師以下十二字分三行列於下文兩面刻各三十七行行九十九字八分書徑八分按碑文云公以大德庚子五月二十有二日薨於臨安寓舍以其年七月八日葬檀州西北太行山是未葬泰山下也今墓在岱西南麓谷呼土公土坍墳神道碑在其南距墓里許豈葬後復遷於此耶銘詞內由賊叩輪輿上句無矢不仁叶韻自當於下句懋功是創倒互泰安縣志載此文已改正今仍碑文之舊而辨其誤如此傳羅驤及其曾祖畏答而元史皆有傳碑與傳大致皆同所不同者碑作畏答而史作畏答兒碑云易名屑壓約爲按答盍明炳幾先與友同生死之稱史云更名薛禪約爲按達薛禪者聰明之謂也按達者定交不易之謂也碑云曷刺眞史作哈刺眞碑云兀徹帶史作术徹台碑云只里吉史作只里吉實碑云忙兀各史作忙哥碑云博羅謹史作博羅歡碑云阿里不各史作阿里不哥碑云賜驤馬四百四匹史作四十匹碑云虎各赤史作愛哥赤碑云先眞史作線眞碑云別帖兀而史作別帖木兒碑云石湫史作石秋碑云益封桂陽州史云益封德慶二石萬一千戶碑云只里斡帶史云只里斡台碑云應昌史作德昌碑云曷刺斯博羅斯斡羅罕薛連干史作哈刺斯博羅思斡羅罕而無薛連干碑云月列魯史作月魯那演碑云老底史作老的碑云岳术忽而史作藥术忽兒大抵字音相近隨宜通用其有傳聞互異者碑與史所載不同自當以碑爲正也史載公累贈推忠宣力贊

運功臣太師開府儀同三司上柱國加封泰安王謚武穆而碑悉略而不書碑中男口八泰安志則云四人然以碑與史前後文核之只渾都伯都埜仙帖穆而三人非四人恐志誤也公以大德庚子薨於臨安寓舍卽以其年七月葬檀州太行山庚子是大德四年姚燧作墓誌在癸卯歲是大德七年其立碑在延祐四年距公之葬又十五年矣疑爲遷葬理誠有之然碑無明文不知當時埜仙帖穆而何以竟無一語述及泰安立碑之故也

展氏先塋之記　篆額　鹿思固撰　李克公正書　在府城東南王莊南一里

延祐五年九月

展氏先塋之記　濟南路錄事司儒學教諭鹿思固撰
夫展氏魯大夫無駭之後春秋隱公八年口口口請謚與
族族氏口也公以無駭出於公子展遂命爲展氏禮法諸
侯以字故也公子展旺逮其遠裔也世居魯地徂徠之陽

攴水之陰曰王家莊枝蔓泒分世革時異力田爲業世數顯跡自高祖以上不能道曾祖諱開曾祖妣封氏孫氏三子長曰泰配寇氏次曰海配田氏次曰聚娶孟氏女五人長適管軍百戶時公次適賈文卿泰即公之考也性剛勇有膽略束髮從軍爲千夫長天保時侯手將適天兵取宋隨侯攻擊襄樊眠食坐作左右恒在以牌相屬甚見親信蓋亦忠勤所到也屢權其職享年七十八歲某年某月某日以疾卒於有缺字泰配寇氏先卒二子長曰興配楊氏男三子女三人長世忠娶薛氏次世明娶張氏次世和娶楊氏長適徐辛次適楊四次適薛三次即公也女四人長適柴城適李溫次適趙進次適劉三次適張全質純性孝治

家勤儉親生則盡其敬養終則盡其哀慼晨昏啟覲醮祭追思某年某月某日將二親藁殯合葬於先□□域躬負土爲墳臺而高之手胼肩頳驩虞也或有憐而助其力者不聽輒其膚顯屋而榻焉非爲故覲於□乃盡其孝心而已嗟夫後世不爲溝渠道路所侵權豪勢力所奪者於此見矣其慮深長甚有理旺配□氏□子名世賢孝友儉勤宛有父風娶王氏女三人長適力里李忠次適延東裴懲三適本村朱提於某年某月某日四十三而卒繼室龜氏一子名世英娶封氏女一人招配王整公懲居田畝不讀書祖宗世數不能知名諱不能記子孫賢否豈能必慮恐將來亦猶今日也臺墳垂成鐫石以記之庶或傳遠俾後世子孫識而不忘予適送弟贅于朱氏介前來屬予予美其雖居田畝不□□能盡養生送死之道又垂範於其子孫能子能父誠可嘉尚敬爲之書公年六十有五矣

延祐五年九月日嗣子展旺立石清亭李克公書丹題額

清亭石匠李石匠李克公高世在刊

右碑高四尺八寸廣二尺一寸文二十行行四十一字正書碑陰書展氏宗派字糢糊不可辨僅有嗣子展旺四字可識

創建藏峯寺碑 劉綬撰並正書 岳西麓三十餘里

延祐六年六月

創建藏峯寺碑記

泰山下所建招提無慮以十數如佛峪之玉泉竹林之寶

峯靈巖之十方禪寺皆名刹也山之西有聚落曰新莊新莊之北十里有奇曰藏峯寺亦其一焉寺之周圍岩巒叢秀林木茂密中有隙地十餘畝並有泉泓澄雖大旱不涸初鄉先生耿公定遠之姪曰偁曰佺闢此以避兵厄逮皇元撫有天下偁等復安舊業恒謂地脈之奇他日必有人建名刹以遺乎後一日寶峯寺僧定祿過所居偁與語曰吾有茲地煙霞窟也爾能駐錫於此否祿環聽喜曰眞福田也捨此焉往爰卜日結庵而居意欲作廣大緣未幾病歿嗣守者偷安惰窳荆榛蕪沒大德癸卯秋定遠公之孫士恭壻王衡嘆曰寺地吾家所施荒廢日甚與復豈伊無人與鄉老謀之爰敦請僧福岩主焉岩本泉州惠遠縣人

年二十始學浮屠來居泰山竹林寺操守清慎雅爲遠邇嚮信既受請來棲嘗愀然曰我輩辭親出家幸依名山朝廷隆優復之典檀越普敬信之施乃茅茨僅足以庇身莊嚴無足以供佛將何以祈遐福而祝我君父勇以興建自任日率三兩人持刀執斧先於叢莽之擁蔽者伐而刈之復嫌地基迫隘恢擴其址鑿石堙谷剗高壘窪啟其私橐構佛殿於上殿之左右翼以兩配又東爲香積西爲雲堂寮舍庫廐碓磑蔬圃罔不悉備更置田三十五畝以膳徒衆士恭歷覽欣然而謂余曰二十年來福岩經營締造克就厥緒若斯匪文諸石無以傳後余曰噫嘻竺乾之道流於東土剃除鬚髮而爲沙門者比比皆是其克宏宣聖教

崇構祠宇者曾不一二覯如福岩其入内有所希外無所求身處深山窮谷而甘心創立永爲焚修藪彼燃臂灼頂朝乞暮丐至老死而不能竪一椽覆一瓦者又奚若哉自茲斷愛滅慾覺性常圓是不必九年面壁而已早證如來上乘者也士恭與岩嚮余稽手曰敬聞教請以斯語勒諸石

元延祐六年六月二日

右碑正書在嶽西麓三十八里藏峯寺内

神通寺僉公監寺壽塔記　篆額　僧智隆撰并八分書在琨瑞山神通寺西北

延祐六年十一月

勅賜神通寺住持金輿長老智澄撰并書丹

塔以旌名顯德由來尚矣敍其所以吾宗其明昔我□□□無上天人師圓寂之後寶塔是興或以澡瓶錫杖□□則盂鉢黎頂骨齒牙爪髮舍利降生成道轉鴻輪降魔外□神變般涅盤如是處所皆樹立之厥後釋子傚于上而傚于下各居一方碁布星列遍滿眞丹或以師事茲乃敏公監寺壽塔也姓張氏濟南西郭人幼拋塵累樂慕釋門禮神通寺住持淳愚長老雲公爲師法號智敏課習經訓已而爲簦笈遊履講肄歸來事師荷衆罔少懈倦大德四年欽受聖旨護持山門爲監寺之目歷數稔主宰華嚴院暨任歷城縣都綱之職恬然安靜既獲善代釋教督總統所授以廣德大師之號又復住持采石山大聖院周急飯

衆今年過耳順安居祖庭由是慧川率諸昆季立壽塔于祖塋以記爲請予嘉崇師報本之義來告略迹見聞事跡姑纂來命云耳

將仕佐郎益都路滕州鄒縣尉孫男張玘

大元延祐六年歲次己未仲冬吉日門人慧川慧岩慧苑慧峙慧讀慧冀□□等立　清亭方茂□刊

右塔記高二尺七寸五分四面各寬一尺五寸七分自南面有篆額者起東面爲壽塔記其記末題名復轉在南面稜上記字十五行行二十三字字徑七分八分書額六字徑三寸許篆書在神通寺西北

李簡謝雨文　在山西南濟公廟今佚

延祐七年

漢柏二題字　趙孟頫正書在岱廟今佚

延祐□年

靈岩寺勸請容公住持跡

至治二年十月

忽都虎郡王太夫人八達氏詩刻

至治元年

金石文字記云元碑最多不盡錄其稍異者有至治元年忽都虎郡王夫人八達氏詩詩只二句曰岩前松檜時時綠殿上君王歲歲春大字刻之亦不類婦人筆也又有宋蘇子由五言詩驗爲後人補刻而復有子瞻徐州一歌誤刻于此

靈岩寺聖旨碑

泰定元年

岱岳廟聖旨碑 見金石文字記與至正四年聖旨同一石

泰定元年

靈巖寺壽公施財修寺記 正書 在靈巖寺前半嵌寺壁僅露後半碑

泰定三年三月

大利益綿綿者歟無奈年深歲久殿宇旣漏日風穿可憐日往月來聖賢盡灰身兩倒幸有大施主本寺僧壽公禪師特運虔誠施中統寶鈔叁阡緡用助大殿緣事又施寶鈔壹阡伍百緡重脩西三門可謂昔時勝跡今日重興三十二尊鎮山羅漢光生一千餘歲祝壽大堂具備承斯妙善願皇基茂盛共享堯舜之年施主興隆俱獲人天之福餘希見賢思齊者旹大元泰定三年歲次丙寅三月吉日記　山門監寺思川上石

當山住持傳法嗣祖沙門古淵野菴智久勸緣　石匠李克堅刊

右碑高二尺四寸廣祇一尺存字十行行二十五字正書徑八分按此碑僅露左半幅其右半嵌于寺壁不能椎搨無全文可錄壽公以寺僧而施財修建數幾半萬雖不知其道行若何要其不私已財破除慳吝非庸僧可及矣當時住持智久旣勸壽公施財修寺又有舉公施財買產先後不數年間之事而智久皆爲之立石表其勲績則智久之振興常住可見矣

靈岩寺何約張鵬霄詩刻 正書 在般舟殿

泰定五年正月

天下名藍稱四絕方山雄與岱宗連古淵堂上凭欄處似在棲霞太華邊　泰定五年正月下旬日　中憲大夫前山東東西道肅政廉訪副使河東何約留題　承直郎前江東等道肅政廉訪司經歷張鵬霄同來留題　靈巖古佛剎雄映泰山巔環抱風光裏沈涵月照邊禪房森木蔭梵宇衆星聯一到絕塵俗幽棲信有緣

書記恒勇書　李克堅刊

當山住持沙門古淵　提點思讓　監寺思川同立石

右碑高一尺六寸廣三尺三寸詩共十七行行十一字正書徑一寸

靈巖寺塑像題名碑 正書 在般舟殿

致和元年八月

管粧塑聖像施主花名如後

管塑當陽釋迦如來施主待詔僧子工　全管粧鑾當陽聖像一堂施主提點智舉·管塑文殊普賢二大士施主

提點思讓　管週圍粧塑三十二尊羅漢施主院主思善
管供床鏡面油漆施主監寺思川　管背坐粧塑觀音
聖像施主副寺子貞　管三面大鏡施主書記恒勇
大元致和元年八月望日　當山傳法住持嗣祖沙門智
久謹誌

右碑高三尺四寸廣一尺八寸題名十行正書徑一寸
按碑立於致和元年八月是年二月泰定帝始改元致
和七月泰定帝崩九月壬申文宗即位改元天歷碑立
於八月望日故仍稱致和也寺中塑像居中爲釋迦如
來左右爲文殊普賢又有聖像一堂不計位數當在殿
之左右列與如來供南向故謂之當陽也羅漢有十六
尊者有十八尊者此是三十二尊必左右列東西相向
也觀音聖像在佛殿之後背坐者北向也三面大鏡必
是如來文殊普賢之佛光供床即佛前供案也施主皆
寺中僧職有所謂待詔僧者獨見此碑聖像一堂不曰
粧塑而曰粧鑾所未詳也泰山道里記云大雄殿七間
祀觀音文殊普賢此殿即宋之獻堂及山門本無像設

皆明正德間魯藩所增置也今以此碑攷之則元時已
有像設魯藩特更新而增易之耳標題花名二字他碑
未見

靈岩寺舉公提點懃績施財記 正書在靈巖

天歷二年正月

舉公提點懃績施財記　清亭李克堅刊
聞隆替有數賢鄙在人中興上祖叢林全賴出倫釋子恭
惟舉公提點者祝髮於足庵門下施功於方嶺會中散一
襟之和氣與物爲春澄千頃之洪波於人無間三欽皇恩
特旨驚外道以魂飛一奉濟照綸言斥邪宗而膽喪旣得
田薗周備諸處建立莊嚴博飯暨種田栽桑接菓掛建眞堂
方丈重修香積庫司前殿觀音塑粧後堂大像粧塑施爲

立落動止非常受帝師法旨護持奉總所公文加號由是
悟六塵無我知五蘊是空布施齋僧看經禮懺謹以典買
到四頃地土計中統鈔柒阡兩照施常住永遠爲主開坐如
後　一姚家前典到活業南北畛帶桑地一段約十五畝
該鈔貳阡壹伯肆拾兩　一買到莊西王馬駒帶桑菜薗
壹所鈔壹阡壹伯伍拾兩　一買吉二帶桑菜薗壹所鈔
貳阡貳伯兩　一買劉三帶桑菜薗壹所鈔陸伯兩　用
報四恩永資三有餘希法輪恒轉祖道興隆歲稔時豐遠
安邇肅告天歷二年歲次己巳正月下旬吉日當山住持
古淵野衲智久記
提點思讓監寺思川提點子貞官門覺文維那子廉副寺

妙酬典座覺亮直歲惟勝首座思泉書記恒勇教讀思亨
藏主思岑知客覺道錢帛思檀外庫惟緣殿主思虔上石

右碑高三尺六寸廣二尺四寸文二十二行行二十七
字正書徑九分按此碑乃靈巖寺提點智舉施鈔買地
充寺產而住持智久爲之撰記刻石也中統鈔七千兩
買地四所中統鈔每兩不知比今所直幾何而以其典
姚家前活業一段計之地約十五畝該鈔二千一百四
十兩是每畝價直百四十兩有奇矣以今之南北地價
較之大約中產每畝十餘金是中統鈔祇直今十之一
耳然尚是活業若買到者又不知增直幾何也此雖無
關掌故然亦攷
古者所宜知耳

靈若寺泉公首座壽塔銘 正書額正書在靈巖

至順二年六月

大靈巖禪寺泉公首座懃績記　書記海昌書　首座子
周口　昭文館大學士榮祿大夫萬山司徒佳號

慈濟大禪師諱思泉姓何氏彖元人早喪父母年十六歲禮寶峯順和尚爲師志氣不凡習學經業隨問隨答大愜師意四方外禮首謁燕京報恩林泉老師燒香數載又往萬壽東川總統室內依棲二載機緣不契別符一路博通醫書大都上都依經作法捨施妙藥盤桓數拾稔厭京事冗直詣山東靈巖充首座職遍山栽樹到處施功廣種杏桃刱修藺菓不慳囊貲依元施藥小師惟德惟洞等壘壽塔請銘偈曰

頭角崢嶸慈濟泉報恩萬壽曾叅元爲思方領宜修道直造靈巖結善緣栽藺菓種福田四方設藥施無偏而今壽塔小師壘延永谷城劫石堅

昔大元至順二年歲次辛未季夏上旬吉日當山住持沙門智久記　李克堅刊

右碑連額高三尺四寸廣二尺額題泉公首座壽塔六字正書徑二寸五分横刻於上文十四行行二十六字正書徑一寸按碑稱思泉首座號慈濟大禪師爲萬山司徒所佳號佳即加也元僧加號或請於朝廷或出於國師而此乃出於達官是又一例也

靈岩寺亭公壽塔記 正書額正書 在靈巖

至順二年七月

大靈巖禪寺亭公首座道行勲績壽塔記　小師惟通惟中等立

首座諱思亭姓趙愛凌人蚤喪父母容貌魁偉意氣豪邁周遊僧寺年十六歲禮寶峯順公和尚爲師受具披度後擔簦負笈游學講肆博通諸經又以其餘力兼讀儒典廣韻悅大藏經諸路釋教都總統所讃道高貌古德厚人欽明三藏而徹底窮源講五經而精通要妙佳號圓明慈覺大師又昭文館大學士榮祿大夫佳號明宗廣教大師遍遊諸大禪會首造燕京萬壽充教讀僧衆美愛觀音院請爲宗師立功立事通元關結識檀越成美成仁從長捨短僧俗敬仰燕都事冗詣山東大靈巖寺充教讀又充首座扶宗立法樹正摧邪塑佛齋僧糚嚴花菓等事無不捨施年高施陪堂鈔壹阡貫又全管僧堂捨鈔肆拾餘錠移壽塔布施鈔肆拾錠與常住作長生供通前施鈔伍阡貫種捨施垂裕後昆見賢思齊不可無言以俚語鷓鴣天

氣象軒昂忠政多輕財重事無如他僧堂全管數千貫移塔捨錢念百過無縫鏄妙禪和佳聲浩浩占高科旌明行業人稱讃延永芥城拂劫波

昔大元至順二年歲次辛未孟秋當山住持古淵野衲智久記

右碑連額高三尺六寸廣一尺八寸額題亭公首座壽塔六字正書徑二寸五分横刻於上文十七行行二十八字正書徑七分按碑稱思亭博通諸經閱大藏而又援儒典以取重及言其讀儒書亦不過講五經讀廣韻而已悅大藏經似即閱大藏經別字也糚嚴花菓施陪堂鈔作長生供皆近世佛門通俗語而刱見此碑以鷓鴣天調爲銘詞則是一例至其調之不諧又不足較也序末云以俚語鷓鴣天此下文氣未足葢撰記者爲住僧智久不諳文體者也

靈岩寺慧公禪師壽塔銘 正書額正書 在靈巖

至順二年十月

靈巖禪寺第三十四代慧公禪師壽碑塔銘　嵩山法王禪寺西堂無庵長老覺亮撰　嵩山住持傳法嗣祖古淵長老智久勸緣　書記恒勇

師諱智慧道號湧泉袁州人出於大姓李氏宿有善緣旣長年十六恥爲世俗之所埋没遂决志□家禮泰安州長清方山靈巖禪寺住持足庵肅公長老爲師落髮受具爲大比邱於是隨衆習□五大部經告香請益禪宗典典雜勘公案其間徹省足庵退席至元二十年復請安山月泉和尚住持師巾瓶三載隨衆叅學二十二年直月泉圓寂於二十三年遂請寶峯順公長老接續住□師亦乃隨衆

叅叩一日室中過三祖大師信心銘至言語道斷非去來今處豁然穎脱遂成一偈□言詞盡淨絶機關凡聖情忘造者難木馬穿雲消息斷依前綠水對青山寶峯忻然稱賞遂即爲□道之偈遂以衣頌付之令續佛慧命永傳不朽乃爲清安嫡孫寶峯之子旣了大事了畢奮然典□淘汰諸方名師宿德無不叅叩皆蒙許可師秉性聰敏博覽羣書所以人皆稱賞由是一日有昭□明具疏敬請開堂出世住持濟寧路泗水安山禪院爲國焚修祝延聖壽至大元年嚴侯七衙公子具書疏敦請住持鵲里崇孝禪寺數載值靈巖桂庵退席衆知事□□疏敦請接踵住持靈巖禪師數載師厭住持事煩名山大刹不可久居遂退居雲臺養道爲終身□計未幾至順元年有肥城縣空杏禪寺宗主賢公具疏敦請住持本寺師凡據五處名藍皆有勤□可觀享壽七十餘年僧臘五十有五尙健無恙於是有小師住持東平普濟惟昌庵主狀師實行□禮乞求壽碑塔銘用傳百年之後不朽之計辭不獲已老拙然不敏嘉其孝道之心謹依來狀乃□壽碑塔銘銘曰

開法安山名出塵寰高提祖印大振禪關次主崇孝嚴侯祖林七衙公子禮無不欽遷住靈巖與迷指南咸歸正道令悟元談退居雲臺山境奇哉四海禪侶嚮化而來老歸空杏賢宰願心鼎新革故永作禪林小師惟昌碑塔報恩揚名後世千載常存

皆大元至順二年歲次辛未孟冬上旬有五日小師惟聞惟俊惟功等立石　清亭李克堅□

提點思讓監寺思川提點子貞官門覺文維那子廉副寺子揮典座子時直歲惟端首座思亨書記恒勇藏主思泉教讀思岑知客思靄錢帛惟山修造思郴侍者子英等助□

右碑連額高三尺六寸廣三尺二寸額題慧公禪師碑銘六字正書徑三寸五分黑文凸起分三行文二十五行行三十九字正書徑七分按碑文爲嵩山僧覺亮撰慧公袁州人其投靈巖寺禮足庵肅公落髮時年僅十六肅公之住靈巖在至元二十年以前則慧公之生年當在世祖嗣位之初其時袁州尚屬宋疆不知慧公以十六歲之弱齡何能間關數千里徑得入靈巖也要必有攜挈之因緣碑未能詳及耳嚴侯七衙公子者不知何許人必是世家閥閱之子孫觀其寺名崇孝而銘詞內又稱爲嚴侯祖林則是建香火院於嚴氏之祖塋額

題崇孝而請慧公住持也其嚴氏之孝必有可紀者碑
乃不詳而徒誇張其稱曰七衙公子以爲慧公榮庸俗
涉筆爲文不知
體要類如此

靈岩寺張淑詩刻 正書 在御書閣

至順癸酉仲冬

靈巖寺提點舉公塔銘 正書額正書 在靈巖

後至元二年四月

右碑下截闕失上截存者連額高三尺三寸廣二尺四
寸額題舉公提點塔銘六字正書徑三寸分三行文二
十六行行存二十五字正書徑七分標題云圓明廣照
大師舉公提點勤績塔銘前住持傳法沙門古淵撰當
代住持嗣祖沙門靈巖書文云公諱智舉字彥高姓胡
氏晉太不人蚤喪父母秉性英拔落髮習肄經書遂參
月庵海公不憚寒暑意融心會名山巨剎無不參謁後
還靈巖首充典座次充官門後充監寺口張店鋪典解
典庫莊院六所隨處殿宇聖像一新大德丁未詣朝廷
陳告欽賫聖旨還民占僧田回付本寺又奉皇太子令

旨帝師法旨護持山門時諸路釋教都總統所住其德
業嘉賜圓明廣照大師號報齡六十有九僧臘五十有
五子律子揮子聰子敬等三十餘人俗受戒門徒四人
奉靈骨歸祖口至元二年歲次丙子孟夏望文之可見
者如此

靈岩寺國師法旨碑 上截梵字下層正書 在千佛殿

無年號

皇帝聖旨裏管着兒咸藏　大元國師法旨裏軍官每根
底軍人每根底斷事官每根底來往使臣每根底管城子
達魯花赤官人每根底本面官人每根底來往收檢和尚
俗人百姓每根底省諭的法旨泰安州長清縣大靈岩寺
住坐的僧人定岩長老端與上位祝延聖壽依體例裏住
坐者在前但屬寺家的田地水土園林碾磨店鋪解典庫

浴堂人口頭疋等物不揀是誰休倚氣力奪要者休護昧
欺付者休推是故取問要東西者交他安穩住坐者執把
行的法旨與了也見了法旨別了呵依着聖旨體例裏恁
不怕那是麼道的每有法旨麼道無體例的勾當休做者
蛇兒年三月二十三日高良河大護國仁王寺裏有時分
寫來

右碑高四尺四寸廣二尺三寸碑分上下二層上層刻
西僧梵書凡十二列橫讀字如鉤絲下垂下層刻法旨
二十五行行十四字正書徑六分即上層西僧書而以
漢文譯之按泰山道里記稱靈巖寺千佛殿前後壁勒
宋元明碑有元蛇兒年國師法旨碑蒙古字今驗此碑
是西僧梵書云蒙古字者非也碑云大靈巖寺住坐的
僧人定巖長老据提點貞公塔銘是定巖撰其碑立於
至正元年則定巖之住持靈巖自屬至正元年以前之
事又舉公提點塔銘亦定巖書已稱當代住持其碑立
於後至元二年則是時定巖已住持矣文稱舉公於大

德丁未詣朝廷陳告欽賫聖旨還民占僧田回付本寺
又奉皇太子令旨帝師法旨護持山門云云似即此碑
所刻之聖旨法旨也但大德丁未非蛇年或陳告在大
德丁未賫領法旨又在巳年又或國師法旨舊文是蛇
年所發當舉公陳告時國師即取已前法旨寫付之皆
未可知今無可附麗因即系於舉公塔銘之後附存之

靈岩寺容公禪師塔銘 篆額正書 在靈巖

後至元四年三月

右碑連額高六尺許廣三尺二寸篆額題無爲容公禪
師塔銘八字徑四寸分四行文三十二行行存四十五
字正書徑九分下截闕失讀無全文按碑立於至元戊
寅元代有兩至元皆有戊寅据文云後至元丁丑則戊
寅爲順帝至元四年無疑且容公住持在至治二年有
勸請疏文石刻且知事諸人又皆爲至正二年龍藏殿
碑中所有皆可證也其云季春姑朔日甚不可解或是
姑洗之省文文稱容公主名剎之多謂爲天下之法將
未免措辭近於夸大雍度作雉
度其竄作其響則書碑之誤也

靈岩寺揮公塔記 篆額正書 在靈巖

後至元四年五月

右碑祇見上半截連額高二尺三寸廣二尺四寸篆額題揮公提點塔記六字徑三寸横列於上文二十三行行存十八九字正書徑八分碑首行云通宗英悳大師輔成堂提點揮公碑記末云至元戊寅仲夏月朔餘皆讀無全文戊寅爲順帝後至元四年至正元年龍藏殿記碑陰子揮施鈔二千四百兩其時僧職爲監寺此碑則職提點也

靈岩寺剏建龍藏殿記并陰 篆額 張起岩撰 張蒙古台正書 在藏經殿

至正元年二月

大元泰山靈岩禪寺剏建龍藏之記 正奉大夫侍御史燕南河北道肅政廉訪使張起巖譔并篆額 中奉大夫嶺北等處行中書省叅知政事張蒙古台書

天下佛宇以巖名者則泰山靈巖爲之冠以其境屬中土占岱宗右腋面勢環抱當秀絶處前乎此未有識其勝槩以㨿有者殆天造地設神靈珍藏以待夫雄尊崇大者處之然後爲稱也耶蓋巖之巔東如列屏如窣堵波獻奇騁秀矗乎雲表北如連城截然展拓高出千仞俯臨具境若嚮若護東巖南引而左拱與北巖子午相直其上有穴洞明望之若月元魏正光間法定禪師駐錫於此睹其形勝兀坐獨處德風所扇慧照所加靈怪斂避虎獸馴伏復有泉涌于竇泓而爲池土俗目其神異爲構丈室延居其中演教授徒是爲開山初祖歷隋暨唐殿堂齋寮日新以盛宋太平興國天禧景德徧以其號錫宇內寺院故寺嘗號景德寺之千佛殿五花殿搆于其時石刻具在迄今廣宇

周廊遺制尚存皇元崇奉釋教視前代爲有加泰安分土王邸于是寺外護尊禮尤切注意至元二十四年丁亥第三十代住持寶峯順禪師以爲名山大刹大衆雲集受學之人必資講誦我佛之教其言傳于世者爲經歷代高識發揚翼成者曰律曰論曰疏增衍廣大至五千餘卷今板本在江浙在閩于是專普覺大師提點廣往購至杭則普寧寺已具經律論完本遂購而航致之浮江絶淮踰河抵郡之陰河鎮以二十六年三月十八日具法師作禮迎致權置寺之五花殿後四十五年當至元後元乙亥息庵讓禪師圖建外三門方具材庀役俄受少林之請佛智明悟通理大禪師定巖慧公嗣主法席乃相舊輪藏之基規模故在也謂宜起廢庶琅函寶笈貯閣有所諮於廣智大師提點川明德大師監寺貞等度爲藏殿三楹輟三門材爲之寺之耆德法屬聞是語已欣然出衣盂資以助以倡鄰郡濟南達宦善士之樂施者相繼也經始于至元後二年冬十月畢工於六年夏四月宏敞虛靜位置崇整扁其額曰龍藏中爲龕帳以庥像設以覆藏函供張器皿殿所宜有種種備具金碧絢爛薌燈芬灼裝嚴佛界觀者起敬總其所用爲楮泉二萬三千餘緡師偕提點貞監寺揮等來請記于予予惟大雄氏之教肇自東漢流傳震旦其爲言說普令一切世間識原達本發無上妙心如良藥療衆疾如慈航濟苦海如慧燭破幽暗以之開迷惑顛倒以之

貪着愛欲人之求其法者舍是經何以哉知有是經而不能讀讀而不能思思而不能從是與未嘗見聞者無以異也夫採藥療疾取米救饑而藥與米究竟有盡惟是經也取而讀誦思惟其義開發覺悟深造自得利已利人普蒙福惠於是經也復無所損義益明暢如清淨水洗滌塵垢水亦還潔如大寶月照徹昏闇月自明朗朗然則來學者舍此弗究可乎師張姓世爲保定完州人居州之南檀山年八歲禮古唐甘露禪院詮公爲師得法於靈巖桂庵達禪師至元後丙子得錫今號是爲住山四十代師云至正元年二月望日記　山門提點子貞提點子廉監寺子揮監寺子洪修造思柳維那維智副寺思靄典座子時副寺

子泰子可維寬覺喜淨心直歲子路覺昌覺宗覺千　者宿首座思讓首座子英書記思岑藏主思周知客子全倉主子敞錢帛子慶庫主覺初浴主思洪外庫覺增侍者戒信殿主子延等　十方靈巖禪寺住持傳法嗣祖沙門佛智明悟通理大禪師定巖野衲德慧立石　石工張克讓蘇亨刊

右碑連額高八尺五寸廣三尺五寸篆額題大元泰山靈巖禪寺龍藏殿記十二字徑三寸分三行文二十四行行五十五字正書徑九分碑陰刻施鈔人名二十六行正書徑八分按杭州普寧寺印經一大藏係世祖至元二十六年事詳見廣公提點壽碑至是順帝至元元年始建龍藏殿益越四十七年矣泰山道里記云靈巖寺般舟殿西爲辟支塔又西偏爲藏經殿有元張起巖册建龍藏碑即指此也乾隆十四年殿燬于火但云殿燬而不言經之存亡殆是經之散佚久矣碑文爲張起巖撰起巖之官中臺侍御史轉燕南廉訪使史不詳其何年以此碑證之則至正元年猶居此官也碑文刻於至正元年二月而碑陰在是年十月蓋刻文在畢工之初碑陰則俟施鈔之數已定而後刻也碑陰列諸寺職有所謂鑄瀉者不知所職何事識以俟攷

靈岩寺讓公禪師道行碑　篆額　撰行書　日本僧印元　在靈巖

至正元年十一月

靈巖禪寺第三十九代息庵讓公禪師道行之碑　日本國山陰道但州正法禪師住持沙門印元撰并書　中奉大夫前管領大開元一宗諸□都宗攝圓照普門光顯大禪師益吉祥篆額

大萬松兩國師下有□□總統三世而繼其燈者息庵也師眞定人諱義讓姓李氏生而穎異志氣不羣丱歲禮本府華□□□闍黎爲師薙落受□□□偏於講肆聽習華

嚴而深造毘盧□海厥後遂周遊燕趙之間遍叅宗匠未後往風龍山扣古巖□□之室古巖一見甚稱□□未幾老□應靈巖之舉師乃侍往皇慶中古巖邦少林之請師又遂之巾侍數載晨昏叅請機緣□□乃密付衣缺十字書記復遊南陽領紀綱於香嚴司記室於香山又歸嵩陽首衆於法王至治年間開堂□□之天慶缺八字遷之靈巖凡所住之處皆革故鼎新百廢俱舉至元丙子秋適嵩之少林虛席本山知事□□□請匡率五缺九字學徒雲臻師傳道揚化之餘以莊嚴法□爲心故□丹青粧鑾殿宇祖剎爲之改觀加之□□廊廡倉庫并莊園水磨所有□宇悉皆修整倉庫之畜十倍于常苟非徧殖之力焉有如此

盛者歟庚辰之夏遘疾彌留乃□□人曰斯疾不可起也□往必矣急須營塔至五月十二日卒堵畢功其日師召知事門人等付□於後事遂索筆書偈訖右□□逝偈曰來時本靜去亦□□虛作舞□意乃優游至十四日闍維門人分靈骨重塔於靈巖世壽五十七僧臘三十六門弟□□有餘人嗣法者一十三人□□七月叅學小師勝安攜師行實不遠千里來乞文於我而我乃日本之産又非陳良去楚而□□周孔之道也然不獲厥中華之魯奈公再三辭不得已而諾之以應平實於說他日有荆舒而我之以膺者予如何哉雖文□□盍□耳也亦不甚難而須次第之實且息庵師乃大宗匠而道價超倫之人也以至

□自脫俗師相公後錫飛寰海學歷名□□之續蓮□□後之燈以之契吾祖不傳之旨正偏兼舉了惟自縱橫黑白未分也許誰得妙由是論之師平昔梳風鏤月勁□□金乃其續□□何奇特焉師平日貴乎灑落爲道而自在不拘凡游戲三昧而縱放取捨隨流穩當雖不拘於文字而亦不□□偏枯然所居之處存亡進退而不乖於其時又非得失而動於其心也自我萬松大宗師去後天下禪林而道風鼓舞二□□者惟師也於是師之生世幼而至於壯壯而至於老皆道豐時盛而得遂其志以至嫡嗣古巖大和尚而天下禪老誰能出□□右乎主於靈巖天下名刹誰聞而不仰其風歟終於少林天下宗風誰敢不偃於其草歟今分塔於茲靈巖可謂至矣覺□□甲終焉之計矣吁雖我拙而弗敢作之文故盥滌焚香稽首輟染短翰繫之銘銘曰

新豐一曲迴□追尋格外元□罕逢知音雪庭間出續焰
少林五乳峯下鳳翔龍吟近代相繼以心傳心惟息庵師
耀古騰今吹無□□彈沒絃琴妙旨回互暗度金鍼四戶
望剎接物隨宜舉唱定□不落□時末後一着不勞佇思
踏翻□□趯倒須彌劫石可碎泰華可夷師道師德萬世
不衰

至正元年仲冬之新復日　小師覺宗　覺際　覺遷
覺彰　覺猷　覺棟等立石　清亭石匠張克讓等鐫

右碑連額高六尺廣二尺四寸篆額題息庵禪師道行碑記八字徑二寸分四行文二十六行行四十九字行書徑八分文爲日本僧邵元撰書申奉大夫圖照普門光顯大禪師益吉祥篆額中奉大夫散官從二品階僧職之有官階者僅見此碑日本在宋時屢以僧來通貢元世祖至元間嘗遣使持國書往諭其來朝不應加之以兵喪師而還成宗大德三年遣僧寧一山者加妙慈宏濟大師附商舶往使日本而日本人竟不至史傳所紀止此則是終元之世未嘗有日本僧來也自大德三年至至正元年越四十三年矣此邵元僧或自慕中華釋教之盛附舶訪道而來非奉國王使命也然既駐錫中土自必上聞於朝史何以不書其事益無關國典之重不登於記載則後之作史者無從稽矣印元之住山陰道但州正法禪寺自係日本之舊剎其在中國不知住何剎字文不自敘其所住之處但云小師勝安不遠千里乞文大約不出大都燕京諸處也海夷方外不必論文字之工拙然大致亦與中土相同書亦勝流動有法仲冬新復日者冬至也用字亦不多見

靈巖寺提點貞公塔銘　篆額　行書　在靈巖

至正元年十一月

右碑連額高五尺許廣二尺四寸篆額題明德大師貞公塔銘八字徑二寸分四行文二十五行行存三十七字行書徑七分下截闕失讀無全文首題明德大師輔成堂提點貞吉祥碑記十方大靈巖寺傳法住持嗣祖沙門定巖撰前靈巖禪寺記室福廣野雲書文云公博陵荏山十寨土俗郭姓大族之家明德號吉甫之字也末云至正元年仲冬月新復之日小師覺山覺善覺吕覺才覺尚等立石按此碑與讓公道行碑同爲至正元年仲冬新復日所立彼碑爲一本沙門印元書此碑爲福廣野雲書兩碑筆蹟如出一手且貞公與讓公同爲古巖就公付法受具之弟子立石之小師又皆覺字同葦兩碑文氣又頗相同疑皆兩公之小師彼此商略而爲之然則彼碑之稱印元撰書者或皆託名也文云近年順德路大開元宗攝所損庵大和尚似卽讓公碑篆額之中奉大夫前管領大開元一宗諸口都宗攝圓照普門光顯大禪師益吉祥也益吉祥署階中奉大夫此碑稱北溪長老爲大司空又云以大司空銀印號公豈當時僧制有官有階有印耶損庵稱益吉祥此碑標題稱貞吉祥子貞其名也吉甫其字也云貞吉祥者何居恐與益公之吉祥又屬釋氏之佳號矣

重修孔廟碑并陰 篆額王昇書 張從仁撰 在文廟

至正四年閏二月

至正重修宣聖廟記　泰安州儒學教授張從仁撰　資善大夫江南諸道行御史臺御史中丞王昇書　翰林學士承旨榮祿大夫知制誥兼修國史張起巖篆

泰安山東名郡也開齊魯禮義之鄉比洙泗文化之地山明水秀人傑物夥風俗淳朴而尚儉素州廟學□□□建金大定癸卯郡守徐□偉重修□石叙續可考道皇元至元辛未知州馬公驤載修亦□石紀□可觀自至元迄今以歲之數計者餘七十矣至至正二年夏五月知州靳公文用來守兹郡下車之日恭謁先聖顧瞻正殿神門暨廡欹傾摧圮□□風雨之甚歎曰清廟弗完弗肅何以妥聖

賢之靈澄風化之源遂捐俸金倡僚宷復整修之同知郝寶譖判官姚師順幕賓王璧趙□□咸忻忻贊和樂□曰役奉符尹鄭侯宗尚廉勤有能經營規度尤爲之力與上下同心協謀不取于官不勞于民宷木石陶瓦甓皆儲民力鳩衆工以作□□正殿次神門次賢廡次講堂齋舍先後重輕而舉昔梁棟之欹者起之以正榱桷之朽者撤而以新瓦之裂去以補之壁之隙塞以飾之基固竹苟砌結魚鱗朱其門緣其牖丹雘其楹殿宇簷阿峻起軒翔而華宷交輝如鳥革翬飛瞻者弗言而知其肅清之廟聖聖塑繪之像在天之靈亦獲少康矣所修殿廡門堂會以楹計者四十有五所費以緡計者貳萬有奇經始于至正二年秋七月告成於四年春二月吉日郡義士石維巖李忠恕陳易舊石求文於從仁以紀興造始卒之所以從仁辭以才學膚淺詎敢秉筆形容賢公興廟之偉績義士直以從仁居教職禮分當爲以故不敢不敏辭嗚呼自天地開闢以來世所謂聖人傳道者堯舜禹湯文武周公孔子而已孔子而下曰顏曰曾曰思曰孟庶能繼往聖開來學以淑後髦聖域之入雖不優而道統之傳則有功也漢之董子唐之韓子能黜儀秦申韓之術排釋氏老子之說唱道之功間世罕有而造道之深則未也逮有宋周程張朱輩出扶翼正學擯斥邪說以續夫千載孟氏不傳之緒俾聖人之道燦然復明於世以臻于今然歷代褒謚徽稱典祀修

舉唯孔子曁門弟子而不及堯舜禹湯文武周公者蓋堯舜禹湯文武周公弗過揖讓儉勤弔民伐罪制禮作樂以撫天下是皆德洽羣生恩被當世者若吾夫子生數聖人後值衰亂時轍環天下而道卒不行於是乎歸洙泗述六經以詔後世二千載而下家誦其書人遵其訓普天下歲時虔恭而廟祀之宜哉今聖朝累下詔以興學校乃設科以取多士期以輔國寧天下而後已靳公視政先興廟學夙夜督工靡懈可謂知本末先後矣可謂不負朝廷右文崇儒之意矣公廉正公勤和而不流使異日居穹位施經濟必能化天下人服詩書禮樂之教力孝弟忠信之行以躋於古帝功殊匪泰安比泰安將來文風丕變人材衆多

未必不自公興學始識記

至正四年閏二月日　石維巖李忠恕陳易立石

右碑連額高六尺許廣二尺四寸文二十六行行五十二字正書徑六分碑陰刻官吏士夫工匠等姓名縱橫列之並正書徑六分此碑鐫刻不深字多漫漶泰安縣志不錄其文無從補正

靈巖山大靈巖寺四題字　正書額文書訥正書　在寺門戲臺上

至正四年四月

右碑高七尺廣二尺二寸中幅題大靈巖寺四字正書徑一尺七寸右題銜名一行云奉直大夫山東東西道肅政廉訪副使文書訥雙泉書左題年月一行云至正四年四月十有九日立並正書徑一寸按文書訥史志皆不詳其人筆法整嚴神采秀勁可以想見其爲人

岱岳廟聖旨碑　在岱廟與泰定聖旨碑同一石今佚

至正四年九月

右碑在州城內嶽廟西偏延禧殿前又有泰定元年一碑其文略同今並佚

金石文字記云按元史泰定帝本紀有即位一詔與此相類鄙喭之語播之王言傳之史冊貽笑後人然其曰每年燒香的上頭得來的香錢物件只教先生每收掌者則是時香錢固未嘗入官也

唵嘛呢巴彌吽題字　察罕普華書　漢字一行　蒙古字一行　在靈巖大殿西延祐聖旨碑側

至正四年

賈魯登太山詩刻　正書　在環咏亭

至正五年正月

塑七十二賢像記并陰　篆額　孔克堅正書　在文廟

至正九年五月

勅塑州學七十子記　榮祿大夫四川等處行中書省平章政事□□篆額　中奉大夫襲封衍聖公五十五代孔克堅書丹

人生天地之間其不可負者三曰君曰親而師與焉樂土安業而享太平者君也撫字鞠育而全軀者親也詩書六藝誨導啓迪以成其材德者師也人能忠於君孝於親敬其師迺天之恒則人之職分當爲而已不然何以自立於世間耶昔周道既衰王綱解紐天下貿貿焉亂臣賊子接迹於世三綱以斯而紊五典以斯而斁矣由也哉皇天眷顧載生吾夫子祖述堯舜憲章文武所以垂世立教師表萬古者也時門弟子不憚數千里而從游雖值陳蔡之厄匡人之圍寒飢流落不敢少倍於聖人之規其有補於名

敎也歷代以來載在廟祀者豈不韙歟至正七年夏六月大成至聖文宣王五十二代孫孔之嚴判官泰安郡下車之日視事涖政首謁廟貌登殿行釋奠禮旣畢瞻仰聖像被衮冕巍巍南面顔曾思孟并世所謂十哲皆左右列次相向坐侍其形儀端嚴清肅綽有古人風采出覩兩廡七十子暨續補碩儒血食廊廟者其像止繪之於壁几案不肆俎豆不儐風霾往來聚散不恤賢哲之靈奚能安然也哉於是乎存心積慮念茲在茲至正己丑春三月遂與幕賓張煥宋顯協謀曰清廟聖像旣完且若兩廡賢像尤覩圖畫欽敬明神之誠詎有優劣者耶遂捐俸祿五月鳩工氏十哲之像而捏塑之自大成殿下左右兩廡以世代先

後次列而南轉東西以與神門並其冕服之制考之歷代封爵等威而像之其賢像總百又有七而戸牖禮器奠斝咸備焉其甓木之須工役之力者皆稍其食而酬其直不擾其民會其縻之貲以緡計者五千有畸歲時官士祀享有歸神之來假來享必矣夫孔侯生聖人五十代之後而能追遠報本口志始祖先賢垂世立教無窮之澤可謂孝矣修殿宇塑賢像恪恭祀事潤飾風化有輔聖朝崇文偃武盛隆平之景運可謂忠矣忠孝旣能臣子之職庶幾乎得矣嗚呼他日岱陽之風丕變人材彙多若昔泰山孫氏徂徠石氏党氏輩出以口口有元之新化復齊魯之[illegible]孔侯之功從斯遠矣彼流俗偏駁不正之學略孔氏[illegible]

趨異端之說者瞻斯廟仰斯像其不惕然而自慚者乎且以原其事之本末禮之先後略紀云耳　泰安州儒學教授張從仁撰至正九年仲夏吉日廟學教授陳遵禮立石

右碑連額高八尺五寸廣三尺二寸篆額題泰安州重修廟學記八字徑四寸分二行文二十五行行三十六字正書徑一寸碑陰刻官吏銜名十六行正書徑一寸按泰安縣志金石卷不錄此碑而於學校卷則云文廟至正二年知州靳文用九年州同孔之巖重修今以碑證之乃是州判官孔之巖而非州同孔之巖也碑中所紀亦僅爲七十子塑像未嘗及修廟之工役然不知碑額何以云重修廟學記而縣志遂因之以爲重修也標題雖云刱塑州學七十子其實并從祀先儒俱塑之故總其像百又七也書碑者衍聖公孔克堅以至正九年晉秩中奉大夫增二品銀印五十二代孫孔之巖字雍甫闕里文獻考祇載其官泰安州判而不詳政績故無攷也碑陰列官吏姓名而本州之達魯花赤知州同知奉符縣達魯花赤何以皆有官無人並云闕也豈其時守土之官曠闕其半而於臨民大事無傷於廢弛耶然則當時朝廷銓政槩可想見矣

靈岩寺慧公道行碑　正書額正書　在靈巖

至正十一年十月

右碑連額高六尺許廣二尺八寸額題慧公禪師道行之碑八字正書徑三寸黑文凸起分四行文二十九行行存六十字下趺缺失讀之不全正書徑八分首題皇元泰安州十方靈巖禪寺第四十代住持佛智明悟通理大禪師定巖慧公道行之碑大都大竹林寺前住持英悟正印宗慧大禪師雪澗法禎撰末云大元至正十一年歲次辛卯十月十五日當山傳法住持佛性圓通妙應大禪師方山野衲思璧書丹題額并勸緣按碑文紀慧公之道行而歷敘其所至之功業於炫爛之中得平淡之旨如曰吾出家本以生死事大今拖犁拽耙與俗人能置家者無異是可爲究竟耶此語非見道有得者不能言也住山而謂之視篆與後世居官謫印者同一稱道當時住持亦行印信相授受耶主報恩手段異諸方手段二字刱見此碑

靈陽觀碑　篆額正書　在大汶口滕村靈陽宮舊址

無年號

右[illegible][illegible][illegible]遥額高五尺廣二尺六寸篆額題靈陽觀記四字徑三寸橫列於上文二十五行行存三十五六字正書徑六分下截缺失文讀不全首題鄉貢進士琴臺三張李倞撰門人王道通篆額王道亭書後題壬辰年仲冬有八日住持道士衞志堅立石按泰安縣志靈陽宮在大汶口東南滕村距城六十三里宮已久廢有元至元二年碑此語誤也元有兩至元若世祖之二年爲乙丑歲若順帝之二年爲丙子歲今此碑無年號而紀歲曰壬辰與至元二年不合碑云元貞間遊徂徠山越明年又於徂徠之西南三十里許云云則非世祖時之壬辰無疑矣惟順帝壬辰是爲至正十二年然則志蓋誤以至正爲至元而脫去十字也撰文者李倞自稱琴臺三張未詳聲作啇亦異文

東岳別殿堂廡記 杜翺撰 周子貞正書 在岱廟今佚

至正十三年四月

張士明題靈岩寺詩 正書 在靈岩山神廟

至正十五年正月

至正癸巳二月吉日夢遊山寺是歲七月到任九月勸農至此恍然如夢中所見因賦鄙語錄呈靈巖方丈 前進士紫金山張自明題

清亭忝民牧倏爾兩月餘懇惻理辭訟倉皇行簡書深秋勸農事東馳岱宗途有山忽北轉宛然梵王居雲蘿隔煙樹經閣參浮圖林巒類拱抱澗壑如交趨松風振巖谷石泉瀉庖廚峭壁龍蛇窟懸崖虎豹區野猿啼町疃遊鶴鎖庭除僧閑看貝葉客至薦新蔬勝景躋壽域禪房列周廬山前迴首望一夢恍相符 至正十五年正旦 當山住持嗣祖沙門靈泉野衲謹書立石

右刻詩二十行行十字正書徑八分

靈岩寺傅亨詩刻 正書 在靈巖

至正十五年九月 十六年三月

至正乙未秋九月因公赴山東遊靈巖禪寺 秋晚登臨上岱宗扶筇來此謁崆峒閑雲送雨過深洞老鶴將雛度遠空白石清泉心未了黃花紅葉思無窮攜雲歸隱知何日坐想青山入夢中

靈巖山房等同年長清縣尹張君德昭不遇 慈恩塔上題名後京國分攜十四年夢想故人詩句裏坐看黃菊酒杯邊停雲藹藹秋容澹落葉蕭蕭客恨偏獨倚禪房重搔首又鞭歸騎過前川

丙申春三月海嶽降御香回重游靈巖次趙明叔詩韻

石徑穿雲雨意凉乘軺重過老僧房門前古柏凝新翠巖畔幽花散異香鶴舞雙泉春水漲龍歸深洞暮山蒼禪心久矣無拘礙笑我狂遊去遠方

前進士應奉翰林文字承事郎同知制誥兼國史院編修官傅亨題時弟益男文炳侍行云

右刻詩二十六行行十二字正書徑六分

楊世瑛題名 正書 在桃源峪北崖

至正十八年二月

張田玉題名 正書 在桃源峪

至正十八年二月

靈岩寺李傑詩刻 行書 在靈巖

無年月

宿靈巖寺　一榻借禪房窗虛風露涼詩魔催夢醒王事促行怱入閣東西戶僧歸上下方山中無刻漏倍覺此宵長　翰林李傑書　當山住持妙恭立石

右刻詩九行行六字行書徑八分

萃美亭碑 徐炎撰吳行正書在百丈崖今佚

至元丁丑

重修萃美亭碑　廉訪使徐琰撰

天下名山巍然而大巖然而尊者泰山而已泰山勝境窈然而深蔚然而秀者西溪而已溪居岱宗之右麓延袤數十里樹林陰翳磴道崎嶇清泉奇石瑰瑋萬狀行愈遠而

山愈奇境愈勝極溪之所窮顛崖百丈懸流下擲望之如垂練天紳泉也天紳之西有巨壑焉一水自天勝巖落爲盤石所散漫瀉於壑之上奮若建瓴然水簾洞也而又芙蓉懸刀飛雅獅子諸峯削翠其上黑蜧白龍神潭水府潛珎其下雲煙吐吞晦明變滅跳珠濺沫轟雷掣電顧接有所不暇眞山水之窟宅天壤之奧區也金太定間泰安太守姚公面水簾而瞰天紳創構一亭樽俎不移而諸景咸會因榜之曰萃美坡詩有云江山雖有餘亭榭著難穩登臨不得要萬象各偃蹇吾不知世間得登臨之要有如此亭者乎

岱史載嶽西南麓百丈崖之左古有萃美亭元奉高尹王悟重修廉訪使徐琰記但原文節略歲月未詳亭阯記石移置文廟亦佚

張天益題名 正書在白龍池石壁

劉詢等題名 正書在闞仙岩

嚴謹墓碑 杜仁傑撰

洪福寺碑 在城西南六十里申村

廣禪侯祠碑 在亭亭山

精禮寺碑 在城西南侯村玉女山之陽

竹溪二題字 篆書在徂來西北址

演易齋三題字 篆書在徂來二聖宮

貧樂岩三題字 篆書

賈氏書院題名 在云云山朱娃題名之上

新甫山殘碑 正書年月泐

明

太祖制東嶽去封號碑 正書在岱廟

洪武三年六月

靈巖寺方山休堂聯傳道行碑 篆額正書在靈巖

洪武五年秋

諭祭岱廟碑 正書在岱廟

洪武十年八月

靈岩寺重建五花殿記 王裕撰李進正書在靈岩

正統五年九月

感雨記 夏靖撰并正書在岳西南麓淵濟公廟今佚

景泰五年三月

靈岩寺陳篠詩刻書在御書閣

天順四年三月

重修高里山神祠記并陰篆額許彬道撰文原傑正書在森羅殿後

成化三年五月

右碑陰刻方豪題名并蔡汝楠詩刻

靈岩寺感應記并陰篆額□俊撰周自成正書

成化十年正月

右碑陰刻僧衆題名

靈岩寺造象記李㬇遠撰并行書

成化十一年六月

袁冏靈巖詩刻郭垣正書在千佛殿前

成化十二年

靈岩寺孫瑜詩刻正書在御書閣

成化十三年七月

任式會眞宮記

成化十八年

賈宣謁白龍池詩刻正書在白龍池石壁

成化十八年

重修東岳圖在縣署土地祠壁

成化十九年三月

倘絅遊泰山記在巖巖亭

成化二十二年

魯兩先生祠記并陰篆額吳寬撰姜立綱正書在城內二賢祠

成化二十三年八月

右碑陰刻祭文

重修碧霞靈應宮碑記篆額徐溥撰文尹旻正書在水簾洞旁今佚

宏治十年十月

靈岩寺重修五花殿記戴義撰并書在大殿前

宏治十一年九月

重修東岳廟碑御製并書在岱廟今佚

宏治十二年

靈岩寺邵寶詩刻行書

宏治十三年九月

俞俊古栢殘詩刻草書在青帝觀

宏治十六年孟春

靈岩寺李遜學詩刻正書在松風閣

正德四年五月

祭告東岳文篆額篆書在岱廟

正德五年六月

喬宇登泰山詩刻篆書在環咏亭

正德五年六月

重修觀音寺記篆額馬雄撰蘇彪正書在山東北九十餘里齊城峪九頂寺

正德八年十月

重修東岳冥福寺記 任文獻撰 王龍正書 在冥福寺今佚

正德十三年三月

熊横遊靈岩寺記 在千佛殿

正德十五年正月

靈岩寺方豪題名 在御書閣宋李公顔題記之後

嘉靖元年三月

修廣禪侯祠碑 正書 在城南亭亭山廟內

嘉靖九年十月

大觀峯三題字 楊撫正書 在岱廟

嘉靖十一年

應元詩刻 草書 在環咏亭

嘉靖十二年仲冬

張鯤登山雜詩 草書 在環咏亭

嘉靖十三年三月

金魚石三題字并記 封南章正書 在徂徠中軍帳

嘉靖十三年六月

觀海二題字 張欽正書 在岱廟

嘉靖十四年五月

靈岩寺張邦枝詩刻 正書 在摩頂松堂南面

嘉靖十五年八月

靈岩寺喬瑞劉嶽詩刻 行書 在千佛殿

嘉靖二十年六月

蔣霆等泰山詩刻 行書 在岱廟今佚

嘉靖三十二年

靈岩寺塑粧祖師像記 王四好正書 在祖師殿址

嘉靖三十四年小春

祭告三神祠詩并序 謝東山正書 在岱廟今佚

嘉靖四十年八月

謝東山題名 正書 在山頂探海石上

嘉靖四十一年五月

汪玉文論 正書 在石經峪

嘉靖四十一年仲秋

邵鳴岐等題名 正書 在山頂德星岩

嘉靖壬戌陽月

翟濤題名 正書 在德星岩

嘉靖四十二年仲夏

重修東岳廟記 篆額 李欽撰 安科正書 在岱廟今佚

嘉靖四十二年六月

重修酆都廟記并陰 正書 李欽撰 在城北酆都廟

嘉靖四十二年十月

右碑陰有題名

周天球望岱詩刻 行書 在岱廟今佚

嘉靖四十五年九月

飛龍翔鳳題字 劉顯行書 在岱廟

隆慶元年夏
重修碧峯寺記孫緒撰并書在岳西四十餘里寺內
隆慶五年口月
王守仁泰山高詩刻正書在明倫堂
隆慶二年四月
建立三陽庵碑并陰蕭大亨撰張天祚正書在岳西
隆慶四年仲春
右碑陰有題名
張元忭靈岩寺題名行書在御書閣
隆慶四年三月
靈岩寺王宗沐東遊記正書在后土殿

隆慶五年八月
表泰山之巔碑萬恭撰并正書在山頂今佚
隆慶六年春
吳從憲泰陰碑亭記在南郊泰陰碑前今佚
隆慶六年
泰陰碑三篆字并題名在泰陰碑之陰
隆慶六年
高山流水亭石壁記萬恭撰并正書在石經峪西崖
隆慶六年冬
張元忭靈岩寺詩刻草書
萬歷元年

張天祚泰山題辭正書在青帝宮
萬歷元年正月
袁稽白龍池贊正書在白龍池
萬歷七年七月
祀泰山高里祠記劉大式撰劉衍洛正書在高里山神祠內
萬歷十一年三月
白雲軒記李戴撰并書在山頂白雲洞側今佚
萬歷十四年
靈岩寺蘇演詩刻草書二首正書二首在摩頂松臺南
萬歷十五年三月
靈岩寺劉勑詩刻正書在摩頂松臺南

萬歷十五年
卧雲二題字張壽朋八分書在白雲洞
萬歷十六年
禱雨靈應歌正書在三磴崖
萬歷十七年
靈岩寺徐琳口詩刻周道南行書在摩頂松臺北面
萬歷十八年正月
靈岩寺重修千佛殿記傅光宅撰潘子雲書在千佛殿南向
萬歷十八年十月
重修東岳高里山神祠記李邦珍撰安科正書在高里山神祠
萬歷十九年正月

題暴經石水簾詩 崔應麒草書在石經峪西崖

萬歷十九年

重修碧霞宮碑并陰 篆額王錫爵撰田應璧正書在山頂今佚

右碑陰刻皇后嬪妃等題名

萬歷二十一年九月

十八盤石欄題記 正書在山頂鐵碑東側

萬歷二十二年

重修三陽觀記 于慎行撰王應星正書在岳西南麓

萬歷二十三年仲秋

黃景夔抱龍臺詩刻 草書在靈岩御書閣

萬歷二十七年

重修竹林寺記 篆額吳維城撰并正書在岳西南麓

萬歷三十年季冬

靈岩寺汪應蛟詩刻 正書在御書閣

萬歷三十一年九月

供祀泰山高里祠記 朱之蕃撰并正書在高里山神祠

萬歷三十一年十月

重修碧霞元君靈應宮碑 邢侗撰行書在山頂今佚

萬歷三十六年

畢懋康登岱詩刻 行書在岱廟今佚

萬歷三十七年夏

靈岩寺張崔鳴面壁齋詩刻 行書在卓錫泉

萬歷三十七年

西天門題名二段 鍾惺正書在山頂西天門石闕上

水簾洞題名 鍾惺正書在岳陽水簾洞旁

萬歷三十七年

新建王母閣碑 篆額周國庠撰張和元正書在城西北隅梳妝院

萬歷三十九年

重修泰山靈應宮碑 篆額張邦紀撰胡忻正書在城西南

萬歷四十年

靈岩寺王安舜詩刻 行書在御書閣

萬歷四十一年

泰安州進香題名記 錶碑篆額方從哲撰湯燠正書在山頂元君殿佚

御製泰山金頂御香寶殿銅鐘讚文 正書在後石塢

萬歷四十二年七月

勅建泰山天仙金闕碑 正書額方從哲撰汪民政正書在山頂碧霞宮前

萬歷四十三年孟春

牟志夔題名 八分書在岳陽朝陽洞西崖

萬歷四十三年

鍾惺後石塢題名 正書在後石塢玉女祠大門下西石上東向

萬歷四十四年七月

岱岳廟碑 畢懋康撰并行書在大殿前今佚

萬歷四十七年正月

雲根二題字 篆書米萬鍾書在朝陽洞

萬曆四十七年

重修魯兩先生祠記 篆額正書 侯應瑜撰 范廣在城內二賢祠

天啓元年五月

重建一天門碧霞元君行宮碑 篆額邦治正書 于可久撰 洪在一天門

天啓六年三月

欽修泰岱告成賜靈佑宮金碑記 篆額正書 口口撰 口口在山頂元君殿前

天啓五年六月

王應修詩賦石刻 行書 在環咏亭

天啓七年

胡一龍和仁欽十二景詩刻 郝大成行書 在靈岩寺卓錫泉

崇禎元年二月

靈岩寺鄭林詩刻 李承賚正書 在山神廟前

崇禎六年

靈岩寺沈正宗詩刻 草書 在摩頂松臺南

崇禎十一年三月

漢柏圖讚 題字 陳昌言正書讚 左佩玹篆書 在岱廟炳靈殿南向

崇禎十五年七月

左重耀謁岱宗歌 篆書 今佚

崇禎十六年夏

勑建智上菩薩寶刹碑記 篆額 左佩玹撰 徐楠正書 在天慶宮

崇禎十七年三月

碑陰義輪贍田記

般頌并跋 正書 在石經峪 無姓名年號

回公題字 行書 在山頂白雲洞 無年月

汪廣洋過泰山詩 行書 在岱廟 今佚無年月

畢懋康羅文瑋詩刻 正書 在環咏亭

于可久題名 八分書 在石經峪北崖

岱頂銅鐘經文 正書 在岱頂後寢宮

郭詔銅鼓銅鼎銅瓶記略 在碧霞祠今佚

第一山 崔三畏正書在一天門

泰山志卷第十八

泰山志卷第十九

勅議大夫山東泰安府知府休寧金棨纂輯

逸事記

東嶽所以謂之岱者代謝之意陽春用事除故生新萬物更相生代之道故名岱也三禮義宗

岱宗石室上下懸絶其中金牀玉几列仙傳

泰山於所經諸山最高而岑崿軒舉淩跨衆阜雲霞草木藹然靈異苑囿神奇故無螫蟲猛獸從征記

登乎泰山下臨千仞之淵上蔭百丈之松蕭蕭然神王乎一邱矣言不出乎耒耜心不過乎俗人其猶木犬守戶瓦雞司晨也符子

有客登岱嶽絶頂行四十里以伺日出久之星斗漸稀東望如平地天際已明其下則暗又久之明處有山數峯如臥牛車蓋之狀星斗盡不見其下尚暗初憶日自明處出又久之自大暗中日輪湧出正紅色騰起數十丈至明處全無光其下亦尚暗邵氏聞見錄

章宗時山東盜賊起承暉遷山東路統軍使渠魁稍就招降猶往往潛匿泰山巖穴間按察司請數萬人刊除林木則盜賊無所隱承暉曰泰山五嶽之宗故曰岱宗王者受命封禪告代國家雖不行此事而亦不可赭也天下之山亦多矣豈可盡赭哉議遂寢金史

山東以泰山之南爲陽汶泗爲津鄒魯其門庭也泰山之北爲陰濟漯爲津東達登萊之間其幽奥處也是以魯尚禮樂泰山之所抱中和氣也齊尚功利泰山之所背憤忮氣也文翔鳳泰山記

泰山上下陰晴氣候不同盛夏苦寒御夾單衣不免擁爐時微雨新霽紅日麗空殘雲滿地俯視茫茫如陸海堆絮積雪不知其幾千萬頃客指示顧予曰其下人家方陰也孔貞瑄泰山紀勝

泰山有舍身崖愚民或擲身其下不知何取或曰墨氏之教也夫墨氏之教兼愛非中也然摩頂放踵猶曰以其利天下而後爲之也夫棄物于江河以爲廉人則笑之至於舍身而無所利曷爲乎爾一先正刻經語其旁曰身體髮膚受之父母不敢毀傷是仁人之意哉然不若襲其名滅其迹之爲愈也泰山紀勝

當於春時晨觀山半雲布平密絢爛一色宛然倒看天宇四月以後山多蒸溼不可居五六月亦寒衣必綿臥必炕早暮如深秋遇暴雨山半風擊雲湧雷聲電光皆出其下隱約見麓地白波沉漭如海頃忽雲生嶽巓則上下皆雨臘月衝雪登岱至御帳雲煙模糊至十八盤天宇開霽俯矚山腰猶有雲靄及下山大雪如故冬春之交諸崖谷出煙霧寒甚初尚可指數頃則毀雝叢濩盡失山形少霽谿壑林木及樓閣簷牙凝結冰花珠聯粉綴如畫明汪子卿志

予登岱于山不敢言吳門周越也斷自徂徠諸峯爭於水

不敢言海也斷自汶泮泗濟乎於典禮不敢言羲黄也斷自虞狩乎於石不敢言李斯也斷自摩崖石經乎遠而疑毋寧近而信（鍾惺岱記 以上山）

岱山東有員淵十里孟夏之月水騰沸以金石投之爛如土孟冬之月稍燋涸中有黄色煙從地中出起數丈煙色萬變山人掘之入地數尺得焦石如炭或有碎火如俗間之火有草名莽蝗葉圓如荷去之十步炙鳥獸不敢近刈以爲席冬彌温以枝相歷磨則火出（拾遺記）

金皇統二年累月不雨泰安守劉將軍禱於岱嶽不應繼致祭龍潭赫日滋熾劉怒令丁夫運石負土欲塡之夜夢

神告曰天久無雨非吾之罪今四海之内凡一勺之水皆有神主之吾豈敢上違天律輒降膏澤幸使臣察之劉寤愈怒黎明率千餘卒畚鍤土石投塡潭中比暮遂平比至次曉復淵泓如故劉了不痛但驅丁夫運土石塡之當晝隆熱忽寒風倏起雷電從潭中出山阜震動吏民懼甚猶督役不已數日間暴卒雨乃沛然龍潭者即今白龍池也（岱史）

古傳有美丈夫爲岱南田家傭復贅爲壻善灌園每夜澆田蔬畦皆滿絶不聞轆轤聲鄉人異之從垣隙窺眎乃見白龍長可數丈銀鱗萬點寒光奪目半身入井吸水吐盈數畦其人驚仆遂喧傳之龍知事泄乃辭去語其室曰家在傲來峯百丈崖下今白龍池是也嗣後禱雨屢應敕封

淵濟公今州南八里有白峪廟祀白龍神至今不衰（泰山紀事）

人飲諸崖水多瘍惟瑶池白鶴水纔五花玉女數泉甘美元君祠東崖一竅泉滴如珠晝夜出一斛許其味尤佳（明汪子卿泰山志）

嶽之西南有水出谷中爲西溪自大峪口至州城之西而南流入於泮曰渿河其水在高里山之左有橋踞之曰渿河橋世傳人死魂不得過而曰柰何此如漢高帝云柏人者迫於人也（山東考古錄 以上水）

奉高者有事岱嶽帝王禪祀之處也故有明堂在縣西南四里漢武立大壇於東山以祭天示增高也（晉太康地記）

泰山東嶽也嬴博二縣其界漢武封禪割此縣以供祀泰

山故曰奉高（邱元之齊記）

郡城南門號乾封蓋漢武以元封元年登封泰山二年久旱不雨公孫卿曰黄帝時封則天旱乾封三年言三歲不雨暴所封之土令乾也帝乃下詔曰天旱意乾封乎乾封之名始此（泰山紀勝 以上郡邑）

泰山一曰天孫言爲天帝之孫也主召人魂東方萬物之始故知人生命之長短（博物志）

泰山名蓬元太空洞天即太昊爲青帝治東嶽主萬物發生者校死生鬼神之所歷代帝王報功封禪上應奎婁之精下鎮魯地之分野（洞淵集）

肩吾得之以處泰山（莊子）

泰山神姓圓名常龍呼之令人不病泰山君元邱目睦泰山將軍唐巨存之却百邪龍魚河圖

齊景公舉兵將伐宋師過泰山夢見二丈夫立而怒甚公恐覺辟門召占夢者至公曰今夕吾夢二丈夫立而怒吾猶識其狀占夢者曰泰山之神怒也明日晏子朝見公告之對曰是宋之先湯與伊尹也晏請言湯與伊尹之狀公曰然是已今若何晏子曰請散師以平宋晏子

蔣濟字子通楚國平阿人也仕魏爲領軍將軍其婦夢見亡兒涕泣曰死生異路我生時爲卿相子孫今在地下爲泰山伍伯憔悴困苦不可復言今太廟西謳士孫阿見召爲泰山令願母爲白侯屬阿令轉我得樂處言訖母忽然

驚寤明日以白濟濟曰夢爲虛耳不足怪也日暮復夢曰我來迎新君止在廟下未發之頃暫得來歸新君明日日中當發臨發多事不復得歸永辭於此侯氣彊難感悟故自訴於母願重啟侯何惜不一試驗之遂道阿之形狀言甚備悉天明母重啟濟雖云夢不足怪此何太適適亦何惜不一驗之濟乃遣人詣太廟下推問孫阿果得之形狀證驗悉如兒言濟涕泣曰幾負吾兒於是乃見孫阿具語其事阿不懼當死而喜得爲泰山令惟恐濟言不信也若如節下言阿之願也不知賢子欲得何職濟曰隨地下樂者與之阿曰輒當奉教乃厚賞之言訖遣還濟次速知其驗從領軍門至廟下十步安一人以傳消息辰時傳阿心痛巳時傳阿劇日中傳阿亡濟泣曰雖哀吾兒之不幸且喜亡者有知後月餘兒復來語母曰已得轉爲錄事矣魏志引列異傳

桓哲字明期居豫章時梅元龍爲太守先已病矣哲往省之語梅云吾昨夜忽夢作卒迎卿來作泰山府君梅聞之愕然曰吾亦夢見卿爲卒來迎我經數日復同夢如前遂相繼殂搜神記

漢獻帝建安中南陽賈偶字文合以病殁時有吏將詣泰山司命閱簿謂吏曰當召某郡文合何以召此人可速遣之時日暮遂至郭外樹下宿見一年少女獨行文合問曰子類衣冠何乃徒步姓字爲誰女曰某三河人父見爲弋

陽令昨被召來今却得還遇日暮懼獲瓜田李下之譏望君之容必是賢者是以停留依憑左右天明各去文合卒已再宿停喪將殮視其面有色捫心下尚溫少頃却蘇後文合欲驗其實遂至弋陽修刺謁令因問曰君女寧卒而却蘇耶具說女子資質服色言語本末令入問女所言皆同方大驚歎竟以此女配文合焉搜神記

帝登泰山見神物迎謁帝問左右皆不見有老巫阿馬婆云嶽神在道左朱鬢紫衣者是也令巫傳言神可先歸遂不見至廟神復櫜鞬迎立庭下巫言如所見乃封神爲金天王開傳信記

吳女盈盈善歌舞姿容都冶一夕夢紅裳美人手一紙曰

玉女命汝掌奏牘及覺泣以白母曰兒不能久居人間矣異日當訪我碧霞峯頭其日竟卒後詩客三山聞之登岱絕頂徘徊玉女池畔爲二詩以弔之既歸夢二女奴召至一溪洞更有碧衣短鬟者迎入宫殿上有女子玉冠絳衣擁雲幢寶扇山不敢仰視俄女使持一簡授山上書一詩曰絳闕琳宫鎖亂霞長生未晩棄年華斷無方朔人間信遠阻麻姑洞裏家歷劫遥翻滄海水濃春難謝碧桃花紫臺樹隱瑶池濶鳳懶龍嬌日又斜箏寤明日追尋不得其處 唐人小說

沙門島罪人舊領給官糧者三百名每溢額則取其人投之海中馬默知登州建言朝廷既貸其生矣又驅之死地

非朝廷本意乞選年深至配所不作過人移登州神宗深然之詔可著爲令自是多全活者一日默獨坐假寐夢見一人從空中降如世間所畫符使挾一男一女至前授男女於默大呼曰我自東嶽來聖帝有命奉天符馬默本無嗣以移沙門島罪人事上帝特命賜汝子言畢乘黃雲而去默驚起與左右卒隸猶見黃雲後果生男女 古史苑

郁離子觀於嶽祠悵然嘆曰悲哉先王之道隱而鬼神亦受人之誣也聖人有言曰泰山不如林放言泰山不享非禮之祭也今也又從而爲之祠形其神而配以妃不亦誣且褻乎夫人之生死有天命焉福善禍淫天之道也使誠有鬼司之猶當奉若帝命其敢受非禮之祈而淫縱其禍福於其所不當得者乎祠以私之是以濁世之鄙夫詩鬼神也不敬孰大焉 劉伯溫集

泰山碧霞元君宋眞宗所封世人多以爲泰山之女後之文人知其說之不經而撰爲黃帝遣玉女之事以附會之不知當日所以褒封固眞以爲泰山之女也今考封號雖自宋時而泰山女之說則晉時已有之張華博物志文王以太公爲灌壇令期年風不鳴條文王夢見有一婦人當道而哭問其故曰我東海泰山神女嫁爲西海婦欲東歸灌壇令當吾道太公有德吾不敢以暴風疾雨過也文王夢覺明日召太公三日三夕果有疾風驟雨自西來也文王乃拜太公爲大司馬此一事也干寶搜神記後漢胡母

班嘗至泰山之側爲泰山府君所召令致書於女壻河伯云至河中流扣舟呼青衣當自有取書者果得達復爲河伯致書府君此二事也列異傳記蔡支事又以天帝爲泰山神之外孫自漢以來不明乎天神地祇人鬼之別一以人道事之於是封嶽神爲王則立寢殿爲王夫人有夫人則有女而女有壻又有外孫矣唐宋之時但言靈應即加封號不如今之君子必求其人以實之也又考泰山不惟有女亦又有兒魏書段承根傳父暉師事歐陽湯有一童子與暉同學後二年辭歸從暉請馬暉戲作木馬與之童子甚悅謝暉曰吾泰山府君子奉勅遊學今將歸煩子厚贈無以報德子後至常伯封侯非報也且以爲好言訖乘

馬騰虛而去集異記言貞元初李納病篤遣押衙王祐禱岱嶽遥見山上有四五人衣碧汗衫半臂路人止祐下車言此三郎子七郎子也文獻通考後唐長興三年詔以泰山三郎爲雄威將軍宋大中祥符元年十月封禪畢親幸加封炳靈公夫封其子爲將軍爲公則封其女爲君正一時之事爾又考元劉遵曾漢島記曰廟中神妃相傳爲東海廣德王第七女夫海有女則山亦有女曷足怪乎山東考古錄

左氏國語未有封禪之文是知三代以上無仙論也史記漢書未有考鬼之說是知元成以上無鬼論也遁甲開山圖曰泰山在左亢父在右亢父知生梁父知死博物志曰

泰山主召人魂魄此二者皆其說之所本其初見於史者則漢書方術傳許峻自云嘗篤病三年不愈乃謁泰山請命烏桓傳死者神靈歸赤山赤山在遼東西北數千里如中國人死者魂神歸泰山也三國志管輅傳謂其弟辰曰但恐至泰山治鬼不得治生人如何而劉楨贈五官中郎將詩有曰常恐遊岱宗不復見故人然則鬼論之興其在東漢之世乎山東考古錄

廣平府杜和齋諱賡原任南京西城兵馬司居官正直忠厚人多稱爲杜佛萬歷四十年七月二十七日有二白衣者到門云請杜公接詔時公不病也急出庭前跪聽一人持白紙一幅高聲讀岱宗皇帝命曰作善降祥天賞不忒曰失墮濫衡鑒非人茲福善司主者遷洛爾廣平府杜賡植性温良絕情淫殺命爾爲福善司使務察兆民之隱慈用示三等之昭報勿失良士勿濫庸情其以八月初一日任遲乃降罰讀畢公即請其弟原任山東武德道副使諱賡者同至看詔詢其衣白之故曰取善人例應穿白言訖不見至八月初一日五鼓杜公卒泰山紀事

長洲市民符某皈心道門萬歷丙申六月夢郡隸入曰我東嶽使者屈公爲某司祭酒令且下先遣某爲通符不知所答但驚顫而已數日符又見一吏卒告舊任官來請出迎一白衣貴人坐肩輿而來相見揖入坐定言某久爲祭酒秩滿遷主天曹知公心平才贍畢以自代幸即赴任無

負天朝寵錫也符曰某目不識一字何以作官治事幸公哀之別選能者貴人曰無妨吾昔爲前官舉用亦不識字治事久之豁然通靈曹司吏典甚多無用勞擾藉公坐鎮雅俗耳本司文部及一鷹一犬皆以交付符問鷹犬何用曰鷹犬以察人善惡日行千里不可少也語畢命吏卒上拜謁家人悉不見良久貴人告去符送至門揖遜而別居數日沐浴更衣無疾而逝焉湖海搜奇

大學士益都馮公溥二十一歲崇禎已卯鄉舉報至方熟睡家人呼之不醒母太夫人驚令噀以水亦不醒至半夜方寤云夢登泰山雲氣蓬勃擁之而行至一殿懸錦繡於門衆樂齊作酒殽咸備碧霞元君親臨羣仙隨之成禮將

退適閗鷄鳴紅日如車輪湧出遂驚寤寤時猶帶酒氣 曠園雜識

岱廟配天門青龍神吐火神高二丈八力殊難攀躋法像莊嚴人情弗敢戲豫巡邏嚴密人跡不能潛藏火自何來乃炎炎忽從口出遍考志乘實爲從來未有之奇 王在晉奏疏

有武生某者素無行遇人鼠牙雀角之忿輒唆之駕虛誣大惟欲自飽囊橐不顧他人身累産蕩以故皆恚其爲人也道路以目一日與儕衆登嶽頂禮至險處有巨石砏然自崖落拋擲千百尺如霹靂聲前後諸人暨某之輿夫俱無恙獨某軀已膏塗巖石無餘矣家人拾其一指以歸 泰山述記

某者不知其鄉里奉母上山頂禮攜青樓女同行每至盤路崎嶇處輒親護女輿母歷險監置之罔顧也既進香下山至隘處忽墜巨石擊殺之可見神惟歆人之善心苟無善心可格神靈者雖日日頂禮究何益哉 泰山述記

李欽平陰人性至孝蚤失父奉母勉供甘旨母病醫藥不效欽乃竭誠禱神隆冬單衣輿母祈安於岱嶽既歸母夜夢一白衣人至其榻灑水於身比覺沉疴頓釋 泰安府志 以上神靈

元祀代泰山貢兩伯之樂焉陽伯之樂舞侏離其歌聲比余謠名曰晳陽儀伯之樂舞鼚哉其歌聲比大謠名曰南陽 尚書大傳

博縣十月祀岱宗名曰合凍十二月涸凍正月解凍太守潔齋親自執事作脯廣一尺長五寸既祀訖取泰山君夫人座前脯二十朐拜章縣次驛馬傳送洛陽 風俗通

大周天授二年二月廿三日金臺觀主馬元貞弟子楊景雲郭先元奉敕于東岳作功德 漢史晨前碑題名

古者祭神用玉幣後來易以錢而紙錢焚化前古所未有也起於唐元宗時王璵之說鬼神事繁錢幣不給璵作紙錢易之遂以成風祭天享廟皆用之獨四方謁泰山碧霞元君多齋金錢幣帛施神座前猶倣古之遺意 泰山紀事 以上祠祀

黃帝會羣臣於泰山作淸角之音似兩鳳雙鳴二龍齊吟丹蛇繞首雄虹帶天橫吹雙角之音不過如此 文獻通考

秦始皇二十八年登泰山至半忽大風雨雷電路旁有松

蔭翳數畝乃封爲五大夫聞松上有人言曰無道德無仁無禮而得天下妄受帝命何以封左右咸聞始皇不樂而歸 獨異志

秦始皇下泰山風雨暴至休大樹下因封其樹爲五大夫初不言其爲何樹也後漢應劭作漢官儀始言爲松葢松在泰山小天門至劭時猶存故知其爲松也五大夫葢秦爵第九級如曹參賜爵七大夫遷爲五大夫是也後人不解遂謂松之封大夫者五唐人松詩有不羨五株封之句葢循習不考之過也紹興上虞縣有村市曰五夫故老云有焦氏墓于此後五子皆位至大夫因而得名近世好事者或異其說曰此秦封松爲五大夫之地也紹興間王十

朋爲郡幕官采訪所聞作會稽風俗賦得此遂以爲然故
賦有松挺千丈曾封五夫之句疏于下云上虞有地名五
夫始皇封松爲五大夫處蓋越人但知始皇嘗上會稽刻
石頌德不知封松乃在泰山時非在會稽時也許觀東齋紀事
漢明帝東巡泰山有烏飛鳴乘輿上虎賁射中之遂作射
烏辭帝賜錢百萬令亭壁皆畫焉古詩紀注以上巡守
岱宗有金篋玉策能知人年壽修短漢武帝登封泰山探
策得其十八倒讀曰八十後壽如之風俗通
漢武時有人騎白牛蹊人田田父訶之曰我北海使也將
看天子登封遂乘牛上山田父尋之惟見牛跡遺糞皆銀
明年漢武封禪劉氏類山

元狩三年帝復起陵霞觀去地九十丈累白玉爲壁以八
分篆寫羲皇以來迄周成王封禪之事所謂登壁文蓋帝
王之本績也洞冥記
高宗既封泰山欲遍封五嶽作奉天宮於嵩山之南御史
裏行李善感諫曰陛下封泰山告太平致羣瑞與三王五
帝比隆矣數年不稔饑莩相望陛下宜恭默思道以禳災
譴唐書
高宗封禪車鼻可汗葛邏祿叱利等三十餘人皆從至泰
山下勒名於封禪碣唐書車鼻可汗傳
高麗王高遣子男福從封泰山唐書高麗傳
有儋羅者麟德中酋長來朝從封泰山唐書流鬼傳

元宗封泰山張說多引兩省錄事主書及所親攝官升山
超階從九品九齡當草詔謂說曰官爵者天下之公器先
德望後勞舊今登封告成千載之絕典而清流隔於殊恩
胥史乃濫章紱恐制出四方失望既而果得謗唐書張九齡傳
從封泰山奏東封記唐書韋述傳
天子東巡泰山中書令張說謀屯兵以備突厥兵部郎中
裴光庭曰封禪以告成功若復調發不可謂成功者說曰
突厥雖請和難以信結也知我舉國東巡有如乘間何以
禦之唐書突厥傳
劉　曹州人元宗封泰山晏八歲獻頌行在帝奇其幼命
張說試之說曰國瑞也卽授太子正字公卿邀請旁午號

神童唐書
元宗屬其事于史官鑱其名于泰華二山碑以爲榮唐書安金
藏傳
開元二十年三月賜爵代國公于東西嶽立碑以銘其功
通鑑
明皇封泰山迴過金橋御路縈轉一望旌纛縣數十里召
吳道子韋無忝陳閎同製金橋圖唐詩紀事
明皇封禪泰山張說爲封禪使女壻鄭鎰本九品官舊例
封禪後自三公以下皆遷轉一級惟鄭鎰因說驟遷五品
兼賜緋服因大酺次元宗見鎰官位騰耀怪而問之鎰無
詞以對黃旛綽曰此泰山之力也酉陽雜俎

元宗時王毛仲爲太僕畜馬從帝東封取牧馬數萬匹每色一隊相間望之如雲錦唐六典

明皇將登封泰山益州進白騾至潔朗豐潤權奇偉異上遂親乘之柔習便安不知登降之勞也告成禮畢復乘而下纔下山趾休息未久有司言白騾無疾而殪上歎異久之諡之曰白騾將軍命有司具棺櫝壘石爲墓墓在封禪壇北數里至今在焉開天傳信記

明皇東封至加會頓時有兔起於御馬之前上引弓旁射獲之韻利發下馬持兔舞蹈曰聖人神武超絕若天上則不知人間無也上因問饑否對曰仰觀聖武如此十日不食猶爲飽也續世說

唐竇庠冬夜寓懷寄王翰林詩云滿地霜無葉下枝幾回吟斷四愁詩漢家若欲論封禪須及相如未病時按相如奏封禪事見史記夫封禪既非古禮而相如死猶獻諛不知庠何所取而以自比此正唐儒之陋也然韓退之亦上表勸封禪又數自謂希相如退之儒宗尚爾庠何議焉野翁詩話

大中祥符元年六月乙未泰山西南垂刀山上有紅紫雲氣漸成蓋至地而散其日木工董祺於醴泉亭北見黃素帛曳林木上有字不能識言於皇城使王居正居正見其上有御名以告欽若欽若具威儀奉導至社首跪授中使馳捧詣闕帝御崇政殿趣召羣臣曰朕五月丙子夜復夢向者神人言來月上旬當賜天書於泰山宜齋戒祇受朕未敢宣露惟密諭王欽若等凡有祥異卽上聞今得其奏果與夢協上天眷祐惟懼不稱王旦等再拜稱賀乃迎奉安於含芳園之正殿帝齋戒備法駕詣殿拜受之命陳堯叟啓封其文曰汝崇孝奉吾育民廣福錫爾嘉瑞黎庶咸知秘守斯言善解吾意國祚延永壽歷遐歲讀訖復奉以升殿於是羣臣表上尊號曰崇文廣武儀天尊道寶應章感聖明仁孝皇帝三朝符瑞志

初王欽若既以城下之盟毀寇準上自是常怏怏他日問欽若曰今將奈何欽若度上厭兵卽謬曰陛下以兵取幽薊乃可刷此恥也上令思其次欽若因請封禪泰山可以

鎮服四海誇示外國然自古封禪當得天瑞希世絕倫之事然後可旣而又曰天瑞安可必得蓋有以人爲之者惟人主深信而崇之以明示天下則與天瑞無異也宋史

眞宗將東封孫奭諫曰昔周宣王遇災而懼故詩人美其中興以爲賢主今震雷在冬爲異尤甚此天意丁寧以戒陛下而反未悟殆失天意宋史

大中祥符二年東封泰山還賜梁固以下進士及第三年祭后土於汾陰賜張師德以下進士及第固狀元灝子師德亦狀元去非子魏野以詩賀曰封禪汾陰連歲榜狀元俱是狀元兒宋史

祥符元年直史官張知白請以泰山諸瑞命良工繪之一

本藏秘閣傳於不朽一本以備玉清昭應宮圖壁從之五年丁謂等又上汾陽祥瑞圖百四十八軸與東封所錄並繪於玉清昭應宮東西廡（玉海）

眞宗自封禪之後士大夫爭奏符瑞獻贊頌崔立獨言水發徐兗旱連江淮無爲烈風金陵大火是天所以戒驕矜也（宋史紀事本末）

眞宗封禪還以所得祥瑞命近臣譔樂章於朝會宴享則歌之以紀瑞物之應一曰醴泉二曰神芝三曰慶雲四曰靈鶴五曰瑞木（泰山紀事）

瑞雲亭當時御香亭也宋眞宗將登封齋於會眞宮之穆清殿有黃白雲如幢蓋龍鳳狀起太平頂焚香再拜雲變

五色復有雲如橋梁紫雲覆之久而不散遂以名亭（泰山紀事）

大駕玉輅自唐顯慶中傳之號顯慶輅唐高宗時造至今進御自唐至今凡三至泰山登封其他巡幸莫紀其數至今完壯乘之安若山嶽以措杯水其上而不搖慶歷中嘗別造玉輅極天下良工爲之乘之搖動不安竟廢不用元豐中復造一輅尤極工巧未經進御方陳於大廷車屋適壞遂壓而碎只用唐輅其穩利堅久歷世不能窺其法世有神物護之若行諸輅之後則隱然有聲（夢溪筆談）

洪武初居民於社首山中得玉匣內有玉檢十六有司獻於朝驗其刻乃宋眞宗祀泰山后土文又成化壬寅秋日觀峯下雨水衝出玉簡會中使有事東藩復馳以獻乃命仍瘞舊所（岱史）

碧霞祠舊有玉印文曰天仙照鑒相傳爲秦時物按文獻通考泰山玉女池側有石像宋眞宗東封詔皇城使劉承珪易以玉琢石爲龕奉置舊所今宮址正在其地則此印當爲大中祥符賜物乾隆庚申祠燬於火前代碑刻如秦相二十九字俱經亡失此印出諸煨燼完好如故有呵護之者（古玉圖譜）

乾隆十二年十二月十四日工人於日觀峯側鑿石得玉匣二各緘以玉檢金繩啓視其一爲祥符登封玉册共十七簡簡字一行外用黃縵摺疊裹之見風灰飛其一未敢其簡尺寸悉如封禪儀所載巡撫阿里衮獻於朝（泰安縣志）

宋林逋先生雖在隱逸爲一時名公推重方是時天子修封禪告太平其臨終詩云茂陵他日求遺稿猶喜曾無封禪書士之風節文學名天下如先生其人麟鳳芝草不足言矣（西湖志略）

永樂十三年禮部郎周訥請封禪尚書呂震贊之不許學士胡廣獻却封禪頌（明史以上封禪）

後漢書桓帝紀永興二年泰山琅邪賊公孫舉等反殺長吏永壽元年七月初置泰山琅邪都尉官延壽五年八月己卯罷琅邪都尉官八年五月壬申罷泰山都尉官金石錄載漢泰山都尉孔宙碑云宙以延熹四年卒嵩卒後四年官遂廢矣然泰山都尉實不始於此光武時嘗置之文

苑傳夏恭光武時拜郎中再遷泰山都尉又光武紀建武六年初罷郡國都尉官恭之遷蓋在此年前也顧炎武日知錄香稅惟岱與楚之太和山有之舊例總巡官一員於府佐內行委常一督理香稅上下稽查是其責也分理官六員於州縣佐貳官內行委坐定遙參亭二員一收本省香稅一收外省香稅俱填單給與香客元武門一員收山後香稅亦給單紅門南天門各一員俱驗單放行頂廟碧霞宮門上一員查放香客出入凡此員額其來久遠不知起自何年隆慶五年議革遙參亭官一員並紅門南天門驗單官二員只存分理官三員一在遙參亭一在元武門一在碧霞宮其委官期限每年分三季上季自正月至四月下

季自九月至十二月其時香客衆多故總巡官與分理官俱全數委用中季自五月至八月其時香客不多故只委分理官不委總巡官又每一季完訖則另行別委故總巡官去任不常而分理官亦常有奉委未到者議者謂總巡官宜有常設俾之常駐其稅銀舊例本省香客每名五分四釐外省香客每名九分四釐俱店戶同香客赴遙參亭報名納銀領單上山頂自萬歷八年有外省香客冒充本省報名短少香稅者因改議不分本省外省香客一例香稅銀八分其銀各店戶包封署名包上儲遙參亭庫內待夏冬二季起解時店戶各認姓名領包傾銷後改季官收銀開驗實店戶傾錠量行給與耗銀公私俱便其混施事

例凡香客施舍金銀珠寶玉石首飾並金銀娃娃銅錢及旛蓋袍服紗羅緞幣等項俱投在碧霞宮內夏冬二季另委府佐一員前往會同原總巡官登頂啟門收驗諸所施舍前項物件逐一驗看估計將金銀珠寶玉石首飾並金銀娃娃銅錢等項同前項香稅一併解赴布政司儲庫以待轉解支用其旛蓋袍服紗羅緞幣等物解赴濟南府儲庫支送三司堂上首領與運司濟南府各佐貳員下折俸其會計事例每年香稅並混施銀兩多寡不等照數坐派一曰解部自嘉靖三十七年凡泰山頂廟香錢除旛蓋袍服等物照舊折俸其餘金銀首飾依例分季差官赴部交納春季約解銀一萬兩有零冬季約解銀一萬二三千兩

有零一曰存司專供公堂慶賀表牋扛夫車價分差人役六房文冊紙劄寫字書手工食及德魯衡三藩府各郡王祿糧等項一曰修城其銀亦儲在布政司以供修理城垣之費一曰修廟其銀亦儲在布政司以供嶽頂諸廟修理之費每香稅八分內除五釐修廟一曰公費供香稅凡各委官廩給並跟隨人役工食其銀即於泰安州支給一曰銅錢舊例俱解禮部近歲部中久不取解俱貯藩司以上岱史

設官

按漢官儀云漢武圓臺在始皇封所北臺上有壇謁人多置錢物上亦不掃除今碧霞祠有混施錢尚仍其俗

考香稅之設始自前明至

國朝雍正十三年十二月奉

旨裁革

孔子過泰山側有婦人哭於墓者而哀夫子式而聽之使子路問之曰子之哭也一似重有憂者曰然昔者吾舅死於虎吾夫又死焉今吾子又死焉夫子曰何爲不去也曰無苛政夫子曰小子識之苛政猛於虎也檀弓

顔子與孔子上魯泰山孔子東南望閶門外有繫白馬引顔淵指以示之曰若見吳閶門乎顔淵曰見之孔子曰門外何有曰有如繫練之狀孔子撫其目而止之與俱下家語

孔子登東山而小魯登泰山而小天下所登愈高所見愈大天下之理固是如此雖然孔子豈但登泰山而後知天下之小哉此孟子所以有感於是也東坡嘗用其意作廬山詩曰橫看成嶺側成峯遠近看山總不同不識廬山眞

面目只因身在此山中知此則知孔子登泰山之意矣無爲楊文公嘗奉使登泰山絕頂雞一鳴見日出由是而言則世之不見日者尚多矣陳善捫虱新話

曾子耕泰山之下天雨雪凍旬日不得歸思其父母作梁山吟琴操

子思遊齊與陳莊伯登泰山而觀古天子巡狩之銘焉陳子曰我生獨不及帝王封禪之世子思曰子不欲爾今周室卑微諸侯無霸假以齊之衆連鄰國以輔文武子孫之有德者則齊桓晉文之事不足言也遂告以聖帝明王巡狩祭祀黜陟之典孔叢子

孟子生時母夢神人自泰山來止於嶧母凝視久之忽片雲墜而寤時閭巷皆見五色雲覆孟氏之居焉後人稱孟子爲泰山巖巖氣象適符雲兆三遷志以上聖賢

伯牙遊於泰山之陰卒逢暴雨止於巖下心悲乃援琴而鼓之爲露雨之音更造崩山之音曲每奏鍾子期輒窮其趣伯牙乃舍琴而歎曰善哉子之聽也列子

吳文章泰山人陳留太守少孤遭亂與兄伯武相失別二十年後會下邳市爭計共鬬伯武毆之文章欲報心惻悽手不能舉投杖於地觀者咸唾笑還相問乃眞兄弟也風俗通

胡母班字季友泰山人名在八廚謝承書云班王匡之妹夫匡受紹旨收班繫獄欲殺以狗軍班與匡書略曰足下

拘僕於獄欲以釁鼓此何悖暴無道之甚者也僕與董卓何親戚義豈同惡足下張虎狼之口吐長蛇之毒恚卓遷怒何其酷哉死者人之所難然恥爲狂夫所害若亡者有靈當訴足下於皇天夫婚姻者禍福之幾今日著矣曩爲一體今爲血讎亡人二女則君之甥身歿之後愼勿令□□尸骸匡得書抱班二子哭班遂死於獄漢名士錄

諸葛亮字孔明琅琊陽都人父珪爲梁父尉尋遷泰山郡丞幼從父梁父父卒徙居南陽好爲梁父吟蜀志

陳武字國本休屠胡人常騎驢牧羊諸家牧豎數十人或有知歌謠者武遂學泰山梁父吟之屬陳武傳

安金藏爲泰山工人時睿宗爲皇嗣或有誣害皇嗣潛有

異謀者則天令來俊臣按之左右不勝楚毒皆欲自誣惟金藏大呼謂俊臣曰公旣不信金藏言請剖心以明皇嗣不反卽引佩刀自剖其腹五臟並出血流被地氣遂絶則天聞之令舁入宮中遣醫入五臟以桑白皮縫合之傅藥經宿乃蘇唐書

石守道學士爲舉子時寓南都固窮苦學王侍郎瀆聞其勤約因會客遺以盤餐石謝曰甘脆亦我所欲但日享之則可若止修一餐則來日何繼乎朝享膏粱暮厭粗糲人之常情也某不敢受賜還之倦遊錄

石介守道爲國子監直講一方士稱曰叟上謁袖出詩曰高心休擬鳳池遊朱紱銀章寵已優莫待禍來名欲滅林

泉養浩預爲謀石遜謝不悟其旨延以酒食日將夕叟辭石留之宿曰吾孤雲野鶴安可留也旣而期年因謗謫坐貶倦遊錄

姜潛從守道石先生讀書離家百里每歸省隨意登途不問朝暮一日夜半乘馬行佩弓矢一童前導晤林薄燈燭熒煌悚怖不敢進姜曰鬼物耳奚足畏哉策馬廹視乃數人披髮度地而賭引弓一發旋皆奔散不測所之獨碧石大骰盆瑩然可愛遂取之泰山紀事

歐陽修余靖王素蔡襄同爲諫官欲引石介仲淹曰介剛正天下所聞使爲諫官必以難行之事責人君以必行少拂其意則牽裾折檻叩頭流血無所不爲主上富春秋無

失德朝廷政事亦自修舉安用此也諸公乃止宋史范仲淹傳

范仲淹在睢陽時有孫秀才上謁贈錢一千明年復謁又贈一千仲淹問之孫生戚然曰母老無以養若日得百錢則甘旨可足仲淹曰二年僕僕所得幾何吾今補子爲學職月得錢三千以供養可乎於是授以春秋十年後泰山下有孫明復先生以春秋教授學者朝廷召至乃昔日索甘旨錢孫秀才也東軒筆錄

王蒙字叔明湖州人自號黄鶴山樵趙孟頫甥也畫山水得外氏法洪武初官泰安州知州廳事後有樓面泰山蒙張素絹于壁興至提筆三年而圖成有陳汝言者夙善畫一日過訪方展圖雪大作欲改爲雪景而難于設色汝言

沈思良久曰得之矣爲小弓夾粉筆張滿彈之儼如飛舞蒙遂叫絶曰岱宗密雪圖世甚珍重之艮齋倦稿以上人物

無字碑秦所以疑萬世也後人師其智移而之冢冢不可見矣疑之以所不見者淺疑之以所見者深也予作無字碑詩曰民不可使知亟亟全其愚噫譎而勢哉鍾惺岱記

碑者山川之眼也碑不易佳佳者尤不易古泰山自李斯碑後有古于摩崖銘石繆者乎雖無老成人尚有典刑告守者審定佳惡自當別論至其古不古一覆其時代而得之初無難事請從元宗以前雖不佳者亦當念其年壽而保存之如蘇頲書頌奪于林焞四大字然嘗去其字仍大書石云此林焞毁蘇許公碑頌處明正其刑以告愚忍者

後有所犯拨所壞碑之久近爲其刑之差可也岱記
紀泰山銘隸書明皇開元十四年御製御書字大如手岱
頂東嶽廟後石崖上南向人謂之摩崖碑朱彝尊云碑銘
典雅或是燕許手筆而御書遒勁若怒猊渴驥[illegible]東安間
不比孝經之多肉少骨若唐隸盡若此何慙漢碑碣乎按
明皇既製紀泰山銘親札勒於山頂之石以九月景戌告
成維時中書令張說撰封祀壇頌侍中源乾曜撰社首壇
頌禮部尚書蘇頲撰朝覲壇頌而存於今者唯此而已四硯齋題跋
唐張懷貞任要韋洪公孫杲四詩俱刻於岱嶽觀碑側而
編岱史者不錄任韋公孫三人新舊唐書無考任又題名

云貞元十四年正月十一日立春發嶽遂登太平頂宿其
年十二月二十一日立春再來致祭茶宴于茲盡唐時祭
畢猶不用酒故宴以茶也曝書亭集
陰字碑以字鐫北向從俗稱也或曰金字當時以金塗飾
也或曰禋祀以精意答享言也聲皆相近而義亦通不知
眞宗東封時駐蹕會眞宮故碑作屏製鐫北面當宮南百
餘武義當從陰宮舊在城內而碑限於外以故人亦罕知
之岱史
登泰山謝天書述二祖功德碑在城南北向宋眞宗御書
王欽若文文典雅有清廟氣象書端凝有明堂氣象世稱
雙絕或謂岱巔東巖平剷欽若欲摩崖紀功與唐八分並

峙已成其額眞宗謙讓未遑勒碑山下取對越之義其字
完美說者於欽若不取其人取其文於眞宗不取其事取
其書泰山紀勝
嶽西傲來峯下有石壁平廣二十餘丈書曰龍潭曰白龍
池並大字其旁皆宋人題名尚未剜鈌因書之得十五首
其文畧無重複自治平迄宣和六十年間人名字亦可以
想見當日太平之盛山東考古錄
嶽宮有石刻十六字萬歷辛丑洛人李士登筆文云登岱
巔兮色光莫紀想太初兮山生之始簡遠似漢人詩若今
人作岱遊不知豫儲幾千言以往矣岱記
呂升卿爲京東察訪游泰山題名於眞宗御製封禪碑之

陰刊刻搨本傳於四方後二年升卿判國子監會蔡承禧
爲御史言其題名事以爲大不恭遂罷升卿判監東軒筆錄
凡陽宅衝處率樹小碣曰泰山石敢當石敢乃五代時勇
士先是晉高祖自鎭州朝京師適愍帝出奔止傳舍敢袖
鋏槌侍高祖遇變遂與左右格鬬而死稽宅經須避方煞
故取石敢當耳其曰泰山則又鎭宅之義也說郛以上金石
鄧艾年十二曾讀泰山碑碑下掘得一刀黑如漆色長三
尺餘上常有風氣冷凄凄然時人以爲神賜刀劍錄
仙人王方平降陳節方家以刀一口名泰山寶環語節方
曰此刀不能爲餘益獨卧可使無鬼入軍不傷勿以入厠
溷且不宜常佩三年後有從汝求者可急與之後果有以

車載錢百萬請刀者（列異傳以上刀劍）
司命東岳上眞卿太元眞人茅君大茅君諱盈字叔申（眞靈位業圖）
聶政父爲韓王冶劍過期不成王殺之時政未生壯問母知之乃上泰山遇仙人學鼓琴七年琴成漆身爲厲吞炭變音以刀納琴中刺韓王（琴操）
泰山老父者莫知姓氏漢武帝東巡狩見老翁鉏于道傍頭上有白光高數尺怪而問之老人狀如五十許人面有童子之色肌膚光華不與俗同帝問有何道術對曰臣年八十五時衰老垂死頭白齒落遇有道者教臣絕穀但服朮飲水并作神枕枕中有三十二物其三十二物中有二十四物以當二十四氣八毒以應八風臣行之轉老爲少黑髮更生齒落復出日行三百里今一百八十歲矣帝受其方賜玉帛老父後入岱山中每十年五年時還鄉里三百餘年乃不復還（神仙傳）
西王母與上元夫人降漢武帝帝覩其巾器中有小書乞瞻覽母曰此五嶽眞形圖也乃三天太上所出豈汝所宜佩乎帝乞不已與之藏柏梁臺（漢武內傳）
劉道合者居嵩山唐高宗即所隱立太一觀使居之時將封泰山雨不止帝令道合禳祀俄而霽乃令馳傳先行泰山祈祓得賞賜輒散貧乏無所蓄咸亨中爲帝作丹劑成而卒帝後營宮遷道合墓開其棺見骸坼若蟬蛻者帝聞

恨曰爲我合丹而自服去然所餘丹無他異（唐書隱逸傳以上仙異）
程昱少時常夢上泰山兩手捧日昱私異之以語荀彧及兗州反賴昱得完三城於是彧以昱夢白操操曰卿當終爲吾腹心昱本名立操乃加日字於其上更名昱也（魏志）
李虛中將疾謂其友韓愈曰吾夢泰山裂流出赤黃物如金左人曰是所謂大還者虛中既沒愈追占其夢曰山者艮其背裂而流赤黃疸象也大還者其告之矣（韓愈李虛中墓銘以上夢異）
竹林寺二十餘里三陽菴之後塢也小徑沿山清流夾道蟠曲羊腸景隨步換抵寺四木參天諸樓滿地晨鐘晚磬另一淒清傳云古寺在石壁洞前寺遺回祿佛入石洞門閉而不可尋迄今雲霧煙雨時猶能遙見舊日樓臺神哉異哉（泰山小史）
萬歷辛卯余與劉文學斌以里選赴省會我兩人雅好探奇聞泰山後有山徑景趣幽僻攜二蒼頭策藜偕往所經掃帚峪牛欄口玉皇嶺終日不逢一人但聞山鳥亂啼澗流潺潺響出石竅中危橋斷岸疊嶂青林山花蒙密都凝人行俄值天雨濛濛四山陰晦劉所攜蒼頭見栗樹下有披裘戴笠執鋤而立者將就問道未近而蒼頭死文學入山林覓數夫舁歸山村旅舍五鼓乃甦記云山中之精如人長九尺衣裘戴笠其名金累蒼頭所見者或即類此（泰山紀事以上怪異）

泰山失金雞鄭元注金雞泰山之精周易是類謀

漢昭帝元鳳三年春正月泰山大石起立高丈五尺有白鳥數千集其旁漢書

漢宣帝元康元年鳳皇集於泰山三年神爵集泰山漢書

泰山廟中柏皆二一餘圍夾兩階赤眉當斫一樹見血而一今斧創猶在從征記

蔡邕行泰山見爨桐聞爆聲曰此良木也取而爲琴後漢書

魏明帝初泰山下有連理文石高十二丈狀如柿樹其文色彪發似人雕鏤自下及上皆合百餘步稍覺相近如雙闕也泰安縣志

開皇一四年將祠泰山令使者致石像神祠之所未至數里野火猋起燒像碎如小塊隋書五行志

宋眞宗大中祥符六年十月泰山興工有鳥類烏嘴趾皆赤役夫稍憩即飛鳴作起之聲衆工見其來畚鍤爭進將晡而去以爲常目爲催工鳥舊泰安州志

岱嶽觀經樓忽隊樓屋徘回之中雜骨盈車有老蜘蛛在焉形如矮腹五升之茶鼎展足則周數尺之地矣玉堂閒話

處士松在五大夫松上不里許獨挺山巖偃蓋森森每風雨有虎嘯龍吟之致以羞秦勅故名萬歷間失去臨檀集

舊州堂東壁　日雲霧微生有物如鰌鱓飛出至半空雷電轟掣霖雨如注太守因表其處曰龍窩泰山小史

張廷登崇禎中遊泰山宿大汶口偶行飯至水濱見水中光芒特異出之則一石可尺許背負一小蝠一蠶腹小蝠近百飛者伏者肉羽如生蠶若天然有小凹可以受水下方正受墨因製爲硯銘之曰泰山所鍾汶水所浴堅勁似鐵溫瑩如玉化而爲䗃生生百族不假雕飾天然古綠用以作硯龍尾纖躅文字之祥自求多福故名多福硯爾雅蝙蝠服翼郭璞注齊人呼爲蟙䘃故又名蟙䘃硯池北偶談

康熙八年六月十二日泰山頂廟鐘鼓自鳴泥中馬蹄痕其大如斗或見大人跡長二尺許泰安縣志以上物異

泰山志卷第十九

泰山志卷第二十

朝議大夫山東泰安府知府休寧金棨纂輯

敘錄

嘗攷郭璞山海經而知天下名山不可不志也矧泰山出震配乾萬物終始而陰陽交代之地乎棨少時讀孟子至孔子登泰山而小天下心目中即時時懸一泰山之象思一登之而不得迨壯歲遊京師官光祿佐郡閩海往來齊魯間屢於馬首瞻覩皆以郵程促迫未獲一登歲甲寅奉
天子命擢守泰安治近岱嶽春秋祭祀水旱雩禱屢造其巔曩昔之願於焉始副凡所謂上中下三廟天門日觀並峯巒巖洞諸名勝探幽歷險無不畢至更溯泮渿三谿源流大小汶之分合下至云亭梁父徂徠諸山岡巒延屬無不周覽自唐虞迄今四千餘載巡狩望秩之典升中封禪之文史冊昭垂班班可考人或讀其書而未至其地或至其地而未究其書皆無能述作今至其地矣又復搜討古書披覽紀載豈可不載筆志之以輔
聖朝輿地山經之萬一哉自古在昔先民有作班固漢書藝文志載古封禪羣祀二十二篇封禪議對十九篇漢封禪羣祀三十六篇封禪方說十八篇書亡無可考而泰山記泰山郡記亦僅見於史記注水經注所引鄭樵通志藝文略載五嶽諸山圖一卷五嶽圖一卷五嶽記一卷嶽瀆福地圖一卷皆不著姓名馬端臨通考謂五嶽諸山圖無名氏

多鄙誕不經宋有大中祥符時丁謂等撰封禪記五十篇其書俱不存而志之存者則有明嘉靖間汪子卿編輯泰山志巡按御史吳伯朋裁定雍焯洪章爲之序雍序岱往無志同寅吳侍御始爲之侍御以權務按部濟南例得有事於岱爰登覽諸峯因之訪靈異稽故實見秦漢以來殘鐫斷碣遂什荒榛及近代間人之賦述勝蹟者咸散漫巖崖而莫可畢覩於是詢得抄本付倅郡中夫岱天下之名山也世之慕勝者孰不欲一躡其間而周矚其所有乃卒畢其願者不人人然也倅行而勝流宇內爲侍御之省方殊可徵已夫靈異幽絕者山之勝而與實而莫疆崗者亦惟山之自有即天下之人越江海逖千萬里執策而可得其異狀以心領其勝山之休爽草矣孰與雨暘若方附又上以慰九由之哀下以陟生人之命俾守臣羣吏得以頌其德而稱職其嘉薦於無已哉夫神之黷民分也剔岱秩列震鎮生肯意東其寧扁係大銷祓沴而布禎祚蕃自鴻蒙以逮若今暇偕載紀崇峻曠茲邈矣曷假予祝又曷假於予頌顧不肯祇命東藩心激民隱茲所企願於神者則然也梓成濟南守項若亟以敍請時予方行部日劇弗及頃以病告乃爲是以復之志梓諸例而間有吽於岱者近世諸嶽鎮名種種梓志唯華山志則體裁差勝云而又病於直略也洪序泰山志四卷明白野汪仲蘇氏撰仲蘇氏名子卿歙產也彴游天目錢唐之間以文學行誼顯吳越吳越故材藝藪澤咸帖帖推轂然數奇射策有司屢進屢報詘仲蘇氏孜孜自樹不少衰聲問益蹟厲藉甚旣以經行爲督學使臣所獻赴上都發揚粵泝淮泗叩孔林登泰山凌日觀摩穹蒼棲巉巖採泉溜捫縣厓蒐殘碑抉晦蝕稽故牒蹤跡文字以來帝王聖哲瑰奇幽異壇壝臺殿樓觀亭障府寺鳥獸蟲魚藥草木石上下數千百年亡間微顯存不鴻巨罔不畢志斯以詳矣洪厓子章嘗涉泰山之郊顧瞻周回神爽飛越及得志讀之喟然嘆曰大哉巍巍乎其天下之具瞻而兩間之巨鎮乎夫灝氣挺靈青曦凝質五嶽攸宗萬物伊始其諸岱宗之所由名乎是故王者欽崇邦家望秩上聖降神名賢彙集方物呈奇幽明受職宜也雖然古有登之小天下者矣夫以泰山絜天下天下非小也然而登之以小天下其諸日躋高明則我大而物小者乎復有稱其非能有趾而不能無趾者矣夫積趾爲麓積麓爲阜積阜爲陵積陵爲岑積岑爲嵩積嵩爲嶽不讓土壤不辭卷石以成其崇以極其峻其諸君子以順德積小以高大者乎未也泰山高矣泰山而上不踰泰山則吽援俱忘拾級道履小大皆空崇高無極將與太虛者游而造物者一芒不知其所由來杳莫測其所際憶其至矣其至矣

其後查志隆重修易其名曰岱史于慎行爲之序歷城劉勅增修之（于序）岱史者何志岱宗也志何以爲史岱者萬物始生五嶽之長古帝王之所受命告成而東諸侯主焉志之而史以尊岱也岱故無志乎有而繫諸州且不備也侍御而史南譚公巡行考覽諸鹽政大夫查公以爲州不得有乎岱故别而爲史也爲史奈何革舊而爲新因略以致詳率搜遐考以備人文而標名勝作者之志也大圖經者觀察之符契也厥而弁之以爲綱紀故作圖考天之精曰星地之精曰山嶽其大者也降婁元枵之次歲星位焉其應廣矣作星野考岱者中條之所底也河濟不得無以障其充不得無以鎭畿輔不得無以屏故曰齊得十二焉作形勝考記曰岱宗周迴三千里東方之山皆其裔也然而作紛亘二州不可勝識惟是十二峯巖壑泉石神怪變詭化工備矣作山水表在古錫魯其後隸齊吏如易制晝野分疆躔紛綺錯名實相參而岱猶故岱也作疆域表省方之后迺修玉帛瞻乎明堂王政攸布安所三七十二家之封而以秦秦皇漢武爲乎其失至我明然後一洒之此亦古今得失之林也作狩典紀然自聖祖開基旛正嶽號國有大慶使使奉璧告焉亦柴望之遺矣作祭典紀介丘之勝久矣城邑壇墠或爲墟莽探奇懷古之士有所感慨而躑躅爲作遺蹟紀夫山之守爲神三宮空

洞之天百靈之府也神房阿閣可謂侈麗矣作靈宇紀遊展之所登臨星軺之所陟降有廬舍焉作宮室志夫岱君子於是觀士德也芝草玉石冥棲之侶耽焉作物產志夫自燕秦河洛之間奔走奉祠絡繹般賑其麗不億洋洋乎神之爲德也有司稽其名數以備不常又以當他賦焉作香稅志夫岱者一州之鎭也然而吉凶之應於國有關焉作災祥志操觚之倫原本山川極命草木於遊得之沨沨乎可以觀也作登覽志總之十有七卷旁該寥廓苞舉珍瑰纈紛浩侈洞心溢目閎哉博矣故曰革舊而爲新因略以致詳旁搜遐考以備人文而標名勝作者之志也於戲天下之以山名者衆矣至於劉削刻畫之趣嶔崟窈窕之觀或具體於穹崇若鍾技於妙巧亦皆標奇史謀侈美聲詩矣況夫秩視三公功侔造化風雲之所吐納萬品之所育成者哉何其宜有史而久未有也岱得侍御公與大夫而後尊於史岱尊於史而公與大夫之名得以不朽於岱此宜金簡玉策之藏而縣寓之鉅觀矣不亦盛哉大夫博雅有文故爲武林世家以丙戌季夏月受書於侍御公纂述鈎稜不數月而告成事斯已勤矣行不佞家於岱畎畝嘗有意斯舉而力不能及今也嘉侍御公與大夫之志而幸嶽之有以尊也爲敘諸簡端如此　宋燾則有

泰山紀事（自序）昔太史公足跡半天下始有成書上下數千百年總括悉備猶不敢自比於作者曰余所謂整齊其世傳非作也猶吾曹生泰山蓬蒿中見圓方輿識同井蛙詢及枌榆之故蹟業已茫然莫知況六合內外文何如矣維我岱宗自古號爲名郡無論守土之吏折收拊循有光竹素者代不乏人以至博雅淸正之儒蓀貞令和之士抱芳完潔之貞皆秀鍾於山靈高於閭里若彼緇黃者流棲嶽麓以全眞茹岱芝而自飽徜徉方外蟬蛻風塵雖吾儒所不道亦探奇者所必稽也余乃遊覽古牒近參聞見彙成一編雖挂漏之誚在所不免而千百什一之僅存倘前事之不忘後事之師耶若曰會其大全而要於至當敬俟之博雅君子　蕭協中有泰山小史

國朝林杭學有泰山輯瑞集周龍甲爲之序（周序）古者東諸侯實司東嶽云位至尊權至重凡帝王受命告成皆有攸責焉秦漢以降分爲郡縣後迺定爲州於是位漸卑權亦輕雖然州有守猶刺史也刺史國之外臺有專城任州守亦然況泰安且十倍他州者乎他州守土此吏主山他州治民此兼格神曰有祭告惟州守是問曰有遊觀惟州守是徵

國家捍蔽倚於斯齊魯關隘扼於斯以及賦役多寡漕源通塞無不繫於斯如是位安得卑權安得輕至於一方之文獻百代之大典關焉其爲封禪撰著幾何家其爲儀制幾

何則其爲所禱及修廟之作幾何篇其爲登臨歌咏幾何氏雖前此有泰山志有岱史有蒐玉集非不採奇選勝各自爲書然或太煩失瑣太簡失略儻非煩簡得宜集其成而彙輯之何以示當世詔來者乎此州守林君果庵所以有泰山輯瑞之刻也果庵金陵名宿詩文久見推於世昨者蒞茲土山川以奠神人以寧祀典無曠供億不匱境內帖然上下相維賦役平均轉輸克濟既不疲民又不病

國聽政之暇退而著書考核故實編纂成集果庵豈非賢守哉夫泰山古多循良之官如陳俊忠勇李固恩信皇甫鎭靜韓部賑恤申恬德威並行章安石政平操潔此其彰明較著者也顧著述不傳千載而後亦相與謂之曰能吏而已孰有如果庵文章治行卓然不朽者乎今且奉佐漳之閩矣閩中山水佳麗甲天下漳州有天寶山者五峯峭列周百餘里一郡諸山皆祖於是其間必有金簡玉書貯於此果庵至當徧搜採焉異日者勒爲一書炳炳麟麟與泰山輯瑞集並垂天壤則此書實其先導也是爲序

聶鈫有泰山道里記錢大昕姚鼐爲之序（錢序）往者李進士素伯在京師數爲予言聶君劍光者居岱宗之陽多識岱故貧而好著書艮士也歲乙酉秋予以使事道出泰安留一日爲岱宗游欲訪劍光同行顧入無識之者是日出城北門歷十八盤登玉皇頂抵暮而回蠡識岱宗面目而已其冬復過泰安劍

光持刺介素伯書來見予喜甚然簡書有朔不復能入山矣將別劍光以所著泰山道里記屬予序其端讀之由近及遠由正路以及四隅輒若列眉其間岩谷幽阻昔人遊屐所未至掌錄所未詳者劍光歷三十年布衣芒屩手捫目驗而知之其文質而不俚簡而不漏洵志乘之佳者素伯所稱不予欺也予夙有山水癖與劍光同他日尋遊岱宗劍光能強爲我行乎書之以爲息壤之約（姚序）余嘗病天下地志謬誤非特妄引古記至紀今時山川道里遠近方向率與實外介人憤歎設每邑有篤學好古能遊覽者各攷紀其地土之實據以相參校訂則天下地志何患不善因余嘗以是語告人嘉定錢辛楣學士上元嚴東有侍讀因爲余言泰安聶君泰山道里記最善心識其語北有岱宗之遊過訪聶君山居迺索其書讀之其攷訂古今皆詳核可喜學士侍讀之言不妄也余疑水經注於汶水左右水源流方面頗有外誤又謂古奉高在今泰安石汶東故古登封入奉高境西行度環水而北至天門歷盡環道躋岱巔迺得封所馬第伯記可覆案也往昔在濟南秋霽登千佛山望岱巔諸峯遙相接竊謂歷城以南諸山皆泰山也後人多爲之名耳今閱是書每與余意合而辨正尤起人意聶君欲余序以重其書余淺學又偶過臆度徒幸有合於好古力索久往來是山中者聶君足重余耳余安足重聶君哉（聶鈫自序）余生長泰山下嘗蒐討岱故更思以游屐得其實乾隆癸亥安邱劉履夫其旋教授泰安與余善每同攀幽躋險搜稽往躅戊辰春車駕東巡當事屬履夫輯御路古蹟隨筆泰山紀略脫稾授余後履夫除知嘉定縣卒官余亦卜居山中歲庚辰有仁和成城衞宗者來纂泰安府志訪獲紀略亟加歎賞因請攜歸厥後別刻泰山勝槩志一卷竝多采紀略然其中有一地兩稱或名同地異巖谷險阻向有題刻惜爲苔蘚莫辨者近迺豎梯親加刮磨以蒐之雖風雨寒暑弗憚其勞而又質之野老參考羣書竭半生精力爰稾爲一編提挈道里爲綱領分之爲五合之爲一名曰泰山道里記凡古蹟祠宇橋坊悉綴其下他如高里徂徠云亭諸山皆支峯則阜石汶北汶三谿諸水同歸於大汶再靈巖琨瑞川谷名蹟連屬嶽之極北者雖異縣何妨兩載而泰山全體著矣之數者庶幾補前人諸紀所不逮亦欲使後之遊者易攷焉惟是管窺所及文詞鄙拙復斐蕪輒訂自乙酉迄壬辰四易稾而始定非敢謂記之成也聊以自娛山居云爾

朱孝純作泰山圖志（自序）孝純重被恩命來守泰安泰安古東魯地泰山在其封內詩所稱泰山巖巖魯邦所詹者也顧惟庸虛謬典名郡實主七邑早夜兢兢思所以仰佐聖天子理明治幽事萬分之一幸賴臺府諸大吏仁賢而倚屬

六七君子之交修而罔棄也政洽人和晏以無事考圖數典乃喟然曰是其所以爲泰山者與岱爲嶽宗神曰青帝帝出乎震有長子之義焉地居東方大明生於東又下上之所照臨也出雲降雨既已仁體造化而其雄威又足以驅役萬靈奔走一世非第如四嶽之靜鎮一方而已天地定位山澤通氣此是何等氣象作者猥欲以丸泥封函谷人知其僨矣蓋府縣舊各有志語泰山事都不詳號專門者則有明人查志隆岱史孔貞瑄泰山紀事等書又率蹐駁不中史法以故泰山之面目終不顯夫揚推古今使封內名山不飾簡蠹此眞太守事也爰求亡書聘名士同官協心分曹授簡悉力搜剔蓋秉文者之研摩編削凡閱歲餘而始蕆厥事勒爲一書命曰泰山圖志是役也非敢遂儗諸紀泰山之牒與赤文綠字相煇耀然以觀於上下四十餘里中隱麟鬱律延屬施靡星之繁然井之劃然雖於岱宗大體勢其一殹超鴻濛混希夷朝暉夕陰渾淪闢闔氣象仍是天地元氣不許漏洩而其間飀縷根角欒欒如貫貞可使萬物皆相見乎離詩魯頌閟官曰孔曼且碩萬民是若先之以奚斯所作斯志之成豈徒以徼神睍惟望秋之典隆於庿享而董正治官設以方之奚斯禱亦未肯多讓抑孝純曩在蜀嘗游峨眉矣峨眉高且倍泰山時當氷橫雪晴獨拔千尋之地將倚尺五之天頗自詡冠奇絕今志泰山爾復憬然蓋峨眉之高遝而孤者也孤則絕物故唯道場占爲泰山之高廓其有容者也有容斯能養人噫此泰山之大所以爲羣生託命而發揚昭明特邁諸嶽永時亘古乃至萬乘降尊百僚備列玉瓚黃流豐融肸蠁蒼帝之精實蒼生之福也猗歟盛哉

宋思仁爲泰山述記（自序）先司農公官詞垣時余入都定省往來過泰山之麓晨餐暮宿馬馳車迅僅得望其蒼翠曾不暇作一日遊仰止之心數十年未嘗置焉丁未冬余移守汶陽嘗因公登陟藉得歷覽形勝遍尋往躋崖泉谿洞可訪而知也然其間有嵓壑幽阻荆棘蒙翳爲遊屐所未至者亦復不少前人記志雖有數家而存於今者皆蠧簡殘編闕漏甚矣余恐愈久而愈失也晝諸餘間輒蒐討羣書刊磨殘碣並攷郡邑志乘所載又得廣文王君鴻中周君桐相與摭拾凡確實有徵者編爲一集自康熙二十三年迄於乾隆五十五年翠華東巡奎章日麗曠典時昭謹恭彙另鐫用志泰山之光榮焉至聖賢之遺跡歷代之典禮文人學士之題咏以及金石物產靡不編入集中分爲十卷題曰泰山述記惟述舊而不敢妄參臆說之意也若夫博綜兼貫考核無遺是有俟於淹雅之君子云爾

乾隆庚子辛丑間唐仲冕主講泰山書院著岱覽

三十卷不署姓名稱陶山山人蓋其母墓在岱西之陶山
所以識孺慕也其書敘全岱岱廟爲總覽三敘岱頂岱陽
岱陰爲分覽七敘降禪諸山及徂徠靈巖琨瑞爲附覽四
敘文獻虞衡齊諸爲雜覽三終之以自敘爲綴覽一凡覽
十有八圖十有四古人詩文金石卽附各卷中淹貫博贍
文采可觀惜乎其未能刊刻也桀案諸書自古封禪羣祀
泰山記不可見而以近之存者而言明汪子卿志詳於掌
故而山水未能完備宋燾紀事蕭協中小史具有發揮失
之繁瑣至於輯瑞集又無論已故朱孝純以爲踳駁不中
史法也宜哉聶鈫道里記閱三十年而成言岱故甚悉朱
之圖志宋之述記多採其說焉而朱志爲內閣侍讀江寧

嚴長明創成獨尚體要無卮詞有足稱者惟於靈巖琨瑞
以爲非泰安所隸則略焉王元美云遊泰山不遊靈巖不
成遊也案靈巖在泰山西北琨瑞山朗公谷在泰山東北
猶兩背然且志泰山非志郡邑也使靈巖琨瑞闕焉弗詳
致泰山全體不備豈例也哉桀典郡於茲歷五年矣年轂
順成簿書多暇因設館聘名士相與編輯崇體例愼取裁
一言不確不敢强爲傅會也一字不眞不敢强爲沿襲也
本之於明汪子卿志朱孝純圖志聶鈫泰山道里記泰山
金石記而典籍之可考者則有史記封禪書並兩漢以來
各史郊祀禮樂等志應劭漢官儀記水經注杜佑通典開
元禮鄭樵通志馬端臨通考于欽齊乘元好問東游紀略

顧炎武山東考古錄金石文字記岳濬山東通志李興祖
靈巖志顏希深泰安府志黃鈐泰安縣志他若山海經風
俗通白虎通東觀漢紀徐堅初學記括地志元和郡縣志
太平寰宇記冊府元龜太平御覽玉海並我
朝淵鑑類函及諸經史子集下至釋道稗官家言其有關泰
山掌故而可引証者無不搜討薈萃焉我
國家郅治聿隆典禮大備
聖祖仁皇帝巡狩省方燔柴肆覲
世宗憲皇帝恢崇廟貌遣官祭告
太上皇帝御極之初革除香稅聿新祠宇法
祖時巡

鑾輅屢至
奎文睿藻光寵山靈邁越前古迨甲子一周恭逢
授受昌期傳位
皇上遣使告祭以彰休和所爲金聲玉振丕承億萬年無疆之
休猗歟盛哉莫可尚已茲謹首列
天章繼載
盛典足以照耀日星輝映喬嶽美矣至矣唐哉皇哉通志載古
來地里圖經二十三部圖譜略云圖至約也書至博也卽
圖而求易卽書而求難是知志之不可無圖以輔之也爰
作圖二十有九竊附古人左圖右書之意焉前志山水不
分率多淆紊茲先作總敘星野山脈總論並由麓至巔分

岱陽岱頂岱陰極於四隅分爲三卷如社首高里亭亭云云徂徠梁父靈巖琨瑞諸山另爲支山一卷而岱宗之全體始具若川泉則考其源派分合得其會歸庶使脉絡分明有條不紊至於祠廟則敘其剏始之由所以資考證也秩祀則總括羣書所以志典禮也封禪則本原諸史所以見禮之變也郡邑不嫌其略人物載筆維嚴葢有別於郡縣志也夫金石以垂不朽式瞻古人之道存焉况乎刻石傳秦李斯作篆豐碑號漢顧氏析疑晉唐以來貞珉尤不勝指數何前志略而弗詳耶爰審校拓本分遣拓工四出搜訪塲巖絕壑紺宇琳宫大而豐碑鉅刻小至斷碣殘銘無不盡搨以歸都爲四卷自宋元以前必詳至明代尤多

不能悉載亦存其目所以貫經史篆隸證据者獲益爲不少矣他若舊聞軼事見於諸書者彙爲逸事記一卷間有辭涉詼詭而文無依附可以備掌故者皆彙入焉前志皆列藝文案班固前漢書藝文志祇列書名今則以雜選詩文富之失其意矣是志不列藝文凡前人文辭各附於各山景物之下以歸簡易云是志也經始於乾隆乙卯纂輯於嘉慶丁巳春二月成於戊午五月作紀三卷圖二卷志十卷記五卷敘錄一卷共成二十卷功粲纂輯者黃明府繼光江孝廉鳳彝楊文學元錫朱明經文藻裁定則與孫觀察星衍也乃爲之敘曰

皇極敷言岱宗首嶽

聖聖相承典謨制作廟貌聿新載施丹雘龍脉既明豐碑高矗

睿藻泉流

鴻文雲簇炳煥球圖光輝巖谷謹恭錄

御製文敘

天章紀第一

天文煥耀

帝藉緝熙協和以詠宣德以詩時巡喬嶽望秩抒辭花明芝葢日

麗龍旗御題

宸翰徧樹穹碑邁越前古雲漢昭垂謹恭錄

御製詩敘

天章紀第二

維天在旋維

帝法焉曰東巡狩遹造岱巔虞廷肆覲

峻業敷天陋彼秦漢封禪神仙觀風獨賦察吏褒賢用答靈貺億

萬斯年謹敘

盛典紀第三

周官土訓掌道地圖王適巡狩則夾王車圖經書緯相錯相須圖約書博考証不誣峩峩泰岱雄長震隅用作圖考庶得形模作圖考第四

泰山巖巖維天東柱四嶽所宗萬靈之府背濟襟汶陰齊陽魯膚寸合雲天下霖雨象應蒼龍鎮此東土跨海而來靈脉斯聚作總敘星野山脉總論敘岱志第五

洞號呂公池名王母松繞雲萬泉流龍口磴道盤空昇仙
路陡東西神霄上接星斗日觀嵯峨丈八僵僂頂曰太平
天門環守分岱陽岱頂敘岱志第六
東曰松巖摩天嶺崎西有傲來山水清美石屋黃華岱陰
迤邐天燭左分船石右起周漢明堂尚存遺阯極之四隅
可云觀止分岱陽東西岱陰岱陰東西敘岱志第七
岱嶽支山社首依附蒿里相聯古封禪所介石石閭亭亭
梁父云云少岱徂徠新甫琨瑞靈巖全體斯具名勝爾貽
秩哉有序敘支山志第八
珍珠泉美玉女池清三谿異派峪水迴縈五汶源別各立
其名至大汶口泉流合并中川玉水洄洑分明溯其會歸

庶合水經敘川泉志第九
周禮嶽祀兆而不廟迨及漢庭始崇廟貌孚佑下民神道
設教喬嶽巍峨琳宮煥照青帝碧霞精誠感召望秩之儀
典隆燔燎敘祠廟志第十
在昔巡狩省方覲民望秩所在懷柔百神崇德報功禮器
攸存三公秩視五帝德均唐虞迄明屢舉精禋稽之史冊
祀典聿臻敘秩祀志第十一
上古封禪述於管子秦皇漢武禜信巫史建武中元告功
封壐降及唐宋符瑞以起頌德勒銘臣諛君侈彙而志之
序其終始敘封禪志第十二
職方所掌兗州岱山漢爲大郡城邑迴環迺置奉高祀嶽
禮虔溯其因革代有變遷賦產古蹟載籍所傳志其太略
斯得其全敘郡邑志第十三
維嶽降神英賢不絕柳下和風羊公清節孫石傳經志行
高潔泰山徂徠道啟來哲春秋三子竹溪六逸仙釋留蹤
含章貞吉敘人物志第十四
秦皇刻石唐帝磨崖李斯篆古蘇頲頌佳雙碑趺合建醮
修齋迨宋封祀樹石廟階蒼苔所泐碧蘚云埋搜索得之
好古有懷敘金石記第十五第十六
淵濟崇封靈巖金像宋代迄金貞珉堪賞有元紀石梵宮
最廣前明碑目附茲不爽金薤琳琅珊瑚鐵網傳之千秋
以證古往敘金石記第十七第十八

兩伯之樂清角之音孟氏見雲伯牙鼓琴蓬元洞天峯崿
崎嶔鬼神之府碑碣如林府君祭酒民之所歆搜神述異
舊典披尋敘逸事記第十九
粵志岱宗本原諸史紀圖志記厥有條理網羅放失察終
原始淹貫古今詳稽道里述而不作我心則喜如有闕文
以俟君子作敘錄第二十

泰山志卷第二十